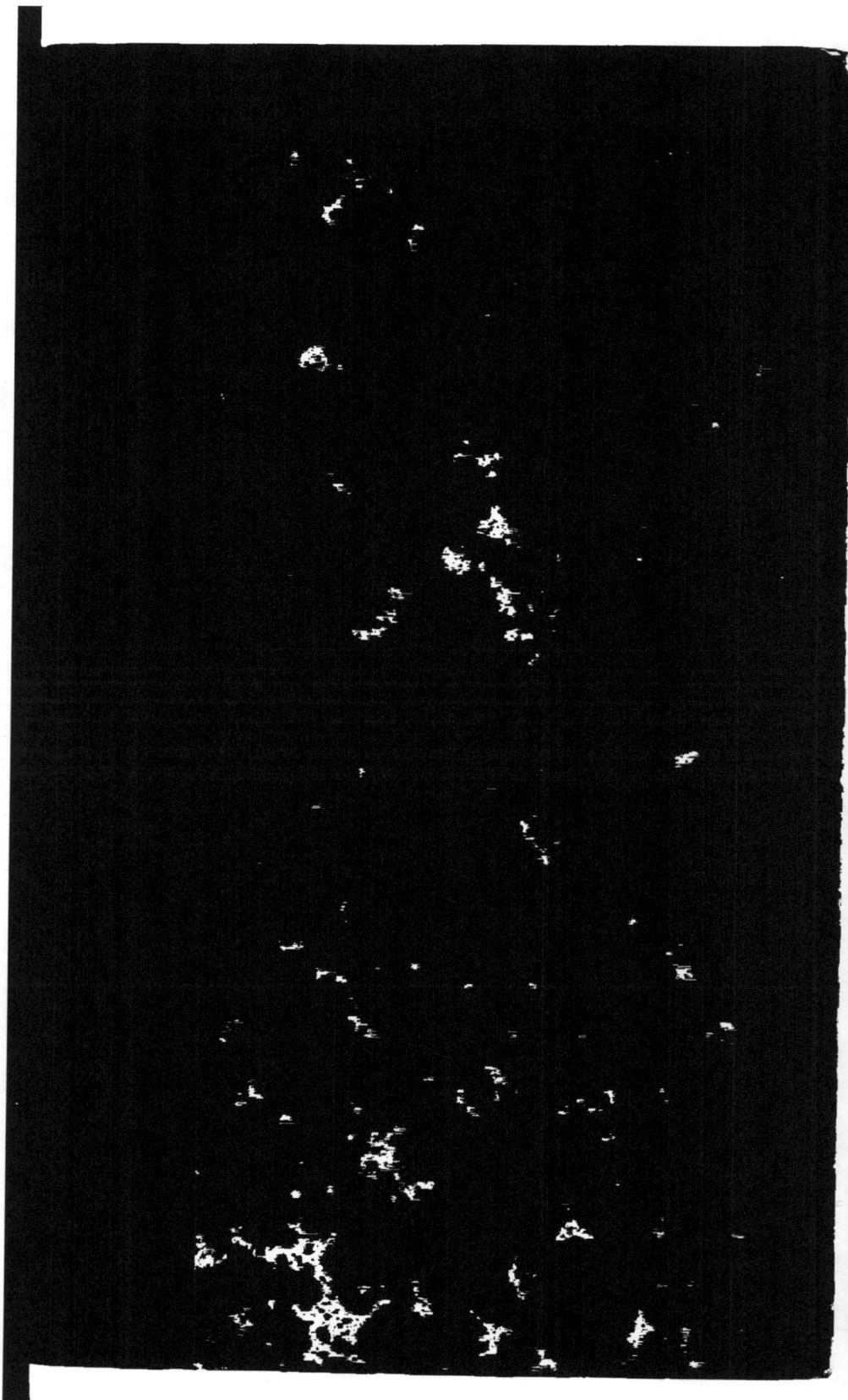

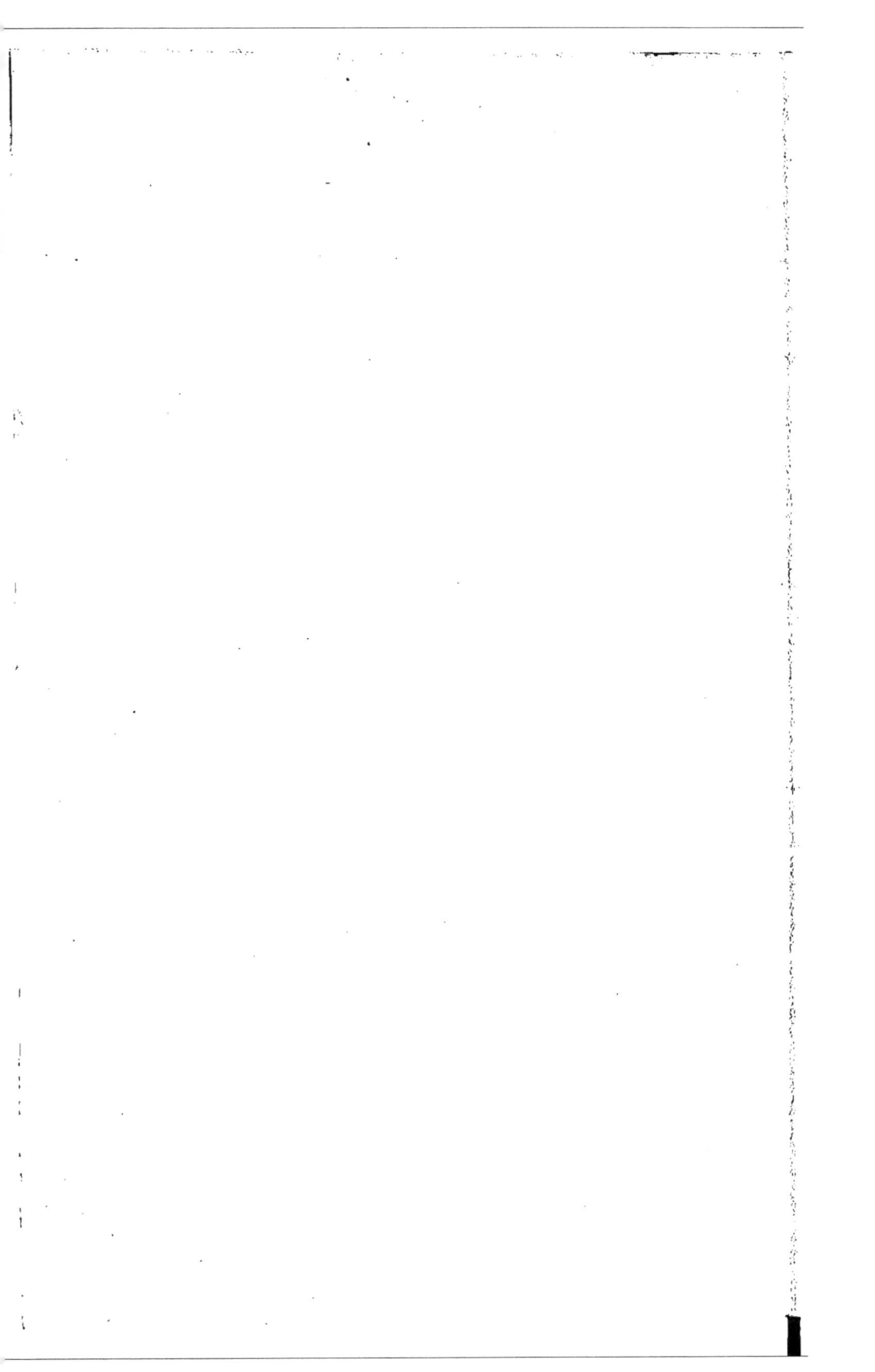

ENCYCLOPÉDIE

DES

HUISSIERS.

II.

NOTA. L'*Encyclopédie des Huissiers* forme la tête du *Journal des Huissiers ;* les deux ouvrages sont constamment mis en corrélation par des renvois et se complètent l'un par l'autre.

Voyez, page 515, la table des *Mots* contenus dans ce volume.

PARIS.—Impr. de COSSE et J. DUMAINE, rue Christine, 2.

ENCYCLOPÉDIE

DES

HUISSIERS

OU

DICTIONNAIRE GÉNÉRAL ET RAISONNÉ

DE LÉGISLATION, DE DOCTRINE ET DE JURISPRUDENCE EN MATIÈRE
CIVILE, COMMERCIALE, CRIMINELLE ET ADMINISTRATIVE,

Avec les Formules à la suite de chaque mot,

PRÉCÉDÉ DU CODE DE L'HUISSIER,

Contenant par ordre chronologique toute la Législation ancienne et moderne
relative à la profession d'huissier;

2e ÉDITION

PAR M. MARC DEFFAUX,

ANCIEN HUISSIER, JUGE DE PAIX A LONJUMEAU (AUTEUR DE LA 1re ÉDITION),

ET MM.

AD. BILLEQUIN,
AVOCAT A LA COUR D'APPEL DE PARIS,

A. HAREL,
AVOCAT, ANCIEN MAGISTRAT.

TOME DEUXIÈME.

PARIS

IMPRIMERIE ET LIBRAIRIE GÉNÉRALE DE JURISPRUDENCE
DE COSSE, IMPRIMEUR-ÉDITEUR,
Libraire de l'Ordre des Avocats à la Cour de cassation,
PLACE DAUPHINE, 27.

1852

ENCYCLOPÉDIE

DES

HUISSIERS.

A (Suite).

APPEAUX ou APIAUX. — 1. Terme qui, dans l'ancienne pratique, était employé comme synonyme du mot *Appel*. Aujourd'hui il n'est plus usité.

2. Il y avait très-anciennement, dans quelques provinces du Midi, des siéges qu'on appelait *justices des appeaux*, parce que c'était devant ces juridictions qu'on portait l'appel des sentences qui faisaient grief. Ces *justices des appeaux* continuèrent de subsister dans le ressort des parlements de Toulouse et de Bordeaux, quelque temps encore après la création de ces parlements.

3. Dans le ressort de la coutume de Lille, les mots *procéder à appeaux* signifiaient spécialement *appeler le criminel à cri public*.

APPEL. — 1. On appelle ainsi le recours à un tribunal supérieur pour faire réformer ou modifier une décision rendue par un tribunal inférieur.

2. On distingue deux sortes d'appel : l'appel en matière civile et l'appel en matière criminelle. L'appel en matière administrative est plus spécialement connu sous le nom de *pourvoi*. — V. *Appel en matière administrat.*.

3. L'appel civil s'applique en général à tous les jugements rendus sur toutes les contestations de droit civil et de droit commercial non susceptibles d'être jugées en dernier ressort.—V. *Appel en matière civile.*

4. En matière criminelle, l'appel n'est admis que contre les jugements de police correctionnelle et ceux de simple police. Les arrêts de la Cour d'assises ne peuvent être attaqués que par le recours en cassation.—V. *Appel en matière criminelle.*

APPEL A L'OREILLE DU GREFFIER. — 1. Appel formé à l'audience même, après la sentence prononcée, afin d'empêcher l'exécution immédiate, lorsqu'il s'agissait, par exemple, de recevoir un serment, une affirmation. Par respect pour le juge, l'appel était déclaré à voix basse par la partie ou son procureur au greffier qui transmettait ensuite la déclaration au juge ou au tribunal. Cette formalité accomplie, le magistrat renvoyait les parties à se pourvoir.

2. L'appel à l'oreille du greffier, qui n'est plus d'usage aujourd'hui, était employé autrefois dans les pays de droit coutumier, avant la réformation de la procédure par François Ier. Il fallait alors que l'appel fût interjeté instantanément (*illicò*).

APPEL AD MITIOREM. — Appel indéfini, interjeté par le ministère public, qui saisit la Cour de tous les chefs du jugement attaqué, et profite au condamné, même dans le cas où celui-ci ne s'est pas rendu appelant, et même a acquiescé à la sentence.—V. *Appel en matière criminelle.*

APPEL À MINIMA.—1. Appel interjeté par le ministère public en matière correctionnelle ou de simple police, lorsque la condamnation prononcée par les premiers juges lui paraît trop faible et hors de proportion avec la gravité du délit ou de la contravention.

2. Dans l'ancien droit, pour que les officiers du ministère public pussent interjeter appel *à minimâ*, il fallait qu'ils eussent conclu à une peine plus forte que celle qui avait été prononcée. Aujourd'hui cette restriction n'est plus en vigueur.

3. Le procureur général peut interjeter appel *à minimâ*, même dans les affaires où le ministère public, portant la parole ne l'a pas fait.—V. *Appel en matière criminelle, Ministère public.*

APPEL COMME D'ABUS.—1. C'est le recours exercé devant le pouvoir temporel contre les entreprises ou les excès du pouvoir spirituel.—C'est une voie ouverte à tous les intérêts que blesse la puissance ecclésiastique.

2. L'origine de la procédure suivie aujourd'hui sous le nom d'*appel comme d'abus* n'est pas fort ancienne; mais ce droit de recours à l'autorité des princes souverains, lorsque les juges ecclésiastiques abusaient de leur pouvoir, remonte aux premiers temps de la monarchie.— (V. Merlin, *Répert.*, v° *Abus ;* et Févret, *Tr. de l'abus*).

3. Les appels comme d'abus étaient fort communs autrefois ; ils étaient vidés, à Paris, par la grand'chambre du Parlement de Paris. Chaque parlement connaissait des appels comme d'abus relevés dans son ressort.

4. Aujourd'hui, les cas d'abus sont déterminés par la loi du 18 germ. an 10 (le Concordat), dont les dispositions cependant sont un peu vagues dans leur généralité.

5. L'appel comme d'abus se porte au conseil d'État ; il était jadis, et il est encore suspensif, parce que la provision est due à l'ordre public contre qui le trouble (Jousse, *Jurid. des officiaux*, p. 414 ; Sebire et Carteret, *Encyclopéd. du dr.*, v° *Appel comme d'abus*, n° 44).

6. On a contesté quelquefois la compétence du conseil d'État en matière d'appel comme d'abus, en invoquant le décret du 25 mars 1813 et l'ordonnance du 29 juin 1814, combinée avec celle du 23 août 1815 (Merlin, *Quest. de droit*, v° *Abus*); mais l'opinion contraire a prévalu (Paris, 20 janv. 1824; Cormenin, *Quest. de dr. admin.*, t. 1, v° *Appel comme d'abus* ; Foucart, *Dr. administ.*, n° 454; Dufour, *Tr. de dr. adm.*, t. 1, n° 194 ; Mangin, *de l'Action publ.*, t. 2, p. 31).

7. La constitution du 12 nov. 1848, et la loi organique du 3 mars 1849, n'ont pas changé la compétence du conseil d'État en matière d'appel comme d'abus. Aux termes de l'art. 9 du règlement du 26 mai 1849, les appels comme d'abus sont portés devant l'assemblée générale du conseil.

8. Le ministère des huissiers n'est pas nécessaire pour le recours à exercer au conseil d'État en matière d'appel comme d'abus. C'est sous la forme ordinaire d'un mémoire ou d'une requête que l'appel se produit et que le conseil d'État est saisi.

APPEL DE CAUSES.—1. Ce sont les huissiers audienciers qui appellent les causes dans les divers tribunaux, excepté à la Cour de cassation, où l'appel est fait successivement par le président, avec invitation au conseiller rapporteur d'exposer l'affaire.

2. L'appel se fait ou sur la citation même, par exemple, en justice de paix, devant les conseils de prud'hommes ou devant les tribunaux de commerce, ou sur le rôle, ou enfin sur les placets, c'est-à-dire sur les conclusions déposées en vertu des art. 21 et 59 du décret du 30 mars 1808.

3. L'appel indique les noms des parties et ceux des avoués, s'il y en a qui occupent ; il se fait à la barre du tribunal ou de la cour.

4. Anciennement, dans les cours supérieures et dans les juridictions, c'était le premier huissier qui faisait à l'audience l'appel de toutes les causes, à l'exclusion de tous greffiers, clercs de l'audience, huissiers, sergents et tous autres (Déclarat. du roi de déc. 1693 ; édit, 22 mars, et arrêt du conseil, 27 juill. 1694).

5. Il avait droit, pour chaque appel de cause, à 15 sous dans les cours supérieures ; à 5 sous dans les bureaux de finances ; à 4 sous dans les présidiaux, bailliages et sénéchaussées ; et 2 sous 6 deniers dans les élections, greniers à sel et autres juridictions royales.

6. D'après un arrêt de règlement du 27 janv. 1668, les huissiers audienciers du bailliage d'Orléans, chargés de l'appel des causes, *ne pouvaient réclamer, à raison de ce service, aucun salaire ou émolument :* mais cette prohibition dura peu ; à Orléans, comme dans toutes les autres juridictions royales, le premier huissier obtint l'émolument déterminé par la déclaration de décembre 1693.

7. Un arrêt du conseil du 27 juill. 1694 portait que le premier huissier du bailliage de Nantes ne serait tenu d'appeler aucune cause que son droit ne lui eût été payé ; mais, dans le dernier état de la jurisprudence, le droit n'était exigible que lors de la levée des jugements.

8. Un autre arrêt du conseil du 10 juill. 1694 faisait défense aux avocats et procureurs de plaider aucunes causes, si elles n'avaient été appelées par le premier huissier audiencier. Le droit de cet officier était absolu.

9. En cas d'absence, de maladie ou autre empêchement, le premier huissier pouvait se faire remplacer par un autre audiencier, et, à défaut d'audienciers, par un sergent royal, ou même par un praticien, à la charge par celui-ci de prêter serment (arrêt du Parlement de Paris du 9 août 1766).

10. Pour appeler les causes, le premier huissier prenait place au parquet à côté du greffier (Jousse, *Administration de la justice*, t. 1ᵉʳ, nᵒˢ 80 et 100 ; Arr. du cons., 25 mai 1694).

11. L'article 94 du décret du 14 juin 1813 alloue aux huissiers de justice de paix et aux huissiers audienciers des tribunaux de commerce, pour chaque appel de cause, savoir : aux premiers, 35 centimes, et aux seconds, 30 centimes.— Ce droit est invariable, quels que soient le chiffre de la population ou l'importance de la ville où siége la juridiction.

12. Quant aux huissiers attachés aux conseils de prud'hommes, il ne leur est alloué aucun émolument pour cet objet, soit par les décrets organiques des 6 juillet 1810 et 14 juin 1813, soit par le tarif ; ils ne peuvent donc rien réclamer (*Comment. du Tarif, Introd.*, t. 1ᵉʳ, p. 51, nᵒ 31).

13. L'article 59 du décret du 30 mars 1808 veut que, dans les tribunaux civils, ce soit l'huissier audiencier de service qui fasse successivement l'appel des causes, dans l'ordre de leur placement au rôle, et le tarif lui alloue pour cet objet un émolument qui varie suivant les localités : 0,30 c. — 0,27 c. — 0,25 c.

14. On voit que les huissiers audienciers des tribunaux civils, ceux de Paris, Lyon, Bordeaux et Rouen exceptés, sont moins bien traités que les huissiers attachés aux tribunaux de commerce ; il n'y a certainement aucune bonne raison pour qu'il en soit ainsi, et ce serait plutôt le contraire qui devrait avoir lieu ; mais telle est la loi ; c'est une inadvertance du législateur, qui ne met pas toujours dans ses œuvres de l'harmonie et de l'homogénéité.

15. Les audienciers attachés aux Cours d'appel font aussi l'appel des

1.

causes (Art. 21, Décr. 30 mars 1808); le tarif leur alloue pour cet objet (Art. 157) : 1 fr. 25 c. — 1 fr. 13 c.

16. M. Boucher d'Argis croit devoir faire remarquer que ce droit est dû par chaque appel de cause, et non pas *pour chaque huissier* (*De la Taxe*, p. 192, observ. 1); ce point est bien certain, et personne ne s'y est jamais trompé.

17. L'émolument n'est pas acquis pour chaque appel de cause indistinctement, mais seulement « lors des jugements ou arrêts par défaut, interlocu- « toires et définitifs, sans qu'il puisse être perçu pour les jugements prépara- « toires et ceux de simple remise» (Art. 152 et 157 du Tarif).

18. D'après cette disposition, le droit d'appel de cause est dû même lorsque le jugement ordonne la radiation de la cause par suite de désistement, attendu que ce jugement est définitif; mais, par la raison contraire, le droit ne peut être alloué quand il s'agit d'un jugement par défaut-profit-joint, ce n'est là ni un jugement interlocutoire, ni un jugement définitif (Boucher d'Argis, *de la Taxe*, p. 192, observ. 3).

19. Quoique la rédaction de l'article 157 du Tarif ne soit pas tout à fait conforme à celle de l'article 152, cependant la même solution doit s'appliquer aux huissiers des Cours d'appel (V. Rivoire, *Tarifs*, p. 20, n° 3).

20. Le droit d'appel de cause est-il dû pour les jugements rendus sur requêtes? Il n'y a aucune bonne raison pour les excepter de la règle générale. Ainsi, lorsque le jugement sur requête est interlocutoire ou définitif, le droit est dû. M. Sudraud-Desisle, *Manuel du juge taxateur*, p. 65, n° 193, est d'un avis contraire; mais il a tranché la question sans l'examiner; son opinion ne repose sur aucune considération plausible : il n'y a donc pas à s'y arrêter.

21. Le droit d'appel de cause est-il dû pour les affaires jugées en référé? On ne trouve, ni dans le Code de procédure, ni dans le Tarif, aucune disposition de laquelle on puisse induire que le droit d'appel puisse être exigé pour ces sortes d'affaires. Le législateur, en dispensant les causes de référé de la mise au rôle (Décr. 12 juill. 1808, art. 5) ne paraît-il pas même avoir voulu les affranchir du droit d'appel? Il nous semble toutefois qu'il y aurait une certaine rigueur à admettre cette induction. Pour que le droit d'appel des causes dont il s'agit ne pût être dû, il faudrait qu'il existât, à cet égard, une disposition formelle dans la loi.

22. Faut-il, devant les justices de paix et devant les tribunaux de commerce, distinguer, pour le droit d'appel de cause, entre les jugements interlocutoires ou définitifs, et les jugements préparatoires ou de simple remise, comme on le fait devant les tribunaux civils?

La raison de douter se tire de la différence des termes entre les articles 152 et 157 du Tarif et l'article 94 du décret du 14 juin 1813. Néanmoins, nous pensons que le principe a été posé dans le Tarif de 1807, et que, quoique ce principe n'ait pas été répété dans le décret du 14 juin, il domine toute la matière, et doit être appliqué dans toutes les juridictions.—V. *Bulletins, Huissier audiencier.*

APPEL DESERT. — Appel qui n'avait pas été relevé dans le délai fixé par les ordonnances ou la coutume (Imbert, *Pratique*, p. 450, liv. 1er, ch. 72, édit. de 1616).

APPEL DES HUISSIERS. — 1. On donnait ce nom, dans l'ancien droit, à une audience du Châtelet de Paris, pendant laquelle tous les huissiers et les sergents du tribunal étaient tenus de comparaître pour répondre aux plaintes qui pouvaient être formées contre eux.

2. Cette audienc était fixée au premier mardi après la Trinité. On l'appelait *Appel*, parce que tous les officiers, tenus d'y comparaître, y étaient appelés par leur nom, suivant l'ordre de leur réception.

3. A Abbeville, il y avait un usage semblable à celui du Châtelet. Dans l'Artois, les notaires étaient assujettis à l'*Appel* comme les huissiers ; on désignait cette cérémonie sous le nom de synode. Ceux qui n'y comparaissaient pas, et qui n'avaient pas d'excuse, étaient condamnés à l'amende.

4. On a quelquefois confondu l'*appel des huissiers* avec la *montre des huissiers*. La montre était une revue annuelle de tous les officiers du Châtelet, à laquelle les huissiers assistaient. Elle se faisait anciennement le jour du mardi gras, et avait été reportée ensuite au lendemain de la fête de la Trinité.

5. L'audience de l'appel des huissiers avait pour objet de juger les plaintes portées contre les huissiers accusés d'avoir abusé de leurs fonctions. Elle commençait à sept heures, et il y avait une reprise à midi. Les différents corps d'huissiers étaient appelés dans un certain ordre, et chaque officier à la date de sa réception.

6. L'huissier qui ne répondait pas à l'appel, sans excuse légitime, justifiée par une exoine qui devait être remise aux gens du roi, était condamné pour ce seul fait à une amende laissée à l'arbitrage du juge, et qui était ordinairement de 20 livres. Il était ensuite jugé par défaut sur le placet ou mémoire contenant les griefs articulés contre lui.

7. Si l'officier appelé comparaissait, et qu'il y eût plainte contre lui, on lui en donnait lecture à l'instant même, et on l'écoutait dans sa défense, à laquelle la partie plaignante pouvait répliquer en personne et audience tenante, sans pouvoir être assistée d'un procureur ou d'un avocat. Le ministère public était entendu, et le jugement prononcé sans désemparer.

8. Les jugements par défaut n'étaient pas susceptibles d'opposition et étaient exécutoires par provision. On pouvait les attaquer par la voie de l'appel ; l'appel était porté au parlement.

9. Le plus souvent, les plaintes avaient pour objet la remise de pièces ou de deniers retenus par les huissiers. Quand la rétention paraissait abusive au magistrat, il condamnait par corps l'officier à la restitution dans un délai déterminé. Quelquefois, il ajoutait la peine de l'interdiction ; dans ce cas, on affichait dans un tableau le nom de l'officier condamné, afin de prévenir le public de l'incapacité qui le frappait. — V., au surplus, *Montre des huissiers, Synode.*

APPEL EN ADHÉRANT. — 1. Se dit d'un appel incident qu'on joint à des appels antérieurement interjetés.

2. L'appel en adhérant ne suppose point une adhésion au jugement contre lequel l'appel principal est dirigé (V. cependant, Coffinières, *Encyclopédie du droit*, v° *Appel en matière civile*, n° 15). Il suppose, au contraire, une sentence qui fait grief. Et il peut se joindre, soit à l'appel principal, soit à l'appel incident, dans le cas où l'appel principal a été suivi d'appel incident. Suivant qu'il se joint à l'un ou à l'autre, il a pour objet de soutenir l'appel principal, ou de le repousser.

3. De ce que le Code de procédure civile ne contient aucune disposition relative à l'appel en adhérant, on ne saurait en conclure que cette sorte d'appel, autrefois en usage, n'existe plus. Elle rentre dans la catégorie de l'appel incident, formellement consacré par le Code. Et l'existence de l'appel en adhérant a même été reconnue par la Cour de cassation, qui, aux termes d'un arrêt du 11 mai 1811, a, en effet, décidé que l'appelant d'un consort, assigné par l'appelant en déclaration d'arrêt commun, pouvait se rendre lui-même appelant en adhérant à l'appel de son consort. Cette opinion est également admise par M. Dalloz, *Répert.*, nouv. édit., v° *Appel civil*, n° 473.

4. Mais l'appel en adhérant ne peut être formé par toute personne ayant intérêt à soutenir ou à repousser l'appel principal. Ainsi, l'appel en adhérant, interjeté par la partie intervenante, est non recevable, lorsque celle-ci n'est ni intimée, ni assignée en déclaration d'arrêt commun, et que, n'ayant point figuré dans le jugement attaqué, elle n'a pas un intérêt indivisible, soit avec l'appelant principal, soit avec l'appelant incidemment (Montpellier, 21 mars 1851.—V. *Bulletin spécial des huissiers,* année 1851, p. 174).

5. Au contraire, la partie mise en cause comme garant est recevable à adhérer à l'appel interjeté par le garanti (Cass., 7 juill. 1807).

6. Dans quelle forme l'appel en adhérant doit-il être interjeté ? Il nous semble qu'il faut, à cet égard, assimiler l'appel en adhérant à l'appel incident proprement dit : car tous les deux constituent une demande *incidente.* Ainsi, l'appel en adhérant est, assurément, valablement interjeté dans la forme ordinaire des appels; c'est-à-dire, par exploit signifié à personne ou domicile; mais il peut l'être par acte d'avoué à avoué, par de simples conclusions (*Sic*, Chauveau Adolphe, *Journal des Avoués*, année 1851, p. 208, note ; observations insérées dans le *Bulletin spécial des Huissiers*, t. 6, p. 330 et suiv. —*Contr.*, Rennes, 3 fév. 1808).

7. Spécialement, lorsque plusieurs parties ont été condamnées en première instance, que l'une d'elles relève appel du jugement, et assigne les autres parties condamnées, pour voir réformer ce jugement, ces dernières peuvent, si l'action est indivisible, adhérer à l'appel par de simples conclusions, même après l'expiration des délais (Cass., 11 mai 1811; Montpellier, 10 juill. 1850. — *Contr.*, Montpellier, 19 avril 1850).

APPEL EN MATIÈRE ADMINISTRATIVE. — 1. Recours porté devant l'autorité supérieure contre une décision rendue par les juges du premier degré en matière de contentieux administratif. — L'appel au conseil d'Etat est généralement désigné dans la pratique sous le nom de *pourvoi*, et ce nom est commun à tous les recours formés devant cette juridiction.

2. Aux termes de l'art. 1er du décret du 22 juill. 1806, l'appel ou recours au conseil d'Etat est formé, non par un exploit, mais par une requête signée d'un avocat au conseil.

3. Dans certaines matières, cependant, la requête peut être signée par la partie elle-même, sans le concours d'un avocat ; elle est alors transmise au secrétariat du conseil, soit directement, soit par l'intermédiaire du préfet (V. Chauveau Ad., *C. d'instr. admin.*, p. 92, n° 139 ; Serrigny, t. 1, p. 294, n° 282 ; Cormenin, t. 1, p. 44, note 3).

4. La requête peut aussi être signée par un fondé de pouvoir, mais à la charge par celui-ci de justifier d'un mandat régulier; sinon, le pourvoi serait rejeté (Arr. cons. d'Etat, 2 janv. 1835 ; 22 juill. 1839 ; 2 sept. 1840 ; 5 mars 1841 ; 9 déc. 1843.

5. Si la partie qui veut se pourvoir ne sait pas signer, elle doit se faire représenter par un fondé de pouvoir spécial et authentique. Il ne serait pas prudent de faire faire la requête, comme le propose M. Dufour, t. 1, p. 215, n° 258, par un notaire qui lui conférerait le caractère de l'authenticité, ou par le maire, assisté de deux témoins. Aucune loi n'a conféré aux notaires ni aux maires le pouvoir de faire de pareils actes.

6. Quand la partie signe elle-même sa requête, elle agit prudemment en faisant légaliser sa signature par le maire, ou même par le sous-préfet ; cependant la légalisation n'est pas de rigueur (Arr. cons. d'Etat, 6 juin 1834).

7. Les huissiers, comme les avoués ou tous autres, peuvent être choisis mandataires des parties qui veulent se pourvoir au conseil d'Etat, dans les cas où la requête est dispensée de la signature d'un avocat au conseil. Il est donc utile de connaître dans quelles matières l'exception existe.

8. Les parties sont dispensées de recourir au ministère d'un avocat.

1° En matière de contributions directes. Le recours contre les arrêtés des conseils de préfecture est même affranchi du droit d'enregistrement et de tous autres, le timbre excepté. — V. *Contributions directes* ;

2° En matière d'élections départementales ou municipales. Les recours sont jugés sans frais. — V. *Elections* ;

3° En matière de pourvoi des communes contre les arrêtés des conseils de préfecture qui leur refusent l'autorisation de plaider ;

4° En matière d'appel comme d'abus ;

5° En matière de recours contre les décisions des commissions pour les prises maritimes.

9. Jusqu'en 1834, le conseil d'État a également admis les recours formés sans ministère d'avocat en matière de recours contre les décisions des conseils de révision de la garde nationale ; mais, depuis cette époque, il décide que la loi du 22 mars 1831, ne contenant aucune dérogation au règlement, la signature d'un avocat au conseil est obligatoire (Cons. d'Etat, 14 nov. 1834 ; 12 déc. 1834 ; 25 août 1835 ; Cormenin, t. 1, p. 45 ; Chevalier, t. 2, p. 328.

10. La dispense de recourir à un avocat au conseil, quand elle existe, s'étend à tous les actes de la procédure et à toutes les périodes de l'instance (Chauveau Ad., *C. d'instr. adm.*, p. 95, n° 144).

11. La requête doit contenir les noms et demeures des parties. — S'il y a plusieurs demandeurs, il faut les dénommer avec soin et ne pas désigner les cointéressés par l'expression et *consorts*, parce que le recours n'a d'effet que vis-à-vis des parties dénommées (Foucart, 3e édit., t. 3, p. 393, n° 1940 ; Dufour, t. 1, p. 218, n° 262).

12. L'indication de la profession des parties n'est point requise (Cons. d'Etat, 10 sept. 1823, aff. Guyot C. Pauwels). Le conseil a même décidé que le défaut d'indication de la demeure n'entraîne point la nullité de l'acte. Mais c'est avec raison que M. Chauveau critique cette décision, il s'agit là d'une formalité substantielle dont on ne doit pas s'affranchir impunément (*C. d'inst. adm.*, n° 145, p. 98).

13. La requête doit nécessairement mentionner les conclusions, autrement elle n'aurait pas d'objet et serait rejetée infailliblement. — Elle doit exposer aussi les faits et les moyens et indiquer l'adjonction des pièces produites à l'appui du pourvoi.

14. C'est le dépôt de la requête introductive au secrétariat qui donne date au recours, et le conseil d'Etat n'est saisi que du jour et par le fait de ce dépôt (Dufour, t. 1, p. 220, n° 267). Ce dépôt est obligatoire, même dans les affaires pour lesquelles les parties sont dispensées de constituer avocat ; l'omission de cette formalité entraînerait la déchéance après l'expiration du délai de trois mois, dans lequel le pourvoi doit être formé (Cons. d'Etat, 5 sept. 1835 ; 28 nov. 1839 ; 1er avril 1840 ; 3 avril 1841 ; 17 sept. 1844). Ainsi, les parties, qui font transmettre leur requête par l'intermédiaire du préfet ou de tout autre agent, doivent veiller à ce que le dépôt soit effectué en temps utile, sans quoi elles seraient forcloses.

15. On ne peut se pourvoir par appel devant le conseil d'Etat que contre les décisions contradictoires, définitives ou interlocutoires préjugeant le fond (Chevalier, *Procéd. administr.*, t. 2, p. 338 ; Foucart, t. 3, p. 385, n° 1929 ; Serriguy, t. 1, p. 313, n. 309).

16. Le délai pour se pourvoir est de trois mois à partir du jour de la notification de la décision attaquée (Décr., 22 juill. 1806, art. 11). Ce délai est de rigueur et peut, dans certains cas, être opposé d'office par le cons. d'Etat (V. Chauveau, *C. d'instr. crim.*, n° 601 et s.). — Le délai doit être augmenté à raison des distances, conformément à la disposition de l'art. **73, C. proc. civ.**

17. Le délai de l'appel contre les arrêtés préparatoires ne court que du jour de la signification de l'arrêt définitif (Cons. d'État, 23 juin 1819; 29 mai 1822; 1er mars 1826; 19 juill. 1826).

18. Les délais de l'appel sont suspendus par la mort de la partie arrivée après la signification de la décision attaquée. Ils ne reprennent leur cours qu'après une nouvelle notification faite aux héritiers, conformément à l'art. 447, C. proc. civ. (Chevalier, t. 2, p. 335; Foucart, t. 3, p. 386, nᵒ 1930; Dufour, t. 1, p. 233, nᵒ 284).

20. Le recours au conseil d'État n'a pas d'effet suspensif (Décr., 22 juill. 1806, art. 3). Cette règle est contraire à celle reçue en matière judiciaire (C. proc. civ., art. 447). La raison de cette différence est que les affaires administratives sont toujours réputées urgentes, tandis que les matières judiciaires n'offrent pas généralement ce caractère (Chauveau, *C. d'inst. admin.*, nᵒ 624, p. 422).

21. Toutefois, le conseil d'État peut ordonner un sursis; mais lui seul a ce droit (Serrigny, t. 1, p. 297, nᵒ 286). Les parties sollicitent souvent des sursis, mais le conseil d'État n'en accorde que rarement et pour causes graves (Cormenin, t. 1, p. 48, note 2). Il faut qu'il n'y ait pas péril en la demeure, que le sursis ne présente aucun inconvénient et que l'exécution soit de nature à occasionner au requérant un préjudice irréparable (Cons. d'État, 31 mars 1819; 17 juin 1820; 14 nov. 1821; 31 juill. 1822; 4 nov. 1834; 8 nov. 1838; 5 mars 1841).

22. Le recours formé, la requête déposée, il intervient une ordonnance de *soit communiqué*, c'est-à-dire une autorisation d'assigner la partie adverse afin qu'elle défende au pourvoi.

23. Cette ordonnance de soit communiqué doit être signifiée dans le délai de trois mois, sauf l'augmentation du délai à raison des distances, à peine de déchéance (Art. 12 et 13, décr., 22 juill. 1806; art. 73, C. civ).

24. La signification doit être faite par le ministère d'un huissier, à personne ou domicile; tout autre mode de signification demeurerait sans effet (Chauveau, *C. d'instr. adm.*, nᵒ 180; Cormenin, t. 1, p. 59, nᵒ 7; Serrigny, t. 1, p. 320, nᵒ 318; Foucart, t. 3, p. 394, nᵒ 1942; *Journal des conseillers municipaux*, t. 2, p. 105). A Paris, et dans le département de la Seine, les huissiers à la Cour de cassation ont seuls le droit de faire cette signification.

25. La copie à signifier est certifiée conforme par l'avocat pour la requête, et par le secrétaire général du conseil pour l'ordonnance (Dufour, t. 1, p. 224, nᵒ 273).

26. L'huissier qui fait la signification peut réclamer le droit de copie de pièces, car l'avocat n'y a aucun droit et n'élève aucune prétention à cet égard.

27. L'ordonnance de soit communiqué doit être signifiée exactement à toutes les personnes dénommées dans la requête comme défendeurs éventuels au pourvoi. — Le pourvoi serait rejeté vis-à-vis de celles qui n'auraient pas reçu la signification dans les délais (Cons. d'État, 21 mai 1817, aff. Mallet C. Mariolles). — Au surplus, les huissiers n'ont qu'à se conformer à l'ordonnance de soit communiqué; elle indique toujours très-exactement le nom de toutes les personnes auxquelles la communication doit être faite (Cormenin, t. 1er, p. 59, note 6e).

28. Le délai de trois mois, accordé au demandeur pour signifier l'ordonnance de soit communiqué, court à partir *de la date* de cette ordonnance (Cormenin, t. 2, p. 262). M. Serrigny est d'avis que l'on doit exclure de ce délai le jour de l'ordonnance, d'après la règle, *Dies termini non computatur* *in termino*, et y comprendre le jour de l'échéance (*Compét.* t. 1, p. 319, n° 316).

29. La déchéance encourue à défaut de signification de l'ordonnance dans les trois mois est de rigueur. Elle est prononcée soit sur la demande de la partie adverse, soit même d'office, parce qu'elle tient à l'ordre public (Dufour, t. 1, p. 238, n° 289 ; Chauveau, *C. d'inst. admin.*, n° 154).

30. La déchéance encourue ne serait pas couverte par la signification d'une autre ordonnance délivrée postérieurement par mégarde (Cormenin, t. 1, p. 58, note 1 ; ord. cons. d'Etat, 14 mai 1817).

31. Le conseil d'Etat n'accorde aucune prorogation de délai, si ce n'est quand des événements extraordinaires et de force majeure ont empêché les parties de profiter des délais ordinaires (Cons. d'Etat, 6 mars 1816).

32. Le dépôt de la requête, suivi de la signification de l'ordonnance de soit communiqué est le seul mode légal d'introduire les instances devant le conseil d'Etat. Ce mode ne peut être suppléé par aucun autre, par exemple par une assignation adressée directement à la partie adverse. Les huissiers doivent bien se pénétrer de cette règle de procédure administrative (Cons. d'Etat, 1er nov. 1837; Serrigny, t. 1, p. 289, n° 275 ; Chauveau, *C. d'inst. admin.*, n° 159 ; Cormenin, t. 1, p. 59, note 10 ; Foucart, t. 3, p. 395, n° 1942 ; Dufour, t. 1, p. 238, n° 290.

33. Le conseil d'Etat peut évoquer le fond s'il y a lieu, par application de l'art. 473, C. proc. civ., lorsqu'il est saisi par appel de la connaissance d'une décision interlocutoire (Chauveau, *C. d'instr. admin.*, n°s 659, 664).

34. La partie défenderesse au pourvoi peut former un appel incident, et, dans ce cas, elle n'est pas astreinte aux délais et aux formes prescrits par le règlement ; on doit appliquer le principe posé dans l'art. 443, C. proc. civ. (Foucart, t. 3, p. 336, n° 1931 ; Chauveau, *ubi suprà*, n° 666. — *Contrà*, Serrigny, t. 1, p. 317, n° 314).

35. L'appel incident s'introduit devant le conseil d'Etat, par un simple acte d'avocat à avocat, et il n'est astreint à aucune forme particulière (Chevalier, t. 2, p. 329). Il pourrait même être relevé par de simples conclusions à l'audience (Chauveau, *loco citato*, n° 667).

Quant aux formes d'instruction de l'appel et à la décision, V. *Avocat au conseil d'Etat, Conseil d'Etat, Signification en matière administrative.*

APPEL EN MATIÈRE CIVILE. — 1. On désigne ainsi le recours exercé par une partie devant un tribunal supérieur contre le jugement émané d'une juridiction inférieure statuant en matière civile et commerciale. Ce recours est l'une des voies *ordinaires* pour attaquer les jugements.

2. L'appel en matière civile se subdivise en appel principal et en appel incident.

3. L'appel principal est celui qui est interjeté le premier par l'une des parties, qui se nomme *appelant*, tandis que son adversaire prend le nom d'*intimé*.

4. L'appel incident est celui qui est dirigé contre le même jugement par l'intimé pendant l'instance sur l'appel principal, lorsque, par exemple, elle a succombé elle-même sur quelques chefs.

Indication alphabétique des matières.

Chap. Iᵉʳ. — Historique.

5. Le droit de recourir à la voie de l'appel dans les affaires qui présentaient quelque intérêt a été consacré par les législateurs de presque tous les peuples et de tous les temps.

6. Ainsi, notamment à Rome, le droit d'appel en matière civile a toujours existé. Mais l'exercice de ce droit n'a jamais été réglé d'une manière bien précise. Sous la République, on appelait du tribunal du préteur à celui des consuls, de la décision d'un consul à celle d'un autre consul, du préteur de la ville au préteur des étrangers. Sous l'empire, les chefs de l'État, qui avaient réuni tous les pouvoirs en leur personne, se réservèrent le droit de prononcer comme juges d'appel sur les décisions rendues par tous les magistrats. Mais souvent, ils déléguaient ce droit au Sénat ou à quelques courtisans.

7. En France, dans les premiers siècles de la monarchie, l'appel ne devait être qu'un simple *recours au roi*; il n'existait point deux degrés de juridiction dans la hiérarchie judiciaire. Plus tard, avec l'établissement de la féodalité, le droit d'appel disparut dans les pays soumis à la puissance des seigneurs : ceux-ci y étaient juges souverains. Mais il se conserva dans les provinces soumises à l'obéissance du roi.

8. Ce fut à l'époque de la féodalité qu'on vit s'établir en France, comme moyen de décider les questions de droit et de fait, l'usage du combat judiciaire, qu'on regardait comme *le jugement de Dieu*. Ce combat, terminant l'affaire pour toujours, s'opposait dans les provinces où il était en usage, à ce qu'on la soumît de nouveau à la décision d'un tribunal supérieur.

9. Ce moyen barbare de vider les procès fut supprimé, en 1260, par saint Louis, dans toutes les justices de ses domaines, et une ordonnance de ce monarque rétablit l'appel à la juridiction supérieure et régla l'exercice du droit d'appel.

10. Toutefois, il est à remarquer que ce ne fut guères que vers le commencement du 14ᵉ siècle qu'une Cour supérieure fut spécialement instituée pour recevoir et juger les appels. Cette mission fut dévolue au conseil du roi, qui s'appelait *Parlement*. Dans l'origine, le parlement se transportait dans les diverses provinces soumises à l'autorité du roi; mais une ordonnance de Philippe le Bel le rendit sédentaire et fixa son siège à Paris.

11. Pendant un siècle environ, il n'y eut en France que ce parlement; mais, dans le cours du 15ᵉ siècle, des parlements furent institués dans la plupart des provinces. Ces parlements connaissaient de l'appel des sentences rendues par tous les tribunaux de leur ressort. Certaines causes privilégiées étaient en outre portées *de plano* devant eux.

12. Cet état de choses disparut avec la révolution de 1789, qui introduisit un nouveau système judiciaire. Des décrets de l'Assemblée constituante décidèrent que les juges de première instance seraient sédentaires et établirent deux degrés de juridiction en matière civile. Et une loi des 16-24 août 1790 organisa l'administration judiciaire.

13. La constitution du 22 frimaire an 8 établit, dans chaque arrondissement, un tribunal de première instance, qui connaissait aussi de l'appel des décisions rendues par les juges de paix, et créa des tribunaux d'appel, dont la juridiction embrassait plusieurs départements, et qui prononçaient en dernier ressort sur les affaires jugées en première instance par les tribunaux d'arrondissement et de commerce.

14. Ces tribunaux d'appel ont été appelés successivement *Cours d'appel*, *Cours impériales*, et *Cours royales*. Depuis la révolution du 24 février 1848, ils ont repris leur première dénomination de *Cours d'appel*.

15. Sauf ce changement de nom, l'organisation judiciaire fondée par la constitution de l'an 8 n'a éprouvé aucune modification.

16. Quant aux règles et aux prescriptions de procédure relatives aux formalités qui doivent accompagner l'appel, et à la marche à donner à l'instruction devant la Cour qui en est saisie, elles ont été déterminées par le livre 3 du Code de procédure civile (art. 443 à 473).

Chap. II. — Appel principal.

Sect. Ire.—*Décisions judiciaires qui sont ou non susceptibles d'appel.*

§ Ier. — Dispositions générales.

17. L'appel étant une voie de recours ordinaire, il en résulte qu'on peut l'employer, quoique la loi ne l'ait point expressément déclarée ouverte : il suffit qu'elle ne l'ait pas interdite. Ainsi, l'appel est de droit commun ; il est valablement formé toutes les fois que la loi n'a point, par une disposition exceptionnelle et formelle, déclaré qu'une décision n'était point attaquable par cette voie de recours. Aussi, est-ce avec raison qu'un auteur a dit que « toutes les fois que, dans l'appréciation de la loi qui règle le ressort, il y a doute, ce doute *doit s'interpréter en faveur de l'appel* » (De Fréminville, *Traité de l'organisation et de la compétence des Cours d'appel*, t. 1er, p. 549, n° 517). A plus forte raison, l'appel est-il ouvert, lorsque la loi garde le silence (même auteur, *Ibid.*).

18. Quoi qu'il en soit, les tribunaux et les jurisconsultes hésitent quelquefois, lorsqu'il s'agit de décider si telle ou telle décision est ou non susceptible d'appel. Les huissiers doivent, par conséquent, se trouver eux-mêmes souvent embarrassés. Cependant, si, en cette matière, quelques difficultés peuvent se présenter, il est possible de réduire à des termes simples les principes, les règles générales, qui doivent servir à la solution des questions qui se présentent dans la pratique.

19. Et, d'abord, pour que la voie de l'appel puisse être valablement employée, il faut, que la décision qu'on veut attaquer présente les caractères d'un jugement ; que la cause donne lieu au second degré de juridiction ; que le jugement n'ait pas acquis l'autorité de la chose jugée ; qu'on n'y ait pas acquiescé ou qu'il n'ait pas été exécuté (Dalloz, *Répert. de législation, de jurisprudence et de doctrine,* v° *Appel civil,* n° 122).

20. Ainsi, à la différence de ce qui se pratiquait dans l'ancien droit, où l'on pouvait appeler de différents actes, tels que des nominations de tuteurs, exécutions de jugements, dénis de justices, contraintes par corps, saisies, etc. (Rodière, *Quest. sur l'ordonnance de* 1667, tit. 25, art. 4, *quest.* 2e ; Merlin, *Rép.*, v° *Appel,* § 1er, n° 2), on ne peut aujourd'hui appeler que d'un jugement (Berriat-Saint-Prix, *Cours de procéd.*, t. 2, p. 456, au texte, et note 9), c'est-à-dire que de la décision rendue par un tribunal ou un juge inférieur sur la contestation dont il est saisi.

21. Pour que cette décision ait le caractère d'un véritable jugement, condition nécessaire, comme on l'a vu, pour l'exercice de l'appel, il faut que le juge qui l'a rendue ait été mis à même de statuer en pleine connaissance de cause, et en présence de toutes les parties intéressées. Si, par exemple, toutes les parties intéressées n'ont pas été entendues ni appelées à faire connaître leurs moyens de défense, l'appréciation du juge ne saurait constituer un jugement ; il n'y a là tout au plus qu'une décision provisoire qui doit être soumise à la révision du tribunal avant de pouvoir être frappée d'appel (Dalloz, v° *Appel civil,* n° 124).

22. Les jugements étant seuls susceptibles d'appel, il s'ensuit que cette voie n'est pas ouverte contre les actes ou contrats judiciaires (Merlin, *Quest. de droit,* v° *Appel,* § 1er ; Coffinières, *Encyclop. du droit,* v° *Appel en mat. civ.,* n° 34 ; Poncet, *Des Jugements,* t. 1, p. 471).

23. .....Ni contre un acte de partage fait en exécution d'un jugement, quoiqu'on puisse appeler de ce jugement (Rennes, 13 fév. 1811).

24. Peut-on se pourvoir par appel contre des décisions rendues sur requête? Un auteur (Dalloz, v° *Appel civil*, n° 125) enseigne la négative : mais à tort, selon nous. Ces décisions ont, en effet, le caractère de véritables jugements; et la preuve, c'est qu'on peut les attaquer par la voie de l'opposition (Colmar, 15 avril 1807). Seulement, l'appel ne peut être recevable qu'après qu'on a épuisé la voie de l'opposition.

25. Toutefois, il existe certains actes émanés de l'autorité du magistrat, qui, bien qu'on leur donne la dénomination de jugements, n'en ont cependant pas le caractère, et, dès lors, ne sont pas susceptibles d'appel : telles sont, par exemple, les décisions par lesquelles un tribunal ordonne le changement de résidence des huissiers, et les délibérations par lesquelles il désigne, chaque année, ses huissiers audienciers.— V. *Huissier.*

26. En droit romain, lorsqu'un jugement était nul pour vices de forme, on pouvait ne pas en appeler, et en demander la nullité, par action principale, au magistrat devant lequel il était produit (Merlin, *Répert.*, v° *Appel*, sect. 1re, § 5). Mais, *les voies de nullité n'ayant pas lieu en France,* on ne pourrait aujourd'hui attaquer un jugement nul pour vices de forme qu'en le déférant au tribunal supérieur. Nous ne croyons donc pas que, comme le pense M. Berriat (t. 1, p. 457, note 11, n° 2), si le jugement pèche par la forme extérieure, s'il a été rendu par un individu sans pouvoir (tel qu'un arbitre, après le délai du compromis), on doive encore appliquer les principes du droit romain. On comprend cependant que, dans ce cas, il n'est pas nécessaire de se pourvoir par appel. Il suffit de ne pas reconnaître l'acte qui est opposé, d'en nier l'existence. Mais ce sera là, du reste, une exception toujours infiniment rare.

27. Hors ce cas, qui même, à proprement parler, n'est pas une exception, il faut reconnaître que c'est par appel qu'on doit se pourvoir pour faire infirmer le jugement *nul*, aussi bien que celui auquel on reproche un mal jugé (Cass., 3 flor. an 13; 25 fév. 1812; Toulouse, 16 mars 1833; Merlin, *Répert.*, v° *Appel*, sect. 1, § 5; Favard de Langlade, *Répert.*, v° *Appel*, n° 7; Talandier, *De l'Appel*, p. 9 et 10, n° 3).

28. Lorsque le jugement est nul pour vice de forme, Carré, *Lois de la procédure civile*, édit. Chauveau, quest. 1562, semble dire qu'on pourrait en interjeter appel, quoiqu'il soit en dernier ressort, de même qu'on peut appeler d'un jugement rendu incompétemment. Mais cette opinion n'est pas admissible. Un jugement en dernier ressort ne peut pas plus être frappé d'appel pour vice de forme que pour mal jugé. S'il renferme une violation de la loi, c'est par la voie de la cassation qu'il faut l'attaquer. Tel est aussi l'avis de M. Chauveau sur Carré, *quest.* 1562.

29. C'est contre le jugement même, c'est-à-dire contre son *dispositif,* que l'appel doit être dirigé. Si le grief résultait seulement des *motifs* du jugement, l'appel ne serait pas recevable (Rennes, 23 janv. 1823; 8 mai 1833; Grenoble, 16 mars 1819).

30. Nous avons dit précédemment que, pour qu'un jugement pût être susceptible d'appel, il fallait que la cause comportât le second degré de juridiction. Nous n'entrerons pas ici dans l'examen des nombreuses questions qui s'élèvent sur le point de savoir quand un jugement peut être considéré comme rendu en premier ou dernier ressort. Nous en parlerons avec les développements qu'elles exigent au mot *Degrés de juridiction,* auquel nous nous bornons à renvoyer. Nous ferons seulement remarquer que peu importe la qualification donnée par les premiers juges à leur décision. La loi ne s'attache qu'au fait en lui-même et non aux expressions plus ou moins exactes employées par les magistrats.

31. Ainsi, sont sujets à appel les jugements qualifiés en dernier ressort, lorsqu'ils ont été rendus par des juges qui ne pouvaient prononcer qu'en première instance.—Sont non recevables, au contraire, les appels des jugements rendus sur des matières dont la connaissance en dernier ressort appartient aux premiers juges, encore bien que ces jugements aient été mal à propos qualifiés en premier ressort (C. proc. civ., art. 453; C. comm., art. 646).

32. Avant la loi du 25 mai 1838, *sur les justices de paix*, on doutait que la règle reproduite dans le numéro qui précède fût applicable aux sentences rendues par les juges de paix ; mais, aujourd'hui, le doute n'est plus permis, l'art. 14 de la loi précitée contenant une disposition semblable à celle de l'art. 453, C. proc. civ.

33. Suivant Boitard, *Leçons de procéd.*, t. 2, n° 207, quoique la qualification donnée au jugement n'influe pas sur la recevabilité ou la non-recevabilité de l'appel, elle n'est pas cependant sans utilité. Elle sert à déterminer l'effet de l'appel sur le jugement, effet suspensif, s'il est qualifié en premier ressort, non suspensif, s'il l'est en dernier ressort (C. proc., art. 457; Thomine-Desmazures, t. 1, p. 693; Chauveau sur Carré, *quest.* 1631 *bis*).

34. Lorsque le jugement attaqué est en dernier ressort, la fin de non-recevoir contre l'appel est d'ordre public ; elle peut être proposée en tout état de cause, et même prononcée d'office (Bruxelles, 17 mars 1820 ; 28 juill. 1829 (V. *J. Huiss.*, t. 11, p. 200, où est cité, dans le même sens, un arrêt de Rennes du 7 fév. 1815); Liége, 6 avril 1824 ; Lyon, 13 mai 1828 ; Toulouse, 21 nov. 1828 (V. *J. Huiss.*, t. 11, p. 213) ; Bourges, 2 janv. 1830 ; Toulouse, 19 août 1837 ; Chauveau sur Carré, *quest.* 739 *bis* et 1633 *bis*; Carré, *Compét.*, 2e part., liv. 2, tit. 4, *quest.* 313 ; Merlin, *Quest. de droit*, v° *Appel* et *Dernier ressort*.

35. Quoiqu'il soit de principe que les jugements rendus en dernier ressort ne sont pas susceptibles d'appel, cependant cette règle comporte quelques exceptions qu'il importe de faire connaître.

36. 1° Lorsqu'un juge de paix ayant ordonné un interlocutoire, la cause n'a pas été jugée définitivement dans le délai de quatre mois du jour du jugement interlocutoire, l'instance est périmée de droit, et le jugement rendu sur le fond est sujet à l'appel, même dans les matières dont le juge de paix connaît en dernier ressort (C. proc., art. 15). C'est ce qu'enseigne aussi Pigeau, *Procéd. civ.*, t. 1, p. 582.

37. 2° Lorsqu'un jugement a prononcé la contrainte par corps, on peut interjeter appel de ce chef, alors même qu'au fond la décision a été rendue en dernier ressort. Ce point, longtemps contesté, a été fixé par la loi du 17 avril 1832, art. 20, et par l'art. 7 du décret du 13 déc. 1848, *sur la contrainte par corps.*—V. au surplus *Contrainte par corps*.

38. 3° Le Code de procédure (art. 391) renferme une troisième exception; il dispose que « tout jugement sur récusation, même dans les matières où le tribunal juge en dernier ressort, est susceptible d'appel. » — V. *Récusation*.

39. 4° Ainsi encore, la voie de l'appel est ouverte contre les jugements qui statuent sur la qualité des personnes, ou sur des questions d'état, encore bien qu'ils soient qualifiés en dernier ressort.—V. *Questions d'état*.

40. 5° L'exception la plus étendue est celle qui admet l'appel pour incompétence, encore que l'objet du litige ne soit pas susceptible des deux degrés de juridiction (C. proc., art. 454 ; Carré, *Compét.*, liv. 3, tit. 3, sect. 1re; *Lois de la proc.*, t. 4, au texte, sur l'art. 454 ; Boitard, t. 2, n° 208 ; Pigeau, *Comment.*, t. 2, p. 28 ; Thomine-Desmazures, t. 1, p. 160; Chauveau sur Carré, *quest.* 1635).—Il est inutile de citer sur ce point les précédents judiciaires ; la jurisprudence, d'accord avec la loi, est trop bien établie pour que nous relevions les arrêts qui la constatent.

41. On ne doit pas distinguer, à cet égard, entre l'incompétence *ratione* *personæ* et l'incompétence *ratione materiæ*. Dans l'une et l'autre hypothèse, l'appel est recevable.—(V. Pigeau, *Comment.*, t. 2, p. 28 ; Thomine-Desmazures, t. 1, p. 693 ; Chauveau sur Carré, *quest.* 1635 *bis ;* Poncet, *Traité des jugements,* t. 1, p. 472 et 473.)

42. Cependant, pour que l'appel en matière d'incompétence *ratione personæ* soit recevable, il faut que l'exception d'incompétence ait été proposée devant les premiers juges. Autrement, elle est considérée comme couverte par le silence des parties (Grenoble, 8 avril 1826 ; Chauveau sur Carré, *quest.* 1635 *bis*). Au contraire, s'il s'agit de l'incompétence *ratione materiæ*, l'exception, étant d'ordre public, peut être proposée en tout état de cause. En conséquence, l'appel est recevable, quand même l'exception n'aurait pas été proposée en première instance (Riom, 26 janv. 1810 ; Turin, 18 juin 1810 ; Agen, 14 janv. 1814).—V. *Exception.*

43. L'art. 454, C. proc. civ., qui permet d'appeler pour incompétence, même dans les contestations qui ne sont pas susceptibles des deux degrés de juridiction, à raison de l'objet du litige, contient une disposition générale, qui s'applique non-seulement aux matières civiles, mais aussi aux matières commerciales (Liége, 22 avril 1809; Bruxelles, 6 juill. 1835).—Le législateur l'a si bien entendu ainsi, que, par son art. 14, la loi du 25 mai 1838 a appliqué le principe même aux jugements des justices de paix.

44. Néanmoins, lorsque le juge de paix s'est déclaré compétent, l'appel ne peut être interjeté qu'après le jugement définitif (L. 25 mai 1838, même article).—V. *Justice de paix.*

45. Bien que les décisions judiciaires se manifestent communément sous la forme de jugements, il en est cependant qui reçoivent la dénomination d'*ordonnances*. Celles-ci sont également susceptibles d'être attaquées par la voie de l'appel, à moins que le législateur n'ait établi à leur égard un autre mode de recours, l'opposition ou tout autre.—V. *infrà*, § V.

46. Nous n'avons, jusqu'ici, considéré les jugements, en ce qui concerne l'appel, que d'une manière générale et abstraite. Il nous reste maintenant à parler des règles particulières qui s'appliquent soit à diverses espèces de jugements, tels que jugements par défaut, jugements contradictoires qui se subdivisent en préparatoires, interlocutoires, provisoires, jugements d'expédient, et en jugements définitifs, soit à des jugements rendus en certaines matières, telles que discipline, enregistrement, faillite, ordre, saisie immobilière, etc.

§ 2. -- Jugements par défaut.

47. Sous la législation romaine, l'appel était refusé aux défaillants. Cette règle fut suivie, en France, jusqu'à l'ordonnance de 1667, qui introduisit un droit nouveau. En effet, par l'art. 5 du titre 14 de cette ordonnance, l'appel fut ouvert contre les jugements par défaut. Plus tard, l'usage introduisit l'opposition : de sorte que, par suite de cet usage, on put recourir indifféremment soit à la voie de l'appel, soit à celle de l'opposition. Mais la voie de l'opposition n'était que facultative. Du reste, la règle établie par l'ordonnance de 1667 ne fut pas observée dans certains parlements, qui persistèrent à rejeter tout appel des jugements par défaut (Merlin, *Quest. de droit*, v° *Appel*, § 1er, n° 9).

48. Le Code de procédure civile a établi sur ce point une règle précise. La voie de l'opposition a été placée au premier rang, comme la plus simple et la plus utile, en ce qu'elle permet aux parties d'instruire leur affaire devant les premiers juges. A côté de l'opposition se trouve l'appel. Mais les deux voies ne peuvent être cumulées. L'appel des jugements susceptibles d'opposition n'est recevable qu'après l'expiration du délai accordé par la loi pour former opposition (Cod. proc. civ., art. 455).

49. Sous l'empire de la loi des 14–26 oct. 1790, l'appel des jugements par défaut des juges de paix était formellement interdit, si ce n'était dans le cas où le juge de paix avait jugé après la péremption de l'instance. Mais le Code de procédure a modifié cet état de choses. L'art. 455 s'applique aussi bien aux sentences par défaut émanées des juges de paix qu'aux jugements par défaut des tribunaux de première instance (Cass., 8 août 1815; 7 nov. 1820; Merlin, *Quest. de droit*, vᵒ *Appel*, § 1ᵉʳ, nᵒ 11; Carré et Chauveau, *Quest.* 76; Boitard, t. 2, p. 405; Bioche, *Diction. de procéd.*, 3ᵉ édit., vᵒ *Appel*, nᵒ 44; Coffinières, *Encyclop. du droit*, vᵒ *Appel en mat. civ.*, nᵒ 52; Dalloz, vᵒ *Appel*, nᵒ 239; Allain, *Manuel encyclop. des juges de paix*, t. 2, nᵒ 2090). — V. *Justice de paix.*

50. Mais l'art. 645, Cod. comm., a modifié la règle établie par l'art. 455, Cod. proc., en ce qui concerne les jugements par défaut rendus par les tribunaux de commerce. Ainsi, d'après l'art. 645 précité, l'appel de ces jugements peut être interjeté le jour même où ils ont été rendus, par conséquent, quoiqu'on soit encore dans les délais de l'opposition. A cet égard, la jurisprudence et la doctrine paraissent définitivement fixées (Cass., 22 mai 1820; Colmar, 4 août 1840; Paris, 6 fév. 1841; Boitard, t. 2, p. 267; Coffinières, *Encyclop. du droit*, vᵒ *Appel*, nᵒ 51; Bioche, vᵒ *Appel*, nᵒ 41; Dalloz, vᵒ *Appel*, nᵒ 234.

51. Quoiqu'un jugement par défaut soit exécutoire par provision, il n'en est pas moins susceptible d'appel, lorsque le délai de l'opposition est écoulé. Il est bien vrai que l'art. 449, Cod. proc. civ., permet dans la huitaine l'appel de toute espèce de jugement exécutoire par provision : mais cet article ne s'applique qu'aux jugements contradictoires. Il n'a nullement dérogé à la règle générale contenue en l'art. 455 du même Code (Cass., 17 juin 1817; Bioche, *Dict. de procéd.*, vᵒ *Appel*, nᵒ 37).

52. Le principe que l'appel n'est pas recevable tant que le défaillant est encore dans les délais de l'opposition doit, du reste, être entendu en ce sens que, la voie de l'opposition une fois prise, la partie ne peut plus interjeter appel du jugement, tant que l'opposition n'est pas jugée, encore bien que le délai de l'opposition soit depuis long-temps expiré (Lyon, 14 déc. 1810).—Mais, si la partie opposante se désistait de son opposition après l'expiration du délai, ce désistement la plaçant dans la position où elle se trouverait si cette opposition n'avait jamais existé, elle serait recevable alors à interjeter appel du jugement.

53. Lorsqu'on appelle d'un jugement par défaut auquel il a été formé opposition, doit-on en même temps appeler du jugement intervenu sur l'opposition? Oui, si l'opposition a été déclarée recevable et mal fondée, par un moyen tiré du fond ;—Non, si elle a été repoussée par une fin de non-recevoir tirée de la forme (Merlin, *Quest. de droit*, vᵒ *Appel*, § 1ᵉʳ, nᵒ 12; Carré, *Quest.* 1645; Bioche, vᵒ *Appel*, nᵒ 42; Coffinières, *Encyclop. du droit*, vᵒ *Appel*, nᵒˢ 53 et 54; Bourges, 3 août 1811 et 6 août 1824; Cass., 25 juin 1811; Rennes, 19 nov. 1813; Poitiers, 4 mai 1824). — M. Chauveau, sur Carré, *Quest.* 1645, soutient, au contraire, qu'on doit appeler, dans tous les cas, du jugement qui a débouté de l'opposition. V. aussi en ce sens, Paris, 14 juill. 1843.—En présence de cette divergence d'opinions, la prudence exige qu'on appelle en même temps du jugement par défaut et du jugement de débouté d'opposition.

54. Le jugement de *défaut-congé*, c'est-à-dire le jugement obtenu par le défendeur contre le demandeur, faute par ce dernier de comparaître sur l'assignation donnée par lui-même, est-il susceptible d'appel? Cette question, vivement controversée, a donné lieu à plusieurs systèmes.

55. Dans un premier système, on prétend que, lorsque le défendeur prend un défaut-congé contre le demandeur, le jugement ne vérifiant pas la demande, ne décidant rien sur le fond de la contestation, le premier degré de juridiction n'est pas épuisé, et que, dès lors, le défaut-congé prononcé contre le demandeur exclut de sa part toute possibilité d'appel. D'ailleurs, ajoute-t-on, ouvrir la voie de l'appel, dans ce cas, ce serait donner au demandeur un moyen trop facile d'éluder le premier degré de juridiction. Dans ce système, le demandeur ne peut que renouveler sa demande (Turin, 23 août 1809 ; Bruxelles, 26 avril 1810; Dijon, 8 juill. 1830; Taillandier, *Traité de l'appel*, nᵒ 75 ; Boncenne, *Théorie de la procéd.*, t. 3, p. 16 et suiv.; Coffinières, *Encyclop. du droit*, vᵒ *Appel*, nᵒˢ 56 et 57).

56. Un second système, également absolu, consiste à soutenir que l'appel est permis contre le jugement de défaut-congé, de même que contre les autres jugements par défaut, quand la voie de l'opposition n'existe plus, par la raison qu'il s'agit là d'un véritable jugement, lequel, par conséquent, ne peut tomber que s'il est attaqué par les voies légales (Orléans, 30 août 1809 ; Nîmes, 14 nov. 1825 ; Poitiers, 14 fév. 1837; Merlin, *Quest. de droit*, vᵒ *Appel*, § 1ᵉʳ, nᵒ 11-3"; Pigeau, *Comment.*, t. 4, p. 350; Rivoire, *Traité de l'Appel*, nᵒ 62 ; Dalloz, *Répert.*, vᵒ *Appel*, nᵒ 245 ; Chauveau sur Carré, *Quest.* 617).

57. Un troisième système n'admet l'appel que sous certaines conditions. Ainsi, d'abord, d'après M. Thomine-Desmazures (t. 1, p. 292, nᵒ 183), l'appel est recevable contre un jugement de défaut-congé, dans le cas où l'action aurait été prescrite dans l'intervalle de la demande au jugement. — Selon M. Bioche (*Dict. de procéd.*, vᵒ *Appel*, nᵒ 43); si, en l'absence du demandeur, le défendeur, suivant l'audience, conclut à ce que la demande soit déclarée *mal fondée*, comme le tribunal doit, dans ce cas, nécessairement statuer au fond, le premier degré de juridiction étant épuisé, la voie de l'appel sera ouverte au demandeur. Si, au contraire, le défendeur se borne à demander que le défaut-congé soit prononcé, sans prendre de conclusions au fond, le tribunal ne statuant pas sur le mérite de la demande, mais prononçant seulement le défaut, il n'y a pas de jugement, et, par conséquent, il ne peut y avoir lieu à appel.

58. De ces différents systèmes, le second est celui qui nous paraît devoir être adopté comme étant le plus conforme à la loi. En effet, le jugement de défaut-congé, étant fondé sur la maxime, *Actore non probante reus absolvitur*, ne diffère en rien de tous ceux qui rejettent une demande comme non justifiée. D'un autre côté, l'art. 455, Cod. proc. civ., est conçu en termes généraux; il ne fait et ne comporte aucune distinction entre les divers jugements par défaut. Enfin, si le jugement de défaut-congé n'était pas susceptible d'appel, comme il ne serait pas non plus susceptible d'opposition, le demandeur en éprouverait un préjudice dans le cas où son action aurait été prescrite dans l'intervalle de la demande au jugement. Nous croyons donc qu'il n'y a pas lieu de faire une exception à la règle de l'art. 455 pour ce qui concerne le jugement de défaut-congé.

§ 3. — Jugements contradictoires (préparatoires, interlocutoires, définitifs et d'expédient).

59. Le droit romain n'admettait point, en règle générale, l'appel d'un jugement non définitif, fût-il même interlocutoire. Ce principe subsista en France jusqu'à la déclaration du 14 mai 1717, qui autorisa les parlements à recevoir les appels des jugements tant préparatoires, interlocutoires, que définitifs, sans aucune distinction. Mais le caractère des jugements préparatoires et des jugements interlocutoires n'étant pas bien défini, ces dénominations suscitèrent dans la pratique des difficultés qui donnèrent lieu à la loi du 3 brum. an 2. D'après l'art. 6 de cette loi, on ne pouvait appeler d'aucun jugement préparatoire pendant le cours de l'instruction.

60. Le Code de procédure permet l'appel des jugements préparatoires et des jugements interlocutoires ; mais il a maintenu la distinction entre ces jugements relativement à l'époque où l'appel peut être formé (C. proc. civ., art. 451).—V. *Infrà*.

61. Il importait, toutefois, de définir ce qu'il fallait entendre par jugements préparatoires et par jugements interlocutoires. De là l'art. 452, C. proc. civ., d'après lequel on doit réputer *préparatoires* les jugements rendus pour l'instruction de la cause, et qui tendent à mettre le procès en état de recevoir jugement définitif, et *interlocutoires* les jugements rendus lorsque le tribunal ordonne, avant dire droit, une preuve, une vérification, ou une instruction qui préjuge le fond.

62. Conformément à cette distinction, il a été jugé qu'on devait considérer comme préparatoires, et comme tels non susceptibles d'appel isolément, notamment le jugement qui ordonne la signification des titres au moyen desquels l'une des parties prétend justifier ses droits vis-à-vis de l'autre (Agen, 24 fév. 1814).

63. ....Le jugement qui, en matière de partage d'une succession, ordonne que, avant faire droit, les parties produiront leurs moyens respectifs, et nomme, en attendant, un séquestre pour administrer la succession (Orléans, 20 avril 1814), — ou qui, en ordonnant le partage d'une succession, nomme des experts pour vérifier si l'immeuble à partager est partageable en nature (Bordeaux, 30 août 1831);

64. ....Le jugement qui se borne à prononcer la remise d'une cause (Metz, 28 fév. 1831).

65. Mais le jugement qui décide que deux instances seront ou ne seront pas jointes n'est pas un jugement préparatoire dans le sens de l'art. 452, C. proc. civ. Ce jugement, en effet, est irrévocable; il faut procéder d'après les errements qu'il détermine. En conséquence, il est susceptible d'appel avant le jugement définitif (Nimes, 8 janvier 1819 ; Demiau- rouzilhac, p. 325. — V. cependant Carré, *Lois de la procéd.*, t. 2, p. 169).

66. En ce qui concerne les jugements interlocutoires, il a été spécialement décidé qu'on devait regarder comme interlocutoires, et, par conséquent, comme susceptibles d'appel avant le jugement définitif, le jugement qui ordonne la vérification de l'écriture d'un testament (Paris, 30 juill. 1838);

67. ....Le jugement qui ordonne qu'une partie sera entendue à la barre du tribunal (Orléans, 27 mai 1808), ou déclare, en matière d'interrogatoire sur faits et articles, les faits signifiés pertinents (Bruxelles, 24 juin 1806).

68. En général, le jugement qui ordonne une communication de pièces est préparatoire (Rouen, 5 mars 1841 ; Carré, édit. Chauveau, *Quest.* 1623). Toutefois, si la communication de cette pièce préjugeait le fond, le jugement serait alors interlocutoire (Rouen, 16 fév. 1843).

69. Le jugement qui ordonne la mise en cause d'un tiers est, en général, interlocutoire. Mais cette règle peut se trouver modifiée par les circonstances qui exigent la mise en cause (Chauveau sur Carré, *Quest.* 1618).

70. Nous n'avons voulu donner ici sur les jugements préparatoires et interlocutoires que quelques notions générales, afin de faire bien comprendre la différence qui existe entre eux relativement à l'appel: mais nous exposerons au mot *Jugement*, avec plus de détails, les caractères qui les distinguent.

71. Aux jugements préparatoires et interlocutoires on oppose les jugements définitifs, dont l'appel peut être interjeté huit jours après leur prononciation. A la différence du jugement interlocutoire, qui préjuge la solution du procès, le jugement définitif juge la question qui lui est soumise. Tel est le caractère distinctif du jugement définitif et du jugement interlocutoire. Toutefois, ce caractère n'est pas toujours facile à reconnaître (V., à cet égard, Chauveau sur Carré, *quest.* 1616).

72. Spécialement est définitif, et non interlocutoire, quoiqu'il réserve les dépens, le jugement qui rejette une demande pour défaut de tentative de conciliation, et, en conséquence, il peut être frappé d'appel avant le jugement sur le fond (Orléans, 2 juin 1819). — Mais on ne peut appeler d'un jugement rendu en chambre du conseil sur l'opposition à un exécutoire de dépens, même quant aux dispositions qui répartissent ces dépens entre les parties condamnées, si l'on n'a pas appelé du jugement qui statue sur le fond (Paris, 26 avril 1833 : V. *J. Huiss.*, t. 15, p. 239, et les observations qui suivent cet arrêt).

73. De même, sont définitifs, le jugement par lequel un tribunal de commerce se déclare compétent (Cass., 10 fruct. an 12), ainsi que celui par lequel des arbitres se déclarent compétents (Cass., 19 vendém. an 5);

74. ....Le jugement qui statue sur les reproches élevés contre des témoins en matière d'enquête (Douai, 14 mars 1840).

75. L'appel d'un jugement définitif est recevable sans qu'il soit nécessaire pour la partie d'appeler en même temps du jugement interlocutoire qui aurait précédé, alors même que le succès de la demande paraîtrait lié à celui de la preuve ordonnée par le jugement interlocutoire (Nancy, 25 mars 1829).

76. Les jugements définitifs sont quelquefois rendus d'accord entre les parties ; ils prennent alors le nom de *Jugements d'expédient.* Ces sortes de jugements, étant le résultat d'une transaction qui a obtenu l'assentiment de tous les intéressés, ne sont pas susceptibles d'appel (Paris, 15 mars 1811 ; Cass., 14 juill. 1813).

77. Ainsi, n'est pas recevable l'appel d'un jugement passé d'accord, qui renvoie les parties devant les arbitres, en mentionnant qu'elles ont renoncé à interjeter appel de la sentence arbitrale (Paris, 16 juin 1813).

78. On peut assimiler aux jugements d'expédient, en ce qui concerne la non-recevabilité de l'appel, les jugements qui, du consentement des parties, ont statué en dernier ressort sur une contestation qui, sans la convention, eût été susceptible du second degré de juridiction (Chauveau et Carré, *quest.* 1634 ; Poncet, *Des jugements*, t. 1er, p. 460 ; Boitard, t. 2, nos 207 et 208 ; — Cass., 5 novembre 1811 ; Rennes, 24 juin 1812 ; Paris, 20 juin 1817).

79. Mais lorsque, après la renonciation des parties à l'appel, le tribunal, au lieu de juger le fond, se déclare incompétent, le jugement est alors susceptible d'appel (Chauveau sur Carré, *quest.* 1654 *bis*).

80. De même, peut être attaqué par la voie de l'appel le jugement rendu sur des conclusions par lesquelles les parties déclarent s'en référer à justice, ces conclusions étant exclusives de toute idée d'acquiescement.

81. Enfin, le jugement auquel les parties ont acquiescé ne peut plus être par elles frappé d'appel.—V. *Acquiescement*, nos 53 et suiv.).

81 *bis.* Ainsi, spécialement, est non recevable l'appel d'un jugement qu'on a signifié sans protestation ni réserves (Bordeaux, 26 mai 1832 : V. *J. Huiss.*, t. 17, p. 24), ou d'un jugement qu'on a exécuté, quoiqu'on ait fait antérieurement des réserves (Colmar, 11 avril 1835 : V. *J. Huiss.*, t. 17, p. 55), ou d'un jugement, même exécutoire par provision, lorsqu'on l'a exécuté sur un simple commandement de s'y conformer (Bordeaux, 10 août 1830 : V. *J. Huiss.*, t. 12, p. 119.—Mais voy. *contr.*, les observations sur cet arrêt), ou enfin, d'un jugement qu'on a promis d'exécuter sur la signification avec commandement de ce jugement (Pau, 4 mars 1831 : V. *J. Huiss.*, t. 12, p. 241). —V. *infrà*, n° 117.

81 *ter.* Mais l'attestation d'un huissier que le débiteur condamné s'est libéré des dépens entre ses mains n'emporte pas de la part de ce débiteur acquiescement au jugement, et, par conséquent, il est recevable à en interjeter appel (Grenoble, 22 juin 1808 : V. *J. Huiss.*, t. 10, p. 91).

§ 4. — Jugements relatifs à des matières spéciales.

82. En matière de ventes judiciaires d'immeubles, la loi du 2 juin 1841, qui a eu pour but de simplifier et de rendre plus rapides les poursuites, a dû restreindre l'exercice de la faculté de l'appel. Ainsi, aux termes de l'art. 703, C. proc., la voie de l'appel est interdite contre le jugement qui *prononce* la remise de l'adjudication. Cette interdiction doit également être étendue au jugement qui *refuse* la remise au lieu de la prononcer (Poitiers, 22 juin 1842; Chauveau sur Carré, *quest.* 2379; Dalloz, *Répert.*, v° *Appel civil*, n°s 320 et 321).

83. On ne peut non plus appeler des jugements qui statuent sur la demande en subrogation contre le poursuivant, à moins qu'elle n'ait été intentée pour collusion ou fraude (C. proc., art. 730, 1°),—des jugements qui, sans statuer sur des incidents, donnent acte de la publication du cahier des charges, ou prononcent l'adjudication, soit avant, soit après surenchère (art. 730, 2°), — et des jugements qui statuent sur des nullités postérieures à la publication cahier des charges (même article, 3°);

84. .....Ni des jugements par défaut en matière de folle enchère; les jugements qui statuent sur les nullités peuvent seuls être attaqués par la voie de l'appel (C. proc., art. 739, § 3) ;

85. .....Ni du jugement de conversion (C. proc., art. 746, § 3). Ce jugement, en effet, est rendu sur la demande et du consentement de toutes les parties intéressées.—V. au surplus *Saisie immobilière.*

86. En matière de saisie de rentes, comme en matière de saisie immobilière, le droit d'appel ne peut être exercé contre les jugements qui, sans statuer sur des incidents, donnent acte de la publication du cahier des charges, ou qui prononcent l'adjudication, ni contre ceux qui statuent sur des nullités postérieures à la publication du cahier des charges (L. 24 mai 1842, art. 642). —V. *Saisie de rentes.*

87. En matière de surenchère sur aliénation volontaire, le droit d'appel a été expressément limité : 1° aux jugements qui statuent sur les nullités antérieures à la réception de la caution ; 2° à ceux qui statuent sur la réception même de cette caution ; et 3° à ceux qui prononcent sur la demande en subrogation intentée pour collusion ou fraude (C. proc., art. 838, § 6). — V. *Surenchère.*

88. Sur le point de savoir si le jugement qui homologue un avis de parents autorisant la vente de biens immeubles appartenant à des mineurs, est susceptible d'appel, V. *Vente de biens de mineurs.*

89. Dans les actions en partage et licitation, le jugement rendu sur les difficultés relatives aux formalités postérieures à la sommation de prendre communication du cahier des charges n'est pas sujet à l'appel. Mais il en est autrement du jugement qui statue sur les difficultés élevées sur le cahier des charges (C. proc., art. 973),—et du jugement qui ordonne le partage. — V. *Partage.*

90. En matière de faillite, la faculté d'appel existe comme pour toutes les matières en général, toutes les fois que les jugements présentent le caractère de vrais jugements. Mais, dès qu'ils offrent moins le caractère de jugements que celui d'actes d'administration, ils ne peuvent être attaqués par la voie de l'appel.—V. *Faillite.*

91. En ce qui concerne les jugements rendus en matière disciplinaire, notamment contre les huissiers, ils ne sont point sujets à l'appel. Les réclamations contre les mesures de discipline dont ils ont été l'objet, ne peuvent être adressées qu'au ministre de la justice. C'est ce qui résulte de l'art. 103 du décret du 30 mars 1808.—V. *Discipline.*

92. Sur le point de savoir si la voie de l'appel est ouverte contre les jugements rendus en matière de taxe, V. *Taxe*.

93. Enfin, des règles spéciales régissent également les jugements rendus en matière d'enregistrement et de timbre relativement aux voies de recours dont ils sont susceptibles. En matière d'enregistrement, les procès sont jugés en premier et dernier ressort. Ainsi, ils sont sans appel, et ne peuvent être attaqués que par la voie de cassation (L. 22 frim. an 7, art. 65).—V. *Enregistrement*. — Il en est de même des jugements rendus en matière de timbre (L. 13 brum. an 7, art. 32).—V. *Timbre*.

§ 5. — Ordonnances.

94. On distingue deux sortes d'ordonnances, celles qui sont rendues par le tribunal entier, et celles qui émanent d'un seul juge. Ces ordonnances sont-elles susceptibles de recours ? Cette question présente une difficulté sérieuse, qui provient surtout du silence du législateur. On peut cependant poser une règle générale qui peut servir à la résoudre. Ainsi, il en doit être des ordonnances comme des jugements. De même que ceux-ci ne donnent lieu à un recours qu'autant qu'ils présentent les caractères de jugements véritables, de même aussi les ordonnances ne peuvent être attaquées que lorsqu'elles constituent une décision judiciaire. Or, on peut considérer comme telle l'ordonnance qui rend le juge agissant dans le cercle de la juridiction contentieuse, et on doit refuser ce caractère à l'ordonnance émanée du jugement agissant dans les limites de la juridiction gracieuse.

95. Lorsqu'une ordonnance revêt le caractère de décision judiciaire, la voie de l'appel est ouverte contre elle. Spécialement, les ordonnances de référé étant de véritables jugements sont sujettes à l'appel (C. proc., art. 809), sans qu'il soit nécessaire qu'un jugement ait préalablement statué sur le mérite de ces ordonnances (Cass., 12 avril 1820; Carré et Chauveau, *quest.* 2774; Bilhard, *des Référés*, p. 741; Debelleyme, *Ordonnances de référé*, t. 2, p. 47; Talandier, *de l'Appel*, n° 37).—V. *infrà*, n° 105.

96. Ainsi, sont susceptibles d'appel :

1° Les ordonnances qui prescrivent de remettre les pièces communiquées dans une instance : car si la loi ne parle que de l'opposition à former contre ces ordonnances (C. proc., art. 192), elle ne défend pas de les attaquer par la voie de l'appel) ; — ainsi que celles qui accordent la permission d'arrêter un étranger (Talandier, n° 44 ; Rivoire, *de l'Appel*, n° 76; Dalloz, *Répert. général*, v° *Appel*, n°s 381 et suiv.),—ou ordonnent la mise en liberté d'un individu arrêté ou détenu pour dettes, pour défaut de consignation d'aliments (L. 17 avril 1832, art. 30. — Et, dans ce dernier cas, l'appel doit être porté devant la Cour d'appel, et non devant le tribunal (Toulouse, 30 nov. 1836).

97. 2° Les ordonnances qui portent permission d'assigner à bref délai (Rennes, 2 mai 1811; Toulouse, 13 janv. 1823; Bourges, 20 déc. 1831; — Boncenne, t. 2, p. 61; Boitard, t. 1er, p. 314. — V. cependant, en sens contraire, un arrêt de Bordeaux, du 12 janv. 1833, qui accorde la voie de l'opposition seulement).

98. 3° Celles du président du tribunal de commerce autorisant la saisie des meubles et effets d'un débiteur (Coffinières, *Encyclop. du droit*, v° *Appel*, n° 37.— *Contr.*, Bruxelles, 17 mars 1812). D'après cet arrêt, l'opposition seule serait recevable contre les ordonnances dont il s'agit ; mais il est en contradiction avec l'art. 417, C. proc. civ.

99. Mais on ne peut appeler des ordonnances qui fixent les jour et heure d'une descente de lieux, ou le jour d'un interrogatoire. Ces ordonnances sont seulement susceptibles d'opposition (*Contrà*, Talandier, n°s 40 et 41) ;

100. .... Des ordonnances portant permission de former une saisie-arrêt

(Chauveau sur Carré, *quest.* 378; Paris, 28 août 1843; 25 mars 1844); nous croyons, en effet, que ces ordonnances ne sont que des actes de juridiction gracieuse;

101. .... Des ordonnances rendues par le juge commis à l'examen d'un compte. La raison en est que le juge-commissaire ne faisant autre chose que donner à l'oyant un titre pour réclamer ce que le comptable reconnaît lui devoir, son ordonnance ne peut avoir aucun des caractères d'un jugement, puisqu'à cet égard il n'y a rien de litigieux entre les parties (Carré, édit. Chauveau, *quest.* 1874; Dalloz, *Répert.,* v° *Appel civil,* n°s 414 et suiv.; Turin, 1er juin 1812);

102. .... Des ordonnances par lesquelles, en matière de distribution par contribution et d'ordre, le juge-commissaire renvoie les contestants à l'audience (C. proc., art. 758). Mais c'est une question très-controversée que de savoir si l'ordonnance du juge-commissaire prononçant la clôture définitive de l'ordre est ou non susceptible d'appel. L'examen de cette question trouvera plus naturellement sa place au mot *Ordre,* auquel, par conséquent, nous nous bornerons ici à renvoyer.

103. Est-ce par la voie de l'appel ou par celle de l'opposition qu'il y a lieu de se pourvoir contre les ordonnances d'*exequatur,* c'est-à-dire celles par lesquelles le président du tribunal confère aux jugements arbitraux la force exécutoire? V., à cet égard, le mot *Arbitrage.*

104. Que faut-il décider relativement aux ordonnances d'envoi en possession? Plusieurs systèmes ont été émis à cet égard. Un arrêt de la Cour de Limoges du 12 fév. 1817 a jugé qu'on pouvait se pourvoir par appel contre ces ordonnances, et que la voie de l'opposition n'était pas nécessaire. M. Chauveau, au contraire, dans ses observations sur Carré, *Lois de la proc.,* t. 1, *quest.* 378, met ces ordonnances dans la classe de celles qui appartiennent à la juridiction gracieuse du président, et pense qu'elles ne donnent ouverture à aucun recours. M. Talandier, *Traité de l'appel,* n° 42, prenant un système intermédiaire entre les deux qui viennent d'être indiqués, admet la voie de l'appel, mais subsidiairement à l'opposition et dans le cas où ce dernier moyen a été tenté sans succès. Ce dernier système, qui nous paraît préférable, est celui qui a été adopté aussi par M. Dalloz, *Répert.,* v° *Appel civil.* n°s 388 et suiv.

105. Par suite de l'assimilation des ordonnances aux jugements, on doit décider que l'appel des ordonnances de référé est, comme celui des jugements, soumis aux règles ordinaires de deux degrés de juridiction.—Ainsi, n'est pas susceptible d'appel, l'ordonnance de référé qui statue sur l'exécution d'un jugement en dernier ressort (Paris, 16 avril 1836 : V. *J. Huiss.,* t. 17, p. 248) —V. *supra,* n° 95.

106. Ainsi, l'ordonnance qui condamne un témoin qui ne comparaît pas à une enquête à l'amende et à des dommages-intérêts ne peut être attaquée par appel en ce qui concerne l'amende, puisque cette amende ne peut excéder 100 fr. (C. proc., art. 263). Elle ne peut l'être en ce qui concerne les dommages-intérêts qu'autant qu'ils excèdent le taux du dernier ressort (Talandier, n° 39).

Sect. II. — *Personnes qui peuvent interjeter appel.*

107. Il ne suffit pas, pour avoir le droit d'appeler d'une décision judiciaire, qu'on soit lésé par cette décision; il faut encore y avoir été partie. L'appel n'étant qu'une suite de l'instance qui a eu lieu devant le premier degré de juridiction, il était naturel, en effet, qu'il pût être formé que par ceux-là seuls entre lesquels le débat s'était engagé. Toutes autres personnes qui se prétendent lésées par un jugement n'ont que la voie de la *tierce opposition.*—V. ce mot.

108. Quelque simple que soit ce principe, il offre cependant, dans l'application, quelques difficultés que nous examinerons successivement : 1° à l'égard des parties elles-mêmes, 2° de leurs héritiers, 3° de leurs ayants cause, 4° de leurs mandataires, 5° des représentants légaux.

109. 1° *Parties.* — Le droit d'appeler d'un jugement appartient à tous ceux qui y ont été parties, sous la condition qu'ils y aient intérêt, qu'ils n'aient pas consenti à l'exécution du jugement, et qu'ils aient la capacité requise pour ester en justice.

110. Les deux parties ont, à cet égard, un droit égal. Celui qui est intervenu dans une instance, avec des droits distincts de ceux du demandeur principal, a aussi le droit d'appeler du jugement, encore bien qu'il ait acquis l'autorité de la chose jugée à l'égard du demandeur, s'il ne l'a point acquise à l'égard de lui intervenant (Cass., 13 nov. 1833). L'acquiescement de la partie principale au jugement n'empêche pas non plus l'intervenant d'en interjeter appel (Bourges, 2 avril 1828).

111. Le mineur devenu majeur, la femme devenue veuve, etc., peuvent également appeler du jugement auquel ils ont été représentés par leur tuteur et par leur mari. Ils sont en cause dans la personne de ces derniers (Cass., 8 mars 1814; Rivoire, *de l'Appel*, p. 111).

112. Mais l'appel interjeté par un mineur serait manifestement nul, puisque ce mineur n'est pas légalement capable. Toutefois, cette nullité est purement relative; elle ne peut être opposée par l'adversaire du mineur (Cass., 22 oct. 1807).

113. Sur le point de savoir si la femme mariée peut interjeter appel sans l'autorisation de son mari, V. *Autorisation de femme mariée.* Nous ferons seulement remarquer ici que le jugement qui restreint l'hypothèque légale de la femme sur certains immeubles de son mari, étant rendu contradictoirement avec le ministère public, ne peut être frappé d'appel de la part de la femme qui n'a pas figuré comme partie dans l'instance, même après sa séparation de biens (Grenoble, 18 janv. 1833). — V., au surplus, *Hypothèques*, *Séparation de biens.*

114. Le prodigue peut, comme acte conservatoire, interjeter appel sans l'assistance de son conseil judiciaire : mais l'appel n'est recevable qu'autant que le conseil le ratifie par son concours à l'instance (Paris, 27 mars 1844; Montpellier, 1er juill. 1840; Bourges, 28 janv. 1842).

115. Nous avons dit précédemment que l'intérêt était comme la capacité une condition exigée pour l'exercice du droit d'appel. Ainsi, n'est pas recevable l'appel d'un jugement qui ne fait aucun grief à l'appelant (Grenoble, 29 janv. 1825). Le défaut d'intérêt constitue une fin de non-recevoir péremptoire.

116. Mais il suffit d'avoir intérêt à faire réformer une partie du jugement pour que l'appel soit recevable. Par exemple, la partie à qui ont été adjugées ses conclusions subsidiaires peut appeler du jugement dans la disposition qui a rejeté ses conclusions principales (Cass., 7 flor. an 11 ; Orléans, 10 avril 1835 ; Cass., 5 nov. 1839). — De même, une partie peut appeler du jugement qui a rejeté ses conclusions principales, quoiqu'il lui ait adjugé ses conclusions subsidiaires (Grenoble, 1er germ. an 9).

117. Une partie peut interjeter appel des dispositions d'un jugement qui lui font grief, quoiqu'elle ait exécuté les dispositions qui lui sont favorables, si, en exécutant ces dernières, elle a fait réserve expresse d'attaquer les premières par appel (Poitiers, 3 juin 1828). — V. *suprà*, n° 81 *bis*.

118. Les personnes qui ont les mêmes droits sont censées s'être donné réciproquement le droit de se représenter. Il résulte de là que celle de ces personnes qui n'était pas personnellement en cause peut profiter de l'appel interjeté par les autres. Il en est ainsi surtout, lorsque cette personne, loin de désavouer l'appel formé par son coïntéressé, figure dans le procès d'appel (Nancy, 28 juin 1829).

119. Spécialement, un codébiteur solidaire peut interjeter appel d'un jugement rendu contre son codébiteur (Cass., 30 mars 1825) ; — un associé en nom collectif d'un jugement rendu contre son coassocié (C. comm., art. 22) ; — la caution qui s'est obligée solidairement avec le débiteur principal, ou qui a renoncé au bénéfice de discussion, du jugement rendu contre le débiteur principal (C. civ., art. 2021) ; — le propriétaire par indivis, du jugement qui condamne son copropriétaire à souffrir l'exercice d'une servitude qui grève le fonds commun (Cass., 15 juill. 1830 ; Chauveau sur Carré, *quest.* 1565. — *Contr.*, Bourges, 30 nov. 1830).

120. Lorsqu'une caution n'est pas obligée solidairement, le débiteur principal ne peut interjeter appel du jugement rendu contre elle (C. civ., art. 2029 et 2031).

121. L'huissier suspendu de ses fonctions par un jugement de première instance, pour avoir procédé à une saisie vexatoire, ne peut interjeter appel de ce jugement contre le saisi, si ce dernier n'a pris contre lui aucunes conclusions (Bruxelles, 10 nov. 1819). En effet, il n'y a point été partie.

122. Du reste, l'appel formé par une personne sans qualité ne peut être regardé comme s'il n'existait pas : il faut que les juges qui en sont saisis le déclarent nul (Dalloz, *Répert.*, v° *Appel*, n° 476).

123. 2° *Héritiers.*—Les héritiers représentant la personne même du défunt participent à tous ses droits. Ainsi, non-seulement ils profitent de l'appel interjeté par leur auteur, mais ils peuvent eux-mêmes appeler du jugement rendu contre lui.

124. Le droit d'appeler de ce jugement appartient aussi bien aux héritiers naturels qu'aux héritiers institués par disposition de dernière volonté (Paris, 30 déc. 1823).

125. Quoique le successeur à titre particulier n'ait pas qualité suffisante pour reprendre l'instance engagée par son auteur et se substituer à ce dernier dans le procès, il peut néanmoins appeler d'un jugement rendu contre lui, si ce jugement affecte directement son droit (Rodière, t. 2, p. 326 ; Dalloz, *Répert.*, v° *Appel civil*, n° 539).

126. L'héritier qui recueille une succession en possession de laquelle se trouvait un autre héritier, ou qui était gérée comme vacante par un curateur, a droit d'appeler des jugements obtenus contre ceux-ci (Proudhon, *Traité de l'usufruit*, t. 3, p. 277, 394 et 395).

127. L'appel interjeté après le décès de l'auteur commun par l'un des cohéritiers seulement ne profite point aux autres dans le cas où il s'agit d'une dette divisible et non solidaire, les droits et actions du défunt se divisant de plein droit entre les héritiers (Cass., 21 brum. an 7).

128. Toutefois, si l'appelant a agi tant en son nom personnel qu'au nom de ses cohéritiers, quoique sans pouvoirs de leur part, ceux-ci peuvent, en intervenant dans la cause et en ratifiant l'appel, profiter des bénéfices de cet appel (Angers, 22 mai 1817).

129. Lorsqu'il s'agit d'une matière *indivisible*, l'appel interjeté contre l'un des héritiers a effet contre les autres (Bordeaux, 14 avr. 1829).

130. 3° *Ayants cause.*—L'ayant cause, étant censé avoir reçu un mandat tacite de la loi ou de la convention, pour agir dans son intérêt personnel, en exerçant les actions du tiers qu'il représente, peut appeler des jugements rendus contre ce dernier, à moins qu'il ne s'agisse de droits exclusivement attachés à sa personne (Cod. civ., art. 1166).

131. Par application de ce principe, il a été décidé que les créanciers ont qualité, comme exerçant les droits de leur débiteur, pour interjeter appel d'un jugement qui préjudicie à celui-ci, lorsqu'il ne s'agit pas, dans le procès, d'un droit exclusivement attaché à sa personne (Poitiers, 6 juill. 1824 ; Besançon, 17 janv. 1829 ; Bordeaux, 7 déc. 1829 ; Limoges, 28 avril 1841). C'est aussi ce qu'enseignent généralement les auteurs (V. Chauveau sur Carré, *Quest.* 1581 *bis ;* Talandier, n°s 22 et 23 ; Rivoire, n° 103 ; Coffinières, *Encyclop. du droit,* v° *Appel (en mat. civ.*), n° 76 ; Dalloz, *Répert.*, v° *Appel civil,* n° 555.—Mais V. *contr.* Rodière, t. 2, p. 327, dont l'opinion est isolée).

132. Par arrêt du 16 janv. 1835, la Cour de Toulouse a spécialement consacré ce principe en faveur d'un avoué. Ainsi, elle a décidé que, bien qu'un avoué ne pût pas, pour le paiement de ses frais, appeler *en son propre nom* du jugement rendu contre son client, il était néanmoins recevable à le faire comme exerçant les droits de son débiteur.

133. Mais le créancier, qui est intervenu dans une instance engagée par son débiteur, en vertu de l'art. 1166, Cod. civ., peut, alors que la cause a été instruite et jugée avec lui, appeler, seul et en son nom, du jugement qui rejette la demande du débiteur, encore bien que le jugement ait acquis force de chose jugée à l'égard de ce dernier (Bourges, 7 fév. 1824).

134. Au nombre des ayants cause auxquels appartient le droit d'appel, il faut placer : 1° les acquéreurs et cessionnaires;

135. Ainsi, l'acquéreur peut interjeter appel d'un jugement rendu contre son vendeur, lorsque la contestation est née avant la vente : car, après la vente, le vendeur étant dessaisi de la propriété, les jugements rendus contre lui ne peuvent être opposés à l'acquéreur, qui, dès lors, n'a ni intérêt ni qualité pour en appeler (Proudhon, *de l'Usufruit,* t. 3, n° 1343 ; Talandier, n° 12 ; Rivoire, n° 101 ; Chauveau sur Carré, *Quest.* 1581 *bis*).

136. Décidé, conformément à ce principe, qu'un acquéreur recherché par action hypothécaire peut, comme *ayant cause* de son vendeur, attaquer par la voie d'appel un jugement *précédemment* rendu contre ce dernier, s'il prétend qu'il fait grief à lui acquéreur (Colmar, 5 janv. 1808 ; Poitiers, 6 juill. 1824).

137. Le cessionnaire d'une créance peut aussi interjeter appel d'un jugement rendu contre son cédant, pourvu toutefois que la cession ait été signifiée. —Si elle ne l'a point été, le cédant conserve seul le droit d'appeler du jugement rendu contre lui relativement à la créance cédée (Bordeaux, 29 avr. 1829; Carré, *Quest.* 1581 *bis*).

138. Quant au vendeur et au cédant, ils ne peuvent appeler du jugement rendu avec l'acquéreur et le cessionnaire, à moins qu'ils ne prennent le fait et cause de ces derniers. – V. *Garantie, Vente.*

139. 2° Les donataires : ceux-ci peuvent, dans les mêmes cas où ce droit appartient aux acquéreurs, appeler des jugements rendus avec le donateur (Talandier, n° 16). Mais le donateur n'a, en aucun cas, la faculté de se rendre appelant des jugements rendus avec le donataire (Talandier, n° 17);

140. L'usufruitier ne peut non plus appeler du jugement qui attribue à un tiers la propriété de la chose dont l'usufruit lui a été légué, lorsqu'en première instance l'héritier seul a été en cause ; ce jugement ne saurait lui être opposé, une condamnation personnelle pouvant seule le dépouiller de son usufruit (Rivoire, n° 105; Proudhon, *de l'Usufruit,* t. 3, p. 359).

141. 3° Les garants : la question de savoir si le garant peut appeler en son nom personnel, à défaut du garanti, du jugement rendu contre ce dernier, est affirmativement résolue par presque tous les auteurs (V. Rodière, t. 2, p. 329 ; Merlin, *Quest. de droit,* v° *Appel,* § 2, n° 4 *bis ;* Talandier, n° 19 ; Rivoire, n° 104 ; Dalloz, *Répert.*, v° *Appel civ.*, n° 567). Cependant, l'opinion contraire est soutenue par M. Chauveau sur Carré, *Quest.* 1581 *quater,* n° 1. Nous ne croyons pas que cette dernière opinion puisse être suivie : car le jugement qui adjuge la demande principale fait, en résultat, tomber sur le garant tout le poids de la condamnation. C'est donc lui principalement qui a intérêt à l'attaquer. Aussi. le droit d'appel a-t-il été admis par la jurisprudence en faveur du garant (Cass., 10 mars 1829 ; 11 mai 1830 ; 16 juin 1831 ; 12 avril 1843).

142. Dans l'hypothèse qui précède nous avons supposé que l'instance n'avait été liée qu'avec le garanti. A plus forte raison, le garant, avec lequel l'instance a été prise, peut-il appeler des jugements qui lui font grief, et ce encore bien que le garanti y ait acquiescé (Cass., 10 mars 1829; 2 déc. 1833; 19 août 1840; Toulouse, 16 nov. 1825; Bordeaux, 22 janv. 1827).

143. 4° La caution : la caution peut également, comme ayant cause du débiteur principal, appeler du jugement rendu contre lui, mais seulement en excipant des moyens inhérents à la cause, que le débiteur a employés ou pouvait employer (Grenoble, 18 janv. 1832). Dans le cas où elle emploie des moyens étrangers au débiteur, elle doit agir par la voie de la tierce opposition.

144. En général, ceux qui ne tiennent pas leurs droits de l'une des parties qui ont été en cause en première instance, sont non recevables à appeler du jugement dans lequel ils n'ont pas figuré, bien que ce jugement ait attribué à un tiers la propriété de la chose qui leur était commune avec la partie condamnée, à moins cependant qu'il ne s'agisse d'une chose indivisible ou d'une dette solidaire. Ils ne peuvent former contre le jugement qu'une tierce opposition.—V. *Tierce opposition.*

145. 4° *Mandataires.* — Les mandataires peuvent interjeter appel des jugements rendus contre leurs mandants. Mais ils doivent avoir un mandat spécial (Limoges, 30 déc. 1823 ; Rennes, 23 août 1811) ; et ce mandat doit être relaté dans l'original et dans la copie de l'acte d'appel (Cass., 24 brum. an 9 ; 16 prair. an 12 (V. *J. Huiss.*, t. 3, p. 247).—Ainsi, un régisseur ne pourrait aujourd'hui, sans un mandat spécial, interjeter appel d'un jugement rendu contre le propriétaire des biens régis (V. cependant Cass., 22 brum. an 12 : *J. Huiss.*, t. 3, p. 249).

146. L'avoué, qui a occupé en première instance, ne peut même interjeter appel sans un pouvoir exprès (Poncet, *des Jugements*, t. 1, p. 496 ; Talandier, n° 33). Il n'y a d'exception à cette règle que lorsque la loi abrège le délai d'appel, et le fait courir à partir de la signification à avoué (Talandier, *ibid*).

147. Le mandataire doit agir à la requête du mandant. Quels que soient les termes de la procuration, il ne peut interjeter appel *en son propre nom.* Un appel ainsi formé serait nul (Aix, 18 fév. 1808).

148. Néanmoins, il a été décidé que l'appel interjeté par un mandataire, *en son nom*, en supposant qu'il puisse être déclaré non recevable par le motif que *Nul en France ne plaide par procureur*. peut être suppléé et ratifié jusqu'au moment de l'audience par des conclusions prises par la partie elle-même, si la déchéance résultant de l'expiration du délai n'est pas encourue ; dans tous les cas, l'irrégularité serait couverte si l'intimé concluait au fond sans proposer l'exception (Cass. 22 brum. an 12).

149. 5° *Représentants légaux.* — Les représentants légaux sont ceux qui, au lieu d'être choisis par les parties, comme les mandataires, tiennent leurs pouvoirs de la loi. Ils peuvent, quoiqu'ils n'aient point d'intérêt personnel et n'aient pas figuré dans l'instance dirigée contre ceux qu'ils représentent, interjeter appel pour le maintien des droits qu'ils sont chargés de défendre.

150. Ainsi, le *tuteur* peut interjeter appel dans l'intérêt de son pupille. S'il s'agit de droits mobiliers, il n'a pas besoin de l'autorisation du conseil de famille. Nous ne croyons pas non plus qu'une autorisation spéciale lui soit nécessaire, lorsqu'il s'agit de droits immobiliers. Car l'appel n'introduit pas l'action ; il n'est qu'une suite de l'action intentée, et pour l'exercice de laquelle le tuteur a déjà été autorisé (Cod. civ., art. 464; Coffinières, *Encyclop. du droit*, v° *Appel en mat. civ.*, n° 79; Dalloz, *Répert.*, v° *Appel civil*, n° 482; Cass., 17 nov. 1813.—*Contr.* Rivoire, n° 19).

151. Lorsque les intérêts du tuteur sont en opposition avec ceux du mineur, l'appel doit être interjeté par le *subrogé tuteur*, ou, à son défaut, par un tuteur *ad hoc* (Cod. civ., art. 420).

152. Décidé, toutefois, que le père, tuteur naturel de ses enfants, peut et doit, même avant la nomination du tuteur *ad hoc*, interjeter appel pour eux, quoique cet appel soit contraire à ses propres intérêts (Paris, 31 août 1810).

153. Des auteurs ont pensé que l'art. 420, Cod. civ., avait limité les fonctions du subrogé tuteur, et que, par conséquent, il ne pouvait appeler que dans le cas prévu par cet article (Carré, *Quest.* 1592; Boitard, t. 3, p. 60.—C'est aussi ce qui a été jugé par arrêts des cours de Limoges du 30 avr. 1810 et de Riom du 19 janv. 1837. Mais il nous paraît plus conforme à l'esprit de la loi, à la sollicitude que le législateur a mise à veiller aux intérêts des mineurs, de ne pas considérer l'article précité comme limitatif. Cette opinion est également celle de MM. Poncet, *des Jugements*, t. 1. n° 303; Coffinières, *Encyclop. du droit*, v° *Appel en mat. civ.*, n° 81; Rivoire, n° 97; Talandier, n° 27; Chauveau sur Carré, *Quest.* 1592; Dalloz, *Rép.*, v° *Appel civil*, n° 487. Et elle a été consacrée par arrêt de la Cour de Montpellier du 19 janv. 1832.

154. Aussi est-ce avec raison qu'il a été jugé que le subrogé tuteur peut appeler du jugement qui lèse les intérêts du mineur, quoique le tuteur ait acquiescé à ce jugement (Nancy, 23 août 1837).

155. Le mari est, dans certains cas, le représentant légal de sa femme. Ainsi, sous le régime dotal, et pour les choses qui font partie de la dot, le mari a le droit d'interjeter appel personnellement des jugements relatifs aux biens de sa femme (Cod. civ., art. 1549). Sous les autres régimes, à l'exception du cas où il s'agit d'actions *mobilières* ou *possessoires* (Cod. civ., art. 1428), c'est la femme qui, sauf l'autorisation de son mari, agit personnellement.—V. *Communauté, Dot, Séparation de biens.*

156. Le failli a pour représentants légaux les syndics de sa faillite; et ce sont eux qui, dans l'intérêt de la masse des créanciers, ont qualité pour interjeter appel d'un jugement rendu contre elle; et, à cet égard, ils n'ont pas besoin de l'autorisation du juge-commissaire (Paris, 23 avr. 1812). En cas de désistement d'un appel de la part des syndics, le failli pourrait, en relevant cet appel, faire valoir ses intérêts en son nom (Cass., 19 avr. 1826).—V. *Faillite.*

157. En cas d'absence, c'est aux envoyés en possession provisoire qu'appartient le droit d'appeler des jugements rendus contre l'absent (Cod. civ., art. 125 et 134).

158. Enfin, peuvent interjeter appel comme mandataires légaux :
1° Le maire, au nom de sa commune.—V. *Autorisation de plaider, Commune;*

159. 2° Les administrateurs d'établissements publics.—V. *Autorisation de plaider, Établissement public,* etc. ;

160. 3° Le préfet, dans les causes qui intéressent le domaine de l'Etat (Dalloz, *Rép.*, v° *Appel civil*, n° 517). — Un acquiescement même formel ne pourrait le priver du droit d'appeler (Agen, 2 déc. 1830). En effet, il ne peut dépendre du préfet d'aliéner le domaine de l'Etat ;

161. 4° Le ministère public, dans les causes qui intéressent l'ordre public, mais seulement toutes les fois qu'il a le droit d'agir par voie d'action. — Ainsi, il ne pourrait appeler d'un jugement pour incompétence non attaqué par les parties (Poitiers, 5 août 1819; Metz, 21 janv. 1812).

Sect. III. — *Personnes contre lesquelles on doit ou peut appeler, — et qui peuvent intervenir sur l'appel.*

162. Autrefois, dans les pays de coutumes, l'appel était dirigé contre le juge. On se bornait, selon l'expression de Loyseau (*Traité des offices*, liv. 1er, chap. 14), à faire intimer la partie par manière d'acquit. Aujourd'hui, les premiers juges restent complétement étrangers à l'instance d'appel ; c'est contre la partie, et contre la partie seule, que l'appel doit être dirigé ; et par la *partie*, il faut entendre ici celle qui, lors du jugement, était l'adversaire de l'appelant.

163. Ainsi, on ne peut intimer en appel une personne qui n'est point partie dans le jugement, ni intéressée dans la cause (Rennes, 3 fév. 1815 ; 27 juill. 1818).

164. Spécialement, on ne peut intimer sur l'appel : 1° les créanciers de celui contre lequel le jugement a été obtenu, s'ils n'y ont point été parties (Rennes, 18 mai 1811) ;

165. 2° Le cessionnaire, même après notification du transport, si le jugement qui a condamné au paiement de la somme cédée a été rendu avant la cession (Douai, 5 mars 1827 ; Orléans, 26 juin 1840 ; Chauveau sur Carré, *quest.* 1581 *ter*).

166. Si la partie, qui avait été représentée en première instance par un tuteur ou autre mandataire légal, était devenue capable depuis le jugement, ce serait contre elle que l'appel devrait être interjeté. De même, si la partie qui a obtenu le jugement avait cessé depuis d'être *integri status*, l'appel devrait être formé contre son représentant, et non contre elle.

167. La condition d'avoir un intérêt dans la cause est nécessaire pour l'intimé comme pour l'appelant. Ainsi, lorsque plusieurs parties ont figuré en première instance, si l'une d'elles est sans intérêt dans la contestation qui doit s'élever devant la Cour, elle ne doit pas être intimée (Paris, 6 mars 1815).

168. L'appelant n'est pas tenu non plus d'intimer sur l'appel les parties qui ont le même intérêt que lui, ni, à plus forte raison, celles contre lesquelles il n'a pris aucunes conclusions en première instance (Rennes, 13 août 1813 ; Carré et Chauveau, *quest.* 1581 *ter*). Mais il est prudent de dénoncer l'appel à la partie que l'arrêt peut intéresser, afin qu'elle ait à intervenir si bon lui semble (Rodière, t. 2, p. 331).

169. Si, par exemple, depuis le jugement de première instance et avant l'appel, l'immeuble en litige a été aliéné, et que l'appelant connût l'aliénation, il nous semble qu'il est utile de mettre l'acquéreur en cause d'appel, pour voir déclarer commun avec lui l'arrêt à intervenir. Si on négligeait cette précaution, on serait obligé, après l'arrêt, de demander le délaissement de l'immeuble, par action principale, ce qui occasionnerait de nouveaux frais.

170. Dans le cas où la partie qui aurait obtenu le jugement serait venue à décéder dans l'intervalle de ce jugement à l'appel, l'appel devrait être dirigé contre les héritiers ou successeurs universels. Et l'appel interjeté contre l'un des héritiers a effet, au profit de l'appelant, contre les autres héritiers (Bordeaux, 4 avril 1829). C'est à l'héritier intimé à mettre les autres en cause. — Le même principe s'applique à des propriétaires indivis, lorsqu'ils peuvent être considérés comme respectivement représentants l'un de l'autre (Montpellier, 27 juill. 1825).

171. Il s'applique aussi aux débiteurs solidaires. Ainsi, l'appel dirigé contre un seul des débiteurs solidaires est opposable aux autres, à moins que la demande n'ait été repoussée par des moyens particuliers et personnels à l'appelant. — V. *Solidarité*.

172. Mais, lorsque plusieurs parties, unies d'intérêt, peuvent profiter directement ou indirectement du jugement, si la matière est divisible, l'appel doit être interjeté contre toutes. Autrement, il ne pourrait être opposé qu'à celle vis-à-vis de laquelle il aurait été formé.

173. *Intervention.*— En ce qui concerne l'intervention en cause d'appel, l'art. 466, C. proc. civ., dispose qu'elle n'est recevable que de la part de ceux qui ont le droit de former *tierce opposition.*—V. ce mot.

174. Ainsi, hors le cas prévu par l'article précité, l'intervention d'aucune nouvelle partie ne peut avoir lieu en appel. Toutefois, selon M. Chauveau, *quest.* 1679 *ter*, cet article doit recevoir exception lorsque l'intervention est provoquée par une *demande nouvelle* formée devant la Cour. Ce n'est pas là, dit-il, une *intervention sur appel*, car sur cette demande nouvelle il n'y a pas d'appel.

175. Dans tou les cas, la partie, qui a le droit de former tierce opposition, est recevable à intervenir en cause d'appel, sans qu'il soit nécessaire que le jugement lui préjudicie (Carré et Chauveau, *quest.* 1680).—Ainsi, celui qui a été partie dans un jugement, et qui n'a pas été mis en cause sur l'appel peut se porter intervenant pour demander la confirmation du jugement (Paris, 14 nov. 1838).

176. Un préjudice moral peut-il suffire pour motiver une intervention en cause d'appel ? Par exemple, l'intervention d'un huissier dont l'acte est argué de fausses énonciations est-elle recevable ? Non, si l'allégation de faux a été proposée en première instance et que l'huissier n'ait pas jugé à propos d'intervenir ; oui, si cette allégation est proposée pour la première fois devant la Cour, parce que l'intervention est alors considérée comme si elle avait été faite en première instance (V., en ce sens, Chauveau sur Carré, *quest.* 1681 *ter*).

177. L'intervention doit être formée dans le même délai que celui dans lequel l'intervenant aurait pu interjeter appel. D'où il suit que celui qui a été partie à un jugement qu'il n'est plus en temps utile d'attaquer par appel, ne peut intervenir sur l'appel qu'une autre partie, dont les droits étaient semblables aux siens, en a interjeté dans les délais (Poitiers, 4 juin 1828).—V., au surplus, *Intervention.*

SECT. IV. — *Délais de l'appel.*

178. Le délai d'appel est régi par la loi sous l'empire de laquelle est né le droit d'appeler, et aucune loi postérieure ne peut le modifier, par suite du principe que les lois n'ont pas d'effet rétroactif. Or, le droit d'appeler prenant naissance à l'époque de la prononciation du jugement attaqué, c'est la loi alors en vigueur qui doit régler le délai d'appel.

179. Ainsi, par exemple, l'appel d'un jugement rendu sous l'empire de l'ordonnance de 1667, qui accordait 10 ans pour appeler, est recevable pendant tout ce délai, quoique la signification ait été faite et l'appel interjeté depuis le Code (Toulouse, 1er mai 1827).—De même, on doit recevoir l'appel d'un jugement rendu par défaut sous l'empire d'une loi (Ordonn. 1667, tit. 27, art. 17) qui permettait de l'attaquer, par cette voie, pendant 10 ou 30 ans (Cass., 1er mars 1820).

180. Mais l'appel des jugements rendus sous l'empire du C. proc. est régi par les dispositions de ce Code, quoique l'instance ait été commencée antérieurement (Cass., 9 déc. 1811 ; 4 mars 1812).

181. Le Code de procédure a déterminé d'une manière générale les délais d'appel (art. 443 et 449). Mais la règle qu'il indique n'est pas absolue. Il est, en effet, certaines matières spéciales auxquelles on n'aurait pu faire, sans inconvénient, l'application de cette règle. Des délais spéciaux ont été établis dans ces matières, et ils font, dès lors, exception à la règle générale. Nous ferons connaître ces exceptions.

§ 1er. — Délai pendant lequel l'appel ne peut être interjeté.

182. L'art. 449, C. proc. civ., défend d'interjeter appel des jugements *non exécutoires par provision* dans la huitaine du jour de ces jugements ; et l'art. 450 du même Code défend de les exécuter pendant le même délai.

183. Ce délai est franc, c'est-à-dire qu'on n'y comprend ni le jour de la prononciation, ni celui de l'échéance. Ainsi, on ne pourrait appeler que le 10 d'un jugement rendu le 1er (Chauveau sur Carré, *quest.* 1613 ; cass., 9 nov. 1800 ; Grenoble, 11 fév. 1813; Caen, 6 mai 1825).

184. La loi du 24 août 1790 voulait également que l'appel ne pût être interjeté pendant la huitaine du jugement, et elle frappait d'une déchéance absolue et irrévocable tout appel formé dans ce délai (tit. 5, art. 14). Le Code de procédure se borne à annuler l'appel prématuré; mais il permet de le réitérer, si l'on est encore dans les délais (art. 449).

185. La fin de non-recevoir qui résulte de la nullité d'un appel prématuré n'est pas d'ordre public ; elle doit être proposée avant toute défense au fond (Bordeaux, 21 déc. 1832 ; Chauveau sur Carré, *quest.* 1612 ter. — *Contrà*, Grenoble, 11 févr. 1813 ; Boitard, t. 2, nᵒ 196).

186. L'art. 449, C. proc., en restreignant la défense d'appeler avant la huitaine aux jugements non exécutoires par provision, a permis à la partie condamnée d'arrêter aussitôt, par l'appel, les effets des jugements exécutoires provisoirement. Spécialement, l'appel d'une sentence arbitrale peut être interjeté dans la huitaine même de l'homologation, si cette sentence est exécutoire par provision (Cass., 31 août 1815).

187. La défense d'interjeter appel dans la huitaine n'est pas non plus applicable aux jugements qui ordonnent une enquête, puisqu'ils peuvent être exécutés dans la huitaine de leur prononciation (Bourges, 21 mai 1831); mais elle s'applique au jugement qui a prononcé la déchéance d'une preuve, quoiqu'il ait ordonné de plaider au fond immédiatement (Trèves, 8 janv. 1808; Carré, édit. Chauveau, *quest.* 1614 ;

188. .... Ni aux jugements qui rejettent les demandes en nullité d'emprisonnement, ces jugements ne pouvant être considérés comme non exécutoires par provision, lorsque le débiteur est maintenu en état d'arrestation (Bordeaux, 1er déc. 1831);

189. ... Ni aux jugements rendus en matière de compétence (Bordeaux, 21 déc. 1832);

190. ... Ni aux jugements non exécutoires par provision, s'ils sont exécutés avant l'expiration de la huitaine L'infraction à l'art. 450 par la partie qui a obtenu ces jugements relève son adversaire de la prohibition de l'article 449 (Cass., 19 avril 1826);

191. ...Ni aux jugements rendus par les juges de paix : on peut en appeler après l'expiration des trois jours qui suivent celui de leur prononciation (L. 25 mai 1838, art. 13);

192. .... Ni à ceux qui émanent des tribunaux de commerce : on peut en appeler le jour même de leur prononciation (C. comm., art. 645; Paris, 7 janv. 1812; Cass., 24 juin 1816 ; Cass., 14 fév. 1817). — Peu importe que les jugements soient contradictoires ou par défaut (Cass., 24 juin 1816 ; Poitiers, 24 mars 1832; Montpellier, 13 nov. 1834 ; Pau, 10 fév. 1836 ; Paris, 22 mars 1836 ; 8 mars 1842);

193. .... Ni aux ordonnances de référé (C. proc., art. 809).— V. *Référé*.

194. L'art. 449 est également inapplicable dans les cas où le jugement, par la nature des condamnations qu'il prononce, produit son effet au moment même où il est rendu. Le droit d'appel est alors ouvert immédiatement, quoique l'exécution provisoire n'ait pas été ordonnée (Chauveau sur Carré, *quest.* 1612 ; Poncet, *des Jugements*, t. 1er, p. 458; Turin, 30 avril 1808).

195 ... Ainsi que dans ceux où le délai de l'appel se trouve réduit à cinq, huit, dix, quinze jours, comme en matière de *distribution par contribution*, d'*ordre*, de *récusation*, de *saisie immobilière*, etc.—V. ces mots.—V. aussi *infrà*, 1, n° 218.

196. Mais le délai de huitaine réglé par l'art. 449 s'applique à un jugement de séparation de corps (Caen, 6 mai 1825).

197. Enfin, on ne peut appeler des jugements par défaut en matière civile, tant que la voie de l'opposition est ouverte (C. proc., art. 443 et 455 ; -Paris, 16 nov. 1810). — V. *Opposition*.

198. Cette règle est applicable au demandeur comme au défendeur (Nîmes, 14 nov. 1825; Paris, 14 févr. 1837).

199. .... Et aux jugements exécutoires nonobstant opposition (Metz, 30 janv. 1811; Cass., 11 janv. 1817; Merlin, *Quest. de droit*, v° *Appel* ; Chauveau sur Carré, *quest.* 1641.—*Contrà*, Paris, 27 juin 1810);—ou appel (Orléans, 25 mars 1814; Rennes, 18 juin 1819), comme à ceux qui ne le sont pas.

§ 2. — Délai pendant lequel l'appel peut être interjeté.

200. Le délai ordinaire d'appel est de trois mois ; il court, pour les jugements contradictoires, du jour de la signification à personne ou domicile, et, pour les jugements par défaut, du jour où l'opposition n'est plus recevable (C. proc., art. 443).

201. Ce délai n'est pas de quatre-vingt-dix jours fixes ; il doit être réglé par le calendrier grégorien. Ainsi, les trois mois dont il se compose doivent être supputés de quantième à quantième, sans égard au nombre de jours dont chaque mois est composé (Cass., 12 mars 1816 ; Carré, édit. Chauveau, *Quest.* 1555).

202. Le délai de trois mois, pour appeler d'un jugement, doit être franc ; il ne doit comprendre ni le jour de la signification du jugement ni celui de l'échéance. En conséquence, lorsqu'un jugement a été signifié le 31 août, l'appel est valablement interjeté le 1er décembre suivant (Cass., 20 nov. 1816 ; 9 juillet 1817; 4 décemb. 1822 ;—Merlin, *Répert.*, v° *Appel*, sect. 1re, §§ 1er et 5, n° 14 ; Poncet, *des Jugements*, t. 1er, n° 317 ; Coffinières, *Encyclop. de droit*, v° *Appel* (*en matière civile*), n° 103 ; Carré et Chauveau, *Quest.* 1554 et 1555).

203. Mais, lorsque le dernier jour du délai d'appel est férié, l'appel interjeté le lendemain n'est pas recevable (Grenoble, 16 août 1826 ; Toulouse, 14 mars 1832).

204. A l'égard des jugements par défaut, le délai d'appel contre ces jugements ne commence à courir qu'après l'expiration de celui d'opposition (Rennes, 25 juin 1818). L'art. 455, C. proc. civ., veut, en effet, qu'on ne puisse appeler pendant les délais d'opposition.

205. Et même, lorsque le jugement est par défaut sur le fond, et qu'il a été frappé d'opposition , l'appel de la partie qui a formé opposition n'est pas recevable tant qu'il n'a pas été statué sur cette opposition (Lyon, 14 décemb. 1810 ; Metz, 30 avril 1813), encore bien que le délai d'opposition soit expiré, et quoique la partie, après avoir interjeté appel, se soit désistée de son opposition (Grenoble, 19 mars 1825).

206. Jugé, au contraire, que l'appel d'un jugement par défaut, rendu sur défaut-joint, interjeté par un individu qui, après avoir formé opposition à ce jugement, a abandonné cette opposition, ne peut être déclaré non recevable, sous prétexte que l'instance en opposition n'a pas été jugée (Poitiers, 31 déc. 1830).

207. L'appel serait recevable huit jours après l'opposition, si cette opposition, ayant été formée par acte extrajudiciaire, n'avait été réitérée par requête dans la huitaine. En effet, dans ce cas, l'opposition est nulle (Paris, 11 novemb. 1813). — V. au surplus, *Opposition*.

208. La disposition de l'art. 455, C. proc. civ., qui ne permet pas d'interjeter appel avant l'expiration des délais de l'opposition, est générale et s'applique même au cas où il s'agit d'un jugement par défaut que l'on prétend incompétemment rendu (Carré et Chauveau, *Quest*. 1639).

209. Mais, lorsque, après un jugement contradictoire sur la compétence, le tribunal a rendu, au fond, un jugement par défaut, la partie condamnée, qui a interjeté appel du premier jugement, peut aussi interjeter appel du second, quoiqu'elle soit encore dans les délais de l'opposition. La raison en est que, si le défaillant formait opposition au jugement qui a statué sur le fond, il se rendrait non recevable dans son appel sur la compétence ; il y aurait acquiescement (Carré et Chauveau, *Quest*. 1640 ; Rouen, 14 juillet 1808 ; Paris, 29 septemb. 1813 ; Metz, 30 août 1821 ; Bordeaux, 21 décemb. 1832 ; Nîmes, 27 décemb. 1836 ; Rennes, 7 janv. 1839).

210. Quant aux jugements des juges de paix rendus par défaut, l'art. 455 leur est applicable. Ainsi, ils ne peuvent être frappés d'appel qu'après l'expiration des délais de l'opposition (Rennes, 22 septemb. 1810 ; Cass., 8 août 1815 ; Boitard, t. 2, n° 185).

211. A l'égard des jugements préparatoires, l'appel n'en peut être interjeté qu'après le jugement définitif, et conjointement avec l'appel de ce jugement (C. proc. civ., art. 451).—Et cette prohibition est d'ordre public : d'où il suit que la fin de non-recevoir résultant de ce qu'on a appelé d'un jugement préparatoire avant le jugement définitif peut être opposée en tout état de cause (Bruxelles, 25 mars et 14 avril 1829). — Mais l'appel est recevable avec celui du jugement définitif, encore bien que le jugement préparatoire ait été exécuté sans réserves (art. 451).

212. Il n'en est pas de l'appel d'un jugement interlocutoire comme de celui d'un jugement préparatoire ; il peut être interjeté avant le jugement définitif (C. proc. civ., art. 451). Il ne s'agit là, du reste, que d'une faculté. Ainsi, rien ne s'oppose à ce que l'appel d'un jugement interlocutoire ne soit interjeté qu'avec l'appel du jugement définitif. Et, le jugement interlocutoire peut être frappé d'appel, quoiqu'il ait été exécuté même sans réserves (Colmar, 6 avril 1811 ; Nancy, 28 juill. 1817 ; Bourges, 2 fév. 1824 ; Bordeaux, 29 nov. 1828.—V. cependant *contr.*, Metz, 23 nov. 1815 et 5 janv. 1820 ; Limoges, 13 mai 1823 ; Cass., 1er fév. 1830).

213. Il est à remarquer aussi que l'appel d'un jugement interlocutoire, interjeté en même temps que l'appel du jugement définitif, dans les délais fixés pour ce dernier appel, est recevable, encore bien qu'il se soit écoulé plus de trois mois depuis la signification de ce jugement interlocutoire (Bourges, 23 juill. 1823, et 23 nov. 1825 ; Poitiers, 5 déc. 1823 ; Caen, 2 août 1826 ; Toulouse, 10 juill. 1827 ; Cass., 17 nov. 1829 ; Pau, 5 mai 1836 ; Carré et Chauveau, *quest*. 1616 et 1629 ; Talandier, *de l'Appel*, n° 148).

214. Comme les jugements interlocutoires, les jugements qui accordent une provision peuvent être frappés d'appel avant le jugement définitif (C. proc. civ., art. 451). Cette disposition s'applique spécialement au jugement qui, sur une demande en interdiction, nomme, avant de statuer, un administrateur provisoire (Bruxelles, 28 déc. 1826),—et au jugement qui accorde à l'une des parties la possession provisoire d'un immeuble litigieux (Cass., 4 août 1819). —Nous croyons qu'il y a lieu de l'appliquer aussi au jugement qui nomme un séquestre pour administrer les biens pendant l'instance en partage (V., en ce sens, Chauveau sur Carré, *quest*. 1617 *bis*.— Mais, V. *contr.*, Orléans, 20 avril 1814 ; Cass., 18 mars 1828).

215. L'appel des jugements rendus sur des questions de compétence par les juges de paix, lorsque ces magistrats se sont déclarés compétents, ne peut être interjeté qu'après le jugement définitif (L., 25 mai 1838, art. 14).

216. Le délai de trois mois déterminé par l'art. 443, C. proc. civ., est un délai général qui s'applique à tous les jugements sans distinction, à moins qu'il n'ait été fixé un délai exceptionnel. Des délais spéciaux ont, en effet, été établis pour quelques matières particulières. Ils sont spécifiés par les divers Codes ou par des lois spéciales. Nous nous bornerons ici à les indiquer.

217. Ainsi, d'abord, le délai dans lequel l'appel des jugements rendus par les juges de paix doit être interjeté est de *trente jours* à partir de la signification à l'égard des personnes domiciliées dans le canton. Les personnes domiciliées hors du canton ont, outre le délai de trente jours, le délai réglé par les art. 73 et 1033, C. proc. civ. (L. 25 mai 1838, art. 13).

218. Le délai d'appel est :

1° De *cinq jours* à dater du jugement sur les demandes en renvoi pour cause de parenté (C. proc., art. 377), et sur les demandes en récusation (C. proc., art. 392.)—V. *Récusation, Renvoi (demande en)*;

2° De *huit jours*, à compter de la signification du jugement en matière de *douanes* et de contributions indirectes. — V. *Douanes, Contributions indirectes;*

3° De *dix jours*, à dater de la signification à avoué, pour le jugement de distribution par contribution (C. proc., art. 669), et pour le jugement d'ordre (C. proc., art. 763).—V. *Distribution par contribution, Ordre;*

4° De *dix jours*, à compter de la signification à avoué ou à personne ou domicile, outre un jour par cinq myriamètres de distance : 1° pour les jugements en matière de saisie immobilière, susceptibles d'être attaqués par la voie de l'appel (C. proc., art. 731).—V. *Saisie immobilière;*—Et 2° pour les jugements en matière de ventes judiciaires de biens immeubles (C. proc., art. 838, 964, 973, 988, 997 et 731);

5° De *quinze jours*, à dater de la signification à personne ou à domicile, pour les ordonnances de référé, dans le cas où l'appel est permis (C. proc., art. 809).—V. *Référé;*

6° D'*un mois*, à dater du jugement d'adoption (C. civ., art. 357);

7° De *quinze jours*, à compter de la signification, outre un jour par cinq myriamètres, pour les jugements rendus en matière de faillite (C. comm., art. 582).—V. *Faillite.*

219. Comme on vient de le voir, les jugements et ordonnances dont on doit appeler dans un délai moindre que celui de trois mois, sont soumis à des règles particulières pour l'époque à compter de laquelle court le délai d'appel. A l'égard de quelques-uns, ce délai court à compter du jugement; pour d'autres, à partir de la signification à avoué; pour d'autres enfin, à partir de la signification à personne ou à domicile. Pour quelques-uns de ces jugements, le délai doit être augmenté en raison des distances. Quant aux autres, il n'y a point lieu à augmentation, et l'appel interjeté après l'expiration des délais prescrits serait non recevable.

220. En ce qui concerne le délai de trois mois, comme il a été fixé d'une manière assez large pour pouvoir être appliqué à tous les points du territoire, il n'est pas susceptible d'augmentation à raison des distances, à l'égard des personnes qui demeurent dans la France continentale. L'art. 1033, C. proc. civ., n'est donc point applicable à ce délai (Cass., 8 août 1809 (*J. Huiss.*, t. 3, p. 259); Bourges, 20 mars 1810; Nancy, 20 nov. 1812; Chauveau et Carré, *quest.* 1554 et 3410; Poncet, *des Jugements*, t. 1er, p. 421; Rauter, *Cours de procéd.*, n° 251; Thomine-Desmazures, sur l'art. 443; Coffinières, *Encyclop. du droit*, v° *Appel (en matière civile)*, n° 90).

221. A l'égard des personnes qui demeurent hors de la France continentale, le délai de l'appel est augmenté d'après les règles fixées au titre *des*

Ajournements (C. proc. civ., art. 73 et 445). — V. *Ajournement*. — Cette disposition s'applique non-seulement aux Français qui demeurent hors de la France continentale, mais encore à tous étrangers de naissance qui auraient des contestations devant les tribunaux français (Carré, *quest.* 160), pourvu néanmoins que ces derniers n'aient pas de domicile en France (Pau, 18 fév. 1836).

222. Par les mots *France continentale*, il faut entendre le territoire divisé en départements contigus les uns aux autres. Ainsi, l'île de Corse et les colonies ne font pas partie de la France continentale. C'est aux individus qui y demeurent que s'applique l'augmentation établie par l'art. 445, C. proc. civ.

223. Ceux qui sont absents du territoire europ.en du royaume pour service de terre ou de mer, ou employés dans les négociations extérieures, pour le service de l'Etat, ont, pour interjeter appel, outre les trois mo s fixés par l'art. 443, le délai d'une année (C.proc., art. 446). Pour qu'il y ait lieu à l'application de cet article en faveur des personnes absentes du royaume, il suffit qu'elles ne soient pas en France au moment où la signification est faite à leur domicile (Carré, *quest.* 1601). Si la mission est non authentique et contestée, l'année de délai n'est accordée que sur l'attestation du ministère français compétent (Pigeau, *Traité de procéd.*, t. 1er, p. 665).

224. L'expiration des délais pendant lesquels on peut appeler emporte déchéance (C. proc. civ., art. 444). Faute de se pourvoir, la partie est censée avoir acquiescé au jugement qui la condamne. L'exception produite par l'expiration des délais étant fondée sur l'ordre public, peut être proposée en tout état de cause, et doit même être suppléée d'office par le tribunal (Nîmes, 12 déc. 1820 ; Colmar, 18 nov. 1815).

225. Il est cependant certaines personnes à l'égard desquelles l'appel est recevable après l'expiration des délais ordinaires.

226. Tels sont : 1° le débiteur solidaire (Colmar, 10 mars 1807; Bourges, 23 déc. 1825 ; Poitiers, 24 juin 1831); 2° le codébiteur d'une chose indivisible (Toulouse, 2 fév. 1828 ; Cass., 12 juill. 1830; 30 mars 1825; 27 mai 1829; 20 nov. 1835); 3° le garanti (Toulouse, 6 nov. 1825) : ils peuvent appeler en tout état de cause, lorsque leur codébiteur ou le garant ont interjeté appel en temps utile.

227. Mais, en général, l'appel formé par un *litis-consort* n'empêche pas la déchéance à l'égard des cointéressés (Cass., 2 brum. an 7; Toulouse, 27 avr. 1837).—Ainsi, Pierre et Paul ont été condamnés à payer chacun par moitié 500 fr.; l'un d'eux seulement forme appel dans le délai utile ; l'autre, ne l'ayant pas fait, se trouve déchu et ne peut profiter de l'appel de son codébiteur non solidaire.

228. Lorsque de plusieurs parties ayant le même intérêt, l'une s'est pourvue par la voie de l'opposition en temps utile, et les autres par la voie de l'appel, les délais d'opposition étant expirés à leur égard, il n'y a pas lieu de renvoyer les appelants devant le tribunal saisi de l'opposition, à moins que la contestation ne porte sur un objet indivisible (Carré et Chauveau, *quest.* 1570 . Talandier, *de l'Appel*, p. 68 ; Limoges, 1er fév. 1812; Orléans, 6 déc. 1809)'

§ 3. — Suspension du délai d'appel.

229. Le Code de procédure a déterminé plusieurs circonstances par suite desquelles les délais d'appel doivent se trouver suspendus ou prorogés :

230. 1° *Mort de la partie condamnée.*—Dans ce cas, les délais ne reprennent leur cours qu'après la signification du jugement faite *au domicile du défunt* avec les formalités prescrites en l'art. 61, C. proc., et à compter de l'expiration des délais pour faire inventaire et délibérer, si le jugement a été signifié avant que ces délais fussent expirés (C. proc. civ., art. 447). Cette disposition doit se combiner avec celle de l'art. 877, C. civ.; de telle sorte que si le délai qui reste à courir est de moins de huit jours, la déchéance n'est encourue qu'à l'expiration de ces huit jours (Thomine-Desmazures, t. 1, p. 682 ; Chauveau sur Carré, sur l'art. 447).

231. L'art. 447 fait exception à l'art. 2259, C. civ., portant que la prescription court pendant les délais pour faire inventaire et délibérer, par la raison que le délai d'appel pouvant s'accomplir pendant les trois mois et quarante jours pour faire inventaire et délibérer, il serait souvent impossible à l'héritier de profiter du bénéfice de l'appel (Pigeau, *Procédure*, t. 1er, p. 669).

232. La signification peut être faite aux *héritiers collectivement* et sans désignation des noms et qualités (C. proc., art. 447). C'est là une exception aux règles générales fondées sur ce que les héritiers peuvent être inconnus ; elle exprime que la signification peut être faite *aux héritiers de* TEL, *demeurant lors de son décès à...... à ce dernier domicile, où étant et parlant à....* (Carré, *quest.* 1603).

233. La signification pourrait même être faite à la *veuve commune* et aux héritiers collectivement, en ne laissant qu'une seule copie pour la veuve, s'il y avait indivision entre elle et les héritiers de son mari (Cass., 6 sept. 1814 ; Carré, *quest.* 1606). Elle pourrait encore être faite à l'un des héritiers *tant pour lui que pour ses cohéritiers* (Bruxelles, 30 août 1810).

234. La signification faite à l'héritier apparent serait valable (C. civ., art. 462, 790, 1240). Il en serait de même de celle faite au successeur à titre particulier de la chose litigieuse (Pigeau, *Procéd.*, t. 1er, p. 669). Si ce dernier était inconnu, la signification faite à l'héritier produirait effet contre lui (Pigeau, *loc. cit.;* Carré, *quest.* 1604).

235. 2° *Compromis sur l'appel.*—Les délais sont suspendus pendant la durée du compromis intervenu entre les parties après la signification du jugement, sur l'objet qui fait la matière du procès. En conséquence, si ce compromis n'a produit aucun résultat, le délai reprend son cours à compter du jour où le compromis a pris fin (Riom, 4 août 1818 ; Chauveau sur Carré, *quest.* 1598) ;

236. 3° *Pièce fausse.*—Lorsque le jugement a été rendu sur une pièce fausse, les délais d'appel ne courent que du jour où le faux a été reconnu ou juridiquement constaté (C. proc. civ., art. 448), —c'est-à-dire avoué par l'auteur du faux ou par celui auquel la pièce fausse a profité, ou déclaré par jugement (Limoges, 30 juin 1836 ; Boitard, t. 2, n° 195 ; Carré et Chauveau, *quest.* 1607);

237. Dans le dernier cas, les délais d'appel ne courent du jour du jugement qui a constaté le faux, qu'autant que la partie condamnée a figuré dans la procédure de faux ; autrement, ils ne commencent à courir que du jour où cette partie a eu connaissance du jugement (Pigeau, *Procéd.*, liv. 2, part. 4, t. 1er, chap. 1er, sect. 3, art. 4, n° 11).

238. La partie, victime du faux, peut interjeter appel immédiatement après la découverte des pièces fausses, quoique le faux n'ait pas encore été reconnu ou juridiquement constaté (Limoges, 30 juin 1836 ; Cass., 10 avril 1838).

239. Mais, lorsque la partie à laquelle le faux est imputé est décédée, comment fera-t-on constater juridiquement le faux afin d'appeler du jugement contre ses héritiers ? Il faut distinguer si l'appelant est encore dans les délais d'appel, ou si ces délais sont expirés. Au premier cas, on peut interjeter appel, en donnant pour grief la fausseté des pièces, et si la partie adverse maintient leur véracité, on peut s'inscrire en faux ; au second cas, il faut de toute nécessité poursuivre le faux devant les juges de première instance, en demandant que la nullité des actes soit prononcée et en déclarant entendre s'inscrire en faux contre eux dans le cas où les parties intéressées en soutiendraient la validité. A ce moyen et le faux étant déclaré constant par le juge, l'appel du jugement auquel les pièces annulées auraient servi de base, serait recevable conformément à l'art. 448 (Carré, *quest.* 1608).

240. 3° *Défaut de représentation de pièce décisive.* — Si la partie avait été condamnée faute de représenter une pièce décisive qui était retenue par son adversaire, le délai d'appel ne courrait que du jour où cette pièce aurait été recouvrée, pourvu qu'il y eût preuve par écrit du jour où la pièce a été recouvrée, et non autrement (C. proc., 448).

241. Il a été jugé que cet article était applicable quelle que fût celle des parties à laquelle appartenaient les pièces découvertes (Paris, 29 mai 1832). Ainsi, la faculté d'appeler plus de trois mois après la signification, dans le cas où les pièces ont été retenues par l'adversaire de l'appelant, peut être exercée alors même que ces pièces appartenaient à l'intimé, si elles étaient pièces du procès, et si l'appelant y avait un droit égal : car nul ne peut être tenu de produire contre soi (Chauveau sur Carré, *quest.* 1611 *bis*).

242. Le principe établi par l'art. 448 s'applique aussi au cas où le jugement a été obtenu par suite des manœuvres frauduleuses de l'adversaire (Argument, art. 480, C. proc. civ.). Ainsi, lorsque sur une demande en déclaration affirmative, le tiers saisi a déclaré ne rien devoir au saisi, le saisissant peut appeler du jugement rendu en conséquence de cette déclaration, dans les trois mois du jour où il a acquis la preuve qu'elle était fausse.

243. 5° *Règlement de juges.* — Le délai d'appel ne court pas pendant l'instance en règlement de juges (Cass., 7 déc. 1841). — V. *Règlement de juges.*

§ 4. — Formalités à remplir pour faire courir le délai d'appel.

244. *Point de départ du délai d'appel. — Signification du jugement.* — Nous avons vu précédemment que, pour les jugements par défaut, le délai d'appel ne court que du jour où l'opposition n'est plus recevable. A l'égard des jugements contradictoires, il court du jour de la signification à personne ou domicile (C. proc., art. 443, § 2). C'est donc, pour les jugements contradictoires, la signification du jugement qui est le seul acte qui fait courir le délai d'appel, qui sert de point de départ à ce délai. D'où il suit que, à moins d'une disposition contraire formellement écrite dans la loi, il n'y a point de déchéance en ce qui concerne le délai d'appel sans signification à personne ou domicile.

245. L'art. 443, § 2, est-il applicable au jugement par défaut contre avoué ou faute de plaider ? Il existe, à cet égard, une grande dissidence parmi les Cours d'appel. Quant à nous, il nous paraît que cette question doit être résolue affirmativement. Il y a contradiction, en effet, à décider que les jugements contradictoires, *toujours censés connus des parties*, devront être signifiés à personne ou domicile, tandis que les jugements par défaut, *toujours, au contraire, ignorés de la partie qui a fait défaut*, pourront se passer de cette signification. L'art. 443 a voulu seulement, dans ce dernier cas, ménager à la partie condamnée le délai de l'opposition et celui de l'appel. Ainsi, le délai pour appeler d'un jugement par défaut, faute de plaider, court, non à partir de l'expiration de la huitaine de la signification de ce jugement à l'avoué du défaillant, mais de la signification à personne ou domicile de celui-ci. C'est en ce sens que s'est prononcée la Cour de cassation, par arrêt du 29 nov. 1836; et cette doctrine est enseignée aussi par la généralité des auteurs (V. notamment Talandier, *de l'Appel*, n° 155; Poncet, *des Jugements*, n° 316 ; Rauter, *Cours de procéd.*, n° 251 ; Chauveau sur Carré, *quest.* 1569 ; *Répert. général du Journal du Palais*, v° *Appel*, n°s 1076 et suiv.).

246. A l'égard des jugements par défaut des tribunaux de première instance contre une partie qui n'a pas constitué avoué, et des tribunaux de commerce, la signification seule n'est pas suffisante pour faire courir le délai d'appel; il faut, en outre, que le jugement soit réputé exécuté dans le sens de l'art. 159, C. proc. : car ce n'est qu'à compter des actes d'exécution que l'opposition n'est plus recevable, et à partir de l'expiration du délai d'opposition que le délai d'appel court.

246 bis. La signification, du reste, dans le cas où elle est nécessaire, n'est, au fond, qu'un acte d'exécution étranger à l'appel. Elle n'a d'autre but que de faire connaître d'une manière certaine le jugement à la partie condamnée, et, par une suite nécessaire, d'autoriser l'autre partie à faire exécuter ce jugement par les voies de droit (Cass., 1er août 1808), et d'autre influence, par rapport à l'appel, que d'en faire courir le délai (Cass., 1er août 1808). V. aussi Carré, quest. 1553.

247. Il suit de là que la partie condamnée par un jugement contradictoire peut en appeler avant la signification, pourvu que ce ne soit pas dans la huitaine de sa prononciation (Cass., 25 vendém. an 5 ; 1er août 1808; 17 mars 1806 ; Carré et Chauveau, quest. 1553).

248. La signification du jugement étant le point de départ que la loi assigne au délai d'appel, la connaissance que la partie a eue du jugement, soit parce qu'elle assistait à l'audience et en a entendu la lecture, soit de toute autre manière, est insuffisante pour faire courir ce délai. Ainsi, la partie qui, sans attendre la signification d'un jugement, en a interjeté appel, peut, si cet appel est déclaré nul, en former un nouveau, encore bien qu'il se soit écoulé plus de trois mois depuis le premier acte d'appel. La déchéance n'est encourue que par l'expiration de trois mois à compter de la signification à personne ou domicile (Cass., 10 janv. 1826).

249. Jugé aussi, par suite du même principe, que des tentatives d'exécution ne suffisent point pour faire courir le délai d'appel, si, d'ailleurs, il n'est pas justifié que le jugement ait été exécuté (Paris, 5 déc. 1840).

250. En principe, la signification ne produit d'effet qu'à l'égard des personnes qui l'ont fait faire et de celles à qui elle a été faite ; ce n'est que pour et contre elles qu'elle fait courir les délais.

251. La signification rend-elle celui à la requête de qui elle est faite non recevable à interjeter appel ? Si la signification a été faite sans réserves ni protestation, comme alors elle emporte acquiescement au jugement, elle enlève au requérant le droit de se pourvoir par appel principal (Carré et Chauveau, quest. 1564 ; Pigeau, Comment., t. 2, p. 12 ; Boitard, t. 2, n° 184 ; Trèves, 14 mars 1808 ; Bruxelles, 11 août 1808 ; 25 fév. 1827 ; Cass., 13 nov. 1813; Bordeaux, 26 mai 1832; Toulouse, 8 janv. 1836; Bourges, 20 fév. 1839).

252. Si la signification contient des réserves ou protestations, elle laisse subsister le droit d'appeler au profit de celui qui l'a faite (Carré et Chauveau, quest. 1564 ; Metz, 7 déc. 1810; 8 mai 1811 ; Cass., 21 janv. 1812 ; Nîmes, 5 août 1829 ; Bourges, 16 juill. et 26 août 1832. — Contrà, Boitard, t. 2, n° 124).

253. Si la signification, quoique faite avec protestation ou réserves, est accompagnée ou suivie d'une sommation d'exécuter le jugement, elle emporte alors acquiescement et, par suite, renonciation à appeler (Paris,11 mars 1809; 11 mars 1813; Grenoble, 26 mars 1817 ; Nîmes, 7 mai 1813; 21 août 1812; Rennes, 27 février 1830; Bordeaux, 27 nov. 1830; Bourges, 17 déc. 1825 ; Cass., 27 juin 1820).

254. La signification fait courir les délais à compter de sa date, alors même que le jugement n'a prononcé de condamnation que conditionnellement, par exemple, à la charge d'une prestation de serment (Bruxelles, 8 juill. 1808; Carré, quest. 1429).

255. Formes de la signification. — En règle générale, la signification doit être revêtue des formalités communes aux exploits. — V. Exploit.

256. Doit-elle être précédée de la signification à avoué ? Oui, suivant Boncenne, t. 2, p. 458 ; Pigeau, Procéd., t. 1, p. 252, 562 et 588 ;

Chauveau sur Carré, *quest.* 608 *bis* et 1558 ; Coffinières, *Encyclopédie du droit*, v° *Appel en mat. civ.*, n° 94 ; Nîmes, 13 janv. 1813 ; Trèves, 19 mai 1813; Dijon, 12 mai 1827 ; Montpellier, 27 mai 1829 ; Metz, 27 juill. 1824. — Non, d'après Merlin , *Quest. de droit*, v° *Appel* ; Carré, *quest.* 1558 ; Boitard, t. 1er, p. 456 ; Talandier, n° 145 ; Liége, 22 déc. 1808 ; Agen, 10 août 1809 ; Bruxelles, 29 juill. 1809 ; — La prudence exige qu'on fasse les deux significations, c'est-à-dire la signification à avoué et la signification à personne ou domicile.

257. Du reste, décidé que le défaut de mention de la signification à avoué dans la signification à personne ou domicile, ne constitue pas une nullité qui rende l'appel recevable après les délais ordinaires (Riom, 27 déc. 1808 ; 24 fév. 1821).—Il y a plus : le délai court lorsque la signification à avoué est irrégulière (Cass., 25 avr. 1831).

258. Il n'y a aucun terme sacramentel qui doive , à peine de nullité , figurer dans l'exploit de signification. Ainsi, cet exploit fait courir le délai d'appel, quoique le mot *signifié* ne s'y rencontre pas (Cass., 19 niv. an 12; Carré, *quest.* 1429). — Mais il est indispensable qu'il contienne la mention expresse que le jugement a été signifié et que copie en a été laissée à la partie (Cass., 3 nov. 1818 ; Coffinières, *Encyclop. du droit*, v° *Appel en mat. civ.*, n° 92).

259. Il est nécessaire aussi que la signification énonce à la requête de qui elle a été faite (Colmar , 7 janv. 1820). Mais , si elle n'indique pas le numéro, ni même la rue du domicile de la partie à laquelle on l'a faite, elle n'en fait pas moins courir contre cette partie le délai d'appel (Rennes, 25 mai 1808). Toutefois, il faut qu'il soit bien constant que la partie n'a pas ignoré ou pu ignorer la signification qui lui a été faite.

260. En thèse générale, la copie signifiée doit avoir été faite sur la grosse du jugement (Arg., art. 146, 545, 1040, C. proc. civ.; Besançon, 12 fév. 1810).— Néanmoins, il a été décidé que la signification d'une copie faite sur une autre copie (Caen, 26 juin 1837; Montpellier, 27 mai 1829;—*Contrà*, Toulouse, 12 déc. 1808; Besançon, 17 janv. 1829), ou sur une expédition non revêtue de la formule exécutoire (Bruxelles, 5 juin 1828), faisait courir le délai.

261. Le jugement doit être signifié en entier. Ainsi, le délai ne courrait pas, si la formule exécutoire avait été omise (Besançon, 1 fév. 1810),—si la disposition dont on interjette appel n'avait pas été donnée (Metz, 27 juin 1826),—s'il y avait eu omission des qualités (Turin, 3 janv. 1811),—enfin, si l'on n'avait donné que les motifs et le dispositif (Bruxelles, 13 fév. 1822. —*Contrà*, Turin, 16 prair. an II).

262. L'original de la signification doit être représenté. On ne pourrait suppléer à cette représentation par la mention de l'enregistrement de l'exploit, laquelle ne peut en aucun cas établir la régularité de la signification (Bioche, n° 351).

263. La signification irrégulière ou entachée de nullité ne produirait aucun effet (Cass., 5 août 1807).—Elle devrait donc être recommencée pour faire courir le délai d'appel.

264. *A la requête de qui la signification doit être faite.*—La signification doit être faite à la requête d'une personne qui a été portée au jugement et ayant qualité pour la faire. Si la partie n'a pas la libre administration de ses biens, elle doit être faite en son nom, à la requête de celui qui la représente légalement.

265. Ainsi, ne font pas courir le délai, la signification qui n'est pas faite au nom de la partie elle-même, mais au nom d'un fondé de pouvoir (Rennes, 23 avr. 1811);—la signification faite à la requête de l'avoué de la partie (Bruxelles, 12 janv. 1812);—celle qui est faite au nom d'une personne décédée (Rennes, 20 mai 1813; Limoges, 9 janv. 1827);—à la requête d'un individu se disant héritier de la partie qui a obtenu le jugement, mais sans justifier de cette qualité (Bruxelles, 8 juill. 1808 ; Turin, 30 janv. 1812) : dans ce dernier cas, le délai ne court que du jour où l'héritier a fait connaître sa qualité (Nîmes, 29 janv. 1811; Carré, *quest.* 1557).

266. *A qui la signification doit être faite.*—La signification doit être faite à la partie condamnée : telle est la règle générale; toutefois, elle souffre exception à l'égard des incapables ; en effet, la signification doit être faite aux personnes qui les représentent légalement.

267. Ainsi, la signification d'un jugement obtenu contre un mineur non émancipé doit être faite tant au tuteur de ce mineur qu'à son subrogé tuteur (C. proc., art. 444).—Il en est de même à l'égard de l'interdit que la loi assimile au mineur (C. civ., art. 509; Limoges, 20 avr. 1842 ; Boitard, t. 2, p. 237; Chauveau sur Carré, *quest.* 1589).

268. Tant que les deux significations au tuteur et au subrogé tuteur n'ont pas été faites, le délai ne court pas (Nîmes, 31 déc. 1829; Paris, 23 juill. 1840).—Si elles ont eu lieu par acte séparé, le délai ne part que de la dernière signification (Chauveau sur Carré, *quest.* 1589 *ter ;* Thomine-Desmazures, t. 1er, p. 680).

269. Lorsque le mineur ou l'interdit n'a pas de tuteur ni de subrogé tuteur, la partie qui a obtenu le jugement doit leur en faire nommer un (Pigeau, *Comment.*, t. 2, p. 18 ; Carré, *quest.* 1590) ; il en est de même si le tuteur ou le subrogé tuteur qui a figuré dans l'instance décède avant la signification : cette signification ne serait pas valablement faite à l'avoué constitué dans la cause (Poncet, t. 1, n° 590 ; Carré, *quest.* 1590; Rennes, 27 janv. 1817).

270. Si le jugement a été rendu au profit du tuteur contre son pupille, la signification doit être faite d'abord au subrogé tuteur en exercice, et, ensuite, à un tuteur *ad hoc* ou à un second subrogé tuteur (Cass., 1er avr. 1833; Angers, 2 août 1822; Toulouse, 4 fév. 1825 ; Rennes, 19 juill. 1826 ; Colmar, 13 janv. 1831; Orléans, 27 nov. 1833).—Pareillement, si le subrogé tuteur a obtenu un jugement contre le mineur, il doit faire nommer à ce dernier un subrogé tuteur *ad hoc*, et le lui signifier ainsi qu'au tuteur (Grenoble, 15 mars 1822).

271. La signification d'un jugement obtenu contre un mineur en puissance de père et mère doit être faite non-seulement au père, mais encore à un subrogé tuteur nommé à cet effet (Pigeau, *Comment.*, t. 2, p. 18 ; Rennes, 27 janv. 1817.—*Contrà*, Chauveau sur Carré, *quest.* 1590 *bis*).

272. La signification une fois faite au tuteur et au subrogé tuteur, le mineur et l'interdit sont considérés comme majeurs à l'égard de l'appelant, sauf leur recours contre qui de droit (C. proc., art. 444), s'ils établissent que l'appel du jugement qui leur préjudicie n'a pas eu lieu par suite du dol ou de la négligence de leur tuteur ou de leur subrogé tuteur (Carré et Chauveau, *quest.* 1586 ; Pigeau, *Comment.*, t. 2, p. 17 ; Thomine-Desmazures, t. 1er, p. 679 ; Boitard, t. 2, n° 192).

273. La signification d'un jugement obtenu contre une personne en état d'interdiction légale, par exemple contre un condamné à une peine infamante, doit être faite à son tuteur et à son subrogé tuteur (C. pén., art. 29).

274. Celle des jugements obtenus contre des mineurs émancipés ou des personnes assistées d'un conseil judiciaire, n'a besoin d'être faite au curateur ou au conseil judiciaire qu'autant que le mineur ou le prodigue n'a pas la libre disposition de la chose qui fait l'objet du procès.—V. *Emancipation, Conseil judiciaire.*

275. Les jugements obtenus contre une femme doivent être signifiés tant à elle qu'à son mari, quand même elle serait séparée de biens (Cass., 10 janv.

1826) ou de corps (Cass., 6 mars 1827).—V. *Communauté, Régime dotal, Séparation de biens, Séparation de corps.*

276. Lorsque plusieurs parties figurent dans le même jugement, la signification de ce jugement à l'une d'elles ne fait pas courir le délai d'appel à l'égard des autres (Cass., 17 prair. an 12). Mais, dans le cas où le jugement a été rendu contre une société, la signification faite à l'un des associés, sous la raison sociale, fait courir le délai contre les autres associés (Paris, 15 mai 1809).

277. Le délai d'appel d'un jugement contre un garanti et un garant ne court contre ce dernier qu'à partir de la signification qui lui est faite (Cass., 10 mars 1829); et cela, nonobstant l'acquiescement donné par le garanti (Cass., 2 déc. 1833).

278.—*A quel domicile doit être faite la signification.*—Lorsque la signification n'est pas faite à la personne condamnée, elle doit être faite à son domicile (C. proc. civ., art. 443); et par *domicile*, il faut entendre ici le *domicile réel* (Poitiers, 13 fév. 1833 .

279. Ainsi, ne ferait pas courir le délai d'appel, la signification faite au domicile élu même pour l'exécution de la convention (Colmar, 27 août 1832); ni celle faite au domicile élu chez l'avoué, conformément à l'art. 61, C. proc. (Carré, *quest.* 1556); ni celle faite au domicile élu dans une lettre de change (Trèves, 26 fév. 1810; Colmar, 20 mars 1810).

280. Mais il en serait autrement de la signification faite au domicile élu en exécution de l'art. 422, C. proc. civ., dans le lieu où siége le tribunal de commerce, ou, à défaut de cette élection, au greffe du tribunal de commerce (Souquet, *Dictionn. des temps légaux*, t. 1er, p. 49, n° 279; Chauveau sur Carré, *quest.* 1556;—Cass., 2 mars 1814; Paris, 12 juin 1815; Dijon, 25 mars 1828).—V. *infra*, n°s 296 et suiv.

281. *Devant quel tribunal l'appel doit être porté.*—L'appel doit être porté : s'il s'agit d'un jugement de juge de paix, au tribunal de première instance ; s'il s'agit d'un jugement de première instance ou de commerce, à la Cour d'appel dans le ressort de laquelle se trouve compris le tribunal qui a rendu le jugement (L. 27 vent. an 8, art. 7 à 12). On ne peut porter l'appel qu'au tribunal ou à la Cour dont relève le juge qui a statué, et jamais à un autre, même quand l'appel serait incident.

282. L'appel d'un jugement arbitral est porté, savoir : en *matière civile*, pour les affaires qui eussent été, soit en premier, soit en dernier ressort de la compétence du juge de paix, devant le tribunal de première instance ; pour les affaires qui eussent été, soit en premier, soit en dernier ressort, de la compétence des tribunaux de première instance, devant la Cour d'appel (C. proc., art. 1023); et en *matière commerciale*, devant la Cour d'appel (Arg., art. 52, C. comm.).

SECT. V. — *De l'acte d'appel et des formalités nécessaires à sa validité.*

283. L'art. 456, Cod. proc. civ., qui est le seul qui soit relatif à l'acte d'appel, est ainsi conçu : « L'acte d'appel contiendra assignation dans les délais de la loi, et sera signifié à personne ou domicile, à peine de nullité. » Cet acte étant introductif, sinon d'une instance nouvelle, au moins d'une procédure nouvelle, doit renfermer toutes les formalités générales exigées pour les exploits d'ajournement. Mais, indépendamment de ces formalités, il en est d'autres qui lui sont particulières. Nous indiquerons d'abord les formalités générales de l'acte d'appel.

284. FORMALITÉS GÉNÉRALES.—1° *Date :* L'acte d'appel doit contenir, à peine de nullité, la triple date du jour, du mois et de l'année (Cod. proc. civ., art. 61; Cass., 4 déc. 1811 ; Colmar, 28 août 1812; Bastia, 31 mars 1835);

285. Il serait nul si la date du jour ne s'y trouvait pas, quoiqu'il fût constant, par l'énonciation du mois, que l'appel eût été interjeté en temps utile. Cette énonciation, en effet, ne peut constater si l'exploit a été signifié régulièrement ; par exemple, un jour non férié (Metz, 18 juin 1819 (*J. Huiss.*, t. 1, p. 87); Riom, 15 juill. 1820 (*J. Huiss.*, t. 2, p. 41); Rennes, 20 fév. 1828 (*J. Huiss.*, t. 9, p. 254); Rouen, 9 mars 1842).—Il en serait de même si l'énonciation du mois avait été omise (Toulouse, 14 fév. 1838).

286. Toutefois, si la date énoncée irrégulièrement pouvait être fixée d'une manière précise par les termes de l'acte ; par exemple, s'il était dit : *appelant du jugement du... présent mois*, cet acte ne serait pas nul (Bourges, 29 avr. 1823; Rennes, 29 janv. 1817; Cass. 15 janv. 1810, 8 nov. 1820, 7 mars 1833).

287. L'exploit serait encore valable s'il portait la date de 1719 au lieu de 1819, lorsque cette erreur est réparée dans l'acte lui-même par la date du jugement dont est appel et par le visa du maire intimé (Besançon, 28 déc. 1819; Toulouse, 14 juin 1842).

288. Mais l'exploit serait nul si la rectification, au lieu de se trouver dans la copie même qui contient l'erreur, ne se rencontrait que dans d'autres copies signifiées à d'autres parties (Rouen, 9 mars 1842.— *Contrà*, arg., Caen, 11 juill. 1843).

289. 2° *Nom, profession et domicile de l'appelant.* — L'acte d'appel doit contenir, comme tout autre exploit, les nom, profession et domicile de l'appelant (Cod. proc. civ., art. 61 et 456). Toutefois, il n'est pas nécessaire que ces énonciations soient textuellement reproduites ; il suffit que l'intimé ne puisse se méprendre sur celui qui se rend appelant (Cass., 7 nov. 1821);

290. Ainsi, 1° l'erreur dans les nom et qualité de l'appelant ne vicie pas l'acte, si l'appelant a agi en première instance sous les mêmes nom et qualité (Grenoble, 21 déc. 1820 ; 6 avr. 1824);—2° L'acte d'appel est valable, encore qu'il ne contienne pas le nom de l'appelant, si les énonciations faites ne laissent aucun doute à l'intimé sur ce nom (Cass., 20 avr. 1810);—3° Le domicile est suffisamment indiqué dans l'acte d'appel, lorsqu'il est signifié *à la requête des maire et adjoint d'une commune, agissant en ces qualités ou dans l'intérêt de la commune* (Nancy, 16 avr. 1842);—ou par l'expression, *établi à tel endroit* (Toulouse, 10 déc. 1842);—ou lorsque l'acte d'appel se réfère à cet égard à la signification du jugement faite par l'intimé (Cass.., 26 nov. 1838).

291. Décidé également que l'acte d'appel est valable, lorsque, conformément aux énonciations de l'assignation, il désigne l'appelant comme étant domicilié à Paris, sans indication de rue et de numéro (Bourges, 21 août 1837),—V. *suprà*, n° 259.

292. Mais la mention du domicile de l'appelant ne serait pas suppléée par la déclaration que l'appel est dirigé contre tel jugement rendu entre les parties, le .., et signifié à l'appelant à son domicile (Toulouse, 30 mai 1838 ; 21 avr. 1842; Cass., 1er mars 1841.— *Contrà* Bordeaux, 2 mars 1843).

293. 3° *Constitution d'avoué et élection de domicile.* — V. *Ajournement.* § 1 et 2.—Jugé spécialement que l'acte d'appel est nul, s'il ne contient pas constitution d'avoué (Liège, 15 juin 1807; Lyon, 29 mai 1816; Limoges, 3 janv. 1822);— s'il contient constitution d'un avoué dont le nom est resté en blanc (Turin, 14 juin 1807; Grenoble, 14 déc. 1832);—ou d'un avoué qui n'existe pas près la Cour (Agen, 18 mai 1807);— ou d'un avoué décédé (Metz, 12 juin 1816 (Rennes, 21 oct. 1816); — ou, enfin, d'un avoué suspendu de l'exercice de ses fonctions (Limoges, 7 janv. 1820);

294. 4° *Nom, demeure et immatricule de l'huissier.*—V. *Exploit;*

295. 5° *Nom et demeure de l'intimé.*—Il ne suffit pas que l'exploit mentionne les nom, profession et domicile de l'appelant ; il doit relater en outre les noms et demeure de l'intimé.— Mais l'acte d'appel n'est pas nul, quoique la demeure de l'intimé n'y soit pas indiquée, si celui-ci y est clairement désigné (Bruxelles, 24 janv. 1821);—quoique le numéro de cette demeure y soit omis (Cass. belge, 22 juin 1816); — Il en est de même si l'omission de la demeure est réparée par d'autres énonciations de l'acte (Limoges, 2 juill. 1821);

296. 6° *A qui et où l'acte d'appel doit être signifié.*—L'appel doit être signifié à la personne de l'intimé ou à son domicile (Cod. proc. civ., art. 456 et 61); — et le domicile dont il s'agit ici est le domicile réel (Paris, 11 avril 1829; Bordeaux, 21 avril 1831). Il serait nul s'il était notifié au domicile de l'avoué qui a occupé en 1re instance (Turin, 21 août 1807 ;—au domicile élu dans la signification du jugement (Cass., 26 vend. an 12; 13 mai 1807; Paris, 2 fév. 1808;—*contra* Pau, 30 nov. 1809);—au domicile élu dans une sommation (Poitiers, 30 août 1838); — ou dans un commandement tendant à saisie immobilière (Nîmes, 18 juill. 1838; Bourges, 30 avr. 1841). —V. *suprà*, nos 278 et suiv.—V. aussi *Exploit;*

297. Mais l'appel peut être signifié au domicile élu dans le commandement tendant à saisie-exécution (Cod. proc. civ., art. 584).—V. *Saisie-exécution.*

298. Dans le cas où un acte d'appel est valablement signifié à un domicile élu, il n'en doit pas moins, à peine de nullité, indiquer le domicile réel de l'intimé (Turin, 11 mai 1811).

298 bis. L'acte d'appel signifié à un étranger non résidant en France, et contenant assignation devant une Cour d'appel, doit être signifié au parquet du procureur général (Trèves, 30 janv. 1811; Colmar, 25 nov. 1815; Cass. 14 janv. 1830; 12 avr. 1843).—Il en est de même de l'acte de l'appel signifié à l'intimé français domicilié hors du continent ou à l'étranger (Douai, 31 déc. 1819).

299. 7° *Nombre de copies à laisser.* — En général, l'acte d'appel doit être signifié, alors même qu'il l'est à des cocréanciers à un même domicile élu (Paris, 10 août 1843), en autant de copies qu'il y a d'intimés (Turin, 6 juill. 1808).—Ainsi est nul l'acte d'appel signifié en une seule copie : -- aux héritiers du créancier collectivement, lorsque l'instance a été introduite après le décès de leur auteur (Cass., 7 mai 1818); — à deux époux ayant des intérêts distincts (Cass., 15 juin 1842);—ou lorsqu'il s'agit au procès d'un objet dont le mari n'a pas la libre disposition (Rennes, 10 juin 1840); \

300 Toutefois, en matière indivisible (Cass , 30 mars 1825; Toulouse, 30 nov. 1839), ou solidaire (Rennes, 14 juill. 1810), l'acte d'appel signifié à l'un des intimés produit son effet à l'égard des autres.

301. L'exception de nullité résultant du défaut de signification de copies à tous les intimés, ne peut plus être proposée lorsque ceux-ci ont constitué un avoué en nom commun et comparu devant la Cour (Limoges, 22 déc. 1829). — V. *Exception.*

302. 8° *Mention de la personne à qui la copie est laissée.* — Il est indispensable que l'acte d'appel contienne la mention de la personne à laquelle acte est signifié. Ainsi, un acte d'appel signifié au mari et à la femme, parlant à sa personne, est nul pour défaut de désignation suffisante de la personne à laquelle la copie a été remise (Bruxelles, 8 déc. 1814);

303. 9° *Indication du tribunal qui doit connaître de l'appel.* — L'acte d'appel ne doit pas seulement, à peine de nullité, contenir assignation dans les délais de la loi ; il doit aussi indiquer le tribunal ou la Cour qui doit connaître de l'appel;

304. 10° *Objet de la demande.* — En matière d'appel, l'objet de la demande est la réformation du jugement dont est appel. L'acte d'appel doit donc conclure à la réformation du jugement. Nous dirons plus loin (V. n° 316) s'il doit contenir l'énonciation des griefs, c'est-à-dire l'exposé sommaire des moyens.

305. Formalités particulières. — Outre les formalités générales que nous venons d'indiquer, l'acte d'appel est encore soumis à certaines formalités qui lui sont particulières, et qu'il nous reste à faire connaître :

306. 1° *Acte exprès et séparé.* — L'appel doit nécessairement être interjeté par un acte exprès et séparé, par un exploit d'huissier. C'est ce qui résulte des dispositions combinées des art. 456 et 61, C. proc. civ. ;

307. Aussi, a-t-il été jugé qu'une déclaration d'appel insérée dans un commandement ne remplacerait pas l'acte d'appel, quoiqu'il contînt constitution d'avoué et assignation (Cass., 5 avr. 1813 ; Bordeaux, 12 fév. 1813).

308. Mais est valable l'appel fait par acte notarié, si cet acte est signifié ensuite par un huissier avec assignation à comparaître pour voir infirmer le jugement (Pau, 16 août 1806 ; Merlin, *Quest. de droit*, v° *Appel*, § 11 ; Coffinières, *Encyclop. du Droit*, v° *Appel en mat. civ.*, n° 114).

309. Sauf les cas prévus par l'art. 451, C. proc. civ., l'appel de deux jugements distincts ne peut être interjeté par un seul et même acte, alors surtout qu'ils ne sont pas intervenus entre les mêmes parties : en effet, ce n'est pas au demandeur, mais à la justice qu'appartient exclusivement le droit d'apprécier la connexité entre deux instances et d'en ordonner la jonction pour y être statué par un seul et même jugement (Colmar, 10 juill. 1843 et 19 juin 1844).

310. Néanmoins, la même Cour de Colmar a décidé, le 17 août 1838, qu'on peut appeler par le même exploit de deux jugements intervenus entre les mêmes parties, et la Cour de Bordeaux, le 14 juin 1833, qu'on peut appeler par un seul exploit de deux jugements rendus dans deux instances différentes, sauf à la Cour à statuer séparément sur chaque appel.

311. 2° *Indication du jugement dont est appel.* — L'acte d'appel doit énoncer la date du jugement dont est appel, et indiquer le tribunal par lequel il a été rendu ; il doit aussi indiquer de quelles dispositions du jugement on entend appeler. Mais l'omission de ces énonciations n'entraîne la nullité de l'appel qu'autant que l'intimé n'a pas su d'une manière certaine, par suite des circonstances, contre quel jugement l'appel était dirigé (Colmar, 3 janv. 1826, Paris, 28 août 1813 ; Limoges, 19 août 1818 ; Amiens, 9 nov. 1821 ; Bordeaux, 23 mars 1836);

312. Lorsqu'il n'est intervenu qu'un seul jugement entre les parties, l'acte d'appel est valable, bien que ce jugement y soit énoncé sous une fausse date (Grenoble, 13 frim. an 11 ; 17 août 1821, et 22 juill. 1823 ; Amiens, 9 nov. 1821; Besançon, 20 janv. 1820). — Dans ce cas, en effet, aucune équivoque n'est possible (Bourges, 21 août 1839; Limoges, 14 avril 1842).

313. Mais l'acte d'appel serait nul si, de deux jugements rendus le même jour, il n'indiquait pas clairement celui contre lequel l'appel serait dirigé (Bordeaux, 11 mars 1831 ; Bruxelles, 4 mars 1830).

314. 3° *Termes de l'acte d'appel.* — Il n'est pas nécessaire, pour la validité de l'acte d'appel, d'y employer le mot *Appeler*. Aucun texte de loi n'ayant imposé ce mot, il n'est pas sacramentel ; il peut donc être remplacé par des équipollents ; il suffit que les termes de l'exploit ne laissent aucun doute sur l'intention de l'appelant (Cass., 2 vent. an 9 ; Pau, 16 août 1806);

315. L'étendue des effets de l'appel dépend des termes dans lesquels il est conçu : ainsi, l'appel d'un jugement définitif et de *toute autre disposition qui l'aurait précédé* n'emporte pas appel du jugement interlocutoire précédemment rendu (Cass., 6 mai 1807) ; l'appel interjeté *pour les faits et griefs que porte la sentence rendue, et notamment pour un objet déterminé*, s'applique au jugement tout entier (Besançon, 13 juill. 1808) ; l'appel *du jugement rendu* s'applique à tous les chefs de la décision attaquée (Bordeaux, 28 mars 1831) ; la déclaration qu'on appelle d'un jugement désigné et *de tous ceux y énoncés avec ce qui a pu s'ensuivre* n'équivaut pas à un appel exprès de ces derniers jugements (Paris, 11 mars 1813).

316. *4° Enonciation des griefs.* — Nous avons dit précédemment (V. n° 304) que l'acte d'appel doit indiquer l'objet de la demande. Doit-il aussi contenir l'énonciation des griefs ? Non. Il nous semble, en effet, qu'il n'en peut pas être de l'acte d'appel comme de l'exploit introductif d'instance. Le premier, à la différence du second, ne fait que continuer un procès déjà commencé. Les moyens sont nécessairement, devant la Cour, à peu près ce qu'ils ont été devant les premiers juges. D'ailleurs, aucune disposition du Code de procédure ne prononce la nullité de l'acte d'appel qui n'énonce pas les griefs. Il n'y a donc pas lieu de suppléer cette nullité (Cass., 19 frim. an 8 ; 4 déc. 1809 ; 1er mars 1810 ; 11 mars 1831 ; Bordeaux, 3 août 1832 ; Douai, 15 av. 1840 ; Carré et Chauveau, *quest.* 1648 ; Talandier, *de l'Appel*, n° 207 ; Boitard, t. 2, n° 210 ; Coffinières, *Encyclop. du droit*, v° *Appel en mat. civ.*, n° 121) ;

317. Il en est ainsi, même lorsque l'affaire est sommaire (Cass., 11 mai 1831).

318. A plus forte raison, l'appel est-il valable lorsqu'il se réfère aux conclusions de première instance (Bourges 7 mars 1829 ; Metz, 10 nov. 1819 ; Bourges, 8 mai 1830 ; Paris, 14 août 1820), ou lorsqu'il est interjeté pour torts et griefs (Besançon, 10 fév. 1816 ; Rennes, 13 mai 1820 ; Douai, 15 avril 1810).

319. *5° Conclusions de l'acte d'appel.* — Les conclusions de l'acte d'appel diffèrent suivant la nature du jugement dont on se plaint ;

320. Si le jugement est *préparatoire*, et qu'en appelant du jugement définitif on appelle aussi du premier, parce que le second en est la suite nécessaire, on conclut à ce que les deux jugements soient infirmés.

321. Si le jugement est *interlocutoire*, et qu'on en appelle parce qu'il préjuge le fond ; par exemple, parce qu'il a ordonné une enquête dans un cas prohibé, il faut distinguer si l'affaire est en état d'être jugée définitivement ou si elle n'y est pas : au premier cas, on conclut à l'infirmation du jugement et à l'évocation du principal pour être jugé (V. *infrà*, n° 375) ; au second cas, on conclut aussi à l'infirmation ; mais on demande que l'affaire soit renvoyée devant un autre juge pour y achever l'instruction et y être jugée définitivement, sauf l'appel.

322. Si le jugement est *provisoire*, les conclusions sont réglées sur ce que prétendait celui qui a appelé. Ainsi, par exemple, si le jugement établit un séquestre, accorde des aliments, on ordonne un dépôt, on conclut à l'infirmation, et s'il a été exécuté, à ce que les choses soient remises dans l'état où elles étaient ; si le jugement établit un séquestre ou un dépositaire qui n'a pas les qualités requises, on conclut à l'infirmation sur ce chef et on demande à ce qu'il soit nommé un autre séquestre ou dépositaire.

323. Si le jugement est définitif, on considère ce qu'il prononce pour rédiger les conclusions. Si c'est le demandeur qui se plaint, par exemple, parce qu'il a été déclaré non recevable, il demande l'infirmation et qu'il soit ordonné *telle chose ;* si c'est le défendeur qui se plaint de ce qu'on a admis les prétentions du demandeur, il conclut à l'infirmation totale du jugement et à la non-recevabilité ou au débouté de la demande. — V. *Form.*, *in fine.*

324. *Enregistrement.* — L'exploit d'appel doit, à peine de nullité, être enregistré dans le délai déterminé par la loi fiscale. Ainsi, est nul l'exploit d'appel enregistré plus de quatre jours après sa date, lors même qu'il l'aurait été bien avant l'expiration des trois mois dans lesquels il devait être signifié (L. 22 frim. an 7, art. 34 ; Riom, 6 déc. 1830).

325. NULLITÉ DE L'ACTE D'APPEL. — Si l'acte d'appel est nul, on peut le renouveler par un nouvel acte régulier, si toutefois on est encore dans les délais pour appeler (Paris, 4 janv. 1812 ; Rennes, 21 déc. 1808 ; Cass, 11 oct. 1809 ; Paris, 12 juin 1815 ; Thomine-Desmasures, t. 1er, p. 696, Chauveau sur Carré, *quest.* 1646.

326. Le nouvel acte d'appel doit être rédigé dans les formes que nous avons précédemment indiquées.

327. La nullité de l'acte d'appel doit être proposée avant toute défense au fond (Talandier, *de l'Appel*, p. 160 ; Chauveau sur Carré, *quest.* 1616 *bis*). — Elle est couverte par l'assignation de l'intimé qui, anticipant sur l'appel, conclut à la confirmation du jugement (Bruxelles, 8 fév. 1827).

SECT. VI.—*Effets de l'appel.*

328. L'appel a deux effets principaux : il est *dévolutif* et *suspensif ;* dévolutif, en ce qu'il transmet aux juges supérieurs la connaissance de la contestation décidée par le jugement dont est appel, et suspensif, en ce qu'il arrête l'exécution de ce jugement.

329. L'effet dévolutif est de remettre en question devant les juges supérieurs toute la cause, toutes les difficultés qui ont été débattues devant les juges inférieurs. Ainsi, l'appel, quand il porte sur tous les points qu'embrassait la demande originaire, investit le tribunal ou la Cour qui en sont saisis de la même étendue, de la même plénitude de juridiction de fait et de droit que l'avait fait pour les premiers juges l'acte primitif d'ajournement (Talandier, *de l'Appel*, n° 336 ; Rivoire, *de l'Appel*, nos 269 et suiv.; Chauveau sur Carré, *quest.* 1655 *ter ;* Boitard, t. 3, p. 106).

330. La dévolution peut être partielle ou totale : si l'appel ne porte que sur un ou plusieurs chefs particuliers, le bénéfice du jugement est définitivement acquis aux parties sur tous les autres chefs ; s'il est conçu en termes généraux, il s'applique à tous les chefs de la décision attaquée, bien que l'appelant ait relevé certains griefs contre quelques chefs (Besançon, 13 juill. 1808 ; Bordeaux, 28 mars 1831 ; Coffinières, *Encyclopédie du droit*, v° *Appel* en matière civile), n° 137).

331. C'est la déclaration d'appel qui, par elle seule et de plein droit, opère la dévolution. Ainsi l'effet dévolutif n'existerait pas moins, quoique l'acte d'appel ne contint pas assignation. Seulement, l'omission d'une assignation serait susceptible de faire annuler l'acte d'appel (Dalloz, *Répert.*, v° *Appel civil*, nos 1168 et 1169).

332. Quant à l'effet suspensif, il a été de tous temps attaché à l'appel. Toutefois, il est à remarquer que c'est seulement l'appel qui produit l'effet suspensif, et nullement le délai qui est donné à la partie condamnée pour interjeter appel. D'où il suit que si l'on ne peut, en général, exécuter un jugement attaqué par l'appel, rien ne s'oppose à ce qu'on poursuive, même pendant le délai d'appel, l'exécution d'un jugement non encore attaqué (Pigeau, *Comm.*, t. 2, p. 35 ; Boitard, t. 3, p. 69 ; Chauveau sur Carré, *quest.* 1652 *bis*).

333. D'après l'art. 457, C. proc. civ., l'effet suspensif de l'appel s'attache aux jugements interlocutoires comme aux jugements définitifs. Mais les jugements préparatoires ou de simple instruction ne pouvant être attaqués que conjointement avec les jugements définitifs, aucun effet suspensif ne peut s'y appliquer. Au contraire, l'effet suspensif s'étend à l'exécution des jugements qui sont la suite du jugement attaqué. Ainsi, l'appel d'un jugement qui a débouté d'une exception d'incompétence suspend l'exécution du jugement rendu postérieurement sur le fond (Chauveau sur Carré, *quest.* 1652 *ter*).

334. L'effet suspensif ne s'applique pas aux jugements qui prononcent l'exécution provisoire, dans le cas où elle est autorisée (C. proc., art. 457); — ni à ceux qui sont exécutoires par provision de plein droit, à la charge de donner caution (Rivoire, *de l'Appel*, n° 276) ; — ni aux jugements qualifiés en dernier ressort, alors même qu'ils auraient été mal qualifiés, à moins qu'on n'obtienne des défenses (C. proc., art. 457; Cass., 2 août 1828; Rivoire, n° 277). — V. *Défenses, Exécution provisoire.*

335. En matière commerciale, la question de savoir si l'appel est suspensif est controversée. Le doute vient de ce que l'art. 439, C. proc. civ., qui se trouve au titre de la *Procédure devant les tribunaux de commerce,* permet à ces tribunaux d'ordonner l'exécution provisoire de leurs jugements. Mais cette exécution n'est pas de droit : c'est une simple faculté que l'art. 439 accorde aux tribunaux de commerce. D'ailleurs, le titre du Code de procédure civil, *sur l'appel,* ne contient aucune disposition qui excepte les jugements commerciaux de la règle générale de l'art. 457. Il en résulte que ces jugements sont soumis, dans leurs rapports avec l'appel, aux mêmes règles que les jugements des autres tribunaux (Bruxelles, 9 déc. 1807 et 14 déc. 1808; Bordeaux, 28 août 1827 ; *Praticien français,* t. 2, p. 484 ; Poncet, *des Jugements,* t. 1er, n°s 268 et suiv.; Coffinières, *Encycl. du droit,* v° *Appel (en matière civile),* n° 132. — Mais V. *contr.,* Rouen, 3 nov. 1807 ; Nîmes, 31 août 1809 ; Cass., 2 avril 1817 ; Bordeaux, 28 août 1827 ; Lyon, 27 nov. 1832 ; Carré, *quest.* 1547). Toutefois, l'appel cesse d'avoir un effet suspensif, lorsque, conformément à l'art. 439, les tribunaux de commerce ont ordonné l'exécution provisoire de leurs jugements, nonobstant appel. Mais l'exécution provisoire ne doit-elle pas avoir lieu à charge de donner caution ? — V. *Exécution provisoire.*

336. En matière de contrainte par corps, dans les affaires où les tribunaux civils ou de commerce statuent en dernier ressort, l'appel qui peut être formé contre la disposition de leur jugement relative à la contrainte par corps n'est pas suspensif ; ainsi, l'emprisonnement peut être effectué nonobstant appel (L. 17 avril 1832, art. 20).

337. La suspension de l'exécution du jugement s'applique non-seulement aux condamnations principales, mais encore aux condamnations accessoires. En conséquence, l'avoué de première instance ne peut poursuivre le paiement de ses frais lors même qu'il en aurait obtenu la distraction à son profit (Bourges, 20 avr. 1818).

338. L'appel suspend encore le délai accordé par le jugement pour faire une option, jusqu'à la signification de l'arrêt confirmatif (Cass., 12 juin 1810; Poitiers, 7 déc. 1823 ; Bordeaux, 30 nov. 1831 ; Paris, 24 août 1830 ; Carré, *quest.* 1563).

339. La suspension, résultant de l'appel, a lieu lors même que l'acte d'appel est nul pour vice de forme ou pour avoir été interjeté après les délais. Les juges qui ont rendu la sentence attaquée ne peuvent en ordonner l'exécution provisoire, quoique l'acte d'appel leur paraisse contestable ; en effet, l'appréciation de cet acte n'appartient qu'au tribunal auquel la sentence est déférée (Cass., 19 janv. 1829; Limoges, 20 juill. 1832 ; Dijon, 4 janv. 1844; Paris, 27 mars 1830 ; Rennes, 20 fév. 1848. — *Contr.,* Toulouse, 3 fév. 1832).

340. Lorsque l'appel est suspensif, tous les actes d'exécution faits depuis sont radicalement nuls (Carré, *quest.* 1655 ; Turin, 8 août et 14 sept. 1810). — Même dans le cas où le jugement est confirmé (Talandier, n° 317. — *Contr.,* Limoges, 7 juill. 1817).

SECT. VII. — *Amende pour fol appel.*

341. L'appelant doit consigner avant le jugement ou l'arrêt sur l'appel une amende de 5 francs, s'il s'agit d'un jugement de justice de paix, et de 10 francs, s'il s'agit d'un jugement de tribunal de première instance où de commerce (C. proc. civ., art. 471).—Peu importe que l'affaire soit ordinaire ou sommaire (Cass., 10 janv. 1838).

342. La consignation doit précéder l'audience, c'est-à-dire le jugement ou l'arrêt : c'est ce qui résulte de l'art. 90 du tarif, qui alloue une vacation pour consigner l'amende, et une autre pour la retirer, dans le cas d'infirmation du jugement (V. Cass., 8 mai 1809 ; Déc. du minist. des fin., du 12 sept. 1809).

343. L'avoué qui obtient un jugement sur l'appel et le greffier qui l'expédie sans consignation préalable de l'amende sont passibles chacun de 50 fr. d'amende (Cass., 8 mai 1809, 10 janv. 1838 ; arrêté du 10 fruct. an 11; L. 16 juin 1824; Trouillet, *Dictionnaire d'enregistrement*, v° *Amende*, n° 5).

344. Mais il n'est pas nécessaire de consigner l'amende avant l'appel, comme en matière de *requête civile*.—V. ce mot.—Du reste, la consignation d'amende n'est point exigée à peine de nullité. Par conséquent, on ne pourrait opposer contre l'appel aucune nullité ou fin de non-recevoir fondée sur le défaut de consignation (Coffinières, *Encycl. du droit*, v° *Appel en mat. civ.*, n° 165 ; Bioche, *Dictionn. de proc.*, 3e édit., v° *Appel*, n° 502).

345. La quittance de l'amende ne doit pas, comme autrefois, être signigifiée à la partie adverse de celui qui l'a consignée (Bioche, *loc. cit.*, n° 503).

346. Si l'appelant succombe, n'importe pour quel motif, soit parce que l'appel est déclaré mal fondé, soit parce qu'il est irrégulier ou non recevable, il est condamné à payer l'amende consignée (C. proc., art. 471 ; Cass., 6 janv. 1845 ; Chauveau sur Carré, *quest.* 1694 *bis*).

347. L'amende ne serait pas due si le jugement était réformé dans un seul de ses chefs (Bruxelles, 28 janv. 1808). — Il faut, pour que l'appelant puisse être sous le coup de l'art. 471, qu'il ait entièrement succombé (Coffinières, *Encycl. de droit*, v° *Appel en mat. civ.*, n° 160).

348. L'art. 7 de l'arrêté 10 flor. an 11 exigeant, pour que l'amende consignée soit restituée, que l'appel soit déclaré fondé, il s'ensuit que l'appelant qui se désiste de son appel, dans le cours de l'instance, ne peut demander la restitution de l'amende. Ce désistement équivaut, en effet, à un acquiescement au jugement, acquiescement qui doit faire réputer l'appel mal fondé (Bruxelles, 9 déc. 1806 ; Bioche, v° *Appel*, n° 507 ; Talandier, *de l'Appel*, p. 180.—V. *contr.*, Bruxelles, 28 janv. 1808 ; Rennes, 14 déc. 1809 et 8 janv. 1820 ; Pigeau, *Comment.*, t. 1er, p. 694 ; Chauveau sur Carré, *quest.* 1693 ; Boitard, t. 3, p. 146).

349. L'appelant ne peut être déchargé de l'amende par les juges (Cass., 8 mai 1809). Mais l'omission d'avoir prononcé l'amende ne donne pas ouverture à cassation dans l'intérêt des parties.

SECT. VIII.—*Procédure d'appel.* — *Conclusions qui peuvent être prises en appel.*

350. Les règles de procédure établies pour l'instruction des affaires devant les tribunaux de première instance, et qui sont compatibles avec les dispositions du titre relatif aux appels, doivent être observées dans les tribunaux d'appel, sauf les exceptions ci-après (C. proc., art. 470, 119 et suiv.). — V. *Instruction.*

351. Tout appel, même de jugement rendu sur instruction par écrit, est porté à l'audience, sauf à la Cour à o:donner l'instruction par écrit (C. proc., art. 461). Cet article s'applique à tous les jugements, même à ceux sur demande à fin d'autorisation par une femme contre son mari (Nîmes, 18 janv. 1830).

352. Les appels des jugements rendus en matière sommaire sont portés à l'audience sur un simple acte et sans autre procédure. Il en est de même de l'appel des autres jugements, lorsque l'intimé n'a pas constitué d'avoué (C. proc., art. 463).

353. Si l'intimé a constitué avoué et si l'affaire n'est pas sommaire, l'appelant lui signifie ses griefs dans la huitaine de la constitution, et il y répond dans la huitaine suivante. L'audience est poursuivie sans autre procédure (C. proc., art. 462).

354. Le délai de huitaine fixé par cet article n'est pas de rigueur ; les griefs et réponses peuvent être signifiés après son expiration (Thomine-Desmazures, t. 1er, p. 703). Dans la pratique, ils ne sont signifiés qu'après que les conclusions ont été respectivement prises à l'audience, et la cause mise au rôle (Bioche, 3e édit., vo *Appel*, no 489).

355. Les griefs et réponses sont facultatifs ; en conséquence, les parties peuvent se dispenser d'en signifier (Thomine-Desmazures, t. 1er, p. 703 ; Carré, sur l'art. 462).

356. Lorsque l'affaire est sommaire, elle est portée à l'audience sur un simple acte et sans autre procédure (C. proc., art. 463).

357. Les appels de jugements en matière de commerce sont instruits et jugés comme appels de jugements en matière sommaire (C. comm., art. 648).

358. *Conclusions du demandeur.*—L'appel ayant pour but la réformation des injustices commises par les juges inférieurs, il en résulte que les fonctions des tribunaux d'appel se réduisent à examiner si le tribunal de première instance a bien ou mal jugé. Comme conséquence de ce principe, il est admis que les erreurs de calcul ne constituant pas un mal jugé ne sauraient motiver l'appel du jugement qui les contient.

359. Une autre conséquence de ce principe, c'est que les juges d'appel ne peuvent statuer que sur les demandes qui ont été soumises aux juges de première instance. Ainsi, il ne peut être formé, en cause d'appel, aucune nouvelle demande, à moins qu'il ne s'agisse de compensation, ou que la demande nouvelle ne soit la défense à l'action principale (C. proc., art. 464).

360. On ne pourrait donc porter de prime-abord devant un tribunal d'appel : 1o les contestations survenues à l'occasion d'une transaction sur le jugement de première instance (Cass., 16 fév. 1810) ; 2o la demande formée contre la même partie pour le même objet, mais en une autre qualité. Par exemple, si on avait actionné l'intimé en son nom personnel, on ne pourrait l'assigner en appel comme héritier (Bruxelles, 9 mars 1811). Il en serait autrement, si celui qui a figuré en première instance, dans une double qualité, n'agit plus en appel qu'en l'une d'elles (Cass., 1er sept. 1813).

361. On ne doit pas considérer comme *nouvelle* toute demande qui rectifie, augmente ou modifie les conclusions des parties, pourvu toutefois que les objets réclamés en appel l'aient été en première instance (Pigeau, *Comment.*, t. 1er, p. 693; Carré, sur l'art. 465). Ainsi, la demande, qui n'est que la modification *en moins* de la demande principale, est recevable en appel (Cass., 22 mai 1822) : telle serait, par exemple, celle par laquelle la partie qui a demandé en première instance le passage avec voitures, se restreindrait à passer à cheval sur l'immeuble grevé (Cass., 14 juill. 1824).

362. On ne considère pas non plus comme nouvelle demande, la réclamation des accessoires de la demande principale ; telle serait la demande de la séparation des patrimoines par le créancier d'une succession (Cass., 8 nov. 1815). Telle serait encore celle des intérêts, arrérages, loyers et autres accessoires échus depuis le jugement de première instance, et des dommages-intérêts soufferts depuis le jugement (C. proc., art. 464).

363. Dans tous les cas, le droit de réclamer en appel les accessoires de la demande principale est facultatif. Si les parties le préfèrent, elles peuvent s'adresser aux tribunaux de première instance (Cass., 18 fév. 1819).

364. On peut encore demander en appel : 1° l'exécution provisoire, lors même qu'elle n'a pas été demandée en première instance (Toulouse, 21 janv. 1821 et 21 nov. 1823; Limoges, 11 juin 1828 ; Montpellier, 25 août 1828; Poitiers, 7 avr. 1837; Paris, 27 sept. 1838.—*Contrà*, Limoges, 13 mars 1816; Douai, 11 oct. 1834 ; Montpellier, 27 août 1840);—2° une provision qui n'a pas été sollicitée en première instance, pourvu toutefois qu'elle soit motivée sur des faits postérieurs au premier jugement (Cass. 5 juill. 1809).

365. On peut enfin demander en appel à faire preuve de la demande ou de la défense produite en première instance, soit par un interrogatoire, un rapport d'experts, ou la preuve testimoniale, soit par toute autre voie d'instruction (Cass., 21 juill. 1837).

366. Mais il n'est permis dans aucun cas de remplacer en appel une action par une autre ; par exemple, une action en nullité ne pourrait être substituée à une action en rescision (Cass., 5 nov. 1817).

367. Il n'en est pas des moyens comme des demandes. On peut faire valoir, pour la première fois en appel, des moyens omis en première instance (Cass., 25 juill. 1817; Rennes, 11 et 19 août 1817). — Ainsi le mariage attaqué en première instance pour cause de violence, peut l'être en appel par le motif que l'un des deux conjoints n'avait pas l'âge voulu par la loi (Cass., 4 nov. 1822).—Celui qui a demandé la nullité d'un testament pour vice de forme peut demander cette même nullité en présentant un testament abrogatif (Cass., 23 janv. 1810).—Celui qui a demandé la nullité d'un legs d'usufruit en s'appuyant sur la nullité du testament peut demander cette même nullité, par le motif que le testateur n'était pas propriétaire du domaine grevé (Cass., 5 niv. an 13).—Celui qui a attaqué un testament pour cause d'imbécillité du testateur peut l'attaquer en appel comme étant faux (Paris, 30 août 1810).—Enfin, celui qui a demandé la nullité d'une donation par défaut d'insinuation peut conclure en appel à son annulation comme caduque (Cass., 22 janv. 1822).

368. La nullité résultant de ce qu'une demande nouvelle a été formée en appel est couverte par le consentement exprès de l'adversaire et même par sa défense au fond (Cass., 16 juin 1824; 18 août 1818 ; 14 juill. 1806).

369. *Conclusions du défendeur.*—Le défendeur peut proposer pour la première fois en appel toutes les demandes nouvelles qui ne sont qu'une défense à l'action principale (Cod. proc., art. 464).

370. Ainsi, lorsque sur une demande afin d'exécution d'un contrat de vente, l'intimé a proposé la rescision de ce contrat en première instance, il peut en appel soutenir que la vente est nulle pour défaut de prix (Cass., 2 juill. 1806).

371. Il peut encore, pour la première fois en appel, 1° conclure à l'annulation d'un acte qui a servi de fondement aux condamnations prononcées en première instance (Paris, 17 juill. 1810; Rennes, 9 août 1817; Grenoble, 5 mars 1825);—2° présenter toutes exceptions péremptoires qui ne sont que des moyens de défense (Cass., 12 frim. an 10) : telles, par exemple, que la compensation (Pigeau, *Comment.*, t. 1, p. 690), une fin de non-recevoir basée sur un défaut de qualité (Paris, 23 mai 1835).

372. Toutefois, si l'exception était fondée sur une nullité de procédure, elle ne pourrait être présentée en appel qu'autant qu'elle n'aurait pas été couverte. Ainsi, serait non recevable la demande en nullité d'une enquête ou d'un exploit qui n'aurait pas été attaquée en première instance (Cass., 6 oct. 1806; Colmar, 20 fév. 1811; Bruxelles, 6 déc. 1830).

373. Le garanti, qui n'a pas assigné le garant en première instance, ne peut l'actionner en appel (Cass., 27 fév. 1821; 11 fév. 1819; 26 mars 1811;

Paris, 5 mars 1812; 7 fév. 1824);—à moins cependant que le garant ne soit en cause (Cass., 9 déc. 1829), auquel cas le garanti peut conclure contre lui.

374. Le demandeur peut, de son côté, former de nouvelles demandes en défense aux demandes incidentes de son adversaire, car, à l'égard de ces demandes, il change de rôle et devient défendeur à son tour. Ainsi, Pierre a demandé 1200 fr. à Paul, qui lui a opposé en première instance une compensation de 300 fr., montant d'un billet. Pierre peut, en appel, demander la nullité de ce billet (Pigeau, *Comment.*, t. 1, p. 690).—Les nouvelles demandes, soit de l'appelant, soit de l'intimé, ne peuvent être formées que par de simples actes de conclusions motivées (Cod. proc., art. 465); si elles l'avaient été verbalement, elles ne seraient nulles qu'autant qu'elles n'auraient pas été couvertes par le silence ou l'approbation de l'adversaire (Cass., 1er sept. 1813).

Sect. IX. — *Évocation.*

375. Les juges d'appel n'ont pas seulement le droit de prononcer sur les questions résolues par le jugement attaqué ; ils peuvent aussi, lorsqu'ils statuent sur l'appel d'un jugement interlocutoire, s'ils infirment ce jugement, et que la procédure sur le fond soit en état, prononcer à la fois sur le fond définitivement par une seule décision (C. proc. civ., art. 473). C'est ce qu'on appelle *évoquer* l'affaire.—V. *Évocation.*

Sect. X. — *Jugement ou arrêt rendu sur l'appel.—Effets.—Exécution.*

376. Les dispositions de la loi relatives à la manière de procéder aux jugements de première instance, aux jour, lieu et heure où ils doivent être rendus, sont applicables au jugement sur l'appel.—V. *Jugement.*

377. S'il se forme plus de deux opinions, les juges plus faibles en nombre sont tenus de se réunir à l'une des deux opinions qui ont été émises par le plus grand nombre (C. proc. civ., art. 467).

378. En cas de partage devant une Cour d'appel, on appelle pour le vider, un au moins, ou plusieurs des juges qui n'ont pas connu de l'affaire, et toujours en nombre impair, en suivant l'ordre du tableau : l'affaire est de nouveau plaidée ou de nouveau rapportée s'il s'agit d'une instruction par écrit (C. proc. civ., art. 468).

379. Dans les cas où tous les juges ont connu de l'affaire, il es appelé pour le jugement trois anciens jurisconsultes.

380. Les arrêts des cours d'appel ne peuvent, en matière civile, être rendus par moins de sept conseillers (L. 27 vent. an 8). Ce nombre doit être, en général, plus considérable lorsqu'il s'agit d'affaires qui sont jugées en audience solennelle (Cass., 8 déc. 1813).—V. *Audience solennelle.*

381. Les juges d'appel peuvent se refuser de statuer sur la sentence attaquée tant qu'on ne leur représente pas une expédition régulière de cette sentence. Ils donnent valablement défaut contre l'appelant qui ne se présente pas pour soutenir son appel, sans examiner le mérite des conclusions de l'intimé (Cass., 18 avr. 1820). Toutefois, cet examen ne serait pas un motif de cassation.

382. Lorsque l'appel est nul ou non recevable, les juges doivent se borner à prononcer la nullité ou la non-recevabilité de l'appel, sans entrer dans l'examen du fond (Pigeau, *Comment.*, t. 1er, p. 695).

383. Si, au contraire, l'appel est régulier et recevable, le tribunal ou la Cour, pour y faire droit, doit examiner la sentence attaquée et les moyens que l'intimé fait valoir. Si ce dernier soutient que l'appel est nul et non recevable, le tribunal commence par déclarer qu'il reçoit l'appel ; puis ensuite il prononce, soit la confirmation du jugement de première instance, soit l'infirmation de ce jugement. Dans ce dernier cas, les juges d'appel peuvent statuer au fond en évoquant l'affaire.—V. *suprà*, n° 375.—S'ils 'agit d'un jugement interlocutoire, et que la cause ne soit pas en état, ils doivent renvoyer les parties devant le tribunal de première instance (C. proc., art. 473).

384. Les règles établies pour les tribunaux inférieurs, à l'exception de celles auxquelles le Code, au titre, *De l'appel* ou ailleurs, aurait dérogé, sont applicables aux tribunaux d'appel (C. proc. civ., art. 470).

385. Ainsi l'appelant ou l'intimé qui succombe est condamné aux dépens (C. proc., art. 130). — Les dépens peuvent être compensés si le jugement est en partie réformé et en partie confirmé (C. proc., art. 131).

386. Soit que le jugement ou arrêt rendu sur l'appel confirme le jugement de première instance, soit qu'il l'infirme, le second degré de juridiction est épuisé, et la partie qui a succombé ne peut plus se pourvoir que par la voie de cassation, s'il y a lieu.—V. *Cassation.*

387. Le jugement ou arrêt qui déclare l'appel nul ou non recevable a pour effet d'anéantir la procédure d'appel et de rendre à la décision attaquée sa force exécutoire.

388. Mais l'appel annulé pour vice de forme (Paris, 4 janv. 1812) ou déclaré *quant à present* non recevable (Arg., art. 445, C. proc. civ.) peut être renouvelé, si les délais d'appel ne sont point encore expirés.

389. Il en est de même, s'il a été déclaré non recevable pour avoir été interjeté dans la huitaine du jugement de première instance non exécutoire par provision (C. proc. civ., art. 449).

390. Au contraire, si l'appel a été déclaré non recevable pour toute autre cause, ou purement et simplement non recevable, il ne peut plus être renouvelé (Pigeau, *Comment.*, t. 1er, p. 695 et 696).

391. Lorsque l'appel est déclaré fondé, le jugement de première instance est infirmé et anéanti totalement. Dans le cas, au contraire, où l'appel est déclaré mal fondé, le jugement attaqué est confirmé et reprend toute sa force.

392. Le tribunal auquel appartient l'exécution, après qu'il a été statué sur l'appel, varie suivant que le jugement de première instance a été confirmé ou infirmé. — V., à cet égard, *Exécution des jugements.*

Sect. X.—*De la péremption en matière d'appel.*

393. La péremption en cause d'appel a l'effet de donner au jugement dont est appel la force de la chose jugée (C. proc. civ., art. 469).

394. Elle s'acquiert dans les mêmes délais et suivant les mêmes formes que devant les premiers juges, sauf cette différence qu'en première instance la procédure éteinte n'empêche pas de recommencer l'action, au lieu que, s'il y a péremption sur l'appel du jugement, la partie condamnée est présumée avoir renoncé à son appel, et dès lors le jugement acquiert l'autorité de la chose jugée (Carré, sur l'art. 469).

395. La péremption d'instance sur l'appel ne se trouverait pas couverte par un acte extra-judiciaire, par exemple par un commandement ayant pour objet l'exécution du jugement de première instance (Turin, 5 avr. 1811 ; Carré et Chauveau, *Quest.*, 1687).

396. La péremption n'éteint pas l'action, lorsqu'il s'agit d'une demande nouvelle formée dans le cours de l'instance d'appel. Ainsi, quand la Cour a prononcé la péremption de l'instance, on peut reporter cette nouvelle demande devant le juge compétent (Carré et Chauveau, *quest.* 1688; Lyon, 9 juillet 1830).

397. La demande en péremption doit être formée devant le tribunal d'appel par l'intimé. Il doit y être fait droit lors même qu'on soutiendrait que cette demande est sans intérêt, parce que le jugement doit être réputé non avenu Carré, *quest.* 1690).—V., au surplus, *Péremption.*

Chap. III.—Appel incident.

398. Nous avons dit précédemment (**V.** n° 4) que l'appel incident était celui qu'une partie pouvait former à l'occasion et par suite d'un appel principal dirigé contre elle. Or, ce qui distingue l'appel principal de l'appel incident, ce n'est ni l'importance, ni le nombre, ni la valeur des dispositions attaquées, mais la priorité (Talandier, *de l'Appel*, n° 401 ; Poncet, *des Jugements*, t. 1er, n° 274 ; Chauveau sur Carré , *quest.* 1571 *bis* ; Boitard , t. 2 , n° 186).

399. Ainsi, l'appel dirigé contre une disposition même accessoire d'un jugement est principal, et l'appel formé ensuite contre toutes les autres dispositions du même jugement, quelle que soit d'ailleurs leur importance, est incident (Colmar, 28 fév. 1820 ; Cass., 19 fév. 1838).

400. Comme on le voit, l'appel incident suppose toujours un appel précédemment interjeté (Poitiers, 13 août 1824). Il est formé dans le cours de l'instance sur ce dernier, nommé appel *principal.*

Sect. I.—*Cas dans lesquels il y a lieu à appel incident.*

401. L'appel incident ne peut être formé que contre un jugement dont il y a appel principal. Ainsi, l'intimé ne peut appeler incidemment de tous autres jugements qui lui sont opposés par l'appelant dans l'instance d'appel (Aix, 24 mars 1808 ; Rennes, 2 juill. et 10 nov. 1810 ; Montpellier, 30 avr. 1811 ; Carré, *quest.* 1573).

402. De même, l'appelant ne peut interjeter incidemment appel d'un jugement dont l'intimé argumente contre lui, et dont il n'y a pas appel principal (Rennes, 3 févr. 1808 ; 24 févr. 1809 ; Cass., 13 août 1827).

403. Lorsque l'appel est dirigé contre un autre jugement que celui qui a été antérieurement frappé d'appel, il ne peut être formé que d'après les principes généraux, c'est-à-dire par exploit contenant assignation et signifié à personne ou domicile, et dans les délais prescrits (Coffinières, *Encycl. du droit*, v° *Appel (en mat. civ.)*, n° 173).

404. Il a été jugé que la faculté accordée à l'intimé d'interjeter appel incident devait être restreinte aux seuls chefs du jugement dont il y avait eu déjà appel principal (Nîmes, 18 mai 1806 ; Rennes, 1er août 1810. V. aussi, en ce sens, Carré, *quest.* 1574). Mais cette décision est contraire au texte de l'art. 443, C. proc. civ., qui ne limite point le droit de l'intimé à l'appel des dispositions attaquées par l'appelant. Aussi est-il généralement admis que l'appel incident peut porter sur tous les chefs contenus au jugement attaqué, même sur ceux qui n'ont point été critiqués par l'appelant (Cass. 13 janv. (*J. Huiss.*, t. 5, p. 175), 16 juin et 8 juill. 1824 ; 22 mars 1826 ; Amiens, 29 mars et 10 mai 1822 ; Agen, 10 juin 1824; Poncet, *des Jugements*, t. 1er, n° 321 et suiv.; Boitard, t. 2, n° 188; Bioche, 3e édit., v° *Appel*, n° 678 ; Rivoire, *de l'Appel*, n° 302 ; Chauveau sur Carré, *quest.* 1574 ; Coffinières, *Encycl. du droit*, v° *Appel (en mat. civ.)*, n° 174).

405. Toutefois, l'appel incident ne peut porter que sur le dispositif du jugement, et non sur les motifs de ce jugement.

406. Il ne peut pas non plus porter sur les chefs d'un jugement relatifs à une partie qui n'a pas appelé (Cass., 27 juin 1820 ; 17 janv. 1833 ; Agen, 10 mars 1836).

Sect. II.—*Personnes qui peuvent interjeter appel incident et contre lesquelles cet appel peut être interjeté.*

407. *Par qui l'appel incident peut être interjeté.* — L'intimé seul a le droit d'interjeter appel incident (C. proc. civ., art. 443). Ainsi l'appelant principal n'a pas le droit d'appeler des chefs de jugement qu'il a laissés de côté dans son appel, quoique ces chefs soient attaqués par l'appel incident. Par cela seul qu'il a restreint son appel, il est censé avoir reconnu le bien jugé du surplus (Cass., 26 mai 1814 ; 13 août 1827 ; 27 avril 1835 ; Bioche, v° *Appel*, n° 682).

408. On considère comme intimé le garant condamné envers le garanti, lorsque sur l'appel de ce dernier contre le demandeur principal, le garant a été mis en cause ; que, dans l'exploit à lui signifié, la qualité d'intimé lui a été donnée, et qu'il lui a été déclaré qu'il aurait à répondre aux conclusions qui seraient prises contre lui (Cass., 11 janv. 1832 ; Bioche, *loc. cit.*, n° 683).

409. Une partie non intimée ne peut, quoiqu'elle ait été partie au jugement, intervenir et appeler incidemment (Cass., 10 juill. 1827 ; 15 janv. 1833 ; Bioche, *eod. verb.*, n° 684).

409 *bis*. Les communes ont, comme toutes autres parties, le droit d'interjeter un appel incident. Mais, à cet effet, elles doivent être munies d'une autorisation spéciale du conseil de préfecture. Toutefois, lorsqu'une commune a, sans autorisation, formé un appel incident, l'appel n'est pas nul de plein droit ; la Cour peut surseoir à statuer jusqu'à ce que la commune ait été autorisée (Limoges, 24 fév. 1842 : *J. Huiss.*, t. 24, p. 130).—V. *Autorisation de plaider, Commune.*

410. Les parties devant, par suite de l'appel, être mises dans des positions semblables, il s'ensuit que l'intimé qui a acquiescé au jugement avant que l'appel principal ait été interjeté n'en est pas moins recevable à former appel incident. Ainsi, l'exécution par l'intimé sans protestation ni réserves du jugement, si elle a eu lieu antérieurement à l'appel principal, ne constitue point une fin de non-recevoir contre l'appel incident (Cass., 3 therm. an 8 ; 12 prair. an 9 ; 21 août 1811 ; 10 mai 1820 ; Metz, 26 mars 1821 ; Bordeaux, 19 juill 1831 ; Montpellier, 14 janv. 1833 ; Coffinières, *Encycl. du droit*, v° *Appel (en mat. civ.)*, n° 167).

411. Mais l'acquiescement au jugement donné par l'intimé postérieurement à l'appel principal le rend non recevable à interjeter appel incident (Coffinières, *loc. cit.*, n° 168). Et cet acquiescement résulte de ce que l'intimé a conclu à la confirmation pure et simple, sans réserves, du jugement attaqué (Bourges, 19 févr. 1834).

411 *bis*. Toutefois, une partie qui a fait signifier un jugement sans réserve ni protestation, et même a conclu sur l'appel à sa confirmation, est recevable à former contre ce jugement un appel incident, si, depuis l'appel principal dont il a été l'objet, l'appelant a interjeté appel d'un premier jugement confirmé par celui que la partie a fait signifier (Cass., 9 avril 1835 : *J. Huiss.*, t. 16, p. 304).

412. *Contre qui peut-il être formé ?*—On ne peut appeler incidemment que contre l'appelant principal. On ne pourrait donc pas, par exemple, interjeter appel incident contre un autre intimé, ni contre les parties en cause autres que l'appelant (Cass., 26 mai 1814 et 18 juill. 1815 ; Bourges, 12 févr. 1823 ; Toulouse, 31 mars 1828. — *Contrà*, Colmar, 19 mai 1826).

413. On ne doit attaquer l'appelant que dans la qualité qu'il a prise dans son acte d'appel. Ainsi, en première instance, une partie qui a agi en son nom et comme tutrice, et qui n'interjette appel qu'en cette dernière qualité, ne peut être attaquée en son nom personnel par l'appel incident (Limoges, 4 déc. 1813 ; Bourges, 12 fév. 1823).

Sect. III. — *Délai et formes de l'appel incident.*

414. *Délai.*—L'appel incident peut être interjeté dès que l'appel principal est régulièrement formé et à toutes les époques de l'instance ouverte par ce dernier appel, pourvu que l'intimé n'ait fait, depuis l'ouverture de cette instance, aucun acte duquel on puisse induire son acquiescement au jugement frappé d'appel. L'art. 443, C. proc. civ., est, en effet, ainsi conçu : « L'intimé pourra... interjeter incidemment appel, en tout état de cause, quand même il aurait signifié le jugement sans protestations. » La loi ne fixe donc aucun délai pour interjeter appel incident.

415. Ainsi l'appel incident est recevable, encore bien qu'il se soit écoulé plus de trois mois depuis la signification du jugement de première instance faite à l'intimé par l'appelant principal (Cass., 26 oct. 1808; Turin, 19 mars 1808; Colmar, 19 mai 1826; —Poncet, *des Jugements*, n° 324; Boitard, t. 2, n° 186; Carré et Chauveau, *quest.* 1575; Coffinières, *Encycl. du droit*, v° *Appel* (*en mat. civ.*), n° 182).

416. L'intimé peut appeler incidemment *en tout état de cause* (Cass., 13 janv. 1824 : *J. Huiss.*; t. 51, p. 175): Il a même été décidé qu'il le pouvait après la mise en délibéré, tant qu'il n'avait pas été statué par les juges, encore bien que le ministère public eût été entendu (Bourges, 19 fév. 1838).

417. Le droit d'appeler incidemment existe, ainsi que nous l'avons dit, par le seul fait et dès l'instant de l'appel principal; aucune circonstance postérieure à cet appel ne peut dépouiller l'intimé de ce droit. Ainsi, le désistement de l'appelant principal ne peut être opposé comme une fin de non-recevoir contre l'appel incident (Riom,15 oct. 1821; Amiens, 15 déc. 1821 (*J. Huiss.*, t. 3, p. 359; Paris, 8 août 1809; 15 nov. 1841; — Coffinières, *Encycl. du droit*, v° *Appel* (*en mat. civ.*), n° 175) —Mais, dans ce cas, l'appelant principal rentre dans le droit de donner suite à son appel, nonobstant le désistement qu'il en avait donné (arrêt d'Amiens précité du 15 déc. 1821).

417 bis. Jugé aussi que la fin de non-recevoir résultant, contre l'appel, de ce qu'il y aurait eu acquiescement au jugement, est couverte par l'appel incident interjeté par l'intimé avant de présenter son exception (Caen, 12 mars 1842 : *J. Huiss*, t. 24, p. 192).

418. *Formes.*—Les formes prescrites pour la validité de l'appel principal ne sont point exigées pour l'appel incident (Agen, 11 juin 1809). Ainsi, ce dernier appel ne doit pas être nécessairement interjeté par exploit signifié à personne ou domicile; et s'il l'est dans cette forme, l'exploit peut ne pas contenir assignation. L'art. 456, Cod. proc., qui exige cette formalité, n'est applicable qu'à l'appel principal.

419. L'appel incident peut être interjeté, soit par acte d'avoué à avoué (Cass., 12 févr. 1806; 26 oct. 1808; Colmar, 19 mai 1826 (*J. Huiss.*, t. 9, p. 83); Talandier, n° 404; Carré et Chauveau, *quest.* 1572). — Mais l'acte d'avoué à avoué qui contient appel incident est assujetti au droit établi pour les actes d'appel, et non à celui fixé pour les actes d'avoué à avoué (V. *J. Huiss.*, t. 9, p. 143).

420 ...Soit par requête (Cass., 26 oct. 1808), soit par des conclusions prises à l'audience (Limoges, 9 août 1811; Colmar, 31 juill. 1812; Carré et Chauveau, *quest.* 1572); —mais seulement de la part de l'intimé (Montpellier, 21 mai 1851).

421. Mais il ne pourrait être formé verbalement à la barre du tribunal. Cependant la nullité d'un appel incident ainsi formé serait couverte par le silence de la partie adverse (Cass., 7 févr. 1832).

Formules.

1. *Appel d'un jugement de justice de paix.*

L'an 185., le . . . ., à la requête de . . . . . . (*élection de domicile et constitution d'avoué*), j'ai . . . . . ., huissier à . . . . . ., soussigné, signifié et déclaré à . . . . . ., que le requérant est appelant, comme de fait, par ces présentes, il déclare formellement interjeter appel d'un jugement rendu contradictoirement entre les parties par M. le juge de paix du canton de . . . . . ., le . . . . . ., à ce que ledit sieur . . . . . . n'en ignore; et à mêmes requête, demeure, élection de domicile et constitution d'avoué que dessus, j'ai donné assignation audit sieur . . . ., en son domicile, où étant et parlant à . . . ., à comparaître d'aujourd'hui à huitaine franche, délai de la loi, ... heures du matin (*ajouter, s'il y a lieu :* outre les délais de distance), à l'audience, et par devant MM. les président et juges composant le tribunal civil et de première instance de . . . . . ., séant à . . . . . .;

Pour, attendu que le requérant a la possession annale et plus qu'annale d'une pièce de pré, sise à . . . . . (*la désigner*); que, troublé par l'intimé dans cette possession, il a formé contre lui, par exploit de . . . . . ., une action tendante à être maintenu dans ladite possession ; que sur cette action est intervenu un jugement de la justice de paix de . . . . . ., en date du . . . . . . lequel a admis le requérant à faire preuve de la possession et des faits de trouble articulés ; que cette preuve, en effet, fut faite de la manière la plus complète, ainsi que le prouve le procès-verbal d'enquête dressé par M. le juge de paix, en date du . . . . . .; enfin, que nonobstant cette preuve, le demandeur fut débouté de sa demande par le jugement dont est appel ;

Voir dire et ordonner qu'il a été mal jugé, bien appelé du jugement dudit jour . . . .; voir dire, en conséquence, que ledit jugement sera mis au néant; et, faisant droit au principal, ordonner que le requérant sera gardé et maintenu en la possession et jouissance dudit pré: que défenses seront faites à l'intimé de ne plus troubler à l'avenir le requérant en ladite possession, et pour l'avoir fait, s'entendre condamner, ledit intimé, en . . . . . . de dommages-intérêts, et en outre, en tous les dépens, des causes principale et d'appel.

Coût : { Original, 2 fr. » c. ;—1 fr. 80 c. ;—1 fr. 50 c.
       { Copie, » 50 c. ;—» 45 c. ;—» 38 c.
Enregistrement de l'exploit, 5 fr. 50 c. (L. 22 frim. an 7, art. 68).

2. Appel d'un jugement de tribunal civil, de tribunal de commerce ou d'une sentence arbitrale.

L'an 185., le . . . ., à la requête de . . . . . . (*élection de domicile et constitution d'un avoué à la Cour d'appel*), j'ai . . . . . ., soussigné, signifié et déclaré à . . . . . ., que le requérant est appelant comme par ces présentes, il interjette formellement appel (*énoncer et dater ici le jugement ou la sentence arbitrale dont on entend appeler*); à ce que ledit sieur . . . . . n'en ignore, et à pareilles requête, demeure, élection de domicile et constitution d'avoué que dessus, j'ai huissier susdit et soussigné, donné assignation au sieur . . . . ., à comparaître d'aujourd'hui à huitaine franche, délai de la loi, outre les délais de distance, à l'audience et par devant MM. les premier président, président et conseillers à la Cour d'appel de . . . . . ., séant à . . . . . ., première chambre, ... heures du matin ;

Pour, attendu (*déduire les motifs de l'appel*), ou bien dire : Pour, attendu les injustices, nullités, torts et griefs dont le requérant a à se plaindre, ensemble les moyens qu'il a à faire valoir, et qui seront déduits en temps de droit ;

Voir dire et ordonner qu'il a été mal jugé, bien appelé du jugement dudit jour . . . .; faisant droit sur ledit appel, que le jugement susdaté sera mis au néant; quoi faisant, le requérant déchargé des condamnations prononcées contre lui, et faisant droit au principal (*Si c'est le demandeur qui est appelant, prendre les conclusions de première instance ; si c'est le défendeur, conclure à ce que le demandeur soit déclaré non recevable, dans sa demande, débouté d'icelle et condamné aux dépens.*)

Coût : comme en la formule n° 1.
Enregistrement de l'exploit, 11 fr. (L. 22 frim. an 7.)

3. Appel d'un jugement interlocutoire.

L'an 185., le . . . , . . . (Voy. *les formules qui précèdent*). — CONCLUSIONS.

Voir dire qu'il a été mal jugé, bien appelé du jugement dudit jour . . . . . .; faisant droit sur l'appel, que ledit jugement sera mis au néant et considéré comme non avenu, et statuant au principal, attendu que la matière est en état de recevoir décision, évoquant et faisant ce que les premiers juges auraient dû faire ; voir ordonner (*prendre les conclusions de première instance*), ou : et attendu que l'affaire n'est pas en état, voir dire que la cause et les parties seront renvoyées devant tel tribunal, à l'effet de statuer ce qu'il appartiendra.

Coût et enregistrement : comme en la formule n° 2.

4. Appel d'un jugement de provision.

La formule de l'acte d'appel d'un jugement de provision est la même que la formule de l'acte d'appel d'un jugement ordinaire, seulement, on doit, par les conclusions de cet acte, demander que la provision accordée ou rejetée soit maintenue ou refusée, selon l'intérêt de l'appelant.

Coût et enregistrement : comme en la formule n° 2.

5. Assignation afin de défenses et de procéder sur l'appel.

L'an 185. , le . . . . . . , en vertu de l'ordonnance rendue à la suite d'une requête à lui présentée, le même jour, par M. le président de . . . . . ., le . . . ., dûment signée et enregistrée, et dont est avec ces présentes donné copie ; à la requête de . . . . ., qui élit domicile chez . . . . . ., avoué à la Cour d'appel de . . . ., demeurant à . . . . . ., rue . . . . . . de . . . . ., lequel occupera sur la présente assignation ; j'ai . . . . . ., huissier . . . . . ., soussigné, donné assignation à . . . . . ., à comparaître le . . . . . ., heure de . . . . . ., à l'audience et par devant . . . . . ., pour procéder aux fins des requête et ordonnance ci-dessus, circonstances et dépendances, et voir adjuger au demandeur les conclusions de ladite requête ; et au principal, à huitaine franche, délai de la loi, outre les délais de distance, pour voir dire que le demandeur sera reçu appelant du jugement énoncé en ladite requête, faisant droit sur ledit appel, que ce dont est appel sera mis au néant ; émendant, l'appelant déchargé des condamnations portées audit jugement, et qu'au principal, ledit sieur . . . . . ., sera déclaré non recevable en sa demande, ou au moins débouté d'icelle et condamné aux dépens.

Coût et enregistrement : comme en la formule n° 2.

APPEL EN MATIÈRE CRIMINELLE.—1. L'appel n'existe pas dans toutes les matières. Nous avons dit, en effet, au mot *Appel* (n° 4), que les arrêts rendus par les Cours d'assises ne pouvaient être attaqués que par la voie du pourvoi en cassation. Mais les jugements rendus, soit par les tribunaux de police correctionnelle, soit par les tribunaux de simple police, sont susceptibles d'appel.

Indication alphabétique des matières.

Administrat. forestière, 17, 18.
Amende, 43 et s., 68.
Appel incident, 69 et s.
Assignation, 62.
Avocat, 15.
Avoué, 14.
Cassation. 55.
Circonstances atténuantes, 6.
Citation, 57, 60 et s.
Compétence, 9, 48, 49.
Condamnation, 43 et s.
Conclusions, 44, 45.
Constitution d'avoué, 62.
Contributions directes, 19.
Déchéance, 28, 29.
Déclaration au greffe, 30 et s., 60 et s.
Délai, 21 et s., 56 et s.
Démolition, 46.
Dernier ressort, 5 et s., 9.
Domicile, 62.
— élu, 63 bis.

Douanes, 19.
Effets de l'appel, 40 et s., 67.
Emprisonnem., 43,45,47,49.
Enregistrement, 19.
Exécution. 40, 67.
Expertise, 10.
Exploit, 60 et s.
Formalités, 30 et s., 60 et. s.
Frais (avance), 10.
Incompétence, 48.
Jugement correctionnel, 2 et s., 21 et s.
— de simple police, 43 et s.
— interlocutoire, 8.
— par défaut, 21, 22, 24 et s.
— préparatoire, 7.
— sur l'appel, 42, 65.
Mandataire, 12.
Mari, 13.
Ministère public, 18, 20, 23, 30, 34, 55.
Mise en liberté, 40.

Nom, 62.
Notification, 30, 33 et s.
Nullité, 29.
Opposition, 24 et s., 37 bis, 58.
Ordonnance de la chambre du conseil, 37 bis.
Partie civile, 16, 53. 54.
— civilem. responsable, 11,52.
— plaignante, 16.
Père, 13.
Plaignant, 16.
Postes, 19
Prévenu, 11, 51.
Profession, 62.
Qualification, 4, 5.
Reconstruction, 46.
Requête, 31, 32.
Signification, 56 et s.
Sursis. 50.
Témoin, 66.
Tribunal compétent, 38, 39,64.
Tuteur, 13.

SECT. Ire.—*Appel des jugements de police correctionnelle.*

§ Ier.—*Jugements dont on peut appeler.*
§ II. —*Personnes qui peuvent appeler.*
§ III.—*Délai dans lequel l'appel doit être interjeté.*
§ IV.—*Formes de l'appel.*
§ V.—*Tribunal compétent.—Effets de l'appel.*

_____

Sect. 1ʳᵉ. — Appel des jugements de police correctionnelle.

§ 1ᵉʳ. — Jugements dont on peut appeler.

2. On peut appeler de tous les jugements rendus en matière correction-nelle, quelque minime que soit la peine prononcée, quelques modiques que soient les indemnités obtenues ou réclamées. C'est ce qui résulte de la disposi-tion générale de l'art. 199, Cod. instr. crim., ainsi conçu : « Les jugements rendus en matière correctionnelle pourront être attaqués par la voie de l'appel. »

3. Toutefois, cette règle souffre exception dans certains cas. La première exception se trouve dans l'art. 192, Cod. instr. crim. Ainsi, d'après cet ar-ticle, lorsque le fait dont est saisi un tribunal de police correctionnelle n'est qu'une contravention de police, et que la partie publique ou la partie civile n'a pas demandé le renvoi, le jugement qui intervient est en dernier ressort.

4. Mais, si les faits qualifiés contravention ont été mal appréciés et con-stituent un délit, l'appel est recevable contre le jugement émané du tribunal correctionnel, bien qu'il n'ait prononcé que des peines de simple police (Cass., 31 août 1815; 4 août 1826; 24 avril et 16 mai 1829; 10 juill. 1831; 4 août 1832).

5. En matière correctionnelle, comme en matière civile, les jugements mal à propos qualifiés en dernier ressort peuvent être attaqués par la voie de l'ap-pel (Cass., 23 mess. an 12; 26 nov. 1812; 1ᵉʳ fév. 1821; Desclozeaux, Ency-clop. du droit, vᵒ Appel (en mat. crim.), nᵒ 23).

6. L'art. 192 précité, Cod. inst. crim., ne prévoit que le cas où le fait ré-primé constitue non une contravention, mais un délit. D'où il suit que si le tribunal correctionnel, appliquant à l'individu prévenu d'un délit l'art. 463, Cod. pén., relatif aux circonstances atténuantes, modifie la peine et ne le condamne qu'à une peine de simple police, son jugement n'en est pas moins susceptible d'appel (Rauter, Droit crim., t. 2, p. 422, à la note; Desclozeaux, loc. cit., nᵒ 17).

7. Mais il faut excepter de la règle générale de l'art. 199, Cod. instr. crim., les jugements préparatoires et de pure instruction. L'appel de ces jugements n'est recevable, comme en matière civile, qu'après le jugement définitif, et conjointement avec l'appel de ce dernier (Cass., 5 brum. an 8; 22 janv. 1825; 11 août 1826 (V. J. Huiss., t. 8, p. 157); Desclozeaux, nᵒ 19).

8. Au contraire, les jugements interlocutoires peuvent être frappés d'ap-pel, de même qu'en matière civile, avant le jugement définitif (Cass., 2 août 1810).

9. De même, l'appel d'un jugement qui prononce sur la compétence peut être interjeté avant le jugement sur le fond, encore bien que ce jugement doive statuer en dernier ressort (Cass., 4 sept. 1813; 31 janv. 1817; 11 mars 1826).

10. Enfin, il est des jugements qui prononcent séparément sur un inci-dent, et, quoique ces jugements ne terminent pas le procès, ils sont néanmoins définitifs quant à leur objet, et l'on peut en appeler. Ainsi est susceptible d'appel le jugement correctionnel qui statue sur la question de savoir si ce doit être la régie des douanes ou le prévenu qui fera l'avance des frais d'une expertise (Cass., 1ᵉʳ févr. 1811 ; Desclozeaux, n° 21).

§ 2. — Personnes qui peuvent appeler.

11. La faculté d'appeler appartient : 1° Aux parties prévenues ou **responsables** (Cod. instr. crim., art. 202). La partie condamnée n'a pas besoin de satisfaire avant d'appeler au mandat d'arrêt lancé contre elle (Cass., **19 vent. an 11**);

12. 2° Au fondé de pouvoir de la partie ; mais il faut que le pouvoir soit conçu dans des termes tels qu'il confère le droit d'appeler de *tel* jugement ou de *tous* jugements (Cass., 12 sept. 1812; 28 janv. 1813);

13. 3° Au père, au nom de ses enfants mineurs, sans qu'il y ait lieu d'exiger un pouvoir (Cass., 2 juin 1821) , — au tuteur, au nom de son pupille (Carnot, sur l'art. 199 ; Legraverend, t. 2, p. 480), — au mari, au nom de sa femme (Cass., 3 sept. 1808);

14. 4° A l'avoué de la partie condamnée correctionnellement (Cass., 18 mai et 17 août 1821), ou civilement (Bordeaux, 24 mars 1831). Du moins, cet appel est valable jusqu'à désaveu. — Le même droit appartient à un avoué de la Cour où l'appel doit être porté (Cass., 23 janv. 1813; 17 déc. 1842; Paris, 22 mars 1839);

15. 5° Quant à l'avocat, il n'a pas qualité pour appeler, sans pouvoir, au nom de son client (Cass., 8 oct. 1829; 15 mai 1812; Poitiers, 6 janv. 1838);

16. 6° A la partie civile, quant à ses intérêts civils seulement (Cod. instr. crim., art. 202). La partie plaignante, qui ne s'est point portée partie civile, ne peut appeler (Cass., 8 prair. an 11; 13 mars 1806; Paris, 22 mars 1834). — Même décision à l'égard de la partie lésée qui n'a pas porté plainte (Cass., **13 mars** 1806). — La partie civile peut appeler, dans les cas où elle est autorisée à le faire, quoique le ministère public n'exerce aucun recours (Cass., 2 août 1810; 17 mars 1814);

17. 7° Aux agents de l'administration forestière (Cod. instr. crim., art. 202; Cod. for., art. 183), pourvu, toutefois, que l'administration ait été partie au jugement (Cass., 7 févr. 1806); ils peuvent appeler même quant à l'action publique (Cass., 31 janv. 1817), à moins qu'ils n'aient agi au nom de l'administration que comme partie civile (Cass., 7 févr. 1806);

18. L'appel des jugements correctionnels par les agents de l'administration forestière est indépendant de la faculté d'appeler accordée au ministère public, lequel peut toujours en user, lors même que l'administration ou ses agents auraient acquiescé aux jugements (Cod. for., art. 184).

19. 8° Aux administrations des douanes, des contributions indirectes, des postes et de l'enregistrement, lorsqu'elles ont figuré en première instance comme parties civiles (Cass., 25 juill. 1806);

20. 9° Enfin, au ministère public près le tribunal qui a rendu le jugement, et près la Cour qui doit prononcer sur l'appel (Cod. instr. crim., art. 202).

§ 3. — Délai dans lequel l'appel doit être interjeté.

21. L'appel doit être formé dans les dix jours, à partir de la prononciation du jugement, s'il est contradictoire ; et s'il est par défaut, dans les dix jours qui suivent la signification du jugement à personne ou à domicile, outre un jour par trois myriamètres (Cod. instr. crim., art. 203).

22. On doit considérer comme rendu par défaut le jugement qui prononce la peine d'emprisonnement contre un prévenu, encore bien que celui-ci se soit fait représenter par un avoué : c'est ce qu'on induit de l'art. 185, Cod. instr. crim. Mais le jugement serait contradictoire s'il ne prononçait qu'une amende.

23. L'art. 203 précité souffre exception à l'égard du ministère public près le tribunal ou la Cour qui doit connaître de l'appel. En effet, il a le droit d'appeler pendant les deux mois du jour de la prononciation du jugement, ou si le jugement lui a été notifié dans le mois du jour de cette notification, et cela, faute par le ministère public près le tribunal qui a rendu le jugement, d'avoir appelé dans les dix jours (Cod. instr. crim., art. 205).

24. Relativement aux jugements par défaut, le prévenu peut y former opposition dans les cinq jours de la signification (Cod. instr. crim., art. 187). On vient de voir que le délai d'appel a le même point de départ. Il y a lieu, par conséquent, de conclure de là que ce dernier délai court en même temps que le délai d'opposition. L'art. 203, Cod. instr. crim., contient une dérogation à l'art. 443, Cod. proc. civ. (Cass., 22 janv. 1825; Paris, 27 mai 1829).

25. Mais peut-on interjeter appel d'un jugement par défaut pendant les délais de l'opposition? L'affirmative nous paraît résulter de la combinaison des art. 187 et 203, Cod. instr. crim. L'appel peut même être interjeté avant la signification du jugement. Ainsi, les délais d'opposition et d'appel courant en même temps, la partie qui croit avoir à se plaindre du jugement par défaut a le choix entre ces deux voies (Cass., 19 avr. 1833; 20 août et 23 sept. 1841; Metz, 20 août 1821; Bourges, 25 juill. 1822; Paris, 27 mai 1829).

26. La partie, qui a comparu au jugement rendu par défaut à l'égard de son adversaire, doit en interjeter appel dans les dix jours de sa prononciation; elle n'est pas tenue d'attendre l'expiration du délai d'opposition accordé au défaillant, ni de signifier préalablement à son appel le jugement intervenu. Mais elle doit néanmoins signifier ce jugement pour faire courir le délai d'opposition et mettre le tribunal d'appel en demeure de statuer (Cass., 10 oct. 1834; 25 juill. 1839 : *J. Huiss.*, t. 21, p. 41).

27. Le délai de dix jours déterminé par l'art. 203 n'est pas franc. En disant que l'appel doit être interjeté *dix jours au plus tard après celui* de la prononciation ou de la signification, cet article a bien, il est vrai, exclu du délai le jour de la prononciation ou celui de la signification; mais le jour de l'échéance est compris dans ce délai. Ainsi, l'appel d'un jugement prononcé ou signifié, le 31 mars, doit être interjeté, au plus tard, le 10 avril (Desclozeaux, *Encyclop. du droit*, v° *Appel en matière criminelle*, n° 39).

28. Le délai d'appel est de rigueur; il emporte déchéance; et la déchéance est encourue lorsque l'appel est formé le onzième jour, quoique le dixième soit un jour férié (Cass. 28 août 1812; 18 juill. 1817; 5 oct. 1833; 25 juill. 1834; Douai, 27 fév. 1835 : *J. Huiss.*, t. 16, p. 261).

29. La nullité résultant de ce que l'appel a été interjeté après l'expiration du délai est absolue; elle ne peut être couverte et doit être prononcée d'office (Cass., 20 mars 1812; 12 avr. 1817; 27 sept. 1828).

§ 4. — Formes de l'appel.

30. Les parties condamnées, les parties civiles et le ministère public près le tribunal qui a rendu le jugement doivent former leur appel par une déclaration au greffe de ce tribunal (C. inst. crim., art. 203). Cette déclaration n'est soumise à aucune forme spéciale. A l'égard du ministère public, près le tribunal qui doit connaître de l'appel, il est tenu, sous peine de déchéance, de notifier son appel au prévenu dans les délais prescrits (C. inst. crim., art. 205; Cass., 13 août 1813; 3 sept. 1829).

31. L'appelant peut remettre au greffe du tribunal qui a rendu le jugement ou à celui du tribunal où l'appel est porté, une requête contenant les moyens d'appel : cette requête doit être signée de l'appelant, ou d'un avoué, ou de tout autre fondé de pouvoir spécial (C. inst. crim., art. 204).

32. La requête contenant les moyens d'appel n'est pas exigée à peine de déchéance. Mais il en est autrement de la déclaration d'appel. Cette déclaration ne peut être remplacée par aucun autre acte (Cass., 22 mai 1835).

33. Mais les formalités exigées pour la validité de l'appel se réduisant à cette déclaration, il en résulte qu'aucune déchéance ne saurait être prononcée contre l'appelant (prévenu ou partie civile), s'il n'avait point notifié l'appel à sa partie adverse (Cass., 21 janv. 1814).

34. Dans le cas où c'est le ministère public près le tribunal supérieur qui interjette appel, il ne doit notifier son appel qu'au prévenu et à la partie civilement responsable (C. instr. crim., art. 205). Il n'est pas nécessaire qu'il le notifie à la partie civile; il suffit que celle-ci soit citée pour plaider sur l'appel (Desclozeaux, *Encyclop. du droit*, v° *Appel (en mat. crim.*), n° 62).

35. Lorsqu'il y a lieu de signifier l'appel tout à la fois au prévenu et aux personnes civilement responsables, il ne suffit pas de leur en laisser une seule copie, en déclarant que la notification est faite à l'un et à l'autre; il doit être délivré une copie particulière à chacun des intéressés (Desclozeaux, *loco cit.*, n° 63).

36. Du reste, aucune forme n'est prescrite pour cette notification. Il suffit qu'il soit établi que l'intimé a été instruit de l'appel (Cass., 8 juin 1809).

37. Les prévenus, même ceux qui ont interjeté appel (Cass., 23 août 1811), encore bien qu'ils soient en état d'arrestation, sont cités à comparaître à l'audience de la Cour ou du tribunal qui doit connaître de l'appel.

37 bis. Lorsqu'il s'agit d'une ordonnance de la chambre du conseil, l'opposition (et l'on sait qu'en pareille matière, l'opposition équivaut à un appel, puisqu'elle saisit le tribunal d'appel), formée par la partie civile, ne peut pas être notifiée au greffier; il faut qu'elle soit signifiée tant au procureur de la République qu'au prévenu (C. inst. crim., 135; Lyon, 3 avril 1830.)

§ 5. — Tribunal compétent. — Effets de l'appel.

38. *Tribunal compétent.* — L'appel correctionnel est porté : s'il a été rendu par un tribunal d'arrondissement, au tribunal correctionnel du chef-lieu du département; s'il est rendu par ce dernier tribunal, au tribunal du chef-lieu du département voisin (C. instr. crim., art. 200). — V. *Décret du 10 août* 1810, pour le tableau des tribunaux de chefs-lieux auxquels les appels doivent être portés.

39. Dans le département où siège la Cour d'appel, les appels des jugements rendus en police correctionnelle sont portés à cette Cour (C. instr. crim., art. 201). Il en est de même de l'appel des jugements rendus dans le chef-lieu d'un département voisin, lorsque la distance de la Cour n'est pas plus forte que celle du chef-lieu de l'autre département voisin (même art.).

40. *Effets de l'Appel.* — L'appel suspend l'exécution du jugement attaqué lorsqu'il contient condamnation (C. instr. crim., art. 203, alin. 2). Mais l'appel n'est pas suspensif, lorsqu'il s'agit d'un jugement qui acquitte le prévenu. Dans ce cas, la loi veut que la mise en liberté du prévenu ne puisse être suspendue, à moins cependant que l'appel n'ait été déclaré ou notifié dans les trois jours de la prononciation du jugement (Même Code, art. 206).

41. Comme en matière civile, l'appel d'un jugement correctionnel a pour effet de saisir le tribunal du second degré de juridiction de la connaissance du procès jugé en première instance. Mais les effets de l'appel, en ce qui concerne l'étendue des pouvoirs du tribunal d'appel, varient suivant que l'appel a été interjeté par le prévenu, par la partie civile ou par le ministère public.

42. Lorsque le prévenu seul s'est rendu appelant, la peine prononcée en première instance ne peut être aggravée par le tribunal d'appel. Lorsque l'appel a été formé par la partie civile, si le prévenu a été déclaré coupable et condamné, le tribunal d'appel ne peut plus examiner la question de culpabilité, il ne peut que statuer sur les intérêts civils de l'appelant. Mais si le prévenu a été acquitté, le tribunal n'étant pas lié par l'autorité de la chose jugée peut et doit se livrer à l'examen de la question de culpabilité. Enfin, si l'appel a été interjeté par le ministère public, le tribunal peut acquitter le prévenu, ou maintenir la condamnation, ou réduire ou aggraver la condamnation prononcée. — V. *Appel à minimâ.*

Sect. 2. — *Appel des jugements de simple police.*

§ 1er. — Jugements dont on peut appeler.

43. Les jugements de simple police qui prononcent un emprisonnement, ou des amendes, restitutions et autres réparations civiles excédant la somme de **5 fr.**, outre les dépens, sont seuls susceptibles d'appel (C. instr. crim., art. 172).

44. Il résulte de là que, pour savoir s'il y a lieu d'appeler du jugement, on doit considérer la nature et la quotité des condamnations, et non les conclusions du ministère public (Cass., 5 sept. 1811 ; 10 avril 1812 ; 26 mars 1813 ; Desclozeaux, *Encyclop. du droit*, v° *Appel (en mat. crim.)*, n° 100).

45. Ainsi, on ne peut appeler d'un jugement qui ne prononce ni emprisonnement, ni condamnation pécuniaire au-dessus de **5 fr.** outre les dépens, quoique le ministère public ou la partie civile ait conclu à une plus forte somme (Cass., 20 fév. 1823); ou qui renvoie le prévenu purement et simplement des fins de l'action (Berriat-Saint-Prix, *Tribunaux de police*, n°s 531 et 533).

46. Mais l'appel du jugement par lequel un tribunal de simple police ordonne des démolitions ou reconstructions, ou empêche des ouvrages, est recevable, encore bien que l'amende prononcée n'excède pas cinq francs (Cass., 9 août 1828 ; 24 avril 1834 ; Desclozeaux, *loco citato*, n° 99).

47. Il en est de même de l'appel d'un jugement de simple police qui, même sans infliger d'amende, prononce un emprisonnement, quoiqu'on prétende que le tribunal ait fait une fausse application de la loi (Cass., 11 fév. 1819).

48. Au contraire, les jugements par lesquels les tribunaux de simple police se sont déclarés incompétents (Cass., 24 juill. 1829), ou se sont déclarés compétents et n'ont prononcé qu'une amende qui n'excédait pas 5 fr., ne sont pas susceptibles d'appel : ils ne rentrent pas dans les termes de l'art. 172, C. instr. crim. (Cass., 11 juin 1818).

49. Il en est autrement du jugement par lequel un tribunal de simple police s'étant déclaré compétent prononce la peine d'emprisonnement ou condamne à une amende excédant 5 fr. (Cass., 11 sept. 1818).

50. Enfin, n'est pas susceptible d'appel le jugement par lequel un tribunal de simple police surseoit à statuer sur le procès (Cass., 25 juin 1824), alors même que le sursis a pour objet de faire vider une question de propriété (Cass., 20 fév. 1829).

§ 2. — Personnes qui peuvent appeler.

51. La partie condamnée par un jugement de simple police a le droit d'en interjeter appel.

52. Le même droit appartient à la partie condamnée comme civilement responsable, si le jugement n'est pas en dernier ressort (Cass., 11 sept. 1818).

53. Quant à la partie civile, si elle a succombé, elle n'est pas recevable à attaquer le jugement par la voie d'appel, cette voie n'étant ouverte que contre le jugement qui prononce une condamnation (Solution implicite en ce sens : Cass., 10 avril 1812 ; 29 janv., et 26 mars 1813).

54. Mais la partie civile condamnée à des dommages-intérêts excédant 5 fr. peut interjeter appel du jugement (Desclozeaux, *Encyclop. du Droit*, v° *Appel (en mat. crim.)*, n° 111).

55. La faculté d'appeler n'étant accordée qu'aux individus condamnés (C. instr. crim., art. 172), il s'ensuit que le ministère public n'est jamais recevable à appeler des jugements de simple police. La seule voie qui lui soit ouverte est celle de cassation (Cass., 19 mars et 29 mai 1812 ; 29 janv. 1813 ; 28 août

1822; 2 déc. 1825; 24 fév. 1827; 10 juill. 1829; Berriat-Saint-Prix, *Tribunaux de police*, n° 531).

§ 3. — Délai et formes de l'appel. — Tribunal compétent. — Effets de l'appel.

56. *Délai.*—L'appel des jugements rendus par les tribunaux de simple police doit être interjeté dans les dix jours de la signification de la sentence à personne ou domicile (C. inst. crim., art. 174).

57. Ainsi, en matière de simple police, comme en matière civile, et à la différence de ce qui a lieu en matière correctionnelle, la signification est indispensable pour faire courir le délai d'appel (Cass., 2 déc. 1825; Berriat-Saint-Prix, n° 538).

58. Peu importe, d'ailleurs, que le jugement soit contradictoire ou par défaut (Cass., 19 févr. 1813). Le délai d'appel court donc pendant celui de l'opposition, comme en matière correctionnelle. Il en résulte que le prévenu peut appeler d'un jugement par défaut, sans le frapper d'opposition (Berriat-Saint-Prix, n° 540).

59. Mais lorsque, sur une contestation de la compétence du tribunal de police, est intervenu un jugement du juge de paix prononçant comme *juge civil*, l'appel du jugement, recevable autrefois pendant trois mois (Cass., 26 déc. 1826), doit aujourd'hui être interjeté dans le délai de trente jours, fixé par la loi du 25 mai 1838.

60. *Formes.*—L'appel peut être interjeté, au choix des parties, ou par déclaration faite au greffe du tribunal qui a rendu le jugement, comme en matière correctionnelle, ou par exploit signifié au ministère public et contenant citation devant le tribunal qui doit statuer (Cass., 1er juill. 1826 : *J. Huiss.*, t. 8, p. 165; 3 août 1833 : *J. Huiss.*, t. 18, p. 19).

61. Lorsque les parties choisissent le mode de la déclaration au greffe, elles n'ont pas besoin de signifier l'appel au ministère public (Cass., 3 août et 7 déc. 1833).

62. Lorsqu'elles choisissent la voie de la citation par exploit, il n'est pas nécessaire d'observer les formes prescrites par l'art. 456, C. proc., civ., pour les appels civils. En disant que l'appel *sera suivi* et jugé dans la même forme que les appels des sentences des justices de paix, l'art. 174, C. instr. crim., ne s'est occupé que de la procédure à *suivre* pendant l'instruction de l'appel; il n'a eu nullement en vue l'acte même d'appel. Ainsi, l'acte d'appel ne pourrait être annulé, par le motif qu'il ne contiendrait ni les nom, profession et domicile de l'appelant, ni constitution d'avoué, ni même assignation (Cass., 2 déc. 1826 (*J. Huiss.*, t. 8, p. 369); 7 avril 1837 (*J. Huiss.*, t. 18, p. 242); Desclozeaux, *Encycl. du droit*, v° *Appel* (en mat. crim.), n° 116; Berriat-Saint-Prix, n° 542).

63. Dans le cas où l'appelant adopte la voie de la citation, l'exploit peut être signifié indifféremment au ministère public près le tribunal de police ou au ministère public près le tribunal qui doit statuer sur l'appel (Cass., 27 août 1825; tribunal d'Evreux, 9 janv. 1835 (*J. Huiss.*, t. 16, p. 120); Cass., 19 sept. 1834 (*J. Huiss.*, t. 18, p. 13); Berriat-Saint-Prix, n° 541).

63 *bis.* Jugé aussi que l'acte d'appel d'un jugement de simple police est valablement signifié à la partie civile, au domicile élu par celle-ci (Cass., 2 déc. 1826 : *J. Huiss.*, t. 8, p. 369).

64. *Tribunal compétent.* — L'appel des jugements de simple police doit être porté au tribunal correctionnel (C. instr. crim., art. 174), dans le ressort duquel se trouve le tribunal de simple police qui a rendu le jugement (Décret du 18 août 1810, art. 9).

65. L'appel est suivi et jugé dans la même forme que les sentences des juges de paix (C. instr. crim., art. 174).

66. Si le procureur de la République ou l'une des parties le requiert, les duits peuvent être entendus de nouveau ; il peut même en être entendu d'autres (C. instr. crim. art. 175).

67. *Effets de l'appel.*—L'appel suspend l'exécution du jugement de simple police (C. inst. crim., art. 173). Toutefois, le jugement de simple police, comme le jugement correctionnel, ne peut être exécuté avant l'expiration du délai d'appel (Desclozeaux, *loc. cit.*, n° 119), à moins que le tribunal n'en ait ordonné l'exécution *par provision*, ce qui ne peut avoir lieu que dans les cas prévus par les art. 10, 11 et 12, C. proc. civ.

68. Celui qui succombe sur son appel ne doit point d'amende (Cass., 12 juin 1823 ; 19 juin 1817 ; 25 août 1808 ; Berriat-Saint-Prix, n° 543).

Sect. III.—*Appel incident en matières correctionnelle et de simple police.*

69. Le Code d'instruction criminelle ne s'est nullement occupé du droit d'appeler incidemment. Or, d'une part, ne peut-on pas induire du silence du Code d'instruction criminelle à cet égard que l'appel incident n'est qu'une institution civile ? De l'autre, le Code d'instruction criminelle, en fixant le délai pendant lequel on peut appeler, et en prononçant la déchéance de toute déclaration faite tardivement, n'exclut-il pas la faculté d'un appel incident ? Pour nous, il nous semble que, pour que l'appel incident pût être admis, il faudrait que le Code en eût fait expressément mention. Nous croyons donc que cet appel ne peut être reçu ni en matière correctionnelle ni en matière de simple police.

70. Ainsi, après l'expiration des délais accordés au ministère public pour interjeter appel d'un jugement correctionnel, il ne peut réparer par un appel incident la déchéance qu'il a encourue ; et l'appel principal qu'il aurait formé tardivement ne pourrait être, dans l'instance d'appel engagée par le prévenu, soutenu comme incident (Cass., 27 déc. 1811 ; 13 févr. 1840 ; Bordeaux, 21 juill. 1830 ; Bourges, 7 mai 1831).

71. De même, l'appel principal interjeté en temps utile par le ministère public n'autorise pas un appel incident de la part du prévenu qui a laissé passer le délai sans en faire la déclaration (Cass., 18 mars 1809 ; 27 déc. 1811 ; Metz, 30 avril 1821 ; Rennes, 13 sept. 1833).

72. En matière de simple police, un doute est né de ce que l'art. 174, C. instr. crim., porte que l'appel sera suivi et jugé dans la même forme que les sentences des juges de paix. Néanmoins, il faut décider qu'on ne peut appliquer ici par analogie la dernière disposition de l'art. 443, Cod. proc., et que la faculté d'interjeter appel incident n'existe pas plus en matière de simple police qu'en matière correctionnelle. C'est, du reste, ce qui est généralement enseigné (Cass., 24 juill. 1818 ; Merlin, *Quest. de droit*, v° *Appel incident*, § 12 ; Desclozeaux, *Encycl. du droit*, v° *Appel (en mat. crim.)*, n° 131 ; Berriat-Saint-Prix, *Tribunaux de police*, n° 539).

Formules.

1. *Appel d'un jugement de simple police.*

L'an 185., le . . . . . ., à la requête de . . . . . ., j'ai . . . . . ., huissier, soussigné . . . . . ., signifié et déclaré à M. le procureur de la République, près le tribunal civil et de première instance de. . . . . ., en son parquet, sis rue . . . . . . où étant et parlant à . . . . . ., lequel a visé le présent original ; — Que le requérant interjette appel (*énoncer le jugement*), et à ce que mondit sieur le procureur de la République n'en ignore, je lui ai, à même requête que dessus, donné citation à comparaître le . . . . . ., heure de . . . . . ., devant MM. les président et juges composant le tribunal civil et de première instance de . . . . . ., jugeant en matière correctionnelle, au palais de justice, sis à . . . . . ., heures du matin ;

Pour, attendu (*déduire les griefs*, ou dire : *pour torts et griefs qui seront déduits en temps de droit*) ;

Voir dire qu'il a été mal jugé, bien appelé du jugement dudit jour, ce faisant, que le jugement dont est appel sera mis au néant, émendant et faisant droit au principal, voir ordonner que le sieur . . . ., sera déchargé des condamnations prononcées contre lui, même des dépens, et le ministère public débouté de sa demande.

Coût (Tarif crim., art. 74) : { Original , 1 fr. » c.; — 0 fr. 75 c. ; — 0 fr. 50 c.
{ Copie,   »   75 c.; — »   60 c.; — »   50 c.

Enregistrement de l'exploit, 1 fr. 10 c. (Circul., 9 frim. an 8.)

VISA. Visé par nous, procureur de la République, le présent original, dont copie nous a été remise. — A . . . ., au parquet, le . . . . . .

Observation. — S'il y avait eu une partie civile en cause, on devrait lui notifier l'appel, et conclure contre elle aux dépens.

2. *Notification d'appel correctionnel.*

L'an 185., le . . . ., à la requête de M. le procureur général près la Cour d'appel de . . . . . ., remplissant les fonctions du ministère public, j'ai . . . . . ., huissier . . . . . ., soussigné, signifié et notifié à . . . . . ., que le requérant, ès nom, entend former appel, et se porte en effet appelant par ces présentes, conformément à l'art. 205 du Code d'instruction criminelle, d'un jugement rendu (*énoncer le jugement*), et à ce que ledit sieur . . . . . ., n'en ignore, je lui ai, à même requête, donné assignation . . . . . ., à comparaître le . . . . . ., heure de . . . . . ., à l'audience et par-devant MM. . . . . . .; pour (*déduire les motifs*);

Voir dire qu'il a été bien appelé, mal jugé par le jugement dudit jour; faisant droit sur l'appel, que ledit jugement sera mis au néant, émendant et statuant sur le principal, que ledit sieur . . . . . ., sera, par application des art. 51 et suiv. du Code pénal, condamné en . . . . . ., et aux dépens.

Coût : comme en la formule n° 6,
Enregistrement, en débet.

APPEL EN TANT QUE DE BESOIN.—C'était un appel indéterminé qu'on interjetait conditionnellement, afin d'empêcher que l'adversaire tirât avantage d'une sentence qui n'était pas définitive. Cette manière de procéder n'est plus en usage aujourd'hui; on n'admet pas d'appel indéterminé, paralysant une sentence et n'entraînant cependant pas de condamnation de dépens.

APPEL ET MENÉE DU SERGENT.—Ces expressions, dans le style de la coutume de Tours (art. 169), signifiaient *citation en jugement.* — A cette époque, les citations étaient données sur une cédule, sur une commission du juge. Tous les huissiers établis dans les villes, bourgs et villages, étaient obligés, suivant l'ancien style, de rapporter par tour et par ordre aux assises du juge seigneurial, leurs appels et menées, c'est-à-dire les exploits et assignations qu'ils avaient donnés.

APPEL FRIVOLE. — On appelait ainsi un appel que les parties se croyaient en droit de ne pas poursuivre, et au moyen duquel elles parvenaient à suspendre l'exécution des sentences du premier juge, aussi longtemps qu'elles le jugeaient à propos (*Encyclop. du droit*, v° *Appel frivole*).—On trouve, dans le recueil des ordonnances du Louvre, plusieurs lettres d'abolition des appels frivoles, accordées aux habitants du bailliage de Vermandois, dans les années 1372 à 1413. Bouteiller, *Somme rurale*, liv. 2, tit. 14, trouvait ces appels *moult préjudicieux et dommageables à tout le commun peuple.*

APPEL INCIDENT.— 1. Appel interjeté par l'intimé incidemment à un appel principal.

2. Il n'était fait mention de l'appel incident ni dans l'ordonnance de 1667, ni dans les ordonnances postérieures. Le Code de procédure a comblé cette lacune (art. 443).

3. Quoique les ordonnances n'eussent pas parlé de l'appel incident dans l'ancien droit, on l'admettait dans l'usage contre toute sentence invoquée dans le cours d'une procédure et dont on entendait tirer avantage. La partie adverse, dans ce cas, pouvait en interjeter appel incidemment par une simple requête verbale. On voit que ce n'est pas l'appel incident dont il est question dans l'art. 443, C. pr. civ. — V. *Appel en matière civile*, nos 4', 398 et suiv.; *Appel en matière criminelle*, nos 69 et suiv.

APPEL PAR ÉCRIT.—V. *Appellation verbale.*

APPEL QUALIFIÉ. — Terme qu'on employait autrefois pour désigner un appel motivé sur l'incompétence ou l'excès de pouvoir du juge, ou sur un déni de justice, par opposition à l'appel simple, qui n'était basé que sur l'erreur du magistrat, dont la religion avait été surprise.—M. Poncet, *Traité des jugements*, t. 1, p. 484, emploie encore ces expressions, mais c'est à tort ; la distinction qu'elles consacrent n'a plus d'intérêt.

APPEL VERBAL.—Est indiqué dans quelques dictionnaires comme désignant, dans l'ancien droit, l'appel qui devait être porté à l'audience ; mais il était plus exact, plus conforme au style judiciaire, de se servir du mot *Appellation verbale.*—V. ce mot.

APPEL VOLAGE. — **1.** C'était à la fois un déclinatoire et un appel. Il avait cela de bizarre qu'il pouvait être formé, avant que la cause fût jugée, ou même engagée. L'appel volage était formé sans motifs, sans griefs; il avait pour objet de dessaisir le juge inférieur de la connaissance du procès.

2. Dans le Vermandois, l'usage des appels volages était si fréquent qu'il y avait un greffe particulier pour les recevoir.

3. Les appels volages furent surtout employés pour affaiblir l'autorité des justices seigneuriales, mais ils donnaient lieu à beaucoup d'abus.—Charondas le Caron, dans ses notes sur Bouteiller, nous apprend que ces appels n'étaient plus usités dans le 16e siècle, après les ordonnances de 1535 et 1539.

APPELANT.—C'est le nom donné à celle des parties en cause qui a interjeté appel du jugement rendu ; l'adversaire est désigné sous le nom d'*intimé*.—Dans la procédure portée devant le juge supérieur, l'appelant principal est demandeur aux fins de son acte d'appel ; l'intimé, défendeur. — V. *Appel, Appel en mat. civ., Appel en mat. crim.*

APPELÉ.—Personne devant recueillir une substitution après l'extinction du droit du *grevé.*—V. *Substitution.*

APPELER ET RAPPORTER.—Dans l'ancien droit, quand une cause sortait du rôle, à son tour, à la grand'chambre, et qu'à l'appel, l'un des avocats ne se présentait pas, le président disait à l'adversaire : *Faites-la appeler et rapporter.* Alors, l'avocat ou le procureur remettait à l'huissier une note contenant les indications nécessaires ; puis, cet officier faisait l'appel à haute voix, à la porte de la salle d'audience de la Cour, et, sur son rapport, le défaut ou le congé était prononcé contre le défaillant qui était forclos.

APPELLATION.—Terme de palais, synonyme du mot *appel ;* il y avait cependant entre ces deux mots des nuances qui n'ont plus aucun intérêt aujourd'hui. *Appellation* se trouve encore dans quelques arrêts, mais *appel* est le mot propre.

APPELLATION VERBALE.—**1.** On désignait par ces expressions, dans l'ancien droit, l'appel d'une sentence rendue à l'audience ou sur délibéré. —On appelait *appel par écrit,* celui qui frappait un jugement rendu après un appointement, c'est-à-dire après une instruction par écrit.

2. Les appellations verbales étaient portées aux grandes chambres des parlements ; les appels par écrit étaient distribués aux chambres des enquêtes.

APPENDANCES.—Suivant Brussel, il fallait entendre par appendances d'un fief, tout ce qui y avait été nouvellement uni et incorporé, tant en domaine qu'en mouvance, soit par acquisition à prix d'argent, soit par commise ou confiscation (V. *Usage des fiefs*, t. 1er, p. 16 et 17; Bayard et Camus, *Nouveau Denizart*, t. 1, p. 211).

APPENSEMENT. — Ancien mot qui signifiait *sciemment*, *de dessein prémédité*. On le trouve notamment dans la coutume de Bretagne, art. 400.

APPENSIONNEMENT. — Dans la Bresse et le Dauphiné, on donnait ce nom, qu'on retrouve encore dans d'anciens titres, à une espèce de contrat emphytéotique, par lequel on abandonnait la jouissance de certains fonds moyennant une pension ou une redevance annuelle.

APPERT (IL). — Terme usité dans le style du palais pour signifier *il est manifeste, avéré, constant, prouvé*. On l'emploie principalement dans les rapports d'experts, dans les procès-verbaux d'huissiers et dans les instructions criminelles.

APPLEIGEMENT. — Vieux mot qui signifiait *cautionnement*. — On se servait aussi de ce terme comme synonyme de complainte, parce que le demandeur était obligé de donner *pleige* ou caution pour obtenir que sa demande fût accueillie. De même, on nommait *contre-appleigement* l'acte par lequel le défendeur donnait caution pour les dommages-intérêts qu'on pouvait adjuger au demandeur.

APPOINT. — **1.** Monnaie qui se donne pour compléter une somme qu'on ne saurait parfaire avec les principales espèces employées pour le paiement.
2. Aux termes de l'art. 71 de la loi du 22 avril 1791, tout débiteur doit faire son appoint, sans pouvoir obliger qu'on lui rende l'excédant du paiement.
3. La monnaie de cuivre et de billon ne peut être employée dans les paiements, si ce n'est de gré à gré, que pour l'appoint de la pièce de 5 francs (Décr., 18 août 1810, art. 2).—V. *Billon, Monnaie, Paiement*.

APPOINTEMENT. — **1.** Par ce mot on désignait, dans l'ancien droit, les jugements préparatoires par lesquels les juges ordonnaient une instruction par écrit sur un ou plusieurs *points* de fait ou de droit qui n'avaient pas été suffisamment éclaircis à l'audience.
2. Il y avait différentes espèces d'appointements, les appointements *à mettre*, les appointements *au conseil*, les appointements *à ouïr droit comme devant*, les appointements *en droit et à produire*, etc.; mais toutes ces distinctions n'ont plus aucun intérêt; qu'il suffise de savoir que les *appointements*, qui ne devaient être que l'exception de la procédure judiciaire, étaient devenus la règle, et cela au grand détriment des parties, à cause des lenteurs et des frais énormes qu'ils entraînaient. Dans ces sortes d'affaires, les rapporteurs avaient droit à des épices et leurs secrétaires à des rétributions souvent fort considérables. Il était tel conseiller au Parlement qui se faisait 20 ou 25,000 fr. de revenus avec ses rapports dans des affaires appointées. Plusieurs ordonnances avaient essayé de mettre un terme aux énormes abus dont les justiciables avaient à souffrir dans les procès instruits sur appointements, mais elles furent impuissantes; le mal n'a cessé qu'après la réforme radicale introduite dans notre procédure tant par l'Assemblée constituante que par les rédacteurs du Code de procédure civile.
3. Aujourd'hui, les appointements ne sont plus en usage; seulement, et dans certains cas réellement exceptionnels, les tribunaux peuvent ordonner, soit un délibéré avec rapport, soit une instruction par écrit. Ces procédures,

peu usitées, ne donnent plus lieu aux réclamations si vives qu'elles excitaient dans l'ancien ordre de choses.— V. *Délibéré, Instruction par écrit.*

APPOINTEMENTS. — Salaire annuel attaché à une place, à un emploi, à une fonction. — Quand les appointements sont-ils saisissables, et pour quelle quotité ? Y a-t-il lieu de distinguer les appointements donnés par l'Etat des appointements payés à des commis, à des employés au service de simples particuliers ? — V. *Contrainte par Corps, Saisie-arrêt.* — V. aussi *Gages, Préscription, Traitement.*

APPOINTEUR.—Selon Carpentier, *Supplément au Glossaire de Ducange,* ce mot, dans l'ancien droit, était synonyme de commissaire, fondé de pouvoir, *is cui res tractanda committitur.*

APPORT. — On se sert de cette expression pour désigner les biens apportés par chaque époux dans la communauté (C. civ., art. 1502, 1511.)— V. *Communauté, Dot.*—Ou les valeurs qu'un associé est tenu de fournir à la société dont il fait partie pour compléter le fonds social (C. civ., art. 1845).—V. *Société.*

APPORT DE MINUTE AU GREFFE. — V. *Faux, Vérification d'écriture.*

APPORTIONNEMENT. — Terme anciennement usité dans quelques coutumes, et notamment dans celles d'Acqs et de Saint-Séver, pour signifier la portion de biens qui était abandonnée par l'aîné à ses frères ou sœurs, pour leur tenir lieu de ce qui devait leur revenir dans une succession dont, moyennant cet abandon, ils étaient exclus.

APPOSITION D'AFFICHES ET DE PLACARDS.—V. *Affiches, Faillite, Placards, Saisie-exécution, Saisie-immobilière, Succession en déshérence, Timbre, Vente d'immeubles, Vente de biens de mineurs, Vente judiciaire de meubles.*

APPOSITION DE SCELLÉS.—V. *Juge de paix, Greffier de justice de paix, Scellés.*

APPRENTISSAGE. — **1.** On appelle ainsi l'état, la condition de celui qui apprend, et que, pour cette raison, on nomme *apprenti,* un métier, un art mécanique.

2. Le mot *apprentissage* s'emploie aussi, par extension, tantôt pour désigner la convention qui intervient entre le maître et l'apprenti, tantôt pour exprimer le temps que l'apprenti met à acquérir les éléments, la pratique du métier auquel il veut se livrer.

3. La loi du 22 février **1851,** *sur le contrat d'apprentissage,* définit ainsi ce contrat : « Celui par lequel un fabricant, un chef d'atelier ou un ouvrier s'engage à enseigner la pratique de sa profession à une autre personne qui s'oblige, en retour, à travailler pour lui ; le tout à des conditions et pendant un temps convenus. » (Art. 1er.)

4. Lorsque le contrat d'apprentissage a pour objet l'exercice d'une profession commerciale, il constitue, non de la part de l'apprenti, mais de la part de celui qui s'oblige à l'instruire, un acte de commerce (Pardessus, *Droit commercial,* t. 1er, no 34 ; Adrien Harel, *Traité de l'apprentissage* inséré dans la *Revue de droit français et étranger,* année 1847, p. 308). D'où il suit que l'apprenti ne peut être contraignable par corps pour les condamnations qu'il encourt en cette qualité (Adrien Harel, *loc. cit.*).

5. La loi du 22 germ. an 11 ne contenait sur le contrat d'apprentissage que des dispositions incomplètes. Il a été suppléé à son insuffisance, à son silence, par la loi du 22 février 1851.

6. D'après l'art. 2 de cette loi, le contrat d'apprentissage peut être fait par acte publié ou par acte sous seing privé ; il peut aussi être fait verbalement ; mais, alors, la preuve testimoniale n'en est reçue que conformément au titre du Code civil, *Des contrats ou des obligations conventionnelles en général.*

7. Les notaires, les secrétaires des conseils de prud'hommes et les greffiers de justice de paix peuvent recevoir l'acte d'apprentissage (même art.). Et, dans ce cas, l'acte est authentique. Mais, lorsqu'il est sous seing privé, les huissiers peuvent, comme tous autres particuliers, le dresser.

8. Cet acte, lorsqu'il est sous seing privé, doit, ce nous semble, être rédigé sur papier timbré, bien que la loi du 22 février 1851 ne s'explique pas à cet égard.

9. S'il y a lieu d'enregistrer le contrat d'apprentissage, l'art. 2 de la loi du 22 février 1851 veut qu'il ne soit perçu qu'un droit fixe d'un franc, lors même qu'il contiendrait des obligations des sommes ou valeurs mobilières, ou des quittances. Cet article déroge sous ce rapport aux art. 68 et 69 de la loi du 22 frimaire an 7.

10. Les honoraires dus aux officiers publics auxquels la loi de 1851 confère le droit de dresser l'acte d'apprentissage sont fixés à 2 francs (Art. 2).

11. Comme toute autre convention, celle d'apprentissage se forme valablement entre toutes personnes majeures et capables.

12. Le maître qui est âgé de moins de vingt et un ans ne peut recevoir des apprentis mineurs (L. 22 fév. 1851. art. 4). Mais il peut recevoir des apprentis majeurs. Les exclusions, en effet, sont de droit étroit.

13. Le maître, célibataire ou en veuvage, peut recevoir comme apprenties des jeunes filles mineures. Toutefois, il ne peut les loger (même loi, art. 5).

14. Sont incapables de recevoir des apprentis, les individus qui ont été condamnés pour crime, pour attentat aux mœurs, et à plus de trois mois d'emprisonnement pour les délits prévus par les art. 388, 401, 405, 406, 407, 408 et 423, C. pén. (art. 6). Mais cette incapacité peut être levée par le préfet, sur l'avis du maire, et à Paris par le préfet de police, quand le condamné, après l'expiration de sa peine, a résidé pendant trois ans dans la même commune (art. 7).

15. Le mineur qui veut se mettre en apprentissage ne peut souscrire un contrat qu'avec le concours de celui sous l'autorité duquel il est placé (L. 22 germ. art. 11, art. 9 ; L. 22 fév. 1851, art. 3). Si le mineur est un orphelin élevé dans un établissement public, l'autorisation doit être donnée par l'administrateur désigné en exécution de l'art. 1er de la loi du 15 pluv. an 13.

16. Lorsqu'il s'agit d'un mineur émancipé, il n'est pas nécessaire, pour qu'il puisse souscrire au contrat d'apprentissage, qu'il soit assisté de son curateur ; un pareil engagement est compris dans les limites d'une simple administration (Adrien Harel, *Revue de droit français et étranger*, année 1847, p. 309).

17. La femme, si elle est marchande publique, peut prendre un apprenti sans l'autorisation de son mari. Dans le cas contraire, elle ne le peut qu'en vertu de cette autorisation, quoiqu'elle soit séparée de biens (Adrien Harel, *loc. cit.*).

18. Quant aux conditions du contrat d'apprentissage, les parties sont libres de stipuler toutes celles qu'elles jugent convenables, pourvu qu'elles ne soient contraires ni à la loi, ni aux bonnes mœurs, ni à l'ordre public. Mais l'acte d'apprentissage doit contenir spécialement certaines énonciations, énumérées dans l'art. 3 de la loi du 22 février 1851.

19. Le contrat d'apprentissage une fois formé, il en résulte pour le maître et pour l'apprenti des obligations et des droits réciproques, qui font l'objet des art. 8 et suivants de la même loi.

20. Les deux premiers mois qui s'écoulent depuis la signature de l'acte d'apprentissage sont considérés comme un temps d'essai, pendant lequel le contrat peut être annulé par la seule volonté de l'une des parties, et, dans ce cas, aucune indemnité ne peut être allouée à l'une ou à l'autre partie, à moins de conventions expresses (L. 22 fév. 1851, art. 14).

21. La résolution du contrat d'apprentissage est forcée ou facultative.

22. La résolution a lieu de plein droit : 1° par la mort du maître ou de l'apprenti ; 2° si l'apprenti ou le maître est appelé au service militaire ; 3° si le maître ou l'apprenti vient à être frappé d'une condamnation indiquée *suprà*, n° 14 ; pour les filles mineures, par le décès de l'épouse du maître ou de toute autre femme de la famille qui dirigeait la maison à l'époque du contrat (L. 22 fév. 1851, art. 15).

23. Le contrat peut être résolu sur la demande des parties ou de l'une d'elles : 1° dans le cas où l'une des parties manquerait aux stipulations du contrat ; 2° pour cause d'infraction grave ou habituelle aux prescriptions de la présente loi ; 3° dans le cas d'inconduite habituelle de la part de l'apprenti ; 4° si le maître transporte sa résidence dans une autre commune que celle qu'il habitait lors de la convention : néanmoins, la demande en résolution de contrat fondée sur ce motif ne sera recevable que pendant trois mois, à compter du jour où le maître aura changé de résidence ; 5° si le maître ou l'apprenti encourait une condamnation emportant un emprisonnement de plus d'un mois ; 6° dans le cas où l'apprenti viendrait à contracter mariage (Même loi, art. 16).

24. Si le temps convenu pour la durée de l'apprentissage dépasse le maximum de la durée consacrée par les usages locaux, ce temps peut être réduit ou le contrat résolu (art. 17).

25. Le contrat d'apprentissage peut donner naissance à deux sortes d'actions, à une action purement civile et à une action de police.

26. Dans les villes où il existe un conseil de prud'hommes, dont le maître est justiciable, c'est devant ce conseil que doit être portée toute demande à fin d'exécution ou de résolution du contrat. Mais, lorsqu'il n'y a pas de conseil de prud'hommes, ou que le maître et l'apprenti sont en dehors de sa juridiction, la demande doit être portée devant le juge de paix du canton (L. 22 février 1851, art. 18 et 19).

27. Les indemnités ou les restitutions, qui, dans les divers cas de résolution précités, peuvent être dues à l'une ou à l'autre des parties, sont, à défaut de stipulations expresses, réglées par le conseil des prud'hommes ou par le juge de paix (Même loi, art. 19).

28. Quant à l'action des maîtres pour le prix d'apprentissage, elle est limitée dans sa durée. Elle se prescrit par un an (C. civ., art. 2272), alors même que les apprentis continuent à travailler chez eux (art. 2274). Mais si la prescription leur est opposée, ils peuvent déférer le serment soit à l'apprenti, soit à son représentant légal, sur le point de savoir si le prix de l'apprentissage a été réellement payé (art. 2275).

29. Relativement à l'action de police, il faut faire la même distinction que pour l'action civile. Ainsi, la répression des contraventions que l'apprenti commet vis-à-vis du maître doit être poursuivie devant le conseil des prud'-hommes ou devant le juge de paix. Il en est de même de la répression des contraventions dont le maître peut se rendre coupable envers l'apprenti (Adrien Harel, *Revue de droit français et étranger*, année 1847, p. 320). Les contraventions dont il s'agit ici sont les infractions aux prescriptions de l'art. 8 de la loi du 22 février 1851.

30. Il est cependant certaines contraventions à la loi du 22 février 1851 qui sont exclusivement de la compétence des tribunaux de simple police : ce sont les contraventions aux art. 4, 5, 6, 9 et 10 de cette loi. Et même, en cas de récidive, la connaissance de ces contraventions est dévolue aux tribunaux correctionnels (L. 22 fév. 1851, art. 20).—V. au surplus *Conseil des prud'-hommes, Justice de paix, Tribunal de simple police, Tribunal correct.*

APPROBATION.—V. *Exploit, Ratification, Timbre.*

APPROBATION D'ÉCRITURES. — 1. On entend par approbation d'écritures le *bon* ou l'*approuvé* qui, dans certains cas, doit être mis au bas des billets ou promesses sous seing privé.—V. *Acte sous seing privé.*

2. Le législateur, afin d'éviter l'abus des *blancs-seings*, a prescrit l'approbation d'écriture lorsque l'acte sous seing privé ne contient d'obligation qu'au profit d'une partie. Sans cette approbation, l'acte ne fait pas preuve complète.

3. *Quels actes sont soumis à l'approbation.* — L'art. 1326, Cod. civ., soumet au *bon* ou *approuvé* les billets ou promesses sous seing privé de sommes d'argent ou de choses appréciables. On entend par choses appréciables, les denrées, les marchandises, en un mot les choses qui se consomment par l'usage (Toullier, t. 8, n° 300).

4. Ainsi, toutes les fois qu'un acte sous seing privé contient l'obligation de payer ou de restituer une somme ou une valeur quelconque appréciable, sans engagement envers la partie qui s'oblige, il doit contenir l'approbation. Par application de ce principe, il a été décidé qu'un billet souscrit au profit d'un commis pour ses appointements (Cass., 3 novembre 1813) ; — que la reconnaissance d'un dépôt d'une somme (Cass., 12 brumaire an 12 et 12 janvier 1814) ;—qu'un cautionnement (Cass., 18 février 1812, 25 janvier 1814, 21 août 1827) ; — qu'une constitution de rente (Cass., 7 thermidor an 10 ; Toulouse, 25 novembre 1833. — *Contrà*, cass., 7 fructidor an 11), doivent être approuvés.

5. Les actes, autres que ceux dont nous venons de parler, ne sont point soumis à l'approbation. Les quittances (Paris, 11 thermidor an 13), les ventes (Toullier, t. 8, n°s 328 et 330), les arrêtés de comptes (Grenoble, 26 janvier 1826 ; Angers, 9 août 1820), et généralement tous les actes contenant des engagements et même des obligations et promesses de sommes *réciproques*, sont dispensés de cette formalité.

6. *Personnes assujetties à l'approbation.*—La règle qui exige l'approbation est générale et s'applique à toutes personnes. On en excepte seulement les marchands, artisans, laboureurs, vignerons, gens de journée et de service (C. civ., art. 1720).

7. On entend par *marchand*, tous les commerçants, même les banquiers, manufacturiers et négociants (Toullier, t. 8, n° 299), et par *laboureur*, celui qui cultive lui-même la terre d'autrui ou ses propres terres (Cass., 23 février 1824 ; 24 janvier 1830), mais non ceux qui font exploiter leurs biens pour leur propre compte ou les afferment.

8. Les filles et femmes, non marchandes publiques, qui souscrivent des billets à ordre ou lettres de change, ne sont pas dispensées de l'approbation par la forme commerciale de ces effets (Cass., 26 mai 1823).

9. Le billet souscrit par plusieurs doit être approuvé par chaque souscripteur séparément. — Si, parmi les souscripteurs, il en existe un dispensé de l'approbation, les autres ne doivent pas moins approuver. — Spécialement, si un mari commerçant et sa femme souscrivent un billet, la femme doit l'approuver (Cass., 8 août 1815, 6 mai 1816, 22 juillet 1828).

10. *Comment se fait l'approbation.*— *Ses effets.*— L'approbation doit contenir, *en toutes lettres,* la somme ou la quantité de la chose (C. civ., art. 1326). Dans l'usage, elle se fait ainsi : *Bon pour la somme de....* ou *approuvé l'écriture ci-dessus pour la somme de....*

11. Lorsque le billet ou la promesse exprime une somme différente de celle du *bon*, l'obligation est présumée être de la somme moindre, à moins qu'il ne soit prouvé de quel côté est l'erreur (C. civ., art. 1327). Cette preuve peut être faite par témoins (Toullier, t. 8, n° 297 ; Duranton, t. 13, n° 293).

12. Le défaut d'approbation ne rend pas le billet complétement nul ; il ne fait pas preuve complète, mais il peut servir de commencement de preuve par écrit (Toullier, t. 8, n° 284 ; Cass., 12 juin 1823, 23 avril 1829, 18 novembre 1834.—V. *Commencement de preuve par écrit.*

APUREMENT. On appelle ainsi le fait de débattre un compte, de résoudre les difficultés qui empêchent de l'arrêter et de le clore.—V. *Compte.*

ARBALÉTRIER. — Il y avait, avant la révolution, dans plusieurs villes de France, des compagnies d'arbalétriers, qui s'étaient formées pendant les grandes guerres contre les Anglais, et qui possédaient des propriétés plus ou moins importantes. Les biens de ces compagnies furent déclarés nationaux et mis en vente, en vertu de la loi du 24 avril 1793 ; les dettes des compagnies d'arbalétriers devinrent dès lors dettes nationales.

ARBITRAGE.—1. Juridiction conférée par la loi ou par les parties à des particuliers, pour statuer sur une ou plusieurs contestations spéciales. — Dans le langage vulgaire, on emploie aussi le mot *arbitrage* pour désigner la sentence même des arbitres.

2. Les particuliers choisis pour juger les contestations spéciales que la loi ou les parties leur soumettent s'appellent *arbitres ;* l'acte qui les nomme est un *compromis* ou un jugement ; leur décision se nomme *sentence arbitrale.*

Indication alphabétique des matières.

SECT. Ire. — *De l'arbitrage en général.*

SECT. II. — *Des arbitres.*

§ Ier. — *Qui peut être arbitre. — Nomination et nombre des arbitres.*

Sect. Ire. — *De l'arbitrage en général.*

3. On distingue deux sortes d'arbitrage : l'arbitrage volontaire et l'arbitrage forcé. Le premier résulte de la volonté des parties.—Le second résulte de la loi ; il n'est obligatoire que pour les contestations entre *associés* et à raison de *sociétés commerciales* (C. com., art. 51).

4. L'arbitrage volontaire est le droit commun ; l'arbitrage forcé, l'exception. Il suit de là qu'en général l'arbitrage forcé est soumis aux règles de l'arbitrage volontaire, à moins d'une dérogation formelle.

5. *Matières soumises à l'arbitrage volontaire, et personnes entre lesquelles cet arbitrage peut avoir lieu.* — Les matières soumises à l'arbitrage volontaire et les personnes qui peuvent être jugées par les arbitres volontaires feront l'objet du mot *Compromis* (V. ce mot).

6. *Matières soumises à l'arbitrage forcé.* — L'art. 51 du Code de commerce porte : « Toute contestation entre associés et pour raison de la société, sera jugée par des arbitres. » Cette juridiction est exceptionnelle ; elle doit être rigoureusement restreinte au cas des associés proprement dits (Cass., 31 mai 1831) ; elle ne s'applique point, 1° à des associés non commerçants (Bordeaux, 4 mars 1828) ; 2° lorsque l'existence ou la durée de la société est contestée (Cass., 6 déc. 1821 ; Aix, 28 juill. 1826 ; Paris, 20 janv. 1830 ; Cass., 31 déc. 1844 ; Pardessus, *Dr. comm.*, t. 4, p. 70) ; 3° lorsque la contestation est de savoir si un individu est associé (Cass., 17 avril 1834).

6 *bis.* Les associés ne peuvent non plus demander que les contestations élevées par les créanciers de l'un d'eux, sur un projet de liquidation de leur société, soient jugées par des arbitres forcés (Paris, 17 déc. 1833. — V. *J. Huiss.*, t. 15, p. 229).

7. Mais on doit soumettre aux arbitres forcés, et non aux tribunaux de commerce, les contestations sur, 1° la dissolution de la société pour inexécution des engagements de la part de l'un des associés (Cass., 21 août 1828) ; 2° les associations en participation (Cass., 7 janv. 1818 ; Bordeaux, 4 juill. 1831) ; 3° les associations de fait (De Vatimesnil, *Encyclopédie du droit*, v° *Arbitrage*, n° 21 ; Cass., 17 juin 1840. — V. *contrà*, Douai, 29 janv. 1840).

7 *bis.* Spécialement, les difficultés relatives à une société en participation, intervenue entre un auteur et un imprimeur, pour l'exploitation d'une œuvre littéraire, doivent être soumises à la juridiction arbitrale (Paris, 16 fév. 1844. —V. *J. Huiss.*, t. 25, p. 349).

8. L'incompétence des tribunaux de commerce sur des matières qui doivent être renvoyées devant des arbitres, est absolue et peut être proposée en tout état de cause (Cass., 7 janv. 1818 ; Bordeaux, 21 mars 1832).

9. *Personnes entre lesquelles l'arbitrage est forcé.* — L'arbitrage est forcé entre les associés, leurs veuves, héritiers et ayants cause. (C. comm., art. 62), nonobstant faillite (Bordeaux, 4 juill. 1831). Si l'existence de la société était désavouée, il faudrait que, préalablement, elle fût reconnue (Cass., 30 nov. 1825 ; Lyon, 30 juill. 1832). — Sur le point de savoir si la demande en nomination d'arbitres forcés est soumise au préliminaire de conciliation.— V. *Conciliation.*

10. Les associés peuvent renoncer à l'arbitrage forcé ; ils ne peuvent être privés du droit spécial et primitif qui appartient à tous les citoyens de se faire juger par des arbitres volontaires (Cass., 24 avril 1834 ; 6 avril 1818 ; 16 juill. 1817). La renonciation peut résulter de la nomination des arbitres ; par exemple, lorsque le compromis ou l'acte de société leur donne le pouvoir de juger comme *amiables compositeurs* (Cass., 28 avril 1829, 7 mars 1832).

Sect. II. — *Des arbitres.*

§ 1er. — Qui peut être arbitre. — Nomination et nombre des arbitres.

11. Toute personne peut être nommée arbitre, sauf les exceptions suivantes :

12. Un mineur de vingt et un ans ne peut être arbitre (Pardessus, *Droit commerc.*, n° 1389). — Cependant, si les parties l'ont choisi, ce choix est valable (Boitard, *Leçons de procéd.*, t. 3, p. 432). — Si le mineur a un titre qui suppose une certaine capacité, il peut être arbitre, par exemple, s'il est licencié en droit (Berriat-Saint-Prix, t. 1, p. 39, note 18e). — M. Merson (*De l'arbitrage forcé*, n°s 74 et 75) soutient qu'il faut avoir 25 ans au moins pour être arbitre volontaire, et 30 ans pour être arbitre forcé. — V. contrà, Vatimesnil, *Encyclopédie du droit*, v° *Arbitrage*, n° 157. — Voir encore, sur cette question, Carré, *quest.* 3260).

13. Les femmes ne peuvent être nommées arbitres par un tribunal (Montgalvy, *De l'arbitrage*, t. 1, n° 123); mais elles peuvent être arbitres volontaires (Merlin, *Rép.*, v° *Arbitrage* ; Boitard. t. 3, p. 432; Dupin aîné, *Réquisitoire*, aff. Parquien et Ducros C. Richomme. — V., contrà, Pardessus, n° 1389; Berriat-Saint-Prix, t. 1er, p. 42, note 18 ; Vatimesnil, *loc. cit.*, n° 158; Carré, *Quest.* 3260).

14. Les interdits ne peuvent être arbitres (Carré, *quest.* 3260). — Il en est de même pour les fous, les furieux et les individus en état d'imbécillité (Montgalvy, t. 1er, n° 114).

15. Les individus pourvus d'un conseil judiciaire sont également incapables d'être nommés arbitres (Goujet et Merger, *Dict. de droit comm.*, v° *Arbitrage forcé*, n° 57).

16. Les sourds et muets ne peuvent être arbitres, à moins qu'ils ne sachent écrire et que les parties connaissent leur incapacité (Montgalvy, t. 1er, n° 114; De Vatimesnil, *Encyclopédie du droit*, v° *Arbitrage*, n° 155).

17. Les personnes complétement illettrées ne peuvent être arbitres (De Vatimesnil, n° 160) ; à moins que les parties ne leur adjoignent un coarbitre, en l'autorisant à écrire et signer la décision (Merlin, *Questions de droit*, v° *Arbitre*, § 14, art. 3, ch. 3 ; Montgalvy, t. 1, n° 116 ; Carré et Chauveau, *quest.* 3328). La Cour de Grenoble, dans deux arrêts des 21 mai 1832 et 18 mai 1842, a décidé que la sentence est valable lorsqu'elle est signée par la majorité, bien que l'un des arbitres ne sache pas signer.

18. M. Bellot, *De l'Arbitrage*, t. 1, n° 111, soutient qu'un domestique ne pouvant être pris pour témoin dans un acte public, aux termes de l'art. 9 de la loi du 25 ventôse an XI, ne peut être nommé arbitre.—Mais voy. contrà, Boitard, t. 3, p. 432.

19. Les morts civilement sont incapables d'être arbitres (Pardessus, n° 1389 ; Montgalvy, t. 1er, n° 114).

20. Les individus condamnés à des peines afflictives et infamantes sont dans le même cas (Carré et Chauveau, *quest.* 3260 ; Pardessus, n° 1389 ; Vatimesnil, n° 159 ; Montgalvy, n° 131).— V. *contrà*, Boitard (t. 3, sur l'art. 1011), qui prétend que l'infamie des arbitres ne met point obstacle à l'exécution de la sentence.

21. Ceux auxquels les tribunaux font application de l'art. 42 du Code pénal sont incapables d'être arbitres (Malpeyre et Jourdain, *Des Sociétés commerciales*, p. 384).

22. Les étrangers ne peuvent être nommés arbitres en matière d'arbitrage forcé (Cass., 7 floréal an v ; Paris, 3 mars 1828). — En matière d'arbitrage volontaire, il en est autrement (Montgalvy, t. 1, p. 118 ; Boitard, t. 3, p. 431 ; Pardessus, n° 1389 ; Carré et Chauveau, *quest.* 3259).

23. On ne peut être arbitre dans sa propre cause (Montgalvy, t. 1, n° 130).

24. Aux incapacités ci-dessus, il faut en ajouter une autre : un aveugle, par exemple, ne pourrait être arbitre dans telle circonstance donnée où la faculté de voir serait indispensable (Bellot, *De l'Arbitrage*, t. 1, n° 113).

25. Mais on peut nommer pour arbitres , — 1° un failli (Rennes, 25 juin 1810 ; Carré et Chauveau, *quest.* 3260 ; V. *contrà*, Bellot, t. 1er, n° 108) ; 2° les juges d'un tribunal individuellement, même du tribunal devant lequel la contestation est pendante (Agen, 5 janv. 1825 ; Pardessus, n° 1390 ; Carré et Chauveau, *quest.* 3260) ; 3° un juge de paix devant lequel les parties comparaissent (Colmar, 21 déc. 1813).

26. Toutefois, un tribunal tout entier ne pourrait recevoir des parties le droit de prononcer comme arbitre sur un procès dont il est saisi (Cass., 30 août 1813).

26 bis. Une chambre de discipline peut valablement être choisie pour arbitre par un officier ministériel et l'un de ses clients, à l'effet de vider souverainement les difficultés qui les divisent (Paris, 14 janv. 1843.—V. *J. Huiss.*, t. 25, p. 53).— V. *Office*.

27. En matière d'arbitrage volontaire, les arbitres sont nommés par le compromis même.

28. Les arbitres forcés sont nommés par un acte extrajudiciaire, ou par un consentement donné en justice, ou par le tribunal, si les parties n'aiment mieux convenir de leur choix dans un acte privé ou authentique.

29. La nomination des arbitres est portée à la connaissance de ceux-ci par la notification qui leur est faite du compromis ou du jugement qui les nomme.

30. Le nombre des arbitres est fixé par les parties dans le compromis en matière d'arbitrage volontaire.

31. Les arbitres forcés doivent être en nombre égal à celui des intérêts distincts en cause ; c'est donc habituellement deux arbitres qui doivent être nommés (Cass., 10 avril 1816 ; Bordeaux, 15 nov. 1825 ; De Vatimesnil, n° 170).

§ 2. — Refus, révocation, récusation, déport, empêchement ou décès des arbitres.

32. *Refus.* — Les fonctions d'arbitres sont libres. Dès lors chacun des arbitres nommés peut refuser celles qui lui sont conférées, même en matière d'arbitrage forcé, sans être tenu de donner aucun motif légitime (Arg.; art. 1014, C. proc. civ. — *Contrà*, Bruxelles, 22 août 1810).

33. Le refus est exprès, lorsque l'arbitre déclare qu'il ne veut ou ne peut accepter la mission d'arbitre ; il est tacite, lorsqu'il ne répond point à la notification de sa nomination, ou qu'il fait quelque acte d'où résulte clairement son intention de refuser.

34. Mais, pour refuser, il faut que les choses soient restées entières ; dès qu'on a commencé à procéder, c'est-à-dire après le premier procès-verbal, le refus est impossible (Bioche, *Dict. de proc.*, 3e édit., v° *Arbitrage*, n° 267 ; C. proc. civ., art. 1014).

35. *Révocation.* — En matière d'arbitrage volontaire, les arbitres ne peuvent être révoqués que du consentement unanime des parties (C. proc., art. 1008). La révocation est expresse lorsqu'elle est déclarée de la part des parties sur le procès-verbal d'arbitrage, ou par acte extrajudiciaire, ou par lettre misssive (Cass., 23 pluviôse an XII) ; tacite, si les parties font un acte d'où résulte nécessairement leur intention de dépouiller les arbitres du pouvoir dont ils les ont investis, telle serait une transaction sur la matière du compromis (Bruxelles, 4 fructidor an XII).

36. En matière d'arbitrage forcé, les arbitres peuvent aussi être révoqués ; mais les parties doivent s'entendre pour en nommer d'autres, la contestation ne pouvant être portée devant le tribunal de commerce (Pardessus, n° 1413 ; Locré, *C. Com.*, sur l'art. 64).

37. *Récusation.* — Les arbitres, étant considérés comme des juges, sont récusables pour les mêmes causes que les juges ordinaires (Cass., 8 février 1832 ; Carré et Chauveau, *quest.* 3316 ; Pardessus, n° 1394). Ainsi, par exemple, ils peuvent être récusés pour avoir bu et mangé avec les parties (Cass., 16 déc. 1828).

38. Toutefois, lorsque les arbitres ont été choisis par les parties, on n'admet que les causes de récusation survenues depuis le compromis (C. proc., art. 1014). Cependant la récusation serait admissible quoique la cause qui la motivât fût antérieure au compromis, si elle n'avait point été connue des parties (Thomine-Desmasures, n° 1235).

39. Lorsque les arbitres n'ont pas été choisis par les parties, on admet toutes les causes de récusation autorisées contre les juges, sans distinction de celles antérieures ou postérieures à la nomination.

40. La récusation doit être formée, suivant Pardessus, n° 1413, dans les trois jours (Rennes, 4 février 1818) ; d'après Carré, art. 1014, et Merson, p. 47, dans la quinzaine ; enfin, d'après M. de Vatimesnil (*Encyclop. du Droit*, v° *Arbitrage*, n° 185), la récusation est admise tant que les parties n'y ont pas renoncé expressément ou tacitement. Décidé que la récusation est admissible même après le partage et jusqu'au jugement du tiers arbitre (Cass., 16 déc. 1828).—V. *Récusation.*—Le délai court du jour où la nomination est légalement connue des parties (Arg., art. 1014, C. proc. civ. ; Cass., 19 juillet 1813).

41. L'acte de récusation doit contenir les motifs et les moyens de récusation ; il doit être signé sur l'original et la copie par la partie ou son fondé de pouvoir spécial et authentique. Dans ce dernier cas, la procuration reste annexée à l'original. Enfin, l'acte doit être notifié par un huissier, savoir : en matière d'*arbitrage volontaire*, à l'arbitre récusé, et dénoncé aux autres arbitres, lesquels visent l'original : s'ils refusent le visa, on doit le demander au procureur de la République près le tribunal de leur domicile (Arg., art. 45, 384 et 1039, C. proc. ; Merson, p. 50 ; Carré, sur l'art. 1014). — V. *Formul.*, n°s 7 et 8. — Selon M. de Vatimesnil (n° 187), la récusation doit être notifiée au greffe du tribunal qui doit connaître de l'exécution de la sentence. Un arrêt de la Cour de Bourges, du 3 décembre 1813, a, du reste, décidé que la récusation *pouvait* être faite par acte déposé au greffe du tribunal. — En matière d'*arbitrage forcé*, l'acte de récusation doit être notifié à l'arbitre récusé, au greffe du tribunal de commerce et non par acte signifié directement à l'arbitre (Paris, 25 août 1839).—V. *Formul.*, n° 7.

42. Les causes de récusation sont portées devant le tribunal civil, excepté dans le cas d'arbitrage forcé, où elles doivent être soumises aux tribunaux de commerce (Carré, sur l'art. 1014 ; Metz, 12 mai 1818). Les arbitres, cependant, peuvent en connaître, si le compromis leur en donne le droit (Cass., 28 juill. 1818).

43. Lorsqu'une récusation a été signifiée, les arbitres doivent surseoir à juger, jusqu'à ce qu'il ait été statué sur la récusation (Cass., 7 janv. 1808 ; de Vatimesnil, n° 188).

43 *bis.* Cependant, les arbitres, à qui une récusation est signifiée par exploit d'huissier, peuvent passer outre et rendre leur sentence, si l'exploit ne porte pas la signature du récusant (Bastia, 11 avril 1843. — V. *J. Huiss.*, t. 25, p. 159).

44. On peut appeler du jugement sur la récusation (C. proc., art. 391). — V. *Appel, Récusation.*

45. *Déport ou empêchement.* — Lorsque les opérations de l'arbitrage sont commencées, les arbitres ne peuvent se déporter, c'est-à-dire donner leur démission (C. proc., art. 1014) ; à moins qu'il n'aient un motif légitime de déport, tel, par exemple, que des maladies ou infirmités (Carré, sur l'art. 1014 ; Pardessus, n° 1392).

46. Le déport est exprès ou tacite ; il peut être signifié dans la même formé que la récusation.—V. *Formul.*, n° 9.

47. L'arbitre qui refuse d'exécuter sa mission, en se déportant illégalement, doit être condamné à des dommages-intérêts (Arg., art. 1142, C. civ. ; Carré et Chauveau, *Quest.*, n° 3314 ; Bioche, v° *Arbitrage*, n° 268).

48. Le déport n'empêche par les délais de l'arbitrage de courir (Cass., 6 nov. 1809).

49. Lorsqu'un arbitre se déporte et qu'il y a contestation sur les motifs de ce déport, on agit comme au cas de récusation. Les arbitres restants sont incompétents pour prononcer sur l'incident, et ils ne peuvent rendre la sentence arbitrale, à moins que le compromis ne leur en donne le pouvoir (Mongalvy, n° 318).

50. *Décès.* — Le décès d'un arbitre volontaire met fin au compromis (C. proc., art. 1012).

51. En matière d'arbitrage forcé, le décès de l'un des arbitres ne donne lieu qu'à son remplacement.

52. La mort civile doit être assimilée à la mort naturelle (Goujet et Merger, v° *Arbitrage,* n° 206).

§ 3. — Pouvoirs des arbitres.

53. Les pouvoirs des arbitres sont personnels et ne peuvent être délégués.

54. Les arbitres ne peuvent statuer que sur les contestations qui leur sont spécialement soumises ; ils sont incompétents pour prononcer sur toutes demandes incidentes pouvant être détachées de la contestation (Cass., 2 mai 1832).

55. Ils prononcent en dernier ressort, en matière d'arbitrage forcé, sur une contestation n'excédant pas 1,500 fr. (L. 3 mars 1840). En matière d'arbitrage volontaire, la sentence est toujours en premier ressort (Arg., art. 1023, C. proc. ; Bordeaux, 13 janv. 1827 ; Toulouse, 5 mars 1825). — Ils sont compétents pour connaître, 1° des incidents se rattachant nécessairement à la demande principale (Aix, 3 fév. 1817 ; Nîmes, 13 janv. 1834) ; 2° de la contravention à une clause pénale du compromis (Cass., 12 juill. 1819) ; 3° d'une demande en renvoi devant les tribunaux ordinaires, fondée sur ce que les arbitres sont sortis des limites du compromis (Cass., 28 juill. 1818) ; 4° pour prononcer sur les dépens ; mais ils ne doivent les liquider qu'autant que le compromis leur en donne le droit, à moins qu'il ne s'agisse d'une affaire sommaire ; 5° pour ordonner et recevoir le serment supplétoire et décisoire (Paris, 14 mai 1825).

56. Les arbitres volontaires peuvent prononcer la contrainte par corps, lorsque la loi l'autorise, de même, au surplus, que les juges ordinaires (Paris, 20 mars 1812, Rennes, 24 août et 28 oct. 1816; Pau, 4 juill. 1811 ; Cass., 5 nov. 1811, 1er juill. 1823). Il en est de même, à plus forte raison, des arbitres forcés (Cass., 5 nov. 1811 ; Paris, 20 mars 1812).

57. Les arbitres volontaires peuvent prononcer l'exécution provisoire dans les cas où elle est autorisée (C. proc., art. 1024). En matière d'arbitrage forcé, la sentence est exécutoire par provision de plein droit, en donnant caution (C. proc. civ., art. 400).

58. Les arbitres peuvent, en faisant rendre leur jugement exécutoire (C. proc., art. 1021), ordonner toutes enquêtes et expertises ; mais ils n'ont pas le droit de décerner une commission rogatoire à un juge.

§ 4. — Procédure devant les arbitres.

59. *En matière d'arbitrage volontaire.* — Les parties et les arbitres doivent suivre dans la procédure les délais et les formes établis pour les tribunaux, si les parties n'en sont autrement convenues (C. proc., art. 1009).

60. Les actes d'instruction et les procès-verbaux du ministère des arbitres sont faits par tous les arbitres, si le compromis ne les autorise à commettre l'un d'eux (C. proc., art. 1011).

61. Chacune des parties est tenue de produire ses défenses et pièces, quinzaine au moins avant l'expiration du compromis. Les arbitres sont tenus de juger sur ce qui est produit (C. proc. civ., art. 1016).

62. Il est bon, qu'à la requête de la partie la plus diligente, sommation soit faite aux autres parties de produire et déposer leurs titres aux arbitres, avec déclaration que, faute de produire, il sera passé outre. — V. *Formule*, n° 10.

63. *En matière d'arbitrage forcé.* — Dans l'usage, les arbitres ne remplissent aucune formalité de justice (Pardessus, t. 4, p. 112 ; Besançon, 18 décembre 1811). Les parties leur remettent seulement leurs pièces et mémoires (C. comm., art. 56) ; l'associé en retard de les remettre est sommé de le faire dans les dix jours (C. comm., art. 57). Cette sommation a lieu à la requête de la partie la plus diligente. — V. *Formule*, n° 11.

64. Les arbitres peuvent, suivant l'exigence des cas, proroger le délai pour la production des pièces. Quand ils le font, et que le nouveau délai est expiré, ils jugent sur les pièces et mémoires produits (C. comm., art. 58, 59 et 69).

65. Devant les arbitres, et dans aucun cas, le ministère des avoués n'est nécessaire (Carré et Chauveau, *quest.* 3289; Thomine-Desmazures, n° 1221; De Vatimesnil, n° 222).

§ 5. — Amiables compositeurs.

66. Les amiables compositeurs s'écartent de toutes les règles du droit, si le compromis les y autorise, et ne jugent qu'en équité (C. proc. civ., art. 1019).

67. Ils peuvent donc s'écarter des formalités judiciaires (Carré et Chauveau, *quest.* 3354 ; Paris, 18 novembre 1840).

68. On ne peut interjeter appel de la sentence des *amiables compositeurs* (Paris, 3 décembre 1840; Orléans, 9 mai 1843; Carré et Chauveau, *quest.* 3296. — V. *contrà*, Rouen, 22 avril 1834).

§ 6. — Honoraires.

69. Les arbitres volontaires ont droit à des honoraires (Bordeaux, 14 janvier 1826; De Vatimesnil, n° 275; Chauveau sur Carré, *quest.* 3331 *bis*), outre leurs déboursés. — Ils ont une action solidaire contre les parties, non-seulement pour leurs déboursés (Cass., 17 novembre 1830), mais [encore pour leurs honoraires (Bourges, 2 mars 1814 ; Bordeaux, 14 janvier 1826).

70. Leur action doit être intentée suivant les règles de la juridiction ordinaire (Bordeaux, 14 janv. 1826), c'est-à-dire devant le juge du domicile des parties (De Vatimesnil, n° 278), lequel arbitre lui-même, en cas de désaccord, le montant des honoraires (Bordeaux, 14 janvier 1826).

71. Les arbitres forcés ne peuvent réclamer d'honoraires (Cass., 17 novembre 1830, 27 avril 1842 (V. *J. Huiss.*, t. 23, p. 221) ; Montpellier, 30 juin 1827 ; Lyon, 2 août 1831 ; Caen, 20 août 1839. — *Contrà*, Rennes, 20 juillet 1812 ; Bordeaux, 28 août 1838 ; Aix, 29 décembre 1840 ; Paris, 3 janvier 1842). Mais ils ont une action solidaire contre les parties pour le remboursement de leurs avances (Cass., 17 novembre 1830, 17 janvier 1823).

Sect. III.— *Du tiers arbitre et du sur-arbitre.*

72. *Arbitrage volontaire ; Tiers arbitre.*— En cas de partage, les arbitres, autorisés à nommer un tiers, sont tenus de le faire par la décision qui prononce le partage ; s'ils ne peuvent en convenir, ils le déclarent sur le procès-verbal, et le tiers est nommé par le président du tribunal qui doit ordonner l'exécution de la décision arbitrale. Il est, à cet effet, présenté requête par la partie la plus diligente. Dans ces deux cas, les arbitres sont tenus de rédiger leur avis distinct et motivé, soit dans le même procès-verbal, soit dans des procès-verbaux séparés (C. proc. civ., art. 1017).

73. *Arbitrage forcé ; Sur-arbitre.* — En cas de partage, les arbitres nomment un sur-arbitre, s'il n'est pas nommé dans le compromis ; si les arbitres sont discordants sur le choix, le sur-arbitre est nommé par le tribunal de commerce (C. comm., art. 60). A cet effet, la partie la plus diligente assigne les autres parties pour voir dire que *telle* personne sera nommée pour sur-arbitre.—V. *Formule*, n° 12.

74. *Mode de procéder.*—S'il y a quatre arbitres et plus, et s'il y a plus de deux opinions, les arbitres les plus faibles doivent se réunir aux plus forts, avant de déclarer le partage.

75. Le tiers arbitre est tenu de juger dans le mois du jour de son acceptation, à moins que le délai n'ait été prolongé par l'acte de sa nomination ; il ne peut prononcer qu'après avoir conféré avec les arbitres divisés qui sont sommés de se réunir à cet effet. — V. *Formule*, n° 13. Si tous les arbitres ne se réunissent pas, le tiers arbitre prononce seul, et, néanmoins, il est tenu de se conformer à l'un des avis des autres arbitres (C. proc. civ., art. 1018).

76. L'art. 1018, C. proc. civ., est applicable à l'arbitrage forcé.—Toutefois, le défaut de prononciation de la sentence, dans le délai légal, n'entraîne pas la nullité de l'arbitrage. Les parties n'ont que le droit de demander le remplacement du sur-arbitre (Paris, 30 novembre 1811. — *Contrà*, Paris, 19 janvier 1825).

77. Le tiers arbitre peut adopter l'avis d'un des arbitres partagés sur un chef, et celui de l'autre arbitre sur un autre chef (Cass., 17 novembre 1830, 11 fév. 1824 ; Toulouse, 6 août 1827 ; Paris, 5 décembre 1831). — Il peut également rectifier des erreurs de calcul dans l'avis qu'il a adopté (Cass., 28 janvier 1835).

78. La décision du tiers arbitre doit être signée des arbitres pour prouver leur conférence ; s'ils refusaient, ce dernier devrait en faire mention.

79. Les arbitres partagés peuvent se réunir au tiers arbitre, et rendre tous un jugement à la pluralité des voix.

Sect. IV. — *De la sentence arbitrale.*

§ 1ᵉʳ. — Forme. — Effets. — Dépôt. — Exécution.

80. *Formes du jugement.* — Le jugement arbitral est rendu à la majo-

.rité des voix; il doit contenir les qualités des parties, leurs conclusions, l'exposé sommaire des points de fait et de droit, les motifs et le dispositif des décisions (C. proc. civ., art. 141; Mongalvy, n° 432).

81. Il doit être signé par chacun des arbitres; et dans le cas où il y aurait plus de deux arbitres, si la minorité refusait de signer, les autres arbitres en feraient mention, et le jugement aurait le même effet que s'il avait été signé par chacun des arbitres (C. proc. civ., art. 1016). Dans ce dernier cas, on doit constater que les arbitres qui n'ont pas signé ont concouru à la délibération (Cass., 4 mai 1809, 5 juillet 1832). Cette attestation fait foi jusqu'à inscription de faux (Cass., 5 juillet 1832).

82. La sentence arbitrale n'a pas besoin d'être prononcée en présence des parties (Carré et Chauveau, *quest.* 3338; Thomine-Desmazures, n° 1240). — Dans l'usage, les arbitres, après avoir signé la sentence, la déposent au greffe et en donnent avis aux arbitres (De Vatimesnil, n° 245).

83. En matière d'arbitrage forcé, le jugement peut être rendu à huis clos et même un jour férié (Cass. 22 novembre 1827).

84. Le jugement arbitral doit être daté; toutefois, l'omission de cette formalité n'entraîne pas la nullité du jugement, s'il est prouvé qu'il est rendu dans les délais, soit par son enregistrement, soit par le décès de l'un des arbitres, soit par le dépôt du jugement (Carré et Chauveau, *quest.* 3339).

85. *Effets.* — La sentence arbitrale fait foi par elle-même, 1° de sa date, indépendamment du dépôt au greffe et de l'enregistrement (Cass., 15 juillet 1812; Lyon, 20 août 1828; Bordeaux, 17 juillet 1830; Paris, 17 juin 1836); 2° de toutes les déclarations y énoncées (Pardessus, n° 1404; Bruxelles, 12 décembre 1809).

86. Les sentences arbitrales, à l'égard des parties, ont la même force que les jugements des tribunaux ordinaires; elles confèrent une hypothèque générale qui ne peut être inscrite, toutefois, qu'après l'ordonnance d'exécution (C. civ., art. 2123; Cass., 25 prairial an 11).

87. Elles ne peuvent préjudicier aux tiers ni leur être opposées (C. proc. civ., art. 1022; C. civ., art. 1165; Cass., 8 janvier 1817; Carré et Chauveau, *quest.* 3367). — Cependant, si elles déclaraient une dette acquittée, elles profiteraient aux codébiteurs et à la caution (C. civ., art. 1208, 2036).

88. La sentence arbitrale est indivisible et nulle pour le tout, si les arbitres ont décidé, hors du compromis, pour un seul objet (Carré et Chauveau, *quest.* 3383; Montgalvy, n° 501.—*Contrà*, Pardessus, n° 1407).

89. *Dépôt et exécution.*—*Arbitrage volontaire.*—Le jugement arbitral est rendu exécutoire par une ordonnance du président du tribunal de première instance dans le ressort duquel il a été rendu; à cet effet, la minute du jugement est déposée, dans les trois jours, par l'un des arbitres, ou par un tiers (Carré et Chauveau, *quest.* 3362), au greffe du tribunal (C. proc. civ., art. 1020); mais ce délai n'est pas de rigueur, et le dépôt peut être fait après trois jours (Cass., 29 mars 1832; 3 juill. 1834; Nancy, 28 mai 1833).

90. Il a lieu au greffe du tribunal civil dans le ressort duquel le jugement est rendu (Cass. 26 janvier 1824, 17 novembre 1830), lors même que la contestation serait commerciale; il n'y a d'exception que lorsque l'arbitrage est forcé (Cass., 14 juin 1831).

91. S'il avait été compromis sur l'appel d'un jugement, la décision serait déposée au greffe de la Cour d'appel, et l'ordonnance rendue par le président de cette Cour (C. proc. civ., art. 1020).

92. Si le président refusait l'ordonnance, on pourrait se pourvoir devant la Cour par voie d'appel (Rennes, 13 et 21 mai 1813; Paris, 14 mai 1829).

93. La connaissance de l'exécution du jugement arbitral appartient au tribunal qui a rendu l'ordonnance (C. proc. civ., art. 1021).

94. *Arbitrage forcé.* — Le jugement arbitral est déposé au greffe du tribunal de commerce (C. comm., art. 61), encore que les arbitres aient jugé comme amiables compositeurs (Cass., 16 janvier 1823, 21 novembre 1832). Quand il n'y a pas de tribunal de commerce, le dépôt est fait au greffe du tribunal civil qui en remplit les fonctions (Arg., art. 640, C. comm.).

95. Le dépôt du jugement arbitral doit avoir lieu au greffe du tribunal, dans le ressort duquel les arbitres ont procédé, dans les trois jours; mais, de même qu'en matière d'arbitrage volontaire, ce délai n'est pas de rigueur (Cass., 22 mai 1813; Montgalvy, n° 463).

96. Il est rendu exécutoire sans aucune modification, et transcrit sur les registres en vertu d'une ordonnance du président du tribunal, lequel est tenu de la rendre pure et simple et dans le délai de trois jours du dépôt fait au greffe (C. comm., art. 61). Le président ne peut refuser cette ordonnance.

97. La connaissance de l'exécution du jugement arbitral appartient au tribunal civil dans le ressort duquel l'ordonnance d'exécution a été rendue. Le tribunal de commerce ne peut en connaître (Rennes, 13 décembre 1809).

98. Les parties peuvent dispenser les arbitres de déposer leur sentence; mais, si l'une d'elles refusait de l'exécuter après avoir obtenu qu'on ne la déposât pas au greffe, l'autre partie pourrait déposer elle-même la sentence après sommation préalable suivie de refus (Bourges, 11 mars 1840).

§ 2. — Voies de recours contre la sentence arbitrale.

99. *Arbitrage volontaire.* — Les jugements arbitraux ne sont, dans aucun cas, sujets à opposition (C. proc., art. 1016), ni à recours en cassation (Cass., 18 déc. 1810, 20 mars 1817; C. proc., art. 1028); mais on peut se pourvoir contre eux par la voie de l'appel, de la requête civile et de l'opposition à l'ordonnance d'exécution.

100. *De l'appel.* — Pour se pourvoir par cette voie contre un jugement arbitral, il faut ne pas y avoir renoncé par le compromis, et, en outre, que le jugement ne soit pas définitif comme lorsqu'il intervient sur appel ou requête civile (C. proc., 1010).

101. L'appel est recevable avant l'ordonnance d'exécution (Aix, 22 mai 1828); mais il ne peut être interjeté avant l'expiration de la huitaine du jour où la sentence a été rendue (Cass., 14 ventôse an VI).

102. Le délai d'appel est de trois mois du jour de la signification de la sentence (Bioche, *Dict. de proc.*, v° *Arbitrage*, n°s 545 et 546).

103. L'appel doit être porté, savoir : devant les tribunaux de première instance pour les matières qui eussent été en premier ou dernier ressort de de la compétence des juges de paix; devant les Cours d'appel : 1° pour les matières qui eussent été en premier ou dernier ressort des tribunaux de première instance (C. proc., art. 1023); 2° pour les matières qui eussent été, en premier ressort, de la compétence des tribunaux de commerce (Pardessus, n° 1406); enfin devant les tribunaux de commerce, pour les matières qui eussent été, en premier ou dernier ressort, de la compétence des conseils de prud'hommes (de Vatimesnil, n° 2951; Pardessus, n° 1406). — Le tribunal ou la Cour compétents seront ceux dans le ressort desquels la sentence a été rendue (Bioche, n° 548).

104. L'appelant qui succombe est condamné à la même amende que s'il s'agissait d'un jugement des tribunaux ordinaires (C. proc., art. 1025). — V. *Appel.*

105. *Requête civile.* — La requête civile peut être prise contre les jugements arbitraux dans les délais, formes et cas désignés pour les jugements des tribunaux ordinaires; elle est portée devant le tribunal qui eût été compétent pour connaître de l'appel (C. proc., art. 1026). — V. *Requête civile.*

106. Ne peuvent cependant être proposés pour ouvertures: 1° l'inobservation des formes ordinaires, si les parties n'en étaient autrement convenues;

2° le moyen résultant de ce qu'il aurait été prononcé sur choses non demandées (C. proc., art. 1027).

107. On peut renoncer à la voie de la requête civile d'une manière *expresse* ou *implicitement*, lorsque, par exemple, on a donné aux arbitres pouvoir de juger en dernier ressort et sans recours à aucun tribunal (Chauveau sur Carré, *Quest.* 3371 *bis;* Cass., 18 juin 1816; Paris, 3 ventôse an XIII).

108. *Opposition à l'ordonnance d'exécution.* — Il y a lieu de se pourvoir par opposition à l'ordonnance d'exécution, devant le tribunal qui l'a rendue, pour demander la nullité de l'acte qualifié *jugement arbitral*, en matière d'arbitrage volontaire seulement : 1° si le jugement a été rendu sans compromis; 2° s'il l'a été hors des termes du compromis; 3° s'il l'a été sur compromis nul ou expiré ; 4° s'il n'a été rendu que par quelques arbitres non autorisés à juger en l'absence des autres; 5° s'il l'a été par un tiers arbitre, sans en avoir conféré avec les arbitres partagés; 6° s'il a été prononcé sur choses non demandées (C. proc., art. 1028).

109. L'opposition ne pourrait avoir lieu pour inobservation des formes ordinaires (Cass., 17 oct. 1810, 1er mars 1830); mais elle devrait être admise 1° pour inobservation des formes prescrites par les parties; 2° au cas où le tiers arbitre ne s'est pas conformé à l'avis de l'un des arbitres (Carré et Chauveau, *quest.* 3388); 3° lorsque les arbitres ont jugé sans avoir égard à la récusation de l'un d'eux (Cass., 1er juin 1812).

110. L'opposition peut être faite soit avant l'exécution, soit lorsqu'elle est commencée, et même après l'expiration du délai de huitaine de la date de l'ordonnance (Cass., 1er juin 1812; Paris, 17 mai 1813). Elle doit avoir lieu par exploit du ministère d'huissier. Elle serait nulle si elle avait lieu par acte d'avoué (Rennes, 13 mai 1812).

111. La partie qui a laissé exécuter la sentence n'est plus recevable à s'opposer à l'ordonnance d'*exequatur* (Bordeaux, 10 mai 1826).

112. L'opposition à l'ordonnance d'exécution suspend l'exécution du jugement arbitral, mais non les délais d'appel (Paris, 9 nov. 1812), lors même que les parties auraient renoncé à recourir à cette voie (Paris, 1er juin 1831).

113. Arbitrage forcé. — (*Opposition. — Appel.*) — L'opposition à l'ordonnance d'*exequatur* n'est pas admise. C'est l'opinion de presque tous les auteurs, consacrée par un grand nombre d'arrêts. — (V. notamment Cass., 30 déc. 1812; Orléans, 17 mai 1842. — V. aussi Pardessus, n° 1417; Carré et Chauveau, *quest.* 3375; Bioche, v° *Arbitrage*, n° 800.) Il en est ainsi, encore bien que les parties aient renoncé à l'appel (Cass., 28 avril 1829; Toulouse, 30 mai 1833; Bioche, n° 801).

114. La voie de l'appel est seule ouverte contre cette sentence, et les parties peuvent y recourir toutes les fois qu'elles n'y ont pas formellement renoncé (Bioche, n°s 806 et suiv.; Cass., 12 août 1834).

115. Les règles que nous avons précédemment indiquées, en ce qui concerne le délai de l'appel d'une ordonnance d'exécution d'une sentence rendue en matière d'arbitrage volontaire, sont applicables au délai de l'appel d'une ordonnance d'exécution d'une sentence rendue en matière d'arbitrage forcé.

116. L'appel, lorsqu'il est recevable, doit, à moins que les parties n'en soient autrement convenues, être porté devant la Cour d'appel, dans le ressort de laquelle la sentence a été revêtue de l'ordonnance d'exécution, et non devant la Cour d'appel, dans le ressort de laquelle se trouve le tribunal qui a nommé les arbitres ou qui les aurait commis, si les parties ne les avaient choisis elles-mêmes (Bioche, v° *Arbitrage*, n° 816. — *Contrà*, Caen, 21 mai 1827).

117. *Requête civile.* — Comme en matière d'arbitrage volontaire, la requête civile est admise contre les sentences d'arbitres forcés (Lyon, 31 août 1825; Colmar, 26 mai 1833; de Vatimesnil, n° 301; Chauveau sur Carré, *quest.* 1777,4°; Bioche, n° 818.—*Contrà*, Rennes, 25 juill. 1810; Paris, 6 août 1824; 18 juill. 1835).

118. TIERCE OPPOSITION. — Une sentence arbitrale en matière *volontaire* étant une sorte de contrat entre les parties ne peut être attaquée par voie de tierce opposition; elle doit l'être par voie principale (art. 1022, C. proc.; Chauveau sur Carré, *quest.* 3368).

119. Mais la tierce opposition peut-elle être admise en matière d'arbitrage forcé?—Oui, selon la Cour de Grenoble (V. arrêt du 21 janv. 1822).— Non, selon MM. Montgalvy (t. 2, n° 483) et Goujet et Merger (v° *Arbitrage forcé*, n° 332).

120. En admettant la solution de la Cour de Grenoble, quel serait le tribunal compétent pour connaître de la tierce opposition? Nous ne pensons pas qu'elle puisse être portée devant les mêmes juges, les arbitres forcés, parce qu'il n'est pas possible de forcer des tiers à se faire juger par des arbitres qu'ils n'ont pas nommés, et qui ont épuisé leur mandat. Elle devrait être portée devant le tribunal qui eût connu de la contestation, s'il n'y eût pas eu arbitrage—V, *Tierce opposition.*

121. *Prise à partie.* — Les arbitres doivent remplir leur mission avec autant de loyauté et d'impartialité que les juges ordinaires : d'où il suit que l'oubli de leurs devoirs les soumet à une responsabilité plus ou moins sévère. Ainsi, en matière d'arbitrage forcé, ils pourraient être pris à partie (Cass., 7 mai 1817.— *Contrà*, Orléans, 21 mai 1818). Mais, en matière d'arbitrage volontaire, ils ne peuvent être actionnés qu'en dommages-intérêts (Merson, n° 52; Lyon, 23 fév. 1842).

122. Toutefois, la prise à partie n'est pas ouverte contre l'arbitre forcé qui aurait jugé, malgré la révocation dont on l'aurait frappé (Tribunal de la Seine, 15 fév. 1843; V. *Gazette des Tribunaux* du 16).

123. Lorsqu'il y a lieu à prise à partie contre un arbitre forcé, elle est valablement exercée contre ses héritiers (Goujet et Merger, v° *Arbitrage forcé*, n° 419).

124. La prise à partie est portée devant la Cour compétente pour connaître de l'appel de la sentence. — V., au surplus, *Prise à partie.*

SECT. V. — *Timbre et enregistrement.*

125. Le compromis et la sentence doivent être rédigés sur papier timbré, et ils ne peuvent énoncer aucun acte non timbré ni non enregistré, le tout à peine de 20 francs d'amende pour chaque contravention (*L.* 16 juill. 1824). —V. *Timbre, Enregistrement.*

126. L'enregistrement du compromis doit avoir lieu avant le jugement arbitral : le droit auquel il est assujetti est de 3 francs, si l'acte ne contient ni aliénation, ni obligation, ni libération de sommes et valeurs; au cas contraire, il est soumis au droit proportionnel (*L.* 28 avril 1816).

127. La sentence n'a pas besoin d'être enregistrée avant le dépôt; seulement cette formalité doit lui être donnée dans les vingt jours du dépôt; les droits sont les mêmes que ceux des jugements ordinaires. — V. *Jugement.*

128. La sentence ne pourrait être revêtue de l'ordonnance *d'exequatur* avant l'accomplissement de l'enregistrement (Cass., 3 août 1813).

129. L'acte de dépôt et l'ordonnance du président sont soumis au droit fixe de 3 fr. chacun (*L.* 22 frim. an VII, art. 68).

Formules.

1. *Nomination d'arbitre, et sommation à fin de nomination d'arbitre.*

L'an 18. . . . ., à la requête du sieur. . ., ancien négociant, demeurant à. . . .,
j'ai. . . . . signifié et déclaré au sieur. . ., négociant, demeurant à. . . . . .; —
Attendu que suivant acte reçu par. . ., le requérant a contracté avec le sieur. . .,
une société à l'effet d'exploiter. . . . .;—Attendu que cette société est dissoute et que
diverses contestations se sont élevées entre les parties au sujet de sa liquidation; —
Attendu que toutes contestations entre associés et pour raison de la société doivent être
jugées par des arbitres;—Attendu que ces arbitres peuvent être nommés par acte extrajudiciaire; — Que le requérant nomme pour son arbitre, à l'effet de statuer sur les
contestations relatives à la liquidation de ladite société, M. . . ., auquel il délègue tous
pouvoirs à cet effet; à ce que mondit sieur. . . . . n'en ignore. et à même requête, j'ai,
huissier susdit et soussigné, fait sommation à mondit sieur. . . . . de, d'ici quatre
jours pour tout délai, nommer un autre arbitre, à l'effet de statuer sur les mêmes contestations; lequel arbitre se réunira à celui sus-indiqué et composera avec lui le tribunal arbitral prescrit par la loi.

Coût (Tarif; 29) : Paris, 2 fr.; R. P. 1 fr. 80 c. ; ailleurs, 1 fr. 50 c.

Enregistrement de l'exploit, 2 fr. 20 c. (L. 28 avril 1816, art. 43).

2. *Assignation à fin de nomination d'arbitre.*

L'an 18. . . . . (*Motifs de la sommation qui précède*). *Ajouter :* Attendu que, par
exploit de. . . . ., le requérant a signifié à l'intimé qu'il avait choisi pour arbitre
M. . . . ., et qu'en même temps sommation a été faite à mondit sieur. . . . . de
choisir un autre arbitre ; — Attendu qu'il n'a point obéi à ladite sommation ;— Attendu
qu'en cas de refus de la part de l'un des associés de désigner un arbitre, cet arbitre
doit être nommé par le tribunal de commerce ; — Voir dire et ordonner que ledit
sieur. . . . sera tenu de nommer un arbitre, à l'effet de statuer sur les contestations
dont s'agit, dans les vingt-quatre heures de la signification du jugement à intervenir ;
sinon et faute de ce faire, que M. . . . . sera nommé d'office et qu'il se réunira à
l'arbitre déjà nommé pour vider les difficultés dont est question; et, en outre, s'entendre condamner aux dépens, sous toutes réserves.

Coût: V. *Form.* n° 1.

Enregistrement de l'exploit, 2 fr. 20 c. (L. 28 avril 1816, art. 43).

3. *Demande en prorogation de délai.*

L'an 18. . . . ., à la requête de. . . . ., j'ai. . . . . donné assignation à. . . . .
à comparaître le. . . . . pour ; — Attendu que par jugement du. . . . . des arbitres
ont été nommés à l'effet de statuer sur une contestation relative à. . . . . élevée entre
les parties ;—Attendu que ce jugement fixe le délai de l'arbitrage à. . . . .;—Que ce
délai est sur le point d'expirer sans que les arbitres aient pu statuer, par le motif. . . . ;
—Voir dire et ordonner que, par le jugement à intervenir, le délai sus-fixé sera prorogé de. . . . . Dépens à comprendre dans la masse des frais de l'arbitrage.

Coût : V. *Form.* n° 1.

Enregistrement de l'exploit, 2 fr. 20 c. (L. 28 avril 1816, art. 43).

4. *Demande en nomination de nouvel arbitre.*

L'an 18. . . . ., à la requête de. . . . ., j'ai'. . . . donné assignation à. . . . .
à comparaître le. . . . ., pour ;—Attendu (*Énoncer la nomination des arbitres*) ; —
Attendu que M. . . . ., l'un des arbitres nommés, a refusé les fonctions qui lui étaient
déférées suivant l'exploit de. . . . . (ou a été récusé ou révoqué, ou s'est déporté, etc.,
ainsi qu'il résulte d'un exploit de. . . . . ou d'un jugement du. . . . .) ; —Attendu
qu'il est indispensable que l'arbitre qui a refusé soit remplacé ;—Voir dire que M. . .
sera nommé arbitre en remplacement de. . . . . qui a refusé ;—En conséquence, qu'il
se réunira aux arbitres restants et statuera avec eux sur les contestations élevées entre
les parties. Dépens à comprendre dans la masse des frais de l'arbitrage.

Coût, comme à la formule n° 1.

Enregistrement de l'exploit, 2 fr. 20 c. (L. 28 avril 1816).

5. *Notification aux arbitres de leur nomination.*

L'an 18. . . . ., à la requête de. . . . ., j'ai . . . . signifié et avec ces présentes donné copie à. . . . . d'un compromis (*Analyser le compromis ou le jugement de nomination*) ; à ce que mondit sieur n'en ignore. Sur cette notification, M. . . . . m'a répondu... (*qu'il acceptait ou refusait la mission à lui confiée*), et j'ai...

Coût, comme à la formule n° 1.

Enregistrement de l'exploit, 2 fr. 20 c. (L. 28 avril 1816).

6. *Révocation des arbitres.*

L'an 18. . . . ., à la requête. . . . . seules parties ayant nommé les arbitres dont on va parler, suivant compromis... j'ai. . . . . signifié et déclaré à. . . . . en parlant à leurs personnes qui ont visé le présent, tous arbitres nommés par ledit compromis, que les requérants révoquent purement et simplement lesdits arbitres;—Attendu que la difficulté sur laquelle il s'agissait de statuer est éteinte, que les parties sont d'accord et qu'aucune contestation ne les divise plus maintenant; — En conséquence, ai déclaré auxdits arbitres qu'ils aient à cesser leurs opérations à compter de ce jour, aux offres par les requérants de les indemniser de leurs frais et honoraires d'après l'état qu'ils en fourniront;— Leur déclarant que faute par eux d'avoir égard à la présente révocation, les requérants se pourvoiront, sous toutes réserves; et ont les requérants signé en cet endroit.

Coût, comme à la formule n° 1.

Enregistrement de l'exploit, 2 fr. 20 c. (L. 28 avril 1816).

7. *Récusation.*

L'an 18. . . . ., à la requête de (*Constitution d'avoué*), j'ai . . . . . signifié et déclaré à. . . . en parlant à sa personne qui a visé le présent original; mondit sieur. . . . ., arbitre nommé suivant compromis (*Énoncer le compromis ou le jugement*) ; que le requérant récuse purement et simplement mondit sieur. . . . . en sadite qualité d'arbitre;—Attendu que depuis le compromis il a bu et mangé plusieurs fois, et notamment les. . . . .'avec. . . . . parties audit compromis;—Qu'en conséquence, mondit sieur. . . ait à s'abstenir de l'exercice des fonctions qui lui étaient conférées;— et a le requérant signé en cet endroit.—Et à pareille requête, demeure et élection de domicile que dessus, j'ai, huissier susdit et soussigné, donné assignation à mondit sieur . . . . . en parlant comme dessus, à comparaître. . . . pour;— Attendu qu'en cas de dénégation, les faits ci-dessus articulés seront prouvés;—Voir déclarer bonne et valable la récusation qui précède; — Par suite, entendre prononcer la déchéance de sa qualité d'arbitre, et répondre et procéder comme de raison à fin de dépens.

Coût (Arg. Tarif, 30) : Paris, 3 fr. ; R. P., 2 fr. 70 c. ; ailleurs, 2 fr. 25 c.

Enregistrement de l'exploit, 2 fr. 20 c. (L. 28 avril 1816.)

NOTA. *En matière d'*arbitrage forcé, *la récusation doit être signifiée au greffe du tribunal de commerce, et le greffier doit viser l'original.*

8. *Dénonciation de la récusation qui précède.*

L'an 18. . . . ., à la requête de. . . ., j'ai . . . . . signifié, et avec celle des présentes donné copie à . . . ., qui ont visé le présent original, lesdits sieurs. . . ., arbitres nommés suivant (*Énoncer le compromis ou le jugement*), de l'original... (*Analyser la récusation qui précède*), que lesdits sieurs aient à s'abstenir de toutes réunions, conférences et décisions, soit entre eux, soit avec l'arbitre récusé; protestant de nullité de tout ce qui serait fait au mépris de la récusation signifiée.

Coût, comme à la formule n° 1.

Enregistrement de l'exploit, 2 fr. 20 c. (L. 28 avril 1816).

9. *Déport.*

L'an 18. . . . ., à la requête de. . . . ., arbitre nommé par compromis, ... j'ai . . . ., signifié et déclaré à. . . . . parties audit compromis, ayant nommé le requérant; que mondit sieur. . . . . requérant, se démet et se déporte de ses fonctions d'arbitre, attendu que depuis l'acceptation qu'il a faite desdites fonctions, il a été atteint d'une attaque de paralysie à la main droite et dans tout le côté droit, ce qui l'empêche non-seulement de pouvoir écrire ni signer, mais encore de vaquer à ses affaires.

Coût, comme à la formule n° 1.

Enregistrement de l'exploit, 2 fr. 20 c. (L. 28 avril 1816).

10 et 11. *Sommation à fin de production de pièces et défenses, et à fin de se présenter devant arbitres.*

L'an 18. . . . . ., à la requête de. . . . . , j'ai. . . . . fait sommation à. . . . . . de produire et remettre dans le délai de. . . (*En matière d'arbitrage forcé,* 10 *jours*), à. . . . . arbitres nommés suivant compromis du. . . . ., à l'effet de . . . ., les titres, pièces, défenses, renseignements et documents étant en la possession dudit sieur. . . . . et pouvant servir à éclairer la religion desdits arbitres, et préparer leur décision en parfaite connaissance de cause ; leur déclarant que faute de produire lesdites pièces et documents, et de comparaître, s'il y a lieu, il sera passé outre et procédé comme de droit, tant en absence que présence.

Coût : V. *Form.* n° 1.

Enregistrement de l'exploit, 2 fr. 20 c. (L. 28 avril 1816.)

12. *Demande en nomination de surarbitre.*

L'an 18. . . . ., à la requête de. . . . ., j'ai . . . ., donné assignation à. . . . à comparaître le. . . . . pour ; — Attendu qu'il résulte d'un procès-verbal dressé par. . . . ., arbitres nommés par le requérant et les ci-dessus nommés, à l'effet de statuer sur. . . . . suivant compromis en date du . . . ., duquel il est, avec celle des présentes, donné copie, que lesdits arbitres sont divisés et ne peuvent se mettre d'accord sur la décision à rendre ;—Attendu, d'ailleurs, que les parties n'ont pu s'entendre sur la nomination d'un surarbitre ; —Voir dire que, faute par les parties de s'entendre et de désigner un surarbitre dans les vingt-quatre heures de la signification du jugement à intervenir, le sieur. . . . . sera nommé surarbitre à l'effet de se réunir aux arbitres divisés et de statuer sur les contestations, objet de l'arbitrage ; — Et pour, en outre, répondre et procéder comme de raison à fin de dépens.

Coût : V. *Form.* n° 1.

Enregistrement de l'exploit, 2 fr. 20 c. (L. 28 avril 1816).

13. *Sommation aux arbitres divisés de se réunir avec le tiers arbitre.*

L'an 18. . . . ,, à la requête de. . . . ., j'ai . . . ., dit et déclaré à. . . . . . que, par suite de la division existant entre eux, le sieur . . . ., requérant, a été nommé tiers arbitre (ou surarbitre) par jugement (ou compromis) du . . . . ; à ce qu'ils n'en ignorent, et à mêmes requête, demeure et élection de domicile, j'ai . . . ., fait sommation auxdits sieurs . . . . de se trouver à. . . . ., le. . . . . heure de. . . ., à l'effet de se réunir avec mondit sieur . . . ., tiers arbitre, de conférer avec lui sur l'objet de la contestation et d'entendre ses objections, observations et décisions ; leur déclarant que faute de ce faire, ledit tiers arbitre procédera tant en leur absence que présence.

Coût : V. *Form.* n° 1.

Enregistrement de l'exploit, 2 fr. 20 c. (L. 28 avril 1816.)

NOTA. *En thèse générale, les arbitres sont considérés comme des juges, et les juges ne peuvent faire aucun acte de procédure à leur requête. L'art.* 1018 *semble avoir dérogé à ce principe en autorisant le tiers arbitre à sommer les arbitres divisés. Toutefois nous pensons que la sommation n'en serait pas moins valable, si elle était faite à la requête de l'une des parties.*

14. *Opposition à l'ordonnance d'exécution.*

L'an 18. . . . ., à la requête de (*Constituer avoué*), j'ai . . . ., signifié et déclaré à. . . . . que le requérant est opposant, comme, par ces présentes, il s'oppose formellement à l'ordonnance d'exécution rendue par M. le président du tribunal. . . . ., le. . . . ., enregistrée le. . . . ., d'une sentence arbitrale en date du. . . . . enregistrée le. . . . ., le tout signifié au requérant par exploit de . . . . ; à ce que mondit sieur . . . . n'en ignore ; — Et à mêmes requête, demeure et élection de domicile que dessus, j'ai, huissier susdit et soussigné, donné assignation à. . . . . à comparaître. . . . . pour ; — Attendu que la sentence arbitrale susdatée a statué sur une contestation qui n'était pas soumise aux arbitres ; — Attendu, en outre, que cette sentence a été rendue après l'expiration du compromis ; — Voir dire que le requérant sera reçu opposant à ladite ordonnance ;—Que son opposition sera déclarée bonne et valable ; —En conséquence, que ladite ordonnance et le jugement arbitral qu'elle rend exécutoire seront déclarés nuls et de nul effet; — Que les parties seront remises au même état qu'avant ledit compromis ; — Et, en outre, s'entendre condamner aux dépens, sous toutes réserves.

Coût : V. *Opposition*.

Enregistrement de l'exploit, 2 fr. 20 c. (L. 28 avril 1816).

NOTA. *Quoique les formules suivantes ne rentrent pas dans le cadre de notre ouvrage, nous avons pensé qu'elles seraient utiles à nos confrères, souvent appelés à rédiger de pareils actes, et c'est pour cette raison que nous les avons données.*

15. *Compromis devant les arbitres.*

L'an 18. . . . ., par-devant nous (*Noms des arbitres*) sont comparus (*Noms des parties*), lesquels ont dit : (*Exposer les faits*), et par suite ont déclaré choisir pour arbitres, savoir : M. . . . . le sieur. . . . . et M. . . . . . le sieur. . . . ., ci-devant nommés, à l'effet de statuer sur (*Établir les clauses du compromis, fixer le délai de l'arbitrage*); desquels dires et réquisition nous avons donné acte aux parties, et après avoir accepté la mission qu'elles nous ont confiée, nous sommes convenus de nous réunir en tribunal arbitral, à l'effet de statuer sur ladite contestation, le. . . . . Fait à. . . . ., le. . . . .

16. *Compromis par acte sous seing privé.*

Les soussignés (*Noms, professions et qualités des parties*) ont dit ce qui suit .— Suivant acte reçu par Me . . . . ., notaire à. . . . ., le. . . . ., le sieur. . . . . a vendu au sieur. . . . . un domaine appelé. . . . . ensemble tout ce qui le composait en fermes, prés, bois et étangs, sans autre désignation. Il s'est élevé une question fort grave sur l'interprétation de cet acte, à savoir, si la ferme de. . . . . . exploitée par . . . . ., dépend du domaine vendu, quoiqu'elle s'en trouve à une distance du. . . . . et quoique son revenu ait toujours servi à son amélioration, sans avoir jamais été confondu avec le revenu du domaine. Les parties n'étant point d'accord, M. . . . . . a fait assigner M. . . . . par exploit de. . . . ., huissier à. . . . ., pour voir dire que ce dernier sera tenu de vider ladite ferme de. . . . . de corps et de biens, et de la tenir à la disposition du requérant, afin qu'aux termes de son contrat il en prenne possession et jouissance.

Les choses en cet état, les parties se sont rapprochées, et voulant éviter un procès, ont arrêté les conventions suivantes :

Article 1er. Sont nommés arbitres, savoir : Pour M. . . . . , le sieur . . . . . et pour M. . . . . ., le sieur. . . . . ., à l'effet de statuer, en dernier ressort et sans appel, sur la question de savoir si la ferme de. . . . . . dépend du domaine de. . . . .

Art. 2. Les arbitres devront prononcer leur sentence dans le délai de. . . .

Art. 3. Dans le cas où ils ne seraient point d'accord, ils pourront s'adjoindre un tiers arbitre et le nommer eux-mêmes.

Art. 4. Les arbitres et le tiers arbitre seront dispensés de suivre les formes tracées par le Code de procédure et décideront comme amiables compositeurs, sans avoir égard aux règles du droit.

(*On insère en outre toutes les autres conventions des parties.*) Fait double (ou triple ou quadruple, etc.) à. . . . ., le. . . . .

17. *Jugement arbitral.*

L'an 18. . . . ., le. . . . . Nous (*Noms des arbitres*), assemblés en tribunal arbitral à. . . . ., en la maison de . . . . ., l'un de nous, en conséquence de l'acte sous seing privé en date du. . . . . qui nous nomme arbitres à l'effet de statuer sur (*Désigner les objets litigieux*), vu et considéré les pièces produites par. . . . . (ou après avoir entendu les parties en leurs moyens et défenses) : *S'il y a eu sommation, dire:* par suite de la sommation faite à. . . . . de produire ses pièces ; et attendu son refus ; — Considérant en fait (*Établir le point de fait.*) ; — Considérant en droit (*Établir le point de droit.*);—Attendu (*Motifs du jugement.*) ;—Décidons à la majo-

rité de. . . . . ou à l'unanimité (*Transcrire le jugement*) ; condamnons. . . . . . .
aux dépens et prononçons la contrainte par corps (*S'il y a lieu*) contre. . . . . pour
assurer d'autant l'exécution du présent jugement.

Fait et jugé les jour, mois et an que dessus. Et ont signé...

Quant au sieur. . . . ., il a refusé de signer, quoiqu'ayant concouru à la délibération
et ayant été présent à la discussion.

ARBITRE. — C'est le nom par lequel on désigne les juges qui composent le tribunal arbitral. — On nomme *tiers arbitre* la personne choisie pour
départager les arbitres quand ils n'ont pu tomber d'accord sur la sentence.
— V. *Arbitrage, Compromis.*

ARBITRE RAPPORTEUR. — **1.** On donne ce nom aux personnes
devant lesquelles les tribunaux de commerce ont la faculté de renvoyer les
parties pour examiner les comptes, pièces ou registres (C. proc., art. 429).

2. Ces arbitres sont nommés d'office, à moins que les parties n'en conviennent à l'audience. Leurs fonctions consistent, non pas à juger les parties,
mais à les entendre, à les concilier s'il y a lieu, sinon donner leur *avis* dans
un rapport déposé au greffe du tribunal (C. proc., art. 429 et 431 ; Locré,
t. 21, p. 638 ; Nouguier, *Trib. de comm.*, t. 1er, n° 1).

3. À Paris, il est dressé, par le tribunal de commerce et sur les indications de chacun de ses membres, une liste de personnes auxquelles cette
mission est conférée. — C'est sur cette liste qu'on prend, le plus souvent, les
syndics salariés des faillites. — V. *Faillite.*

4. Les arbitres rapporteurs, comme les experts, peuvent être récusés ;
mais il faut que la récusation soit proposée dans les trois jours de la nomination (art. 430, C. proc. civ.).

5. Le tribunal de commerce peut nommer des arbitres rapporteurs, même
dans d'autres cas que ceux prévus par l'art. 429, C. proc. civ. (Chauveau
sur Carré, *Lois de la Procédure civile*, t. 3, *quest.* 1533 *bis*).

6. Les arbitres rapporteurs ne sont pas, comme les experts, soumis à l'o-
bligation de prêter serment (Rennes, 17 août 1822 ; Orléans, 28 août 1824 ;
Locré, *Esprit du Code de procéd.*, t. 2, p. 160 et 161 ; Pardessus, t. 5,
n° 1373, p. 79 ; Devilleneuve et Massé, *Dict. du contentieux comm.*, v°
Trib. de commerce, n° 135 ; Carré, *quest.* 1536 ; Nouguier, *Trib. de commerce*, t. 3, p. 59 ; Thomine-Desmazures, *Proc. civ.*, t. 1, p. 474).

7. Le jugement qui nomme un arbitre rapporteur n'est ni levé ni signifié,
du moins à Paris. Dans l'usage, c'est l'agréé du demandeur qui écrit officiel-
lement à l'arbitre pour lui faire connaître la mission dont le tribunal l'a investi et pour lui demander s'il l'accepte. On évite ainsi des frais et des
lenteurs.

8. Si l'arbitre rapporteur consent à se charger du rapport, il indique aux
parties, soit verbalement, soit par simple lettre, le jour et l'heure où il les
entendra dans leurs explications.

9. Au jour indiqué, si l'une des parties fait défaut, on prend un autre
jour, et on met le défaillant en demeure par une sommation d'huissier, après
quoi l'on passe outre.

10. Quand l'instruction est complète, si l'arbitre rapporteur n'a pu parvenir à concilier les parties, il fait un rapport dans lequel il expose le plus
clairement et le plus succinctement possible les faits qui donnent lieu à la contestation, et les moyens respectifs des parties ; il termine son travail en faisant connaître son avis personnel.

11. Quelquefois l'arbitre rapporteur entend des témoins, reçoit des déclarations ; mais il ne doit le faire qu'avec une grande circonspection, parce que
ces auditions de témoins ne sont environnées d'aucune des garanties exigées
par la loi en matière d'enquête.

12. Autrefois, les rapports pouvaient être écrits sur papier mort; du moins tel était l'usage à Paris. Mais aujourd'hui ils sont toujours transcrits sur papier timbré.

13. Le rapport doit être déposé au greffe du tribunal de commerce (art. 431, C. proc. civ.); à Paris, ces rapports sont envoyés sous enveloppe et cachetés. La partie poursuivante en demande l'ouverture et la lecture à l'audience; puis, on renvoie à un autre jour, pour en prendre communication dans l'intervalle et pour plaider.

14. On ne voit pas quelle est l'utilité de ces formes minutieuses qui ont l'inconvénient d'entraîner des lenteurs et d'occasionner des frais. On pourrait certainement simplifier la marche des affaires sous ce rapport. Ce qui importe seulement, c'est que la partie ait été mise, d'une manière ou d'une autre, en mesure de pouvoir connaître le travail de l'arbitre rapporteur, sans cela le jugement serait nul (Nîmes, 3 janv. 1820; J. av., t. 12, p. 728).

15. Le rapport ne lie pas le tribunal; ce n'est qu'un simple avis dont les magistrats sont toujours les maîtres de ne pas adopter les conclusions (Argum., C. proc., art. 323).

16. Les arbitres rapporteurs ont droit à des honoraires, dont le chiffre est fixé par le tribunal (V. Souquet, *Dict. des temps légaux*, v° *Honoraires*, table 248, col. 1 et 4; Chauveau, *Comment. du Tarif*, t. 1, p. 506, n° 62).

17. La condamnation au paiement des honoraires dus à l'arbitre rapporteur ne peut être prononcée par corps (Paris, 12 juill. 1826).

Dans l'usage, l'arbitre est payé par la partie la plus diligente avant le dépôt du rapport.

18. Quoique les huissiers ne puissent pas postuler devant les tribunaux de commerce, ils peuvent, sans aucun doute, être désignés comme arbitres rapporteurs dans les affaires où ils n'ont pas instrumenté. — V. *Tribunal de commerce, Huissier.*

Formule.

Sommation de comparaître devant un arbitre rapporteur.

L'an 18. . . . ., le . . . . . ., à la requête de M. . . . ., demeurant à. . . . . . ., j'ai. . . . ., huissier soussigné, fait sommation à M. . . . ., demeurant à . . . ., en son domicile, où étant et parlant à . . . ., de comparaître le . . ., heure de. . . ., défaut à . . . . ., en la demeure de M. . . . ., demeurant à . . . . ., arbitre rapporteur nommé par jugement du tribunal de commerce de. . . . . . ., en date du. . . . ., enregistré, pour y répondre et procéder sur la contestation existant entre les parties, et, en conséquence, fournir audit arbitre tous registres, papiers et documents nécessaires pour le mettre à même de donner son avis sur ladite contestation; lui déclarant que, faute par lui de comparaître auxdits jour, lieu et heure, il sera contre lui donné défaut et procédé en son absence; à ce qu'il n'en ignore, etc...

Le coût est de. . . . .

ARBRES. — 1. Les arbres, comme les autres productions du sol, sont la propriété de celui sur le terrain duquel ils ont été plantés (C. civ., art. 553). — V. *Accession, Action possessoire.*

2. Tout propriétaire qui veut planter des arbres sur son terrain doit observer, à l'égard des propriétés voisines, certaines distances prescrites par l'art. 671, C. civ. Les art. 672 et 673 du même Code traitent des règles relatives aux arbres mitoyens et à ceux dont les branches ou les racines s'étendent sur la propriété d'autrui. Nous nous occuperons du tout au mot *Servitude.* — V. aussi, pour la distance à observer relativement à la plantation d'arbres le long des chemins de fer, chemins vicinaux et grandes routes, les mots *Chemins de fer, Chemins vicinaux, Routes.*

3. La coupe ou l'enlèvement d'arbres, dans les bois de l'Etat ou des parti- .

culiers, est puni d'une amende qui varie selon la nature de l'arbre et sa gros-
seur (C. for., art. 192 et suiv.).

4. Quiconque abat, mutile, coupe ou écorce un arbre qu'il savait appartenir à autrui, est puni de six jours à six mois d'emprisonnement par
chaque arbre, sans que la totalité de la peine puisse excéder 5 ans. Si les
arbres étaient plantés sur une route, ou sur une place, des chemins, rues ou
voies publiques, le *minimum* de la peine serait de vingt jours (C. pén., art.
445, 446, 448). — V. *Action civile, Action publique.*

5. Sur le point de savoir si, depuis la loi du 5 juin 1851, sur les ventes
de fruits et récoltes, les huissiers ont le droit de procéder à la vente des arbres
de haut jet, V. *Vente de fruits et récoltes.*

ARCHITECTES. — Les architectes sont, dans certaines circonstances,
responsables des plans et devis qu'ils ont donnés, et en exécution desquels une
construction a été élevée, et ils ont un privilége pour le paiement de leurs honoraires, lorsqu'ils ont rempli différentes formalités (C. civ., art. 1792 et
2103). — V. *Marchés (Devis et), Prescription et Privilége.*

ARCHIVES. — On appelle *archives* les anciens titres, chartes et autres
papiers importants des administrations publiques ; tels, par exemple, que les
délibérations des conseils municipaux. On donne aussi le nom d'*archives* au
lieu où on conserve ces papiers.

Tout citoyen peut demander, dans tous les dépôts d'archives, au jour et à
l'heure qui seront fixés, communication des pièces qu'ils renferment ; elle lui
sera donnée *sans frais et sans déplacement* et avec les précautions convenables de surveillance. Les expéditions ou extraits qui en seront demandés
seront délivrés à raison de 75 cent. par rôle (L. 7 messidor an II).

Si un dépositaire des archives refusait de donner la communication qu'on
lui demande, on devrait lui faire une *sommation*, et ensuite on se pourvoi-
rait devant l'autorité administrative afin de faire statuer sur le refus.

Formule.

L'an 18. . . . ., le. . . . . ., à la requête de M. . . . ., demeurant à. . . . . .,
j'ai, ... huissier soussigné, fait sommation à (*Indiquer ici le préposé à la conservation des archives auquel est faite la sommation*), demeurant à. . . ., où étant
et parlant à. . . ., d'avoir, dans le délai de. . . ., à délivrer au requérant expédition ou extrait de (*Désigner la pièce*), ou d'avoir à lui communiquer selon les formes
d'usage (*Indiquer la pièce*), offrant (en cas de délivrance, d'expédition ou d'extrait) de
consigner d'avance les droits qui peuvent être dus, et déclarant, en outre, au susnommé
que, en cas de refus de sa part, le requérant se pourvoira devant l'autorité compétente
afin de faire statuer sur le refus, et même en dommages-intérêts, s'il y a lieu. A ce
qu'il n'en ignore, etc.

Coût (Tarif, art. 29) : { Original, 2 fr. » c. ; — 1 fr. 80 c. ; — 1 fr. 50 c.
{ Copie, » 50 c. ; — » 45 c. ; — » 38 c.
Enregistrement, 2 fr. 20 c. (L. 28 avril 1816, art. 43).

ARE. — Unité des mesures de superficie agraire. — V. *Poids et mesures.*

ARGENT. — On désigne par ce mot toutes les valeurs en numéraire,
celles en pièces d'or comme celles en pièces d'argent. — V. *Billet de banque,
Monnaie, Paiement, Prêt, Saisie-Exécution, Succession, Usufruit.*

ARGENT COMPTANT. — V. *Billet de banque, Meubles.*

ARGENTERIE. — Objets fabriqués en or, vermeil ou argent. Communément, on désigne par ce mot ceux de ces objets qui sont employés au service
de table. — V. *Saisie-Exécution, Vente de meubles.*

ARGUMENT. — Conséquence ou induction tirée d'une ou plusieurs propositions. — V. *Loi.*

ARMATEUR. — Ce terme s'applique, dans le commerce maritime, au négociant qui équipe un bâtiment.

ARMES (PORT D'). — **1.** Le droit de porter des armes est un droit naturel qui appartient à tous les Français. Toutefois, ce droit, dans l'intérêt de la sûreté intérieure et extérieure de l'Etat, a dû être soumis à quelques restrictions.

2. Ainsi, aucun Français ne peut porter des armes prohibées ou secrètes. —V. *Armes prohibées.*

3. Les individus condamnés à la peine des travaux forcés à temps, du bannissement et de la réclusion, sont déchus du droit de porter des armes, même ostensibles (C. pén., art. 28).

4. Les tribunaux correctionnels ont aussi la faculté de défendre, dans certains cas qui sont formellement prévus, le droit de porter des armes (C. pén., art. 42 et 43).

5. Mais si, hors les cas exceptionnels que nous venons d'indiquer, tous les Français ont le droit de porter des armes, ne doivent-ils pas, au moins, pour exercer ce droit, être munis d'une autorisation administrative ? Il faut distinguer : tout citoyen peut, sans autorisation administrative, porter des armes apparentes et non prohibées pour sa défense personnelle ; ce fait n'est défendu et puni par aucune loi. Mais tout individu qui, sans autorisation ou permis, porte des armes de chasse, lorsqu'à ce port d'armes se joint le fait de chasse, commet une contravention à la loi qui le rend punissable.—V. *Chasse.*

6. Du reste, le droit de porter des armes devait encore souffrir exception, dans l'intérêt de la sûreté intérieure de l'Etat, dans le cas de mouvement insurrectionnel. Ainsi, lorsqu'il y a mouvement insurrectionnel, aucun individu ne peut s'y rendre avec des armes ; la loi attache à l'infraction de cette défense une peine particulière, celle de la détention (L. 24 mai 1834, art. 5).

7. Le port d'armes, dans les cas où il est interdit, constitue une infraction à une loi de haute police que le ministère public doit poursuivre seul et d'office.

ARMES D'HONNEUR.— V. *Saisie-Exécution.*

ARMES PROHIBÉES. — **1.** Par armes prohibées, on doit entendre généralement toutes les armes offensives cachées et secrètes (Chauveau et Hélie, *Théorie du Code pénal,* t. 5, p. 464).

2. Il eût été difficile de donner une désignation nominative et complète de ces sortes d'armes. Le soin de rechercher dans chaque arme le caractère qui constitue l'arme prohibée est réservé aux juges (Chauveau et Hélie, *loc. cit.*).

3. Le port des armes prohibées est interdit à toutes personnes et constitue un délit dont la connaissance appartient aux tribunaux correctionnels (L. 24 mai 1834, art. 4).

ARPENT.—Mesure de superficie. Avant l'introduction du nouveau système, l'étendue de l'arpent variait suivant les contrées. — V. *Poids et mesures.*

ARPENTAGE. — **1.** Opération géométrique ayant pour objet de mesurer la terre.

2. L'opération d'arpentage a lieu ordinairement avant de procéder au bornage de propriétés voisines, et afin de savoir si ces propriétés ont réellement la contenance qui leur est assignée par les titres.—V. *Bornage.*

ARQUEBUSIER. — En vertu de la loi du 24 avril 1793, les biens des compagnies d'arquebusiers ont été déclarés propriétés nationales et vendus au profit de l'Etat, qui est resté chargé des dettes.

ARRÉRAGES. — 1. Se dit des revenus échus ou à échoir provenant de rente, ou de pension, ou de toute autre redevance.

2. Les arrérages se prescrivent par cinq ans (C. civ., art. 2277), même ceux des rentes sur l'État (Arg., art. 2277, C. civ.).

3. Les quittances des trois ou quatre dernières années d'arrérages font-elles présumer le paiement des années antérieures? Aucune disposition de nos Codes n'admet cette présomption, et il est laissé aux lumières et à la prudence des juges de déclarer ou de rejeter la libération, suivant les circonstances et les présomptions qui en résultent (Pothier, *Obligation*, n° 812; Toullier, t. 7, n° 339; Duvergier, *Louage*, t. 1, n° 471; Cass., 8 mars 1837). — V. *Intérêt, Paiement, Prescription, Saisie-Arrêt*.

ARRESTATION. — Action de saisir une personne pour l'emprisonner. — V. *Contrainte par corps*.

ARRÊT. — Décision des Cours souveraines sur une question de fait ou de droit qui leur a été soumise : se dit des décisions rendues par les Cours d'appel, les Cours d'assises, la Cour de cassation et la Cour des comptes. — V. *Appel, Cassation, Cour d'assises, Cour des comptes, Cour d'appel, Jugement*.

ARRÊT DE DÉFENSES. — On appelle ainsi l'arrêt par lequel une Cour d'appel, avant de statuer sur l'appel, fait défenses à l'intimé d'exécuter le jugement de première instance (C. proc. civ., art. 457, 459 et 460). — V. *Appel, Jugement, Exécution provisoire*.

ARRÊT DU CONSEIL. — On nomme ainsi les décisions rendues par le comité contentieux du conseil d'État. — On leur donne aussi le nom d'*ordonnances*. — V. *Conseil d'État, Ordonnances, Tribunal des conflits*.

ARRÊTÉ ADMINISTRATIF. — Décision rendue par un conseil de préfecture, un préfet, un maire ou tout autre fonctionnaire administratif, sur une matière de sa compétence. — V. *Conseil de préfecture, Maire, Préfet*.

ARRÊTÉ DE COMPTE. — Acte par lequel les parties, après avoir examiné le compte existant entre elles, en fixent le reliquat ou la balance. — V. *Apurement, Compte, Preuve*.

ARRHES. — 1. Ce qu'on donne pour assurer l'exécution d'une convention, par exemple, d'une promesse de vente.

2. On a toujours distingué les arrhes données en signe de marché conclu, et celles données comme prix de la faculté de dédit réservée par les parties ou l'une d'elles.

3. Dans le premier cas, les arrhes sont un témoignage et une preuve du marché. Il doit s'exécuter, à moins que les parties ne conviennent du contraire. La partie qui se refuse à l'exécution est passible de dommages-intérêts. — V. *Action, Ajournement, Citation, Compétence, Preuve*.

4. Dans le second cas, chacun des contractants est maître de se départir de son marché : celui qui a donné les arrhes, en les perdant; celui qui les a reçues, en restituant le double (C. civ., art. 1590).

5. La question de savoir si les arrhes ont été données comme preuve du marché, ou comme prix du dédit, est une question de fait laissée à l'appréciation des juges. — V. *Vente*.

ARTICULATION DE FAITS. — Énonciation, article par article, des faits dont on offre la preuve. — V. *Enquête, Faux incident*.

ARTISAN, ARTISTE. — On nomme *artisan* celui qui travaille dans un art mécanique, et *artiste* celui qui travaille dans un art libéral. — V. *Acte de commerce, Compétence commerciale*.

ASCENDANTS.—1. Personnes de qui un individu tire sa naissance en ligne directe.

2. Les ascendants sont légitimes, naturels ou adoptifs.

3. Sur le point de savoir quels sont les droits que la loi a attachés à la qualité d'ascendants, V. *Aliments, Emancipation, Mariage, Puissance paternelle, Réserve, Succession, etc.*

ASILE.—1. Lieu où l'on était, autrefois, à l'abri de toute poursuite civile ou criminelle.

2. Mais, depuis longtemps, le droit d'asile n'existe plus en France. — V., toutefois, *Contrainte par corps.*

ASSEMBLÉE. — 1. Réunion d'un nombre plus ou moins considérable de personnes dans un même lieu et pour un même objet.

2. La qualification des diverses assemblées se tire du but de la réunion, lequel peut être politique ou privé.

3. Les assemblées politiques ont pris, suivant les temps, différentes dénominations. Elles se sont appelées : Assemblées du Champ de mai, Assemblée nationale, Constituante, Convention, Chambre des Députés , Chambre des Pairs. Avant le 2 décembre 1851, l'Assemblée des représentants du peuple se nommait *Assemblée législative* (**V.** *Souveraineté*).

4. Les assemblées qui s'occupent des intérêts d'une communauté d'habitants sont les conseils généraux de départements, les conseils d'arrondissements, les conseils municipaux.

5. Celles qui ne délibèrent que sur des intérêts privés sont très-nombreuses et n'ont pas généralement de dénominations particulières. On distingue cependant les assemblées de créanciers, les assemblées d'actionnaires, les assemblées de famille, etc.

ASSEMBLÉE DE CRÉANCIERS. — On appelle *Assemblées de créanciers* celles qui ont lieu, en cas de faillite du débiteur, à diverses époques, sous la présidence du juge-commissaire, pour délibérer sur les intérêts de la masse et régler le sort du failli.—V. *Faillite.*

ASSEMBLÉE DE FAMILLE.—On nomme ainsi la réunion de parents convoqués pour délibérer sur des intérêts concernant des mineurs, des interdits.—V. *Conseil de famille.*

ASSEMBLÉE GÉNÉRALE DES HUISSIERS. — 1. Réunion de tous les huissiers d'un même arrondissement convoqués dans les cas et de la manière voulus par la loi.

2. Il y a, de droit, chaque année, une assemblée générale des huissiers de chaque arrondissement. Elle se tient dans la première quinzaine d'octobre (Décr., 14 juin 1813, art. 67) . Mais il peut y en avoir d'autres extraordinaires, toutes les fois que les circonstances l'exigent.

3. Les assemblées générales des huissiers se réunissent sur la convocation des syndics.

4. Le principal objet des assemblées annuelles est l'élection des membres de la chambre de discipline (Décr., 14 juin 1813, art. 60 et suiv.). — V. *Chambre de discipline, Discipline, Huissier.*

5. La négligence, de la part d'un huissier, de se rendre à l'assemblée annuelle convoquée pour le renouvellement de la chambre de discipline, est une faute qui le rend passible des peines de discipline (Bourges, 23 juillet 1827; *J. Huiss.*, t. 9, p. 23).

6. C'est aussi à l'assemblée générale annuelle qu'il appartient de fixer la somme à prélever sur la bourse commune pour les dépenses de la chambre

(Décr., 14 juin 1813, art. 101), et de statuer sur la vérification des comptes du trésorier de la communauté (art. 110).

7. L'assemblée générale peut également autoriser la chambre de discipline à disposer, sur la bourse commune, d'une somme déterminée, pour subvenir aux besoins des huissiers retirés pour cause d'infirmités ou de vieillesse, et des veuves et orphelins d'huissiers (art. 102). — V., au surplus, *Bourse commune*.

8. L'assemblée ordinaire annuelle peut encore délibérer sur tout ce qui intéresse la communauté, l'exercice des fonctions d'huissier. S'il se présentait un cas exceptionnel où il fût urgent de statuer sur des intérêts généraux concernant la corporation, une assemblée extraordinaire pourrait être convoquée.

9. L'huissier contre lequel la chambre de discipline a prononcé l'interdiction de l'entrée de la chambre doit néanmoins, en cas de réunion de la communauté, pendant qu'il subit sa peine, pour statuer sur des intérêts généraux, y être appelé. Il peut également concourir à l'élection des membres de la chambre de discipline. Mais le même droit n'appartient pas à l'huissier qui a été suspendu de ses fonctions (V. *J. Huiss.*, t. 32, p. 201).

10. Aucune disposition de la loi n'exige d'une manière expresse que la réunion de l'assemblée annuelle soit précédée d'une autorisation. Cependant, dans l'usage, cette assemblée est toujours convoquée en vertu de l'autorisation du procureur de la République, auquel elle est demandée par le syndic de la chambre.

11. Mais cette autorisation n'est jamais demandée pour les réunions que les membres de chaque communauté tiennent quelquefois, dans le sein de la chambre, à l'effet de discuter les questions qui peuvent intéresser les droits et les devoirs des huissiers.

12. L'autorisation préalable du ministère public ne paraît nécessaire que pour la convocation des assemblées qui ont un caractère officiel.

ASSESSEUR. — Officier de justice dont les fonctions consistaient autrefois à assister un juge et à lui servir de conseil.

ASSIGNATION.—1. Acte d'huissier par lequel une personne en appelle une autre devant un tribunal, à certains jour, heure et lieu, pour voir reconnaître un droit qui lui appartient.

2. L'assignation diffère de l'ajournement en ce que celui-ci ne désigne que la citation introductive d'instance donnée à la partie défenderesse (C. proc. civ., art. 61), tandis que l'assignation embrasse toute citation donnée à une personne, intéressée ou non dans un procès. L'assignation est le genre, et l'ajournement l'espèce.

3. Du reste, les formalités que doivent contenir les assignations sont les mêmes que celles qui sont exigées pour les ajournements.—V. *Ajournement, Exploit*.

ASSIGNATION A BREF DÉLAI. — 1. C'est l'assignation qui est donnée à un délai plus court que le délai ordinaire des ajournements.

2. Aux termes de l'art. 72, C. proc. civ., le président du tribunal peut, dans les cas qui requièrent célérité, et par ordonnance rendue sur requête, permettre d'assigner à bref délai.

3. En abrégeant le délai ordinaire de l'assignation, le président ne peut également abréger le délai pour comparaître accordé par l'art. 1033, C. proc. civ., au défendeur qui est domicilié à plus de trois myriamètres de distance. Ce délai est indépendant de celui fixé par l'art. 72 du même Code, relatif seulement à la présentation des moyens de défense. Il est nécessaire au défendeur pour lui donner le temps de se présenter sur l'assignation (Cass.,

17 juin 1845. — V. *J. Huiss.*, t. 37, p. 47 ; *Bull. spéc. des Huiss.*, t. 1er, p. 369. — *Contrà*, Riom, 9 juillet 1839 : V. *J. Huiss.*, t. 21, p. 348.

4. C'est au président que l'art. 72 permet d'abréger les délais de l'assignation. Dès lors, l'ordonnance rendue par le vice-président doit mentionner l'absence ou le motif de l'empêchement du président titulaire ; et cette mention est exigée à peine de nullité (Toulouse, 29 janvier 1845. — V. *J. Huiss.*, t. 27, p. 56).

5. La faculté de l'abrévation des délais, accordée par l'art. 72 précité, est restreinte aux seules personnes qui sont domiciliées en France. Ainsi, on ne peut obtenir la permission d'assigner à bref délai des individus demeurant en pays étranger, à moins qu'ils n'aient élu domicile en France ; et encore faut-il alors que l'exploit soit signifié en parlant à la personne de l'ajourné (Colmar, 12 nov. 1830 ; *J. Huiss.*, t. 12, p. 92).

6. Dans l'usage, on donne copie en tête de l'exploit d'assignation de l'ordonnance qui permet d'assigner à bref délai. Néanmoins, aucun texte de loi n'exige cette reproduction littérale. Dès lors, l'assignation ne saurait être annulée parce qu'on n'aurait pas transcrit dans l'exploit les termes de l'ordonnance, s'il contenait, d'ailleurs, une mention suffisante de la permission obtenue. Mais, pour éviter toutes difficultés à cet égard, il est plus prudent de se conformer à l'usage.

7. En autorisant le président du tribunal à prononcer sur les requêtes en abréviation de délais, le législateur lui a permis d'apprécier la validité des motifs servant de base à ces requêtes (Rennes, 13 juin 1831 ; *J. Huiss.*, t. 12, p. 179).

8. L'ordonnance du président qui autorise ou refuse de permettre d'assigner à bref délai n'est pas une décision judiciaire sur la nature de la demande exposée devant lui. Mais elle n'est pas non plus un acte de simple juridiction gracieuse ou discrétionnaire. On doit y voir une appréciation essentiellement provisoire de la nature de cette demande. Par suite, il n'est pas possible d'admettre que la loi ait entendu attribuer cette appréciation exclusivement et irrévocablement à un magistrat statuant seul. L'ordonnance du président nous paraît donc, dans l'un et l'autre cas, devoir être susceptible de réformation (Limoges, 29 nov. 1832; et 4 janv. 1834 ; *J. Huiss.*, t. 19, p. 177; Bordeaux, 25 juin 1847. — V. *Bull. spéc. des Huiss.*, t. 4, p. 49 ; — *Contr.*, Colmar, 18 déc. 1827. — V. *J. Huiss.*, t. 10, p. 273 ; Bonnier, *Éléments de procédure*, t. 1er, no 541).

9. C'est par la voie de l'opposition devant le tribunal, et non devant le président qui a rendu l'ordonnance portant permission d'assigner à bref délai, qu'on doit se pourvoir pour en obtenir la réformation (Rennes, 13 juin 1831; *J. Huiss.*, t. 12, p. 179 ; Bordeaux, 12 janvier 1833 ; *J. Huiss.*, t. 14, p. 306). — Cette décision s'explique facilement à l'égard de la partie qui doit être assignée à bref délai, puisque l'ordonnance est rendue en son absence. Mais si l'ordonnance refusait de permettre d'assigner à bref délai, la partie qui l'a demandée ne devrait, ce nous semble, pouvoir l'attaquer que par la voie de l'appel devant le tribunal supérieur à celui dont fait partie le président qui l'a rendue.

10. Lorsque le président croit devoir permettre d'assigner à bref délai, la loi n'exige pas qu'il commette un huissier pour la signification de son ordonnance et l'assignation. Il suit de là que, lorsqu'il a commis un huissier, il peut ne pas annuler l'assignation à bref délai donnée par un autre. Spécialement, il doit la déclarer valable, lorsqu'il est constant que le défendeur en a reçu la copie (Paris, 8 fév. 1834 ; *J. Huiss.*, t. 15, p. 196).

11. Décidé cependant que, lorsque, dans le cas prévu par l'art. 808, C. proc. civ., une partie a obtenu du président l'autorisation d'assigner en référé, à bref délai, sa partie adverse, l'assignation est nulle si elle n'a pas été signifiée par un huissier commis (Montpellier, 27 janv. 1843.—V. *J. Huiss.*, t. 24, p. 247).

12. La permission d'assigner à bref délai peut être donnée non-seulement par le président du tribunal, mais aussi par le juge de paix dans les affaires qui sont de sa compétence (C. proc. civ., art. 6).

13. C'est le juge de paix compétent pour connaître de la contestation, et non celui dans le ressort duquel la citation est donnée, qui doit délivrer la cédule pour abréger les délais (V. en ce sens *observations* insérées dans le *Journal des Huissiers*, t. 1er, p. 164).

14. Avant la loi du 25 mai 1838, *sur les justices de paix*, la cédule ne pouvait être notifiée que par un huissier de justice de paix, et non par un huissier ordinaire (V. *J. Huiss.*, t. 1er, p. 165). Mais, d'après l'art. 16 de la loi précitée, elle peut l'être aujourd'hui par l'un et l'autre indistinctement.

15. L'ordonnance du magistrat qui permet d'assigner à bref délai n'étant pas, comme nous l'avons dit, un acte de simple juridiction gracieuse ou discrétionnaire, mais un acte de juridiction contentieuse, elle est susceptible d'acquérir l'autorité de la chose jugée, faute d'avoir été attaquée par les moyens légaux. Ainsi, une partie ne peut se prévaloir contre la validité d'une assignation de ce qu'elle aurait été privée du délai supplémentaire en raison des distances, alors qu'elle n'a pas attaqué l'ordonnance en vertu de laquelle l'assignation a été donnée (Cass., 4 janv. 1841.—V. *J. Huiss.*, t. 2, p. 117.— *Contr.*, Chauveau sur Carré, *Lois de la Procédure*, t. 1er, quest. 378). — V. *Ajournement, Appel, Exploit.*

Formule.

Assignation à bref délai (1).

L'an 185., le . . . . ., à la requête du sieur . . . . . (*Constitution d'avoué*, si l'assignation est donnée devant un tribunal civil . . . . . (*Election de domicile*), . . . j'ai. . . . . huissier soussigné, donné et laissé copie à . . . ., demeurant à . . . ., en son domicile, où étant et parlant à . . . . ., de la requête présentée à M. le président du tribunal civil ou de commerce de . . . . (ou à M. le juge de paix de . . . .), et de l'ordonnance par lui rendue le . . . . ., dûment signée et enregistrée, portant permission d'assigner à bref délai ; quoi faisant, et, en vertu de ladite ordonnance, j'ai audit sieur . . . . . donné assignation (ou citation) à comparaître le . . . . . heure de . . . . (2), devant MM. les président et juges composant le tribunal (civil ou de commerce) de. . . . séant à. . . . (ou devant M. le juge de paix du canton de . .), pour procéder aux fins desdites requête et ordonnance, et voir adjuger au requérant les conclusions portées en ladite requête, et se voir, en outre, condamner aux dépens ; et afin que ledit sieur n'en ignore, je lui ai laissé copie du présent exploit (*Sur la copie, il faut mettre*) : je lui ai laissé la présente copie, lesdits jour, mois et an, en parlant comme ci-dessus ; le coût du présent, y compris copie des pièces, est de. . . .

Enregistré à. . . . .

ASSIGNATION DE PARTS.—Attribution d'un lot qui, dans un partage, est faite à un copartageant, sans recourir au tirage au sort.—V. *Attribution, Partage.*

ASSIGNATS. — 1. Papier-monnaie créé par une loi du 21 décembre 1789, et admis comme espèces dans les caisses publiques par la loi des 16, 17, 22 avril 1790.

2. Les assignats et mandats ne tardèrent pas à tomber dans le discrédit. Pour régler leur valeur d'opinion, une loi du 5 messidor an 5 prescrivit, dans

---

(1) La requête à fin d'abréviation des délais, l'ordonnance rendue à la suite et la mention de l'enregistrement de cette ordonnance doivent être transcrites par l'huissier en tête de la copie de l'exploit d'assignation.

(2) D'après ce que nous avons dit n° 3, l'augmentation à raison des distances doit être observée.

chaque département, l'établissement d'un tableau des valeurs successives de ce papier, à partir du 1ᵉʳ janvier 1791.

3. Les obligations contractées dans le cours du papier-monnaie, et payables en assignats et mandats, sont réductibles, en numéraire, d'après l'échelle de dépréciation suivant le cours au temps de l'obligation.— V. *Mandats territoriaux.*

ASSIGNÉ POUR ÊTRE OUÏ (DÉCRET D').— On appelait ainsi, dans notre ancien droit criminel, une ordonnance par laquelle le juge enjoignait au prévenu de se présenter en personne pour répondre par lui-même, et sans le ministère d'un conseil, sur les faits qui lui étaient imputés. Ce décret n'existe plus et a été à peu près remplacé par le mandat de comparution.

ASSISTANCE JUDICIAIRE. — 1. Institution ayant pour objet de faciliter à ceux qui n'ont aucunes ressources pécuniaires, ou qui n'ont que des ressources insuffisantes, les moyens de faire valoir leurs droits en justice.

Indication alphabétique des matières.

Sect. Iʳᵉ. — *De l'assistance judiciaire en matières civile et commerciale.*

§ Iᵉʳ. — *Formation des bureaux d'assistance judiciaire.*

§ II. — *Forme de la demande à fin d'être admis à l'assistance judiciaire. — Comment l'admission a lieu.*

§ III. — *Effets de l'assistance judiciaire.*

§ IV. — *Du retrait de l'assistance judiciaire.*

Sect. II. — *De l'assistance judiciaire en matières criminelle et correctionnelle.*

———

Sect. Iʳᵉ. —*De l'assistance judiciaire en matières civile et commerciale.*

§ Iᵉʳ. — Formation des bureaux d'assistance judiciaire.

2. Le bureau d'assistance judiciaire près les tribunaux civils, les tribunaux de commerce et les juges de paix, est établi au chef-lieu judiciaire de chaque arrondissement, et composé : 1° du directeur de l'enregistrement et des domaines, ou d'un agent de cette administration délégué par lui ; 2° d'un délégué du préfet; 3° de trois membres pris parmi les anciens magistrats, les avocats ou anciens avocats, les avoués ou anciens avoués, les notaires ou anciens notaires, et nommés par le tribunal civil. Toutefois, dans les arrondissements où il y aura au moins quinze avocats inscrits au tableau, un des trois membres mentionnés ci-dessus sera nommé par le conseil de discipline de l'ordre des avocats, un autre par la chambre des avoués près le tribunal civil, et le troisième par le tribunal (L. 22 janvier 1851, art. 2).

3. Près des Cours d'appel, le bureau d'assistance se compose de sept membres, savoir : d'un délégué du directeur de l'enregistrement et des domaines, d'un délégué du préfet, de deux citoyens choisis par la Cour, en assemblée générale, parmi les anciens magistrats, les avocats ou anciens avocats, les avoués ou anciens avoués, les notaires ou anciens notaires, de deux membres désignés par le conseil de discipline de l'ordre des avocats, et d'un membre choisi par la chambre de discipline des avoués à la Cour (art. 3).

4. Les art. 2 et 3 précités, en ne permettant de choisir les membres des bureaux d'assistance que parmi les *anciens magistrats*, exclut implicitement les magistrats en exercice, au nombre desquels il faut comprendre les avocats, avoués ou notaires, qui sont en même temps juges suppléants ou suppléants de juges de paix. Ces avocats, avoués ou notaires ne peuvent donc faire partie d'un bureau d'assistance (Doriguy, observations, § 1er, insérées dans le *Droit* du 20 mars 1851, sur l'exécution de la loi sur l'assistance judiciaire).

5. Lorsque le nombre des affaires l'exige, le bureau près des tribunaux civils et de commerce, et près des Cours d'appel, peut, en vertu d'une décision du ministre de la justice prise sur l'avis du tribunal ou de la Cour, être divisé en plusieurs sections. Et, dans ce cas, les règles ci-dessus prescrites, relativement au nombre des membres du bureau et à leur nomination, s'appliquent à chaque section (art. 4).

6. Près de la Cour de cassation et près du conseil d'Etat (1), le bureau est composé de sept membres, parmi lesquels deux délégués du ministre des finances. Trois autres membres sont choisis, savoir : pour le bureau établi près de la Cour de cassation, par cette Cour, en assemblée générale, parmi les anciens membres de la Cour, les avocats et les anciens avocats au conseil d'Etat et à la Cour de cassation, les professeurs et les anciens professeurs en droit ; et pour le bureau établi près du conseil d'Etat, par ce conseil, en assemblée générale, parmi les anciens conseillers d'Etat, les anciens maîtres des requêtes, les anciens préfets, les avocats et les anciens avocats au conseil d'Etat et à la Cour de cassation. Près de l'une et de l'autre de ces juridictions, les deux derniers membres sont nommés par le conseil de discipline de l'ordre des avocats au conseil d'Etat et à la Cour de cassation (art. 5).

7. Les membres de chaque bureau d'assistance, autres que les délégués de l'administration, sont soumis au renouvellement, au commencement de chaque année judiciaire et dans le mois qui suit la rentrée ; les membres sortants peuvent être réélus (art. 7).

8. C'est aux procureurs généraux et aux procureurs de la République qu'appartient le droit de faire nommer les membres des bureaux d'assistance et de les convoquer ensuite pour qu'ils se constituent (Doriguy, *loc. cit.*, § 2).

9. Chaque bureau d'assistance ou chaque section nomme son président ((art. 6, alin. 1er). Cette nomination faite, le bureau règle l'ordre de ses tra-

---

(1) Par un décret du Président de la République, en date du 2 déc. 1851, le conseil d'Etat institué en vertu de la Constitution de 1848 a été dissous et remplacé par une commission consultative à laquelle ont été dévolues les attributions du conseil d'Etat en matière contentieuse. Mais le conseil d'Etat a été rétabli par la Constitution du 14 janvier 1852.

vaux et arrête le mode suivant lequel auront lieu les réunions ultérieures.

10. La loi n'assignant aux réunions des bureaux d'assistance aucun local particulier, il s'ensuit que les membres de ces bureaux peuvent, d'un commun accord, se réunir, soit chez l'un d'entre eux, soit dans le local appartenant à l'ordre des avocats ou aux corporations des avoués ou notaires, soit dans une salle de la mairie ou de la préfecture, soit enfin dans l'une des pièces qui dépendent du prétoire de la Cour d'appel ou du tribunal de première instance (Dorigny, *loc. cit.*).

11. Les fonctions de secrétaire sont remplies par le greffier de la Cour ou du tribunal près duquel le bureau est établi, ou par un de ses commis assermentés; et pour le bureau établi près du conseil d'Etat, par le secrétaire général de ce conseil, ou par un secrétaire de comité ou de section délégué par lui (art. 6, alin. 2).

12. Le bureau ne peut délibérer qu'autant que la moitié plus un de ses membres sont présents, non compris le secrétaire, qui n'a pas voix délibérative. Les décisions sont prises à la majorité; en cas de partage, la voix du président est prépondérante (même article, alin. 3 et 4).

§ 2. — Forme de la demande à fin d'être admis à l'assistance judiciaire. — Comment l'admission a lieu.

13. Toute personne qui réclame l'assistance judiciaire adresse sa demande, sur papier libre, au procureur de la République du tribunal de son domicile, et ce magistrat en fait la remise au bureau établi près de ce tribunal (L. 22 janvier 1851, art. 8).

14. En permettant à *toute personne* de réclamer l'assistance judiciaire, la loi du 22 janvier 1851 s'applique aussi bien au cas où le réclamant est défendeur qu'à celui où il est demandeur (Dorigny, *loc. cit.*, § 5).

15. Celui qui demande à être admis à l'assistance judiciaire doit fournir : 1° un extrait du rôle de ses contributions, ou un certificat du percepteur de son domicile, constatant qu'il n'est pas imposé; 2° une déclaration attestant qu'il est, à raison de son indigence, dans l'impossibilité d'exercer ses droits en justice, et contenant l'énumération détaillée de ses moyens d'existence, quels qu'ils soient.—Le réclamant affirme la sincérité de sa déclaration devant le maire de la commune de son domicile; le maire lui en donne acte au bas de la déclaration (art. 10).

16. Si le tribunal du domicile du réclamant n'est pas compétent pour statuer sur le litige, le bureau se borne à recueillir des renseignements, tant sur l'indigence que sur le fond de l'affaire. Il peut entendre les parties. S'il ne parvient pas à les mettre d'accord, il transmet, par l'intermédiaire du procureur de la République, la demande, le résultat de ses informations et les pièces au bureau établi près de la juridiction compétente (art. 8).

17. Si la juridiction, devant laquelle l'assistance judiciaire a été admise, se déclare incompétente, et que, par suite de cette décision, l'affaire soit portée devant une autre juridiction de même nature et de même ordre, le bénéfice de l'assistance subsiste devant cette dernière juridiction (art. 9).

18. Celui qui a été admis à l'assistance judiciaire devant une première juridiction, continue à en jouir sur l'appel interjeté contre lui, dans le cas même où il se rendrait incidemment appelant. Il continue pareillement à en jouir sur le pourvoi en cassation formé contre lui (même article).

19. Lorsque c'est l'assisté qui émet un appel principal ou qui forme un pourvoi en cassation, il ne peut, sur cet appel ou sur ce pourvoi, jouir de l'assistance qu'autant qu'il y est admis par une décision nouvelle. Pour y parvenir, il doit adresser sa demande, savoir : s'il s'agit d'un appel à porter devant le tribunal civil, au procureur de la République près ce tribunal; s'il s'agit d'un appel à porter devant la Cour d'appel, au procureur général près cette Cour ; s'il s'agit d'un pourvoi en cassation, au procureur général près la Cour de cassation. — Le magistrat auquel la demande est adressée en fait la remise au bureau compétent (même article).

20. Ce bureau prend toutes les informations nécessaires pour s'éclairer sur l'indigence du demandeur, si l'instruction déjà faite par le bureau de son domicile, dans le cas prévu par l'art. 8, ne lui fournit pas, à cet égard, des documents suffisants. — Il donne avis à la partie adverse qu'elle peut se présenter devant lui, soit pour contester l'indigence, soit pour fournir des explications sur le fond. — Si elle comparaît, le bureau emploie ses bons offices pour opérer un arrangement amiable (art. 11).

21. Les séances du bureau d'assistance judiciaire ne sont pas publiques (Dorigny, *loc. cit.*, § 4).

22. Les décisions qu'il prend ne doivent contenir que l'exposé sommaire des faits et des moyens, et la déclaration que l'assistance est accordée ou qu'elle est refusée, sans expression de motifs ni dans l'un ni dans l'autre cas. — Elles ne sont susceptibles d'aucun recours (art. 12). En effet, les bureaux d'assistance ne constituent pas, à proprement parler, une juridiction (Dorigny, *loc. cit.*, § 4).

23. Néanmoins, le procureur général, après avoir pris communication de la décision d'un bureau établi près d'un tribunal civil et des pièces à l'appui, peut, sans retard de l'instruction ni du jugement, déférer cette décision au bureau établi près la Cour d'appel, pour être réformée, s'il y a lieu. — De même, le procureur général près la Cour de cassation et le procureur général près la Cour d'appel peuvent aussi se faire envoyer les décisions des bureaux d'assistance qui ont été rendues dans une affaire sur laquelle le bureau d'assistance, établi près de l'une ou de l'autre de ces Cours, est appelé à statuer, si ce dernier bureau en fait la demande. — Mais, hors ces deux cas, les décisions du bureau ne peuvent être communiquées qu'au procureur de la République, à la personne qui a demandé l'assistance, et à ses conseils : le tout sans déplacement (même article).

24. Dans les trois jours de l'admission à l'assistance judiciaire, le président du bureau envoie, par l'intermédiaire du procureur de la République, au président du tribunal ou au juge de paix, un extrait de la décision portant seulement : *est accordée*, et il y joint les pièces de l'affaire (art. 13).

25. S'il s'agit de saisir une Cour d'appel, la transmission des pièces doit être faite au président de cette Cour par l'intermédiaire du procureur général (Dorigny, *loc. cit.*, § 3, *in fine*).

§ 3. — Effets de l'assistance judiciaire.

26. Lorsque la décision du bureau portant admission à l'assistance judiciaire a été transmise de la manière qui vient d'être indiquée au président du tribunal civil ou de la Cour qui doit connaître du litige, ce président invite le bâtonnier de l'ordre des avocats, le président de la chambre des avoués et le syndic des huissiers, à désigner l'avocat, l'avoué et l'huissier qui prêteront leur ministère à l'assisté (art. 13). Dans les chefs-lieux d'arrondissement où il n'existe pas de bâtonnier, et où il n'y a pas de chambre de discipline des avoués, la désignation est faite par le président du tribunal (même article).

27. Ainsi, d'après l'art. 13 précité, lorsque l'assistance est accordée, c'est le syndic des huissiers, et non pas la chambre, qui, sur l'avis qui lui en est transmis par le président de la Cour ou du tribunal, est appelé à désigner l'huissier qui doit prêter son ministère à l'assisté. Toutefois, le syndic fera bien de s'entendre, à cet égard, avec la chambre, et d'établir un ordre de roulement, afin de rendre aussi léger que possible pour chacun le fardeau que la loi nouvelle impose à la corporation.

28. Si la cause est portée devant un tribunal de commerce, devant un conseil de prud'hommes ou devant un juge de paix, c'est le président du tribunal, celui du conseil des prud'hommes ou le juge de paix qui doit inviter le syndic des huissiers à désigner un huissier (même art. 13).

29. Il est à remarquer que la loi ne fixe aucun délai pour la désignation de l'avocat, de l'avoué et de l'huissier. Les officiers du ministère public peuvent, à cet égard, se mettre en rapport avec le président de la Cour ou du tribunal et avec le juge de paix, et veiller à ce qu'il soit donné la suite convenable à la décision d'admission.

30. Mais la loi détermine le délai dans lequel le secrétaire du bureau doit envoyer un extrait de la décision au receveur de l'enregistrement : le délai est celui de trois jours à partir de l'admission (art. 13).

31. L'assisté est dispensé provisoirement du paiement des sommes dues au Trésor pour droits de timbre, d'enregistrement et de greffe, ainsi que de toute consignation d'amende. — Il est aussi dispensé provisoirement du paiement des sommes dues aux greffiers, aux officiers ministériels et aux avocats, pour droits, émoluments et honoraires. — Les actes de la procédure faite à la requête de l'assisté sont visés pour timbre et enregistrés en débet. — Le visa pour timbre est donné sur l'original au moment de son enregistrement. — Les actes et titres produits par l'assisté, pour justifier de ses droits et qualités, sont pareillement visés pour timbre et enregistrés en débet. — Si ces actes et titres sont du nombre de ceux dont les lois ordonnent l'enregistrement, dans un délai déterminé, les droits d'enregistrement deviennent exigibles immédiatement après le jugement définitif ; il en est de même des sommes dues pour contraventions aux lois sur le timbre. — Si ces actes et titres ne sont pas du nombre de ceux dont les lois ordonnent l'enregistrement dans un délai déterminé, les droits d'enregistrement de ces actes et titres sont assimilés à ceux des actes de la procédure. — Le visa pour timbre et l'enregistrement en débet doivent mentionner la date de la décision qui admet au bénéfice de l'assistance ; ils n'ont d'effet, quant aux actes et titres produits par l'assisté, que pour le procès dans lequel la production a eu lieu. — Les frais de transport des juges, des officiers ministériels et des experts, les honoraires de ces derniers et les taxes des témoins dont l'audition a été autorisée par le tribunal ou le juge-commissaire, sont avancés par le Trésor, conformément à l'art. 118 du décret du 18 juin 1811. Le paragraphe 5 du présent article s'applique au recouvrement de ces avances (art. 14).

32. Les exploits signifiés à la requête d'un assisté judiciaire doivent être inscrits au répertoire, à leur date, comme les autres exploits, la loi du 22 janvier 1851 ne les ayant point affranchis de cette formalité.

33. Les huissiers sont également responsables de la nullité de leurs actes, comme ils l'eussent été s'il n'y eût pas eu d'assistance judiciaire.

34. Dans toutes les affaires dans lesquelles l'une des parties a été admise au bénéfice de l'assistance, le ministère public doit être entendu (art. 15).

35. Les notaires, greffiers et tous autres dépositaires publics ne sont tenus à la délivrance gratuite des actes et expéditions réclamés par l'assisté que sur une ordonnance du juge de paix ou du président (art. 16).

36. En cas de condamnation aux dépens prononcée contre l'adversaire de l'assisté, la taxe comprend tous les droits, frais de toute nature, honoraires et émoluments auxquels l'assisté aurait été tenu, s'il n'y avait pas eu assistance judiciaire (art. 17).

37. Dans le cas prévu par l'article précédent, la condamnation est prononcée et l'exécutoire est délivré au nom de l'administration de l'enregistrement et des domaines, qui en poursuit le recouvrement comme en matière d'enregistrement. — Il est délivré un exécutoire séparé au nom de l'administration de l'enregistrement et des domaines pour les droits qui, n'étant pas compris dans l'exécutoire délivré contre la partie adverse, restent dus par l'assisté au Trésor, conformément au cinquième paragraphe de l'art. 14. — L'administration de l'enregistrement et des domaines fait immédiatement aux divers ayants droit la distribution des sommes recouvrées. — La créance du Trésor, pour les avances qu'il a faites, ainsi que pour tous droits de greffe, d'enregistrement et de timbre, a la préférence sur celle des autres ayants droits (art. 18).

38. Il résulte de la disposition qui précède que, dans le cas où l'assisté a gagné son procès, ce n'est pas à l'adversaire condamné aux dépens que l'huissier doit s'adresser pour obtenir le remboursement des émoluments auxquels il a droit, mais à l'administration de l'enregistrement. C'est celle-ci qui a l'initiative des poursuites, et qui fait entre les diverses parties prenantes, et d'après la taxe, la répartition des sommes recouvrées.

39. En cas de condamnation aux dépens prononcée contre l'assisté, il est procédé, conformément aux règles tracées par l'art. 18 précité, au recouvrement des sommes dues au Trésor, en vertu des paragraphes 5 et 8 de l'art. 14 (art. 19).

40. Les greffiers sont tenus de transmettre, dans le mois, au receveur de l'enregistrement, l'extrait du jugement de condamnation ou l'exécutoire, sous peine de 10 fr. d'amende pour chaque extrait de jugement ou chaque exécutoire non transmis dans ledit délai (art. 20).

§ 4. — Du retrait de l'assistance judiciaire.

41. Devant toutes les juridictions, le bénéfice de l'assistance peut être retiré en tout état de cause, soit avant, soit même après le jugement : 1° s'il survient à l'assisté des ressources reconnues suffisantes ; 2° s'il a surpris la décision du bureau par une déclaration frauduleuse (art. 21).

42. De même, l'assistance qui a d'abord été refusée peut ultérieurement être accordée, par exemple lorsque, par suite de nouvelles constatations ou d'événements postérieurs à la première demande, l'indigence est positivement démontrée (Dorigny, *loc. cit.*, § 4).

43. Le retrait de l'assistance peut être demandé, soit par le ministère public, soit par la partie adverse. — Il peut aussi être prononcé d'office par le bureau. — Dans tous les cas, il est motivé (art. 22). — Le retrait de l'assistance ne peut émaner que des bureaux d'assistance. Les tribunaux ne peuvent, en aucun cas, le prononcer (Dorigny, *loc. cit.*).

44. L'assistance judiciaire ne peut être retirée qu'après que l'assisté a été entendu ou mis en demeure de s'expliquer (art. 23).

45. Le retrait de l'assistance judiciaire a pour effet de rendre immédiatement exigibles les droits, honoraires, émoluments et avances de toute nature, dont l'assisté avait été dispensé. — Dans tous les cas où l'assistance judiciaire est retirée, le secrétaire du bureau est tenu d'en informer immédiatement le receveur de l'enregistrement, qui procédera au recouvrement et à la répartition suivant les règles tracées en l'art. 18 ci-dessus (art. 24). — V. *suprà*, nᵒˢ 37 et 38.

46. L'action tendant au recouvrement de l'exécutoire délivré à la régie de l'enregistrement et des domaines, soit contre l'assisté, soit contre la partie adverse, se prescrit par dix ans. — La prescription de l'action de l'adversaire de l'assisté contre celui-ci, pour les dépens auxquels il a été condamné envers lui, reste soumise au droit commun (art. 25).

47. Si le retrait de l'assistance a pour cause une déclaration frauduleuse de l'assisté, relativement à son indigence, celui-ci peut, sur l'avis du bureau, être traduit devant le tribunal de police correctionnelle et condamné, indépendamment du paiement des droits et frais de toute nature dont il avait été dispensé, à une amende égale au montant total de ses droits et frais, sans que cette amende puisse être au-dessous de 100 francs, et à un emprisonnement de huit jours au moins et de six mois au plus.—L'art. 463 du Code pénal est applicable (art. 26).—Mais, hors le cas prévu par l'article qui précède, les décisions des bureaux d'assistance ne peuvent être produites ni discutées en justice (art. 12).

SECT. II. — *De l'assistance judiciaire en matières criminelle et correctionnelle.*

48.—Il sera pourvu à la défense des accusés devant les Cours d'assises, conformément aux dispositions de l'art. 294, C. instr. crim. (art. 28).

49. Les présidents des tribunaux correctionnels désigneront un défenseur d'office aux prévenus poursuivis à la requête du ministère public, ou détenus préventivement, lorsqu'ils en feront la demande, et que leur indigence sera constatée, soit par les pièces désignées dans l'art. 10, soit par tous autres documents (art. 29).

50. Les présidents des Cours d'assises et les présidents des tribunaux correctionnels pourront, même avant le jour fixé pour l'audience, ordonner l'assignation des témoins qui leur seront indiqués par l'accusé ou le prévenu indigent, dans le cas où la déclaration de ces témoins serait jugée utile pour la découverte de la vérité.—Pourront être également ordonnées d'office toutes productions et vérifications de pièces.—Les mesures ainsi prescrites seront exécutées à la requête du ministère public (art. 30).

ASSOCIATION.—1. Union de deux ou plusieurs personnes dans un but d'activité commun.

2. Un office d'huissier peut-il être l'objet d'une association entre le titulaire et une ou plusieurs autres personnes? Deux huissiers peuvent-ils, en réunissant leurs offices, s'associer pour les exploiter en commun. — V. *Huissier, Office.*

ASSOLEMENT. — 1. Mode de culture des terres qui consiste à laisser toujours une portion en guéret ou jachère, et à n'ensemencer que le surplus.

2. Le fermier doit conserver l'assolement suivant l'usage des lieux (C. civ., art. 1774).—V. *Bail.*

ASSURANCE. — 1. Convention par laquelle une des parties s'engage, moyennant une certaine somme que l'autre partie lui paie ou s'oblige à lui payer, et pendant un laps de temps déterminé, à indemniser cette autre partie ou ses ayants cause des pertes ou dommages qu'elle peut éprouver relativement à une chose qui est exposée à des risques, périls, cas fortuits et événement de force majeure, spécialement désignés.

2. Le contractant qui se charge des risques s'appelle *assureur*, et la partie envers laquelle le contrat d'assurance est souscrit reçoit le nom d'*assuré*.

3. La somme que l'assuré paie ou s'oblige à payer se nomme *prime*, et l'acte écrit qui constate l'existence de la convention, *police d'assurance*.

4. Les assurances se divisent en deux modes généraux : elles peuvent être à prime ou mutuelles.—V. *Assurance à prime, Assurance mutuelle.*

5. Les assurances à prime ou mutuelles puisent leur dénomination particulière dans la nature des choses qui en sont l'objet. Ainsi, elles s'appellent *assurances maritimes*, lorsqu'elles ont pour objet des choses exposées aux dangers de la navigation ; *assurances terrestres*, lorsqu'elles garantissent des risques étrangers au commerce maritime ; *assurances sur la vie*, lorsqu'elles ont pour objet la vie des personnes, etc.... — V. *Assurance maritime, Assurance terrestre, Assurance sur la vie.*

ASSURANCE A PRIME. — 1. Contrat par lequel des assureurs, ordinairement réunis en société, se chargent, moyennant une somme déterminée et payable annuellement, de répondre de certains dommages, quelle qu'en soit la valeur, auxquels peuvent être exposés ceux qui se font assurer.

2. Ce mode d'assurance n'admet ni société, ni réciprocité entre les assureurs et les assurés. C'est là une première différence entre l'assurance à prime et l'assurance mutuelle.

3. Une seconde différence consiste en ce que l'assurance à prime constitue un acte de commerce (V. *Acte de commerce*, n°s 133 et 157), tandis que l'assurance mutuelle n'est qu'une société civile. — V. *Assurance mutuelle.*

4. De cette dernière différence, il résulte que les assureurs à prime sont justiciables des tribunaux de commerce (Quénault, *Des assurances terrestres*, n° 398).

5. Il en est de même de l'actionnaire d'une société d'assurance à prime, en ce qui concerne les engagements par lui souscrits envers la société, en cette qualité (Paris, 23 juin 1825).

ASSURANCE MARITIME.—1. Contrat par lequel une ou plusieurs personnes s'obligent envers d'autres personnes, moyennant un prix convenu, à les indemniser des pertes ou dommages que peuvent éprouver sur mer des choses exposées aux risques de la navigation (Pardessus, *Droit commercial*, n° 756).

Indication alphabétique des matières.

Acquiescement, 47.
Action d'avarie, 29, 30, 41 et s., 51 et s.
— on délaissement, 28, 30, 32 et s., 51 et s.
Appel, 47.
A·rêt de puissance, 38.
Assurance partielle, 14.
Avaries, 41 et s.
Avis, 33, 34.
Capital, 8.
Cargaison, 5.
Caution, 45, 40.
Chargement, 5.
Choses susceptibles d'être assurées, 2 et s,
Compétence, 54.
Contrebande, 10.
Courtier d'assurances, 22.
Cumul, 30.
Date, 19.

Déclaration, 16 et s., 35.
Délaissement, 32 et s.,
Ecrit, 19 et s.
Enregistrement, 25 bis.
Estimation, 17.
Exécution, 12.
Exploit, 33, 34.
Facultés, 5.
Faillite, 31.
Fin de non-recevoir, 51 et s.
Formes du contrat d'assurance, 19 et s.
Frais de justice, 44.
Fraude, 16 et s.
Frêt, 11, 12.
Guerre, 4.
Innavigabilité, 59.
Notaire, 22.
Nullité, 12, 13, 18, 48 et s.
Obligations de l'assureur et de l'assuré, 24 et s.

Pacotille, 5.
Paix, 4.
Perte, 41.
Pièces (communication de), 46.
Police d'assurance, 19 et s.
Prescription, 51 et s.
Prêteur à la grosse, 8.
Preuve, 20, 21.
Prise, 37.
Profit, 11, 13.
Réassurance, 9.
Réduction, 15, 18.
Résolution, 48.
Ristourne, 48.
Serment, 21.
Signification, 33 et s.
Solvabilité, 14, 15.
Sommation, 17,
Timbre 23 bis.
Voyage, 4.

2. *Choses qui peuvent être l'objet d'une assurance maritime.*—Tout ce qui, étant susceptible de devenir l'objet d'une transaction commerciale, court le danger de périr et de se détériorer en tout ou en partie, par des accidents maritimes, peut être l'objet d'un contrat d'assurance (Pardessus, n° 758).

3. L'assurance peut donc avoir pour objet : le corps et quille du vaisseau, vide ou chargé, armé ou non armé, seul ou accompagné; les agrès et appareaux; les armements; les victuailles; les sommes prêtées à la grosse; les marchandises du chargement et toutes autres choses ou valeurs estimables à prix d'argent, sujettes aux risques de la navigation (C. comm., art. 334).

4. L'assurance peut être faite sur le tout ou sur une partie desdits objets, conjointement ou séparément. — Elle peut être faite en temps de paix ou en temps de guerre, avant ou pendant le voyage du vaisseau. — Elle peut être faite pour .'aller et le retour, ou seulement pour l'un des deux, pour le voyage entier ou pour un temps limité; pour tous voyages et transports par mer, rivières et canaux navigables (C. comm., art. 335, 337).

5. L'assurance peut comprendre tout ce qui a été chargé dans le navire, et qu'on désigne indistinctement par les mots *cargaison, chargement, facultés.* Mais elle peut aussi n'être faite que *sur pacotille,* c'est-à-dire ne comprendre que certaines portions de marchandises appartenant spécialement à des chargeurs, indépendamment de la part qu'ils pourraient avoir dans le chargement principal (Pardessus, n° 759).

6. L'assurance peut porter sur des choses que l'assuré ne possédait pas encore lors de la convention, mais qu'il a réellement acquises depuis (Goujet et Merger, *Dict. de droit commercial,* v° *Assurance maritime,* n° 18; Pardessus, n° 760).

7. On peut faire assurer des marchandises chargées sur plusieurs navires dénommés : il est important alors de distinguer si l'assurance est faite divisément, c'est-à-dire avec indication de la portion de la somme applicable à chaque navire, ou conjointement, parce que, dans ce dernier cas, si les deux navires ne partent pas ensemble, le premier expédié est celui dont les marchandises sont assurées (Pardessus, n° 807).

8. Le prêteur à la grosse ne peut pas faire assurer par l'emprunteur le capital qu'il a prêté : ce serait une convention usuraire (Pardessus, n° 762). Mais il peut le faire assurer par un autre.

9. L'assureur peut faire réassurer par d'autres les effets qu'il a assurés.— L'assuré peut faire assurer le coût de l'assurance. — La prime de la réassurance peut être moindre ou plus forte que celle de l'assurance (C. comm., art. 342).

10. On ne peut assurer les marchandises de contrebande en France ; mais la contrebande à l'étranger peut être l'objet d'un contrat d'assurance (Cass., 25 mars et 25 août 1835).

11. Le *fret à faire* et le *profit espéré* ne peuvent pas être l'objet d'une assurance, parcequ'ils constituent pour les propriétaires du navire de simples gains qu'ils manquent de réaliser si le vaisseau ou les marchandises périssent, et non une perte qu'ils courent risque de faire ; mais le *fret acquis,* le *profit réalisé* sur les marchandises, sont valablement assurés contre les risques que l'on peut courir de les perdre (Pardessus, n° 764; Gouget et Merger, v° *Assurance maritime,* n° 25).

12. La convention par laquelle les parties assurent le *fret à faire* est entachée d'une nullité radicale qui ne peut être couverte par l'exécution du contrat (Cass., 5 juin 1832).

13. L'assurance qui comprend tout à la fois la valeur réelle des marchandises et le profit espéré sur la vente de ces marchandises n'est pas nulle pour le tout; elle est seulement réductible à la valeur réelle des marchandises (Bordeaux, 20 août 1835).

14. On ne peut faire assurer qu'une fois les objets sujets aux risques. Cela ne veut pas dire qu'on ne peut contracter qu'avec un seul assureur. Une même chose peut être assurée en partie par un assureur, en partie par un autre. Seulement, il importe que les assurances réunies n'excèdent pas la valeur totale de la chose assurée : autrement il y aurait lieu à *ristourne* (Pardessus, n°s 589, 5° et 767; Gouget et Merger, v° *Assurance maritime,* n°s 30 et 31). Mais si une même chose assurée par un premier assureur ne peut l'être par un second, rien ne s'oppose à ce que l'assuré fasse assurer la solvabilité de l'assureur (Pardessus, n° 589; Gouget et Merger, *loc. cit.*).

15. L'assureur qui assure la solvabilité d'un premier assureur ne devient ni la caution, ni le codébiteur solidaire de celui-ci : de sorte que, pour agir contre le second, il est nécessaire que l'insolvabilité du premier soit constatée par un commandement de payer resté infructueux. Du reste, on peut préve-

nir toute difficulté à cet égard, en stipulant dans la police que, après jugement de condamnation, si l'assureur originaire n'a pas payé sur le commandement qui lui aura été signifié, le second assureur sera tenu de payer dans
le jour de la sommation, et qu'il lui sera fait toute subrogation de droit pour
poursuivre le premier assureur.

16. La déclaration des objets assurés et de leur valeur n'a d'effet qu'autant
qu'elle est sincère. En cas de fraude dans l'estimation de ces objets, en cas
de supposition ou de falsification, l'assureur peut être admis à faire procéder
à la vérification et estimation des objets, sans préjudice de toutes autres poursuites, soit civiles, soit criminelles (C. comm., art. 336). Mais il doit, au
préalable, préciser les faits de fraude, de supposition ou falsification, et les
prouver.

17. L'estimation et la vérification permises par l'art. 336 précité, doivent
avoir lieu contradictoirement avec l'assuré qui est mis en demeure à cet effet
par une *sommation*. S'il refuse d'obtempérer à cette sommation, on l'assigne
alors pour voir dire que *tels* experts seront nommés à l'effet de procéder aux
estimations et vérifications, que ces experts dresseront et déposeront un rapport, et que sur cette pièce il sera conclu et statué ce qu'il appartiendra. —
V. *Formules* 1 et 2.

18. Les faits de fraude ou de supposition établis, les tribunaux doivent
réduire l'assurance à la juste valeur des objets assurés (Aix, 22 juill. 1826;
24 mars 1830; Bordeaux, 20 août 1835). Mais ils devraient prononcer la
nullité du contrat, si l'exagération, de la part de l'assuré, avait eu lieu avec
intention de tromper l'assureur (Gouget et Merger, v° *Assurance maritime*,
n° 176).

19. *Formes du contrat d'assurance.* — Aux termes de l'art. 332, C.
comm., le contrat d'assurance doit être rédigé par écrit. Il est daté du jour
auquel il est souscrit. Il y est énoncé si c'est avant ou après midi. Il peut
être sous signature privée. Il ne peut contenir aucun blanc.

20. L'article précité n'exige pas la rédaction par écrit comme une condition essentielle de la validité du contrat, mais seulement comme une preuve
de son existence : de sorte qu'un contrat verbal, avoué par les parties, doit
produire les mêmes qu'un contrat écrit (Pardessus, n° 792; Gouget et Merger,
v° *Assurance maritime*, n° 91).

21. Dans le cas où l'existence du contrat serait niée, elle pourrait être
prouvée soit par les livres et la correspondance de celui qui la nierait, soit
par la preuve testimoniale elle-même, s'il y avait déjà un commencement de
preuve par écrit (Pardessus, *loc. cit.*; Gouget et Merger, *eod. verb.*, n°s 93
et 95). Le serment pourrait également être déféré par une partie à l'autre à
l'effet d'établir l'existence du contrat.

22. La police d'assurance peut être rédigée soit par les courtiers d'assurance, soit par les notaires, soit par les parties elles-mêmes. Quand elle est
rédigée par un courtier d'assurance ou un notaire, il est prudent que ceux-ci
en gardent minute. Mais rien n'empêche que la police d'assurance ne soit délivrée en brevet. Dans ce cas, l'officier rédacteur se borne à l'inscrire sur son
répertoire et dans un registre spécial tenu conformément à l'art. 69, tit. 6,
liv. 3, de l'ordonnance d'août 1681. Lorsque la police est rédigée par les
parties elles-mêmes, sous signatures privées, elle doit être faite en double original : elle constate, en effet, un engagement réciproque.

23. Les engagements respectifs des parties doivent être clairement spécifiés. La police d'assurance doit donc contenir toutes les énonciations nécessaires pour qu'on puisse reconnaître ce dont les parties sont convenues. Ces
énonciations sont déterminées par les art. 332 et suivants du Code de commerce, auxquels nous renvoyons.

23 bis. Les polices d'assurances doivent être toujours rédigées sur papier timbré (L. 13 brum. an 7, art. 18). Elles sont assujetties à un droit fixe d'un franc pour leur enregistrement (L. 16 juin 1824, art. 5). Lorsqu'il en est fait usage en justice, elles donnent, en outre, lieu à une perception de un pour cent en temps de paix, et un et demi pour cent en temps de guerre, sur le montant de la prime stipulée (LL. 28 avril 1816, art. 51 ; 16 juin 1824, art. 5).

24. *Obligations de l'assureur et de l'assuré.* — Le contrat d'assurance impose à l'assureur deux espèces d'obligations : 1° celle de payer à l'assuré la somme portée à la police, en cas de perte totale ou presque totale des choses assurées par suite d'un accident de force majeure arrivé sur mer ; 2° celle de l'indemniser des avaries occasionnées aux choses assurées par quelque accident de force majeure.

25. Les circonstances qui peuvent donner naissance à un recours contre l'assureur se trouvent énumérées dans les art. 350 et suivants du Code de commerce.

26. Quant aux obligations de l'assuré, elles consistent à payer la prime stipulée, à avertir l'assureur de tous les événements qui peuvent engager sa responsabilité, et à prendre, s'il y a lieu, toutes les mesures conservatoires de ses intérêts.

27. Le mode d'action suivant lequel l'assuré peut agir contre l'assureur, varie suivant que la chose est perdue ou simplement endommagée.

28. Dans le premier cas, c'est par la voie de l'action en délaissement que l'assuré peut réclamer de l'assureur la valeur de la chose assurée, telle qu'elle est déterminée par la police d'assurance.

29. Dans le second, l'assuré, qui a droit de réclamer de l'assureur une indemnité proportionnée au dommage éprouvé, doit procéder par la voie de l'action d'avaries.

30. Mais l'assuré ne peut jamais, lorsque, avant la perte, il y a eu des sinistres partiels, cumuler ces deux actions (Cass., 8 janv. 1823).

31. Si l'assureur tombe en faillite lorsque le risque n'est pas encore fini, l'assuré peut demander caution, ou la résiliation du contrat (C. comm., art. 346). Il ne suffit pas, pour qu'il y ait lieu à l'application de cet article, que l'assureur ait cessé ses paiements ; il faut qu'il ait été judiciairement déclaré en faillite. De plus, cet article crée au profit de l'assuré une faculté; il lui laisse l'alternative entre la demande d'une caution et la résolution. — Le même droit appartient à l'assureur en cas de faillite de l'assuré (même art.). —V. *Formule* 3.

32. DÉLAISSEMENT.—Le délaissement est l'abandon que l'assuré est obligé de faire à l'assureur, dans les cas de perte que la loi détermine, de ce qui reste de la chose assurée et de tous les droits qu'il a sur cette chose, pour obtenir le paiement de la somme stipulée dans la police d'assurance. L'art. 369, C. comm., contient l'énumération des cas dans lesquels le délaissement peut être fait, et l'art. 372 du même Code veut qu'il ne puisse être ni partiel, ni conditionnel.

33. Dans le cas où le délaissement des objets assurés peut être fait, comme dans le cas de tous autres accidents aux risques des assureurs, l'assuré est obligé de remplir certaines formalités. Ainsi, il est tenu de signifier à l'assureur les avis qu'il a reçus. La signification doit être faite dans les trois jours de la réception de l'avis (C. comm., art. 374). Elle ne peut avoir lieu que par exploit du ministère d'huissier.—V. *Formule* 4.

34. La signification dont on vient de parler peut contenir, soit le délaissement avec sommation à l'assureur de payer la somme assurée dans le délai fixé par le contrat (C. comm., art. 378), et s'il n'y a point de délai fixé, dans les trois mois du jour de la signification du délaissement (C. comm., art. 382), soit des réserves de faire le délaissement dans les délais fixés par la loi (C. comm., art. 378.—V. aussi art. 373).—V. *Formule 5.*

35. En faisant le délaissement, l'assuré doit déclarer toutes les assurances qu'il a faites ou fait faire (V. C. comm., art. 333, 335, 342), et l'argent qu'il a pris à la grosse, soit sur le navire, soit sur les marchandises ; faute de ce, le délai du paiement qui doit commencer à courir du jour du délaissement, sera suspendu jusqu'au jour où il fera notifier ladite déclaration, sans qu'il en résulte aucune prorogation du délai établi pour former l'action en délaissement (C. comm., art. 379). — V. *Formule 5.*

36. Le délaissement doit être accepté ou jugé valable (C. comm., art. 385).—V. aussi *Formule 5.*

37. En cas de prise, si l'assuré n'a pu en donner avis à l'assureur, il peut racheter les effets sans attendre son ordre (C. comm., art. 395). Il est tenu de signifier la composition qu'il a faite aussitôt qu'il en a les moyens (même art.), et l'assureur a le droit de la prendre pour son compte ou d'y renoncer en notifiant son choix dans les vingt-quatre heures qui suivent la signification de la composition. Faute de faire cette notification dans le délai prescrit, l'assureur est censé avoir renoncé à la composition (C. comm., art. 396).—V. *Formule 6.*

38. En cas d'arrêt de la part d'une puissance, l'assuré est tenu d'en faire la signification à l'assureur dans les trois jours de la réception de la nouvelle (V. *Formule 4*).— Ensuite il peut faire le délaissement après les délais déterminés (C. comm., art. 387). Toutefois, si, dans les délais fixés par cet article, le capitaine a pu trouver un navire pour recharger les marchandises et les conduire au lieu de leur destination, l'assuré ne peut en faire le délaissement (Arg., art. 394, C. comm.).

39. Lorsque le navire a été déclaré innavigable, l'assuré sur le chargement doit, de même que dans le cas d'arrêt d'une puissance, en faire à l'assureur la notification dans le délai de trois jours de la réception de la nouvelle (C. comm., art. 390).—V. *Formule 4.*

40. En cas de perte des effets assurés, les actes justificatifs du chargement et de la perte doivent être signifiés à l'assureur avant qu'il puisse être poursuivi pour le paiement des sommes assurées (C. comm., art. 383). L'assureur est admis à la preuve des faits contraires ; mais cette admission ne suspend point les condamnations de l'assureur au paiement provisoire de la somme assurée, à la charge par l'assuré de donner caution (C. comm., art. 384).

41. AVARIES.—Par l'action d'avarie (V. ce qu'on doit entendre par *avaries* en matière d'assurance maritime, au mot *Avaries*), l'assuré, tout en gardant ce qui reste de la chose, demande à l'assureur une indemnité proportionnelle au dommage éprouvé par cette chose.

42. Nous avons vu précédemment (V. n° 30) que l'assuré ne pouvait cumuler l'action en délaissement et l'action d'avarie. Mais, après avoir succombé dans son action en délaissement, il peut encore recourir à l'action d'avarie (Pardessus, n° 861).

43. Toutefois, pour que la demande pour avaries soit recevable, il faut, s'il s'agit d'une avarie commune, qu'elle excède un pour cent de la valeur cumulée du navire et des marchandises, et, s'il s'agit d'une avarie particulière, qu'elle excède un pour cent de la valeur de la chose endommagée (C. comm., art. 408).

44. Les frais de justice faits pour obtenir le règlement d'avarie ne doivent pas être compris dans le calcul de l'avarie (Pardessus, n° 860).

45. L'assuré est tenu, comme au cas de délaissement, de signifier à l'assureur les pièces justificatives du chargement et de la perte. Mais cette signification peut ne lui être faite qu'après la nomination de l'expert répartiteur, lors de la notification de l'état d'avarie et avant les poursuites en paiement des sommes assurées (Aix, 15 juin 1840).

46. Les assureurs, appelés dans une instance en règlement et répartition d'avaries entre les armateurs et les chargeurs, n'ont pas le droit d'exiger qu'avant de procéder au règlement les pièces qui constatent l'avarie leur soient communiquées. Ils ne peuvent réclamer cette communication qu'autant que l'action d'avaries est formée contre eux après le règlement effectué (Bordeaux, 23 janv. 1831 ; Alauzet, *Traité des assurances*, t. 2, p. 144).

47. Le paiement de la prime d'assurance, fait par l'assuré postérieurement au jugement qui a rejeté son action en règlement d'avaries, ne constitue pas un acquiescement, s'il n'a pas été fait en exécution de ce jugement, et ne l'empêche pas dès lors d'en interjeter appel (Bordeaux, 7 mai 1839).

48. *Résolution du contrat d'assurance.—Ristourne.—*Nous avons déjà fait remarquer que le contrat d'assurance pouvait être résolu dans le cas de faillite de l'assureur ou de l'assuré (V. *suprà*, n° 31). Il y a lieu également à résolution de ce contrat, toutes les fois qu'il manque d'une condition essentielle à sa validité. L'absence de cette condition l'entache d'une nullité absolue.

49. Et chaque partie peut se prévaloir de cette nullité, soit par action directe en demandant qu'on annule l'assurance, soit par exception et comme défense à l'action intentée contre elle par son adversaire (Gouget et Merger, v° *Assurance maritime*, n° 377).

50. Quoique valable, c'est-à-dire, non frappé d'une nullité absolue, le contrat d'assurance est susceptible de résolution sur la demande des parties, 1° lorsqu'il y a inexécution des conditions arrêtées entre elles ; 2° en cas de défaut de risques, et 3° dans le cas de réticence ou de fausses déclarations de l'assuré. On dit alors qu'il y a lieu à *ristourne*.

51. *Prescription.—Fin de non-recevoir.—*Toutes les actions résultant d'une police d'assurance se prescrivent par cinq ans, à compter de la date du contrat, à moins qu'il n'y ait cédule, obligation, arrêté de compte ou interpellation judiciaire (C. comm., art. 432 et 434). — V. aussi *Avaries*.

52. Le temps par lequel se prescrit l'action en délaissement est déterminé par les art. 431 et 373, C. comm.

53. Les actions en délaissement et pour avaries sont non recevables, si les choses assurées ont été reçues sans protestations ni réclamations signifiées dans les vingt-quatre heures, et si ces protestations ni réclamations n'ont point été suivies d'une demande en justice dans le mois de leur date (C. comm., art. 435 et 436).

54. *Compétence.—*Toutes les contestations relatives aux assurances maritimes doivent être portées devant les tribunaux de commerce (C. comm., art. 631 et 633) ; à moins que, par la police, les parties ne soient convenues de s'en remettre à des arbitres, la clause compromissoire étant formellement autorisée pour les assurances maritimes par l'art. 332, C. comm. (Alauzet, *Traité des assurances*, t. 2, n° 398). —V. *Avaries, Compétence.*

Formules.

1. *Sommation d'être présent à la vérification et à l'estimation des marchandises.*

L'an . . . . ., à la requête de . . . . ., j'ai, ... fait sommation à . . . . . d'être et se trouver présent le. . . . . . heure de . . . . à . . . . . ; pour : — Attendu que, suivant acte passé devant M° . . . . ., notaire à . . . . ., le . . . . ., le requérant a assuré, entre autres choses, 20,000 kil. de coton pour la somme de. . , . . ., moyennant une prime de 1 pour 100 ; — Attendu que, depuis cette assurance, le requérant s'est aperçu que le coton assuré était dans le plus mauvais état, du moins en majeure partie ;—Que, lors de l'opération, 50 balles seulement avaient été ouvertes sur 300;—

Que les balles ouvertes, présentées par l'assuré, étaient choisies par lui de manière à laisser de côté toutes celles renfermant le coton détérioré ; — Qu'il résulte de ces faits qu'il y a eu, de la part de l'assuré, fraude, intention de tromper le requérant et de faire élever à une somme supérieure à leur valeur les marchandises assurées ; — Attendu qu'aux termes de l'art. 336 du C. comm., le requérant a le droit de faire procéder à la vérification des marchandises assurées et à une nouvelle estimation ;—Procéder avec un expert du choix du requérant à la vérification et à l'estimation des marchandises assurées ; convenir, par suite de cette estimation de la réduction à opérer sur les valeurs assurées, et, s'il y a lieu, de l'augmentation de la prime accordée ;—Déclarant que le requérant a choisi pour son expert M. . . . . ., et que faute par mondit sieur. . . . d'obéir à la présente sommation, ledit requérant se pourvoira sous toutes réserves.

Coût (Tarif, 29) : Paris, 2 fr. ; R. P., 1 fr. 80 c. ; ailleurs, 1 fr. 50 c. ; Cop., le 1|4.
Enregistrement de l'exploit, 2 fr. 20 c. (L. 28 avril 1816).

2. *Assignation à fin de vérification et estimation.*

L'an. . . . ., à la requête de. . . . ., j'ai, ... donné assignation à. . . . . . à comparaître. . . . . ;—Pour (*motifs de la formule qui précède*), ajouter ;—Attendu que, suivant exploit du ministère de (*analyser la sommation*) ; — Attendu que ledit sieur. . . . . n'a point obéi à ladite sommation ;—Voir dire que, par experts du choix des parties, sinon par. . . . . qui seront nommés d'office, lesdites marchandises seront estimées et vérifiées ; — Que les valeurs assurées seront réduites au montant de cette estimation ;—Que la prime accordée au requérant sera augmentée de. . . par cent, et, en outre, s'entendre condamner aux dépens, sous toutes réserves.

Coût : V. *Form.*, 1.
Enregistrement de l'exploit, 2 fr. 20 c. (L. 28 avril 1816.)

3. *Demande en résiliation de l'assurance.*

L'an. . . . ., à la requête. . . . ., j'ai, ... donné assignation à. . . . . à comparaître le. . . . ., pour :—Attendu que, par contrat reçu par (*analyser l'assurance*) ;—Attendu que le sieur. . . . . a été déclaré en état de faillite par jugement du tribunal de commerce de. . . . ., le. . . . . ;—Attendu que, dans cette circonstance, le requérant a le droit de demander caution ou la résolution du contrat ; — Voir dire que, dans le jour de la signification du jugement à intervenir, le sieur. . . . sera tenu de fournir au requérant, caution jusqu'à concurrence de la somme de. . . . . pour garantir le paiement de l'assurance ci-devant analysée ; sinon et faute de ce faire, que ladite assurance sera résolue et anéantie, les parties remises en l'état où elles étaient avant, et, en outre, s'entendre condamner en. . . . de dommages-intérêts et aux dépens, sous toutes réserves.

Coût : V. *Form.*, 1.
Enregistrement de l'exploit, 2 fr. 20 c. (L. 28 avril 1816.)

4. *Signification des avis et nouvelles reçus.*

L'an . . . . . ., à la requête de. . . . ., assuré par contrat du (*analyser l'assurance*), j'ai, ... signifié et déclaré à. . . . . assureur, suivant ledit contrat ; — Que le requérant a reçu aujourd'hui, par *telle voie*, l'avis que les marchandises assurées (*analyser la nouvelle ou l'avis reçu ; si c'est une lettre on peut la faire viser pour timbre, enregistrer et en donner copie*), à ce que mondit sieur. . . . . n'en ignore : lui déclarant que le requérant se réserve de faire le délaissement des objets assurés dans les délais fixés par la loi. Et j'ai...

Coût : V. *Form.*, 1.
Enregistrement de l'exploit, 2 fr. 20 c. (L. 28 avril 1816.)

5. *Délaissement et assignation.*

L'an. . . . ., à la requête de. . . . . ., j'ai, ... signifié et déclaré à. . . . . que, par suite de la signification faite par exploit de (*analyser la signification des avis reçus*), le requérant délaisse purement et simplement par ces présentes, au profit et en faveur de. . . . ., toutes les marchandises sans exception ni réserves assurées par ce dernier suivant le contrat du. . . . . susdaté ; — En conséquence, ledit sieur. . . . . pourra à l'avenir et à compter de cet instant, disposer comme il l'entendra, en toute propriété et jouissance, des choses délaissées, à ce qu'il n'en ignore ; — Et à mêmes requête, demeure et élection de domicile que dessus, j'ai, huissier susdit et soussigné ;

—Premièrement, dit et déclaré à. . . . . que le requérant n'a fait ni ordonné d'autre assurance que celle ci-dessus datée et qu'il n'a pris aucune somme à la grosse sur les marchandises assurées ; secondement, signifié et avec ces présentes donné copie à mondit sieur. . . . . (*Analyser les actes établissant le chargement et la perte*); troisièmement, fait sommation à mondit sieur. . . . ., de payer au requérant la somme de. . ., montant de ladite assurance, le. . .,; terme fixé par le contrat; quatrièmement, fait sommation à. . . . de me déclarer s'il acceptait ou refusait le délaissement fait par ces présentes, à laquelle sommation M. . . m'a fait réponse (*Consigner la réponse; en cas d'acceptation, la faire signer; en cas de refus, continuer*) :—Vu laquelle réponse que j'ai prise pour refus d'acceptation, j'ai, huissier susdit soussigné, donné assignation à. . . à comparaître le. . ., pour :—Attendu que tous les faits énoncés ci-dessus seront prouvés;—Voir déclarer bon et valable le délaissement qui précède, et, en conséquence, ordonner que M. . . . . sera tenu de payer au requérant, au terme fixé par le contrat, la somme de. . , . . . pour le montant de l'assurance dont s'agit, et, en outre, s'entendre condamner aux dépens sous toutes réserves.

Coût : V. *Form.*, 1.

Enregistrement de l'exploit, 2 fr. 20 c. (L. 28 avril 1816.)

6. *Signification de composition.*

L'an . . . . . ., à la requête de. . . . . assuré par contrat. . . . . j'ai, ... signifié et avec ces présentes donné copie à. . . . . assureur aux termes dudit contrat, d'un acte sous seing privé (*Analyser la composition*); à ce que mondit sieur. . . . . n'en ignore; lui faisant sommation de notifier au requérant par exploit en forme et dans les vingt-quatre heures, s'il entend prendre pour son compte ladite composition ou y renoncer ainsi qu'il en a le droit, et déclarant audit sieur. . . . . que faute par lui de faire ladite notification dans le délai prescrit, il sera censé avoir renoncé à ladite composition. Et je lui ai...

Coût : V. *Form.*, 1.

Enregistrement de l'exploit, 2 fr. 20 c. (L. 28 avril 1816.)

ASSURANCE MUTUELLE.—1. Contrat par lequel des propriétaires d'objets exposés aux mêmes risques forment entre eux une association dans le but d'indemniser, à frais communs, ceux des associés qui subiraient quelque sinistre.

2. Les assurances mutuelles participent tout à la fois du contrat d'assurance proprement dit et du contrat de société. Elles sont des sociétés anonymes, et ne peuvent exister qu'avec l'autorisation du Gouvernement et son approbation donnée à l'acte qui les constitue (Avis du cons. d'Etat du 15 oct. 1809).

3. Les assurances mutuelles ne sont point des actes de commerce. Les compagnies qui s'en occupent sont considérées comme des sociétés civiles. En effet, elles ne se livrent à aucune spéculation, ne traitent pas avec les tiers, et ne peuvent jamais procurer de bénéfice aux associés.—V. *Actes de commerce*, nos 132 et 158.

4. Par suite, les contestations qui les intéressent doivent être portées devant les tribunaux civils, et non devant les tribunaux de commerce (Rouen, 9 oct. 1820 ; Douai, 4 déc. 1820 ; Cass., 15 juill. 1829 ; Quenault, *Des Assurances terrestres*, nos 396 et 397).

5. Spécialement, une société d'assurance mutuelle contre la mortalité des bestiaux, ne pouvant faire aucun profit, constitue une société civile : d'où il suit que les demandes qu'elle forme contre un sociétaire, à raison des engagements par lui contractés envers la société, sont de la compétence des tribunaux civils, et non des tribunaux de commerce, encore bien que le sociétaire soit commerçant (Trib. civ. de Bordeaux, 3 juin 1850.—V. *Bulletin des Huissiers*, année 1851, p. 155).

6. Et, si la société a, dans d'autres arrondissements que celui où son siége est établi, des directeurs ou agents, c'est devant les tribunaux de ces arrondissements qu'elle doit actionner les sociétaires qui ont contracté avec ces agents, pour le paiement de leurs cotisations ou portions contributives (Paris, 8 juill. 1851.—V. *Bulletin des Huissiers*, année 1851, p. 245).

7.... Alors même qu'elle est en liquidation (Paris, 10 mai 1851.—V. *Bulletin des Huissiers*, année 1851, p. 170).

8. Le montant de la cotisation de chaque associé se détermine par la valeur de la chose par lui mise en société et par l'importance des sinistres survenus.

9. Cette cotisation n'est donc pas fixe ; elle n'est pas non plus payable annuellement ni à des temps périodiques. Dès lors, ce n'est pas par cinq ans, mais par trente ans, que se prescrit l'action en paiement de cette cotisation (Cass., 8 fév. 1843).— V. *Assurance maritime, Assurance terrestre*.

ASSURANCE TERRESTRE.— 1. Contrat par lequel des assureurs, le plus souvent réunis en société, s'engagent, moyennant une somme annuelle nommée *prime*, à garantir d'autres personnes contre des risques étrangers au commerce maritime et courus sur des objets déterminés, ou par lequel un certain nombre de personnes, propriétaires de choses exposées à des risques de même nature, conviennent de se garantir mutuellement du résultat de ces risques pendant un temps déterminé.

2. Il résulte de la définition qui précède, que les assurances terrestres se divisent en deux classes : en assurances à prime et en assurances mutuelles.

3. Toutes les choses, mobilières ou immobilières, corporelles ou incorporelles, dont l'existence est certaine, et dont la perte ou la détérioration peut causer un préjudice à celui qui les possède, peuvent être l'objet d'un contrat d'assurance.

4. Ainsi, l'assurance peut porter sur toute espèce d'édifices publics ou particuliers, sur les marchandises, les meubles meublants, et en général sur les valeurs mobilières. La plupart des compagnies exceptent cependant les bijoux, les diamants, l'or et l'argent, les billets et titres. Toutefois, il existe des compagnies d'assurance de créances hypothécaires, qui garantissent le paiement des intérêts, des capitaux, des arrérages de rentes hypothéquées, du prix de vente d'immeubles. Il existe aussi des compagnies d'assurance contre les faillites, contre le recrutement. Les troupeaux et bestiaux de toute espèce peuvent également être assurés, ainsi que les récoltes, pailles, blés et denrées diverses, sur pied ou placés dans les granges ou réunis en meules. Il en est de même d'un droit d'usufruit, d'usage ou d'habitation, de la solvabilité d'un assureur. Mais on ne peut assurer le profit espéré des marchandises, de l'exploitation d'une industrie, ce profit n'étant pas une chose certaine.

5. Les risques, qui sont ordinairement l'objet d'un contrat d'assurance, sont, pour les propriétés mobilières et immobilières : l'incendie, le feu du ciel, l'inondation, les ouragans, les vols à main armée ; pour les récoltes : la grêle, la gelée ; pour les bestiaux : les épizooties et autres accidents; pour les personnes : l'insolvabilité, la mort ou la captivité ; enfin, pour le recrutement de l'armée, les chances du sort.

6. L'assurance terrestre, qu'elle soit à prime ou mutuelle, n'est soumise, pour son efficacité, à aucune formalité particulière. On doit, à cet égard, consulter les statuts et polices des compagnies et les usages, et s'en rapporter aux principes généraux sur la forme et la preuve des obligations conventionnelles. Les polices d'assurances peuvent être sous seing privé ou reçues par un notaire.

7. Les assurances peuvent être faites par des particuliers ou des compagnies. Ces particuliers ou compagnies ont leur établissement principal dans un lieu déterminé, et sont ordinairement représentés dans les autres lieux par des agents qui servent d'intermédiaires entre eux et les assurés.

7 bis. Dans certaines localités, des huissiers se font quelquefois les représentants des compagnies d'assurances. On a cependant contesté que les huissiers pussent être agents d'assurances. Mais, c'est à tort, ce nous semble. Nous ne croyons pas, en effet, que l'exercice du ministère d'huissier soit incompatible avec les fonctions d'agent d'assurances (V. *J. Huiss.*, t. 28, p. 305). Seulement, nous pensons qu'un huissier ne peut remplir ces dernières fonctions, sans y être spécialement autorisé par le ministre de la justice (Cass., 26 sept. 1834 ; *J. Huiss.*, t. 16, p. 246), conformément à l'art. 41 du décret du 14 juin 1813 (V. *Bull. spéc. des Huiss.*, année 1852, cahier de février). — V. aussi *Huissier*.

8. Il est de principe en cette matière que l'assurance ne doit jamais procurer un bénéfice à l'assuré, et qu'elle ne peut que le garantir d'une perte (Paris, 15 fév. 1834).

9. Il suit de là que, de la part de l'assuré, le contrat d'assurance terrestre est toujours un contrat purement *civil* (*Encyclopédie du droit*, v° *Contrat d'assurance terrestre*, n° 14). Mais il en est autrement à l'égard de l'assureur à prime : de sa part, il constitue une véritable spéculation, et a, par conséquent, un caractère commercial, à moins que l'assureur n'ait fait qu'une assurance isolée, et ne se livre pas habituellement à des actes de cette nature (Goujet et Merger, *Dict. de droit comm.*, v° *Assur. terrest.*, n° 4).

10. Quant aux obligations de l'assureur, elles varient suivant que l'assurance est mutuelle ou à prime.

11. En matière d'assurance mutuelle, comme la valeur est fixée par une estimation dès l'instant de l'assurance, la compagnie doit rembourser le montant de cette estimation en cas de perte de la totalité des objets. Si la perte n'était que partielle, il y aurait lieu d'estimer le dommage occasionné par le sinistre.

12. Il n'en est pas de même des assurances à prime. Si elles prennent la déclaration de l'assuré sur la valeur, ce n'est que pour fixer la prime. Cette fixation ne les lie pas, et comme elles ne doivent que la valeur réelle au jour du sinistre, une estimation après l'accident est suffisante, et celle donnée par l'assuré peut être réduite, s'il y a lieu. Dans le cas où ce dernier a exagéré frauduleusement la valeur des objets, l'assureur peut faire annuler le contrat (Grün, *des Assurances*, n° 252 ; E. Persil, *des Assurances*, n° 40).

13. Les objets sauvés sont déduits de la somme à payer ; mais les assureurs doivent tenir compte des frais de sauvetage (Grün, n° 260).

14. En ce qui concerne l'assuré, ses obligations sont de différentes sortes. La principale consiste à payer exactement le prix de l'assurance, qui est acquis à l'assureur du moment où le risque a commencé.

15. L'assuré doit aussi donner avis à l'assureur, dans le plus bref délai, du sinistre éprouvé, afin que le dommage puisse être constaté immédiatement.—V. *Formule* 1.—Il doit en outre employer tous les moyens pour arrêter les progrès du désastre et pour sauver les objets assurés (art. 381, C. comm.) ; il est tenu enfin de prouver, par tous les genres de preuve admis, le sinistre, la perte des effets assurés ou le montant de leur valeur.

16. Lorsque l'indemnité résultant du sinistre éprouvé n'est pas fixée d'avance par la police, il y a lieu de la déterminer par des experts nommés par l'assuré et la compagnie ; si cette dernière refusait, on devrait la mettre en demeure par une sommation (V. *Formule* 1) et ensuite l'assigner.

17. Le dommage une fois constaté, on peut contraindre la société au paiement de la perte, en la traduisant devant le tribunal compétent.—V. *Formule* 2.

18. Le tribunal compétent pour connaître des contestations auxquelles les contrats d'assurances terrestres peuvent donner lieu est, à l'égard des assureurs, le tribunal de commerce, lorsqu'il s'agit d'une assurance à prime, et le tribunal civil, quand l'assurance est mutuelle. A l'égard de l'assuré, la juridiction compétente est toujours la juridiction civile. — V. *Assurance à prime, Assurance mutuelle.*

19. Toutefois, nous pensons que l'art. 332, C. comm., qui porte que la police d'assurance maritime peut contenir, entre autres stipulations, la soumission des parties à des arbitres, est applicable en matière d'assurance terrestre (V. aussi en ce sens Sebire et Carteret, *Encyclopédie du droit*, v° *Assurance terrestre*, n° 244).

20. C'est devant le tribunal du lieu où elles sont établies que les compagnies d'assurances doivent être assignées. Mais, lorsqu'elles ont traité par l'intermédiaire de leurs agents, elles peuvent l'être devant le tribunal du domicile de ces derniers.—V. *Assurance mutuelle.*

21. Il n'y a pas lieu d'augmenter les délais de l'assignation à raison des distances entre le domicile de l'agent et celui de la société (Colmar, 8 juillet 1841).

22. Quant à l'assuré, il doit être assigné devant le tribunal de son domicile réel ou devant celui du domicile élu dans la police.

23. L'action de l'assureur pour le paiement de la prime se prescrit par trente ans, si la prime est *unique ;* si, au contraire, ce qui est le plus fréquent, la prime est annuelle, l'action se prescrit par cinq ans pour chaque prime successive (C. civ., art. 2277).

24. En matière d'assurance mutuelle, la part contributive à la charge de l'assuré n'étant pas une prime annuelle fixe, l'action en paiement de ladite part ne se prescrit que par trente ans (Cass., 8 février 1843).

25. En ce qui concerne l'action en paiement de l'indemnité, elle se prescrit par trente ans (C. civ., art. 2262), à moins que la police n'ait établi des déchéances particulières.

26. Nous avons dit (V. n° 6) que la police d'assurance n'était soumise à aucune forme spéciale. Cependant elle doit être écrite sur papier timbré.

27. Les polices d'assurances sont passibles d'un droit proportionnel de 1 fr. pour 100 fr. sur les immeubles, et de 50 cent. pour 100 fr. sur les meubles (Décis. du minist. des finances du 9 mai 1831).

28. Enfin, relativement à la patente, elle n'est point imposée aux assurances mutuelles par suite de leur caractère civil. Mais toutes les autres assurances y sont soumises (L. 25 avril 1844, art. 13 et tableau C).

Formules.

1. *Signification du sinistre et sommation.*

L'an 18. . . ., à la requête de. . . . . ., j'ai, ... signifié et déclaré à M. . . ., au nom et comme directeur de la Société d'assurance, connue sous le nom de. . . . ., établie à. . . . ., rue. . . . ., n°. . . . ., où étant et parlant à. . . . . ;— Que par contrat du (*analyser l'assurance*); que le. . . . ., à. . . . ., heure de. . . . ., un fournil faisant partie des bâtiments assurés fut incendié entièrement; que cependant plusieurs morceaux de bois ont pu être sauvés des flammes : à ce que mondit sieur. . . n'en ignore. Et à pareilles requête et demeure que dessus, j'ai, huissier susdit et soussigné, fait sommation audit sieur. . . . ., ès noms et qualités, de désigner un expert, à l'effet de fixer, conjointement avec celui du requérant, la valeur de l'objet incendié, déduction faite des objets sauvés. Déclarant audit sieur. . . . . que le requérant a choisi et nommé pour son expert M. . . . ., et que faute par l'intimé d'avoir égard à la présente sommation, le requérant se pourvoira sous toutes réserves.

Coût (Tarif, 29) : Paris, 2 fr. ; R. P., 1 fr. 80 c. ; ailleurs, 1 fr. 50 c.

Enregistrement de l'exploit, 2 fr. 20 c. (L. 28 avril 1846, art. 43.)

2. *Demande en paiement d'indemnité.*

L'an 18. . . . . ., à la requête de. . . . . . (*donner copie de la non-conciliation et constituer avoué*), j'ai, ... donné assignation à. . . . . à comparaître pour :

—Attendu que suivant contrat (*analyser l'assurance*) ;—Attendu que, suivant un procès-verbal dressé (*analyser le rapport d'experts*) ;—S'entendre condamner, même par corps, à payer au demandeur la somme de. . . . . . montant de la perte fixée par ledit procès-verbal, et en outre aux dépens, sous toutes réserves.

Coût : V. *Form.*, 1.

Enregistrement de l'exploit, 2 fr. 20 c. (L. 28 avril 1816, art. 43.)

ASSURANCE SUR LA VIE.— 1. Contrat par lequel l'assureur s'oblige, moyennant une somme fixe ou une prestation annuelle nommée *prime*, à payer une indemnité déterminée, soit à un tiers, dans le cas où l'assuré viendrait à mourir dans un certain temps, ou dans certaines circonstances prévues, soit à l'assuré, dans le cas où il existerait après l'époque fixée par le contrat.

2. Ainsi, les assurances sur la vie peuvent se diviser en deux classes : les *assurances en cas de mort* et les *assurances en cas de vie*.

3. Lorsque l'assureur s'engage à payer un capital, dans le cas où l'une ou l'autre des deux personnes désignées viendra à décéder, le contrat se nomme alors *assurances sur vies réunies*.

4. Les assurances sur la vie prennent le nom d'*assurances viagères* ou *sur la vie entière*, quand elles sont assises sur la vie assurée, quelle que soit l'époque du décès. Mais elles sont *temporaires*, lorsque le paiement de l'indemnité ne doit être effectué qu'autant que le décès arrive dans un délai fixé.

5. Les assurances sur la vie sont faites, ou avec primes, ou par application du principe de la mutualité. Les unes et les autres doivent être autorisées par le Gouvernement, conformément à l'avis du conseil d'Etat, du 1er avril 1809. Et, dans le dernier cas, elles sont de véritables *tontines.*—V. ce mot.

6. Les règles des assurances terrestres sont applicables aux assurances sur la vie, sauf les exceptions que nécessite la nature de ce dernier contrat.

7. Comme l'assurance terrestre, l'assurance sur la vie doit être rédigée par écrit. Elle est datée et signée ; elle peut être faite par acte sous seing privé ou devant notaire.

8. La police doit être faite en double expédition. L'une est remise à l'assuré, l'autre reste dans les mains de l'assureur.

9. Dans le cas où la police doit être produite en justice, les frais d'enregistrement et de timbre sont à la charge de la partie qui soulève la contestation (Grün et Joliat, *des Assurances,* n° 398 ; Alauzet, *des Assurances,* t. 2, n° 560).

10. En matière d'assurances sur la vie, la compétence se détermine comme en matière d'assurances terrestres, d'après la nature des assurances. Ainsi, les actions dirigées contre les compagnies d'assurances sur la vie doivent être portées devant le tribunal de commerce ou devant le tribunal civil, suivant qu'elles sont à primes ou mutuelles.—V. *Assurance terrestre*, n° 18. —V. aussi *Assurance à prime, Assurance mutuelle.*

11. Les actions intentées contre les assurés doivent être portées devant le juge de paix ou le tribunal civil de leur domicile, selon l'importance de la somme réclamée.

12. Dans les deux cas, les actions se prescrivent par trente ans, à moins que la police n'ait fixé une prescription spéciale.

13. Lorsqu'une compagnie d'assurance sur la vie s'est engagée, moyennant une somme déterminée ou une prime annuelle payée par un tiers, à rembourser à une autre personne un capital dans le cas où elle serait encore vivante à l'époque fixée par le contrat, peut-on, avant cette époque, saisir-arrêter sur la compagnie la somme qu'elle pourra devoir à la personne assurée ? —V. *Saisie-arrêt.*

ATERMOIEMENT. — Contrat amiable par lequel les créanciers accordent à leur débiteur un délai pour les payer, et ordinairement, lui font une remise sur leurs créances.—V. *Faillite.*

ATTÉRISSEMENT. — Accroissement qui, de même que l'alluvion, se forme successivement et imperceptiblement dans le lit ou aux fonds riverains d'un fleuve ou d'une rivière (C. civ., art. 556).—V. *Alluvion.*

ATTESTATION.—1. Acte par lequel on certifie la vérité d'un fait.

2. L'attestation de la vérité d'un fait a lieu, le plus souvent, par un acte de notoriété.—V. *Acte de notoriété.*

ATTRIBUTION.—1. Ce mot a diverses acceptions.

2. Il s'emploie pour exprimer l'action d'étendre la compétence d'un juge en lui donnant un pouvoir qu'il n'a pas par le titre de son institution.—V. *Compétence, Juridiction.*

3. Il se dit aussi de tout droit qu'une personne chargée de quelque fonction a de se prononcer sur certaines affaires, de les administrer, d'en connaître, etc. — Telles sont les prérogatives appartenant aux officiers ministériels dans l'ordre de leurs fonctions ; ainsi on dit : *attributions des huissiers, des notaires.*

4. On se sert encore du même mot dans un autre sens : lorsqu'au lieu de tirer les lots dans un partage, on convient de s'en faire amiablement *l'attribution.*—V. *Partage.*

AUBERGE.—V. *Compétence, Contrainte par corps, Huissier.*

AUDIENCE. —1. Ce mot a deux acceptions. Il s'emploie pour exprimer tantôt l'assistance des juges au tribunal à l'effet d'entendre les plaidoiries et de prononcer les jugements, et tantôt le lieu où se rend la justice ; dans ce dernier cas, il est synonyme *d'auditoire.* — V. ce mot.

2. *Publicité des audiences.*—En général, la justice doit être rendue dans les bâtimens publics consacrés à cet usage. Les juges ne peuvent prononcer leurs sentences dans leurs habitations particulières (ord. d'Ys-sur-Thille, art. 12, chap. 12, art. 94 ; C. proc., art. 1040). Cependant, cette règle ne s'applique ni aux sentences des juges de paix, ni aux référés urgents, ni aux enquêtes, et aux actes d'instruction qui exigent un déplacement (C. proc., art. 8, 808, 1040). Mais, dans les cas où les juges de paix ou de référé statuent dans leur demeure, ils doivent avoir soin de tenir les portes ouvertes.

3. Toute audience et toute plaidoirie doivent être publiques (C. proc., art. 8, 87, 111, 470) ; à moins qu'en cas de danger pour l'ordre ou les mœurs, le tribunal n'ordonne par un jugement que les plaidoiries se feront à huis clos (C. proc., art. 87 ; Cass., 17 mars 1827).

4. Les jugements doivent être prononcés publiquement, même lorsque l'affaire est plaidée à huis clos (L. 24 août 1790, tit. 11, art. 14 ; 20 avril 1810, chap. 1er, art. 7 ; C. proc., art. 116 ; Carré, sur l'art. 87). Ils doivent faire mention de leur publicité (Cass., 3 nov. 1806 ; 19 mars 1813).

5. Toutefois, sont dispensés d'être prononcés en public les jugements d'adoption rendus par les tribunaux de première instance, ceux portant autorisation de femme mariée, et ceux appliquant des peines de discipline à des officiers ministériels.

6. Les audiences ont lieu aux jours et heures fixés par les lois et règlemens. —V. *Organisation judiciaire.*

7. *Appel des affaires à l'audience.*—Toutes les affaires sont inscrites au greffe, dans l'ordre de leur présentation, sur un registre ou rôle général, coté et paraphé par le président du tribunal (Décr. 30 mars 1808, art. 55).

8. Le jour auquel, dans les affaires civiles, l'avoué poursuivant a donné *avenir* (v. ce mot) à son adversaire, la cause est appelée par l'huissier audiencier, dans l'ordre de son placement. Il en est de même en matière commerciale : seulement, comme la procédure commerciale n'admet pas l'*avenir* autorisé en matière civile, la cause est appelée sur l'assignation, ou en vertu de la remise faite de cette cause à une audience ultérieure.—V. *Appel de causes*.

8 *bis*. Le demandeur ne peut faire procéder à l'appel de la cause, avant l'expiration du délai accordé au défendeur pour comparaître. Mais ce dernier peut, même en matière sommaire, poursuivre l'audience avant l'expiration de ce délai (Bordeaux, 16 août 1833 : V. *J. Huiss.*, t. 19, p. 252).

9. *Police des audiences.*—La police des audiences appartient au juge qui les préside. Il prend toutes mesures nécessaires contre ceux qui ne se tiennent pas découverts, dans le respect et le silence, et contre ceux qui se permettent des voies de fait, des marques d'approbation ou d'improbation (C. proc., art. 88 et 89).

10. Les huissiers audienciers doivent se présenter à l'audience revêtus du *costume* (v. ce mot) qu'ils ont été autorisés à porter. Ce sont eux qui sont chargés de l'exécution des ordres du président en ce qui concerne la police de l'audience.

11. Sont punis de vingt-quatre heures de prison et déposés à l'instant même dans la maison d'arrêt, ceux qui interrompent le silence, donnent des signes d'approbation ou d'improbation, causent ou excitent du tumulte, si, au premier avertissement des huissiers, ils ne rentrent pas dans l'ordre (C. proc., art. 89).

12. Si le trouble est causé par un individu remplissant une fonction près le tribunal, par exemple, un huissier, il peut être suspendu de ses fonctions pendant un temps qui, pour la première fois, ne peut excéder trois mois. Le jugement est exécutoire par provision (C. proc., art. 90).

12 *bis*. L'avoué ou l'huissier qui a troublé l'audience ne doit pas nécessairement être condamné aux peines portées dans les art. 89 et 90, C. proc. civ.; les juges peuvent lui appliquer l'une ou l'autre (Orléans, 25 fév. 1829 : V. *J. Huiss.*, t. 10, p. 236).

13. L'outrage par gestes ou menaces envers les juges ou officiers de justice dans l'exercice de leurs fonctions est punissable, s'il a lieu à l'audience d'une Cour, d'un mois à deux ans d'emprisonnement, et partout ailleurs, d'un mois à six mois. Si l'outrage résulte de paroles tendantes à inculper l'honneur et la délicatesse des magistrats, la durée de l'emprisonnement est de deux à cinq ans, d'un mois à deux ans (C. proc., art. 91; C. pén., art. 222 et 223).

14. Les peines de simple police et de police correctionnelle encourues par le délinquant peuvent être prononcées séance tenante (C. inst. crim., art. 505).

15. Devant les tribunaux de première instance et les Cours d'appel, les parties, assistées de leurs avoués, peuvent se défendre elles-mêmes ; toutefois, le tribunal peut leur retirer ce droit, s'il reconnaît que la passion ou l'inexpérience les empêche de discuter leur cause avec décence et clarté (C. proc.; art. 85). Les femmes comme les hommes jouissent de cette faculté (Cass., 31 mars 1807).—V. *Huissier audiencier, Justice de paix*.

AUDIENCE SOLENNELLE.—1. Autrefois, on donnait ce nom aux audiences *publiques* par opposition à celles qui se tenaient à *huis clos*. Aujourd'hui, on appelle ainsi les audiences qui, par la solennité des formes sous le rapport du nombre des magistrats et du costume dont ceux-ci sont revêtus, se distinguent des audiences ordinaires.

2. Les contestations qui doivent être portées aux audiences solennelles des Cours d'appel sont celles qui ont pour objet l'état civil des citoyens, les prises à partie contre les tribunaux de première instance ou un de leurs membres (V. *Prise à partie*), et les renvois après cassation (V. *Renvoi après cassation*) (Décret, 30 mars 1808, art. 22).

3. Celles qui doivent être portées aux audiences solennelles de la Cour de cassation sont les prises à partie contre les Cours d'assises, les Cours d'appel, ou l'un de leurs membres (C. proc. civ., art. 509); toutes les affaires, lorsqu'après la cassation d'un premier jugement ou arrêt en dernier ressort, le deuxième, rendu entre les mêmes parties, est attaqué par les mêmes moyens que le premier (L. 1er avril 1837, art. 1er). Enfin, c'est en audience solennelle que la Cour de cassation exerce le droit de censure et de discipline qui lui appartient sur les Cours d'appel, les Cours d'assises et les magistrats (L. 20 avril 1810, art. 56).—V. *Cassation*.

AUDIENCIER.—Qualification donnée aux huissiers qui sont chargés du service intérieur des audiences des Cours et tribunaux.—V. *Audience, Huissier, Huissier audiencier*.

AUDITION DE COMPTE.—Action de recevoir un compte, de l'examiner et de le régler.—V. *Apurement, Arrêté de compte, Compte*.

AUDITION DE TÉMOINS.—Les témoins sont entendus, suivant les cas, ou par le tribunal, ou par un juge commis; ils le sont soit à l'audience, soit dans la chambre du conseil, soit sur les lieux litigieux, soit même à domicile en cas de maladie ou d'empêchement.—V. *Enquête*.

AUDITOIRE.—Ce mot a deux acceptions : il désigne le lieu où les juges se réunissent pour tenir les audiences (V. *Audience*), et l'ensemble des personnes qui assistent à l'audience.

AUGMENTATION A RAISON DES DISTANCES. — V. *Ajournement, Appel, Arbitrage, Assignation à bref délai, Délai, Distances, Exploit*, etc.

AUGMENTATIONS.—Constructions et améliorations faites sur un immeuble (V. *Usufruit*). Plus généralement, le mot *Augmentation* s'emploie pour désigner tout ce qui augmente une chose, soit naturellement, soit artificiellement (V. *Accessoire, Propriété*).

AUNE.—**1.** Mesure de longueur qui servait autrefois au mesurage des étoffes, toiles et rubans (1 mètre 20 centimètres).

2. Les huissiers doivent se garder d'employer cette dénomination dans leurs exploits et procès-verbaux.—V. *Poids et mesures*.

AUTEUR.—**1.** Se dit particulièrement de celui qui a fait un livre de littérature, de science ou d'art.—V. *Propriété artistique, industrielle et littéraire*.

2. Il se dit aussi des inventeurs.—V. *Brevets d'invention*.

AUTHENTICITÉ.—Caractère attribué par la loi à une certaine espèce d'actes et qui consiste à rendre ces actes dignes de foi jusqu'à inscription de faux.—V. *Acte authentique, Acte notarié, Inscription de faux*.

AUTORISATION.—Consentement donné par un particulier, par la justice ou par l'administration, à une personne, à une commune ou à un établissement public, à l'effet de faire une chose ou de s'en abstenir.—V. *Autorisation de femme mariée, Autorisation de plaider, Communes, Conseil de famille, Établissements publics*, etc.

AUTORISATION DE FEMME MARIÉE.—**1.** C'est l'approbation donnée par le mari ou par la justice aux actes que la femme ne peut faire valablement sans cette approbation (Toullier, t. 2, n° 618).

Indication alphabétique des matières.

§ 1er. — *Historique et principes généraux.*
§ 2. — *Cas dans lesquels l'autorisation est nécessaire.*
   Art. 1er. — *Autorisation du mari.*
   Art. 2. — *Autorisation de justice.*
§ 3. — *Formes de l'autorisation maritale.*
§ 4. — *Formes de l'autorisation de justice.*
§ 5. — *Effets de l'autorisation.*
§ 6. — *Du défaut d'autorisation.*
FORMULES.

------

§ 1er. — *Historique et principes généraux.*

1 bis. Dans les pays de droit écrit, la femme conservait l'entière disposition de ses biens non dotaux ; mais elle ne pouvait s'obliger pour autrui. Elle ne pouvait non plus, d'après l'art. 9 de l'ordonnance de 1731, accepter une donation entre-vifs, sans l'autorisation de son mari, ou de la justice, sur son re fus, à moins que cette donation ne lui fût faite pour tenir lieu de bien paraphernal (Merlin, *Rép.*, v° *Autorisation*, sect. 1re ; Duranton, t. 2, n° 442).

2. Dans les pays de coutume, l'incapacité de la femme mariée n'était pas toujours la même ; elle variait quant à son étendue. Il était toutefois généralement admis qu'elle ne pouvait ni contracter, ni ester en justice, sans l'autorisation de son mari, ou à son défaut sans celle de justice.

3. On ne considérait pas l'autorisation du mari, dans le cas où elle était nécessaire, comme un simple consentement. L'absence de cette autorisation rendait l'incapacité des femmes mariées plus entière que celle des mineurs. Ainsi, pour faire anéantir leurs engagements contractés sans cette autorisation, il n'était pas nécessaire de prendre des lettres de rescision (Nouveau Denizart, v° *Autoris.*; Duvergier sur Toullier, t. 1, 2e part., n° 618, note).

4. La nécessité de cette autorisation n'est pas et ne peut pas être fondée sur une présomption d'incapacité : car, autrement, il y aurait contradiction à ne soumettre à aucune protection la femme non mariée ou qui a cessé de l'être. Il faut reconnaître, avec la plupart des auteurs, qu'elle a pour causes *la bienséance et l'honneur des mariages*, la déférence que la femme doit à son mari (C. civ., art. 213 ; Nouveau Denizart, *loc. cit.*; Toullier, t. 2, n° 615 ; Zachariæ, *Cours de droit civil français*, t. 3, § 472, note 5, p. 323).

5. En conséquence, l'incapacité de la femme mariée ne commence que du jour de la célébration et non pas du jour du contrat (Vazeille, *du Mariage*, t. 2, n° 502).

6. Si, avant le mariage, la femme était en instance, il lui faudrait, pour pouvoir y donner suite, l'autorisation de son mari, ou, à son défaut, celle de justice (Delvincourt, t. 1er, p. 333 ; Toullier, t. 2, n° 620 ; Duranton, t. 2, n° 457).

7. Le principe de l'autorisation maritale est un statut personnel qui ne s'applique qu'à la femme française, mais qui la suit partout : dans quelque pays qu'elle soit, elle doit donc, pour contracter valablement, être autorisée (Bruxelles, 29 août 1811).

8. Mais si les lois du pays de la femme étrangère exigeaient aussi l'autorisation, elle lui serait nécessaire pour pouvoir contracter ou ester en justice en France. — Si le mari la refusait, les tribunaux français pourraient toujours la suppléer (Bastia, 16 février 1844).

§ 2. — *Cas dans lesquels l'autorisation est nécessaire.*

ART. 1. — Autorisation du mari.

9. La femme en se mariant perd le droit de contracter en son nom personnel et d'ester en justice sans l'autorisation de son mari ou de justice (C. civ., art. 215, 217).

10. AUTORISATION POUR CONTRACTER. — *Actes pour lesquels l'autorisation est indispensable.* — La femme, même non commune ou séparée de biens, a besoin de l'autorisation pour donner, aliéner, hypothéquer, acquérir à titre gratuit ou onéreux (C. civ., art. 217).

11. La femme mariée sous le régime de la communauté ne peut aliéner ni engager son mobilier, ni la jouissance de ses biens propres sans autorisation, ni enfin faire aucun acte d'administration. — V. *Communauté.*

12. La femme mariée sous le régime dotal ne peut également aliéner ses biens dotaux, mobiliers ou immobiliers, ni ses immeubles paraphernaux, sans le consentement du mari. — V. *Dot.*

13. La femme qui s'oblige envers un tiers, même en faveur de son mari, n'a besoin que de l'autorisation de ce dernier (Cass., 3 oct. 1812 ; 8 nov. 1814 ; Duranton, t. 2, n° 471). — Il n'en serait pas de même pour contracter avec le mari ; l'autorisation de la justice serait alors nécessaire (Cass., 3 oct. 1812) ; à moins qu'il ne s'agisse d'actes spécialement autorisés par le Code (C. civ., art. 1091 et 1595 ; Toullier, t. 5, n° 203 ; Duranton, t. 2, n° 473).

14. On a prétendu, au contraire, que l'autorisation du mari suffisait à la femme pour qu'elle contractât valablement avec lui, les art. 1419, 1431, C. civ., ne faisant aucune distinction (Zachariæ, t. 2, p. 333).

15. La femme ne pourrait donc, sans l'autorisation de son mari, prendre à loyer un appartement, et l'inexécution du bail ne l'exposerait à aucun recours (Cass., 25 juin 1842.) — V. *infrà*, n° 22, pour le cas d'absence du mari.

16. Ni prendre un engagement dramatique (Vivien, *Code des théâtres*, n° 302).

17. Ni s'engager pour tirer son mari de prison, ses enfants ou elle-même, ni constituer une dot à ses enfants (Cod. civ., art. 1427).

18. Elle ne pourrait pas non plus acquiescer à une demande formée contre elle, ou à un jugement qui la condamne (Duranton, t. 2, n° 453) ; ni se désister d'un appel (Cass., 12 fév. 1828) ; ni compromettre, ni prêter un serment décisoire (Angers, 28 janv. 1825 ; Pothier, *Obligations*, n° 831).

19. *Actes permis à la femme sans autorisation.*—Sous quelque régime qu'elle soit mariée, la femme n'a pas besoin de l'autorisation de son mari pour tester (C. civ., art. 226) ; pour révoquer les dispositions à titre gratuit qu'elle a faites en faveur de son mari pendant le mariage (C. civ., art. 1096) ; pour accepter la donation faite à son enfant mineur (C. civ., art. 935 ; Toullier, t. 2, n° 630) ; et pour exercer tous les droits de puissance paternelle sur des enfants qu'elle aurait eus d'un précédent mariage (Merlin, *Rép.*, v° *Empêchement de mariage*, § 5, art. 2, n° 10) ; en conséquence, elle peut les émanciper (Rolland de Villargues, *Rép.*, v° *Emancipation*, n° 9).

20. Elle est également affranchie de l'autorisation pour l'achat des provisions ordinaires de la maison. Les engagements qu'elle souscrit pour cette cause obligent le mari, attendu qu'elle est censée agir comme la mandataire de ce dernier (Toullier, t. 2, n° 642 ; Duranton, t. 2, n° 485 ; Vazeille, n° 335, Pau, 19 juill. 1823 ; Cass., 14 fév. 1826).

21. Sont également valables, sans l'autorisation du mari, tous les actes qu'elle est dans l'habitude de faire sans cette autorisation, et que le mari a ordinairement ratifiés : tels sont les quittances données (Toullier, t. 12, n° 276) ; les billets souscrits pour fournitures utiles (Cass., 14 fév. 1826).

22. La femme peut également, en l'absence du mari, louer un appartement pour elle et sa famille (Bordeaux, 29 mai 1838). — V. *suprà*, n° 15, pour le cas où le mari est présent.

23. La présomption que le mari aurait donné mandat à sa femme ne les obligerait ni l'un ni l'autre, dans le cas où les dépenses faites par la femme seraient excessives, eu égard à la position et à la fortune des époux (Toullier, t. 12, n° 275 ; Duranton, t. 14, n° 450).

24. Mais, à l'égard des dépenses faites dans la mesure des facultés des époux, la femme est non recevable à contester la validité de ses engagements, et elle en est tenue personnellement (art. 1312, C. civ.).

25. La femme peut être constituée mandataire, et valablement exécuter ce mandat, sans l'autorisation de son mari, parce qu'en traitant au nom d'autrui, elle ne s'oblige pas elle-même (C. civ., art. 1990). — Mais elle pourra opposer au mandant, s'il agit contre elle, le défaut d'autorisation.—V. *Mandat.*

26. Les obligations que la femme contracte sans convention expresse, par exemple, la recette d'une somme employée à payer une dette du mari, ou de la communauté, sont valides sans le consentement du mari, parce qu'elles existent par la seule force de la loi (Toullier, t. 2, n°s 627 et 628).

27. La femme s'oblige également par un délit ou un quasi-délit (Toullier

t. 2, nᵒˢ 39 et 117), et par le dol dont elle se rend coupable (Grenoble, 23 déc. 1822).

28. La femme peut encore être obligée par la seule force de la loi, comme par exemple, dans le cas où elle gère une tutelle; elle répond du défaut de gestion ou de la mauvaise gestion. Elle est tenue aussi de remplir les engagements que le gérant d'affaires a utilement contractés en son nom (C. civ., art. 1375; Toullier, t. 2, nᵒ 39; Marcadé, art. 217, n. 11).

29. La femme séparée de biens peut faire tous actes d'administration, disposer de son mobilier et de ses revenus, et souscrire des billets et obligations jusqu'à concurrence de son mobilier et de ses revenus, le tout sans autorisation (Cass., 18 mai 1819).—V. *Séparation de biens.*

30. La femme mariée sous le régime dotal peut administrer ses biens immeubles paraphernaux et disposer de leurs revenus, poursuivre le recouvrement de ses créances paraphernales; consentir la radiation des hypothèques prises pour la sûreté de ces créances (Turin, 19 janv. 1810). — V. *Régime dotal.*

31. La femme marchande publique peut, sans l'autorisation de son mari, s'obliger pour tout ce qui concerne son négoce; et audit cas, elle oblige son mari, s'il y a communauté entre eux (C. civ., art. 220). — V. *Communauté.*

32. Elle n'est pas réputée marchande publique, si elle ne fait que détailler les marchandises du commerce de son mari, mais seulement quand elle fait un commerce séparé (C. civ., art. 220); et il faut encore qu'elle fasse ce commerce avec l'autorisation de son mari (C. comm., art. 5).

33. *Actes extra-judiciaires.*—La femme peut faire, sans le consentement de son mari, tous actes extra-judiciaires ne produisant point d'engagements, tels que des oppositions, saisies-arrêts, protêts, sommations, significations, et tous autres actes conservatoires; elle peut aussi prendre toutes inscriptions, faire opérer toutes subrogations (Delvincourt, t. 1ᵉʳ, p. 156; Duranton, t. 2, nᵒ 469); requérir les transcriptions prescrites par les art. 171, 939, C. civ.

34. AUTORISATION POUR ESTER EN JUSTICE.—*Cas où l'autorisation est nécessaire.*—La femme ne peut ester en justice sans autorisation, qu'elle soit demanderesse, défenderesse ou intervenante (C. civ., art. 215; Marcadé, sur l'art. 215, nᵒ 1; Valette sur Proudhon, *Traité de l'état des personnes*, t. 1ᵉʳ, p. 455, note *a*).

35. L'autorisation est nécessaire, quel que soit soit le régime sous lequel la femme est mariée, lors même qu'elle serait séparée de biens judiciairement ou par contrat de mariage, et même séparée de corps (Cass., 6 mars 1827: V. *J. Huiss.*, t. 9, p. 70; Duranton, t. 2, nᵒ 453); ou même lorsqu'elle est marchande publique : l'autorisation générale, qui lui est donnée pour qu'elle ait le pouvoir de s'obliger valablement, ne suffit pas pour soutenir un procès (Duranton, t. 2, nᵒ 455).

36. L'autorisation est nécessaire à la femme, quelle que soit la nature du procès. Elle ne pourrait même, sans le consentement de son mari, citer ni être citée en conciliation (Duranton, t. 2, nᵒ 452; Zachariæ, t. 2, p. 324 et 325).

37..... Bien qu'elle agisse comme tutrice des enfants issus de son premier mariage (Grenoble, 17 août 1831 : *J. Huiss.*, t. 13, p. 146).

38..... Ou qu'elle défende à une demande en interdiction formée contre elle par sa famille. Le mari qui n'aurait pas autorisé serait recevable à attaquer le jugement (Cass., 9 janv. 1822; Duranton, t. 2, nᵒ 456).

39..... Ou qu'il s'agisse d'une procédure d'ordre et de contribution : si elle n'a pas été autorisée, aucune forclusion ou déchéance ne peut être prononcée contre elle (Cass., 21 avril 1828; Toulouse, 19 mars 1833).

40..... Ou même de poursuites de saisie immobilière. Tous les actes, y compris le commandement, doivent être notifiés au mari et à la femme, à peine de nullité (C. civ., art. 2208 ; Colmar, 2 déc. 1806).

41. Si le mari fait défaut, l'autorisation de justice est nécessaire à la femme pour ester valablement à l'adjudication (Bordeaux, 4 août 1829), et pour élever un incident dans le cours de la poursuite (Cass., 18 nov. 1828).

42. L'autorisation est nécessaire à la femme, quelle que soit la partie contre laquelle elle plaide ; cependant, si elle défend à une action intentée contre elle par son mari, l'autorisation résulte suffisamment du fait de celui-ci (Nancy, 14 avril 1811 ; Colmar, 14 janv. 1812). — De même, la femme est suffisamment autorisée : — 1° lorsque son mari plaide conjointement avec elle contre un tiers (Cass., 5 fév., 1817 ; 7 avril 1819) ; lors même qu'elle aurait des intérêts distincts (Cass., 10 juill. 1811) ; — 2° lorsque son mari l'actionne lui-même (Nancy, 14 avril 1811 ; Colmar, 14 janv. 1812 ; 12 déc. 1816).

43. La femme ne pouvant être autorisée par son mari à agir contre lui-même, la justice intervient alors pour lui conférer l'autorisation (Bordeaux, 8 juin 1831). Tel serait le cas où elle provoquerait son interdiction (Delvincourt, t. 1er, p. 477, note 2 ; Duranton, t. 3, n° 672).

44. La femme doit encore être autorisée pour appeler d'un jugement, ou pour défendre à l'appel, l'appel étant considéré comme une instance nouvelle (Duranton, t. 2, n° 458. — V. *Appel en mat. civ.*, n° 113) ; ou pour se pourvoir en cassation, même contre un arrêt rendu contre elle sans qu'elle ait été autorisée (Cass., 12 oct. 1807 ; 29 nov. 1836 : *J. Huiss.*, t. 18, p. 174).

45. L'autorisation est nécessaire, lors même que le procès est commencé antérieurement au mariage, à moins que 1° l'affaire ne fût en état au moment du mariage (C. proc., art. 342, 343) ; 2° ou que l'affaire n'étant pas en état, le mariage n'ait pas été notifié à la partie adverse (C. proc., art. 345 ; Duranton, t. 2, n° 457).

46. Mais que le mariage ait été notifié ou non, pour que l'appel puisse être intenté par ou contre la femme, il faut qu'elle soit autorisée (Duranton, t. 2, n° 458).

46 bis. Une femme ne peut non plus, sans l'autorisation de son mari ou de la justice, demander la nullité d'un appel dirigé contre elle (Nîmes, 16 janv. 1832 : *J. Huiss.*, t. 13, p. 142).

47. *Cas où l'autorisation n'est pas nécessaire.* — L'autorisation du mari n'est pas nécessaire lorsque la femme est poursuivie en matière criminelle ou de police (C. civ., art. 216).

48. Plusieurs coutumes décidaient qu'au criminel la femme n'avait pas plus besoin de l'autorisation pour la demande que pour la défense ; mais ces termes de l'art. 216 : *la femme poursuivie*, repoussent cette interprétation. Les auteurs enseignent, en effet, que cet article n'est applicable qu'au cas où la femme est défenderesse (Delvincourt, t. 1er, p. 338 ; Vazeille, t. 2, n° 311 ; Berriat-Saint-Prix, t. 2, p. 665).

49. L'autorisation n'est pas nécessaire à la femme, pour défendre à une action civile, quand elle n'est intentée qu'accessoirement à la poursuite du ministère public ; le juge valablement saisi de l'action publique peut statuer sur l'action civile (Merlin, *Rép.*, v° *Autorisation de femme mariée*, sect. 7e, n° 18 ; Zachariæ, t. 2, p. 325).

50. ...Ou même si l'action est intentée par voie de citation directe devant la police correctionnelle, parce que la femme est alors poursuivie criminellement (Merlin, *loc. cit.*).

51. ...Ni pour défendre à une demande en dommages-intérêts, incidemment formée pour dénonciation calomnieuse (Cass., 31 mai 1816 ; Vazeille, t. 2, n° 311 ; Zachariæ, t. 2, p. 325).

52. La femme qui demande la nullité de son mariage ou qui veut s'inscrire en faux contre l'acte de célébration qu'on lui oppose, a-t-elle besoin de demander l'autorisation de son mari? La Cour de cassation a décidé l'affirmative par arrêt du 21 janv. 1845. Antérieurement, par arrêt du 31 août 1824, elle avait semblé reconnaître que la femme devait seulement s'adresser à la justice. Cette dernière solution nous paraît plus rationnelle. Il n'est pas possible, en effet, de soumettre la femme à réclamer l'autorisation de celui qu'elle prétend n'être pas son mari. Peut-être devrait-on même aller jusqu'à décider que, dans le cas dont il s'agit, la femme doit être affranchie aussi de la nécessité d'obtenir l'autorisation de justice? N'est-ce pas seulement à partir de la décision définitive qui valide le mariage que la femme doit se trouver soumise à la formalité de l'autorisation ?

Art. 2. — Autorisation de justice.

53. Le droit d'autorisation est un des attributs de la puissance maritale auxquels il n'est pas permis au mari de renoncer (C. civ., art. 1388). Ainsi le mari ne pourrait donner à un tiers le mandat d'accorder ou de refuser l'autorisation. Tout au plus pourrait-il autoriser sa femme à intenter un procès, à souscrire un engagement, à la condition qu'une personne désignée en reconnaîtrait l'utilité.

54. Cependant il fallait prévoir le cas où le mari, par son mauvais vouloir, paralyserait les droits de sa femme ; alors, « comme il n'y a aucun pouvoir particulier qui puisse prévaloir contre la puissance publique, le magistrat peut intervenir pour réprimer les injustes refus du mari. » (Portalis, *Exposé des motifs;* Locré, t. 4, p. 524, n° 6).

55. La femme ne peut se dispenser de se faire autoriser en justice : 1° lorsque son mari refuse de l'autoriser à faire un acte ou à intenter une action (C. civ., art. 218);

56. 2° En cas d'absence du mari (C. civ., art. 222). Mais cela doit-il s'entendre de l'absence déclarée ou de la non-présence sur les lieux. La plupart des auteurs inclinent à cette dernière opinion (Pothier, *De la Puissance maritale*, § 3, n° 12; Delvincourt, t. 1er, p. 340 ; Toullier, t. 2, n° 651 ; Duranton, t. 2, n° 506).

57. Mais quelques arrêts ont restreint les art. 222, C. civ., et 863, C. proc. civ., au cas d'absence déclarée (Cass., 15 mars 1837); et plusieurs auteurs adoptent cette décision (Zachariæ, t. 3, p. 329, note 27e; Marcadé sur l'art. 222; Chauveau sur Carré, *Lois de la procédure, quest.* 2925);

58. 3° Si le mari est mineur (C. civ., art. 224). L'autorisation de justice a pour objet de suppléer à son incapacité (Toullier, t. 2, n° 633).

59. L'autorisation de justice, dans ce cas, est inutile pour tous les actes qu'à raison de son émancipation le mari pourrait faire par lui-même (Toullier, t. 2, n° 653 ; Duranton, t. 2, n° 505; Vazeille, t. 2, n° 349).

60. Si la femme est mineure et son mari majeur, elle est dans la position d'un mineur émancipé ; son mari est son curateur et elle peut faire avec son assistance tous les actes qu'un mineur émancipé peut faire avec l'assistance de son curateur (Paris, 11 mars 1811).

61. L'autorisation de justice, dans le cas où le mari est mineur, supplée à l'incapacité qui résulte de sa minorité (Toullier, t. 2, n° 653). Néanmoins, bien que sa présence ne soit pas exigée, les juges agiront sagement en l'appelant pour avoir son avis.

62. Quand le mari autorise sa femme en tant que mineure et comme son curateur, l'autorisation n'est valable que pour des actes passés avec des tiers et non pour ceux qu'elle passerait avec lui-même; il lui faudrait en ce cas l'assistance d'un curateur *ad hoc.*

63. En cas de poursuite en expropriation forcée, si le mari et la femme sont mineurs, ou la femme seule, mais que son mari refuse de l'autoriser, il est nommé par le tribunal un tuteur à la femme contre lequel la poursuite est exercée (C. civ., art. 2208);

64. 4° Si le mari est interdit, ou s'il est retenu dans une maison d'aliénés, conformément à la loi du 30 juin 1838. Si le mari était seulement assisté d'un conseil judiciaire, pourrait-il lui-même autoriser sa femme ? M. Duranton, t. 2, n° 506, se décide pour l'affirmative. Mais la Cour de cassation a jugé que la femme devait en ce cas s'adresser à justice (arrêt du 11 août 1840).

65. Ainsi autorisée, la femme peut exercer les actions qui lui sont personnelles, mais non celles de la communauté.

66. 5° Si le mari est frappé d'une condamnation emportant peine afflictive et infamante, encore qu'elle n'ait été prononcée que par contumace (C. civ., art. 221).

67. Le mari n'est incapable d'autoriser que pendant la durée de la peine : après son expiration, il reprend tous ses droits (Duranton, t. 2, n° 507 ; Vazeille, t. 2, n° 347 ; Delvincourt, t. 1er, p. 164).

68. La femme ne peut aliéner ses immeubles dotaux sans l'autorisation de justice ; mais cette autorisation n'a rien de commun avec celle que la justice est appelée à donner au lieu et place du mari (Riom, 19 juill. 1810).

69. Les incapacités ne peuvent s'étendre ; par conséquent, on ne pourrait pas prétendre que le mari failli n'est pas habile à autoriser sa femme (Bordeaux, 21 déc. 1840).

§ 3. — *Formes de l'autorisation maritale.*

70. *Autorisation pour contracter.* — L'autorisation nécessaire à la femme peut accompagner ou précéder l'acte pour lequel elle est donnée (C. civ., art. 217 ; Merlin, *Rép.*, v° *Autorisation maritale*, sect. 6, § 3 ; Toullier, t. 2, n° 645), ou n'intervenir qu'après ; c'est alors une ratification ; elle peut même n'être que tacite (Cass., 1er fév. 1843).

71. Cette autorisation n'est soumise à aucunes formes ; elle peut être expresse ou tacite, verbale ou par écrit (Toullier, t. 2, n°s 618 et 633). Mais, en général, la preuve testimoniale ne serait pas admissible pour établir une autorisation verbale, lors même qu'il s'agirait d'un acte d'une valeur inférieure à 150 fr. (Zachariæ, t. 3, p. 337).

72. C'est à celui qui prétend qu'une femme est obligée envers lui à prouver l'autorisation (Cass., 16 juill. 1806).

73. Il n'est pas nécessaire que l'autorisation soit annexée à l'acte pour lequel elle est donnée. Toutefois, il est plus prudent de l'annexer à la minute.

74. La présence du mari ne constitue pas son concours dans le sens de l'art. 217, C. civ. Le mari n'est censé concourir que quand il figure comme partie dans l'acte.

75. L'autorisation du mari résulterait suffisamment : — d'une obligation contractée par lui solidairement avec sa femme (Paris, 10 déc. 1811 ; Rennes, 14 déc. 1828 ; Cass., 8 avril 1829) ; — de sa présence à un compromis passé par sa femme devant le juge de paix sur citation en conciliation (Aix, 29 nov. 1811) ; — du fait par lui de tirer une lettre de change sur sa femme ; il en résulte qu'il l'autorise à l'accepter (Paris, 2 fév. 1830).

76. L'autorisation d'accepter une succession peut aussi résulter de faits communs au mari et à la femme : par exemple, de l'appréhension d'objets mobiliers par celle-ci, au vu et su de son mari (Bourges, 9 juill. 1831).

77. Mais l'autorisation doit être restreinte aux faits pour lesquels elle est donnée; ainsi une femme autorisée à vendre un immeuble ne pourrait le donner sous forme de contrat à titre onéreux (Pau, 19 mars 1831), ni acheter pour elle et pour son mari un immeuble qu'elle est autorisée à acheter pour lui seul (Cass., 1er brum. an 13).

78. ...Et au mode qu'elle est autorisée à employer; ainsi, la femme, autorisée à s'obliger jusqu'à concurrence d'une certaine somme, ne pourrait donner un aval sur une lettre de change pour cette même somme, ce fait aggravant sa position (Cass., 9 juin 1839).

79. Celle qui est autorisée à transiger ne pourrait compromettre valablement (Cass., 15 janv. 1812), ni proroger un compromis.

80. Le pouvoir général de gérer ses biens donné par le mari à sa femme l'autoriserait à emprunter en son nom comme son mandataire (Douai, 15 fév. 1814).

81. *Autorisation pour ester en justice.* — L'autorisation du mari doit être demandée : 1° par sa femme lorsqu'elle veut former une demande en justice (Cass., 1er juill. 1828); 2° par les adversaires de la femme lorsqu'elle est attaquée comme défenderesse (Cass., 29 mars 1808).

82. La femme, lorsqu'elle est demanderesse, peut intenter son action avant d'avoir obtenu l'autorisation de son mari.—Seulement, dans ce cas, le tribunal saisi surseoit à statuer jusqu'à ce que cette autorisation ait été rapportée (Cass., 21 nov. 1832).

83. Lorsque la femme est défenderesse, il n'est pas non plus nécessaire d'obtenir l'autorisation préalablement à la demande. — Décidé que l'assignation donnée à une femme sans que son mari soit appelé pour l'autoriser n'est pas radicalement nulle et qu'elle peut être validée par une assignation postérieurement donnée au mari (Cass., 5 août 1812).

84. Le mari qui consent à autoriser sa femme à ester en jugement concourt avec elle aux actes de procédure. Ceux-ci sont rédigés : *à la requête de la femme, et encore à celle du mari, agissant à l'effet d'autoriser sa femme à ester en jugement.*—V. *Formule*, n. 2.

85. L'autorisation du mari peut encore être donnée, soit par acte sous seing privé, soit par acte devant notaire. Il est indispensable de mentionner cette autorisation dans les exploits signifiés à la requête de la femme (Toullier, t. 2, n° 647). Nous conseillons même de la signifier dans le premier exploit de l'instance.—V. *Formule*, n. 3.

86. L'autorisation du mari peut aussi être tacite : elle résulterait suffisamment des soins qu'il aurait donnés au procès en correspondant avec l'avoué (Caen, 9 oct. 1815); de la demande qu'il intenterait lui-même contre sa femme (Cass., 24 fév. 1841). Ainsi, le mari qui plaide contre sa femme l'autorise implicitement à ester en justice (Rouen, 29 nov. 1844: *J. Huiss.*, t. 26, p. 319). — V. *Appel (en mat. civ.)*, n° 275. Mais cela n'autoriserait pas la femme à interjeter appel contre lui ; cet appel la constituant demanderesse, elle devrait obtenir l'autorisation de son mari ou de justice. (Arrêt de cass. précité du 24 fév. 1841.

§ 4.—*Formes de l'autorisation de justice.*

87. TRIBUNAL OU LA DEMANDE DOIT ÊTRE PORTÉE. — La demande en autorisation doit être portée, savoir : *Si la femme est demanderesse*, devant le tribunal civil du domicile du mari (Toullier, t 2, n° 649); lors même que le procès, au fond, devrait être soumis à un autre tribunal (Cass., 21 germ. an 12). — Si la femme demandait à être autorisée à interjeter appel, elle devrait s'adresser à la Cour compétente sur l'appel (Carré et Chauveau, t. 6, *quest.* 2910). Si, au contraire, *la femme est défenderesse* et que, sur l'assignation donnée à elle et à son mari à l'effet de l'autoriser, celui-ci fasse défaut, l'autorisation est accordée par le tribunal saisi de la contestation, quel qu'il soit (Cass., 17 août 1813 ; Bruxelles, 26 août 1811 ; Colmar, 31 juill. 1810 ; Chauveau sur Carré, *quest.* 2910 *bis* et 2910 *ter*), alors même qu'il serait tribunal d'exception (Duranton, t. 2, n° 466 ; Vazeille, n° 344).

88. L'autorisation ne peut émaner d'un seul juge, ni même du président du tribunal; elle doit être donnée par le tribunal même. Cependant, il y a exception à cette règle en cas de séparation de corps : dans ce cas, l'autorisation est donnée par le président seul (C. proc., art. 865 et 878).—V. *Séparation de corps*.

88 *bis*. L'arrêt qui prononce sur l'appel d'un jugement autorisant une femme mariée à ester en justice doit être rendu en audience publique (Poitiers, 18 avril 1850 : *J. Huiss.*, t. 31, p. 227). Il en est de même du jugement rendu en première instance. Mais la cause, en première instance comme en appel, doit être instruite en chambre du conseil.—V. *infrà*, n° 91 *bis*.

89. FORMES DE LA DEMANDE. — PROCÉDURE. — Plusieurs distinctions sont à faire :

PREMIER CAS.—LA FEMME EST DEMANDERESSE :—1° *Le mari est capable de l'autoriser.* — La femme qui veut se faire *autoriser à ester en jugement* doit, avant tout, mettre son mari en demeure de l'autoriser, par une sommation (C. proc., art. 861), et lui donner au moins vingt-quatre heures pour répondre à cet acte (Carré et Chauveau, *quest.* 2918). Si le mari savait signer, il pourrait donner son consentement sur la sommation.—V. *Formule*, n° 4.

90. Sur le refus du mari de répondre, la femme présente une requête au président du tribunal (C. proc., art. 861), dans laquelle elle expose l'intérêt qu'elle a d'obtenir l'autorisation. Par suite de cette requête, le président rend une ordonnance portant permission d'assigner le mari à jour indiqué, en la chambre du conseil, pour déduire les causes de son refus (C. proc., art. 861). —V. *Formule*, n° 5.

90 *bis*. Cette forme de procéder doit recevoir son application aussi bien en Cour d'appel qu'en première instance (Orléans, 19 mai 1849 : *J. Huiss.*, t. 31, p. 75).

91. Le mari entendu, ou faute par lui de se présenter, il est rendu, sur les conclusions du ministère public, un jugement qui statue sur la demande (C. proc., art. 862). La femme et le mari peuvent appeler de ce jugement (Cass., 23 août 1826).

91 *bis*. Est valable l'exploit d'appel d'un jugement autorisant une femme mariée à ester en justice, dans lequel le mari assigne sa femme à comparaître devant la Cour au lieu ordinaire de ses audiences, quoique la cause doive être instruite en chambre du conseil (Poitiers, 18 avril 1850 : *J. Huiss.*, t. 31, p. 227).—V. *Suprà*, n° 88 *bis*.

91 *ter*. Jugé également que la femme, qui veut faire statuer sur l'appel d'un jugement qui lui a refusé l'autorisation de contracter ou d'ester en justice, doit assigner son mari à l'audience publique. Il n'est même pas nécessaire que cette assignation ait été précédée ou suivie immédiatement d'une sommation au mari de comparaître en la chambre du conseil ; il suffit que le que le mari y ait été appelé avant la prononciation de l'arrêt (Orléans, 10 mai 1849 : *J. Huiss.*, t. 31, p. 75).

92. La femme qui veut se faire *autoriser à contracter* n'a pas besoin de présenter de requête ; elle peut assigner directement son mari devant la chambre du conseil (C. civ., art. 219 ; Carré et Chauveau, *quest.* 2917). — Dans ce cas, comme lorsqu'il s'agit d'ester en jugement, le mari doit préalablement être mis en demeure par une sommation (Aix, 19 janv. 1810 ; Chauveau sur Carré, *quest.* 2917 *bis*. — *Contrà*, Rennes, 13 fév. 1818, qui décide que la mise en demeure n'est pas indispensable).

93. Dans la procédure en autorisation, le ministère des avoués est facultatif ; en conséquence, l'assignation au mari n'a pas besoin de contenir constitution d'avoué (Carré et Chauveau, t. 6, *quest.* 2922 ; Pau, 30 juin 1837).

94. Aucune condamnation de dépens ne peut être prononcée contre le mari qui fait défaut sur l'assignation à fin d'autorisation (Bruxelles, 23 mars 1833).

95. *Le mari est incapable d'autoriser.*—En cas d'absence présumée, d'absence déclarée ou d'interdiction du mari, la femme qui veut se faire autoriser présente une requête au président, lequel ordonne la communication au ministère public et commet un juge pour faire le rapport au jour indiqué (C. proc., art. 863 et 864). On joint à la requête le jugement qui déclare l'absence ou l'interdiction (C.proc., art. 864), et, si l'absence n'est que présumée, un acte de notoriété constatant la disparition du mari (Carré et Chauveau, *quest.* 2926).

96. Toutes les fois qu'il y a impossiblité de la part du mari de pouvoir procéder avec sa femme ou de l'autoriser (V. *suprà*, nos 55 et suiv.), on doit se conformer à la disposition du numéro précédent (Carré et Chauveau, *quest.* 2925). Alors, il est inutile de faire des sommations et d'assigner.

97. Deuxième cas. — La femme est défenderesse. — Le demandeur provoque l'autorisation en assignant par le même exploit la femme comme partie, et le mari pour l'autoriser à ester en jugement. Il n'est besoin, dans ce cas, ni de sommation préalable, ni de requête au juge.— V. *Form.*, no 6.

§ 5.—*Effets de l'autorisation.*

98. L'autorisation de la justice, de même que celle du mari, a l'effet de faire cesser l'incapacité de la femme mariée, et de rendre l'acte pour lequel elle est autorisée aussi valide que si elle n'était pas engagée dans les liens du mariage (Toullier, t. 2, no 655).

99. Mais il y a cette différence, que si la femme succombe dans le procès où elle est autorisée de son mari, on peut poursuivre la condamnation sur la pleine propriété des biens propres de la femme, sans respect pour l'usufruit ou jouissance légale que peut avoir le mari sur ces biens, et même sur la pleine propriété des biens de la communauté (C. civ., art. 1419, 1426, 1427 ; Toullier, t. 2, no 658 ; Vazeilles, no 369); au lieu que si elle n'est autorisée que de la justice, la condamnation ne peut être poursuivie que sur la nue propriété des biens dont le mari a le droit de jouir, et sur la pleine propriété de ceux dont la femme a la disposition ; à moins, toutefois, qu'il ne s'agisse d'obligations contractées pour affaires communes, ou intéressant le mari (Toullier, t. 12, no 239), ou qui aient tourné au profit de la communauté (Toullier, t. 2, no 656); car, dans ces divers cas, les biens de la communauté pourraient être saisis jusqu'à concurrence de ce dont elle aurait profité.

100. Le principe posé au numéro précédent souffre exception en faveur du mari qui a adopté le régime de séparation de biens, ou le régime dotal, ou qui est judiciairement séparé de biens : lorsqu'il autorise sa femme à ester en justice, il reste totalement étranger aux condamnations qui peuvent être prononcées (Rolland de Villargues, *Répert. du notariat*, vo *Autorisation maritale*, nos 191 et 192 ; Cass., 24 vend. an 7).

101. Si le mari, ayant intérêt au procès, avait plaidé avec sa femme, les poursuites pourraient être dirigées sur les biens de l'un et de l'autre.

§ 6.—*Du défaut d'autorisation.*

102. Les contrats et actes passés par la femme, les procédures faites par elle ou contre elle, sans l'autorisation du mari ou de justice, dans le cas où cette autorisation est nécessaire, sont nuls ; et ces actes ne pourraient même être mis à exécution après la dissolution du mariage (Toullier, t. 2, no 659).

103. Toutefois, la nullité ne peut être opposée que par la femme, par le mari ou par leurs héritiers (C. civ., art. 225).—Ainsi, elle ne pourrait l'être par les créanciers de la femme (Bruxelles, 30 juin 1818 ; Angers, 1er août 1818;

Toullier, t. 7, n° 567). L'art. 225 précité est expressément limitatif. — V. *contr.*, Duranton, t. 2, n° 512; Vazeille, n° 384).

104. La nullité ne peut être également proposée : 1° par le mari qui a tenu son mariage secret (Cass. 30 août 1828); 2° par ceux qui ont plaidé ou contracté avec la femme (C. civ., art. 1125; Toullier, t. 2, n° 661).

105. Le droit du mari à demander la nullité n'est pas aussi absolu que celui de sa femme.—La femme peut l'invoquer sans justifier d'aucun intérêt. —Le mari ou ses héritiers ne le peuvent que s'ils y ont intérêt.

106. Il s'ensuit que, pendant le mariage, le mari peut demander cette nullité dans le seul intérêt de son autorité méconnue, mais que, après sa dissolution, il ne peut agir que dans un intérêt personnel et pécuniaire.

107. *Prescription.* — L'action en nullité des actes faits par la femme se prescrit par dix ans du jour de la dissolution du mariage (C. civ., art. 1304).— Toutefois, ce délai ne s'applique pas aux jugements passés en force de chose jugée; ils doivent être attaqués par les mêmes voies que les jugements réguliers (Cass., 7 oct. 1812). Mais les jugements n'acquièrent la force de chose jugée que par des significations régulièrement faites au mari et à la femme, et les délais ne courent qu'à partir du moment où le mari a été ainsi mis en demeure d'agir. —V. *Chose jugée.*

108. *Enregistrement.*—Les actes contenant l'autorisation pure et simple du mari sont sujets au droit fixe de 2 fr. (L. 28 avr. 1816, art. 43).

Formules.

1. *Notification de changement d'état.*

L'an 18. . . . . .,·à la requête de Nicolas Lambert, propriétaire, et Marie Lanoue, sa femme, demeurant à. . . . . ; ladite dame Lambert partie en l'instance pendante au tribunal de. . . . . et défenderesse aux fins de la demande formée contre elle par le ci-après nommé, suivant exploit de. . . . ., j'ai,. . . . . signifié et avec ces présentes donné copie à. . . . demandeur en ladite instance, de l'expédition de l'acte dressé par l'officier de l'état civil de la commune de. . . . . ., le. . . . ., constatant le mariage des requérants; à ce que mondit sieur. . . . n'en ignore et ait à y avoir égard, sinon les requérants se pourvoiront de que de droit, sous toutes réserves.

Coût (Tarif, Arg., 29): Paris, 2 fr.; R. P., 1 fr. 80 c.; ailleurs, 1 fr. 50 c.
Enregistrement de l'exploit, 2 fr. 20 c. (L. 28 avril 1816.)

2. *Autorisation du mari dans l'exploit.*

L'an 18. . . ., à la requête de madame. . . . . épouse de M. . . . . et encore à celle de mondit sieur M. . . . . agissant à l'effet d'autoriser ladite. . . . . . sa femme, à plaider et à ester en jugement sur la demande ci-après, pour lesquels domicile est élu...

Coût: V. *Form.*, 1.

3. *Signification de l'autorisation.*

L'an 18 . . . ., à la requête de madame. . . . épouse de M. . . . .,demeurant à. . . . ., ladite dame. . . . autorisée à plaider et à ester en jugement sur la demande ci-après, suivant acte reçu par Me . . . ., notaire à . . . ., le . . . ., duquel acte il est avec ces présentes donné copie, j'ai..., etc.

Coût: V. *Form.*, 1.
Enregistrement de l'exploit, 2 fr. 20 c. (L. 28 avril 1816.)

4. *Sommation au mari à l'effet d'autoriser sa femme à ester en justice.*

L'an 18. . . ., à la requête de. . . . ., épouse commune en biens (ou séparée de biens, ou mariée sous le régime dotal) de. . . . demeurant avec son mari à. . . . , j'ai, ... requis et sommé le sieur. . . . . de procéder, conjointement avec la requérante, sur la demande qu'elle se propose de former contre le sieur. . . . . (*Indiquer l'objet de la demande*), lequel susnommé m'a répondu qu'il consentait à procéder sur ladite demande, conjointement avec son épouse . . . . ., ou qu'il ne voulait pas consentir à procéder sur ladite demande conjointement avec son épouse. . . . et alors je l'ai requis de, dans le délai de vingt-quatre heures, donner et fournir à la requérante, aux frais de cette dernière, soit par acte devant notaire, soit par acte sous seing privé, l'autorisation dont elle a besoin pour la former seule. . . . . Si le mari veut donner de suite l'autorisation, on peut la formuler en ces termes : Lequel, sur cette réquisition, a déclaré autoriser la dame . . . . ., son épouse, à l'effet de . . . . . ou, lequel ayant refusé de satisfaire à la présente réquisition, je lui ai déclaré que, faute par lui d'obéir à la présente sommation, la requérante se pourvoira contre lui, à l'effet d'obtenir l'autorisation de la justice ; et, afin qu'il n'en ignore, je lui ai, au même domicile, et en parlant comme il est dit ci-dessus, laissé copie de la présente sommation, dont le coût est de. . . . .

Coût : V. *Form.*, 1.

Enregistrement de l'exploit, 2 fr. 20 c. (L. 28 avril 1816.)

5. *Citation au mari, afin de déduire les motifs de son refus d'autorisation.*

L'an 18. . . . ., en vertu d'une ordonnance rendue sur requête par M. le président du tribunal civil de . . . . le. . . . ., enregistrée le. . . . ; desquelles requête et ordonnance il est donné copie avec la présente citation, et à la requête de la dame, épouse (commune en biens, séparée de biens, ou mariée sous le régime dotal) du sieur. . . . demeurant avec lui, à. . . . (*Si la femme ne demeure pas avec son mari, indiquer le domicile du mari et la résidence séparée de la femme*), laquelle constitue pour avoué Me. . . . (1), j'ai, soussigné, ... cité ledit sieur. . . . ., en son domicile et parlant à. . . . ., à comparaître en personne, le (*Indiquer le jour et l'heure*) . ., en la chambre du conseil du tribunal civil de. . . . , séant au palais de justice, sis. . . . ., pour y être entendu, et s'expliquer sur les motifs du refus fait par lui dans la sommation qui lui a été donnée le. . . . ., par exploit du ministère de . . . ., d'accorder son autorisation à la requérante, à l'effet de former la demande dont il est parlé dans la sommation ci-dessus datée ; lui déclarant que, faute par lui de se présenter, et sur les conclusions du ministère public, il sera rendu tel jugement qu'il appartiendra sur la demande en autorisation formée par la requérante ; et, afin que ledit sieur n'en ignore, je lui ai, à la même requête et en parlant comme il est dit ci-dessus, laissé copie tant de la requête et de l'ordonnance sus-énoncés que du présent exploit, dont le coût, y compris copie de pièces, est de. . . . . (2).

Coût : V. *Form.*, 1.

Enregistrement de l'exploit, 2 fr. 20 c.

6. *Assignation à la femme défenderesse et au mari à l'effet de l'autoriser.*

L'an 18. . ., à la requête de. . . ., j'ai, . . . donné assignation 1° à. . . . épouse de. . . . ; ladite dame en qualité de débitrice du requérant ; 2° et audit sieur. . . . ; ce dernier en sa qualité de mari, commun en biens, de ladite. . . . ., à comparaître le. . . pour, à l'égard du sieur. . . ., voir dire qu'il sera tenu d'autoriser sa femme à ester en jugement sur la présente demande, sinon que ladite. . . . sera bien et dûment autorisée à cet effet par le jugement à intervenir ; et, au respect de ladite. . . ., s'entendre condamner...

Coût, comme à la formule 1.

Enregistrement de l'exploit, 2 fr. 20 c. (L. 28 avril 1816.)

7. *Sommation au mari en cas d'expropriation des immeubles de sa femme.*

L'an 18. . . ., à la requête de. . . . ., j'ai, . . ., signifié et déclaré à. . . . . en

_____

(1) Il n'est pas indispensable que la citation contienne constitution d'avoué. En cette matière, le ministère des avoués est facultatif. V. n° 93.

(2) La sommation au mari à fin d'autoriser sa femme *à contracter* et la citation qui lui est donnée en cas de refus ont lieu dans la même forme que la sommation n° 4 et la citation n° 5. Il n'y a qu'à supprimer ce qui concerne l'énonciation de la requête et de l'ordonnance, ces deux actes n'étant pas nécessaires ici. V. n° 92.

qualité de mari de. . . . ., que par acte devant M^e. . . . ., notaire à. . . . ., ladite dame. . . ., dûment autorisée, a reconnu devoir à. . . . la somme de. . . . actuellement exigible, que le requérant étant dans l'intention de poursuivre l'expropriation des immeubles de la dame. . . . . a besoin de l'autorisation dudit sieur. . . . . ., et lui ai de suite fait sommation de fournir au requérant et aux frais de ce dernier, dans le délai de vingt-quatre heures, etc. (Le surplus est à la formule n° 4.)

Coût : V. *Form.*, 1.

Enregistrement de l'exploit, 2 fr. 20 c.

8. *Demande en nomination de tuteur.*

L'an 18. . . ., à la requête de. . . ., agissant comme créancier de. . . ., en vertu de l'ordonnance rendue sur requête. . . . ., j'ai, ... donné assignation à. . . . à comparaître le. . . ., pour déduire les motifs du refus par lui fait (*Énoncer la sommation*), et pour voir dire que faute par ledit sieur. . . . d'autoriser sa femme mineure, un tuteur sera nommé à l'effet de poursuivre contre ce dernier l'expropriation des immeubles que possède ladite dame. . . . . . dans la commune de. . . . .

Coût : V. *Form.*, 1.

Enregistrement de l'exploit, 2 fr. 20 c.

AUTORISATION DE PLAIDER. — 1. Autorisation que certaines parties intéressées doivent obtenir pour ester en justice. Ces parties sont : les communes, les établissements publics, les tuteurs, les femmes mariées (V. *Autorisation de femme mariée*), etc.

Indication alphabétique des matières.

§ Ier. — *De l'autorisation des communes.*

Art. 1er. — Principes généraux.

2. Aux termes de l'édit d'avril 1783, il était fait défense aux administrateurs des communes de plaider sans en avoir obtenu l'autorisation des habitants dans une assemblée générale. Cette nécessité de l'autorisation fut maintenue par la loi du 14 décembre 1789, et celle du 29 vendémiaire an 5 exigea l'autorisation de l'administration centrale du département.

3. Enfin, la loi du 18 juillet 1837, art. 49 et 54, a reproduit cette nécessité de l'autorisation tant pour intenter une action que pour y défendre, et a conféré au conseil de préfecture le pouvoir de l'accorder ou de la refuser, sur le vu de la délibération du conseil municipal qui lui est transmise.

4. Le conseil municipal étant appelé à délibérer sur les actions judiciaires qui intéressent la commune, le maire peut-il demander l'autorisation de plaider malgré l'avis contraire du conseil municipal ? La négative a été décidée pour les actions à intenter (Ord. du cons. d'État du 30 juillet 1840 ; Reverchon, *Des Autorisations de plaider*, p. 84).

5. Il y avait plus de doute pour les actions à soutenir (V. L. 18 juillet 1837, art. 57). Cependant il faut décider que le maire, agissant sous la *surveillance* et non sous l'*autorité* de l'administration supérieure, ne peut pas être autorisé par elle à soutenir un procès malgré la délibération du conseil municipal (Reverchon, p. 86).

6. Au maire seul ou à ceux qui le remplacent dans ses fonctions appartient le droit de demander l'autorisation de plaider, sauf le droit accordé au contribuable par l'art. 49 de la loi du 18 juillet 1837 (V. *infrà*, n°s 26 et suiv.).

7. Les décisions des conseils de préfecture qui interviennent sur la demande en autorisation des communes sont des actes de tutelle administrative contre lesquels les communes peuvent se pourvoir devant le conseil d'État. Mais les parties adverses n'ont ni intérêt ni qualité pour attaquer une décision qui refuse cette autorisation (Ord. du cons. d'État du 2 janvier 1838).

8. L'acquiescement donné par une commune avant d'être autorisée à plaider ne la lie en aucune manière, l'autorisation lui fût-elle donnée postérieurement (Cass., 11 janvier 1809).

9. *Cas où la commune a besoin d'une nouvelle autorisation.*—La commune déjà autorisée a besoin d'une nouvelle autorisation : 1° lorsqu'elle plaide devant un tribunal autre que celui devant lequel elle était autorisée à plaider et lorsque la face du procès est changée (Cass., 19 pluv. an 7 ; 5 oct. 1807); 2° lorsque la commune veut se pourvoir en appel (L. 28 juillet 1837, art. 49. —V. toutefois *infrà*, n° 10, 5° et n° 11), ou en cassation (Reverchon, *des Autorisations de plaider*, p. 47) ; 3° lorsqu'elle veut attaquer un jugement par la voie de la requête civile (Reverchon, p. 29) ; 4° lorsqu'elle forme un désaveu ou une inscription de faux (Reverchon, p. 30).

10. Mais une nouvelle autorisation est inutile :

1° Pour répondre aux demandes incidentes produites au cours de l'instance (Amiens, 12 janv. 1821 ; Cass., 7 janv. 1835 ; 7 mai 1839);

2° Pour former l'action en subrogation ou retrait de droits litigieux cédés contre elle (Grenoble, 19 mai 1828);

3° Pour répondre à une demande en péremption ou la former (Cass., 10 janvier 1810 ; Toulouse, 9 décembre 1828);

4° Pour plaider sur les débats que fait naître l'exécution de jugements définitifs et irrévocables (Cass., 17 nov. 1824 ; 29 fév. 1832 ; 7 mars 1842) ;

5° Pour défendre en appel (Cass., 1er juillet 1818 ; 4 mai 1840 ; Grenoble, 18 juillet 1838).—V. *suprà*, n° 9.

6 Pour défendre à une demande en requête civile (Cass., 25 nov. 1828 ; Toulouse, 1er mars 1836). V. n° 9, 3°.

11. *Cas où la commune est dispensée d'autorisation.* — Le maire est dispensé d'autorisation :

1° Pour intenter toutes actions possessoires (L. 18 juillet 1837 ; Reverchon, p. 62 et 63), interjeter appel d'un jugement au possessoire (Ord. du cons. d'État du 30 déc. 1842), et même intervenir en appel sur une instance possessoire (Cass., 2 fév. 1842). — C'est là une exception au principe précédemment posé. V. *suprà*, n° 9.—V. aussi *infrà*, n° 18.

12. 2° Pour faire tous actes conservatoires et interruptifs de déchéance, comme l'a jugé la Cour de Nîmes par arrêt du 7 mai 1841 (V. aussi L. 18 juillet 1837, art. 55).

13. 3° Pour intenter les actions administratives, par exemple, les pourvois au conseil de préfecture et au conseil d'Etat (Ord. du cons. d'Etat, des 16 fév. 1826, 16 janv. 1828 ; Cormenin, *Droit administratif*, t. 1er, p. 403; Reverchon, p. 69 et 70).

14. Mais il faut bien remarquer que l'autorisation n'est nécessaire que lorsque le maire agit comme mandataire spécial de la commune, et non pas comme agent de l'administration (Cass., 14 août 1832) ; par exemple, le maire n'a pas besoin d'autorisation pour assigner le propriétaire d'une maison menaçant ruine pour en faire ordonner la démolition.

ART. 2. — Règles spéciales au cas où la commune est défenderesse.

15. Quiconque veut intenter une action contre une commune ou une section de commune est tenu d'adresser préalablement au préfet un mémoire exposant les motifs de sa réclamation. Il lui en est donné récépissé. La présentation du mémoire interrompt la prescription et toutes déchéances (L. 18 juillet 1837, art. 51).

16. Le préfet transmet le mémoire au maire avec l'autorisation de convoquer immédiatement le conseil municipal pour en délibérer (Même art.).

17. La délibération du conseil municipal est, dans tous les cas, transmise au conseil de préfecture qui décide si la commune doit être autorisée à ester en jugement. La décision du conseil de préfecture doit être rendue dans le délai de deux mois à partir de la date du récépissé dont est parlé *suprà*, n° 15 (Même loi, art. 52).

18. L'action ne peut être intentée qu'après la décision du conseil de préfecture. En aucun cas, la commune ne peut défendre à l'action qu'autant qu'elle y a été expressément autorisée (même loi, art. 54), si ce n'est en matière possessoire (art. 55.—V. aussi *suprà*, n° 11).

19. La partie qui a obtenu condamnation contre une commune n'est point passible des charges ou contributions imposées pour l'acquittement des frais et dommages-intérêts qui résultent du fait du procès (Art. 58).

ART. 3. — De l'autorisation des sections de commune.

20. Nous dirons au mot *Commune* ce qu'il faut entendre par *section de commune*. Nous ferons seulement remarquer ici qu'on ne pourrait considérer comme une section de commune une collection de propriétaires riverains d'un marais qui voudraient réclamer des droits d'usage, pâturage, etc. (Cass., 15 novembre 1808) ; ni une collection de propriétaires riverains d'un canal qui s'uniraient pour défendre leurs droits à l'usage commun de ce canal (Cass., 3 décembre 1828). Ainsi, à ces propriétaires riverains ne s'appliquent pas les règles qui suivent.

21. Lorsqu'une section est dans le cas d'intenter ou de soutenir une action judiciaire contre la commune elle-même, il est formé, pour cette section, une commission syndicale de trois ou cinq membres que le préfet choisit parmi les électeurs municipaux, et, à leur défaut, parmi les citoyens les plus imposés (L. 18 juillet 1837, art. 56).

22. Les membres du corps municipal qui seraient intéressés à la jouissance des biens ou droits revendiqués par la section ne doivent point participer aux délibérations du conseil municipal relatives au litige. Ils sont remplacés, dans toutes ces délibérations, par un nombre égal d'électeurs municipaux de la commune, que le préfet choisit parmi les habitants ou propriétaires étrangers à la section. L'action est suivie par celui de ces membres que la commission syndicale désigne à cet effet (même article).

23. Lorsqu'une section est dans le cas d'intenter ou de soutenir une action judiciaire contre une autre section de commune, il est formé, pour chacune des sections intéressées, une commission syndicale conformément au numéro précédent (même loi, art. 57).

24. La commission nommée délibère s'il y a lieu d'intenter l'action ou d'y défendre, et la délibération est envoyée devant le conseil de préfecture à l'effet d'obtenir l'autorisation. —V. *suprà*, n° 3.

25. Ce que nous avons dit au n° 19 est applicable aux sections de commune qui ont gagné leurs procès contre la commune (L. 18 juillet 1837, art. 58).

ART. 4. — De l'autorisation des habitants en contribuables.

26. Le droit d'exercer ou de soutenir les actions de la commune n'appartient pas exclusivement au maire ou à ceux qui le remplacent dans l'ordre hiérarchique. Tout contribuable inscrit au rôle de la commune a aussi le droit d'exercer, mais à ses frais et risques, avec l'autorisation du conseil de préfecture, les actions qu'il croirait appartenir à la commune ou section, et que la commune ou section, préalablement appelée à en délibérer, aurait refusé ou négligé d'exercer. La commune ou section sera mise en cause et la décision qui interviendra aura effet à son égard (L. 18 juillet 1837, art. 49).

27. Le contribuable qui a usé de la faculté que lui accorde l'art. 49 a besoin d'une nouvelle autorisation pour interjeter appel (Metz, 31 mai 1842).

28. En matière administrative, un simple habitant ne peut exercer les actions d'une commune qu'au nom de cette commune et dans la forme prescrite par l'art. 49, L. 18 juillet 1837.

§ II. — De l'autorisation des établissements publics.

29. Les établissements publics, c'est-à-dire ceux qui ont pour but l'utilité publique, comme les hospices, les bureaux de bienfaisance, les fabriques d'églises, les consistoires des églises protestantes, etc., sont, comme les communes, sous une espèce de tutelle, et leur sont assimilés en ce qui concerne les actions qu'ils ont à intenter ou les demandes qu'on peut former contre eux.

30. Il faut donc à ces établissements l'autorisation du conseil de préfecture précédée d'une délibération de leur conseil spécial. Cependant, le conseil municipal est toujours appelé à donner son avis sur les demandes en autorisation de plaider formées par des établissements de bienfaisance.

31. Les hospices doivent avoir préalablement pris l'avis d'un comité consultatif composé de trois jurisconsultes choisis par le sous-préfet (Arrêté des consuls du 7 messid. an 9) ; et, comme ils sont des établissements de bienfaisance, il leur faut l'avis du conseil municipal.

32. Les fabriques ne peuvent être assimilées à des établissements de charité : par conséquent, la délibération du conseil de fabrique suffit sans qu'il soit nécessaire de prendre l'avis du conseil municipal (Reverchon, p. 346).

§ III. — De l'autorisation des tuteurs et des mineurs émancipés.

33. Aucun tuteur ne peut introduire en justice une action relative aux droits immobiliers du mineur, ni acquiescer à une demande relative aux mêmes droits, sans l'autorisation du conseil de famille (C. civ., art. 464).— V. *Conseil de famille, Tutelle.*

34. La même autorisation est nécessaire au tuteur pour provoquer un partage (C. civ., art. 465).—V. *Partage.*

35. Mais le tuteur peut sans autorisation, 1° défendre à une action immobilière (Toullier, t. 2, n° 1238) ; 2° répondre à une demande en partage (C. civ., art. 465) ; 3° intenter toutes actions mobilières et y répondre (Toullier, *ibid.*) ; 4° intenter toutes actions possessoires (C. civ., arg., art. 1428) ; 5° appeler d'un jugement statuant sur un droit immobilier (Cass., 17 nov. 1813).

36. Le défaut d'autorisation peut être opposé par l'adversaire du mineur ; autrement, celui qui plaiderait contre un mineur n'aurait que des chances défavorables (Cass., 11 décembre 1810).

37. Les tuteurs ne peuvent transiger au nom des mineurs qu'après y avoir été autorisés par le conseil de famille et de l'avis de trois jurisconsultes désignés par le procureur de la République. Cette transaction doit être homologuée par le tribunal de première instance (C. civ., art. 467),—V. *Tutelle.*

38. Le mineur émancipé doit être assisté de son curateur pour recevoir un capital mobilier et en donner décharge (C. civ., art. 482) ; pour défendre à une demande en partage ; enfin, pour comparaître en justice, soit comme demandeur, soit comme défendeur ; pour accepter une donation (C. civ., art. 935) ; et transférer une inscription sur le grand livre (L. 24 mars 1806, art. 2).

39. Le mineur émancipé ne peut aliéner ses immeubles, accepter ou répudier une succession, emprunter, transiger, acquiescer aux actions immobilières ou à celles qui intéressent son état, faire en un mot des actes autres que ceux de pure administration, sans observer les formalités prescrites pour les mineurs non émancipés.—V. au surplus *Emancipation.*

AUTORISATION POUR FAIRE LE COMMERCE. — Se dit de la permission sans laquelle certaines personnes (mineurs et femmes mariées) ne peuvent faire le commerce.—V. *Commerçant.*

AUTORITÉ. — 1. Au point de vue politique, ce mot s'emploie pour désigner l'ensemble des individus qui forment le pouvoir politique auquel on doit obéir. C'est en ce sens qu'on dit que toute *autorité* émane de la nation, qui l'exerce par délégation.—V. *Souveraineté.*

2. Dans une autre acception, on se sert de ce mot pour désigner tout pouvoir légitime auquel on doit obéissance et soumission : telle est l'*autorité administrative*, l'*autorité judiciaire.*

3. Dans un autre sens, il exprime le pouvoir qui résulte de l'établissement des droits civils entre les citoyens : c'est ainsi qu'on dit : l'*autorité maritale, paternelle*, l'*autorité du tuteur*, etc.

4. Enfin, ce mot s'emploie aussi pour désigner l'effet produit par la chose jugée. — V. *Chose jugée.*

AUTORITÉ ADMINISTRATIVE. — Pouvoir exercé dans l'intérêt public, par les agents directs de la puissance exécutive, tels que les préfets, sous-préfets, maires et commissaires de police. — V. *Compétence administrative, Conseil de préfecture, Fonctionnaires publics*, etc.

AUTORITÉ JUDICIAIRE.—V.*Compétence, Organisation judiciaire.*

AUTORITÉ MARITALE. — V. *Autorisation de femme mariée, Puissance maritale.*

AUTORITÉ MUNICIPALE. — Autorité chargée de prendre des règlements pour la gestion des biens communaux et pour la police de la cité. — V. *Commune, Maire.*

AUTORITÉ PATERNELLE. — V. *Puissance paternelle.*

AUTORITÉS. — Lois, jugements, arrêts, usages, opinions d'auteurs, que l'on cite à l'appui d'un point de droit, d'une discussion.

AUTORITÉS CONSTITUÉES. — On appelle ainsi les différents pouvoirs que chaque peuple a établis par sa constitution pour le gouverner et pour faire respecter et maintenir ses lois.

AUVENT. — **1.** Saillie en forme de toit pour garantir de la pluie ou du soleil l'entrée des maisons et les étalages de marchandises.

2. Les auvents doivent être placés à quatre mètres de hauteur ; leur largeur est fixée à 83 centimètres tout au plus ; ils ne peuvent être couverts en plomb, tuiles ou ardoises, et leur établissement doit être autorisé par la petite voirie, à peine de 20 francs d'amende (Arr. du cons., 26 oct. 1666 ; Ord. roy., 3 sept. 1677 ; 21 nov. 1721 ; Décl. du roi, 16 juin 1603 ; Arr. du cons., 9 oct. 1733).

3. L'autorité municipale a le droit d'ordonner la destruction des auvents. (Cass., 9 fév. 1833).—V. *Police municipale.*

AVAL. — Souscription mise sur une lettre de change ou un billet à ordre, et par laquelle un tiers qui ne figure ni comme tireur, accepteur ou souscripteur, ni comme endosseur, s'engage à en payer le montant dans le cas où l'effet ne serait pas acquitté par un ou plusieurs des débiteurs. —V. *Billet à ordre, Lettre de change, Compétence commerciale, Protêt.*

AVANCEMENT D'HOIRIE. — Donation faite à un héritier présomptif, par anticipation, d'une portion de ce qu'il a droit d'espérer dans la succession du donateur ou de toute la portion qu'il devra recueillir dans cette succession. — V. *Donation, Succession, Réserve.*

AVANCES. — **1.** Déboursés que l'on fait pour quelqu'un.

2. Sur le point de savoir par quel laps de temps se prescrit l'action des huissiers en remboursement des avances par eux faites dans l'intérêt de leurs clients.— V. *Huissier.*

AVANTAGE. — **1.** Ce mot a une double acception.

2. En procédure, il s'emploie pour exprimer le droit qu'a l'une des parties de requérir jugement, faute par l'adversaire d'avoir satisfait aux exigences de la loi : on dit alors que cette partie *prend son avantage.* — V. *Jugement par défaut.*

3. Dans la seconde acception, le mot avantage signifie *libéralité.*—V. *Donation, Succession.*

AVANT FAIRE DROIT. — Se dit d'un jugement préparatoire ou interlocutoire. — V. *Jugement.*

AVARIES. — **1.** Dans un sens général, ce mot s'emploie pour désigner les dommages soufferts par une chose.

2. Mais, dans un sens plus restreint, et en droit maritime, on entend par *avaries* : toutes dépenses extraordinaires faites pour le navire et les marchandises, conjointement ou séparément ; tout dommage qui arrive au navire ou aux marchandises depuis leur chargement et départ jusqu'à leur retour et déchargement (C. comm., art. 397).

3. Le mot *Avarie* exprime aussi le dommage survenu à des marchandises transportées d'un lieu à un autre par des voituriers et commissionnaires. — V. *Voiturier, Commissionnaire.*

4. Les avaries maritimes sont de deux sortes : *grosses* ou *communes, simples* ou *particulières.*

5. Les avaries *grosses* ou *communes* sont, en général, les dommages soufferts volontairement et les dépenses faites d'après délibérations motivées, pour le bien et salut commun du navire et des marchandises (C. comm., art. 400). Les avaries *simples* ou *particulières* sont les dépenses faites et le dommage souffert par le navire seul ou par les marchandises seules (C. comm., art. 403).

6. Les avaries *grosses* ou *communes, simples* ou *particulières*, ne tirent pas leur dénomination de ce qu'elles sont plus ou moins considérables. L'avarie *grosse* est appelée ainsi, encore bien qu'elle soit très-faible, parce qu'elle est supportée par la totalité des choses sauvées, et l'avarie *simple* est celle qui est supportée par la chose qui l'a éprouvée.

7. Lorsque des avaries ont eu lieu, c'est par un règlement entre les diverses parties intéressées au navire et au chargement qu'il est déterminé à la charge de qui elles doivent être mises ou dans quelles proportions elles doivent être supportées (C. comm., art. 398).

8. La demande en règlement d'avaries et en contribution doit être portée devant le tribunal de commerce de l'arrondissement dans le ressort duquel se fait le déchargement, s'il a lieu dans un port français (C. comm., art. 414 et 420 combinés); et, devant le consul français, ou, à son défaut, devant le magistrat du lieu, si le déchargement se fait dans un port étranger.

9. MM. Goujet et Merger (*Dictionnaire de droit commercial*, v° *Avaries*, n° 175) pensent que cette demande doit être formée dans l'année qui suit l'arrivée du navire ou le déchargement (Arg., art. 433, C. comm.). Toutefois, il est à remarquer qu'elle n'est soumise expressément par la loi à aucune prescription particulière.—V. *Assurance maritime.*

AVENANT. — Acte par lequel l'assureur et l'assuré conviennent d'annuler ou de modifier une police d'assurance. — V. *Assurance maritime.*

AVENANT (MARIAGE). — On appelait ainsi, en Normandie, la légitime des filles qui n'avaient été ni mariées ni dotées pendant la vie de leurs père et mère.— V. *Dot, Légitime, Succession.*

AVENIR. — **1.** Acte par lequel un avoué somme son confrère de se trouver à l'audience *tel* jour, pour y poser des conclusions ou y plaider l'affaire dans laquelle il est constitué.

2. Il n'est admis en taxe qu'un avenir pour chaque partie, sur chaque demande (C. proc. civ., art. 82).

3. L'avenir est, comme tous les actes d'avoué à avoué, signifié par un huissier-audiencier. — V. *Acte d'avoué à avoué.*

4. Il doit y avoir un jour franc entre la signification de l'avenir et celui indiqué pour la comparution.

Formule.

Signification d'avenir.

L'an . . . . . ., le . . . . . ., signifié et laissé copie à M^e. . . . . ., avoué, en son domicile, par moi huissier-audiencier soussigné.

Coût (Tarif, 156): Paris, 30 c.; R. P., 25 c.

AVERTISSEMENT. — **1.** Ce mot se disait autrefois d'un acte de procédure rédigé par l'avocat dans un procès appointé en première instance, pour établir l'état de la question et les moyens de fait et de droit. Dans ce sens, il n'est plus en usage.

2. Aujourd'hui, il s'emploie pour désigner la lettre ou le billet par lesquels les juges de paix appellent devant eux les parties préalablement à toute citation.

3. La lettre ou le billet d'avertissement, par lequel un juge de paix invite les parties à se présenter devant lui, leur est envoyé directement soit par la poste soit autrement par le greffier, ou remis par l'huissier audiencier de la justice de paix.

4. L'huissier qui porte les lettres ou billets d'avertissement ne peut exiger aucun émolument pour cette démarche, à laquelle il n'est point, d'ailleurs, obligé (**V. J. Huiss.**, t. 14, p. 136 et 137 ; t. 32, p. 64 et suiv. ; **Bull. spéc. des Huiss.**, t. 5, p. 65). — Mais les huissiers audienciers doivent-ils assister aux audiences données sur billets d'avertissement? — V. **Huissier audiencier, Justice de paix.**

5. Aucun doute ne peut exister sur le point de savoir si un émolument est dû aux huissiers pour la remise des avertissements, surtout depuis la loi du 25 mai 1838, *sur les justices de paix*. L'art. 17 de cette loi, en effet, est exprès, formel : il veut que les avertissements soient délivrés *sans frais*.

6. Il paraît cependant que, dans certaines localités, les huissiers perçoivent encore un émolument pour la remise des avertissements qu'ils effectuent ; et la communauté des huissiers de Dinan (Côtes-du-Nord), notamment, a dû prendre une délibération pour interdire à chacun de ses membres la perception de cet émolument (*J. Huiss.*, t. 32, p. 134 et suiv.). Cette perception est donc illégale, et la partie qui succombe ne peut la supporter.

7. Il n'est dû non plus pour les avertissements délivrés aux parties par les juges de paix aucun droit aux greffiers (V. *J. Huiss.*, t. 14, p. 136). Si, autrefois, la perception de 15, 20 ou 25 centimes par avertissement, suivant les localités, était tolérée de la part des greffiers, cet usage a disparu avec la loi du 25 mai 1838, dont l'art. 17, conçu en termes généraux, s'applique aussi bien aux greffiers qu'aux huissiers (*J. Huiss.*, t. 29, p. 16 ; t. 32, p. 64 et suiv. ; Allain, *Manuel encyclop. des Juges de paix*, t. 2, n°s 1863 et 1864).

8. Sur le point de savoir si les juges de paix peuvent permettre ou défendre de citer les parties devant eux sans les y avoir préalablement appelées par un avertissement, et si l'avertissement donne aux juges de paix le droit de statuer par jugement, voy. *Citation, Conciliation, Justice de paix.*

9. En matière de bail, on appelle avertissement l'acte par lequel le fermier est tenu d'instruire le propriétaire des usurpations commises sur les fonds affermés (C. civ., art. 1768). Cet avertissement doit être donné par un exploit d'huissier. — V. *Bail à terme*, n°s 30 et 31, et formules 4 et 5.

10. On donne aussi le nom d'avertissement à l'avis que les percepteurs adressent aux contribuables, pour que ceux-ci aient à payer le montant de leurs cotes, et les receveurs de l'enregistrement aux parties intéressées, pour le recouvrement des droits et amendes dus au fisc. — V. *Contributions directes, Enregistrement.*

11. Enfin, en matière disciplinaire, l'avertissement est une peine. — V. *Discipline, Huissier.*

AVEU. — **1.** C'est la déclaration par laquelle une partie reconnaît le droit ou l'exception de l'autre ou quelque fait qui s'y rapporte.

2. L'aveu ne forme pas une obligation contre celui qui le fait ; il est la preuve d'une obligation préexistante résultant de la convention dont l'existence est reconnue (Toullier, t. 10, n° 260 ; Duranton, t. 13, n° 535).

3. Il y a entre le consentement et l'aveu cette différence, que le premier se rapporte à une convention ou à un fait présent, tandis que le second ne se rapporte qu'à une convention ou à un fait antérieur. De plus, dans son origine, le consentement est toujours libre ; au contraire, l'aveu est toujours moralement forcé (Toullier, t. 10, n° 260).

4. Néanmoins l'aveu s'identifie avec le consentement, en ce sens qu'ils sont l'un et l'autre la manifestation de la volonté : d'où il suit que, quand il est donné librement, il forme la meilleure des preuves. Mais s'il est donné par erreur, extorqué par violence ou surprise, par dol, il est nul (C. civ., art. 1109 ; Toullier, t. 10, n°s 260 et 261).

5. L'aveu est judiciaire ou extrajudiciaire (C. civ., art. 1354).

6. *De l'aveu judiciaire.* L'aveu judiciaire est la déclaration que fait en justice la partie ou son fondé de pouvoir spécial (C. civ., art. 1356).

7. Il doit être fait par une personne capable ou par les représentants légaux de l'incapable avec les autorisations requises; autrement il serait considéré comme nul. Ainsi, l'aveu du tuteur, fait sans les formalités exigées par l'art. 467, C. civ., ne pourrait obliger le mineur (Duranton, t. 13, n° 551).

8. L'aveu fait par un avoué, sans pouvoir spécial, ne lie le client qu'autant que ce dernier ne le désavoue point (C. proc. civ., art. 352; Duranton, t. 13, n° 546).

9. Quant aux avocats, ils ne peuvent faire d'aveu sans autorisation spéciale. Ainsi, l'aveu qu'ils font sans cette autorisation ne lie pas leurs clients, encore bien que ceux-ci ne l'aient pas désavoué.

10. Le silence d'une partie sur un fait allégué par l'autre dans ses écritures ou à l'audience ne peut être considéré comme un aveu. Il en est de même du refus de répondre à une interpellation faite par l'autre partie (Toullier, t. 10, n° 299; Merlin, *Rép.*, v° *Partage*, § 11).

11. Si l'aveu est fait devant un tribunal incompétent à raison de la matière, il n'est considéré que comme aveu extrajudiciaire; mais si le tribunal n'est incompétent qu'à raison de la personne, l'aveu reste empreint du caractère judiciaire (Duranton, t. 13, n° 562).

12. L'aveu fait pleine foi contre celui qui l'a fait (C. civ., art. 1356); à son égard il est assimilé à l'autorité de la chose jugée (Duranton, *loc. cit.*; Toullier, t. 10, n° 287; Merlin, *Quest.*, v° *Terrage*, § 1).

13. L'aveu est indivisible (C. civ., art. 1356); ainsi l'adversaire ne pourrait se prévaloir d'une partie de l'aveu et en rejeter une autre. Il doit l'accepter ou le repousser tout entier (Cass., 10 mars 1806; 4 déc. 1827).

14. Toutefois, cette règle n'est pas absolue. Elle souffre exception dans certains cas.

15. Ainsi, l'aveu peut être divisé:

1° Lorsqu'il porte sur des faits distincts, ou sur des faits même connexes, mais qui ne se réfèrent pas à une même époque, et ne forment pas, par conséquent, un acte continu (Toullier, t. 10, n° 336; Cass., 14 janv. 1824; 25 août 1831; 6 fév. 1838);

16. 2° Lorsqu'il se trouve en contradiction avec des faits émanés de l'avouant (Bourges, 4 juin 1825);

17. 3° Si une partie de l'aveu est prouvée fausse, ou s'il est établi qu'elle est le résultat du dol, de la fraude ou de la dissimulation (Agen, 5 mai 1823; Paris, 6 avril 1829);

18. 4° Enfin, lorsqu'il existe un commencement de preuve contre celui qui a fait l'aveu (Toullier, t. 10, n° 336; Cass., 20 juin 1826; 21 mai 1838; Amiens, 14 décembre 1839). Mais l'aveu lui-même ne constitue-t-il pas un commencement de preuve par écrit?—V. *Commencement de preuve par écrit.*

19. L'aveu judiciaire peut être révoqué, tant que la partie à laquelle il profite n'a pas déclaré l'accepter (Toullier, t. 10, n°s 287 et 292; Duranton, t. 13, n° 564). Mais, du moment où il a été accepté, l'avouant ne peut plus le révoquer, à moins cependant qu'il ne soit le résultat d'une erreur de fait (C. civ., art. 1356), laquelle doit être établie par des preuves évidentes (Toullier, t. 10, n°s 309 et suiv.). L'erreur de droit ne peut être une cause de révocation de l'aveu (C. civ., art. 1356).

20. La révocation, dans les cas où elle est possible, peut avoir lieu par exploit signifié à partie ou à domicile. Il est prudent que cet exploit soit signé du requérant. Cependant le défaut de signature n'annulerait pas l'exploit.

21. *De l'aveu extrajudiciaire.* — L'aveu extrajudiciaire est celui qui se fait hors de justice.

22. Dans le sens absolu du mot, on pourrait considérer comme *aveu extra-judiciaire* toute déclaration faite dans des actes authentiques ou sous seings privés, et qui a pour objet de constater des conventions, des paiements, des obligations. Mais ces déclarations rentrent dans la classe des *preuves litté-rales*, dont il est fait mention dans les art. 1317 et suiv., C. civ.

23. L'aveu dont il s'agit ici est celui qui a lieu de vive voix, ou qui se trouve soit dans une lettre missive, soit dans un acte qui n'a point été passé exprès pour constater des obligations ou des paiements. Ainsi l'aveu extra-judiciaire peut être écrit ou verbal (Pothier, *des Obligations*, n° 385; Toullier, t. 10, n°s 306 et 307; Duranton, t. 13, n° 535).

24. L'aveu extrajudiciaire pouvant s'induire des termes de tout acte qui n'a pas eu pour objet de le former, il s'en suit que les huissiers ne sauraient apporter trop de soin et d'attention à la rédaction des motifs des exploits qu'ils sont chargés de signifier dans l'intérêt de leurs clients.— V. *Exploit, Huis-sier.*

25. Toutefois, nous ferons remarquer, en ce qui concerne l'aveu extra-judiciaire verbal, qu'il ne peut être invoqué dans les cas où la preuve testimo-niale ne serait point admissible, par exemple, s'il s'agit d'une demande dont l'objet excède 150 fr. (C. civ., art. 1535; Duranton, t. 13, n° 536).

26. La simple reconnaissance d'une dette dans des registres et papiers domestiques, sans intention de créer un titre, n'équivaut à aveu qu'autant qu'il existe quelque autre élément de preuves ou des présomptions graves, pré-cises et concordantes (C. civ., 1331; Cass., 27 avril 1831).

27. Pour produire effet, l'aveu extrajudiciaire doit être fait par une per-sonne capable de contracter (Duranton, t. 13, n° 543).

28. Comme l'aveu judiciaire, l'aveu extrajudiciaire fait pleine foi contre celui qui en est l'auteur (Toullier, t. 10, n°s 267 et 301). Il fait preuve même contre ses héritiers.

29. L'aveu tacite a le même effet que l'aveu formel. Par exemple, le paie-ment que fait une personne étant un aveu tacite de sa part qu'elle devait la somme payée, il en résulte contre elle la preuve que la somme qu'elle a payée était effectivement due. En conséquence, si elle veut répéter cette somme comme l'ayant indûment payée, c'est à elle qu'incombe la charge de prouver qu'elle ne devait rien (Pothier, *des Obligations*, n° 839; Duranton, t. 13, n° 542).

30. En principe, l'aveu extrajudiciaire, à la différence de l'aveu judiciaire, est divisible (Toullier, t. 10, n° 340; Cass., 29 avril 1820). Mais il devien-drait indivisible, s'il était répété en justice (Cass., 30 avril 1821).—V. *suprà*, n°s 15 et suiv.

31. Cet aveu ne peut plus être révoqué lorsque l'acte qui le contient a été remis à la partie à laquelle il peut profiter (Rolland de Villargues, *Répert. du Notariat*, v° *Aveu*, n° 73).

32. *Enregistrement.* — L'aveu consigné dans un acte particulier et qui ne produit ni obligation ni libération de sommes et valeurs n'est passible, comme simple déclaration, que du droit fixe de 2 fr. (L. 26 avril 1816, art. 43, n° 9). Dans le cas contraire, le droit proportionnel est dû suivant la nature de la disposition qui résulte de l'aveu.

Formules

1. *Signification d'un aveu.*

L'an 18. . . . ., à la requête de. . . . ., j'ai. . . . ., en vertu du pouvoir spécial qui m'a été donné, suivant acte sous seing privé, en date du. . . ., enregistré à. . . ., le. . . . ., et dont il est en tête de celle des présentes laissé copie, signifié et déclaré au sieur. . . . ., que le requérant est véritablement débiteur de la somme de. . . . ., objet du premier chef de demande, compris dans l'exploit d'ajournement qui lui a été signifié à la requête dudit sieur. . . . ., par exploit de Me. . . ., en date du. . . . ., et enregistré à. . . . ., le. . . ., qu'il n'entend élever sur ce point aucune contestation, faisant toutes réserves à l'égard des autres chefs de la demande formée contre lui par ledit sieur. . . .; à ce qu'il n'en ignore, etc.

Coût (Tarif, Arg., 29. Or.): Paris, 2 fr.; R. P., 1 fr. 80 c.; aill., 1 fr. 50 c. Enregistrement de l'exploit, 2 fr. 20 c. (L. 28 avr. 1816, art. 43.)

2. *Révocation d'un aveu.*

L'an . . ., à la requête de . . . . ., j'ai, ... signifié et déclaré à . . . . . que le requérant révoque purement et simplement l'aveu par lui fait (*Enoncer dans quelle circonstance et au sujet de quel fait l'aveu a eu lieu*); déclarant audit sieur. . . que le requérant entend que ledit aveu soit considéré comme nul et non avenu, sous toutes réserves; et à mondit sieur . . . . . requérant, signé en cet endroit; à ce qu'il n'en ignore, etc.

Coût et enregistrement, comme à la formule n° 1.

AVEUGLE. — **1.** Quoique les aveugles n'aient été déclarés par aucune oi, d'une manière formelle, incapables des actes de la vie civile, néanmoins, comme ils sont soumis, de même que tous les autres citoyens, à l'observation des formalités requises pour la validité des différents actes, ils ne sont capables que lorsque ces formalités ne sont pas incompatibles avec la nature de leur infirmité (*Encyclopédie du droit*, v° *Aveugle*, n° 2).

2. Ainsi, quand même un aveugle saurait signer son nom, il ne pourrait valablement souscrire un acte sous-seing privé (Pau, 8 août 1808).

3. On peut donc poser en principe que les aveugles sont nécessairement, et par la force même des choses, incapables de tous les actes ou de toutes les fonctions qui exigent l'obligation de *lire* et par conséquent de *voir*.

4. Ils ne peuvent dès lors exercer des fonctions administratives, ni les fonctions de greffier, d'avoué, d'huissier, etc.

AVIS DE PARENTS. — Délibération du conseil de famille réuni pour discuter, suivant le mode et dans les cas prévus par la loi, sur les intérêts d'un mineur ou d'un interdit. — V. *Conseil de Famille.*

AVIS DU CONSEIL D'ÉTAT.—Délibération du conseil d'Etat destinée à faire connaître son opinion sur une question qui lui est soumise (Dufour, *Droit administratif*, t. 1er, n° 205). — V. *Conseil d'Etat.*

AVOCAT. — **1.** Licencié en droit dont la profession est, après avoir prêté serment devant une Cour ou un tribunal, et s'être fait admettre au tableau, de défendre les intérêts des citoyens devant les tribunaux.

2. Les avocats sont des hommes privés, n'exerçant aucune fonction publique; leur profession est incompatible avec toutes les fonctions de l'ordre judiciaire, notamment avec celles d'avoué et d'huissier.

3. Tout avocat inscrit au tableau peut plaider devant toutes les cours et tous les tribunaux du royaume (Décr., 2 juill. 1812; ord. 27 août 1830), et cela, à l'exclusion des avoués dans la majeure partie des circonstances. — V. *Avoué, Avocat à la Cour de cassation.*

4. Les avocats ne sont tenus de prêter leur ministère que lorsqu'ils sont nommés d'office.

5. Les consultations des avocats, indépendamment de leurs productions en justice, sont soumises à la formalité du timbre (L., 13 brum. an 7; Cass., 8 janv. 1822).

AVOCAT A LA COUR DE CASSATION. — **1.** Les avocats à la Cour de cassation sont chargés d'instruire et de plaider les affaires en matière civile, commerciale et criminelle, devant la Cour de cassation, et les affaires administratives devant le conseil d'Etat.

2. Leur ministère est obligatoire pour les parties en matière civile, commerciale, administrative et de petit criminel ; mais il n'est que facultatif en matière de grand criminel (Règlement de 1738, tit. 4, art. 2).

3. Les avocats à la Cour de cassation ne sont pas des officiers ministériels ordinaires ; leur qualité d'avocat prédomine : d'où il suit qu'ils ne peuvent être tenus de présenter et de défendre un pourvoi qu'ils ne croient pas fondé (Cass., 6 juill. 1813).

4. Mais ils pourraient être condamnés à des dommages-intérêts envers leurs clients, si, par l'effet d'un refus tardif de se charger du pourvoi ou d'une négligence de leur part, ceux-ci éprouvaient un préjudice (Arrêt de Cass. précité).

5. Le pourvoi se forme par une requête adressée à la Cour de cassation, et les moyens du pourvoi sont développés dans un mémoire que les avocats à la Cour de cassation ont seuls le droit de signer et de faire imprimer (Arrêts du Conseil du 25 fév. 1758 et 18 mars 1774).

6. Les avocats à la Cour de cassation ont encore le droit, concurremment avec les autres avocats, de faire des consultations sur quelque matière de droit que ce soit, et de plaider devant toutes les cours et tous les tribunaux de France.

7. Les requêtes, mémoires et consultations des avocats à la Cour de Cassation sont assujettis au timbre (L. 13 brum. an 7, art. 12). — V. *Conseils d'Etat, Cour de Cassation, Exploit, Huissier.*

AVOUÉ. — 1. Officier ministériel connu autrefois sous le nom de procureur *ad lites*, ou simplement procureur, et chargé de représenter les parties devant les Cours et tribunaux.

Indication alphabétique des matières.

Acte d'appel, 19, 24, 25.
Adjudication, 7, 14.
Assignation (énonciations), 62.
Avocat, 12.
Communauté (renonciation), 17.
Communication de pièces, 5, 58.
Compétence, 60.
Conciliation, 61.
Constitution d'avoué, 4, 19, 24, 25.
Contributions indirectes, 20.
Copie de pièces, 8.
Déclaration d'appel, 38.
Défense orale, 19.
Discipline, 23.
Domaines de l'Etat, 19.
Douanes, 20.
Emoluments, 48 et s.
Enchères, 7.
Enregistrement, 20.
Exploit (rédaction), 8.

Expropriation pour cause d'utilité publique, 18.
Fonctions, 4 et s.
— (entrée en), 2, 3.
Frais, 48 et s.
Greffier, 12.
Huissier, 8, 9, 12, 31, 39 et s.
Instruction sur mémoire, 20.
Mandat, 29 et s.
Matière correctionnelle, 24 et s., 38.
Ministère facultatif, 19 et s.
— nécessaire, 13 et s., 27.
— prohibé, 28.
Nomination, 2, 3.
Notaire, 12.
Nullité, 39 et s.
Ordre, 16.
Plaidoirie, 10, 11.
Préfet, 19.
Prescription, 63.

Privilége, 56.
Purgo, 15.
Référé, 18.
Registre des recettes, 64.
Remise de pièces, 50 et s., 59.
Rente constituée (vente), 14.
Responsabilité, 39 et s.
Restitution de pièces, 22.
Rétention de pièces, 57.
Révocation, 34.
Serment, 2, 3.
Signification, 3, 5.
Succession (renonciation), 17.
— bénéficiaire (acceptation), 17.
Surenchère, 15.
Timbre, 12.
Tribunal de commerce, 64.
Vente d'immeubles devant notaire, 21.
— judiciaire, 7.

2. Un avoué n'entre pas en fonctions du jour de sa nomination par le Gouvernement, mais seulement du jour où il prête serment en cette qualité.

3. Il suit de là que le titulaire d'un office d'avoué ne cesse pas ses fonctions par cela seul qu'il a cédé son office ; il continue à les exercer jusqu'au jour de la prestation de serment par son successeur. En conséquence, les actes postérieurs à la cession qu'il a faite, mais antérieurs à cette prestation de serment, lui sont valablement signifiés (Angers, 17 août 1831 : *J. Huiss.*, t. 12, p. 316).

4. *Fonctions des avoués.* — Les avoués ont le droit exclusif de *représenter* les parties, dans les affaires contentieuses, devant les Cours et tribunaux ; et ce droit comprend celui de *postuler* et de *conclure*, c'est-à-dire de faire tout ce qui est nécessaire à l'instruction des procès et de présenter le résumé des réclamations des parties (LL. 20 mars 1791, art. 3 ; 27 ventôse an 8, art. 94). La désignation de l'avoué qui doit occuper pour une partie dans une instance se nomme *constitution d'avoué*. — V. ce mot.

5. Du droit qu'a l'avoué de représenter les parties, il résulte que les actes qui lui sont signifiés ou communiqués sont censés l'être à son client (C. proc., art. 61, 155, 160, 261, 669, 763 et 832), et que certains actes faits par l'avoué sont également réputés l'être par la partie (C. proc., art. 196, 198).

6. En un mot, l'avoué est réputé, par la loi, maître du procès, *dominus litis,* pour tout ce qui concerne l'instruction de l'affaire (Bioche, *Dict. de procéd.,* 3e édit., vo *Avoué,* no 43).

7. D'autres attributions ont encore été conférées aux avoués. Ainsi, ils ont seuls le droit de poursuivre les ventes qui ont lieu en justice et de faire les actes nécessaires pour arriver à l'adjudication (Tarif, art. 102 et suiv. ; Ord. 10 octobre 1841 ; Bioche, vo *Avoué,* no 35.—V. aussi *infrà,* no 14). Ils ont aussi le droit exclusif de porter des enchères sur les adjudications judiciaires (C. proc., art. 707). — V. *Vente judiciaire d'immeubles.*—V. aussi *Saisie immobilière.*

8. Les avoués ont-ils le droit de rédiger les originaux des exploits des huissiers ? — V. *Exploit, Huissier.*

9. Ont-ils également le droit de rédiger les originaux des copies de pièces données en tête des exploits des huissiers ? — V. *Copies de pièces.*

10. Les avoués ne peuvent plaider, dans les affaires où ils occupent, devant les Cours et tribunaux, que les *incidents de procédure* et les *demandes incidentes* susceptibles d'être jugés sommairement (Ord. 27 février 1822, art. 5).—Peu importe qu'ils soient ou non licenciés en droit (Cass., 8 avril 1837).

11. Toutefois, cette règle souffre exception : 1o à l'égard des avoués licenciés en droit avant le décret du 2 juillet 1812 (Ord. 1822, art. 1er) ; 2o à l'égard de tous les avoués en cas de maladie, absence, refus ou impossibilité de plaider de la part des avocats (Décr. 2 juill. 1812, art. 5) ; — 3o lorsque le nombre des avocats est jugé insuffisant (Ord. 27 fév. 1822, art. 2).

12. Les fonctions d'avoué sont incompatibles non-seulement avec celles d'avocat, mais aussi avec celles de greffier, notaire et huissier (Arg. art. 42, Ord. 29 nov. 1822).

13. *Cas dans lesquels le ministère des avoués est nécessaire, facultatif et prohibé.* — 1o MINISTÈRE NÉCESSAIRE : le ministère des avoués est nécessaire dans toutes les affaires portées devant les tribunaux civils de première instance et devant les Cours d'appel ; ils doivent y assister les parties, encore bien qu'elles plaident elles-mêmes leurs causes (C. proc., art. 85).

14. ...Pour tous les actes exigés pour arriver à la vente de rentes constituées sur particuliers, et à l'adjudication des immeubles dont la vente est poursuivie devant le tribunal. — V. *suprà,* no 7.

15. ...Dans les cas prévus par l'art. 832, C. proc. civ., c'est-à-dire dans la procédure de purge et de surenchère (Nancy, 3 juillet 1834 : *J. Huiss.,* t. 16, p. 89).—V., au surplus, *Purge légale, Surenchère.*

16. ...En matière d'ordre, à toutes les époques de l'instance (Paris, 25 mars 1835).

17. ...Pour les acceptations de succession sous bénéfice d'inventaire, et les renonciations de succession ou de communauté (Arg. art. 91, Tarif). — V. *Bénéfice d'inventaire, Communauté, Succession.*

18. Le ministère des avoués est-il nécessaire en matière d'expropriation pour cause d'utilité publique et en matière de référé? — V. *Expropriation pour cause d'utilité publique, Référé.*

19. 2° MINISTÈRE FACULTATIF : le ministère des avoués est facultatif dans les affaires qui intéressent l'Etat. Ainsi, si, en matière domaniale, un préfet, agissant au nom de l'Etat, peut se faire représenter par un avoué (Toulouse, 29 juin 1831 : *J. Huiss.*, t. 13, p. 331), aucune disposition de loi ne lui impose l'obligation de constituer avoué. L'art. 94 de la loi du 27 ventôse an 8, qui a rendu aux avoués leur droit exclusif de postuler et de prendre des conclusions dans les affaires, n'est pas applicable à celles qui concernent l'Etat; et, dans ces dernières affaires, la défense orale est autorisée (LL. 19 vent. an 4, et 14 vent. an 7, art. 27 ; Arrêtés des 10 therm. an 4 et 7 mess. an 9; Avis du cons. d'Etat, 1er juin 1807). Il suit de là que l'acte d'appel interjeté par un préfet, en matière domaniale, peut ne pas contenir constitution d'avoué (Colmar, 12 mars 1831 : *J. Huiss.*, t. 13, p. 16).

20. ...Dans les affaires qui concernent l'administration des contributions indirectes, soit à l'égard de celle-ci, soit à l'égard de la partie plaidant contre elle (Cass., 26 mars 1827) ; celle du timbre et de l'enregistrement (même arrêt), et celle des douanes, lorsqu'elle se borne à une instruction sur mémoires (Casss., 16 mess. an 13; 10 déc. 1821).

21. ...En matière de vente d'immeubles renvoyée devant notaire, à l'égard de toutes parties (Cass., 25 juin 1828).

22. ...Lorsqu'il s'agit de demandes en restitution de pièces communiquées (C. proc. civ., art. 107).— V. *Communication de pièces.*

23. ...En matière disciplinaire, devant les tribunaux civils (Douai, 15 juin 1835).— V. *Discipline.*

24. Le ministère des avoués est aussi purement facultatif en matière correctionnelle, lorsque le prévenu, comparaissant en personne, se borne à repousser l'accusation dirigée contre lui. En conséquence, l'acte d'appel interjeté en cette matière n'est pas nul , quoiqu'il ne contienne pas constitution d'avoué (C. proc. civ., art. 61; C. inst. crim., art. 174; Cass., 7 avril 1837; *J. Huiss.*, t. 18, p. 342).

25. Il en est de même dans le cas où le prévenu demande des dommages-intérêts contre une partie civile (Cass., 17 fév. 1826 ; 3 mars 1842 ; Bioche, v° *Avoué*, n° 106).

26. Jugé, par application de ce principe, que la délibération par laquelle un tribunal de première instance déclare , d'une manière générale et par voie de règlement, que le ministère des avoués, comme représentant la partie civile , est nécessaire devant le tribunal correctionnel, est entachée d'un double excès de pouvoir (Cass., 28 juillet 1851).

27. Mais lorsque les prévenus d'un délit n'entraînant pas la peine de l'emprisonnement ne comparaissent pas en personne, ils ne peuvent se faire représenter que par un avoué, dont le ministère est alors nécessaire (C. inst. crim., art. 185).

28. 3° MINISTÈRE PROHIBÉ : le ministère des avoués est interdit : 1° devant les tribunaux de paix et de commerce ; 2° dans le cas d'interrogatoire sur faits et articles ; 3° en matière de séparation de corps lors de la comparution des époux devant le président (C. comm., art. 627, 640, 642; C. proc. civ., art. 333, 877)

29. *Mandat.* — Les avoués, sous peine de désaveu, ne peuvent occuper pour une partie que lorsqu'ils ont reçu d'elle un pouvoir exprès ou tacite.

30. Le pouvoir est *exprès*, lorsqu'il résulte d'un acte notarié ou sous seing privé, ou d'un écrit quelconque ; il peut même résulter d'une convention verbale ; mais, dans ce cas, il ne peut être prouvé par témoins qu'autant qu'il s'agit d'une valeur au-dessus de 150 fr. (Bioche, v° *Avoué*, n° 126) ; — *tacite*, lorsque le client remet à l'avoué, soit les titres nécessaires à l'instruction de l'affaire, soit la copie de l'assignation reçue.

31. La remise de l'original d'une assignation, faite à un avoué par l'huissier qui l'a constitué dans l'acte, constate que cet avoué a pouvoir d'occuper pour le demandeur, jusqu'à ce que celui-ci ait désavoué l'huissier (Bruxelles, 21 sept. 1831 : *J. Huiss.*, t. 14, p. 300). En l'absence de ce désaveu, les frais qu'il a faits doivent lui être remboursés (Bordeaux 31 mai 1839 : *J. Huiss.*, t. 20, p. 262).

32. Toutefois, si la remise des pièces d'une procédure entre les mains d'un avoué fait présumer, en général, qu'elle a eu lieu de la part de la partie avec intention de poursuivre, cette présomption cesse dès qu'il s'élève quelques doutes à cet égard. Il est possible, en effet, que les pièces se soient trouvées remises entre les mains d'un avoué à l'insu de la partie. Dans ce cas, le tribunal, saisi de l'affaire, peut surseoir à statuer jusqu'à la justification par l'avoué d'un pouvoir spécial (Caen, 28 mai 1828 : *J. Huiss.*, t. 11, p. 177).

33. En principe, la remise à un avoué d'un bordereau de collocation ne saurait être considérée comme un pouvoir implicite pour poursuivre par la voie de la folle enchère l'adjudicataire qui ne paie pas ; mais ce pouvoir peut s'induire des circonstances dans lesquelles la remise a eu lieu (Bordeaux, 31 mai 1839 : *J. Huiss.*, t. 20, p. 262).

34. La simple remise d'un dossier à un avoué, dans une affaire dans laquelle un autre avoué est constitué, n'autorise jamais par elle-même le premier à révoquer le second ; il lui faut, à cet égard, un pouvoir spécial (Riom, 19 août 1826 : *J. Huiss.*, t. 9, p. 45).

35. L'avoué a besoin d'un pouvoir exprès : 1° pour faire ou accepter des offres, aveux ou consentement (C. proc. civ., art. 352) ; — 2° pour donner quittance des sommes qu'il est chargé de recouvrer (Colmar, 18 nov. 1806); —3° pour interjeter *appel* (V. ce mot, n° 146) ;—4° pour déférer le serment décisoire (V. *Serment*).

36. L'adversaire ne peut exiger de l'avoué qu'il lui justifie du titre qui l'autorise à se constituer (Bruxelles, 27 avril 1812 ; Grenoble, 9 déc. 1815), par la raison qu'à l'égard de l'adversaire, l'avoué qui s'est constitué est présumé avoir pouvoir de sa partie jusqu'à désaveu (Bioche, v° *Avoué*, n° 138).

37. Les pouvoirs donnés à l'avoué finissent de la même manière que tout mandat ordinaire (C. civ., art. 2003). — V. *Mandat*.

38. En matière correctionnelle, un avoué peut faire, au nom de son client, une déclaration d'appel, sans qu'il ait besoin de justifier d'un pouvoir à lui donné à cet effet, et ce, encore bien qu'il n'ait point occupé pour elle. La jurisprudence est constante sur ce point (V. notamment Limoges, 19 fév.1842 : *J. Huiss.*, t. 23, p. 280).

39. *Responsabilité.*— L'avoué, qui charge habituellement un huissier de toutes ses significations et lui donne des à-compte sans les appliquer à aucune affaire en particulier, ne peut, lors du règlement définitif, refuser le paiement des actes dont il prétend n'avoir pas été payé lui-même. Il est personnellement responsable, vis-à-vis de l'huissier qu'il a employé, du coût des actes signifiés par ce dernier, alors surtout que celui-ci n'a eu aucun rapport avec les parties à la requête desquelles il a procédé, et que, même, il ne connaît pas. L'avoué ne pourrait échapper au recours de l'huissier qu'en le prévenant qu'il n'entendait pas répondre de la solvabilité de ses clients. Telle est aussi l'opinion qui se trouve développée au *Journal des Huissiers*, t. 28, p. 257.

40. Un avoué est-il responsable des nullités qui entachent les actes qu'il rédige ou qu'il signe? Cette question doit se résoudre par une distinction. Il serait injuste, en effet, par exemple, de mettre à sa charge une nullité au sujet de laquelle les jurisconsultes ou les tribunaux sont divisés. Dans ce cas, son erreur est excusable; il faut faire la part de la faiblesse et de l'imperfection de la nature humaine (Toulouse, 10 juin 1825). Mais il est responsable des nullités qui résultent d'une faute lourde de sa part ou de sa mauvaise foi (C. proc. civ., art. 1031; observations insérées dans le *Journal des Huissiers*, t. 12, p. 179, note).

41. Toutefois, l'avoué ne peut être responsable, vis-à-vis des parties, que des actes qu'il signe; il ne répond point de la nullité de ceux qui sont de la compétence de l'huissier, bien qu'ils aient été rédigés dans son étude et que la nullité provienne d'une omission dans la rédaction (Cass., 21 févr. 1821). L'huissier est seul responsable de cette nullité. Mais n'a-t-il pas au moins un recours en garantie contre l'avoué? — V. *Huissier*.

42. Cependant, lorsqu'un exploit d'appel a été remis par un avoué à un huissier, avec ordre de le signifier *de suite*, s'il arrive que l'exploit, régulier en la forme, soit annulé pour avoir été signifié dans la huitaine du jugement, contrairement à l'art. 449, C. proc. civ., l'avoué peut être condamné à des dommages-intérêts envers la partie à laquelle cette annulation préjudicie (Aix, 17 juin 1828; Paris, 5 nov. 1846).

43. Jugé aussi que l'avoué qui, sans autorisation de son client, forme devant le président opposition au permis que ce magistrat a donné de citer à bref délai, après avoir déjà formé devant le tribunal une pareille opposition qui a été rejetée, est responsable des frais (Rennes, 13 juin 1831: *J. Huiss.*, t. 12, p. 179).

44. Mais l'avoué qui donne le conseil d'entreprendre ou de soutenir un procès, ne peut, en cas de perte de la cause, être condamné personnellement aux dépens qu'autant qu'il aurait donné ce conseil insidieusement et de mauvaise foi (Cass., 13 juillet 1824: *J. Huiss.*, t. 6, p. 39).

45. Au contraire, un avoué peut être personnellement condamné aux dépens d'une instance engagée sous le nom d'un de ses clients, lorsqu'il est reconnu qu'il l'a introduite dans son intérêt et celui de ses confrères, et, dans ce cas, il ne peut attaquer la décision en cassation, en se fondant sur ce que les juges l'auraient condamné sans l'avoir entendu (V. Cass., 22 mai 1832: *J. Huiss.*, t. 13, p. 248 et suiv.), et les observations qui accompagnent cet arrêt).

46. Une décharge de pièces donnée par une partie à son avoué n'emporte pas ratification des actes frauduleux inconnus à la partie à cette époque (Besançon, 23 mars 1808: *J. Huiss.*, t. 10, p. 90).

47. Les avoués sont responsables des titres de leurs clients pendant les cinq ans qui suivent le jugement du procès (C. civ., art. 2276). — V. *Prescription*.

48. *Emoluments et frais.* — Le mandat de l'avoué est nécessairement salarié: l'art. 1986, C. civ., ne lui est pas applicable. Les rétributions attachées aux travaux et aux actes des avoués devant les tribunaux sont déterminées par le tarif du 16 fév. 1807.

49. Mais ce tarif n'est pas tellement restrictif qu'il en résulte pour les avoués la prohibition de réclamer et d'obtenir des allocations spéciales en dehors des droits qu'il détermine, et dont les magistrats peuvent être appelés à reconnaître et à fixer l'importance (Glandaz, *Encyclopédie du droit*, v° *Avoué*, n° 32).

50. Ainsi, lorsque, dans un procès pendant devant une Cour, il a été promis par convention écrite, à un avoué, un dédommagement pour frais extraordinaires, l'indemnité doit être accordée, sans qu'on puisse opposer les dispositions restrictives des art. 67 et 151 du tarif du 16 fév. 1807 (Cass., 10 août 1831: *J. Huiss.*, t. 12, p. 312).

51. L'avoué peut aussi réclamer des honoraires extraordinaires et en dehors du tarif, à raison des actes étrangers à son ministère, et pour lesquels il a agi comme mandataire *ad negotia :* c'est là aujourd'hui un point constant (Cass., 13 juin 1837 : *J. Huiss.*, t. 19, p. 191).

52. L'avoué qui a obtenu la distraction des dépens a la faculté soit de poursuivre la partie adverse de son client, soit d'agir par action directe contre ce dernier pour le paiement de ses frais (C. proc. civ., art. 133; Cass., 13 juin 1837 : *J. Huiss.*, t. 19, p. 192).

53. Il a été décidé que l'art. 151 du tarif, d'après lequel les avoués sont tenus de représenter leur registre, lorsqu'ils forment des demandes en condamnation de frais, peut être invoqué, non-seulement par son client, mais encore par la partie adverse condamnée, contre laquelle l'avoué a obtenu la distraction des dépens et qu'il poursuit en paiement (Cass. , 8 juin 1842). Toutefois, cet arrêt a été, dans le *Journal des Huissiers* (t. 23, p. 228 et suiv.), l'objet de critiques qui ne laissent pas que de paraître fondées.

54. Lorsque plusieurs parties, ayant un intérêt commun, ont collectivement chargé un avoué d'occuper pour elles dans la même cause, cet avoué peut agir contre elles solidairement en paiement de ses frais (C. civ., art. 2002; Paris, 9 fév. 1833 : *J. Huiss.*, t. 15, p. 104).

55. Il en est ainsi, encore bien que ces parties aient été représentées par un syndic (Grenoble, 23 mars 1829 : *J. Huiss.*, t. 10, p. 366).

56. Dans les matières ordinaires, les avoués ont en outre un privilége pour le paiement de leurs frais et honoraires sur l'objet de la condamnation, conformément au § 3 de l'art. 2102, C. civ. Ils ont de plus, dans certaines matières spéciales, un privilége particulier. — V. *Privilége*.

57. Les avoués peuvent également, en toute matière, retenir jusqu'au paiement de leurs frais les actes de procédure qu'ils ont faits, et même les pièces relatives à cette procédure qui leur ont été confiées par les parties (Glandaz, *Encyclopédie du droit*, v° Avoué, n° 34).

58. Mais l'avoué, qui est en procès avec son client au sujet du règlement des frais de quelques-uns des procès dans lesquels il a occupé pour lui, ne peut se refuser à lui communiquer les dossiers, et surtout ceux des affaires pour lesquelles il n'y a pas de contestation entre eux (Bordeaux, 19 juin 1851).

59. La partie condamnée aux dépens peut-elle, en les payant, exiger de l'avoué, au profit duquel la distraction en a été ordonnée, la remise de toutes les pièces de procédure taxées par l'exécutoire ? Nous ne le pensons pas. Elle ne peut exiger que la remise de la grosse de l'exécutoire. Tous les actes de la procédure, sur laquelle l'exécutoire a été décerné, doivent rester entre les mains de l'avoué, soit de la partie pour les cas de requête civile ou de toute autre voie légale. C'est aussi, du reste, ce que la Cour de Paris a décidé par arrêt du 12 déc. 1820 (V. *J. Huiss.*, t. 2, p. 243).

60. L'action des avoués en paiement des émoluments et des frais qui leur sont dus doit être portée devant le tribunal qui a statué sur l'affaire à raison de laquelle ils réclament ces émoluments et frais. — V. *Compétence*.

61. Cette action n'est point soumise au préliminaire de conciliation (C. P., art. 49, n° 5). — V. *Conciliation*.

62. L'assignation doit contenir copie du mémoire des frais réclamés. Toutefois, l'omission de cette formalité n'entraîne pas nullité (Bordeaux, 15 déc. 1840). — L'avoué peut la réparer pendant l'instance (Bioche, v° *Avoué*, n° 277).

63. L'action des avoués, pour le paiement de leurs frais et salaires, se prescrit par deux ans à compter du jugement des procès ou de la conciliation des parties, ou depuis la révocation desdits avoués. A l'égard des affaires non terminées, ils ne peuvent former des demandes pour leurs frais et salaires qui remonteraient à plus de cinq ans (C. civ., art. 2273). — V. *Prescription.*

64. L'avoué, qui a donné des soins à des affaires portées devant un tribunal de commerce, peut, comme toute autre personne, réclamer en justice les salaires qui lui ont été promis, et, dans ce cas, il n'est pas obligé de produire un répertoire ou registre des recettes ; la représentation de ce registre n'est imposée aux avoués que lorsqu'ils agissent en cette dernière qualité devant un tribunal civil (Cass., 13 fév. 1819 : *J. Huiss.*, t. 2, p. 8).

AYANT CAUSE. — 1. Se dit d'une personne ayant la même condition, c'est-à-dire non-seulement les mêmes droits, mais aussi les mêmes obligations que celui qu'elle représente.

2. Ce mot s'applique à tous ceux qui succèdent à une personne à titre universel ou particulier ; il désigne non-seulement ceux qui sont, en droit, les continuateurs ou représentants de la personne, comme les héritiers, mais encore ceux qui ne sont que des successeurs aux biens, comme l'enfant naturel, le conjoint survivant, le légataire, le donataire, l'acquéreur, le cessionnaire.

3. On emploie surtout ce mot par opposition au mot *tiers ;* et c'est sous ce rapport que l'ayant cause est considéré dans les art. 1322, 1323, 1324 et 1328, C. civ. — V. *Acte sous seing privé, Appel, Créancier, Obligation, Transport, Cession, Vente.*

AYANT DROIT. — 1. S'emploie pour désigner celui qui a les droits d'une personne et peut les exercer comme elle eût pu le faire.

2. Ainsi, cette expression se prend uniquement dans un sens actif, tandis que le mot ayant cause se prend à la fois dans un sens actif et passif. Ce dernier mot a donc une signification plus générale. V. *Ayant-cause, Héritier, Tiers*, etc.

B

BAC. — 1. On appelle ainsi un grand bateau plat servant à passer d'une rive à l'autre d'un fleuve, d'une rivière ou d'un canal, les personnes, les animaux, les voitures et les marchandises.

2. Les bacs sont meubles (C. civ., art. 531).—Néanmoins, la saisie de ces meubles est soumise à des formes particulières (C. proc. civ., art. 620). — V. *Saisie-Exécution.*

3. Les fermiers des bacs, dont le Gouvernement seul a le droit d'autoriser l'établissement, ne sont pas des entrepreneurs de transport par eau, mais de simples commis ou préposés du Gouvernement (V. *Actes de commerce,* n° 119). En conséquence, ils ne sont pas justiciables des tribunaux de commerce.

4. Il avait été décidé, sous l'empire de la loi du 25 août 1792, que le propriétaire d'un bac n'avait pas le droit d'exercer une action en complainte contre celui qui avait établi un autre bac sur la même rivière (Cass., 14 nivôse an VII). Il en serait de même aujourd'hui. La nature mobilière du droit du fermier d'un bac s'oppose, en effet, à l'exercice de toute action possessoire (V. *Action possessoire*, n° 181).

5. Les contestations qui s'élèvent entre l'Etat et les fermiers d'un bac, sur l'interprétation du bail ou procès-verbal d'adjudication sont de la compétence de l'autorité administrative. Il nous semble que celles qui s'élèvent entre les mêmes parties relativement à l'exécution du bail doivent être également portées devant cette autorité. Car il est nécessaire de se livrer à une interprétation du bail pour la solution de ces dernières contestations. Du reste, à cet égard, la doctrine et la jurisprudence sont divisées.

6. Les droits à payer pour le passage des bacs sont fixés par un tarif dont les bateliers ne peuvent s'écarter, à peine, outre la restitution des sommes indûment perçues, d'une amende d'un à trois jours de travail, et d'un emprisonnement d'un à trois jours (L. 6 frim. an VII, art. 52). Si l'exaction était commise avec violence et voies de fait, l'amende pourrait être portée à 100 fr., et l'emprisonnement à trois mois (Même loi, art. 53).

7. Les adjudicataires et leurs préposés sont tenus aussi de se conformer aux dispositions de police administrative et de sûreté prescrites par la loi ou imposées par l'administration : autrement, ils sont responsables des suites de leur négligence, et, de plus, ils peuvent être condamnés à une amende (L. 6 frim. an VII, art. 51).

8. Ils sont obligés de passer tous les voyageurs qui se présentent, sans pouvoir retarder leur transport, sous prétexte d'attendre d'autres personnes (Arrêt du conseil du 17 mars 1739).

9. Les fermiers ou adjudicataires sont responsables des condamnations pécuniaires prononcées contre leurs employés (L. 6 frim. an VII, art. 54 et suiv.).

10. Ils peuvent même, dans le cas de récidive légalement prononcée par un jugement, être destitués par les préfets ; et alors, leurs baux se trouvent résiliés sans indemnité (Même loi, art. 55).

11. Toute personne qui se soustrairait au paiement du droit y serait condamnée, et en outre à une amende d'un à trois jours de travail. En cas de récidive, le juge peut prononcer, outre l'amende, un emprisonnement d'un à trois jours. Si le refus de payer était accompagné d'injures, de menaces ou violences, l'amende pourrait être de 100 fr., et l'emprisonnement de trois mois (art. 56).

12. Les contestations relatives au paiement des droits de passage sur les bacs sont de la compétence du juge de simple police du lieu du délit ; cependant, lorsqu'il y a violence, menace ou voies de fait, l'action doit être portée devant le tribunal correctionnel (art. 52, 53, 56 et 57).

BACHELIER. 1. Nom qu'on donne à celui qui a obtenu le premier grade ou degré dans l'enseignement des lettres, des sciences ou du droit.

2. Aucune disposition de loi n'exige que ceux qui se destinent à l'exercice de la profession d'huissier soient revêtus du grade de bachelier ès lettres ou en droit.—V. *Huissier.*

BAGUES ET JOYAUX.—V. *Communauté, Dot, Saisie-Exécution.*

BAIL (EN GÉNÉRAL). 1. L'expression *Bail*, appliquée aux différentes espèces de louage de choses, s'emploie pour désigner le contrat par lequel l'une des parties s'oblige à faire jouir l'autre d'une chose pendant un certain temps, et moyennant un certain prix que celle-ci s'oblige à lui payer (C. civ., art. 1709). Le contrat par lequel une personne s'oblige envers une autre à lui fournir, pendant un certain temps et moyennant un prix convenu, son ouvrage et son industrie, se nomme *louage d'ouvrage ou d'industrie.*—V. ce mot.

2. On se sert aussi du mot *Bail*, pour désigner l'acte qui constate les clauses et conditions moyennant lesquelles le contrat est consenti.

Indication alphabétique des matières.

§ 1er. — *Caractères du bail en général.—Différentes espèces de baux.*
§ 2. — *Biens susceptibles d'être loués. — Personnes qui peuvent donner ou prendre à bail,*
§ 3. — *Forme du bail. — Preuve de son existence.*
§ 4. — *Obligations du bailleur. — Droits du preneur.*
§ 5. — *Obligations du preneur. — Droits du bailleur.*
§ 6. — *Fin ou expiration du bail. — Tacite reconduction.*
§ 7. — *Des congés.*
§ 8. — *Résiliation du bail.*

FORMULES.

---

§ 1er.—*Caractères du bail en général.—Différentes espèces de bau.*

3. Il ne faut pas confondre le bail ou louage des choses avec la *vente*. Il y a bien dans le louage, comme dans la vente, trois choses essentielles à la validité du contrat, savoir : la jouissance d'un objet ou un certain ouvrage ; un prix pour cette jouissance ou cet ouvrage, et le consentement des parties sur l'un et sur l'autre. Mais le louage diffère de la vente : 1° en ce que l'effet du louage est de conférer la *jouissance* d'une chose, au lieu que l'effet de la vente est de transférer la *propriété* de l'objet vendu, et 2° en ce que l'effet du louage est de ne transmettre au preneur que des droits qui s'acquièrent jour par jour, au lieu que l'effet de la vente est de produire une translation de propriété définitive et instantanée.

4. Il ne faut pas non plus le confondre avec la *vente de fruits*. Il en diffère, en ce qu'il n'a pour objet qu'un droit incorporel, celui de cultiver et de jouir, au lieu que la vente des fruits a pour objet des corps certains qui sont les fruits vendus. Dans le louage, les frais de culture et semence sont à la charge du preneur ; dans la vente, ils sont à la charge du vendeur.

5. Le louage se distingue également de la *constitution d'usufruit*. En effet, l'usufruit transmet un droit réel; le bail, au contraire, un droit personnel. L'usufruitier est tenu des contributions foncières, des réparations d'entretien, tandis que le preneur ne doit que les contributions des portes et fenêtres, et n'est tenu que des réparations locatives.

6. La cession de la jouissance d'un héritage pendant un certain temps et moyennant un certain prix constitue une vente d'usufruit, si le prix est unique, quoique payable en plusieurs fois; et un bail, si la cession est faite pour le prix de plusieurs sommes payables par chaque année de jouissance (Duranton, t. 17, n° 17).

7. Le bail ou louage des choses se subdivise en plusieurs espèces particulières : ainsi, on appelle *bail à loyer*, le louage des maisons et celui des meubles; *bail à ferme*, celui des héritages ruraux; *bail à cheptel*, celui des animaux. — V. *Bail à cheptel, Bail à ferme, Bail à loyer.*

8. Il existe encore d'autres contrats de bail ou louage, connus sous les noms de *bail à colonage partiaire, bail administratif, bail à nourriture de personnes, bail à rente, bail emphytéotique, bail judiciaire.* — V. ces différents mots.—V. aussi *Devis et marchés, Louage d'ouvrage et d'industrie.*

9. Le louage est un contrat synallagmatique et commutatif dans lequel l'avantage est réciproque, et qui produit par cela même deux actions : celle du bailleur pour être payé du prix, et celle du preneur pour avoir la jouissance de la chose (Duranton, t. 17, n° 2).

9 bis. Nous exposerons, sous les paragraphes qui suivent, les principes qui peuvent s'appliquer indistinctement à toutes les espèces de louage des choses, et plus particulièrement les règles communes aux baux des maisons et des biens ruraux, et nous ferons connaître, sous le mot afférent aux divers genres de louage des choses, les règles particulières à chacun d'eux.

§ 2.—*Biens susceptibles d'être loués.*—*Personnes qui peuvent donner ou prendre à bail.*

10. *Biens susceptibles d'être loués.* — On peut louer toute espèce de biens meubles ou immeubles (C. civ., art. 1713). Cependant, cette règle souffre exception à l'égard: 1° des choses qui se consomment par l'usage, telles que les denrées, une somme d'argent (Duranton, t. 17, n° 21; Delvincourt, t. 3, p. 186); 2° des servitudes, si on veut les séparer de l'immeuble pour l'utilité duquel elles sont établies (Pothier, *Du Contrat de louage,* n° 18; Rolland de Villargues, *Répert. du not.,* v° *Bail,* n° 72; Duranton, n° 23; Duvergier, *Du Louage,* t. 1er, nos 67 et 68); 3° des droits d'usage et d'habitation (C. civ., art. 631, 634).

11. Règle générale : on ne peut louer que les objets dont on a la jouissance ou l'administration. Le propriétaire indivis peut louer sans le consentement de ses copropriétaires; s'ils refusent de consentir le bail, il doit être fait en justice. —V. *Bail judiciaire.*

12. *Personnes qui peuvent louer.*—En général, pour louer, il faut être capable de contracter ; mais il n'est pas nécessaire d'avoir la capacité de disposer de la propriété de la chose qui fait l'objet du bail.—Ainsi, la femme séparée de biens, le mineur émancipé, celui qui est pourvu d'un conseil judiciaire, le tuteur, l'usufruitier, les envoyés en possession provisoire, peuvent louer les objets soumis à leur administration, quoiqu'ils ne puissent en disposer. —V. *Absence-Absent, Communauté, Emancipation, Séparation de biens, Tutelle, Usufruit.*

13. Peuvent également louer : 1° celui dont la propriété est résoluble après un certain temps ou par l'événement d'une condition (Toullier, t. 6, n° 576), par exemple, l'acquéreur dont le titre est résolu plus tard pour cause de rachat, de cession ou de défaut de paiement du prix (Duvergier, t. 1er, nos 83 et 84 ; Duranton, t. 17, no 134) ; 2o l'adjudicataire, encore bien qu'il y ait eu poursuite de folle enchère (Cass., 11 avril 1821; 16 juin 1827; Paris, 11 mai 1839).

14. Mais le débiteur, dont les biens sont *saisis*, n'en ayant plus l'administration, ne peut les louer ou affermer (arg. art. 681, C. pr. civ.).—V. *Saisie immobilière.*—Ainsi, le bail, qui n'a pas acquis date certaine avant le commandement tendant à expropriation, doit être annulé. Il en serait autrement, si le bail avait acquis date certaine avant cette époque : il devrait être maintenu, quelle que fut sa durée (Toullier, t. 6, no 365 ; Grenier, *Des Hypothèques*, no 142 ; Rolland de Villargues, vo *Bail*, no 48), sauf aux créanciers à prouver la fraude (Dijon, 26 nov. 1816).

§ 3.—*Forme du bail.—Preuve de son existence.*

15. On peut louer par écrit ou verbalement (C. civ., art. 1714). Une exception toutefois a été faite à ce principe par le décret du 5 mai 1806, art. 25 : « Si les lieux loués sont destinés au dépôt ou au débit de boissons et liquides « sur lesquels la régie a des droits à réclamer, le bail doit être authentique ».

16. Si le bail est fait par écrit, il ne peut s'élever aucune difficulté ; car il établit la preuve et les conditions du louage d'une manière incontestable. Peu importe d'ailleurs qu'il ait lieu par acte notarié ou sous seing privé. — V. *Acte sous seing privé.*

17. Il n'en est pas de même, lorsque le bail est fait verbalement : dans ce cas, la loi distingue s'*il n'y a pas eu d'exécution* ou si l'*exécution a commencé.*

Dans la première hypothèse, c'est-à-dire *lorsqu'il n'y a pas eu d'exécution*, si l'une des parties nie le bail, on ne peut en faire la preuve par témoins, quelque modique que soit le prix du bail et quoiqu'on allègue que des arrhes aient été données. Le serment peut seulement être déféré à celui qui nie le bail (C. civ., art. 1715). Cet article n'est point applicable au louage des meubles (Duranton, t. 17, no 52 ; Duvergier, t. 1er, no 14).

18. La loi n'interdit que la preuve testimoniale ; elle laisse donc aux parties la ressource du serment décisoire, celle de l'interrogatoire sur faits et articles (Duranton, t. 17, n. 53 ; Duvergier, t. 1er, no 257.—*Contrà*, Rennes, 6 août 1812).

19. Lorsqu'il existe un commencement de preuve par écrit, un titre, par exemple, la preuve testimoniale devrait être admise, l'art. 1715 n'ayant point prohibé ce genre de preuve ; et cela encore que le bail excédât 150 fr. (Delvincourt, t. 3, p. 187; Duvergier, t. 1er, no 267; Rolland de Villargues, vo *Bail*, no 190. — *Contrà*, Duranton, t. 17, no 54 ; Caen, 23 mars 1840).

20. Dans la seconde hypothèse, c'est-à-dire *lorsqu'il y a eu commencement d'exécution*, il peut y avoir difficulté sur le prix ou les autres conditions du bail.

21. Relativement au *prix*, lorsqu'il n'existe point de quittance, le propriétaire est cru sur son serment, à moins que le locataire ne préfère une expertise. Les frais de cette opération, si l'estimation excède le prix qu'il a déclaré, restent à sa charge (C. civ., art. 1716). Si le locataire annonce des quittances et refuse de les produire, le propriétaire doit être cru sur sa simple déclaration, sans serment (Cass., 4 déc. 1823).

22. Quant aux *conditions* du bail, on n'est pas admis à les prouver par témoins (Bruxelles, 20 nov. 1810 ; Grenoble, 4 mai 1825 ; Cass., 10 mai 1832; Limoges, 30 juill. 1836.—*Contrà*, Nîmes, 14 juill. 1810 et 22 mai 1819);—à moins cependant que toutes les années réunies du bail n'excèdent

pas 150 fr. (arrêts de Bruxelles et de Cass. précités; Paris, 6 avril 1825;
Bordeaux, 29 nov. 1826).

23. Mais si le fait matériel de commencement d'exécution était dénié,
pourrait-il être prouvé, quelle que fût d'ailleurs la valeur du bail?—Oui, selon MM. Toullier, t. 9, n° 32; Duvergier, t. 1er, nos 263 et 264; Duranton,
t. 17, n° 56. On peut citer aussi, dans le même sens, les arrêts de Bruxelles,
du 24 août 1807, et de Nîmes, du 1er août 1836.—Mais la négative résulte
d'un arrêt de Bordeaux, du 19 juin 1827, et d'un arrêt de la Cour de cassation, du 14 janvier 1848. Ce dernier arrêt décide, avec raison, ce nous semble, qu'autoriser la preuve de faits considérés comme commencement d'exécution d'un bail verbal, ce serait admettre, comme conséquence nécessaire, la
preuve testimoniale d'un bail verbal, preuve formellement interdite par la loi.

§ 4. — *Obligations du bailleur. — Droits du preneur.*

24. 1° *Délivrance de l'objet loué.*—Le bailleur est obligé, par la nature
du contrat, et sans qu'il soit besoin d'aucune stipulation, de délivrer au preneur la chose louée (C. civ., art. 1719). Cette obligation est indivisible de sa
nature (Toullier, t. 6, n° 778). Ainsi, si le bailleur décédait, laissant deux
héritiers, l'un d'eux ne serait point admis à offrir sa part indivise dans l'héritage affermé, et pourrait être poursuivi pour le tout, sauf son recours (Pothier, *des Obligations*, n° 315; Toullier, *loc. cit.*; Duvergier, t. 1er,
n° 293).

25. La délivrance doit avoir lieu à l'endroit où se trouvaient les choses au
moment du contrat. Elle s'effectue au terme convenu par le bail, sinon à la
demande du preneur. Elle a lieu aux frais du bailleur. Mais l'enlèvement de
la chose, si elle est susceptible d'être enlevée, reste à la charge du preneur
(Pothier, *Du Louage*, nos 55 et suiv.; Duranton, t. 17, nos 54 et suiv.).

26. Le bailleur, qui est dans la possibilité de délivrer la chose louée, peut
y être contraint, et il ne pourrait s'affranchir de cette obligation en offrant
des dommages-intérêts (Pothier, n° 66; Merlin, *Quest. de droit*, v° *Bail*;
Paris, 7 nivôse an 10). Si, au contraire, le bailleur, par sa faute, s'était mis
dans l'impossibilité de faire la délivrance, on devrait se borner à lui réclamer
des dommages-intérêts (Duvergier, t. 1er, n° 287). Le simple retard dans la
délivrance pourrait également donner lieu à des dommages-intérêts, s'il
était imputable au bailleur (Duvergier, t. 1er, n° 290). Si l'impossibilité de
délivrer ou le retard ne pouvaient être imputés au bailleur, il ne serait passible d'aucuns dommages-intérêts (Duvergier, t. 1er, p. 287).

27. L'action en délivrance de l'objet loué, quoiqu'elle tende à revendiquer
la possession d'un immeuble, est, de même que celle en dommages-intérêts
pour défaut de délivrance en cas d'impossibilité, une action *personnelle et
mobilière*, car elle n'a pour effet que la perception de fruits, qui sont meubles
(Rolland de Villargues, v° *Bail*, n° 293).

28. Avant d'intenter cette action, le preneur doit mettre le bailleur en
demeure, par une sommation, d'opérer la délivrance. — V. *formule n° 1.* —
En cas de refus, il le fait alors assigner à l'effet d'obtenir, suivant les circonstances, soit la délivrance, soit des dommages-intérêts.—V. *formule n° 2.*

29. 2° *Réparations à faire par le bailleur avant et après la délivrance.*—Le bailleur doit entretenir la chose louée en état de servir à l'usage
pour lequel elle a été louée (C. civ., art. 1719). Il suit de là que la chose
doit être délivrée en bon état de réparations de toute espèce, même locatives
(Pothier, n° 106; Duvergier, t. 1er, n° 294), et que le bailleur doit y faire,
pendant la durée du bail, toutes les réparations qui peuvent devenir nécessaires, autres que les locatives (C. civ., art. 1720). Il doit surtout tenir le preneur clos et à couvert.

30. Si le bailleur refuse de faire les réparations nécessaires, il est utile de le mettre en demeure par un exploit contenant l'énonciation des réparations à faire, afin qu'il soit à portée de procéder à toutes vérifications avant de s'engager dans un procès. — V. *formule* n° 3. — S'il n'obtempère point à la sommation, on l'assigne pour voir dire qu'une visite de lieux sera ordonnée, et qu'il sera condamné à faire les réparations dans tel délai, faute de quoi le demandeur sera autorisé à les faire faire, sauf à en retenir le montant sur les loyers ou à s'en faire rembourser par le bailleur. — V. *formule* n° 4.

31. 3° *Garantie.* — Le bailleur étant tenu de faire jouir paisiblement le preneur pendant la durée du bail (C. civ., art. 1719), il en résulte qu'il doit garantir au preneur les vices de la chose louée qui en empêchent l'usage, quand même il ne les aurait pas connus lors du bail (C. civ., art. 1721), et quand même ils seraient survenus postérieurement au contrat (Pothier, n° 112 ; Duvergier, t. 1er, n° 343).

32. Mais il n'est pas tenu de la garantie des vices qui rendent l'usage de la chose moins commode (Pothier, n° 110), ni de ceux que le preneur a connus ou a pu connaître par l'inspection de la chose (arg., art. 1462, C. civ.; Colmar, 14 nov. 1825).

33. Si les vices de la chose louée empêchaient totalement, ou au moins d'une manière très-notable, l'usage de cette chose, il y aurait lieu à résolution du bail, avec dommages-intérêts contre le bailleur, si ce dernier avait connu ces vices lors du contrat. — Si, au contraire, les vices de la chose louée n'occasionnaient qu'une simple perte du preneur, ce dernier aurait droit uniquement à une indemnité (C. civ., art. 1721.)

34. Le bailleur doit encore garantir le preneur, lorsque celui-ci est troublé dans sa jouissance par suite d'une action concernant la propriété du fonds (C. civ., art. 1726) ; par exemple, si une voie de fait a été commise par un tiers qui prétend droit à la propriété, si le preneur est cité pour se voir condamner au délaissement de tout ou partie de la chose louée ou à souffrir l'exercice de quelque servitude (C. civ., art. 1727). — Dans ces divers cas, si la demande des tiers est admise, le preneur a droit à une indemnité proportionnée, pourvu qu'il ait dénoncé le trouble au propriétaire (C. civ., art. 1726).

35. Comment doit être faite cette dénonciation ? Comme ce n'est qu'après une demande régulière formée contre lui, soit par action principale, soit reconventionnellement, que le preneur peut savoir s'il y a contestation de la propriété, il doit, en dénonçant au bailleur cette demande, assigner ce dernier en garantie (C. civ., art. 1727), et conclure subsidiairement à des dommages-intérêts et à la résolution totale ou partielle du bail, suivant les circonstances. — V. *formule*, n° 5.

36. Faute de cet acte, le preneur perd son recours en garantie, si le bailleur prouve qu'il avait moyens suffisants de faire rejeter la demande (C. civ., arg. 1640). Le preneur est même responsable des suites de sa négligence.

37. 4° *Droit de sous-louer.* — Le preneur a le droit de sous-louer et même de céder son bail à un autre, si cette faculté ne lui a pas été interdite. Elle peut être interdite pour le tout ou partie. Cette clause est toujours de rigueur (C. civ., art. 1717).

38. La prohibition de *sous-louer* ou de *céder*, sans le consentement du bailleur, faite en termes généraux, emporte l'interdiction de sous-louer ou céder, même *en partie* (Amiens, 22 juin 1822; Duranton, t. 17, n° 92. — Contrà, Duvergier, t. 1er, n° 374). Celle de *sous-louer* emporte celle de *céder* le bail (Duvergier, n° 375). De même, celle de *céder* le bail emporte celle de *sous-louer en totalité* (Paris, 28 août 1824 ; 24 février 1825 ; 6 mai 1835.

— *Contrà*, Amiens, 24 mai 1817), mais non celle de *sous-louer en partie* (Angers, 27 mars 1817 ; Merlin, *Rép.*, v° *Bail* ; Duvergier, t. 1er, n° 378).

39. L'infraction à la clause prohibitive de cession ou sous-location donne lieu à la résolution du bail (Duvergier, t. 1er, n° 379 ; Toullier, t. 6, n° 549 ; Cass., 12 mai 1817 ; 13 décembre 1820 ; Colmar, 16 août 1816).

§ 5. — *Obligations du preneur.* — *Droits du bailleur.*

40. 1° *Usage de la chose louée.* — Le preneur est tenu d'user de la chose louée en bon père de famille et suivant la destination qui lui a été donnée par le bail, ou suivant celle présumée d'après les circonstances, à défaut de bail écrit (C. civ., art. 1728).

41. Il doit apporter à la conservation de la chose les mêmes soins que si elle lui appartenait, et éviter l'emploi de moyens qui, en faisant produire davantage actuellement, épuisent le sol pour l'avenir. Il doit cultiver les terres, façonner les vignes, exploiter les prés et les bois suivant l'usage du pays. Il ne peut divertir aucunes pailles ni engrais. Enfin, il ne lui est pas permis d'abandonner l'exploitation de la ferme, à moins qu'il n'y soit contraint par une force majeure, par exemple, une guerre d'invasion.

42. Lorsque l'usage de la chose louée n'a été réglé par aucune convention spéciale, on doit avoir égard, pour fixer cet usage, à la profession du locataire et à la destination précédente de l'objet loué (Delvincourt, t. 3, p. 192 ; Duvergier, t. 1er, n° 396 ; Paris, 18 juin 1835). — Ainsi, si une maison est louée à un serrurier, le bailleur ne pourra l'empêcher d'établir une forge (Duvergier, *loc. cit.* ; Duranton, t. 17. n° 98). — Ainsi encore, une usine, une boutique louée à une personne pour l'exercice de sa profession, ne peut recevoir une autre destination (Duvergier, t. 1er, n° 403 ; Paris, 28 avril 1810 ; Rennes, 17 mars 1834).

43. Si le preneur emploie la chose à un autre usage que celui pour lequel elle est destinée, ou dont il puisse résulter un dommage pour le bailleur, celui-ci peut faire résilier le bail suivant les circonstances (C. civ., art. 1797), et, dans tous les cas, réclamer des dommages-intérêts.

44. 2° *Paiement du prix du bail.* — Le preneur doit payer le prix du bail aux termes convenus par le contrat (C. civ., art. 1728), sinon aux termes fixés par l'usage des lieux. A Paris, le loyer des boutiques se paie de six mois en six mois, celui des appartements, tous les trois mois. Le fermage d'une ferme, d'un champ, se paie, ou annuellement, après la récolte de chaque année, ou par termes de six mois.

45. Le paiement doit être fait au domicile du preneur, à moins de convention contraire (Arg., art. 1247, C. civ. ; Pothier, n° 136 ; Duvergier, t. 1er, n° 466).

46. S'il avait été stipulé dans le bail que le preneur livrerait au bailleur des denrées quelconques, et si, depuis le contrat, le bailleur changeait de demeure, le preneur ne serait pas tenu de lui voiturer les denrées à sa nouvelle demeure. Il serait donc nécessaire que le bailleur indiquât à son fermier une personne à qui il livrerait les denrées.

47. Les paiements que le preneur a faits par anticipation sont opposables aux créanciers chirographaires du bailleur, à moins que ceux-ci ne prouvent que ces paiements ont été faits par dol ou fraude (Toullier, t. 7, n° 81 ; Duranton, t. 17, n° 163). Peu importe, d'ailleurs, que les paiements aient été faits en exécution d'une clause du bail, ou indépendamment d'une pareille clause (Duranton, *loc. cit.*). Ils sont aussi opposables aux créanciers hypothécaires et aux tiers acquéreurs, s'ils ont acquis date certaine avant l'hypothèque ou la vente.

48. Quant aux paiements qui n'ont pas été faits par anticipation, ils peuvent être opposés à tous les créanciers du bailleur, chirographaires ou hypothécaires, lors même qu'ils n'auraient pas acquis date certaine (Duvergier, t. 1er, n. 465).

49. En principe, la quittance du dernier terme fait supposer le paiement des termes antérieurs. Mais le bailleur est recevable à prouver que ces termes n'ont pas été payés ou qu'ils ne l'ont été qu'en partie.

50. La cession des loyers, faite par anticipation, lorsqu'elle a date certaine, peut être opposée aux créanciers chirographaires du bailleur qui agissent par voie de saisie-arrêt (Rouen, 24 novembre 1825). Mais elle ne peut être opposée aux créanciers hypothécaires, lesquels ont le droit de la faire annuler (Cass., 3 novembre 1813; Nîmes, 24 août 1819. — *Contrà*, Troplong, *Du Louage*, no 778 *bis*).

51. Le défaut de paiement du prix du bail entraîne la résolution du contrat (C. civ., art. 1728, 1741; Duranton, t. 17, no 130). La jurisprudence, pour concilier les égards dus au malheur avec les droits d'un créancier légitime, a consacré l'usage de ne prononcer la résiliation que lorsqu'il y a deux termes échus. Pour cela, il faut, bien entendu, que la condition résolutoire ne soit pas stipulée dans le bail.

52. 3o *Incendie.* — Le locataire répond de l'incendie des objets loués, à moins qu'il ne prouve que l'incendie est arrivé par cas fortuit ou force majeure, ou par vice de construction, ou que le feu a été communiqué par une maison voisine (C. civ., art. 1733). Dans ce dernier cas, le bailleur et le locataire lui-même ont action contre le propriétaire de la maison voisine, pour raison du préjudice causé par l'incendie (C. civ., art. 1382, 1383; Toullier, t. 6, no 231; Duranton, t. 17, no 431).

53. La présomption de faute établie par l'art. 1733 ne peut être invoquée par d'autres que par le bailleur. Ainsi, le locataire, dans l'appartement duquel a commencé l'incendie, n'est responsable, à l'égard des autres locataires, qu'à charge par ceux-ci de prouver qu'une faute de sa part a causé l'incendie (Cass., 18 juillet 1827; 1er juillet 1834).

54. Le propriétaire, qui a fait assurer sa maison contre l'incendie, peut subroger la compagnie d'assurance dans ses droits contre le locataire. Cette clause n'a rien d'immoral (Cass., 1er décembre 1834, et 13 avril 1836; Toullier, t. 11, no 175; Duvergier, t. 1er, no 418). A défaut de subrogation, ou lorsque les statuts de la compagnie sont muets sur la subrogation, elle ne peut exercer les droits du propriétaire (Cass., 2 mars 1829).

55. L'indemnité due par le locataire consiste dans la somme nécessaire pour la réparation ou la reconstruction des édifices détruits, et non pas seulement dans la valeur actuelle de cet édifice (Duvergier, no 419). Cette somme est fixée à dire d'experts, en cas de contestation.

56. Du reste, la responsabilité du locataire ne concerne que l'immeuble incendié et ne s'étend pas au mobilier du propriétaire, à moins que celui-ci ne prouve la faute ou l'imprudence du locataire (Lyon, 17 janvier 1834).

57. S'il y a plusieurs locataires, tous sont solidairement responsables de l'incendie, à moins qu'ils ne prouvent que l'incendie a commencé dans l'habitation de l'un d'eux, auquel cas celui-là seul en est tenu, — ou que quelques-uns ne prouvent que l'incendie n'a pu commencer chez eux, auquel cas ceux-là n'en sont pas tenus (C. civ., art. 1734).

58. Lorsque le propriétaire habite la maison, la solidarité établie par cet article cesse, car il n'y a ni certitude ni présomption que l'incendie a commencé plutôt chez les locataires que chez le propriétaire,

59. S'il y avait contestation sur l'indemnité à payer au propriétaire, ce dernier formerait son action aux fins de nomination d'experts pour fixer la somme nécessaire à la reconstruction, et de condamnation au paiement de cette somme. — V. *Form.*, no 7.

60. 4o *Souffrance de réparations.* — Pendant la durée du bail, le bailleur ne peut changer la forme de la chose louée (C. civ., art. 1723).

61. Mais si la chose louée a besoin de réparations urgentes et qui ne puissent être différées jusqu'à la fin, le preneur doit les souffrir, quelque incommodité qu'elles lui causent et quoiqu'il soit privé, pendant qu'elles se font, d'une partie de la chose louée (C. civ., art. 1724).

62. Si ces réparations durent plus de quarante jours, le prix du bail est diminué à proportion du temps et de la partie de la chose louée dont il a été privé. Le preneur ne peut réclamer aucuns dommages-intérêts (même article).

63. Enfin, si les réparations sont de telle nature qu'elles rendent inhabitable ce qui est nécessaire au logement du preneur et de sa famille, celui-ci peut faire résilier le bail (même article). Cette disposition générale s'applique même au cas où les réparations ne durent pas quarante jours (Duranton, t. 17, n° 67).

64. Le propriétaire ne peut faire, sans le consentement du locataire, des réparations qui n'offrent aucun caractère de nécessité, mais sont simplement *utiles*.

65. La disposition de l'art. 1724 est générale; elle s'applique aux usines et aux héritages ruraux comme aux maisons (Duvergier, n° 301).

66. 5° *Expulsion du preneur en cas de vente de la chose louée.* — En cas de vente de la chose louée, l'acquéreur ne peut expulser le fermier ou locataire qui a un bail authentique ou dont la date est certaine, à moins que le propriétaire ne se soit réservé ce droit par le contrat de bail (Cod. civ., art. 1723). Cet article n'est point applicable au louage des choses mobilières.

67. Lorsque le bail n'a pas acquis date certaine, le preneur peut être expulsé sans qu'il puisse réclamer aucuns dommages-intérêts de l'acquéreur (C. civ., art. 1750). Toutefois, si le vendeur avait imposé à ce dernier la condition d'entretenir le bail, il serait non recevable à demander l'expulsion du preneur, même en lui offrant des dommages-intérêts.

68. Le preneur qui a un bail sans date certaine ne pourrait lui-même demander à ne pas exécuter le bail; au contraire, il peut être contraint à cette exécution (Duvergier, n° 551). Mais Pothier, n° 298, et M. Duranton, t. 17, n° 147, accordent au preneur la même faculté qu'à l'acquéreur.

69. Le preneur, qui a un bail ayant date certaine avant la vente, a droit de jouir de l'objet vendu pendant le temps fixé par son bail, quoiqu'il ne soit point encore entré en jouissance au moment de la vente (Dijon, 21 avril 1827; Duranton, t. 17, n° 139; Duvergier, t. 1er, n°s 281 et 541).

70. Le preneur, en vertu d'un bail n'ayant pas date certaine, a droit, lorsqu'il est expulsé, à une indemnité de la part du bailleur, qui n'a pas imposé à son acquéreur la condition de souffrir le bail. — Il en est de même de l'acquéreur, si le vendeur ne lui a pas déclaré qu'il existait un bail authentique ou ayant date certaine (Metz, 20 août 1818).

71. Quant aux légataires et donataires, s'ils sont soumis aux mêmes obligations que les acquéreurs à titre onéreux, nous ne croyons pas qu'ils aient les mêmes droits. Ainsi, il nous semble qu'ils doivent maintenir le bail, même celui qui est sans date certaine, non pas seulement par reconnaissance pour le donateur, mais parce qu'ils doivent être liés par les mêmes obligations, en ce qui concerne les choses qui leur sont données.

72. Si le bail contient la réserve pour le bailleur d'expulser le preneur, et qu'il n'ait été rien dit sur l'indemnité à lui donner, on doit lui payer : s'il s'agit d'une maison, appartement ou boutique, une somme égale au prix du loyer pendant le temps qui, suivant l'usage des lieux, est accordé entre le congé et la sortie; s'il s'agit de biens ruraux, le tiers du prix du bail pour tout le temps qui reste à courir; enfin, s'il s'agit de manufacture, usine ou

autres établissements qui exigent de grandes avances, l'indemnité est réglée
par une *expertise* (C. civ., art. 1744, 1745, 1746, 1747).

73. L'acquéreur qui veut expulser le preneur doit l'avertir, s'il s'agit de
bâtiments, au temps fixé pour les congés. — V. *infrà*, § 7 ; et s'il s'agit de
biens ruraux, un an d'avance (C. civ., art. 1748). Cet avertissement doit
avoir lieu par exploit contenant signification du contrat de vente et offre de
l'indemnité dans les cas où elle est due. En effet, le preneur ne peut être expulsé qu'après avoir été payé (C. civ., art. 1749). — V. *Form.*, n° 8.

74. Faute par le preneur de quitter les lieux au temps fixé, on procède
comme il est dit *infrà*, n°s 103 et suiv.

75. L'acquéreur à pacte de rachat ne peut user de la faculté d'expulser
le preneur, tant qu'il n'est pas devenu propriétaire incommutable par l'expiration du délai fixé pour le réméré (C. civ., art. 1731).

76. 6° *Restitution de la chose louée ; détériorations ; dégradations.*
— Le preneur doit rendre la chose louée à la fin du bail ; cela est de droit
et ne présente aucune difficulté. Mais dans quel état doit-il la rendre ? A cet
égard, le Code fait cette distinction :

77. Lorsqu'un état des lieux loués a été dressé entre le bailleur et le
preneur, celui-ci doit rendre la chose telle qu'il l'a reçue suivant cet état,
excepté ce qui a péri ou a été dégradé par vétusté ou force majeure (C. civ.,
art. 1730). Les frais de l'état des lieux sont à la charge du preneur.

78. S'il n'a point été fait d'état des lieux, le preneur est *présumé* les
avoir reçus en bon état de réparations locatives, et doit les rendre tels, sauf
la preuve contraire (C. civ., art. 1731). Cette preuve peut être faite par
témoins dans tous les cas (Duranton, t. 17, n° 101 ; Duvergier, t. 1er,
n° 443 ; Bourges, 2 mars 1825).

79. Si le preneur ne peut rendre l'objet mobilier loué tel qu'il l'a reçu,
soit parce qu'il l'a perdu, ou pour tout autre cause, il est tenu d'en payer
l'estimation, sauf son recours, s'il y a lieu, contre celui qui s'en trouve détenteur, recours pour lequel le bailleur doit le subroger dans tous ses droits
(Pothier, n°s 197 et 198).

80. Le preneur répond des dégradations et des pertes qui arrivent pendant sa jouissance, à moins qu'il ne prouve qu'elles ont eu lieu sans sa
faute (C. civ., art. 1732) ; si le preneur, tout en soutenant qu'il n'est pas
responsable, ne demande pas à faire preuve des faits tendant à l'affranchir de
la présomption légale, le juge peut ordonner d'office qu'il prouvera que la
dégradation a eu lieu sans sa faute, au lieu de le condamner de suite (Bordeaux, 23 mai 1829).

81. Le preneur est tenu des dégradations et des pertes qui arrivent
par le fait des personnes de sa maison ou de ses sous-locataires (C. civ.,
art. 1735). On entend par *personnes de sa maison*, la femme, les enfants,
les domestiques du preneur, les ouvriers qu'il fait travailler, ses hôtes et
tous ceux qu'il reçoit dans sa maison.

82. Si le preneur nie les dégradations ou refuse de les réparer ou d'en
tenir compte, le bailleur l'assigne pour voir dire que par experts du choix
des parties, sinon nommés d'office, il sera procédé à la visite des biens à
l'effet de constater les dégradations, et qu'il sera tenu de réparer lesdites
dégradations dans tel délai ou de l'indemniser du préjudice qu'elles lui ont
causé. — V. *Form.*, n° 6.

§ 6. — *Fin ou expiration du bail.* — *Tacite réconduction.*

83. Le bail cesse de plein droit *par l'expiration du temps pour lequel
il a été contracté*, sans qu'il soit besoin de donner congé. Tel est le sens
dans lequel doivent être entendus les art. 1736 et 1737 du C. civ., et cette
règle n'est pas applicable seulement aux baux faits par écrit, elle s'applique

aussi aux baux qui ont eu lieu verbalement. Ainsi, à l'égard de ces derniers, un congé n'est pas indispensable pour y mettre fin.

84. Il y a lieu uniquement de distinguer si le bail est fait *avec ou sans fixation de durée.* Lorsque le bail verbal est fait avec fixation de durée, il cesse de plein droit, comme le bail écrit, à l'expiration du terme fixé, sans qu'il soit nécessaire de donner congé (C. civ., art. 1737). A défaut de convention ayant limité la durée du bail, il faut, pour les congés, soit qu'il s'agisse d'un bail à ferme, soit qu'il s'agisse d'un bail à loyer, observer les délais fixés par l'usage des lieux (C. civ., art. 1736).

85. Si, après l'expiration du terme fixé, le preneur reste et est laissé en possession, il s'opère alors un nouveau bail, appelé *tacite réconduction*, et dont les effets sont les mêmes que ceux des baux faits sans écrit (C. civ., art. 1738).

86. Le temps pendant lequel il est nécessaire que le preneur reste en jouissance pour qu'il y ait tacite réconduction est déterminé par l'usage des lieux, à défaut de convention. Dans tous les cas, l'intention de jouir de la part du preneur ne peut se manifester que par un acte caractéristique de jouissance. Ainsi, s'il s'agit de terres, dans certaines localités, il faut qu'elles aient été labourées ; dans d'autres, en Beauce, par exemple, l'ensemencement seul opère la tacite réconduction ; jusque-là, le propriétaire peut rembourser les travaux faits, et reprendre les terres affermées.

87. Pour se mettre à l'abri de la présomption de tacite réconduction, il est bon que le preneur ou le bailleur fasse signifier par exploit, le premier, qu'il entend quitter les lieux à l'expiration de sa jouissance ; le second, que son intention est de faire déménager le preneur dans les délais légaux. Cet exploit s'appelle *Congé-avertissement.*—V. *Form.*, n° 10.

88. Ce congé diffère des congés ordinaires (V. *infra*, n°s 93 et suiv.), en ce qu'il n'est pas nécessaire de le donner un certain temps d'avance, suivant l'usage des lieux ; il peut être signifié même après l'expiration du bail, pourvu qu'il ne se soit pas écoulé un espace de temps assez long pour faire présumer que le bailleur a tacitement consenti un nouveau bail. C'est aux tribunaux, du reste, à apprécier ces circonstances.

89. De ce principe que la tacite réconduction est fondée sur l'intention présumée des parties, il suit que le nouveau bail est fait aux mêmes conditions et pour le même prix. Cependant, la tacite réconduction n'existerait pas, si l'une des parties était devenue incapable de donner un consentement valable ; de même, si la contrainte par corps a été stipulée dans le premier bail, on ne peut user de cette voie pour l'exécution du second ; si une hypothèque a été donnée, une caution fournie, ces garanties ne s'étendent pas au nouveau bail (C. civ., art. 1740) : ces mesures doivent faire l'objet d'une clause spéciale et formelle ; elles sont des exceptions au droit commun, qui ne se suppléent pas. S'il a été stipulé que la tacite réconduction n'aurait pas lieu, cette clause devrait recevoir son exécution. Enfin, si un congé a été signifié, le preneur, quoiqu'il ait continué sa jouissance, ne peut invoquer la tacite réconduction (C. civ., art. 1739).

90. La tacite réconduction n'a pas lieu seulement à l'égard des baux à ferme ou à loyer ; elle s'opère aussi dans le louage des meubles, lorsque le locataire est dans l'usage de les louer ; mais elle n'a lieu que pour le temps pendant lequel le locataire les garde, du consentement du locateur (Pothier, n° 371).

91. Lorsque, à l'expiration d'un bail fait avec fixation de durée, le preneur ou locataire refuse de quitter les lieux, on peut l'assigner, vu l'urgence, en référé, ou devant le tribunal civil, à l'effet de le faire condamner à être expulsé, et d'obtenir des dommages-intérêts fondés sur le tort éprouvé par sa résistance.

92. Le jugement qui ordonne l'expulsion doit être signifié au preneur ou locataire, avec commandement de quitter les lieux. Si le jugement était signifié sans commandement, nous ne croyons pas que le commandement qui serait fait ultérieurement doive contenir copie du jugement. Il suffit d'y relater qu'il a lieu en exécution d'un jugement en date du....., signifié par exploit du ministère de....., de *tel jour.* L'individu qu'il s'agit d'expulser ne peut être recevable à se plaindre de ce mode de procéder, puisqu'il a précédemment reçu signification régulière du jugement, qu'il ne peut alors prétexter ignorer, et que la simple mention dans le commandement de l'exploit de signification lui épargne de nouveaux frais de copie.

§ 7. — *Des congés.*

93. *Cas dans lesquels il y a lieu de donner congé.* — Nous avons précédemment fait remarquer (V. n° 83) que, lorsque le temps de la durée du bail avait été fixé par la convention, le bail cessait de plein droit à l'expiration de ce temps. Il suit de là qu'un congé n'est nécessaire pour faire cesser la jouissance du locataire, que dans le cas où il s'agit d'un bail verbal ou écrit fait sans fixation de durée. Toutefois, si, dans le cas d'un bail verbal, sa durée ne peut être prouvée, le congé devient alors indispensable (Duvergier, t. 1er, n° 485).

94. Le congé n'est pas seulement inutile pour les baux à loyer faits avec limitation de durée. Il l'est également pour les baux à ferme, faits sans fixation de durée, cette durée étant déterminée par la loi (C. civ., art. 1774). — V. *Bail à ferme.* Il est inutile aussi pour les baux à cheptel faits verbalement, lesquels ont, comme les baux à ferme faits sans écrit, une durée légale (C. civ., art. 1815). — V. *Bail à cheptel*, n° 31. Mais il est toujours nécessaire, dans ces différentes espèces de baux, de donner un *congé-avertissement* pour empêcher la tacite réconduction. — V. *suprà*, n°s 87 et 88.

95. L'obligation de donner congé, lorsqu'elle existe, est réciproque entre le bailleur et le preneur (Duvergier, t. 1er, p. 495 ; Bordeaux, 16 juin 1829).

96. *Délais des congés.* — Les délais qui doivent exister entre le congé ou le congé-avertissement, dans les cas où ils sont nécessaires, et la sortie du locataire ou du preneur, sont fixés par l'usage des lieux (C. civ., art. 1736).

97. Lorsque, en ce qui concerne la location verbale d'une maison, le délai à observer, d'après l'usage des lieux, entre le congé et la sortie du locataire, est de trois mois (par exemple), ce délai court, non du jour du congé, si le congé a été donné après le trimestre commencé, mais seulement du jour de l'expiration de ce trimestre (Bordeaux, 16 juin 1829). Il résulte de là que le congé doit précéder le terme à l'expiration duquel le locataire doit sortir de l'appartement qu'il occupe.

98. Ne suffirait-il pas cependant que le congé fût signifié le jour du mois correspondant à celui où le bail doit cesser ? Par exemple, le délai étant de trois mois, le congé pourrait-il être valablement notifié le 1er octobre pour le 1er janvier ? Non. Il est de principe, en effet, que le jour *à compter* duquel un délai commence à courir n'est jamais compris dans ce délai (Merlin, *Rép.*, v° *Délai ;* Toullier, t. 6, n° 682), et que les délais déterminés par des mois doivent se compter non par le nombre fixe de trente jours, mais du quantième d'un mois au quantième correspondant du mois suivant, sans avoir égard au nombre de jours dont les mois sont composés (Cass., 12 mars 1816 ; Merlin, *Rép.*, v° *Mois ;* Toullier, t. 6, n° 683). Il suit de là que le congé, qui doit être donné trois mois d'avance, doit l'être trois mois *francs* avant l'époque de la cessation du bail. Ainsi, le congé étant donné pour le 1er janvier, doit être signifié au plus tard le dernier jour de septembre (Troplong, *Du Louage,* n° 419; Duvergier, *Du Louage,* t. 2, n° 66. — *Contrà,* Duranton, t. 17, n° 169). Pour qu'il en fût autrement, il faudrait que l'usage des lieux fût reconnu contraire.

99. Toutefois, il est accordé un certain délai au locataire pour déménager, faire les réparations locatives et rendre les clés. Ce délai est de huit jours, si le congé a dû être donné à six semaines de date, et de quinze jours, si le congé a dû être donné trois ou six mois d'avance (Nouv. Denizart, v° *Congé*, § 3 ; Duvergier, t. 2, n° 63).

100. *Formes du congé.* — L'usage et la prudence veulent que le congé soit signifié par exploit à personne ou à domicile.—V. *Form*. n° 11. Mais ce n'est pas la seule forme admise, et les parties peuvent la remplacer par un écrit dans lequel l'une prend l'engagement de quitter, l'autre de reprendre les lieux, à une époque déterminée. Le congé peut même être donné verbalement.

101. Mais le congé verbal non suivi d'exécution ne peut être prouvé par témoins, quelque modique que soit le loyer. L'art. 1715, Cod. civ., s'applique au congé comme au bail lui-même. (Cass., 12 mars 1816 ; Duvergier, t. 1er, n° 489).

102. Le congé, pour être valable, n'a pas besoin d'être fait double (Cod. civ. 1325 et 1737 ; Troplong, *du Louage*, t. 2, n° 493.—*Contrà*, Duvergier, t. 1er, n° 492). Il n'a pas besoin non plus d'être accepté (Troplong, t. 2, n° 423 ; Duvergier, t. 1er n° 493). Mais, si le bail est verbal, le serment ne peut être déféré qu'autant que l'on prétendrait que le congé a été accepté (Duranton, t. 17, n° 122).

103. *Procédure.* — Il n'est pas nécessaire que le congé, qu'il soit donné par le propriétaire ou par le locataire, contienne assignation pour en voir ordonner validité et pour voir prononcer l'expulsion du locataire. Ce n'est que dans le cas où la partie qui donne le congé prévoit l'opposition de l'autre partie à la fin du bail qu'elle peut former de suite cette demande.

104. Si celui qui a reçu le congé trouve qu'il est irrégulier ou donné hors de terme, il ne doit pas attendre que le terme soit échu pour en proposer la nullité ; son silence pourrait être regardé comme une acceptation du congé.

105. La demande en validité ou en nullité doit être portée devant le tribunal du domicile du défendeur (V. *Form.* , n° 12). Lorsque des loyers sont dus, et que le propriétaire n'a pas de titre exécutoire, il peut, en même temps qu'il forme sa demande en validité du congé, conclure à ce que le locataire soit condamné à les lui payer.

106. Si les contestations entre le propriétaire et le locataire ne sont pas terminées au terme pour lequel le congé est donné, le juge, en les décidant, peut proroger, même d'office, la durée du bail et déclarer le congé donné pour tel terme ou pour tel autre terme (Cass., 23 févr. 1814).

107. Si, lorsque le jugement qui valide le congé a été signifié au locataire, celui-ci refuse de l'exécuter, le propriétaire doit alors l'assigner en référé, afin de faire ordonner son expulsion des lieux loués, en exécution du jugement de validité.—De même, si, lorsque le congé a été convenu entre les parties, l'une d'elles refuse, à l'expiration du terme, de l'exécuter, l'autre peut l'y contraindre en vertu de la convention, mais, comme c'est un cas qui requiert célérité, l'adversaire a le droit d'assigner en référé devant le juge de la situation du lieu, qui, sur le vu de congé, ordonne par provision qu'il sera exécuté. — Si c'est le locataire qui refuse d'exécuter le congé qu'il a reçu, le juge du référé ordonne son expulsion ; si c'est le propriétaire, il ordonne qu'il sera tenu de laisser sortir le locataire avec ses meubles.—V. *Form.*, n° 13.

108. Muni de l'ordonnance ou du jugement d'expulsion, l'huissier doit le signifier et faire commandement de l'exécuter (V. *suprà*, n° 92), et, en cas de refus, expulser le locataire en faisant enlever ses meubles de l'appartement. — Si des loyers sont dus au propriétaire et que ce dernier ait un titre exécutoire, il peut faire saisir les meubles expulsés.—V. *Form. n° 14.*

109. Lorsque le propriétaire, à qui il est dû des loyers, n'a pas de titre exécutoire pour en obtenir le paiement, ou lorsque des réparations locatives sont à faire, l'huissier, avant de procéder à l'expulsion, dresse un état de ces réparations et fait sommation au locataire de payer les loyers, de faire les réparations ou de consigner somme suffisante. Faute de ce faire, il expulse le locataire, séquestre les meubles dans un endroit dépendant des objets loués et assigne le locataire en référé pour voir dire qu'il sera condamné par provision, et que, faute par lui de payer les loyers et de faire les réparations, ses meubles seront saisis comme étant le gage du propriétaire.—V. *Form., n° 14.*

110. L'ordonnance de référé obtenue, on la signifie avec sommation de l'exécuter; si le locataire n'y obtempère pas, on saisit ses meubles. — V. *Form.,* n° 15.—V. aussi *Saisie-exécution.*

§ 8. — *Résiliation du bail.*

111. La résiliation ou résolution du bail s'opère de plein droit par la perte ou destruction totale de la chose louée (C. civ., art. 1722, 1741). Peu importe que la perte soit arrivée par cas fortuit ou par la faute du bailleur (mêmes articles).

112. Seulement, dans le premier cas, il n'y a lieu à aucun dédommagement (C. civ., art. 1722), tandis que, dans le second, le bailleur est soumis à une action en dommages-intérêts de la part du locataire (Duranton, t. 17, n° 129).

113. Si la chose louée n'est détruite qu'en partie, le preneur ou locataire peut, suivant les circonstances, demander ou une diminution de prix, ou la résiliation même du bail (C. civ, art. 1722). Dans ce cas, aussi, il n'y aurait lieu à dédommagement que si la destruction avait eu lieu par la faute du bailleur (même article).

114. La résolution du bail ayant lieu *de plein droit,* en cas de perte totale de la chose louée, il s'ensuit qu'aucune procédure n'est nécessaire pour opérer cette résolution; mais il en est autrement dans le cas de perte partielle. Là, d'ailleurs, il peut s'élever la difficulté de savoir si la perte est assez grande pour empêcher la jouissance du preneur ou locataire. Si ces derniers se bornent à demander une diminution de loyer, et que le bailleur ne veuille point l'accorder, ils l'assignent en nomination d'experts par lesquels la diminution sera fixée.—V. *Form.,* n. 9.

115. Au nombre des causes de résolution du bail est compris aussi le défaut respectif du bailleur et du preneur ou locataire de remplir leurs engagements (C. civ., art. 1741).

116. Spécialement, la résiliation du bail peut être demandée : 1° pour vices ou défauts de la chose louée; 2° pour infraction à la prohibition de sous-louer; 2° pour défaut d'emploi de la chose louée à l'usage auquel elle est destinée; 4° pour défaut de paiement du prix aux termes communs; 5° pour cause de réparations. (V. *suprà,* n° 63.)

117. On peut encore demander la résolution du bail, 1° pour cause d'erreur, de dol ou de fraude; 2° par suite de la faillite ou déconfiture du preneur, à moins que ce dernier ne donne une caution hypothécaire (Cass., 16 déc. 1807; 16 août 1825).

118. Le contrat n'est point résolu par la mort du bailleur ni par celle du preneur (C. civ., art. 1742); on est toujours censé stipuler pour soi, ses héritiers ou ayants cause.

119. La résolution doit toujours être prononcée en justice, sauf dans le cas où elle a lieu pour perte totale de la chose louée (V. *suprà,* n° 114).

Toutefois, on doit distinguer si la condition résolutoire a été stipulée ou sous-entendue.—V. *Action résolutoire*, § 3.

120. Lorsque la résolution est demandée pour cause d'inexécution des engagements consentis, ou par suite de faillite ou déconfiture, elle doit être précédée d'une mise en demeure.—V. *Action résolutoire*, § 3.

121. Si la résolution du bail a lieu par la faute du locataire, il est tenu de payer, à titre d'indemnité et outre les dommages-intérêts, le prix du bail pendant le temps nécessaire à la relocation (C. civ., art. 1760); si c'est par la faute du bailleur, ce dernier doit des dommages-intérêts proportionnels au préjudice éprouvé (V. *suprà*, n° 112).

122. La demande en résolution est portée devant le tribunal du domicile du défendeur, et elle a lieu par exploit, en la forme ordinaire. — V. *Form.*, n. 16.

123. La résolution du bail n'a pas pour effet de remettre les choses dans le même état que s'il n'y avait pas eu de contrat ; elle opère seulement la résiliation pour l'avenir. Le preneur doit continuer sa jouissance, s'il s'agit de maisons, jusqu'à l'expiration du terme prochain, et s'il s'agit de biens ruraux, jusqu'à l'expiration du terme nécessaire pour recueillir les fruits de l'héritage affermé (Duranton, t. 17, n. 127).

124. La résolution du bail entraîne celle des cessions et sous-baux, à moins cependant qu'elle ne soit prononcée pour défaut de paiement du prix ; dans ce cas, le sous-bail ou la cession recevraient leur exécution (Arg., art. 958, 1753, C. civ.; art. 820, C. proc. civ.; Duvergier, t. 1er, n° 540).

Formules.

1. *Sommation de délivrer l'objet loué.*

L'an 18. . . . ., à la requête de. . . . ., j'ai . . ., fait sommation à. . . . . ; —Attendu que, suivant acte passé devant Me. . . ., notaire à. . . . ., le. . . . . ., le requérant a pris à bail, du sieur. . . . ., une maison sise à. . . . ., pour trois ans, à compter du. . . . . moyennant. . . . . par an ; — Attendu que l'époque fixée pour l'entrée en jouissance du requérant est expirée, et que jusqu'à ce jour, le sieur . . . . s'est refusé de délivrer l'objet loué ; —Attendu qu'aux termes de l'art 1719, Cod. civ., le bailleur est tenu de plein droit d'opérer la délivrance de l'objet loué à toute réquisition.—De, d'ici à vingt-quatre heures, délivrer au requérant la jouissance de l'objet loué par l'acte dudit jour ; en conséquence, vider cedit objet de corps et de biens, et remettre les clefs au requérant, et faire toutes les réparations convenables; aux offres que fait le requérant de procéder, en entrant en jouissance, à toutes visites et états de lieux. Et j'ai, sous toutes réserves, laissé..... Coût.

Cod. civ., 1719. *Suprà*, n° 28.—Coût (Tarif, 29) : Orig. Paris, 2 fr. ; R. P. 1 fr. 80 c.; ailleurs, 1 fr. 50 c.—Cop., le quart.

Enregistrement de l'exploit, 2 fr. 20 c. (L. 28 avril 1816, art. 43).

2. *Demande en délivrance.*

L'an 18. . . . ., à la requête de. . . . (*constituer avoué et énoncer la non-conciliation*), j'ai. . . . ., donné assignation à. . . . ., à comparaître. . . . pour ;—Attendu (*motifs de la sommation ; ajouter :*) ; — Attendu que, par exploit du. . . . . ., sommation a été faite à. . . . ., de délivrer l'objet loué, et que, jusqu'à ce jour, il n'a point déféré à ladite sommation ;—S'entendre condamner à délivrer la jouissance dudit objet, à le vider de corps et de biens, à remettre les clés, le tout dans le jour de la signification du jugement à intervenir ; sinon et faute de ce faire, voir dire et ordonner que le requérant fera ouvrir les portes de ladite maison, déposera sur le carreau tous les objets qui se trouvent dedans, dressera un état des lieux et prendra lui-même possession de l'objet, le tout en présence du sieur. . . . . ou lui dûment appelé ; s'entendre en outre condamner en. . . . de dommages-intérêts et aux dépens, sous toutes réserves.. .. Et j'ai.....

Cod. civ, 1719. *Suprà*, n° 28.—Coût : V. *form.* 1.

Enregistrement de l'exploit, 2 fr. 20 c. (L. 28 avril 1816, art. 43).

3. Sommation de faire des réparations.

L'an 18. . . . ., à la requête de. . . . ., j'ai. . . . ., fait sommation à. . . . .;
—Attendu que, par acte (analyser le bail) ;—Attendu que cette maison est entièrement
découverte dans toute sa partie vers le nord; que, par suite de cette détérioration, elle
est inhabitable;—Attendu que le bailleur doit tenir le preneur clos et à couvert, et faire
toutes les réparations nécessaires pour arriver à cette fin ;—De, dans le délai de vingt-
quatre heures, faire rétablir ladite couverture, de manière que les objets loués puissent
être convenablement occupés par le requérant ;—Lui déclarant que, faute de ce faire,
le requérant se pourvoira, sous toutes réserves..... Et j'ai.....
Cod. civ., 1720. Suprà, n° 30.—Coût : V. Form. n° 1.
Enregistrement de l'exploit, 2 fr. 20 c. (L. 28 avril 1816).

4. Assignation à fin de faire des réparations.

L'an 18. . . . ., à la requête de. . . . . (constituer avoué et énoncer la non-conciliation), j'ai. . . . . donné assignation à. . . . ., à comparaître. . . . . pour ; —
Attendu (motifs de la sommation, ajouter :);—Attendu que par exploit. . . . . (analyser la sommation) ;—Attendu que jusqu'à ce jour le sieur. . . . n'a point obéi à
ladite sommation ;—Voir dire et ordonner que, par expert du choix des parties, sinon
nommés d'office, les lieux loués seront vus et visités; que lesdits experts détermine-
ront les réparations à faire et fixeront la somme à laquelle elles pourront s'élever ; que,
sur leur rapport dûment déposé, le sieur. . . . . sera condamné à faire les réparations
y énoncées, dans le délai de. . . . ., sinon et faute de ce faire, que le requérant sera
autorisé à faire procéder lui-même à ces réparations, et à retenir la somme à laquelle
elles se seront élevées sur les loyers à échoir, si mieux il n'aime le réclamer de suite du
sieur. . . . Et, en outre, ledit sieur. . . . s'entendre condamner en. . . de dommages-intérêts et aux dépens, sous toutes réserves.... Et j'ai....
Cod. civ., 1720. Suprà, n° 30.—Coût, V. Form. n° 1.
Enregistrement de l'exploit, 2 fr. 20 c. (L. 28 avril 1816).

5. Dénonciation du trouble apporté par un tiers.

L'an 18. . . . ., à la requête de. . . . . (constituer avoué), le contenu en la copie, commise au requérant, d'un exploit de. . . . ., huissier à. . . ., en date du. . .,
contenant, à la requête de. . . . ., assignation à comparaître le. . . . ., pour, attendu
. . . . ., voir dire que le requérant sera tenu d'abandonner la jouissance d'une pièce
de terre sise à. . . . .—a été par moi. . . . dénoncé au sieur. . . . à ce qu'il
n'en ignore ;—Et à pareilles requête, demeure et élection de domicile que dessus, j'ai,
huissier susdit et soussigné, donné assignation à. . . . à comparaître le. . . . pour,
attendu que, suivant acte (analyser le bail);—Attendu que le sieur. . . . doit garantir
au requérant la jouissance paisible de l'objet vendu ; que mondit sieur requérant n'a
point qualité pour répondre à la demande du sieur. . . . .; voir dire que le sieur. . .
sera tenu de prendre le fait et cause du requérant; qu'il fera cesser les poursuites dirigées contre lui, sinon qu'il sera condamné à l'indemniser de toutes les condamnations
qui pourraient être prononcées contre lui en principal, intérêts et frais; et en outre
s'entendre condamner aux dépens de la présente demande.
Subsidiairement, et dans le cas où la demande du sieur. . . . . serait admise, voir
dire que le bail dudit jour sera résolu purement et simplement à partir du. . . . .,
et s'entendre le sieur. . . . . condamner en. . . . de dommages-intérêts et aux dépens, sous toutes réserves..... Et j'ai....
Cod. civ., 1726. Suprà, n° 35.—Coût : V. Form. n° 1.
Enregistrement de l'exploit, 2 fr. 20 c. (L. 28 avril 1816).

6. Demande à fin de réparations et d'indemnité pour dégradations.

L'an 18. . . . ., le. . . . . ., à la requête de. . . . ., j'ai. . . . ., donné citation
à. . . . . ., à comparaître le. . . . ., pour, — Attendu que, par bail reçu (analyser
le bail); attendu que, suivant état des lieux (l'analyser);—Attendu que la jouissance du
cité est expirée le. . . . . , que, dès le. . ., il a quitté les lieux qui lui étaient loués
sans faire les réparations convenables; attendu que le cité doit rendre les lieux dans
l'état où il les a reçus, qu'il est responsable des dégradations et des pertes survenues
pendant sa jouissance ; attendu que des dégradations ont été commises, qu'un mur a
été abattu, une toiture enlevée, des bois coupés avant l'âge (énoncer avec soin les dé-

gradations reprochées au fermier);—Voir dire et ordonner que, par experts choisis par les parties, sinon nommés d'office, il sera procédé à la visite des bâtiments et des terres ci-devant occupés et exploités par le cité;—Que, sur le vu de l'état des lieux dudit jour . . . . ., les experts constateront le nombre et la nature des réparations locatives à faire et des dégradations commises; qu'ils fixeront la valeur des réparations, le préjudice causé par les dégradations ; que, sur leur rapport dûment déposé, le sieur. . . ., cité, sera tenu de faire les réparations dans *tel délai*, sous la contrainte de. . . . . fr., et qu'il sera en outre condamné en. . . . . de dommages-intérêts, sous toutes réserves.—Et j'ai.....

Cod. civ., 1730, 1731, 1732, 1735. *Suprà*, n° 82.—Coût : V. *Form. 1*, et *Citation.*
Enregistrement.—V. *Ajournement, Citation.*

7. *Demande en indemnité pour cause d'incendie.*

L'an 18. . . . ., à la requête de. . . . . (*constituer avoué et énoncer la non-conciliation*), j'ai. . . . ., donné assignation à. . . . . . à comparaître. . . . ., pour, attendu que la maison louée a été totalement incendiée dans la nuit du. . . . .: attendu que l'intimé est responsable de l'incendie et qu'il doit indemniser le requérant des pertes occasionnées par ce sinistre ;—Voir dire que, par experts du choix des parties, sinon nommés d'office, les lieux incendiés seront vus et visités ; que ces experts fixeront la somme nécessaire à la reconstruction des objets incendiés, et que, sur leur rapport dûment déposé, le sieur. . . . . sera condamné au paiement de ladite somme. . . . . ., et, en outre, aux dépens, sous toutes réserves..... Et j'ai.....

Cod. civ., 1733. *Suprà*, n° 59.—Coût : V. *Form. 1.*
Enregistrement de l'exploit, 2 fr. 20 c. (L. 28 avril 1816).

8. *Signification et offres à fin d'expulsion.*

L'an 18. . . . ., à la requête de. . . . . . j'ai. . . . . ., signifié et avec ces présentes donné copie à. . . . . d'un acte reçu par (*analyser le contrat de vente*) ; à ce qu'il n'en ignore ; et à pareilles requête, demeure et élection de domicile que dessus. j'ai, huissier susdit et soussigné, dit et déclaré au sieur. . . . . que l'objet acquis par le requérant suivant l'acte susdaté, ayant été loué verbalement audit sieur. . . . ., et attendu, d'ailleurs, que ce dernier ne justifie pas d'un bail ayant acquis date certaine avant ladite vente, le requérant entend entrer en jouissance des objets compris audit contrat à compter du. . . . . .; — Que, en conséquence, il signifie audit sieur . . . . . qu'il ait à vider les lieux de corps et de biens pour ladite époque, remettre les clés, faire les réparations locatives et, généralement, satisfaire à toutes les obligations des locataires sortants; déclarant au susnommé que, faute par lui de déférer au présent avertissement, le requérant se pourvoira, sous toutes réserves (*S'il est dû une indemnité, on ajoute :*) aux offres par le requérant d'indemniser ledit sieur. . . . . à toute réquisition, conformément à son bail ou à la loi.

Cod. civ., 1743 à 1750. *Suprà*, n° 73.— Coût : V. *Form.* n° 1.
Enregistrement de l'exploit, 2 fr. 20 c. (L. 28 avril 1816).

9. *Demande en diminution de loyer.*

L'an 18. . . . ., à la requête de. . . . ., j'ai. . . . . ., donné. . . . . . au sieur. . . . . assignation à comparaître le . . . ., pour, attendu que par bail (*analyser le bail*); attendu que, depuis ce bail, un corps de bâtiment faisant partie des objets loués s'est écroulé le. . . . . .; que, par suite de la destruction de ce bâtiment, le requérant a droit à une diminution de fermage ;—voir dire et ordonner que par experts du choix des parties, sinon nommés d'office, les lieux loués seront vus et visités, que lesdits experts évalueront la valeur locative de l'objet détruit, eu égard au prix du bail dudit jour. . . . et à la totalité des objets loués; que, sur leur rapport dûment déposé, le fermage sus-énoncé sera réduit à la somme qu'ils auront indiquée, à compter du jour de la destruction et pendant la durée du bail et, en outre, s'entende condamner aux dépens, sous toutes réserves.

Cod. civ., 1722. *Suprà*, n° 114.— Coût : V. *Form.* n° 1.
Enregistrement de l'exploit, 2 fr. 20 c. (L. 28 avril 1816.)

10. *Congé-avertissement.*

L'an 18 . . . . ., à la requête de . . . ., j'ai. . . . ., signifié et déclaré à. . . . . .

que le requérant entend occuper par lui-même (ou faire occuper par d'autres personnes) à compter du. . . . . ., époque de l'expiration du bail ci-après daté, les lieux
dont ledit sieur. . . . . . jouit aux termes d'un bail reçu par M. . . . . ; déclarant
audit sieur. . . . . . que la présente déclaration lui est faite afin d'éviter toute espèce
de tacite réconduction ; qu'en conséquence, il ait à vider lesdits lieux de corps et de
biens pour ladite époque du. . . . . . faire les réparations nécessaires, payer les impôts, et généralement satisfaire aux obligations des locataires sortants ; ajoutant que,
faute de ce faire, le requérant se pourvoira devant qui de droit à fin d'expulsion, sous
toutes réserves.

Suprà, n° 87.—Coût : V. *Form.* n° 1.
Enregistrement de l'exploit, 2 fr. 20 c. (L. 28 avril 1816).

11. *Congé.*

L'an 18. . . . ., à la requête de . . . ., j'ai. . . . ., signifié et déclaré à. . . . .
que le requérant lui donne par ces présentes congé pour les jour et terme du . . . ;,
d'une maison sise à. . . . . (*désigner les lieux*), louée verbalement par le requérant,
sans fixation de durée, au sieur. . . . . ., moyennant. . . . . par an ; en conséquence, que ledit sieur. . . . ait à vider lesdits lieux.... (*Le surplus comme à la
formule qui précède.*)
Suprà, n° 100.—Coût : V. *Form.* 1.
Enregistrement de l'exploit, 2 fr. 20 c.

12. *Demande en validité.*

L'an 18. . . . ., à la requête de. . . . . ., j'ai. . . . ., donné au sieur. . . . .
assignation à comparaître. . . . , pour, attendu que par exploit du ministère de. . . .,
huissier. . . . ., le requérant a donné au sieur. . . . congé pour le. . . . ., d'une
maison sise à. . . . . (*la désigner*); attendu que le terme pour lequel le congé a été
donné est expiré et que ledit sieur n'a point quitté les lieux qu'il occupait ;—Voir déclarer ledit congé bon et valable, ordonner en conséquence que, dans le jour de la signification du jugement à intervenir, ledit sieur. . . . . sera tenu de quitter lesdits
lieux, de les vider de corps et de biens, de faire les réparations locatives, payer les
loyers et les impôts, et généralement satisfaire à toutes les obligations des locataires
sortants ; sinon et faute de ce faire, qu'il sera expulsé, que ses meubles seront mis et
déposés sur le carreau ; qu'en cas de refus d'ouvrir les portes, l'huissier les fera ouvrir en la manière accoutumée ; et s'entendre en outre condamner aux dépens, sous
toutes réserves.

Si l'on veut obtenir condamnation des loyers dus, on ajoute : Et en outre, le
sieur. . . . . ., s'entendre condamner à payer au requérant la somme de. . . . . .,
pour loyers échus depuis le. . . . . jusqu'au. . . . ., des lieux ci-devant désignés,
et aux dépens, sous toutes réserves.
Suprà, n° 105.—Coût et enregistrement : V. *Formule* 4 et *Citation.*

13. *Assignation en référé pour faire ordonner par provision l'exécution d'un congé convenu.*

L'an 18. . . . ., à la requête de. . . . . (*constitution d'avoué*),—en vertu d'une
ordonnance rendue sur requête par M. le président du tribunal civil et de première
instance de. . . . ., le. . . ., enregistrée ; desquelles requête et ordonnance il est
avec ces présentes donné copie ; j'ai. . . . ., commis à cet effet par ladite ordonnance,
donné assignation à . . . . . à comparaître le. . . . ., heure de. . . . ., à. . . . .
en l'hôtel et par-devant mondit sieur le président dudit tribunal statuant provisoirement
en état de référé ; et au principal, à huitaine franche, délai de la loi, devant MM. les
président et juges composant le tribunal civil et de première instance de. . . . ., au
palais de justice, sis rue. . . . ., pour voir accorder les conclusions de ladite requête,
circonstances et dépendances, sous toutes réserves.
Suprà n° 107. — Coût et enregistrement : V. *Form.* 4 et *Citation.*

14. *Procès-verbal d'expulsion.*

L'an 18. . . . ., à la requête de. . . . . ., en vertu (*analyser le jugement ou l'ordonnance de référé*), enregistré et signifié par exploit de. . . . . ., le. . . . . .;
j'ai . . . ., fait commandement, de par la loi et justice, au sieur. . . . . de, présentement et sans délai, exécuter ledit jugement (ou ladite ordonnance), et en conséquence

vider les lieux qu'il tient à loyer de mondit sieur. . . . ., requérant, et qui consistent (*les désigner*) , lui déclarant que, faute par lui de ce faire, je vais l'expulser, jeter ses meubles sur le carreau et faire place nette ; — Lequel sieur. . . . . . ayant refusé d'exécuter ledit jugement, j'ai, en présence de mes témoins ci-après nommés, décrit ce qui s'est trouvé dans les lieux loués au sieur. . . . . ., et qui consiste (*désigner tous les objets trouvés*) ; et ensuite j'ai, aidé de mes témoins, mis et déposé tous lesdits meubles et effets dans la rue, puis expulsé la personne dudit sieur. . . . . desdits lieux dont toutes les clefs ont été emportées par moi pour être remises à mon requérant ;—Le tout fait en présence et assisté de. . . . ., qui ont signé avec moi le présent, dont copie a été remise au sieur. . . . . ., locataire.

. *Lorsqu'on a un titre exécutoire et que des loyers sont dus, on fait itératif commandement, on expulse, on saisit les meubles, on établit gardien et on procède à la vente comme en matière de saisie-exécution.*

Si des loyers sont dus, sans qu'on ait un titre exécutoire, et s'il y a des réparations à faire, on reprend la formule ci-dessus après la désignation des objets : Et attendu qu'il est dû à mon requérant la somme de. . . . . ., pour loyers desdits lieux, courus depuis le. . . . . jusqu'à. . . . . .; que *les* réparations locatives à faire aux bâtiments occupés par ledit sieur. . . . consistent. . . . (*les désigner*), je lui ai fait sommation de payer à l'instant même ladite somme de. . . . . ., pour loyers; de faire les réparations locatives sus-désignées, ou de consigner en mes mains, pour les faire faire, la somme de . . . .; lequel sieur . . . . ayant refusé de payer et consigner, j'ai fait descendre, transporter et déposer tous lesdits meubles et effets dans un fournil appartenant à mon requérant, dépendant de la maison ci-devant désignée, où je les ai séquestrés, comme étant le gage de mon requérant, et laissés à la garde de . . . ., présent, qui a accepté ladite mission, et s'est obligé à représenter lesdits effets à toute réquisition ; et ensuite j'ai expulsé desdits lieux le sieur . . . . ., et je me suis emparé des clefs pour les remettre à mon requérant;— Et de suite, à la requête du sieur . . . . ., constituant pour avoué Me . . . ., j'ai donné assignation audit sieur. . . . . à comparaître devant M. le président du tribunal civil de . . . ., à . . . . . heure de. . . . . statuant en état de référé, et, au principal, à huitaine franche, pour s'entendre condamner à payer au requérant ladite somme de . . . . . pour loyers, et celle de . . . ., montant des réparations locatives à faire, sous toutes réserves ;—Le tout fait et arrêté....

Suprà, nos 408 et 409.—Coût (Tarif, 31) : Paris, 1re vacat. de 3 h., y compris 1 fr. 50 c. pour chaque témoin, 8 fr.; les autres vacat., 5 fr.—R. P., 1re vacat., 7 fr. 20 c.; les autres, 4 fr 50 c.—Aill., 1re vacat., 6 fr.; les autres, 3 fr. 75 c.

Enregistrement.—V. *Saisie-exécution.*

15. *Signification d'ordonnance et procès-verbal de saisie.*

L'an 18 . ., à la requête de . . . . . (*élection de domicile dans la commune où la saisie est faite*), j'ai . . . ., signifié et avec ces présentes donné copie à . . . . . d'une ordonnance (*l'analyser*), à ce qu'il n'en ignore. Et à mêmes requête, demeure et élection de domicile que dessus, j'ai fait sommation audit sieur. . . . . de, présentement et sans délai, exécuter ladite ordonnance, et en conséquence de (*payer, réparer ou consigner*) ; lequel ayant refusé, je lui ai déclaré que j'allais à l'instant procéder à la saisie-exécution de ses meubles et effets mobiliers séquestrés par mon procès-verbal du . . . . Et de suite, en effet, j'ai saisi et mis sous la main du roi, de la loi et justice (*désigner les meubles, établir gardien, désigner le jour de la vente. Au surplus, procéder comme en matière de* SAISIE-EXÉCUTION. — V. ce mot.)

Suprà, no 110.—Coût : V. *Form*. 14.

Enregistrement.—V. *Saisie-exécution.*

16. *Demande en résolution.*

L'an 18. . . ., à la requête de . . . . . (*constituer avoué et donner avis de la non-conciliation s'il y a lieu*), j'ai . . . ., donné assignation à . . . . . à comparaître . . . . ., pour: —Attendu que suivant bail (*analyser le bail*) ;

PREMIÈRE ESPÈCE. — *Vices de la chose louée*. — Attendu que la maison louée par ledit bail est humide pendant huit mois de l'année ; que, pendant ce temps, aucun pavé n'est sec, que les murs rendent l'eau ; en un mot, qu'il est impossible d'habiter tout le rez-de-chaussée sans s'exposer à des maladies rhumatismales; attendu que le bailleur connaissait les vices de sa maison, qu'il n'en a pas prévenu le preneur, et que ce dernier n'a pas pu les connaître, puisqu'il n'a visité la maison louée qu'en été et par un temps très-sec...

DEUXIÈME ESPÈCE.—*Infraction à la clause de sous-louer.*—Attendu que, nonobstant la défense formelle, exprimée dans ledit bail, de sous-louer et céder en totalité ou partie les objets qu'il comprend, le sieur.... s'est permis de sous-louer à ... (*désigner les objets*), suivant acte devant M^e ....; attendu que la clause prohibitive de sous-louer est toujours de rigueur, que l'infraction à cette clause entraîne la résolution du bail...

TROISIÈME ESPÈCE. — *Défaut d'emploi de la chose à l'usage pour lequel elle est destinée.* — Attendu que la maison louée par le bail susdaté a été convertie par le sieur .... en une grange depuis le...; que deux prés compris audit bail ont été changés en terre labourable; attendu que le preneur doit user de la chose louée suivant la destination qui lui est donnée par le bail; que par l'acte susdaté il a été stipulé que les bâtiments seraient habités par le preneur et sa famille, que les prés seraient fauchés et étaupinés chaque année; attendu que le changement de destination susénoncé entraîne la résolution du bail et cause d'ailleurs préjudice au bailleur...

QUATRIÈME ESPÈCE. — *Perte partielle de l'objet loué.*—Attendu qu'un corps de bâtiment faisant partie de la ferme louée, et comprenant toutes les granges et les écuries, s'est écroulé dans la nuit du ....;—Attendu que par suite de la perte de ce bâtiment le requérant n'a plus de place pour loger ses bestiaux et rentrer ses grains; que dès lors il lui est impossible de continuer l'exploitation de ladite ferme sans s'exposer à une ruine certaine.

CINQUIÈME ESPÈCE.—*Défaut de paiement du prix.*—Attendu que, par exploit de.... en date du ..., commandement a été fait au sieur ... de payer la somme de ... pour trois années de fermage, la dernière échue le...., résultant dudit bail; attendu que ledit sieur ..... n'a point satisfait à ce commandement; attendu que le défaut de paiement du prix du bail donne lieu à la résolution de ce contrat...

SIXIÈME ESPÈCE. — *Faillite ou déconfiture.* — Attendu que, par jugement du tribunal de commerce de ... le sieur .... a été déclaré en état de faillite;—Que par exploit de ... sommation lui a été faite de donner au requérant une caution hypothécaire pour garantie de l'exécution du bail susdaté; qu'il n'a point déféré à ladite sommation; attendu que le preneur, par sa faillite, a détruit toutes les garanties sur lesquelles le bailleur avait le droit de compter.

Supra, n° 422.—Coût : V. *Form.,* 1.

BAIL A CENS. — 1. Bail en usage avant la Révolution de 1789, et par lequel le propriétaire d'un héritage ou d'un autre droit immobilier l'aliénait, sous la réserve qu'il faisait de la seigneurie directe et d'une redevance annuelle en argent ou en fruits qui devait lui être payée par le preneur ou ses successeurs.

2. Le seigneur qui n'était pas payé de la redevance avait contre le preneur ou ses successeurs deux actions : l'action personnelle, et l'action réelle, qui était appelée *saisie* censuelle. Cette dernière action, qui s'opérait par le ministère d'un *sergent* (V. *Huissier*), avait pour objet d'empêcher le débiteur de jouir de l'héritage jusqu'à ce qu'il eût rempli son obligation.

3. Avec la Révolution de 1789 disparut la féodalité. Les baux à cens furent, comme conséquence, depuis, supprimés; et tous les droits et devoirs tant féodaux que censuels furent abolis.

BAIL A CHEPTEL. — 1. Contrat par lequel l'une des parties donne à l'autre un fonds de bétail pour le garder, le nourrir et le soigner, sous les conditions convenues entre elles (C. civ., art. 1800). — V. *Cheptel.*

Indication alphabétique des matières.

§ 1er. — *Notions générales.*
§ 2. — *Du cheptel simple.*
§ 3. — *Du cheptel à moitié.*
§ 4. — *Du cheptel donné au fermier ou au colon partiaire.*
§ 5. — *Contrat improprement appelé cheptel.*

---

§ 1er. — *Notions générales.*

2. Le bail à cheptel était usité à Rome. Il était aussi autrefois en usage en France, mais seulement sous l'empire de quelques coutumes. Le Code civil en a fait un contrat de la même nature que les autres baux et en a permis la stipulation d'une manière générale, dans toute la France.

3. Le bail à cheptel est un contrat intéressé de part et d'autre, puisque chacune des parties s'y propose un bénéfice, dont le fonds de bétail est la source (Troplong, *du Louage*, n° 1055).

4. Aux termes de l'art. 1802, C. civ., on peut donner à cheptel toute espèce d'animaux susceptibles de croît ou de profit pour l'agriculture ou le commerce.

5. Ainsi, le cheptel de porcs qui, sous l'ancien droit, était prohibé comme usuraire, à cause des chances trop grandes de perte qu'il offrait pour le preneur, peut aujourd'hui avoir lieu (Duranton, t. 17, n° 268 ; Duvergier, *du Louage*, t. 2, n° 388 ; Troplong, n° 1067 ; *Encyclopédie du droit*, v° *Cheptel*, n° 11).

6. Toutefois, l'idée de cheptel ne peut être séparée de celle d'exploitation du sol. Il suit de là que les animaux avec lesquels on spécule sur la curiosité publique, les animaux des ménageries, ne sont point compris dans les termes de l'art. 1802 précité (Troplong, n° 1068 ; *Encyclop. du droit, verb. cit.* n°12).

7. On distingue plusieurs espèces de cheptel : le cheptel simple ou ordinaire, le cheptel à moitié, le cheptel donné au fermier ou au colon partiaire ; il y a encore une quatrième espèce de contrat par lequel on confie aussi la garde de certains animaux et qui est improprement appelé *Bail à cheptel* (C. civ., art. 1801).

8. Les conditions de cheptel, de quelque manière qu'il ait lieu, peuvent être réglées par les conventions particulières des parties. Cependant, dans un intérêt d'ordre public, le législateur a cru devoir prohiber certaines conventions qui imposeraient aux preneurs des charges trop lourdes (C. civ., art. 1811, 1812 et 1828). — V. *infrà*, n°s 23, 44, 47, 49, 61.

9. Aucune forme spéciale n'est exigée pour la validité du contrat. Il peut être fait par acte authentique, par acte sous seing privé, ou même verbalement. La preuve peut donc en être faite de la même manière que pour tous les autres contrats. S'il s'agit d'une valeur qui n'excède pas 150 fr., la preuve testimoniale est admissible (Troplong, n° 1070 ; *Encyclop. du droit, eod. verb.*, n° 15).

10. A défaut de conventions particulières, les baux à cheptel, de quelque

espèce qu'ils soient, sont régis par les principes qui suivent (C. civ.,
art. 1803).

§ 2. — Du cheptel simple.

11. Le bail à cheptel simple est un contrat par lequel on donne des bestiaux à garder, nourrir et soigner, à condition que le preneur profitera de la
moitié du croît, et qu'il supportera aussi la moitié de la perte (C. civ.,
art. 1804).

12. *Estimation du cheptel.* — Le cheptel peut être estimé au commencement du bail. Mais il doit l'être à la fin du bail ou lors de sa résolution
(C. civ., art. 1817). Cette estimation a lieu de gré à gré, et, en cas de contestation, de minorité ou d'interdiction, par des experts nommés sur la demande de la partie la plus diligente (Duranton, t. 17, n° 289).

13. *Propriété du cheptel.* — Le bailleur reste propriétaire exclusif du
cheptel; il en confie seulement la garde au preneur. Il en est ainsi, encore
bien qu'une estimation du cheptel ait été faite au moment du bail. L'art. 1805
porte, en effet, que cette estimation n'en transporte pas la propriété au preneur; elle n'a d'autre objet que de fixer la perte ou le profit qui pourra se
trouver à l'expiration du bail.

14. Mais si le fonds du cheptel reste la propriété du bailleur, le croît est
destiné à être partagé entre lui et le preneur. Il résulte de là, que le bailleur
ne peut disposer d'aucune bête du troupeau, soit du fonds, soit du croît, sans
le consentement du preneur, qui ne peut lui-même en disposer sans le consentement du bailleur (C. civ., art. 1812).

15. Le preneur, qui détournerait à son profit et au préjudice du bailleur,
les animaux qui font l'objet d'un bail à cheptel, commettrait le délit de détournement d'*objets remis à titre de louage*, en d'autres termes, le délit
d'abus de confiance prévu par l'art. 408, C. pén. (Cass., 25 janv. 1838).
Mais cet article ne pourrait être invoqué contre le bailleur. Si celui-ci dispo-
sait de certaines bêtes du troupeau sans le consentement du preneur, il serait
seulement soumis, envers ce dernier, à des dommages-intérêts proportionnés
au préjudice qu'il lui aurait fait éprouver (*Encyclop. du droit,* v° *Cheptel,*
n°s 43 et 44).

16. Lorsqu'il y a utilité de vendre des bêtes remplacées par le croît, et
que les deux volontés, dont le concours est nécessaire, sont en opposition,
chacune des parties peut contraindre l'autre à la vente. A cet effet, celle qui
croit utile à l'intérêt commun de disposer d'une ou de plusieurs bêtes, assigne
l'autre partie devant les tribunaux, pour voir dire que la vente sera autorisée,
et prononcer sur les dommages-intérêts dus à raison du préjudice causé par
le refus (V. *Form.,* n° 4). La vente des animaux dépendant d'un cheptel,
doit avoir lieu, selon nous, suivant les formes prescrites pour la vente des
meubles saisis (V. *Saisie-exécution*).

17. Si, malgré la défense qui lui est faite, le preneur vend une partie du
fonds ou le croît du troupeau, l'acheteur de bonne foi n'est point soumis à
l'action en revendication de la part du bailleur (*Encyclop. du droit,* n° 46).

18. *Obligations du bailleur.* — Le bailleur doit fournir la totalité du
cheptel et en faire jouir paisiblement le preneur; il est tenu de garantir ce
dernier du trouble que des tiers pourraient apporter à sa jouissance (Pothier,
édit. Bugnet, t. 4, *Des cheptels,* n°s 30 et suiv.).

19. *Obligations du preneur.* — Le preneur doit à la conservation du
cheptel *les soins d'un bon père de famille* (C. civ., art. 1806). Nous croyons
que ces dernières expressions signifient qu'il doit répondre non-seulement de
la faute légère, comme l'enseignent Pothier, *loc. cit.,* n° 35, et M. Troplong, *Du Louage,* n° 1080, mais même de la faute très-légère. Telle est aussi

l'opinion de M. Duvergier, *Du Louage*, nᵒˢ 393 et 394. V. encore dans le même sens, *Encyclop. du droit*, vᵒ *Cheptel*, nᵒ 20.

20. Du reste, la responsabilité du preneur ne naît pas seulement de sa faute propre ; il doit aussi indemniser le bailleur du dommage provenant du fait de ses pâtres ou domestiques (Pothier, nᵒ 35 ; Troplong, nᵒ 1081 ; *Encyclop. du droit*, nᵒ 21).

21. *Perte du cheptel.* — Si le cheptel périt en entier sans la faute du preneur, la perte en est pour le bailleur (C. civ., art. 1810). Dans le cas où le bailleur prétendrait qu'il y aurait eu faute de la part du preneur, il devrait prouver cette faute (Arg. art. 1808, C. civ.). — S'il ne périt qu'une partie du cheptel, la perte est supportée en commun, d'après le prix de l'estimation originaire, ou celui de l'estimation à l'expiration du cheptel (C. civ., art. 1810). Cette dernière disposition reçoit son application, soit qu'il n'y ait pas eu faute de la part du preneur, soit qu'il y ait eu faute.

22. A l'égard des cas fortuits, le preneur n'en est pas tenu, à moins qu'ils n'aient été précédés de quelque faute de sa part, sans laquelle la perte ne serait pas arrivée (C. civ., art. 1807). C'est au preneur, détenteur du cheptel, à prouver le cas fortuit auquel il attribue la perte. De son côté, le bailleur est tenu de prouver la faute qu'il impute au preneur (art. 1808).

23. Lorsque la preuve du cas fortuit est faite, le preneur est affranchi d'une manière absolue de toute responsabilité. Les parties elles-mêmes ne peuvent modifier ce principe. Ainsi, est nulle la convention par laquelle elles stipulent que le preneur supportera la perte du cheptel, quoique arrivée par cas fortuit et sans sa faute (art. 1811).

24. Mais, alors même que le preneur est déchargé de la responsabilité par la nature de l'événement, il est toujours tenu de rendre compte des peaux des bêtes (art. 1809), à moins que, par mesure de police, elles n'aient été enfouies, sans être dépouillées.

25. *Droits des créanciers.* — Les créanciers personnels du bailleur ou du preneur n'ont pas sur le cheptel d'autres droits que ceux qui appartiennent à l'un et à l'autre. Ainsi, ils ne peuvent faire saisir et vendre les animaux qui composent le cheptel, qu'à la charge de maintenir le bail pendant le temps réglé par la convention ou la loi (Duranton, t. 17, nᵒ 281 ; Duvergier, *du Louage*, nᵒˢ 415 et suiv. ; (*Encyclop. du droit*, vᵒ *Bail à cheptel*, nᵒ 50).

26. Il n'est pas nécessaire, pour que le bail à cheptel soit un obstacle à l'action des créanciers du bailleur, qu'il ait acquis date certaine avant le commencement des poursuites. Le preneur aura toujours le droit de dire à ses créanciers : ou reconnaissez l'existence du bail, ou je vous oppose la maxime : *En fait de meubles, la possession vaut titre* (*Encyclop. du droit*, nᵒ 49 ; — V. cependant Pothier, nᵒ 68).

27. Si les animaux ont été donnés à cheptel à un fermier par un autre que le propriétaire de la ferme, ce dernier a, sur ces animaux, comme sur tout ce qui garnit la ferme, le privilége du bailleur ; il peut donc les saisir et les faire vendre pour ce que son fermier lui doit sur le prix de la ferme. Pour qu'il en soit autrement, le cheptel donné au fermier d'autrui doit être notifié au propriétaire de qui ce fermier tient (C. civ., art. 1813). — V. *Formule* 2.

28. La notification du cheptel doit avoir lieu *avant* l'introduction du troupeau dans la ferme ; elle ne produirait aucun effet si elle avait lieu après (Cass., 9 août 1815).

29. Toutefois, cette notification n'est pas absolument nécessaire pour empêcher l'exercice du privilége du propriétaire. Elle peut être remplacée par la connaissance que ce dernier aurait eue, de toute autre manière, que les bestiaux, que son fermier introduisait dans sa ferme, appartenaient à un tiers, qui les avait donnés à cheptel (Cass., 7 mars 1843 ; *Encyclop. du droit*, vᵒ *Cheptel*, nᵒ 53).

30. Si un créancier du preneur ou le propriétaire de la ferme, pour une cause étrangère au bail, faisait saisir le cheptel, le bailleur du troupeau pourrait s'opposer à la vente, en justifiant de sa propriété, conformément à l'art. 608, C. p. c.; et le propriétaire de la ferme ne pourrait pas lui opposer le défaut d'observation de l'art. 1813, C. civ. (Duranton, t. 17, n° 284; Troplong, *Du Louage*, t. 3, n° 1163).

31. *Durée du cheptel; résolution.*—La durée du cheptel est déterminée par la convention. Il est censé fait pour trois ans, si la convention ne fixe point le temps de sa durée (C. civ., art. 1815).

32. Le cheptel cesse de plein droit à l'expiration du temps convenu ou fixé par la loi, sans qu'il soit besoin de donner congé (Duranton, t. 17, n° 286).

33. Autrefois, la clause par laquelle le bailleur se réservait le droit de faire cesser le cheptel quand bon lui semblerait, en déniant pareille faculté au preneur, était considérée comme illicite. Mais, aujourd'hui, il n'en saurait être ainsi ; cette clause, en effet, ne se trouve pas au nombre des stipulations prohibées par l'art. 1811, C. civ. Toutefois, si le bailleur demandait la cessation du cheptel dans un moment intempestif, afin, par exemple, de s'approprier le profit commun, la demande ne devrait pas être accueillie (Troplong, t. 3, n°s 1174 et 1175).

34. Si, à l'expiration du temps stipulé dans le bail, ou des trois ans, le preneur reste en jouissance du cheptel, il s'opère alors une tacite réconduction (Pothier, n° 30 ; Duranton, t. 17, n° 286).

35. Nous croyons, avec M. Troplong (t. 3, n° 1180), que la durée de cette réconduction doit être fixée au terme légal de trois ans, par application de l'art. 1815, C. civ., qui fixe la durée des locations en matière de cheptel faites sans écrit (arg. art. 1738, Cod. civ.). On ne doit donc pas consulter, comme autrefois, l'usage des lieux (V. *Encyclop. du droit*, n° 60).

36. L'une et l'autre des parties peuvent empêcher la tacite réconduction, soit en demandant le partage à l'expiration du bail, soit en signifiant un *congé-avertissement* (Duranton, *loc. cit.*).

37. Le bail à cheptel ne peut cesser que de la manière indiquée par la loi ou la convention des parties. Ni la mort du preneur, ni celle du bailleur, n'y mettent fin, à moins d'une stipulation expresse (Pothier, n° 3 ; *Encyclop. du droit*, n°s 61 et suiv.—*Contrà*, Troplong, *Du Contrat de société*, n° 1186).

38. Mais, dans le cas où le preneur ne remplit pas ses obligations, le bailleur peut demandeur la résolution du contrat avant le terme fixé par la loi ou la convention (C. civ., art. 1816). Il peut aussi demander en même temps des dommages-intérêts. Le même droit appartient au preneur dans le cas d'inexécution par le bailleur de ses engagements (C. civ., art. 1184).

39. Avant de former la demande en résolution, il est utile que celle des parties qui veut user de cette demande mette l'autre partie en demeure par une sommation. Si cette dernière partie n'obtempère pas à cet acte, elle est alors assignée devant le tribunal de son domicile, en suivant les règles ordinaires de compétence.

40. *Profits et partage.* — Le preneur profite seul du laitage, du fumier et du travail des animaux donnés à cheptel (C. civ., art. 1811). — Toutefois, cette disposition n'est point impérative. Le bailleur peut se réserver une portion quelconque des laitages, du fumier et du travail des bêtes (*Encyclop. du droit*, v° *Cheptel*, n° 36).

41. Quant à la laine et au croît, ils se partagent (art. 1811). Et pour assurer l'exécution de cette disposition et éviter les fraudes au détriment du bailleur, le preneur ne peut tondre sans le prévenir (art. 1814).

42. L'infraction par le preneur à cette prohibition autoriserait le bailleur à demander contre lui des dommages-intérêts, et même, selon les circonstances, la résiliation du bail (art. 1816).

43. De même que le bailleur peut se réserver une portion quelconque des laitages, etc., il peut aussi stipuler dans le bail que le preneur aura dans la laine et dans le croît une part moindre que moitié (*Encyclop. du droit*, n° 37).

44. Mais il n'est pas permis d'assigner au preneur, dans la perte, une part plus grande que dans le profit (C. civ., art. 1811).

45. Le partage des produits du bail à cheptel peut être demandé par chacune des parties en tout temps, pourvu que ce ne soit pas intempestivement. Il a pour objet tout ce qui excède le fonds du bétail donné à cheptel.

46. C'est seulement à la fin du bail ou lors de sa résolution que le cheptel doit se partager. Il se fait alors une nouvelle estimation du cheptel. Le bailleur peut prélever des bêtes de chaque espèce, jusqu'à concurrence de la première estimation : l'excédant se partage. S'il n'existe pas assez de bêtes pour remplir la première estimation, le bailleur prend ce qui reste, et les parties se font raison de la perte (C. civ., art. 1817), d'après les principes précédemment exposés (V. *suprà*, n°s 21 et suiv.).

47. La convention portant que le bailleur prélèvera, à la fin du bail, quelque chose de plus que le cheptel qu'il a fourni, est nulle (art. 1811). Mais la clause qui aurait pour objet d'augmenter le profit du preneur ou sa part dans le partage définitif du cheptel devrait recevoir son exécution (Duranton, t. 17, n° 270).

§ 3. — *Du cheptel à moitié.*

48. Le cheptel à moitié est une société dans laquelle chacun des contractants fournit la moitié des bestiaux, qui demeurent communs pour le profit ou pour la perte (C. civ., art. 1818).

49. Mais comme, de plus que le bailleur, le preneur met dans la société ses soins et son industrie, il était juste cependant qu'il eût une part plus grande dans le profit. De là, l'art. 1819, Cod. civ., qui veut que le preneur profite seul, comme dans le cheptel simple, des laitages, du fumier et des travaux des bêtes. Le bailleur n'a droit qu'à la moitié des laines et du croît. Toute convention contraire à ces dispositions est nulle, à moins que le bailleur ne soit propriétaire de la métairie dont le preneur est fermier ou colon partiaire (même article).

50. Le fonds du cheptel à moitié étant la propriété commune du bailleur et du preneur, la perte, soit totale, soit partielle, doit être supportée par moitié (Duranton, t. 17, n° 292; *Encyclop. du droit*, v° *Cheptel*, n. 71). Et, à la fin du bail ou lors de sa résolution, le preneur a, comme le bailleur, le droit de retirer sa mise. Le partage se fait d'après le mode indiqué pour le cheptel simple.

51. Toutes les autres règles du cheptel simple s'appliquent au cheptel à moitié (C. civ., art. 1820).

§ 4. — *Du cheptel donné au fermier ou au colon partiaire.*

52. *Cheptel donné au fermier.*—On appelle aussi ce cheptel, *cheptel de fer*, pour marquer qu'il est pour ainsi dire enchaîné à la ferme et n'en peut jamais être distrait (Pothier, *des Cheptels*, n° 65).

53. Le cheptel de fer est celui par lequel le propriétaire d'une métairie la donne à ferme, à la charge qu'à l'expiration du bail le fermier laissera des bestiaux d'une valeur égale au prix de l'estimation de ceux qu'il aura reçus (C. civ., art. 1821). L'estimation donnée au cheptel n'en transfère point la propriété au fermier, mais néanmoins le met à ses risques (C. civ., art. 1822).

54. De ce principe, il suit : 1° que le fermier n'a pas le droit de vendre le fonds du cheptel (Cass., 8 déc. 1806); mais il pourrait disposer des animaux vieux ou impropres, et même en distraire quelques-uns pour ses opérations commerciales, si le fonds du cheptel ne s'en trouve point altéré ; 2° que la perte, même totale et par cas fortuit, est en entier pour le fermier, s'il n'y a convention contraire (C. civ., art. 1825); 3° qu'à la fin du bail le fermier ne peut retenir le cheptel en payant l'estimation originaire; il doit en laisser un de valeur pareille à celui qu'il a reçu ; s'il y a du déficit, il doit le payer, et c'est seulement l'excédant qui lui appartient (C. civ., art. 1826).

55. Tous les profits appartiennent au fermier pendant la durée du bail, s'il n'y a stipulation contraire (C. civ., art. 1823). Dès lors, il peut vendre les croîts, pourvu que le fonds du cheptel reste intact (Pothier, n. 69; Duranton, t. 17, n° 298; Cass., 6 mai 1855). Le fumier n'est point considéré comme un profit ; il appartient à la métairie, à l'exploitation de laquelle il doit être uniquement employé (C. civ., art. 1824).

56. Les créanciers du propriétaire ne peuvent saisir et faire vendre le cheptel de fer au préjudice du fermier. Ce cheptel étant immeuble par destination ne peut être vendu qu'avec le fonds.

57. Les créanciers du preneur peuvent faire saisir et vendre le croît, mais ils ne peuvent toucher au fonds du cheptel (Duranton, t. 17, n. 298).

58. 2° *Cheptel donné au colon partiaire.* — Deux espèces de cheptels peuvent avoir lieu avec le colon partiaire : le cheptel à moitié (V. *supra*, § 3) et le cheptel par lequel le propriétaire fournit la totalité du fonds. C'est de cette dernière espèce que nous allons nous occuper ici.

59. Le cheptel donné au colon partiaire est soumis à toutes les règles du cheptel simple (C. civ., art 1830).

60. Toutefois il diffère du cheptel simple en ce que, s'il périt en entier sans la faute du colon, la perte est pour le bailleur (C. civ., art. 1827); en ce qu'on peut stipuler que le colon laissera au bailleur sa part de la toison à un prix inférieur à la valeur ordinaire, et que le bailleur aura une plus grande part du profit et qu'il aura la moitié des laitages (C. civ., art. 1828); enfin, en ce que le cheptel finit avec le bail à métairie (C. civ., art. 1829).

61. On ne peut convenir que le colon sera tenu de toute la perte (C. civ., art. 1828). Mais on pourrait stipuler, par exemple, que l'un des associés prendra les trois quarts des bénéfices et ne supportera que le quart de la perte, ou supportera les trois quarts de la perte et n'aura que le quart des bénéfices (Duranton, t. 17, n. 308).

§ 5. — *Contrat improprement appelé cheptel.*

62. C'est celui par lequel une ou plusieurs vaches sont données pour les loger et les nourrir (C. civ., art. 1831).

63. Le bailleur conserve la propriété du cheptel et n'a d'autre profit que les veaux qui en naissent (C. civ., art. 1831); quant au preneur, il a droit au laitage et au fumier (Pothier, *des Cheptels*, n° 71).

64. Les frais de guérison pour les maladies survenues par cas fortuit sont à la charge du bailleur (Pothier, n° 74; Duvergier, n° 460).

65. Le bailleur ne peut retirer, avant le temps fixé, la vache par lui donnée qu'autant que le preneur en mésuse ; s'il n'a pas été fixé de temps, le preneur et le bailleur peuvent la retirer ou la remettre quand ils le jugent à propos, pourvu que ce soit en temps opportun (Pothier, n° 73; Duvergier, n° 4597).

66. A moins de stipulation contraire, la vache est entièrement aux risques du bailleur (Pothier, n° 77; Duvergier, n° 463).

67. Le preneur doit apporter à la conservation de la vache les mêmes soins que si elle lui appartenait ; si faute par lui de satisfaire à cette obligation la vache était détériorée, il serait dû des dommages-intérêts (Pothier, n° 74).

Formules.

1. *Demande en résolution du cheptel.*

L'an 18. . ., à la requête de. . . . ., j'ai. . . . ., donné assignation à. . . . . à comparaître le. . . . ., pour, attendu que par acte (*analyser le cheptel*) ;—Attendu que le preneur ne remplit pas les obligations qu'il a contractées par cet acte et celles que la loi lui impose d'ailleurs ; attendu notamment qu'il ne soigne point convenablement le troupeau donné à cheptel ; que plusieurs animaux ont déjà péri faute de soins, que le sieur. . . . s'est permis de tondre les moutons le. . . . ., sans en avoir prévenu le bailleur; attendu enfin que le preneur a disposé de cinq bêtes faisant partie du fonds du cheptel, et que le tout sera prouvé ; voir dire que le contrat dudit jour sera résolu ; en conséquence que le troupeau donné à cheptel au sieur. . . . . sera remis par lui au requérant dans le jour de la signification du jugement; sauf toutefois par ledit sieur. . . . à retirer sa portion dans le croît du troupeau suivant le partage ; s'entendre en outre, ledit sieur. . . . . condamner en. . . . . de dommages-intérêts et aux dépens, sous toutes réserve.

C. civ., art. 4846.—Coût (Tarif, 29) : Paris, 2 fr. ; R. P., 4 fr. 80 c.; ailleurs, 4 fr. 50 c.; copie, le quart.

Enregistrement, 2 fr. 20 c. (L. 28 avril 1846.)

2. *Notification du cheptel.*

L'an 18. . . ., à la requête de. . . . ., j'ai, ... signifié et avec ces présentes donné copie au sieur. . . . . ., en qualité de propriétaire d'une ferme sise à. . . . ., dont jouit le sieur. . . . . ., aux termes d'un bail passé devant M^e. . . . ., d'un acte reçu par. . . . . (*analyser le bail à cheptel*) ; à ce que ledit sieur n'en ignore ;—lui déclarant que ledit cheptel est la propriété du requérant, et que lui sieur. . . . . ne pourra le saisir dans aucun cas ni pour quelque cause que ce soit, comme créancier du sieur. . . . . son fermier, sous toutes réserves.

C. civ., art. 4843.—Coût, comme à la *Form.* 4.

Enregistrement de l'exploit, 2 fr. 20 c. (L. 28 avril 1846.)

3. *Demande en partage de la laine et du croît du cheptel.*

L'an 18. . ., à la requête de. . . . ., j'ai. . . . . ., donné assignation à. . . . ., à comparaître le. . . . ., pour, attendu que, par contrat du. . . . . (*analyser le cheptel*) ; attendu que depuis ce contrat, la laine et le croît du cheptel n'ont pas été partagés et sont encore dans l'indivision ; attendu que le partage peut être demandé en tout temps ;—Voir dire que par-devant *tel* de MM. les juges qu'il plaira au tribunal de commerce, lequel renverra les opérations devant M^e. . . . ., notaire à. . . . . , les parties procéderont au compte qu'elles se doivent respectivement relativement audit cheptel, que par suite de ce compte, le fonds donné à cheptel devra être complété; que le surplus du croît et la laine seront partagés en deux lots égaux ; qu'à cet effet, il sera nommé par les parties, sinon d'office, trois experts qui composeront les lots, et qu'enfin, ces lots seront tirés au sort en la manière accoutumée, sous toutes réserves.

C. civ., art. 4844.—Coût, comme à la *Form.* 4.

Enregistrement de l'exploit, 2 fr. 20 c. (L. 28 avril 1846.)

4. *Demande d'autorisation à l'effet de vendre.*

L'an 18. . ., à la requête de. . . . ., j'ai. . . . ., donné assignation à. . . . ., à comparaître le. . . . . ., pour, attendu que par bail (*analyser le cheptel*) ;—Attendu que, depuis cette époque, le troupeau donné à cheptel a été porté à. . . . ; que, dès lors, tout le fonds a été renouvelé; attendu que ledit cheptel n'expire que le. . . . .; que d'ici là les moutons qui composaient l'ancien fonds ne peuvent que dépérir ;—Voir autoriser le requérant à procéder à la vente des. . . . . moutons restant de l'ancien fonds, en présence du sieur. . . . . ou lui dûment appelé, en remplissant les formalités prescrites par le Code de procédure au titre de la *Saisie-exécution*, voir ordonner que tous les frais faits et à faire pour parvenir à ladite vente seront pris sur la masse comme frais privilégiés, sous toutes réserves.

Coût : V. *Form.*, 4.

Enregistrement de l'exploit, 2 fr. 20 c. (L. 28 avril 1846.)

BAIL A COLONAGE PARTIAIRE OU A MÉTAIRIE. — 1. On appelle ainsi le contrat par lequel le propriétaire d'un domaine le donne à un métayer ou colon, pour l'exploiter pendant un certain temps, moyennant une portion des fruits.

2. Le bail à colonage ou bail partiaire paraît tenir autant du contrat de société que du contrat de louage. En effet, le propriétaire fournit les terres, le colon son travail et son industrie; et les fruits sont partagés dans les proportions convenues. Il diffère des baux à ferme en ce que le colon, au lieu de payer son fermage en argent, le paie en fruits. — Néanmoins il se régit par les principes généraux du contrat de bail (V. *Bail en général*), et par les principes particuliers du bail à ferme (V. *Bail à ferme*).

3. Toutefois, à la différence du preneur ordinaire, le colon partiaire ne peut ni sous-louer ni céder, à moins que ce droit ne lui ait été conféré par le bail (C. civ., art. 1763). En cas de contravention, le propriétaire a droit de rentrer en jouissance et le fermier est condamné aux dommages-intérêts résultant de l'inexécution du bail (C. civ., art. 1764).

4. Lorsqu'il y a pertes de récoltes provenant de cas fortuits, le colon n'a droit à aucune indemnité (Duvergier, t. 2, n° 92).

5. Si la perte arrive après la séparation des fruits de la terre, et après que le colon a été mis en demeure par le bailleur de lui délivrer sa portion de fruits, le colon doit seul supporter la totalité du dommage et indemniser le bailleur (C. civ., art. 1771).

6. Le colon partiaire ne peut disposer des produits du fonds qu'après le partage; il ne peut battre les grains, faner les fourrages, fouler la vendange, sans en prévenir le propriétaire.

7. Les contestations, en matière de bail à colonage partiaire ou à métairie, sont de la compétence du juge de paix, dans les limites fixées à sa juridiction par l'art. 3 de la loi du 25 mai 1838; et c'est en général devant le juge de paix du lieu de l'exploitation que doit être portée la demande.

8. Le propriétaire a un privilége sur la portion de fruits dévolue au colon pour l'exécution des obligations du bail (Nîmes, 7 vent. an 12).

BAIL A COLONAGE PERPÉTUEL. — 1. Contrat par lequel un propriétaire concède à un particulier la jouissance d'un domaine pour lui et ses descendants à perpétuité, sous la condition d'un partage de fruits.

2. Ce bail n'est pas translatif de propriété au profit du preneur. Dès lors, les prestations ou redevances créées pour prix d'un bail de cette nature ne sont pas du nombre de celles dont le rachat est autorisé par les lois des 18-29 déc. 1790 et du 2 prairial an 11 (Cass., 11 août 1840).

3. Le bail à colonage perpétuel est encore usité dans la Marche et le Limousin (Troplong, *du Louage*, t. 1er, n° 56).

BAIL A COMPLANT. Ce bail, usité autrefois dans certaines provinces de la France, était un contrat par lequel un propriétaire de terres en rapport ou de terrains non cultivés les cédait à un fermier, à charge par celui-ci de les planter en vignes, s'ils étaient incultes, ou de les cultiver, s'ils étaient déjà plantés, et de rendre au propriétaire une certaine quotité des fruits. Faute par le preneur de remplir exactement ses obligations, le bail était résolu sans formalité de justice (Duvergier, du *Louage*, t. 1er, n° 187).

BAIL A CONVENANT. — V. *Bail à domaine congéable.*

BAIL A CULTURE PERPÉTUELLE. — On appelait ainsi le contrat par lequel un immeuble était affermé à perpétuité, à la charge par le preneur de le tenir constamment en état de culture, et de payer annuellement une redevance au bailleur et à ses héritiers. C'était, sauf la dénomination, le bail à *locatairie perpétuelle*, et, comme ce dernier, il a été déclaré rachetable par la loi du 2 prairial an 11. — V. *Bail à locatairie perpétuelle*.

BAIL ADMINISTRATIF. — 1. On appelle ainsi le louage des choses appartenant soit à l'Etat, soit aux communes, soit aux établissements publics. Ce contrat de louage est soumis à des règlements particuliers (C. civ., art. 1712).

2. *Baux des biens de l'Etat.* — Ces baux se font à la diligence des préposés de l'administration de l'enregistrement et des domaines. Mais l'adjudication n'en est faite que par l'autorité administrative elle-même, c'est-à-dire par le sous-préfet de l'arrondissement dans lequel les biens sont situés (L. 23 oct.,—5 nov. 1790, titre 2 ; Duranton, t. 17, n° 41 ; Duvergier, *Louage*, t. 1er, n° 121 ; Troplong, *Louage*, t. 1er, n° 70).

3. Le ministère des notaires n'est pas nécessaire pour la passation des baux des biens de l'Etat (L. 5 nov. 1790, art. 14). Mais il n'est pas absolument exclu, et souvent, dans l'usage, on y a recours (Rolland de Villargues, *Rép. du not.*, v° *Bail des biens de l'Etat*, n° 6).

4. Ces baux emportent hypothèque et exécution parée (L. 5 nov. 1790, art. 14). — Mais l'hypothèque, pour produire effet à l'égard des tiers, doit contenir la désignation des biens et être inscrite sur les registres du conservateur.

5. L'exécution des baux des biens de l'Etat se poursuit par les préposés de la régie et des domaines, en vertu des contraintes qu'ils décernent. En cas de contestation, l'instruction se fait sur simples mémoires respectivement communiqués, et sans frais autres que ceux du papier timbré et des significations et enregistrements des jugements, et sans le ministère d'avoués. Le jugement est rendu sur le rapport d'un juge fait à l'audience publique et sur les conclusions du ministère public (LL. 19 déc 1790, art. 25 ; 12 sept. 1791, art. 4 ; 9 oct. 1791, art. 17 ; Duranton, t. 17, n° 41).

6. Les contraintes décernées par les préposés de la régie sont signifiées par exploits du ministère des huissiers, ainsi que les oppositions formées à ces contraintes et les significations des jugements rendus.

7. Quant à la compétence en matière de baux de biens de l'Etat, c'est aux tribunaux civils, et non à l'autorité administrative, qu'il appartient de connaître des contestations relatives, soit à l'exécution, soit à l'interprétation, soit à la résiliation de ces baux (Ord. du conseil d'Etat, 25 fév. 1818 ; 18 déc. 1822 ; 9 juillet 1824 ; 21 juin 1826 ; 20 mars 1828 ; 25 avril 1834 ; — Cass. 6 août 1829 ; — Cormenin, *Droit administratif*, v° *Baux administratifs*.)

8. Ces contestations ne peuvent être portées devant l'autorité administrative, même en vertu d'une stipulation expresse du bail ; les juridictions sont d'ordre public (Ord. cons. d'Etat, 4 nov. 1824 ; 28 fév. 1828).

9. Mais si la contestation roulait sur un simple vice de forme, par exemple, sur l'irrégularité de l'acte d'adjudication, l'autorité administrative serait alors seule compétente (*Encyclopédie du droit*, v° *Baux administratifs*, n° 21 ; Troplong, *Louage*, t. 1er, n° 72.)

10. *Baux des biens des communes.* — Les baux des biens des communes, lorsqu'ils n'excèdent pas dix-huit ans pour les biens ruraux, et neuf ans pour les autres biens, sont passés par le maire, par voie d'adjudication, sous la surveillance et l'inspection du préfet et du sous-préfet (LL. 14 déc. 1789, art. 50 ; 28 pluv. an 8, art. 9 et 14 ; 18 juill. 1837, art. 17 et 18).

11. Quant aux baux à longues années, c'est-à-dire dont la durée excèderait dix-huit ans pour les biens ruraux, et neuf ans pour les autres biens, les délibérations des conseils municipaux qui ont pour objet ces baux ne deviennent exécutoires qu'en vertu d'une approbation du Gouvernement (L. 18 juil. 1837, art. 47).

12. A la différence des baux des biens de l'Etat, les baux des biens des communes n'emportent pas l'exécution parée, bien qu'ils soient revêtus de l'approbation du préfet ou du Gouvernement. L'exécution de ces baux ne doit donc pas être suivie par voie de commandement. Le maire doit intenter une demande judiciaire contre l'adjudicataire qui n'acquitte pas ses fermages (Cass. 27 nov. 1833).

13. Toutefois, il est à remarquer que la décision qui précède est antérieure à la loi du 18 juillet 1837. Or, il nous semble que, aujourd'hui, d'après l'art. 63 de cette loi, le maire pourrait dresser un état des ventes de loyers et fermages, et faire rendre cet état *exécutoire* par le préfet : puis, au moyen de cet exécutoire, faire commandement et procéder à toutes saisies.

14. L'approbation donnée par le préfet ou le Gouvernement au bail consenti par le maire ou le conseil municipal d'une commune ne confère point à la juridiction administrative le droit de connaître des contestations auxquelles ce bail peut donner lieu. Ces contestations, de même que celles qui sont relatives aux baux des biens de l'Etat, sont de la compétence exclusive des tribunaux civils (Ord. cons. d'Etat, 20 nov. 1815 ; 20 juin 1821 ; — Cass. 24 sept. 1825 ; — Cormenin, *Droit administratif*, v° *Baux administratifs*, n° 1er). — Ainsi, spécialement, la demande en paiement de fermages dirigée contre le fermier des biens appartenant à une commune, par le percepteur des revenus de cette commune, doit être portée devant le tribunal civil (Turin, 18 juin 1810).

15. *Baux des biens des établissements publics.* — A l'égard des maisons non affectées à l'exploitation des biens ruraux, elles peuvent être affermées par baux à longues années ou à vie et aux enchères, après affiches. Mais ces baux n'ont d'exécution qu'après l'approbation du préfet (L. 16 mess. an 7, art. 15).

16. Quant aux biens ruraux, ils peuvent être affermés pour dix-huit années et au-dessous (L. 25-30 mai 1835). Les baux doivent être faits aux enchères, par-devant un notaire désigné par le préfet du département, et le droit d'hypothèque sur tous les biens du preneur y doit être stipulé par la désignation, conformément au Code civil (Décr. 12 août 1807, art. 1er). Ils ne sont définitifs qu'après l'approbation du préfet (même décret, art. 5). Les baux qui excèdent dix-huit ans doivent, de plus, être autorisés par le Gouvernement (Arrêté du 7 germinal an 9, art. 1er).

17. Les baux passés publiquement aux enchères par les commissions administratives des établissements publics, sans assistance d'officiers publics, n'emportent pas hypothèque de plein droit et sans stipulation expresse (Cass., 3 juillet 1817).

18. Les contestations relatives à l'exécution de ces baux sont, comme celles qui concernent les baux des biens de l'Etat ou des communes, de la compétence des tribunaux ordinaires.

BAIL A DOMAINE CONGÉABLE OU A CONVENANT. —

1. Contrat par lequel le propriétaire d'un fonds en concède la jouissance pour un temps déterminé, moyennant une rente annuelle connue sous le nom de *rente convenancière*, avec vente ou engagement pour le même temps, au profit du preneur appelé *colon* ou *domanier*, des édifices et superficies existant sur le fonds, et sous la condition que le propriétaire, qui conserve son droit et pour cette raison se nomme *foncier*, ne pourra congédier ou expulser le preneur à la fin du temps convenu, sans qu'au préalable il lui ait remboursé le prix des édifices et superficies.

2. Cette espèce de bail à ferme, en usage avant la révolution de **1789,**

maintenue d'abord par la loi du 7 juin-6 août 1791, et supprimée par une loi du 27 août 1792 comme entachée de féodalité, fut, en définitive, conservée par une loi du 9 brumaire an 6, qui abrogea celle du 27 août 1792 et remit en vigueur la loi du 7 juin-6 août 1791. Le Code civil a également laissé subsister les baux à domaine congéable ; mais il n'en a point spécialement déterminé les effets.

3. Les baux à domaine congéable sont régis principalement par la loi du 7 juin-6 août 1791. Les dispositions du Code civil leur sont également applicables en tout ce qui n'est pas incompatible avec cette dernière loi. Ainsi, notamment, sont applicables à ces baux les art. 1728, 1732, 1735 et 1766, qui imposent au fermier l'obligation de jouir en bon père de famille, et qui le rendent responsable des dégradations provenant de son fait et du fait de ceux qui sont à son service et auxquels il a sous-affermé.—V. *Bail en général, Bail à ferme.*

4. Propriétaire des édifices et superficies qui, à l'égard des tiers, sont considérés comme immeubles, le colon ou domanier peut les hypothéquer. Mais ces hypothèques disparaissent par l'exercice du droit de congément qui appartient au propriétaire foncier à l'expiration du bail (Cass., 11 nov. 1833 ; 5 mai 1834). Toutefois, le propriétaire peut renoncer à la faculté de congédier le domanier (Cass. 25 nov. 1829). Et, dans ce cas, les hypothèques consenties par ce dernier cessent d'être résolubles.

5. Le domanier a le droit d'intenter contre les tiers toutes sortes d'actions réelles, possessoires et pétitoires. Il peut aussi se pourvoir au possessoire contre le propriétaire foncier lui-même, si celui-ci commet quelque usurpation sur les édifices ou superficies (*Encyclopédie du droit*, v° *Bail à domaine congéable*, n° 11).

6. Pendant la durée du bail, les créanciers du domanier peuvent faire vendre les édifices et superficies. Ils doivent employer, à cet effet, la voie de la saisie immobilière (*Encyclopédie du droit, loc. cit.*).

7. Mais, si les édifices et superficies sont immeubles à l'égard des créanciers du domanier, ils sont réputés meubles relativement au propriétaire, lorsque celui-ci vient, à l'expiration du bail, exercer les droits qui lui appartiennent. Dès lors, les créanciers du domanier peuvent, au moment du congément, pratiquer une saisie-arrêt entre les mains du propriétaire (*Encyclop. du droit, loc. cit.*).

BAIL A FERME. — 1. Contrat ayant particulièrement pour objet le louage des fonds de terre et bâtiments nécessaires à leur exploitation.

2. Lorsque le bail à ferme est fait par écrit, sa durée est fixée ordinairement à trois, six, neuf ou douze ans, et, quelquefois, à dix-huit ans.

3. Lorsqu'il est verbal, il est censé fait pour le temps qui est nécessaire afin que le preneur recueille tous les fruits de l'héritage affermé. Ainsi le bail d'un pré, d'une vigne ou de tout autre fonds dont les fruits se recueillent en entier dans le cours d'une année, est censé fait pour un an. Le bail des terres labourables, lorsqu'elles se divisent par soles et saisons, est censé fait pour autant d'années qu'il y a de soles (C. civ., art. 1774).

4. Le bail d'un étang qu'on a coutume de pêcher tous les trois ans, le bail d'un bois divisé en douze coupes dont une se fait tous les ans, sont censés fait, le premier pour trois ans, le second pour douze (Pothier, *Louage*, n° 28).

5. Si le bail comprend tout à la fois des terres divisées en trois saisons, des prés et des vignes, loués pour un seul et même prix, il est censé fait, pour le tout, pour trois ans (Duranton, t. 17, n° 214).

6. Le bail des héritages ruraux, quoique fait sans écrit, cesse de plein droit à l'expiration du terme pour lequel il est censé fait (C. civ., art. 1775).—V. à cet égard, *Bail (en général)*, § 6 et § 8.

7. Si, à l'expiration des baux ruraux écrits, le preneur reste et est laissé en possession, il s'opère un nouveau bail dont l'effet est réglé par l'art. 1774. —V. *suprà*, n° 3. —V. aussi, en ce qui concerne les règles de la tacite réconduction, le mot *Bail (en général)*, § 6.

8. Les obligations et les droits du bailleur et du preneur, en matière de baux à ferme, ont été spécialement déterminés par les art. 1765 et suiv., C. civ.

9. Et, d'abord, lorsqu'on a donné aux fonds une contenance moindre ou plus grande que celle qu'ils ont réellement, il n'y a lieu à augmentation ou diminution de prix, pour le fermier, que dans les cas et suivant les règles exprimés au contrat de vente (C. civ., art. 1765).—V. *Vente*.

10. Mais si les fonds étaient loués à raison de *tant* la mesure, il y aurait lieu à augmentation ou diminution de fermage, lors même que le plus ou le moins de mesure serait inférieur à un vingtième (Duranton, t. 17, n° 179).

11. Si la différence était en plus, le fermier aurait le droit ou de payer un supplément de prix ou de se désister du contrat (Arg., art. 1620, C. civ.). Le désistement doit être signifié par exploit, signé de la partie sur la copie et l'original.—V. *Désistement*. Si elle ne sait signer, il doit être fait devant notaire, et ensuite signifié.

12. L'action en supplément de prix de la part du bailleur, ou en diminution de la part du preneur, pour excès ou pour déficit dans la contenance, doit être intentée dans l'année du jour du contrat, à peine de déchéance (Arg., art. 1662 et 1765, C. civ.; Merlin, *Rép.*, v° *Bail*; Duvergier, t. 2, n° 135; Troplong, t. 2, n° 658). M. Duranton, t. 17, n° 180, pense, au contraire, que l'action dure 30 ans.

13. Avant de l'intenter, le demandeur doit faire sommation à son adversaire de se trouver sur les lieux, avec un arpenteur de son choix, pour procéder à l'arpentage des objets affermés, et fixer, par suite de cette opération, l'augmentation ou la diminution de prix. En cas de refus, le demandeur assigne à fin de nomination d'experts pour procéder à la vérification de la mesure, et on conclut ce que de raison, d'après leur rapport.—V. *Form.*, n° 1.

14. Le bail à ferme étant en quelque sorte une vente des fruits qui naîtront pendant la durée du bail, il résulte de là que, si le preneur manque à recueillir les fruits auxquels il pouvait prétendre, il peut demander une remise du prix de sa location.

15. Mais pour que cette remise ait lieu, il faut : 1° que la perte soit de la moitié au moins d'une récolte ordinaire (C. civ., art. 1769). Le dommage doit être éprouvé dans la même année ; il ne suffirait pas que le fermier, en faisant une balance à la fin du bail, établît une perte correspondante à la moitié d'une récolte (Duranton, t. 17, n° 201);

16. 2° Que la perte résulte d'un cas fortuit (C. civ., art. 1769), qui ne puisse être imputé à la négligence du preneur (Pothier, n° 163; Duvergier, t. 2, n° 181; Duranton, t. 17, n° 193), et que la cause du dommage ne soit pas existante et connue à l'époque du bail (C. civ., art. 1771) : ce qui aurait lieu, par exemple, si le fermier avait reçu un fonds de mauvaise qualité ou une vieille vigne ;

17. 3° Que la perte soit arrivée, les fruits étant encore sur pied; dès qu'ils sont séparés de la terre, ils passent aux risques du fermier qui ne peut plus demander de remise. Cette règle cependant souffre exception lorsque le preneur cultive sous la condition d'un partage de fruits (V. *Bail à colonage partiaire*) : dans ce cas, la perte se supporte proportionnellement (C. civ., art. 1771) ;

18. 4° Que le preneur ne soit pas indemnisé par la surabondance des années précédentes ni par celle des années suivantes. Néanmoins, si le preneur forme sa demande avant la fin du bail, le juge peut y faire droit, en le dispensant provisoirement de payer une partie du prix du bail (C. civ., art. 1769);

19. Lorsqu'à la fin du bail, le preneur ne se trouve pas indemnisé de la perte par toutes les récoltes faites, ou lorsqu'on prétend que l'indemnité accordée provisoirement est trop forte ou trop faible, on procède à l'estimation de la remise, en faisant une compensation de toutes les années de jouissance (C. civ., art. 1769 ; Duranton, t. 17, n° 204).

20. Pour opérer cette compensation, on considère, non pas la valeur, mais la quotité matérielle des récoltes (Duranton, t. 17, n°s 202 et 492). On procède d'ailleurs de la manière suivante : une ferme est louée pour trois ans ; elle doit produire, année commune, 3,000 gerbes de blé ; la première année, elle n'en produit que 1,000 ; la deuxième, 3,500, et la troisième, 4,000. Le fermier ayant perdu sur la première année 2,000 gerbes et retrouvé 1,500 gerbes sur les deux autres, ne pourrait réclamer que 500 gerbes, ou leur valeur, à la fin du bail. Si, sur sa demande, on lui avait accordé provisoirement une indemnité correspondante à la valeur de 1,000 gerbes, il devrait en restituer 500, ou leur valeur.

21. Si le bail n'est que d'une année, le preneur est déchargé d'une partie proportionnelle du prix de la location (C. civ., art. 1770).

22. 5° Que le preneur ne soit pas chargé des cas fortuits par une stipulation expresse (C. civ., art. 1772). Toutefois, cette clause ne s'entendrait que des cas fortuits ordinaires, tels que grêle, feu du ciel, gelée ou coulure ; elle ne s'entendrait des cas fortuits extraordinaires, tels que les ravages de la guerre, ou une inondation, auxquels le pays n'est pas ordinairement sujet, qu'autant que le preneur aurait été chargé des cas fortuits prévus et imprévus (C. civ., art. 1773);

23. 6° Que la perte soit constatée immédiatement et contradictoirement avec le propriétaire, soit par des experts, soit par un procès-verbal du juge de paix, d'un huissier ou d'un notaire (Duvergier, t. 2, n° 178 ; Duranton, t. 17, n° 203). A défaut de ces formalités, la preuve de la perte peut être faite par titres et par témoins (Cass., 4 mai 1831).

24. Si l'on veut faire constater la perte par des experts, et c'est là le mode le plus régulier, on fait sommation à l'adversaire de se trouver sur les lieux avec un expert de son choix ; et, s'il refuse, on l'assigne à fin de nomination d'experts. Cette sommation est également nécessaire lorsqu'on veut faire constater la perte par un procès-verbal, soit du juge de paix, soit d'un notaire, soit d'un huissier.

25. Dans le procès-verbal qu'il dresse, l'huissier doit désigner avec soin les pièces de terre, la nature des récoltes, la cause du dommage, et l'évaluation exacte, autant que possible, de la perte matérielle résultant du cas fortuit. Il est utile que l'huissier soit assisté d'un expert du choix du requérant, sauf à l'adversaire à se faire accompagner d'un autre expert. — V. *Form.*, n° 2.

26. La demande en indemnité pour pertes de récoltes ne peut être formée qu'à la fin du bail, à moins cependant qu'on ne veuille faire statuer provisoirement sur la perte éprouvée. — V. *suprà*, n° 18, et *Form.*, n° 3.

27. Quant aux contributions foncières, elles restent à la charge du bailleur, à moins de convention contraire. Si le preneur était contraint de les payer, il aurait son recours immédiat contre le bailleur.

27 bis. Le preneur a le droit, à moins d'interdiction expresse, de sous-louer ou de céder son bail (V. *Bail (en général)*, n°s 37 et suiv.). Mais la résiliation du bail principal emporte la résiliation des sous-baux ; et le sous-preneur n'est tenu, comme le sous-locataire, envers le propriétaire, que jusqu'à concurrence du prix de sa sous-location, dont il peut être débiteur au moment de la saisie (C. civ., art, 1753).

28. Quant aux obligations du preneur, elles consistent à, 1° garnir le bien rural qui lui a été donné à ferme de bestiaux et ustensiles nécessaires à son exploitation, à ne pas abandonner la culture, à cultiver en bon père de famille, à employer la chose louée à l'usage pour lequel elle est destinée, et à exécuter les clauses du bail. Si de l'infraction à ces prescriptions il résulte un dommage pour le bailleur, celui-ci peut demander la résolution du bail, et des dommages-intérêts (C. civ., art. 1766) ; — V. *Bail (en général)*, *Formule* n° 16,

29. 2° A engranger dans les lieux à ce destinés d'après le bail (C. civ., art, 1767), afin que le bailleur connaisse les objets assujettis à son privilége et qu'il en empêche le détournement ;

30. 3° A avertir le propriétaire, dans le délai fixé pour les assignations, suivant la distance des lieux, des usurpations commises, sous peine de tous dépens, dommages-intérêts (C. civ., art. 1768), lesquels sont proportionnés à la perte éprouvée par le propriétaire. — Le preneur est tenu, sous les mêmes peines, de dénoncer un trouble de droit (Cass., 12 oct. 1814 ; Duvergier, t. 2, n° 114).

31. L'avertissement doit être par exploit (V. *Form.*, n° 4). Cependant, dans le silence de l'art. 1768 à cet égard, on doit décider que le vœu de cet article est suffisamment rempli lorsque le preneur reconnaît par écrit (par lettre, par exemple), que le preneur l'a averti en temps utile.

32. Sur le point de savoir dans quels cas le droit de chasse appartient au fermier, V. *Chasse*.

33. Nous avons indiqué précédemment (V. n°s 2 et suiv.) comment les baux à ferme prenaient fin. A sa sortie de la ferme, le premier doit laisser les pailles et engrais de l'année, s'il les a reçus lors de son entrée en jouissance (C. civ., art 1778). Mais il ne doit laisser qu'une quantité semblable à celle qu'il a trouvée lors de son entrée (Bruxelles, 17 floréal an 9). S'il ne les avait pas reçus, le propriétaire aurait néanmoins le droit de les retenir, mais suivant estimation (art. 1778). Il pourrait également retenir le surplus des pailles et engrais excédant la quantité reçue par le fermier.—V. *Form.*, n°5.

34. Le propriétaire ou le fermier entrant peut exiger que le fermier sortant lui livre les pailles et les engrais, non-seulement au jour où finit le bail, mais à l'époque où il faut en faire usage, quoique la jouissance du fermier sortant ne soit pas expirée (Duvergier, t. 2, n° 224).

35. Dans le cas où le propriétaire ou le fermier sortant prendraient les pailles et engrais de l'année d'après estimation, s'ils ne s'entendaient pas sur cette estimation avec le fermier sortant, elle devrait avoir lieu par experts. Et si le fermier sortant refusait l'abandon de ces pailles et engrais, il pourrait être judiciairement contraint à les laisser, et son refus le rendrait passible de dommages-intérêts. — V. *Form.*, n° 6.

36. Le fermier sortant doit aussi laisser à celui qui lui succède dans la culture les logements convenables et autres facilités pour les travaux de l'année suivante ; et, réciproquement, le fermier entrant doit procurer à celui qui sort les logements convenables et autres facilités pour la conservation des fourrages, et pour les récoltes restant à faire. Dans l'un et l'autre cas, on doit se conformer à l'usage des lieux (C. civ., art. 1777).

37. Le fermier sortant est tenu encore, à l'expiration du bail, de faire aux biens qui lui ont été affermés, les réparations locatives, à moins qu'il ne prouve que ces réparations manquaient au moment de son entrée en jouissance (Rennes, 5 mars 1821) ; et la preuve de ce fait, s'il n'avait pas été dressé état des lieux, pourrait être faite par témoins.

38. Enfin, si le fermier sortant restait redevable d'une portion du prix de son bail envers le propriétaire, ce dernier pourrait se faire autoriser à exercer une saisie-gagerie sur les meubles et effets mobiliers garnissant la ferme, lesquels sont, comme les récoltes pendantes par racines, affectés par privilége au au paiement des fermages (C. civ., art. 2102). — V. *Privilége, saisie-gagerie.*

Formules.

1. *Demande en diminution du prix du bail pour défaut de contenance.*

L'an. . . . ., à la requête de. . . . ., j'ai. . . ., donné citation au sieur . . . . à comparaître le. . . . ., pour, attendu que suivant bail reçu par M. . . . . (*l'analyser*); attendu que la mesure énoncée en ce bail n'existe pas dans les terres affermées, que, dès lors, le requérant a droit à une diminution proportionnelle du fermage stipulé audit. bail; attendu que, par exploit de. . . . . ., sommation a été faite au sieur. . . . . de se trouver sur les terres affermées, avec un expert de son choix, à l'effet de procéder à la vérification de la mesure desdites terres; attendu qu'il n'a point obéi à ladite sommation; voir dire et ordonner que par experts du choix des parties, sinon nommés d'office, les terres affermées seront vues, visitées et arpentées; que lesdits experts dresseront et déposeront le rapport de leurs opérations, et que sur icelui il sera conclu et statué ce qu'il appartiendra, tous droits, moyens, actions et dépens réservés.

Coût et enregistrement. — V. *Ajournement, Citation.*

2. *Procès-verbal constatant la perte de récoltes.*

L'an . . . . . ., à la requête de . . . . ., je . . . . ., me suis transporté, assisté du requérant et du sieur . . . . ., expert par lui choisi aux fins ci-après, sur. . . . . (*désigner la pièce de terre*), à l'effet de constater la perte qu'a fait éprouver la grêle du. . . . aux récoltes appartenant à mondit sieur. . . ., et existant sur les biens par lui affermés de M. . . ., suivant bail en date du. . . .,—où étant arrivés, nous avons trouvé mondit sieur. . . . . et M. . . . . ., expert par lui amené à l'effet de procéder conjointement avec le requérant ;—mondit sieur . . . . comparaissant au désir de l'intimation à lui donnée par exploit de mon ministère en date du. . . . . Et de suite, procédant à l'estimation du dommage occasionné par la grêle dudit jour, les experts ont constaté d'un commun accord : Que la récolte de la pièce de terre susdésignée, ensemencée en blé, est complétement perdue et qu'il n'existe aucun moyen de tirer parti de ce qu'il en reste : la paille est littéralement hachée et les épis renfermant le grain, qui n'était pas mûr, sont séparés de leurs troncs et jonchent le sol.—La perte est évaluée : en paille, en . . . . gerbes du poids de . . . . chacune ; et en grain, de . . . . hectolitres ;

De tout ce que dessus j'ai rédigé le présent procès-verbal que les experts et les parties ont signé.

Enregistrement de l'exploit, 2 fr. 20 c. (L. 28 avril 1846, art. 43.)

3. *Demande en indemnité pour perte de récoltes.*

L'an . . . . ., à la requête de. . . . . (*constituer avoué et donner copie de la non-conciliation*), j'ai. . . ., donné assignation à. . . . . à comparaître, pour : — attendu que par bail (*l'analyser*) ; attendu qu'au cours de l'année. . . . ., le requérant a perdu les trois quarts de la récolte en blé à faire alors sur les terres comprises audit bail ; attendu que cette perte a été constatée suivant procès-verbal dressé par M. le juge de paix du canton de. . . . ., en date du. . . . .; attendu que les récoltes qui ont précédé la perte et celles qui l'ont suivie n'ont pas indemnisé le requérant ; que ce dernier n'est point chargé par son bail de supporter les cas fortuits et que, jusqu'à ce jour, il n'a reçu aucune indemnité ; attendu enfin que le tout sera prouvé, s'entendre condamner à payer au requérant, à titre d'indemnité de la perte ci-devant énoncée, la somme de. . . . ., et en outre aux dépens, sous toutes réserves.

Coût (Tarif, art. 29) : Original, Paris, 2 fr. ; R. P., 1 fr. 80 c. ; ailleurs, 1 fr. 50 c.; copie, le quart.

Enregistrement, 2 fr. 20 c. (L. 28 avril 1846, art. 43.)

4. *Avertissement au propriétaire des usurpations commises.*

L'an. . . . ., à la requête de. . . . ., fermier de. . . . . ., suivant bail. . . . ., j'ai. . . . ., signifié et déclaré à. . . . ., propriétaire desdits biens, que, le. . . . ., le sieur. . . . demeurant à. . . . , s'est permis de labourer environ la moitié d'une pièce de terre sise à. . . . , contenant. . . . ., et joignant d'un côté. . . . ., et de l'ensemencer en blé malgré l'opposition du requérant ; à ce que ledit sieur. . . . n'en ignore; lui déclarant que le présent avertissement lui est donné afin qu'il puisse se défendre de l'usurpation commise par le sieur. . . . . à ses risques et périls, sous toutes réserves de la part du requérant de réclamer par la suite, s'il y a lieu, telle indemnité qu'il avisera.

Coût : V. *Form.*, 1.

Enregistrement de l'exploit, 2 fr. 20 c. (L. 28 avril 1816.)

5. *Avertissement donné au fermier par le propriétaire qui veut conserver les engrais.*

L'an. . . . ., à la requête de. . , . . ., propriétaire de. . . . . affermés au ci-après nommé par bail devant. . . . , j'ai. . . . ., signifié et déclaré à. . . . ., fermier desdits biens, que le requérant, usant du bénéfice des dispositions de l'art. 1778, C. civ., entend conserver pour son compte personnel toutes les pailles, paillis et engrais qui se trouveront sur les lieux affermés au moment de l'expiration du bail susdaté, aux offres que fait le requérant de payer le prix desdits objets à dire d'experts ; déclarant au sieur. . . . que, faute d'avoir égard au présent avertissement, le requérant se pourvoira, sous toutes réserves.

Coût : V. *Form.*, 3.

Enregistrement de l'exploit, 2 fr. 20 c. (L. 28 avril 1816.)

6. *Demande en dommages-intérêts faute d'abandon.*

L'an. . . . ., à la requête de . . . . ., j'ai. . , , . . donné. . . . . assignation à comparaître le. . . . ., pour, attendu que par bail (*l'analyser*) ; attendu que les biens compris audit bail n'étaient point empaillés lors de l'entrée en jouissance du sieur. . . . et qu'ils le sont aujourd'hui ; attendu qu'aux termes de l'art. 1778, C. civ., le requérant a le droit de retenir ses empaillements en les payant ; attendu que par exploit de. . . . ., en date du. . . . . . (*analyser l'avertissement qui précède*) ; attendu que, depuis, le sieur. . . . a enlevé toutes les pailles, paillis et engrais étant dans ladite ferme, s'entende condamner en. . . . de dommages-intérêts et aux dépens.

Coût et enregistrement de l'exploit : V. *Form.*, 1, et *Citation.*

BAIL A LOCATAIRIE PERPÉTUELLE. — **1.** Contrat usité surtout dans les pays de droit écrit et tenant à la fois de l'emphytéose et du bail à rente.

2. Le bail à locatairie perpétuelle transmettait à perpétuité la propriété du fonds au preneur, moyennant une redevance annuelle. Aucune particularité ne distinguait ce bail de celui à culture perpétuelle. — V. *Bail à culture perpétuelle.*

3. Les décrets du 3 août 1789, qui ont déclaré rachetables toutes les rentes foncières, ont été spécialement étendus aux rentes ou redevances foncières établies par les contrats connus sous le titre de locatairie perpétuelle (LL. 18 déc. 1789 ; 2 prair. an 11).

4. La législation qui nous régit n'a rien d'incompatible avec les baux à locatairie perpétuelle. Ces baux ne sont pas, cependant, généralement usités depuis le Code. Il en existe pourtant. Ainsi un bail à locatairie perpétuelle fut passé, le 1er juillet 1826, dans le ressort de la Cour de Nîmes. Des difficultés s'étant élevées au sujet de ce bail, la Cour de cassation en a reconnu la validité par un arrêt en date du 3 déc. 1838.

5. Toutefois, le bail à locatairie perpétuelle, passé aujourd'hui, n'emporterait point aliénation de la propriété ; il ne serait au fond qu'une constitution de rente foncière rachetable (C. civ., art. 530 ; Troplong, *Louage*, n° 551).

BAIL A LONGUES ANNÉES. — **1.** Dans l'ancienne jurisprudence, on donnait le nom de *bail à longues années* à celui qui excédait le terme de neuf ans.

2. La question de savoir si ce bail était translatif de la propriété du fonds était controversée. Toutefois, la négative était généralement admise (Merlin, *Rép.*, v° *Bail*, § 4).

3. Aujourd'hui, un bail peut excéder neuf ans, sans que la durée en change la nature et en modifie les effets. Seulement, ceux qui ont capacité pour faire des baux de neuf ans et au-dessous peuvent n'être pas capables de faire des baux d'une plus longue durée. — V. *Bail en général*, *Bail administratif.*

BAIL A LOYER. — **1.** On appelle ainsi le genre de louage qui a pour objet les maisons et les meubles (C. civ., art. 1711).

2. Le bail à loyer, comme tous les autres baux, peut être fait par acte authentique ou sous seing privé, ou verbalement. — Si sa durée est limitée par la convention, il cesse de plein droit au terme fixé. — V. *Bail (en général)*, § 6.

3. Si la durée du bail n'a pas été déterminée, il est censé fait, lorsqu'il s'agit de meubles fournis pour garnir une maison entière, un corps de logis entier, une boutique, ou tous autres appartements, pour la durée ordinaire des baux de maisons, corps de logis, boutiques ou autres appartements, selon l'usage des lieux (C. civ., art. 1757).

4. Le bail d'un appartement *meublé* est censé fait à l'année, quand il a été fait à tant par an ; au mois, quand il a été fait à tant par mois ; au jour, s'il a été fait à tant par jour (C. civ., art. 1758). C'est là une présomption légale qui ne doit pas céder aux usages locaux (Duvergier, *du Louage*, t. 2, n° 37). Mais si rien ne constate que le bail soit fait à tant par an, par mois ou par jour, la location est alors censée faite suivant l'usage des lieux (art. 1758).

5. La location d'un appartement non meublé, moyennant *telle somme par an*, dans les lieux où la location ne se fait pas ordinairement pour une année, n'est pas censée faite pour un an ; elle constitue au contraire un bail sans fixation de durée (Duranton, t. 17, n° 168).

6. A l'égard des locations d'appartements non meublés, les règles générales des congés (V. *Bail (en général)*, § 7) leur sont applicables. Nous ajouterons ici, seulement, qu'à Paris, les délais pour les congés sont : de *six mois* pour une maison, un corps de logis entier, une boutique ou un magasin donnant sur la rue ou sur un passage public ; de *trois mois* pour les appartements dont la location est au-dessus de 400 fr., à quelque somme qu'elle puisse monter ; de *six semaines* pour les locations de 400 fr. juste et au-dessous.—Quant à l'époque à laquelle le congé doit être donné, V. *Bail (en général)*, n°ˢ 97 et 98.

7. Si le locataire d'une maison ou d'un appartement continue la jouissance après l'expiration d'un bail dont la durée a été fixée, sans opposition de la part du bailleur, il est censé les occuper aux mêmes conditions, pour le terme fixé par l'usage des lieux, et il ne peut plus en sortir ni en être expulsé qu'après un congé donné suivant le délai fixé par l'usage des lieux (C. civ., art. 1759). Il en est ainsi, que le bail soit verbal ou qu'il soit fait par écrit. — V. *Bail (en général)*, n°ˢ 93 et suiv.

8. Pour éviter la tacite réconduction prévue par l'art. 1759 précité, le bailleur ou le locataire doit signifier un *congé-avertissement*. — V. *Bail (en général)*, n°ˢ 87 et 88, et la formule n° 10 qui se trouve à la suite de ce dernier mot.

9. Certaines obligations spéciales sont imposées aux locataires de maisons. Ainsi, d'abord, les locataires sont tenus de garnir la maison de meubles suffisants : autrement, ils pourraient être expulsés, à moins qu'ils ne donnassent des sûretés capables de répondre du loyer (C. civ., art. 1752).

10. Mais le locataire n'est pas obligé de placer dans les lieux loués des meubles d'une valeur égale aux loyers à échoir pendant toute la durée du bail (Duvergier, t. 2, n° 15; Duranton, t. 17, n° 157). Les meubles sont suffisants, lorsque leur valeur peut répondre du terme courant, du terme prochain et des frais. Du reste, les tribunaux peuvent apprécier, suivant les circonstances, la suffisance ou l'insuffisance des meubles apportés.

11. En cas de sous-location des lieux loués ou d'une partie, le locataire a, comme le propriétaire, le droit d'exiger du sous-locataire, sous peine d'expulsion, qu'il garnisse de meubles suffisants les lieux qui lui ont été sous-loués.

12. Le propriétaire ou le locataire qui veut user de la faculté d'expulsion concédée par l'art. 1752 pour défaut de meubles suffisants, doit, avant tout, par une sommation, mettre le locataire ou le sous-locataire en demeure de garnir la maison ou l'appartement de meubles, ou de donner des sûretés.

13. En cas de refus, il est donné assignation au locataire ou sous-locataire à comparaître devant le tribunal civil du lieu de son domicile, pour voir ordonner que, faute par lui de garnir la maison de meubles, ou de fournir des sûretés dans le délai de....., à compter du jugement à intervenir, le bail sera résolu, et le locataire ou sous-locataire expulsé.—V. *Formule* n° 1.

14. A moins d'une clause contraire, le locataire est tenu des réparations locatives ou de menu entretien. Ces réparations sont celles désignées comme telles par l'usage des lieux, et, entre autres, les réparations à faire : 1° aux *âtres* (foyers des cheminées), *contre-cœurs* (plaques de fonte appliquées contre le mur des cheminées), *chambranles* (ornements de bois, de pierre ou de marbre qui bordent les côtés de la cheminée), et *tablettes* (pièces de bois ou de marbre posées à plat sur les chambranles) ; — 2° Au récrépiment du bas des murailles et autres lieux d'habitation, à la hauteur d'un mètre ;—3° Aux pavés et carreaux des chambres, lorsqu'il y en a seulement quelques-uns de cassés ; mais non aux pavés des grandes cours ou des écuries qui se trouvent cassés (Pothier, *du Louage*, n° 220) ; — 4° Aux vitres, à moins qu'elles ne soient cassées par la grêle ou autres accidents extraordinaires et de force majeure dont le locataire ne peut être tenu : cependant, si le locataire n'avait pas fermé les volets, au moment de la grêle ou en temps d'orage, il serait tenu de faire replacer à ses frais les vitres cassées (Pothier, *loc. cit.;* Duranton, t. 17, n° 164) ;—5° Aux portes, croisées, planches de cloison ou de fermeture de boutique, gonds, targettes (plaques de fer avec un verrou servant à fermer les portes ou les fenêtres), et serrures (C. civ., art. 1754).

15. On doit ajouter à cette énumération, comme réparations locatives à la charge du locataire, le ramonage des cheminées de la maison ou de l'appartement, l'entretien des allées, bordures et gazons d'un jardin, le remplacement des arbres et arbrisseaux qui meurent par la négligence ou le défaut de soin du locataire, l'entretien des balcons et grilles, et des treilles en fil de fer ou laiton.

16. Toutefois, aucune des réparations réputées locatives n'est à la charge des locataires, quand elles ne sont occasionnées que par vétusté ou force majeure (C. civ., art. 1755). Il résulte de là que les réparations locatives, pour être imposées aux locataires, doivent être nécessitées par l'usage qu'ils font des maisons ou appartements.

17. La preuve de la vétusté ou force majeure est à la charge du locataire qui l'invoque comme moyen de libération (Duranton, t. 17, n° 165).

18. Le curement des puits et celui des fosses d'aisance restent à la charge du bailleur (C. civ., art. 1756).

19. Si le locataire refusait de faire les réparations locatives à sa charge, il pourrait y être contraint par le propriétaire. A cet effet, celui-ci doit d'abord faire sommation au locataire de se trouver, aux jour et heure qu'il indique, sur les lieux, avec un homme de l'art, pour procéder à la vérification des réparations à faire.

20. Si le locataire se présente, il est dressé un état des réparations, lesquelles il doit s'obliger à faire dans un délai déterminé. S'il ne se présente pas, ou s'il refuse de s'obliger à faire les réparations, il lui est donné alors assignation devant le tribunal civil, pour voir dire que, par experts nommés, il sera procédé à la visite des lieux, et que, sur le rapport des experts, il sera conclu et statué ce qu'il appartiendra. — V. *Formule* n° 2.

21. L'action du propriétaire contre le locataire à fin de réparations locatives n'est soumise à aucune prescription particulière. Mais, une fois le locataire sorti de la maison ou de l'appartement, le propriétaire doit prouver que les dégradations proviennent de son fait.

22. Le prix de la location d'une maison ou d'un appartement *non meublés* est payable ordinairement par trimestre. Les meubles et effets, qui garnissent les lieux loués, sont affectés spécialement et par privilége au paiement des loyers.—V. *Privilége.*

23. En cas de sous-location, le propriétaire peut, à défaut de paiement par le locataire, réclamer directement au sous-locataire le prix de la sous-location.

24. Mais le sous-locataire n'est tenu envers le propriétaire que jusqu'à concurrence du prix de sa sous-location dont il peut être débiteur au moment de la saisie et sans qu'il puisse opposer des paiements faits par anticipation. Les paiements faits par le sous-locataire, soit en vertu d'une stipulation portée en son bail, soit en conséquence de l'usage des lieux, ne sont pas réputés faits par anticipation (C. civ., art. 1753).

25. Le bailleur non payé, ni par le locataire direct, ni par le sous-locataire, peut faire résoudre le bail à l'égard de tous deux (Troplong, t. 2, n°s 544 et suiv.; Duranton, t. 17, n° 159).

26. La contribution des portes et fenêtres est à la charge du locataire, encore que le bail ne le dise pas ; et, si elle a été payée par le propriétaire, celui-ci peut la réclamer au locataire au bout de plusieurs années, quoiqu'il ait donné des quittances sans réserves (L. 4 frim. an 7, art. 12 ; Cass., 26 oct. 1814 ; Troplong, t. 2, n°s 333 et 334 ; Duranton, t. 17, n°s 74 et 75). Il en doit être ainsi, ce nous semble, aussi bien lorsque le bail est verbal que lorsqu'il est écrit (V. cependant, Duvergier, t. 2, n° 349).

27. Les baux à ferme sont soumis au droit de 20 c. par 100 fr. sur le montant cumulé de toutes les années du bail, en y ajoutant les charges (L. 16 juin 1824). Les cessions de ces baux donnent ouverture au même droit que les baux, sur les années restant à courir.

Formules.

1. *Demande en résolution.*

L'an. . . . ., à la requête de. . . . . ., (*constituer avoué*), j'ai. . . . ., donné assignation à. . . . . à comparaître. . . . . ., pour : — attendu que suivant bail (*analyser le bail*). . . . . .; — attendu que, par exploit de. . . . . ., sommation a été faite au sieur. . . . . de garnir les lieux loués de meubles et effets mobiliers en quantité et valeur suffisantes pour répondre de l'exécution du bail et du paiement des loyers ; attendu qu'il n'a point obéi à cette sommation ; attendu que ce défaut d'exécution des obligations du preneur donne lieu à son expulsion ;—voir dire et ordonner (*Lorsque le preneur a une alternative, comme de donner caution ou de garnir les lieux loués, on ajoute :* que dans le jour du *jugement à intervenir* le preneur sera tenu de faire *telle chose,* sinon :) qu'à compter de la prononciation du jugement, le bail dudit jour. . . . ., sera résolu purement et simplement ; en conséquence, que le sieur. . . . . . cessera toute espèce d'exploitation de la ferme comprise audit bail et sera tenu de vider les lieux par lui occupés dans les vingt-quatre heures de la signification du jugement à intervenir, sinon et faute de ce faire, qu'il en sera expulsé ;

que les récoltes en grange resteront néanmoins la propriété dudit sieur. . . . . . .;
sauf au requérant à faire tous actes conservatoires et d'exécution, s'il y a lieu; que
les récoltes en terre appartiendront au requérant à la charge de payer ou tenir compte
au sieur. . . . . . . des labours faits et des semences épandues, et ce, à dire d'experts
du choix des parties, sinon nommés d'office; et en outre le sieur. . . . . . s'entendre condamner en. . . . . . de dommages-intérêts et aux dépens, sous toutes réserves.

Coût (Tarif, art. 29) : Original, Paris, 2 fr. ; R. P., 1 fr. 80 c. ; ailleurs, 1 fr. 50 c.
—Copie, le quart.—Enregistrement, 2 fr. 20 c. (L. 28 avril 1816, art. 43.)

2. Demande à fin de réparations locatives.

L'an. . . . . . ., à la requête de. . . . ., j'ai. . . . . ., cité le sieur. . . . . à comparaître le. . . . . . ., pour, attendu que suivant bail. . . . . (l'analyser); que ce
bail est expiré le. . . . . ., et que depuis le. . . . . ., le sieur . . . . . a quitté
lesdits lieux sans avoir fait les réparations locatives auxquelles il était tenu; que, par
exploit de. . . . . ., le sieur. . . . . a été intimé à se trouver à. . . . . ., le. . . . . .,
avec un homme de l'art, pour procéder à la visite des réparations à faire, et qu'il n'a
point obéi à ladite intimation; — voir dire et ordonner que, par experts du choix des
parties, sinon nommés d'office, il sera procédé à la visite de la maison, de l'appartement ou des bâtiments ci-devant occupés par le cité; que, sur le vu de l'état des
lieux, les experts constateront le nombre et la nature des réparations locatives à faire ;
qu'ils fixeront la valeur desdites réparations, et, s'il y a lieu, le préjudice causé par
les dégradations ; que, sur leur rapport dûment déposé, le sieur. . . . . . ., cité,
sera tenu de faire les réparations dans le délai de. . . . ., sous contrainte de. . . .,
et qu'il sera en outre condamné en. . . . . de dommages-intérêts, sous toutes réserves, etc.

Coût et enregistrement. — V. Citation.

BAIL A NOURRITURE DE PERSONNES.—1. Contrat par lequel
une personne se charge de nourrir et entretenir une autre personne pendant
un temps déterminé, et moyennant soit un prix déterminé à forfait et payable
au moment même de la formation du contrat, soit une somme payable annuellement ou par trimestre.

2. Le bail à nourriture de personnes est un contrat licite; il n'a, en effet,
rien de contraire à l'ordre public et aux bonnes mœurs. Il y a même lieu de
le maintenir à l'égard des mineurs (C. civ., art. 454). La loi du 22 frim. an 7
(art. 69) a même implicitement consacré la validité de ce contrat à l'égard
de toutes personnes, mineurs ou majeurs, en fixant la quotité du droit à percevoir sur les baux à nourriture de personnes en général et de mineurs en
particulier.

3. Ce bail n'est soumis à aucune règle spéciale. Toutefois, il importe de
faire remarquer que l'obligation de celui qui s'est chargé de nourrir une personne passe à ses héritiers.

4. Le bail à nourriture de personnes peut être verbal ou écrit, authentique
ou sous seing privé. L'enregistrement de ce bail est soumis, si la durée est
limitée, au droit de 20 c. par 100 fr. sur le prix cumulé de toutes les années ;
si la durée n'est pas limitée, au droit de 2 fr. par 100 fr. sur le prix cumulé
de dix ans (LL. 22 frim. an 7 ; 16 juin 1824).

BAIL A RENTE.—On appelait ainsi le contrat par lequel, sous l'ancien
droit, un propriétaire aliénait son héritage ou quelque droit immobilier, à la
charge d'une rente que le preneur s'engageait à servir à lui ou à un tiers.
Aujourd'hui, ce contrat n'existe plus. Cependant, on peut encore stipuler une
rente annuelle pour prix de l'aliénation d'un immeuble. Mais cette rente n'a
ni la réalité ni la perpétuité de la rente foncière ; elle est essentiellement personnelle et rachetable.

BAIL A VIE. — 1. Abandon, par le propriétaire, de la jouissance d'un

immeuble, moyennant une redevance annuelle, pendant la vie d'une ou de plusieurs personnes.

2. Le nombre des personnes, sur la tête desquelles le bail à vie peut être constitué, a été limité à trois par la loi des 18-29 déc. 1790 (tit. 1er, art. 1er).—Quoique le Code civil n'ait pas reproduit cette disposition, elle n'a pas néanmoins cessé d'être en vigueur.—Mais les baux à vie sont depuis longtemps tombés en désuétude.

BAIL EMPHYTÉOTIQUE. — 1. Contrat par lequel le propriétaire d'un immeuble en concède la jouissance pour un certain temps, ordinairement très-long (**V.** *infrà*, n° 10), moyennant une redevance annuelle, appelée *canon*.

2. Le mot *emphytéose* vient d'un mot grec qui signifie planter, défricher, mettre un champ en rapport. Mais, aujourd'hui, les fonds incultes ne peuvent plus seuls être donnés à bail emphytéotique. Tout autre immeuble peut être l'objet de ce contrat.

3. Le bail emphytéotique était usité à Rome, et, quoique le Code civil n'en ait point formellement reconnu l'existence, il est néanmoins licite, comme il l'était sous la législation romaine. Le caractère et les effets de ce contrat spécial doivent être régis comme ils l'étaient autrefois, sauf quelques modifications, comme on le verra ci-après.

4. Le bail emphytéotique ne doit être confondu ni avec le contrat de louage ni avec le contrat de vente. Ses effets sont de diviser la propriété du domaine donné à emphytéose en deux parties : l'une formée du *domaine direct*, dont la rente, que se retient le bailleur, est représentative; l'autre, appelée *domaine utile*, qui se compose de la jouissance des fruits qu'il produit. Le preneur possède le domaine utile qui lui est transmis par l'effet de ce partage, comme *propriétaire ;* il peut, pendant la durée du bail, en disposer par *vente, donation, échange ou autrement,* avec la charge, toutefois, des droits du bailleur. Il peut aussi exercer l'action *in rem* pour se faire maintenir contre tous ceux qui troublent sa possession et contre le bailleur lui-même (Cass., 26 juin 1822 ; 19 juillet 1832).

5. Sous l'empire du Code civil, comme anciennement, l'emphytéose est un droit immobilier, que le preneur peut hypothéquer, sauf la résolution de l'hypothèque à la fin du bail, soit par l'expiration du terme fixé, soit par toute autre cause (V., outre les arrêts cités au numéro précédent, Paris, 10 mai 1831 ; Douai, 15 décembre 1832; Troplong, *Hypothèques,* t. 2, n° 405).

6. L'emphytéote est recevable à exercer l'action possessoire en son nom personnel (Cass., 26 juin 1822; Duvergier, *Du Louage,* t. 1er, n° 160; Pepin-Lehalleur, *De l'Emphytéose,* p 352). Il peut exercer cette action, non-seulement contre les tiers, mais même contre le propriétaire, si celui-ci le trouble dans sa jouissance (Duvergier, *loc. cit. ;* Sebire et Carteret, *Encyclopédie du droit,* v° *Bail emphytéotique,* n° 20). — V., en outre, *Action possessoire,* n° 321 et 375. — V. aussi *Bornage,* n° 13.

7. Il a également qualité pour exercer contre les tiers et le propriétaire l'action réelle. Mais il ne peut prescrire contre son titre, attendu qu'il n'a qu'une possession précaire (Colmar, 16 août 1820).

8. De ce que l'emphytéote jouit en qualité de propriétaire, il suit qu'il profite de l'alluvion, sans être obligé d'augmenter la redevance, alors même que le bail a déterminé l'étendue du fonds.—Le bail fait partie de sa succession, comme ses autres biens.

9. L'immeuble qui a été donné à bail emphythéotique peut être saisi immobilièrement par les créanciers de l'emphytéote et vendu à leur profit, sauf le droit qu'a toujours le bailleur de rentrer dans sa propriété à l'expiration du bail.

10. Les baux emphytéotiques ne peuvent être d'une durée moins longue que les baux ordinaires. Mais la durée la plus longue de l'emphytéose ne peut excéder quatre-vingt-dix-neuf ans (L. 18-29 décembre 1790, art. 1er, tit. 1er). Ainsi, la durée d'un bail emphytéotique peut s'étendre, à la volonté des parties, de neuf à quatre-vingt-dix-neuf ans. Si le bail était fait à perpétuité, il deviendrait un bail à rente, et la rente serait toujours rachetable (Cass., 15 décembre 1824).

11. Les obligations du bailleur sont, en général, celles auxquelles un vendeur est tenu ; il doit délivrer le fonds, et, spécialement, garantir au preneur la jouissance de la chose. Si le preneur était évincé, il aurait le droit de réclamer des dommages-intérêts contre le bailleur, et, même, selon les circonstances, la restitution des redevances qu'il aurait déjà payées (*Encyclopédie du droit*, v° *Bail emphytéotique*, n° 17).

12. Quant à l'emphytéote, ses obligations consistent à payer les redevances annuelles, à faire toutes les améliorations auxquelles il s'est engagé, et toutes les réparations, petites et grosses. S'il néglige de les faire, le bailleur peut toujours le contraindre à les exécuter.

13. L'emphytéote est tenu du paiement des contributions, même de la contribution foncière, parce qu'elles sont une charge inséparable de la propriété utile dont il jouit (Avis du cons. d'Etat, du 2 février 1809 ; Duvergier, *Louage*, t. 1er, n° 170). Mais il a le droit de retenir le cinquième de la redevance pour s'indemniser de cette charge (Cass., 2 ventôse an 11 ; Colmar, 27 mars 1806), à moins, toutefois, que le bail ne prohibe cette retenue (Troplong, *Louage*, t. 1er, 39).

14. A l'expiration du bail, le preneur doit rendre en bon état les biens qu'il a reçus du bailleur et les constructions qu'il aurait promis de faire. S'il a fait sur le fonds des constructions auxquelles il n'était pas tenu, il a le droit de les enlever, à moins que le bailleur ne préfère les retenir en remboursant leur valeur.

15. L'emphytéose finit : 1° par l'expiration du temps pour lequel elle a été contractée, sans qu'il soit besoin de donner congé. La tacite réconduction n'a jamais lieu en matière d'emphytéose (Colmar, 16 août 1820) ; 2° par la perte *totale* de la chose. Si c'est une maison et qu'elle vienne à être détruite, le droit reste sur le sol ; 3° par le défaut respectif des parties de remplir leurs engagements. Ainsi, l'emphytéote, qui détériore l'héritage et y commet des dégradations, peut en être expulsé et être condamné à remettre les choses dans leur ancien état (Arg., cass., 30 août 1827) ; 4° par le défaut de paiement de la redevance pendant trois ans, et même deux ans ; 5° enfin, par toutes les causes de résolution des contrats en général.

16. La résolution du contrat pour les causes énoncées aux § 3, 4 et 6 du numéro précédent n'a jamais lieu de plein droit ; elle a besoin d'être prononcée par un jugement, encore bien que, dans le bail, il soit dit que la résolution aurait lieu de plein droit (Cass., 14 juin 1814).

17. Toutefois, lorsque la résolution du bail peut être demandée pour défaut de paiement de la redevance par le preneur, il y a lieu préalablement de le mettre en demeure de payer, au moyen d'une sommation. Ce n'est qu'après cette sommation qu'il ne peut plus lui être accordé de délai (Merlin, *Questions de droit*, v° *Emphytéose*, § 3).

18. L'action en résolution du bail est réelle (Cass., 30 août 1827). Il suit de là qu'elle doit être intentée contre le détenteur actuel des biens, et devant le tribunal de leur situation. Il n'est pas indispensable de mettre en cause les précédents preneurs. — V. *Formule*.

19. *Enregistrement.* — Les baux emphytéotiques sont soumis au droit de 20 c. par 100 fr. (Circul. 16 messidor an 7 ; L. 16 juin 1824), et au droit de transcription d'un et demi p. 100 (Décis. min., 19 nivôse an 12 ; Instr.

gén., 30 nivôse an 12). Le droit est liquidé, savoir : le droit de bail, sur le prix cumulé de toutes les années du bail (L. 16 juin 1824), et le droit de transcription, sur un capital formé de dix fois le prix du bail pour les baux au-dessous de 30 ans, et de vingt fois pour ceux au-dessus de ce terme (Déc. min. fin., 10 oct. 1831).

Formule.

Demande en résolution.

L'an. . . . ., à la requête de (*constituer avoué et donner copié de la non-concilia-tion*), j'ai. . . . . donné assignation à. . . . ., à comparaître le. . . . .; pour, at-tendu que suivant acte passé devant M°. . . ., notaire à . . . ., le requérant a donné à emphytéose à l'intimé, une maison, sise à . . . ., moyennant une redevance annuelle dé. . . . ., outre la charge d'ajouter à cette maison un bâtiment servant d'écurie et de grange, dans les deux ans du jour du contrat ; attendu que le délai accordé est ex-piré ; que par exploit de. . . . ., huissier à . . . . ., sommation a été faite au sieur . . . . ., de procéder dans les trois mois, à la construction du bâtiment en question ; attendu que non-seulement ce nouveau délai est expiré sans que ledit bâtiment soit con-struit ; mais que, jusqu'à ce jour. et malgré les vives instances du requérant, l'ajourné ne paraît pas même vouloir exécuter ses engagements par la suite ; attendu que ce dé-faut d'exécution des conditions du bail entraîne sa résolution,—voir dire et ordonner que le bail dudit jour sera et demeurera résolu purement et simplement ; que ledit contrat sera en conséquence considéré comme nul et non avenu ; que, dans les huit jours de la signification du jugement à intervenir, l'intimé videra ladite maison de corps et de biens, et en remettra les clefs au requérant, sinon et faute de ce faire, qu'il en sera expulsé par tous moyens de droit, et, en outre, s'entendre condamner en. . . . ., de domma-ges-intérêts et aux dépens ; sous toutes réserves de l'exécution du bail à résoudre pour obtenir le paiement des redevances échues et à échoir jusqu'à la résolution.
V. *supra*, n° 18. — Coût, tarif, 27. Paris, 2 fr. R. P. 1 fr. 80 ; aill., 1 fr. 50 c. Enregistrement de l'exploit, 2 fr. 20 c. (L. 28 avril 1816, art. 43.)

BAIL HÉRÉDITAIRE. — 1. Bail à ferme dont la durée est limitée à l'extinction de la descendance mâle et en ligne directe du preneur. Ainsi, comme on le voit, ce bail fonde une dynastie de fermiers.

2. Le bail héréditaire est encore usité dans les départements qui compo-sent l'ancienne province d'Alsace.

3. Cependant, le Code civil n'en parle pas plus que du bail emphytéotique.

4. Le bail héréditaire n'est pas translatif de propriété au profit du preneur ou de ses descendants. Il est, sauf la durée, assimilable en tout aux baux or-dinaires. Ainsi, le bailleur conserve la propriété du fonds. Il suit de là que, au décès du preneur en exercice, le bail passe à son fils, sans que celui-ci soit assujetti à aucun droit de mutation (Cass., 24 nov. 1837 ; Troplong, *Louage*, t. 1er, n° 56.; Championnière et Rigaud, *Traité des droits d'enregistre-ment*, t. 5, n° 3075).

BAIL JUDICIAIRE. — 1. On appelait ainsi, autrefois, les baux qui étaient faits, au moyen d'une adjudication en justice, au plus offrant et der-nier enchérisseur.

2. Ils étaient en usage : 1° à l'égard des biens saisis réellement ; 2° pour les biens de l'Etat, des corps et communautés ; 3° pour ceux des mineurs.

3. Aujourd'hui, les occasions dans lesquelles on devrait recourir aux baux judiciaires ne peuvent plus se présenter. Ainsi, à l'égard des biens saisis, le saisi en conserve la possession pendant toute la durée des poursuites, sauf le droit des créanciers de faire procéder à la saisie mobilière des fruits (Voy. *Saisie immobilière*). Les baux des biens de l'Etat, des communes et des éta-blissements publics sont soumis à des règles spéciales (V. *Bail administra-tif*). Quant aux biens des mineurs, ils peuvent être donnés à ferme ou à loyer par les tuteurs (V. *Bail (en général)*, n° 12).

BAIL PAR LICITATION. — 1. C'est le bail d'un immeuble indivis entre plusieurs copropriétaires (par exemple, des cohéritiers).

2. Ce bail se fait ou à l'amiable ou par adjudication en justice en faveur de celui qui se présente comme locataire, au prix le plus élevé et aux meilleures conditions.

3. Il y a lieu de recourir au bail par licitation lorsque les copropriétaires ne peuvent ou ne veulent ni jouir en commun, ni procéder au partage ou à la licitation pour le fonds, ni s'accorder sur le choix d'un locataire ou sur le prix et les conditions du bail.

4. Lorsque le bail par licitation se fait à l'amiable, aucune forme spéciale n'est imposée. Le tuteur, le mari, le mineur émancipé peuvent y concourir.

5. Quant aux formes de la licitation à loyer ou à ferme par la voie judiciaire, aucune loi ne les détermine. Mais des auteurs, se fondant sur ce que le bail est un objet mobilier, enseignent qu'il doit être fait d'après les règles établies pour les ventes des rentes constituées (Pigeau, t. 2, p. 735 et 736; Duvergier, *Louage*, t. 1er, no 242; Rolland de Villargues, *Rép.*, vo *Bail par licitation*, no 6).—V. *Saisie de rentes constituées.*

6. La demande tendant à ce qu'il soit procédé à un bail par licitation judiciaire doit être, à raison de la nature mobilière du bail, portée devant le tribunal du domicile du défendeur. Cependant, si l'objet qu'on veut liciter dépend d'une communauté ou d'une succession, la demande est de la compétence du tribunal de l'ouverture de la succession ou de la dissolution de la communauté. Cette demande n'est point affranchie du préliminaire de conciliation.

7. Sur la demande (V. *Formule*), un jugement ordonne la licitation devant un membre du tribunal, en audience publique, ou devant un notaire. Elle n'a lieu qu'après publication, placards et annonces.

8. Les effets de bail par licitation sont les mêmes que ceux du bail ordinaire. Et, s'il est procédé à la licitation de la chose elle-même pendant la durée du bail, le colicitant qui devient propriétaire doit respecter le bail, quoiqu'il n'y ait consenti que pour sa portion.

Formule.

Demande à fin de bail.

L'an. . . ., à la requête de (*constitution d'avoué et copie de la non-conciliation*), j'ai. . . ., donné assignation à. . . ., pour, attendu que le requérant et l'ajourné sont copropriétaires indivis d'un pré sis à. . . ., contenant. . . ., et tenant, etc.; attendu qu'il est urgent que ce pré soit affermé, et que, jusqu'à ce jour, les parties n'ont pu s'entendre sur sa location; — Voir dire que ledit pré sera affermé aux enchères publiques, après les publications et affiches voulues par la loi, en présence de l'ajourné ou lui dûment appelé; qu'à cet effet, les opérations seront renvoyées devant Me. . . ., notaire à. . . ., qui dressera acte du louage; et pour, en outre, voir dire que les frais faits et à faire seront prélevés sur le prix de location, comme faits dans d'intérêt commun.

Coût, tarif, 27. Paris, 2 fr. R. P. 1 fr. 80 c.; aill., 1 fr. 50 c.

Enregistrement de l'exploit, 2 fr. 20. (L. 28 avril 1816.)

BAILLEUR. — On nomme ainsi celui qui donne à bail un immeuble.— V. *Bail* (en général), *Bail à cheptel*, *Bail à ferme*, *Bail à loyer*.

BAILLEUR DE FONDS. — On désigne spécialement sous ce nom celui qui prête à un acquéreur tout ou partie de la somme nécessaire pour payer le prix d'un immeuble, ou à un titulaire d'emploi celle dont il a besoin pour fournir son cautionnement (V. *Cautionnement d'officiers ministériels*, *Privilège*, *Subrogation*). En matière de société commerciale, les bailleurs de fonds sont appelés plus ordinairement *commanditaires* (V. *Sociétés commerciales*).

BAILLI ou **BAILLIF.** — Magistrat qui, dans l'ancien droit, avait la principale administration de la justice, sous l'autorité du roi ou des hauts seigneurs. — V. *Baillie.*

BAILLIAGE DU PALAIS.—1. Juridiction instituée uniquement pour les marchands qui avaient des boutiques dans les galeries du Palais de Justice, à Paris.

2. L'appel des sentences du bailliage du Palais devait être porté directement devant le parlement.

BAILLIE, BAILLIAGE. — Etendue de la juridiction et du ressort du bailli. — V. *Bailli.*

BAILLISTRE. — Ce mot s'employait, dans notre ancienne jurisprudence, pour désigner celui qui avait la garde d'un mineur et l'administration de ses fiefs (V. Denizart, v° *Baillistre*).

BAINS. — **1.** Etablis sur terre, ils sont immeubles; établis sur bateaux, ils sont meubles (C. civ., art. 531).

2. Les ustensiles nécessaires à l'exploitation de bains ont, en général, la même nature que l'établissement principal. Ainsi, ils sont immeubles par destination, ou meubles.

3. C'est par la voie de la saisie immobilière que doivent être saisis les bains établis sur terre. La saisie et la vente des bains établis sur bateaux ont été, à cause de l'importance de ces établissements, soumises à des formes particulières, qui sont énumérées dans l'art. 620, C. proc. civ.—V. *Bacs, Saisie immobilière, Saisie-exécution.*

4. Les bains sur bateaux étant meubles ne peuvent en aucun cas faire l'objet d'une action possessoire. — V. *Action possessoire*, n° 371.

BAISSE. — L'action d'opérer par des moyens frauduleux quelconques la baisse du prix des denrées ou marchandises, ou des papiers et effets publics, constitue un délit puni d'un emprisonnement d'un mois au moins, d'un an au plus, et d'une amende de 500 fr. à 10,000 fr. Les coupables pourront, de plus, être mis sous la surveillance de la haute police pendant deux ans au moins et cinq ans au plus (C. pén., art. 419).

BALAIS (MARCHANDS DE). — Sont rangés dans la huitième classe des patentables.

BALANÇONS (MARCHANDS DE). — Sont rangés dans la sixième classe des patentables.

BALAYAGE. — **1.** Le soin de prendre toutes les mesures nécessaires pour assurer la propreté de la voie publique est confié à l'autorité municipale (L. 16-24 août 1790, tit. 2, art. 3).

2. Ainsi, les maires ont le droit de prescrire aux citoyens le balayage de la voie publique au devant de leurs maisons et établissements.

3. La contravention à l'arrêté municipal qui ordonne le nettoiement des rues est punie d'une amende d'un franc à cinq francs qu'il appartient au tribunal de simple police de prononcer (C. pén., art. 471, n° 3).

4. Dans un grand nombre de villes, le nettoiement des rues a lieu à l'entreprise. Cette opération est commerciale.

BALCON. — **1.** Saillie en pierre ou en bois, construite à la façade des maisons, ordinairement à la hauteur des fenêtres, avec balustrade.

2. Lorsque le balcon donne sur l'héritage clos ou non clos du voisin, il doit y avoir une distance de dix-neuf décimètres entre le mur où on le pratique et ledit héritage (C. civ., art. 678).—V. *Servitudes.*

BALIVEAUX. — 1. Arbres qui n'ont pas été coupés en même temps que le taillis et qu'on a laissés croître en futaies.

2. L'usufruitier qui a négligé de couper les baliveaux à l'époque fixée ne peut prétendre une indemnité à raison de ce fait. Il en est de même de ses héritiers (C. civ., art. 590).

BALLONS POUR LAMPES (fabricants de). — Sont rangés dans la septième classe des patentables.

BALS PUBLICS. — Les directeurs de bals publics sont commerçants, et, par conséquent, justiciables du tribunal de commerce.—V. *Actes de commerce*, n° 144.

BAN. — 1. Mot très-ancien introduit dans notre langue pour exprimer l'annonce publique d'une chose.

2. Aujourd'hui, la signification de ce mot a été restreinte ; il s'emploie seulement pour désigner les permissions publiques que l'autorité municipale a droit de donner aux habitants de son territoire, ou les défenses qu'il a le droit de leur faire, de faucher, moissonner et vendanger.

3. Considéré sous ce rapport, le droit de faire un *ban* est un droit de police réservé aux municipalités dans un intérêt général, afin d'empêcher que les principales récoltes ne se fassent avant ou après l'époque de la maturité des fruits.—V. *Ban de vendanges et autres*.

BAN DE VENDANGES, MOISSON, FAUCHAISON, etc.—1. Arrêté qui fixe l'époque à laquelle peut commencer ou doit être terminée la récolte de diverses espèces de fruits.—V. *Ban*.

2. Les contraventions aux bans de vendanges ou autres sont punies de 6 à 10 fr. d'amende (C. pén., art. 475, 1°), et ne se prescrivent que par un an (C. inst. crim., art. 640 ; Cass., 20 oct. 1835).

BANALITÉ. — 1. Autrefois, on appelait ainsi le droit qu'avait un seigneur, une communauté ou même un simple particulier, d'exploiter par privilége une certaine chose, par exemple, un moulin à eau ou à vent, un four, un pressoir, etc., et de contraindre tous les habitants de la localité à ne se servir que de l'exploitation réservée.

2. Toutes les banalités seigneuriales, c'est-à-dire, directement ou indirectement féodales, ont été supprimées par la loi du 25 août 1792. Les banalités fondées sur une convention entre un particulier non seigneur et une commune ont été simplement déclarées rachetables (L., 15 mars 1790).

3. Aujourd'hui, aucune banalité ne peut être établie. Autrement, ce serait donner à un simple particulier la faculté exorbitante de créer un monopole. Or, cette faculté serait directement contraire au principe de la liberté de l'industrie et du commerce.

BANC D'ÉGLISE. — 1. La concession et la location des bancs et chaises dans les églises sont un des éléments des revenus des fabriques.

2. Bien que les églises soient ouvertes gratuitement, aucune personne n'a le droit d'y placer une chaise pour son usage, à moins qu'elle n'y soit fondée en titre (Cass., 19 avril 1825).

3. En ce qui concerne la location des chaises, elle peut être mise à ferme. Alors, l'adjudication est faite au plus offrant (Décr. du 30 déc. 1809, art. 67).

4. Toutefois, aux termes de l'art. 3 (tit. 1er) du décret du 18 mai 1806, le tarif du prix des chaises est arrêté par l'évêque et le préfet ; et il ne peut être rien perçu de plus, sous quelque prétexte que ce soit (Même décret, art. 1er).

5. Quant à la concession de bancs, elle peut être faite ou moyennant une prestation ou redevance annuelle, ou moyennant une valeur mobilière une fois payée, ou même moyennant la translation d'un immeuble à la fabrique. Lorsque la concession est faite moyennant une redevance annuelle, elle a lieu par adjudication au plus offrant. Les concessions ne peuvent être faites que pour la durée de la vie de ceux qui les obtiennent. Le droit des concessionnaires se perd aussi lorsqu'ils quittent la paroisse.

6. Les questions qui concernent la distribution, l'emplacement et la forme des bancs et des chaises, sont de la compétence de l'autorité administrative. Mais celles qui sont relatives à la validité de la concession des bancs sont du ressort des tribunaux ordinaires. Ainsi, ces tribunaux sont seuls compétents pour statuer sur les dommages-intérêts résultant de l'inexécution d'un acte de concession (Décr., 29 avr. 1809; Ord. du cons. d'Etat, des 4 juin 1826 et 12 déc. 1827).

7. L'autorité judiciaire est également compétente, pour connaître de l'action en paiement des droits accordés par le tarif.

BANC DES HUISSIERS. — 1. Chambre où se déposent les actes et les pièces qui se notifient d'avoué à avoué.

2. Aux termes de l'art. 97 du décret du 30 mars 1808, les huissiers audienciers ont, auprès de chaque cour ou tribunal, une chambre ou un banc pour le dépôt des actes du palais.

3. Toutefois, si les avocats à la Cour de cassation se font, comme les avoués, des significations entre eux, il n'existe pas de banc des huissiers près de cette juridiction.

BANCQS FRANCS. — 1. Temps de franchise et de liberté établis notamment par la coutume de Namur, et pendant lesquels chacun pouvait aller, venir, vaquer à ses affaires et faire le commerce librement, sans crainte d'être arrêté par ses créanciers, ni contraint en sa personne ou en ses biens (Guyot, *Rép.*, v° *Bancqs francs*).

2. Ces franchises ont été abrogées par la loi du 15 germ. an 6, sur la contrainte par corps, et par l'art. 1041, C. proc. civ. — V. *Contrainte par corps*.

BANDAGISTES. — Sont rangés dans la sixième ou septième classe des patentables, suivant qu'ils ne sont ou sont bandagistes à façon.

BANNES. — 1. Tentes en toile ou en coutil, placées au devant des maisons, pour les garantir de l'action du soleil.

2. Elles ne peuvent être établies sans une permission de la petite voirie, et leur saillie ne peut excéder 1 mètre 50 centimètres (Ord. royale du 24 déc. 1823).

3. Les contestations auxquelles l'établissement des bannes ou tentes donne lieu doivent être soumises à l'administration.

BANNIE. — Terme usité dans la coutume de Bretagne pour signifier proclamation. Pour s'approprier un bien dont on s'était rendu acquéreur, il fallait faire *bannir*, c'est à-dire, proclamer le contrat d'acquisition. La *bannie* était donc une condition essentielle des appropriements.

BANNIÈRES. — Registres du *parc civil* du Châtelet de Paris, servant à enregistrer les actes qui devaient être livrés à la publicité. — V. *Archives, Bulletin des Lois, Registres publics.*

BANON. — On désignait, sous ce nom, la faculté que, dans plusieurs provinces, et notamment en Normandie, tous les habitants d'une paroisse avaient de conduire leurs bestiaux en pâture sur les terres de cette paroisse, après la récolte et avant l'ensemencement des terres. Cette faculté existe encore. Mais elle s'exerce aujourd'hui sous le nom de *parcours et vaine pâture*. — V. ces derniers mots.

BANQUE. — 1. Commerce qui consiste à effectuer, pour le compte d'autrui, des recettes et des paiements, à échanger le numéraire contre le papier de commerce, lettres de change, billets à ordre, effets publics, et réciproquement, et à faire toutes les opérations qui sont la conséquence de cet échange.

2. Le mot *banque* s'emploie aussi pour désigner l'établissement public ou particulier qui a pour objet l'échange du numéraire contre du papier, et réciproquement.

3. Les opérations de banque constituent des actes de commerce.—V. *Actes de commerce*, nos 145, 152 et 153.

BANQUE DE FRANCE. — 1. Établissement public dont le siége est à Paris, et qui possède seul le privilége d'émettre des billets en circulation.— V. *Billets de banque.*

2. Les actions judiciaires de la banque sont exercées au nom des régents, à la poursuite et diligence du gouverneur (L. 22 avril 1806, art. 19).

3. Toutes les contestations soulevées au nom de la Banque ou contre elle doivent être portées devant les tribunaux ordinaires (Même loi, art. 21).

BANQUEROUTE. — État d'un commerçant failli qui s'est rendu coupable de fautes graves ou d'actes frauduleux de nature à convertir sa faillite en délit ou en crime. — V. *Faillite.*

BANQUIER. — 1. On appelle ainsi celui qui fait la banque ou le commerce d'argent, au moyen de traites et remises de place en place.

2. Le banquier, qui se livre habituellement à des opérations de banque, doit être considéré comme commerçant.—V. *Banque*, n° 3.—V. aussi *Commerçants.*

3. Les banquiers sont patentables.

BARRAGE. — V. *Action possessoire*, nos 245, 250 et 253.

BARRE. — 1. Ce mot s'emploie, au palais, pour désigner la clôture de bois ou de fer qui sépare le lieu où siégent les magistrats de celui où se tiennent les plaideurs.

2. Au Parlement, la barre était gardée par deux huissiers. Aujourd'hui, les huissiers se tiennent habituellement dans l'enceinte réservée au tribunal.

BARREAU. — Ce mot a une double signification. Il sert à désigner la place réservée aux avocats dans les salles d'audience, et l'ordre même des avocats.

BASILIQUES.— Collection de lois romaines, traduites en langue grecque par les ordres de l'empereur Basile le Macédonien.

BASOCHE. — 1. Juridiction tenue par les clercs des procureurs du parlement de Paris et de quelques autres tribunaux, et ayant pour mission de statuer sur les différends qui pouvaient s'élever entre ces clercs et sur toutes les questions de discipline qui les concernaient. — V. *Béjaunes.*

2. Les huissiers étaient chargés de la mise à exécution des sentences basochiales. Ils pouvaient, en vertu de simples extraits de ces sentences, procéder *par toutes voyes*, disent les statuts de la basoche de 1586.

3. La juridiction de la basoche a été abrogée par la loi du 7 sept. 1790 (Art. 7).

BATEAU. — 1. Embarcation employée ordinairement à la navigation sur les rivières, pour le transport des personnes, des marchandises et des denrées.

2. Les bateaux sont des biens meubles; néanmoins, la saisie et la vente ne peut en avoir lieu que selon les formes déterminées par l'art. 620, C. proc. civ. (C. civ., art. 531).—V. *Bac, Bains, Saisie-exécution.*

3. Les constructeurs et exploitants de bateaux sont soumis à la patente.

BATIMENT. — 1. En général, les bâtiments, à quelque classe qu'ils appartiennent, sont immeubles par leur nature (C. civ., art. 518). Toutefois, l'art. 531, C. civ., apporte une dérogation à ce principe, en réputant meubles les bâtiments sur bateaux non fixés par des piliers et ne faisant point partie d'une maison.

2. Sur le point de savoir qui doit être réputé propriétaire du bâtiment, lorsqu'il a été construit par l'usufruitier, le fermier ou un possesseur quelconque, sur le terrain dont ils sont détenteurs, voy. *Accession,* n°s 16 et suiv.

BÉJAUNES ou **BECS JAUNES.** — On appelait ainsi, autrefois, les apprentis, les jeunes étudiants et surtout les clercs de la basoche de Paris. — V. *Basoche.*

BÉNÉFICE.—1. Par ce mot, on entend ou un profit obtenu dans une affaire, dans une société, ou tout avantage ou privilége concédé par une convention ou par la loi.

2. On ne peut être contraint d'accepter le bénéfice introduit en sa faveur, soit par une convention, soit par la loi. Si l'on ne pouvait pas y renoncer, il n'y aurait pas, en effet, bénéfice.—V. *Bénéfice de cession, Bénéfice de division ou de discussion,* etc.

BÉNÉFICE DE CESSION.—Faculté accordée au débiteur malheureux et de bonne foi, de céder tous ses biens à ses créanciers pour être affranchi de la contrainte par corps (C. civ., art. 1268). Ce bénéfice avait lieu autrefois en matière civile et commerciale. Mais, depuis la loi du 28 mai 1838, *sur les faillites,* le débiteur commerçant ne peut plus être admis au bénéfice de *cession de biens.*—V. *Cession de biens, Faillite.*

BÉNÉFICE DE COMPÉTENCE.—Privilége accordé, en droit romain, à certaines personnes poursuivies en paiement de leurs dettes et discutées dans leurs biens, et en vertu duquel elles pouvaient demander à retenir, par exception, tout ce dont la jouissance leur était nécessaire pour subsister. Ce bénéfice n'existe pas dans notre droit.

BÉNÉFICE DE DISCUSSION.—Faculté accordée : 1° à la caution, de ne payer les créanciers qu'à défaut du débiteur principal ; 2° aux tiers détenteurs non obligés au paiement de la dette, d'exiger que le créancier discute les biens du débiteur principal ; 3° et au cédant, d'obliger le cessionnaire à discuter d'abord les biens du débiteur cédé avant d'exercer son recours sur lui cédant.—V. *Cautionnement, Transport, Cession.*

BÉNÉFICE DE DIVISION.—Droit accordé aux coobligés non solidaires et aux cautions d'une même dette de demander que le créancier divise son action contre eux, et ne leur réclame que la portion pour laquelle ils doivent contribuer dans le paiement de la dette.—V. *Obligation.*

BÉNÉFICE DE RESTITUTION.—Droit accordé aux mineurs, aux interdits, aux prodigues, aux femmes mariées, et, en général, aux incapables, de faire annuler les obligations qu'ils ont consenties, hors des limites de leur capacité. — V. *Conseil judiciaire, Femme mariée, Interdiction, Mineur, Obligation, Prodigue.*

BÉNÉFICE D'INVENTAIRE.—1. Faculté accordée par la loi à un héritier de recueillir une succession, sans être tenu des dettes au delà des biens dont elle se compose.—Dès qu'une succession est ouverte, les personnes appelées à la recueillir ont la faculté soit d'y renoncer, soit de l'accepter purement et simplement (V. *Succession*), soit enfin de l'accepter sous bénéfice d'inventaire. C'est de cette dernière acceptation dont nous allons nous occuper ici.

Indication alphabétique des matières.

§ 1. — *Délai pendant lequel l'acceptation bénéficiaire peut être faite.* — *Actes conservatoires.*

§ 2. — *Personnes qui peuvent recourir au bénéfice d'inventaire.* — *Cas où l'acceptation n'est plus possible.*

§ 3. — *Formes de l'acceptation.*

§ 4. — *Obligations de l'héritier bénéficiaire.*

§ 5. — *Droits et avantages de l'héritier bénéficiaire.*

§ 6. — *Droits des créanciers.*

§ 7. — *Frais à la charge de la succession.*

§ 8. — *Enregistrement.*

Formules.

---

§ 1. — *Délai pendant lequel l'acceptation bénéficiaire peut être faite.* — *Actes conservatoires.*

2. La loi n'a pas voulu qu'un héritier fût tenu d'accepter immédiatement la succession à laquelle il est appelé; elle lui a accordé quarante jours pour examiner les forces et charges de cette succession et délibérer sur le parti à prendre. Ce délai court du jour de la clôture de l'inventaire des biens de la succession (C. civ., art. 795). — *V. infra*, n° 18.

3. Mais l'héritier conserve, après l'expiration des délais qui lui sont donnés pour faire inventaire et délibérer, et même de ceux que la justice peut lui accorder, la faculté d'accepter la succession sous bénéfice d'inventaire, s'il n'a pas fait acte d'héritier pur et simple, ou s'il n'existe pas contre lui de jugement passé en force de chose jugée, qui l'ait condamné en cette qualité (C. civ., art. 800; C. proc. civ., art. 174).

4. La faculté d'accepter une succession ne se prescrit, à l'égard de l'héritier qui n'avait pas la saisine et n'a point fait acte d'héritier, que par trente ans (C. civ., art. 789), à compter du jour de l'ouverture de la succession. Après ce délai, il est considéré comme ayant renoncé au profit de l'héritier qui s'est mis en possession de l'hérédité.

5. L'héritier, qui se borne, pendant les délais qui lui sont accordés pour faire inventaire et délibérer, à faire, relativement aux biens de la succession, des actes conservatoires et d'administration, ne peut être considéré comme ayant fait acte d'héritier. Ainsi, par exemple, il peut, sans qu'on puisse induire de sa part une acceptation, interrompre une prescription, récolter des fruits qui ont atteint leur maturité.

6. Il peut également faire vendre les objets susceptibles de dépérir ou dispendieux à conserver (C. civ., art. 796), tels que les fourrages, les grains, les boissons, les chevaux et les carrosses.

7. Mais, dans ce cas, la vente doit être autorisée par une ordonnance rendue sur requête par le président du tribunal dans le ressort duquel la succession s'est ouverte (C. p. c., art. 986); et elle ne peut avoir lieu que par un officier public, après les affiches et publications prescrites en matière de saisie-exécution (C. civ., art. 796; C. p. c., art. 986, 945, 617 et suiv.).—V. *Saisie-exécution*, et *Formules* 1 et 2.

8. Les huissiers ont qualité pour procéder à ces sortes de ventes. Leur procès-verbal, rédigé en la forme ordinaire, doit être signé des requérants.— V. *Formule* 3.

§ 2.—*Personnes qui peuvent recourir au bénéfice d'inventaire.*—*Cas où l'acceptation n'est plus possible.*

9. *Personnes qui peuvent accepter.*—Tout héritier régulier ou irrégulier, tout légataire ou donataire universel, lorsqu'il n'y a pas d'héritier à réserve, peut accepter, sous bénéfice d'inventaire, la succession qui lui est dévolue (Toullier, t. 4, n° 39; Chabot, *Comment. sur les successions*, sur l'art. 774). Il en est de même de l'ascendant qui prend, à titre de réversion, les biens par lui donnés à son descendant décédé sans postérité (Duranton, t. 6, n° 14).

10. Les créanciers de l'héritier, fondés en titre authentique ou ayant acquis date certaine avant la renonciation, ont le droit d'accepter la succession échue à leur débiteur, et à laquelle ce dernier a renoncé au préjudice de leurs droits (C. civ., art. 788).—Mais, pour exercer ce droit, les créanciers doivent avoir constaté l'insolvabilité de leur débiteur en discutant préalablement ses biens (Boileux, *Comment. sur l'art. 788, C. civ*).

11. Dans le cas d'acceptation par un créancier, la renonciation de l'héritier n'est annulée qu'en faveur de celui-là et jusqu'à concurrence seulement de sa créance; elle ne l'est pas au profit de l'héritier qui a renoncé (C. civ., art. 788).

12. On ne peut accepter autrement que sous bénéfice d'inventaire : 1° les successions échues à des mineurs et à des interdits (C. civ., art. 461, 484, 509, 776); 2° celles échues à des condamnés aux travaux forcés à temps, à la détention ou à la réclusion (Duranton, t. 6, n° 421; C. pén., art. 29); 3° celles échues à une personne dont les héritiers ne sont pas d'accord pour l'acceptation ou la répudiation (C. civ., art. 782); 4° celles que des créanciers acceptent pour leur débiteur (Arg. C. civ., art. 788).—V. *infrà*, n° 17.

13. Les personnes qui ne sont pas tenues des dettes de la succession, celles qui n'en sont tenues que jusqu'à concurrence de leur émolument quand ils ont fait inventaire, ne peuvent recourir au bénéfice d'inventaire, parce qu'il leur serait inutile (Nouveau Denisart, v° *Bénéfice d'inventaire*, § 2).

14. *Cas où il y a déchéance de la faculté d'accepter sous bénéfice d'inventaire.* — Sont déchus de la faculté d'accepter sous bénéfice d'inventaire : 1° ceux qui ont disposé librement de la succession sans en avoir préalablement fait dresser inventaire (Cass., 15 juin 1826); 2° ceux qui, après l'inventaire, ont vendu le mobilier, les rentes ou les immeubles de la succession sans remplir les formalités prescrites (V. *infrà*, n°s 24 et suiv.); 3° ceux qui se sont rendus coupables de recélé ou qui ont omis sciemment de comprendre dans l'inventaire des effets de la succession (C. civ., art. 801); 4° ceux qui ont consenti des hypothèques sur les immeubles de la succession (Paris, 6 mai 1815); 5° ceux qui ont compromis ou transigé sur une contestation relative à la succession (Cass., 20 juill. 1814 ; Bordeaux, 21 mars 1828), à moins qu'ils n'y aient été autorisés (Malpel, *Des Successions*, n° 237); 6° l'héritier institué auquel le testament a interdit la faculté d'accepter sous bénéfice d'inventaire (Delvincourt, t. 2, p. 31; Duranton, t. 7, n° 15; — *Contrà*, Chabot, sur l'art. 774); 7° l'héritier qui a fait acte d'héritier pur et simple (Arg., C. civ., art. 800); 8° celui qui, n'ayant point vendu les meubles et ne pouvant justifier de leur perte, ne les représente pas en nature (G. civ., Arg., art. 805).

15. Mais la déchéance ne serait pas encourue : 1°. si l'omission de quelques effets dans l'inventaire avait eu lieu sans intention frauduleuse (Cass. 11 mai 1825) ; 2° si l'héritier bénéficiaire procédait avec ses cohéritiers purs et simples au partage de la succession (Nouveau Denisart, v° *Bénéfice d'inventaire*, § 1) ; 3° si l'héritier bénéficiaire avait cédé ses droits successifs en cette qualité (Grenoble, 24 mars 1827).

§ 3. — *Formes de l'acceptation.*

16. L'héritier, qui entend ne prendre cette qualité que sous bénéfice d'inventaire, doit en faire sa déclaration au greffe du tribunal de première instance dans l'arrondissement duquel la succession s'est ouverte (C. civ., art. 793); l'assistance d'un avoué est indispensable (Arg., Tarif, art. 91).

17. Le créancier, qui veut accepter aux lieu et place de son débiteur, qui a renoncé, doit s'y faire autoriser par le tribunal du lieu de l'ouverture de la succession (Arg., art. 788, C. civ.). La demande s'introduit par une requête présentée au tribunal, à l'effet d'obtenir l'autorisation. Cette enquête est signifiée aux héritiers intéressés à contredire, avec assignation pour voir déclarer la renonciation annulée. — V. *Formule* 4.

18. Toutefois, il ne suffit pas que la déclaration d'acceptation ait été faite au greffe ; il faut, de plus, qu'elle soit précédée ou suivie d'un inventaire fidèle et exact des biens de la succession (C. civ., art. 794), terminé dans les trois mois du jour de son ouverture (C. civ., art. 795), à moins que le tribunal n'ait prolongé ce délai (C. civ., art. 798 ; C. p. c., art. 174).

19. Toutefois, les délais fixés par l'art. 795 et ceux accordés par le juge en vertu de l'art. 798 ne sont pas tellement rigoureux que, après leur expiration, l'héritier ne puisse plus faire inventaire ; l'art. 800, au contraire, lui réserve cette faculté tant qu'il n'a pas fait acte d'héritier, ou qu'il n'existe pas de jugement passé en force de chose jugée qui le condamne en qualité d'héritier pur et simple (V. *suprà*, n°s 3 et 14).

§ 4. — *Obligations de l'héritier bénéficiaire.*

20. *Administration des biens.* — L'héritier bénéficiaire est chargé d'administrer les biens de la succession (C. civ., art. 803) ; mais comme il administre sa propre chose, il n'est tenu que des fautes graves de son administration (C. civ., art. 804).

21. L'héritier bénéficiaire doit gérer toutes les affaires de la succession tant activement que passivement ; il a le droit de recevoir toutes les sommes dues à la succession, en capitaux, intérêts et accessoires ; il doit intenter et suivre toutes les actions de la succession, reprendre et continuer celles qui étaient suspendues, interrompre le cours des prescriptions, enfin, prendre tous les moyens nécessaires pour prévenir l'insolvabilité des débiteurs (Chabot, *Commentaire sur les successions*, sur l'art. 803).

22. Il doit défendre aux demandes formées contre la succession, et résister à celles qui lui paraissent mal fondées. Pour cela, il n'est pas besoin d'autorisation (Chabot, *loc. cit.*; Toullier, t. 4, n°s 361, 390).

23. Il a encore le droit d'affermer et louer les biens de l'hérédité, pourvu qu'il le fasse sans fraude et dans les limites prescrites aux administrateurs (C. civ., art. 1429, 1430 ; Chabot, sur l'art. 803 ; Toullier, t. 4, n° 373 ; Duranton, t. 7, n° 36 ; Vazeille, *Des Successions*, sur l'art. 803) ; de donner tous congés, de faire toutes réparations de simple entretien ou d'absolue nécessité (Chabot, *loc. cit.*).

24. *Vente des biens de la succession.*—L'héritier bénéficiaire peut vendre les biens dépendants de la succession, mais il doit remplir certaines formalités.

25. Ainsi, il ne peut vendre : 1° les *meubles*, que par le ministère d'un officier public, aux enchères, après les affiches accoutumées (C. civ., art. 805).—V. *suprà*, n°ˢ 7 et 8). Mais, dans ce cas, il n'a pas besoin d'autorisation comme pour vendre sans attribution de qualité.

26. S'il ne vendait pas les meubles, il serait tenu de les représenter en nature, et, dans ce cas, il ne devrait compte que de la dépréciation ou détérioration causée par sa négligence (C. civ., art. 805).

27. 2° Les *rentes sur particuliers*, qu'en suivant la forme prescrite pour la vente de semblables rentes saisies (C. p. c., art. 636).—V. *Saisie de rentes constituées; —Celles sur l'Etat*, et qui sont au-dessus de 50 fr. de rente, qu'après y avoir été autorisé (Avis du conseil d'Etat du 11 janvier 1808) par le président du tribunal.

28. 3° Les *immeubles*, qu'en suivant les formes prescrites par les lois sur la procédure (C. civ., art. 806). Ces formalités sont : 1° la présentation au président du tribunal d'une requête dans laquelle les biens sont désignés; 2° la communication de cette requête au ministère public; 3° l'obtention d'un jugement qui autorise la vente, fixe la mise à prix ou ordonne préalablement une expertise (C. proc. civ., art. 987).—V. *Vente judiciaire d'immeubles*.

29. *Paiement des dettes.*—La principale obligation de l'héritier bénéficiaire, c'est le paiement des dettes dont la succession est grevée jusqu'à concurrence des biens qui composent cette succession. A cet égard, il faut distinguer entre le prix des meubles et le prix des immeubles, lorsqu'il y a des créanciers inscrits.

30. *Prix des meubles.*—Lorsqu'il y a des créanciers opposants, que les deniers ne suffisent pas pour payer tous les créanciers, et que ceux-ci ne peuvent s'entendre entre eux, le prix du mobilier doit être distribué par contribution (C. civ., art. 808; Duranton, t. 7, n° 32).—V. *Contribution*. S'il n'y a point de créanciers opposants, l'héritier bénéficiaire peut payer les créanciers et les légataires à mesure qu'ils se présentent (C. civ., même article ; Duranton, *loc. cit.;* Toullier, t. 4, n° 383) ; sans avoir égard aux créanciers privilégiés (Toullier, t. 4, n° 385). De tels paiements sont valables, définitifs et irrévocables (Cass., 4 avril 1832).—V. cependant *infrà*, n°ˢ 54 et suiv.

31. *Prix des immeubles.*—Le prix des immeubles doit être délégué aux créanciers hypothécaires qui se sont fait connaître (C. civ., art. 806), suivant l'ordre des priviléges et hypothèques (C. proc. civ., art. 991). Cette délégation, toutefois, ne peut nuire aux créanciers entre eux ; car, s'il s'élevait des difficultés, un ordre en justice pourrait avoir lieu (Arg., art. 991, C. proc. civ.). C'est donc d'après cet ordre, à défaut de conventions amiables, que les créanciers hypothécaires doivent être payés.—V. *Ordre*.

32. Les créanciers dont les titres ne sont pas exigibles peuvent se présenter comme les autres pour être payés (Duranton, t. 7, n° 33).

33. *Comptes de l'administration.* — L'héritier bénéficiaire doit rendre compte de son administration aux créanciers et légataires de la succession (C. civ., art. 803). Ce compte est rédigé dans les formes prescrites au titre des *Redditions de comptes* (C. proc. civ., art. 995).—V. *Redditions de comptes*. Toutefois, si tous les créanciers et légataires étaient majeurs, le compte pourrait être rendu à l'amiable.

34. L'héritier bénéficiaire ne peut réclamer que ses avances. La loi ne lui accorde aucune indemnité pour le temps qu'il a employé et les soins qu'il a donnés à l'administration des biens de la succession.

35. L'héritier, qui n'a pas rendu son compte, doit être mis en demeure de le présenter.—V. *Formule* 5. Faute de satisfaire à cette obligation, il peut être contraint indéfiniment sur ses biens personnels (C. civ., art. 801). A cet effet, on l'assigne pour le faire condamner personnellement (Toullier, t. 4, n° 387). — V. *Formule* 6.

36. Après l'apurement du compte, l'héritier ne peut être contraint sur ses biens personnels que jusqu'à concurrence seulement des sommes dont il se trouve reliquataire (G. civ., art. 803).

§ 5.—*Droits et avantages de l'héritier bénéficiaire.*

37. L'acceptation sous bénéfice d'inventaire produit, en faveur de l'héritier, plusieurs avantages. Ainsi, 1° il n'est tenu du paiement des dettes de la succession que jusqu'à concurrence des biens qu'il a recueillis (C. civ., art. 802). Les legs sont compris dans les dettes et charges (Delvincourt, t. 2, p. 100).

38. 2° L'héritier bénéficiaire ne peut renoncer à la succession (Cass., 29 déc. 1829; 1er fév. 1830). Mais il peut se décharger du paiement des dettes et charges et de l'administration des biens de la succession, en faisant l'abandon de ces biens aux créanciers et légataires (C. civ., art. 802).

39. Cet abandon doit être fait à tous les créanciers et légataires sans exception. Il doit comprendre tous les biens de la succession avec les augmentations survenues. Toutefois, il faut excepter : 1° les biens donnés à l'héritier par acte entre-vifs; 2° la part qu'il prend dans les rapports de ses cohéritiers; 3° les biens qu'il retire par l'effet de la réduction des donations entre-vifs qui excéderaient la quotité disponible (C. civ., art. 857, 1921).

40. L'abandon a lieu par acte devant notaire. Il doit être notifié à tous les créanciers indistinctement (Duranton, t. 7, n°s 42 et 43; Cass., 29 déc. 1829; 1er fév. 1830).—V. *Formule* 7.

41. L'abandon ne transfère point aux créanciers la propriété des biens de la succession; seulement, il leur donne le droit de les faire vendre judiciairement; à cet effet, ils doivent s'adresser à la justice pour faire nommer un gérant, à l'effet d'administrer les biens et de répondre aux poursuites (Arg., art. 802, C. civ.; Douai, 29 juill. 1816). L'héritier bénéficiaire doit être mis en cause (Vazeille, *Des Successions*, sur l'art. 802, n° 9).—V. *Vente judiciaire d'immeubles.*

42. Nonobstant l'abandon par lui fait, l'héritier peut toujours, en payant les dettes, reprendre les biens tant qu'ils ne sont pas vendus; et même si, après le paiement des dettes et charges, il reste quelques biens, l'héritier peut les réclamer (Boileux, *Comment.*, sur l'art. 802, C. civ.).

43. 3° Il ne confond pas ses biens personnels avec ceux de la succession, et il conserve contre elle le droit de réclamer le paiement de ses créances (C. civ., art. 802); en un mot, les patrimoines sont séparés de plein droit (Cass., 1er déc. 1812; Paris, 8 août et 2 mai 1826).

44. Ainsi, s'il a sur les biens du défunt une hypothèque antérieure à l'ouverture de la succession, il peut la faire valoir contre les acquéreurs de ces biens; en un mot, il exerce contre la succession tous les droits qu'il avait contre le défunt, de même que s'il n'était pas héritier.

45. Il dirige ses actions contre les autres héritiers, soit purs et simples, soit bénéficiaires comme lui, s'il s'agit d'un droit qui lui soit privatif. S'il n'y a point d'autres héritiers ou s'il s'agit d'une action commune à tous les héritiers, elle doit être intentée contre un curateur au bénéfice d'inventaire nommé dans la même forme que le curateur à une succession vacante (Toullier, t. 4, n° 356).

§ 6.— *Droits des créanciers.*

46. Les droits des créanciers sont fixés d'une manière invariable à l'instant même de l'ouverture de la succession (Toullier, t. 4, n° 392). Ainsi, ils ne peuvent faire aucun acte tendant à améliorer le sort de leur créance, c'est-à-dire à acquérir privilége ou hypothèque sur les biens de la succession au préjudice des autres créanciers.

47. Mais ils peuvent faire tous actes conservatoires : par exemple, faire apposer et lever les scellés, faire procéder et assister à l'inventaire aux frais de la succession (Toullier, t. 4, n° 372).—V. *Scellés, Inventaire;*—et faire connaître leurs créances par des oppositions.

48. *Poursuites.*—Les créanciers ne peuvent forcer l'héritier à prendre qualité ni obtenir contre lui aucune condamnation pendant les délais accordés pour faire inventaire et délibérer (C. civ., art. 797).—V. *suprà*, n° 2. Toutefois, le créancier pourrait diriger contre l'héritier les actions qu'il avait contre le défunt ; seulement, l'héritier aurait la faculté de suspendre la condamnation, en opposant l'exception dilatoire pour faire inventaire et délibérer (C. proc. civ., art. 174). Ainsi, le créancier pourrait faire des protêts de billets à ordre et lettres de change, prendre des inscriptions, et faire tous actes qui ne forcent pas l'héritier à prendre qualité (Douai, 4 mars 1812).

49. Si les poursuites avaient lieu après l'expiration des délais fixés *suprà*, n°s 2 et 18, l'héritier ne pourrait plus profiter du bénéfice de l'art. 174 du C. proc.; mais il pourrait demander un nouveau délai au tribunal saisi de la contestation (C. civ., art. 1798).

50. *Caution.* — Les créanciers ou autres personnes intéressées ont le droit de demander à l'héritier caution bonne et solvable de la valeur du mobilier compris dans l'inventaire et de la portion du prix des immeubles non délégués aux créanciers hypothécaires (C. civ., art. 807). Un seul créancier peut exercer ce droit (Chabot, sur l'art. 807; Delvincourt, t. 2, p. 97 ; Vazeille, *Des Successions*, sur l'art. 807).

51. Le créancier qui demande caution doit faire sommation à l'héritier, par acte extrajudiciaire, signifié à personne ou à domicile (C. proc., art. 992). —V. *Formule* 8. La sommation peut contenir assignation à trois jours de distance (Pigeau, *Comment.*, t. 2, p. 705).—V. *infrà*, n° 53.

52. Dans les trois jours de cet acte, outre un jour par trois myriamètres entre le domicile de l'héritier et la commune où siége le tribunal, il est tenu de présenter la caution au greffe du tribunal de l'ouverture de la succession, dans la forme prescrite pour les réceptions de caution (C. proc. civ., art. 993).—V. *Cautionnement.* En cas de difficulté, relativement à la réception de la caution, les créanciers sont représentés par l'avoué le plus ancien (C. proc. civ., art. 994).

53. Faute par l'héritier de fournir caution, on l'assigne pour voir dire que les meubles seront vendus et leur prix déposé à la caisse des dépôts et consignations, ainsi que la portion non déléguée du prix des immeubles, le tout pour être employé à l'acquit des charges de la succession (C. civ., art. 807; Ord. 3 juill. 1816 ; Pigeau, *Proc. civ.*, t. 2, p. 701).—V. *Formule* 9.

54. *Recours de la part des créanciers non opposants.* Les créanciers non opposants qui se présentent après l'épuisement des deniers de la succession, mais avant l'apurement du compte, peuvent exercer un recours contre les créanciers payés avant eux ; s'ils ne se présentent qu'après l'apurement du compte et les paiements du reliquat, ils ne peuvent exercer de recours que contre les légataires. Dans l'un comme dans l'autre cas, le recours se prescrit par le laps de trois ans, à compter du jour du paiement du reliquat (C. civ., art. 809 ; Chabot, sur l'art. 808 et 809 ; Toullier, t. 4, n° 383).

55. Ce recours s'exerce en assignant les créanciers ou légataires pour voir dire : les premiers, qu'ils seront tenus de payer au requérant, eu égard au montant de sa créance, une somme proportionnée à celles qu'ils ont reçues ; les seconds, pour voir dire qu'ils paieront intégralement le montant de la créance réclamée.— V. *Formule* 10.

56. *Opposition ; Saisie.* — Les créanciers de la succession n'ont pas le droit de former des oppositions entre les mains des débiteurs de la succession ; ils gêneraient la gestion de l'héritier bénéficiaire (Paris, 27 juin 1820 ; Rouen, 12 août 1826 ; Cass., 4 déc. 1822.—*Contrà*, Cass., 8 déc. 1814 ; Bourges, 15 mars 1822 ; Toulouse, 17 août 1822 ; Douai, 3 mars 1830 ; Paris, 16 août 1832).

57. En cas de négligence de la part de l'héritier, ils ont le droit de saisir et faire vendre les meubles et les immeubles de la succession (Cass., 29 oct. 1807 ; 8 déc. 1814 ; 4 déc. 1822 ; 23 juill. 1823). Mais avant, il est prudent de mettre l'héritier en demeure de procéder à ces ventes (Paris, 29 oct. 1821).— V. *Saisie-exécution, Saisie immobilière.*—V. aussi *Formule* 11.

§ 7.—*Frais à la charge de la succession.*

58. Sont à la charge de la succession : 1° les frais de scellés et d'inventaire (C. civ., art. 810) ; 2° les frais de poursuites faits contre l'héritier avant l'expiration des délais indiqués aux nos 2 et 18, s'il a proposé l'exception dilatoire (V. *suprà*, n° 48) ; ils resteraient, au contraire, à la charge de l'héritier, si celui-ci s'était laissé condamner par défaut, ou n'avait pas proposé l'exception (C. civ., art. 797 ; Duranton, t. 6, n° 470) ; 3° ceux faits après l'expiration des mêmes délais, si l'héritier justifie qu'il n'a pas eu connaissance du décès ou que les délais ont été insuffisants (C. civ., art. 798, 799).

§ 8.—*Enregistrement.*

59. Les acceptations de succession sous bénéfice d'inventaire sont soumises au droit de 1 fr. 10 c. Il est dû un droit par chaque héritier et pour chaque succession (L. 22 frim. an 7) ; toutefois, une décision ministérielle du 13 juin 1823, dont les motifs sont peu concluants, élève le droit à 3 fr. 30 c.

60. L'acte d'abandon par l'héritier aux créanciers est tarifé au droit de 1 fr. 10 c.; cela est fondé sur ce qu'il ne s'opère en ce cas aucune mutation.

Formules.

1. *Vente mobilière après décès.* — *Affiche.*

Sachent tous qu'il appartiendra, que le . . . . . , heure de . . . . il sera, par le ministère de . . . . . , procédé, à la requête de . . . . . , agissant en qualité d'habile à se dire et porter héritier de . . . . . et encore comme autorisé à procéder à la vente dont, on va parler, sans attribution de qualité, suivant ordonnance rendue sur requête, par M. le président du tribunal civil de première instance de . . . . , enregistré à . . . . , — à la vente à l'encan, au plus offrant et dernier enchérisseur, des meubles et effets mobiliers dépendant de la succession dudit sieur . . . . . , décrits en l'inventaire fait après le décès de ce dernier, par Me . . . . , notaire à . . . . . , le . . . . , etc., consistant notamment dans. . . . . — à . . . . . mois de crédit, *ou* au comptant.

(*Signature de l'huissier.*)

V. n° 7.—Coût, tarif, 38. Orig. 1 fr., chaq. copie 50 c.

2. *Procès-verbal d'apposition d'affiches.*

V. n° 7.—V. *Saisie-exécution.*

3. *Procès-verbal de vente.*

Copier en tête la déclaration.—L'an . . . . . , heure de . . . . à (*indiquer le lieu où se fait la vente*), à la requête de (*pour l'établissement des qualités, V. suprà, form.* 4); en conséquence : 1° de la déclaration préalable dont copie est en tête des présentes ; 2° de l'apposition de placards annonçant la vente dont s'agit, faite dans les lieux et endroits voulus par la loi, ainsi que le constate le procès-verbal de l'huissier soussigné, en date du. . . . . . annexé aux présentes ; il va être par. . . . . . procédé à la vente à l'encan, au plus offrant et dernier enchérisseur, des meubles et effets mobiliers dépendant de la succession de . . . . . décrits en l'inventaire. . . . . . Cette vente aura lieu aux conditions suivantes : (V. *Saisie-exécution.*) (*On peut ajouter, dans les conditions, que les adjudicataires paieront* TANT *par franc, pour honoraires de l'huissier, suivant la convention des parties.*

V. n° 5.—Coût : fixé avec les parties, sinon, V. *Saisie-exécution.*

4. Assignation en nullité de la renonciation.

L'an. . . . . ., à la requête de (*constitution d'avoué*), agissant comme créancier du sieur. . . . ., suivant acte passé devant M°. . . . ., notaire à. . . . .; duquel acte il est avec ces présentes donné copie ; ledit sieur. . . . . . appelé à recueillir la succession de. . . . . pour. . . . ., et ayant renoncé à cette succession par acte dressé au greffe du tribunal civil de. . ., le . . ., j'ai. . . .signifié. . . ., et avec celle des présentes donné copie à. . . . . . en qualité d'héritier de. . . . . ., pour. . . . . . 1° de la requête présentée au tribunal civil de. . . . . ., le. . . . . .; 2° de l'ordonnance rendue sur cette requête par ledit tribunal, le. . . . . . enregistrée, et autorisant le requérant à accepter sous bénéfice d'inventaire, au nom dudit sieur. . . . . ., son débiteur, la succession du sieur. . . . susnommé ; à ce que mesdits sieurs. . . . n'en ignorent ; et à mêmes requête, demeure et élection de domicile que dessus, j'ai, huissier susdit et soussigné, donné assignation à. . . . . . à comparaître. . . . . . : Pour, attendu qu'aux termes de l'art. 788, Cod. civ., le requérant a le droit d'accepter au nom du sieur. . . . . ., son débiteur, la succession de. . . . .; attendu qu'il a été autorisé à faire cette acceptation par l'ordonnance susdatée ; voir dire et ordonner que la renonciation dudit jour. . . . par le sieur . . . ., sera, à l'égard du requérant et jusqu'à concurrence du montant de sa créance en principal, intérêts et frais, considérée comme nulle et non avenue ; en conséquence, que le requérant sera admis dans toutes les opérations de la succession dudit sieur. . . . . . jusqu'à paiement définitif, tout ainsi et de même que l'aurait été le sieur. . . . . s'il n'eût pas renoncé, et pour voir statuer ce que de raison afin de dépens, sous toutes réserves.

V. n° 17.—Coût, tarif, 27. Paris, 2 fr. R. P. 1 fr. 80 c., ailleurs, 1 fr. 50 c. Enregistrement de l'exploit, 2 fr. 20 c. (L. 28 avril 1816, art. 43).

5. Sommation de rendre compte.

L'an. . . . . ., à la requête de. . . . . ., créancier de la succession de . . . . ., j'ai, ... fait sommation à. . . . ., héritier sous bénéfice d'inventaire de . . . .; —Attendu que tout héritier bénéficiaire doit rendre compte de l'administration qu'il a eue des biens de la succession ;—de, d'ici huit jours, présenter, dans les formes voulues par la loi, le compte de son administration depuis son acceptation jusqu'à ce jour ; lui déclarant que faute de ce faire, le requérant se pourvoira, sous toutes réserves.

V. n° 35.—Coût, tarif, 29. V. *form.* n° 4. Enregistrement de l'exploit, 2 fr. 20 c. (L. 28 avril 1846).

6. Assignation faute de reddition de compte.

L'an (*comme à la formule qui précède, constituer avoué et ajouter :*) ; attendu que par exploit du (*analyser la sommation*) ; attendu qu'il n'a point obéi à ladite sommation ;—voir dire et ordonner que, faute par le sieur . . . . de présenter dans *tel* délai et dans les formes voulues par la loi, le compte de l'administration qu'il a eue des biens de la succession de. . . . ., il y sera contraint sur ses biens personnels, envers le requérant et jusqu'à concurrence de la somme de. . . . . . due à ce dernier ; en conséquence que ledit requérant pourra saisir et faire vendre les biens dudit sieur. . . . . en observant les formes prescrites par la loi, si mieux n'aime, ce dernier, désintéresser le requérant ; et en outre, s'entendre condamner aux dépens, sous toutes réserves.

V. n° 35.— Coût : V. *form.* n° 4. Enregistrement de l'exploit, 2 fr. 20 c. (L. 28 avril 1846).

7. Notification d'abandon.

L'an. . . . . ., à la requête de. . . . .,j'ai, ... signifié et avec ces présentes donné copie à. . . . ., tous créanciers de la succession de. . . . ., décédé à. . . . . le. . . . . ., ayant par conséquent le même intérêt, d'un acte reçu par Mᵉ. . . . . (*analyser l'abandon*), à ce qu'ils n'en ignorent; leur déclarant que le requérant est prêt à rendre le compte de son administration, et qu'à compter du . . . . ., il cessera de gérer les biens et affaires de la succession dudit sieur. . . . ., sous toutes réserves.

V. n° 40.—Coût : V. *form.* 4.

Enregistrement de l'exploit, 2 fr. 20 c. (L. 28 avril 1816).

8. *Sommation de donner caution.*

L'an. . . . ., à la requête de. . . . ., au nom et comme créancier de la succession de . . . ., d'une somme principale de . . . ., suivant obligation passée devant Mᶜ. . . ., notaire à. . . . ., le. . . . . ., duquel acte il est, avec ces présentes, donné copie, j'ai,. . . . . fait sommation à. . . . . au nom et comme héritier, sous bénéfice d'inventaire seulement, de. . . . ., suivant déclaration au greffe du tribunal de. . . . ., le. . . . ., de, dans le délai de trois jours, outre les délais de distance, fournir au greffe du tribunal civil de. . . . ., caution solvable jusqu'à concurrence de la valeur des meubles compris en l'inventaire de la succession dudit sieur. . . . ., reçu par Mᶜ. . . ., notaire à. . . . ., le. . . . ., et du prix non délégué aux créanciers hypothécaires, des immeubles vendus; déclarant audit sieur. . . . . que, faute par lui d'obéir à la présente sommation, le requérant se pourvoira par toutes voies de droit.

V. n° 51.—Coût, tarif, 29. V. *form.* 4.

Enregistrement de l'exploit, 2 fr. 20 c. (L. 28 avril 1816.)

9. *Assignation faute de donner caution.*

L'an . . . . ., à la requête de (*constitution d'avoué*), j'ai, ..., donné assignation à, ... (*qualités de la form.* 8), à comparaître le . . . . ., pour, attendu que le requérant, en sa qualité susdite, a droit de demander caution au sieur. . . . ., aux termes de l'art. 807, Cod. civ.; attendu que, suivant exploit de l'huissier soussigné, en date du. . . . ., sommation a été faite au sieur. . . . . de fournir cette caution ; —Attendu que ce dernier n'a point obéi à cette sommation ;—Voir dire et ordonner que, dans *tel délai*, le requérant sera tenu de fournir caution dans les formes voulues par la loi, et jusqu'à concurrence du prix des meubles (V. *form.* 8), sinon et faute de ce faire, que lesdits meubles et effets mobiliers étant en la possession de . . . . ., seront, à la requête du sieur . . . ., requérant, après qu'il en aura été dressé état, vendus sur les lieux, au plus offrant et dernier enchérisseur, par le ministère de. . . . . en présence du sieur. . . . . . ou lui dûment appelé ; que le prix à provenir de ladite vente, celui non délégué des biens immeubles vendus, dépendant de la succession, et étant entre les mains de l'ajourné, seront déposés à la caisse des consignations de. . . . . ; que, faute par le requérant d'effectuer ce dépôt dans les trois jours du jugement à intervenir, il y sera contraint sur ses biens personnels jusqu'à concurrence de . . . . . ; pour, ensuite, lesdites sommes déposées, être distribuées comme de droit; et, en outre, le sieur . . . . . s'entendre condamner aux dépens, sous toutes réserves.

V. n° 53.—Coût : V. *form.* 4.

Enregistrement de l'exploit, 2 fr. 20 c. (L. 28 avril 1816).

10. *Demande afin de recours faute de paiement.*

L'an. . . . ., à la requête de. . . . . (*constit. d'avoué*), créancier de . . . . ., j'ai. . . . . donné assignation à . . . . ., autres créanciers (ou légataires) de . . . . ., à comparaître le . . . . ., pour, attendu que, suivant l'inventaire fait après le décès du sieur. . . . . ., le. . . . . ., le requérant a été constaté créancier de la succession d'une somme de. . . . . ; attendu que cette succession n'a été acceptée que sous bénéfice d'inventaire par. . . . . ; attendu que ce dernier a vendu les meubles et les immeubles en dépendant, et que le prix provenant de ces ventes a été distribué aux intimés, sans y appeler le requérant, suivant acte reçu par Mᶜ . . . . ., notaire à . . . . (*si le compte est apuré, ajouter* : lequel acte contient l'apurement du compte dudit sieur. . . . . et constate qu'il ne reste entre les mains de ce dernier aucuns deniers de ladite succession, *ou* attendu que le compte du sieur. . . . . a été apuré par. . . . .); attendu que les créanciers payés ont reçu chacun moitié de leurs créances respectives ; attendu qu'aux termes de l'art. 809, Cod. civ., le requérant a droit d'exercer un recours contre eux ;— Voir dire et ordonner que tous les susnommés, chacun eu égard aux sommes par eux reçues, seront tenus de payer au requérant, eu égard au montant de sa créance, une somme égale à celle qu'ils ont reçue ; que la somme à payer par chaque intimé sera déterminée sur les renseignements produits par les parties, sinon d'office par tel de MM. les juges qu'il plaira au tribunal nommer commissaire à cet effet ; et en outre voir statuer ce que de raison afin de dépens.

V. nᵒˢ 54 et 55.—Coût : V. *form.* 4.

Enregistrement de l'exploit, 2 fr. 20 c. (L. 28 avril 1816).

11. *Sommation de vendre.*

L'an . . . ., à la requête de. . . ., créancier, j'ai, ... fait sommation à. . . ., héritier sous bénéfice d'inventaire de. . . . ., attendu que ce dernier est décédé à. . . ., le. . . . . ., qu'il dépend de sa succession des meubles susceptibles de dépérir et dispendieux à conserver ; que les immeubles ne sont point affermés et perdent chaque jour de leur valeur vénale ; attendu qu'il existe d'ailleurs beaucoup de dettes à la charge de ladite succession, et qu'on ne peut les payer qu'en vendant tous ces biens ; — de, dans le délai de huit jours, poursuivre la vente des biens meubles et immeubles dépendants de la succession de. . . . . ; déclarant au sieur . . . . ., que faute par lui d'obéir à la présente sommation, le requérant fera procéder à la saisie et à la vente desdits biens, sous toutes réserves.

V. nᵒ 57.—Coût : V. *form.* 4.

Enregistrement de l'exploit, 2 fr. 20 c. (L. 28 avril 1816).

BÉNÉFICIAIRE.—Celui au profit de qui est souscrit un billet, une lettre de change, une obligation.—V. *Effets de commerce, Obligation.*

BESOIN.—On appelle ainsi la mention faite au bas d'un effet de commerce, par laquelle le tireur ou souscripteur d'un effet de commerce, ou les endosseurs de cet effet, indiquent une personne chez laquelle le porteur pourra se présenter au cas de non-paiement par celle sur qui l'effet est tiré.—V. *Effets de commerce.*

BESTIAUX.—Ce mot s'emploie spécialement pour désigner les animaux qui servent à la culture des terres et à la nourriture de l'homme.—V. *Animaux.*

BIBLIOTHÈQUE.—1. On appelle ainsi tout à la fois le meuble où sont rangés les livres, le lieu ou bâtiment qui les contient, et enfin la collection même de ces livres.

2. Les bibliothèques peuvent se ranger en plusieurs classes : les unes sont la propriété de l'État, des départements, des communes ; les autres appartiennent à des corporations ou à des établissements publics ; d'autres enfin sont la propriété de particuliers.

3. Nous n'avons point à nous occuper ici des règlements, soit publics soit intérieurs, par lesquels sont régies les bibliothèques de l'État, des départements ou communes, des établissements publics ou des corporations. En ce qui concerne les bibliothèques privées, nous rappellerons qu'un règlement de février 1723 avait défendu aux huissiers-priseurs de s'immiscer dans aucune prisée ou description de livres : ces opérations devaient être faites par deux libraires requis par les parties intéressées (art. 113).

4. Mais un arrêt du conseil privé du roi, du 14 juill. 1827, dérogea à cette disposition, en permettant aux huissiers-priseurs de procéder à l'estimation des bibliothèques en présence de deux libraires appelés par les parties.

5. Le même règlement de février 1723 avait également défendu à tout particulier de faire publiquement et par affiches aucune vente en détail de bibliothèques ou de cabinets de livres, sans permission préalable de l'autorité et visite du syndic et adjoints des libraires (art. 115).

6. Toutes ces dispositions ne sont plus aujourd'hui en vigueur. Toutefois, un particulier n'a pas le droit de procéder lui-même à la vente publique de sa bibliothèque. Ce droit n'appartient qu'aux officiers ministériels chargés par la loi de procéder aux ventes publiques de meubles.—V. *Vente publique de meubles.*

7. Une bibliothèque et les livres qui la composent doivent être considérés comme meubles ; ils peuvent faire l'objet d'une saisie-exécution.

8. Mais la bibliothèque d'un homme public, tel qu'un magistrat, un jurisconsulte, un médecin, etc., peut-elle être saisie ? Autrefois, en Lorraine, une ordonnance du duc Léopold avait expressément défendu la saisie des livres des hommes publics. Aujourd'hui, il n'est pas douteux que cette question ne doive, au contraire, être résolue affirmativement. Seulement, le saisi peut retenir les livres relatifs à sa profession, jusqu'à concurrence de la valeur de 300 fr. (C. proc. civ., art. 592, § 3).—V. *Saisie-Exécution.*

BICHET, BICHOT.—Espèce de mesure pour les grains, usitée en Champagne, en Lyonnais, en Bourgogne et dans quelques provinces voisines, et dont la capacité variait suivant les lieux (V. *Poids et mesures*).—Quant au droit qui se percevait sur les grains vendus au bichet sur les marchés, il se nommait *bichenage* ou *bichonage.* Ce droit a été nominativement aboli par les lois des 15-28 mars 1790, et 25-28 août 1792.

BIEF (dans certaines contrées, *Biez* ou *Béal*).—Canal qui sert à recevoir et à conduire l'eau nécessaire pour faire mouvoir un moulin ou une usine.— V. *Canal, Cours d'eau, Usine.*

BIENS.— 1. On comprend sous ce mot tout ce qui est susceptible de produire pour les personnes un avantage exclusif, ou, en d'autres termes, tout ce qui est l'objet d'une propriété, soit publique, soit privée.

2. On entend aussi quelquefois par *biens* ce qui reste dans le domaine d'un particulier, déduction faite des dettes. C'est en ce sens qu'on dit : *Bona non intelliguntur, nisi deducto ære alieno.*

3. Il ne faut pas confondre le mot *biens* avec le mot *choses.* Ce dernier a une signification bien plus étendue que le premier.

4. Les *choses* sont tout ce qui peut devenir l'objet d'un droit ou d'une obligation, tout ce que l'homme peut posséder, tout ce dont il peut retirer quelque utilité, encore bien qu'il ne puisse le posséder jamais, comme l'air, la mer, etc. Mais, dès l'instant qu'une *chose* est possédée par l'homme, sa dénomination se change en celle de *biens.*

5. Considérés en eux-mêmes, les biens sont *corporels* ou *incorporels.* Les biens *corporels* sont ceux qui tombent sous les sens, qui ont un corps, comme une maison, un champ, un cheval, etc.; les biens *incorporels* sont les droits ou les actions qui tendent à procurer les choses auxquelles on peut prétendre en vertu de contrats, d'obligations ou de promesses. Cette distinction embrasse tous les biens quelconques.

6. Le Code civil n'a point expressément consacré cette distinction. Il divise les biens en *meubles* ou *immeubles* (art. 516), et a pris le soin de tracer des règles fixes à l'aide desquelles on peut, d'une manière certaine, reconnaître un bien meuble ou un bien immeuble, qu'il soit corporel ou incorporel, et déterminer les droits qu'on peut avoir sur les biens. — V. *Habitation, Immeubles, Meubles, Propriété, Servitudes, Usage, Usufruit.*

BIENS ALLODIAUX.—On appelait ainsi, sous le régime féodal, les biens qui n'étaient grevés d'aucun cens ni d'aucune autre charge récognitive de la seigneurie directe.

BIENS COMMUNAUX.—L'art. 542, C. civ., les définit ainsi : ceux à la propriété ou au produit desquels les habitants d'une ou plusieurs communes ont un droit acquis.—V. *Action possessoire,* n°s 149, 260 et suiv., 284, 288, 324, 331, 381 et suiv., et 392; *Bail administratif,* n°s 10 et suiv.; et *Commune.*

BIENS DOTAUX.—On appelle ainsi, dans un sens vulgaire, les apports de l'un ou de l'autre des époux, sous quelque régime qu'ils se marient. Mais, au point de vue légal, les *biens dotaux* sont ceux que la future épouse se constitue ou qui lui sont constitués en dot, et ces mots ne s'emploient pas pour désigner les apports du futur époux.—V. *Action possessoire*, n° 385 ; *Dot.*

BIENS INDIVIS.—Biens communs entre plusieurs individus.—V. *Action possessoire*, n°ˢ 332 et suiv.; *Licitation, Partage.*

BIENS NATIONAUX.—**1.** On désigne quelquefois sous ce mot les propriétés qui appartiennent à l'Etat et composent le domaine public.—C'est en ce sens que ce mot est employé dans l'art. 1712, C. civ.—V. *Bail administratif.*

2. Mais, plus spécialement, on entend par *biens nationaux* ceux dont les émigrés, les corporations religieuses et quelques autres établissements publics furent dépouillés au profit de l'Etat pendant la révolution.—V. *Domaines nationaux.*—V. aussi, *Action possessoire*, n°ˢ 337 et 338.

BIENS PARAPHERNAUX.— Ce sont ceux dont la femme, en se mariant, s'est réservé la libre administration. – V. *Biens dotaux, Dot.*

BIENS RURAUX.—V. *Bail (en général), Bail à ferme.*

BIENS VACANTS.—Biens dont le propriétaire n'est pas connu et qui dès lors sont censés n'appartenir à personne. Les biens des personnes qui décèdent sans héritiers, ou dont les successions sont abandonnées, appartiennent au domaine public (C. civ., art. 539). – V. *Succession.*

BIENSÉANCE (RETRAIT DE).—Droit qu'avait, autrefois, le propriétaire d'une chose qu'il possédait par indivis de se faire subroger aux droits de celui qui avait acheté de l'un des communistes une partie de la chose commune. —V. *Indivision.*

BIFFER.—**1.** Rayer, raturer ou effacer une écriture par des traits de plume.—V. *Canceller.*

2. Un écrit biffé n'est pas toujours réputé nul. Il faut, pour cela, que la signature et la date de l'acte soient effacées.—V. *Rature.*

BIGAMIE.—Crime dont se rend coupable celui qui contracte un second mariage avant la dissolution du premier (C. pén., art. 340).

BIJOUTIERS.—Fabricants, pour leur compte, sont rangés dans la 2ᵉ classe des patentables; simplement marchands, dans la 3ᵉ ; fabricants à façon, dans la 7ᵉ ; les fabricants bijoutiers en faux pour leur compte, dans la 6ᵉ classe ; les marchands de bijoux en faux, dans la 5ᵉ ; et les fabricants bijoutiers en faux, à façon, dans la 7ᵉ.

BIJOUX.—V. *Saisie-exécution.*

BILAN.—Tableau détaillé de la situation active et passive des affaires d'un commerçant en état de faillite.—V. *Faillite.*

BILLARD.—**1.** Il est défendu aux huissiers de tenir des billards, même sous le nom de leurs femmes, à moins qu'ils n'y aient été spécialement autorisés (Décr. 14 juin 1813, art 41). V. *Huissier.*

2. Les fabricants de billards sont rangés dans la sixième classe des patentables.

BILLET.— **1.** Écrit sous seing privé, contenant promesse de payer une somme d'argent ou une chose d'une valeur appréciable.

2. Il existe plusieurs espèces de billets : le billet ou lettre de change, le billet à ordre, le billet au porteur, le billet à domicile, le billet proprement dit ou billet simple.—V. *Acte sous seing privé, Actes de commerce, Effets de commerce, Enregistrement, Protêt, Timbre.*

BILLET ADIRÉ.—V. *Adirement, Effets de commerce.*

BILLET D'AVERTISSEMENT.—V. *Avertissement, Conciliation.*

BILLETS DE BANQUE.— 1. Billets considérés comme monnaie, et que les banques des départements, et notamment la banque de France, dont l'établissement a été légalement autorisé, ont seules le droit d'émettre.

2. A la différence de l'argent monnayé, le cours des billets de banque n'est pas forcé. Ainsi, nul ne peut être contraint de les recevoir en paiement (Avis du Cons. d'État du 30 frim. an 14), si ce n'est la banque qui les a créés.

3. Cependant, un décret du 15 mars 1848 avait attribué un cours forcé aux billets de la banque de France, et, en outre, dispensé la banque de l'obligation de rembourser ses billets en espèces (art. 1er et 2).

4. Mais ce décret a été abrogé par la loi des 6-13 août 1850 (art. 1er). A partir de la promulgation de cette loi, les billets de la banque de France ont donc cessé d'avoir un cours forcé, et la banque est tenue de les rembourser en espèces.

5. Quoique meubles incorporels, les billets de banque sont, toutefois, susceptibles de saisie-exécution ; ils sont, sous ce rapport, assimilés à de l'argent comptant.—V. *Saisie-exécution.*

6. Mais les billets de la banque de France, n'ayant pas cours forcé, ne peuvent être offerts valablement (avis du Cons. d'État du 30 frim. an 14). —V. *Offres réelles.*—V. aussi *Banque de France.*

7. La fabrication de billets de banque par d'autres que les ayants droit est assimilée à la fabrication de fausse monnaie et punie de la même manière (L. 24 germ. an 11, art. 36 ; C. pén., art. 139).

BILLON.—Monnaie de cuivre pur, comme les sous, ou de tout autre métal, par exemple : de bronze ; elle ne peut être employée dans les paiements que pour l'appoint de la pièce de 5 fr. (Décr. 18 août 1810). Ainsi, le créancier ne peut être forcé de recevoir le paiement de tout ce qui lui est dû en monnaie de billon (V. *J. Huiss.*, t. 23, p. 274). — V. *Monnaie.*

BIMBELOTIERS.—Les fabricants d'objets de bimbeloterie, avec ou sans magasin, et les marchands bimbelotiers, en gros ou en détail, sont patentables.

BISETTE (FABRICANTS ET MARCHANDS DE).—Sont patentables.

BISSEXTILE (ANNÉE).—V. *Calendrier.*

BITUME (FABRIQUES DE).—Sont classées parmi les établissements insalubres.—V. *Établissements insalubres.*

BLANC. — 1. Espace laissé vide dans le corps d'écriture des actes.

2. En général, les actes doivent être écrits sans blanc, lacune ni intervalle (L. 27 vent. an 11). Cette disposition n'est pas exclusive des alinéa. Mais nous recommandons, par prudence, de tirer un trait à l'encre dans les originaux et les copies d'exploits.

3. L'art. 13 de la loi du 25 vent. an 11 punit d'une amende de 100 fr., réduite à 20 fr. par la loi du 16 juin 1824, le notaire qui laisse un blanc dans un acte notarié. Cette disposition n'est point applicable aux huissiers. Ils n'encourent aucune amende en laissant des blancs dans leurs actes ; mais, s'il résulte de cette négligence un préjudice quelconque, ils doivent le réparer.— V. *Exploit, Huissier.*

BLANC DE BALEINE (RAFFINEURS DE).—Sont patentables.

BLANC DE CRAIE (FABRICANTS ET MARCHANDS DE).—Sont rangés dans la 6e classe des patentables.

BLANC-SEING. — 1. Signature précédée de plus ou moins de papier blanc. Ainsi une feuille de papier revêtue d'un *bon pour... et d'une signature,* est un blanc-seing (Cass. 14 janv. 1826).

2. L'usage des blancs-seings, quoique dangereux, est implicitement autorisé par l'art. 407, C. pén., qui punit l'abus qu'on en peut faire. Il résulte de ce principe que les actes faits sur des blancs-seings sont valables hors les cas de fraude, de surprise et d'escroquerie (Toullier, t. 8, n° 263).

3. Les blancs-seings ne sont autre chose que des procurations illimitées ; ils peuvent être révoqués avant qu'ils aient été remplis et avant qu'il y ait eu droit acquis à un tiers en vertu de l'usage qu'on en a fait (Toullier, t. 8, n° 271). —V. *Abus de blanc-seing, Abus de confiance, Mandat.*

BLANCHISSEURS.—1. Sont patentables.

2. L'exploitation d'un établissement de blanchisserie constitue une entreprise commerciale, qui rend le blanchisseur justiciable du tribunal de commerce à raison des opérations relatives à cette entreprise (Cass., 15 avril 1829.—*Contrà*, Rouen, 5 avril 1838).

3. Toutefois, le blanchisseur en chambre ne peut être réputé commerçant.

BLATIERS. — 1. Ceux qui achètent des grains et farines pour les revendre en détail.

2. Les blatiers sont patentables.

3. Est-il interdit aux huissiers d'acheter des grains pour les revendre? — V. *Huissier.*

BLÉS EN VERT.—1. Une loi du 6 mess. an 3, conforme à l'ancien droit français, prohibe toutes les ventes de grains en vert et pendants par racines, sous peine de la confiscation, laquelle est supportée moitié par le vendeur et moitié par l'acheteur ; elle profite un tiers au dénonciateur, un tiers au trésor public ; quant au dernier tiers, il est distribué à la classe indigente de la commune. Cette loi est toujours en vigueur (Merlin, *Rép.*, v° *Vente*, § 1, art. 1, n° 6; Toullier, t. 6, n°s 118 et 119; Troplong, *de la Vente*, t. 1er, n° 223; Duranton, t. 16, n° 161; Tribunal civil d'Alençon, 26 nov. 1833; Montpellier, 4 mai 1842; Bourges, 6 janv. 1844).

2. Sont exceptées de cette prohibition les ventes de grains en vert et pendants par racines qui ont lieu par suite de tutelle, curatelle, changement de fermier, saisies de fruits, baux judiciaires et autres de cette nature (L. 23 mess. an 3).

3. Cette même loi permet la vente de tous fruits et productions autres que les grains. Ainsi, les règlements qui prohibaient la vente des pommes avant le 1er octobre, celle des laines avant la tonte, sont abrogés (Toullier, t. 6, n° 118).

4. Toutefois, l'exception apportée par la loi du 23 mess. an 3 ne s'applique point à la vente qui aurait lieu entre le propriétaire et le fermier ou le colon partiaire pendant la durée du bail (Bourges, 6 janv. 1844). — V. *Saisie-brandon, Vente de fruits et récoltes.*

BLESSURES ET COUPS.—1. Les blessures faites ou les coups portés à un officier ministériel, un agent de la force publique ou un citoyen chargé d'un ministère de service public, dans l'exercice ou à l'occasion de l'exercice de leurs fonctions, sont punis d'un emprisonnement d'un mois à six mois (C. pén., art. 228, 230).

2. L'expression *officier ministériel* s'applique aux huissiers. Ainsi, les

14.

violences exercées contre un huissier dans l'exercice de ses fonctions sont passibles d'un emprisonnement d'un mois à six mois (Cass., 8 déc. 1826).— V. *Rébellion.*

BLEU DE PRUSSE.—Les fabriques de bleu de Prusse sont rangées parmi les établissements insalubres.—V. *Etablissements insalubres.*

BLONDES, BLOUSES, BLUTEAUX (MARCHANDS DE).—Sont patentables.

BŒUFS.—**1.** Les marchands de bœufs sont patentables.

2. Les bœufs, placés à l'engrais dans des pâturages, et destinés à être vendus après avoir été engraissés, ne sont point immeubles par destination ; ils font partie de l'actif mobilier du propriétaire (Bourges, 6 mai 1842).

3. Sur le point de savoir si le propriétaire ou l'herbager qui achètent des bœufs, qu'ils revendent après les avoir engraissés, font acte de commerce, V. *Actes de commerce,* nos 41 et 43.

BOIS, BOIS TAILLIS.— V. *Action possessoire,* n° 373; *Huissier, Saisie-brandon, Saisie immobilière, Vente de fruits et récoltes.* Les marchands de bois sont patentables.

BOISERIES (MARCHANDS DE VIEILLES), BOISSELIERS.— Sont patentables.

BOMBAGISTES, BOMBEURS DE VERRE.— Sont patentables.

BON POUR.—V. *Approbation d'écritures.*

BONNE FOI.—**1.** Opinion où est une personne qu'elle agit selon son droit.

2. L'appréciation des faits qui peuvent constituer la bonne ou la mauvaise foi, appartient d'une manière souveraine aux tribunaux (Cass., 13 déc. 1830).

3. La bonne foi est toujours présumée. C'est à celui qui allègue la mauvaise foi à la prouver (C. civ., art. 2268).

4. Dans certaines circonstances, la bonne foi produit les mêmes effets que le droit lui-même. Ainsi, elle peut attribuer au possesseur les fruits par lui perçus sur les biens dont il n'est pas propriétaire (C. civ., art. 549 à 555); elle peut faire allouer une chose mobilière à celui à qui, dans la rigueur du droit, elle n'appartiendrait pas (C. civ., art. 1141); elle peut valider des paiements illégaux (C. civ., art. 1240); et elle est un moyen de prescrire (C. civ., art. 2265). — V. *Action possessoire,* nos 107, 108, 152 et 498; *Contrainte par corps, Discipline, Exploit, Faillite, Fruits, Huissier, Obligation, Paiement, Prescription, Signification,* etc.

BONNET VERT.—Le bonnet vert, introduit autrefois en France par les arrêts des Cours supérieures, servait à désigner ceux qui avaient fait cession de biens. Mais l'art. 1041, C. proc. civ., a fait disparaître l'usage du bonnet vert, qui n'est plus employé aujourd'hui que dans les bagnes pour distinguer les condamnés aux travaux forcés pour un temps excédant dix ans.

BORDERIE.—On appelait ainsi, dans quelques coutumes, une petite ferme moins considérable que la métairie, tenue du seigneur, à la charge de certaines redevances en légumes ou en volailles (Merlin, *Rép.,* v° *Borderie.*

BORDEREAU DE COLLOCATION.—Extrait du procès-verbal d'ordre que le greffier doit délivrer, dans les dix jours de l'ordonnance du juge-commissaire, aux créanciers utilement colloqués dans l'ordre ouvert sur le prix d'immeubles.—V. *Ordre.*

BORDEREAU D'INSCRIPTION.—V. *Inscription hypothécaire.*

BORGNES.—Dans la coutume de Lorraine, on appelait ainsi une espèce de fenêtres par lesquelles on ne pouvait regarder qu'avec un œil. — V. *Jours de souffrance, Servitudes.*

BORNAGE. — **1.** Fixation par des signes extérieurs, appelés *Bornes* (V. ce mot), des limites de deux propriétés contiguës.

§ 1er.— *De l'action en bornage.*

§ 2. — *Par qui et contre qui cette action doit-elle être intentée.*

§ 3. — *Procédure et compétence.*

§ 4. — *Comment on procède au bornage.*—*Dépôt du procès-verbal.*— *Frais.*—*Fruits à restituer.*—*Enregistrement.*

FORMULES.

------

§ 1er. — *De l'action en bornage en général.*

2. L'action en bornage dérive du même principe que l'action en partage, nul n'étant obligé de laisser indivise la ligne qui doit séparer son héritage de celui de son voisin (Toullier, t. 3, p. 170). Il suit de là que tout propriétaire peut obliger son voisin au bornage de leurs propriétés contiguës (C. civ., art. 646). Et cela encore bien que les deux voisins soient convenus de ne jamais demander le bornage. Une pareille convention n'est pas obligatoire (Solon, *Des Servitudes*, n° 64).

3. Pour pouvoir intenter l'action en bornage, la rencontre des trois circonstances ci-après est indispensable : *Voisinage, Contiguïté, Indivision.* Il y a *voisinage*, quand les deux propriétés se touchent par l'intérieur du sol ou la superficie ; *contiguïté*, quand elles se tiennent immédiatement et que rien ne les sépare à la surface du sol ; *indivision*, quand les limites ne sont pas reconnues ou fixées et que les propriétés peuvent se confondre.

4. Il peut y avoir voisinage sans contiguïté, comme dans l'espèce d'un champ séparé par un chemin, une rivière, un ruisseau, un ravin dont l'emplacement ne fait pas partie du fonds ;—ou voisinage et contiguïté sans indivision, comme dans l'hypothèse d'une propriété close par une haie mitoyenne. Dans ces divers cas, il n'y a point lieu à l'action en bornage, car on ne rencontre point le concours simultané des trois circonstances indiquées au numéro précédent.

5. L'action en bornage est de sa nature une action mixte ; elle tient à la fois de l'action réelle, en ce que celui qui l'intente réclame une partie de sa chose, et de l'action personnelle, en ce que le voisin est obligé de contribuer au bornage.

6. La question de propriété étant ordinairement engagée dans l'action en bornage, cette action ne peut pas être rangée au nombre des actions possessoires : elle est une action pétitoire.

6 bis. A raison de son caractère mixte, l'action en bornage peut être portée devant le juge de la situation, ou devant celui du domicile du défendeur. Mais, autant que possible, cette action doit être portée devant le juge de la situation.

7. Il ne faut pas non plus confondre l'action en bornage avec l'action en déplacement de bornes. Suivant les circonstances, le déplacement de bornes est un délit, ou donne lieu à une action possessoire ou un bornage.—V. *Action possessoire*, n°s 195 et suiv., et *Bornes*, n°s 12 et suiv.

8. L'action en bornage n'est soumise, relativement à son exercice, à aucun délai fatal ; elle est imprescriptible. Ainsi, d'une part, bien que des voisins soient restés plus de trente ans sans réclamer le bornage, ils ne sont point déchus du droit de le demander (C. civ., art. 646 et 2232), et, de l'autre, on peut, autant de fois qu'on le veut, exercer la même action quant aux mêmes limites (Troplong, *Prescription*, t. 1er, p. 149; *Encyclopédie du droit*, vo *Bornage*, nos 23 et suiv.).

9. L'action en bornage a pour objet de prévenir l'empiétement ou antici-pation de la part d'un voisin sur l'autre, soit avec intention, soit avec méprise. Elle embrasse deux opérations distinctes, dont l'une consiste à déterminer la ligne séparative, l'autre à la fixer par des *bornes* (V. ce mot).

10. Le bornage peut avoir lieu à l'amiable, si toutes les parties sont ma-jeures et maîtresses de leurs droits; dans ce cas, il doit être constaté par acte notarié ou sous seing privé ; il a lieu par des experts-arpenteurs dont la mis-sion et les pouvoirs sont fixés par l'acte qui les nomme. Les parties leur remet-tent leurs titres et ils opèrent comme il est dit, *infrà*, nos 23 et suiv.

11. Lorsqu'il s'élève des difficultés, il faut distinguer si les experts-arpen-teurs ont le pouvoir de les vider, ou si l'acte de leur nomination leur refuse ce droit. Au premier cas, ils sont considérés comme arbitres et prononcent sur la difficulté (V. *Arbitrage*); au second, ils doivent renvoyer les parties à se pourvoir devant les tribunaux, et suspendre.

12. Lorsque les parties majeures ne s'entendent pas, lorsqu'elles sont inca-pables de contracter ou lorsqu'elles sont mineures ou interdites, le bornage doit être ordonné en justice.—V. *infrà*, nos 19 *et suiv*.

§ 2. — *Par qui et contre qui l'action en bornage doit-elle être intentée?*

13. L'action en bornage peut être intentée : 1o par les propriétaires (Toul-lier, t. 5, no 181); 2o par toute personne qui possède *pro suo*, sans que le voisin puisse exiger la justification du droit de propriété (Merlin, *Répert.*, vo *Bornage*, no 2; Toullier, *loc. cit.*; Fremy-Ligneville, *Code des Archi-tectes*, no 96); 3o par l'usufruitier (Toullier, *loc. cit.*), et par l'emphythéote (Toullier, *ibid.*; Duranton, t. 5, no 257.—V. aussi *Bail emphytéotique*, no 6) ; toutefois, il est prudent de mettre le propriétaire en cause (Pardessus, *Traité des Servitudes*, no 118 ; Proudhon, *de l'Usufruit*, no 1243 ; Toullier et Duran-ton, *loc. cit.*) ; 4o par le nu propriétaire, sauf à mettre en cause l'usufruitier (Proudhon, no 1244); 5o par le tuteur, mais avec l'avis du conseil de famille (Delvincourt, t. 1er, p. 386 ; Carou, *Actions possessoires*, no 498 ; Pardes-sus, no 335. — V. *Contrà*, Toullier, t. 3, p. 182, qui pense que le tuteur n'a besoin de cet avis que lorsqu'il s'élève une question de propriété).

13 bis. Mais le fermier n'a pas le droit d'intenter l'action en bornage. Il ne possède, en effet, qu'à titre précaire. Il ne peut que s'adresser à son bail-leur, et réclamer de ce dernier qu'il fasse borner son héritage (Toullier, t. 3, no 257; Carré, *Traité de la compétence*, t. 1, no 231).

13 ter. Pendant le mariage, le droit d'intenter l'action en bornage relati-vement aux immeubles dotaux ou paraphernaux de la femme appartient au mari. Mais, après la séparation de biens, le mari cesse d'avoir ce droit, qui est dévolu alors à la femme seule (Rouen, 6 nov. 1835).

14. L'action doit être dirigée contre les propriétaires et possesseurs à ti-tre non précaire, encore bien que leur droit soit susceptible de résolution (Pardessus, no 118).

15. Les communes ont le droit de se contraindre au bornage de leurs ter-ritoires respectifs; l'autorité administrative peut aussi faire fixer les limites des chemins publics à l'égard des riverains (L. 13 vent. an 13 ; C. forest., art. 8 ; Duranton, t. 5, no 258).

§ 3. — *Procédure et compétence.*

16. Dans l'usage, et pour éviter autant que possible une demande en jus-tice, lorsqu'une partie majeure se refuse au bornage, son voisin lui fait une sommation de se trouver, à jour indiqué, sur les lieux à borner, pour voir procéder à l'opération par un arpenteur du choix du demandeur, sauf au défendeur à se faire assister d'un autre arpenteur, s'il le juge à propos. — V. *Formule* n° 1.

17. Si la partie défenderesse comparaît et consent à signer le procès-verbal de bornage, l'arpenteur fixe les limites, pose les bornes et constate le 'tout; au cas contraire, il n'est pas inutile que l'arpenteur dresse un procès-verbal signé de la partie demanderesse et qui fasse mention du défaut de présence de l'intimé. Cette pièce servira, du moins, à prouver la mauvaise volonté du voisin qui refuse le bornage et à demander contre lui la condamnation aux dépens. — V. *infrà*, n° 34.

18. Cette marche, n'étant point indiquée par la loi, est purement facultative; elle ne peut être suivie toutes les fois qu'au nombre des intéressés il se trouve un incapable. — V. *suprà*, n° 12.

19. Lorsqu'on a jugé à propos de tenter le bornage à l'amiable et que le voisin a refusé, ou lorsqu'on veut agir en justice de prime abord, on doit citer devant le juge de paix de la situation des biens (L. 25 mai 1838, art. 6), pour voir dire que ce magistrat se transportera sur les lieux à l'effet, sur le vu de la propriété et des titres, de procéder au bornage. — V. *Formule* n° 2.

20. Si, sur les lieux, la propriété ou les titres qui l'établissent ne sont pas contestés, le juge de paix ordonne le bornage (V. à cet égard, *J. Huiss.*, t. 27, p. 35), et le greffier dresse procès-verbal de l'opération. — V. *Juge de paix.*

21. Si, au contraire, la propriété ou les titres qui l'établissent sont contestés, la question de bornage doit être portée devant le tribunal de première instance (V. *suprà*, n° 6 *bis*). Alors la partie la plus diligente assigne l'autre devant le tribunal, sans préliminaire de conciliation, pour voir dire que, par experts choisis ou nommés d'office, il sera procédé au bornage.—V. *Formule* n° 3. Sur cette demande, intervient un jugement qui nomme les experts; ceux-ci prêtent serment et procèdent à l'opération.

§ 4. — *Comment il est procédé au bornage.— Dépôt du procès-verbal. — Frais. — Fruits à restituer. — Enregistrement.*

22. *Comment il est procédé.* — Les experts nommés par les parties ou par un jugement doivent se faire remettre les titres de propriété, et sur le vu de ces titres fixer d'abord l'alignement. Ces titres, en effet, servent de base à l'opération, à moins que par une possession de trente ans l'un des voisins n'ait prescrit au delà de son titre (C. civ., art. 2240; Toullier, t. 3, n° 175).

23. Des difficultés peuvent s'élever sur la manière dont on doit interpréter et appliquer les titres, et sur la possession de l'une ou de l'autre des parties; voici des règles qui peuvent servir à les résoudre :

24. *Première règle.* — Si le titre de l'une des parties lui attribue une quantité déterminée, et que celui de l'autre ne porte qu'un *environ*, c'est à la première qu'il faut commencer à faire la mesure.

25. *Deuxième règle.* — Si la quantité énoncée aux deux titres excède l'étendue des terrains réunis des parties sans qu'on puisse opposer à l'une d'elles qu'elle a laissé diminuer sa portion par des usurpations ou autrement, chacun des intéressés souffre une réduction proportionnelle (Toullier, t. 3, n° 176).

26. *Troisième règle.*—Si, au contraire, la quantité réelle se trouve plus considérable que celle énoncée aux titres, l'excédant se partage proportionnellement (Toullier, t. 3, n° 176).

27. *Quatrième règle.* — Si l'une des parties a des titres qui fixent l'étendue de sa portion, et que l'autre n'en représente pas, les titres doivent servir de règle (Toullier, *loc. cit.*)

28. *Cinquième règle.*— S'il n'y a de titres de part ni d'autre, si les titres ne déterminent aucune contenance, la seule possession doit faire la règle (Toullier, *loc. cit.*)

29. *Sixième règle.*— Si de deux voisins qui ont des titres, l'un d'eux a, en outre, une possession trentenaire, l'avantage reste à ce dernier.

30. *Septième règle.* — Si l'un des voisins a des titres, l'autre une possession trentenaire, ce dernier doit avoir sa mesure de préférence à l'autre, parce qu'on prescrit contre les titres de son voisin.

31. *Huitième règle.* — Si de deux voisins qui ont des titres, l'un s'est fait adjuger la possession annale d'une partie de la propriété de son voisin, on doit ne considérer que les titres et ne point avoir égard à cette possession.

32. Lorsque les experts ont vérifié les titres, mesuré les terres et fourni à chacun sa mesure d'après les principes que nous venons d'exposer, enfin lorsque l'alignement est déterminé, les experts placent les bornes et dressent le procès-verbal de leur opération.

33. *Dépôt du procès-verbal.* — Le procès-verbal des experts est ensuite déposé au greffe du tribunal, et, sur les conclusions de l'avoué poursuivant, entériné par un jugement qui le déclare exécutoire selon sa forme et teneur.

34. *Frais du bornage.*— Le bornage est fait à frais communs (Cod. civ., art. 646). Cependant, chaque propriétaire ne doit supporter ces frais que eu égard à l'étendue de sa propriété; et si, sans motif fondé, l'un des propriétaires refuse le bornage, il doit supporter les frais que sa résistance a occasionnés (Pardessus, *Servitudes*, n° 129).

35. *Fruits à restituer.* — Celui qui, par suite de l'opération de bornage, est obligé de restituer une portion de propriété, ne peut être contraint à rendre les fruits indûment perçus sur le terrain restitué, qu'à partir du jour de la demande, à moins qu'il n'eût anticipé de mauvaise foi; auquel cas, il devrait des dommages-intérêts et les revenus depuis son anticipation (Pardessus, *loc. cit.*)

36. *Enregistrement.* — Les compromis ou nominations d'arbitres à l'effet de l'opération de bornage sont passibles du droit fixe de 3 fr. (L. 28 avr. 1816, art. 44).

37. Le procès-verbal de bornage est tarifé au droit de 2 fr. (L. 28 avr. 1816, art. 43).

Formules.

1. *Sommation pour procéder au bornage.*

L'an . . . ., à la requête de. . . . .,j'ai , ..., donné sommation à. . . . ., à l'effet d'être présent le . . . ., à . . . . . .; pour,—attendu que le requérant est propriétaire de . . . : . .; que ledit sieur. . . . ., est aussi propriétaire de . . . .; que ces deux pièces de terre sont contiguës et indivises en ce sens que leurs limites ne sont point fixées, et qu'elles se trouvent pour ainsi dire confondues; que nul ne peut être obligé de rester sans fixation de limites, et qu'aux termes de l'art. 646, Cod. civ., le requérant a le droit de contraindre l'intimé au bornage desdites deux pièces de terre; attendu enfin qu'il importe au requérant que cette opération se fasse immédiatement ;—procéder conjointement avec ce dernier et par un arpenteur-géomètre de son choix, sauf à l'intimé à en prendre un du sien, s'il le juge à propos, à l'arpentage des deux pièces de terre susdésignées, et, sur l'examen des titres de propriété, au fournissement de la mesure énoncée en ces titres, à l'alignement des propriétés respectives des parties, à la fixation de cet alignement par le placement de bornes comme de coutume; lui déclarant que, faute par lui de comparaître, ou en cas de refus de procéder, il en sera dressé procès-verbal, et qu'ensuite le requérant se pourvoira, sous toutes réserves.

V. n° 16.— Coût, tarif, 29. Paris, 2 fr. R. P. 1 fr. 80 c.; aill., 1. fr. 50 c. Enregistrement de l'exploit, 2 fr. 20 c. (L. 28 avril 1816).

2. *Citation en bornage devant le juge de paix.*

L'an. . . . . à la requête de . . . j'ai donné citation à. . . . . à comparaître. . . .
pour (motifs de l'intimation, énoncer cette *intimation et le procès-verbal, s'il en a été
dressé un*). — Voir dire que M. le juge de paix se transportera sur les lieux litigieux,
assisté, s'il le juge à propos, d'un arpenteur-géomètre du choix des parties, ou qui sera
nommé d'office ; que là, sur le vu des titres de propriété, et dans le cas seulement où la
propriété ou lesdits titres ne seront pas valablement contestés, il procédera au bornage
des propriétés des parties en la manière accoutumée ; qu'en cas de contestation de titres
ou de propriété, le juge de paix renverra les parties devant qui de droit ; et pour en outre
voir ordonner ce que de raison, afin de dépens.

V. n° 19.— Coût et enregistrement. V. *Citation.*

3. *Demande en bornage devant le tribunal.*

L'an. . . . ., à la requête de . . . . . (*constituer avoué*), j'ai. . . . . donné assignation à . . . . . à comparaître. . . . . ., pour. . . . . . (*motifs de la formule qui
précède,* ajouter) : attendu que, sur la citation formée par exploit du . . . . ., aux fins
du bornage dont s'agit, le sieur. . . . . ayant contesté les titres représentés et invo-
qués par le requérant, M. le juge de paix, par jugement du. . . . . ., a renvoyé les
parties à se pourvoir tel que de droit.

V. n° 21. — Coût : V. *form.* 1.

BORNES.—1. Signes extérieurs établissant la ligne séparative de fonds
contigus.

2. Le placement des bornes se nomme spécialement *abornement*, et l'opération à l'aide de laquelle se déterminent les limites de fonds contigus ou la
délimitation se nomme *bornage* (V. ce mot).

3. Les bornes sont aussi appelées *devises, mères, marques, termes,* etc.

4. Elles sont de deux espèces : *mobiles,* quand elles peuvent être déplacées, comme une pierre, un pieu ; *immobiles,* quand elles ne sont pas susceptibles de déplacement, comme une rivière, une colline, un rocher, un édifice.

5. Les arbres sont aussi employés comme signes de bornage. Dans le cas
où un arbre sert de limite, il est échancré ou taillé du côté du voisin qui n'en
est pas le propriétaire. Si l'arbre est commun, il est marqué au milieu.

6. Les arbres qui sont laissés comme marques séparatives de deux fonds
sont quelquefois appelés *pieds corniers.*

7. Dans les pays de bois et de montagnes, les *termes* ou croix sur les
rochers ont également le caractère légal des bornes (Aix, 17 juill. 1838).

8. Lorsque les bornes sont *mobiles,* pour leur donner un caractère d'authenticité et de durée, on place autour ou dessous, suivant les localités, du
charbon pilé, des fragments de verre ou de métal, des pierres cassées ou des
tuileaux.

9. Ces signes, connus autrefois sous les noms de *perdriaux, filleules, gardes,* se nomment aujourd'hui *garants* ou *témoins.*

10. Ils doivent être soigneusement décrits dans le procès-verbal de bornage. Si une inscription, comme cela arrive quelquefois, était gravée sous les
bornes, il faudrait aussi en faire mention. Ces signes rendent la fraude plus
difficile et permettent de la démasquer plus facilement.

11. Les bornes mobiles doivent être d'une couleur tranchante, profondé-
ment enfoncées et suffisamment élevées, pour ne pas être enfouies par la culture. Elles doivent se répéter autant de fois que les sinuosités du terrain le
rendent nécessaire ; et il importe que les angles de la taille correspondent autant que possible à la direction des lignes séparatives.

12. La suppression ou le déplacement de bornes qui ont été posées contradictoirement peut donner naissance, soit à une action civile de la part de
celui qui en éprouve un préjudice, soit à une action publique.

13. L'action civile est une action possessoire (V. *Action possessoire,* nos 193 et suiv.), ou une action en bornage (V. *Bornage,* no 7)).

14. L'action publique, pour suppression ou déplacement des bornes, est de la compétence du tribunal correctionnel, qui peut prononcer contre l'auteur de la suppression ou du déplacement un emprisonnement d'un mois à un an, une amende égale au quart des restitutions, et des dommages-intérêts qui, dans aucun cas, ne peuvent être au-dessous de 50 fr. (C. pén., art. 456; C. instr. crim., art. 179.)

15. Lorsqu'il n'y a eu que simple dégradation de bornes, l'action publique doit être portée devant le tribunal de simple police (L. 28 sept.-6 oct. 1791, tit. 2, art. 17 ; C. instr. crim., art 137).

16. L'enlèvement ou le déplacement de bornes, qui aurait eu lieu pour commettre un vol, ne serait plus un simple délit. Il constituerait un crime de la compétence de la Cour d'assises et serait puni de la réclusion (C. pén., art. 389.)

17. Si les bornes déplacées ou enlevées n'avaient pas le caractère légal, par exemple si elles n'avaient été plantées que par l'un des propriétaires, le déplacement ou la suppression qui en serait faite par l'autre propriétaire ne donnerait lieu qu'à une action possessoire en complainte ou en réintégrande.

BOSSETIERS, BOTTIERS.—Sont patentables.

BOUCHER. — **1.** Les bouchers, c'est-à-dire ceux dont la profession consiste dans l'achat et le débit, après préparation, de la viande de bœuf, vache, veau et mouton, sont nécessairement commerçants (C. comm., art. 1er et 632).

2. Et, comme tels, ils sont justiciables, à raison des obligations souscrites pour leur commerce, de la juridiction commerciale (Aix, 15 janv. 1825).

3. Les bouchers sont, en outre, en leur qualité de commerçants, assujettis à la patente.

4. Ils doivent, de plus, être munis des poids et mesures prescrits par la loi.—V. *Poids et mesures.*

5. Autrefois, les bouchers étaient exclus du bénéfice de cession de biens (Rousseau de Lacombe, *Jurisprudence civile,* vo *Cession,* no 2; Denizart, vo *Cession de biens,* no 14). Mais, aujourd'hui, ils sont admis à jouir de ce bénéfice (Aix, 13 avril 1807).—V. *Cession de biens.*

6. Les bouchers ont un privilége sur les meubles et les immeubles de leur débiteur pour les fournitures de viande faites à lui et à sa famille pendant les six derniers mois (C. civ., art. 2101, no 5, et 2104). Leur action se prescrit par un an (C. civ., art. 2272).

BOUCHONS (FABRICANTS ET MARCHANDS DE). — Sont patentables.

BOUCHOYAGE. — Droit d'usage usité autrefois en Franche-Comté, et consistant dans la faculté accordée aux habitants d'aller couper les épines et menus bois qui croissent dans les prés, bois ou terrains en broussailles, sur quelque fonds que ce soit. Ce droit n'existe plus sous cette dénomination. Il n'est autre que le droit de *buissonnage* ou de *chauffage.*

BOUCLERIE (FABRICANTS DE). — Sont patentables.

BOUES ET IMMONDICES. — Les boues et immondices sont classés comme *établissements insalubres* (V. ce mot); et les entrepreneurs de l'enlèvement des boues sont patentables.—V. *Balayage.*

BOUGIES. — V. *Saisie immobilière, Surenchère, Vente sur folle en-chère, Vente judiciaire.*

BOUGIES (FABRICANTS ET MARCHANDS DE). — Sont patentables.

BOUILLEURS OU BRULEURS D'EAU-DE-VIE. — Sont rangés dans la sixième classe des patentables.

BOUILLON (MARCHANDS DE). — Les marchands de bouillon et de bœuf cuit sont patentables.

BOULANGER. — **1.** Celui qui se livre à la profession ayant pour objet la fabrication et la vente du pain.

2. Les boulangers sont patentables et tenus de se munir des poids et mesures prescrits par les lois.

3. Ils sont commerçants (Colmar, 28 nov. 1843), et, par conséquent, justiciables du tribunal de commerce.

4. Ils ont un privilége sur les meubles et les immeubles de leur débiteur pour les fournitures de pain faites à lui et à sa famille pendant les six derniers mois (C. civ., art. 2101, n° 5, et 2104). Leur action se prescrit par un an (C. civ., art. 2272).

5. L'action intentée par un boulanger pour raison du trouble apporté dans la possession de son droit, est de la compétence de l'autorité administrative et non de celle des tribunaux ordinaires (Décr. 11 et 18 août 1807).

BOULES A TEINTURE, BOULES VULNÉRAIRES (FABRI-CANTS DE). — Sont patentables.

BOUQUETIÈRES, BOUQUINISTES. — Sont patentables.

BOURBON (ILE). — Il y a, à l'île Bourbon, douze huissiers répartis pour le service entre la Cour d'appel, les tribunaux de première instance et les tribunaux de paix (Ord. 30 sept. 1827, art. 204).—V. *Huissier.*

BOURGAGE. — On appelait ainsi, sous la coutume de Normandie, une tenure de fonds situés dans les villes ou bourgs fermés, à raison de laquelle les bourgeois payaient annuellement aux seigneurs une rente indicative de la vassalité. Le bourgage a été aboli par les lois des 4 août 1789 et 17 juill. 1793.

BOURRE DE SOIE (MARCHANDS DE). — Les marchands de bourre de soie sont rangés dans la sixième classe des patentables.

BOURRELETS D'ENFANT (FABRICANTS ET MARCHANDS DE). — Sont rangés dans la septième classé des patentables.

BOURRELIERS. — Sont patentables (sixième classe).

BOURSE COMMUNE. — Institution en vertu de laquelle les diverses compagnies d'officiers publics ou ministériels, organisées en corporation, mettent en commun certaines sommes destinées à couvrir les dépenses communes, à fournir des secours et pensions, et quelquefois, à être partagées entre chacun des membres de la corporation.

BOURSE COMMUNE DES HUISSIERS.

Indication alphabétique des matières.

Actes d'avoué à avoué, 32.	Appels de cause, 31.	Chambre de discipline, 21, 22,
Actes non inscrits au répertoire, 30 et s.	Assemblée générale, 23, 38, 48 et s.	38, 60 et s.
Amendes, 44, 45, 59.	Bibliothèque, 17.	Compétence, 57.
Appel, 51, 52, 58.	Cautionnement, 61.	Composition, 25 et s.
		Comptes, 60 et s.

§ 1. — *Historique.*
§ 2. — *Destination de la bourse commune.*
§ 3. — *Formation ou composition de la bourse commune.*
§ 4. — *Versements.—Refus de paiement.—Comptes du trésorier.*

§ 1. — *Historique.*

1. Les sergents à cheval et ceux à verge au Châtelet de Paris paraissent avoir été, avec les huissiers audienciers des différentes Cours et tribunaux, les seuls qui aient eu, autrefois, une bourse commune. Alors, comme aujourd'hui, cette bourse se composait uniquement des cotisations versées par chaque membre.

2. La destination de la bourse des sergents à cheval et à verge du Châtelet de Paris était seulement de subvenir aux dépenses générales de la communauté ; celle des huissiers audienciers de former un fonds commun soumis à un partage eu égard au nombre des parties prenantes. Aucune de ces bourses n'avait en vue d'accorder des secours aux membres indigents.

3. Chaque *sergent à cheval* payait, d'abord, 8 sous par an à la bourse commune de sa confrérie (Lett. de septembre 1353), et cette somme fût portée à 12 sous parisis par l'ordonnance du 4 juin 1407 (V. t. 1er, *Code de l'huissier*, p. 20 et suiv.). Il payait, de plus, lors de son institution, un dîner qui fut, plus tard, converti en une somme de 20 sous qui étaient versés à la bourse commune. A son décès, pareille somme était versée par ses héritiers, qui avaient le choix entre le paiement de cette somme ou la remise du meilleur vêtement de leur auteur. Ces fonds étaient affectés à des messes pour le repos des trépassés et pour invoquer le Saint-Esprit et la *benoiste* vierge Marie en faveur des vivants (Lett. sept. 1353 et 24 déc. 1372), à soutenir et défendre les droits et intérêts de la communauté et à payer le dîner que la confrérie prenait tous les ans, le 4 juillet, dans l'église Sainte-Croix-de-la Bretonnerie (Ord. 4 juin 1807).

4. La bourse commune des sergents à cheval, de même que toutes les affaires intéressant la communauté, était administrée par quatre de ces officiers, élus à la majorité et obligés de rendre leurs comptes chaque année en assemblée générale (Ord. 4 juin 1407).

5. Chaque *sergent à verge* était obligé de verser deux deniers parisis par semaine à la bourse commune ; ces fonds étaient destinés à soutenir les droits et intérêts de la communauté, à payer un avocat pris à pension à cet effet, et un chirurgien.

6. Les cent vingt huissiers à verge du Châtelet de Paris ayant le droit exclusif de procéder aux prisées et ventes de meubles, faisaient bourse commune des droits à eux attribués pour lesdites prisées et ventes de meubles et avaient la faculté d'avoir un bureau pour s'y assembler et délibérer de leurs affaires communes (Lett. de février **1691** : V. t. **1er**, *Code de l'huissier*, p. 69). L'administration de la bourse et la répartition des fonds qu'elle comprenait étaient déterminées par des délibérations prises en assemblée générale.

7. Les trois premiers huissiers audienciers du Châtelet de Paris faisaient bourse commune entre eux des bénéfices des actes qu'ils avaient le droit exclusif de signifier, et en partageaient le montant par égale portion. De plus, ces trois premiers et les dix-huit huissiers audienciers dudit Châtelet faisaient également bourse commune des droits à eux attribués, et la partageaient en vingt et une portions, c'est-à-dire en autant de parties qu'ils étaient d'ayants droit (Arrêt du cons. du 25 mai **1694** : V. t. **1er**, *Code de l'huissier*, p. 72).

8. En ce qui concernait les huissiers audienciers des autres juridictions, l'administration de la bourse et des affaires qui leur étaient propres était confiée à quatre sergents élus à la majorité, lesquels choisissaient eux-mêmes un trésorier chargé de recevoir et payer, et obligé de rendre compte, chaque année, en assemblée générale (Lett. juin 1415).

9. Les huissiers-priseurs établis dans les villes autres que Paris avaient une bourse commune dans laquelle ils versaient le produit de leurs vacations aux prisées et ventes de meubles, à la réserve du quart pour celles faites dans les villes et de la moitié pour celles faites à la campagne, laquelle appartenait à l'officier qui avait instrumenté. Les fonds de la bourse étaient insaisissables (Edit de février **1771** : V. t. **1er**, *Code de l'huissier*, p. 96), et partagés par portions égales.

10. Les huissiers de la Cour des aides avaient également une bourse commune qui fut déclarée insaisissable par un arrêt de ladite Cour du 7 avril **1778** (V. t. **1er**, *Code de l'huissier*, p. 103).

11. Enfin, les huissiers de Bretagne avaient une bourse commune générale qui fut abolie par décret du 5 décembre **1790** (V. t. **1er**, *Code de l'huissier*, p. 104).

12. Le décret du 14 juin 1813, qui a réglementé l'exercice de la profession d'huissier, a conservé l'institution de la bourse commune et l'a établie sur des bases plus larges que celles sur lesquelles elle reposait précédemment. Cependant, l'institution de la bourse commune, telle qu'elle a été réglée par le décret précité, a donné lieu à de nombreuses réclamations, et c'est sur ces réclamations qu'est intervenue l'ordonnance du 26 juin 1822, qui a modifié une partie des dispositions du décret de 1813 relatives à la bourse commune.

13. Toutefois, cette ordonnance ne paraît point elle-même avoir répondu aux vœux et aux besoins de la corporation des huissiers. Si, en effet, on l'a quelquefois défendue, en essayant de démontrer la nécessité de s'y conformer, elle a été plus souvent l'objet de critiques, comme on peut s'en convaincre, en consultant le *Journal des Huissiers*, t. 17, p. 102 et suiv., 296, 361 et suiv. ; t. 18, p. 75 et suiv., 105 et suiv. ; et t. 19, p. 87.

14. Quoi qu'il en soit, l'ordonnance de 1822 est toujours en vigueur. C'est par elle qu'est encore aujourd'hui réglementée l'institution de la bourse commune. Nous devons donc donner ici une analyse de ses dispositions, et de celles du décret du 14 juin 1813, sur le même sujet, qui n'ont point été abrogées. Et nous examinerons, en même temps, les difficultés que leur application a fait naître.

15. Mais, auparavant, nous ferons remarquer que la bourse commune n'est point une institution qui ait été établie pour la corporation des huissiers en général. Il peut y avoir autant de bourses communes qu'il y a de communautés d'huissiers. Or, l'on sait que chaque communauté se forme de la réunion des huissiers d'un même arrondissement. — V. *Huissier*.

§ 2. — *Destination de la bourse commune.*

16. La bourse commune est exclusivement destinée à subvenir aux dépenses, non pas seulement de la chambre de discipline, mais de la communauté, et à distribuer, lorsqu'il y a lieu, des secours tant aux huissiers en exercice qui seraient indigents, âgés ou hors d'état de travailler, qu'aux huissiers retirés pour cause d'infirmités et de vieillesse, et aux veuves et orphelins d'huissiers (Ord. 26 juin 1822, art. 1er).

17. Les dépenses dont il s'agit dans l'article précité de l'ordonnance de 1822 sont celles qui sont relatives aussi bien aux frais de bureau de la chambre qu'aux besoins de la communauté en général. Par exemple, une partie des fonds de la bourse commune peut être employée à soutenir un procès ou à défendre à un procès qui intéresserait la communauté.

18. Une partie des fonds de la bourse commune peut aussi être employée à souscrire pour un certain nombre d'exemplaires à un journal de jurisprudence spécial pour la corporation des huissiers, à un dictionnaire ou encyclopédie de jurisprudence ayant le même caractère, et plus généralement à l'achat d'une bibliothèque (V. *J. Huiss.*, t. 11, p. 5).

19. Sous l'empire du décret du 14 juin 1813, des huissiers destitués ou révoqués avaient élevé la prétention d'avoir droit à des secours. L'art. 102 de ce décret, cependant, semblait les avoir exclus de sa disposition, en ne permettant à la chambre de ne subvenir qu'aux besoins des huissiers *retirés pour cause d'infirmités ou de vieillesse.* Mais il résulte formellement de l'ordonnance du 26 juin 1822 (art. 1er) que les huissiers destitués ou révoqués n'ont droit à aucun secours. Et rien n'est plus juste, plus équitable, puisque la destitution ou révocation suppose toujours nécessairement un fait blâmable de la part de l'huissier qu'elle atteint.

20. Toutefois, pour la distribution des secours aux veuves et orphelins d'huissiers, il n'y a aucune distinction à faire entre le cas de destitution et celui de cessation de fonctions pour cause d'infirmités ou de vieillesse. C'est ce qui nous paraît résulter de la contexture même de l'art. 1er de l'ordonnance du 26 juin 1822.

21. Les secours sont accordés nominativement, chaque année, par une délibération de la *chambre,* qui est soumise à l'homologation du tribunal, lequel prononce sur les conclusions du ministère public (Ord. du 26 juin 1822, art. 10).

22. Ainsi, tandis que c'est à la communauté elle-même qu'il appartient, comme on le verra ci-après, de fixer la quotité des émoluments qui doit être versée en bourse commune, c'est la chambre de discipline qui seule a le droit, comme cela résulte de l'art. 10 précité, d'indiquer les anciens huissiers, les veuves ou orphelins d'anciens huissiers, auxquels des secours doivent être accordés, et de déterminer la quotité et la nature des secours qu'il convient de leur allouer. Aucun recours n'est réservé aux anciens huissiers, veuves ou orphelins, contre la délibération de la chambre qui a rejeté leur demande.

23. Le décret du 14 juin 1813 voulait que les dépenses de la chambre et la somme à distribuer en secours aux anciens huissiers, à leurs veuves et orphelins, fussent fixées chaque année en assemblée générale (art. 101 et 102). Et l'excédant de la bourse commune devait être partagé tous les trois mois entre tous les huissiers, dans des proportions inégales, mais déterminées par le décret (art. 103 et suiv.). Cette répartition s'opérait sans qu'il fût nécessaire d'obtenir l'homologation du tribunal (art. 109).

24. Cette répartition de l'excédant de la bourse commune ayant été, de la part des huissiers, l'objet de réclamations réitérées, l'ordonnance de 1822 a réglé elle-même l'emploi des fonds de la bourse commune. Ainsi, aux termes de l'art. 9 de cette ordonnance, les quatre cinquièmes des fonds versés à la bourse commune peuvent, pendant le cours de chaque année, être employés par la chambre aux besoins de la communauté et aux secours à accorder. Le dernier cinquième, ensemble ce qui n'a pas été employé sur les quatre autres, forme un fonds de réserve, lequel, dès qu'il est suffisant, est placé en rentes sur l'État. Les intérêts de ce fonds sont successivement cumulés avec le capital jusqu'à ce que l'intérêt annuel de la réserve suffise à la destination déterminée par l'art. 1er de l'ordonnance (V. *infrà*, n° 49).

§ 3. — *Formation ou composition de la bourse commune.*

25. Le décret du 14 juin 1813 voulait que chaque huissier versât dans la bourse commune de son arrondissement les deux cinquièmes de tous ses émoluments (art. 92). C'est surtout contre cette disposition qu'il s'est élevé de nombreuses réclamations, auxquelles il a été fait droit par l'ordonnance du 26 juin 1822. Or, aux termes de l'art. 2 de cette ordonnance, chaque huissier doit verser dans la bourse commune une portion qui ne peut être au-dessous d'un vingtième ni excéder le dixième des émoluments attribués pour les originaux seulement de tous exploits et procès-verbaux portés à son répertoire, et faits, soit à la requête des parties, soit à la réquisition ou sur la demande du ministère public, tant en matière civile qu'en matière criminelle, correctionnelle et de simple police.

26. Ainsi, à la différence de l'art. 92 du décret de 1813, sous l'empire duquel *tous* les émoluments sans distinction produits par les actes faits par les huissiers concouraient, dans la proportion indiquée, à la formation de la bourse commune, l'art. 2 de l'ordonnance de 1822 n'y fait concourir que les émoluments attribués pour les originaux de ces actes.

27. Il suit de là que les droits de copies de pièces et les émoluments dus pour les copies d'exploits ne doivent pas contribuer à la formation de la bourse commune. Cependant, un grand nombre de communautés d'huissiers ont, par une délibération spéciale, décidé qu'une partie des émoluments de quelques copies de pièces serait versée à la bourse commune. Plusieurs des délibérations prises à cet effet ont été rapportées dans le *Journal des Huissiers.*

28. À l'égard des droits de transport, la question de savoir si les deux cinquièmes devaient être versés à la bourse commune par application de l'art. 92 du décret du 14 juin 1813, avait donné lieu à une assez vive controverse. Il semblait que le mot *émolument* dont le législateur s'était servi dans cet article devait suffire pour expliquer sa pensée et faire décider qu'il ne comprenait point les droits de transport, qui ne sont qu'une *indemnité* accordée à l'huissier pour son déplacement et sont censés être employés en frais de voyage. Cependant quelque puissante que soit cette argumentation, elle n'avait pas toujours prévalu (V. à cet égard, *J. Huiss.*, t. 3, p. 115, 160, 187 et 193 ; t. 10, p. 100 et suiv.).

29. En présence de la difficulté que cette question présentait sous l'empire du décret du 14 juin 1813, l'ordonnance de 1822 aurait dû s'expliquer d'une manière précise, expresse, en ce qui concerne les droits de transport. Néanmoins, ses termes nous paraissent ne laisser aucun doute sur la solution qu'il convient de lui donner. En effet, en ne faisant contribuer à la formation de la bourse commune que les *émoluments des originaux des exploits et procès-verbaux portés au répertoire*, l'art. 2 de cette ordonnance exclut virtuellement de tout versement les droits de transport.

30. L'art. 3 de l'ordonnance de 1822 affranchit formellement de tout versement les actes non susceptibles d'être inscrits au répertoire. Mais comment

expliquer cette disposition ? Il semblerait, en effet, en résulter qu'il existe des
exploits qui ne doivent pas être inscrits au répertoire. Et, cependant, il n'en
est rien, puisque l'art. 49 de la loi du 22 frim. an 7 oblige formellement les
huissiers à porter sur leurs répertoires tous les *actes et exploits* sans distinction de leur ministère.

31. Pour interpréter sainement l'art. 3 de l'ordonnance de 1822, il faut
le combiner avec l'art. 93 du décret du 14 juin 1813 qui, en l'absence de
toute disposition contraire, doit continuer de subsister. Ainsi, les appels de
cause, bien qu'ils soient des actes du ministère des huissiers, étant dispensés
de l'inscription au répertoire, ne sont pas soumis au versement à la bourse
commune.

32. Il en est de même des significations d'actes d'avoué à avoué (**V. J.
Huiss.**, t. 3, p. 312 et suiv.).

33. Aux termes de l'art. 6 de l'ordonnance de 1822, les huissiers-audien-
ciers qui reçoivent un traitement ne doivent également en verser aucune portion à la bourse commune. Mais l'art. 2 de la même ordonnance (**V. supra,**
n° 25) leur est applicable.

34. L'art. 93 du décret de 1813 affranchissait du versement à la bourse
commune les émoluments dus aux huissiers audienciers pour les actes relatifs
aux poursuites criminelles et correctionnelles, autres, toutefois, que les significations à *parties* et assignations aux témoins. Et il a été décidé que par
parties, dans le sens de cet article, il ne fallait pas entendre les accusés et les
prévenus : de sorte que les émoluments résultant des significations qui leur
étaient faites ne devaient point être versés dans la bourse commune (Rouen,
13 mars 1819 ; *J. Huiss.*, t. 1er, p. 61).

35. Depuis l'ordonnance de 1832, les émoluments dus aux huissiers audienciers pour toutes espèces de significations en matière criminelle, correctionnelle
et de police, sont assujettis au versement de la même manière que ceux qui leur
sont dus pour les significations en matière civile. C'est ce qui résulte de l'art.
6 de l'ordonnance précitée, qui déclare l'art. 2 applicable aux huissiers audienciers et n'exempte du versement que le *traitement* qu'ils peuvent recevoir. Or, il n'y a guère que les huissiers audienciers à la Cour de cassation
qui reçoivent un traitement fixe, et auxquels, par conséquent, puisse s'appliquer l'exception faite par l'art. 6.

36. A l'égard des actes pour lesquels le tarif n'alloue qu'un seul droit,
dans lequel sont confondues les vacations et diligences, la contribution ne
s'exerce que sur la somme allouée pour l'original seulement (Ordonn. 26 juin
1822, art. 4).

37. Dans la classe des actes auxquels s'applique la disposition précitée, il
faut ranger les procès-verbaux de capture et d'emprisonnement d'un débiteur,
de mandats d'amener et de dépôt, de saisies de toute espèce, etc. Pour ces procès-verbaux, il n'est alloué à l'huissier qu'un seul droit, y compris l'exploit
de signification et la copie, et pour toutes les démarches que l'huissier peut
faire.

38. Mais, dans ces divers cas, aucune disposition législative ou réglementaire n'a spécifié le moyen de discerner le droit dû pour l'original d'avec celui
des copies, vacations et diligences. Il nous semble alors que c'est non à la
chambre de discipline, mais à la communauté elle-même, en assemblée générale, qu'il appartient de le déterminer.

39. Les émoluments des originaux des exploits et procès-verbaux portés
au répertoire de l'huissier consistent dans le droit qui lui est accordé par les
divers tarifs. C'est donc d'après ce droit qu'est déterminée la somme à verser
à la bourse commune.

40. Cette somme peut être fixée, comme nous l'avons vu (n° 25), dans la limite du vingtième au dixième ; elle ne peut être inférieure au vingtième, ni

excéder le dixième. Il résulte de là que tous les émoluments d'un acte portés au répertoire, et spécialement des protêts, ne peuvent être soumis au versement à la bourse commune. La délibération d'une communauté d'huissiers, qui aurait pour objet de les y assujettir, contiendrait évidemment une violation de l'art. 2 de l'ordonnance de 1822 et ne devrait point être homologuée par le tribunal (V. *Bull. spécial des huiss.*, année 1852, t. 8, p. 3).

41. La disposition de l'ordonnance du 26 juin 1822 (art. 1er), qui fixe pour chaque acte le *minimum* et le *maximum* de la mise à la bourse commune, est obligatoire, et ne peut être dépassée. Toute délibération qui enfreint cette disposition est nulle, d'une nullité d'ordre public, proposable même par les huissiers signataires (Arg. Angers, 23 avril 1842 : *Journ. du Palais*, t. 1er, 1842, p. 655).

42. Mais, lorsque la somme à verser à la bourse commune a été déterminée dans la limite légale, un huissier ne peut exciper du fait que des remises d'honoraires ont été par lui consenties pour ne verser qu'une somme inférieure à celle que versent ses confrères.

43. Vainement même, l'huissier prétendrait que l'acte lui ayant été remis tout fait, une partie seulement des droits fixés par le tarif a tourné à son profit. Il doit supporter personnellement les réductions qu'il s'est imposées. La Cour de Grenoble l'a jugé ainsi avec raison par arrêt du 19 avril 1815 (V. *J. Huiss.*, t. 10, p. 100 et suiv.). Et cette décision, quoique rendue sous l'empire du décret du 14 juin 1813, doit être suivie aujourd'hui.

44. Indépendamment de la portion de leurs émoluments, déterminée par l'art. 2 de l'ordonnance de 1822, les huissiers doivent verser encore à la bourse commune le quart des amendes prononcées pour délits ou contraventions relatifs à l'exercice de leur ministère, conformément à l'art. 100, non abrogé par l'ordonnance de 1822, du décret du 14 juin 1813.

45. Toutefois, cette disposition ne s'applique qu'aux amendes prononcées par les tribunaux contre les huissiers, *sur la poursuite du ministère public,* pour délits et contraventions relatifs à l'exercice de leur ministère; elle ne s'étend point aux autres amendes qu'ils peuvent encourir, et notamment aux amendes résultant des contraventions aux lois du timbre et de l'enregistrement (Décis. du cons. d'administr. du 21 oct. 1834; Décis. du ministre des fin. du 15 déc. 1835; Observ. insérées dans le *Journ. des Huiss.*, t. 17, p. 17.—V. cependant, en sens contraire, consultation de MM. Senart et Decorde, insérée dans le *Journ. des Huiss,*, t. 25, p. 289 et suiv.).

46. Les huissiers suspendus ou destitués doivent verser, dans les proportions légalement déterminées, les émoluments par eux perçus jusqu'à l'époque de la cessation effective de leurs fonctions (Ordonn. 26 juin 1822, art. 5).

47. La portion d'émoluments qui a été déterminée en exécution de l'art. 2 de l'ordonnance de 1822, pour être versée à la bourse commune, n'est point invariable. Elle peut, s'il y a lieu, être plus tard diminuée, et même augmentée, pourvu que ce soit toujours dans les limites légales (Ordonn. de 1822, art. 11).

48. Le droit de fixer la quotité des émoluments qui doit être versée en bourse commune, de diminuer ou d'augmenter cette quotité, appartient à chaque communauté réunie en assemblée générale. La délibération que prend à cet effet la communauté est soumise à l'homologation du tribunal, qui statue sur les conclusions du ministère public (Même ordonn., art. 11).

49. Nous avons vu précédemment (n° 24) qu'une partie des fonds de la bourse commune était convertie en un fonds de réserve, dont les intérêts devaient être successivement cumulés avec le capital jusqu'à ce que *l'intérêt annuel de la réserve suffît à la destination* déterminée par l'art. 1er de l'ordonnance du 26 juin 1822. Que conclure de là ? C'est que quand le revenu de la réserve est suffisant pour subvenir aux besoins de la communauté, celle-ci peut, par une délibération prise en assemblée générale, déclarer que ses membres ne feront plus aucun versement à la bourse commune. Et cette délibération doit, comme celle dont il s'agit au numéro précédent, être homologuée par le tribunal (V. *Bull. spécial des huiss.*, t. 2, p. 67 et suiv.).

50. Le tribunal n'ayant que le droit d'*homologuer* la délibération qui lui est soumise, il s'ensuit qu'il ne peut que la sanctionner ou la rejeter. Le droit d'homologation qui lui est dévolu ne lui confère donc pas celui de *modifier* la délibération, et moins encore celui d'en faire une autre d'*office*, et de la substituer à celle qui lui a été présentée, ni celui de contraindre les huissiers à continuer leur versement dans la bourse commune, alors que la communauté a déclaré suffisant le revenu du fonds de réserve. Autrement, il commettrait un excès de pouvoir (V. en ce sens, *J. Huiss.*, t. 14, p. 161 et suiv.; *Bull. spécial des Huiss.*, *loc. cit.*).

51. Mais quelle est la voie par laquelle doit être attaquée la décision du tribunal qui refuse d'homologuer la délibération d'une communauté d'huissiers, qui fixe, dans les limites de l'ordonnance du 26 juin 1822, la somme à verser par chacun dans la bourse commune, et détermine lui-même d'office la quotité du versement à faire? Nous pensons que c'est par la voie de l'appel. En effet, l'appel est, comme l'opposition, une voie qui existe en principe et sans qu'il soit besoin que la loi s'en explique, surtout en cas d'incompétence; il suffit qu'elle ne l'ait pas interdite. Or, l'ordonnance du 26 juin 1822, en conférant au tribunal le droit d'homologation, n'a pas dit que le tribunal statuerait définitivement ou en dernier ressort. Aucune autre disposition de loi n'a non plus privé la communauté d'huissiers du droit d'appeler, dans le cas dont il s'agit, de la décision rendue par le tribunal (V. aussi, en ce sens, *J. Huiss.*, t. 14, p. 164 *in fine*). — V. *Appel (en mat. civ.)*, n° 17.

52. L'appel doit être interjeté par le syndic, au nom de la communauté, et dirigé contre le ministère public.

§ 4. — *Versements.* — *Refus de paiement.* — *Comptes du trésorier.*

53. Les versements à la bourse commune sont faits par trimestre, entre les mains du trésorier de la chambre de discipline et dans les quinze jours qui suivent le trimestre expiré, sans distinction des actes dont l'huissier a été payé d'avec ceux dont le coût lui est encore dû (Ordonn. 26 juin 1822, art. 7).

54. A l'appui de chacun de ces versements, l'huissier, après que son répertoire a été visé par le receveur de l'enregistrement, en remet au trésorier de la chambre un extrait sur papier libre, lequel est par lui certifié véritable et contient en quatre colonnes le numéro d'ordre, la date des actes, leur nature et le coût de l'original (même ordonn., art. 8). En cas de refus par l'huissier de remettre la copie de son répertoire, il peut y être contraint par une condamnation, par corps, à 100 fr. d'amende (Décr. 14 juin 1813, art. 98).

55. Le syndic a le droit de se faire représenter l'original du répertoire, pour vérifier si la copie remise au trésorier y est conforme, et, dans le cas de la négative, l'huissier en fraude est condamné, par corps, à 100 fr. d'amende pour chaque article omis, ou infidèlement transcrit (Décr. 14 juin 1813, art. 99).

56. En instituant, dans chaque communauté d'huissiers, une bourse commune, le législateur a pourvu, en même temps, au moyen de contraindre les huissiers au versement de la portion des émoluments due par eux à la bourse commune. Ainsi, l'huissier, qui refuse d'effectuer ce versement, doit être condamné à une amende de 100 fr.; de plus, la contrainte par corps peut être prononcée contre lui, tant pour le paiement de cette amende que pour l'acquittement de la somme qu'il doit verser à la bourse commune (même décr., art. 98).

57. Le refus par un huissier de payer les droits à la bourse commune étant incontestablement un fait relatif à ses fonctions, il s'ensuit que c'est devant le tribunal civil qu'il doit être traduit à raison de ce refus; et la poursuite peut être dirigée contre lui, soit à la requête du syndic de la communauté, au nom de la chambre de discipline, soit à la requête du ministère public (même décr., art. 73; *Bull. spécial des Huiss.*, année 1852, t. 8, p. 36).

58. Le tribunal statue en assemblée générale à la chambre du conseil; et la décision, par laquelle il condamne un huissier à l'amende pour refus de versement à la bourse commune, n'est pas susceptible d'appel, même sous le prétexte qu'elle est entachée d'excès de pouvoir (Agen, 22 janv. 1851: *Bull. spécial des Huiss.*, t. 7, p. 225).

59. En ce qui concerne les amendes prononcées contre les huissiers, elles sont perçues en totalité par le receveur de l'enregistrement du chef-lieu de l'arrondissement, lequel tient compte, tous les trois mois, à la communauté des huissiers, du quart de ces amendes (Décr. 14 juin 1813, art. 100).

60. Nous avons dit que les versements devaient être faits entre les mains du trésorier. Celui-ci tient un registre coté et paraphé par le président du tribunal de première instance, et dans lequel il inscrit, jour par jour, ses recettes et dépenses. La chambre peut se faire représenter ce registre aussi souvent qu'elle le juge convenable, et l'arrêter par une délibération qui y est transcrite en double minute. Elle doit l'arrêter nécessairement tous les ans, lors de la vérification du compte général du trésorier (Décr. 14 juin 1813, art. 112).

61. Le trésorier est tenu, si l'assemblée générale l'exige, de fournir caution solvable pour le montant présumé de ses recettes pendant quatre mois (même décr., art. 110 et 113). Mais la communauté n'a pas de privilège sur le cautionnement déposé par le trésorier, en exécution d'une délibération de l'assemblée générale (jugement du trib. civ. de Caen, du 29 mai 1840).

62. Le trésorier rend chaque année, dans la première quinzaine d'octobre, le compte général de ses recettes et dépenses pendant l'année révolue. Ce compte est vérifié, arrêté et signé par chacun des membres de la chambre; il peut être débattu de la même manière que les comptes particuliers. Le délai pour prendre communication est de deux mois à partir du jour où la chambre a arrêté le compte (même décr., art. 110).

63. En cas de retard ou de refus de la part du trésorier, soit de rendre ses comptes, soit de remettre les sommes dues à la communauté, il peut y être contraint par toutes les voies ordinaires de droit et même par celle de la contrainte par corps (même décr., art. 111).

BOURSE DE COMMERCE.—Ce mot a deux acceptions : il s'emploie pour désigner la réunion qui a lieu, sous l'autorité du Gouvernement, des commerçants, capitaines de navire, agents de change et courtiers, pour leurs opérations de banque et de commerce (C. comm., art. 71),—et l'édifice dans lequel se tient cette réunion.—V. *Actes de commerce*, § 3.

BOURSIERS.—Sont rangés dans la septième classe des patentables.

BOUTEILLES (MARCHANDS DE).—Sont rangés dans la cinquième classe des patentables.

BOUTIQUE. — V. *Bail à loyer*, n° 6; *Fonds de commerce.*

BOUTONS (FABRICANTS DE). — Sont rangés dans la cinquième classe des patentables.

BOYAUDIERS.—1. Les boyaudiers sont rangés dans la sixième classe des patentables.

2. Leurs établissements sont classés comme insalubres. — V. *Établissements insalubres.*

BRACONNIER.—Celui qui a l'habitude de chasser furtivement, soit de nuit, soit de jour, sur le terrain d'autrui, pour y tuer ou prendre le gibier, dans le but de tirer parti de sa chasse comme marchandise.—V. *Chasse.*

BRAIS (FABRICANTS DE).—Sont patentables.

BRANCHE (GÉNÉALOGIE).—Cette expression s'emploie métaphoriquement pour désigner une portion d'une famille sortant d'une souche commune.—V. *Succession.*

BRANCHES. — 1. Celui sur la propriété duquel avancent les branches des arbres du voisin peut contraindre celui-ci à couper ces branches (C. civ., art. 672).—V. *Servitudes.*

2. L'action en élagage des branches d'arbres, qui s'étendent sur la propriété du voisin est une action pétitoire, et non possessoire.—V. *Action pétitoire, Action possessoire, Élagage, Juge de paix.*

3. Celui qui coupe dans les bois et forêts les principales branches des arbres est puni comme s'il les avait abattus sur pied (C. forest., art. 196). —V. *Forêts.*

BRANDONS.—1. On appelle ainsi le signe ou la marque placés sur un héritage dont les fruits pendants par branches ou par racines ont été saisis, dans le but de faire connaître que ces fruits se trouvent sous la main et l'autorité de la justice.

2. De là est venu le nom de *saisie-brandon.* Les formes de la saisie-brandon sont réglées par les art. 626 à 635, C. proc. civ. — V. *Saisie-brandon.*

BRASSERIE.—Les brasseries sont rangées dans la troisième classe des établissements dangereux, insalubres et incommodes (Décr. 15 oct. 1810). —V. *Établissements insalubres.*

BRASSEUR.—Les brasseurs sont patentables.

BREF DÉLAI.—1. Délai plus court que celui qui est ordinairement accordé à une partie pour comparaître en justice, et qui, pour cette raison, est appelé *délai extraordinaire* des ajournements.—V. *Ajournement,* n° 48.

2. Ou la loi elle-même permet, comme en matière de vérification d'écriture (C. proc. civ., art. 193), d'assigner à bref délai, ou la faculté d'assigner à bref délai résulte d'une ordonnance rendue sur requête, soit par le président du tribunal civil ou de commerce, soit par le juge de paix.—V. à cet égard, *Assignation à bref délai.*

BREF ÉTAT.—Compte établi par simple mémoire, à la différence de l'état de compte, dans lequel on détaille la recette et la dépense.—V. *Compte.*

BRETECQUE ou BRETESCHE. — Mot anciennement usité dans les villes de Flandre, pour désigner le lieu où se faisaient les publications de justice et proclamations publiques (Ducange, *Glossaire,* v° *Bretachiæ ;* Laurière, *Gloss. de droit franç.,* v° *Bretesche.*

BREVET.—On appelait ainsi, dans la coutume d'Etampes, une obligation ou reconnaissance de dette sous seing privé ; dans la coutume de Mantes, les actes rédigés par un notaire en forme authentique ; et, dans celle du Nivernais, les affiches que les huissiers devaient apposer à la porte du tribunal ou au portail de l'église, pour annoncer la saisie des héritages.

BREVET (ACTE EN).—1. On appelle ainsi les actes que les notaires délivrent en originaux, et dont, par conséquent, il ne reste point de minutes.

2. La règle est que les actes reçus par les notaires doivent être rédigés en minute ; il n'y a d'exception que pour ceux dont le contenu, la nature et les effets, ne présentent qu'un objet ou un intérêt simple en lui-même et passager (V. L. 25 vent. an 11, art. 20 ; Déclar. du roi, 7 déc. 1723).

3. Le créancier, en vertu d'une obligation délivrée en brevet, ne peut faire aucun acte d'exécution ; il doit obtenir jugement, de même que si sa créance ne résultait que d'un acte sous seing privé, avec cette différence pourtant qu'il est inutile de faire reconnaître la signature.

4. Toutefois, il est un moyen plus simple d'arriver à l'exécution d'une telle obligation : c'est de la faire revêtir de la forme exécutoire.—V. *Grosse*. A cet effet, le créancier la rapporte chez le notaire qui l'a reçue ; ce dernier en dresse acte de dépôt et délivre une grosse (Merlin, *Rép.*, v° *Acte notarié*, n° 16 ; Ferrière, t. 2, p. 513 et 514).—V. *contrà*, Toullier, t. 8, n° 422, qui pense que le créancier doit former sa demande en justice pour obtenir un titre exécutoire.

5. Le numéro précédent ne s'applique point aux billets à ordre.

6. Tous les exploits des huissiers se délivrent en brevet, moins cependant les procès-verbaux des ventes mobilières qu'ils reçoivent. — V. *Huissier*, *Minute*.

BREVET D'APPRENTISSAGE.—Acte écrit par lequel est constaté le contrat d'apprentissage. On donne quelquefois aussi ce nom au contrat lui-même.—V. *Apprentissage*.

BREVET D'INVENTION.—1. On appelle ainsi le titre délivré par le Gouvernement, et en vertu duquel l'auteur de toute nouvelle découverte ou invention, dans tous les genres d'industries, peut revendiquer le droit exclusif d'exploiter à son profit, pendant un temps déterminé, cette découverte ou invention.

Indication alphabétique des matières.

Action civile, 29, 31 et s.	Dommages-intérêts, 29, 37.	Notaire, 26.
— en déchéance, 46 et s.	Durée, 4.	Nullité, 43 et s.
— en nullité, 43 et s.	Election de domicile, 3.	Objets fabriqués, 20 et s.
— publique, 30, 31 et s.	Enregistrement, 8, 17, 18.	Opposition, 10 et s., 18.
Aliénation, 14 et s.	Etranger, 2.	Ordonnance, 33 et s.
Arrêté, 12.	Exceptions, 38 et s.	Plainte, 30.
Ayant droit, 50.	Expédition, 13.	Préfet, 6, 7.
Capacité civile, 2.	Expert, 34.	Perquisition, 35.
Cautionnement, 34, 35.	Failli, 2.	Procès-verbal, 6, 35, 42.
Cession, 15 et s.	Femme mariée, 2.	Produits, 20 et s.
Commissaire-priseur, 26.	Huissier, 10, 11, 17, 33 et s.,	Remise des objets contrefaits,
Compétence, 27, 31, 41, 51.	42.	29, 37, 42.
Confiscation, 37.	Interdit, 2.	Requête, 3, 33.
Contrefaçon, 28 et s.	Juge des référés, 27.	Saisie, 20 et s., 33 et s.
Créanciers, 19 et s.	Jugement, 42.	Signification, 42.
Déchéance, 46 et s.	Lettre, 3.	Sommation, 17.
Délai, 36.	Mémoire, 3.	Taxe, 7.
Demande de brevet (formalités),	Mineur, 2.	Titre, 5.
3 et s.	Ministère public, 30, 48, 49.	Tribunal civil, 27, 51.
Dépôt, 3, 6.	Mise en cause, 50.	— correctionnel, 31, 41.
Description, 5, 33 et s.	Mort civilement, 2.	Vente, 20, 25 et s.

§ 1er. — *Demande en délivrance : formalités. — Cession ou vente, saisie du brevet.*

§ 2. — *Action en contrefaçon.*

§ 3. — *Actions en nullité et déchéance.*

FORMULES.

§ 1er. — *Demande en délivrance : formalités.* — *Cession ou vente, saisie du brevet.*

2. Pour la délivrance d'un brevet, le Gouvernement n'a pas le droit de s'enquérir de la capacité civile ou de la qualité du requérant. Ainsi, il ne doit pas rechercher s'il s'agit d'un mort civilement, d'un interdit, d'un failli, d'un mineur, d'une femme mariée, si ces personnes justifient des consentements et formalités qui leur sont nécessaires pour agir, si le requérant est Français ou étranger.

3. La demande en obtention et délivrance de brevet peut être faite double, par lettre, mémoire ou requête. Elle doit être adressée au ministre de l'agriculture et du commerce, et être déposée sous cachet, au secrétariat de la préfecture, dans le département où est domicilié l'impétrant, ou dans tout autre département, en y élisant domicile (L. 5 juill. 1844, art. 5).

4. La demande doit être limitée à un seul objet principal, à moins que les inventions ne soient liées entre elles ; elle doit mentionner la durée que les inventeurs entendent assigner à leur brevet, dans les limites fixées par l'art. 4 de la loi de 1844, c'est-à-dire qu'ils doivent dire si c'est pour cinq ans, ou pour dix, ou pour quinze, qu'ils veulent se le faire délivrer (L. 5 juill. 1844, art. 6) ; elle ne doit contenir ni restriction, ni conditions, ni réserves.

5. Elle doit indiquer un titre renfermant la désignation sommaire et précise de l'objet de l'invention (même loi, art. 6), afin qu'elle puisse être individualisée par une dénomination brève qui la distingue des autres inventions brevetées, et contenir une description de l'invention (art. 5). Cette description doit être telle qu'elle suffise pour l'exécution de l'invention.

6. Le dépôt de la demande et des pièces qui y sont jointes est constaté par un procès-verbal, dressé sans frais par le secrétaire général de la préfecture sur un registre à ce destiné, et une expédition de ce procès-verbal est remise au déposant, moyennant le remboursement des frais de timbre (art. 7).

7. Dans les cinq jours de la date du dépôt, les préfets transmettent les pièces, sous le cachet de l'inventeur, au ministère de l'agriculture et du commerce, en y joignant une copie notifiée du procès-verbal de dépôt et le récépissé constatant le versement de la taxe à laquelle la délivrance du brevet est soumise (art. 9).

8. A l'arrivée des pièces au ministère de l'agriculture et du commerce, il est procédé à l'ouverture, à l'enregistrement des demandes et à l'expédition des brevets, dans l'ordre de la réception desdites demandes (art. 10).

9. Les brevets dont la demande a été *régulièrement formée*, c'est-à-dire précédée des formalités qui viennent d'être indiquées, sont délivrés *sans examen préalable*, aux risques et périls des demandeurs et sans garantie, soit de la réalité, de la nouveauté ou du mérite de l'invention, soit de la fidélité ou de l'exactitude de la description (art. 11, § 1er).

10. Tous ceux qui croient avoir droit et intérêt à empêcher qu'un brevet soit obtenu peuvent s'opposer à sa délivrance entre les mains du ministre. L'opposition doit être formée par exploit du ministère d'un huissier. Le ministre entre les mains duquel cette opposition a été formée, ne peut délivrer le brevet tant que les tribunaux n'ont pas statué sur la contestation qu'elle a fait naître (Et. Blanc, *L'Inventeur breveté* ou *Code des inventions*, p. 278 et 279).

11. La mainlevée de cette opposition peut être donnée, avant toute décision judiciaire, soit par acte notarié, soit par acte d'huissier (Et. Blanc, *loc. cit.*).

12. Quand la demande est reconnue régulière, et qu'il n'existe aucune opposition, le ministre rend un arrêté qui constate, non point le mérite et la priorité de l'invention ou de la découverte, mais la priorité de la demande ; et c'est cet *arrêté* qui constitue le *brevet* d'invention (L. 5 juill. 1844, art. 11, § 2).

13. La première expédition de cet arrêté est délivrée sans frais. Toute expédition ultérieure, demandée par le breveté ou ses ayants cause donne lieu au paiement d'une taxe de 25 fr. (même article, §§ 4 et 5). A chaque expédition est joint, si l'impétrant le demande, le duplicata certifié de la description et des dessins qui ont dû accompagner la demande (même article, §§ 3 et 6).

14. Le brevet d'invention est, pour celui qui l'a obtenu, un bien mobilier (Renouard, *Des Brevets d'invention*, n° 25), qu'il a le pouvoir d'aliéner, comme tous ses autres biens.

15. Le mode d'aliénation ordinairement employé est la cession. La cession peut être totale ou partielle, à titre gratuit ou à titre onéreux ; elle ne peut être faite que par acte notarié (L. 5 juill. 1844, art. 20, § 1er).

16. Mais, à l'égard des tiers, la cession n'est valable qu'après avoir été enregistrée au secrétariat de la préfecture du département dans lequel l'acte a été passé (même article, § 2). De plus, la cession doit être inscrite sur un registre tenu au ministère de l'agriculture et du commerce (art. 21).

17. La sommation faite par un huissier au préfet d'opérer l'enregistrement de la cession ne peut équivaloir à l'enregistrement lui-même. Ainsi, elle ne suffit point pour donner au cessionnaire le droit de poursuivre en cette qualité les fabricants ou vendeurs de produits contrefaits (Cass., 12 mai 1849 : V. *Bull. spécial des Huiss.*, année 1851, t. 7, p. 190).

18. De même que toute partie intéressée a le droit de former opposition à la délivrance du brevet, on peut aussi s'opposer à l'enregistrement d'une cession ; et alors il doit être sursis à l'enregistrement du brevet jusqu'à ce qu'il ait été statué par l'autorité judiciaire (Et. Blanc, p. 527).

19. Toutefois, la cession n'est pas le seul mode duquel puisse résulter l'aliénation du brevet. Le breveté peut, en effet, l'aliéner en contractant une dette, en s'obligeant. Comme tous ses autres biens, le brevet est le gage de ses créanciers.

20. Il résulte de là que les créanciers du breveté peuvent saisir et faire vendre la propriété du brevet lui-même et les produits provenant de la fabrication (Renouard, *Des Brevets d'invention*, n° 108 ; Gouget et Merger, *Dictionn. de droit comm.*, v° *Invention*, n° 360 ; *J. Huiss.*, année 1851, t. 32, p. 229).

21. Mais ni la loi du 5 juillet 1844, ni aucun auteur, ne s'expliquent sur le mode d'exécution à employer, lorsqu'il y a lieu de saisir un brevet d'invention et les objets fabriqués. Par quelle voie doit-il donc être procédé ?

22. En examinant cette question dans le *Journal des Huissiers* (t. 32, p. 229), nous avons exprimé l'opinion que, en principe, la voie de la saisie-arrêt ne pouvait être employée, parce qu'elle supposait toujours et nécessairement que les choses mobilières appartenant au débiteur se trouvaient entre les mains d'un tiers, et qu'on devait agir par voie de saisie-exécution, laquelle s'appliquait à tous les meubles et effets mobiliers, susceptibles de faire l'objet d'un commerce, qui étaient entre les mains du débiteur, mais que si le brevet se trouvait entre les mains d'un tiers, étant resté la propriété du débiteur, on pourrait alors procéder par la voie de la saisie-arrêt. Dans l'un et l'autre cas, la saisie devrait être dénoncée au ministre de l'agriculture et du commerce.

23. La saisie d'un brevet d'invention, ainsi faite, produirait assurément des effets légaux ; on ne pourrait en contester la validité, l'efficacité. Toutefois, nous croyons qu'il est une autre voie à suivre, plus conforme à l'esprit de la loi du 5 juillet 1844. En effet, d'après cette loi (V. *supra*, n° 13), ce n'est pas la minute même, l'original même du brevet, qui est délivré au breveté, mais seulement une expédition. Le breveté n'a qu'une copie du titre, lequel reste dans les mains du ministre de l'agriculture et du commerce. Il nous semble, dès lors, qu'il y aurait lieu de saisir le titre du brevet entre les mains du ministre, en s'opposant à ce qu'il en soit ultérieurement délivré aucune expédition, et de dénoncer ensuite cette saisie au breveté. Nous ne pouvons dissimuler qu'examen nouveau fait de la question, ce dernier mode de procéder nous paraît préférable à celui que nous avions d'abord indiqué.

24. Le brevet et les produits peuvent être saisis en même temps; et, dans ce cas, les produits peuvent être vendus avec le brevet. Mais s'il arrive que ces produits soient saisis séparément, rien n'empêche qu'ils ne soient vendus séparément, avant ou après la vente du brevet lui-même. Toutefois, il y aurait peut-être plus d'avantage à les vendre avec le brevet, et en même temps. Il est impossible de donner à cet égard une règle fixe : tout dépend des circonstances (V. *J. Huiss.*, t. 32, p. 230).

25. Quant à la vente du brevet par suite de saisie, elle peut avoir lieu, d'abord, au moyen d'une cession faite par le débiteur, du consentement de ses créanciers. Mais s'il refuse de faire cette cession, ceux-ci peuvent faire vendre le brevet par la voie de l'adjudication, c'est-à-dire publiquement et aux enchères. M. Renouard, *Des Brevets d'invention,* n° 109, suppose avec raison que la vente peut en être ainsi faite.

26. Mais à qui des commissaires-priseurs ou des notaires appartient le droit d'y procéder? M. Renouard, *loc. cit.*, décide, avec un arrêt de la Cour de Paris du 4 décembre 1823, que ce droit appartient exclusivement aux notaires. Cette décision nous paraît reposer d'ailleurs sur les termes précis de la loi du 5 juillet 1844, qui veut que toute cession de brevet soit faite par acte notarié (V. *suprà*, n° 15). C'est aussi, du reste, ce que la Cour de cassation a décidé suivant arrêt du 15 février 1826 (V. *J. Huiss.*, t. 7, p. 173), par lequel elle a rejeté le pourvoi qui avait été formé contre l'arrêt précité de la Cour de Paris du 4 décembre 1823.

27. Toutefois, la vente publique et aux enchères du droit à un brevet d'invention ne peut avoir lieu que par autorité de justice. Le droit de l'ordonner n'entre pas dans les attributions du juge des référés, mais bien dans celles du tribunal, qui statue après avoir entendu tous les parties (V. *J. Huiss.*, t. 32, p. 230).

§ 2. — *Action en contrefaçon.*

28. Le brevet étant une véritable propriété, il suit que la contrefaçon qui détruit en partie cette propriété est interdite. En effet, par cela seul que le brevet attribue un droit privatif, il porte en lui-même, et pour le temps de sa durée, la défense d'exploiter, au détriment du breveté, le procédé inventé, perfectionné ou importé.

29. De ce principe il résulte que, si le propriétaire d'un brevet est troublé dans l'exercice de son droit exclusif, il peut se pourvoir par action civile contre l'auteur du trouble, c'est-à-dire le contrefacteur et ceux qui ont récélé, exposé en vente ou vendu les objets contrefaits, afin d'obtenir la remise desdits objets contrefaits, et, en outre, s'il y a lieu, des dommages-intérêts. — V. *infrà*, n° 37.

30. La contrefaçon donne lieu, en outre, à une action de la part du ministère public pour l'application au contrefacteur et aux personnes susdésignées des peines prononcées par les art. 40, 41, 42 et 43 de la loi du 5 juillet 1844. — Mais cette dernière action ne peut être exercée que sur la plainte de la partie lésée (même loi, art. 45).

31. L'action civile de la partie et l'action publique résultant de la contrefaçon sont de la compétence du tribunal de police correctionnelle (L. 25 mai 1838, art. 20; L. 5 juin 1844, arg., art. 46).

32. Le propriétaire breveté qui se plaint doit avant tout faire constater les faits de contrefaçon.

33. A cet effet, il présente une requête au président du tribunal de première instance afin d'être autorisé à faire procéder par tous huissiers chez tous détenteurs à la désignation et description détaillées, avec ou sans saisie, des objets prétendus contrefaits (L. 5 juin 1844, art. 47).

34. L'ordonnance est rendue sur la seule représentation du brevet ; elle contient, s'il y a lieu, nomination d'un expert pour aider l'huissier dans sa description ; lorsqu'elle permet la saisie, elle peut imposer au requérant un cautionnement qu'il est tenu de consigner avant de procéder. Si le réquérant est étranger, la saisie ne peut être permise sans cautionnement (même loi, art. 47).

35. En vertu de l'ordonnance, l'huissier se présente au domicile du détenteur, contrefacteur ou autre ; il doit lui signifier cette ordonnance ainsi que l'acte constatant le dépôt du cautionnement, à peine de nullité et de dommages-intérêts (même loi, art. 47).—Ensuite, il fait sommation de représenter les objets contrefaits ; si on les représente, il en constate le nombre, les détaille avec précision et les saisit, s'il y a lieu ; si l'on refuse de les représenter, ou si l'huissier pense qu'on ne lui en représente qu'une partie, il procède à une perquisition, décrit tous ceux qu'il rencontre, et les saisit, si l'ordonnance le prescrit ; enfin, dans tous les cas, il établit un gardien des objets contrefaits. — Il dresse du tout un procès-verbal minutieux, dont il doit laisser copie.— V. *Formule* 1.

36. Les objets contrefaits ainsi placés sous la main de justice, le breveté doit, à peine de nullité de la saisie et de dommages-intérêts, former sa demande dans le délai de huitaine, outre un jour par trois myriamètres de distance entre le lieu où se trouvent les objets saisis ou décrits et le domicile du détenteur (L. 5 juillet 1844, art. 48).

37. Cette demande a pour objet, comme nous l'avons dit (V. n° 29), la confiscation et la remise au propriétaire du brevet, des objets contrefaits et celle des instruments et ustensiles destinés spécialement à leur fabrication, et en outre l'obtention de dommages-intérêts, et la condamnation à l'affichage du jugement (même loi, art. 49). — V. *Formule* 2.

38. Le défendeur peut proposer deux sortes d'exceptions.

39. Il peut prétendre que l'objet saisi ou décrit n'est point une contrefaçon ; qu'il est le résultat de procédés différents de ceux du demandeur. Dans ce cas, il devient utile de recourir à la description des procédés de l'inventeur, déposés par lui pour obtenir le brevet ; ensuite d'entendre les témoins du défendeur sur les moyens de fabrication employés par ce dernier ; enfin, si l'identité des objets est niée, d'ordonner une comparaison des objets par des gens de l'art.

40. Le demandeur peut aussi soutenir qu'il est dans l'un des cas de nullité ou déchéance indiqués, *infrà*, n°s 43 et suiv.

41. Le tribunal correctionnel a le droit de statuer sur ces exceptions, et même sur celles relatives à la propriété du brevet (L. 5 juillet 1844, art. 46).

42. Le jugement rendu doit être signifié tant à la partie qu'au gardien, avec sommation de remettre à l'huissier, aux offres d'en donner quittance. — Le gardien fait la remise, l'huissier constate ce fait et transporte les objets au domicile du requérant, lequel lui en donne décharge. Il est dressé procès-verbal du tout. — V. *Formule* 3.

§ 3. — *Actions en nullité et déchéance.*

43. Sont nuls, et de nul effet, les brevets délivrés dans les cas suivants, savoir :

1° Si la découverte, invention ou application n'est pas nouvelle ;

2° Si la découverte, invention ou application n'est pas, aux termes de l'art 3, susceptible d'être brevetée ;

3° Si les brevets portent sur des principes, méthodes, systèmes, découvertes et conceptions théoriques ou purement scientifiques, dont on n'a pas indiqué les applications industrielles ;

4° Si la découverte, invention ou application est reconnue contraire à l'ordre ou à la sûreté publique, aux bonnes mœurs ou aux lois du royaume ; sans préjudice, dans ce cas et dans celui du paragraphe précédent, des peines qui pourraient être encourues pour la fabrication ou le débit d'objets prohibés ;

5° Si le titre sous lequel le brevet a été demandé indique frauduleusement un objet autre que le véritable objet de l'invention ;

6° Si la description jointe au brevet n'est pas suffisante pour l'exécution de l'invention, ou si elle n'indique pas, d'une manière complète et loyale, les véritables moyens de l'inventeur ;

7° Si le brevet a été obtenu contrairement aux dispositions de l'art. 18 (L. 5 juillet 1844, art. 30).

44. Sont également nuls, et de nul effet, les certificats comprenant des changements, perfectionnements ou additions qui ne se rattacheraient pas au brevet principal (même article).

45. N'est pas réputée nouvelle toute découverte, invention ou application qui, en France ou à l'étranger, et antérieurement à la date du dépôt de la demande, aura reçu une publicité suffisante pour pouvoir être exécutée (même loi, art. 31).

46. Est déchu de tous ses droits :

1° Le breveté qui n'aura pas acquitté son annuité avant le commencement de chacune des années de la durée de son brevet ;

2° Le breveté qui n'aura pas mis en exploitation sa découverte et invention en France, dans le délai de deux ans, à dater du jour de la signature du brevet, ou qui aura cessé de l'exploiter pendant deux années consécutives, à moins que, dans l'un ou l'autre cas, il ne justifie des causes de son inaction ;

3° Le breveté qui aura introduit en France des objets fabriqués en pays étranger et semblables à ceux qui sont garantis par son brevet (même loi, art. 32).

47. Toute personne y ayant intérêt peut intenter l'action en nullité et l'action en déchéance (même loi, art. 34).

48. Dans les cas prévus par les n°s 2, 4 et 5 de l'art. 30, le ministère public a aussi le droit d'intenter les mêmes actions (même loi, art. 37).

49. Dans toute instance formée par les particuliers, le ministère public a le droit d'intervenir et de prendre des réquisitions pour faire prononcer la nullité ou la déchéance (même loi, art. art. 37).

50. L'action est formée contre le propriétaire du brevet. — Toutefois, on doit mettre en cause les ayants droit au brevet dont les titres ont été enregistrés au ministère de l'agriculture et du commerce (même loi, art. 38).

51. Les actions en déchéance ou en nullité sont de la compétence du tribunal de première instance (même loi, art. 34) du domicile du titulaire du brevet; et cela encore qu'elles soient intentées tant contre ce dernier que contre un ou plusieurs cessionnaires partiels.

52. La demande n'est à autres fins que de faire prononcer la nullité ou la déchéance, afin d'affranchir l'industrie du monopole établi par le brevet. — V. Formule 4.

53. Lorsque la nullité ou la déchéance absolue d'un brevet aura été prononcée par jugement ou arrêt ayant acquis force de chose jugée, il en sera donné avis au ministre de l'agriculture et du commerce, et la nullité ou la déchéance sera publiée (L. 5 juillet 1844, art. 39).

Formules.

1. *Procès-verbal de description et de saisie.*

L'an . . . . ., à la requête de . . . . ., breveté (*énoncer le brevet*), j'ai . . . . . signifié et avec celle des présentes donné copie à . . . . . .; 1° de la requête et de l'ordonnance (*les analyser*); 2° de l'acte constituant le dépôt du cautionnement (*l'analyser*), à ce qu'il n'en ignore.

Et de suite, à même requête, j'ai huissier soussigné, assisté de . . . . ., expert nommé par l'ordonnance susdatée afin de m'aider de ses lumières dans les descriptions ci-après, fait sommation audit sieur . . . . . . de me représenter, pour en faire la description (*désigner ici les objets contrefaits*), à laquelle représentation le sieur . . . . . ., s'est formellement refusé ;— vu lequel refus, j'ai procédé, au domicile du sieur . . . . ., aux recherches nécessaires, et par suite j'ai découvert : 1° dans *telle* pièce, *tels* objets ; 2° dans telle autre pièce, etc...; — tous lesquels objets j'ai ainsi décrit, aidé par mondit sieur . . . . ., saisi et mis sous la main de la loi et justice. Pour la garde et conservation de ces mêmes objets j'ai sommé le sieur . . . . . de me fournir un gardien solvable, ce qu'il a refusé de faire ; en conséquence j'ai établi d'office, comme gardien judiciaire, le sieur . . . . . ., qui a déclaré se charger de cette mission aux obligations et salaires de droit. Le tout fait et arrêté en présence de . . . . . . témoins qui ont signé avec moi, le gardien et l'expert, ces présentes et la copie : le sieur . . . ayant refusé de signer. Et j'ai à ce dernier, au domicile et parlant comme dessus, laissé copie tant du présent que des requête, ordonnance et dépôt susdatés.— Coût.

V. n° 35. — Coût et enregistrement de l'exploit.—V. *Saisie-exécution.*

2. *Demande en attribution des objets saisis et en dommages-intérêts.*

L'an . . . . ., à la requête de. . . . . ., j'ai . . . . . donné citation à comparaître devant . . . . . le . . . . . heure de . . . . . pour, attendu que, suivant arrêté (*énoncer le brevet*); attendu que, depuis le . . . . ., le sieur . . . . . . a fabriqué par les mêmes moyens que ceux inventés par le requérant et mis en vente une grande quantité d'objets contrefaits ; attendu que la preuve de ces faits sera faite et que d'ailleurs elle résulte d'un procès-verbal de saisie des objets contrefaits qui ont pu être trouvés, dressé par . . . . . .—Voir dire que lesdits objets saisis seront confisqués et attribués au requérant ; que le gardien constitué sur ledit procès-verbal de saisie, sera tenu de remettre lesdits objets à celui-ci, sur la signification du jugement à intervenir, que ce dernier sera autorisé à saisir, partout où il les rencontrera, les objets de même nature et fabrique, s'entendre en outre ledit sieur . . . . condamner en . . . . . de dommages-intérêts ; à l'affiche du jugement en tant d'exemplaires et aux dépens sous toutes réserves. Et j'ai . . . . . . Coût . . . . . .

V. n° 37. — Coût et enregistrement de l'exploit. — V. *Action civile.*

3. *Signification du jugement et remise des objets contrefaits.*

L'an . . . . ., à la requête de. . . . . ., qui élit domicile à . . . . ., j'ai signifié et avec celle des présentes donné copie : 1° à . . . . . partie condamnée ; 2° et à . . . . . gardien, de la grosse d'un jugement (*l'analyser*), à ce qu'ils n'en ignorent. Et de suite, j'ai fait sommation au sieur . . . . ., gardien, de me représenter les objets confiés à sa garde par mon procès-verbal de description et saisie du . . . . ., ce qu'il nous a fait à l'instant même. Et après avoir vérifié lesdits objets, et reconnu qu'il n'en manque aucun, et qu'aucun d'eux n'a été détérioré, j'ai fait transporter les mêmes objets, consistant en . . . . ., au domicile de mon requérant, auquel je les ai remis, ainsi qu'il l'a reconnu en signant ces présentes. En conséquence, j'ai accordé au sieur . . . . ., gardien, décharge pleine et entière. Le tout fait et dressé en présence de . . . . . témoins qui ont signé avec moi et le gardien. Et j'ai délivré copie des présentes, tant à mondit sieur . . . . ., en son domicile, qu'au sieur . . . . . gardien, au domicile de mon requérant, où il m'a accompagné.

V. n° 42. — Coût de l'exploit.—V. *Saisie-exécution.*

Enregistrement de l'exploit, 4 fr. 40 c. (L. du 22 frim. an 7, et 8 avr. 1816).—V. *Enregistrement.*

4. *Demande en déchéance.*

L'an . . . . ., à la requête de. . . . . , (*constituer avoué et donner copie*) . . . . .

j'ai . . . . . ., donné assignation à . . . . . . à comparaître le . . . . . ., pour : attendu que (*énoncer le brevet*); attendu que le procédé pour lequel ce brevet a été accordé était découvert avant l'obtention dudit brevet; que ce même procédé se trouve décrit dans un ouvrage publié par M. . . . et imprimé à . . . . en l'année. . . . .; attendu dès lors qu'il y a lieu de prononcer la déchéance dudit brevet aux termes de l'art. 30 de la loi du 5 juill, 1844;—Voir dire et ordonner que ledit sieur . . . . . . sera déchu du droit que lui conférait le brevet du . . . . . . d'exploiter exclusivement *tel* procédé; que ce procédé tombera dans le domaine public et que chacun pourra en profiter comme d'un droit acquis à la société; et en outre s'entendre condamner aux dépens, sous toutes reserves.

V. n° 52. — Coût. — V. *Ajournement.*

Enregistrement de l'exploit, 2 fr. 20 c. (L. 28 avril 1846, art. 43).

BRIEF. — Terme employé dans plusieurs coutumes et anciennes ordonnances comme synonyme de *brevet* (V. ce mot), pour désigner les originaux des actes reçus par les notaires et les autres actes publics. — V. *Minute, Original.*

BRIOLEURS. — Les brioleurs avec bêtes de somme sont rangés dans la huitième classe des patentables.

BRIOU (FABRICANTS DE). — Sont rangés dans la sixième classe des patentables.

BRIQUES (FABRICANTS ET MARCHANDS DE).—Sont patentables.

BRIQUETERIE. — Les briqueteries sont classées parmi les établissements insalubres.—V. *Etablissements insalubres.*

BRIQUETS (FABRICANTS ET MARCHANDS DE).—Sont patentables.

BRIS DE CLOTURE. — Action de détruire à dessein ce qui sert à enclore l'héritage d'autrui. Cette action constitue un délit puni par l'art. 406, C. pén., de peines correctionnelles. — V. *Clôture, Destruction de clôtures.*

BRIS DE SCELLÉS.— Action de briser des scellés apposés soit par ordre du Gouvernement, soit en vertu d'une ordonnance de justice rendue en quelque matière que ce soit (V. C. pén., art. 249 et suiv.)—V. *Scellés.*

BROCANTEURS. — Les brocanteurs en boutique ou sans boutique sont patentables.

BROCARDS. — Maximes de droit, qui n'ont pas force de loi, mais sont souvent invoquées avec avantage dans la pratique. — V. *Adage, Loi.*

BROCHES A FILATURE (FABRICANTS DE).—Sont patentables.

BRODERIES (FABRICANTS ET MARCHANDS DE). — Sont patentables.

BRONZE (MARCHANDS DE). — Sont patentables.

BROSSIERS.— Les fabricants et marchands brossiers sont patentables.

BROUILLON. — Ce qui est écrit d'abord pour être mis ensuite au net. — Les huissiers ne sont pas tenus de représenter les brouillons sur lesquels un acte de leur ministère a été rédigé. Mais ils peuvent avoir intérêt à les représenter, lorsque, par exemple, ils leur ont été remis par la partie avec ordre de les mettre au net pour les signifier tels quels, et que l'acte est déclaré nul. De cette manière, ils peuvent se faire décharger de la responsabilité qu'autrement ils pourraient encourir.—V. *Huissier, Responsabilité.*

BRUNISSEURS. — Sont rangés dans la septième classe des patentables.

BRUYÈRES. — Tout enlèvement de bruyères non autorisé donne lieu à une amende et à des dommages-intérêts (C. forest., art. 57, 58, 144 et 202; C. civ., art. 1382).

BUCHES ET BRIQUETTES FACTICES (MARCHANDS DE).— Sont patentables.

BUFFLETIERS (FABRICANTS ET MARCHANDS). — Sont patentables.

BUIS (MARCHANDS DE). — Sont rangés dans la sixième classe des patentables.

BULLETIN D'AVERTISSEMENT.—On appelle ainsi l'avertissement écrit ou imprimé que, dans certains tribunaux, le greffier est dans l'usage d'adresser aux avoués, pour leur annoncer que telle cause dans laquelle ils occupent est distribuée, remise, indiquée ou rayée du rôle.

BULLETIN DE DÉPOT.—**1.** Récépissé donné par les conservateurs des hypothèques, des pièces qu'on leur dépose pour être inscrites ou transcrites.

2. On ne peut se refuser à délivrer ni à prendre un bulletin de dépôt (Décis. du min. des finances, du 8 août 1821).

3. Lorsque plusieurs pièces sont déposées en même temps, un seul bulletin suffit (Décis. du min. des finances, 22 août 1823).

4. Le bulletin doit être délivré sur timbre de 35 c.

5. Les conservateurs sont tenus de garder les bulletins de dépôt qui leur ont été rapportés par les parties, lors du retrait des pièces revêtues de la formalité. Lorsque ces bulletins ne leur sont pas remis, ils doivent faire souscrire par les parties une décharge constatant le retrait des pièces (Instr. de la régie du **17 juin 1835** : *J. Huiss.*, t. 16, p. 348).

BULLETIN DES LOIS. — Recueil officiel des lois et actes du Gouvernement, créé par la loi du 14 frimaire an 2, et maintenue par celle du 12 vendémiaire an 4.

BUREAU D'AFFAIRES.—V. *Acte de commerce*, nᵒˢ 126 et suiv.

BUREAU DE BIENFAISANCE.—Établissement chargé d'administrer les biens provenant de fondations au profit des pauvres, de recevoir les aumônes et de distribuer les secours à domicile. Les biens des bureaux de bienfaisance sont administrés comme ceux des hospices (Ordonn. 31 oct. 1821). — V. *Autorisation de plaider,* nᵒˢ 29 et suiv., *Bail administratif,* nᵒˢ 15 et suiv., et *Établissements publics.*

BUREAU DE CONCILIATION.—Lieu où le juge de paix entend les parties pour essayer de les concilier sur une affaire qui excède sa compétence. — Ce lieu est quelquefois aussi appelé *bureau de paix.* — V. *Conciliation.*

BUREAU DE DISTRIBUTION D'IMPRIMÉS (ENTREPRENEURS DE).—Sont rangés dans la cinquième classe des patentables.

BUREAU DE PLACEMENT.—Les personnes qui tiennent un bureau de placement sont patentables.

BUREAUX D'ENREGISTREMENT. — **1.** Lieux où les actes et exploits sont enregistrés et les droits d'enregistrement perçus.

2. Les bureaux d'enregistrement doivent être ouverts tous les jours, quatre heures le matin et quatre heures le soir, excepté les dimanches et jours fériés. —V. *Jour férié.* Les heures de séance doivent être affichées à la porte extérieure (L. 25 mai 1791, tit. 2, art. 11).—V. *Enregistrement.*

BUREAUX DES HYPOTHÈQUES.—Lieux où on remplit les formalités hypothécaires. — V. *Hypothèque, Inscription hypothécaire, Transcription.*

BUSTES (MOULEURS ET FABRICANTS DE). — Sont patentables.

BUVETTE.—On appelait ainsi, dans l'ancien droit, une sorte de cabaret qui était situé près du palais, et quelquefois au palais même, et où les officiers de judicature allaient habituellement déjeuner ou se rafraîchir.

C

CABAL, CABAN ou **CABAU.**—Dans certaines coutumes, ce mot s'employait pour désigner le fonds d'un négoce ou trafic, c'est-à-dire les denrées et marchandises destinées à être vendues. Dans d'autres, il désignait une partie du prix d'un bail à cheptel que le propriétaire des bestiaux donnés à bail avait le droit de retenir. Enfin, encore aujourd'hui, ce mot est usité dans certaines contrées du midi de la France et sert à désigner les bestiaux qui garnissent une ferme.

CABANE.—La rupture ou destruction des cabanes de gardiens dans les champs est punie d'un emprisonnement d'un mois au moins et d'un an au plus, et d'une amende qui ne peut excéder le quart des restitutions et dommages-intérêts, ni être au-dessous de 16 fr. (C. pén., art. 451 et 455).

CABARET. — 1. Lieu public où l'on fait commerce de vendre du vin en détail, et où l'on donne à boire et à manger, mais sans loger.

2. Ceux qui exercent cette industrie se nomment *Cabaretiers* et sont commerçants.

3. Ils sont rangés dans la sixième classe des patentables, s'ils ne tiennent pas billards; mais, dans le cas contraire, ils sont rangés dans la cinquième classe.

4. Sur le point de savoir si les huissiers peuvent tenir un cabaret, voy. *Auberge, Billard, Café, Huissier.*

CABAS (FAISEURS DE). — Sont rangés dans la huitième classe des patentables.

CABINET DE FIGURES EN CIRE.—Les personnes qui tiennent un cabinet de figures en cire sont rangées dans la septième classe des patentables.

CABINET DE LECTURE.—1. Celui qui tient un cabinet de lecture est commerçant; il est rangé dans la sixième classe des patentables, s'il donne à lire les journaux et les nouveautés littéraires, et dans la septième, s'il donne à lire les journaux seulement.

2. Mais l'entrepreneur d'un cercle de lecture ne peut être considéré comme commerçant, même dans le cas où il fournit aux abonnés du café et des rafraîchissements (Grenoble, 12 déc. 1829).

CABINET PARTICULIER DE TABLEAUX. — Les personnes qui tiennent un cabinet particulier de tableaux, d'histoire naturelle et d'antiquités, sont rangées dans la septième classe des patentables.

CABINETS D'AISANCE PUBLICS.—Les personnes tenant des cabinets d'aisance publics sont rangées dans la sixième classe des patentables.

CABOTAGE.—Navigation qui se fait, de cap en cap et de port en port, sur une même côte ou sur des côtes différentes.

CABRIOLETS (LOUEURS DE).—Sont patentables.

CACHEMIRES (MARCHANDS DE).—Les marchands de cachemires de l'Inde sont rangés dans la première classe des patentables.

CACHET. — **1.** Empreinte apposée sur une lettre, un sac de procédure, ou sur des actes.

2. La grosse d'un acte notarié, en vertu de laquelle on exécute, doit, indépendamment de la signature du notaire, porter l'empreinte de son cachet (L. 25 vent. an 11, art. 27).—V. *Exécution, Sac de procédure, Sceaux.*

CADASTRE. — **1.** Registre public contenant le détail, la quantité, la qualité et la nature des terres de chaque commune. Il sert de base à la répartition de l'impôt foncier.

2. Chaque propriétaire a le droit de se procurer un extrait du plan parcellaire en ce qui concerne ses propriétés. A cet effet, il s'adresse au géomètre en chef, et paie le coût de l'extrait d'après un tarif arrêté par le préfet (Règl. gén. du 10 oct. 1821, art. 35).

3. Les états de sections et les matrices de rôles sont rédigés sur le cadastre, arrêtés par le préfet, et adressés à chaque commune en même temps que le rôle cadastral. Chaque propriétaire est prévenu de leur envoi par un avertissement particulier, et a le droit d'en prendre communication à la mairie, afin de réclamer contre les erreurs qui auraient pu avoir été commises dans le classement de ses propriétés, comparé à celui des propriétés de même nature dans la commune (Ord. 3 oct. 1821, art. 8).

4. La réclamation est admise pendant six mois du jour de la mise en recouvrement du rôle cadastral. Ce délai passé, aucune réclamation n'est reçue qu'autant qu'elle porte sur des causes postérieures et étrangères au classement (même ordonn., art. 9).

5. Les réclamations sont présentées sous la forme de pétitions, remises au maire et inscrites par le contrôleur des contributions qui prend l'avis des propriétaires classificateurs. Si ceux-ci n'adhèrent pas à la demande, le contrôleur en donne avis au réclamant qui peut se pourvoir en contre-expertise. Cette contre-expertise est ordonnée par le sous-préfet qui nomme un expert; le réclamant nomme aussi le sien. Les experts se rendent sur les lieux, assistés du contrôleur qui dresse le procès-verbal de l'opération, donne ses observations et ses conclusions, et envoie les pièces au sous-préfet, lequel les remet au directeur des contributions, qui les transmet lui-même au préfet, afin que ce dernier en fasse l'envoi au conseil de préfecture (même ordonn., art. 10; arrêté du Gouv. du 24 flor. an 8).

6. Si la réclamation est trouvée juste par le conseil de préfecture, le montant de la réduction et les frais seront répartis sur tous les contribuables; au cas contraire, le réclamant doit les frais de la contre-expertise (Règl. gén. du 10 oct. 1821, art. 35).

7. Les réclamations et les extraits du cadastre peuvent être faits sur papier non timbré (Instr. gén., 7 juill. 1808, 24 nov. 1821).

CADRANS (FABRICANTS DE).—Les fabricants de cadrans de montres et de pendules pour leur compte sont rangés dans la sixième classe des patentables, et les fabricants à façon dans la huitième classe.

CADRES (MARCHANDS DE). — Sont rangés dans la sixième classe des patentables.

CADUC. — On emploie ce mot pour exprimer l'inutilité, dans les cas prévus par la loi, de libéralités entre-vifs ou à cause de mort. Ainsi, un testament est caduc, lorsque le légataire est décédé avant le testateur.—V. *Legs, Testament.*

CAFÉ, CAFETIER.—1. Sur le point de savoir si les huissiers peuvent tenir un café, voy. *Huissier.*

2. Les cafetiers sont commerçants, et rangés dans la quatrième classe des patentables.

3. Mais le propriétaire d'un café qui le loue ne fait pas acte de commerce. —V. *Actes de commerce,* n° 58.

. **4.** Les fabricants et marchands de café de chicorée sont patentables.

CAFETIÈRES (FABRICANTS DE). — Les fabricants de cafetières pour leur compte sont rangés dans la sixième classe des patentables, et les fabricants à façon, dans la huitième classe.

CAGES (FABRICANTS DE). — Sont rangés dans la huitième classe des patentables.

CAHIER DES CHARGES. — 1. Acte contenant les clauses et conditions suivant lesquelles les biens soumis aux enchères doivent être mis à prix et vendus. Dans la pratique, on donne souvent à cet acte le nom de *cahier d'enchères.*

2. Le cahier des charges est grossoyé ; mais il n'est jamais signifié.

3. La loi exige la rédaction d'un cahier des charges en matière de vente d'immeubles sur saisie immobilière, de vente d'immeubles appartenant à des mineurs ou autres incapables ou à des successions bénéficiaires, de licitation entre majeurs, et de vente de rentes constituées sur particuliers.—V. *Licitation, Saisie de rentes, Saisie immobilière, Ventes judiciaires d'immeubles.*

4. Il est également nécessaire de dresser un cahier des charges en matière administrative, dans tous les contrats faits au profit de l'Etat, des communes et des établissements publics. Dans ce cas, le cahier des charges est l'acte qui contient les charges, clauses et conditions d'une adjudication faite devant l'autorité administrative.—V. *Bail administratif, Domaines nationaux.*

CAISSE.—1. On donne ce nom tout à la fois au *coffre-fort* dans lequel on enferme l'argent et les valeurs en petit volume, et au *bureau* où se font les recettes et les paiements.

2. Le mot *caisse* est aussi employé dans la désignation d'établissements publics et particuliers, tels que *Caisse d'amortissement, Caisse des dépôts et consignations, Caisse d'épargne, Caisse d'escompte, Caisse hypothécaire, Caisse Lafarge.*—V. ces mots.

CAISSE D'AMORTISSEMENT.—1. Etablissement ayant pour objet spécial et exclusif de faciliter l'extinction de la dette publique, au moyen du rachat fait, au nom de l'Etat, des rentes mises en vente à la Bourse.

2. La caisse d'amortissement est soumise à la même administration et placée dans le même local que la caisse des dépôts et consignations. Toutefois, ces deux caisses forment deux établissements distincts, pour chacun desquels il est tenu des livres et registres séparés (Ord. 22 mai 1826, art. 1ᵉʳ, 2 et 3).

3. Les contestations qui s'élèvent entre la caisse d'amortissement et les acquéreurs ou fermiers sur les adjudications de biens appartenant à ladite caisse sont de la compétence des conseils de préfecture (Ord. cons. d'Etat, 26 fév. 1823).

4. Mais les ventes de biens appartenant à la caisse d'amortissement sont régies, à l'égard des tiers, par les règles du droit commun. Ainsi, les tribunaux ordinaires sont seuls compétents, à l'exclusion des conseils de préfecture, pour décider si un terrain vendu par la caisse d'amortissement, et revendiqué par une commune, est une propriété communale (Ord. cons. d'Etat, 15 juin 1825).

CAISSE D'ÉPARGNE.—1. Etablissement public fondé sous la garantie de la loi et du trésor, et qui a pour mission de recevoir en dépôt, même par fractions minimes, les sommes qui lui sont confiées, d'en payer l'intérêt suivant certaines conditions, et de les restituer à la volonté du déposant.

2. Avant la Révolution du 24 février 1848, les caisses d'épargne étaient réglementées par l'ordonnance du 3 juin 1829, la loi des 2-5 juin 1835, la loi du 31 mars 1837, la loi du 22 juin 1845, et par quelques ordonnances d'exécution et circulaires ministérielles.

3. Après la Révolution de 1848, un décret du Gouvernement provisoire des 9-10 mars a, d'abord, déclaré les dépôts remboursables de la manière suivante : savoir : 1° 100 fr. en espèces ; 2° le surplus, jusqu'à concurrence de la moitié de la somme versée, en un ou plusieurs bons du Trésor, à quatre ou six mois d'échéance, et portant intérêt à cinq pour cent ; et 3° la seconde moitié, en coupons de rente cinq pour cent au pair.

4. Ce décret a été modifié par un autre décret de l'Assemblée constituante des 7-13 juill. 1848. Aux termes de ce dernier décret, les livrets des caisses d'épargne résultant des dépôts antérieurs au 24 février, et dont le montant en capital et intérêts était inférieur à 80 fr., ont été déclarés remboursables en numéraire (art. 1er), et les bons du Trésor créés conformément au décret du 9 mars, également remboursables en numéraire (art. 2). Enfin, les livrets, dont le montant en capital et intérêts s'élevait à 80 fr. et au-dessus, ont été consolidés en rentes cinq pour cent, au cours de 80 fr. (art. 3).

5. L'exécution du décret des 7-13 juill. 1848 a été réglementée par une loi des 21-25 nov. 1848, dont l'exécution a été elle-même réglementée par un arrêté du ministre des finances du 9 décembre suivant.

6. Antérieurement à la Révolution de 1848, les caisses d'épargne étaient autorisées à recevoir les dépôts de sommes dont le montant excédait 1,000 fr. Aujourd'hui, aucun versement ne peut être reçu par les caisses d'épargne, sur un compte dont le crédit a atteint 1,000 fr., soit par le capital, soit par l'accumulation des intérêts (Loi du 30 juin 1851).—V. au surplus, le texte de cette loi dans le *Journ. des Huiss.*, t. 32, p. 277.

7. Nous ferons remarquer ici seulement que les pouvoirs à donner par les porteurs de livrets qui veulent vendre leurs inscriptions sont exempts du timbre et de l'enregistrement, et que les autres pièces à produire pour la vente dans certains cas, telles que certificats de propriété, intitulés d'inventaire, etc., sont aussi dispensés du timbre et de l'enregistrement. Telle est la disposition de l'art. 7 de la loi des 21-25 nov. 1848, disposition qu'aucune loi postérieure n'a abrogée.

8. Il est cependant une formalité exigée pour la régularité des pouvoirs, c'est que la signature de ceux qui les donnent soit légalisée par le maire de leur commune.

9. Les formalités prescrites par les art. 561 et 569, C. proc. civ., et par le décret du 18 août 1807, relativement aux saisies-arrêts, ont continué d'être applicables aux fonds déposés dans les caisses d'épargne.—V. *Saisie-arrêt.* —Mais, hors cette exception, les caisses d'épargne, dans leurs rapports litigieux, soit avec les tiers, soit avec les déposants, sont soumises aux règles ordinaires du droit commun.

CAISSE DE RETRAITE.—1. Une loi des 18-25 juin 1850 a créé, sous la garantie de l'Etat, une caisse de retraites ou rentes viagères pour la vieillesse, et l'exécution de cette loi a été réglementée par un décret du président de la République, des 27 mars-11 avril 1851.

2. La caisse de retraite, fondée par la loi des 18-25 juin 1850 a été établie pour l'usage des simples particuliers. Depuis longtemps, en effet, les diverses administrations publiques ont chacune une caisse de retraite destinée à subvenir aux besoins de ceux de leurs employés que leur âge ou leurs infirmités empêchent de remplir leurs fonctions.

3. Les caisses de retraite sont formées d'une cotisation individuelle ou d'une retenue proportionnelle sur le traitement; et la retraite de chaque employé varie suivant la fonction qu'il remplissait ou le traitement qu'il recevait au moment où, par suite de son âge ou ses infirmités, il a dû cesser ses fonctions. Quelquefois aussi cette retraite est proportionnée au temps pendant lequel il les a exercées.

4. S'il pouvait exister une caisse de retraite pour les différents corps d'officiers ministériels, cette caisse de retraite ne pourrait être formée que d'une cotisation individuelle, annuelle, et égale pour chaque membre de la corporation. L'impossibilité ou l'excessive difficulté de déterminer pour chacun les produits de son office empêchent qu'une cotisation proportionnelle puisse être établie.

5. Un grand nombre de communautés d'huissiers, notamment, sollicitent puis longtemps l'établissement d'une caisse de retraite. Mais cette caisse de retraite pourrait-elle se concilier avec l'institution de la bourse commune; ou devrait-elle la remplacer? C'est là une question que nous ne pouvons qu'indiquer ici.—V. au surplus, *Bourse commune, Huissier.*

CAISSE DES DÉPÔTS ET CONSIGNATIONS.— 1. Administration publique établie pour recevoir les consignations volontaires et judiciaires, et toutes celles ordonnées par les lois (Ord. 3 juillet 1816).

2. La caisse a un préposé dans toutes les villes où siége un tribunal de première instance (Ord. 3 juill. 1816, art. 11). Ce préposé est le receveur général (Ord. 22 mai 1816), ou le receveur particulier (Ord. 19 nov. 1826).

3. Toutes les consignations judiciaires et légales doivent être faites au préposé à la caisse des dépôts et consignations (Ord. 3 juill. 1816, art. 2). —Sur le point de savoir quelles sont les sommes dont le dépôt à la caisse des dépôts et consignations est forcé, et quelles sont les mesures prescrites pour assurer ce dépôt, voy. *Consignation.*

4. Quant aux dépôts volontaires, c'est-à-dire ceux qui n'ont pour objet la libération de qui que ce soit, et qui sont faits seulement pour utiliser des fonds improductifs, ils ne sont reçus qu'à Paris, et seulement en monnaie ayant cours ou en billets de banque (Ord. 3 juill. 1816).

5. Le préposé à la caisse délivre un récépissé de la somme consignée, contenant : 1° de la part du déposant, élection de domicile attributive de juridiction (Ord. 3 juill. 1816); 2° énonciation sommaire des arrêts, jugements, actes ou causes de la consignation ; et, dans le cas où les deniers consignés proviennent d'un emprunt et qu'il y a lieu à opérer une subrogation en faveur du prêteur, mention expresse de la déclaration faite par le déposant, conformément à l'art. 1250, C. civ.; cette déclaration produit le même effet de subrogation que si elle était passée devant notaire (Ord. 3 juill. 1816, art. 12).

6. Ces récépissés ne donnent droit contre l'administration qu'autant qu'ils sont visés par le directeur général et enregistrés dans les cinq jours du versement (Ord. 22 mai 1816; 3 juill. 1816). Le caissier ou préposé est personnellement responsable des accusés de réception ou récépissés qui ne sont revêtus que de sa signature (Ord. 22 mai 1816).

7. La caisse paie l'intérêt de toute somme consignée ou déposée à partir seulement du 61e jour à compter du dépôt ou de la consignation (Ord. 3 juill. 1816 et 19 janv. 1835); à raison, savoir : de trois pour cent, si la consignation est judiciaire ou légale (Ord. 3 juill. 1816); ou si, étant volontaire, elle a eu lieu par un établissement public (Ord. 19 janv. 1835); et de deux pour cent, pour les dépôts volontaires faits par les particuliers (Ord. 19 janv. 1835).

8. La caisse est propriétaire des fonds qui lui sont confiés, à la charge de restituer une valeur égale. Il suit de là que si ces fonds augmentent ou diminuent, la perte ou le bénéfice est pour le compte de la caisse, et qu'elle fait valoir les fonds à son profit et sous sa responsabilité (Ord. 3 juill. 1816, art. 13).

9. La caisse ne peut être contrainte au remboursement des sommes consignées par les ayants droit, savoir : s'il s'agit d'un dépôt judiciaire ou légal, qu'après l'expiration des dix jours qui suivent la réquisition de paiement faite au préposé de la caisse (Ord. 3 juill. 1816, art. 15), et s'il s'agit d'un dépôt volontaire, que quarante-cinq jours après la demande qui en est faite (Ord. 19 janv. 1835, art. 3). — V. au surplus, *Consignation, Saisie-arrêt.*

10. Les paiements partiels que fait la caisse sont imputables, conformément à l'art. 1254, C. civ., d'abord sur les intérêts, et subsidiairement, sur le capital (Paris, 20 mars 1830).

11. Les actes portant uniquement quittance et décharge de la part des parties prenantes au profit de la caisse des dépôts et consignations doivent être enregistrés *gratis*. Mais si les parties prenantes ou des tiers font insérer dans ces actes des dispositions portant acquiescement, mainlevée, quittance, ou telle autre déclaration ou stipulation étrangère à la caisse des dépôts, il y a lieu à percevoir le droit d'enregistrement, dont ces dispositions sont passibles d'après leur nature (Décision administrative du 10 août 1836 : V. *J. Huiss.*, t. 18, p. 20).

12. Lorsqu'il y a eu consignation, il ne peut être ouvert aucune contribution de deniers, sans que l'acte de réquisition, rédigé suivant l'art. 658, C. proc., contienne mention de la date et du numéro de la consignation (Ord. 3 juill. 1816).—V. *Consignation, Contribution de deniers.*

CAISSE D'ESCOMPTE. — Les personnes qui tiennent une caisse d'escompte sont rangées dans la première classe des patentables.—V. *Comptoir d'escompte.*

CAISSE HYPOTHÉCAIRE. — Société anonyme constituée, à Paris, par une ordonnance royale du 12 juill. 1820, pour une durée de trente ans, et ayant pour objet de prêter sur hypothèques, d'assurer les prêts faits et à faire par d'autres contrats, et de prêter sur titres hypothécaires avec subrogation.—V. *Crédit foncier.*

CAISSE LAFARGE.—1. Association entre créanciers de rentes viagères, formée sous la condition que les rentes des prédécédés accroîtront aux survivants, et appelée ainsi du nom de son fondateur, Joachim Lafarge.

2. La caisse Lafarge fut créée en 1786, sans aucune autorisation. Mais, en 1792, Lafarge obtint un brevet d'invention, qui fut presque aussitôt annulé par la loi de sept. 1792. Néanmoins, l'association continua d'exister.

3. Plus tard, un avis du conseil d'État des 25 mars-1er avril 1809 ayant décidé qu'aucune association de la nature des tontines ne pouvait être établie sans une autorisation spéciale donnée par le Gouvernement, il s'éleva la question de savoir si la caisse Lafarge n'était pas supprimée. Mais la Cour de cassation s'est prononcée pour la négative par arrêt du 22 mai 1822. — V. *Tontine.*

CAISSE PUBLIQUE.—V. *Saisie-arrêt.*

CAISSES DE TAMBOURS (FACTEURS DE). — Sont rangés dans la sixième classe des patentables.

CAISSIER.—V. *Compétence, Saisie-arrêt.*

CALCUL (ERREUR DE).—V. *Compte.*

CALCUL DÉCIMAL.—Mode de compter basé sur les fractions décimales.—V. *Calendrier, Monnaie.*

CALENDREURS D'ÉTOFFES.—Sont rangés dans la cinquième classe des patentables, s'il s'agit d'étoffes neuves, et dans la septième classe, s'il s'agit de vieilles étoffes.

CALENGER. — Vieille expression employée pour signifier revendiquer, réclamer.

CALENDRIER. — 1. Tableau indiquant l'ordre et la suite des mois et des jours.

2. Le calendrier grégorien, suivi en France depuis le 3 nov. 1582, en conséquence d'un édit de Henri III, est le seul en vigueur aujourd'hui. Son usage, interrompu le 22 sept. 1792, a repris cours le 1er janv. 1806 (L. 4 frim. an 2 ; Sénatus-consulte, 22 frim. an 13) ; pendant ce temps, il a été remplacé par le calendrier républicain.

3. Ce dernier calendrier distribuait l'année en 12 mois de 30 jours chacun, suivis de 5 jours complémentaires pour les années ordinaires, et de 6 pour les années bissextiles (L. 4 frim. an 2).

4. L'année commençait le 22 septembre ; et, dans le fait, l'an 1er de la république a commencé le 22 sept. 1792.

5. Les huissiers doivent se conformer aux lois concernant l'annuaire de la France, à peine 100 fr. d'amende, réduits depuis à 20 fr. (arg., L. 25 vent. an 11 ; L. 16 juin 1824, art. 10).

6. Ainsi, le calendrier grégorien doit être observé, à peine de nullité, dans la date d'un exploit (Aix, 3 mai 1810).—V. *Exploit.*

(Voir le calendrier ci-contre.)

CONCORDANCE DES DEUX CALENDRIERS.

Le 1er vendémiaire correspond au 22 septembre; le 1er brumaire au 22 octobre, etc.

AN PREMIER DE L'ÈRE RÉPUBLICAINE.

JOURS du mois répu- blicain.	VENDÉMIAIRE.	BRUMAIRE.	PRIMAIRE.	NIVÔSE.	PLUVIÔSE.	VENTÔSE.	GERMINAL.	FLORÉAL.	PRAIRIAL.	MESSIDOR.	THERMIDOR.	FRUCTIDOR.
	Sam.	Lundi.	Merc.	Vendr.	Dim.	Mardi.	Jeudi.	Sam.	Lundi.	Merc.	Vendr.	Dim.
1	22	22	21	21	20	19	21	20	20	19	19	18
2	23	23	22	22	21	20	22	21	21	20	20	19
3	24	24	23	23	22	21	23	22	22	21	21	20
4	25	25	24	24	23	22	24	23	23	22	22	21
5	26	26	25	25	24	23	25	24	24	23	23	22
6	27	27	26	26	25	24	26	25	25	24	24	23
7	28	28	27	27	26	25	27	26	26	25	25	24
(mois)	Septemb. 1792.	Octob. 1792.	Novemb. 1792.	Décemb. 1792.	Janv. 1793.	Fév. 1793.	Mars 1793.	Avril 1793.	Mai 1793.	Juin 1793.	Juillet 1793.	Août 1793.
8	29	29	28	28	27	26	28	27	27	26	26	25
9	30	30	29	29	28	27	29	28	28	27	27	26
10	1	31	30	30	29	28	30	29	29	28	28	27
11	2	1	1	31	30	1	31	30	30	29	29	28
12	3	2	2	1	31	2	1	31	31	30	30	29
13	4	3	3	2	1	3	2	1	1	31	31	30
14	5	4	4	3	2	4	3	2	2	1	1	31
(mois)	Octob. 1792.	Novemb. 1792.	Décemb. 1792.	Janv. 1793.	Fév. 1793.	Mars 1793.	Avril 1793.	Mai 1793.	Juin 1793.	Juillet 1793.	Août 1793.	Septemb. 1793.
15	6	5	5	4	3	5	4	4	3	3	2	1
16	7	6	6	5	4	6	5	5	4	4	3	2
17	8	7	7	6	5	7	6	6	5	5	4	3
18	9	8	8	7	6	8	7	7	6	6	5	4
19	10	9	9	8	7	9	8	8	7	7	6	5
20	11	10	10	9	8	10	9	9	8	8	7	6
21	12	11	11	10	9	11	10	10	9	9	8	7
22	13	12	12	11	10	12	11	11	10	10	9	8
23	14	13	13	12	11	13	12	12	11	11	10	9
24	15	14	14	13	12	14	13	13	12	12	11	10
25	16	15	15	14	13	15	14	14	13	13	12	11
26	17	16	16	15	14	16	15	15	14	14	13	12
27	18	17	17	16	15	17	16	16	15	15	14	13
28	19	18	18	17	16	18	17	17	16	16	15	14
29	20	19	19	18	17	19	18	18	17	17	16	15
30	21	20	20	19	18	20	19	19	18	18	17	16
1 Complémentaire												17
2												18
3												19
4												20
5												21

AN DEUX DE L'ÈRE RÉPUBLICAINE,

JOURS du mois républicain	VENDÉMIAIRE.	BRUMAIRE.	FRIMAIRE.	NIVÔSE.	PLUVIÔSE.	VENTÔSE.	GERMINAL.	FLORÉAL.	PRAIRIAL.	MESSIDOR.	THERMIDOR.	FRUCTIDOR.
	Dim.	Mardi.	Jeudi.	Sam.	Lundi.	Mercr.	Vendr.	Dim.	Mardi.	Joudi.	Sam.	Lundi.
1	22	22	21	21	20	19	21	20	20	19	19	18
2	23	23	22	22	21	20	22	21	21	20	20	19
3	24	24	23	23	22	21	23	22	22	21	21	20
4	25	25	24	24	23	22	24	23	23	22	22	21
5	26	26	25	25	24	23	25	24	24	23	23	22
6	27	27	26	26	25	24	26	25	25	24	24	23
7	28	28	27	27	26	25	27	26	26	25	25	24
8	29	29	28	28	27	26	28	27	27	26	26	25
9	30	30	29	29	28	27	29	28	28	27	27	26
10	1	31	30	30	29	28	30	29	29	28	28	27
11	2	1	1	31	30	1	31	30	30	29	29	28
12	3	2	2	1	31	2	1	1	31	30	30	29
13	4	3	3	2	1	3	2	2	1	1	31	30
14	5	4	4	3	2	4	3	3	2	2	1	31
15	6	5	5	4	3	5	4	4	3	3	2	1
16	7	6	6	5	4	6	5	5	4	4	3	2
17	8	7	7	6	5	7	6	6	5	5	4	3
18	9	8	8	7	6	8	7	7	6	6	5	4
19	10	9	9	8	7	9	8	8	7	7	6	5
20	11	10	10	9	8	10	9	9	8	8	7	6
21	12	11	11	10	9	11	10	10	9	9	8	7
22	13	12	12	11	10	12	11	11	10	10	9	8
23	14	13	13	12	11	13	12	12	11	11	10	9
24	15	14	14	13	12	14	13	13	12	12	11	10
25	16	15	15	14	13	15	14	14	13	13	12	11
26	17	16	16	15	14	16	15	15	14	14	13	12
27	18	17	17	16	15	17	16	16	15	15	14	13
28	19	18	18	17	16	18	17	17	16	16	15	14
29	20	19	19	18	17	19	18	18	17	17	16	15
30	21	20	20	19	18	20	19	19	18	18	17	16
1 Complémentaire.												17
2												18
3												19
4												20
5												21

Correspondances grégoriennes portées dans les colonnes :
VENDÉMIAIRE : Septemb. 1793, Octob. 1793. — BRUMAIRE : Octob. 1793, Novemb. 1793. — FRIMAIRE : Novemb. 1793, Décemb. 1793. — NIVÔSE : Décemb. 1793, Janv. 1794. — PLUVIÔSE : Janv. 1794, Fév. 1794. — VENTÔSE : Fév. 1794, Mars 1794. — GERMINAL : Mars 1794, Avril 1794. — FLORÉAL : Avril 1794, Mai 1794. — PRAIRIAL : Mai 1794, Juin 1794. — MESSIDOR : Juin 1794, Juillet 1794. — THERMIDOR : Juillet 1794, Août 1794. — FRUCTIDOR : Août 1794, Septemb. 1794.

AN TROIS DE L'ÈRE RÉPUBLICAINE.

JOURS du mois républicain.	VENDÉMIAIRE.	BRUMAIRE.	FRIMAIRE.	NIVÔSE.	PLUVIÔSE.	VENTÔSE.	GERMINAL.	FLORÉAL.	PRAIRIAL.	MESSIDOR.	THERMIDOR.	FRUCTIDOR.
	Lundi.	Mercr.	Vendr.	Dim.	Mardi.	Jeudi.	Sam.	Lundi.	Mercr.	Vendr.	Dim.	Mardi.
1	22	22	21	21	20	19	21	20	20	19	19	18
2	23	23	22	22	21	20	22	21	21	20	20	19
3	24	24	23	23	22	21	23	22	22	21	21	20
4	25	25	24	24	23	22	24	23	23	22	22	21
5	26	26	25	25	24	23	25	24	24	23	23	22
6	27	27	26	26	25	24	26	25	25	24	24	23
7	28	28	27	27	26	25	27	26	26	25	25	24
8	29	29	28	28	27	26	28	27	27	26	26	25
9	30	30	29	29	28	27	29	28	28	27	27	26
10	1	31	30	30	29	28	30	29	29	28	28	27
11	2	1	1	31	30	1	31	30	30	29	29	28
12	3	2	2	1	31	2	1	31	31	30	30	29
13	4	3	3	2	1	3	2	1	1	1	31	30
14	5	4	4	3	2	4	3	2	2	2	1	31
15	6	5	5	4	3	5	4	3	3	3	2	1
16	7	6	6	5	4	6	5	4	4	4	3	2
17	8	7	7	6	5	7	6	5	5	5	4	3
18	9	8	8	7	6	8	7	6	6	6	5	4
19	10	9	9	8	7	9	8	7	7	7	6	5
20	11	10	10	9	8	10	9	8	8	8	7	6
21	12	11	11	10	9	11	10	9	9	9	8	7
22	13	12	12	11	10	12	11	10	10	10	9	8
23	14	13	13	12	11	13	12	11	11	11	10	9
24	15	14	14	13	12	14	13	12	12	12	11	10
25	16	15	15	14	13	15	14	13	13	13	12	11
26	17	16	16	15	14	16	15	14	14	14	13	12
27	18	17	17	16	15	17	16	15	15	15	14	13
28	19	18	18	17	16	18	17	16	16	16	15	14
29	20	19	19	18	17	19	18	17	17	17	16	15
30	21	20	20	19	18	20	19	18	18	18	17	16
1 Complémentaire												17
2												18
3												19
4												20
5												21
6												22

Correspondance des mois grégoriens :
VENDÉMIAIRE : Septemb. 1794 / Octob. 1794 — BRUMAIRE : Octob. 1794 / Novemb. 1794 — FRIMAIRE : Novemb. 1794 / Décemb. 1794 — NIVÔSE : Décemb. 1794 / Janv. 1795 — PLUVIÔSE : Janv. 1795 / Fév. 1795 — VENTÔSE : Fév. 1795 / Mars 1795 — GERMINAL : Mars 1795 / Avril 1795 — FLORÉAL : Avril 1795 / Mai 1795 — PRAIRIAL : Mai 1795 / Juin 1795 — MESSIDOR : Juin 1795 / Juillet 1795 — THERMIDOR : Juillet 1795 / Août 1795 — FRUCTIDOR : Août 1795 / Septemb. 1795.

AN QUATRE DE L'ÈRE RÉPUBLICAINE.

JOURS du mois républicain.	VENDÉMIAIRE.	BRUMAIRE.	FRIMAIRE.	NIVÔSE.	PLUVIÔSE.	VENTÔSE.	GERMINAL.	FLORÉAL.	PRAIRIAL.	MESSIDOR.	THERMIDOR.	FRUCTIDOR.
	Merc.	Vendr.	Dim.	Mardi.	Jeudi.	Sam.	Lundi.	Merc.	Vendr.	Dim.	Mardi.	Jeudi.
1	23 Septemb. 1795.	23 Octob. 1795.	22 Novemb. 1795.	22 Décemb. 1795.	21 Janv. 1796.	20 Fév. 1796.	21 Mars 1796.	20 Avril 1796.	20 Mai 1796.	19 Juin 1796.	19 Juillet 1796.	18 Août 1796.
2	24	24	23	23	22	21	22	21	21	20	20	19
3	25	25	24	24	23	22	23	22	22	21	21	20
4	26	26	25	25	24	23	24	23	23	22	22	21
5	27	27	26	26	25	24	25	24	24	23	23	22
6	28	28	27	27	26	25	26	25	25	24	24	23
7	29	29	28	28	27	26	27	26	26	25	25	24
8	30	30	29	29	28	27	28	27	27	26	26	25
9	1 Octob. 1795.	31	30	30	29	28	29	28	28	27	27	26
10	2	1 Novemb. 1795.	1 Décemb. 1795.	31	30	29	30	29	29	28	28	27
11	3	2	2	1 Janv. 1796.	31	1 Mars 1796.	31	30	30	29	29	28
12	4	3	3	2	1 Fév. 1796.	2	1 Avril 1796.	1 Mai 1796.	31	30	30	29
13	5	4	4	3	2	3	2	2	1 Juin 1796.	31	31	30
14	6	5	5	4	3	4	3	3	2	1 Juillet 1796.	1 Août 1796.	31
15	7	6	6	5	4	5	4	4	3	2	2	1 Septemb. 1796.
16	8	7	7	6	5	6	5	5	4	3	3	2
17	9	8	8	7	6	7	6	6	5	4	4	3
18	10	9	9	8	7	8	7	7	6	5	5	4
19	11	10	10	9	8	9	8	8	7	6	6	5
20	12	11	11	10	9	10	9	9	8	7	7	6
21	13	12	12	11	10	11	10	10	9	8	8	7
22	14	13	13	12	11	12	11	11	10	10	9	8
23	15	14	14	13	12	13	12	12	11	11	10	9
24	16	15	15	14	13	14	13	13	12	12	11	10
25	17	16	16	15	14	15	14	14	13	13	12	11
26	18	17	17	16	15	16	15	15	14	14	13	12
27	19	18	18	17	16	17	16	16	15	15	14	13
28	20	19	19	18	17	18	17	17	16	16	15	14
29	21	20	20	19	18	19	18	18	17	17	16	15
30	22	21	21	20	19	20	19	19	18	18	17	16
1 Complémentaire.												17
2												18
3												19
4												20
5												21

AN CINQ DE L'ÈRE RÉPUBLICAINE.

JOURS du mois républicain.	VENDÉMIAIRE.	BRUMAIRE.	FRIMAIRE.	NIVÔSE.	PLUVIÔSE.	VENTÔSE.	GERMINAL.	FLORÉAL.	PRAIRIAL.	MESSIDOR.	THERMIDOR.	FRUCTIDOR.
	Jeudi.	Sam.	Lundi.	Mercr.	Vendr.	Dim.	Mardi.	Jeudi.	Sam.	Lundi.	Mercr.	Vendr.
1	22	22	21	21	20	19	21	20	20	19	9	18
2	23	23	22	22	21	20	22	21	21	20	20	19
3	24	24	23	23	22	21	23	22	22	21	21	20
4	25	25	24	24	23	22	24	23	23	22	22	21
5	26	26	25	25	24	23	25	24	24	23	23	22
6	27	27	26	26	25	24	26	25	25	24	24	23
7	28	28	27	27	26	25	27	26	26	25	25	24
8	29	29	28	28	27	26	28	27	27	26	26	25
9	30	30	29	29	28	27	29	28	28	27	27	26
10	1	31	30	30	29	28	30	29	29	28	28	27
11	2	1	1	31	30	1	31	30	30	29	29	28
12	3	2	2	1	31	2	1	31	1	30	30	29
13	4	3	3	2	1	3	2	1	2	1	31	30
14	5	4	4	3	2	4	3	2	3	2	1	31
15	6	5	5	4	3	5	4	4	3	3	2	1
16	7	6	6	5	4	6	5	5	4	4	3	2
17	8	7	7	6	5	7	6	6	5	5	4	3
18	9	8	8	7	6	8	7	7	6	6	5	4
19	10	9	9	8	7	9	8	8	7	7	6	5
20	11	10	10	9	8	10	9	9	8	8	7	6
21	12	11	11	10	9	11	10	10	9	9	8	7
22	13	12	12	11	10	12	11	11	10	10	9	8
23	14	13	13	12	11	13	12	12	11	11	10	9
24	15	14	14	13	12	14	13	13	12	12	11	10
25	16	15	15	14	13	15	14	14	13	13	12	11
26	17	16	16	15	14	16	15	15	14	14	13	12
27	18	17	17	16	15	17	16	16	15	15	14	13
28	19	18	18	17	16	18	17	17	16	16	15	14
29	20	19	19	18	17	19	18	18	17	17	16	15
30	21	20	20	19	18	20	19	19	18	18	17	16

Mois correspondants : Septemb. 1796. / Octob. 1796. (VENDÉMIAIRE) — Octob. 1796. / Novemb. 1796. (BRUMAIRE) — Novemb. 1796. / Décemb. 1796. (FRIMAIRE) — Décemb. 1796. / Janv. 1797. (NIVÔSE) — Janv. 1797. / Fév. 1797. (PLUVIÔSE) — Fév. 1797. / Mars 1797. (VENTÔSE) — Mars 1797. / Avril 1797. (GERMINAL) — Avril 1797. / Mai 1797. (FLORÉAL) — Mai 1797. / Juin 1797. (PRAIRIAL) — Juin 1797. / Juillet 1797. (MESSIDOR) — Juillet 1797. / Août 1797. (THERMIDOR) — Août 1797. / Septemb. 1797. (FRUCTIDOR)

1	Complémentaire.	17
2	. . . .	18
3	. . . .	19
4	. . . .	20
5	. . . .	21

AN SIX DE L'ÈRE RÉPUBLICAINE.

JOURS du mois républicain.	VENDÉMIAIRE.	BRUMAIRE.	FRIMAIRE.	NIVÔSE.	PLUVIÔSE.	VENTÔSE.	GERMINAL.	FLORÉAL.	PRAIRIAL.	MESSIDOR.	THERMIDOR.	FRUCTIDOR.
	Vendr.	Dim.	Mardi.	Jeudi	Sam.	Lundi.	Mercr.	Vendr.	Dim.	Mardi.	Jeudi.	Sam.
1	22	22	21	21	20	19	21	20	20	19	19	18
2	23	23	22	22	21	20	22	21	21	20	20	19
3	24	24	23	23	22	21	23	22	22	21	21	20
4	25	25	24	24	23	22	24	23	23	22	22	21
5	26	26	25	25	24	23	25	24	24	23	23	22
6	27	27	26	26	25	24	26	25	25	24	24	23
7	28	28	27	27	26	25	27	26	26	25	25	24
8	29	29	28	28	27	26	28	27	27	26	26	25
9	30	30	29	29	28	27	29	28	28	27	27	26
10	1	31	30	30	29	28	30	29	29	28	28	27
11	2	1	1	31	30	1	31	30	30	29	29	28
12	3	2	2	1	31	2	1	1	31	30	30	29
13	4	3	3	2	1	3	2	2	1	1	31	30
14	5	4	4	3	2	4	3	3	2	2	1	31
15	6	5	5	4	3	5	4	4	3	3	2	1
16	7	6	6	5	4	6	5	5	4	4	3	2
17	8	7	7	6	5	7	6	6	5	5	4	3
18	9	8	8	7	6	8	7	7	6	6	5	4
19	10	9	9	8	7	9	8	8	7	7	6	5
20	11	10	10	9	8	10	9	9	8	8	7	6
21	12	11	11	10	9	11	10	10	9	9	8	7
22	13	12	12	11	10	12	11	11	10	10	9	8
23	14	13	13	12	11	13	12	12	11	11	10	9
24	15	14	14	13	12	14	13	13	12	12	11	10
25	16	15	15	14	13	15	14	14	13	13	12	11
26	17	16	16	15	14	16	15	15	14	14	13	12
27	18	17	17	16	15	17	16	16	15	15	14	13
28	19	18	18	17	16	18	17	17	16	16	15	14
29	20	19	19	18	17	19	18	18	17	17	16	15
30	21	20	20	19	18	20	19	19	18	18	18	16

Mois grégoriens indiqués dans les colonnes : Septemb. 1797, Octob. 1797, Novemb. 1797, Décemb. 1797, Janv. 1798, Fév. 1798, Mars 1798, Avril 1798, Mai 1798, Juin 1798, Juillet 1798, Août 1798, Septemb. 1798.

Complémentaire		Fructidor
1	Complémentaire.	17
2	. . . .	18
3	. . . .	19
4	. . . .	20
5	. . . .	21

AN SEPT DE L'ÈRE RÉPUBLICAINE.

JOURS du mois républicain.	VENDÉMIAIRE.	BRUMAIRE.	FRIMAIRE.	NIVÔSE.	PLUVIÔSE.	VENTÔSE.	GERMINAL.	FLORÉAL.	PRAIRIAL.	MESSIDOR.	THERMIDOR.	FRUCTIDOR.
	Sam.	Lundi.	Merc.	Vendr.	Dim.	Mardi.	Jeudi.	Sam.	Lundi.	Merc.	Vendr	Dim.
1	22	22	21	21	20	19	21	20	20	19	19	18
2	23	23	22	22	21	20	22	21	21	20	20	19
3	24	24	23	23	22	21	23	22	22	21	21	20
4	25	25	24	24	23	22	24	23	23	22	22	21
5	26	26	25	25	24	23	25	24	24	23	23	22
6	27	27	26	26	25	24	26	25	25	24	24	23
7	28	28	27	27	26	25	27	26	26	25	25	24
8	29	29	28	28	27	26	28	27	27	26	26	25
9	30	30	29	29	28	27	29	28	28	27	27	26
10	1	31	30	30	29	28	30	29	29	28	28	27
11	2	1	1	31	30	1	31	30	30	29	29	28
12	3	2	2	1	31	2	1	1	31	30	30	29
13	4	3	3	2	1	3	2	2	1	1	31	30
14	5	4	4	3	2	4	3	3	2	2	1	31
15	6	5	5	4	3	5	4	4	3	3	2	1
16	7	6	6	5	4	6	5	5	4	4	3	2
17	8	7	7	6	5	7	6	6	5	5	4	3
18	9	8	8	7	6	8	7	7	6	6	5	4
19	10	9	9	8	7	9	8	8	7	7	6	5
20	11	10	10	9	8	10	9	9	8	8	7	6
21	12	11	11	10	9	11	10	10	9	9	8	7
22	13	12	12	11	10	12	11	11	10	10	9	8
23	14	13	13	12	11	13	12	12	11	11	10	9
24	15	14	14	13	12	14	13	13	12	12	11	10
25	16	15	15	14	13	15	14	14	13	13	12	11
26	17	16	16	15	14	16	15	15	14	14	13	12
27	18	17	17	16	15	17	16	16	15	15	14	13
28	19	18	18	17	16	18	17	17	16	16	15	14
29	20	19	19	18	17	19	18	18	17	17	16	15
30	21	20	20	19	18	20	19	19	18	18	17	16
1	Complémentaire.											17
2	. . . .											18
3	. . . .											19
4	. . . .											20
5	. . . .											21
6	. . . .											22

Month/year annotations within columns:
VENDÉMIAIRE : Septemb. 1798. / Octob. 1798. — BRUMAIRE : Octob. 1798. / Novemb. 1798. — FRIMAIRE : Novemb. 1798. / Décemb. 1798. — NIVÔSE : Décemb. 1798. / Janv. 1799. — PLUVIÔSE : Janv. 1799. / Fév. 1799. — VENTÔSE : Fév. 1799. / Mars 1799. — GERMINAL : Mars 1799. / Avril 1799. — FLORÉAL : Avril 1799. / Mai 1799. — PRAIRIAL : Mai 1799. / Juin 1799. — MESSIDOR : Juin 1799. / Juillet 1799. — THERMIDOR : Juillet 1799. / Août 1799. — FRUCTIDOR : Août 1799. / Septemb. 1799.

AN HUIT DE L'ÈRE RÉPUBLICAINE.

JOURS du mois républicain.	VENDÉMIAIRE.	BRUMAIRE.	FRIMAIRE.	NIVÔSE.	PLUVIÔSE.	VENTÔSE.	GERMINAL.	FLORÉAL.	PRAIRIAL.	MESSIDOR.	THERMIDOR.	FRUCTIDOR.
	Lundi	Mercr.	Vendr.	Dim.	Mardi.	Jeudi.	Sam.	Lundi.	Mercr.	Vendr.	Dim.	Mardi.
1	23	23	22	22	21	20	22	21	21	20	20	19
2	24	24	23	23	22	21	23	22	22	21	21	20
3	25	25	24	24	23	22	24	23	23	22	22	21
4	26	26	25	25	24	25	25	24	24	23	23	22
5	27	27	26	26	25	24	26	25	25	24	24	23
6	28	28	27	27	26	25	27	26	26	25	25	24
7	29	29	28	28	27	26	28	27	27	26	26	25
8	30	30	29	29	28	27	29	28	28	27	27	26
9	1	30	30	29	29	28	30	29	29	28	28	27
10	2	31	1	30	30	1	31	30	30	29	29	28
11	3	1	2	31	31	2	1	1	31	30	30	29
12	4	2	3	1	1	3	2	2	1	1	31	30
13	5	3	4	2	2	4	3	3	2	2	1	31
14	6	4	5	3	3	5	4	4	3	3	2	1
15	7	6	6	4	4	6	5	5	4	4	3	2
16	8	7	7	5	5	7	6	6	5	5	4	3
17	9	8	8	6	6	8	7	7	6	6	5	4
18	10	9	9	7	7	9	8	8	7	7	6	5
19	11	10	10	8	8	10	9	9	8	8	7	6
20	12	11	11	9	9	11	10	10	9	9	8	7
21	13	12	12	10	10	12	11	11	10	10	9	8
22	14	13	13	11	11	13	12	12	11	11	10	9
23	15	14	14	12	12	14	13	13	12	12	11	10
24	16	15	15	13	13	15	14	14	13	13	12	11
25	17	16	16	14	14	16	15	15	14	14	13	12
26	18	17	17	15	15	17	16	16	15	15	14	13
27	19	18	18	16	16	18	17	17	16	16	15	14
28	20	19	19	17	17	19	18	18	17	17	16	15
29	21	20	20	19	18	20	19	19	18	18	17	16
30	22	21	21	20	19	21	20	20	19	19	18	17

Mois grégoriens correspondants : VENDÉMIAIRE (Septemb. 1799., Octob. 1799.) ; BRUMAIRE (Octob. 1799., Novemb. 1799.) ; FRIMAIRE (Novemb. 1799., Décemb. 1799.) ; NIVÔSE (Décemb. 1799., Janv. 1800.) ; PLUVIÔSE (Janv. 1800., Fév. 1800.) ; VENTÔSE (Fév. 1800., Mars 1800.) ; GERMINAL (Mars 1800., Avril 1800.) ; FLORÉAL (Avril 1800., Mai 1800.) ; PRAIRIAL (Mai 1800., Juin 1800.) ; MESSIDOR (Juin 1800., Juillet 1800.) ; THERMIDOR (Juillet 1800., Août 1800.) ; FRUCTIDOR (Août 1800., Septemb. 1800.).

Complémentaire	FRUCTIDOR
1	18
2	19
3	20
4	21
5	22

AN NEUF DE L'ÈRE RÉPUBLICAINE.

JOURS du mois républicain.	VENDÉMIAIRE.	BRUMAIRE.	FRIMAIRE.	NIVÔSE.	PLUVIÔSE.	VENTÔSE.	GERMINAL.	FLORÉAL.	PRAIRIAL.	MESSIDOR.	THERMIDOR.	FRUCTIDOR.
	Mardi.	Jeudi.	Sam.	Lundi.	Mercr.	Vendr.	Dim.	Mardi.	Jeudi.	Sam.	Lundi.	Mercr.
1	23	23	22	22	21	20	22	21	21	20	20	19
2	24	24	23	23	22	21	23	22	22	21	21	20
3	25	25	24	24	23	22	24	23	23	22	22	21
4	26	26	25	25	24	23	25	24	24	23	23	22
5	27	27	26	26	25	24	26	25	25	24	24	23
6	28	28	27	27	26	25	27	26	26	25	25	24
7	29	29	28	28	27	26	28	27	27	26	26	25
8	30	30	29	29	28	27	29	28	28	27	27	26
9	1	31	30	30	29	28	30	29	29	28	28	27
10	2	1	1	31	30	1	31	30	30	29	29	28
11	3	2	2	1	31	2	1	1	31	30	30	29
12	4	3	3	2	1	3	2	2	1	1	31	30
13	5	4	4	3	2	4	3	3	2	2	1	31
14	6	5	5	4	3	5	4	4	3	3	2	1
15	7	6	6	5	4	6	5	5	4	4	3	2
16	8	7	7	6	5	7	6	6	5	5	4	3
17	9	8	8	7	6	8	7	7	6	6	5	4
18	10	9	9	8	7	9	8	8	7	7	6	5
19	11	10	10	9	8	10	9	9	8	8	7	6
20	12	11	11	10	9	11	10	10	9	9	8	7
21	13	12	12	11	10	12	11	11	10	10	9	8
22	14	13	13	12	11	13	12	12	11	11	10	9
23	15	14	14	13	12	14	13	13	12	12	11	10
24	16	15	15	14	13	15	14	14	13	13	12	11
25	17	16	16	15	14	16	15	15	14	14	13	12
26	18	17	17	16	15	17	16	16	15	15	14	13
27	19	18	18	17	16	18	17	17	16	16	15	14
28	20	19	19	18	17	19	18	18	17	17	16	15
29	21	20	20	19	18	20	19	19	18	18	17	16
30	22	21	21	20	19	21	20	20	19	19	18	17
1	Complémentaire.											18
2	. . . .											19
3	. . . .											20
4	. . . .											21
5	. . . .											22

Mois grégoriens correspondants :
- VENDÉMIAIRE : Septemb. 1800. — Octob. 1800.
- BRUMAIRE : Octob. 1800. — Novemb. 1800.
- FRIMAIRE : Novemb. 1800. — Décemb. 1800.
- NIVÔSE : Décemb. 1800. — Janv. 1801.
- PLUVIÔSE : Janv. 1801. — Fév. 1801.
- VENTÔSE : Fév. 1801. — Mars 1801.
- GERMINAL : Mars 1801. — Avril 1801.
- FLORÉAL : Avril 1801. — Mai 1801.
- PRAIRIAL : Mai 1801. — Juin 1801.
- MESSIDOR : Juin 1801. — Juillet 1801.
- THERMIDOR : Juillet 1801. — Août 1801.
- FRUCTIDOR : Août 1801. — Septemb. 1801.

AN DIX DE L'ÈRE RÉPUBLICAINE.

JOURS du mois républicain.	VENDÉMIAIRE.	BRUMAIRE.	FRIMAIRE.	NIVÔSE.	PLUVIÔSE.	VENTÔSE.	GERMINAL.	FLORÉAL.	PRAIRIAL.	MESSIDOR.	THERMIDOR.	FRUCTIDOR.
	Mercr.	Vendr.	Dim.	Mardi.	Jeudi.	Sam.	Lundi.	Mercr.	Vendr.	Dim.	Mardi.	Jeudi.
1	23 (Septemb. 1801)	23 (Octob. 1801)	22 (Novemb. 1801)	22 (Décemb. 1801)	21 (Janv. 1802)	20 (Fév. 1802)	22 (Mars 1802)	21 (Avril 1802)	21 (Mai 1802)	20 (Juin 1802)	20 (Juillet 1802)	19 (Août 1802)
2	24	24	23	23	22	21	23	22	22	21	21	20
3	25	25	24	24	23	22	24	23	23	22	22	21
4	26	26	25	25	24	23	25	24	24	23	23	22
5	27	27	26	26	25	24	26	25	25	24	24	23
6	28	28	27	27	26	25	27	26	26	25	25	24
7	29	29	28	28	27	26	28	27	27	26	26	25
8	30	30	29	29	28	27	29	28	28	27	27	26
9	1 (Octob. 1801)	31	30	30	29	28	30	29	29	28	28	27
10	2	1 (Novemb. 1801)	1 (Décemb. 1801)	31	30	1 (Mars 1802)	31	30	30	29	29	28
11	3	2	2	1 (Janv. 1802)	31	2	1 (Avril 1802)	31	31	30	30	29
12	4	3	3	2	1 (Fév. 1802)	3	2	1 (Mai 1802)	1 (Juin 1802)	1 (Juillet 1802)	31	30
13	5	4	4	3	2	4	3	2	2	2	1 (Août 1802)	31
14	6	5	5	4	3	5	4	3	3	3	2	1 (Septemb. 1802)
15	7	6	6	5	4	6	5	4	4	4	3	2
16	8	7	7	6	5	7	6	5	5	5	4	3
17	9	8	8	7	6	8	7	6	6	6	5	4
18	10	9	9	8	7	9	8	7	7	7	6	5
19	11	10	10	9	8	10	9	8	8	8	7	6
20	12	11	11	10	9	11	10	9	9	9	8	7
21	13	12	12	11	10	12	11	10	10	10	9	8
22	14	13	13	12	11	13	12	11	11	11	10	9
23	15	14	14	13	12	14	13	12	12	12	11	10
24	16	15	15	14	13	15	14	13	13	13	12	11
25	17	16	16	15	14	16	15	14	14	14	13	12
26	18	17	17	16	15	17	16	15	15	15	14	13
27	19	18	18	17	16	18	17	16	16	16	15	14
28	20	19	19	18	17	19	18	17	17	17	16	15
29	21	20	20	19	18	20	19	18	18	18	17	16
30	22	21	21	20	19	21	20	19	19	19	18	17
1 Complémentaire												18
2												19
3												20
4												21
5												22

AN ONZE DE L'ÈRE RÉPUBLICAINE.

JOURS du mois républicain.	VENDÉMIAIRE.	BRUMAIRE.	FRIMAIRE.	NIVÔSE.	PLUVIÔSE.	VENTÔSE.	GERMINAL.	FLORÉAL.	PRAIRIAL.	NESSIDOR.	THERMIDOR.	FRUCTIDOR.
	Jeudi.	Sam.	Lundi.	Mercr.	Vendr.	Dim.	Mardi.	Jeudi.	Sam.	Lundi.	Mercr.	Vendr.
1	23	23	22	22	21	20	22	21	21	20	20	19
2	24	24	23	23	22	21	23	22	22	21	21	20
3	25	25	24	24	23	22	24	23	23	22	22	21
4	26	26	25	25	24	23	25	24	24	23	23	22
5	27	27	26	26	25	24	26	25	25	24	24	23
6	28	28	27	27	26	25	27	26	26	25	25	24
7	29	29	28	28	27	26	28	27	27	26	26	25
8	30	30	29	29	28	27	29	28	28	27	27	26
9	1	31	30	30	29	28	30	29	29	28	28	27
10	2	1	1	31	30	1	31	30	30	29	29	28
11	3	2	2	1	31	2	1	1	31	30	30	29
12	4	3	3	2	1	3	2	2	1	1	31	30
13	5	4	4	3	2	4	3	3	2	2	1	31
14	6	5	5	4	3	5	4	4	3	3	2	1
15	7	6	6	5	4	6	5	5	4	4	3	2
16	8	7	7	6	5	7	6	6	5	5	4	3
17	9	8	8	7	6	8	7	7	6	6	5	4
18	10	9	9	8	7	9	8	8	7	7	6	5
19	11	10	10	9	8	10	9	9	8	8	7	6
20	12	11	11	10	9	11	10	10	9	9	8	7
21	13	12	12	11	10	12	11	11	10	10	9	8
22	14	13	13	12	11	13	12	12	11	11	10	9
23	15	14	14	13	12	14	13	13	12	12	11	10
24	16	15	15	14	13	15	14	14	13	13	12	11
25	17	16	16	15	14	16	15	15	14	14	13	12
26	18	17	17	16	15	17	16	16	15	15	14	13
27	19	18	18	17	16	18	17	17	16	16	15	14
28	20	19	19	18	17	19	18	18	17	17	16	15
29	21	20	20	19	18	20	19	19	18	18	17	16
30	22	21	21	20	19	21	20	20	19	19	18	17
1 Complémentaire.												18
2												19
3												20
4												21
5												22
6												23

Mois grégoriens correspondants :
- VENDÉMIAIRE : Septemb. 1802. — Octob. 1802.
- BRUMAIRE : Octob. 1802. — Novemb. 1802.
- FRIMAIRE : Novemb. 1802. — Décemb. 1802.
- NIVÔSE : Décemb. 1802. — Janv. 1803.
- PLUVIÔSE : Janv. 1803. — Fév. 1803.
- VENTÔSE : Fév. 1803. — Mars 1803.
- GERMINAL : Mars 1803. — Avril 1803.
- FLORÉAL : Avril 1803. — Mai 1803.
- PRAIRIAL : Mai 1803. — Juin 1803.
- NESSIDOR : Juin 1803. — Juillet 1803.
- THERMIDOR : Juillet 1803. — Août 1803.
- FRUCTIDOR : Août 1803. — Septemb. 1803.

AN DOUZE DE L'ÈRE RÉPUBLICAINE.

JOURS du mois républicain.	VENDÉMIAIRE.	BRUMAIRE.	FRIMAIRE.	NIVÔSE.	PLUVIÔSE.	VENTÔSE.	GERMINAL.	FLORÉAL.	PRAIRIAL.	MESSIDOR.	THERMIDOR.	FRUCTIDOR.
	Sam.	Lundi.	Merc.	Vendr.	Dim.	Mardi.	Jeudi.	Sam.	Lundi.	Merc.	Vendr.	Dim.
1	24	24	23	23	22	21	22	21	21	20	20	19
2	25	25	24	24	23	22	23	22	22	21	21	20
3	26	26	25	25	24	23	24	23	23	22	22	21
4	27	27	26	26	25	24	25	24	24	23	23	22
5	28	28	27	27	26	25	26	25	25	24	24	23
6	29	29	28	28	27	26	27	26	26	25	25	24
7	30	30	29	29	28	27	28	27	27	26	26	25
8	1	31	30	30	29	28	29	28	28	27	27	26
9	2	1	1	31	30	29	30	29	29	28	28	27
10	3	2	2	1	31	1	31	30	30	29	29	28
11	4	3	3	2	1	2	1	1	31	30	30	29
12	5	4	4	3	2	3	2	2	1	1	31	30
13	6	5	5	4	3	4	3	3	2	2	1	31
14	7	6	6	5	4	5	4	4	3	3	2	1
15	8	7	7	6	5	6	5	5	4	4	3	2
16	9	8	8	7	6	7	6	6	5	5	4	3
17	10	9	9	8	7	8	7	7	6	6	5	4
18	11	10	10	9	8	9	8	8	7	7	6	5
19	12	11	11	10	9	10	9	9	8	8	7	6
20	13	12	12	11	10	11	10	10	9	9	8	7
21	14	13	13	12	11	12	11	11	10	10	9	8
22	15	14	14	13	12	13	12	12	11	11	10	9
23	16	15	15	14	13	14	13	13	12	12	11	10
24	17	16	16	15	14	15	14	14	13	13	12	11
25	18	17	17	16	15	16	15	15	14	14	13	12
26	19	18	18	17	16	17	16	16	15	15	14	13
27	20	19	19	18	17	18	17	17	16	16	15	14
28	21	20	20	19	18	19	18	18	17	17	16	15
29	22	21	21	20	19	20	19	19	18	18	17	16
30	23	22	22	21	20	21	20	20	19	19	18	17
1 Complémentaire.												18
2												19
3												20
4												21
5												22

Month-year labels appearing within the columns:
VENDÉMIAIRE : Septemb. 1803 / Octob. 1803. — BRUMAIRE : Octob. 1803 / Novemb. 1803. — FRIMAIRE : Novemb. 1803 / Décemb. 1803. — NIVÔSE : Décemb. 1803 / Janv. 1804. — PLUVIÔSE : Janv. 1804 / Fév. 1804. — VENTÔSE : Fév. 1804 / Mars 1804. — GERMINAL : Mars 1804 / Avril 1804. — FLORÉAL : Avril 1804 / Mai 1804. — PRAIRIAL : Mai 1804 / Juin 1804. — MESSIDOR : Juin 1804 / Juillet 1804. — THERMIDOR : Juillet 1804 / Août 1804. — FRUCTIDOR : Août 1804 / Septemb. 1804.

AN TREIZE DE L'ÈRE RÉPUBLICAINE.

JOURS du mois républicain.	VENDÉMIAIRE.	BRUMAIRE.	FRIMAIRE.	NIVÔSE.	PLUVIÔSE.	VENTÔSE.	GERMINAL.	FLORÉAL.	PRAIRIAL.	MESSIDOR.	THERMIDOR.	FRUCTIDOR.
	Dim.	Mardi.	Jeudi.	Sam.	Lundi.	Mercr.	Vendr.	Dim.	Mardi.	Jeudi.	Sam.	Lundi.
1	23	23	22	22	21	20	22	21	21	20	20	19
2	24	24	23	23	22	21	23	22	22	21	21	20
3	25	25	24	24	23	22	24	23	23	22	22	21
4	26	26	25	25	24	23	25	24	24	23	23	22
5	27	27	26	26	25	24	26	25	25	24	24	23
6	28	28	27	27	26	25	27	26	26	25	25	24
7	29	29	28	28	27	26	28	27	27	26	26	25
8	30	30	29	29	28	27	29	28	28	27	27	26
9	1	31	30	30	29	28	30	29	29	28	28	27
10	2	1	1	31	30	1	31	30	30	29	29	28
11	3	2	2	1	31	2	1	1	31	30	30	29
12	4	3	3	2	1	3	2	2	1	1	31	30
13	5	4	4	3	2	4	3	3	2	2	1	31
14	6	5	5	4	3	5	4	4	3	3	2	1
15	7	6	6	5	4	6	5	5	4	4	3	2
16	8	7	7	6	5	7	6	6	5	5	4	3
17	9	8	8	7	6	8	7	7	6	6	5	4
18	10	9	9	8	7	9	8	8	7	7	6	5
19	11	10	10	9	8	10	9	9	8	8	7	6
20	12	11	11	10	9	11	10	10	9	9	8	7
21	13	12	12	11	10	12	11	11	10	10	9	8
22	14	13	13	12	11	13	12	12	11	11	10	9
23	15	14	14	13	12	14	13	13	12	12	11	10
24	16	15	15	14	13	15	14	14	13	13	12	11
25	17	16	16	15	14	16	15	15	14	14	13	12
26	18	17	17	16	15	17	16	16	15	15	14	13
27	19	18	18	17	16	18	17	17	16	16	15	14
28	20	19	19	18	17	19	18	18	17	17	16	15
29	21	20	20	19	18	20	19	19	18	18	17	16
30	22	21	21	20	19	21	20	20	19	19	18	17

Correspondances grégoriennes (premier mois / second mois) :
VENDÉMIAIRE : Septemb. 1804. / Octob. 1804. — BRUMAIRE : Octob. 1804. / Novemb. 1804. — FRIMAIRE : Novemb. 1804. / Décemb. 1804. — NIVÔSE : Décemb. 1804. / Janv. 1805. — PLUVIÔSE : Janv. 1805. / Fév. 1805. — VENTÔSE : Fév. 1805. / Mars 1805. — GERMINAL : Mars 1805. / Avril 1805. — FLORÉAL : Avril 1805. / Mai 1805. — PRAIRIAL : Mai 1805. / Juin 1805. — MESSIDOR : Juin 1805. / Juillet 1805. — THERMIDOR : Juillet 1805. / Août 1805. — FRUCTIDOR : Août 1805. / Septemb. 1805.

1 Complémentaire.												18
2												19
3												20
4												21
5												22

AN QUATORZE DE L'ÈRE RÉPUBLICAINE.

JOURS du mois républicain.	VENDÉMIAIRE.	BRUMAIRE.	FRIMAIRE.	NIVÔSE.	PLUVIÔSE.	VENTÔSE.	GERMINAL.	FLORÉAL.	PRAIRIAL.	MESSIDOR.	THERMIDOR.	FRUCTIDOR.
	Lundi.	Mercr.	Vendr.	Dim.	Mardi.	Jeudi.	Sam.	Lundi.	Mercr.	Vendr.	Dim.	Mardi.
1	23	23	22	22	21	20	22	21	21	20	20	19
2	24	24	23	23	22	21	23	22	22	21	21	20
3	25	25	24	24	23	22	24	23	23	22	22	21
4	26	26	25	25	24	23	25	24	24	23	23	22
5	27	27	26	26	25	24	26	25	25	24	24	23
6	28	28	27	27	26	25	27	26	26	25	25	24
7	29	29	28	28	27	26	28	27	27	26	26	25
8	30	30	29	29	28	27	29	28	28	27	27	26
9	1	31	30	30	29	28	30	29	29	28	28	27
10	2	1	1	31	30	1	31	30	30	29	29	28
11	3	2	2	1	31	2	1	1	31	30	30	29
12	4	3	3	2	1	3	2	2	1	1	31	30
13	5	4	4	3	2	4	3	3	2	2	1	31
14	6	5	5	4	3	5	4	4	3	3	2	1
15	7	6	6	5	4	6	5	5	4	4	3	2
16	8	7	7	6	5	7	6	6	5	5	4	3
17	9	8	8	7	6	8	7	7	6	6	5	4
18	10	9	9	8	7	9	8	8	7	7	6	5
19	11	10	10	9	8	10	9	9	8	8	7	6
20	12	11	11	10	9	11	10	10	9	9	8	7
21	13	12	12	11	10	12	11	11	10	10	9	8
22	14	13	13	12	11	13	12	12	11	11	10	9
23	15	14	14	13	12	14	13	13	12	12	11	10
24	16	15	15	14	13	15	14	14	13	13	12	11
25	17	16	16	15	14	16	15	15	14	14	13	12
26	18	17	17	16	15	17	16	16	15	15	14	13
27	19	18	18	17	16	18	17	17	16	16	15	14
28	20	19	19	18	17	19	18	18	17	17	16	15
29	21	20	20	19	18	20	19	19	18	18	17	16
30	22	21	21	20	19	21	20	20	19	19	18	17
1	Complémentaire.											18
2	. . . .											19
3	. . . .											20
4	. . . .											21
5	. . . .											22

Indications de mois (texte vertical dans les colonnes) : VENDÉMIAIRE — Septemb. 1805 / Octob. 1805 ; BRUMAIRE — Octob. 1805 / Novemb. 1805 ; FRIMAIRE — Novemb. 1805 / Décemb. 1805 ; NIVÔSE — Décemb. 1805 / Janv. 1806 ; PLUVIÔSE — Janv. 1806 / Fév. 1806 ; VENTÔSE — Fév. 1806 / Mars 1806 ; GERMINAL — Mars 1806 / Avril 1806 ; FLORÉAL — Avril 1806 / Mai 1806 ; PRAIRIAL — Mai 1806 / Juin 1806 ; MESSIDOR — Juin 1806 / Juillet 1806 ; THERMIDOR — Juillet 1806 / Août 1806 ; FRUCTIDOR — Août 1806 / Septemb. 1806.

C'est du 1er janvier 1806 que l'ère républicaine a été supprimée.

CALOMNIE. — Imputation d'un fait non prouvé par un jugement ou un acte authentique, et qui, s'il existait, exposerait à des poursuites criminelles ou correctionnelles, ou même au mépris ou à la haine des citoyens (C. pén., art. 367 et suiv.). — V. *Action civile, Action publique, Dénonciation calomnieuse, Diffamation, Injures.*

CAMBREURS DE TIGES DE BOTTES. — Sont rangés dans la septième classe des patentables.

CAMÉES (FABRICANTS DE). — Sont rangés dans la septième classe des patentables.

CANAL. — Terrain creusé pour recevoir les eaux de la mer, d'un fleuve, d'une rivière. — V. *Actes de commerce,* n° 91 ; *Action possessoire,* n°s 230, 255, 259 et 459 ; *Cours d'eau.*

CANCELLER. — Action de rendre un écrit nul, en le raturant ou en le déchirant. — V. *Biffer, Rature.*

CANDIDAT. — Celui qui se présente et qu'on désigne pour être nommé à une charge. — V. *Huissier, Office.*

CANEVAS (DESSINATEURS DE). — Sont rangés dans la huitième classe des patentables.

CANNELLES ET ROBINETS EN CUIVRE (FABRICANTS DE). — Sont patentables.

CANNES (MARCHANDS ET FABRICANTS DE). — Sont patentables.

CANNETILLES (FABRICANTS DE). — Sont rangés dans la septième classe des patentables.

CANON. — Redevance ou prestation annuelle que l'emphytéote paie au propriétaire foncier. — V. *Bail emphytéotique,* n° 1.

CANONS (ARTILLERIE). — V. *Saisie de navires.*

CANOT. — Les constructeurs de canots sont patentables.

CANTON. — Circonscription territoriale formant une division de l'arrondissement. — V. *Huissier, Justice de paix, Transport.*

CANTONNEMENT. — **1.** Cette opération a pour objet la conversion d'un droit d'*usage* sur un bois, un marais ou tout autre terrain, en un droit de *propriété.*

2. En MATIÈRE FORESTIÈRE, l'action en cantonnement ne peut être exercée que lorsqu'il y a *droit d'usage réel,* désigné par les mots *droit d'usage en bois* (C. for., art. 63, 111, 118). — Si le droit d'usage n'est que *personnel,* ou s'il s'agit de droits de pâturage, pacage et glandée, ils ne peuvent être convertis en cantonnement ; mais ils peuvent être rachetés (C. for., art. 64).

3. La mesure de cantonnement s'applique non-seulement aux propriétés de l'État, des communes et des établissements publics, mais encore à celles des particuliers (C. for., art. 118).

4. Le cantonnement peut être réglé de gré à gré, si les parties sont majeures et d'accord ; sinon, l'action doit être portée devant les tribunaux ordinaires (C. for., art. 63). — Elle est introduite par exploit et soumise aux préliminaires de la conciliation, s'il y a lieu. — V. *Conciliation et formule, in fine.*

5. Le tribunal doit nécessairement ordonner une expertise contradictoire pour déterminer les droits des parties et l'étendue de la portion du fonds qu'il convient de céder pour racheter les droits de l'usager.

6. Les frais du cantonnement sont supportés par le propriétaire et l'usa-ger, chacun en proportion de la part qu'il prend dans la chose partagée (Ord. 1669, art. 19).

7. En matière de PRÉS, 'MARAIS, TERRAINS VAINS ET VAGUES, le canton-nement peut être demandé à l'occasion de la servitude de pâturage et pacage, tant par le propriétaire que par les usagers (LL. 19 sept. 1790 et 28 août 1792; Merlin, *Rép.*, v° *Vaine pâture*, § 4).

8. L'action de cantonnement, dans ce cas, comme en matière de forêts, a pour but de convertir le droit d'usage en un droit absolu de propriété ; elle s'intente de la même manière; elle doit être soumise au tribunal de la situa-tion de l'objet litigieux, et donne lieu à une expertise préalable et contra-dictoire.

Formule.

Demande en cantonnement.

L'an 18. . ., à la requête de. . . . . (*constituer avoué et donner copie de la non-conciliation*), j'ai. . . . ., donné assignation à. . . . ., à comparaître le. . . . . ., pour : attendu que le requérant est propriétaire d'un bois sis à. . . ., contenant. . . ., et tenant d'un côté. . . . .; attendu que l'intimé a un droit d'usage sur ce même bois, droit attaché au fonds et concédé à perpétuité par contrat passé devant . . . . .; attendu que le requérant entend user de la faculté que lui accorde l'art. 118, C. for., de convertir ce droit d'usage en droit de propriété sur partie de l'objet grevé; voir dire et ordonner que, par experts du choix des parties, sinon nommés d'office, le bois dont s'agit sera vu et visité à l'effet, par eux, de fixer l'étendue du droit d'usage du sieur. . . . . . et de donner leur avis sur la portion du fonds qu'il conviendra de céder en toute propriété pour opérer l'extinction de ce droit, pour, ensuite, sur leur rapport, être conclu et statué ce qu'il appartiendra, tous droits, actions et dépens réservés.

V. n° 4.—Coût (Tarif, 29) : Original, Paris, 2 fr.; R. P., 1 fr. 80 c.; ailleurs, 1 fr. 50 c. ; copie, le quart.

Enregistrement de l'exploit, 2 fr. 20 c. (L. 28 avril 1816, art. 43.)

CAOUTCHOUC (FABRICANTS ET MARCHANDS D'OBJETS EN). — Sont rangés dans la quatrième classe des patentables.

CAPACITÉ.— 1. En droit, on entend, par ce mot, l'habileté à contracter, à disposer, à donner ou recevoir, à succéder, enfin à faire tous les actes de la vie civile. — V. *Ajournement, Appel, Autorisation de femme mariée, Autorisation de plaider, Emancipation, Exploit, Convention, Interdic-tion, Minorité.*

2. Le mot *capacité* s'entend aussi d'une aptitude ou disposition à rempl r une fonction. — V. *Huissier.*

CAPARAÇONNIERS. — Les caparaçonniers pour leur compte sont rangés dans la sixième classe des patentables, et les caparaçonniers à façon, dans la huitième.

CAPITAINE DE LAZARET. —Un capitaine de lazaret étant un agent du Gouvernement ne peut être poursuivi pour des faits relatifs à ses fonc-tions qu'après autorisation du conseil d'Etat (Aix, 9 déc. 1835).

CAPITAINE DE NAVIRE.—1. On nomme ainsi celui qui est chargé de la conduite d'un navire marchand, quand il fait des voyages au long cours. L'officier préposé à la conduite d'un navire qui se livre au grand ou au petit cabotage, se nomme *maître* ou *patron.*

2. Les capitaines de la marine marchande, qu'ils soient ou non proprié-taires du navire qu'ils commandent, doivent être considérés comme commer-çants (C. comm., art. 633).

3. Et, dès lors, ils peuvent être assignés devant le tribunal de commerce en paiement des pacotilles maritimes qui leur ont été confiées pour les vendre en voyage et en partager le prix à leur retour (Rouen, 6 mars 1828).

4. Un capitaine a son domicile à bord du navire qu'il commande, pour toutes les contestations qui peuvent concerner son bâtiment (Metz, 15 août 1819). Ainsi, il peut être valablement assigné à bord de son bâtiment (Bruxelles, 16 mai 1819). De même, la demande en mainlevée des oppositions mises à la délivrance des expéditions est valablement portée devant le tribunal du lieu où le navire se trouve (Arrêt de Metz précité, du 15 août 1819).

5. Le capitaine qui est à bord ou qui, sur la chaloupe, se rend à bord pour faire voile, ne peut être arrêté pour *dettes civiles*, si ce n'est à raison de celles qu'il a contractées pour le voyage, et même, dans ce dernier cas, il ne peut être arrêté, s'il donne caution (C. comm., art. 231).

6. Les mots *dettes civiles* sont employés ici par opposition aux dettes qui résultent des condamnations prononcées par la justice répressive. D'où il résulte que l'inviolabilité prononcée par l'art. 231 précité s'étend également aux *dettes commerciales* (Delvincourt, *Institutes de droit commercial*, t. 2, p. 206 ; Pardessus, *Comm. de droit commercial*, t. 3, n° 670 ; Beaussant, *Code maritime*, t. 1er, p. 50).

7. Mais l'inviolabilité ne s'applique pas aux choses qui appartiennent au capitaine. Ainsi, le créancier du capitaine peut faire saisir et vendre tout ce qu'il trouve sur le navire appartenant à son débiteur, à l'exception toutefois des hardes et effets qui lui sont personnels (Delvincourt, t. 2, p. 206 ; Pardessus, t. 3, n° 670).

8. La commission due à un capitaine sur le produit de la vente des prises est également saisissable (Cass., 11 vent. an 9) ; il en est de même de ses salaires ; il n'y a que ceux des *matelots* qui soient insaisissables (Pardessus, t. 3, n° 701 ; Roger, *De la Saisie-arrêt*, n° 298).

9. Les salaires du capitaine sont privilégiés sur le navire et sur le fret (C. comm., art. 271). Mais le capitaine est responsable des fautes, même légères, qu'il commet dans l'exercice de ses fonctions (C. comm., art. 221 et suiv.).

10. Le propriétaire du navire peut, à son gré et sans allégation de motifs, congédier le capitaine (C. comm., art. 218 ; Rouen, 16 mai 1838 ; 20 janv. 1844), alors même que celui-ci est copropriétaire du navire (Rouen, 16 mai 1838), et quoique le propriétaire ait renoncé au droit de le congédier (Rouen, 20 janv. 1844).

11. La demande formée par le propriétaire d'un navire contre le capitaine en congédiement de ce dernier et en reddition de compte de sa part peut être portée devant le tribunal du lieu où le navire est amarré, encore que le capitaine n'y ait pas son domicile (Bruxelles, 16 mai 1815).

12. Dans le cas où le capitaine est congédié, il n'a droit à aucune indemnité, s'il n'y a convention par écrit (C. comm., art. 218).

13. Mais le capitaine congédié, qui est copropriétaire de ce navire, peut renoncer à sa copropriété et exiger le remboursement du capital qui la représente. Le montant de ce capital est déterminé par des experts convenus ou nommés d'office (C. comm., art. 219).

14. La part du capitaine, congédié ou non, dans la propriété du navire peut être saisie et vendue par autorité de justice, et les copropriétaires ont, comme tous autres, la faculté de se rendre adjudicataires.

CAPITAL.—Ce mot s'emploie pour désigner une somme d'argent en principal, lorsqu'on la prend par opposition aux *intérêts* qu'elle produit. — V. *Commandement, Huissier, Intérêts, Principal, Saisie immobilière.*

CAPITALISATION. — Transformation des intérêts d'un capital en un

nouveau capital susceptible de produire lui-même de nouveaux intérêts (C·
civ., art. 1154).— V. *Anatocisme, Jugement, Intérêts.*

CAPITATION.—On appelait ainsi, sous l'ancien droit, une taxe par tête
qui se prélevait annuellement sur chaque personne, suivant sa qualité, sa
fortune ou son travail. La capitation a été remplacée par l'impôt personnel.
— V. *Contributions directes.*

CAPITAU. — Mot qui, en droit coutumier, désignait la somme à laquelle
étaient estimés les bestiaux donnés à cheptel de perte et de profit. — V. *Bail
à cheptel.*

CAPITULAIRES. — Lois des rois francs qui n'étaient pas particulières
à un seul peuple (Savigny, *Histoire du droit romain au moyen âge*, chapitre 3). Les capitulaires formaient la législation générale obligatoire dans
toute l'étendue du royaume. — Les usages particuliers à chaque peuple se
nommaient *lois*. C'est ainsi qu'on disait la *loi salique*, la *loi des Ripuaires.*
—V. *Loi.*

CAPSULES (FABRICANTS DE). — Sont patentables.

CAPTURE. — Appréhension d'un individu pour le conduire en prison.
L'acte qui constate cette appréhension se nomme *procès-verbal de capture.*
— V. *Contrainte par corps, Emprisonnement.*

CARACTÈRE.—Ce mot s'emploie pour désigner la qualité propre d'une
personne ou d'une chose. Considéré par rapport aux personnes, le caractère
est, spécialement, le titre qui donne à celui qui en est revêtu le droit d'exercer les fonctions qui y sont attachées, ou de faire certains actes qui, autrement, n'auraient aucune valeur. — V. *Huissier, Officier ministériel.*

CARACTÈRES D'IMPRIMERIE. — Les fondeurs de caractères d'imprimerie et les graveurs en caractères d'imprimerie sont patentables.

CARACTÈRES ILLISIBLES. — V. *Copie de pièces, Exploit, Huissier.*

CARAMEL (FABRIQUES DE). — Les fabriques de caramel sont rangées parmi les établissements insalubres. — V. *Établissements insalubres.*

CARDES (FABRICANTS DE), CARDEURS DE LAINE, etc.—
Sont soumis à la patente.

CARENCE. — V. *Exécution, Jugement par défaut, Procès-verbal de
carence.*

CARION. — Droit perçu en nature sur la dîme, pour le salaire de celui
qui recueillait la dîme dans les champs et la charroyait dans les greniers du
décimateur. Ce droit a été supprimé par les lois de 1789 et de 1790. — V.
Dîmes.

CARNAL, CARNALAGE, CARNALAT. — Droit que quelques coutumes accordaient au seigneur de tuer et de s'approprier les bestiaux qu'il
trouvait en dommage dans ses terres; il a été aboli par la loi des 13-20 avril
1791.

CARRAIRE. — On appelle ainsi, dans certaines parties de la France, et
notamment en Provence, un chemin destiné au passage des troupeaux. Les
carraires constituent des servitudes établies pour l'utilité publique de toute
une contrée.

CARREAUX A CARRELER (MARCHANDS DE). — Sont rangés
dans la sixième classe des patentables.

CARRELEURS. — Sont rangés dans la septième classe des patentables.

CARRÉS DE MONTRE (FABRICANTS DE). — Les fabricants de carrés de montres, pour leur compte ou à façon, sont soumis à la patente.

CARRIÈRE. — 1. Lieu d'où l'on extrait les pierres, grès, marbres, granits, ardoises, marnes, braies, sables, argiles, etc.— (L. 21 avril 1810, art. 1er).

2. Pour ouvrir une carrière, il faut être propriétaire du fonds ; ainsi ceux qui ne possèdent que précairement ne peuvent user de ce droit.

3. L'usufruitier et le nu propriétaire ne peuvent ouvrir de carrière sans le consentement l'un de l'autre (Duranton, t. 4, n° 574 ; Proudhon, *De l'Usufruit*, n° 1207). Les tuteurs et administrateurs ne peuvent également ouvrir de carrière, sans y avoir été légalement autorisés (art. 457). — **V.** *Tutelle, Usufruit.* — V. aussi *Communauté, Régime dotal*.

4. On peut ouvrir une carrière à ciel ouvert sans permission de l'autorité ; une telle carrière, néanmoins, reste placée sous la surveillance de la police pour l'observation des lois et règlements généraux et locaux (L. 21 avril 1810, art. 81).

5. Quant aux carrières avec galeries souterraines, elles sont placées sous la surveillance de l'administration des mines, et une permission du préfet est nécessaire pour les ouvrir (L. 21 avril 1810, art. 82).

6. Le mode d'exploitation des carrières de Seine, de Seine-et-Oise et de Loir-et-Cher, est déterminé spécialement par les décrets des 22 mars 1813, et 4 juillet suivant, et les ordonnances des 21 oct. 1814 et 20 nov. 1822. — **V. *Mines*.**

7. Dans tous les cas, l'exploitation des carrières ne peut être faite qu'à la distance de huit toises des deux extrémités ou côtés des chemins de traverse ou vicinaux fréquentés, — de trente toises des arbres plantés sur les bords et côtés des routes et grands chemins, et, lorsqu'il n'y a pas d'arbres, de trente-deux toises desdits routes et grands chemins, à peine de trois cents livres d'amende ;—de trente toises des murs des édifices quelconques, à peine aussi de trois cents livres d'amende (Déclar., 7 mars 1780).

8. Les propriétaires de terrains contenant de la pierre, du sable et d'autres matériaux nécessaires à la confection des travaux d'utilité publique, sont obligés de les laisser fouiller par les entrepreneurs, lorsque ces terrains sont indiqués dans les devis et actes d'adjudication, ou dans un acte d'autorisation postérieur (Arr. du conseil, 30 oct. 1667, 3 déc. 1672, 22 juin 1706, et 7 sept. 1755).

9. Avant de procéder à toute extraction, l'entrepreneur doit nécessairement faire connaître au propriétaire l'autorisation donnée par l'administration, sans quoi il serait tenu des frais qui seraient faits contre lui jusqu'à justification régulière de sa permission.

10. Les propriétaires doivent être indemnisés, au fur et à mesure de l'exécution des travaux, du tort qu'ils éprouvent, c'est-à-dire de la valeur du terrain ; néanmoins, si la carrière dont on s'est emparé était déjà en exploitation, on devrait tenir compte seulement des matériaux, d'après le prix courant, abstraction faite des besoins des travaux auxquels on les destine (L. 16 sept. 1807, art. 55).

11. L'indemnité due est réglée à l'amiable, sinon par le conseil de préfecture. Toutefois, la compétence de ce conseil cesserait si l'extraction avait eu lieu dans des terrains non désignés (Cass., 16 avril 1836). On devrait alors se pourvoir devant les tribunaux en la forme ordinaire.

12. En matière de chemins vicinaux, les terrains où les extractions peuvent avoir lieu sont désignés par un arrêté du préfet qui doit être notifié dix jours au moins avant le commencement des travaux. Si l'indemnité ne peut être fixée à l'amiable, elle est réglée par le conseil de préfecture, sur le rapport d'experts nommés, un par le sous-préfet, l'autre par le propriétaire. En cas de discord, le tiers expert est nommé par le conseil de préfecture. — L'action en indemnité se prescrit par deux ans (L. 21 mai 1836, art. 17 et 18).

CARTEL. — Écrit par lequel on provoque quelqu'un à un combat singulier. Lorsque tous les différends se jugeaient par la voie des armes, le cartel était un défi porté par une partie à son adversaire; alors, *cartel* était synonyme d'*action*, d'*appel*. Mais, lorsque le duel ou combat judiciaire fut supprimé (V. *Appel* (*en matière civile*), n°s 8 et 9, et *Combat judiciaire*), le cartel et le duel continuèrent néanmoins de subsister, non plus toutefois comme moyen de vider les *procès* entre particuliers, mais comme moyen de vider leurs querelles ; et ils ont résisté au progrès de la civilisation et à l'action de la loi. — V. *Duel.*

CARTELAGE.— Droit que les seigneurs avaient, dans quelques coutumes, de prélever le quart des blés ou des vins récoltés par les habitants de leurs fiefs ; il a été définitivement supprimé par la loi du 17 juill. 1792.

CARTES A JOUER. — **1.** Les fabricants de cartes à jouer sont rangés dans la quatrième classe des patentables.

2. Aux termes de l'art. 9 du décret du 9 fév. 1810, nul ne peut vendre des cartes à jouer, s'il n'est fabricant patenté, à moins d'avoir été agréé et commissionné par la régie.

3. Les simples particuliers n'ont aucune justification à faire pour les cartes qu'ils ont chez eux. Mais celui qui tient un billard public, où il admet à prix d'argent toute personne qui veut jouer, est soumis aux visites que les employés des contributions indirectes ont le droit de faire pour s'assurer de l'exécution des lois et règlements sur les cartes à jouer (Cass., 18 fév. 1826).

4. Cette décision s'applique à l'huissier qui a été autorisé à tenir un billard public. — V. *Billard*, *Huissier.*

CARTONNAGE. — Les fabricants et marchands de cartonnage sont patentables.

CARTONNIERS.—Les établissements de cartonniers sont classés parmi l établissements insalubres. — V. *Établissements insalubres.*

CARTONS. — **1.** Les fabricants de cartons pour bureaux, pour leur compte, sont rangés dans la sixième classe des patentables, et les fabricants à façon, dans la huitième classe.

2. Les marchands ou fabricants d'ornements en pâte de carton ou carton-pierre sont rangés dans la troisième classe des patentables.

CAS FORTUIT. — Evénement occasionné par une force majeure imprévue, telle que le feu du ciel, la grêle, les tremblements de terre.—V. *Bail à cheptel,* n°s 22 et 23; *Bail à ferme,* n° 16; *Bail à loyer,* n°s 14 et suiv. ; *Dommages-intérêts, Force majeure, Garantie, Obligation.*

CASQUETTES (**FABRICANTS DE**). —Les fabricants de casquettes pour leur compte sont rangés dans la sixième classe des patentables, et les fabricants à façon, dans la huitième classe.

CASSATION.—**1.** Voie extraordinaire ouverte par la loi, moins dans un intérêt privé que dans un intérêt public, pour faire rétracter ou réformer une décision judiciaire contre laquelle il n'existe plus aucune autre voie de recours.

2. Le recours ou pourvoi en cassation ne forme point un troisième degré de juridiction ; il constitue une instance nouvelle, tout à fait indépendante de celles qui l'ont précédée (Cass., 8 mai 1820).

3. Nous ne nous occuperons sous le mot *Cassation* que du recours en cassation. Pour ce qui concerne l'organisation de la Cour de cassation, et ses attributions, voy. *Cour de cassation.*

Indication alphabétique des matières.

Acquiescement, 6.
Acte judiciaire, 25.
Administration publique , 13, 146.
Agent public, 93.
Amende, 92 et s., 111, 125, 126, 146, 147.
Arrêt, 24.
— attaqué (indication et copie), 83, 84.
— d'admission, 106 et s., 151.
— de cassation, 128 et s.
— de chambre d'accusation, 27.
— de Cour d'assises, 27.
— de la Cour de cassation, 25, 127, 148.
— de règlement (violation de), 33.
— de rejet, 106 et s., 125 et s.
— de restitution, 133 et s.
— rendu sur second pourvoi (autorité), 140.
Arrêts distincts, 28.
Assignation, 107, 108, 120.
Augmentation à raison des distances, 69, 88.
Autorisation, 6.
Avocat à la Cour de cassation, 85, 110, 111, 121, 142.
Ayants cause, 5, 16.
Capacité, 6.
Chambre civile, 120 et s.
— des requêtes, 105 et s.
Chambres réunies, 159, 140.
Chefs distincts, 23.
Commune, 74.
Compétence, 26, 28.
Conclusions, 85.
Condamné, 9 et s., 28, 92, 93, 142.
Consignation d'amende, 96.
— (défaut de), 103.
— (quittance), 83, 97.
— (refus de délivrer quittance), 98.
Contrariété de jugements, 47 et s.
Contrats (violation des), 35 et s.
Copie, 83.
— (séparée), 118, 119.
— (signifiée), 84.
Cours d'assises, 27.
Cour de cassation, 3.
Coutume, 33.
Décès, 116, 117.
Déchéance, 103, 108, 136.
Décision administrative, 25.
— disciplinaire, 25.

— du conseil des prud'hommes, 24.
— ministérielle (violation de), 33.
Déclaration de pourvoi, 87 et s.
Défaut, 122, 123, 136.
Délai, 68 et s., 79 et s., 88, 91, 103, 105, 107 et s., 120, 134, 135, 141, 143.
— (augmentation à raison des distances), 69, 88.
— (point de départ), 70 et s., 81, 82.
— (prolongation), 76 et s.
Demeure, 83.
Dépôt, 85, 86, 91, 121 et s.
Dispositif, 30.
Domaine de l'Etat, 74.
Effets du pourvoi en cassation, 99 et s.
— de l'arrêt d'admission, 107.
— de l'arrêt de cassation, 128 et s.
Elections, 120.
Enregistrement, 149 et s.
Excès de pouvoir, 8, 24, 45, 46, 57.
Exécution, 132.
— (suspension d'), 99 et s.
Expédition de l'arrêt ou du jugement, 89.
Expropriation pour cause d'utilité publique, 24.
Faits (appréciation), 37 et s.
Fausse application, 34.
— interprétation, 33.
Femme mariée, 119.
Fins de non-recevoir, 103, 104.
Fonctionnaire, 12.
Force majeure, 78.
Forclusion, 155.
Formes du pourvoi, 83 et s.
Frais (paiement des), 104.
Garde nationale, 92, 96.
Garant, 17.
Garantie, 17, 19.
Héritiers, 16, 116, 117.
Huissier, 18, 19, 88, 98, 133.
— audiencier, 110, 111.
Incompétence, 24, 45, 46, 57.
Indemnité, 146.
Indigents, 94.
Inspecteur des forêts, 13.
Instance nouvelle, 2.
Intérêt, 6, 11, 12.
— de la loi, 8.
— distinct, 95.
Interprétation de conventions,

37 et s.
Intervention, 5, 15, 124.
Jour à *quo*, 69, 81.
— *ad quem*, 69.
Jugement attaqué (indication et copie), 83, 84.
— de tribunal militaire, 27.
— en dernier ressort, 21 et s., 27.
— en premier ressort, 7.
— interlocutoire, 22.
— par défaut, 22, 26.
— préparatoire, 22, 26.
— susceptible d'appel, 22, 23, 26.
— d'opposition, 22, 26.
Jurisprudence, 33.
Loi (violation de), 8, 30 et s.
Loi étrangère (violation de), 33.
Mandataire de receveur de la régie, 13.
Matière civile 4 et s., 16 et s., 21 et s., 30 et s., 61 et s., 68 et s., 83 et s., 99 et s., 105 et s.
— criminelle, 9 et s., 20, 26 et s., 51 et s., 66, 79 et s., 87 et s., 101, 102, 141 et s.
Mémoire, 121 et s.
Mineur, 74, 75.
Ministère public, 9, 10, 88, 141.
Moyens de cassation, 85.
— nouveaux, 60.
Noms, 83.
Notification, 88.
Omission de prononcer, 58.
Opposition, 81, 82.
Ordonnance, 27.
Ouverture de cassation, 29 et s.
Partie, 4 et s., 9 et s.
— civile, 9, 14, 15, 88, 89, 91, 142, 146.
Pourvoi en cassation, 2, 67 et s., 149, 150.
Preuve contraire, 31, 32.
Prisonnier, 28, 90.
Procédure, 105 et s.
Procureur général, 7, 8.
Profession, 83.
Règlement de procédure, 25.
Renvoi devant un autre tribunal, 128 et s., 144, 145.
Requête, 91.
Requête civile, 42 et s., 50, 127.
Restitution, 133 et s.
Saisie immobilière, 19.

§ 1. — *Personnes qui peuvent se pourvoir en cassation.*
§ 2. — *Contre quelles personnes le pourvoi doit être formé.*
§ 3. — *Décisions contre lesquelles on peut se pourvoir.*
§ 4. — *Ouvertures de cassation.*
§ 5. — *Des moyens nouveaux.*
§ 6. — *Du pourvoi. — Délai. — Formes. — Amende. — Effets du pourvoi. — Fins de non-recevoir.*
§ 7. — *Procédure devant la Cour de cassation.*
§ 8. — *Enregistrement.*
FORMULES.

---

§ 1er. — *Personnes qui peuvent se pourvoir en cassation.*

4. MATIÈRES CIVILES.—Le droit de se pourvoir en cassation appartient aux parties dans leur intérêt, et au procureur général près la Cour de cassation, dans l'intérêt de la loi.

5. *Parties.*— Sont seuls admis à demander la cassation d'un jugement ceux qui y ont été parties, leurs représentants ou ayants cause (Poncet, *Jugements*, n° 344).—V. *Appel*, sect. 2. — Toutes autres personnes n'ont que la voie de la *tierce opposition* (Cass., 4 vent. an 11; Merlin, *Répert.*, v° *Cassation*), ou de l'*Intervention.*—V. ces mots.

6. Pour que le pourvoi soit admis, il faut : 1° que les parties aient intérêt à la cassation (Cass., 30 mai 1826; 19 juill. 1831; 27 mars 1832; 7 mars 1833; V. aussi *Action*, n°s 66 et suiv.); 2° qu'elles soient capables d'agir par elles-mêmes ou qu'elles soient autorisées (V. *Autorisation de femme mariée; Autorisation de plaider*); 3° qu'elles n'aient pas acquiescé au jugement; néanmoins, si le jugement avait deux chefs, et qu'on eût acquiescé seulement à l'un d'eux, avec ou sans réserve, on pourrait se pourvoir contre l'autre chef (Cass., 15 avril 1834); 4° que les parties n'aient pas déjà recouru en cassation une première fois; ainsi, la partie dont un premier pourvoi a été rejeté ne peut en présenter un second, même en l'appuyant sur d'autres motifs; 5° enfin, que le délai dans lequel le pourvoi doit être formé (V. *infrà* n°s 68 et suiv.), ne soit pas expiré.

7. *Procureur général.* — Il peut attaquer en tout temps, d'après les ordres du Gouvernement, les jugements de tout genre qui contiennent un excès de pouvoir. Peu importe d'ailleurs qu'ils n'aient été rendus qu'en premier ressort (L. 27 ventôse an 8, art. 80 et 88; Cass., 7 juill. 1817).

8. Il peut également, après l'expiration du délai légal, sans recours de la part des parties, attaquer, *dans l'intérêt de la loi*, les jugements rendus en dernier ressort, tant pour excès de pouvoir que pour violation des lois (L. 27 ventôse an 8, art. 88; Cass., 11 juin 1810).

9. MATIÈRES CRIMINELLES.—En matière criminelle, le pourvoi peut être interjeté par trois parties : le ministère public, la partie condamnée et la partie civile.

10. *Ministère public.*—Le pourvoi appartient au ministère public, soit comme partie principale au procès, soit dans l'intérêt de la loi, pour violation de la loi ou de quelque forme.

11. *Partie condamnée.*—Pour se pourvoir en matière criminelle, il faut, comme en matière civile, avoir été partie au jugement attaqué (Cass., 8 fév.

1811), et avoir intérêt à sa cassation (Cass., 27 fév. 1832; 21 oct. 1831; 30 déc. 1824).

12. Toutefois, il a été décidé qu'un fonctionnaire, qui n'a pas été partie, peut se pourvoir contre le chef d'un jugement qui renferme des incriminations contre lui (Cass., 30 frim. an 12).

13. Une administration publique peut se pourvoir par l'organe du fonctionnaire que la loi désigne pour la représenter dans les affaires judiciaires. Ainsi, en cas de délit forestier, l'inspecteur des forêts a qualité pour former le pourvoi (C. for., art. 183; Cass., 4 août 1827); de même, dans les affaires de douane, le pourvoi est valablement formé par le fondé de pouvoir d'un receveur de la régie (Cass., 17 floréal an 11; Merlin, *Quest.*, v° *Cassation*, § 1).

14. *Partie civile.*—En général, la partie civile est recevable à se pourvoir, quant à ses intérêts civils seulement, contre tout jugement de simple police ou de police correctionnelle (C. inst. crim., art. 413, 418; Cass., 1er fév. 1834), qui lèse ses intérêts.

15. Lorsque la partie civile a obtenu des dommages-intérêts, elle a le droit d'intervenir en cassation pour soutenir le jugement de condamnation (Cass., 3 brum. an 13).

§ 2. — *Contre quelles personnes le pourvoi doit être formé.*

16. MATIÈRES CIVILES. — En règle générale, le pourvoi doit être dirigé contre celui qui a obtenu la décision attaquée ou contre ses héritiers, représentants ou ayants cause.

17. Lorsque le garant, quoiqu'il fût partie au procès, n'a pas pris le fait et cause du garanti, le pourvoi doit être dirigé contre ce dernier, sauf à appeler son garant devant la Cour suprême (Cass., 23 juin 1834; 5 déc. 1836).

18. Si le syndic d'une compagnie, telle, par exemple, que celle des huissiers, a pris le fait et cause de l'un de ses membres dans un procès où les attributions des huissiers sont contestées, il suffit de mettre en cause le syndic seulement : le membre avec lequel l'instance a été engagée ne peut opposer aucune fin de non-recevoir de ce que le pourvoi n'a pas été dirigé contre lui (Cass., 10 déc. 1828 : V. *J. Huiss.*, t. 10, p. 121).

19. Lorsqu'une saisie immobilière est déclarée nulle, et l'huissier, appelé en garantie, condamné aux frais, celui-ci peut diriger son pourvoi non-seulement contre le saisissant, mais même contre le saisi, et demander la réformation de l'arrêt tant au chef qui déclare la saisie nulle, qu'à celui qui met les frais à sa charge (Cass., 20 avril 1818).

20. MATIÈRES CRIMINELLES.—En matière criminelle, le pourvoi du condamné est dirigé contre le ministère public et la partie civile, et celui de ceux-ci, contre le condamné. — V. *infrà*, n° 88.

§ 3. — *Décisions contre lesquelles on peut se pourvoir.*

21. MATIÈRES CIVILES.—En général, on peut se pourvoir contre les jugements ou arrêts définitifs rendus en dernier ressort par les tribunaux de tout genre (Ll. 1er sept. 1790; 14 sept. 1791). — V. cependant *suprà*, n° 7.

22. Ainsi, le pourvoi n'est admis que contre les décisions qui ne sont pas de nature à être réformées par les tribunaux ordinaires (V. *suprà*, n° 1). Il serait non recevable, s'il était dirigé : 1° contre un jugement préparatoire avant le jugement définitif, et contre un jugement interlocutoire qui ne préjuge pas le fond d'une manière définitive (L. 2 brum. an 4; Cass., 12 avril 1810; 13 janv. 1818; 28 déc. 1818); 2° contre les jugements dont on peut appeler (Cass., 10 mars et 16 mai 1825); 3° contre les jugements par défaut, lorsque l'opposition est encore recevable (Règlement du 28 juin 1738, tit. 4, art. 5).

23. Lorsqu'un jugement contient deux dispositions dont l'une est susceptible d'appel et l'autre définitive, on ne peut se pourvoir que contre cette dernière (Cass., 28 nov. 1831). — De même, lorsqu'un jugement interlocutoire, contient une disposition définitive, celle-ci peut seule faire l'objet d'un pourvoi (Cass., 28 mai 1827).

24. Le pourvoi peut être formé : 1° contre les arrêts des Cours d'appel (Godart, *Manuel de la Cour de cassation*, p. 36; Merlin, *Répert.*, v° *Cassation*); 2° contre les jugements des tribunaux civils de première instance, statuant soit en dernier ressort, soit comme juges d'appel des jugements rendus par les juges de paix, ou prononçant l'expropriation pour utilité publique, mais, dans ce dernier cas, seulement pour incompétence, excès de pouvoir, ou vices de forme du jugement (L. 3 mai 1841, art. 20); 3° contre les jugements des tribunaux de commerce statuant soit en dernier ressort, soit comme juges d'appels des jugements rendus par les conseils de prud'hommes en premier ressort; 4° contre les décisions des conseils de prud'hommes, rendues en dernier ressort; 5° contre les jugements des juges de paix, mais uniquement pour excès de pouvoir (L. 25 mai 1838, art. 15); 6° contre les sentences d'arbitres forcés, nommés juges en dernier ressort (Cass., 18 juill. 1832).

25. Mais ne sont pas susceptibles de recours en cassation : 1° les simples actes judiciaires qui ne sont pas de véritables jugements, comme, par exemple, l'arrêté par lequel un tribunal trace un règlement de procédure, qu'il déclare obligatoire tant pour les avoués que pour les huissiers de son ressort, sur une matière régie par le Code de procédure (Cass., 30 avril 1834 : V. *J. Huiss.*, t. 15, p. 301, et les observations qui suivent cet arrêt); 2° les décisions de la justice administrative; 3° les arrêts de la Cour de cassation (Avis du cons. d'État du 18 janv. 1806; Règlement du 18 juin 1738); 4° les jugements d'arbitres volontaires; 5° les décisions disciplinaires des Cours et tribunaux (V. *Discipline*).

26. MATIÈRES CRIMINELLES. — Ce que nous avons dit *suprà*, n°s 21 et 22, reçoit son application en matière criminelle. Ainsi, on ne peut se pourvoir : 1° contre les jugements ou arrêts préparatoires et d'instruction avant le jugement définitif (C. inst. crim., art. 416; cass., 11 et 24 mai 1833); toutefois, cette disposition ne s'applique point aux jugements et arrêts rendus sur la compétence (C. inst. crim., art. 416; V. *infrà*, n°s 45, 46 et 57); 2° contre les jugements susceptibles d'appel (Cass., 25 juin 1830; 16 août 1833), et d'opposition; 3° contre les actes qui n'ont pas le caractère de jugements ou arrêts.

27. Mais le pourvoi est recevable : 1° contre les jugements de simple police et de police correctionnelle rendus en dernier ressort (C. inst. crim., art. 413); 2° contre les arrêts de condamnation des Cours d'assises (C. inst. crim., art. 408); 3° contre les ordonnances d'acquittement des Cours d'assises, mais seulement dans l'intérêt de la loi, sans préjudicier à la partie acquittée (C. inst. crim., art. 409), à moins cependant que l'ordonnance n'ait été illégalement rendue (Legraverend, *Traité de la législation criminelle*, t. 2, p. 248); 4° contre les arrêts d'absolution des Cours d'assises, mais seulement de la part du ministère public (C. inst. crim., art. 410); 5° contre les arrêts d'acquittement et d'absolution, de la part de la partie civile, si l'arrêt a prononcé contre elle une condamnation supérieure aux demandes de la partie acquittée ou absoute (C. inst. crim., art. 412); 6° contre les arrêts des chambres d'accusation; 7° contre les ordonnances des juges d'instruction qui condamnent à l'amende un individu qui refuse de déposer comme témoin (Cass., 20 juill. 1830); 8° contre les jugements des tribunaux militaires, dans trois cas:

1° quand ils ont été rendus contre un individu non militaire ni assimilé aux militaires, pour incompétence ou excès de pouvoirs ; 2° quand ils sont dénoncés par ordre du ministre de la justice ; 3° quand ils sont déférés par règlement de juges (L. 27 vent. an 8 ; C. inst. crim., art. 527).

28. Lorsque, en matière correctionnelle, il existe deux arrêts distincts dont l'un a statué sur la compétence, et dont l'autre a prononcé la peine de l'emprisonnement, le pourvoi contre le premier de ces arrêts est recevable, quoique le condamné ne se soit pas constitué prisonnier (Cass., 9 sept. 1836 : *V. J. Huiss.*, t. 18, p. 58 et suiv.).

§ 4. — *Ouvertures de cassation.*

29. La loi n'a pas déterminé les nombreuses ouvertures de cassation. En indiquant la contravention expresse à une loi (L. 20 avril 1810) comme moyen de cassation, elle s'est servi d'une expression générale qui se prête à une foule d'applications, et qui ne peut être que démonstrative. Nous allons indiquer ici, en général, les différentes ouvertures de cassation.

30. MATIÈRES CIVILES.—1° *Violation de la loi.*—La violation de la loi, pour donner ouverture à cassation, doit être expresse et non équivoque (Cass., 14 nov. 1826) ; s'appliquer au texte, et non pas seulement aux motifs de la loi ; enfin, se trouver dans le dispositif du jugement (Cass., 2 fév. 1808 ; 15 mai 1816 ; 1er fév. 1836).

31. Pour décider s'il y a ou non violation de la loi, la Cour considère comme constants les faits attestés par le jugement attaqué. Cependant, si la preuve contraire de ces faits résulte d'un acte authentique, non argué de faux, produit devant les juges du fond, le jugement peut être attaqué par la voie de la cassation : car, dans ce cas, il y a violation de l'art. 1319, C. civ., qui porte que foi doit être ajoutée aux actes de cette nature (L. 7 nivôse an 5 ; Cass., 16 fév. 1813 ; 4 avril 1821 ; 2 déc. 1835).

32. Par application de ce principe, il y a lieu de casser : 1° l'arrêt qui décide qu'une femme n'est point autorisée, lorsque les actes de la procédure constatent l'existence de l'autorisation (Cass., 2 mai 1815) ; 2° celui qui déclare qu'un acte d'appel n'a pas été signifié, lorsqu'on représente l'exploit de signification (Cass., 3 avril 1820) ; 3° celui qui annulle un acte comme ne renfermant point une mention qu'il contient réellement (Cass., 15 déc. 1819).

33. La violation d'un usage non consacré par une loi (Poncet, *Jugements*, t. 2, n° 525 ; Cass., 14 août 1817 ; 11 juin 1825), la contravention à une jurisprudence qui n'est pas fondée sur la loi (Cass., 19 août 1828 ; 13 juill. et 27 déc. 1830), la fausse interprétation d'un article de coutume en vigueur au moment où l'acte a été passé (Cass., 23 nov. 1825 ; 24 déc. 1828 ; — *Contrà*, Cass., 10 janv. 1825), la violation d'une décision ministérielle (Cass., 11 janv. 1816), celle d'un ancien arrêt de règlement non approuvé par le souverain (Cass., 23 janv. 1816 ; 29 juin 1817), d'une loi étrangère (Cass., 28 avril 1836), d'une décision consacrée par la jurisprudence et par l'usage (Cass., 13 juill. 1830 ; 2 mai et 29 juin 1836) , ne sont pas suffisantes pour donner ouverture à cassation.

34. Il en est de même de l'application trop rigoureuse de la loi, du défaut d'extension de son texte, même par identité de raison, et de la fausse application d'une loi, à moins qu'il n'en résulte une violation (Cass., 14 nov. 1826).

35. 2° *Violation des contrats.* — Les conventions légalement formées tiennent lieu de loi à ceux qui les ont faites (C. civ., art. 1134). Il suit de là que le jugement, qui décide qu'une convention reconnue comme légalement formée n'est pas obligatoire, viole l'art. 1134 et encourt la cassation.

36. Il en est de même du jugement qui, après avoir reconnu en fait l'existence de tous les éléments constitutifs d'un contrat, a refusé de lui donner la qualification et les effets que la loi lui assigne (Cass., 23 juill. 1823).

37. Mais il en est autrement, lorsque le jugement attaqué s'est borné à apprécier les actes d'après les circonstances, ou à interpréter la convention d'après les faits. Dans ce cas, il peut y avoir erreur, mal jugé; mais il n'y a pas violation à une loi générale, et, dès lors, on ne peut se pourvoir en cassation (Cass., 2 fév. 1808 ; 23 fév. 1825; Merlin, *Répert.*, v° *Société*; Poncet, t. 2, n° 527).

38. Il résulte de là que, dans une décision, il faut soigneusement distinguer entre le fait et le droit. Le juge déclare le fait et explique ce qui s'est passé, puis il applique le droit aux faits qu'il a reconnus. Sa décision, en ce qui concerne les faits, est inattaquable ; mais, en ce qui regarde l'application de la loi, elle peut être contrôlée par la Cour suprême. Ainsi, si le juge a fait ou détruit un contrat, en s'étayant de circonstances, de preuves, d'allégations non reconnues ou admises par la loi, sa décision sera cassée; si, au contraire, les appréciations auxquelles il s'est livré ne sortent pas du cercle de la loi, sa décision sera maintenue, comme ne présentant qu'une exacte application du droit à des faits irréfragablement constatés.

39. Par exemple, il y a destruction du contrat, et conséquemment violation de la loi : 1° lorsqu'un jugement convertit une donation entre-vifs en un testament (Cass., 6 août 1827), une servitude en une propriété (Cass., 13 juin 1814), ou un droit de retour en une substitution (Cass., 22 juin 1812) ; 2° lorsqu'une Cour d'appel valide une obligation contractée par une femme séparée de biens, quoique cette obligation ne concerne point l'administration de ses biens (Cass., 3 janv. 1831).

40. Mais sont des questions de fait et d'appréciation de circonstances, entièrement abandonnées à l'examen des tribunaux et des Cours royales, les questions de savoir : si des présomptions sont graves, précises et concordantes (Cass., 27 avril 1830); si tels ou tels faits présentent des caractères de dol ou de fraude capables de faire annuler une convention (Cass., 28 brum. an 14), ou de constituer un stellionnat (Cass., 21 fév. 1827) ; s'il y a possession de bonne foi (Cass., 23 mars 1824), ou possession à titre de propriétaire (Cass., 1er juin 1824); si tel fait constitue un trouble autorisant une action en complainte (Cass., 19 juill. 1825); si une femme se livre à un commerce séparé ou ne fait que détailler les marchandises de son mari (Cass., 27 mars 1832); si un second testament opère la révocation du premier (Cass., 29 mai 1832); si la désignation dans un procès-verbal de saisie est suffisante (Cass., 24 janv. 1825 ; 8 fév. 1832); si un chargé d'affaires a géré en qualité de chargé d'affaires et non de mandataire gratuit (Cass., 18 mars 1818); si les faits articulés par le demandeur pour prouver la démence du testateur sont ou non pertinents et admissibles (Cass., 6 avril 1824); s'il y a eu convention verbale sur un point (Cass., 7 mars 1834); si un acte est une prorogation de société et non une société nouvelle (Cass., 19 juin 1834); s'il résulte des termes d'un exploit, que cet acte a été laissé au domicile d'un administrateur d'un hospice ou au bureau de l'administration (Cass., 27 avril 1830 : V. J. *Huiss.*, t. 12, p. 84).

41. Sont également inattaquables : l'arrêt qui déclare qu'il n'y a pas substitution dans la prière de conserver et de rendre (Cass., 5 janv. 1809); celui qui erre dans l'application de l'art. 131, C. proc. civ. (Cass., 18 mai 1808), ou dans l'appréciation de ce qui constitue les excès, sévices ou injures graves (Cass., 12 fév. 1806), et dans la qualification du laboureur au cas de l'art. 1326, C. civ. (Cass., 25 fév. 1818), celui qui déclare qu'une stipulation générale d'hypothèque ne comprend pas des dommages-intérêts accordés pour retard (Cass., 11 mars 1834).

42. 3° *Violation des formes*. — En général, la violation des formes ne donne lieu qu'à la *requête civile* (Cass., 16 avril 1808 ; 22 mai 1816). — V. *Requête civile*. — Toutefois, cette règle souffre deux exceptions :

43. La première, c'est lorsque la nullité provient du fait des juges, et que la forme violée est prescrite à peine de nullité, ou tellement essentielle que sans elle le jugement n'existerait pas (Cass., 19 déc. 1831 ; Merlin, *Rép.* et *Quest.*, v° *Cassation*) : par exemple, s'il y a défaut de publicité ou de motifs, de point de fait ou de droit, si le nombre des juges est incomplet (Merlin, *loc. cit.*), si les juges qui ont rendu le jugement n'ont pas la capacité légale ou n'ont pas assisté à toutes les séances (Godart, *Manuel de la Cour de cassation*, p. 58);

44. La seconde, c'est lorsque la nullité provient du fait d'une partie, qu'elle a été relevée par l'autre et écartée par les juges (Cass., 19 juill. 1809 ; 19 déc. 1831). Mais, dans ce dernier cas, il faut que la violation ait été articulée en termes exprès ; il ne suffirait pas qu'on eût conclu à la nullité de l'exploit ou des pièces de la procédure (L. 4 germinal an 2 ; Cass., 24 août 1829).

45. 4° *Incompétence ; Excès de pouvoir.* — Dans tous les cas, l'incompétence et l'excès de pouvoir donnent ouverture à la cassation (L. 27 ventôse an 8).

46. Il y a *incompétence*, quand le juge connaît d'une affaire que la loi attribue à un autre tribunal (V. *Compétence*), et *excès de pouvoir* (V. ce mot), proprement dit, lorsque, dans les affaires de sa compétence, le juge a statué au delà des valeurs auxquelles la loi limitait sa juridiction de dernier ressort, ou bien lorsqu'il a créé des nullités et admis des fins de non-recevoir non établies par la loi (Cass., 15 déc. 1806), ou bien encore lorsqu'il se permet de faire des règlements généraux ou d'intimer des ordres aux agents du pouvoir administratif.

47. 5° *Contrariété de jugements.* — Il y a lieu à ouverture à cassation pour contrariété de jugements : 1° lorsque deux jugements, directement opposés l'un à l'autre, ont été rendus entre les mêmes parties, par deux *tribunaux différents* (C. proc. civ., 504 ; Merlin, *Répert.*, v° *Cassation* ; Poncet, *Des Jugements*, n° 537 ; Cass., 14 août 1811). Des décisions rendues par des sections différentes d'une même Cour ne peuvent être considérées comme émanant de deux tribunaux différents.

48. Il faut que les tribunaux différents soient deux tribunaux ordinaires. Ainsi, la contrariété entre une décision administrative et un jugement ne peut donner ouverture à cassation (Cass., 19 juill. 1819).

49. 2° Lorsque les jugements ont été rendus par le même tribunal, si, lors du dernier, l'exception tirée de la chose jugée a été expressément opposée devant le tribunal (Cass., 8 avril 1812 ; 18 déc. 1815 ; 19 janv. 1821). Dans tous les autres cas, la contrariété de jugements ne constitue qu'un moyen de requête civile.

50. 6° *Ultrà petita.* — En général, la condamnation *ultrà petita* (à une somme supérieure à la demande) ne fournit qu'un moyen de *requête civile*. Cependant, elle devient une ouverture de cassation, lorsque la loi s'opposait à la condamnation, quand bien même il y aurait été conclu par les parties (Cass., 12 juin 1810).

51. MATIÈRES CRIMINELLES. — Les ouvertures de cassation en matière criminelle sont, en général, les mêmes qu'en matière civile. Toutefois, il existe quelques différences que nous allons signaler.

52. 1° *Violation de la loi.* — L'application de la peine par voie d'analogie constitue une ouverture de cassation. Il en est de même de la fausse application de la loi pénale, à moins que la pénalité prononcée ne soit la même que celle prescrite par la loi qu'on aurait dû invoquer (C. inst. crim., art. 410, 411 et 414 ; Cass., 19 mai 1827).

53. L'absolution de l'accusé prononcée sur le fondement de la non-existence d'une loi, qui, cependant, aurait existé, est une ouverture de cassation de la part du ministère public (C. inst. crim., art. 410). L'application d'une peine moindre ne donne jamais lieu au pourvoi de la part du condamné (Cass., 27 fév. 1832).

54. La séparation du fait et du droit existe aussi en matière criminelle. Dans les causes de simple police et de police correctionnelle, c'est la même autorité qui prononce sur le fait et sur le droit. En matière de grand criminel, le fait est jugé par les jurés, le droit par les Cours d'assises. Dans tous les cas, les éléments de l'appréciation du fait sont hors des atteintes de la cassation (Cass., 28 avril 1814 ; 1er sept. 1826). Ainsi, dès que la loi a été bien appliquée à des faits déclarés constants, il n'y a pas lieu à cassation (Cass., 5 fév. 1819).

55. Toutefois, il est admis que la Cour peut examiner la *qualification* donnée au fait et les conséquences légales de cette qualification (Cass., 2 avril 1825). Par exemple, elle peut annuler un arrêt qui déclare que tels faits reconnus constants ne constituent pas tel crime ou tel délit (Cass., 5 août 1831).

56. 2° *Violation des formes.* — Il y a ouverture à cassation, lorsque les formes prescrites par le Code d'instruction criminelle, sous peine de nullité, pour l'instruction du procès, soit en police simple ou en police correctionnelle, soit en matière de grand criminel devant la chambre d'accusation et la Cour d'assises, ont été omises ou violées (C. inst. crim., 408 et 413). Néanmoins, lorsqu'en matière correctionnelle ou de simple police, le renvoi de la partie a été prononcé, nul ne peut se prévaloir contre elle de la violation ou omission des formes prescrites pour assurer la défense (C. inst. crim., mêmes articles).

57. 3° *Incompétence; excès de pouvoir.* — Ils donnent toujours ouverture à cassation (C. inst. crim., art. 413).

58. 4° *Omission de prononcer.* — La voie de la cassation est ouverte, lorsqu'il y a omission de prononcer sur une demande de l'accusé ou une réquisition du ministère public, tendant à user d'une faculté ou d'un droit accordé par la loi, bien que la peine de nullité ne soit pas textuellement attachée à l'absence de la formalité dont l'exécution a été demandée (C. inst. crim., art. 408 et 413).

59. 5° *Ultrà petita.* — La condamnation *ultrà petita* est toujours un moyen de cassation (C. inst. crim., art. 412).

§ 5. — Des moyens nouveaux.

60. On appelle ainsi les moyens qui n'ont pas été discutés ni en première instance ni en appel, ou qui, l'ayant été en première instance, n'ont pas été renouvelés en appel, ou que les avoués ont omis de faire constater dans les qualités des jugements ou des arrêts.

61. *Matières civiles.* — En thèse générale, on n'est pas recevable à proposer un moyen nouveau comme ouverture de cassation (Cass., 24 août 1809 ; 26 août 1818). De même, on ne peut se pourvoir pour fausse application d'un article de loi servant de base à un moyen nouveau (Cass., 21 fév. 1826).

62. On ne peut également opposer à la demande une exception tirée d'un moyen nouveau (Cass., 11 mars 1834); telle serait l'exception de la chose jugée (Cass., 23 mars 1824), et celle qui résulterait de la qualité de tiers porteur (Cass., 5 mars 1833).

63. Comme exemples de moyens nouveaux qu'on ne peut proposer pour la première fois en cassation, on peut citer ceux-ci, savoir : une imputation de prix (Cass., 22 fév. 1827); la rescision pour lésion des sept douzièmes (Cass., 1er avril 1829); un moyen de prescription (Cass., 31 mai 1832); un moyen fondé sur l'état de mort civile (Cass., 11 juill. 1833); les moyens de nullité des saisies.(Cass., 10 août 1824).

64. La règle que, les moyens nouveaux ne sont pas proposables, reçoit exception, lorsque le moyen a été apprécié d'office par les premiers juges (Cass., 28 nov. 1826), ou lorsqu'il intéresse l'ordre public, par exemple, lorsqu'il s'agit de l'exception d'incompétence *ratione materiæ* (Cass., 26 août 1825).

65. Spécialement, est d'ordre public et peut être opposé pour la première fois en cassation, le moyen tiré de ce que la décision d'une chambre de notaires constitue un simple avis, et non un jugement arbitral (Cass.,6 janv. 1846 : V. *J. Huiss.*, t. 27, p. 166).

66. *Matières criminelles.* — On ne peut également s'occuper devant la Cour de cassation d'un moyen nouveau (Cass., 3 janv. 1827), ni proposer pour ouverture de cassation des moyens qu'on a fait valoir devant les premiers juges, et qu'on n'a pas renouvelés devant les juges d'appel (Cass., 24 août 1832 ; 30 mars 1833).

§ 6. — *Du pourvoi.* — *Délai.* — *Formes.* — *Amende.* — *Effets du pourvoi.* — *Fins de non-recevoir.*

67. Le pourvoi est l'acte par lequel on défère un jugement ou arrêt à la censure de la Cour de cassation.

68. 1° DÉLAI. — *Matières civiles.* — Le délai pour se pourvoir est de trois mois pour ceux qui habitent la France (L. 1er déc. 1790, art. 14) ; de six mois pour ceux qui habitent en Corse (L. 11 fév. 1793) et hors de la France continentale (Cass., 22 mai 1838 : V. *J. Huiss.*, t. 19, p. 333) ; d'un an, pour ceux qui habitent dans l'étendue des ressorts des anciens conseils supérieurs de La Martinique, de La Guadeloupe (Règl. 1738, tit. 4, art. 12), et généralement pour les colons d'Amérique, pour ceux qui habitent dans les établissements du Sénégal, de La Guyane française (Arr. 19 vend. an 12), pour ceux qui sont absents de France pour cause d'utilité publique (Règl. 1738), et enfin pour ceux contre lesquels des jugements ou arrêts ont été rendus par les tribunaux de l'Algérie (Cass., 9 mai 1842) ; de deux ans, pour ceux qui habitent dans les établissements de Pondichéry, l'île Bourbon (Règl. 1738, art. 12), ou demeurent au delà du cap de Bonne-Espérance. — Des délais particuliers sont fixés, en matière *d'expropriation pour utilité publique* (V. ce mot), par la loi du 3 mai 1841.

69. On ne comprend dans les délais du pourvoi, ni le jour de la signification, ni celui de l'échéance (L. 1er frim. an 2 ; cass. 7 août 1811 ; 24 nov. 1823 ; Merlin, *Rép.*, v° *Cass.*, § 5), et ces délais ne sont jamais sujets à augmentation à raison des distances pour ceux qui demeurent en France.

70. Le délai court seulement du jour de la signification régulière du jugement attaqué (Cass., 22 therm. an 10 ; 12 frim. an 14 ; 8 déc. 1806) faite à la personne ou au domicile de ceux qui habitent le territoire français (L. 1er déc. 1790), et au dernier domicile de ceux qui sont absents de France pour cause d'utilité publique (Règl. 1738, part. 1re, tit. 4, art. 11).

71. Ainsi, le pourvoi est recevable tant que cette signification n'a pas eu lieu, et nonobstant la signification à avoué (Cass., 1er mars 1841).

72. Est également recevable le pourvoi dirigé contre une décision signifiée d'abord à l'ancien domicile du demandeur, et ensuite à son nouveau domicile, quoiqu'il ait été formé après les trois mois de la première signification, si toutefois il l'a été avant l'expiration des trois mois de la seconde (Cass., 4 juill. 1832 : V. *J. Huiss.*, t. 13, p. 339).

73. Dans tous les cas, le délai ne court qu'au profit des personnes qui ont fait la signification et que contre celles à qui elle a été faite. — V. au surplus, *Appel (en matière civile)*, n° 250.

74. Du reste, le délai court contre toutes personnes (L. 1er déc. 1790 ; 2 brum. an 4), même contre les mineurs, les communes et le domaine de l'Etat (Cass., 23 brum. an 10 ; Merlin, *Rép.*, v° *Cass.*, § 5 ; Favard, *Rép.*, v° *Cour de cass.*, sect. 4, n° 1).

75. Le délai pour se pourvoir en cassation court contre les mineurs du jour où l'arrêt qu'ils attaquent a été signifié à leur tuteur, et non à partir de leur majorité (Cass., 5 juin 1832 : V. *J. Huiss.*, t. 13, p. 214).

76. Toutefois, les délais accordés pour se pourvoir en cassation sont prolongés, savoir : 1° d'un délai égal à celui fixé n° 68, à l'égard des héritiers, s uccesseurs et ayants cause, majeurs ou mineurs, des condamnés qui décèdent dans les délais, sans avoir formé le pourvoi; et ce nouveau délai ne court que du jour de la signification qui leur est faite, à personne ou à domicile (Règl. 1738; L. 1er déc. 1790) ; — 2° de trois mois, à compter de la signification qui leur est faite depuis leur retour en France, à l'égard des gens de mer, absents du territoire français en Europe, pour cause de navigation, sans avoir fixé leur domicile dans les colonies françaises ou en pays étranger. La durée de l'absence et l'époque du retour sont fixées par des extraits en bonne forme des rôles des bureaux des classes (L. 2 sept. 1793, art. 1 et 3) ; — 3° de quatre mois, à compter de la paix générale ou de la signature de leur congé absolu, à l'égard des défenseurs de la patrie et autres citoyens attachés au service de terre et de mer ; de six mois, pour les citoyens faisant leur service hors du royaume, mais en Europe; de onze mois, pour ceux qui le font dans les colonies en deçà du cap de Bonne-Espérance, et de deux ans pour ceux qui le font au delà (L. 6 brum. an 5, art. 2; Merlin, *Rép.*, v° *Cassation*, § 5, n° 10).

77. Les militaires en activité de service ne sont pas déchus du bénéfice de la prorogation de délai à eux accordée en temps de guerre, par cela seul qu'ils se seraient trouvés fortuitement à leur domicile au moment où y aurait été faite la signification du jugement par eux attaqué (Cass., 25 pluv. an 11; Merlin, *loc. cit.;* Troplong, *Prescription*, n° 705). Mais un gendarme, qui n'a pas réellement fait partie de l'armée, et n'a été employé au maintien de la paix que dans l'intérieur, ne jouit pas du bénéfice de la prolongation accordée par l'art. 2 de la loi du 6 brum. an 5 (Cass., 14 nov. 1827).

78. Lorsque, le dernier jour du délai du pourvoi en cassation, le demandeur n'a pu se pourvoir, à cause de faits de force majeure, il peut valablement former son pourvoi le lendemain (Cass., 7 mars 1849 : V. *J. Huiss.*, t. 30, p. 161).

79. *Matières criminelles.* — Le délai du pourvoi en matière de simple police, de police correctionnelle et en matière criminelle, est de trois jours francs (C. inst. crim., art. 177 et 373; Legraverend, t. 1, p. 439; Cass., 13 déc. 1821; 9 juill. 1824).

80. Toutefois, les ordonnances d'acquittement prononcées par le président d'une Cour d'assises ne peuvent être attaquées par le ministère public que dans le délai de vingt-quatre heures ; de même, la partie civile ne peut se pourvoir contre l'ordonnance d'acquittement ou d'absolution que dans les vingt-quatre heures (C. inst. crim., art. 374).

81. Dans le délai n'est pas compris le jour de la prononciation du jugement (C. inst. crim., art. 373); si le jugement est par défaut, le délai ne court, à l'égard du condamné, que du jour de l'expiration du délai d'opposition (Cass., 14 juill. 1832).

82. Il a été jugé que l'opposition formée contre un jugement contradictoire définitif, rendu en matière correctionnelle, et non signifié, faisait courir les délais du pourvoi en cassation, nonobstant le défaut de notification (Cass., 29 sept. 1832 : V. *J. Huiss.*, t. 16, p. 357).

83. 2° Formes. — *Matières civiles.* — Le pourvoi doit contenir : 1° les noms, professions et demeures du demandeur et du défendeur, tels qu'ils se trouvent dans l'arrêt ou dans les pièces; 2° l'indication de l'arrêt ou du jugement attaqué; 3° les moyens de cassation ; 4° les conclusions; 5° et l'énonciation qu'il a été joint au pourvoi la copie signifiée de la décision attaquée, et la quittance de consignation de l'amende, lorsqu'il y a lieu d'en déposer une (Règl. 1738, p. 1, tit. 4, art. 1, 4 et 5; L. 2 brum. an 4, art. 17; Poncet, *Des jugements*, n° 551).

84. Il ne suffit pas de produire à l'appui d'un pourvoi une copie *certifiée* du jugement attaqué; il faut une copie *signifiée;* et la déchéance est encourue, encore bien que la copie *signifiée* ait été produite ultérieurement, si elle ne l'a été qu'après l'expiration du délai de trois mois (Cass., 20 août 1846 : V. *J. Huiss.*, t. 27, p. 265).

85. Le pourvoi doit, à peine de nullité, être signé et présenté par un avocat à la Cour de cassation (Règl. 1738, art. 2). Il est déposé au greffe de cette Cour, et le greffier en donne récépissé.

86. Un pourvoi en cassation ne serait point valablement déposé chez le greffier, au lieu de l'être au greffe. Il en est ainsi, même pour un pourvoi présenté le dernier jour du délai. Le greffier ne peut recevoir aucun pourvoi après la fermeture du greffe (Cass., 6 avril 1842 : V. *J. Huiss.*, t. 23, p. 232).

87. *Matières criminelles.*— Le pourvoi a lieu par une déclaration faite au greffe, soit par la partie condamnée, soit par son avoué, soit par un fondé de pouvoir spécial. Cette déclaration est signée de la partie, ou de son représentant, et du greffier. Si la partie ne sait signer, il en est fait mention (C. inst. crim., art. 417).

88. Si le recours est exercé par la partie civile ou le ministère public, il doit être, dans le délai de trois jours, lu par le greffier à la partie, si elle est détenue, ou *notifié*, par le ministère d'un huissier, à la personne du condamné ou au domicile par lui élu, s'il est en liberté. — V. *Formule* 1. Dans ce dernier cas, le délai est augmenté d'un jour par trois myriamètres (C. inst. crim., art. 418).

89. La partie civile est tenue de joindre aux pièces une expédition authentique de l'arrêt (C. inst. crim., art. 419).

90. Le pourvoi du condamné à une peine emportant privation de la liberté n'est reçu qu'autant qu'il s'est constitué prisonnier, à moins qu'il n'ait été mis en liberté sous caution (C. inst. crim., art. 421).

91. Lors de la déclaration, ou dans les dix jours suivants, le condamné ou la partie civile dépose au greffe de la Cour ou du tribunal qui a rendu l'arrêt ou le jugement attaqué une requête contenant les moyens de cassation. Le greffier en donne une reconnaissance (C. inst. crim., art. 422).

92. 3° AMENDE.—Le demandeur en cassation doit préalablement consigner une amende de 150 fr., s'il s'agit d'un jugement ou d'un arrêt contradictoire, et de 75 fr., si l'arrêt ou le jugement n'est que par défaut (Règl. 1738, p. 1, tit. 4, art. 5). Cette amende est augmentée du dixième (L. 6 prair. au 7 ; 28 avril 1816, art. 66). Cette disposition s'applique, non-seulement en matière civile, mais aussi en matière de simple police et de police correctionnelle (L. 14 brum. an 5), et en matière criminelle, mais seulement à l'égard de la partie civile (C. inst. crim., art. 420,. En matière de garde nationale, l'amende n'est que du quart de celle ci-dessus fixée (L. 22 mars 1831, art. 120 non abrogé).

93. Sont dispensés de l'amende : 1° les condamnés en matière criminelle (C. inst. crim., art. 420); 2° les agents publics, pour affaires qui concernent directement l'administration des domaines ou des revenus de l'Etat (Règl. 1738, p. 1, tit. 4, art. 16 ; L. 2 brum. an 4, art. 17; C. inst. crim., art. 420). — V. aussi *Élections*.

94. Les indigents ne sont pas *obligés de consigner* l'amende, en joignant à leur requête : 1° un certificat d'indigence *délivré* par le maire, *visé* par le sous-préfet et *approuvé* par le préfet ; 2° un extrait de leurs impositions délivré par le percepteur (L. 14 brum. an 5, et 28 pluv. an 8 ; C. inst. crim., art. 420). Et, dans ce cas, on n'est pas recevable à prétendre qu'ils ne sont pas indigents (Cass., 10 mai 1839 : V. *J. Huiss.*, t.¡17, p. 173). Mais, s'ils succombent, ils doivent payer l'amende (C. inst. crim., art. 420 ; Cass., 28 déc. 1812).

95. Il est dû autant d'amendes qu'il y a de demandeurs ayant un intérêt distinct, quoique le pourvoi soit formé collectivement (Cass., 11 janv. 1808).

96. La consignation a lieu entre les mains d'un receveur de l'enregistrement établi à Paris, chargé spécialement de percevoir les amendes en cas de pourvoi. Toutefois, il a été jugé qu'en matière de garde nationale, l'amende peut être consignée entre les mains du receveur de l'enregistrement du domicile du demandeur (Cass., 12 août 1831).

97. La consignation de l'amende se prouve par la quittance qui est donnée par le receveur. Le défaut de production de cette quittance suffit pour faire rejeter le pourvoi (Merlin, *Rép.*, v° *Cassation*, § 5, n° 12 ; Cass., 30 juill. 1836 : V. *J. Huiss.*, t. 17, p. 353). Et, dans ce cas, le pourvoi est rejeté purement et simplement (Règl. 1738, part. 1re, tit. 4, art. 5 ; Cass., 11 frim. an 9).

98. Cependant, le mauvais vouloir d'un receveur ne peut paralyser les droits des parties : d'où il suit que le refus de recevoir l'amende, s'il est dûment constaté, équivaut à consignation (Cass., 12 août 1831). La constatation peut avoir lieu par exploit du ministère d'huissier. — V. *Formule* 2.

99. 4° EFFETS DU POURVOI. — *Matières civiles.* — La règle générale est que le pourvoi ne suspend pas l'exécution du jugement ou de l'arrêt attaqué, et que, dans aucun cas et sous aucun prétexte, les tribunaux ne peuvent accorder de surséance (L. 1er déc. 1790 ; Bordeaux, 17 mess. an 13 ; 6 déc. 1832 ; Grenoble, 7 janv. 1836).

100. Cette règle cependant souffre trois exceptions. Ainsi, le pourvoi est suspensif : 1° en matière de faux incident civil (C. proc. civ., art. 241, 242 et 243). — V. *Faux incident ;* 2° en matière de jugement rendu contre l'État à fin de paiement de sommes d'argent, à moins qu'il ne soit donné caution pour sûreté des sommes auxquelles l'État est condamné (L. 16 juill. 1793) ; 3° en matière de mainlevée d'objets saisis pour contraventions aux lois sur les douanes, à moins qu'il ne soit donné caution de la valeur des objets saisis (L. 9 flor. an 8).

101. *Matières criminelles.* — Ici, le principe qui domine, c'est que le pourvoi suspend l'exécution de tout arrêt ou jugement en matière criminelle (C. inst. crim., art. 473). Ce principe s'applique aussi en matière de police correctionnelle (Cass., 6 mai 1825), et en matière de simple police (Cass., 26 avril 1811). La suspension a lieu à l'égard du condamné, de la partie civile et du ministère public.

102. Il n'y a d'exception que dans le cas où le pourvoi serait dirigé par le ministère public contre une ordonnance d'acquittement ; alors, on ne pourrait ordonner la mise en liberté du prévenu (Cass., 20 juill. 1827).

103. 5° FINS DE NON-RECEVOIR. — Différentes fins de non-recevoir peuvent être invoquées contre le pourvoi. Les principales sont : l'expiration des délais pour le dépôt du pourvoi (V. *suprà*, n°s 68 et suiv.), ou pour la signification de l'arrêt d'admission (V. *infrà*, n°s 107 et suiv.) ; l'inobservation des formalités prescrites dans le pourvoi (V. *suprà*, n°s 83 et suiv.), ou dans la signification de l'arrêt d'admission ; le défaut de consignation d'amende, lorsqu'elle est due (V. *suprà*, n°s 92 et suiv.) ; l'existence d'un autre recours exercé contre le jugement attaqué ; l'incompétence de la Cour de cassation, et la présentation d'un moyen nouveau (V. *suprà*, § 5).

104. Mais une partie qui paie les dépens, contrainte par un exécutoire à elle signifié, n'est pas pour cela non recevable à former un pourvoi en cassation (Cass., 3 mai 1842 : V. *J. Huiss.*, t. 23, p. 268).

§ 7. — *Procédure devant la Cour de cassation.*

105. MATIÈRES CIVILES. — *Chambre des requêtes.* — Après le dépôt du pourvoi, le président de la chambre des requêtes nomme un conseiller rapporteur qui remet au greffe son rapport écrit dans le mois pour les affaires urgentes, et dans les deux mois pour les affaires ordinaires (Ord. 13 janv. 1826). Ensuite, l'affaire est inscrite au rôle d'audience, et les pièces sont envoyées au procureur général, qui les donne à un avocat général pour préparer les conclusions. Aussitôt ces conclusions préparées, les pièces sont remises au greffe, et l'affaire est portée à l'audience (même ord.).

106. Là, le conseiller fait son rapport, l'avocat du demandeur plaide, le ministère public donne ses conclusions, la Cour délibère et admet ou rejette le pourvoi. Dans ce dernier cas, l'arrêt doit être motivé. Il n'est susceptible d'aucun recours.

107. En ce qui concerne l'arrêt d'admission, son effet n'est pas suspensif. Cet arrêt ordonne sa signification, et doit être, en effet, signifié au défendeur dans les mêmes délais que ceux accordés pour former le pourvoi (V. *supra*, nos 68 et suiv.), avec assignation à comparaître devant la chambre civile, dans les délais du règlement (V. *infrà*, no 120 ; Règl. 1738, part. 1re, tit. 4, art. 30 ; Merlin, *Rép.*, vo *Cassation*, § 6, no 7). — V. *Formule* 3.

108. Le défaut de signification régulière ou d'assignation dans les délais fait encourir la déchéance du pourvoi (Règl. 1738, art. 30). — Et lorsque, sur un pourvoi, il intervient un arrêt d'admission qui permet d'assigner un garant, et que néanmoins l'assignation n'est point donnée, la déchéance se trouve acquise, tant à l'égard du défendeur qu'à l'égard du garant (Cass., 11 juin 1833 : V. *J. Huiss.*, t. 14, p. 318).

109. La signification de l'arrêt est soumise aux règles générales des exploits (V. *Exploit*), et en outre, aux règles spéciales que nous allons indiquer :

110. 1o L'arrêt d'admission ne peut être signifié, à peine de nullité et d'amende, s'il n'est signé par un avocat à la Cour de cassation (Règl. 1738, part. 2, tit. 1er, art. 17 ; arrêt du conseil, 16 juin 1746 ; Isambert, note 1re, sur l'ordonn. du 10 sept. 1817).

A Paris, la signification doit être faite, aussi à peine de nullité, par un huissier audiencier à la Cour de cassation (Cass., 1er fév. 1808 (V. *J. Huiss.*, t. 10, p. 86) ; 8 nov. 1831 (V. *J. Huiss.*, t. 14, p. 125) ; Cass., 7 août 1849 et 8 mai 1850 ; V. *Bull. spéc. des huiss.*, t. 6, p. 79, et t. 7, p. 184).

111. 2o La signification doit contenir, aussi à peine de nullité et d'amende contre l'huissier, le nom de l'avocat dont la partie demanderesse entend se servir (Règl. 1738, part. 2, tit. 1er, art. 2 ; Cass., 17 brum. an 12 ; Poncet, *Jugements*, t. 2, no 552). Toutefois, la signature de l'avocat mise au bas de la requête signifiée et de l'arrêt peut être considérée comme remplissant le vœu de la loi (Cass., 8 niv. an 13 ; 11 mars 1811 ; 16 mai 1815).

112. 3o La signification ne peut être faite qu'aux parties expressément dénommées dans l'arrêt d'admission (Cass., 3 fév. 1835 : V. *J. Huiss.*, t. 17, p. 336 ; Merlin, *Rép.*, vo *Cassation*, § 6, no 7), et à leur personne ou à leur domicile réel (Règl. 1738, part. 1re, tit. 4, art. 30). Les significations à faire dans les colonies françaises et hors la France se font, dans l'usage, au parquet du procureur général près la Cour de cassation (Godart, *Manuel de la Cour de cassation*, p. 30 ; Cass., 21 déc. 1830 : V. *J. Huiss.*, t. 12, p. 182 ; 16 mars 1831 : V. *J. Huiss.*, t. 12, p. 248).

113. La signification serait nulle, si elle était faite au domicile que le défendeur avait lors de l'instance, et qu'il a quitté depuis, ou à la résidence où au domicile élu par lui pendant l'instruction qui a précédé le jugement attaqué (Cass., 11 vend. an 7; 2 flor. an 9; 28 oct. 1811).

114. Néanmoins, la signification est valablement faite au domicile indiqué par le défendeur dans la signification de l'arrêt attaqué, alors qu'aucun acte ne fait connaître le nouveau domicile de ce dernier, et qu'il n'existe aucune déclaration légale de changement de domicile (Cass., 3 mai 1837); ou à la résidence momentanée du défendeur, lorsqu'un autre domicile n'a jamais été indiqué (Cass., 7 juin 1809); ou au domicile élu en première instance, lorsque le défendeur n'a pas fait connaître son véritable domicile (Cass., 11 frim. an 9; 16 mess. an 11; 13 germ. an 12).

115. Nous avons dit (n° 112) que la signification devait être faite aux parties dénommées dans l'arrêt d'admission. A cet égard, nous ferons remarquer qu'il a été décidé que l'admission d'un pourvoi était valablement signifiée à un défendeur en cassation sous le nom de *Mavel*, quoiqu'il s'appelât *Marchet*, si la copie de l'arrêt attaqué par lui signifiée lui donnait le premier de ces noms (Cass., 3 fév. 1835 : V. *J. Huiss.*, t. 17, p. 336).

116. 4° Si le défendeur est décédé, et si son décès est légalement constaté, la signification doit être faite à ses héritiers (Cass., 13 therm. an 12; Merlin, *Répert.*, v° *Cassation*, § 5, n° 10, et § 6, n° 7), encore bien que le décès n'ait point été notifié (Cass., 26 nov. 1849 : V. *Bull. spéc. des huiss.*, t. 6, p. 84), et à leur domicile, à peine de nullité (Cass., 14 niv. an 11; 2 fév. 1813; 1er déc. 1829 : V. *J. Huiss.*, t. 11, p. 88). Dans ce cas, une nouvelle permission de signifier est inutile (Cass., 25 juin 1810).

117. De même, si le demandeur est décédé, après avoir formé le pourvoi, l'arrêt rendu en son nom doit être signifié à la requête de ses héritiers (Cass., 9 déc. 1834, 19 déc. 1837).

118. 5° En général, la signification doit être faite en autant de copies qu'il y a de défendeurs, à moins qu'il ne s'agisse d'une action solidaire ou indivisible (Cass., 29 germ. an 11; 31 janv. 1827).

119. L'arrêt d'admission d'un pourvoi formé en matière d'enregistrement contre une femme mariée est valablement signifié au mari seul, lorsque la femme n'a pas le droit d'exercer elle-même ses actions mobilières (Cass., 2 janv. 1850 : V. *Bull. spéc. des huiss.*, t. 7, p. 49).

120. 2° *Chambre civile.* — La signification de l'arrêt d'admission vaut assignation devant la chambre civile (Règl. 1738, part. 2, tit. 1er, art. 6; Cass., 30 nov. 1807). Le défendeur doit comparaître dans le délai, à partir de la signification de l'arrêt d'admission, de quinze jours, pour les assignations données à Paris et à dix lieues à la ronde; d'un mois, pour les ressorts des anciens parlements de Paris, Rouen, Dijon, Metz et Flandre, ou du conseil d'Artois; deux mois, pour les ressorts des anciens parlements de Tours, de Languedoc, Guyenne, Grenoble, Aix, Pau, Besançon et Bretagne, et les conseils supérieurs d'Alsace et de Roussillon; d'un an, pour La Martinique et La Guadeloupe (Règl. 1738, part. 2, tit. 1er, art. 3). Pour les anciens ressorts de Bourbon, Pondichéry, Cayenne et le Sénégal, le délai est réglé par l'arrêt d'admission : autrement, on suit par analogie les règles prescrites par la disposition précitée du règlement de 1738 (Godart, p. 30). Pour la Corse, le délai est de deux mois (Arg., art. 73, C. proc. civ.; Cass., 30 mai 1838 : V. *J. Huiss.*, t. 19, p. 347). En matière électorale, la Cour de cassation permet d'assigner à trois jours (Cass., 21 juin 1830).

121. Le défendeur est représenté par un avocat à la Cour de cassation, qui rédige et signe un mémoire en défense, et le signifie à l'avocat du demandeur (V. *Formule* n° 4), puis le dépose au greffe avec les pièces justificatives (L. 2 brum. an 4, art. 16). L'avocat du demandeur peut déposer, à son tour, au greffe, son mémoire en réplique; alors l'affaire est en état (Ord. 15 janv.

1826);et la procédure est la même que pour obtenir l'arrêt de la chambre des requêtes. — V. *suprà*, n⁰ˢ 105 et 106.

122. Si, dans la huitaine du délai qui lui est accordé pour comparaître, le défendeur ne produit pas de défense, il peut être donné défaut contre lui (Règl. 1738, part. 2, tit. 2, art. 1ᵉʳ).

123. Pour obtenir le défaut, le demandeur produit un certificat de non-production (Règl. 1738, art. 1ᵉʳ). Toutefois, malgré la non-production, l'affaire est examinée, et le pourvoi peut même être rejeté, si la chambre civile le juge mal fondé. Le demandeur est dans ce cas condamné à 300 fr. d'amende (Règl. 1738, art. 8).

124. Devant la chambre civile, on peut intervenir. Mais l'intervention n'est reçue que de la part de celui qui pourrait se pourvoir par tierce opposition à l'arrêt de la Cour (Cass., 19 fév. 1830 ; 14 nov. 1832).

125. La chambre civile, après avoir entendu le rapport, les plaidoiries et les conclusions, et après en avoir délibéré, rejette le pourvoi ou casse l'arrêt attaqué.

126. En cas de *rejet*, le demandeur est condamné : 1° à 300 fr. d'amende, dans lesquels sont compris les 150 fr. consignés; 2° à 150 fr. d'indemnité envers le défendeur, le tout si l'arrêt attaqué est contradictoire, et à moitié de ces sommes, s'il est par défaut ou par forclusion ; 3° et aux dépens de l'instance. L'amende ne peut être remise ni modérée, mais elle peut être augmentée (Règl. 1738, part. 1ʳᵉ, tit. 4, art. 36).

127. L'arrêt de rejet ne peut être attaqué, même par la voie de la requête civile.

128. Lorsque le jugement attaqué est *cassé*, la chambre civile ordonne la restitution de l'amende consignée et des sommes perçues en exécution de l'arrêt cassé, et remet les parties au même état qu'avant cet arrêt ; puis elle renvoie l'affaire devant un des trois tribunaux du même ordre, le plus voisin de celui dont la décision est annulée, pour être procédé sur les derniers errements qui n'ont pas été atteints par la Cour de cassation (Règl. 1738, part. 1ʳᵉ, tit. 4, art. 38 ; LL. 1ᵉʳ déc. 1790, art. 21; 2 brum. an 4, art. 24). La cassation ne profite qu'à ceux qui se sont pourvus (Cass., 24 pluv. an 7).

129. La cassation d'un arrêt déclarant un appel valable emporte virtuellement la cassation de l'arrêt intervenu sur le fonds du procès (Paris, 7 mars 1842 : V. *J. Huiss.*, t. 23, p. 74).

130. Du principe que les choses sont remises en l'état où elles étaient avant le jugement cassé, il suit que tout acte d'exécution est rétracté de droit, que tous droits de propriété résultant du jugement cassé sont anéantis, que toute inscription prise depuis ce jugement est non avenue, et que tout ce qui a été la suite ou la conséquence de l'arrêt annulé est sans effet (Cass., 25 oct. 1813 ; Merlin, *Répert.*, v⁰ *Cassation*, § 7, n° 4).

131. Il n'y a pas lieu à renvoi devant un autre tribunal : 1° lorsque l'arrêt cassé avait mal à propos reçu l'appel d'un jugement en dernier ressort ; 2° lorsque la cassation est prononcée pour contrariété d'arrêts ou jugements rendus en dernier ressort.

132. Si l'arrêt est contradictoire, il ne peut être exécuté, à peine de nullité de toutes procédures et exécutions antérieures à la signification, avant d'avoir été signifié à l'avocat de la partie. La signification à la partie elle-même ne serait pas suffisante (Règl. 1738, part. 2, tit. 13, art. 9 ; Arr. du conseil, 12 mars 1759).

133. Si l'arrêt est par défaut, le défaillant peut se faire restituer en présentant, à ce sujet, une requête à laquelle est jointe une quittance constatant qu'il a payé 100 fr. à l'avocat adverse pour *réfusion* des frais, ou un procès-verbal dressé par un huissier, et constatant qu'il les a offerts et qu'ils ont été refusés (Règl. 1738, part. 2, tit. 2, art. 9 et 10).—V. *Formule* 5.

134. L'arrêt de restitution doit être obtenu et signifié dans le délai d'un mois, si l'assignation a été donnée à quinze jours ; de deux mois, si elle a été donnée à un mois, et de trois mois, quand elle l'a été à deux mois. Pour les parties domiciliées dans les colonies et hors France, le délai est de six mois après l'expiration de ceux ordinaires pour comparaître. Tous ces délais courent du jour de la signification de l'arrêt par défaut (Règl. 1738, part. 2, tit. 2, art. 11). L'arrêt de restitution obtenu et signifié, l'instance se suit comme à l'ordinaire.

135. La partie qui a obtenu un arrêt de restitution contre un arrêt de cassation peut, sur la demande de son adversaire, être déclarée forclose, si, dans les trois ans, elle n'a pas produit de défense au pourvoi (Cass., 11 juill. 1827).

136. Le demandeur ne peut être déclaré déchu de son pourvoi, par cela seul qu'il a laissé passer plus d'une année depuis la signification de l'arrêt d'admission, sans lever défaut contre le défendeur qui ne s'est pas présenté (Règl. 1738, part. 2, tit. 2, art. 8 et 16 ; Cass., 8 frim. an 11).

137. La Cour de cassation peut avoir annulé soit la procédure, soit la décision de l'arrêt ou du jugement soumis à sa censure. Au premier cas, la procédure est recommencée devant la nouvelle Cour à partir du premier acte annulé ; au second cas, l'affaire est portée à l'audience sans procédure et on procède au jugement sans nouvelle instruction (L. 2 brum. an 4). Dans cette dernière hypothèse, l'arrêt de cassation fait revivre les procédures ou instances sur lesquelles la décision attaquée était intervenue (Cass., 12 juin 1827).

138. La nouvelle Cour peut ordonner ce qui était dans les attributions de celle dont l'arrêt a été cassé (Cass., 24 janv. 1826). Mais elle ne peut faire porter sa décision que sur les dispositions cassées (Cass., 8 juill. 1826).

139. 3° *Chambres réunies.* — Les jugements ou arrêts rendus par suite de renvoi prononcé par la Cour de cassation (chambre civile) peuvent de nouveau être déférés à la Cour de cassation, qui statue cette fois en chambres réunies. Ces jugements ou arrêts sont attaqués de la même manière que les premiers.

140. Si le deuxième arrêt ou jugement est cassé pour les mêmes motifs que le premier, la Cour d'appel ou le tribunal auquel l'affaire est renvoyée doit se conformer à la décision de la Cour de cassation sur le point de droit jugé par cette Cour (L. 1er avril 1837, art. 2). — V. au surplus sur l'autorité des arrêts rendus par la Cour de cassation, à la suite de seconds pourvois, le commentaire de la loi du 1er avril 1837, inséré dans le *Journ. des Huiss.*, t. 18, p. 209 et suiv.

141. MATIÈRES CRIMINÉLLES. — *Chambre criminelle.* — Après les dix jours qui suivent la déclaration de pourvoi, le magistrat chargé du ministère public adresse au ministre de la justice les pièces du procès et les requêtes des parties. Le ministre adresse lui-même le tout à la Cour de cassation dans les vingt-quatre heures de leur réception (C. inst. crim., art. 423 et 424).

142. Les condamnés peuvent aussi transmettre directement au greffe de la Cour de cassation leurs requêtes, expéditions ou copies signifiées tant de l'arrêt ou du jugement que de leurs demandes en cassation. La partie civile peut user du bénéfice de cette disposition, mais elle doit avoir recours au ministère d'un avocat à la Cour de cassation (C. inst. crim., art. 424).

143. La Cour, en toute affaire criminelle, correctionnelle ou de police, peut statuer aussitôt après l'expiration des délais ci-dessus fixés ; elle doit le faire au plus tard dans le mois qui suit leur expiration (C. inst. crim., art. 425).

144. Elle rejette la demande ou annule l'arrêt ou le jugement, sans qu'il soit besoin d'arrêt préalable d'admission (C. inst. crim., 426). Si l'arrêt ou le jugement annulé a été rendu en matière correctionnelle ou de police, la Cour renvoie le procès et les parties devant une Cour ou un tribunal de même qualité que celui dont la décision est cassée (C. inst. crim., 427).

145. Si l'arrêt annulé a été rendu en matière criminelle, la Cour prononce le renvoi du procès, conformément aux art. 429 à 435, C. instr. crim.

146. La partie civile qui succombe en matière criminelle, correctionnelle ou de police, est condamnée : 1° à une indemnité de 150 fr. et aux frais envers la partie acquittée, absoute ou renvoyée ; et 2° à une amende envers l'État, de 150 fr. ou de 75 fr. seulement, si l'arrêt ou le jugement est par défaut ou par contumace. Les administrations ou régies de l'État et les agents publics qui succombent ne sont condamnés qu'aux frais et à l'indemnité (C. inst. crim., art. 437).

147. Lorsque l'arrêt ou le jugement a été annulé, l'amende consignée est rendue sans délai (C. inst. crim., art. 437).

148. L'arrêt qui rejette une demande en cassation n'est susceptible d'aucun recours (C. inst. crim., art. 438).

§ 8.—Enregistrement.

149. Le pourvoi en cassation, en toute matière, si ce n'est en matière électorale (L. 19 avril 1831, art. 33), est soumis au droit de 27 fr. 50 c., dixième compris (L. 28 avril 1816, art. 47).

150. Lorsqu'avant de déposer son pourvoi, une partie condamnée signifie à son adversaire qu'elle se pourvoit en cassation, il y a lieu d'exiger d'elle le droit d'enregistrement établi sur les pourvois (Décis. administr. du 29 août 1831 : V. J. Huiss., t. 14, p. 55).

151. Les arrêts d'admission et ceux qui sont simplement préparatoires ou interlocutoires sont tarifés au droit de 11 fr., et les arrêts définitifs au droit de 27 fr. 50 c.

Formules.

1. Notification de pourvoi.

L'an. . . . . , à la requête de. . . . ., élisant domicile à. . . . . ., j'ai, ... signifié, notifié et avec ces présentes donné copie à. . . . . . de l'expédition d'un acte reçu au greffe de. . . . . ., le. . . . . . contenant, par le requérant, déclaration du pourvoi par lui formé contre un jugement rendu par le tribunal correctionnel de. . . . ., le. . . . . ., enregistré, à ce qu'il n'en ignore ; déclarant audit sieur. . . . . que le requérant déposera, dans les délais prescrits, la requête contenant ses moyens de cassation, et, sous toutes réserves, j'ai. . . . . .

V. suprà, n° 88.—Coût, tarif cr. 71. Orig. Paris, 1 fr.; ville de 40 mille hab. et audessus, 75 c.; aill. 50 c. : Cop. Paris, 75 c.; vill. de 40 mille hab. et au-dess., 60 c.; aill. 50 c. Transport.— V. ce mot.

Enregistrement de l'exploit, 5 fr. 50 c. (L. 28 avril 1816, art. 45, n° 1).

2. Procès-verbal contenant le refus de recevoir la consignation de l'amende.

L'an. . . . . ., à la requête de. . . . . ., j'ai, ... dit et déclaré à M. . . . ., en qualité de receveur de l'enregistrement et des domaines au bureau de. . . . . ., où étant et parlant à sa personne, qui a visé le présent,—que le requérant étant dans l'intention de se pourvoir en cassation contre un jugement rendu par le tribunal de. . . ., le. . . . . ., contradictoirement entre. . . . . .; lui ai fait sommation de recevoir l'amende prescrite par la loi ; et, de suite, en effet, j'ai offert et à l'instant déposé sur le bureau de mondit sieur. . . . . . la somme de. . . . . en pièces de. . . . . ., savoir : 1° 150 fr. pour le principal de ladite amende; 2° 15 fr. pour le 10° et 35 c. pour le timbre de la quittance à délivrer ; à quoi il m'a été fait réponse par mondit sieur. . . . . . contre laquelle réponse j'ai fait toutes protestations, et j'ai remporté la somme offerte ; et de tout ce que dessus j'ai dressé le présent procès-verbal, dont copie a été laissée à M. . . . . .

V. *suprà*, n° 98. — Coût, tarif, arg. 59. Orig. Paris, 3 fr., R. P. 2 fr. 70 ; aill., 2 fr. 25 c. ; copie le 1/4.

Enregistrement de l'exploit, 5 fr. 50 c. (L. 28 avril 1816, art. 45, n. 1).

3. *Signification d'arrêt d'admission.*

L'an. . . . . . ., à la requête de. . . . . ., élisant domicile dans le cabinet de Me. . . . . ., son avocat à la Cour de cassation, demeurant à Paris, rue. . . . . .; lequel continuera à le défendre. j'ai,. . . . . . signifié et avec ces présentes laissé copie au sieur. . . . . . de l'arrêt d'admission rendu sur le pourvoi du requérant par la Cour de cassation, section des requêtes, le. . . . . ., ensemble des mémoires insérés audit arrêt d'admission, ladite copie signifiée, signée dudit Me. . . . . ., avocat; à ce que le susnommé n'en ignore ; et, en vertu dudit arrêt, dûment en forme, j'ai, huissier susdit et soussigné, à mêmes requête, demeure et élection de domicile que dessus, donné assignation audit sieur. . . . . ., en parlant comme dessus, à comparaître dans les délais du règlement, devant la Cour de cassation, section civile, séant au palais de justice, pour s'y défendre et voir adjuger au requérant ses conclusions; et, sous toutes réserves, j'ai laissé et délivré audit sieur. . . . . . copie tant dudit arrêt d'admission que des mémoires y insérés. Coût...

V. *suprà*, n. 107.—Coût : Règl. 1738, titre 16, art. 22. Orig. et cop., 1 liv. 10 s. Cop. de pièces, 2 s. 6 den. par rôle.

Enregistrement de l'exploit, 5 fr. 50 c. (L. 28 avril 1816, art. 45).

4. *Signification d'avocat à avocat à la Cour de cassation.*

L'an. . . . . ., à la requête de Me. . . . . ., avocat à la Cour de cassation, et du sieur. . . . . ., j'ai. . . . . ., huissier soussigné, audiencier à ladite Cour, signifié à Me. . . . . ., avocat à la même Cour, et du sieur, ..., copie de l'arrêt ci-dessus (*arrêt d'admission transcrit en tête de la signification*), ou de la défense ci-dessus (*mémoire en défense également transcrit en tête de la signification*). Coût. . .

5. *Offres en cas de demande en restitution.*

L'an. . . . . ., à la requête de. . . . . ., j'ai. . . . . ., dit et déclaré à Me. . . . ., avocat à la Cour de cassation, demeurant à. . . . . ., comme ayant occupé pour le sieur. . . . dans le pourvoi dirigé contre le requérant, et sur lequel il a été statué par arrêt rendu par défaut, le. . . . . ., au domicile de mondit Me. . . . . ., où étant et parlant à sa personne, qui a visé le présent (*le visa n'est pas indispensable*), que mondit sieur. . . . . ., requérant, est dans l'intention de se faire restituer contre l'arrêt sus-daté; et, de suite, j'ai offert à deniers découverts et réellement comptés à mondit sieur. . . . . ., la somme de cent francs en vingt pièces de cinq francs, monnaie ayant cours légal, pour *réfusion* des frais, conformément au règlement de 1738, 2e partie, titre 2, art. 10; à quoi il m'a été fait réponse par M. . . . . ., laquelle réponse j'ai prise pour refus d'acceptation ; en conséquence j'ai fait toutes protestations, remporté la somme offerte, et laissé copie du présent à. . . . . .

V. *suprà*, n° 133.—Coût, tarif, 59. V. *form.* 2.

Enregistrement de l'exploit, 5 fr. 50 c. (L. 28 avril 1816, art. 45, n. 1).

CASTINE (MARCHANDS DE).—Sont rangés dans la huitième classe des patentables.

CATTEL, CATTEULS. — Ces mots étaient employés dans certaines coutumes, le premier comme synonyme de meuble (V. Coutume de Norman-die, chap. 20 et 24), et le second pour désigner des choses qui, par leur na-ture, étaient immeubles et néanmoins se partageaient comme des meubles (V. de Laurière, *Glossaire*, vis *Cattel et Catteuls ;* Ferrière, *Dict. de droit et de pratique*, v° *Catel*).

CATONIENNE (RÈGLE). — On appelait ainsi, en droit romain, une fiction d'après laquelle on supposait, lorsqu'il s'agissait de juger de la validité d'une disposition testamentaire, que le testateur était décédé immédiatement après la confection du testament. Cette fiction a été appelée *règle catonienne,* du nom de son auteur, Caton.

CAUSE. 1.—Ce mot a plusieurs acceptions bien distinctes.

2. Dans le sens le plus général, il exprime le motif qui détermine à faire une chose, le pourquoi on agit.

3. Spécialement, le motif pour lequel on souscrit une obligation ou un contrat se nomme *cause* de l'obligation ou du contrat.—V. *Cause illicite, Obligation.*

4. Quelquefois, par métonymie, on appelle *cause* de l'obligation la chose elle-même qui est l'objet de l'obligation (V. ce mot).

5. Dans un autre sens, le mot *cause* s'emploie comme synonyme de *procès, contestation, instance,* et quelquefois comme synonyme d'*action.*

6. On distingue les *causes* en *principales et incidentes,* suivant qu'elles constituent le fond même du procès ou surviennent dans le cours d'un procès auquel elles se rattachent (V. *Incident*), et en *ordinaires* ou *sommaires,* suivant la nature ou l'importance de la contestation (V. *Matières sommaires*)i

7. On appelle aussi *cause principale,* par opposition à *cause d'appel,* celle qui a été portée devant les premiers juges.

8. Les causes sont appelées encore *pétitoires* ou *possessoires,* selon qu'elles concernent la propriété ou la possession. — V. *Action pétitoire, Action possessoire, Bornage, Complainte, Possession, Propriété.*

9. Dans les divers tribunaux, si ce n'est à la Cour de cassation, les causes sont appelées pour être instruites, plaidées ou jugées, par les huissiers audienciers auxquels est alloué un droit pour chaque appel.—V. *Appel de causes.*

CAUSE EN ÉTAT. — Cause dans laquelle les plaidoiries sont commencées (C. proc. civ., art. 343), ou dont l'instruction est complète (art. 344). Lorsqu'une cause est en état, le jugement n'en peut être différé ni par la mort ou autres événements survenus aux parties ou à leurs avoués, ni par une intervention (C. proc. civ., art. 340 et 342).—V. *Reprise d'instance.*

CAUSE GRASSE. — Autrefois, on nommait ainsi certaines causes amusantes qui étaient plaidées dans quelques siéges , et même dans quelques parlements, l'un des derniers jours du carnaval.

CAUSE ILLICITE. — V. *Obligation, Office.*

CAUTELLE. — Ce mot s'employait autrefois, dans les anciens auteurs, et surtout en matière de procédure, comme synonyme de *ruse, finesse.*

CAUTION. — Personne qui garantit l'exécution de l'obligation prise par un débiteur, si ce dernier n'y satisfait pas lui-même.—V. *Cautionnement.*

CAUTION JUDICATUM SOLVI.—On donne ce nom à la caution que l'étranger, *demandeur,* est tenu de fournir, lorsque le *défendeur* le requiert, en toutes matières, autres que celles de commerce, pour le paiement des frais et dommages-intérêts résultant du procès (C. civ., art. 16 ; C. proc. civ., art. 166).—V. *Exception.*

CAUTION JURATOIRE. — Promesse faite en justice, avec serment, d'exécuter ce qui est ordonné par un jugement, comme de représenter tels meubles et papiers (C. proc. civ., art. 17, 155, 439 et 603).— V. *Serment, Usufruit.*

CAUTIONNEMENT. — **1.** Engagement ou contrat par lequel un tiers garantit au créancier l'exécution de l'obligation prise par le débiteur, si ce dernier n'y satisfait lui-même (C. civ., art. 2011). Ce tiers se nomme *Caution* (V. ce mot).

Indication alphabétique des matières.

284   CAUTIONNEMENT. — § 1.

§ 1. — *Nature et étendue du cautionnement.*
§ 2. — *Conditions que doit réunir la caution : Capacité, Solvabilité.*
— *Réception de la caution.—Rejet.—Insolvabilité.— Décès.*
§ 3. — *Effets du cautionnement.*
§ 4. — *Extinction du cautionnement.*
§ 5. — *Enregistrement.*
FORMULES.

§ 1. — *Nature et étendue du cautionnement.*

1 bis.—Il y a trois sortes de cautionnement : le cautionnement *volontaire*, le cautionnement *légal* et le cautionnement *judiciaire*. Le premier est le résultat de la volonté des parties ; le second est imposé par la loi à certaines personnes et dans certains cas (C. civ., art. 601 et 2085 ; C. proc. civ., art. 832 ; C. inst. crim., art. 114.—V. *Absence-Absent*, n° 26, *Liberté provisoire, Usufruit, Surenchère*) ; le troisième est ordonné par le juge.

2. Le cautionnement ne peut exister que sur une obligation valable (C. civ., art. 2012), c'est-à-dire ayant un effet civil quelconque (Toullier, t. 6, n° 394). Ainsi, on ne pourrait cautionner des obligations nulles pour défaut de liberté dans le consentement, dol, erreur, violence (Toullier, *loc. cit.* ; Delvincourt, t. 3, p. 253 ; Grenier, *des Hypothèques*, n° 55).

3. Néanmoins, on peut cautionner une obligation, quoiqu'elle puisse être annulée par une exception purement personnelle à l'obligé, par exemple, dans le cas de minorité (C. civ., art. 2012) ou d'interdiction (Duranton, t. 18, n° 306).

4. Le cautionnement peut être valablement contracté pour une partie de la dette seulement, et sous des conditions moins onéreuses (C. civ., art. 2013).

5. On peut se rendre caution sans ordre de celui qui s'est obligé, et même à son insu. On peut cautionner non-seulement le débiteur principal, mais encore celui qui l'a cautionné (C. civ., art. 2014). La caution de ce dernier prend le nom de *certificateur de caution ;* et à la différence de la caution, qui répond directement de la dette, elle ne certifie que la solvabilité du répondant (Cass., 29 fév. 1820).

6. Si le cautionnement peut être inférieur à l'obligation principale (V. n° 4), il ne peut cependant être ni plus étendu ni plus onéreux que cette obligation. Ainsi, il serait nul pour tout ce qui excéderait la mesure de la dette (C. civ., art. 2213). Il suit de là que la caution ne peut valablement promettre de payer à un terme plus rapproché que celui accordé au débiteur principal, ni de payer des intérêts, quand l'obligation n'en porte pas, ni de délivrer des denrées dans un lieu autre que celui convenu (Duranton, t. 18, n° 311). Mais la caution pourrait fournir un gage ou une hypothèque, lors même que le débiteur principal n'en fournirait pas (Duranton, *loc. cit.*).

7. Le cautionnement doit être exprès ; et on ne peut l'étendre au delà des limites dans lesquelles il a été contracté (C. civ., art. 2015). Par exemple, celui qui a cautionné un fermier pour le paiement de ses fermages n'est point garant des indemnités qu'il peut devoir pour dégradations (Duranton, t. 18, n° 320) ; ni des obligations résultant de la tacite reconduction (C. civ., art. 1740). Ainsi, celui qui a cautionné pour le principal n'est pas tenu des intérêts (Bordeaux, 21 déc. 1833).

8. Mais le cautionnement indéfini d'une obligation principale s'étend à tous les accessoires de la dette et même aux frais de la première demande, et à tous ceux postérieurs à la dénonciation qui en est faite à la caution (C. civ., art. 2016). — On entend par *frais de première demande* la sommation, le commandement, la citation, l'assignation, en un mot, le premier exploit tendant à l'exécution de l'engagement ou à la mise en demeure du débiteur.

9. Pour que les frais de la première demande puissent être répétés contre la caution, il n'est pas nécessaire que cette demande soit dénoncée. Quant aux poursuites postérieures, la caution n'est tenue des frais qu'elles occasionnent qu'à partir du jour où la dénonciation lui en a été faite par le créancier. Cette dénonciation a lieu dans la forme ordinaire des exploits.—V. *Formule 1.*

10. Les engagements de la caution passent à ses héritiers, à l'exception de la contrainte par corps, si l'engagement était tel que la caution y fût obligée (C. civ., art. 2017). Toutefois, chacun des héritiers n'est tenu de la dette que pour sa part héréditaire et non solidairement (Bordeaux, 9 mars 1809).

§ 2. — *Conditions que doit réunir la caution : Capacité, Solvabilité.—*
Réception de la caution.—Rejet.—Insolvabilité.—Décès.

11. CAPACITÉ ET SOLVABILITÉ. — La caution conventionnelle ou volontaire n'a besoin, pour être reçue, que d'être capable de contracter et d'offrir une garantie suffisante pour répondre de l'obligation principale. Toutefois, la solvabilité dépend des conventions des parties, et le créancier ne peut demander d'autres garanties que celles qui lui ont été données ou promises par l'acte contenant le cautionnement.

12. Il n'en est pas de même de la caution légale. Elle doit, outre sa capacité de contracter, 1° être domiciliée dans le ressort de la Cour d'appel où le cautionnement doit être donné ; 2° avoir un bien suffisant pour répondre de l'objet de l'obligation (C. civ., art. 2018), et 3°, lorsqu'elle est donnée en justice, être susceptible de la *contrainte par corps* (C. civ., art. 2040.—V. ce mot). La caution judiciaire doit également remplir ces trois conditions (C. civ., art. 2018 et 2040).

13. La solvabilité de la caution ne s'estime qu'eu égard à ses propriétés foncières et en laissant de côté les immeubles litigieux, ceux dont la discussion deviendrait trop difficile par l'éloignement de leur situation (C. civ., art. 2019), et ceux couverts d'hypothèques. Il faut des immeubles libres, du moins jusqu'à concurrence de la somme cautionnée (Duranton, t. 18, n° 326; Delvincourt, t. 3, p. 137).

14. La disposition du numéro précédent reçoit exception en matière de commerce ou lorsque la dette est modique (C. civ., art. 2019).

15. Celui qui, obligé par la loi ou un jugement à fournir une caution, ne peut en trouver une, est reçu à donner à sa place un gage ou nantissement suffisant (C. civ., art. 2041).—V. *Nantissement.*

16. Réception de la caution. — *Matière civile.* — Le cautionnement conventionnel ou légal peut être reçu par acte sous seing privé ou devant notaire, au choix des parties. Si le cautionnement légal ou celui promis par un acte était refusé, il pourrait être demandé en justice (V. *Formule* 3 , et une fois ordonné, il serait considéré comme un cautionnement judiciaire et en produirait les effets. Il serait utile, avant de former la demande, de mettre en demeure celui qui doit fournir caution, en l'intimant à se trouver chez un notaire à l'effet de remplir son obligation.—V. *Formule* 2.

17. Le cautionnement judiciaire ne peut, au contraire, être reçu qu'en justice. Le jugement qui l'ordonne fixe le délai dans lequel la caution sera présentée et acceptée ou contestée (C. proc., art. 517). Ce délai court du jour du jugement, s'il est contradictoire, et de celui de sa signification, s'il est par défaut (C. proc., art. 123).

18. Mais il n'y a pas lieu de déterminer de délai, lorsque le juge ordonne l'exécution d'un jugement, nonobstant appel, à la charge de donner caution ; dans ce cas, l'intérêt de la partie suffit pour la faire agir (Thomine-Desmazures, sur l'art. 517, C. proc. civ. ; Favard , *Rép.*, v° *Cautionnement* (*Récept. de*) ; Chauveau sur Carré, *quest.* 1824).

19. Des délais particuliers ont été fixés pour fournir caution en matière de *bénéfice d'inventaire* (V. ce mot, n°s 50 et suiv.) et de *surenchère* (V. ce mot).

20. Dans le délai fixé par le jugement, les titres qui constatent la solvabilité de la caution sont déposés au greffe, sauf le cas où la loi n'exige pas que la solvabilité soit établie par titres (C. proc. civ., art. 518).

21. La caution est présentée par exploit signifié à la partie, si elle n'a point d'avoué, et par acte d'avoué, si elle en a constitué un, avec copie de l'acte de dépôt (C. proc. civ., art. 518). Il n'est pas nécessaire que cet exploit contienne sommation de paraître à l'audience pour voir prononcer sur l'admission en cas de contestation (Thomine-Desmazures, t. 2, p. 4 ; Chauveau sur Carré, *quest.* 1826). V. *Formule* 4.

22. La partie peut prendre au greffe communication des titres ; si elle accepte la caution, elle le déclare par un simple acte d'avoué à avoué (Tarif, art. 71). L'acceptation a aussi lieu tacitement, en laissant expirer, sans contester, les délais fixés par le jugement (C. proc. civ., art. 519).

23. Si la partie conteste la caution dans le délai fixé, l'audience est poursuivie sur un simple acte (C. proc. civ., art. 520). L'instance est jugée sommairement et le jugement est exécutoire nonobstant appel (C. proc. civ., art. 521). Le tribunal peut évaluer les immeubles offerts par la caution d'après les bases qu'il juge convenables. Il n'est pas astreint à suivre celles fixées par l'art. 2165, C. civ.

24. La caution acceptée par la partie ou admise par la justice fait sa soumission au greffe (C. proc. civ., art. 519 et 522). Elle doit être assistée d'un avoué (Tarif, art. 91). La soumission est exécutoire sans jugement, même pour la contrainte par corps, s'il y a lieu à contrainte (C. proc. civ., art. 519). —V. *Contrainte par corps.*

25. La soumission de la caution confère, sans jugement, hypothèque judiciaire sur ses biens (Arg., art. 2117, C. civ. ; Delvincourt, t. 3, p. 158 ; Thomine-Desmazures, n° 568 ; Chauveau sur Carré, *quest.* 1829 *bis*; Metz, 27 août 1817.—*Contrà*, Troplong, *Hypothèques*, n°s 438 et 441 ; Duranton, t. 18, n° 328; Paris, 12 sept. 1839).

26. *Matière commerciale.* — En matière de commerce, la caution est présentée par acte signifié au domicile de l'appelant , s'il demeure dans le lieu où siège le tribunal, sinon au domicile par lui élu en exécution de l'art. 422 , C. proc., avec sommation à jour et heure fixes de se présenter au greffe pour prendre communication , sans déplacement , des titres de la caution, s'il est ordonné qu'elle en fournira, et à l'audience, pour voir prononcer sur l'admission, en cas de contestation (C. proc. civ., art. 440). — V. *Formule* 5.

27. Si l'appelant ne comparaît pas ou ne conteste point la caution, elle fait sa soumission au greffe ; s'il conteste, il est statué au jour indiqué par la sommation ; dans tous les cas, le jugement est exécutoire, nonobstant opposition ou appel (C. proc. civ., art. 441).

28. Rejet de la caution. — Dans le cas où la caution est rejetée, la partie est admise à en présenter une nouvelle, à moins que le jugement ne l'ait déclarée déchue du bénéfice qui lui était accordé (Demiau, p. 361 ; Thomine-Desmazures, t. 2, p. 8 ; Chauveau sur Carré, *quest.* 1832). —V. cependant *Bénéfice d'inventaire*, n° 53.

29. Insolvabilité. — Lorsque la caution reçue par le créancier, volontairement ou en justice, est ensuite devenue insolvable, il doit en être donné une autre. Cette règle reçoit exception dans le cas seulement où la caution n'a été donnée qu'en vertu d'une convention par laquelle le créancier a exigé une telle personne pour caution (C. civ., art. 2020).

30. Décès. — Le décès ou le changement de domicile de la caution n'oblige pas le débiteur à en fournir une nouvelle (Thomine-Desmazures, n° 564 ; Ponsot, *du Cautionnement,* n° 165 ; Carré, sur l'art. 521.—*Contrà*, Duranton, t. 18, n° 325).

§ 3. — *Effets du cautionnement.*

31. 1° *Effets entre le créancier et la caution.*— En matière de cautionnement judiciaire, la caution n'a pas le droit de demander la discussion du débiteur principal (C. civ., art. 2042), ni celui qui a simplement cautionné la caution judiciaire, la discussion du débiteur principal et de cette caution (art. 2043).

32. Mais, en matière de cautionnement volontaire ou légal, la caution n'est obligée à payer le créancier qu'à défaut du débiteur, qui doit être préalablement discuté dans ses biens (C. civ., art. 2021).—V. *infrà*, n° 35.

33. En tout cas, la caution non solidaire ne peut être poursuivie qu'après qu'il a été constaté, par une mise en demeure, que le débiteur n'a pas accompli son obligation (Delvincourt, t. 3, p. 258 ; Duranton, t. 18, n° 331). —V. *Demeure (mise en).*

34. La caution qui a renoncé au bénéfice de discussion ou qui s'est obligée solidairement peut être poursuivie immédiatement, sans qu'elle puisse opposer, dans le premier cas, le défaut de mise en demeure du débiteur, et, dans le second, le bénéfice de discussion (C. civ., 2021; Duranton, t. 18, n° 332).

35. Le créancier n'est obligé de discuter le débiteur principal que lorsque la caution le requiert sur les premières poursuites dirigées contre elle (C. civ., art. 2022). Il suit de ce principe que, jusqu'à ce que la caution ait proposé l'exception de discussion, les poursuites faites contre elle sont valables (Cass., 12 janv. 1808), et que l'exception doit être proposée sur les premières poursuites, soit judiciaires, soit extrajudiciaires (Paris, 21 avril 1806 ; Bourges, 31 déc. 1830) ; elle ne pourrait être opposée après le jugement, lors même qu'il y aurait lieu encore à l'appel ou à l'opposition (Duranton, t. 18, n° 336).

36. La caution qui exerce le bénéfice de discussion doit indiquer au créancier les biens du débiteur principal et avancer les deniers suffisants pour suivre la discussion. Elle ne doit indiquer ni des biens situés hors de l'arrondissement de la Cour d'appel du lieu où le paiement doit être fait, ni des biens litigieux, ni ceux hypothéqués à la dette qui ne sont plus en la possession du débiteur (C. civ., art. 2023), ni des biens couverts d'hypothèques, ni des biens dont la propriété serait résoluble dans la main du débiteur (Duranton, t. 18, n° 338). Mais elle peut indiquer des meubles comme des immeubles, et elle ne serait pas non recevable par cela qu'elle indiquerait des biens insuffisants pour payer la totalité de la dette (Duranton, *loc. cit.*).

37. L'indication se fait par un exploit contenant : 1° désignation des biens à discuter ; 2° offre de la somme nécessaire pour la discussion. Si le créancier accepte, et s'il sait signer, il donne quittance, par l'exploit, de la somme offerte ; s'il ne sait signer, il doit donner cette quittance devant notaire.—V. *Formule* 6.—Il est responsable envers la caution, jusqu'à concurrence des biens indiqués, de l'insolvabilité du débiteur principal, survenue par le défaut de poursuites (C. civ., art. 2024).

38. Si, au contraire, le créancier refuse les offres, sa réponse est consignée dans l'exploit, et on l'assigne, par le même acte, pour voir déclarer les offres suffisantes et pour voir dire que, conformément à l'art. 2024, C. civ., il sera, jusqu'à concurrence des biens indiqués, responsable, à l'égard de la caution, de l'insolvabilité du débiteur principal survenue par le défaut de poursuites.—V. *Formule* 6.

39. Lorsque plusieurs personnes se sont rendues cautions d'un même débiteur pour une même dette, elles sont obligées chacune à toute la dette (C. civ., art. 2025). Mais chacune a le droit, à moins qu'elle n'y ait renoncé ou qu'elle ne se soit obligée solidairement, d'exiger que le créancier divise son action et la réduise à la part et portion de chaque caution (C. civ., art. 2025; Toullier, t. 6, n° 723 ; Duranton, t. 18, n° 343). C'est ce qu'on appelle user du *bénéfice de division*.—V. *Bénéfice de division*.

40. Le bénéfice de division n'a pas lieu de plein droit ; il doit être demandé par la caution et prononcé en justice (Arg., art. 2026, C. civ.). — V. *Formule* 7. Mais comme la loi n'a pas fixé le moment de cette demande, le bénéfice de division peut être provoqué en tout état de cause (Duranton, t. 18, n° 348; Delvincourt, t. 3, p. 260), jusqu'au jugement qui condamne la partie à payer toute la dette, à moins qu'elle ne fasse réformer ce jugement par les voies légales (Duranton, *loc. cit.*).

41. On peut attendre les premières poursuites du créancier, pour demander le bénéfice de division. En effet, si le créancier divisait lui-même et volontairement son action, cette demande serait inutile, car il ne pourrait revenir contre sa détermination, quoiqu'il y eût, même antérieurement au temps où il l'a consentie, des cautions insolvables (C. civ., art. 2027). Le créancier est censé diviser son action, lorsqu'il réclame de la caution la *part* de celle-ci dans la dette, et qu'elle acquiesce à cette demande en payant ou en offrant la somme demandée (Arg., art. 1211, C. civ.; Duranton, t. 18, n° 347).

42. La division peut être demandée : 1° par la caution ; 2° par ses héritiers et représentants ; 3° par ses ayants cause, conséquemment par le certificateur de caution ; mais il doit agir du chef de celui qu'il a cautionné.

43. A la différence de la caution qui requiert la discussion (V. *suprà*, n° 36), celle qui demande la division n'est pas tenue d'en avancer les frais (Duranton, t. 18, n° 348).

44. On ne pourrait demander le bénéfice de division : 1° contre la caution qui n'a cautionné ni le même débiteur, ni la même dette (Arg., art. 2026, C. civ.) ; 2° contre celle qui est domiciliée hors du ressort de la Cour d'appel du lieu où est domicilié le débiteur, ou de celui où est domiciliée la caution poursuivie (Arg., art. 2023, C. civ.); 3° contre la caution solvable qui conteste son obligation, et prétend que son cautionnement est éteint (Delvincourt, t. 3, p. 261) ; et 4° contre la caution insolvable.

45. Lorsque, dans le temps où une des cautions a fait prononcer la division, il y en avait d'insolvables, cette caution est tenue proportionnellement de ces insolvabilités : mais elle ne peut plus être recherchée à raison des insolvabilités survenues depuis la division (C. civ., art. 2026).

46. Si la caution a payé toute la dette sans demander le bénéfice de division, elle ne peut rien répéter contre le créancier ; mais elle a son recours contre les autres cautions. Si elle n'avait payé qu'un à-compte, elle pourrait demander la division en imputant cet à-compte sur sa part.

47. 2° *Effets entre le débiteur et la caution.*—La caution, qui a payé, a son recours contre le débiteur principal, soit que le cautionnement ait été donné au su ou à l'insu du débiteur (C. civ., art. 2028). Si la caution avait payé avant le terme, elle ne pourrait exercer son recours qu'après l'échéance de ce terme (Duranton, t. 18, n° 349).

48. Immédiatement après avoir payé le créancier, la caution doit en avertir le débiteur principal (C. civ., art. 2031), en lui signifiant la quittance constatant la libération.—V. *Formule* 8. Faute par la caution d'avoir averti le débiteur, elle n'a pas de recours contre lui, s'il paie une seconde fois ; elle a seulement une action en répétition contre le créancier (C. civ., art. 2031).

49. La caution n'a également point de recours contre le débiteur, et ne peut que recourir contre le créancier, si, n'étant pas poursuivie, elle a payé, sans avoir au préalable averti le débiteur, dans le cas où celui-ci aurait eu des moyens de faire déclarer la dette éteinte (C. civ., art. 2031).—V. *infrà*, n° 57.

50. L'avertissement exigé par cette dernière disposition est indépendant de l'avertissement du paiement (V. *suprà*, n° 48). Il doit avoir lieu avant le paiement et contenir sommation au débiteur de déclarer s'il a des moyens de faire prononcer l'extinction de la dette. Il serait inutile, si la caution était poursuivie.—V. *Formule* 9.

51. Le recours de la caution a lieu : 1° pour le principal et les intérêts (C. civ., art. 2028), à compter du jour des avances constatées, sans qu'il soit besoin de former aucune demande (Duranton, t. 18, n° 352 ; Toulouse, 4 fév. 1829).

52. 2° Pour les frais faits depuis qu'elle a dénoncé au débiteur principal les poursuites dirigées contre elle (C. civ., art. 2028). Toutefois, le débiteur devrait supporter les frais de la demande principale, et, quand il y a titre exécutoire, les frais de commandement et de saisie, attendu qu'entre le commandement et la saisie il n'y a pas un délai suffisant pour dénoncer (Boileux, *Comment. du Code civil*, sur l'art. 2028).

53. La dénonciation des poursuites a lieu par acte contenant signification de l'exploit remis à la caution.—V. *Formule* 10.

54. 3° Pour les dommages-intérêts, s'il y a lieu (C. civ., art. 2028); par exemple, si ses biens ont été saisis, si elle a été emprisonnée (Boileux, *loc. cit.*).

55. Lorsqu'il y avait plusieurs débiteurs principaux solidaires d'une même dette, la caution qui les a tous cautionnés a contre chacun d'eux recours pour la répétition du total de ce qu'elle a payé (C. civ., art. 2030). Si les débiteurs n'étaient pas obligés solidairement, la caution ne pourrait répéter de chacun d'eux que sa part dans la dette.

56. La caution qui a payé la dette est subrogée à tous les droits qu'avait le créancier contre le débiteur (C. civ., art. 2029). Cette subrogation s'opère de plein droit (C. civ., art. 1251).

57. Ainsi, elle peut agir immédiatement contre le débiteur principal et exercer contre lui tous les droits du créancier, de la même manière que ce dernier. — V. toutefois, *suprà*, n° 49.

58. La caution, même avant d'avoir payé, peut agir contre le débiteur, pour être par lui *indemnisée* (C. civ., art. 2032), c'est-à-dire pour le forcer au paiement de la dette envers le créancier (Duranton, t. 18, n° 359) :

59. 1° Lorsqu'elle est poursuivie en justice pour le paiement (C. civ., art. 2032). Dans ce cas, la caution dénonce au débiteur la demande formée contre elle et l'assigne en garantie. — V. *Formule* 11 ;

60. 2° Lorsque le débiteur a fait faillite ou est en déconfiture (C. civ., art. 2032), parce qu'alors la dette devient exigible. — V. *Déconfiture, Faillite.* La caution peut se présenter aux distributions faites sur le débiteur, si le créancier ne se présente pas (Pardessus, *Droit commerc.*, t. 4, n° 1216 ; Duranton, t. 18, n° 350) ;

61. 3° Lorsque le débiteur s'est obligé de rapporter sa décharge dans un certain temps (C. civ., art. 2032). Elle forme sa demande pour voir dire que le débiteur sera tenu de payer la dette ou de déposer une somme suffisante pour l'acquitter ; que, faute de ce faire, il sera poursuivi jusqu'à due concurrence. — V. *Formule* 12 ;

62. 4° Lorsque la dette est devenue exigible par l'échéance du terme sous lequel elle avait été contractée (C. civ., art. 2032). La caution agit comme il est dit au numéro précédent ;

63. 5° Au bout de dix ans, lorsque l'obligation principale n'a pas de temps fixe d'échéance, à moins que cette obligation ne soit de nature à pouvoir être éteinte avant un temps déterminé, tel, par exemple, qu'une tutelle (C. civ., art. 2032), ou une rente viagère. La caution forme une demande pareille à celle dont il est parlé *suprà*, n° 61.

64. 3° *Effets entre les cautions.* — La caution qui a payé la dette a recours contre les autres cautions du même débiteur et de la même dette, chacune pour sa part et portion ; mais ce recours n'a lieu que lorsque la caution a payé dans l'un des cas énoncés en l'art. 2032. — V. *suprà*, n°ˢ 59, 60 et 62. Alors la caution est subrogée aux droits du créancier, et elle exerce son recours comme il est dit *suprà*, n° 57.

§ 4. — *Extinction du cautionnement.*

65. Le cautionnement s'éteint par les mêmes causes que les autres obligations (C. civ., art. 2034). — V. *Obligation.* Toutefois la confusion opérée dans la personne du débiteur et de sa caution, lorsqu'ils deviennent héritiers l'un de l'autre, n'éteint point l'action du créancier contre le certificateur de la caution (C. civ., art. 2035).

66. Le cautionnement n'est pas également éteint par la confusion, lorsqu'il produit des effets plus étendus que la dette principale, par exemple, si la dette a été contractée par un mineur, un interdit, si la caution a donné une hypothèque. Dans ces divers cas, le cautionnement continue de produire son effet, en ce sens que la caution d'un mineur peut être poursuivie personnellement, non comme héritière de ce mineur, mais comme caution, et que celle qui a fourni une hypothèque peut être actionnée hypothécairement (Duranton, t. 18, n°ˢ 375 et 376).

67. La caution peut opposer au créancier toutes les exceptions qui appartiennent au débiteur principal et qui sont inhérentes à la dette (C. civ., art. 2036), telles que le dol, la violence, l'exception de la chose jugée (Boileux, sur l'art. 2036), la compensation (Toullier, t. 7, n° 376 ; Colmar, 16 juin 1821). Mais elle ne peut opposer les exceptions qui sont purement personnelles au débiteur (C. civ., art. 2036), c'est-à-dire celles qui, sans anéantir l'obligation dans son essence, dispensent néanmoins de l'accomplir, comme la minorité (Boileux, *loc. cit.*).

68. La caution est déchargée : 1° lorsque la subrogation aux droits, priviléges et hypothèques du créancier, ne peut plus s'opérer en faveur de la caution par le fait de ce créancier (C. civ., art. 2037) ; 2° lorsque le créancier accepte volontairement un immeuble ou un effet quelconque en paiement de la dette principale (C. civ., art. 2038). Dans ces deux cas, la caution peut demander sa décharge par action principale en la forme ordinaire, ou opposer au créancier, sur ses poursuites, l'exception résultant des deux articles cités.

69. La simple prorogation du terme accordé ne décharge point la caution, mais l'autorise à poursuivre le débiteur pour le forcer au paiement de la dette (C. civ., art. 2039). — V. *suprà*, n° 61.

§ 5. — *Enregistrement.*

70. Les cautionnements sont soumis au droit de 50 cent. par 100 fr., outre le droit dû sur l'obligation principale, mais sans pouvoir excéder ce droit (L. 22 frim. an 7). Les cautionnements de se représenter en justice, en cas de mise en liberté provisoire, sont tarifés aussi à 50 cent. par 100 fr. (L. 28 avril 1816).

71. Les cautionnements des baux ne sont soumis qu'à la moitié du droit principal, c'est-à-dire au droit de 10 cent. par 100 fr. (L. 27 vent. an 9).

72. Les certifications des cautions ne sont assujetties qu'au droit fixe de 2 fr. (L. 28 avril 1816).

73. Il ne doit être perçu qu'un seul droit, quoique plusieurs cautionnements interviennent dans la même obligation (Délib. de la régie, 23 avril 1823). — V. au surplus *Compétence, Exécution, Exploit, Presse, Saisie-arrêt, Saisie-exécution, Saisie immobilière.*

Formules.

1. *Dénonciation de poursuites par le créancier à la caution.*

L'an. . . . ., à la requête de. . . . . ., agissant comme créancier de. . . . . ., suivant acte reçu par. . . . . ., et dont il sera avec ces présentes donné copie, j'ai,. . . . . . dénoncé, et aussi avec ces présentes donné copie, au sieur. . . . ., comme caution dudit sieur. . . . . ., aux termes de l'acte susdaté, de la copie d'un exploit du ministère de. . . . . ., en date du. . . . . ., commis à . . . . ., requête de. . . . . ., contenant commandement de payer (*énoncer la somme réclamée*); à ce qu'il n'en ignore; déclarant audit sieur. . . . . que la présente dénonciation lui est faite, conformément à l'article 2016 du C. civ., afin de le rendre responsable, sauf son recours, des frais faits contre le sieur. . . . . ., sous toutes réserves.

V. *suprà*, n° 9.—Coût, arg., tarif, 29. Paris; 2 fr. R. P. 1 fr. 80 c.; aill., 1 fr. 50 c. Enregistrement de l'exploit, 2 fr. 20. (L. 28 avril 1816, art. 43).

2. *Intimation à fin d'obtenir caution.*

L'an. . . . . ., à la requête de . . . . . ., j'ai. . . . ., donné intimation à. . . . ., à être et se trouver présent à. . . . ., en l'étude de M⁰. . . . . ., notaire, le. . . . . ., heure de. . . . . pour, attendu que suivant acte reçu par. . . . . ., le sieur. . . . . a donné à l'intimé l'usufruit, pendant la vie de ce dernier, d'une ferme située à. . . . ., et des meubles, effets et instruments aratoires la garnissant, et au requérant, la nue propriété desdits biens; —attendu que par acte devant ledit notaire, du. . . . . ., il a été procédé à la visite des immeubles de ladite ferme et à l'état des objets mobiliers; que l'estimation de ces objets s'est élevée à la somme de. . . . . .; —attendu que la donation précitée ne dispense pas le sieur. . . . . de donner caution; que dès lors il doit, aux termes de l'art. 601 du Code civil, fournir caution de jouir en bon père de famille, de représenter les meubles soumis à son usufruit ou compter de leur valeur; —fournir au requérant une caution solvable pour assurer la réparation des dégradations qui pourraient être commises par l'intimé au cours de sa jouissance, et pour garantir la restitution des meubles et effets soumis à l'usufruit, ou le paiement de leur valeur; déclarant audit sieur. . . . . que, faute d'obéir à la présente intimation, le requérant se pourvoira, sous toutes réserves.

V. *suprà*, n° 46.—Coût, tarif, 29. V. *form.* n° 1. Enregistrement de l'exploit, 2 fr. 20 c. (L. 28 avril 1816, art. 43).

3. *Demande de caution.*

L'an. . . . . ., à la requête de (*constituer avoué et énoncer la non-conciliation*), j'ai,. . . . ., donné assignation à. . . . . ., à comparaître le. . . . . .,—pour, attendu (*Motifs de la formule n° 2; ajouter :*); attendu que par exploit (*analyser l'intimation et le procès-verbal dressé par le notaire*) ; —Voir dire et ordonner que, dans les huit jours de la signification du jugement à intervenir, l'ajourné sera tenu de fournir au requérant la caution que ce dernier a le droit de lui demander; que cette caution, si elle est présentée dans le délai susfixé, sera acceptée ou discutée dans les quinze jours qui suivront sa présentation; que faute par ledit sieur. . . . . de fournir caution (*ici, on prend des conclusions en rapport avec l'affaire. Par exemple, si, me devant une somme de* 500 *fr., je vous ai accordé trois mois moyennant la promesse d'une caution, je conclurai à ce que vous soyez déchu du bénéfice du terme. Dans l'espèce, on continue ainsi :*); les immeubles susdésignés seront donnés à ferme, les meubles et bestiaux vendus et leur prix placé conformément à l'art. 602 du C. civ.; que ces opérations auront lieu aux requête, poursuite et diligence du requérant, en présence de. . . . . ., ou lui dûment appelé, après l'accomplissement des formalités voulues par la loi; que l'intérêt des capitaux et le fermage des immeubles appartiendront à. . . . ., jusqu'à son décès ; et en outre ledit sieur. . . . . s'entendre condamner aux dépens, sous toutes réserves.

V. *suprà*, n° 16.—Coût, tarif, 29. V. *form.* n° 1.
Enregistrement de l'exploit, 2 fr. 20 c.

4. *Présentation de caution en matière civile.*

L'an. . . . ., à la requête de. . . . . (*constitution d'avoué*), j'ai. . . . ., signifié, et avec ces présentes donné copie au sieur. . . . . de l'expédition, dûment signée et en forme, d'un acte reçu au greffe du tribunal civil et de première instance de. . . . ., le. . . . ., enregistré, soumis au droit de greffe, et contenant le dépôt des titres établissant la solvabilité de la caution dont il va être question ; à ce que mondit sieur. . . n'en ignore ; et à pareilles requête, demeure et constitution d'avoué, j'ai, huissier susdit et soussigné, dit et déclaré audit sieur. . . . . que pour satisfaire au jugement rendu entre les parties, par le tribunal civil et de première instance de. . . . ., le. . . . ., le requérant offre pour caution la personne du sieur. . . . . dont la solvabilité est constatée par l'acte de dépôt susdaté ; faisant en conséquence sommation audit sieur. . . . . de, dans *tel* délai, prendre communication des pièces déposées, ensuite de déclarer s'il accepte ou refuse ladite caution ; lui déclarant qu'en cas d'acceptation, la caution fera sa soumission au greffe du tribunal, sous toutes réserves.

V. *suprà*, n° 24.—Coût, tarif, 29. V. *form.* n° 1.
Enregistrement de l'exploit, 2 fr. 20 c.

5. *Présentation de caution en matière commerciale.*

L'an. . . . . ., le. . . . ., à la requête de. . . . . ., élisant domicile à. . . . ., j'ai, ... signifié et, avec ces présentes, donné copie au sieur. . . . . . de l'expédition d'un acte de dépôt (*l'analyser, lorsqu'il a été ordonné que la caution produirait des titres*) ; — et, à mêmes requête, demeure et élection de domicile que dessus, j'ai, huissier susdit et soussigné, dit et déclaré audit sieur. . . . . ., en parlant comme dessus, que, pour satisfaire au jugement susénoncé, le requérant offre pour sa caution la personne du sieur. . . . . ., dont la solvabilité est constatée par les titres déposés suivant l'acte dressé au greffe et susdaté ;—et, de suite, j'ai fait sommation audit sieur. . . . . ., de, dans le délai de. . . . . ., prendre communication desdites pièces, déposées au greffe du tribunal de commerce de. . . . ., et de déclarer s'il accepte ou conteste ladite caution ;—et, dans le cas où le sieur. . . . . n'accepterait pas cette caution dans ledit délai, je lui ai donné assignation à comparaître le. . . . . ., devant MM. les président et juges composant le tribunal de commerce de. . . . . ., séant à. . . . . ; pour voir dire et ordonner que la caution offerte par le requérant sera admise purement et simplement; qu'en conséquence elle fera sa soumission dans les termes voulus par la loi; et, en outre, pour procéder comme de raison à fin de dépens, sous toutes réserves.

V. *suprà*, n° 26.—Coût, tarif, 29. V. *form.*, n° 1.
Enregistrement de l'exploit, 2 fr. 20 c.

6. *Réquisition de discussion.*

L'an. . . . . ., le. . . . ., à la requête de. . . . . (*constituer avoué*), ledit sieur. . . . . ., caution de. . . . . ., j'ai,. . . . . ., soussigné;— par suite du commandement fait, requête du sieur. . . . . ., ci-après nommé, à. . . . . ., par exploit

de. . . . . ., le. . . . . ., de payer la somme de. . . . . .;—dit et déclaré à. . . . .,
que mondit sieur. . . . . ., le requérait de discuter le sieur. . . . . ., débiteur principal ; et, en conséquence, *premièrement*, j'ai déclaré audit sieur. . . . . . que les
biens immeubles du sieur. . . . . ., situés dans l'étendue de la Cour d'appel de. . . . .,
non litigieux ni sujets à résolution et libres de toutes charges et hypothèques, consistent
en. . . . . ., sis commune de. . . . . ., arrondissement de. . . . . ., département
de. . . . . ., savoir : (*désigner les biens article par article, avec les tenants et abou-
tissants*); *deuxièmement*, et j'ai offert réellement et à deniers découverts, audit
sieur. . . . . ., en pièces de cinq francs, la somme de. . . . . . comme suffisante
pour opérer la discussion requise, sauf à parfaire, en cas d'insuffisence, aussitôt que la
somme offerte sera épuisée et que le requérant en sera averti par acte extrajudiciaire, à
ses frais ;— déclarant au sieur. . . . . que les présentes réquisition, déclaration et
offres ont lieu en exécution des art. 2021, 2022 et 2023 du Code civil; à ce qu'il n'en
ignore; à ce que dessus il m'a été répondu par. . . . . . — (*en cas d'acceptation*) qu'il
accepte lesdites offres sous l'obligation par le requérant de les compléter en cas d'insuffisance; en conséquence, je lui ai laissé et délivré ladite somme de. . . . . ., ainsi
qu'il le reconnaît et en accorde quittance, et a signé, —(*en cas de refus*) qu'il refusait
lesdites offres par *tels* motifs (*les consigner*); vu laquelle réponse, j'ai, huissier susdit et
soussigné, donné assignation audit sieur. . . . . . à comparaître le. . . . . ., devant
MM. . . . ., pour; attendu que, par l'obligation dudit jour, le sieur. . . . . . a
cautionné le sieur. . . . . .; mais qu'il ne s'est point obligé solidairement et qu'il n'a
point renoncé au bénéfice de discussion; — attendu dès lors qu'il peut requérir la
discussion du sieur. . . . . ., débiteur principal ; — attendu qu'il a satisfait aux prescriptions de l'art. 2023, Cod. civ., en offrant la somme nécessaire à cette opération ;—
voir dire et ordonner que ledit sieur. . . . . . sera admis au bénéfice de discussion ;
que la somme offerte sera déclarée suffisante, sauf à parfaire; en conséquence, que le
sieur sera responsable envers le requérant jusqu'à concurrence de la valeur des biens
indiqués et en outre pour procéder tel que de droit à fin de dépens, sous toutes réserves.
      V. *suprà*, n° 37.—Coût, tarif, arg. 29. V. *Form*. n° 1.
      Enregistrement.—Droit de quittance, si les offres sont acceptées.—V. *Quittance*; au-
trement, 2 fr. 20 c. (L. 28 avril 1816).

7. *Demande de division.*

      L'an . . . ., à la requête de. . . . . (*constituer avoué et énoncer la non-concilia-
tion*), j'ai. . . . ., donné assignation à. . . . ., à comparaître le. . . . ., pour,
attendu que par acte du. . . . ., le sieur . . . . ., requérant, a cautionné conjointement avec les sieurs (*analyser le cautionnement*); attendu que ce cautionnement n'est
pas solidaire et que le requérant n'a point renoncé au bénéfice de division : que dès lors
il peut forcer le créancier à diviser son action aux termes de l'art. 2025 du C. civ.;
attendu que par exploit du. . . . . commandement a été fait au requérant de payer
la somme de. . . . . ., montant intégral de l'obligation susdatée ; — voir dire et ordonner que ledit sieur. . . . . ., créancier, sera tenu de diviser son action; qu'il ne
pourra réclamer du requérant que la somme de. . . . . . pour sa part dans ledit cautionnement; et pour, en outre, voir statuer ce que de raison à fin de dépens.
      V. *suprà*, n° 39.—Coût, tarif, 29. V. *form*. n° 1.
      Enregistrement de l'exploit, 2 fr. 20 c. (L. 28 avril 1816).

8. *Avertissement au débiteur principal après le paiement.*

      L'an. . . . . ., à la requête de. . . . ., agissant en qualité de caution de. . . . .,
suivant acte reçu par. . . . . ., j'ai. . . . ., signifié et avec ces présentes donné copie
au sieur. . . . . ., débiteur principal, d'un acte reçu par Me. . . . ., contenant
quittance de la somme de (*analyser la quittance*); à ce que mondit sieur n'en ignore
et ait à ne pas se libérer en d'autres mains que celles du requérant, lui déclarant
que faute d'avoir égard au présent avertissement, le requérant se pourvoira, sous toutes
réserves ; je lui ai laissé copie du présent exploit, dont le coût est de. . . . .
      V. *suprà*, n° 48.— Coût, tarif, 2. V. *form*. n° 1.
      Enregistrement de l'exploit, 2 fr. 20 c. (L. 28 avril 1816).

9. *Avertissement avant le paiement.*

      L'an. . . . ., à la requête de. . . . ., caution de. . . . . ., j'ai. . . . . ., signifié
et déclaré au sieur. . . . . ., débiteur principal, que mondit sieur. . . . . ., requérant, est dans l'intention de payer à. . . . . . la somme de. . . . . . pour le

montant de l'obligation susdatée, ensemble les intérêts et frais; à ce que ledit sieur. . . .
n'en ignore; lui faisant sommation de, dans le délai de vingt-quatre heures, faire connaître à mon requérant s'il a des moyens de faire opérer l'extinction de la dette; déclarant audit sieur. . . . . . que, faute de ce faire, ledit requérant paiera, sauf ensuite à exercer son recours tel que de droit.

V. *suprà*, n° 50.—Coût, tarif, 29. V. *Form.* n° 1.
Enregistrement de l'exploit, 2 fr. 20 c. (L. 28 avril 1816).

10. Dénonciation de poursuites par la caution au débiteur.

L'an. . . . . ., à la requête de. . . . ., caution, j'ai. . . . ., signifié et avec ces présentes donné copie à. . . . . ., débiteur principal, de la copie d'un exploit commis au requérant par acte du ministère de. . . . . ., le. . . . . . (*analyser l'exploit*), à ce que ledit sieur. . . . . . n'en ignore; lui déclarant que la présente signification lui est faite, conformément à l'art. 2028 du Code civil, afin que le requérant, en cas de paiement de la dette, puisse répéter les frais faits contre lui jusqu'à ce jour, et ceux qui seront faits par la suite, sous toutes réserves.

V. *suprà*, n° 53. — Coût, tarif, 29. V. *Form.* n° 1.
Enregistrement de l'exploit, 2 fr. 20 c. (L. 28 avril 1816).

11. Demande en garantie par la caution.

L'an. . . . . ., à la requête de. . . . (*constituer avoué, en matière civile*), j'ai (*dénoncer les poursuites comme à la formule qui précède*), et ajouter : Et à mêmes requête, demeure et élection de domicile que dessus, j'ai, huissier susdit et soussigné, donné assignation à. . . . ., à comparaître à. . . . ., pour, attendu que par acte passé devant Mᵉ. . . . . ., le requérant a cautionné l'ajourné, envers le sieur. . . . .; attendu que mondit sieur. . . . . ., requérant, vu la demande formée contre lui, a le droit d'agir contre le sieur. . . . . ., débiteur, même avant d'avoir payé ; voir dire et ordonner que ledit sieur. . . . . ., débiteur, sera tenu de faire cesser les poursuites dirigées contre le requérant par. . . . . ., sinon et faute de ce faire, par le jugement à intervenir et sans qu'il en soit besoin d'autre, s'entendre condamner à acquitter, garantir et indemniser le requérant des condamnations qui seront prononcées contre lui, en principal, intérêts et frais, tant en demandant qu'en défendant, et en outre s'entendre condamner aux dépens, sous toutes réserves.

V. *Suprà*, n° 59.—Coût, tarif, 29. V. *Form.* n° 1.
Enregistrement de l'exploit, 2 fr. 20 c. (L. 28 avril 1816.)

12. Demande afin d'obtenir la décharge de la caution.

L'an . . . . ., à la requête de. . . . . (*constituer avoué et énoncer la non-conciliation*), j'ai. . . . . . donné assignation à. . . . . . à comparaître le. . . . . .; pour, attendu que par acte (*analyser le cautionnement*); attendu que par cet acte le sieur. . . . . ., débiteur principal, s'est obligé à rapporter dans tel délai la décharge du cautionnement souscrit par le requérant; attendu que par exploit de. . . . . ., sommation a été faite à. . . . . de fournir au requérant la décharge dont s'agit, et que ledit sieur. . . . . n'a point obéi à ladite sommation ; attendu que le requérant a le droit de contraindre l'ajourné à l'exécution de son obligation; voir dire et ordonner que, dans le jour de la signification du jugement à intervenir, l'ajourné sera tenu de rapporter au requérant la décharge, sans réserve et dûment en forme, du cautionnement susdaté, ou de déposer à la caisse des dépôts et consignations la somme de. . . . . suffisante au paiement, en principal et intérêts, de l'obligation cautionnée ; sinon et faute de ce faire, que ledit sieur. . . . . y sera contraint par les voies de droit et jusqu'à concurrence de ladite somme de. . . . .; et, en outre, s'entendre condamner aux dépens, sous toutes réservés.

V. *suprà*, n° 41.—Coût, tarif, 29. V. *form.* n° 1.
Enregistrement de l'exploit, 2 fr. 20 c. (L. 28 avril 1816).

CAUTIONNEMENT DE FONCTIONNAIRES PUBLICS, OFFICIERS MINISTÉRIELS ET COMPTABLES.—1. Sommes d'argent
(quelquefois des immeubles) que certains fonctionnaires publics, officiers ministériels et comptables, sont tenus de déposer au trésor pour la garantie des prévarications et autres abus qu'ils peuvent commettre dans l'exercice de leurs fonctions.

2. Les titulaires appartenant à l'administration de la justice, que la loi assujettit au cautionnement, sont : les avocats à la Cour de cassation et au Conseil d'Etat, les notaires, les avoués, les greffiers de la Cour de cassation, des cours d'appel, des tribunaux civils, des tribunaux de commerce, des justices de paix et des tribunaux de police, les huissiers (V. *Cautionnement des huissiers*), les commissaires-priseurs et les gardes du commerce (Décr. du 14 mars 1808; LL. 27 vent. an 8; 28 vent. an 10; 2 vent. an 13 et 28 avril 1816).

3. Les comptables appartenant à l'administration des finances, qui doivent fournir un cautionnement, sont : les receveurs généraux (LL. 6 frim. an 8, 2 vent. an 13 et 28 avril 1816), les payeurs du trésor (LL. 8 pluv. et 7 therm. an 8, 26 germ. an 11 et 28 avril 1816), le caissier central du trésor public, le caissier général de la caisse d'amortissement et des dépôts et consignations (Ord. 22 mai 1816, art. 15; 31 mai 1838, art. 538 et suiv.), les receveurs particuliers (LL. 28 vent. an 8, 5 vent. an 12 et 28 avril 1816), les percepteurs (arrêté du 4 pluv. an 11; LL. 25 vent. an 12 et 28 avril 1816), les receveurs municipaux (Décr. 30 frim. an 13; L. 28 avril 1816), les receveurs des hospices, les préposés de l'administration de l'enregistrement et les conservateurs des hypothèques (LL. 28 vent. an 8 et 28 avril 1816, art. 86), les préposés de l'administration des douanes (L. 28 avril 1816, art. 87), ceux de l'administration des postes (même loi), des contributions indirectes (même loi, art. 85), des octrois (même loi, art. 159), les agents spéciaux du service des tabacs (art. 85), les préposés du mont-de-piété et des monnaies (L. 28 avril 1816).

4. Parmi les préposés du ministère de l'intérieur, qui sont assujettis au cautionnement, figurent les trésoriers de la garde municipale et des sapeurs-pompiers de la ville de Paris (Ord. 26 déc. 1834).

5. Les agents de change et les courtiers de commerce, soit qu'ils dépendent du ministère des finances, comme ceux qui sont établis à Paris, soit qu'ils dépendent du ministère de l'intérieur, comme ceux qui sont établis dans les autres villes, sont aussi tenus de verser un cautionnement (LL. 28 vent. an 9 et 28 avril 1816; ord. 9 janv. 1818).—V. *Agent de change*, n° 5, et *Courtier de commerce*.

6. Les titulaires du ministère de l'instruction publique, qui doivent verser un cautionnement, sont : les secrétaires des écoles de droit et les économes des colléges royaux et communaux (Décr. du 4ᵉ jour complément. an 12).

7. Sont également soumis au cautionnement les préposés du ministère de la guerre, tels que les gardes-magasins du campement et de l'habillement (Décr. 17 mars 1811), les agents de la direction des poudres et salpêtres (ord. 15 juill. 1818), les entreposeurs de poudres et salpêtres (L. 23 janv. 1820), et les préposés du ministère de la marine, tels que les agents comptables et trésoriers des invalides de la marine (Ord. 22 mai 1816, art. 11, et 31 mai 1838, art. 585).

8. Enfin, un cautionnement est encore exigé des fournisseurs et adjudicataires des travaux publics en France (Ord. 31 mai 1838, art. 49).

9. Le cautionnement à fournir par les fonctionnaires de l'ordre judiciaire, employés des administrations publiques, receveurs des communes et comptables des deniers publics, doit être versé en numéraire. L'art. 97 de la loi du 28 avril 1816 leur a formellement interdit le droit de fournir tout ou partie de leurs cautionnements en immeubles ou rentes sur l'Etat. Toutefois, il a été fait exception à la loi du 28 avril 1816 pour les officiers ministériels de l'île de Corse (Ord. 4 juill. 1821) et des colonies, et pour certains comptables particuliers, tels que le trésorier de la ville de Paris et les receveurs des hospices et des établissements de bienfaisance (Ord. 6 juin 1830, art. 4). Les officiers ministériels de Corse et des colonies peuvent fournir leur cautionne-

ment en immeubles ; les receveurs des hospices et des établissements de bienfaisance doivent, en principe, l'effectuer en immeubles : une autorisation est nécessaire pour qu'ils puissent le fournir en numéraire.

10. Le principal objet du cautionnement exigé des titulaires, officiers ministériels et comptables. est d'assurer un recours utile aux personnes lésées par les abus et les prévarications qu'ils peuvent commettre dans l'exercice de leurs fonctions. Les droits de leurs créanciers sur ce cautionnement ont été déterminés par les lois du 25 niv. (art. 5) et 6 vent. an 13.

11. Nous ferons seulement remarquer ici que, de même que le privilége sur le gage, les priviléges sur les fonds des cautionnements priment les priviléges généraux sur les meubles et les immeubles (Grenier, *Traité des Hypothèques*, n° 298).

12. Nous avons exposé sous le mot *Cautionnement des huissiers* tous les principes sur la nature et l'étendue des droits des divers créanciers de ces officiers ministériels sur leur cautionnement, sur la voie qu'ils doivent suivre pour se faire attribuer ce cautionnement et sur les formalités à remplir pour en obtenir la restitution. Toutefois, ces principes n'ont point un caractère spécial ; ils sont généraux et doivent recevoir leur application, en ce qui concerne les créanciers de tous titulaires, officiers ministériels et comptables.
—V. *Cautionnement des huissiers.*

CAUTIONNEMENT DES HUISSIERS.

Indication alphabétique des matières.

§ 1er. — *Historique.*

1. L'obligation imposée aux huissiers de fournir un cautionnement à titre de garantie de l'exercice régulier de leurs fonctions a une origine fort ancienne. Cette origine remonte au moins au commencement du xive siècle. Les documents suivants attestent que l'obligation pour les huissiers de verser un cautionnement s'est perpétuée, sans interruption, jusqu'à nos jours.

2. Le premier acte législatif que nous puissions citer à cet égard est une ordonnance du 23 mars 1302. Aux termes de l'art. 33 de cette ordonnance (Voy. t. 1er, *Code de l'huissier*, p. 3), les sergents royaux devaient donner de bonnes et suffisantes cautions, qui étaient reçues par les sénéchaux et les baillis. Ainsi, d'après cette ordonnance, ce n'était pas le versement d'une somme d'argent qui était exigé des huissiers, mais une caution ; et la suffisance ou l'insuffisance de cette caution était abandonnée à l'appréciation des sénéchaux et des baillis.

3. Mais une ordonnance de 1302, sur les officiers du Châtelet de Paris (V. *Code de l'huissier*, p. 4), détermina la somme jusqu'à concurrence de laquelle la caution devait être donnée. A l'égard des sergents à cheval, ils devaient donner chacun *plége de lealment et bien sergenter* jusqu'à la valeur de 100 livres (art. 1er). Les sergents à pied devaient seulement donner plége de 20 livres (art. 2).

4. Une ordonnance sur l'administration de la justice dans la sénéchaussée de Toulouse, rendue en 1303, le vendredi avant les Cendres (V. *Code de l'huissier*, p. 4), exigea également que les sergents donnassent caution (art. 4) ; mais elle ne détermina pas la somme jusqu'à concurrence de laquelle la caution devait être donnée.

5. Le 20 avril 1309, une ordonnance imposa aux sergents du plaid de l'épée l'obligation de donner plége suffisant pour eux et leurs sous-sergents de bien et fidèlement sergenter (art. 14.—V. *Code de l'huissier*, p. 4).

6. L'ordonnance du mois de mars 1319, en supprimant tous les sergents alors en exercice à Paris, et en ordonnant le rétablissement d'un nombre moindre de sergents, a assujetti ces derniers à fournir chacun *bonne sûreté* de bien et loyalement sergenter (V. *Code de l'huissier*, p. 7).

7. Le 6 août 1349, une ordonnance sur les priviléges des foires de Champagne et de Brie, par laquelle fut restreint le nombre des sergents des foires, ordonna que ceux qui étaient conservés ne pussent exercer leurs fonctions sans avoir au préalable renouvelé leurs cautions et sûretés, et sans que celles-ci eussent été reconnues bonnes et suffisantes (V. *Code de l'huissier*, p. 12).

8. Des lettres, en date du 20 janv. 1389, rappelèrent aux sergents l'obligation de fournir caution préalablement à leur réception (V. *Code de l'huissier*, p. 20).

9. En mai 1425, une nouvelle ordonnance, homologative du règlement sur l'administration de la justice au Châtelet de Paris, enjoignit (art. 108) aux sergents dudit Châtelet de fournir bonne et sûre caution des sommes accoutumées. Ces sommes étaient, pour les sergents à cheval, de 100 livres parisis, et, pour les sergents à pied, de 50 livres parisis (V. *Code de l'huissier*, p. 30).

10. Suivant une ordonnance de janvier 1560, les sergents royaux étaient tenus, avant leur réception, de donner une caution jusqu'à concurrence de 200 livres, et les sergents des hauts justiciers, jusqu'à concurrence de 20 livres tournois (art. 89).

11. On voit, par ce résumé de l'ancienne législation sur cette matière, que c'était généralement une caution qui était exigée des huissiers. Mais la législation moderne ne leur a imposé l'obligation de fournir qu'un cautionnement en argent. Nous nous occuperons dans les paragraphes qui suivent des différents actes législatifs par lesquels cette obligation a été réglementée.

§ 2. — *Quotité du cautionnement.*

12. Le chiffre du cautionnement à fournir par les huissiers n'est pas le même pour tous. Il a, d'ailleurs, été augmenté à deux reprises différentes. Et, aujourd'hui, il varie d'après la population et la composition des tribunaux et des Cours près desquels les huissiers exercent leurs fonctions.

13. A l'époque de la promulgation de la loi du 27 vent. an 8, les huissiers n'avaient pas tous le même caractère, ni les mêmes attributions; ils étaient, au contraire, divisés en plusieurs classes, et c'est eu égard à cette division que le montant des cautionnements fut alors déterminé de la manière suivante :

1. Huissiers ayant le droit d'exploiter près les tribunaux de première instance :

Où il n'y a que trois juges. . . . . 200 fr.
Où il y a quatre juges. 300
Où il y a deux sections. 400
Où il y a trois sections. 500
A Paris. 900

2. Huissiers des tribunaux d'appel :

Où il n'y a qu'une section. 600
Où il y a deux sections. 700
Où il y trois sections. 800
A Paris. 1,500

3. Huissiers près le tribunal de cassation. 1,000

4. Huissiers des tribunaux criminels :

A Paris. 500
Partout ailleurs. 300

5. Huissiers des tribunaux de commerce :

A Paris. 1,000
Partout ailleurs. 250

14. La loi du 2 vent. an 13 augmenta les cautionnements par son art. 22, ainsi conçu : « Les cautionnements fournis par les huissiers des tribunaux, en exécution de la loi du 27 vent. an 8, sont portés au *tiers en sus* de la fixation actuelle ».

15. Enfin, la loi du 28 avril 1816 disposa (art. 88) : « Les cautionnements des huissiers à notre Cour de cassation et dans les Cours royales et tribunaux de première instance, tribunaux de commerce et justices de paix, sont fixés en raison de la population et du ressort des tribunaux de la résidence de ces fonctionnaires, conformément au tarif annexé à la présente loi, sous le n° 8 ».

16. *Tarif n° 8.—Tableau comparatif* de la fixation des cautionnements des huissiers d'après les lois des 27 vent. an 8 et 2 vent. an 13 avec celle ordonnée par la loi du 28 avril 1816 :

	FIXATION	
	ancienne.	nouvelle.
1. Tribunaux de première instance antérieurement à l'année 1810 :		
Où il y avait trois juges et deux suppléants.	267	600
Où il y avait quatre juges et trois suppléants.	400	900
Où il y avait sept juges et quatre suppléants.	533	1,200
Où il y avait dix juges et cinq suppléants. .	667	1,600
A Paris.	1,200	3,000
2. Cours royales antérieurement à 1810 :		
Où il y avait douze, treize ou quatorze juges.	800	»
Où il y avait vingt, vingt et un ou vingt-deux juges.	933	»
Où il y avait trente et un juges.	1,067	»
A Paris.	2,000	»
3. Tribunaux de commerce :		
Dans tous les départements. . . . . . , . .	333	»
A Paris.	1,333	»
4. Cour de cassation.	1,333	»

17. Le décret du 14 juin 1813 ayant réuni tous les huissiers d'un arrondissement en une même classe, et accordé à tous le même droit d'exploiter dans l'étendue du ressort du tribunal de première instance, sauf les prérogatives attribuées aux huissiers audienciers, on ne comprend pas trop comment l'art. 88 de la loi du 28 avril 1816 a reproduit les dénominations d'*huissiers à la Cour de cassation, dans les Cours royales, les tribunaux de première instance, les tribunaux de commerce et les justices de paix,* alors surtout que le tarif n° 8, que nous venons de rapporter, ne contient aucun chiffre dans la colonne de la fixation nouvelle du montant des cautionnements des huissiers, au regard de ces désignations : *Cours royales, Tribunaux de commerce, Cour de cassation.* Cette rédaction, qui ne paraissait pas tenir compte du changement opéré dans l'organisation des huissiers depuis la loi de l'an 8, donna lieu à diverses interprétations. Les huissiers audienciers des tribunaux criminels prétendirent ne pas devoir un supplément de cautionnement. L'administration soutint le contraire, et réclama le versement de ce supplément. Dans cet état de choses, intervint une ordonnance du 9 oct. 1816, qui fit cesser tous les doutes, en déclarant que les huissiers de la Cour de cassation, des Cours royales, des tribunaux de commerce, des tribunaux de police et des justices de paix, devaient un cautionnement égal à celui des huissiers du tribunal civil.

18. Aujourd'hui, tous les huissiers, audienciers ou non, doivent donc fournir un cautionnement fixé eu égard seulement au nombre de juges dont sont composés les tribunaux civils dans le ressort desquels est fixée leur résidence, et suivant le tableau rapporté *supra*, n° 16.

§ 3. — *Versement du cautionnement.*

19. Le cautionnement doit être versé au Trésor public (LL. 7 et 27 vent. an 8 ; 28 avril 1816, art. 92), et dans les caisses des receveurs généraux des finances ou des receveurs particuliers (Arg., arrêté 26 prair. an 11), en une seule fois, en numéraire, et avant l'installation du titulaire, lequel n'est admis à prêter serment que sur la représentation de la quittance de son cautionnement (L. 28 avril 1816, art. 92 et 96 ; Décr. 14 juin 1813, art. 12).

20. Le récépissé délivré par le receveur général ou particulier doit être visé à la préfecture ou sous-préfecture, et, après la prestation de serment, envoyé au ministère des finances, avec cette suscription : *Direction de la dette inscrite*, afin d'être converti en rentes 3 p. 100, dont l'inscription est transmise plus tard au titulaire.

21. Dans quel délai le cautionnement doit-il être fourni? Ni les lois de l'an 8 et de 1816, ni le décret de 1813, ne contiennent de disposition spéciale à ce sujet. Mais il résulte des art. 11 et 13 du décret de 1813, qui exigent que l'huissier prête serment dans le mois de la notification de sa nomination, à peine de déchéance, et de l'art. 12 du même décret, et des art. 92 et 96 de la loi du 28 avril 1816, qui n'admettent au serment qu'après avoir justifié de la remise du cautionnement, que le cautionnement doit nécessairement être déposé avant l'expiration de ce délai d'un mois.

22. Le principe de la révocation du fonctionnaire, à défaut par lui de verser son cautionnement dans le délai dont il s'agit, est d'ailleurs écrit d'une manière formelle dans la loi du 28 avril 1816. L'art. 95 de cette loi est, en effet, ainsi conçu : « Il sera pourvu au remplacement des fonctionnaires qui ne fourniraient pas les cautionnements dans le délai ci-dessus », c'est-à-dire avant la prestation de serment. Ainsi, l'huissier qui ne verse pas son cautionnement dans le mois de la notification de la nomination est déchu, par cela seul, du bénéfice de l'acte du Gouvernement qui lui conférait le titre d'officier ministériel.

23. Mais pourrait-il être relevé de cette déchéance par un arrêté ou décret du Gouvernement? La déchéance étant prononcée par une loi et un décret ayant force de loi, nous ne pensons pas qu'un acte postérieur émanant du Gouvernement puisse en relever le cessionnaire d'un office, qui l'a encourue. Toutefois, nous devons faire observer que, nonobstant la déchéance prononcée par la loi de 1816, pour défaut de versement avant la fin de la même année des suppléments de cautionnement qu'elle exigeait, une ordonnance du 12 janv. 1820 accorda jusqu'au 12 mars suivant pour effectuer le paiement de ces suppléments de versement, relevant ainsi les officiers ministériels des suites du retard par eux apporté dans l'exécution de cette obligation, et, par conséquent, de la révocation qu'ils avaient encourue, aux termes de l'art. 92 de la loi du 28 avril 1816.

24. Tout fonctionnaire assujetti à un cautionnement, qui est appelé à une fonction de même nature, n'est pas tenu de fournir un nouveau cautionnement. Le premier cautionnement garantit la nouvelle gestion, et l'excédant en numéraire, s'il y a excédant, peut même être retiré, en observant les formalités prescrites (Ord. du 14 fév. 1816, art. 5). Ces formalités sont les mêmes que celles exigées pour le retrait d'un cautionnement entier, sauf les modifications qu'indique la circonstance particulière prévue par l'art. 5 de l'ordonnance que nous venons de citer.— V. *infrà*, n°s 75 et suiv. — Mais si, au lieu d'être supérieur, le cautionnement exigé pour l'ancienne fonction était inférieur à celui requis pour la nouvelle, le supplément de ce dernier cautionnement devrait être versé avant la prestation de serment.

25. D'après deux circulaires du ministre de la justice, des 31 oct. 1836 et 28 déc. 1838, un nouveau cautionnement devrait être exigé toutes les fois qu'un officier ministériel ne ferait même que *changer de résidence*. Mais cette décision nous paraît contraire à l'ordonnance de 1816 : car, changer de résidence, ce n'est pas être appelé à une fonction nouvelle, mais simplement continuer dans une autre localité l'exercice de la fonction dont on était déjà pourvu. L'administration objecte les formalités d'affiche à remplir. Mais, d'abord, il n'y a aucune formalité à remplir, si le cautionnement est le même dans l'une et l'autre résidence. D'un autre côté, si le cautionnement à fournir par suite du changement de résidence est inférieur à l'ancien, le dernier garantissant de plein droit la nouvelle gestion, d'après les termes mêmes de l'art. 5 de l'ordonnance du 14 fév. 1816, il n'y a également aucune formalité à remplir, en ce qui touche la partie du premier cautionnement, qui doit composer le nouveau. Il ne pourrait donc tout au plus s'élever de difficulté que dans le cas où le second cautionnement à fournir serait supérieur au premier. Mais alors, il nous semble encore qu'il suffirait que ce dernier fût complété dans le mois du changement de résidence.

26. Mais en cas de nomination à une fonction d'une nature autre que celle exercée auparavant, le nouveau titulaire devrait verser un nouveau cautionnement, sauf à lui à retirer l'ancien. C'est donc avec raison que le ministre de la justice a décidé que le cautionnement d'un greffier ne pouvait être appliqué à celui qu'il devait fournir comme notaire (Décis. du 26 juill. 1836).

27. De même, aucune loi ni ordonnance ne permettant qu'un cautionnement soit versé au moyen du transfert d'un autre cautionnement appartenant à un tiers, il a été décidé, le 31 oct. 1836, par une circulaire du ministre de la justice, que le nouveau titulaire d'un office ne pouvait fournir son cautionnement par le transport de celui de son prédécesseur ; un nouveau versement est indispensable.

28. L'art. 33, 2e alinéa, de la loi du 25 vent. an 11, sur le notariat, est ainsi conçu : « Lorsque, par suite de condamnations prononcées contre un notaire, par suite de l'exercice de ses fonctions, le montant du cautionnement sera employé en tout ou en partie, ce notaire sera suspendu de ses fonctions jusqu'à ce que le cautionnement ait été entièrement rétabli ; et, faute par lui de rétablir, dans les six mois, l'intégralité du cautionnement, il sera considéré comme démissionnaire et remplacé ». On ne rencontre aucune disposition semblable, en ce qui touche les huissiers, ni dans le décret du 14 juin 1813, ni dans les lois qui régissent les cautionnements. Néanmoins, il est évident que l'esprit de ces lois, et particulièrement l'art. 1er de la loi du 25 niv. an 13, l'art. 95 de la loi du 28 avril 1816, ainsi que la saine interprétation de l'art. 12 du décret du 14 juin 1813, exigent que le cautionnement soit toujours intact, et qu'ainsi il soit immédiatement rétabli, dès qu'il est entamé.

29. Mais quand un cautionnement peut-il être réputé entamé ? Nous pensons que ce n'est que lorsque, par un jugement passé en force de chose jugée, une condamnation pour fait de charge a été prononcée contre le titulaire, et suivie d'une opposition au greffe. Dès cet instant, en effet, le cautionnement n'existe plus comme garantie de l'exercice des fonctions du titulaire, puisqu'il est désormais affecté exclusivement au paiement de la condamnation prononcée, et qu'il peut être reçu par le créancier. Mais un jugement susceptible d'être réformé, de même qu'une simple opposition sans titre, ou avec titre, mais pour une créance ne résultant pas de fait de charge, ne nous semblent pas devoir être considérés comme portant atteinte à l'intégralité du cautionnement.

30. Lors donc que le cautionnement d'un huissier est entamé, nous pensons que le ministère public, spécialement chargé de veiller à l'exécution des lois relatives aux cautionnements (Circul. du minist. de la just. du 31 oct. 1836), peut le citer devant la chambre du conseil, et faire prononcer sa suspension jusqu'à ce que le cautionnement soit complété, avec injonction de le rétablir dans un délai fixé. Faute de reconstituer le cautionnement, le ministre de la justice pourrait prononcer la destitution de l'huissier (Décr. 30 mars 1808, art. 102 et 103).

31. Tant que l'huissier dont le cautionnement est entamé n'est pas suspendu, il peut valablement instrumenter, et tant qu'il n'est pas destitué, il peut rétablir son cautionnement. Dans ces circonstances, l'administration, du reste, se montre très-peu rigoureuse, et accorde tous les délais désirables.

§ 4.—*Bailleurs de fonds.*—*Privilége.*—*Formalités.*

32. Le cautionnement d'un huissier peut être fourni par un tiers qui prend le nom de *bailleur de fonds* (V. ce mot), et qui peut acquérir un privilége de second ordre sur le cautionnement (L. 25 niv. an 13, art. 4); en remplissant certaines formalités.

33. La première de ces formalités est une déclaration constatant l'origine des fonds composant le cautionnement, souscrite par le titulaire en faveur du créancier devant notaire, conformément au modèle déterminé (L. 25 niv. an 13, art. 4; Décr. du 22 déc. 1812, art. 1 et 2).—V. *Formule* 1.

34. Aucun délai de rigueur n'est prescrit pour faire cette déclaration (Décr. 28 août 1808, art. 1).—V. toutefois, *infra*, n° 39.

35. Lorsque, après avoir prêté les fonds destinés à fournir un cautionnement, il y a eu refus de l'emprunteur de consentir la déclaration d'origine prescrite par le décret du 22 déc. 1812, ou simplement omission, cette déclaration est suffisamment remplacée par une opposition motivée (L. 25 niv. an 13) signifiée au Trésor (L. 25 niv. an 13, art. 1; Décr. 28 août 1803, art. 3; Décr. 22 déc. 1812, art. 4). Signifiée au greffe, cette opposition ne conférerait au bailleur de fonds que les droits d'un opposant non privilégié.—V. *Formule* 2.

36. L'original de l'opposition à signifier au Trésor doit y rester déposé vingt-quatre heures pour être visé (L. 25 niv. an 13, art. 3).

37. Cette opposition n'est valable que pour cinq ans. Faute d'être renouvelée dans ce délai, elle se périme, et est rayée d'office des registres où elle se trouve inscrite (L. 9 juill. 1836, art. 14). Dans le renouvellement, on doit mentionner l'ancienne opposition, et surtout exprimer que la nouvelle opposition à lieu afin d'interrompre toute péremption.

38. La seconde formalité consiste à obtenir une expédition de cette déclaration, à la faire légaliser par le président du tribunal civil (Décr. 22 déc. 1812, art. 2), et à la remettre au Trésor (Minist. des finances, direction de la dette inscrite, bureau des cautionnements), soit au moment du versement du cautionnement (L. 25 niv. an 13, art. 4), soit dans la huitaine (Décr. 22 déc. 1812, art. 2), soit à quelque autre époque que ce soit (Décr. 28 août 1808, art. 1).

39. Pendant la huitaine qui suit le versement du cautionnement, aucune opposition ne peut être faite au préjudice du bailleur de fonds. Aussi, lorsque la déclaration est remise dans ce délai, aucune justification n'est nécessaire pour lui faire produire son effet (Arg., Décr. 22 déc. 1812, art. 2). Mais si la déclaration a lieu postérieurement au délai de huitaine, elle n'est valable qu'autant qu'elle est accompagnée d'un certificat de non-opposition délivré par le greffier du tribunal du titulaire (Décr. 22 déc. 1812, art. 2), où des mainlevées des oppositions existantes (Décr. 28 août 1808). De plus, elle n'est admise que sous la réserve des oppositions qui auraient pu être faites au Trésor.

40. Sur la demande des prêteurs de fonds inscrits sur les registres des oppositions et déclarations du Trésor public, il leur est délivré un certificat conforme au modèle annexé au décret du 28 août 1808 (Décr. 28 août 1808, art. 2).—V. *Formule* 3.

41. Le privilége de second ordre ne peut être accordé qu'une fois sur le même cautionnement. En conséquence, un titulaire qui, au moyen d'une déclaration faite conformément aux décrets de 1808 et de 1812, aurait transmis un privilége de second ordre, anéanti plus tard au moyen d'un remboursement, ne pourrait plus faire acquérir le même privilége au profit de nouveaux créanciers (Rolland de Villargues, *Rép. du not.*, v° *Cautionn. de titul.*, n° 56; Dard, *Des Offices*, p. 66 et 548; Paris, 4 mars 1834; 11 juill. 1836; 1er juill. 1837; Cass., 30 mai 1838).

42. Les prêteurs de fonds ne peuvent exiger le privilége de second ordre qu'en représentant le certificat ci-dessus (V. n° 40), à moins que leur opposition ou la déclaration faite à leur profit ne soit consignée au registre des oppositions et déclarations du Trésor ; faute de quoi ils ne peuvent exercer de recours contre le Trésor que comme créanciers ordinaires, et en vertu des oppositions qu'ils auraient formées aux greffes des tribunaux indiqués par la loi (Décr. 28 août 1808, art. 3 ; 22 déc. 1812, art. 4).

43. Sauf l'exécution des condamnations pour faits de charge, le bailleur de fonds est considéré comme propriétaire du cautionnement, et, en cette qualité, dispensé de produire à la contribution ouverte sur ce cautionnement (Paris, 24 avril 1834).

44. Lorsque le cautionnement est absorbé par des faits de charge, et qu'une ordonnance a prescrit la vente de l'office et affecté le prix à l'acquit de créances résultant de mêmes faits, le bailleur de fonds ne peut prétendre être subrogé de plein droit aux créanciers qui ont touché le cautionnement, et arriver à leur lieu et place dans la distribution du prix de l'office (Cass., 30 mars 1831).

45. Le bailleur de fonds ne peut exercer son privilége sur le cautionnement que lors de la cessation des fonctions du titulaire, et en remplissant les formalités indiquées *infrà*, n°s 86 et suiv.

§ 5. — *Intérêts des cautionnements.*

46. Les cautionnements versés par les huissiers produisent des intérêts. —Ces intérêts, fixés d'abord à 5 pour 100 (LL. 7 et 27 vent. an 8), et ensuite à 4 (LL. 15 sept. 1807, art. 21, et 28 avril 1816, art. 21; Ordonn. 11 juin 1816, art. 1), ont été réduits à 3 pour 100 par la loi du 4 août 1844, à compter du 1er janv. 1845.

47. Le bailleur de fonds ne peut exiger du titulaire d'autres intérêts que ceux payés par l'Etat, lorsqu'il n'est intervenu entre eux à cet égard aucune convention. Si donc, dans l'acte de prêt, il a été stipulé des intérêts, même sans détermination de quotité, leur taux est fixé par la loi du 15 sept. 1807 comme pour les prêts entre particuliers, c'est-à-dire à 5 pour 100. Ainsi, après avoir reçu l'intérêt dû par l'Etat, le bailleur de fonds a le droit de réclamer du titulaire l'excédant, ou 2 pour 100.

48. Les intérêts courent à compter de la date des versements en numéraire (L. 24 germ. an 8, art. 8). Ils sont payables annuellement. Aucun paiement desdits intérêts ne peut être fait que sur la représentation de la quittance définitive du Trésor, constatant le versement du cautionnement (même art.). Les paiements sont effectués d'après des ordonnances ou mandats délivrés sur la caisse du payeur du département (Ordonn. 24 août 1844). Ils sont constatés tant par un acquit desdits mandats que par l'apposition d'estampilles au dos des inscriptions des cautionnements ou duplicata d'inscriptions.

49. Les intérêts des cautionnements se prescrivent par cinq ans, ainsi que cela résulte d'un avis du conseil d'Etat du 24 déc. 1808, approuvé le 24 mars 1809.

50. Le Trésor est considéré comme libéré des intérêts, dès l'instant de la délivrance des ordonnances ou mandats, alors même que, dans l'intervalle de l'ordonnance au paiement, il surviendrait des oppositions (Avis du cons. d'Etat, 12 août 1807).

§ 6. — *Droits des créanciers sur le cautionnement.—Priviléges, actions et cession.*

51. *Priviléges.*—Le cautionnement est affecté, par *privilége de premier ordre*, à la garantie des condamnations qui peuvent être prononcées contre les huissiers, pour des faits relatifs à l'exercice de leurs fonctions (L. 25 niv. an 13, art. 1er ; C. civ., art. 2102, 7°).

52. Les termes de la loi sont formels, généraux ; ils ne font aucune distinction entre les condamnations prononcées par suite de l'exercice des fonctions. Il résulte de là que la régie a, pour le recouvrement des droits d'enregistrement, de timbre, encore bien qu'elle n'ait point obtenu de jugement, si, par exemple, l'exigibilité de ces droits n'a pas été contestée, un privilége sur le cautionnement des huissiers, comme sur celui de tous les autres officiers ministériels (Instruct. de la régie, n° 1229, § 8; *Dict. des droits d'enregistrement,* v° *Notaire,* n° 125 ; Rolland de Villargues, *Rép. du not.,* v° *Cautionn. de titul.,* n° 15 ; Roger, *Traité de la saisie-arrêt,* n° 329 ; Cass., 25 juill. 1827. — V. *contr.,* Championnière et Rigaud, *Traité des droits d'enregistrement,* t. 4, n° 3906).

53. Il nous paraît en résulter également que le fisc doit jouir du même privilége pour le recouvrement des amendes auxquelles des huissiers ou autres officiers ministériels ont été condamnés, et qu'ils ont encourues dans l'exercice de leurs fonctions. Mais, sur ce dernier point, il existe une vive controverse (V. dans le sens de notre opinion, Instr. de la régie des 19 germ. an 13, art. 277, et 1er août 1806, art. 13; Cass., 11 juin 1811; *Dict. des droits d'enregistrement,* v° *Cautionnement,* n° 137; Roland et Trouillet, *Dict. de l'enregistrement,* v° *Cautionnement des employés,* § 3, n° 3; Masson-Delongpré, *Cod. de l'enregistr.,* n° 3387; Merlin, *Rép.,* v° *Saisie-arrêt,* § 7. —Mais voy. *contr.,* Cass., 7 mai 1816 ; Paris, 21 janv. 1837; Grenier, *Hypothèques,* t. 2, n° 98 ; Dard, *Traité des offices,* p. 42; Troplong, *Hypothèques,* t. 1er, n°s 95 *ter* et 210).

54. Toutefois, la régie de l'enregistrement ou le fisc, en cas de concurrence avec des créanciers pour faits de charge, devraient être primés par ces créanciers (Durauton, t. 19, n° 136 ; Rolland de Villargues, *Rép. du notar.,* v° *Cautionn. de titul.,* n° 16). — Au surplus, sur le point de savoir quelles sont les créances qu'on doit considérer comme résultant de *faits de charge,* voy. ce mot.

55. Le privilége de premier ordre s'étend indistinctement sur le capital et sur les intérêts du cautionnement (Cass., 1er juin 1814; 26 mars 1821; *Dictionn. des droits d'enregistrement,* v^{is} *Cautionnement,* n° 137, *Huissier,* n° 37, et *Poursuites,* § 2, n° 17; Championnière et Rigaud, t. 4, n° 3906 ; Roger, *Saisie-arrêt,* n°s 326 et suiv.).

56. Le cautionnement est affecté par *privilége de second ordre* au remboursement des fonds prêtés au titulaire pour le fournir. Ce privilége prime tous les créanciers, excepté ceux pour faits de charge (L. 25 niv. an 13, art. 1er; Rouen, 15 avril 1806).—V. *suprà,* n°s 32 et suiv.

57. Enfin, et subsidiairement, le cautionnement est affecté au paiement, dans l'ordre ordinaire (V. *Distribution par contribution*), des créances particulières qui seraient exigibles contre les titulaires (L. 25 niv. an 13, art. 1er).

58. *Actions.*—D'après les distinctions que nous venons d'établir, les cautionnements sont soumis à l'action de trois sortes de créanciers : les créanciers pour faits de charge, les bailleurs de fonds et les créanciers ordinaires.

59. Nous avons fait connaître *suprà,* n°s 32 et suiv., les formalités à remplir par le bailleur de fonds pour conserver son privilége. Il ne nous reste donc à parler ici que de celles à remplir par les créanciers pour faits de charge, et les créanciers ordinaires, pour assurer l'exercice de leurs droits.

60. Ces formalités sont les mêmes pour les uns comme pour les autres: ils doivent signifier une opposition, et non pratiquer une saisie-exécution, ce qui serait nul (Cass., 11 juin 1811), soit au Trésor public (Minist. des finances, bureau des oppositions); soit au greffe du tribunal dans le ressort duquel le titulaire exerce ses fonctions, à leur choix (L. 25 niv. an 13, art. 2). L'opposition doit être motivée (même art.), c'est-à-dire énoncer clairement les noms et qualités de la partie saisie, la somme pour laquelle la saisie-arrêt ou opposition est faite, et la désignation de l'objet saisi, à peine de nullité (Décr. 18 août 1807, art. 1, 2 et 3).

61. L'opposition ne peut être formée qu'en vertu d'un titre ou d'une permission du juge délivrée conformément à l'art. 558, C. proc. civ.; avec la copie de l'opposition, il doit être donné copie ou extrait en forme du titre du saisissant, à peine de nullité (Décr. 18 août 1807, art. 2). L'original doit rester déposé vingt-quatre heures pour être visé (L. 25 niv. an 13, art. 3) par la personne préposée pour le recevoir (le chef du bureau des oppositions au ministère des finances ou les greffiers des tribunaux). Sans l'accomplissement de cette formalité, l'exploit n'est pas valable (Décr. 18 août 1807, art. 5). — V. *Formule* 5.

62. Les oppositions formées aux greffes des tribunaux n'affectent que le capital des cautionnements, tandis que celles formées au Trésor valent pour le capital et les intérêts (Avis du cons. d'Etat du 12 août 1807). Les unes et les autres n'ont d'effet que pendant cinq années à compter de leur date, si elles ne sont pas renouvelées dans ce délai (LL. 9 juill. 1836 et 8 juill. 1837).

63. Le créancier, pour obtenir le résultat attaché par la loi à toute opposition, doit suivre les formalités prescrites par le Code de procédure civile en matière de saisies-arrêts ou oppositions. Ainsi, il doit dénoncer son opposition au débiteur saisi avec assignation en validité de la saisie, avec contre-dénonciation, soit au ministre des finances, soit aux greffiers, et provoquer une distribution par contribution (Sebire et Carteret, *Encyclop. du droit*, v° *Cautionnement de titulaires*, n° 57.—*Contr.*, jugement du tribunal civil de la Seine, du 8 août 1843).

64. Maintenant, en ce qui concerne la fixation de l'époque à laquelle les créanciers peuvent réclamer l'attribution et la distribution du cautionnement, il faut distinguer entre les créanciers privilégiés et les créanciers ordinaires.

65. Les créanciers pour faits de charge peuvent exercer leur privilége immédiatement, c'est-à-dire faire saisir-arrêter, se faire attribuer et recevoir le cautionnement pendant l'exercice du titulaire, sans être tenus d'attendre la vacance de l'office (Cass., 1er juin 1814; 26 mars 1821; 4 fév. 1822; Instr. gén. régl. 5 mars 1838.—*Contrà*, Dard, *Des Offices*, p. 81 et suiv.).

66. En conséquence, lorsqu'il n'existe pas d'opposition, ce qui est justifié par un certificat du greffier du tribunal, ils peuvent, en vertu du jugement qui valide la saisie-arrêt et leur attribue la somme saisie, faire ordonnancer à leur profit le remboursement du cautionnement (Instr. gén. rég., 5 mars 1838).

67. Si, au contraire, il existe des opposants, on doit distinguer si ce sont des créanciers pour faits de charge, ou des créanciers ordinaires. Au premier cas, on doit encore examiner si le montant des oppositions excède ou est inférieur au cautionnement : s'il est inférieur, le poursuivant doit faire déclarer par un jugement que tous les opposants, lui compris, seront admis à recevoir le cautionnement jusqu'à concurrence de leurs créances; s'il est supérieur, c'est le cas de provoquer une distribution par contribution entre tous les créanciers pour faits de charge. Au second cas, le saisissant doit faire déclarer contre les créanciers ordinaires qu'il sera payé par privilége et préférence à eux. Le paiement est ensuite ordonnancé sur la remise soit d'une expédition du jugement, lorsqu'il a acquis l'autorité de la chose jugée, soit des mandements de collocation délivrés en exécution des art. 665 et 671, C. proc. civ. (Même instr. gén. du 5 mars 1838). Quelle que soit la procédure à suivre, le titulaire doit y être appelé.

68. Si les opposants, le titulaire et le saisissant consentaient, par acte authentique, que ce dernier reçût par préférence la somme à lui due, la production d'une expédition de cet acte dûment légalisée suffirait pour obtenir l'ordonnancement (Même instr. gén.).

69. Quant aux créanciers ordinaires, ils peuvent bien faire saisir-arrêter immédiatement le cautionnement. Mais ils ne peuvent en provoquer l'attribution ou la distribution qu'à l'époque de la cessation des fonctions du titulaire (Rolland de Villargues, *Rép. du notar.*, v° *Cautionn. de titul.*, n° 93; Dard, *Des Offices*, p. 106; Grenoble, 15 fév. 1823; Bordeaux, 25 avril 1833. — *Contra*, Roger, *De la Saisie-arrêt*, n° 331).

70. Toutefois, ils ont le droit de toucher les intérêts, lorsqu'il n'y a pas de bailleur de fonds, et que leurs oppositions sont faites de manière à affecter lesdits intérêts (Grenoble, 15 fév. 1823; Bordeaux, 25 avril 1833). — V. *suprà*, n° 62.

71. *Cession.* — Le titulaire qui a lui-même fourni son cautionnement peut le céder et transporter à un tiers (Dard, *Des Offices*, p. 69 et suiv.; Rolland de Villargues, *Rép. du notar.*, v° *Cautionn. de titul.*, n° 95; Rouen, 27 fév. 1838) par un acte authentique réunissant les caractères d'une vente de droits incorporels; une déclaration dans la forme prescrite par les décrets du 28 août 1808 et 22 déc. 1812 ne suffirait pas pour en transmettre la propriété (Paris, 4 mars 1834; 11 juill. 1836; 1er juill. 1837; Cass., 30 mai 1838).

72. Les transports ne sont valables à l'égard des tiers qu'autant que, suivant le droit commun, ils sont signifiés au débiteur, c'est-à-dire au ministre des finances, en la personne du chef du bureau des oppositions (Rolland de Villargues, *loc. cit.*, n° 97; L. de fin., 9 juill. 1836; Ord. 16 sept. 1837). — V. *Formule* 4.

73. Cette signification ne produit d'effet que pendant cinq ans à compter de sa date, si elle n'est pas renouvelée dans ce délai (L. 9 juill. 1836, art. 14).

74. Par l'effet du transport, le cessionnaire est, dès l'instant de la signification, entièrement subrogé aux droits du cédant, comme s'il s'agissait d'une créance ordinaire; d'où il suit : 1° que les oppositions postérieures, pour créances ne résultant pas de faits de charge, ne peuvent préjudicier au cessionnaire; 2° qu'il est considéré comme le véritable propriétaire du cautionnement, sauf l'exécution des condamnations qui pourraient être prononcées contre le titulaire; et 3° qu'il ne peut retirer le cautionnement que lors de la cessation des fonctions de ce dernier et en remplissant les formalités prescrites. — V. *infrà*, n°s 86 et suiv.

§ 7. — *Remboursement du cautionnement.*

75. La demande en remboursement du cautionnement ne peut avoir lieu qu'à la cessation des fonctions du titulaire. Elle est faite soit par ce dernier, soit par ses héritiers, soit par un bailleur de fonds ou un cessionnaire. Quel que soit celui qui la forme, elle doit être précédée d'une déclaration de cessation des fonctions du titulaire, faite au greffe du tribunal civil de sa résidence. Cette déclaration reste affichée pendant trois mois dans le lieu des séances du tribunal (L. 25 niv. an 13, art. 5 et 7). Il est justifié de l'accomplissement de cette formalité ainsi qu'on le dira *infrà*, n° 77.

76. *Titulaire.* — Lorsque le remboursement est demandé par le titulaire lui-même, il doit produire au Trésor : 1° le certificat d'inscription, en son nom, du cautionnement, et, à défaut, une déclaration de perte, faite sur papier timbré et dûment légalisée, portant qu'il s'engage à le renvoyer à l'administration, s'il le retrouve. Si l'inscription n'avait pas été faite, il suffirait de représenter le récépissé du versement (Arrêté du 24 germ. an 8);

77. 2° Un certificat délivré par le greffier de la Cour ou du tribunal près lequel le titulaire a exercé, visé par le président, et constatant que la déclaration prescrite a été affichée pendant le temps fixé, que, durant cet intervalle, il n'est intervenu contre le titulaire aucune condamnation pour faits de charge, et qu'il n'a été formé aucune opposition au greffe du tribunal, ou que les oppositions ont été levées (L. 25 niv. an 13, art. 5, 6 et 7);

78. 3° Un certificat de *quitus* ou de libération du produit des ventes dont ils ont été chargés, délivré par la chambre de discipline, sur le vu des décharges des ventes ou du récépissé de la caisse des consignations pour les sommes par eux versées à cette caisse. Il est visé par le procureur de la République (Décr. 24 mars 1809).

79. S'il n'y a pas de chambre de discipline, le certificat de *quitus* est délivré par les huissiers audienciers du tribunal, qui font mention de la non-existence de la chambre (Décis. du min. des fin., 12 mai 1809).

80. Lorsqu'il y a impossibilité d'obtenir le certificat de *quitus*, faute de production des pièces nécessaires, on y supplée en faisant constater cette impossibilité par une délibération motivée de la chambre de discipline, visée par le procureur de la République (Ordonn. 22 août 1821).

81. Dans ce dernier cas, la déclaration de cessation de fonctions ne doit pas seulement être affichée, ainsi qu'il est dit plus haut (V. n° 77), elle doit, en outre, être insérée, pendant trois mois, dans un des journaux imprimés au chef-lieu du département (même ordonnance).

82. Les huissiers peuvent suppléer au certificat de *quitus*, en faisant régler chaque année, par leurs chambres de discipline, et, à défaut de chambre, par le procureur de la République, le compte de leur gestion antérieure (même ordonnance);

83. 4° Enfin, une demande en remboursement du cautionnement adressée au ministre des finances (direction de la dette inscrite), contenant l'énonciation des pièces produites à l'appui et l'indication du département où le remboursement doit s'effectuer.

84. *Héritiers du titulaire.* — Lorsque le remboursement du cautionnement est demandé par les héritiers du titulaire, ils doivent produire, outre les pièces ci-dessus, un certificat de propriété contenant leurs noms, prénoms et domiciles, la qualité en laquelle ils procèdent, l'indication de leurs portions dans le cautionnement, et l'époque de leur jouissance (Décr. 18 sept. 1806).

85. Ce certificat est délivré, savoir : si la propriété du cautionnement est constatée par un acte authentique, par le notaire dépositaire de cet acte; si elle l'est par un jugement, par le greffier dépositaire de la minute ; et par le juge de paix, s'il n'existe aucun acte ni jugement (même décret).

86. *Bailleur de fonds. Cessionnaire.* Lorsque la demande en paiement est formée par un bailleur de fonds, au lieu du certificat d'inscription, il doit produire le certificat de second ordre, et, à défaut, une déclaration de perte dans la forme indiquée *suprà*, n° 76.

87. Quant au cessionnaire, au certificat d'inscription qu'il a dû se faire remettre lors du transport et aux autres pièces énoncées *suprà*, n°s 76 et suiv., il doit joindre l'expédition de son transport et l'original de la signification faite au Trésor.

88. Lorsqu'il existe des oppositions, et que le bailleur de fonds ou le cessionnaire ne peut en obtenir la mainlevée à l'amiable, il doit la demander aux tribunaux et joindre à sa demande le jugement qui la prononce, avec les pièces prouvant qu'il a acquis l'autorité de la chose jugée.

89. Le remboursement du cautionnement est ordonnancé sur la caisse du payeur du département dans lequel le titulaire a exercé en dernier lieu (Ordonn. 24 août 1841).

90. Lorsque, dans le délai d'un an, à compter de la cessation des fonctions, le remboursement du cautionnement n'a pas été effectué faute de production ou de justification suffisante, le Trésor est autorisé à verser le cautionnement en capital et intérêts à la caisse des consignations, à la conservation des droits de qui il appartiendra (L. 9 juill. 1836, art. 16).

§ 8. — Enregistrement.

91. Les récépissés des versements des cautionnements sont exempts de la formalité de l'enregistrement (L. 22 frim. an 7, art. 70, § 3, n° 7).

92. Sont soumis au droit fixe d'un franc : 1° les déclarations en faveur des bailleurs de fonds (Décr. 22 déc. 1812, art. 3; Instr. gén. rég., 24 déc. 1813, n° 657), alors même qu'il n'est pas justifié d'un acte d'emprunt antérieurement enregistré (Cass., 4 déc. 1821; Décis. du min. des fin., 23 mars 1822);—2° les certificats de *quitus* délivrés aux huissiers par la chambre de discipline (L. 22 frim. an 7, art. 23 et 68, § 1, n° 17);— 3° les certificats de non-opposition délivrés par les greffiers des tribunaux de première instance (Décr. 18 sept. 1806, art. 2).

93. Aucun droit de recherche n'est accordé aux greffiers; il leur est seulement alloué, outre 1 fr. 25 c. pour droit de greffe, 25 c. pour la légalisation (Décis. du min. de la just., 1er avril 1836, et du min. des fin., 8 avril 1836; Instr. gén., 24 déc. 1836).

94. ...Au droit fixe de 2 fr., la déclaration contenant désistement du privilége de second ordre par un bailleur de fonds (Délib. de la régie, 19 janv. 1825); ...et au droit de 1 p. 100, les transports et cessions des cautionnements (L. 22 frim. an 7, art. 69, § 3, n° 3).

Formules.

1. *Déclaration de privilége de second ordre.*

Pardevant. . . . . . ., est comparu M. . . . . . ., huissier près le tribunal civil de première instance de. . . . . ., demeurant à. . . . . ., lequel a, par ces présentes, déclaré que la somme de. . . . . ., qu'il a versée à la caisse. . . . . pour (la totalité ou partie) du cautionnement auquel il est assujetti en sadite qualité, appartient en capital et intérêts à N. . . . . . (*noms, qualités et demeure*); pour quoi il requiert et consent que la présente déclaration soit inscrite sur les registres de la direction de la dette inscrite, bureau des cautionnements, afin que ledit N. . . . . ait et acquière le privilége de second ordre sur ledit cautionnement, conformément aux dispositions de la loi du 27 nivôse an 13 et du décret du 28 août 1808.—Fait et passé, etc.

2. *Opposition au trésor.*

L'an . . . . ., à la requête de. . . . . ., élisant domicile à Paris, en ma demeure, j'ai. . . . . signifié et déclaré à M. le ministre des finances, en son hôtel à Paris, rue de Rivoli, où étant au bureau des oppositions, et parlant à M. . . . . ., chef dudit bureau, auquel j'ai laissé le présent original pour être visé, conformément à l'art. 3 de la loi du 25 nivôse an 13 :

1° Que le requérant a prêté au sieur. . . ., huissier près le tribunal civil de. . . ., demeurant à. . . . . ., une somme de. . . . . ., destinée au cautionnement que devait fournir ledit sieur. . . . . en sadite qualité, ainsi qu'il résulte d'un acte contenant obligation reçu par. . . . . ., notaire à. . . . . ., et duquel il est, avec celle des présentes, donné copie;

2° Que les fonds prêtés par ledit sieur. . . . ., requérant, ont servi, en effet, à verser ledit cautionnement, lequel a été déposé à la caisse de. . . . . ., le. . . . . . .;

3° Qu'usant du bienfait de l'art. 2 de la loi du 25 nivôse an 13, il entend acquérir le privilége de second ordre sur ledit cautionnement, comme bailleur de fonds.

En conséquence, le requérant déclare s'opposer par ces présentes à ce que le trésor se dessaisisse du montant dudit cautionnement au préjudice de lui requérant, à peine de payer deux fois et de tous dommages-intérêts.

Et, sous toutes réserves, j'ai laissé et délivré, en parlant comme dit est, copie tant de l'acte susdaté que du présent. Coût.

VISA. Visé par nous, chef de bureau des oppositions, le présent original, dont copie nous a été laissée, ainsi que des pièces y énoncées. Paris, le. . . . . .

V. n° 33. — Coût (Tarif 29) : Orig., Paris, 2 f. ; R. P., 1 f. 80 c. ; aill., 1 f. 50 c.
Copie, le quart.
Enregistrement, 2 fr. 20 c. (L. 28 avril 1816, art. 43).

3. Certificat de privilége de second ordre.

Je soussigné, directeur de la dette inscrite, certifie que N. . . . . ., demeurant
à. . . . . ., s'est conformé aux dispositions prescrites par les lois des 25 nivôse et 6
ventôse an 13, et par le décret du 22 décembre 1812, pour acquérir le privilége de
second ordre; que la déclaration de ce privilége a été faite le. . . . . ., devant
M⁰ . . . . . ., notaire à. . . . . . département de. . . . . .; qu'en conséquence,
N. . . . . . a été inscrit sur le registre à ce destiné, folio. . . . ., n° . . ., comme
bailleur de fonds de la somme de. . . . . . qu'il a fournie à M. . . . . ., pour être
employée à acquitter d'autant son cautionnement. — Le présent certificat délivré conformément au décret du 28 août 1808. Paris, le. . . . . . Le chef de la section des
cautionnements en numéraire.
V. n° 40.

4. Signification de transport au trésor.

L'an . . . . . ., à la requête de. . . . . ., j'ai. . . . . signifié et avec celle des
présentes donné copie à M le ministre des finances, en son hôtel à Paris, rue de Rivoli, où étant au bureau des oppositions et parlant au chef dudit bureau, auquel j'ai
laissé le présent original en dépôt pour qu'il le vise dans le délai de 24 heures, conformément à la loi du 25 nivôse an 13, — de l'expédition d'un acte (analyser la cession);
à ce que mondit sieur le ministre des finances n'en ignore.
Et je lui ai laissé, en parlant comme dit est, copie tant du présent que dudit transport. Coût. . . . .
Visa. — Visé par nous, chef du bureau des oppositions, le présent original dont copie
nous a été laissée, ainsi que du titre y énoncé. A. . . . . ., le. . . . . .
V n° 72. — Coût : V. Formule 2.
Enregistrement, 2 fr. 20 c. (L. 28 avril 1816, art. 43).

5. Opposition à cautionnement.

L'an. . . . . ., à la requête de. . . . . ., élisant domicile (dans le lieu de l'opposition), j'ai. . . . . signifié et déclaré à. . . . . (Si l'opposition est faite au
trésor, Voy. Form. 2). Si elle est faite au greffe : à M. . . . . ., greffier du tribunal civil et de première instance de. . . . . ., en son greffe, où étant et parlant à. . . . . auquel j'ai laissé le présent original pour être visé dans les vingt-
quatre heures, conformément à la loi du 25 ventôse an 13 :
Que le requérant s'oppose formellement par ces présentes à ce que le cautionnement
versé par M. . . . . ., huissier près le tribunal civil et de première instance de. . . .,
résidant à. . . . . ., au Trésor, comme garantie de ses fonctions d'huissier, soit
remis et remboursé à qui que ce soit sans y appeler le requérant, afin qu'il fasse valoir ses droits, à peine de tous dommages-intérêts.
La présente opposition est faite en vertu . . . . . (énoncer le titre), duquel il est,
avec celle des présentes, donné copie, et pour sûreté et avoir paiement de la somme
de. . . . . ., résultant du titre susdaté, sans préjudice des intérêts et frais, et généralement de tous droits et actions.
Et j'ai laissé et délivré à mondit sieur. . . . . ., en parlant comme dessus, copie
tant du présent que du titre susdaté. Coût. . . . .
Visa. — Visé par nous. . . . . ., le présent original dont copie nous a été remise,
ainsi que du titre y énoncé. A. . . . . ., le. . . . . .
V. n° 61.— Coût : V. Form. 2.
Enregistrem. de l'exploit, 2 f. 20 c. (L. 28 avril 1816, art. 43).

CAVAGE, CHEVAGE, QUEVAGE. — Ces mots s'employaient autrefois pour désigner le droit que les vilains payaient à leur seigneur, en
reconnaissance de leur sujétion, et le droit annuel que le roi percevait sur les
bâtards, épaves ou aubains. Ces droits ont été définitivement abolis par les
décrets du 4 août 1789 et 15 mars 1790.

CAVE.—1. La propriété du sol emportant la propriété du dessus et du dessous (C. civ., art. 552), il s'ensuit que le propriétaire du sol est présumé de plein droit propriétaire de la cave creusée sous ce sol.

2. Cependant cette cave peut devenir, même par prescription, la propriété d'un tiers autre que le propriétaire du dessus. Celui qui possède depuis plus d'un an une cave sous le fond d'autrui a le droit d'intenter une action possessoire à raison du trouble apporté à sa jouissance.

3. Mais la propriété de la cave n'établit pas en faveur de celui qui la possède une présomption qu'il est propriétaire du dessus. Elle ne lui donne d'autres droits à cette propriété que ceux qui résultent de titres ou de la prescription.

4. Tout propriétaire a le droit de creuser des caves sous sa propriété (C. civ., art. 552). Toutefois, si cette cave borde la voie publique, elle ne peut être construite sans une autorisation de l'autorité administrative. A plus forte raison cette autorisation est-elle nécessaire pour creuser une cave sous les rues ou autres voies publiques. Le propriétaire d'une maison contiguë à la voie publique, qui aurait fait creuser une cave sous cette voie, pourrait toujours être contraint à la combler, quel que soit le temps de sa possession.

5. Lorsqu'on veut construire une cave contre un mur appartenant exclusivement au voisin, il ne suffit pas toujours d'acheter la mitoyenneté de ce mur : il faut encore, quand cela est nécessaire, le soutenir par un contre-mur. (Desgodets, sur la coutume de Paris, n°s 19 et 22).

6. Les caves sont soumises, pour cause de salubrité, à des mesures de police ; si elles appartiennent à des débitants, elles sont soumises aux exercices des préposés des contributions indirectes.

CAYENNE. — Colonie française où sont transportés, en vertu d'un décret du président de la République, du 8 déc. 1851, par mesure de sûreté générale, les condamnés pour rupture de ban et les membres des sociétés secrètes. — V. *Colonies, Société secrète.*

CÉCITÉ. — V. *Aveugle.*

CÉDANT. — V. *Appel, Cautionnement des Huissiers, Intervention, Office, Transport-cession.*

CÉDULE. — **1.** Acte par lequel le juge de paix permet d'abréger les délais de la citation, ou autorise ou ordonne certaines autres mesures ci-après désignées.

2. Le décret du 26 oct. 1790, contenant règlement sur la procédure en justice de paix, voulait que toute citation devant cette juridiction fût faite en vertu d'une cédule délivrée par le juge de paix.

3. Mais cette cédule étant devenue une affaire de pure forme, l'usage en fut aboli par les rédacteurs du Code de procédure.

4. Et la cédule a été remplacée par une citation que signifie l'huissier sans permission du juge, comme devant les autres juridictions, sauf la restriction résultant de l'art. 17 de la loi du 25 mai 1838.

5. Cependant, il y a encore des cas où les juges de paix sont autorisés à délivrer des cédules.

6. Ainsi les juges de paix peuvent délivrer une cédule portant permission d'assigner à bref délai, dans les cas qui requièrent célérité. — V. *Assignation à bref délai, célérité, urgence.*

7. Ainsi encore, les juges de paix délivrent une cédule pour autoriser à appeler les témoins qui doivent être entendus dans une enquête qu'ils ont ordonnée, ou les experts à qui ils ont confié une opération (C. P. C., art. 29). Dans ce cas, la cédule se nomme *Cédule de citation.*

8. De même, c'est par une cédule que les juges de paix accordent la permission d'exécuter un jugement préparatoire ou interlocutoire, ou nomment un expert.

9. ... Qu'ils permettent de citer les membres d'un conseil de famille (C. civ., art. 410).

10. ... Ou commettent un huissier d'un canton voisin pour les significations à faire aux parties, en cas d'empêchement ou d'insuffisance des huissiers ordinaires de leur canton (Décr. 18 juin 1811, art. 28, 29 et 34; L. 25 mai 1838, art. 16 ; Berriat-Saint-Prix, *Procédure des tribunaux criminels*, 1ʳᵉ partie, nº 613).

11. Le droit de délivrer la cédule portant permission d'assigner à bref délai appartient au juge de paix qui doit connaître de la contestation (Chauveau sur Carré, *Lois de la Procédure*, t. 1ᵉʳ, quest. 22), et non au juge de paix dans le ressort duquel la citation doit être donnée. L'urgence, en effet, dépend de la nature de la contestation, et ne peut être appréciée que par le juge de paix compétent pour statuer sur cette contestation.

12. Toutefois, l'instance n'en serait pas moins valablement liée par une citation faite en vertu d'une cédule délivrée par un juge de paix autre que celui qui est compétent. Seulement, ce dernier pourrait renvoyer la cause à une autre audience si ses occupations ne lui permettaient pas de l'instruire ou de la juger au jour fixé par la cédule de son collègue (Carré, *Justice de paix*, t. 4, nº 2685).

13. La cédule doit contenir tout ce que contient la *citation* (V. ce mot.), et notamment les motifs qui y donnent lieu. Elle est faite au nom du juge, qui, sur l'exposé du requérant, indique les jour, heure et lieu, où les parties, les témoins et les experts doivent être cités à comparaître.

14. En matière d'*expertise*, la cédule doit contenir, en outre, les faits, les motifs et la disposition du jugement relative à l'opération ordonnée (C. P. C., art. 29).—V. *Formule* 3).

15. Dans le cas où c'est une enquête qui a été ordonnée par un jugement, la cédule énonce seulement la date de ce jugement, le lieu, le jour et l'heure auxquels les témoins cités devront comparaître (C. P. C., art. 29, § 2).—V. *Formule* 2.

16. Aucune disposition de loi n'exige qu'une requête préalable soit présentée au juge de paix; il suffit que les faits soient exposés; et la cédule est mise au bas de l'exposé.

17. Il n'est pas nécessaire non plus que la cédule soit écrite de la main du juge de paix : la loi n'exige que sa signature (Carré et Chauveau, t. 1ᵉʳ, quest. 23). Mais si la signature est exigée, un permis verbal serait insuffisant.

18. Le concours du greffier est inutile pour la délivrance d'une cédule. Aussi, il ne peut être alloué pour cet acte aucun émolument au greffier. Il n'en est également dû aucun au juge de paix.

19. Une fois la cédule délivrée, elle peut être signifiée par tout huissier du domicile du défendeur.—V. *Huissier*.

20. La citation donnée en vertu de cédule est rédigée dans la forme ordinaire. Dans l'usage, on donne en tête de la citation copie de la cédule au défendeur, et cela est plus régulier, car on peut dire que, à défaut de cette copie, le défendeur est fondé à considérer la citation comme donnée à bref délai, sans permission. Mais, comme la loi n'exige pas cette formalité et que les nullités ne peuvent se suppléer, le défaut de copie de la cédule n'entraîne pas la nullité de la citation. Toutefois, il est nécessaire que la citation énonce que c'est en vertu d'une cédule qu'elle est donnée.

21. Au surplus, la citation indique suffisamment qu'elle a lieu en vertu d'une cédule, lorsque cette citation est donnée à comparaître sur les lieux contentieux et qu'il y est dit que le juge de paix s'y trouvera à l'heure indiquée (Cass., 4 fév. 1829).

22. La cédule délivrée par le juge de paix pour citer à bref délai un individu alors existant ou dont le décès est ignoré s'applique de droit à ses héritiers et leur est valablement notifiée (Paris, 27 août 1807; Carré et Chauveau, *quest.* 24).

23. Les cédules sont toujours libellées sur papier libre et exemptes d'enregistrement (L. 22 frim. an 7, art. 70); mais leur signification est soumise au droit de 1 fr. (même loi, art. 68).

24. Lorsque le juge de paix a cru devoir abréger les délais, le jugement peut être prononcé avant l'enregistrement de la citation. Il suffit que cette citation soit soumise à la formalité de l'enregistrement dans les quatre jours (Décis. du minist. des fin. du 13 juin 1809).

Formules.

1. *Cédule pour abréger les délais.*

Nous. . . . . ., juge de paix du canton de. . . . . ., arrondissement de. . . . . ., sur ce qui nous a été exposé par le sieur. . . . . ., mandons à. . . . . . ., huissier audiencier de notre justice de paix, de, à la requête dudit sieur. . . . . . ., citer le sieur. . . . . . à comparaître devant nous, le. . . . . ., heure de. . . . . ., en notre demeure, sise à. . . . . ., pour, attendu. . . . . . (*déduire les motifs de la demande et de l'urgence*), s'entendre condamner. . . . . . (*établir ici les conclusions*).
Fait et délivré en notre demeure, le. . . . . .

2. *Cédule pour citer les témoins.*

Nous. . . . . ., juge de paix du canton de. . . . . ., arrondissement de. . . . . ., sur la demande du sieur. . . . . ., et en conséquence du jugement rendu par nous, le. . . . . ., entre le requérant, comme demandeur, et le sieur. . . . . ., comme défendeur, et par lequel nous avons admis ledit sieur. . . . . . à faire preuve de différents faits par lui articulés, citons à comparaître devant nous, le. . . . . ., heure de. . . . . ., à. . . . . ., les sieurs. . . . . ., pour, après avoir prêté le serment prescrit par la loi, déposer sur les faits dont il leur sera donné connaissance et relatifs au procès engagé entre les sieurs. . . . . .; commettons, pour notifier la présente cédule le sieur. . . . . ., huissier à. . . . . .
Délivré à. . . . . ., le. . . . .

3. *Cédule pour citer les experts.*

Nous. . . . . ., juge de paix du canton de. . . . . ., arrondissement de. . . . . ., sur la demande du sieur. . . . . ., et en conséquence de notre jugement en date du. . . . . ., rendu entre le requérant et le sieur. . . . . ., par lequel nous avons ordonné que. . . . . . (*énoncer les faits, les motifs et le dispositif du jugement*); citons à comparaître devant nous, à. . . . . ., le. . . . . ., heure de. . . . . ., les sieurs. . . . . ., pour procéder en notre présence à l'expertise ordonnée par le jugement susdaté; commettons, pour signifier la présente cédule, le sieur. . . . . ., l'un de nos huissiers. Fait à. . . . . ., le. . . . . .

4. *Cédule pour citer les membres d'un conseil de famille.*

Nous. . . . . ., juge de paix du canton de. . . . . ., arrondissement de. . . . . ., département de. . . . . ., autorisons le sieur. . . . . ., ce requérant, à faire citer les sieurs. . . . . ., comme étant les plus proches parents, du côté paternel, du sieur. . . . . ., mineur, issu de. . . . . . et les sieurs. . . . . ., comme étant les plus proches parents, du côté maternel, dudit mineur, pour, attendu. . . . . . (*déduire les motifs*), se constituer en conseil de famille, sous notre présidence, à l'effet de procéder à la nomination d'un tuteur et d'un subrogé tuteur audit mineur; commettons, pour notifier la présente cédule, le sieur. . . . . ., huissier près notre tribunal. Fait et délivré à. . . . . ., le. . . . . .

5. *Signification de la cédule et citation à comparaître.*

L'an. . . . . ., à la requête du sieur. . . . . ., et en vertu d'une cédule délivrée par M. le juge de paix du canton de. . . . . ., en date du. . . . . ., enregistrée, dont copie est donnée en tête de celle des présentes, j'ai. . . . . ., huissier soussigné,

cité le sieur. . . . . . à comparaître et se trouver le. . . . . . , heure de. . . . . . ·
(*indiquer le lieu*), pour, attendu. . . . . . (*indiquer l'objet de la demande*), s'entendre condamner à. . . . . . (*conclusions*) ; et, à ce que ledit sieur. . . . . . n'en
ignore, je lui ai laissé copie tant de ladite cédule que du présent.

Coût (Tarif, 29).—Cédule 1.—Paris, 1 fr. 50 c.; R. P., 1 fr. 35 c.; aill., 1. fr. 25 c.
—Cédules 2, 3 et 4,—1 fr. 50 c.; copie, le quart.

6. *Cédule pour faire commettre un huissier.*

Nous. . . . . . , juge de paix du canton de. . . . . . , arrondissement de. . . . .,
département de. . . . . , sur ce qui nous a été exposé par le sieur. . . . . . qu'il
est dans l'intention de faire citer devant nous le sieur. . . . . . , demeurant à . . . .,
canton de. . . . . ., à l'effet de le faire condamner. . . . . . : attendu que nos huissiers n'ont pas qualité pour instrumenter dans ledit canton, ordonnons que par. . . . .,
huissier à. . . . ., le sieur. . . . . . sera cité à comparaître devant nous, le. . . . .,
heure de. . . . ., au lieu ordinaire de nos audiences. Délivré à. . . . ., le. . . . .

CEINTURONNIERS.—Les ceinturonniers pour leur compte ou à façon
sont rangés, les premiers, dans la septième classe des patentables, et les
seconds, dans la huitième.

CÉLÉRITÉ. — 1. On dit qu'une affaire requiert *célérité*, lorsqu'elle
exige une solution plus prompte que celle qu'on pourrait obtenir en suivant
les délais ordinaires de la procédure: tel serait le cas, par exemple, où un
voiturier réclamerait sa voiture qu'un tiers, qui l'aurait en sa possession,
refuserait de lui remettre.

2. Il ne faut pas confondre la célérité avec l'*urgence* (V. ce mot). Lorsque
le cas requiert célérité, on peut assigner à bref délai en vertu de permission
du juge (C. P. C., art. 72 et 808).—V. *Assignation à bref délai*. Au contraire, lorsque l'affaire est urgente, on assigne en *référé* (V. ce mot).

3. En matière de simple police, le juge de paix peut, sur la réquisition
du ministère public ou de la partie civile, faire estimer les dommages, dresser
ou faire dresser tous procès-verbaux, faire ou ordonner tous actes requérant
célérité (C. inst. crim., art. 148).

CENDRES.—1. Les laveurs de cendres, les fabricants de cendres gravelées, les extracteurs de cendres noires et les marchands de cendres ordinaires sont patentables.

2. Les établissements destinés soit à la fabrication des *cendres gravelées*,
soit au traitement des *cendres d'orfèvres*, sont rangés parmi les établissements insalubres.—V. *Etablissements insalubres*.

CENS.—1. Avant la révolution de 1789, on appelait ainsi une redevance
annuelle, foncière et perpétuelle, que le possesseur d'un héritage payait au
seigneur, comme signe récognitif de sa seigneurie. Mais cette redevance a
été supprimée par les lois abolitives de la féodalité.—V. *Bail à cens*.

2. Avant la révolution du 24 février 1848, on donnait aussi ce nom à la
quotité d'impôt que devait payer un citoyen pour participer à l'exercice du
droit électoral. Depuis cette révolution, l'exercice du droit électoral est resté
indépendant de toute condition de cens.—V. *Elections*.

CENSURE. 1. Peine encourue par un huissier, comme par tout autre
officier ministériel, pour contravention légère aux lois et règlements dans
l'exercice de ses fonctions.

2. Il y a deux sortes de censure: la censure simple et la censure avec
réprimande.—V. *Chambre de discipline des huissiers*, nos 55 et suiv., *Discipline*.

CENTIÈME DENIER. — On appelait ainsi autrefois un impôt indirect,
de 1 pour 100, qui était perçu à raison de toute mutation de biens immeubles
et droits réels qui avait lieu par vente, échange, donation, adjudication par

décret ou par autres titres translatifs de propriété, et par succession collatérale.—V. *Enregistrement.*

CENTIME.—Il n'y a point de fraction de centime dans la perception du droit proportionnel d'enregistrement. Ainsi, lorsqu'une fraction de somme ne produit pas un centime de droit, le centime est perçu au profit du Trésor (L. 22 frim. an 7, art. 5).—V. *Monnaie.*

CERCLE.—V. *Cabinet de lecture,* n° 2.

CERCLES (MARCHANDS DE) et **CERCLIERS.**—Sont rangés, les premiers, dans la sixième classe des patentables; et les seconds, dans la huitième classe.

CÉRÉMONIES PUBLIQUES.—V. *Huissier.*

CERTIFICAT.—Acte par lequel une personne atteste un fait qui ne l'intéresse pas personnellement. L'attestation par une personne d'un fait qui l'intéresse personnellement se nomme *déclaration.*

CERTIFICAT DE CAPACITÉ ET DE MORALITÉ.—Acte délivré à celui qui aspire aux fonctions d'huissier par la chambre de discipline des huissiers du ressort dans lequel il doit exercer, et qui atteste qu'il est apte à remplir ces fonctions et qu'il a une conduite sans reproche.—V. *Chambre de discipline des Huissiers, Huissier.*

CERTIFICAT DE CIVISME.—V. *Huissier.*

CERTIFICAT DU CONSERVATEUR DES HYPOTHÈQUES.—Attestation écrite, délivrée par le conservateur des hypothèques, pour constater si un immeuble est ou non grevé d'hypothèques. Si le conservateur atteste l'existence de plusieurs inscriptions, le certificat se nomme *État des inscriptions.* Le certificat est dit *négatif,* lorsque le conservateur atteste qu'il n'existe aucune inscription. On appelle *certificat de radiation,* celui qui constate qu'une inscription a été radiée ou réduite. — *Certificat de quinzaine, Conservateur des Hypothèques, Hypothèques, Inscriptions hypothécaires, Radiation et réduction d'inscription hypothécaire.*

CERTIFICAT D'INDIGENCE.—Acte délivré par l'autorité compétente pour attester l'indigence d'une personne et la dispenser de consigner l'amende exigée de ceux qui se pourvoient en cassation. — V. *Cassation,* n° 94.

CERTIFICAT D'INDIVIDUALITÉ.—Acte délivré à une personne pour attester ses nom, prénoms, âge, qualités et demeure, et lui servir de pièces de comparaison à l'effet de vérifier sa signature. Ce certificat est délivré par un notaire, et, par conséquent, a un caractère authentique. Il n'est guères employé que pour le transfert des rentes, dans le cas où la personne qui veut opérer ce transfert est inconnue de l'agent de change.—V. *Acte de notoriété.*

CERTIFICAT DE NON-OPPOSITION. — V. *Cautionnement des huissiers,* n°s 66, 77 et 92; *Exécution, Vente de meubles.*

CERTIFICAT DE PROPRIÉTÉ.—Acte par lequel un officier public atteste le droit de propriété ou de jouissance d'une ou plusieurs personnes sur une rente inscrite au grand-livre de la dette publique, sur une pension viagère, ou sur un cautionnement (V. *Cautionnement des huissiers,* n°s 40, 42, 76 et suiv., 84 et suiv.).

CERTIFICAT DE QUINZAINE. — Attestation du conservateur des hypothèques que, pendant les quinze jours qui ont suivi la transcription d'un acte d'aliénation, il n'est survenu aucune inscription sur l'immeuble vendu (C. P. C., art. 834).—V. *Transcription.*

CERTIFICAT DE QUITUS. — V. *Cautionnement des huissiers*, n°ˢ 78 et suiv., 92.

CERTIFICAT DE VIE.—1. Acte qui constate l'existence d'un individu.

2. Les notaires, les présidents des tribunaux de première instance, les maires des chefs-lieux d'arrondissement, peuvent donner des certificats de vie; quant aux huissiers, ils n'ont pas caractère pour ces sortes d'actes.

3. Le débiteur d'une rente viagère ou d'une pension peut en refuser le paiement jusqu'à ce que l'existence de la personne sur la tête de laquelle la rente ou pension est constituée lui ait été justifiée (C. civ., art. 1983) par un certificat de vie, ou par des faits et circonstances qui ne laissent aucun doute (Cass. 18 juin 1847; 19 août 1824).

4. Il est donc prudent, toutes les fois qu'un huissier est appelé à diriger des poursuites à la requête d'un rentier viager, en vertu de la constitution de rente, de signifier en tête du commandement copie du certificat de vie ou d'une pièce quelconque prouvant évidemment l'existence du requérant.— V. *Rente viagère.*

CERTIFICATEUR DE CAUTION.—Celui qui affirme à ses risques et périls la solvabilité de la caution et se rend ainsi caution de celle-ci envers le débiteur principal.—V. *Cautionnement*, n° 5.

CÉRUSE (FABRIQUES DE).—Sont rangées dans la classe des établissements insalubres.—V. *Etablissements insalubres.*

CESSATION DE FONCTIONS.—V. *Reprise d'instance.*

CESSATION DE PAIEMENTS.—V. *Cession de biens, Faillite.*

CESSIBLE. — Ce qui peut faire l'objet d'une cession. En général, tout ce qui constitue une chose d'une valeur déterminée ou appréciable en argent est cessible. Toutefois, quelques exceptions ont été apportées à ce principe. —V. *Aliments*, n° 32, *Rente viagère, Saisie-exécution.*

CESSION. — Ce mot désigne soit l'action de céder, soit l'acte qui constate la cession.—V. *Cession de biens, Droits litigieux, Droits successifs, Transport-cession, Office.*

CESSION DE BIENS.—1. Abandon fait par un débiteur insolvable, à ses créanciers, de tous ses biens, pour éviter des poursuites, et notamment la contrainte par corps.

2. La cession de biens est volontaire ou judiciaire.

§ 1.—*Cession volontaire.*
§ 2.—*Cession judiciaire.*
§ 3.—*Procédure.*
§ 4.—*Enregistrement.*
FORMULES.

___

§ 1. — *Cession volontaire.*

3. La cession volontaire est celle que les créanciers acceptent à l'amiable et qui n'a d'effet que celui résultant des stipulations mêmes du contrat passé entre eux et leur débiteur (C. civ., art. 1267). Elle est permise aux négociants comme aux non-négociants et elle peut avoir lieu après la faillite (Duranton, t. 12, n° 244).

4. Elle doit être faite indistinctement à tous les créanciers (Duranton, t. 12, n° 246), et être acceptée par eux tous et non par la majorité comme en matière de concordat; autrement, ceux qui ne l'auraient pas acceptée pourraient poursuivre leur paiement sur les biens abandonnés, et cela, lors même que la cession aurait le caractère d'une dation en paiement (Toullier,

t. 7, n⁰ˢ 252 et suiv.; Duranton, t. 12, n° 242, Delvincourt, t. 3, p. 401).

5. La cession doit comprendre tous les biens du débiteur (C. civ., art. 1265, excepté ceux que la loi déclare insaisissables.—V. *infrà*, n° 20 et *Saisie-exécution.* -

6. La cession emporte, de la part des créanciers, une renonciation à faire des poursuites contre le débiteur, du moins quant à sa personne et quant aux biens abandonnés; et, de la part du débiteur, un mandat irrévocable aux créanciers de se mettre en possession des biens abandonnés et de les faire vendre pour se payer sur le produit de la vente (Toullier, t. 7, n⁰ˢ 238 et 244; Duranton, t. 12, n° 244; Colmar, 20 fév. 1820). Mais elle ne transmet pas aux créanciers la propriété des biens abandonnés. Cette propriété continue de résider sur la tête du débiteur jusqu'à la vente (Toullier, t. 7, n° 241; Delvincourt, t. 3, note 4 de la page 187).

7. Il suit de là : 1° que, s'il y a plusieurs créanciers, ils doivent s'entendre entre eux pour l'administration et la vente des biens, puis pour le paiement des dettes, et, à cet effet, former une direction chargée des intérêts communs (Toullier, t. 7 n° 251); 2° que le débiteur peut rentrer en possession de ses biens en payant les créanciers et les frais faits; 3° que si le produit de la vente excède la dette, les créanciers doivent en tenir compte au débiteur; 4° que les créanciers ne peuvent prescrire la propriété des biens cédés (Toullier, t. 7, n⁰ˢ 244 et suiv.); et 5° enfin que le débiteur n'est libéré que jusqu'à concurrence du montant de la vente des biens abandonnés (Toullier, t. 7, n° 240; Duranton, t. 12, n° 247).

§ 2.—*Cession judiciaire.*

8. La cession judiciaire est un bénéfice que la loi accorde au débiteur malheureux et de bonne foi, auquel il est permis, pour avoir la liberté de sa personne, de faire en justice l'abandon de tous ses biens à ses créanciers, nonobstant toute stipulation contraire (C. civ., art. 126 s).

9. *Personnes admises au bénéfice de cession.*— En général, tout débiteur, qui justifie de ses malheurs et de sa bonne foi (Aix, 30 déc. 1817; Bordeaux, 30 août 1821; Colmar, 13 mai 1821) peut obtenir la cession, malgré ses créanciers (C. civ., art. 1270; Duranton, t. 12, n° 252), sauf toutefois les exceptions suivantes :

10. *Personnes exclues du bénéfice de cession.*—Ce sont 1° les étrangers (C. proc. civ., art. 905), à moins 1° que les Français ne jouissent de ce bénéfice dans la nation à laquelle l'étranger appartient (C. civ., art. 11; Duranton, t. 12, n° 270); 2° que l'étranger ne soit autorisé à jouir en France des droits civils (C. civ., art. 13); 3° qu'il n'y ait un établissement de commerce ou des propriétés (Trèves, 24 fév. 1808; Pardessus, n° 1328);

11. 2° Les stellionataires (C. proc., art. 90); mais il n'y a que le créancier envers lequel le stellionat a été commis, qui puisse opposer au débiteur sa qualité de stellionataire (Bourges, 15 fév. 1810; Turin, 21 déc. 1812; Montpellier, 21 mai 1827; Pardessus, *Droit commercial*, n⁰ˢ 1327 et 1329; Merlin, *Rép.*, v° *Cession*; Rolland de Villargues, *Rép. du not.*, v° *Cession de biens*, n° 88. — *Contrà*, Delvincourt, t. 3, p. 633, note; Duranton, t. 12, n° 272 ;

12. 3° Le banqueroutier frauduleux (C. proc. civ., art. 905), mais non le banqueroutier simple (Pau, 8 août 1812), ni le commerçant qui n'a pas tenu de livres, s'ils do nent des éclaircissements qui prouvent leur bonne foi (Cass. 15 mai 1816);

13. 4° Les personnes condamnées pour vol ou escroquerie (C. proc. civ., art. 905; Duranton, t. 12, n° 272);

14. 5° Les personnes comptables, tuteurs et administrateurs (C. proc. civ., art. 905), mais seulement lorsqu'ils ont été condamnés par corps (C.

proc. civ., art. 129): car autrement ils n'auraient pas besoin du bénéfice de cession (Duranton, t. 12, n° 270);

15. 6° Le dépositaire nécessaire (C. civ., art. 2061 ; C. proc. civ., art. 905, et le dépositaire volontaire, quand il a été condamné par corps (Arg., art. 1948, C. civ. ; C. proc. civ., art. 126-1°);

16. 7° L'agent de change, la loi l'assimilant à un banqueroutier frauduleux, en cas de faillite (C. comm., art. 89) ;

17. 8° Le saisi, gardien volontaire de ses meubles, lorsqu'il ne les représente pas (Pau 16 avr. 1810) ;

18. 9° Le mort civilement (Arg., art. 25, C. civ.; Toullier, t. 1, n° 252) :

19. 10° Les commerçants débiteurs. La loi du 16 avr. 1838 les déclare non recevables à demander leur admission au bénéfice de cession de biens, quoiqu'ils ne soient pas en état de banqueroute frauduleuse (art. 541). — V. *Faillite*.

20. — *Biens que la cession doit comprendre.* — La cession doit comprendre tous les biens du débiteur (C. civ., art. 1268) : par conséquent, le mobilier, les créances, les immeubles, un droit d'usufruit, et même, si le débiteur est marié sous le régime de la communauté, les revenus des propriétés de sa femme (Bruxelles, 4 sept. 1819). Il n'y a d'exception qu'à l'égard des objets que la loi déclare insaisissables (Toullier, t. 7, n° 256; Duranton, t. 12, n° 258).—V. *suprà*, n° 5.

21. Les biens acquis par le débiteur en état de cession, mais qui n'a pas encore été admis au bénéfice de cession, doivent être réunis à ceux déjà abandonnés (Cass., 2 déc. 1806).

22. *Effets de la cession judiciaire.* — Le principal effet de la cession judiciaire est la décharge de la contrainte par corps. A cet égard, la cession couvre les torts du passé (Duranton, t. 12, n° 255 ; Cass., 15 avril 1819), Mais la cession de biens n'empêche pas la déclaration de faillite (Bordeaux, 12 nov. 1836; *J. Huiss.*, t. 18, p. 317). — V. *Faillite*.

23. La cession judiciaire, de même que la cession volontaire (V. *suprà*, n° 6), ne confère point la propriété des biens aux créanciers ; elle leur donne seulement le droit de les faire vendre en suivant les formes prescrites aux héritiers bénéficiaires (C. proc. civ. art. 904; Duranton, t. 12, n° 253).

24. Il est inutile de faire nommer un curateur avant de procéder à la vente des biens: le jugement qui admet la cession vaut d'ailleurs pouvoir aux créanciers d'administrer et de faire vendre les biens (C. proc. civ., art. 904; Toullier, t. 7, n° 268; Rolland de Villargues, *Rép. du not.*, v° *Cession de biens*, n° 118). Mais les créanciers peuvent nommer un mandataire ; en cas de difficulté sur le choix, le plus diligent d'entre eux assigne les autres, et le tribunal nomme l'un d'eux mandataire (Chauveau sur Carré, *Lois de la Procédure, quest.* 3051).

25. Le débiteur admis au bénéfice de cession n'est libéré que jusqu'à concurrence des sommes reçues par les créanciers.—V. au surplus ce qui est dit *suprà*, n° 7.

26. La cession de biens n'empêche pas le créancier de poursuivre les codébiteurs solidaires pour *toute* la dette, tant qu'il n'en a pas reçu une partie, et, quand il a reçu un à-compte, pour le restant de la créance (Arg., art. 1204, C. civ.). Les cautions demeurent aussi obligées, tant que le débiteur n'est pas entièrement libéré (Duranton, t. 12, n° 256 et 257).

27. La cession ne dépouille pas le débiteur de ses *droits civils*, mais elle le prive de l'exercice de ses droits politiques tant qu'il n'a pas été réhabilité (Const. du 22 frim. an 8, art. 5).

§ 3. — *Procédure.*

28. Le débiteur qui réclame la cession doit, avant tout, faire déposer par un avoué, au greffe du tribunal où la demande est portée, son bilan, ses titres actifs et passifs (C. proc. civ., art. 898; Tarif civil, art. 92), à peine de nullité; et, s'il retenait ses titres actifs, il se rendrait à jamais indigne du bénéfice de cession. (Toulouse, 30 avr. 1821).

29. La demande est portée devant le tribunal *civil* du domicile du débiteur (C. proc. civ., art. 899), et cela, lors même que toutes les dettes seraient commerciales Cass., 4 nov. 1823; Pardessus, *Droit commerc.*, t. 4, n° 2803; Delvincourt, *Institutes de droit commerc.*, t. 2, p. 709; Carré (édit. Chauveau), *quest.* 3014 et 3045; *Contrà*, Duranton, t. 12, n° 264).

30. Elle est formée par assignation (V. *Formule* 1), et sans qu'il soit nécessaire de se pourvoir par requête en permission d'assigner, à moins qu'on ne veuille assigner à *bref délai* (V. *infrà*, n° 34, et *Formule* 2).

31. Le débiteur doit-il mettre en cause tous ses créanciers, à peine de nullité du jugement? L'affirmative est généralement admise (V. Colmar, 24 nov. 1807; Delvincourt, t. 2, p. 306; Toullier, t. 7, n° 259; *Encyclopédie du droit*, v° *Cession de biens*, n°s 54 et suiv.; Chauveau sur Carré, *quest.* 3044 et 3045). Toutefois, la négative résulte d'un arrêt de la Cour de Toulouse du 30 avr. 1821. Mais cette dernière décision ne saurait être suivie. En effet, les créanciers pouvant dans certains cas refuser la cession, il faut nécessairement qu'ils soient mis en demeure de le faire par un appel régulier du débiteur.

32. L'assignation doit contenir sommation de venir prendre communication du bilan déposé au greffe Dans l'usage, on donne en tête de l'assignation copie de l'acte de dépôt. — V. *Formule* 1.

33. La demande est communiquée au ministère public (C. proc. civ., art. 900) et doit être jugée à la première audience sans remise ni tour de rôle.

34. Elle ne suspend l'effet d'aucune poursuite, sauf au tribunal à ordonner, *parties appelées* (V. *Formule* 2), qu'il y sera sursis provisoirement (C. proc. civ., art. 900; Grenoble, 22 mai 1834). Si le débiteur était détenu, il ne pourrait être mis en liberté avant le jugement définitif sur la cession (Toulouse, 7 nov. 1808; Paris, 11 août 1807; Toullier, t. 7, n° 261), et la réitération de la cession (Toulouse, 30 avr. 1821).

35. Si le débiteur est admis au bénéfice de cession, il doit réitérer sa cession en personne et non par procureur, ses créanciers appelés (V. *Formule* 3), à l'audience du tribunal de commerce de son domicile, et s'il n'y en a pas, à la maison commune un jour de séance. Dans ce dernier cas, la réitération est constatée par procès-verbal d'huissier commis à cet effet et signé par le maire (C. proc. civ., art. 901; Toullier, t. 7, n° 264). — V. *Formule* 4.

36. Si le débiteur est détenu, le jugement, qui l'admet au bénéfice de cession, ordonne son extraction, avec les précautions en tel cas requises et accoutumées, à l'effet de faire sa déclaration (C. proc. civ., art. 902.

37. A cet effet, le tribunal commet un huissier qui dresse procès-verbal de la sortie de la prison, de l'acte de réitération, de la rentrée, et enfin de la mise en liberté du débiteur (Tarif, art. 65), lequel reste sous la garde de l'huissier jusqu'à l'accomplissement des formalités ci-dessus. — V. *Formule* 5.

38. Le débiteur en retard de réitérer sa cession ne peut être emprisonné que lorsque le bénéfice du jugement lui a été enlevé par un autre jugement. A cet effet, les créanciers lui font sommation de réitérer sa cession dans un certain délai, et, faute par lui d'obéir, l'assignent en déchéance de cession. — V. *Formules* 6 et 7.

39. Le débiteur qui fait cession de biens ne peut former opposition ni même opposer la péremption aux condamnations par défaut antérieurement obtenues contre lui par ses créanciers (Cass., 2 mai 1831; V. *J. Huiss.*, t. 12, p. 239).

40. Les nom, prénoms, profession et demeure du débiteur sont insérés dans un tableau public à ce destiné, placé dans l'auditoire du tribunal de commerce ou du tribunal civil qui en fait les fonctions, et dans le lieu des séances de la maison commune (C. proc. civ., art. 903.) Cet extrait est rédigé par un avoué et inséré dans un journal (Tarif, art. 92).

41. L'insertion doit s'opérer par les soins des créanciers, du greffier du tribunal de commerce ou du ministère public, et non par ceux du débiteur. Elle peut être retirée au bout d'un an (Arg., art. 872, C. civ.; Rolland de Villargues, *Rép. du not.*, v° *Cession de biens*, n° 98).

§ 4.—*Enregistrement.*

42. La cession volontaire, qui n'établit en faveur des créanciers aucun droit de propriété, est soumise au droit fixe de 5 fr. (L. 22 frim. an 7, art. 68); si les créanciers pouvaient disposer à leur gré des objets cédés, le droit proportionnel de vente serait exigible.

43. La cession judiciaire est tarifée au même droit.

44. Les livres et les titres actifs que le débiteur est tenu de déposer ne sont pas soumis au timbre ni à l'enregistrement. Cependant, il y aurait lieu de poursuivre le paiement des droits d'enregistrement des titres non enregistrés, translatifs de propriété ou de jouissance de biens immeubles (Décis. du min. des fin. du 7 juin 1808).

Formules.

1. *Demande en cession.*

L'an. . ., à la requête de. . . . . (*constituer avoué et donner copie de la non-conciliation, s'il y a lieu*), j'ai. . . . . donné assignation à. . . . . . créanciers du requérant à comparaître le. . . . . ., pour, attendu que, suivant acte dressé au greffe du tribunal civil de. . . . . , dont il est avec ces présentes donné copie, le sieur. . . . . , requérant, a déposé son bilan, ses titres actifs et son livre-journal, pour se conformer aux dispositions de l'art. 898, Cod. proc. civ., et afin de demander la cession de biens; attendu que les opérations du requérant, prouvées par ses registres, livres et papiers, démontrent ses malheurs et sa bonne foi; attendu, dès lors, qu'il doit être admis au bénéfice de cession; — voir dire et ordonner que le requérant sera admis au bénéfice de cession, et qu'en conséquence, il lui sera donné acte de la cession et de l'abandon qu'il entend faire de tous ses biens meubles et immeubles, détaillés en son bilan, lequel bilan il offre d'affirmer sincère et véritable, comme aussi qu'il n'a détourné ni fait détourner, directement ou indirectement, aucun de ses biens ni effets; aux offres que fait ledit requérant de réitérer ses cession et abandon, en présence de ses créanciers, ou eux dûment appelés, au tribunal de commerce de . . . . (ou à la maison commune de. . . . . .); — voir dire et ordonner pareillement qu'après l'observation de ces formalités, ledit sieur. . . . . . sera et demeurera déchargé de toutes poursuites et contraintes par corps prononcées ou à prononcer contre lui au profit de qui que ce soit, pour raison des dettes passives énoncées audit bilan; —ordonner que le jugement à intervenir sera exécuté par provision, nonobstant opposition et appel, et sans y préjudicier;—et pour en outre répondre et procéder comme de raison, à fin de dépens. -(*Si le débiteur est emprisonné, on conclut en outre :* à ce que tous greffiers et geôliers soient contraints, même par corps, de le laisser sortir de toutes prisons)

V. *suprà*, n° 30 et 32.—Coût, tarif 29. Paris, 2 fr.; R. P., 1 fr. 80; aill., 1 fr. 50 c. Enregistrement de l'exploit, 2 fr. 20 c. (L. 28 avril 1816, art. 43).

2. *Demande en cession et en surséance de poursuites, à bref délai.*

L'an. . . . ., à la requête de . . . . (*constituer avoué*), et en vertu de l'ordonnance rendue sur requête par M. le président du tribunal civil et de première instance de. . . . . ., le. . . . . ., enregistrée, desquelles requête et ordonnance il est avec ces présentes donné copie, j'ai. . . . . donné assignation à. . . . . ., à comparaître à l'audience et par-devant. . . . . . : *sur le principal*, après huitaine, délai de la loi, outre les délais de distance ; et *sur le provisoire*, le. . . . ., heure de. . . . ., pour répondre aux fins de la requête ci-dessus, circonstances et dépendances ; voir adjuger au demandeur les conclusions qu'il a prises, et se voir, en outre, condamner aux dépens, en cas de contestation ; et j'ai. . . . .

V. *suprà*, nᵒˢ 30 et 34. — Coût : V. *Form.* 1.

Enregistrement de l'exploit, 2 fr. 20 c. (L. 28 avril 1816).

3. *Sommation aux créanciers d'être présents à la réitération de cession du débiteur, au tribunal de commerce ou à la maison commune.*

L'an. . . . ., à la requête de . . . . . j'ai. . . . ., signifié et avec ces présentes donné copie à. . . . . ., créanciers du requérant, d'un jugement rendu au tribunal civil et de première instance de. . . . ., le. . . . ., enregistré, scellé, signé, collationné et signifié à avoué le. . . . ., par lequel l'exposant a été admis au bénéfice de cession, à la charge de réitérer cette cession à l'audience du tribunal de commerce (ou à la maison commune), à ce que du contenu audit jugement les susnommés n'ignorent ; — et à pareilles requête, demeure et élection de domicile que dessus, j'ai, huissier susdit et soussigné, fait sommation aux susnommés, en leurs domiciles et parlant comme dessus, de comparaître le. . . . ., heure de. . . . ., à l'audience du tribunal de commerce de. . . . ., séant à. . . . . (ou à la maison commune de. . . .), pour, si bon leur semble, être présents à la déclaration que ledit sieur. . . . . fera, en personne, à l'audience dudit tribunal (ou à la maison commune), qu'il réitère la cession susénoncée ; à ce que pareillement les susnommés n'en ignorent ; leur déclarant qu'il sera procédé à tout ce que dessus, tant en absence qu'en présence ; et j'ai à chacun des susnommés en son domicile, et parlant comme dessus, laissé copie certifiée du jugement susénoncé et du présent exploit, dont le coût est de. . . . .

V. *suprà*, nᵒ 35. — Arg., tarif 27. Coût : V. *Formule* 1.

Enregistrement de l'exploit, 2 fr. 20 c. (L. 28 avril 1816).

4. *Procès-verbal de réitération de cession à la maison commune.*

L'an. . . . . ., le. . . . ., heure de. . . . ., à la requête du sieur. . . . (*prénoms, profession*), demeurant à. . . . . ., lequel fait élection de domicile en sa demeure, je. . . . ., soussigné, commis à cet effet par le jugement ci-après énoncé, me suis transporté avec le sieur. . . . . à la maison commune de. . . . ., lieu ordinaire des séances de la mairie, et par-devant M. le maire de ladite commune, pour, par le sieur. . . . ., réitérer, aux termes de la loi, la cession de biens à laquelle il a été admis par jugement du tribunal de. . . . ., en date du. . . . ., rendu entre ledit sieur. . . . . et ses créanciers ; ledit jugement dûment enregistré et signifié aux créanciers qui y sont parties, avec sommation de comparaître à ces jour, lieu et heure, pour être présents, si bon leur semblait, à la réitération de la cession qu'entend faire le sieur. . . . ., aux termes du jugement susdaté, avec déclaration qu'il y serait procédé tant en absence qu'en présence ; — et après avoir attendu depuis. . . . . jusqu'à. . . . heure sonnée, sans qu'aucun des créanciers dudit sieur. . . . . se soit présenté, le sieur. . . . . m'a requis de donner défaut contre eux, ce que j'ai fait, et il a ensuite déclaré à haute et intelligible voix ses nom, prénoms, qualités et demeure, et qu'il réitérait la cession de biens à laquelle il avait été admis par jugement du. . . . . ; — ce fait, j'ai dressé du tout le présent procès-verbal, qui a été signé par M. le maire, ledit sieur. . . . . et moi, huissier. Le coût du présent est de. . . . .

V. *suprà*, nᵒ 35. — Coût, tarif 64. Paris, 4 fr. ; R. P., 3 fr. 60 c. ; aill., 3 fr.

Enregistrement de l'exploit, 4 fr. 20 c. (L. 28 avril 1816).

5. *Procès-verbal d'extraction du débiteur pour faire sa réitération de cession au tribunal de commerce et de réitération de cession à la maison commune.*

L'an. . . . . ., heure de. . . . . ., à la requête du sieur. . . . . (*profession*), demeurant à. . . . . ., et actuellement détenu pour dettes, et non pour autres causes, en la maison d'arrêt de. . . . . ., sise à. . . . . ., lequel sieur . . . . fait élection de domicile ens a demeure, je. . . . ., soussigné, commis à cet effet par le jugement ci-après énoncé, me suis transporté au greffe de la maison d'arrêt de. . . . . ., où étant et parlant au sieur. . . . . ., concierge de ladite maison, je lui ai signifié et remis copie d'un jugement du tribunal de. . . . . ., en date du. . . . ., rendu entre le sieur. . . . . et ses créanciers; lequel jugement admet ledit sieur. . . . au bénéfice de cession, et ordonne que ce dernier sera mis en liberté, à la charge de satisfaire aux formalités en tel cas requises; ledit jugement dûment enregistré et signifié aux créanciers, avec sommation de comparaître aujourd'hui, heure de. . . . ., à l'audience du tribunal de commerce de. . . . ., pour être présents, si bon leur semble, à la réitération de ladite cession qu'entend faire le sieur. . . . . ., aux termes du jugement susdaté; à ce que du tout ledit sieur n'ignore; et en vertu dudit jugement, j'ai, huissier susdit et soussigné, sommé ledit sieur. . . . . de laisser présentement sortir de ladite maison d'arrêt le sieur. . . . ., à l'effet de satisfaire aux formalités susmentionnées, aux offres que j'ai faites de m'en charger sur les registres d'écrou de ladite maison d'arrêt et en décharger lesdits registres, après que ledit sieur. . . . . aura satisfait auxdites formalités; à quoi ledit sieur. . . . ., obtempérant a, à l'instant, remis sous ma garde la personne dudit sieur. . . . (*prénoms*), après que je m'en suis chargé sur les registres pour une mention mise en marge de l'écrou du détenu.

Lorsque la réitération a lieu au tribunal de commerce : Ce fait, j'ai conduit ledit sieur. . . . ., sous bonne et sûre garde, au tribunal de commerce de. . . . ., séant à. . . . ., où, étant à l'audience publique dudit tribunal, heure de. . . . ., il a été procédé à la réitération de la cession dudit sieur. . . . . dans les formes voulues par la loi, ainsi que le constate le certificat délivré par le greffier du tribunal de commerce.

Lorsque la réitération a lieu à la maison commune : Ce fait, j'ai conduit le sieur. . . . ., sous bonne garde, à la maison commune de. . . . . (*continuer la formule 4 jusqu'à :* Ce fait.).

Et aussitôt, j'ai huissier susdit et soussigné, conduit et ramené ledit sieur. . . . . au greffe de la maison d'arrêt de. . . . où étant, j'ai remis audit sieur. . . . ., concierge de ladite maison, le certificat ci-dessus énoncé du greffe du tribunal de commerce, constatant que ledit sieur. . . . . a satisfait aux formalités du jugement qui l'admet au bénéfice de cession (*ou* j'ai justifié au sieur. . . . ., en lui remettant copie du présent procès-verbal, que ledit sieur. . . . . . aura réitéré sa cession dans la forme légale), et je lui ai déclaré qu'en conséquence j'étais prêt et offrais de le décharger définitivement de la personne dudit sieur. . . . ., pourquoi je l'ai sommé de me représenter les registres de la maison d'arrêt : ce qu'il a fait; et en marge de l'écrou du sieur. . . . ., j'ai fait une mention de ce que dessus et déchargé le sieur. . . . ., concierge, de la personne du susnommé, lequel j'ai, en vertu du jugement susénoncé, remis en pleine et entière liberté.

Et j'ai vaqué à tout ce que dessus, depuis ladite heure de. . . . . . jusqu'à celle de. . . . ., où je me suis retiré. Le coût du présent, dont copie a été laissée à . . . ., est de . . . . .

V. *suprà*, n° 37. — Coût, tarif, 65. Paris, 6 fr.; R. P. 5 fr 40 c.; ailleurs, 5 fr., outre le coût de la réitération lorsqu'elle a lieu à la maison commune.—V. *Form.* 4.

Enregistrement de l'exploit, 2 fr. 20 c. (L. 28 avril 1816).

6. *Sommation de réitérer la cession.*

L'an. . . . ., à la requête de. . . . ., j'ai . . . ., fait sommation à. . . . . de,—attendu que par jugement en date du. . . . . (*analyser le jugement qui admet au bénéfice de cession*); attendu que ce jugement impose au sieur. . . . . l'obligation de réitérer cette cession à. . . . . ., dans le délai de. . . . . .; que ce délai est expiré sans que ledit sieur . . . . ait satisfait à cette obligation;—dans le délai de. . . . réitérer à. . . . . la cession susénoncée de ses biens meubles et immeubles; lui déclarant que, faute de ce faire, le requérant se pourvoira, sous toutes réserves.

V. *suprà*, n° 38. —Coût, tarif, 29. V. *Form.* 4.

Enregistrement de l'exploit, 2 fr. 20 c. (L. 28 avril 1816).

7. Demande en déchéance de cession.

L'an. . . . ., à la requête de. . . . . (constituer avoué et donner copie de la non-conciliation, s'il y a lieu), j'ai. . . . ., donné assignation à. . . . ., à comparaître le. . . . ., pour, attendu. . . . . (motifs de la sommation ; énoncer cette sommation), voir dire et ordonner que ledit sieur. . . . . sera déchu du bénéfice de cession résultant à son profit du jugement dudit jour. . . . . ; en conséquence, que le jugement sera considéré comme non avenu, et que ledit sieur. . . . . restera soumis aux poursuites de ses créanciers, et notamment à la contrainte par corps ; et pour, en outre, s'entendre condamner aux dépens, sous toutes réserves.

— V. suprà, n° 38. — Coût, tarif, 29. V. Form. 4.

Enregistrement de l'exploit, 2 fr. 20 c. L. 28 avril 1816).

CESSION DE CRÉANCES OU DE DROITS INCORPORELS. — V. *Transport-Cession.*

CESSION DE DROITS LITIGIEUX. — V. *Droits litigieux.*

CESSION DE DROITS SUCCESSIFS. — V. *Droits successifs.*

CHAINES (MARCHANDS DE). — Sont rangés dans la sixième classe des patentables.

CHAISES DANS LES ÉGLISES. — V. *Banc d'église.*

CHAISES (FABRICANTS, MARCHANDS ET LOUEURS DE). — Sont patentables.

CHALENGE OU CALENGE. — Ce mot s'employait autrefois, dans certaines *coutumes*, comme synonyme de *demande en justice, d'action.*

CHALES (MARCHANDS DE). — Les marchands de châles en gros sont rangés dans la première classe des patentables, et les marchands en détail, dans la troisième classe.

CHALOUPE. — Par leur nature, les chaloupes sont meubles ; mais la saisie de ces objets est soumise à des règles particulières (C. proc. civ., art. 620). — V. *Bac, Bateau, Saisie de navires, Saisie-exécution.*

CHAMBRANLE. — Les chambranles des portes, fenêtres et cheminées, sont immeubles par destination. — V. *Bail à loyer, n° 14 ; immeubles par destination.*

CHAMBRE ARDENTE. — On a, autrefois, successivement désigné sous ce nom le lieu dans lequel on jugeait les criminels d'Etat qui étaient de grande naissance, une chambre particulière instituée par François II dans chaque parlement pour faire le procès aux Protestants, une chambre de justice établie pour la poursuite de ceux qui étaient accusés d'avoir fait ou donné du poison, et enfin une commission de justice momentanément établie sous Louis XV pour connaître des attentats commis par des bandes de contrebandiers.

CHAMBRE CIVILE. — V. *Cassation*, n°s 120 et suiv., *Cour d'appel, Cour de cassation.*

CHAMBRE CORRECTIONNELLE. — Section d'une cour d'appel formée pour statuer sur les appels des jugements des tribunaux correctionnels de son ressort. — V. *Appel (en mat. corr.), Cour d'appel.*

CHAMBRE CRIMINELLE — V. *Cassation, Cour de cassation.*

CHAMBRE D'ACCUSATION OU DES MISES EN ACCUSATION. — Section des cours d'appel spécialement formée pour statuer sur l'instruction des affaires criminelles, et décider s'il y a lieu ou non de traduire un prévenu devant la Cour d'assises ou devant le tribunal correctionnel ou de simple police, ou de le mettre en liberté.—V. *Cour d'appel, Cour d'assises.*

CHAMBRE DE COMMERCE. — Assemblée de commerçants formée sous l'autorité du Gouvernement, dans les villes de commerce les plus importantes, pour représenter le commerce entier de la ville dans laquelle elle est établie, étudier les intérêts de chaque industrie, indiquer les moyens d'amélioration qui lui semblent praticables, veiller, en un mot, à la prospérité commerciale et industrielle de la contrée.

CHAMBRE DE DISCIPLINE DES HUISSSIERS. — **1.** Autorité formée, dans le sein de chaque communauté d'huissiers (V. *Communauté d'huissiers* et *Huissier*), en vertu de l'élection, et instituée pour veiller aux intérêts de la communauté, les administrer, maintenir l'ordre et la discipline parmi les membres qui la composent, punir les infractions qu'ils commettent aux règles de leur état, et enfin prévenir et concilier les différends qui peuvent s'élever à l'occasion de l'exercice de leurs fonctions.

Indication alphabétique des matières.

§ 1.—*Historique.*
§ 2.—*Organisation des chambres de discipline.*
§ 3.—*Attributions des chambres de discipline.*
§ 4.—*Attributions particulières et droits des officiers (syndic, trésorier et secrétaire) et membres de la chambre.*
§ 5.—*Forme de procéder devant les chambres de discipline.—Citation. —Délibérations.—Notification.—Voies de recours.—Exécution. —Communication.*
§ 6.—*Timbre et Enregistrement.*
FORMULES.

---

§ 1er.—*Historique.*

2. La nécessité de défendre leurs priviléges attaqués a, dès l'origine, rapproché et réuni dans un intérêt commun les individus exerçant la profession de sergent ou d'huissier. Mais il n'y eut d'abord que des réunions ou assemblées générales des membres de la communauté ou confrérie (V. *Communauté des huissiers*). Ce ne fut que plus tard que ces assemblées générales reconnurent l'utilité de choisir quelques-uns de leurs membres pour représenter la communauté, défendre ses intérêts et veiller à l'exécution des résolutions qu'elles avaient prises.

3. La mission que chaque communauté ou confrérie de sergents ou d'huissiers confiait à quelques-uns de ses membres ne reposa, dans le principe, que sur un contrat purement volontaire. Mais cette mission n'étant pas moins utile aux intérêts du public qu'à ceux des membres de la confrérie, quelques confréries demandèrent à l'autorité supérieure la consécration de cette mission.

4. Ce fut ainsi que fut rendue, le 4 juin 1407, l'ordonnance portant règlement pour la communauté des sergents à cheval au Châtelet de Paris. Par cette ordonnance, en effet, les sergents à cheval au Châtelet de Paris furent, sur leur demande, autorisés à s'assembler une ou plusieurs fois par an et à élire quatre d'entre eux pour s'occuper du soin de leurs affaires.

5. D'après les termes mêmes de cette ordonnance, la mission des quatre élus consistait à soutenir et gouverner le fait de la confrérie, à faire les frais et dépens pour conserver et faire prévaloir ses droits et prérogatives, et pour défendre aux procès qui pourraient lui être intentés Ces quatre élus étaient tenus de rendre compte chaque année de leur administration (V. le texte de cette ordonnance dans le *Code de l'huissier*, t. 1er, p. 20 et suiv.).

6. Les sergents à verge au Châtelet de Paris suivirent l'exemple de leurs confrères à cheval au même Châtelet. Ainsi, des lettres du mois de juin 1415 leur accordèrent l'autorisation d'élire, changer et réélire selon leur volonté, chaque année, dans leur assemblée générale tenue au mois d'août, à la majorité, trois ou quatre d'entre eux, pour administrer tout ce qui concernait leur corporation, soutenir tant en demandant qu'en défendant tous procès tendant à la conservation de ses droits, et prendre la défense de chacun des membres de la corporation, toutes les fois qu'il y aurait lieu.

7. Il ne paraît pas, d'après l'ordonnance du 4 juin 1807 et les lettres de juin 1415, que les membres de la confrérie des sergents à cheval et des sergents à verge au Châtelet de Paris, qui étaient élus pour diriger les affaires de la confrérie, aient eu un droit de surveillance sur la conduite de leurs confrères dans l'exercice de leurs fonctions, et un droit de censure et de réprimande à l'égard de ceux qui contrevenaient aux règles de leur état. Il est même d'autant moins probable que ces droits de surveillance et de censure leur aient appartenu que les communautés des sergents à cheval et des sergents à verge devaient se réunir en assemblée générale, chaque année, le lendemain de la Trinité, au Châtelet de Paris, devant le prévôt, pour entendre les plaintes portées contre leurs membres et y répondre. Ne peut-on pas induire de là que c'était alors le prévôt qui était chargé de surveiller la conduite des sergents et de punir les infractions qu'ils pouvaient commettre dans l'exercice de leurs fonctions ?

8. Toutefois, on peut dire qu'il n'en dut être ainsi que jusqu'à l'établissement de la *mercuriale*. Aux termes d'un arrêt du Parlement de Paris du mois d'août 1688, la mercuriale était composée de quatre maîtres en charge, du doyen, de huit anciens maîtres chacun à leur tour d'ancienneté, de quatre autres officiers (lors de l'assemblée générale devant le prévôt, les communautés des sergents à cheval et des sergents à verge étaient commandées par plusieurs d'entre eux, appelés *officiers de montre et marches.—V. Communauté des huissiers, Montre des huissiers*), et d'un greffier qui était aussi un ancien maître. Qu'était-ce, en effet, que cette mercuriale? Quelles étaient ses attributions? Cette mercuriale n'était-elle pas une sorte de chambre de discipline chargée de réprimander ceux des huissiers ou sergents qui manquaient à leurs devoirs ?

9. A l'exemple de ce qui se pratiquait dans la communauté des sergents à cheval et dans celle des sergents à verge au Châtelet de Paris, les huissiers audienciers des parlements et Cours supérieures, du grand conseil, des bailliages, sénéchaussées et autres juridictions, qui s'étaient également réunis en communautés, nommèrent aussi des syndics pour s'occuper des affaires communes et les diriger. La nomination de ces syndics avait lieu annuellement par l'élection, et leurs fonctions étaient remplies gratuitement. Mais un édit de mars 1704 (V. t. 1er, *Code de l'huissier*, p. 77) érigea les fonctions de syndics en titres d'offices et attribua à ces syndics des émoluments pour les mettre à même de remplir leurs fonctions avec honneur et désintéressement. Ces syndics perpétuels avaient les mêmes attributions, sans aucune exception ni différence, que les syndics électifs.

10. L'organisation des chambres de discipline des anciens sergents ou huissiers était certainement incomplète. Mais elle avait porté ses fruits ; et l'utilité en fut généralement reconnue. Les chambres de discipline, en effet, centralisent les relations des membres de la communauté ; elles veillent à l'intérêt commun; elles maintiennent la décence et le bon ordre ; elles répriment les abus et surveillent les membres qui s'écartent de leurs devoirs.

11. Aussi le décret du 14 juin 1813 concernant l'organisation des huissiers, après avoir établi dans chaque arrondissement une communauté d'huissiers, dispose, art. 52 : « Chaque communauté aura une chambre de discipline qui sera présidée par un syndic ».

12. L'organisation des chambres de discipline actuelles, leurs attributions et la forme de procéder devant elles sont encore aujourd'hui réglées par le décret du 14 juin 1813. Dans les paragraphes suivants, nous analyserons les dispositions de ce décret sur ces différents points, en faisant connaître en même temps les difficultés auxquelles leur application a donné lieu.

12 bis. Nous ajouterons seulement ici que, à Paris, les huissiers audienciers du tribunal de la Seine, dont les fonctions sont fort importantes, ont senti la nécessité d'avoir une chambre particulière qui ne s'occupe que des questions concernant le service des audiences et l'administration de leur bourse commune.

§ 2.—Organisation des chambres de discipline.

13. 1° *Nombre des membres dont se compose la chambre de discipline.*—Le nombre des membres de chaque chambre est proportionné au nombre des membres de chaque communauté. Il a été fixé, y compris le syndic, par l'art. 53 du décret du 14 juin 1813, savoir : à *quinze* dans le département de la Seine ; à *neuf* dans les arrondissements où il y a plus de cinquante huissiers ; à *sept* dans ceux où le nombre des huissiers est de trente à cinquante ; à *cinq* dans ceux où il y a moins de trente huisssiers.

14. Dans toutes les chambres de discipline, il y a un syndic président (Décr. 14 juin 1813, art. 52), un rapporteur, un trésorier et un secrétaire (même décr., art. 54).

15. 2° *Conditions d'éligibilité.*—Le décret du 14 juin 1813 n'a imposé aucune condition pour être admis à faire partie de la chambre de discipline ; il s'est borné à exiger que, à Paris, les deux tiers des membres de la chambre, y compris le syndic, fussent pris parmi les huissiers résidant dans la ville ; que dans les arrondissements où siége une Cour d'appel, il y eût à la chambre, outre le syndic, au moins trois huissiers du chef-lieu, et que, ailleurs, deux huissiers en résidence au chef-lieu d'arrondissement, outre le syndic, fissent partie de la chambre (art. 55).

16. Il a exigé également que le trésorier fût choisi parmi les huissiers résidant au chef-lieu (art. 60), sauf à le compter pour fournir le nombre prescrit par l'art. 55 des membres qui doivent être domiciliés au chef-lieu d'arrondissement.

17. Une ordonnance du 26 août 1829, applicable seulement au département de la Seine, voulait qu'aucun huissier ne pût être nommé membre de la chambre de discipline de Paris, s'il n'avait dix années d'exercice. Mais cette ordonnance fut rapportée par l'art. 2 de celle du 6 oct. 1832, qui, par son art. 1er, imposa des conditions d'admission applicables indistinctement à toutes les communautés. Ce dernier article est ainsi conçu : « Lorsque le nombre des huissiers exerçant dans le ressort d'un tribunal d'arrondissement sera de vingt et au-dessus, les membres des chambres de discipline ne pourront être élus que parmi les huissiers les plus anciens en exercice formant la moitié du nombre total. Lorsque le nombre sera au-dessous de vingt, tout huissier sera éligible à la chambre de discipline ».

18. L'ancienneté n'étant requise que comme garantie d'expérience, de moralité et de capacité, et l'ordonnance du 6 oct. 1832 ne faisant aucune distinction, on doit compter, pour années d'ancienneté, aux huissiers d'un arrondissement, les années d'exercice dans un autre arrondissement, quand même il ne dépendrait pas de la même Cour d'appel.

18 bis. La parenté ou l'alliance entre deux huissiers d'un même arrondissement n'est pas un obstacle à ce qu'ils puissent être en même temps membres de la chambre. Spécialement, le beau-père et le gendre peuvent être en même temps membres de la chambre de discipline. Cependant, les huissiers doivent, par un sentiment de convenance, éviter, autant que possible, de choisir, pour composer la chambre, des parents d'un degré trop rapproché (V. *J. Huiss.*, t. 30, p. 313)

19. L'huissier contre lequel l'interdiction de l'entrée de la chambre a été disciplinairement prononcée par application de l'art. 71 du décret du 14 juin 1813 ne peut être élu membre de la chambre pendant qu'il subit sa peine. Vainement on prétendrait que cet huissier peut toujours être élu membre de la chambre, sauf à lui à n'y siéger qu'après l'expiration de sa peine. Car le législateur a voulu qu'on ne pût choisir pour membres de la chambre que des huissiers actuellement capables d'en faire partie, et de statuer sur les questions qui étaient de nature à lui être soumises (V. en ce sens *J. Huiss.*, t. 32, p. 201). V. *infrà*, n⁵ 58 et suiv.

20. Mais toutes les autres peines disciplinaires qu'il est permis à la chambre de discipline d'infliger n'emportent pas cette exclusion.

21. Parmi les peines disciplinaires que les Cours et tribunaux peuvent prononcer se trouve la suspension. Or, cette mesure entraîne, pendant sa durée, contre l'huissier qu'elle frappe, une incapacité absolue d'exercer ses fonctions. L'huissier suspendu est, durant le temps de la suspension, comme s'il n'était pas huissier. D'où il suit que, pendant ce temps, il ne peut, pas plus que l'huissier interdit de l'entrée de la chambre, être élu membre de la chambre (V. *J. Huiss.*, loc. cit.). — V. *Assemblée générale des huissiers.*

21 bis. Mais le trésorier suspendu disciplinairement ne doit pas être remplacé. Cette suspension est essentiellement temporaire ; elle ne constitue qu'un empêchement momentané, et non une impossibilité ou incapacité. Il n'y a lieu à remplacement qu'en cas de décès, démission, destitution ou révocation. Pendant la suspension du trésorier, ses fonctions doivent être remplies par un des membres de la chambre désigné à cet effet, comme s'il était empêché par une maladie ou une absence de quelque durée (V. *J. Huiss.*, t. 30, p. 91).

22. Les membres de la chambre de discipline des huissiers d'un arrondissement, dont le nombre excède vingt, ne pouvant, aux termes de l'art. 1ᵉʳ précité de l'ordonnance du 6 oct. 1832, être élus que parmi les huissiers les plus anciens en exercice, formant la moitié du nombre total, doit-on, pour composer cette moitié, y faire entrer les membres sortants ? Nous ne le pensons pas. Les membres sortants ne pouvant être, pour cette fois, réélus membres de la chambre (V. *infrà*, nos 24 et 46 *bis*), il y a lieu de compléter, à l'exclusion de ceux-ci, la première moitié, en y ajoutant le nombre nécessaire de membres pris parmi les plus anciens de l'autre moitié (V. *J. Huiss.*, t. 33, p. 8).

23. L'ordonnance du 6 oct. 1832 donne lieu encore à une autre difficulté. Par exemple, d'après cette ordonnance, dans une communauté de vingt-huit huissiers, les quatorze plus anciens sont seuls éligibles. Mais, sur ce dernier nombre, trois seulement résident au chef-lieu, et tous trois font partie des membres sortants de la chambre. Comment alors doit-on procéder en présence des dispositions de l'ordonnance précitée et des art. 55 et 63 du décret du 14 juin 1813 ? Il nous semble qu'on doit élire, en remplacement des membres sortants, les plus anciens après ces derniers, parmi ceux qui résident au chef-lieu. Nous ne voyons pas d'autre combinaison. Il n'est pas possible, en effet, de réélire les membres sortants : ce serait violer le principe fondamental de la non-rééligibilité posé en l'art. 63 du décret du 14 juin 1813. D'un autre côté, la disposition de l'art. 55 du même décret se trouve ainsi observée ; et il y a lieu encore de l'observer, l'ordonnance de 1832 ne l'ayant point abrogée.

24. Les membres sortants ne sont rééligibles qu'après un an d'intervalle

(Décr. 14 juin 1813, art. 63). On a sans doute voulu par cette disposition, d'une part, assurer le renouvellement effectif de la chambre, et de l'autre, faciliter la nomination des membres de la corporation jugés dignes de cet honneur et qui jusque-là n'avaient pas fait partie de la chambre. — V. *infrà*, n° 46 *bis*.

25. Toutefois, le syndic et le trésorier sont toujours et indéfiniment rééligibles (même décr., art. 56 et 63.

25 bis. On s'est demandé, spécialement en ce qui concerne le trésorier, si un membre de la chambre encore en exercice, et n'ayant plus, par exemple, que deux ans à rester en fonctions, peut être élu trésorier. Le doute vient de ce que l'élection du trésorier est faite pour trois ans : or, dit-on, le membre élu a déjà siégé pendant une année dans la chambre, et si, par suite de sa nomination aux fonctions de trésorier, il y reste encore pendant trois ans, le décret du 14 juin 1813 sera violé, puisque l'art. 62 veut que, dans tous les cas, aucun membre de la chambre ne puisse rester en fonctions plus de trois années consécutives. Mais cette conséquence ne nous paraît pas admissible. Pour qu'une élection puisse être annulée, il faut, en effet, établir qu'elle a été faite au mépris de la prescription de la loi ; il faut prouver que l'élu ne réunit pas les conditions d'éligibilité exigées par les règlements. Or, le décret du 14 juin 1813 ne défend pas de choisir un membre de la chambre pour trésorier ; il n'existe aucune disposition légale de laquelle on puisse induire une incompatibilité de fonctions soit expresse, soit tacite. Dès que l'huissier sur lequel le choix a porté réside au chef-lieu, et appartient à la catégorie des huissiers les plus anciens de l'arrondissement formant la moitié du nombre total, son élection est inattaquable (V. en ce sens, *J. Huiss.*, t. 28, p. 289 et suiv.).

25 ter. Mais, sur le point de savoir si le syndic étant rééligible chaque année, doit être compris dans le nombre des membres de la chambre à renouveler tous les ans, et comment il doit être procédé lors du renouvellement, en ce qui concerne le membre de la chambre élu trésorier, dans l'hypothèse indiquée au numéro précédent, voy. *infrà*, n°s 45 et 45 *bis*.

26. Le rapporteur et le secrétaire, nommés par les membres de la chambre et choisis parmi eux, peuvent être réélus tant qu'ils restent membres de la chambre (Décr. 14 juin 1813, art. 65). — V. *infrà*, n°s 38 et 42.

27. 3° *Époque de la nomination.*—La nomination des membres de la chambre de discipline doit avoir lieu chaque année, lors de l'assemblée générale des huissiers, dans la première quinzaine d'octobre ; elle est immédiatement suivie de la nomination du rapporteur et du secrétaire (Décr. 1813, art. 59 et 67).

28. Le syndic est nommé vers la même époque, mais toutefois avant les membres de la chambre, afin que, dans le cas où il serait pris parmi les membres non sortants, la chambre puisse compléter le nombre de ses membres en résidence au chef-lieu, exigé par l'art. 55 du décret de 1813.

29. 4° *Formes de la nomination.* — 1°. *Syndic.* — A la différence du président de la chambre des notaires et du président de la chambre des avoués, qui sont élus par les membres de la corporation, le syndic de la chambre des huissiers est nommé par l'autorité judiciaire. Il est possible que, anciennement, il ait paru utile d'établir cette différence. Mais, aujourd'hui, rien ne la justifie. La corporation des huissiers s'est recrutée et se recrute encore tous les jours d'hommes intelligents, capables et probes. Nous croyons donc que le moment est venu d'accorder aux huissiers la même prérogative qu'aux notaires et aux avoués, celle d'élire eux-mêmes leur syndic ou président. — V., à cet égard, *J. Huiss*, t. 30, p. 233 ; et t. 31, p. 21.

30. Quoi qu'il en soit, dans l'état actuel de la législation, le syndic doit être nommé tous les ans, savoir : dans les arrondissements où siégent les cours d'appel, par le premier président, sur la présentation qui lui est faite de trois membres par le procureur général ; et, dans les autres arrondissements, par le président du tribunal de première instance, sur la présentation qui est également faite de trois membres par le procureur de la République (Décr. 14 juin 1813, art. 56). .

31. L'art. 57 de ce décret voulait que, si, pour la nomination du syndic, il y avait partage, il en fût référé à la chambre à laquelle le premier président ou le président était spécialement attaché, et au tribunal même, si le tribunal n'était pas divisé en plusieurs chambres. Mais cet article, qui ne s'était introduit sans nul doute que par erreur dans la rédaction définitive du décret, car il est difficile de concevoir un partage dans un choix accordé à une seule personne, sur la présentation d'une autre personne, fut rapporté presque immédiatement par le décret du 29 août 1813.

32. L'art. 56 précité ne faisant aucune distinction entre les membres de la chambre et les huissiers qui n'en font pas partie, il s'ensuit que la liste de présentation peut comprendre des huissiers de l'une ou l'autre de ces catégories, et que, par suite, le syndic à nommer peut être pris parmi les membres de la chambre ou parmi les membres de la communauté qui ne siègent pas à la chambre de discipline. — V. au surplus *Syndic des huissiers.*

33. 2° *Membres de la chambre autres que le syndic.* — La première nomination des membres de la chambre, autres que le syndic, c'est-à-dire celle qui a suivi immédiatement la promulgation du décret du 14 juin 1813, a eu lieu de la même manière que celle du syndic (art. 58).

34. Mais, après cette première nomination, les membres de la chambre de discipline ont été élus, et continuent encore à être élus par l'assemblée générale des huissiers réunis pour cet effet au chef-lieu d'arrondissement, sur la convocation et sous la présidence du syndic (Décr. 14 juin 1813, art. 59). — V. *infrà*, nos 93, 99 et 100.

35. L'élection de tous les membres de la chambre de discipline a lieu au scrutin secret et à la majorité absolue (art. 60). Chaque votant a donc le droit d'écrire secrètement son bulletin, et chaque membre, pour être nommé, doit réunir la moitié des suffrages, plus une voix. Par exemple, sur vingt-un votants, il faut obtenir onze voix, et, sur vingt-deux, douze.

36. Le trésorier doit être nommé par un scrutin particulier et être toujours pris parmi les huissiers du chef-lieu (même art.). Ainsi, lorsqu'il s'agit de l'élire, un seul nom doit être inscrit sur le bulletin. Dès lors, on ne pourrait comprendre la nomination du trésorier dans celle des autres membres, en indiquant cette qualité de trésorier après le nom de l'un des huissiers pour lesquels on vote. Bien que cette manière de procéder dût produire le même résultat qu'un scrutin particulier, elle serait contraire à l'art. 60 du décret, et, par cette raison, on doit s'en abstenir.

37. Quant aux autres membres, ils doivent être nommés sans désignations de fonctions, par bulletin de liste, contenant un nombre de noms qui ne peut excéder celui des membres à nommer (même art.). — V. *suprà*, n° 13.

38. Ces membres nommés, la chambre de discipline est constituée. Mais pour pouvoir fonctionner, il lui manque deux officiers, un rapporteur et un secrétaire. Aux termes de l'art. 65 du décret du 14 juin 1813, ils sont nommés par les membres de la chambre de discipline et choisis entre eux (V. *suprà*, n° 26) ; la nomination a lieu au scrutin secret et à la majorité absolue. — V. *Formule 1.*

39. Si, pour cette dernière nomination, il y a partage des voix, le scrutin est recommencé ; et si le résultat est le même, le plus âgé des deux membres qui font l'objet de ce partage est nommé de droit, à moins qu'il n'ait rempli, pendant les deux années précédentes, la fonction à laquelle il s'agit de le nommer ; dans ce cas, la nomination de son concurrent est de droit (Décr. 14 juin 1813, art. 66).

40. Les huissiers nommés membres de la chambre de discipline, trésoriers ou secrétaires, peuvent-ils refuser les fonctions qui leur sont déférées ? Il n'y a, dans le décret du 14 juin 1813, aucune disposition de laquelle on puisse induire que les fonctions de membres des chambres de discipline, de trésorier et de secrétaire, soient forcées. Ces fonctions imposent à ceux qui en sont investis des obligations que leur âge, des occupations accidentelles, ou tous autres motifs sérieux, peuvent les empêcher de remplir. Ils peuvent donc, lorsqu'ils se trouvent dans des circonstances exceptionnelles, ne pas les accepter. Comment d'ailleurs pourrait-on les contraindre à se charger de ces fonctions ? Aucune peine n'est attachée par la loi au refus de les remplir. Ce refus ne saurait même donner lieu à une peine disciplinaire. Car les peines disciplinaires, comme toutes autres peines, ne peuvent être prononcées que dans les cas expressément déterminés par la loi. Néanmoins, si cette solution peut se soutenir en principe, il n'en est pas de même au point de vue des convenances et de l'intérêt de la corporation. Les huissiers qui refuseraient, sans motifs sérieux, de remplir les fonctions dont il s'agit, feraient un acte de mauvais confrères et nuisibles à leur corporation. C'est un devoir pour eux de ne point décliner légèrement la mission qui leur est confiée. Lorsqu'ils croient avoir des motifs sérieux de refus, il est convenable qu'ils les soumettent à l'appréciation des membres de la chambre et qu'ils s'en rapportent à leur décision (V. J. Huiss., t. 33, p. 7).

41. 5° *Entrée en fonctions.—Durée.*—La chambre et ses officiers entrent en fonctions au 1er novembre qui suit leur nomination (Décr. 14 juin 1813, art. 68).

42. Les membres de la chambre restent en fonctions pendant trois ans (même décr., arg., art. 62). Les autres officiers de la chambre, c'est-à-dire le syndic, le rapporteur et le secrétaire, ne sont nommés que pour un an (art. 56 et 65). — V. *supra*, nos 25, 26 et 30.

43. Lorsqu'un membre de la chambre vient à cesser ses fonctions avant l'expiration des trois années pour lesquelles il est élu, il doit être remplacé aussitôt : car la chambre ne doit jamais rester incomplète. Le nouvel élu ne reste en exercice que pendant le temps nécessaire au complément des trois années de son prédécesseur. (V. en ce sens J. Huiss., t. 26, p. 225).

44. 6° *Mode de renouvellement des membres de la chambre.*—La chambre de discipline doit être renouvelée par tiers tous les ans, ou si le nombre n'est pas susceptible de division, par portions les plus approchantes du tiers, en faisant alterner chaque année les portions inférieures et supérieures au tiers, à commencer par les inférieures, de manière que, dans tous les cas, aucun membre ne puisse rester en fonctions plus de trois années consécutives (Décr. 14 juin 1813, art. 62).

45. Le syndic des huissiers, étant rééligible chaque année, ainsi que nous l'avons dit (V. supra, n° 25), doit-il être compris dans le nombre des membres de la chambre de discipline à renouveler tous les ans, de sorte, par exemple, que, s'il y a deux ou trois membres à renouveler, l'assemblée générale n'ait, par suite de la nomination du syndic, qu'à en élire un ou deux ? Si le syndic fait partie de la chambre (Décr. 14 juin 1813, art. 53), il ne nous paraît pas vraisemblable que le législateur ait voulu le comprendre dans le nombre des membres à renouveler. En effet, s'il doit être nommé chaque année (art. 56), il est indéfiniment rééligible (même art.). Il peut donc rester en fonctions plus de trois années consécutives. Or, l'art. 62 du même décret veut qu'aucun membre ne puisse faire partie de la chambre plus que ce temps. De plus, le syndic doit être choisi en dehors des membres de la chambre élus par l'assemblée générale (art. 53). Dès lors, on peut dire avec raison que le renouvellement exigé par l'art. 62 ne porte que sur ceux des membres de la chambre élus par la communauté. Nous croyons donc qu'il y a lieu au renouvellement de deux ou de trois membres, nonobstant la réélection du syndic. Telle est l'opinion que nous avons soutenue dans le *Journal des Huissiers* (V. t. 33, p. 7 et 8), et, après examen nouveau de la question, nous maintenons notre solution.

45 bis. Lorsque le choix de l'assemblée générale a appelé aux fonctions de trésorier un membre de la chambre encore en exercice (V. *suprà*, n° 25 *bis*), la durée des fonctions du nouvel élu est nécessairement restreinte au temps pendant lequel il doit encore siéger à la chambre. Ainsi, si le membre de la chambre, élu trésorier avait déjà siégé pendant une année, ses nouvelles fonctions expireraient au bout de deux ans, puisque c'est à cette époque qu'il doit quitter la chambre. Mais il pourra être immédiatement réélu aux fonctions de trésorier. Sans cela, il ne pourrait être renvoyé à la chambre comme simple membre qu'après une année d'intervalle (V. *J. Huiss.*, t. 28, p. 289 et suiv.).

46. Lorsque le nombre total des huissiers formant la communauté n'est pas suffisant pour le renouvellement de la chambre, tel qu'il est prescrit ci-dessus, ce renouvellement n'a lieu que jusqu'à concurrence du nombre existant (Décr. 14 juin 1813, art. 64). Cet article, qui prévoit le cas où il n'existerait que six huissiers dans un arrondissement, sera d'une application très-rare, si toutefois il y a jamais lieu de l'appliquer ; s'il y avait sept huissiers, le renouvellement alternatif pourrait avoir lieu complétement.

46 bis. Ainsi que nous l'avons vu (n° 24), les membres sortants ne sont rééligibles qu'après une année. D'où il suit que, lorsqu'un membre de la chambre a cessé d'en faire partie avant le temps fixé pour son remplacement, l'huissier qui a été élu à sa place n'est point, lors du renouvellement, immédiatement rééligible. Il ne peut rentrer à la chambre qu'après un intervalle d'une année, quoiqu'il n'y ait siégé que pendant fort peu de temps. Les choses se passent comme si l'élection du membre remplacé avait eu tous ses avantages et produit tout son effet (V. en ce sens, *J. Huiss.*, t. 26, p. 225).

§ 3. —*Attributions des chambres de discipline.*

47. 1° *Attributions de la chambre considérée comme tribunal de discipline.* — Les chambres des huissiers, considérées comme tribunaux de discipline, connaissent, en général, de toutes les infractions et contraventions aux lois et règlements concernant, soit l'exercice proprement dit des fonctions d'huissier, soit les exploits que les huissiers ont à signifier, et de toutes les fautes, de tous les faits d'imprudence, de négligence, d'improbité, d'indélicatesse, dont ils se rendent coupables soit pendant l'exercice de leurs fonctions, soit à l'occasion de cet exercice.

48. Spécialement, l'huissier, qui sur l'invitation que lui en a faite le syndic, ne se rend pas à l'assemblée annuelle convoquée pour le renouvellement de la chambre, commet une désobéissance à la loi qui le rend passible d'une peine disciplinaire qu'il appartient à la chambre de discipline de prononcer. Mais si la chambre négligeait d'infliger cette peine, le tribunal civil pourrait l'appliquer à la réquisition du ministère public. C'est ce qui a été décidé en ce qui concerne un notaire par un arrêt de la Cour de Bourges, du 23 juill. 1827 (V. *J. Huiss.*, t. 9, p. 23), dont l'application aux huissiers serait vainement contestée.

49. Les faits d'indélicatesse et d'immoralité commis par des officiers ministériels en *dehors de leurs fonctions* sont-ils de la compétence des chambres de discipline ?

L'art. 50 de la loi du 25 vent. an 11 et les art. 1, 2, 9 et 11 de l'arrêté réglementaire de nivôse an 12, concernant l'établissement des chambres de discipline des notaires, n'ont, pas plus que l'art. 70 du décret du 14 juin 1813, organisant les chambres de discipline des huissiers, déterminé les faits sur lesquels devait s'étendre la juridiction des chambres de discipline.

A ne consulter que les termes de l'arrêté de nivôse an 12 et du décret du 14 jui 1813, on peut être tenté de décider que les fautes commises par les officiers ministériels dans l'exercice ou à l'occasion de l'exercice de leurs fonctions peuvent seules rentrer dans les limites de la compétence des chambres de discipline. Ne peut-on pas dire, à l'appui de cette opinion, que les chambres de discipline sont des tribunaux d'exception dont les pouvoirs doivent être spécialement restreints aux cas prévus; que l'arrêté de nivôse an 12 et le décret de 1813, promulgués dans le but d'assurer l'exercice régulier des fonctions de notaire et d'huissier, n'ont eu en vue que les faits reprochables commis par ces officiers ministériels dans l'exercice ou à l'occasion de l'exercice de leurs fonctions; qu'il n'a pu être dans l'intention du législateur d'accorder aux chambres de discipline le droit de se livrer à des investigations sur les actes de la vie privée des officiers ministériels et de punir ces actes par des peines qui ne peuvent atteindre que les fonctions; que les fautes commises par un officier ministériel doivent être divisées en deux classes distinctes, comprenant l'une les fautes relatives aux fonctions, l'autre celles consommées par le citoyen, en dehors des fonctions de notaire ou d'huissier; que les premières seules sont justiciables des chambres de discipline, les autres des tribunaux ordinaires; et enfin qu'attribuer ces dernières aux chambres de discipline, c'est changer l'ordre des juridictions, dépouiller les tribunaux ordinaires au profit d'un tribunal d'exception, et appliquer à un fait une peine qui ne lui était pas destinée?

Assurément ces considérations ne manquent pas d'une certaine force, et le principe que les faits de profession seuls peuvent entraîner des peines disciplinaires a été adopté par le procureur général près la cour d'appel de Paris, dans un lettre à l'un de ses substituts du 21 mars 1821, ainsi conçue:

« La conduite du notaire D..... est très-répréhensible, mais je ne crois pas que la liberté de mœurs qu'on lui reproche soit assez saillante pour motiver le recours à la discipline soit de la chambre des notaires, soit des tribunaux. Il y a, sans doute, tel acte d'immoralité si odieux et si flétrissant que, bien qu'il ne soit pas un fait de profession, les communistes de profession, et encore plus les magistrats, pour la discipline, ont le droit de s'en occuper. Mais, au delà des faits de profession, il ne faut pas vouloir porter l'autorité trop loin. Il y aurait à craindre qu'on ne fournît aux esprits ombrageux des prétextes de crier à l'inquisition. Dans le siècle où nous vivons, l'action d'obtenir des faiblesses d'une jeune personne de dix-neuf ans, toute blâmable qu'elle est fort justement aux yeux des hommes moraux et religieux, n'est pas malheureusement assez extraordinaire, quand elle n'est pas préparée par des manœuvres, elle n'est pas assez scandaleuse, pour qu'on doive s'en occuper à l'égard d'un notaire autrement qu'à l'égard de tout autre. Je crois donc qu'il n'y a rien à faire en cette occasion qu'à punir de son mépris un homme qui, certainement, s'il commettait d'ailleurs quelque faute de profession, ne deviendrait plus digne de faveur par sa conduite privée, mais dont la condition privée toute seule ne peut pas devenir, dans les circonstances, l'objet de la sollicitude des tribunaux. »

Mais, si l'on considère que les chambres de discipline sont gardiennes de l'honneur et de la considération du corps qu'elles représentent, et si l'on se rend compte de l'effet que produisent sur l'officier ministériel et de la déconsidération que lui impriment les actes d'immoralité, d'improbité et d'indélicatesse commis par lui dans ses relations de la vie privée, on est, au contraire, amené à penser qu'il est de l'intérêt des notaires et des huissiers d'étendre les pouvoirs des chambres de discipline à certains faits d'une improbité ou d'une immoralité telle qu'elle attire sur l'homme qui s'en est rendu coupable une réprobation qui rejaillit sur l'officier ministériel, et peut jusqu'à un certain point porter atteinte à l'honneur de la corporation dont il fait partie.

C'est cette dernière opinion que professe M. Rolland de Villargues, *Rép. du not.*, 2ᵉ édit., vᵒ *Discipline notariale*, nᵒˢ 38 et 43, et qu'on peut induire de la jurisprudence. Il a été, en effet, décidé que des peines disciplinaires peuvent être appliquées au notaire qui se rend coupable d'un délit contre les bonnes mœurs, sans porter atteinte à sa probité dans l'exercice de ses fonctions (Bordeaux, 6 juin 1833), par exemple, excite et facilite la fuite d'une jeune fille du domicile paternel (jugement du tribunal de Nantes du 10 août 1843); — Au notaire qui commet des fautes dans la gestion des affaires particulières qui lui sont confiées (Metz, 14 juin 1825), se livre habituellement à l'usure (Bordeaux, 24 juin 1828), ou met le désordre dans ses affaires particulières, au point de ne pouvoir payer ses créanciers et d'encourir la contrainte par corps (Toulouse, 13 juin 1836).

50. Lorsque, à raison de certains faits, un officier ministériel a été traduit devant un tribunal correctionnel ou une cour d'assises et qu'il a été acquitté, il peut encore, à raison des mêmes faits, être traduit devant la chambre de discipline et être puni par elle disciplinairement (Déc. du min. de la just. du 18 janv. 1811 ; Paris, 5 déc. 1831; Lyon, 24 nov. 1835; Limoges, 21 juin 1838; Douai, 8 janv. 1840 ; Cass., 30 déc. 1824; 13 janv. 1825; 27 déc. 1836; 12 avril 1837; 23 avril 1839).

51. De même, l'appréciation par la chambre de discipline d'un fait reproché à un huissier, et la condamnation ou l'acquittement par elle de cet officier ministériel, ne font pas obstacle à ce qu'il soit poursuivi et condamné par le tribunal statuant disciplinairement. C'est dans ce sens qu'on doit entendre l'art. 72 du décret du 14 juin 1813, portant que l'application par la chambre des huissiers des peines de discipline ne préjudicie point à l'action du ministère public.

52. La chambre ne peut prononcer que des peines de discipline : toute condamnation des huissiers soit à une amende ou à une restitution, soit à des dommages-intérêts, ne rentrent point dans sa compétence (Décr. 14 juin 1813, art. 73).

53. Les seules peines que la chambre puisse infliger sont : 1ᵒ Le *rappel à l'ordre* (Décr. 14 juin 1813, art. 71-1ᵒ).

53 *bis.* Le rappel à l'ordre consiste dans un simple avertissement à l'huissier que telle ou telle chose qu'il a faite ne convient pas à l'exercice de ses fonctions Il peut être prononcé particulièrement dans les circonstances suivantes : lorsqu'un huissier se présente sans être dans un costume décent, lorsqu'il ne se conforme pas strictement à ses devoirs soit aux audiences, soit ailleurs, lorsqu'il injurie ses confrères et critique les opérations de la chambre, et lorsqu'il favorise avec trop de passion l'*admittatur* d'un aspirant qui n'aurait que des droits équivoques.

54. La délibération par laquelle la chambre de discipline condamne un huissier au rappel à l'ordre doit être inscrite sur le registre des délibérations. Bien qu'il ne s'agisse que d'un simple avertissement verbal, il est nécessaire, en effet, de constater qu'il a été encouru. D'une part, l'huissier peut ne point accepter ce rappel à l'ordre et attaquer la délibération de la chambre; il est donc possible qu'une copie de cette délibération doive lui être remise : D'un autre côté, la délibération doit être écrite afin que les cas de récidive puissent être établis, que le syndic, en cas de non-comparution de l'huissier, puisse justifier du pouvoir qui lui a été donné de le rappeler à l'ordre, et que les renseignements demandés à la chambre par le procureur de la République sur un huissier puissent lui être donnés d'une manière exacte et certaine.

55. 2ᵒ *La censure simple, par la décision même* (Décr. 14 juin 1813, art. 71-2ᵒ). Ainsi, cette peine disciplinaire résulte de la délibération seule, dont il est simplement donné avis ou copie à l'huissier que cette peine atteint.

56. La censure simple a lieu pour les cas où l'huissier se comporte d'une manière plus répréhensible que dans ceux qui motivent un rappel à l'ordre, sans que, cependant, ces cas présentent rien de trop grave. Par exemple, il y a lieu à censure simple lorsque l'huissier se conduit avec irrévérence envers les magistrats ou les calomnie; lorsque, dans les poursuites d'exécution, il met plus de rigueur que la loi ne le permet; lorsqu'il traite durement un débiteur; ou enfin lorsqu'il fait tout autre acte qui ne mérite aucun châtiment, mais qui s'écarte pourtant des devoirs imposés à un huissier, de la décence qu'il doit observer, de la conduite irréprochable qu'il doit tenir.

57. 3° *La censure avec réprimande par le syndic à l'huissier en personne, devant la chambre assemblée* (Décr. 14 juin 1813, art. 71-3°). Cette peine ne doit être infligée que pour les fautes graves qui peuvent jeter de la déconsidération sur les fonctions d'huissier : tel est le cas où l'huissier se porte comme créancier; lorsqu'il ne l'est pas réellement, dans la vue d'obliger un tiers pour en retirer un avantage, se livre à des manœuvres blâmables en affaires, exerce l'usure, surprend la bonne foi des gens pour employer à leur détriment la confiance qu'il a provoquée, ou enfin emprunte le nom d'un tiers pour poursuivre le recouvrement de créances lui appartenant, et non à ce tiers.

58. 4° *L'interdiction de l'entrée de la chambre pendant six mois au plus* (Décr. 14 juin 1823, art. 71-4°). Cette peine est spécialement réservée aux huissiers qui appellent la surveillance des magistrats, se livrent à des actions criminelles et méritent un châtiment exemplaire. Le faux dans un exploit ou dans la remise qu'un huissier doit faire à la partie; la connivence dans une soustraction d'objets à saisir chez un débiteur; l'infidélité dans le compte des sommes reçues pour les parties; l'extorsion d'un salaire qui n'est pas dû ou d'une récompense promise pour suspendre des poursuites légitimes, sont des actions de nature à justifier l'application de la peine précitée.

59. Il ne faut pas confondre l'interdiction de l'entrée de la chambre avec celle de l'entrée aux assemblées générales; l'une n'emporte pas l'autre, et l'huissier contre lequel la première interdiction est prononcée peut faire partie des assemblées générales et concourir aux opérations de ces assemblées (V. *Assemblée générale des huissiers*). Mais il ne peut être nommé membre de la chambre (V. *suprà*, n° 19).

60. L'interdiction de l'entrée de la chambre peut-elle être prononcée contre le syndic? — Pour la négative, on peut dire que le syndic ne tenant pas ses pouvoirs de la chambre ni même de l'assemblée générale, la chambre ne peut y porter atteinte, même d'une manière indirecte. Or, prononcer l'interdiction de la chambre pour six mois contre un syndic élu pour un an, n'est-ce pas le suspendre de ses fonctions et annihiler en partie les effets du droit de nomination accordé au président du tribunal? — Mais on répond, pour l'affirmative, que l'art. 71 est conçu en termes généraux qui n'admettent aucune restriction, aucune exception; que, par conséquent, le syndic est soumis à ses dispositions; que le titre d'officier de la chambre, loin d'accorder à celui qui en est revêtu une sorte d'impunité en lui permettant d'échapper à la peine la plus grave que la chambre puisse prononcer, lui impose, au contraire, l'obligation de se conduire avec la plus grande délicatesse, et le soumet, en cas d'infraction à ses devoirs, à toutes les sévérités de la discipline; que, à côté du droit du président, le législateur a placé le droit de la chambre, sans disposer que l'exercice de l'un serait un obstacle à l'exercice de l'autre, et qu'ainsi tous deux peuvent être exercés simultanément à l'égard du même huissier; que, si, par suite, le droit du président est modifié par celui de la chambre, c'est que la loi le veut ainsi, afin, sans doute, de prévenir le premier du mauvais choix qu'il a fait. — Ces dernières raisons nous paraissent péremptoires, et nous n'hésitons pas à les adopter (V. *J. Huiss.*, t. 27, p. 21).

61. Quelle est la marche à suivre en pareille circonstance ? La chambre de discipline étant composée, si nous pouvons nous exprimer ainsi, de deux éléments émanés l'un de l'élection, l'autre du pouvoir judiciaire, ne peut fonctionner régulièrement en l'absence de l'un d'eux. Or, l'action qu'il s'agit d'intenter étant dirigée contre le syndic, et, par suite, celui-ci ne pouvant siéger, l'élément émané du pouvoir judiciaire manquerait, et la chambre ne remplirait plus les conditions exigées par la loi. Il paraît donc indispensable d'en référer au procureur de la République et au président du tribunal, pour obtenir la désignation d'un membre à l'effet de remplacer le syndic momentanément empêché.

Cette désignation faite, deux membres adresseront au membre désigné pour substituer le syndic une demande de convocation extraordinaire de la chambre (art. 69); le rapporteur citera le syndic (art. 80), instruira l'affaire et fera son rapport à la chambre (art. 77), laquelle ensuite délibérera.

Tel est, selon nous, le seul mode régulier de procéder dans les circonstances données. (V. *J. Huiss.*, t. 27, p. 21).

62. L'interdiction de l'entrée de la chambre peut, à plus forte raison, être prononcée contre les membres de la chambre autres que le syndic, sauf à pourvoir à leur remplacement, s'il y a lieu.

63. Les peines ci-dessus spécifiées sont les seules que la chambre puisse prononcer. Ainsi elle ne peut ordonner qu'un huissier sera rayé du nombre des membres de la chambre (Rolland de Villargues, *Rép. du not.*, v° *Discipline notariale*, n° 110), ni ordonner que la délibération par laquelle une peine est infligée à un huissier sera transmise aux huissiers du ressort (Rolland de Villargues, *eod. verb.*, n° 112).

64. Lorsqu'il s'agit de faits donnant lieu à l'application de peines de discipline excédant la compétence de la chambre, celle-ci doit les dénoncer au procureur de la République (Décr. 14 juin 1813, art. 79-5°), afin qu'il en poursuive la répression.

65. Les chambres de discipline peuvent-elles faire des règlements dans le but de tracer aux huissiers de leur ressort la conduite à tenir dans certaines circonstances, et stipuler que les contrevenants seront punis de peines disciplinaires ? Non, car ce serait là disposer par voie générale et réglementaire, contrairement à l'art. 6, C. civ., et les chambres de discipline, comme d'ailleurs tous les tribunaux, n'ont que le droit d'apprécier des faits accomplis et de leur appliquer la peine qu'ils comportent. Une décision du ministre de la justice, du 21 avril 1845, admet ce principe et annule une délibération prise dans le but de remédier aux abus dont une communauté était victime de la part des avoués, au sujet des copies de pièces, par la raison que cette délibération avait, *statué par voie de disposition générale et réglementaire sur des intérêts de la communauté.* — V., dans le même sens, un arrêt de la Cour de cassation, du 24 juillet 1832, rapporté *J. Huiss.*, t. 13, p. 243. — V. aussi *infrà*, n°° 70 *quater*, 79 et suiv.

66. *Attributions de la chambre considérée comme juge de conciliation.* — L'art. 70-2° du décret du 14 juin 1813 dispose qu'il est dans les attributions de la chambre « de prévenir ou concilier tous différends qui peuvent s'élever entre les huissiers relativement à leurs droits, fonctions et devoirs, et, en cas de non-conciliation, de donner son avis, comme tiers, sur ces différends ».

67. Cette disposition oblige les huissiers à soumettre à la chambre toutes les difficultés qui peuvent s'élever entre eux au sujet de l'exercice de leurs fonctions, afin que, s'il y a lieu, l'affaire puisse être arrangée par elle, dans l'intérêt non-seulement des parties, mais encore de la communauté. Si donc des huissiers plaidaient, entre eux sans avoir, au préalable, soumis à la chambre l'objet de leur contestation, ils encourraient certainement une peine disciplinaire pour avoir enfreint la disposition précitée.

68. Lorsque la chambre ne peut parvenir à concilier les différends que des huissiers peuvent avoir entre eux, l'avis qu'elle est appelée alors à donner, comme tiers, sur ces différends, exerce, on ne peut en douter, la plupart du temps, une grande influence sur la décision judiciaire à intervenir. Aussi, nous dirons qu'il est prudent de s'y conformer dans tous les cas. On donne par là, d'ailleurs, une preuve du respect que l'on doit avoir pour les délibérations de la chambre.— V. *infrà*, n° 81.

69. La chambre de discipline est chargée, en outre, « de s'expliquer, par forme d'avis, sur les plaintes et réclamations de tiers contre des huissiers, à raison de leurs fonctions, et sur les réparations civiles qui pourraient résulter de ces plaintes ou réclamations » (Décr. 14 juin 1813, art. 70-3°).

70. Pour accomplir cette mission, la chambre peut entendre les explications des parties. Lorsque le tiers s'adresse directement à la chambre, rien n'est plus facile : la chambre appelle l'huissier, qui est mis en présence du réclamant; tous deux font leurs observations; ensuite, la chambre propose un moyen de conciliation, et, à défaut d'adoption, donne son avis. Mais le tiers peut ne pas s'adresser à la chambre; il peut directement adresser la plainte au ministère public ou saisir le pouvoir judiciaire.

70 *bis*. A Paris, les plaintes formées contre les huissiers et adressées directement au ministère public sont toujours renvoyées, au préalable, devant la chambre de discipline, et ce n'est qu'après cette tentative de conciliation qu'il est passé outre, s'il y a lieu. Les salutaires résultats de cet usage font désirer qu'il soit observé partout.

70 *ter*. Mais nous croyons, nonobstant les termes de l'art. 70-3° du décret du 14 juin 1813 (V. n° 69), que le renvoi des plaintes par le ministère public à la chambre de discipline est purement facultatif. De même, lorsqu'une réclamation civile dirigée contre un huissier est portée directement devant le tribunal, ce tribunal n'est pas non plus tenu de renvoyer la cause devant la chambre de discipline pour avoir son avis. Il peut, s'il le juge convenable, retenir la cause et la juger sur la seule assignation qui le saisit, encore bien que l'huissier assigné en ait demandé le renvoi devant la chambre, ou que cette demande ait été faite par le syndic reçu intervenant dans l'instance. Le ministère public et le pouvoir judiciaire restent, dans tous les cas, libres d'agir avec toute l'indépendance qui leur appartient.

70 *quat*. Toutefois, la chambre de discipline peut, par une délibération, prier le ministère public ou le tribunal de ne pas donner suite aux plaintes qui seraient portées ou aux actions qui seraient intentées contre un huissier, sans les avoir préalablement communiquées à la chambre. Une telle délibération n'est ni entachée d'excès de pouvoir, ni illégale. V. en ce sens, observations insérées dans le *Journ. des Huiss.*, t. 23, p. 159 et 160, lesquelles cependant se trouvent précédées d'un jugement rendu en sens contraire, le 4 janv. 1842, par le tribunal de Bourbon-Vendée.—V. *suprà*, n° 65, et *infrà*, n°s 79 et suiv.

71. Chargée de concilier tous les différends qui peuvent s'élever entre les huissiers relativement à leurs droits et leurs devoirs, et de s'expliquer également, par forme d'avis, sur les plaintes et réclamations de tiers contre des huissiers, la chambre de discipline trouve aussi, ce nous semble, dans ces attributions, un pouvoir suffisant pour apprécier et essayer de concilier les contestations qui s'élèvent entre un huissier et son clerc. Ainsi, lorsqu'un huissier, dans l'étude duquel un individu a travaillé en qualité de clerc pendant plusieurs années, refuse de lui délivrer un certificat de stage, cet individu doit d'abord s'adresser à la chambre de discipline, la saisir de la difficulté. A cet égard, il doit formuler sa réclamation dans une lettre contenant le récit des faits, qu'il adresse au syndic; et la chambre peut, si elle le juge nécessaire, appeler devant elle les parties. Si, après avoir entendu leurs explications orales, elle estime que c'est avec raison que l'huissier refuse la délivrance du certificat de stage, et que le clerc ne veuille point se soumettre à sa décision, il lui reste bien encore une autre voie, qu'il peut employer : c'est de s'adresser au tribunal civil. Mais la décision de la chambre de discipline sera bien certainement prise en considération par le tribunal (V. en ce sens *J. Huiss.*, t. 33, p. 144).

72. La chambre de discipline est chargée également « de donner son avis, comme tiers, sur les difficultés qui peuvent s'élever au sujet de la taxe de tous frais et dépens réclamés par des huissiers. Lorsque la chambre n'est point assemblée, cet avis peut être donné par un des membres, à moins que l'objet de la contestation ne soit d'une importance majeure; auquel cas, la chambre s'explique elle-même à la prochaine séance, ou, si le cas est urgent, dans une séance extraordinaire » (Décr. 14 juin 1813, art. 70-4°).

73. Cette disposition doit recevoir son exécution toutes les fois que la taxe faite n'est pas acceptée, soit par l'huissier, soit par la partie. Ce n'est que dans ce cas, en effet, qu'il y a *difficulté sur la taxe*, et, par conséquent, lieu à l'application de l'art. 70-4°. Il résulte de cet article que lorsqu'un huissier pensant que son état de frais a été réduit à tort, ou qu'un client contestant la taxe, il y a eu assignation devant le tribunal, ce tribunal doit, avant de statuer, demander préalablement l'avis de la chambre de discipline. Peut-être même eût-il mieux valu obliger tout huissier ayant à réclamer des frais contestés à soumettre, préalablement à toute contestation, et à plus forte raison à l'exercice de son action, la difficulté à la chambre.

74. Enfin, la chambre de discipline est encore chargée « de s'expliquer sur la conduite et la moralité des huissiers en exercice, toutes les fois qu'elle en est requise par les Cours et tribunaux, ou par les officiers du ministère public » (Décr. 14 juin 1813, art. 70-7°).

75. Aux termes d'une circulaire en date du 21 juin 1830, le ministre de la justice a décidé, par application de cette disposition, qu'une chambre de discipline ne pouvait se déclarer incompétente, lorsqu'elle était appelée par lui à évaluer une étude.

76. Une chambre de discipline peut être désignée, dans un traité de cession d'office à l'effet de statuer comme arbitre sur les difficultés qui pourront s'élever au sujet de l'exécution de ce traité (Paris, 3 mars 1827; 29 août 1835; Cass., 17 mai 1836).— V. *infrà*, n° 142 *bis*.

77. Lorsqu'un tribunal a consulté une chambre de discipline sur la valeur de l'office cédé par un des membres de la communauté, il n'est pas lié par l'avis que cette chambre a donné, et, par conséquent, il n'est pas obligé de faire dépendre son jugement uniquement de l'appréciation qu'elle a faite (Nancy, 9 mars 1832; *J. Huiss.*, t. 13, p. 247).

78. 3°. *Attributions de la chambre considérée comme administratrice.* —La chambre doit « veiller au maintien de l'ordre et de la discipline parmi tous les huissiers de l'arrondissement, et à l'exécution des lois et règlements qui concernent les huissiers » (Décr. 14 juin 1813, art. 70—1°).

79. De ce que la chambre de discipline est chargée de veiller au maintien de l'ordre et à l'exécution des lois, il s'ensuit qu'elle n'a pas seulement le droit de réprimer le désordre et l'infraction aux lois, mais qu'elle peut aussi prévenir ce désordre et cette infraction. Elle est armée, si l'on peut s'exprimer ainsi, d'un pouvoir préventif dirigeant, et elle peut par des délibérations, des avis, tracer aux huissiers de la communauté, dans certaines circonstances, une règle de conduite morale d'accord avec les règlements et les lois.

80. Ainsi la chambre peut, par une délibération en forme d'avis, arrêter que les huissiers de la communauté ne se chargeront pas du recouvrement d'effets de commerce causés sans frais ni même de toute espèce d'effets de commerce, qu'ils ne recevront ces effets que le jour de l'échéance et pour les protester, qu'ils rédigeront et signeront les copies de pièces qui leur appartiennent exclusivement et ne consentiront pas à les recevoir préparées des avoués, qu'ils ne feront aucune remise de leurs honoraires, qu'ils percevront un droit de recette sur les sommes dont le recouvrement leur est confié, qu'ils se donneront mutuellement avis d'oppositions à commandements faites au domicile élu, de récolements sur saisie, etc., et que, enfin, ils se conduiront de *telle manière* dans l'intérêt de la dignité, de la considération de la corporation.— V. *suprà*, n° 65.

81. Il est regrettable qu'une délibération de cette nature ne soit pas obligatoire. Elle n'a d'autre force que celle qu'elle tire du respect que chaque huissier doit avoir pour une décision de la chambre. L'infraction à cette délibération, isolée de tout autre fait répréhensible, ne peut donc entraîner l'application d'une peine disciplinaire. Toutefois, les huissiers qui ne tiennent pas compte des avis donnés par une telle délibération dans un intérêt commun, général, manquent à leurs devoirs et encourent la sévérité de la chambre, lorsqu'ils sont appelés devant elle pour des faits relatifs à leurs fonctions.— V. *suprà*, nos 68, 162.

82. C'est également comme administratrices que les chambres de discipline sont chargées « de délivrer, s'il y a lieu, tous certificats de moralité, de bonne conduite et de capacité à ceux qui se présenteront pour être nommés huissiers » (Décr. 14 juin 1813, art. 70-6°).

83. La chambre compétente pour délivrer ces certificats n'est pas celle dans le ressort de laquelle l'aspirant a accompli son stage, mais celle dans le ressort de laquelle il doit exercer. La solidarité qui doit s'établir entre le nouveau venu et la compagnie dans laquelle il doit entrer rend, en effet, celle-ci plus intéressée à un examen sérieux du candidat présenté.

84. La chambre à laquelle ces certificats sont demandés peut assurément les refuser. Mais elle ne peut, sans excès de pouvoir et sans une véritable prévarication, s'abstenir de statuer sur la demande à elle adressée. Elle ne saurait surtout s'abstenir de statuer, si les renseignements sur la moralité et la capacité étaient demandés par le ministre de la justice.

85. Si la chambre refusait de statuer sur la demande de capacité, le ministre de la justice pourrait, après s'être procuré autrement tous les renseignements qui lui sont nécessaires, passer outre et rendre l'ordonnance de nomination.

86. Ce n'est que lorsqu'il y a lieu de délivrer le certificat de moralité, de bonne conduite et de capacité, que la chambre doit statuer sur la demande qui lui est faite. Mais elle est fondée à refuser de procéder à l'examen de la capacité et de la moralité d'un aspirant, quand celui-ci n'y a point un intérêt né et actuel : ce qui arrive, par exemple, lorsque le nombre des huissiers étant légalement fixé, aucune place n'est vacante par démission, décès ou autrement.

87. Comme administratrice, la chambre représente tous les huissiers sous le rapport de leurs droits et intérêts communs, et administre la bourse commune (V. *Bourse commune des huissiers*). C'est ce qui résulte encore de l'art. 70-8° du décret du 14 juin 1813. Le pouvoir conféré à la chambre de discipline de représenter tous les huissiers de l'arrondissement, sous le rapport de leurs droits et intérêts communs, comprend celui d'intenter et de soutenir en justice toute action relative à ces intérêts.

88. Ainsi, une chambre de discipline peut demander contre un autre ordre d'officiers publics le maintien de telle attribution (Cass., **10 déc. 1828**;

7 fév. 1833; Aix, 23 janv. 1832; Paris, 25 août 1834), ou intervenir dans une instance où le droit de faire tel acte est contesté (Colmar, 30 janv. 1827; Caen, 31 mai 1851). Un intérêt d'honneur suffirait pour motiver l'intervention de la chambre (Nîmes, 6 mars 1822; 11 juill. 1827; Paris, 29 juin 1826; Amiens, 15 mars 1833).

89. Les actions de la chambre sont intentées et dirigées par le syndic (V. *infrà*, n° 96); mais il ne peut agir, soit en demandant, soit en défendant, que lorsqu'il a été autorisé par une délibération de la chambre régulièrement prise, et il doit entièrement se conformer à cette délibération (Décr. 14 juin 1813, art. 76).

90. Le syndic seul a qualité pour représenter la chambre; celle-ci ne pourrait donc dépouiller ce dernier des droits que la loi lui accorde pour les transférer à des commissaires qu'elle désignerait (Paris, 25 août 1834).

91. Il entre encore dans les attributions de la chambre de se rendre médiatrice, comme gardienne de l'honneur du corps, entre les huissiers qui présentent leurs successeurs et les créanciers de ces huissiers. Elle doit recevoir les oppositions de ceux-ci, et se placer, relativement au prix de l'office, dans la situation du Trésor royal relativement au cautionnement; par suite elle a le droit d'imposer, par mesure de discipline, au successeur présenté, l'obligation d'employer au paiement des dettes réclamées tout ou partie du prix de l'office, et de lui refuser jusque-là le certificat d'admission (Bourges, 31 mai 1826).

92. Si, dans une délibération, des injures ou calomnies sont insérées contre un tiers, la chambre de discipline ne peut être actionnée en dommages-intérêts, lorsque cette délibération a été prise dans les limites des attributions qui lui sont confiées, [par exemple, sur une action disciplinaire ou sur une demande de certificat de moralité. Mais il en est autrement si, excédant ses pouvoirs, la chambre s'est permis de consigner dans une délibération des faits diffamatoires ou calomnieux contre un tiers (Cass., 31 août 1831). — V. *infrà*, n° 141.

92 bis. Les attributions de la chambre de discipline sont limitées aux cas précédemment définis. Ainsi, la chambre de discipline qui improuve, dans une délibération, les poursuites dirigées au criminel contre un huissier de l'arrondissement, excède ses pouvoirs et encourt des peines disciplinaires (V. en ce sens *J. Huiss.*, t. 25, p. 154).

§ 4. — *Attributions particulières et droits des officiers (syndic, trésorier et secrétaire) et membres de la chambre.*

93. 1° *Syndic.* — Le syndic est le président de la chambre de discipline; en cette qualité, il a la police d'ordre dans la chambre, propose les sujets de délibération, recueille les voix, et prononce le résultat des délibérations (Décr. 14 juin 1813, art. 76).

94. Ainsi, aucun membre de la chambre autre que le syndic, pas même le rapporteur, n'a le droit de soumettre à la chambre un sujet de délibération; cette faculté, spécialement et exclusivement attribuée au syndic, ne peut être exercée que par lui; il faut même reconnaître qu'à cet égard il jouit d'un pouvoir discrétionnaire assez étendu. Toutefois, ce pouvoir, qui peut donner au syndic le droit de rejeter des propositions qui n'ont qu'un intérêt d'avenir assez incertain ou qui lui paraissent dénuées de tout intérêt, n'irait pas cependant jusqu'à l'autoriser à refuser de soumettre à la chambre des faits de nature à entraîner l'application de peines disciplinaires.

95. Le syndic qui refuserait de soumettre à la chambre des faits de la nature de ceux dont nous venons de parler en dernier lieu manquerait gravement à ses devoirs, et deviendrait passible d'une peine disciplinaire. Cette peine ne pourrait, selon nous, être appliquée par la chambre. Les autres membres devraient alors porter plainte au ministère public qui saisirait la chambre du conseil du tribunal, laquelle apprécierait le refus du syndic.

96. Ainsi que nous avons eu déjà l'occasion de le faire remarquer (V. *suprà*, nos 89 et 90), c'est le syndic qui dirige toutes les actions et poursuites exercées par la chambre; il agit pour elle et en son nom, en se conformant à sa délibération. Par conséquent, c'est au nom du syndic agissant comme le représentant légal de la chambre que les actes de procédure doivent être faits. C'est également à lui, en la même qualité, que les adversaires doivent faire toutes leurs significations.

96 *bis*. Mais si le syndic dirige les actions et poursuites, c'est la chambre qui, comme nous l'avons dit, les exerce. Le syndic n'agit que pour elle et en son nom, et conformément à ce qu'elle a délibéré. Il n'a donc aucun droit de poursuite qui lui appartienne personnellement. L'initiative appartient à la chambre seule. Il résulte de là que le syndic ne peut directement et sans l'avis de la chambre déférer au parquet un acte d'un de ses confrères, qu'il considère comme une offense à lui et au chef de l'Etat. Mais il peut bien écrire au chef du parquet de lui-même et sans une délibération (V. *Bull. spéc. des Huiss.*, t. 7, p. 11).

97. Lorsque la chambre succombe, le syndic ne peut être personnellement condamné aux dépens, à moins toutefois qu'il n'ait excédé les pouvoirs contenus en la délibération spéciale qui l'autorisait à intenter ou à soutenir l'action.

98. Le syndic a seul le droit de correspondre au nom de la chambre, avec le président du tribunal et le ministère public, sauf, en cas d'empêchement, la délégation au rapporteur (Décr. 14 juin 1813, art. 76).

99. Il règle le jour des assemblées de la chambre, conformément à l'art. 69 du décret du 14 juin 1813, c'est-à-dire de manière à ce qu'elle s'assemble au moins une fois par mois ; en outre, il a le droit de la convoquer extraordinairement, quand il le juge convenable (art. 69).

100. Il est obligé de convoquer la chambre toutes les fois qu'il en reçoit l'ordre du président du tribunal de première instance ou du procureur de la République (même art.).

101. Enfin, il cote et paraphe le registre des délibérations de la chambre et signe les expéditions de ces délibérations (même décr., art. 88).

102. La chambre peut-elle procéder en l'absence du syndic momentanément empêché ? en d'autres termes, peut-elle déléguer la présidence à l'un des membres de la chambre? Nous ne le pensons pas, par la raison que le syndic n'est nommé ni par la communauté ni par la chambre. Si celle-ci remplaçait le syndic même momentanément, elle substituerait ainsi sa volonté à celle du président de la Cour ou du tribunal. Or, ce serait là de sa part une usurpation du droit confié à ce dernier par l'art. 56 du décret du 14 juin 1813. En pareille circonstance, ce qu'il y a de mieux à faire, c'est de s'entendre avec le procureur général ou le procureur de la République et le président de la Cour ou du tribunal, afin de faire désigner un membre pour remplacer le syndic momentanément empêché.

102 *bis*. Les fonctions de syndic obligent celui qui en est investi à une observation rigoureuse des devoirs de la profession d'huissier et des convenances. Il ne doit donc accepter aucune position dépendante et subalterne, par exemple, il ne peut être en même temps concierge du palais. S'il acceptait ces dernières fonctions, la chambre pourrait essayer d'abord de la voie des représentations et des remontrances purement officieuses. Mais si le syndic résistait, elle pourrait alors signaler son refus au ministère public et provoquer son intervention (V. *J. Huiss.*, t. 27, p. 273).

103. 2° *Rapporteur.*—Le rapporteur est en quelque sorte le juge d'instruction de la chambre; c'est à lui que toutes les plaintes et dénonciations doivent être adressées, ou remises, si elles ont été adressées à d'autres membres de la chambre.

104. Le rapporteur est chargé de recueillir des renseignements sur les faits qui lui sont dénoncés, sur ceux qui arrivent à sa connaissance, sans qu'il y ait eu plainte, ainsi que sur toutes les affaires qui doivent être portées devant la chambre (Décr. 14 juin 1813, art. 77). Il se livre à cet égard à une sorte d'enquête particulière, dont le but est de découvrir et de faire connaître à la chambre la vérité sur les plaintes ou dénonciations faites contre l'un des membres de la communauté.

105. Ces renseignements recueillis, le rapporteur, soit d'office, soit sur la provocation des parties intéressées ou de l'un des membres de la chambre, déférera à cette chambre les faits qui *pourront* donner lieu à des mesures de discipline contre les membres de la communauté (même art.). A cet effet, il instruit le syndic, par une lettre, qu'il est en état de faire son rapport dans *telles* affaires, et le prie, en conséquence, de convoquer la chambre.

106. Il semblerait résulter de là que le rapporteur a la faculté de discerner, parmi les faits qui arrivent à sa connaissance, ceux qui doivent être déférés à la chambre d'avec ceux qu'elle ne doit pas connaître, comme ne pouvant donner lieu à des peines de discipline ; le mot *pourront*, employé dans l'art. 77 précité, implique, en effet, l'idée d'un examen et d'un choix. Toutefois, il nous paraît plus convenable, et surtout plus prudent, de rapporter à la chambre tous les faits dont le rapporteur a été saisi, sauf à ce dernier à prendre, et à la chambre à adopter telles conclusions qu'il lui plaira.

107. Lorsque la chambre est assemblée, le rapporteur fait son rapport (Décr. 14 juin 1813, art. 77), et conclut soit à l'absolution, soit à la condamnation à une peine disciplinaire, et, en outre, si le fait est grave, à la dénonciation au procureur de la République.

108. Le rapporteur étant un officier nommé par la chambre peut être remplacé par elle en cas d'empêchement ; le membre de la communauté désigné pour le suppléer doit faire partie de la chambre.

109. 3° *Trésorier.*—Le trésorier tient la bourse commune.—V. *Bourse commune des huissiers.*

110. 4° *Secrétaire.* — Le secrétaire tient la plume, prend des notes, et rédige, en un mot, les délibérations de la chambre (Décr. 14 juin 1813, art. 79), sous la surveillance du syndic. De plus, il tient le registre dont il est parlé en l'art. 81 du même décret.

111. Le secrétaire est le gardien des archives et du livre des expéditions (art. 79 précité). Il doit signer ces expéditions (art. 88).

112. 5° *Membres de la chambre.*—Les membres qui ne sont point officiers ont le droit : 1° de requérir, au nombre de deux, par une demande motivée, la convocation extraordinaire de la chambre (Décr. 14 juin 1813, art. 69).

113. Les membres de la communauté qui ne font pas partie de la chambre ont-ils le droit de requérir la convocation de la chambre ? Non ; ce privilége n'est accordé qu'aux membres de la chambre, et ils ont seuls le droit d'en user, ce qui n'empêche pas, toutefois, qu'un membre de la communauté, lorsqu'il croit une convocation extraordinaire utile, puisse en faire la demande au syndic, qui apprécie et décide selon qu'il le juge convenable.

114. 2° De provoquer isolément le rapporteur à déférer à la chambre des faits pouvant donner lieu à des peines disciplinaires (Décr. 14 juin 1813, art. 77).

115. Les membres de la communauté qui ne sont pas membres de la chambre ne peuvent faire une telle provocation, mais ils jouissent d'un droit à peu près égal, celui de porter à la connaissance du rapporteur les faits de nature à entraîner l'exercice des pouvoirs confiés à ce dernier, et, par suite, à la chambre.

§ 5. — *Forme de procéder devant la chambre de discipline.—Citation.—* *Délibérations. — Notification. — Voies de recours. — Exécution. —* *Communication.*

116. 1° FORME DE PROCÉDER.—CITATION.—Il faut distinguer, pour savoir dans quelle forme il doit être procédé devant la chambre de discipline, si cette chambre est constituée en tribunal, ou si elle est seulement appelée à prendre une délibération de conciliation ou d'administration.

117. 1° *Cas où la chambre est constituée en tribunal.* — La chambre, comme d'ailleurs tout tribunal, ne peut faire à un huissier l'application de peines disciplinaires qu'après l'avoir entendu, ou, faute par lui d'avoir comparu, sur une citation régulière et dans le délai de cette citation (Décr. 14 juin 1813, art. 80).

118. Tout huissier inculpé doit donc être cité à comparaître devant la chambre, afin de pouvoir se défendre. Le délai qui doit exister entre la citation et la comparution est de cinq jours au moins (art. 80). On ne comprend pas dans ce délai le jour de la citation, ni celui de la comparution. Ce délai n'est pas non plus susceptible d'augmentation à raison de la distance qui se trouve entre le domicile du cité et le lieu où la chambre tient ses séances.

119. La forme de la citation devant la chambre est la même, soit qu'il s'agisse d'appeler un huissier inculpé, soit qu'il s'agisse de faire comparaître toutes personnes, huissiers et autres, qui demandent à être entendues sur des réclamations ou plaintes : elle consiste en une simple lettre, indicative de l'objet, signée du rapporteur, et envoyée par le secrétaire qui, au préalable, en prend note sur un registre tenu à cet effet (Décr. 14 juin 1813, art. 81 et 82). —V. *Formule* n° 3.

120. La forme tracée ci-dessus n'est pas tellement sacramentelle, qu'on ne puisse s'en écarter. Ainsi, l'art. 84 du décret du 14 juin 1813 permet aux parties de se présenter aux séances de la chambre volontairement et sans citation préalable.

121. L'huissier cité devant la chambre pourra bien ne pas s'y présenter, mais alors il paraîtra véritablement répréhensible ou coupable des faits qui pèseront sur lui. S'il se présente, il en sera quitte, le plus souvent, pour recevoir de douces exhortations; mais, s'il fait défaut, il semblera craindre et n'avoir aucun moyen de justification à opposer. Il est donc dans son intérêt d'obéir à la citation. S'il peut se justifier, il inspirera à ses collègues, et peut-être même au public, une sorte d'intérêt, que l'innocence produit toujours; et s'il ne peut détruire les inculpations qui existent contre lui, sa déférence et sa soumission seront propres à adoucir les mesures de rigueur qu'il aura encourues (*Instruction sur l'organisation des huissiers*).

122. Devant la chambre, lorsque l'huissier inculpé comparaît, il doit être entendu dans ses explications; s'il ne comparaît pas, il est donné défaut contre lui et passé outre (Décr. 14 juin 1813, art. 80).

123. Les personnes qui ont demandé à être entendues exposent l'objet de leur réclamation, en présence de l'inculpé, s'il comparaît. La chambre pourrait cependant, si elle le croyait convenable, les entendre séparément.

124. Le rapporteur fait ensuite son rapport; il n'est pas possible à la chambre de se dispenser de l'entendre. L'art. 85 du décret de 1813 porte, en effet, que « la chambre ne peut prononcer ni émettre son avis qu'après avoir entendu le rapporteur ».

125. Lorsque, après avoir entendu l'huissier inculpé, les personnes appelées et le rapporteur, la chambre ne se trouve pas suffisamment éclairée, elle peut ordonner qu'il sera fait un supplément d'instruction, soit par le rapporteur, soit par un autre membre de la chambre commis spécialement à ce effet.

126. L'instruction des affaires soumises à la chambre ne peut consister que dans les renseignements pris et les investigations faites par le rapporteur, et que dans les explications de l'inculpé et des autres personnes qui comparaissent devant la chambre. Ni le rapporteur ni la chambre elle-même n'ont le droit de citer des témoins, ni de les contraindre à se présenter, ni de leur faire prêter serment (Décis. du min. de la just., 14 nov. 1837).

127. La chambre délibère, le syndic recueille les voix et prononce le résultat de la délibération, laquelle est rédigée par le secrétaire.—V. *Formule* n° 4.

128. 2° *Cas où la chambre est conciliatrice.*—S'il ne s'agit que d'une contestation entre huissiers, le plaignant peut citer son adversaire en la forme ordinaire (Décr. 14 juin 1813, art. 83), c'est-à-dire par exploit du ministère d'huissier. L'original de cet exploit doit être déposé au secrétariat de la chambre (même article), avant le jour de la réunion.

129. Si, au contraire, il s'agit de contestations entre des huissiers et des tiers, les uns et les autres sont appelés en la forme indiquée *suprà*, n° 119 (Décr. 14 juin 1813, arg., art. 82). Mais, en aucun cas, la chambre ne peut, ainsi que nous l'avons dit (n° 126), contraindre les tiers à comparaître devant elle. Le délai de la comparution est le même que celui dont il est parlé au n° 118.

130. La chambre entend les explications des comparants, examine les motifs allégués de part et d'autre, et tâche de concilier les parties; si elle n'y parvient pas, elle donne son avis motivé, après avoir entendu le rapporteur, et fixe la quotité des dommages-intérêts, si elle croit qu'il y ait lieu d'en accorder (Décr. 14 juin 1813, art. 70).—V. *Formule* n° 5.

131. Les décisions que la chambre rend comme conciliatrice ne sont pas obligatoires, même lorsque la contestation existe entre huissiers. La chambre, d'ailleurs, ne prononce pas de sentence; elle donne seulement un avis. Si l'une ou l'autre des parties ne l'accepte pas, elle peut porter la contestation devant les tribunaux.

132. 3° *Cas où la chambre est administratrice.*—La chambre, agissant dans ce cas dans l'intérêt général, est convoquée par lettre du syndic. Ce dernier expose le sujet de la convocation; chaque membre fait ses observations; le rapporteur est entendu, et la chambre délibère.

133. 2° DÉLIBÉRATIONS. — La chambre de discipline ne peut délibérer valablement qu'autant que les membres votants forment au moins les deux tiers de ceux qui la composent (Décr. 14 juin 1813, art. 86). Ainsi, dans une chambre composée de quinze membres, il suffit qu'il y ait dix votants pour que la délibération puisse avoir lieu. Dans une chambre composée de neuf membres, il suffit qu'il y en ait six; dans celle composée de sept membres, qu'il y en ait quatre, et trois, dans celle composée de cinq.

134. Lorsque les membres de la chambre, régulièrement convoqués, ne se trouvent pas réunis en nombre suffisant, la délibération doit nécessairement être ajournée; le décret de 1813 ne permet pas l'adjonction d'huissiers pour remplacer les absents.

135. Les membres présents peuvent-ils voter en toute circonstance? Nous le pensons, par la raison que le décret précité ne contient à cet égard aucune prohibition. Néanmoins, un membre de la chambre ne pourrait voter dans sa propre cause, car on ne peut à la fois être juge et partie.

136. Le membre plaignant ou celui qui aurait quelque intérêt à la solution de la difficulté devrait se considérer comme partie et s'abstenir. Quant au rapporteur, nous pensons qu'il peut voter dans toutes les affaires qu'il a instruites.

137. Les délibérations sont prises à la majorité absolue des voix. Le syndic a voix prépondérante en cas de partage (Décr. 14 juin 1813, art. 87). Le partage ne peut évidemment exister que lorsque le nombre des votants est pair. Il n'y a donc pas lieu de considérer la voix du syndic comme prépondérante, lorsque le nombre des votants est impair.

138. La délibération de la chambre n'est autre chose que le procès-verbal de la séance. Elle doit contenir :

1° La date des heure, jour, mois et an, et l'indication du lieu où la chambre s'est réunie ;

2° Un exposé du syndic faisant connaître la convocation de la chambre, l'objet de cette convocation et les citations données ;

3° Les noms des membres présents, ceux des absents et les excuses de ces derniers, s'ils en ont fait parvenir ;

4° La présence ou l'absence de l'inculpé et des autres personnes appelées à comparaître devant la chambre ;

5° Le résumé succinct des explications des parties et l'analyse des conclusions du rapporteur ;

6° La mention de la majorité qui s'est formée, ainsi que du prononcé de la délibération fait par le syndic ;

7° La signature de tous les membres qui ont concouru à la délibération (Décr. 14 juin 1813, art. 88), ou la mention de ceux qui, après y avoir concouru, ont refusé de signer.—V. *Formules* 4 et suiv.

139. Quoique le décret du 14 juin 1813 n'exige pas que les délibérations de la chambre de discipline contiennent les motifs pour lesquels elles ont été prises, ces délibérations doivent, néanmoins, comme toutes les décisions judiciaires, être motivées.

140. On ne peut se dissimuler que l'exposé des motifs de la délibération ne présente un grand avantage. La décision, en effet, est plus intelligible; elle porte en elle-même la raison qui l'a déterminée. De cette manière, d'ailleurs, la chambre se trouve dispensée des explications séparées qui peuvent être demandées par le ministère public.

141. Mais, en recherchant les abus et en les flétrissant dans ses délibérations, la chambre ne doit pas parler des personnes ni leur attribuer des faits contraires à l'honneur et à la délicatesse, à moins qu'il ne s'agisse du refus d'un certificat de moralité : car alors il faut nécessairement parler de la personne et des faits qui motivent le refus. Spécialement, dans une délibération prise à l'effet d'interdire la faculté aux huissiers de prêter leurs signatures à des agents d'affaires, la chambre ne doit pas constater que tel huissier, qui s'était engagé d'honneur à signer la délibération, ne l'a pas fait, dans le but de se former une clientèle. Cette allégation donnerait lieu à une action en diffamation (V. *J. Huiss.*, t. 14, p. 339 et suiv.). — V. aussi *suprà*, n° 92.

142. Les délibérations de la chambre doivent être inscrites sur un registre spécial coté et paraphé par le syndic (Décr. 14 juin 1813, art. 88).

142 *bis*. Il a été décidé notamment, mais en ce qui concerne les chambres de discipline des notaires, qu'elles doivent inscrire sur le registre des délibérations toutes leurs décisions, même celles qu'elles rendent par suite d'un compromis entre un notaire et celui à qui il a cédé son office, et que la contravention à ce principe rend les membres de la chambre passibles de peines disciplinaires (tribunal civil de Saint-Calais, 27 juill. 1849 : V. *J. Huiss.*, t. 30, p. 250). Mais cette décision peut être l'objet de justes critiques. En effet, quand deux officiers ministériels constituent un arbitrage tel que celui dont il s'agit dans l'espèce, la chambre de discipline, appelée à juger, statue alors, non comme corps ayant un caractère public, mais comme simple tribunal arbitral. Or, vouloir que des décisions de ce genre soient inscrites sur le registre des délibérations, c'est confondre deux choses parfaitement distinctes et pousser l'exigence beaucoup trop loin, sans la moindre nécessité. Très-souvent les juges de paix sont choisis pour arbitres dans des contestations privées ; cependant les décisions qu'ils rendent en pareil cas n'ont certainement pas le caractère des jugements qu'ils prononcent en qualité de magistrats et à l'audience. Pourquoi en serait-il autrement des décisions rendues par la chambre de discipline constituée en tribunal arbitral ? (V. *J. Huiss., loc. cit.*, note.)

143. 3° NOTIFICATION. — Les décisions de la chambre de discipline qui prononcent une peine sont les seules qui doivent être notifiées. Elles doivent l'être : 1° dans les cas où elles sont rendues par défaut. Si la peine appliquée consiste dans la censure avec réprimande, la notification doit contenir injonction à l'huissier de se présenter devant la chambre, à jour et heure fixés, pour y subir la peine dont il a été l'objet ; 2° lorsque, étant contradictoire, la décision prononce l'interdiction de l'entrée de la chambre.

144. La notification doit avoir lieu dans la même forme que la citation à comparaître. — V. *suprà*, n°s 119, 128, 129, et *Formule* 9.

145. 4° VOIES DE RECOURS.— Les voies de recours ouvertes contre les décisions des chambres de discipline qui prononcent des peines disciplinaires varient selon que les décisions sont par défaut ou contradictoires.

146. En ce qui concerne les décisions par défaut, elles peuvent être attaquées par la voie de l'opposition, en vertu du principe général qui veut que toute personne condamnée par défaut puisse se disculper et faire rapporter une décision rendue contre elle injustement.

147. Mais dans quel délai et dans quelle forme l'opposition doit-elle être faite ? Le décret de 1813 ne contenant aucune disposition à cet égard, il nous semble, quant au délai, qu'on peut appliquer ici par analogie l'art. 80 de ce décret et décider que l'opposition doit être formée dans les cinq jours, à compter du jour de la réception de la notification de la délibération. —Quant à la forme de l'opposition, on peut également appliquer par analogie l'art. 81 du décret de 1813 ; et, dès lors, l'opposition peut être faite par une simple lettre adressée au syndic. Ce dernier avertit ensuite l'opposant, par une simple lettre, du jour où la chambre doit s'assembler pour statuer sur son opposition, et si l'opposant ne comparaît pas, la décision doit être réputée contradictoire.

148. Du reste, il appartient à la chambre d'apprécier si l'opposition a été formée en temps utile ou non, et si elle est ou non fondée. Nous croyons que, dans cette appréciation, la chambre doit montrer une grande indulgence et ne déclarer non recevable une opposition tardive qu'autant qu'elle lui paraîtrait formée plutôt dans un esprit de chicane que dans l'intention réelle de se disculper.

149. Relativement aux décisions contradictoires et à celles par défaut contre lesquelles l'opposition n'est plus recevable, elles ne sont point réformables quant au fond, c'est-à-dire quant à la manière dont la chambre a apprécié les faits incriminés (Carnot, *Discipline judiciaire*, p. 86 ; Paris, 28 avril 1832 ; Cass., 4 déc. 1833 ; Nîmes, 5 janv. 1837 ; Caen, 5 avril 1838 ; décision du ministre de la justice du 28 déc. 1839 , 2 janv. 1837 et 12 avril 1839).

150. Mais elles sont attaquables pour violation des formes, incompétence ou excès de pouvoir. Il n'est pas possible, en effet, que, même en matière disciplinaire, la loi soit impunément méconnue et reste sans sanction.

151. Le recours formé pour l'une de ces causes contre une décision rendue par une chambre de discipline doit être porté devant la Cour de cassation, chargée, par les lois de son institution, d'annuler les actes pour violation de formes, excès de pouvoirs ou incompétence (Rolland de Villargues, *Rép. du not.*, v° *Discipline not.*, n° 137 ; Arg., cass., 20 fév. 1823 ; 28 déc. 1825 ; 22 juill. 1834 ; Caen, 5 avril 1838).

152. Une décision du ministre de la justice, du 12 avril 1839, porte que les mesures de discipline prises contre les officiers ministériels n'étant pas considérées comme des peines, il ne saurait y avoir lieu, à leur égard, à l'application du droit de grâce; Mais cette décision a été l'objet de justes critiques (V. *J. Huiss.*, t. 20, p. 229 et 230 ; Morin, *de la Discipline*, t. 2, n° 839).

153. Les *avis* que la chambre donne comme conciliatrice, n'étant pas obligatoires, ne sont pas sujets à être réformés; il n'y aurait d'ailleurs aucun intérêt à en faire prononcer la nullité. — Ces *avis* sont, par le même motif, dispensés de l'homologation du tribunal (V. en ce sens *J. Huiss.*, t. 23, p. 159 et 160).

154. Quant aux délibérations que la chambre prend comme administratrice, elles peuvent être annulées par le ministre de la justice, sur le rapport du procureur général (Décis. du ministre de la justice des 3 sept. 1840 et 21 avril 1845).

155. En prononçant la nullité d'une délibération prise par une chambre de discipline, le ministre peut ordonner qu'elle sera biffée du registre, et que la décision ministérielle sera transcrite en marge (Lettre du ministre de la justice du 17 mars 1828 ; décis. du ministre de la justice du 21 avril 1845).

156. 5° EXÉCUTION. — Les décisions que la chambre prononce comme tribunal sont obligatoires; elles sont exécutées par le syndic ou par la chambre elle-même, de la manière suivante :

157. Le *rappel à l'ordre* a lieu par le syndic aussitôt qu'il est prononcé, si l'huissier est présent à la séance ; sinon, le syndic lui écrit pour lui notifier que, par décision en date du....., la chambre l'a rappelé à l'ordre pour *tel* fait, par *tels* motifs.

158. La *censure simple* s'exécute par la lecture à l'huissier, s'il est présent, de la décision qui la prononce ; sinon, l'expédition de cette décision est notifiée à l'huissier par lettre du syndic.

159. La *censure avec réprimande* se fait par une admonestation sévère de la part du syndic à l'huissier condamné, en présence des membres de la chambre. Cette admonestation peut avoir lieu aussitôt le prononcé de la sentence, si l'huissier est présent ; dans le cas contraire, le syndic l'instruit par une lettre de la peine qui lui a été infligée et l'invite à se présenter, à jour et heure fixés, pour la subir ; s'il ne se présente pas, la chambre constate son absence et dénonce son refus de se présenter au procureur de la République.

160. L'*interdiction de l'entrée de la chambre* s'exécute par la chambre elle-même, en refusant d'admettre dans son sein le membre exclu, pendant la durée de la peine, laquelle ne commence à courir qu'à partir du jour de la notification de la décision, par lettre du syndic à l'huissier condamné.

161. Les avis que la chambre émet comme conciliatrice ne sont susceptibles d'aucune exécution.— V. *suprà*, n°s 66 et suiv.

162. Il en est de même des délibérations qu'elle prend comme administratrice; ces délibérations n'ont qu'une force morale et ne peuvent, par conséquent, engendrer aucune action coërcitive. — V. *suprà*, n° 81.

163. 6° COMMUNICATION.—Les délibérations des chambres de discipline, étant des actes de régime intérieur, doivent rester secrètes, et, par conséquent, personne, si ce ne sont les parties intéressées et le ministère public, ne peut en demander communication. Néanmoins, il a été jugé qu'un fonctionnaire, qui se prétend diffamé par une délibération de la chambre de discipline, a le droit de s'en faire délivrer expédition, bien qu'il n'ait pas été partie dans ladite délibération (Cass., 31 août 1831).

164. La chambre de discipline est tenue de représenter aux procureurs généraux et aux procureurs de la République, toutes les fois qu'ils en font la demande, le registre de ses délibérations, et tous autres papiers déposés dans ses archives (Décr. 14 juin 1813, art. 90).

165. Il est bon de remarquer, dit un auteur (M. Favard de Langlade), que c'est la chambre qui est tenue de représenter le registre, et non pas le secrétaire particulièrement, comme dépositaire des papiers, ni le syndic, comme président de la chambre. Lorsque ce registre est demandé à l'un ou à l'autre, il doit donc en référer à la chambre, car ni le syndic, ni le secrétaire, ne peuvent disposer des registres et papiers, sans y être autorisés par elle. Si les procureurs généraux ou de la République éprouvent un refus, celui des membres auquel ils se sont adressés n'en est pas exclusivement responsable, parce qu'il ne doit agir, dans ce cas, qu'avec le concours de la chambre.

166. Mais, quant à nous, nous ne pensons pas que ces mots *la chambre*, qui commencent l'art. 98 du décret de 1813, aient un sens aussi restrictif. Nous croyons, au contraire, que le secrétaire, représentant la chambre comme archiviste, peut et même doit, en cette qualité, communiquer immédiatement au ministère public les registres et papiers qu'il réclame, sauf à en tirer récépissé. A quoi bon, en effet, consulter la chambre, puisqu'elle ne peut refuser la communication sans violer ouvertement l'art. 90 du décret de 1813 ?

167. Décidé que le ministère public a le droit de requérir la communication des registres de la chambre pour prendre connaissance d'une délibération qu'il prétend renfermer des dispositions illégales, encore bien qu'une copie imprimée de cette délibération lui ait été remise (Bourges, 23 mars 1829 (V. *J. Huiss.*, t. 10, p. 277) ; Cass., 25 août 1829 ; 27 juillet 1839).

168. En cas de refus de la part de la chambre de faire la communication demandée, le ministère public a le droit d'agir par voie d'action pour faire ordonner que les communications et expéditions qu'il demande lui seront fournies (Amiens, 23 août 1828 (V. *J. Huiss.*, t. 10, p. 36) ; Cass., 25 août 1829 ; Metz, 28 juin 1838).

169. Le droit du ministère public s'étend à toutes les délibérations et à tous les papiers de la chambre, et il peut être exercé autant de fois que les procureurs généraux ou de la République le jugent convenable. A cet égard, la loi n'a tracé aucune limite à leurs pouvoirs.

§ 6. — Timbre et enregistrement.

170. L'art. 89 du décret du 14 juin 1813 est ainsi conçu : « Tous les actes de la chambre de discipline, soit en minute, soit en expédition, à l'exception des certificats et autres pièces à délivrer aux candidats, ou à des individus quelconques, dans leur intérêt personnel, sont exempts du timbre et de l'enregistrement ».

171. Il résultait de là, selon nous, que les actes de la chambre à délivrer à des individus quelconques, dans leur intérêt, étaient soumis au timbre sur la minute et l'expédition, et à l'enregistrement, en vertu de cette disposition de nos lois fiscales qui soumet à ces formalités tous les actes qui n'en sont pas formellement exempts.

172. Mais depuis on a considéré les chambres de discipline comme des établissements publics (Décis. du min. des fin., 28 sept. 1829 ; Délib. de la rég., 7 déc. 1830 : V. *J. Huiss.*, t. 12, p. 133), et, par suite, on leur a déclaré applicable l'art. 80 de la loi du 15 mai 1818, ainsi conçu : « Tous les actes, arrêts et décisions....., sont exempts du timbre sur la minute, et de l'enregistrement tant sur la minute que sur l'expédition.—Toutefois, aucune expédition ne pourra être délivrée aux parties que sur papier timbré, si ce n'est à des individus indigents, et à la charge d'en faire mention sur l'expédition ».

173. Ainsi, tous les actes de la chambre sont *exempts d'enregistrement*, tant sur la minute que sur l'expédition : dès lors, toutes expéditions de ces actes peuvent être produites devant les autorités constituées, sans avoir été enregistrées.

174. Tous les actes de la chambre sont également *exempts de timbre* sur la *minute*. Cette exemption s'applique spécialement au registre des délibérations de la chambre sur la discipline intérieure et l'examen des aspirants ; au registre de stage, lorsqu'il en est tenu un (Décis. du min. des fin., 28 sept. 1829) ; au registre destiné aux procès-verbaux des assemblées générales ; au papier employé aux citations et notifications, et généralement à tous les actes en minute que les chambres de discipline ou assemblées générales peuvent recevoir.

175. Néanmoins, contrairement aux dispositions du décret du 14 juin 1813 et à l'art. 80 de la loi de 1818, on a exigé que le registre des recettes et dépenses, tenu par le trésorier de la chambre, fût sur papier timbré (Décis. 25 juin 1823 ; Instr. de la rég., 8 oct. 1823).

176. Quant aux *expéditions*, des distinctions ont eu lieu. On a exempté du timbre celles délivrées aux autorités constituées, à condition d'y mentionner la destination (Décis. du min. des fin., 28 sept. 1829). Il doit en être de même des expéditions des délibérations signifiées par le syndic dans l'intérêt de la discipline.

177. Mais on a soumis au timbre :

1° Le certificat de la chambre constatant la non-comparution d'un huissier cité devant la chambre ; il peut être produit en justice (Circul. 17 juill.1815);

2° Les expéditions des délibérations des chambres, à produire devant le tribunal, pour être homologuées (Décis. 3 janv. 1823; Instr. 8 fév. 1823, n° 1068);

3° Les certificats de moralité, de bonne conduite et de capacité, délivrés aux candidats ou à des individus quelconques, dans leur intérêt personnel, par les chambres de discipline (Instr. 17 mars 1814, n° 659 ; 20 juill. 1843, n° 1694) ;

4° Toutes expéditions, extraits d'actes, de registres ou certificats en tenant lieu, délivrés à des huissiers ou à des tiers, dans leur intérêt privé (Décis. du min. des fin., 28 sept. 1829) ;

5° Tous extraits ou copies des délibérations des chambres de discipline produits par des candidats à l'appui de leur nomination (Instr. de la rég., 20 juill. 1843).

Formules.

1 *Lettre de convocation par le syndic aux membres de la chambre de discipline.*

CHAMBRE DE DISCIPLINE
  des Huissiers   M. . . . ., le. . . . . ., 185. .
de l'arrondissement
  de . . . .   *Le Syndic à M. . . . . , huissier.*

Monsieur et confrère ,

La chambre de discipline, dont vous êtes membre, se réunira le. . . . . ., heure de. . . . . ., au lieu ordinaire de ses séances, à l'effet de s'occuper de *telle* chose.

Je vous invite à vous rendre à la séance, afin de prendre part à la délibération qui sera arrêtée sur l'objet de la convocation.

         Votre bien dévoué confrère,
       Le Syndic de la Chambre de discipline.

2. *Procès-verbal de nomination du rapporteur et du secrétaire.*

L'an. . . . . ., le. . . . . ., sur la convocation faite par le syndic suivant lettres en date du . . . .

Les membres de la chambre de discipline des huissiers de l'arrondissement de. . . . . se sont réunis au nombre de. . . . ., au lieu ordinaire de leurs séances.

Le ·ieur. . . . . ., membre élu par l'assemblée générale, le. . . . . ., ne s'est point présenté et n'a point fait parvenir d'excuses.

Le syndic a exposé que le but de la réunion était de procéder à la nomination d'un rapporteur et d'un secrétaire ; ce qui a eu lieu de la manière suivante :

Chaque votant a fait en secret son bulletin en y inscrivant le nom de deux membres de la chambre et les désignant l'un comme rapporteur, l'autre comme secrétaire. Les bulletins ont été déposés dans un vase, et le syndic en ayant fait le dépouillement, il en est résulté que. . . . . ont réuni la majorité des voix, le premier comme rapporteur, le second comme secrétaire.

En conséquence, le syndic a proclamé M. . . . . ., rapporteur, et M. . . . . ., secrétaire ; tous deux ont accepté.

Fait et arrêté les jour, mois et an que dessus. Et ont les membres de la chambre signé le présent procès-verbal après lecture.

3. Lettre ou citation devant la chambre à un huissier.

CHAMBRE DE DISCIPLINE
   des Huissiers   M. . . . , le. . . . . , 185 .
  de l'arrondissement
  de. . . . . .   *Le Rapporteur à M. . . . . , huissier.*

        Monsieur et confrère,

Des plaintes vous signalant comme faisant remise d'une partie de vos honoraires aux hommes d'affaires qui vous procurent des exploits, je me vois contraint de vous citer à comparaître devant la chambre de discipline, le. . . . . ., heure de. . . . ., au lieu ordinaire de ses séances, en la ville de. . . . . ., pour vous expliquer sur les faits qui vous sont imputés, produire vos moyens de défense, et voir prononcer telle décision qu'il appartiendra.

Je vous invite donc, dans votre intérêt, à vous rendre à la présente citation et à me croire, Monsieur et confrère, votre bien dévoué.

          Le Rapporteur de la Chambre de discipline.

     A M. . . . . . huissier à

La citation ci-dessus est adressée à M. . . . . ., huissier à . . . . ., par le secrétaire de la chambre de discipline, soussigné, ce. . . . . .

            Le Secrétaire.

4. Délibération de la chambre prononçant une peine disciplinaire.

       Séance du. 185

Etaient présents MM. . . . . ., convoqués par lettre du syndic, en date du. . . .

Etait également présent M. . . . . ., inculpé.

Le syndic a exposé que, par suite de plaintes à lui adressées contre M . . . . ., il s'était vu contraint de faire citer ce dernier à comparaître cejourd'hui devant la chambre pour s'expliquer sur les faits à lui imputés et relatifs à des remises d'honoraires.

Le secrétaire a représenté le registre contenant la note de la citation adressée le. . . audit sieur. . . . .

Le rapporteur a donné lecture du rapport par lui rédigé et qui constitue l'instruction de l'affaire.

Ensuite M. . . . . a été invité à présenter verbalement sa défense et à déposer les conclusions écrites qu'il jugera convenables.

M. . . . . . a dit (*insérer le résumé des moyens de défense*).

Le rapporteur a résumé la discussion et requis contre M. . . . . . la censure avec réprimande en présence de la chambre assemblée.

La chambre s'est retirée pour en délibérer ; elle est ensuite rentrée dans la salle et a prononcé la sentence suivante :

La chambre, considérant qu'il résulte des débats que le sieur . . . . . a l'habitude de se livrer à des remises d'honoraires envers les personnes qui lui procurent des affaires; que, par ce fait, il avilit ses fonctions d'huissier et cause un préjudice réel à ses confrères; qu'il y a de sa part une faute grave qui doit être sévèrement réprimée. Décide à la majorité de. . . . . voix contre. . . . . . voix, que le sieur. . . . . sera censuré avec réprimande, par le syndic, en présence de la chambre assemblée.

Et à l'instant même, le sieur. . . . . . étant présent, le syndic, en présence de la chambre, l'a censuré avec réprimande par une allocution dans laquelle il lui a sévèrement démontré ce que sa conduite avait de répréhensible et de coupable.

Et les membres de la chambre ont signé après lecture.

5. *Avis de la chambre de discipline sur des réclamations de la part de tiers.*

Séance du. 185

Etaient présents : MM. . . . . ., convoqués par lettres du syndic en date du. . . .

Etaient également présents : 1° M. . . . ., huissier à. . . . . ., 2° M. . . . .

Le syndic a exposé que, sur la plainte et les réclamations à lui faites par ce dernier contre M. . . . . ., il a fait citer celui-ci à comparaître cejourd'hui devant la chambre.

Le secrétaire a représenté le registre sur lequel il a été tenu note de cette citation.

Le rapporteur a donné lecture de son rapport.

Ensuite le plaignant a exposé qu'il avait chargé le. . . . . ., le sieur. . . . . . ., huissier comparant, de former opposition entre les mains de. . . . . ., pour sûreté de cent francs à lui dus par. . . . .; que. . . . . ., au lieu de faire immédiatement cette opposition, il a retardé sa signification de trois jours; que, pendant ce délai, le sieur. . . . . s'est libéré, en sorte que la créance du réclamant se trouve perdue, le débiteur direct étant insolvable; il a ajouté qu'il réclamait cent francs de M. . . . ., à titre de dommages-intérêts.

M. . . . . ., huissier, n'a pas nié avoir reçu l'ordre de signifier l'opposition; mais il a déclaré qu'aucun délai ne lui avait été imparti pour régulariser cet acte; il n'a pas voulu, en conséquence, accéder à la demande dudit sieur. . . . .

Le rapporteur a résumé la discussion et conclu à ce que ledit sieur. . . . . soit condamné aux dommages-intérêts réclamés.

La chambre, après en avoir délibéré,

Considérant qu'il résulte des débats et particulièrement du rapport du rapporteur qu'il y a eu au moins négligence de la part de l'huissier dans la signification de l'acte dont il avait été chargé par. . . . . ., que cette négligence a causé la perte de la créance de ce dernier, et qu'il est juste qu'il en soit indemnisé,

Est d'avis, à la majorité de. . . . . voix contre. . . . . voix, que le sieur. . . . doit payer au sieur. . . . ., à titre de dommages-intérêts, une somme de cent francs.

Fait et délibéré les jours et an que dessus. Et ont les membres de la chambre signé après lecture.

6. *Délibération accordant un certificat de moralité et de capacité.*

Séance du. . . . .

Etaient présents : MM. , ..., convoqués par lettres du syndic en date du. . . .

M. . . . . ., absent, n'a point envoyé d'excuses.

M. . . . . ., huissier à. . . . . ., s'est présenté devant la chambre et a déclaré qu'il venait de se démettre de ses fonctions d'huissier en faveur de M. . . . .,et qu'il avait en conséquence remis à celui-ci l'acte qui le présentait à l'agrément du Gouvernement comme son successeur, en vertu de la loi du 28 avril 1816; il a prié la chambre de vouloir interroger l'aspirant et lui délivrer, s'il y a lieu, le certificat de moralité et de capacité dont il a besoin pour poursuivre sa nomination.

M. . . . . . s'est également présenté et a réclamé son interrogatoire et le certificat dont il vient d'être parlé.

La chambre a décidé qu'elle allait s'occuper immédiatement de ces objets, et en effet elle a de suite interrogé M. . . . . ., sur les droits et devoirs de la profession d'huissier et sur plusieurs points de droit et de procédure; après quoi l'aspirant s'est retiré.

La chambre,

Considérant que, dans le but d'obtenir le certificat dont il s'agit, l'aspirant a déposé, dès le. . . . . ., ès mains du rapporteur de la chambre, les pièces suivantes :

1° (*Extrait de naissance*);
2° (*Certificat de jouissance de droits civils et civiques et de bonnes mœurs*);
3° (*Pièces constatant sa libération du service militaire*);
4° (*Certificat de stage*);

Considérant qu'il résulte de ces pièces, de l'interrogatoire subi par l'aspirant et des renseignements particuliers pris par le rapporteur, que M. . . . . . réunit les conditions d'aptitude et de moralité voulues par la loi,

Est d'avis d'accorder et accorde en effet le certificat de bonne conduite, de capacité et de moralité demandé par le sieur. . . . . .

Fait et délibéré les jour et an que dessus. Et ont les membres de la chambre signé après lecture.

7. Lettre de convocation à l'assemblée générale.

CHAMBRE DE DISCIPLINE
    des Huissiers   **M, ... , le . . . . . , 185. ,**
  de l'arrondissement
    de. . . . .   *Le Syndic à M. N. . . . ., huissier à N. . . .*

Monsieur et confrère,

J'ai l'honneur de vous faire part que l'assemblée générale annuelle des huissiers de notre arrondissement, prescrite par l'art. 67 du décret du 14 juin 1813, aura lieu le. . . . . ., heure de. . . . ., à. . . . .

Je vous invite, en conséquence, à vous rendre à cette assemblée pour prendre part aux délibérations qui seront arrêtées et notamment à la nomination des membres de la chambre de discipline, en remplacement de ceux sortant cette année.

Votre dévoué confrère,
Le Syndic de la Chambre de discipline.

8. Procès-verbal de l'assemblée générale. — Élection des membres de la chambre disciplinaire.

L'an. . . . . ., le. . . . . ., heure de. . . . ., sur la convocation faite par le syndic de la chambre de discipline, en exécution de l'art. 67 du décret du 14 juin 1813, par lettres adressées le. . . . ., à chacun des huissiers de la communauté,

Les huissiers de l'arrondissement de. . . . . se sont réunis en assemblée générale au lieu ordinaire de leurs séances, au chef-lieu de la ville de. . . . .,

Sous la présidence de M. . . . . . syndic, président de la chambre de discipline,

Ayant pour secrétaire M. . . . . ., huissier à. . . . . ., le plus jeune des membres présents.

A l'ouverture de la séance, le président a fait faire par le secrétaire l'appel nominal des huissiers de l'arrondissement au nombre de 40; 37 ont répondu à l'appel; les trois autres, étant absents, n'ont pas répondu: ce sont MM. . . . . Les deux premiers n'ont point fait parvenir d'excuses ni justifié d'aucun empêchement; quant au troisième, il a écrit au syndic qu'il ne pouvait assister à la réunion par *tel* motif: le dépôt de sa lettre aux archives de la chambre a été ordonné par le syndic et effectué immédiatement.

Le syndic a ensuite exposé, qu'en exécution de l'art. 59 du décret du 14 juin 1813, l'assemblée doit procéder au remplacement des membres sortants de la chambre de discipline, et par conséquent à la nomination de ceux qui, en nombre égal, doivent faire partie de cette chambre à compter du premier novembre prochain;

Qu'aux termes de l'art. 62 du même décret, le nombre des membres sortants est de. . . . ., non compris le syndic; que, selon l'art. 55. . . . . ., membres de la chambre au moins doivent être choisis parmi les huissiers qui résident au chef-lieu; que. . . . ., membres sortants, y sont domiciliés, et que, par conséquent, il est nécessaire de désigner. . . . . huissiers résidants au chef-lieu, en procédant aux nominations;

Que parmi les membres à nommer se trouve le trésorier qui doit être désigné par un scrutin particulier parmi les huissiers en résidence au chef-lieu.

Et, en conséquence, le syndic a invité l'assemblée à procéder auxdites élections; mais

préalablement, il a appelé au bureau, en qualité de scrutateurs, les sieurs. . . . . .,
huissiers, comme se trouvant les plus âgés des membres présents.

Le bureau ainsi composé, un premier tour de scrutin a eu lieu pour la nomination
du trésorier.

Chaque huissier a formé secrètement son bulletin en y inscrivant le nom de l'un des
membres de la communauté. Tous les votants ont ensuite déposé leurs bulletins dans
un vase, en présence du bureau, tandis que l'un des scrutateurs écrivait sur une liste
le nom de chaque déposant. Après quoi, le président a compté les bulletins, et le nombre
s'étant trouvé égal à celui des votants inscrits par l'un des scrutateurs, le scrutin a été
déclaré valable et la majorité fixée à. . . . . .

Le dépouillement du scrutin a été fait par le président, qui a prononcé le contenu de
chaque bulletin, par un scrutateur qui a vérifié ce contenu et par un autre scrutateur
qui, concurremment avec le secrétaire, a écrit sur une feuille de papier les noms indiqués par les bulletins.

Le résultat a fait connaître que M. . . . . . a obtenu. . . . . voix et M. . . . .
. . . . . voix ; M. . . . . . ayant réuni la majorité des suffrages, a été proclamé,
par le syndic, au nom de l'assemblée, trésorier de la communauté.

Il est observé que le bureau, après en avoir délibéré, a attribué à. . . . . . un
bulletin portant le nom de. . . . . ., sans autre désignation, encore bien qu'il existât
un autre huissier du même nom; et cela, par la raison que ce dernier faisant déjà
partie de la chambre, n'avait pu être désigné dans ledit bulletin, qui dès lors revenait
de droit audit sieur. . . . .

Cette première opération terminée, il a été procédé à un second tour de scrutin pour
le choix des autres membres à nommer.

Chaque huissier présent a sur un carré de papier inscrit le nom de. . . . . .,
huissiers, en observant d'en désigner. . . . . ., domiciliés au chef-lieu. Cela fait, chaque membre a déposé son bulletin dans un vase en présence du bureau et en même
temps l'un des scrutateurs inscrivait sur une liste le nom des déposants; ensuite le président a compté les bulletins, dont le nombre s'est trouvé égal à celui des votants inscrits ;
en conséquence : le scrutin a été déclaré valable et la majorité fixée à. . . .

Le dépouillement du scrutin a été fait comme il est ci-dessus dit, et son résultat a
fait connaître que,

M. . . . . . a obtenu. . . . . . voix,
M. . . . . . a obtenu. . . . . . voix, etc.

MM. . . . . .. ayant réuni la majorité absolue, ont été proclamés par le syndic
membres de la chambre de discipline.

Ces derniers et le trésorier, étant présents, ont déclaré accepter les fonctions à eux
déférées.

Lorsqu'un membre nommé est absent, on ajoute : Expédition du présent procès-
verbal sera notifiée à M. . . . . ., absent, avec invitation de se présenter à. . . . . .,,
le. . . . . .., pour assister aux séances de la chambre et procéder à la nomination du
rapporteur et du secrétaire.

Fait et arrêté en l'assemblée générale des huissiers de l'arrondissement de. . . . . .,
les jour, mois et an que dessus.

Et ont tous les membres présents signé ce procès-verbal après lecture.

9. *Notification d'une décision de la chambre.*

Soit, à la réquisition du rapporteur soussigné, la décision ci-dessus prononcée par
la chambre de discipline des huissiers de l'arrondissement de. . . . . ., le. . . . . .,,
notifiée à. . . . . .., par l'intermédiaire du secrétaire de la chambre.

Ce. . . . . .   *Le rapporteur de la Chambre de discipline.*

Adressé et notifié, conformément à la réquisition du rapporteur, la décision dont
expédition est ci-dessus, audit M. . . . . ., huissier à. . . . . .

Ce. . . . . .   *Le Secrétaire de la Chambre de discipline.*

CHAMBRE DES REQUÊTES. — V. *Cassation,* nos 105 et suiv., et
Cour de cassation.

CHAMBRES DES VACATIONS.—Portion d'une Cour ou d'un tribunal qui siége pendant les vacances pour l'expédition des affaires sommaires et

de celles qui requièrent célérité (Déc., 30 mars 1808, art. 44 et 78). — V. *Matières sommaires, Organisation judiciaire, Vacations.*

CHAMBRE DU CONSEIL. — Lieu où les juges se retirent pour délibérer sur les causes plaidées à l'audience (C. proc. civ., art. 116), ou sur celles qui sont instruites et jugées à huis clos (C. proc. civ., art. 87, 93, 380, 861 et 876), ou pour décider s'il y a lieu, ou non, à poursuivre ou à élargir les prévenus de crimes, ou à les renvoyer en police simple ou correctionnelle (C. I. cr., art. 127 et suiv.), ou pour s'occuper de matières réglementaires ou disciplinaires. — V. *Autorisation de femme mariée*, nos 90 et suiv., *Discipline, Instruction, Récusation.*

CHAMBRES RÉUNIES. — Il est certaines affaires qui ne peuvent être jugées que par le tribunal entier ou plusieurs chambres réunies. — V. *Audience solennelle, Cassation*, nos 139 et 140, *Discipline, Huissier, Organisation judiciaire.*

CHAMOISEUR. 1. Les chamoiseurs pour leur compte sont rangés dans la sixième classe des patentables, et les chamoiseurs à façon dans la huitième.

2. Les établissements de chamoiseurs sont rangés parmi les établissements insalubres.

CHAMPART. 1. Droit de partager avec le propriétaire, dans une proportion quelconque, les fruits d'un héritage.

2. Autrefois le refus de payer le champart donnait lieu à une action en complainte (Arrêts du Parlem. de Paris des 15 mars 1718 et 27 janv. 1737).

3. Il n'en est pas de même aujourd'hui. Le droit de champart, consistant en prestations en nature, est une créance purement mobilière, et, dès lors, il ne peut être l'objet d'une *action possessoire* (V. ce mot, n° 363).

CHAMPOYER. — On désignait autrefois, par ce mot, dans certaines coutumes, l'exercice du droit de vaine pâture à travers les champs non clos, après la récolte. — V. *Vaine pâture.*

CHAMPS ENSEMENCÉS.—1. Le fait de passer à pied ou à cheval dans un champ ensemence, ou d'y laisser passer ses bestiaux ou bêtes de trait, d'y glaner, râteler ou grappiller, constitue une contravention de la compétence du tribunal de simple police (C. pén., art. 471, nos 9, 10, 13 et 14).

2. S'il s'y joignait quelque circonstance qui dût le faire considérer comme crime ou délit, son auteur serait soumis à la juridiction de la Cour d'assises ou de la police correctionnelle.

3. L'action civile pour dommages faits aux champs, fruits et récoltes, par les hommes ou les animaux, est de la compétence des juges de paix, qui en connaissent sans appel jusqu'à la valeur de cent francs, et à charge d'appel à quelque valeur que la demande puisse monter (L. 25 mai 1838, art. 5.— V. *Justice de paix.*

CHANCELIERS DE CONSULAT.—1. Fonctionnaires publics attachés aux consuls dans les pays étrangers.

2. Ils ont principalement la garde du sceau du consulat et scellent tous les jugements, commissions et autres actes émanés des consuls ou qui sont passés ou légalisés par eux. Ils remplissent, en outre, les fonctions de notaires pour tous les individus de leur nation, et celles d'huissiers pour les assignations à donner.

3. Les actes des chanceliers ont la même force et les mêmes effets en France, lorsqu'ils sont légalisés par les consuls, que ceux des notaires et greffiers du royaume.—V. *Timbre et enregistrement.*

CHANDELIERS. — Les fabricants de chandeliers en fer et en cuivre, pour leur compte, sont rangés dans la sixième classe des patentables, et les fabricants à façon dans la huitième classe.

CHANDELLE ALLUMÉE, CHANDELLE ÉTEINTE. — Forme d'adjudication publique à l'extinction des feux, encore suivie aujourd'hui.— V. *Saisie immobilière, Vente de biens immeubles.*

CHANDELLES.—Les fabricants de chandelles sont patentables et leurs établissements sont classés comme insalubres.

CHANGE DE PLACE EN PLACE. — 1. Contrat par lequel l'une des parties donne son argent dans une ville, et reçoit en échange une lettre de change ou un billet dont la valeur est payable dans une autre ville. Cette opération constitue un acte de commerce.—V. *Actes de commerce*, nos 145 et suiv.

2. Si le change s'opère par un billet, le signataire se nomme *souscripteur*, et le preneur, *bénéficiaire* (V. ce mot); s'il s'opère par une lettre de change, le négociant qui la signe se nomme *tireur*, celui à qui elle est remise prend le nom de *preneur ou porteur*; celui qui doit la payer se nomme *tiré*; enfin, si le tiré accepte, il est qualifié d'*accepteur*.

3. Le contrat de change n'est pas un contrat de prêt : c'est ou un contrat de vente ou un contrat d'échange; il est parfait par la double convention de fournir le billet ou la lettre de change et d'en payer la valeur (Pothier, *du Change*, nos 51 et 52; Déc. des min. de la just. et des fin., 31 oct. 1808). Il peut devenir commun à plusieurs personnes, si la lettre de change indique un besoin.—V. *Effet de commerce.*

4. Le profit que le change procure se nomme *prix du change*. Le taux reconnu se qualifie : *cours du change*, et se constate par des agents de change (Arrêté du gouv. 27 prair. an 7; C. comm., art. 73 et 76).—V. *Agent de change.*

5. On dit que le change est au *pair* entre deux places, quand on paie dans l'une autant qu'on peut toucher dans l'autre ; qu'il est *pour une place*, quand le porteur des effets à y toucher gagne au prix du change; qu'il est *contre* la place, quand le porteur a payé plus qu'il n'aura à recevoir.

6. Le change et le rechange excédant l'intérêt légal ne peuvent être considérés comme usuraires (Garnier, *de l'Usure*, p. 47; Pothier, no 52; Merlin, *Rép.*, vo *Lettre et Billet de change*; Cass., 8 nov. 1825).

7. Toutefois, le droit de change peut être réduit par les tribunaux, lesquels ont aussi le droit d'examiner si le contrat de change ne déguise pas un prêt usuraire (Cass., 4 août 1820; Pothier, no 55; Garnier, p. 28).

CHANGEMENT DE DOMICILE.—V. *Domicile, Exploit.*

CHANGEMENT D'ÉTAT. — Changement de l'état civil de l'une des parties, survenu pendant l'instance, ou dans l'intervalle du jugement de première instance à l'appel.—V. *Autorisation de femme mariée, État civil, Reprise d'instance.*

CHANGEMENT DE RÉSIDENCE.—Les huissiers ne peuvent quitter la résidence qui leur est assignée, à peine d'être remplacés (Décr. 14 juin 1813, art. 16).—V. *Cautionnement des Huissiers*, no 25; *Huissier, Office.*

CHANGEUR DE MONNAIES. — Les changeurs de monnaies sont rangés dans la première classe des patentables.

CHANTIERS. — Les chantiers de bois à brûler sont rangés parmi les établissements dangereux et incommodes (Ord. 9 fév. 1825).

CHANVRE.—1. L'infraction aux règlements de l'autorité municipale sur le rouissage du lin et du chanvre dans les rivières et canaux est punie de peines de simple police.

2. Les marchands de chanvre sont patentables.

CHAPEAUX, CHAPELIERS. — 1. Les marchands et fabricants de chapeaux sont patentables.

2. Les fabriques de chapeaux sont classées comme établissements insalubres.

CHAPEL DE ROSES. — Expression symbolique que l'on trouve dans plusieurs coutumes, pour désigner un don de peu d'importance que les père et mère faisaient à leur fille en la mariant, lequel don lui tenait lieu de sa légitime.

CHAPELETS (FABRICANTS ET MARCHANDS DE). — Sont rangés dans la septième classe des patentables.

CHAPELLE. — Les chapelles publiques consacrées au culte sont imprescriptibles (Cass., 1er déc. 1823); elles ont le droit d'avoir une fabrique et elles sont aptes à posséder et à recevoir (avis du cons. d'État du 28 déc. 1819).—V. *Action possessoire*, n° 370, *Etablissement public, Fabrique.*

CHAPITRE.—Corps d'ecclésiastiques attachés à une église cathédrale. Les chapitres peuvent acquérir des immeubles ou des rentes à titre onéreux ou gratuit (Ordonn. 2 nov. 1817).—V. *Etablissement public.*

CHARBON.—1. Les marchands de charbon de bois ou charbon de terre, en gros et en détail, sont patentables.

2. Les établissements qui ont pour objet la fabrication du charbon de bois à vases clos, et l'épurage du charbon de terre à vases ouverts ou à vases clos, sont considérés comme insalubres.

CHARCUTIER.—Les charcutiers sont rangés dans la quatrième classe des patentables.

CHARGE. — Ce mot est employé dans la pratique comme synonyme d'office. Ainsi, on dit une charge de notaire, d'avoué, d'huissier, etc. — V. *Office.*

CHARGES.—1. Dans le langage des lois, ce mot a plusieurs acceptions.

2. Il s'emploie pour exprimer soit une obligation, soit une condition à exécuter. Dans ce dernier sens, on dit : *vendre à telle charge* ou *à telle condition.* On emploie aussi les mots *charges* et *conditions* pour signifier les différentes conventions d'un traité, parce qu'elles obligent toutes.

3. Le mot *charges* s'entend encore d'un *passif* d'une nature particulière. Ainsi, on dit : *charges du mariage, charges de la communauté, charges de la succession, charges de l'usufruit légal.*—V. *Communauté, Mariage, Succession, Usufruit.*

4. *Enregistrement. —* En matière d'enregistrement et pour liquider le droit, on ajoute au prix principal les charges qui augmentent ce prix, s'il s'agit de mutation à *titre onéreux;* et s'il est question de mutation à *titre gratuit* ou *par décès,* le droit est perçu sur la valeur des biens, sans distraction des charges qui les grèvent (L. 22 frim. an 7, art. 14, n°s 5 et 8).

CHARNIÈRES (FABRICANTS DE).—Les fabricants de charnières en fer, cuivre ou ferblanc, pour leur compte ou à façon, sont patentables.

CHARPENTIER.—Les charpentiers, entrepreneurs, fournisseurs, sont rangés dans la quatrième classe des patentables.

CHARRETTE.—V. *Acte de commerce*, n° 56.

CHARRETTES (LOUEURS DE). — Sont rangés dans la huitième classe des patentables.

CHARRON.—V. *Acte de commerce*, n° 31.

CHARRUE.—Les charrues sont, comme les autres ustensiles aratoires, immeubles par destination. — V. *Immeubles par destination, Privilége, Saisie-exécution, Saisie immobilière, Ustensiles aratoires.*

CHARTE-PARTIE.—1. Contrat par lequel un navire est loué, en tout ou partie pour un usage convenu et moyennant un prix déterminé. Ce contrat se nomme aussi *Affrétement* ou *Nolissement.*

2. On nomme *fréteur* celui qui donne le navire à loyer ; *capitaine*, celui qui commande le navire ; il est le représentant ou le mandataire du fréteur ; *affréteur*, celui à qui le bâtiment est loué ; *fret* ou *nolis*, le prix du loyer ; *consignataire*, celui à qui l'expédition est faite et chez qui les marchandises doivent être remises ; et *connaissement*, l'acte qui contient, de la part du capitaine, l'indication et la reconnaissance des marchandises chargées à son bord.

3. Le contrat de *charte-partie* constitue un louage de choses, celui du navire, et un louage de services, celui de l'équipage qui doit transporter au lieu convenu les marchandises de l'affréteur. Il suit de là qu'on doit appliquer à la charte-partie les principes généraux du louage.—V. *Bail (en général).*

4. Cet article n'étant pas d'un intérêt général pour la corporation des huissiers, nous nous bornerons à indiquer ici les principales circonstances dans lesquelles les huissiers sont appelés à instrumenter.

5. 1° *Erreur dans la déclaration du tonnage.*—Le capitaine est tenu de déclarer le tonnage du navire ; si, même sans mauvaise foi, le navire a été déclaré d'un plus grand port qu'il n'est, le capitaine est tenu de dommages-intérêts envers l'affréteur (C. comm., art. 2˄9), dès qu'il y a défaut de place et surcharge. Ces dommages-intérêts sont évalués d'après les principes des art. 1149 et 1151, C. civ.—V. *Dommages-intérêts.*

6. Toutefois, la déclaration du capitaine ne donne pas lieu à des dommages-intérêts, si l'erreur n'excède pas 1/40°, ou si la déclaration est conforme au certificat de jauge (C. comm., art. 90) délivré par la douane.

7. L'affréteur doit faire constater par des gens de l'art, en présence du capitaine ou lui dûment appelé, la différence qui existe entre le tonnage réel et le tonnage déclaré, et ensuite former sa demande devant le tribunal de commerce. —V. *Formule* 1.

8. 2° *Retard dans le départ du navire.* — Le temps et le lieu pour la charge du navire sont réglés par la convention des parties, sinon par l'usage des lieux C. comm., art. 274).

9. Si le chargement n'est pas effectué dans le délai convenu, ou si le capitaine ne part pas à l'expiration de ce délai, celle des parties qui souffre le retard peut, si ce retard n'a pas pour cause une force majeure, actionner l'autre partie en dommages-intérêts, mais toutefois après l'avoir constitué en demeure par une sommation, car la mise en demeure verbale ne suffirait qu'autant qu'elle ne serait pas niée.——V. *Formule* 2.

10. La demande en dommages-intérêts, basée sur l'art. 1151, C. civ., est ensuite intentée devant le tribunal de commerce, en la forme ordinaire.— V. *Formule* 3.

11. 3° *Défaut de charge de la quantité de marchandises portée en la charte-partie.*—Dans ce cas, l'affréteur doit le fret entier et pour le chargement complet auquel il s'est engagé (C. comm., art. 28 3).

12. Mais, pour pouvoir profiter de cette disposition, le capitaine doit avoir mis l'affréteur en demeure (V. *Formule* 4), et avoir demandé (V. *Formule* 5) et obtenu un jugement portant que, faute par l'affréteur de compléter le chargement dans un délai fixé, le capitaine pourra partir.

13. Le capitaine qui aurait fait voile sans remplir cette formalité, loin d'être fondé à réclamer la totalité du fret, pourrait, suivant les circonstances, être tenu de dommages-intérêts envers l'affréteur (Pothier, *Charte-partie*, n° 73).

14. 4°*Arrêt du navire.*—Lorsque le navire se trouve arrêté par force majeure, soit avant le voyage, dans le port où il a été armé, soit pendant le voyage, dans un port où il a relâché, le chargeur peut faire décharger ses marchandises à ses frais, à condition de les recharger ou d'indemniser le capitaine (C. comm., art. 278), si, par sa négligence, il occasionnait un retard. Il en serait de même à plus forte raison, si le chargeur refusait de recharger : dans ce dernier cas, il devrait la moitié du fret, si le voyage n'était pas commencé, et s'il l'était, il serait obligé de payer le fret entier (C. comm., art. 288 et 293).

15. Pour pouvoir réclamer cette indemnité, le capitaine doit mettre le chargeur en demeure par une sommation (V. *Formule* 6). Si ce dernier ne veut pas recharger, il doit le déclarer sur la sommation, et offrir la moitié ou la totalité du fret, suivant qu'il doit l'une ou l'autre (V. le n° précédent) ; s'il garde le silence et s'il ne recharge pas les marchandises, il peut être actionné en paiement de ce qu'il devait offrir.—V. *Formule* 7.

16. Si le chargeur n'occasionnait qu'un simple retard (V. *infrà*, n° 20), on ne pourrait lui demander que des dommages-intérêts.

17. 5° *Le navire est hors d'état de naviguer.* —— Le capitaine perd son fret et répond des dommages-intérêts de l'affréteur, si celui-ci prouve que, lorsque le navire a fait voile, il était hors d'état de naviguer (C. comm., art. 299), et cela quand même le capitaine aurait ignoré le vice du navire (C. civ., art. 1721), le contrat étant censé fait sous la condition résolutoire que le capitaine fournira un bon navire.

18. La preuve à faire par l'affréteur est admissible nonobstant et contre les certificats de visite au départ (C. comm., art. 297).

19. La demande est intentée devant le tribunal de commerce, pour voir dire que l'affréteur sera libéré du fret et que des dommages-intérêts lui seront accordés à raison du préjudice par lui éprouvé.—V. *Formule* 8.

20. 6° *Des retards.* – Si le navire est arrêté au départ, pendant la route ou au lieu de la décharge, par le fait de l'affréteur, les frais du retardement sont dus par ce dernier (C. comm., art. 294) ; ils sont dus par le capitaine, si c'est par son fait, au contraire, que le retard a eu lieu (C. comm., art. 295); à moins, dans tous les cas, que le retard ne provienne d'une force majeure ; mais c'est à celui qui invoque cette exception à la prouver.

21. Les dommages-intérêts dus par le capitaine doivent être réglés par des experts (C. comm., art. 295) ; s'ils sont dus par l'affréteur, ils peuvent être déterminés par les tribunaux, d'après les circonstances, sans qu'il y ait expertise.

22. En cas de contestation, la demande est formée devant le tribunal de commerce : par le capitaine, si c'est lui qui a éprouvé le retard, pour voir dire que l'affréteur lui paiera une indemnité proportionnée aux jours de retard et eu égard au prix du fret ; et par le fréteur, si c'est lui qui est lésé, pour faire ordonner qu'une expertise aura lieu, et que le capitaine lui paiera une somme égale au préjudice par lui éprouvé et au gain dont il a été privé. — V. *Formule* 9.

23. 7° *Défaut par le capitaine de noliser un autre bâtiment.*—Lorsque, pendant le voyage, le navire ne peut continuer sa route et ne peut être radoubé, le capitaine est tenu d'en louer un autre. S'il ne le peut, le fret n'est dû qu'à proportion de ce que le voyage est avancé (C. comm., art. 296);

s'il le peut et ne le fait pas, il est tenu de dommages-intérêts envers les char-geurs, assureurs et autres intéressés.

24. La demande est introduite en la forme ordinaire, devant le tribunal de comme. ce. - V. *Formule* 10.

25. 8° *Dépôt des marchandises jusqu'au paiement du frêt.* — Le frêt n'est dû que lorsque les marchandises sont débarquées ; le capitaine ne peut les retenir dans son navire ; mais seulement, s'il doute de la solvabilité du con-signataire, il peut, dans le temps de la décharge, demander le dépôt en main tierce, jusqu'au paiement du fret (C. comm., art. 306) et des avaries ; et le tribunal de commerce du lieu est compétent pour les contestations relatives au paiement du fret et au dépôt des marchandises.—V. *Formule* 11.

26. 9° *Abandon des futailles pour le fret.*—En thèse générale, le char-geur ne peut demander aucune diminution du prix du fret ; il ne peut même abandonner pour le fret les marchandises diminuées de prix ou détériorées par leur vice propre ou par cas fortuit (C. comm., art. 309 et 310). Toute-fois, si des futailles contenant vin, huile, miel et autres liquides, ont tellement coulé qu'elles soient vides ou presque vides, lesdites futailles peuvent être abandonnées pour le fret (C. comm., art. 310).

27. Si, parmi les futailles transportées, les unes étaient pleines, les autres vides, nous ne pensons pas que l'abandon puisse être fait de la totalité. Il nous semble que l'abandon des dernières pourrait seul avoir lieu, sauf à payer le fret des futailles pleines.

28. La faculté d'abandonner n'existerait pas : 1° si le coulage avait eu lieu par le mauvais état des futailles , et 2° si les futailles étaient arrivées pleines, quoique les marchandises fussent détériorées.

29. L'abandon a lieu par exploit contenant désignation des objets aban-donnés et sommation de recevoir ces objets ; en cas de refus, le même acte peut contenir assignation devant le tribunal de commerce, pour voir dire que l'abandon sera déclaré valable, et que les futailles seront laissées aux risques du fréteur et que l'affréteur sera libéré du prix du fret.—V. *Formule* 12.

30. 10° *Refus de recevoir les marchandises.*—Si le consignataire refuse de recevoir les marchandises, le capitaine peut, par autorité de justice, en faire vendre pour le paiement de son fret, et faire ordonner le dépôt du sur-plus. S'il y a insuffisance, il conserve son recours contre le chargeur (C. comm., art. 305).

31. Si le connaissement est à ordre, il suffit, pour qu'il y ait application de l'art. 305 précité, que le consignataire y dénommé refuse et que personne ne se présente avec son ordre. Si le connaissement est au porteur, il y a refus par cela seul qu'il ne se présente personne.

32. Le refus doit être constaté par une sommation. Le capitaine peut, par l'acte même de sommation, assigner le consignataire, pour voir dire que, faute par celui-ci de recevoir les marchandises, le tribunal de commerce en autorisera la vente, jusqu'à concurrence du fret. et ordonnera le dépôt du sur-plus dans les mains de tel négociant qui sera indiqué et aux risques de qui il appartiendra.—V. *Formule* 13.

33. Dès que le jugement est signifié, le capitaine peut faire procéder à la vente par un officier public et en remplissant les formalités prescrites au titre des *Saisies-exécutions.*—V. *Saisie-exécution.*

34. 11° *Refus de donner un reçu des marchandises.* — Tout consigna-taire qui a reçu les marchandises est tenu d'en donner un reçu au capitaine qui le demandera, à peine de tous dépens, dommages-intérêts, même de ceux de retardement (C. comm., art. 285).

35. Si le consignataire refuse de donner le reçu, le capitaine peut l'y con-traindre en justice. Il l'assigne pour voir dire qu'il sera déchargé des marchandises, et que, à raison du retard que lui a fait éprouver le consignataire, ce dernier lui paiera tels dommages-intérêts.—V. *Formule* 14.

36. 12° *Résolution du contrat.*—De quelque manière que le navire ait été affrété, si l'affréteur n'a rien chargé, il a la faculté de rompre le voyage avant le départ, en payant en indemnité, au capitaine, la moitié du fret convenu par la charte-partie pour la totalité du chargement qu'il devait faire (C. comm., art. 288).

37. Le capitaine ne peut rien exiger au delà de cette moitié ; mais aussi le demi-fret lui est acquis, lors même qu'il trouverait à l'instant un affrétement plus avantageux.

38. L'affréteur qui veut rompre le voyage doit notifier sa volonté au capitaine et lui offrir par le même exploit la moitié du fret. – V. *Formule* 15.

39. *Privilége du capitaine.*—Le capitaine est préféré pour son fret (et les avaries) sur les marchandises de son chargement, non-seulement pendant qu'elles sont dans son navire, mais encore pendant quinzaine après la délivrance, pourvu toutefois qu'elles n'aient pas passé en mains tierces (C. comm., art. 307 et 308).

40. Ce privilége est préférable à celui du vendeur non payé du prix, et à celui du propriétaire des marchandises, si elles ont été volées.

41. Lorsque le privilége est éteint, le capitaine n'a plus qu'une action personnelle, qui est prescrite un an après la livraison (C. comm., art. 434).— V. *Capitaine de navire.*

42. *Enregistrement.*—Le louage de navire est, comme tout autre louage, soumis au droit de 20 c. par 100 (L. 16 juin 1824, art. 1er).

Formules.

1. *Demande en dommages-intérêts pour fausse déclaration du tonnage.*

L'an. . . . ., à la requête de. . . . ., j'ai. . . . . ., donné assignation à. . . ., à comparaître le. . . . . . pour, attendu que suivant charte-partie du. . . . ., M. . . . . a loué au requérant un navire déclaré être du port de 600 tonneaux, moyennant 12,000 fr.; attendu que ce navire, visité par. . . . . ., en présence du sieur. . . . . ., a été reconnu n'être du port que de 550 tonneaux ; que le requérant, comptant sur le tonnage déclaré, avait acquis *telle* quantité de marchandises destinée à charger complétement ledit navire; que ne pouvant embarquer tout ce qu'il avait acheté, le requérant se trouve propriétaire de marchandises qui ne peuvent que se détériorer, et que loin de réaliser un bénéfice, il sera obligé de les revendre à perte; — voir dire et ordonner que le fret stipulé en la charte-partie susdatée sera réduit de 1.000 fr. pour l'erreur du tonnage portant sur 50 tonneaux ; s'entendre condamner en 3,000 fr. de dommages-intérêts en raison du préjudice éprouvé par le requérant faute d'avoir pu charger ses marchandises, et en outre aux dépens, sous toutes réserves.

V. n° 7.—Coût, tarif, 29 : Paris, 2 fr. R. P. 1 fr. 80 c. ; aill., 1 fr. 50 c. Enregistrement de l'exploit, 2 fr. 20 c. (L. 28 avr. 1816).

2. *Sommation de faire partir le navire.*

L'an . . . . ., à la requête de. . . . . . ., j'ai. . . . . ., donné sommation à. . . . . ., de, attendu que suivant charte-partie (*L'analyser*); attendu que ledit navire était chargé complétement dès le. . . . . : que le délai fixé pour le départ est expiré depuis le. . . . . . et qu'aucune circonstance ne retarde le voyage dudit navire; — dans le délai de vingt-quatre heures mettre à la voile. quitter la rade de. . . . . et conduire ledit bâtiment à sa destination,—déclarant audit sieur. . . . . que, faute de ce faire, le requérant se pourvoira, sous toutes réserves.

V. n° 9.—(Coût, tarif, 29: V. *Form.* n° 1). Enregistrement de l'exploit, 2 fr. 20 c. (L. 28 avr. 1816).

3. *Demande en dommages-intérêts faute de partir.*

L'an. . . . . ., à la requête de. . . . . ., j'ai donné assignation à. . . . . ., à comparaître le. . . . ., pour, attendu (*Motifs de la formule* 2, *analyser la sommation*) ; attendu que ledit sieur. . . . . . n'a point obéi à ladite sommation ;—voir dire et ordonner que ce dernier sera tenu de quitter la rade de. . . . . . ., dans le jour de la signification du présent jugement, sous la contrainte de. . . . . mille francs, et en outre, s'entendre condamner, en raison du retard éprouvé, en. . . . . . . de dommages-intérêts et aux dépens.

V. n° 40.—Coût: V. *Form.* 4.

Enregistrement de l'exploit, 2 fr. 20 c. (L. 28 avr. 1846).

4. Sommation de compléter le chargement.

L'an. . . . . . ., à la requête de. . . . . . ., j'ai. . . . ., fait sommation à. . . . . . de, attendu que suivant charte-partie (*L'analyser*); attendu que le délai fixé par cet acte pour le chargement du navire est expiré depuis le. . . . . ., et que le chargement n'est pas encore entièrement effectué ;—dans le délai de vingt-quatre heures, compléter le chargement du navire affrété;—lui déclarant que, faute de ce faire, le requérant se pourvoira, sous toutes réserves.

V. n° 12.—Coût: V. *Form.* 4.

Enregistrement de l'exploit, 2 fr. 20 c. (L. 28 avr. 1846).

5. Demande en autorisation de partir.

L'an. . . . . . ., à la requête de. . . . ., j'ai. . . . . . donné assignation à. . . . à comparaître le. . . . . ., pour, attendu (*Motifs de la formule* 4; *analyser la sommation*); attendu que ledit sieur. . . . . n'a point obéi à ladite sommation ;—voir dire et ordonner que, faute par le sieur . . . . . d'avoir complété le chargement dudit navire dans le jour de la prononciation du jugement è intervenir, le sieur. . . . . . . sera autorisé à partir avec le chargement actuel du navire ; que ledit sieur. . . . . n'en devra pas moins le fret entier stipulé en la charte-partie, et en outre s'entendre condamner aux dépens, sous toutes réserves.

V. n° 12.—Coût: V. *Form.* 4.

Enregistrement de l'exploit, 2 fr. 20 c. (L. 28 avr. 1846).

6. Sommation de recharger les marchandises.

L'an. . . . . ., à la requête de. . . . . ., j'ai,. . . . ., donné sommation à. . . . . de, attendu que par charte-partie (*L'analyser*); attendu que parti de la rade de. . . ., le. . . . . ., ce bâtiment est arrivé à. . . . ., le. . . . . ; que, là, le navire a été arrêté et n'a pu continuer son voyage par *telle circonstance*; que les obstacles qui s'opposaient au départ du navire ont cessé dès le. . . . . ., et que désormais rien ne peut empêcher ledit bâtiment de faire voile pour. . . . ., sa destination ;—dans le délai de. . . . . recharger les marchandises déchargées par. . . . . et composant le chargement dudit navire, lui déclarant que, faute par lui de ce faire, le requérant se pourvoira ;—à ce que dessus le sieur. . . . m'a fait réponse (*Consigner la réponse*), contre laquelle réponse, que j'ai prise pour refus de recharger ledit navire, j'ai fait toutes protestations.

V. n° 15.—Coût, tarif, 29: V. *Form.* 4.

Enregistrement de l'exploit, 2 fr. 20 c. (L. 28 avr. 1846).

7. Demande en paiement du fret faute de recharger le navire.

L'an. . . . . ., à la requête de. . . . ., j'ai. . . . ., donné assignation à. . . . à comparaître le. . . . . pour,—attendu (*Motifs de la sommation* n° 6; *analyser cette sommation*); attendu que ledit sieur. . . . . . n'a point obéi à ladite sommation;—voir dire et ordonner que, faute par le sieur. . . . . d'avoir complétement rechargé le navire dont s'agit dans le jour de la prononciation du jugement à intervenir, le sieur. . . . . . pourra faire voile pour tel pays qu'il lui conviendra ; s'entendre le sieur. . . . . . condamner à payer audit sieur la somme de. . . . . ., montant du fret stipulé en la charte-partie susdatée, et en outre aux dépens, sous toutes réserves.

V. n° 15.—Coût: V. *Form.* 4.

Enregistrement de l'exploit, 2 fr. 20.

8. *Demande en dommages-intérêts pour innavigabilité du navire.*

L'an. . . . . ., à la requête de. . . . ., j'ai. . . . ., donné assignation à. . . . à comparaître le. . . . . pour, — attendu que suivant charte-partie (*L'analyser*); attendu que lors du départ du navire de. . . . . . le. . . . . ., ce bâtiment était hors d'état de naviguer; qu'arrivé le. . . . . ., à la hauteur de. . . . . ., il était presque hors d'état de tenir la mer; que cependant il n'était arrivé aucun accident pendant le court trajet de. . . . . . à. . . . . . .; que le. . . . . . ledit bâtiment a été contraint d'aborder à. . . . . ., et que, là, le requérant s'est trouvé dans l'obligation de décharger toutes ses marchandises;—Voir dire et ordonner que ledit sieur. . . . . sera déchargé et libéré du fret stipulé en ladite charte-partie; que le sieur. . . . . sera condamné à lui payer, à titre de dommages-intérêts, en raison du préjudice éprouvé, la somme de. . . . . ., et en outre aux dépens, sous toutes réserves.

V. n° 19.—Coût : V. *Form.* 4.
Enregistrement de l'exploit, 2 fr. 20 c.

9. *Demande en dommages-intérêts pour cause de retard.*

L'an. . . . . ., à la requête de. . . . ., j'ai,. . . . ., donné assignation à. . . . à comparaître le. . . . . pour.—attendu que suivant charte-partie (*L'analyser*); attendu que le. . . . . ., par e fait de. . . . . ., le navire a été retardé de. . . . . jours; attendu que ce retard a causé un préjudice réel à. . . . . .:—voir dire et ordonner (*Conclus. du capitaine*) que le sieur. . . . . sera tenu de payer au requérant la somme de. . . . . à titre d'indemnité, et cela, sans diminution du prix convenu par l'acte susdaté (*Conclus. de l'affréteur*); que par experts du choix des parties, sinon nommés d'office, la perte éprouvée par le sieur. . . . . et le gain dont il a été privé seront évalués; pour, ensuite, sur le rapport desdits experts, dressé et déposé conformément à la loi, être conclu et statué ce qu'il appartiendra, tous droits, actions et dépens réservés.

V. n° 22.—Coût : V. *Form.* 4.
Enregistrement de l'exploit, 2 fr. 20 c.

10. *Demande en dommages-intérêts faute d'avoir nolisé un autre bâtiment.*

L'an . . . . ., à la requête de. . . . . . ., j'ai,. . . . . ., donné assignation à. . . . . . à comparaître le. . . . ., pour,—attendu que suivant contrat (*Analyser la charte-partie.*); attendu que parti de. . . . . . le. . . . . ., le navire affrété est arrivé à. . . . . . le. . . . . ., que, là, il n'a pu continuer sa route et n'a pu être radoubé; qu'il était facile à. . . . . de noliser un autre bâtiment et qu'il ne l'a pas fait; attendu que le tout sera prouvé:—s'entendre condamner en. . . . . . de dommages-intérêts qui seront compensés jusqu'à due concurrence avec le fret du navire, et en outre aux dépens, sous toutes réserves.

V. n° 24.—Coût: V. *Form.* 4.
Enregistrement de l'exploit, 2 fr. 20 c.

11. *Demande en dépôt de marchandises jusqu'au paiement du fret.*

L'an. . . . . ., à la requête de. . . . ., j'ai,. . . . ., donné assignation à. . . . à comparaître le. . . . . pour,—attendu que suivant contrat (*Analyser la charte-partie*): attendu que lesdites marchandises sont arrivées à leur destination le. . . .; que déjà la moitié de ces marchandises sont déchargées au domicile de. . . . . . consignataire; attendu que ce dernier n'a pas encore payé la plus petite portion du fret quoique déjà des à-comptes lui aient été demandés; attendu que le sieur. . . . . présente peu de garanties pécuniaires et que le requérant doute très-fort de sa solvabilité; — voir dire que le sieur. . . . . sera tenu de payer au requérant la somme de. . . . . ., montant du fret stipulé, dans *tel* délai, et à la charge par. . . . . de décharger et remettre le surplus des marchandises en recevant ladite somme; sinon et faute par ledit sieur. . . . . de payer, que le requérant sera autorisé à déposer lesdites marchandises entre les mains de. . . . . et à les retenir jusqu'au paiement de ce qui lui est dû pour fret, et en outre s'entendre condamner aux dépens, sous toutes réserves.

V. n° 25.—Coût : V. *Form.* 4.
Enregistrement de l'exploit, 2 fr. 20 c.

12. *Abandon de futailles pour le fret.*

L'an, ..., à la requête: . . . . . ., j'ai, ... soussigné, signifié et déclaré à, ... que les. . . . . tonneaux d'huile, vin et miel, transportés par lui, ... de. . . . . . à. . . . ., par suite d'un contrat intervenu entre les parties le. . . . ., et déchargés à. . . . . ., étaient tous arrivés vides: que dès lors le requérant pouvait abandonner ces futailles pour le prix du fret, et que telle était, en effet, son intention; à ce que ledit sieur. . . . . .\b'en ignore ; et de suite, à même requête que dessus, j'ai, huissier susdit et soussigné. déclaré à mondit sieur. . . . . que le requérant lui faisait l'abandon de: . . . . . futailles qui contenaient les marchandises coulées, les-quelles futailles sont déposées à. : . . . . ., déclarant audit sieur: . . . . . . que, s'il l'exige, ces futailles seront reconduites aux frais du requérant à bord de son navire, et lui faisant sommation de me déclarer s'il entend accepter le présent abandon;—à ce que dessus ledit sieur m'a fait réponse (*Consigner la réponse*), contre laquelle réponse, que j'ai prise pour refus, j'ai fait toutes protestations.

Et en conséquence de ce qui précède, j'ai donné assignation audit sieur. . . . . ., à comparaître le. . . . . . Pour, attendu que les faits ci-dessus articulés seront prou-vés,—Voir dire et ordonner que l'abandon ci-dessus sera déclaré valable ; en consé-quence que les futailles abandonnées seront aux risques et périls du sieur. . . . . . et que le requérant sera déclaré bien et dûment libéré du fret stipulé en la charte-partie susdatée; et en outre, le sieur. . . . . : s'entendre condamner aux dépens, sous toutes réserves.

V. n° 29.—Coût: V. *Form.* 1.

Enregistrement de l'exploit: 2 fr. 20 c.

13. *Sommation de recevoir les marchandises et demande à fin d'être autorisé à en vendre jusqu'à concurrence du fret.*

L'an. . . . . ., à la requête de. . . . . ., j'ai, ..., fait sommation à. . . . , . de, attendu que par contrat (*Analyser la charte-partie*); attendu que ces marchandises sont arrivées à leur destination et prêtes à être déchargées;—recevoir lesdites marchan-dises à la seule condition de payer la somme de. . . . pour le fret stipulé en la charte-partie susdatée ; — à quoi ledit sieur. . . . . . m'a dit et fait réponse (*Consigner la réponse*), contre laquelle réponse, que j'ai prise pour refus d'acceptation desdites mar-chandises, j'ai fait toutes protestations:—et de suite, à mêmes requête, demeure et élection de domicile, j'ai, huissier susdit et soussigné. donné assignation à. . . . . ., à comparaître le. . . . ., pour,—attendu le refus ci-dessus constaté et l'impossibilité où se trouve le sieur: . . . . . de pouvoir être payé de son fret;—voir dire et ordonner qu'un état desdites marchandises sera dressé à la requête du sieur. . . . . ; que ce dernier sera autorisé à faire procéder à la vente aux enchères publiques, après l'accom-plissement des formalités voulues par la loi, desdites marchandises jusqu'à concurrence du prix du fret: que le montant de la vente sera reçu par le sieur. . . . . et imputé sur le fret à lui dû; qu'enfin le surplus des marchandises sera déposé chez le sieur. . . . ., aux risques et périls de qui il appartiendra, et que, ce dépôt fait, le sieur. . . . . sera bien et dûment quitte et déchargé des marchandises transportées ; et en outre, le sieur. . . . . s'entendre condamner aux dépens, sous toutes réserves.

V. n° 32.—Coût: V. *Form.* 1.

Enregistrement de l'exploit, 2 fr. 20 c.

14. *Demande du reçu des marchandises consignées.*

L'an. . . . ,. à la requête de. . . . ., j'ai, ..., donné assignation à. . . . à comparaître le. . . . ., pour,—attendu que le requérant, par suite d'un contrat (*Ana-lyser la charte partie*), a transporté à. . . . . . et déposé au sieur. . . . . ., con-signataire, désigné au connaissement, la quantité de. . . . . . marchandises; attendu que ce dernier refuse de donner un reçu desdites marchandises et que le requérant peut le contraindre à lui donner ce reçu;—voir dire et ordonner que le requérant sera bien et valablement déchargé desdites marchandises, et s'entendre condamner en. . . . . . de dommages-intérêts en raison du retard qu'il a fait éprouver, et en outre aux dépens, sous toutes réserves.

V. n° 35.—Coût, tarif, 29: V. *Form.* 1.

Enregistrement de l'exploit, 2 fr. 20 c.

15. *Notification tendant à la résolution du contrat.*

L'an. . . . . . ., à la requête de. . . . . ., j'ai,. . . . . ., notifié et déclaré au siéur. . . . . . que l'intention de mondit sieur. . . . . ., requérant, était de rompre le voyage convenu, suivant charte-partie, en date du. . . . . . ; à ce que mondit sieur. . . . . n'en ignore; —et a, le requérant. signé en cet endroit; - et en conséquence de cette notification, j'ai. huissier susdit et soussigné; offert et réellement compté; à deniers découverts, conformément à l'art. 283 du C. com., à. . . . . . la somme de. . . . . en pièces de. . . . . . pour la moitié du fret stipulé en ladite charte-partie; lui déclarant que les présentes offres sont faites à la charge de les accepter et d'en donner quittance ;—à quoi ledit sieur m'a fait réponse. *en cas d'acceptation,* qu'il acceptait lesdites offres, et à l'instant il a reçu ladite somme de. . . . . et en a donné bonne et valable quittance, sans réserve, et a signé; *en cas de refus,* qu'il refusait lesdites offres par *tels* motifs, contre lequel refus j'ai fait toutes protestations ;—et de suite, à mêmes requête, demeure et élection de domicile que dessus, j'ai. huissier soussigné. donné assignation à. . . . . . à comparaître le. . . . . ., pour voir déclarer bonnes et valables lesdites offres; voir dire et ordonner par suite que le voyage convenu par l'acte susdaté sera rompu, et en outre s'entendre condamner aux dépens, sous toutes réserves.

V. n° 38.—Coût: V. *Form.* 1.

Enregistrement : en cas d'acceptation, droit de *quittance,* V. ce mot; en cas de refus, 2 fr. 20 c.

CHASSE.—1. Action de poursuivre et de chercher à s'emparer d'animaux sauvages, soit au moyen d'armes ou d'engins, soit à l'aide d'autres animaux dressés à cette fin.

Indication alphabétique des matières.

§ 1. — *Quels animaux on peut chasser.—A qui le droit de chasse appartient.—Sur quelles propriétés on peut chasser.—Conditions auxquelles le droit de chasse est soumis.—Du gibier tué.—Des œufs et des couvées de faisans, perdrix et cailles.*

§ 2. — *Des peines.—Preuve et poursuite des délits de chasse.—Actions du ministère public et des parties lésées.—Prescription.*

FORMULES.

§ 1. — *Quels animaux on peut chasser.—A qui le droit de chasse appartient.—Sur quelles propriétés on peut chasser.—Conditions auxquelles le droit de chasse est soumis. —Du gibier tué.—Des œufs et couvées de faisans, perdrix et cailles.*

1 bis. *Quels animaux on peut chasser.* — Les animaux sauvages, les seuls qui puissent faire l'objet de la chasse, appartiennent au premier occupant (V. *Animaux*). Il suit de là que le chasseur acquiert la propriété de ceux qu'il tue ou saisit.

2. *A qui le droit de chasse appartient.*—Le droit de chasse, inhérent à la propriété du sol, n'appartient qu'au propriétaire ou à ses ayants droit (L. 3 mai 1844, art. 1er). Or, par ayants droit, il faut entendre ici : 1° celui auquel le droit de chasse a été loué (Toullier, t. 4, n° 19 ; Troplong, *Louage*, t. 1er, n° 94) ; 2° l'usufruitier (Toullier, *loc. cit.; Duranton*, t. 4, n° 285 ; Proudhon, *Usufruit*, t. 4, n° 1209 ; Petit, *Traité du droit de chasse*, p. 225) ; 3° l'emphytéote (Troplong, *Louage*, t. 1er, n° 38 ; Berriat-Saint-Prix, *Législ. de la chasse*, p. 129 et suiv.) ; 4° à l'antichrésiste (Gillon et Villepin, *Nouveau Code des chasses*, p. 25).

3. Mais le droit de chasse n'appartient pas : 1° au fermier, à moins qu'il ne lui ait été expressément concédé par le bail ; 2° au simple usager (Berriat-Saint-Prix, p. 129 ; Gillon et Villepin, p. 53).

4. *Sur quelles propriétés on peut chasser.* —Il n'est permis à chacun de chasser que sur ses propriétés. Aussi l'art. 1er de la loi du 3 mai 1844 défend-il expressément de chasser sur la propriété d'autrui, sans le consentement du propriétaire ou de ses ayants droit.

5. Ainsi, si un chasseur a fait lever le gibier sur son terrain, il ne peut le suivre sur le fonds du propriétaire voisin. Il doit s'arrêter et rompre ses chiens à l'extrémité de ses propriétés (Toullier, t. 4, n° 20). Si le gibier, blessé sur la propriété du chasseur, va mourir sur celle du voisin, ce dernier peut se l'approprier ; la pièce n'est la propriété du chasseur que quand elle a été tuée ou prise sur son terrain (Favard de Langlade, *Rép.*, v° *Chasse*).

6. Toutefois, peut ne pas être considéré comme délit de chasse le passage des chiens courants sur l'héritage d'autrui, lorsque ces chiens sont à la suite d'un gibier lancé sur la propriété de leurs maîtres, sauf l'action civile en cas de dommage (L. 3 mai 1844, art. 11). V. *infrà*, n° 13.

7. Le consentement du propriétaire peut être donné soit par écrit, soit verbalement. Dans ce dernier cas, s'il y avait poursuite ou plainte de la part du propriétaire, ce serait au chasseur à prouver le consentement, nulle présomption ne pouvant être invoquée contre le propriétaire. La preuve peut être faite par tous les moyens usités en matière correctionnelle. La Cour de Paris, par arrêt du 14 mai 1828, a même autorisé le chasseur à déférer le serment au propriétaire qui niait avoir donné la permission.

8. L'autorisation de chasser sur le terrain d'autrui doit être donnée soit par celui qui possède la propriété pleine et entière du fonds sur lequel on veut chasser, soit par l'usufruitier ou l'emphytéote, soit par leurs ayants droit, c'est-à-dire par ceux qui, au moyen d'une vente ou d'un bail, ou de toute autre convention, sont à leurs lieu et place quant au droit de chasse.

9. Le porteur d'une permission de chasser sur le terrain d'autrui est littéralement substitué au propriétaire ; il suit de là qu'en traversant les terrains appartenant à ce dernier, affermés à un tiers et ensemencés, le porteur de la permission ne commet pas un délit de chasse, mais seulement une contravention qui l'expose à une amende de simple police et à des dommages-intérêts envers le fermier.

10. *Conditions auxquelles le droit de chasse est soumis.* — 1° Nul ne peut chasser que de jour, à tir ou à courre. Tous autres moyens de chasse, à l'exception des furets et des bourses destinés à prendre le lapin, sont prohibés (L. 3 mai 1844, art. 9).

11. *Chasser à tir*, c'est être porteur d'un fusil, le tenir de manière à pouvoir faire feu presque instantanément, procéder à la recherche du gibier, soit seul ou à l'aide de chiens qu'on suit, ou bien s'embusquer et l'attendre au passage, enfin tirer sur lui, si on l'approche d'assez près, ou s'il se présente.

12. Du reste, le législateur ne s'étant point expliqué sur les circonstances constitutives du fait de chasse, c'est aux tribunaux à décider, d'après les faits de la cause, si telle personne, trouvée dans telle ou telle position, chassait ou ne chassait pas.

13. La jurisprudence a spécialement considéré comme se livrant à la chasse du tir : 1° l'individu trouvé sur le terrain d'autrui, portant son fusil dans l'attitude d'un chasseur (Cass., 13 nov. 1818); 2° celui qui, placé sur le terrain d'autrui, et sans la permission du propriétaire, tire un seul coup de fusil sur un oiseau de proie (Cass., 13 nov. 1818); 3° celui qui tire des coups de fusil d'une cabane lui servant de poste pour épier le gibier (Cass., 7 mars et 20 juin 1823); 4° celui qui, porteur d'un fusil armé, marche sur le terrain d'autrui (Cass., 22 janv. 1829), 5° celui qui, porteur d'un fusil, regarde ses chiens chasser sur le terrain d'autrui (Rouen, 17 juin 1831), si, toutefois, ces chiens ne sont pas des chiens courants poursuivant un gibier lancé sur la propriété de leurs maîtres.—V. *suprà*, n° 6.

14. *Chasser à courre*, ce n'est pas le fait insignifiant de suivre avec plus ou moins de vitesse l'animal qui a été lancé; c'est d'abord rechercher le gibier, et, quand on l'a trouvé, exciter et diriger la meute qui doit le prendre. — Comment. de la loi du 3 mai 1844, par les rédacteurs du *Journal des chasseurs*, p. 26.

15. Remarquons que, aux termes de l'art. 9 de la loi du 3 mai 1844, 1° le propriétaire, possesseur ou fermier, en se conformant aux arrêtés du préfet, peut, en tout temps, détruire sur ses terres les espèces d'animaux malfaisants ou nuisibles, désignés auxdits arrêtés ; 2° le propriétaire, possesseur ou fermier, a le droit, en tout temps, même avec des armes à feu, sans y avoir été autorisé autrement que par ledit art. 9, de repousser et détruire les bêtes fauves qui portent dommages à ses propriétés.

16. 2° Nul ne peut chasser, si la chasse n'est ouverte et s'il ne lui a pas été délivré un permis de chasse par l'autorité compétente (même loi, art. 1er). —Néanmoins, le propriétaire ou possesseur peut chasser ou faire chasser en tout temps, sans permis de chasse, dans ses possessions attenant à une habitation et entourées d'une clôture continue, faisant obstacle à toute communication avec les héritages voisins (même loi, art. 2).

17. Sur l'ouverture de la chasse et les permis de chasse, voy. les art. 3, 5, 6, 7 et 8 de la loi du 3 mai 1844.

18. Les prefets peuvent prendre des arrêtés pour déterminer : 1° l'époque de la chasse des oiseaux de passage autres que la caille, et les modes et procédés de cette chasse; 2° le temps pendant lequel il sera permis de chasser le gibier d'eau dans les marais et sur les étangs, fleuves et rivières (L. 3 mai 1844, art. 9).

19. Ils peuvent également prendre des arrêtés : 1° pour prévenir la destruction des oiseaux ; 2° pour autoriser l'emploi des chiens levriers pour la destruction des animaux malfaisants ou nuisibles; 3° pour interdire la chasse pendant les temps de neige (même article).

20. 3° Nul ne peut chasser sur des terres non dépouillées de leurs fruits (même loi, art. 11, n° 2), si ce n'est le propriétaire desdits fruits.

21. Le bail ne conférant pas au fermier, de plein droit et sans stipulation expresse, le droit de chasser sur les terres affermées, il ne peut exercer ce droit sans se rendre passible de la peine que prononce l'art. 11, n° 2, contre celui qui chasse sur le terrain d'autrui. Toutefois, il n'encourrait pas l'amende double, s'il commettait le délit sur des terres ensemencées par lui, et dont, par conséquent, la récolte lui appartiendrait comme fermier, la loi, par le 4e alinéa de l'art. 11, ayant voulu punir, dans le fait de chasse commis sur le terrain d'autrui ensemencé, la double atteinte portée à la propriété du fonds et à celle de la superficie. Or, la superficie appartenant au fermier, il ne se rend coupable que du simple délit de chasse sur le terrain d'autrui non ensemencé, et, dès lors, la peine réservée à ce délit doit seule lui être appliquée.

22. Mais de ce que le fermier n'a pas le droit de chasser, de ce que, ainsi, il ne peut par sa plainte mettre l'action publique en mouvement, n'étant point intéressé à la conservation d'un droit qu'il ne possède pas, il n'en résulte pas qu'il ne puisse réprimer les dommages causés à ses récoltes par des faits de chasse, même licites en tant que faits de chasse. Dans ce cas, le fermier ne puise pas son droit dans la loi que nous commentons, mais dans les art. 471-13° et 475-9°, C. pén., et au lieu d'avoir recours à cette loi, il invoquera au contraire l'art. 1382, C. civ. Au lieu de saisir le tribunal correctionnel de son action, il en saisit soit le tribunal de simple police, soit tout simplement le juge de paix, selon qu'il veut, outre l'obtention de son indemnité, faire prononcer une amende contre le délinquant ou réclamer uniquement des dommages-intérêts. —V. infrà. n° 54.

23. *Du gibier tué.*—Dans chaque département, il est interdit de mettre en vente, de vendre, d'acheter, de transporter et de colporter du gibier pendant le temps où la chasse n'y est pas permise.—En cas d'infraction à cette disposition, le gibier sera saisi, et immédiatement livré à l'établissement de bienfaisance le plus voisin, en vertu soit d'une ordonnance du juge de paix, si la saisie a eu lieu au chef-lieu de canton, soit d'une autorisation du maire, si le juge de paix est absent, ou si la saisie a été faite dans une commune autre que celle du chef lieu. Cette ordonnance ou cette autorisation sera délivrée sur la requête des agents ou gardes qui auront opéré la saisie, et sur la présentation du procès-verbal régulièrement dressé. — La recherche du gibier ne pourra être faite à domicile que chez les aubergistes, chez les marchands de comestibles et dans les lieux ouverts au public (L. 3 mai 1844, art. 4).

24. Toutefois, la Cour de cassation a décidé, par deux arrêts des 22 mars et 18 avril 1845, que la prohibition d'acheter et de colporter du gibier est restreinte au temps qui s'écoule entre la clôture et l'ouverture de la chasse, et que, par conséquent elle ne peut être étendue aux temps de neige pendant lesquels la chasse est temporairement prohibée par un arrêté du préfet, pris en vertu de l'art. 9 de la loi du 3 mai 1844.

25. La prohibition prononcée par l'art. 4 souffre exception en faveur du gibier d'eau et des oiseaux de passage, lorsque la chasse en est permise, en vertu de l'art. 9, par des arrêtés particuliers des préfets. Ce gibier spécial peut, même en temps de prohibition générale, être mis en vente, acheté, transporté et colporté d'une manière licite, mais seulement pendant le temps déterminé par lesdits arrêtés.

26. Le transport étant défendu, il s'ensuit que toute personne trouvée nantie, *en dehors de son domicile*, d'une pièce de gibier quelconque, contrevient au premier paragraphe de l'art. 4 ; nous disons *en dehors de son domicile :* car la recherche du gibier étant interdite au domicile des particuliers, il en résulte que, dès qu'il est entré dans ce domicile, il peut y être consommé avec impunité.

27. Cependant, la défense de pénétrer dans le domicile d'un citoyen pour y rechercher le gibier n'a pas été posée en principe absolu dans la loi ; le législateur a dû permettre et a permis, en effet, la recherche du gibier au domicile des aubergistes et marchands de comestibles. De là on conclut qu'il suffit que ceux-ci soient trouvés simples *détenteurs* de gibier, en temps prohibé, pour qu'ils soient punissables, bien qu'on ne les ait vus ni l'acheter, ni le mettre en vente.

28. *Des œufs et couvées de faisans, perdrix et cailles.*—Il est interdit de prendre ou de détruire, sur le terrain d'autrui, des œufs et des couvées de faisans, de perdrix et de cailles (L. 3 mai 1844, art. 4).

29. Le dernier paragraphe de l'art. 4 se bornant à prohiber la prise et la destruction, sur le terrain d'autrui, des œufs et des couvées de faisans, de perdrix et de cailles, en permet, par cela seul, la mise en vente, la vente, l'achat, le transport et le colportage, même pendant le temps où la chasse est prohibée. Nul doute aussi que le propriétaire n'ait le droit de prendre lui-même, sur son propre terrain, les œufs et les couvées qui s'y trouvent.

30. La prohibition contenue dans le paragraphe précité ne s'applique qu'aux œufs et couvées des oiseaux désignés; elle ne comprend ni les œufs et couvées en général, ni les petits de toute espèce de gibier. Mais le fait de s'introduire sur le terrain d'autrui et d'y prendre ou détruire des œufs et des couvées d'autres espèces d'oiseaux et des petits de toute espèce de gibier n'en est pas moins un fait illicite, et celui qui s'en rend coupable est soumis aux dommages-intérêts du propriétaire. Il s'agit même là d'une atteinte à la propriété qui pourrait tomber sous l'application générale des lois qui punissent ceux qui dérobent la chose d'autrui.

§ 2. — *Des peines.—Preuve et poursuite des délits de chasse.—Actions du ministère public et des parties lésées.— Prescription.*

31. *Des peines.*—1° Seront punis d'une amende de seize à cent francs : 1° ceux qui auront chassé sans permis de chasse ; - 2° ceux qui auront chassé sur le terrain d'autrui sans le consentement du propriétaire. — L'amende pourra être portée au double si le délit a été commis sur des terres non dépouillées de leurs fruits, ou s'il a été commis sur un terrain entouré d'une clôture continue, faisant obstacle à toute communication avec les héritages voisins, mais non attenant à une habitation ; —3" ceux qui auront contrevenu aux arrêtés des préfets concernant les oiseaux de passage, le gibier d'eau, la chasse en temps de neige, l'emploi des chiens lévriers, ou aux arrêtés concernant la destruction des oiseaux et celle des animaux nuisibles ou malfaisants ; — 4° ceux qui auront pris ou détruit, sur le terrain d'autrui, des œufs de faisans, de perdrix ou de cailles ; — 5° les fermiers de la chasse, soit dans les bois soumis au régime forestier, soit sur les propriétés dont la chasse est louée au profit des communes ou établissements publics, qui auront contrevenu aux clauses et conditions de leurs cahiers de charges relatives à la chasse (L. 3 mai 1844, art. 11).

32. 2° Seront punis d'une amende de cinquante à deux cents francs, et pourront, en outre, l'être d'un emprisonnement de six jours à deux mois : 1° ceux qui auront chassé en temps prohibé ; — 2° ceux qui auront chassé pendant la nuit ou à l'aide d'engins et instruments prohibés, ou par d'autres moyens que ceux qui sont autorisés par l'art. 9 ; - 3° ceux qui seront détenteurs ou qui seront trouvés munis ou porteurs, hors de leur domicile, de filets, engins ou autres instruments de chasse prohibés ; — 4 ceux qui, en temps où la chasse est prohibée, auront mis en vente, vendu, acheté, transporté ou colporté du gibier ; — 5° ceux qui auront employé des drogues ou appâts qui sont de nature à enivrer le gibier ou à le détruire ;— 6° ceux qui auront chassé avec appeaux, appelants ou chanterelles. — Les peines ci-dessus pourront être portées au double contre ceux qui auront chassé pendant la nuit sur le terrain d'autrui, et par l un des moyens spécifiés au § 2, si les chasseurs étaient munis d'une arme apparente ou cachée. — Les peines déterminées par l'art. 11 et par l'art. 12 seront toujours portées au maximum, lorsque les délits auront été commis par les gardes champêtres ou forestiers des communes, ainsi que par des gardes forestiers de l'État et des établissements publics (même loi, art. 12).

33. 3° Celui qui aura chassé sur le terrain d'autrui sans son consentement, si ce terrain est attenant à une maison habitée ou servant à l'habitation, et s'il est entouré d'une clôture continue faisant obstacle à toute communication avec les héritages voisins, sera puni d'une amende de cinquante à trois cents francs, et pourra l'être d'un emprisonnement de six jours à trois mois. — Si le délit a été commis pendant la nuit, le délinquant sera puni d'une amende de cent francs à mille francs, et pourra l'être d'un emprisonnement de trois mois à deux ans, sans préjudice, dans l'un et l'autre cas, s'il y a lieu, de peines plus fortes prononcées par le Code pénal (même loi, art. 13).

34. Les peines déterminées par les art. 11, 12 et 13, pourront être portées au double, si le délinquant était en état de récidive, s'il était déguisé ou masqué, s'il a pris un faux nom, s'il a usé de violences envers les personnes, ou s'il a fait des menaces, sans préjudice, s'il y a lieu, de plus fortes peines prononcées par la loi. Lorsqu'il y aura récidive dans les cas prévus par l'article 11, la peine de l'emprisonnement de six jours à trois mois pourra être appliquée, si le délinquant n'a pas satisfait aux condamnations précédentes (même loi, art. 14). Il y a récidive lorsque, dans les douze mois qui ont précédé l'infraction, le délinquant a été condamné en vertu de la présente loi (art. 15).

35. Tout jugement de condamnation prononcera la confiscation des filets, engins et autres instruments de chasse. Il ordonnera, en outre, la destruction des instruments de chasse prohibés. Il prononcera également la confiscation des armes, excepté dans le cas où le délit aura été commis par un individu muni d'un permis de chasse dans le temps où la chasse est prohibée. Si les armes, filets, engins ou autres instruments de chasse n'ont pas été saisis, le délinquant sera condamné à les représenter ou à en payer la valeur, suivant la fixation qui en sera faite par le jugement, sans qu'elle puisse être au-dessous de 50 fr. — Les armes, engins, ou autres instruments de chasse abandonnés par le délinquant resté inconnu, seront saisis et déposés au greffe du tribunal compétent. La confiscation et, s'il y a lieu, la destruction, en seront ordonnées sur le vu du procès-verbal. — Dans tous les cas, la quotité des dommages-intérêts est laissée à l'appréciation des tribunaux (art. 16).

36. En cas de conviction de plusieurs délits prévus par la présente loi, par le Code pénal ordinaire ou par les lois spéciales, la peine la plus forte sera seule prononcée. — Les peines encourues pour des faits postérieurs à la déclaration du procès-verbal de contravention pourront être cumulées, s'il y a lieu, sans préjudice des peines de la récidive (art. 17).

37. En cas de condamnation pour délits prévus par la loi du 3 mai 1844, les tribunaux pourront priver le délinquant du droit d'obtenir un permis de chasse pour un temps qui n'excédera pas cinq ans (art. 18).

38. L'art. 453, C. pén., relatif aux circonstances atténuantes, n'est pas applicable aux délits de chasse (art. 20).

39. *Preuve des délits de chasse.* — Les délits de chasse doivent être prouvés soit par procès-verbaux ou rapports, soit par témoins, à défaut de rapports et procès-verbaux, ou à leur appui (art. 21).

40. Cet article est la reproduction textuelle du 1er alinéa de l'art. 154, C. inst. crim. Il en résulte que tout délit de chasse doit être prouvé soit par un procès-verbal, soit par un rapport de vive voix au commissaire de police, maire, adjoint, juge de paix ou ses suppléants. S'il y a procès-verbal, il doit être écrit par le fonctionnaire, et, en cas de rapport, l'acte qui le constate doit être rédigé par celui des fonctionnaires compétents qui le reçoit ; écrits par d'autres personnes que celles ci-devant désignées, les procès-verbaux sont nuls ; — soit, à défaut de procès-verbal ou rapport, ou, en cas de nullité d'iceux, par témoins. — Les rédacteurs des procès-verbaux annulés peuvent être entendus comme témoins (Cass., 9 mai 1807 ; 3 et 24 fév., et 21 juill. 1820).

41. Les procès-verbaux des maires et adjoints, commissaires de police, officiers, maréchal des logis ou brigadier de gendarmerie, gendarmes, gardes forestiers, garde-pêche, gardes champêtres ou gardes assermentés des particuliers, font foi jusqu'à preuve contraire (art. 22). Tout individu inculpé d'un délit de chasse est donc admis à prouver, ou qu'il n'a pas réellement commis le délit qu'on lui impute, ou que ce délit s'est accompl. contre sa volonté et sans aucune participation de sa part. La preuve faite entraînera nécessairement l'acquittement.

42. Les procès-verbaux des employés des contributions indirectes et des octrois font également foi jusqu'à preuve contraire, lorsque, dans les limites de leurs attributions respectives, ces agents ont constaté les délits prévus par le § 1er de l'art. 4 (art. 23). — V. *supra*, n° 23.

43. Dans les vingt-quatre heures du délit, les procès-verbaux des gardes seront, à peine de nullité, affirmés par les rédacteurs devant le juge de paix ou l'un de ses suppléants, ou devant le maire ou l'adjoint, soit de la commune de leur résidence, soit de celle où le délit aura été commis (art. 24).

44. Les procès-verbaux des gardes sont seuls soumis à l'affirmation ; tous autres procès-verbaux sont affranchis de cette formalité, quand même ils seraient rédigés par des fonctionnaires dont les procès-verbaux devraient, en toute circonstance, être affirmés.

44 bis. Le délai de vingt-quatre heures part de l'instant du délit la loi exigeant l'affirmation dans les vingt-quatre heures du délit, et non du procès-verbal qui le constate. Ainsi, le procès-verbal qui énonce que le délit a été commis le 25, à 2 heures du soir, doit être affirmé le 26, avant 2 heures du soir.

45. Les délinquants ne pourront être saisis ni désarmés ; néanmoins, s'ils sont déguisés ou masqués, s'ils refusent de faire connaître leurs noms, ou s'ils n'ont pas de domicile connu, ils seront conduits immédiatement devant le maire ou le juge de paix, lequel s'assurera de leur individualité (art. 25).

46. *Poursuite des délits de chasse.* — *Actions du ministère public et des parties lésées.* — Tous les délits de chasse sont poursuivis d'office par le ministère public, sans préjudice du droit conféré aux parties lésées par l'art. 182, C. inst. crim. — Néanmoins, dans le cas de chasse sur le terrain d'autrui, sans le consentement du propriétaire, la poursuite d'office ne peut être exercée par le ministère public, sans une plainte de la partie intéressée, qu'autant que le délit a été commis dans un terrain clos, suivant les termes de l'art. 2, et attenant à une habitation, ou sur des terres non encore dépouillées de leurs fruits (art. 26).

47. Ainsi, tous les délits de chasse, si ce n'est celui commis sur le terrain d'autrui non clos, non attenant à une habitation et non chargé de fruits, doivent être poursuivis d'office par le ministère public, qui, comme on sait, ne peut prendre d'autres conclusions que celles qui tendent à faire appliquer au délinquant la peine prononcée par la loi.

48. Les exploits relatifs à cette poursuite sont rédigés à la requête du procureur de la République, écrits sur papier visé pour timbre en débet, et enregistrés aussi en débet. Les droits dus à l'huissier sont taxés et payés conformément au décret du 18 juin 1811. — V. *Formule* 1.

49. Outre l'action du ministère public, tout délit de chasse, lorsqu'il a causé un préjudice quelconque, donne naissance à une action en dommages-intérêts dévolue au possesseur du droit de chasse, et si le terrain sur lequel le délit a été commis est affermé et ensemencé, à une action en indemnité au profit du propriétaire des fruits.

50. Si le possesseur du droit de chasse est en même temps propriétaire des fruits, rien ne s'oppose à ce qu'il réclame par la même demande les dommages-intérêts auxquels il croit avoir droit pour l'infraction consommée au préjudice de son droit de chasse et de ses fruits.

51. Il a la faculté, en tous cas, c'est-à-dire qu'il soit possesseur du droit de chasse seulement, ou qu'a cette qualité il réunisse celle de propriétaire des fruits, de porter sa demande devant le tribunal correctionnel du lieu où le délit a été commis, ou devant la juridiction civile du domicile du défendeur.

52. Au premier cas, il peut saisir le tribunal, soit en se constituant partie civile sur la poursuite entamée d'office par le ministère public, soit, si cette poursuite n'est pas commencée, en portant plainte et se rendant partie civile, soit enfin en citant le prévenu directement devant le tribunal, en réclamant des dommages-intérêts et requérant l'adjonction du ministère public pour l'application de la peine.—V. au surplus *Action civile* et *Formule* 2.

53. Si, au contraire, le possesseur du droit de chasse, propriétaire des fruits, veut se borner à réclamer des dommages-intérêts, sans faire punir le délinquant, il peut citer celui-ci devant le juge de paix du lieu du dommage. Le jugement de cette action doit être suspendu, si, pendant ou avant la poursuite, le ministère public poursuit correctionnellement le délinquant, pour n'être rendu qu'après celui du tribunal correctionnel.—V. également *Action civile* et *Formule* 3.

54. Quant au possesseur des fruits seulement, son droit se bornera toujours à réclamer des dommages-intérêts devant la juridiction civile du lieu du délit, à moins que, s'il y a lieu, il ne préfère saisir le tribunal de simple police, pour faire appliquer la peine prononcée par l'art. 471, n° 13, C. pén., si toutefois le chasseur n'a pas déjà été condamné pour le même délit de chasse par le tribunal correctionnel, auquel cas aucune peine ne pourrait plus lui être appliquée, l'art. 17 s'y opposant formellement.—V. *Formule* 4.— Il ne pourra jamais ni se rendre partie civile sur la poursuite du procureur de la République, ni porter plainte à raison du délit de chasse, ni saisir le tribunal correctionnel, le chasseur, en ce qui touche le fermier, n'ayant commis aucun délit de chasse, mais s'étant uniquement rendu coupable d'une atteinte portée à la propriété mobilière d'autrui, atteinte réprimée seulement par les art. 471, n° 13, ou 475, n° 9, C. pén.

55. Ceux qui ont commis conjointement des délits de chasse doivent être condamnés solidairement aux amendes, dommages intérêts et frais (art. 27).

56. Le père, la mère, le tuteur, les maîtres et commettants sont civilement responsables des délits de chasse commis par leurs enfants mineurs non mariés, pupilles, petits-neveux, domestiques ou préposés, sauf tout recours de droit (art. 28).— V. *Responsabilité civile.*

57. *Prescription.*— Toute action relative aux délits de chasse se prescrit par trois mois à compter du jour du délit (L. 3 mai 1844, art. 29).

58. Cette disposition est applicable à l'action civile comme à l'action publique. — Si, pendant les trois mois, il y a eu des poursuites non suivies de jugement, la péremption ne sera acquise que trois ans après le dernier acte de la procédure (C. inst. crim., art. 638; Cass., 20 et 27 sept. 1828).—La plainte de la partie civile ou la citation qu'elle donne directement interrompt la prescription de l'action publique, de même que les poursuites du ministère public interrompent la prescription de l'action civile (Cass., 15 avril 1826. — *Contrà*, Nancy, 16 janv. 1840).

Formules.

1. *Citation à la requête du ministère public.*

L'an . . . . ., à la requête de M. le procureur de la République près le tribunal civil et de première instance de. . . . . ., demeurant en ladite ville, remplissant les fonc-

tions du ministère public, j'ai, . . . , cité le sieur. . . . ., à comparaître le . . . .,
pour, — Attendu qu'il résulte d'un procès-verbal dressé par. . . ., gendarmes à. . . .,
le. . . . ., que ledit sieur. . . . . . a été trouvé chassant le. . . . ., à. . . . . .,
armé d'un fusil à deux coups, à piston, à canon rayé ; — Attendu que la chasse est fer-
mée depuis le. . . . . . ., ainsi qu'il résulte d'un arrêté du préfet du département
de. . . . . ., en date du. . . . . .; — attendu, dès lors, que le sieur. . . . . . a
contrevenu aux art. 12 et 16 de la loi du 3 mai 1844 ;— voir dire et ordonner que le
sieur. . . . . . sera condamné en 200 fr. d'amende et deux mois de prison, et, en
outre, à représenter le fusil susdésigné dans le délai de. . . . . ., sous la contrainte de. . . . . . francs, et, en outre, s'entendre condamner aux dépens.

V. n° 48. — Coût (Arg., tarif crim., 74) : Original, Paris, 1 fr. ; villes de 40,000 habitants et au-dessus, 75 c. ; ailleurs, 50 c.—Copie, Paris, 75 c. ; villes de 40,000 habitants et au-dessus, 60 c ; ailleurs, 50 c.

Enregistrement, 1 fr. 10 c. en débet.—V. *Exploit.*

2. *Citation en dommages-intérêts devant le tribunal de police correc-tionnelle.*

L'an. . . . . ., à la requête de. . . . . ., j'ai, ..., donné citation à. . . . .
à comparaître le. . . ., pour, — Attendu que le requérant est propriétaire d'une pièce
de terre sise à. . . . ., ensemencée en. . . . .; — Attendu qu'il résulte d'un procès-
verbal. . . . . ., que le sieur. . . . . . a été trouvé chassant le. . . . . . avec
deux chiens, sur ladite pièce de terre ; attendu que le requérant n'a point permis au
sieur. . . . . . de chasser sur ses propriétés ; — s'entendre condamner en. . . . .
de dommages-intérêts pour l'atteinte portée au droit de chasse du requérant et aux
fruits dont la pièce de terre susdésignée est couverte, et, en outre, aux dépens, sous
toutes réserves ; — sauf au ministère public, dont l'adjonction est requise, à prendre
telles conclusions qu'il avisera dans l'intérêt de la vindicte publique ; — et j'ai. . . .
Coût, ...

V. n° 52. — Coût : V *Form. 4*, et *Tarif.*
Enregistrement de l'exploit, 1 fr. 10 c.

3. *Citation en dommages-intérêts devant la juridiction civile.*

L'an. . . . . ., à la requête de. . . . . ., j'ai, ..., cité le sieur. . . . . à
comparaître. . . . ., pour, — Attendu. . . . (*motifs de la formule n° 2*) ; — s'entendre condamner en. . . . . de dommages-intérêts, tant pour l'atteinte portée au
droit de chasse du requérant que pour le dommage causé aux fruits dont était chargée
la pièce de terre susdésignée, et, en outre, aux dépens, sous toutes réserves.

V. n° 53.—Coût : V. *Citation.*
Enregistrement de l'exploit, 1 fr. 65 c.

4. *Citation en dommages-intérêts de la part du fermier.*

L'an. . . . . ., à la requête de. . . . . ., j'ai, ..., cité le sieur. . . . . .
à comparaître. . . . . ., pour, — Attendu que le sieur. . . . . est fermier d'une
pièce de terre sise à. . . . ., ensemencée en trèfle ;—Attendu qu'il résulte d'un procès-verbal dressé par. . . . . que le sieur. . . . . a été trouvé chassant sur ladite
pièce de terre avec deux chiens, le. . . .; — Attendu que le passage du chasseur et la
quête des chiens ont causé préjudice au demandeur ;—s'entendre condamner en. . . .
de dommages-intérêts et aux dépens.

V. n° 54.— Coût : V. *Citation.*
Enregistrement de l'exploit, 1 fr. 65 c.

CHASSE (MARCHANDS D'USTENSILES DE).—Sont rangés dans
la cinquième classe des patentables.

CHASSES DE LUNETTES (FABRICANTS DE).—Les fabricants
de châsses de lunettes, pour leur compte ou à façon, sont rangés, les premiers,
dans la sixième classe des patentables, et les seconds, dans la huitième.

CHASUBLIERS.—Marchands et fabricants sont patentables.

CHATAIGNES.—1. Les marchands de châtaignes sont patentables.

2. Les établissements destinés à la dessiccation des châtaignes sont classés comme insalubres.

CHATELET. — Ce nom désignait autrefois, avant la révolution de 1789, la justice ordinaire du roi de la ville de Paris. Les huissiers attachés à cette juridiction se nommaient particulièrement *huissiers du Châtelet*. Les causes y étaient appelées sur placets.

CHAUDIÈRES. — Les chaudières que le propriétaire d'un fonds ou d'une usine y a placées pour le service ou l'exploitation de ce fonds ou de cette usine, sont immeubles par destination (C. civ., art. 524). — V. *Immeubles par destination, Saisie immobilière.*

CHAUDIÈRES A VAPEUR. — Les chaudières à vapeur à haute et basse pression sont rangées parmi les établissements insalubres.

CHAUDIÈRES EN CUIVRE (FABRICANTS DE). — Sont rangés dans la quatrième classe des patentables.

CHAUDRONNIERS. — Les chaudronniers, marchands, rhabilleurs, fabricants, sont patentables.

CHAUFFAGE. — Droit d'usage qui consiste à prendre dans une forêt le bois nécessaire pour se chauffer. — V. *Bouchoyage.*

CHAUSSÉES ET ROUTES (ENTREPRENEURS DE). — Sont patentables.

CHAUSSONS (MARCHANDS ET FABRICANTS DE). — Sont patentables.

CHAUX. — **1.** On peut avoir, à titre de servitude, le droit de cuire de la chaux sur le terrain d'autrui. Mais cette servitude est discontinue et généralement non apparente : d'où il suit qu'elle ne peut s'acquérir que par titres (C. civ., art. 691). — V. *Servitudes.*
2. Les fours à chaux, qui sont permanents ou ne travaillent pas plus d'un mois par année, sont rangés parmi les établissements dangereux, incommodes et insalubres.
3. Les fabricants de chaux artificielle ou naturelle et les marchands de chaux sont patentables.

CHEF. — **1.** Dans le langage judiciaire, ce mot est employé pour désigner le point d'une demande en contestation, la partie d'un jugement ou d'un arrêt. C'est ainsi qu'on dit qu'il n'a été statué que sur un *chef*, c'est-à-dire, sur une partie de la demande.
2. Dans la pratique, *chef* s'emploie aussi comme synonyme de personnel. Ainsi, on dit qu'un individu possède telle propriété *de son chef*, c'est-à-dire comme l'ayant recueillie de la succession de son père.

CHEF D'INSTITUTION. — L'instituteur qui achète des marchandises ou denrées pour les besoins de sa pension (Douai, 14 fév. 1827; Paris, 11 juill. 1829; 19 mars 1831; 10 sept. 1834; 16 déc. 1836), et souscrit des billets à ordre au profit d'un professeur pour leçons données dans son établissement (Paris, 24 déc. 1834), ne fait pas acte de commerce.

CHEF-LIEU. — Siège principal des autorités administratives et judiciaires d'une certaine circonscription : ainsi, on dit : chef lieu de département, d'arrondissement, de canton.

CHEMINÉE. — **1.** Celui qui veut construire une cheminée près d'un mur, mitoyen ou non, est obligé de laisser la distance prescrite par les règlements et usages particuliers sur ces objets ou de faire les ouvrages prescrits par les mêmes règlements et usages pour éviter de nuire au voisin (C. civ., art. 674).

2. Si le mur n'est pas mitoyen, le voisin doit préalablement acheter la mitoyenneté, soit de la totalité du mur, soit seulement de la portion nécessaire à l'établissement de la cheminée. Quand on n'achète que la mitoyenneté de cette portion, on prend ordinairement, de chaque côté des cheminées, un pied au delà de ce qu'elles occupent (Vaudoré, *Droit civil des juges de paix*, v° *Cheminée*, n° 26 .

3. A Paris, le contre-mur à établir peut être en tuilots ou autre maçonnerie suffisante, de demi-pied d'épaisseur (Coutume de Paris, art. 189). Dans les pays méridionaux, le contre-mur doit être en briques entières et avoir six pouces d'épaisseur (Solon, *des Servitudes*, p. 210). Le tuyau de conduite doit avoir au moins trois pieds d'élévation au-dessus du comble (Lepage, *Lois des bâtiments*, t. 1er, p. 127 ; Arr. parlem., Paris, 29 mars 1710), et, dans tous les cas, être assez élevé pour que la fumée n'incommode pas le voisin et ne soit pas dirigée trop habituellement sur sa maison (Solon, p. 211).

4. On ne peut adosser des cheminées ou leurs tuyaux contre les cloisons, pans de bois, poutres, solives, sablières, entrais, faîtes, sous-faîtes, ni contre aucun bois, quand même on ferait un contre-mur de 20 centimètres et plus d'épaisseur (Lepage, t 1er, p. 111 ; Solon, p. 211). Le consentement que le voisin donnerait à cet égard serait nul (Règlem. de police des 21 janv. 1672 et 10 nov. 1787). Mais on peut encastrer une cheminée dans un mur dont on est entièrement propriétaire, sans que le voisin, si plus tard il acquiert la mitoyenneté, puisse s'en plaindre, ni exiger que la cheminée soit reculée (Pardessus, *Servitudes*, n° 172 ; Vaudoré, n° 26).

5. On ne peut également établir l'âtre d'une cheminée sur un plancher ou des pièces de bois ; on doit laisser, dans le plancher, un espace égal à l'emplacement de l'âtre et des jambages de la cheminée, le garnir en dessous de barres de fer et remplir l'intervalle de maçonnerie (Lepage, t. 1er, p. 145 et suiv. ; Toullier, t. 3, n° 331 ; Merlin, *Rép.*, v° *Cheminée*) Les âtres relevés, non construits de la manière qui vient d'être indiquée, sont prohibés (Ordon. de police du 6 janv. 1672). — On ne peut non plus faire le manteau d'une cheminée en bois (Ord. 1er sept. 1779 ; Desgodets, *Coutume de Paris*, art. 1891. n° 12 ; Lepage, t. 1er, p. 145 ; Vaudoré, v° *Cheminée*, n° 6 ; ni faire passer le corps ou tuyau de la cheminée à une distance moindre de six pouces des poutres, solives et autres pièces de bois (Règlem. de police du 21 janv. 1672 ; Lepage, t. 1er, p. 145 ; Vaudoré, n° 12).

6. Le propriétaire d'une maison, même peu élevée, ne peut être contraint d'élever sa cheminée à plus d'un mètre à partir du toit (Vaudoré, n° 17). Toutefois, si la cheminée est adossée à un mur de clôture, il y a lieu de l'élever à deux mètres et de la tenir à une même distance des fenêtres du voisin (Perrin, *Code des constructions*, n° 140).

7. A défaut de règlements et usages constants sur les précautions à prendre, le vœu de la loi est rempli, lorsqu'on prend tous les arrangements nécessaires pour que la nouvelle construction ne nuise pas au voisin (Solon, *Servitudes*, p. 206). Au reste, quelles que soient les précautions prises, et alors même qu'on se serait conformé à l'usage des lieux et aux règlements, si les travaux exécutés causaient un dommage au voisin, ce dernier pourrait ou réclamer la démolition ou obtenir une indemnité proportionnée au préjudice (Metz, 16 août 1820 ; Lepage, t. 1er, p. 124).

8. Tout propriétaire a le droit de contraindre à l'observation des lois, usages et règlements concernant la construction des cheminées (Bourjon, *Droit commun de la France*, t. 2, p. 17).

9. Lors donc qu'une cheminée a été construite sans observer les précautions prescrites, il y a lieu, selon nous, d'intenter deux actions :

1° L'action possessoire (V. *Action possessoire*, n° 346) : car l'inobservation des dispositions légales constitue un trouble à la paisible possession du voisin (Augier, *Encyclopédie des juges de paix*, t. 2, p. 34). Et, lorsqu'il s'agit de travaux de la nature de ceux dont il est question dans les numéros 4 et 5, on peut intenter cette action, quel que soit le laps de temps qui se soit écoulé depuis leur confection, aucune prescription ne pouvant couvrir la violation de dispositions d'ordre public.—V. *Formules* 1re.

2° L'action pétitoire. Cette action, dans tous les cas, doit d'abord être portée devant le juge de paix de la situation de l'objet litigieux (L. 25 mars 1838, art. 6).—V. *Compétence civile* et *Formule* 2.

10. Si la cheminée a été construite en observant les précautions exigées par la loi, et s'il en résulte un dommage pour le voisin (V. *suprà*, n° 7), l'action en démolition ou indemnité doit être portée directement devant le tribunal de première instance, après, toutefois, le préliminaire de conciliation, s'il y a lieu.—V. *Formule* 3.

Formules.

1. *Citation au possessoire.*

L'an. . . , à la requête de. . . . . . , j'ai, ... , donné citation à. . . . . à comparaître. . . . . , pour,—Attendu que le requérant est propriétaire et a la possession annale d'une maison, sise à. . . . . , tenant au midi à une autre maison appartenant au cité, mur mitoyen entre; — Attendu que le cité a construit dans une chambre, au premier étage de sa maison, une cheminée appuyée sur le mur mitoyen ; —Attendu que l'âtre de cette cheminée repose sur des pièces de bois, et que le tuyau de la cheminée touche immédiatement à d'autres pièces de bois en traversant le grenier; — Attendu que ce mode de construction est vicieux, réprouvé par les usages et règlements ; qu'il présente de graves inconvénients, porte atteinte à la sécurité du requérant et trouble sa paisible possession;— Voir donner acte au requérant de ce qu'il prend ladite construction pour trouble à sa possession; ordonner qu'il sera gardé et maintenu en ladite possession, et, en conséquence, que, par experts du choix des parties, sinon nommés d'office, les lieux contentieux seront vus et visités à l'effet de déterminer quels travaux sont à faire pour se conformer auxdits usages et règlements ; dire que lesdits travaux seront exécutés par le sieur. . . . ., dans tel délai, sinon qu'il sera tenu de démonter sa cheminée ; enfin, que, faute par lui d'opérer cette démolition, le requérant sera autorisé à l'opérer lui-même, en se faisant assister, si besoin est, de la force publique ; s'entendre, en outre, condamner aux dépens.

V. n° 9. — Coût, V. *Citation.*
Enregistrement de l'exploit, 1 fr. 65 c.

2. *Citation au pétitoire.*

L'an. . . . . (V. *Form.* 1) Voir dire et ordonner que M. le juge de paix, assisté d'un expert, s'il le juge à propos, se transportera sur les lieux litigieux, à l'effet de vérifier si les précautions prescrites par les lois et règlements ont été observées dans la construction de ladite cheminée, et, ce fait, ordonnera, en cas de contravention, que les travaux nécessaires seront exécutés par le sieur. . . . ., afin d'éviter tout préjudice possible, dans l'avenir, au requérant; que lesdits travaux seront faits dans tel délai (Le surplus comme à la formule n° 1).

V. n° 9. — Coût et enregistrement, V. *Citation.*

3. *Assignation au pétitoire devant le tribunal.*

L'an. . . . ., à la requête de. . . . (*Constituer avoué et donner copie de la non-conciliation*), j'ai. . . , donné assignation à. . . . à comparaître le. . . . . pour,—Attendu que le. . . . . le sieur. . . . . a construit, en prenant d'ailleurs les précautions convenables, une cheminée qu'il a adossée au mur mitoyen séparant sa propriété d'une maison sise à. . . . . , appartenant au requérant; — Attendu que non-obstant ces précautions, le requérant souffre un préjudice réel par suite de la construction de la cheminée, et ce, *par tels motifs;* — Voir dire et ordonner que dans les. . . . jours de la signification du jugement à intervenir, le requérant sera tenu de démolir ladite cheminée dans toute sa hauteur, sinon, et faute de le faire que le requérant sera autorisé à faire effectuer lui-même, et aux frais de. . . . . , ladite démolition ; s'entendre, en outre, condamner aux dépens, sous toutes réserves.

V. n° 10. — Coût, V. *Ajournement.*

Enregistrement de l'exploit, 2 fr. 20 c. (L. 28 avr. 1816, art. 43).

CHEMINS.—1. La dénomination de *chemin* est généralement attribuée à un espace de terrain servant de communication d'un lieu à un autre.

2. On distingue plusieurs espèces de chemins : les *chemins de fer*, les *routes royales et départementales*, les *chemins vicinaux*, les *chemins de halage*, les *chemins ruraux* et les *chemins privés* (V. ces mots).

CHEMINS COMMUNAUX.—1. On appelle ainsi les chemins appartenant à une commune et affectés à l'usage de tous.

2. Les chemins communaux comprennent les *chemins vicinaux* et les *chemins ruraux* (V. ces mots).—V. aussi *Action possessoire*, n. 290.

CHEMINS D'EXPLOITATION. — V. *Chemins privés ou de desserte.*

CHEMIN DE FER. — **1.** Les chemins de fer ne peuvent être établis qu'en vertu d'un arrêté ou décret du Gouvernement, s'il s'agit d'un chemin de fer d'embranchement de moins de 20 mille mètres, et d'une loi dans tous les autres cas (L. 3 mai 1841, art. 3).

2. Ils sont exécutés par l'Etat ou concédés, soit directement, soit par voie d'adjudication, à une compagnie. Dans tous les cas, ils font partie de la grande voirie (L. 15 juill. 1845, art. 1er). Dès lors, le sol sur lequel ils sont établis reste la propriété de l'Etat et passe, eu égard à la destination de voie publique, dans la classe des choses imprescriptibles. C'est par application de ce principe qu'il a été décidé qu'un chemin de fer ne pouvait être saisi immobilièrement, et ne pouvait être l'objet d'une vente judiciaire (jugement du tribunal civil de la Seine, du 27 juill. 1850 : V. *J. Huiss.*, t. 31, p. 207).— V. aussi *Action possessoire*, n° 289.

3. Les droits, devoirs et obligations des concessionnaires, sont déterminés par le cahier des charges de la concession, lequel, la plupart du temps, détermine aussi les tribunaux qui doivent connaître des contestations. Lors donc qu'il s'élève une difficulté entre l'Etat et les concessionnaires, c'est au cahier des charges qu'il faut se reporter pour les apprécier et savoir devant quel tribunal elle doit être portée.

4. Les cahiers de charges stipulent également que la compagnie désignera un de ses membres pour recevoir les notifications ou significations qu'il y a lieu de lui adresser ; que ce membre fera élection de domicile dans un lieu déterminé, et que, à défaut de désignation ou élection, les significations faites à la compagnie pourront être valablement notifiées au secrétariat général de la préfecture. Si la signification est faite à un membre de la compagnie, il n'est pas indispensable qu'elle soit visée par lui. Mais il en est autrement si l'exploit est remis au secrétaire général ; dans ce cas, le visa est requis à peine de nullité.

5. Une compagnie de chemin de fer constitue une société de commerce, et non un établissement public. Il suit de là que, lorsqu'un particulier a des réclamations à exercer contre une compagnie de chemin de fer, à raison d'objets dont il lui a confié le transport, l'assignation ne peut être délivrée à l'agent directeur du bureau dans lequel les objets ont été remis, et qu'elle doit l'être au siége principal de la société, et en la personne de l'associé délégué (Rouen, 19 juin 1846 : V. *J. Huiss.*, t. 28, p. 22).

6. De même, une compagnie de chemin de fer ne peut, à l'occasion de travaux qu'elle fait exécuter, être assignée dans la personne et au domicile de l'architecte chargé de la direction de ces travaux (Douai, 6 août 1849 : V. J. *Huiss.*, t. 31, p. 130).

7. Que l'exécution ait lieu par l'Etat ou par une compagnie, les terrains nécessaires à son emplacement, aux gares et aux constructions indispensables à son exploitation, sont soumis à l'expropriation pour cause d'utilité publique. Dans le premier cas, les indemnités sont payées par l'Etat ; dans le second, par les compagnies, lesquelles sont subrogées aux droits et obligations de l'Etat.—V. *Expropriation pour utilité publique.*

8. Les chemins de fer construits ou concédés par l'Etat faisant partie de la grande voirie (L. 2 juill. 1845, art. 1er), on a déclaré applicables : 1° auxdits chemins, les lois et règlements sur la grande voirie, qui ont pour objet d'assurer la conservation des fossés, talus, levées et ouvrages d'art dépendant des routes, et d'interdire sur toute leur étendue le pacage des bestiaux et les dépôts de terre et autres objets quelconques (même loi, art. 2) ; 2° aux propriétés riveraines des chemins de fer, les servitudes imposées par les lois et règlements sur la grande voirie et qui concernent l'alignement, l'écoulement des eaux, l'occupation temporaire des terrains en cas de réparation, la distance à observer pour les plantations et l'élagage des arbres plantés, le mode d'exploitation des mines, minières, tourbières, carrières et sablières, dans la zone déterminée à cet effet (Même loi, art. 3.—V. *Alignement, Arbres, Carrières.*

9. Les lois et règlements sur l'extraction des matériaux nécessaires aux travaux publics sont également applicables à la confection et à l'entretien des chemins de fer (Même loi, art. 3).—V. *Carrière.*

10. Tout chemin de fer doit être clos des deux côtés et sur toute l'étendue de la voie, selon le mode déterminé par l'administration (Même loi, art. 4). Cette clôture a lieu aux frais de la compagnie et sur le sol du chemin.

11. Aucune construction, autre qu'un mur de clôture, ne peut être établie dans une distance de deux mètres d'un chemin de fer. Cette distance est mesurée, soit de l'arête supérieure du déblai, soit de l'arête inférieure des talus du remblai, soit du bord extérieur des fossés du chemin, et, à défaut d'une ligne tracée, à un mètre cinquante centimètres à partir des rails extérieurs de la voie de fer. Quant aux constructions existantes, elles peuvent être entretenues dans l'état où elles sont, état qui doit être constaté selon les formalités prescrites par un règlement d'administration publique (Même loi, art. 5), non encore publié.

12. Dans les localités où le chemin de fer est en remblai de plus de trois mètres au-dessus du terrain naturel, il est interdit aux riverains de pratiquer, sans une autorisation préalable, qui ne peut être accordée qu'après avoir entendu ou appelé le concessionnaire, des excavations dans une zone de largeur égale à la hauteur verticale du remblai, mesurée à partir du pied du talus (Même loi, art. 6).

13. Il est défendu d'établir, à une distance de moins de vingt mètres d'un chemin de fer desservi par des machines à feu, des couvertures en chaume, des meules de paille, de foin, et aucun autre dépôt de matières inflammables. Cette prohibition toutefois ne s'étend pas aux dépôts de récoltes faits seulement pour le temps de la moisson (Même loi, art. 7).

14. Aucun dépôt de pierres ou objets non inflammables ne peut être établi dans une distance de moins de cinq mètres d'un chemin de fer sans l'autorisation, toujours révocable, du préfet, à moins : 1° qu'il ne s'agisse d'engrais ou autres objets nécessaires à la culture ; 2° que le chemin ne soit en remblai et que le dépôt n'excède pas la hauteur du remblai (Même loi, art. 8).

15. Les distances fixées aux numéros précédents peuvent être diminuées en vertu d'arrêtés du Gouvernement, après enquête, lorsque la sûreté publique, la disposition des lieux et la conservation du chemin le permettent (Même loi, art. 9).

16. Lorsque la sûreté publique ou la conservation du chemin de fer l'exige, l'administration peut, hors des cas d'urgence prévus par la loi des 16-24 août 1790, faire supprimer, moyennant une juste indemnité, les constructions, plantations, excavations, couvertures en chaume, amas de matériaux combustibles, ou autres existant dans les zones ci-dessus spécifiées au moment de la promulgation de la présente loi, et pour l'avenir, lors de l'établiss ment du chemin de fer. L'indemnité doit être réglée, pour la suppression des constructions, conformément aux titres 4 et suiv. de la loi du 3 mai 1841, et pour tous les autres cas, conformément à la loi du 16 sept. 1807 (Même loi, art. 10).

17. Les contraventions aux dispositions qui precèdent doivent être constatées, poursuivies et réprimées comme en matière de grande voirie (Même loi, art. 11).—V. *Conseil de préfecture et Voirie.*

18. Elles sont punies d'une amende de 16 à 300 francs, sans préjudice, s'il y a lieu, des peines portées au Code pénal et au titre 3 de la présente loi (Même loi, art. 11).

19. Les contrevenants doivent, en outre, être condamnés à supprimer, dans le délai déterminé par l'arrêté du conseil de préfecture, les excavations, couvertures, meules ou dépôts faits contrairement aux dispositions ci-dessus (Même art.).

20. A défaut par eux de satisfaire à cette condamnation dans le délai fixé, la suppression aura lieu d'offi e, et le montant de la dépense sera recouvré contre eux, par vo e de contrainte, comme en matière de contributions publiques (Même art.).

21. Pour les contraventions de voirie commises par les concessionnaires ou fermiers de chemins de fer, et les mesures relatives à la sûreté et à la circulation sur les chemins de fer, V la loi du 21 juill. 1845 (tit. 2 et 3), rapportée *J. Huiss.*, t. 26, p. 216 et suiv.

CHEMINS DE HALAGE. — 1. On appelle *chemin de halage* l'espace de terrain réservé sur le bord des cours d'eau (fleuves, rivières, canaux) pour le service et les besoins de la navigation, et notamment pour tirer les bateaux, soit à bras d hommes, soit à l'aide de chevaux.

2. Les chemins de halage ne sont que des servitudes légales imposées aux fonds riverains dans l'intérêt exclusif de la navigation. Il s'ensuit que l'établissement d'un chemin de halage n'entraîne pas concession du fonds.

3. Autrefois, il n'était dû aux riverains aucune indemnité pour l'établissement des chemins de halage ; mais, aujourd'hui, il n'en est plus de même. En effet, aux termes de l'art. 3 du décret du 22 janv. 18 8, une indemnité est accordée aux riverains des cours d'eau qui, depuis la publication dudit décret, sont devenus navigables ou peuvent le devenir. Cette indemnité est proportionnee au dommage éprouvé, et évaluée d'après les dispositions de la loi du 16 sept. 1807.

4. Les riverains peuvent réclamer cette indemnité tant que la prescription n'est pas acquise contre eux par l'exercice du halage pendant trente ans.

5. La largeur des chemins de halage, fixée par l'ord. de 1667, tit. 27, art. 7, peut être restreinte par l'administration (Déc. 22 janv. 1808, an 4). L'autorité judiciaire ne peut changer ni modifier les règlements administratifs à ce sujet, ni même admettre aucune exception tendant à en éluder les dispositions (Cass , 2 juill. 1824 ; Garnier, *Régime des eaux*, t. 2, p. 33).

6. Les chemins de halage n'étant établis, ainsi que nous l'avons dit (n° 2), qu'à titre de servitude (Ord. cons. d'Etat, 26 août 1818 ; 4 juill. 1827), il s'ensuit :

1° Que la propriété du sol continue d'appartenir au maître du fonds riverain (Ord. cons. d'État, 25 août 1825 ; Proudhon, *du Domaine public*, t. 3, n° 783) ;

2° Que les produits des chemins appartiennent au propriétaire du sol (Proudhon, n° 776), et que, par conséquent, celui-ci rentre dans la jouissance exclusive de son terrain, si la navigation vient à cesser (Proudhon, n° 778) ;

3° Que les propriétaires du sol profitent des alluvions (Proudhon, n° 773) ;

4° Qu'ils peuvent empêcher qu'on place sur ces chemins, sans les indemniser, des établissements fixes de déchargement, des pieux, quais, etc. (Ord. cons. d'État, 3 juin 1821 et 22 janv. 1823).

7. La servitude de passage, toute spéciale à la navigation, ne pourrait être employée à des services qui y seraient étrangers (Proudhon, t. 3, n° 779; Garnier, *Régime des eaux*, t. 1er, n° 89). Les bateliers seuls ont le droit d'y passer et de conduire avec eux des bêtes de somme (Proudhon, n° 782) et de trait pour le tirage des bateaux. Un particulier ne pourrait s'en servir pour l'exploitation de ses terres.

8. Le propriétaire du sol sur lequel le chemin est établi doit laisser ce passage libre de tout ouvrage quelconque. Ainsi, il ne peut y planter aucun arbre, creuser aucun fossé, sans se rendre passible des peines prononcées en pareil cas contre les riverains des grandes routes (Ord. cons. d'État, 25 janv. 1838 ; Proudhon, t. 3, n° 781).

9. Les contraventions commises sur les chemins de halage sont de la compétence des conseils de préfecture (Ord. cons. d'État, 8 mai 1822 ; 22 janv. 1823 ; 2 janv. 1838).

10. Mais les questions qui pourraient s'élever entre le propriétaire du sol et des particuliers seraient de la compétence des tribunaux ordinaires. — V. *Compétence.* — V. au surplus, *Action possessoire*, n°s 298 et suiv.

CHEMINS IMPRATICABLES. — 1. L'art. 41 de la loi du 28 sept. 1791, après avoir, dans sa première partie, reproduite par l'art. 471, § 13, C. pén., puni d'une amende le voyageur qui brisait la clôture d'un champ pour se faire un passage, et déclaré ce même voyageur passible de dommages-intérêts, admet dans sa seconde partie cette restriction : « à moins que le juge de paix ne décide que le chemin public était impraticable, auquel cas les dommages et les frais de clôture sont à la charge de la communauté. »

2. Cette disposition, qui n'a point été abrogée par le Code pénal (Cass., 21 juin 1844 ; 27 juin 1845) ni par l'art. 147, Cod. for. (Cass., 21 nov. 1835), est restreinte au cas où il s'agit d'un chemin régulièrement déclaré vicinal (Cass., 17 fév. 1841).

3. Le tribunal de police est compétent pour apprécier si le chemin est impraticable, et si, par suite, le passage reproché constitue une contravention (Cass., 6 sept. 1845).

CHEMINS PRIVÉS OU DE DESSERTE. — 1. Ces chemins, qu'on appelle aussi *Chemins d'exploitation*, sont destinés à faciliter l'exploitation des propriétés rurales.

2. Ils sont généralement établis par des particuliers sur des immeubles privés, soit à titre de propriété, soit à titre de servitude.

3. Ils sont soumis aux règles du droit commun, et sont prescriptibles comme les héritages qu'ils traversent. — V. sur la possession et les actions qui s'y appliquent, le mot *Action possessoire*, n°s 292 et suiv. — V. aussi *Servitudes.*

4. L'autorité administrative n'a aucune autorité sur les chemins privés, et toutes les questions y relatives sont de la compétence des tribunaux ordinaires. — V. *Compétence civile.*

CHEMINS RURAUX. — 1. Chemins communaux non classés parmi les chemins vicinaux (Circul. du minist. de l'intér., 19 nov. 1839).

2. Les chemins ruraux sont publics, et, à ce titre, sont placés sous la protection de l'autorité. Les maires ont donc le droit : 1° de défendre, par des arrêtés, de construire le long des chemins ruraux, sans avoir au préalable obtenu l'alignement (Cass., 21 déc. 1844) ; et 2° de prescrire des mesures pour assurer la sûreté et la commodité du passage (L. 16-24 août 1790). Les arrêtés pris par les maires dans ces circonstances doivent être soumis aux préfets (L. 18 juill. 1837, art. 41).

3. Les chemins ruraux sont-ils prescriptibles contre les communes? Un arrêt de la Cour de cassation du 10 avril 1841 a décidé l'affirmative, en se fondant sur ce que les chemins vicinaux seuls ont été exceptés du droit commun par la loi du 21 mai 1836. Mais MM. Proudhon (*Domaine public*, t. 2, n° 611), Vazeille (*Prescription*, n° 69), Troplong (*Prescription*, n°s 157 et 158), et Foucart (*Éléments de droit public*, t. 2, p. 470), sont d'un avis contraire, et considèrent les chemins ruraux comme des voies publiques inaliénables et imprescriptibles. On peut invoquer à l'appui de leur opinion un arrêt de la cour de Rennes du 20 juin 1828, qui rejette comme non pertinente et non admissible la preuve offerte d'une possession de 20 ans sur un terrain considéré comme une dépendance de la voie publique. — V. aussi en ce sens, Pothier, *Prescription*, n° 7.

4. Mais la commune peut incontestablement prescrire la propriété d'un chemin rural par le passage public, paisible et à titre non précaire, exercé sur ce chemin par les habitants. Décidé, en effet, que si un tiers, se prétendant propriétaire du chemin, en intercepte la communication, la commune, dont les habitants ont joui dudit chemin pendant plus d'une année, peut se pourvoir au possessoire pour faire rétablir provisoirement la libre circulation sur ce chemin (Cass., 2 déc. 1844).

5. Les anticipations ou usurpations commises par les riverains sur les chemins ruraux sont punies par l'art. 479, n° 11, C. P. (Cass., 2 et 17 mars 1837 ; 21 avril 1841). Il en est de même des dégradations commises sur ces chemins, des enlèvements de pierre, de terre ou de gazon.

6. Le tribunal de simple police est compétent pour connaître de ces faits (Cass., 2 et 17 mars 1837 ; Ord. cons. d'État, 6 fév. 1837). Mais si le prévenu excipe de sa propriété, le tribunal doit surseoir jusqu'à ce que les tribunaux civils aient statué sur cette exception (Cass., 8 mars 1844).

7. Outre l'action publique dont nous venons de parler, les empiétements commis sur les chemins ruraux donnent lieu à une action civile pour le rétablissement de la voie publique dans l'état de viabilité qu'elle avait auparavant. Cette action, de la compétence des tribunaux civils, peut être intentée soit par le maire, soit par l'un des habitants en son nom singulier. — V. au surplus *Action possessoire*.

8. Les contraventions commises sur les chemins ruraux se prescrivent par un an (C. instr. crim., art. 640 ; Cass., 10 avril 1841).

CHEMINS VICINAUX. — 1. Les chemins vicinaux sont ceux qui ont été déclarés tels par arrêté du préfet. Ces chemins sont divisés en chemins vicinaux proprement dits et en chemins vicinaux de grande communication. Les règles que nous allons exposer sont applicables aux uns et aux autres.

§ 1er.—*Élargissement, ouverture et redressement des chemins vicinaux. — Extractions de matériaux, etc. — Prescription de l'action en indemnité. — Abandon de chemins vicinaux. — Alignement, fossés, etc. — Actions, Procédure. — Enregistrement.*

§ 2. — *Compétence.*

§ 1er.—*Elargissement, ouverture et redressement des chemins vicinaux.* — *Extraction de matériaux, etc.* — *Prescription de l'action en indemnité.* — *Abandon de chemins vicinaux.* — *Alignement, fossés, etc.* — *Actions, Procédure.* — *Enregistrement.*

2. *Elargissement des chemins vicinaux.* — La largeur des chemins vicinaux est fixée par un arrêté du préfet. Cet arrêté a pour effet d'attribuer au chemin, dès l'instant même et sans qu'il soit besoin d'aucune autre formalité, le sol compris dans les limites qui le déterminent (L. 21 mai 1836, art. 15).

3. Dans ce cas, et bien qu'en résumé il y ait expropriation de parcelles de terrain, il n'est pas nécessaire de recourir aux formalités de l'expropriation pour utilité publique. La commune propriétaire du chemin vicinal est saisie du terrain nécessaire à l'élargissement par l'arrêté même et a droit d'en prendre possession avant le paiement de toute indemnité. Les riverains ne peuvent donc s'opposer à cette prise de possession, ni, à ce sujet, actionner la commune en restitution et en dommages-intérêts.

4. Il est un cas néanmoins où, selon nous, le riverain pourrait retarder la prise de possession, ou du moins réclamer le terrain attribué au chemin : c'est celui où la possession ou la propriété de ce même terrain lui serait contestée par la commune; alors il pourrait intenter une action contre le maire, non pour se faire réintégrer dans le terrain, mais pour s'en faire reconnaître possesseur ou propriétaire, afin de pouvoir ultérieurement réclamer l'indemnité accordée par la loi.—V. *Action possessoire*, nos 59, 281 et 288, et *Action pétitoire*.

5. Dans le cas de l'élargissement d'un chemin vicinal, le droit des propriétaires des parcelles de terrain prises pour cet objet se résume en une indemnité qui est réglée à l'amiable, ou par le juge de paix du canton, sur le rapport d'experts nommés, l'un par le sous-préfet et l'autre par le propriétaire ; en cas de discord, le troisième est nommé par le conseil de préfecture (L. 21 mai 1836, art. 15 et 17).

6. La marche qui doit être suivie en pareille circonstance nous paraît être celle-ci :

1° Le propriétaire riverain doit faire autoriser la commune à plaider, avant d'intenter son action (Av. du cons. d'Etat, 19 mars 1840).—V. *Autorisation de plaider.*

2° Il doit ensuite citer le maire devant le juge de paix en fixation d'indemnité, après expertise préalable.

3° A la première audience, le juge de paix reçoit la demande et la renvoie à une autre audience qu'il indique, afin que d'ici là les parties nomment leurs experts. A cette seconde audience, le juge de paix donne acte aux parties de la nomination des experts et annexe à son jugement l'avis du sous-préfet qui nomme celui de la commune ; puis il ordonne que les experts, après avoir prêté serment, procéderont à l'estimation sur les lieux.

4° Le rapport des experts est déposé au greffe de la justice de paix.

5° Si les experts ne sont pas d'accord, le juge de paix renvoie les parties à se pourvoir devant le conseil de préfecture, à fin de nomination d'un troisième expert, qui prête également serment et dépose son rapport au greffe de la justice de paix.

6° Sur le rapport des deux experts, s'ils ont été d'accord, et sur celui du troisième, s'ils ne l'ont pas été, les parties prennent des conclusions et le juge de paix statue.

7. A défaut par l'une des parties de faire connaître à l'audience indiquée à cet effet le nom de son expert, le juge de paix pourrait, ce nous semble, le désigner d'office. S'il en était autrement, il dépendrait d'une partie de prolonger indéfiniment la solution de la question et de l'administration de retarder le paiement de l'indemnité, de faire perdre ainsi au propriétaire les fruits du terrain et de rendre illusoire, jusqu'à un certain point, l'art. 15 de la loi du 21 mai 1836.

8. En cette matière, comme en toutes autres où il y a expertise, le juge de paix n'est pas lié par l'avis des experts; il peut ordonner une seconde expertise, et, dans tous les cas, accorder une indemnité moindre ou plus forte que celle déterminée par l'expert (Carou, *Juridiction des juges de paix*, t. 1er, n° 464).

9. Si, dans le cours de l'instance, il s'élevait une question qui ne fût pas de la compétence du juge de paix, ce magistrat devrait renvoyer devant qui de droit le jugement de l'incident, et ne reprendre l'instance qu'après que ce jugement aurait acquis l'autorité de la chose jugée.

10. La décision du juge de paix est susceptible d'appel (Cass., 19 juin 1843; 18 août 18 5).

11. L'indemnité une fois réglée devient une dette de la commune. — V. *Commune*.

12. *Ouverture et redressement des chemins vicinaux.*— Lorsqu'il s'agit d'ouvrir ou redresser un chemin vicinal, c'est-à-dire de le faire passer en *totalité* sur des terrains non occupés auparavant par la voie publique, on doit recourir à la voie de l'expropriation pour cause d'utilité publique. Les formes de cette expropriation sont réglées par la loi du 21 mai 1836 de la manière suivante :

13. Le préfet, par un arrêté, autorise les travaux d'ouverture ou de redressement (L. 21 mai 1836, art. 16). Sur le vu de cet arrêté, et sans qu'il soit besoin de produire aucunes pièces, le tribunal prononce l'expropriation (Même art.; Cass., 23 avr. 1838; 7 juin 1838), désigne les jurés, et commet, pour les présider et diriger, l'un de ses membres ou le juge de paix du canton (Même art.). Le juge commis reçoit les acquiescements, et son procès-verbal emporte translation de la propriété (Même art.). — V. au surplus *Expropriation pour utilité publique.*

14. *Extraction de matériaux. — Dépôts et enlèvements de terre. — Occupations de terrains.*—Lorsqu'après la construction d'un chemin vicinal, des extractions de matériaux, des dépôts ou enlèvements de terre, des occupations temporaires de terrains, sont nécessaires, ils doivent être autorisés, par le préfet, avec désignation des lieux. L'arrêté doit être notifié aux parties intéressées au moins dix jours avant que son exécution puisse être commencée (L. 21 mai 1836, art. 17). Cette notification a lieu à la diligence du préfet, par l'intermédiaire du maire qui le fait remettre par le garde champêtre.

15. Il est dû au propriétaire une indemnité qui doit être payée d'avance, à moins d'impossibilité absolue ou de force majeure (Garnier, *Traité des chemins, Supplément*, p. 69; Dumay, *Comment. de la loi sur les chemins vicinaux*, t. 1er, p. 272). Si cette indemnité ne peut être fixée à l'amiable, elle est réglée par le conseil de préfecture, sur le rapport d'experts nommés, l'un par le sous-préfet, l'autre par le propriétaire; en cas de discord, un tiers expert est nommé par le conseil de préfecture (art. 17).

16. Si des travaux étaient entrepris sur la propriété d'autrui, soit avant l'arrêté du préfet, soit avant la notification, soit avant l'expiration des dix jours de la notification, ils constitueraient une voie de fait justiciable des tribunaux ordinaires (Dumay, t. 1, p. 283). - Sur les formalités auxquelles sont soumises les extractions de matériaux ayant pour objet les travaux des chemins vicinaux, lorsque ces extractions doivent avoir lieu dans les bois régis par l'administration des forêts, V. Ord. du 19 sept. 1845 (*J. Huiss.*, t. 26, p. 351).

17. *Prescription de l'action en indemnité.*—L'action en indemnité des propriétaires pour les terrains qui ont servi à la confection des chemins vicinaux et à l'extraction de matériaux est prescrite par le laps de deux ans (L. 21 mai 1836, art. 18), à compter du jour de la dépossession ou de l'extraction des matériaux (Garnier, p. 74 ; Dumay, t. 1er, p. 287).

18. Cette prescription ne court pas contre les incapables (Duvergier, *Collection des lois,* t. 36, p. 129 . Elle ne court pas non plus, si la dépossession ou l'extraction de matériaux a eu lieu sans qu'au préalable les formalités légales aient été remplies.

19. La prescription peut être interrompue par une citation devant le juge de paix, à fin de procéder au règlement de l'indemnité (Dumay, t. 1er, p. 282). — V. *suprà,* n° 6.

20. L'indemnité , une fois réglée , soit par acte volontaire , soit par une décision du juge de paix ou du jury, ne se prescrit plus que par trente ans : elle est en effet fondée sur un titre régulier et soumise à la disposition de l'art. 2262, C. civ.

21. *Abandon d'un chemin vicinal.*—En cas de changement de direction ou d'abandon d'un chemin vicinal en tout ou en partie, les propriétaires riverains de la partie de ce chemin qui cessera de servir de voie de communication pourront faire leur soumission de s'en rendre acquéreurs et d'en payer la valeur fixée par des experts nommés dans la forme déterminée par l'art. 17 (L. 21 mai 1836, art. 19).—V. *suprà,* n°s 6 et 15.

22. *Alignement, Eaux, Plantations, Fossés.*—Les préfets ont le droit de statuer, par un règlement, sur tout ce qui est relatif aux alignements, aux autorisations de construire le long des chemins, à l'écoulement des eaux, aux plantations, à l'élagage et à tous autres détails de surveillance et de conservation (L. 21 mars 1836, art. 21).

23. Les fossés creusés par l'administration le long des chemins vicinaux pour faciliter l'écoulement des eaux font partie intégrante du chemin et sont soumis aux mêmes règles que lui.

24. *Actions relatives aux chemins.—Procédure.* — Les actions civiles concernant les chemins doivent être dirigées, s'il s'agit de chemins vicinaux ordinaires, par le maire, et s'il s'agit de chemins vicinaux de grande communication, par le préfet.

25. Ces actions, quel qu'en soit l'objet, doivent être jugées comme affaires sommaires et urgentes (L. 21 mai 1836, art. 20).

26. *Enregistrement.* — Les significations quelconques et les jugements ayant pour objet exclusif la construction, l'entretien et la réparation des chemins vicinaux, ne sont soumis qu'au droit fixe d'enregistrement d'un franc (L. 21 mai 1836, art. 20).

27. *Taxe des exploits.*—Aucun tarif de dépens n'a été annexé à la loi du 21 mai 1836. Nous croyons dès lors que pour la fixation des droits dus pour tous exploits exclusivement et relatifs aux opérations que nous venons d'indiquer, il y a lieu d'appliquer le tarif annexé à la loi du 3 mai 1841, sur l'expropriation pour cause d'utilité publique.—V. *Expropriation pour utilité publique.*

§ 2.— *Compétence.*

28. *Conseils de préfecture.*—Ils sont compétents : 1° pour statuer sur les anticipations ou empiétements pratiqués par les riverains sur les chemins reconnus et maintenus comme vicinaux (LL. 7 sept. 1790 et 28 sept. 1791 ; 9 vent. an 13 ; Ord. cons. d'Etat, 19 août 1832 ; 6 fév. 1837 ; 14 août 1837 ; 23 juill. 1838.—*Contrà*, Cass., 20 juill. 1838 ; 8 fév. et 10 sept. 1840).

29. 2° Pour statuer sur les dégradations commises sur les chemins vicinaux

(Ord. cons. d'Etat, 1er mars 1833 ; 28 mai et 23 déc. 1835 ; 23 avril 1836 ; 4 sept. 1840.—*Contrà*, Cass., 20 juill. 1838 ; 8 sept. et 10 sept. 1840).

30. Toutefois, il est à remarquer que la jurisprudence du conseil d'Etat, voulant concilier la compétence du conseil d'Etat avec la disposition de l'art. 479, n° 11, C. pén., paraît, en définitive, adopter un système mixte, et accorder aux conseils de préfecture le droit de faire cesser les anticipations et dégradations commises sur les chemins vicinaux, et aux tribunaux de répression le droit de prononcer les amendes encourues, à raison de ces anticipations et dégradations (Ord. cons. d'Etat, 23 juill. 1838 ; 30 juin 1839 ; 2 sept. 1840 ; 7 janv. 1842).

31. *Tribunaux de simple police.*—Ils sont compétents : 1° pour prononcer les amendes encourues pour contraventions sur les chemins vicinaux, et résultant des dépôts de matériaux et d'immondices (V. aussi le numero qui précède) ; et 2° pour réprimer les contraventions aux arrêtés des préfets relatifs aux objets désignés *suprà*, n°s 2, 13, 14 et 23.

32. *Tribunaux civils.* — Ils sont compétents pour statuer sur toutes les questions de propriété et de servitude, soit entre la commune et les riverains, soit entre les riverains.—V. *suprà*, n° 4. — Spécialement, ils doivent connaître des difficultés relatives à la propriété d'arbres plantés sur un chemin vicinal (Ord. cons. d'Etat, 15 sept. 1831).

CHENILLE EN SOIE (FABRICANTS DE). — Les fabricants de chenille en soie pour leur compte sont rangés dans la septième classe des patentables, et les fabricants à façon dans la huitième.

CHEPTEL. — 1. Ce mot s'emploie pour désigner une agrégation d'animaux, un corps de troupeau destiné à se reproduire. Ainsi, dans le cheptel, les animaux sont considérés, non pas *ut singula capita*, mais *ut universitas*.

2. Celui qui prend à bail un corps de troupeau se nomme *cheptelier*.

3. Il y a différentes sortes de baux à cheptel. — V. *Bail à cheptel.*

4. Le cheptel donné au fermier d'une métairie est appelé *cheptel de fer.* Cette dénomination vient, selon les uns, de ce que les bestiaux *ne peuvent mourir à leur seigneur*, et, selon d'autres, de ce qu'ils sont comme enchaînés ou attachés à la métairie.—V. *Actes de commerce*, n° 58, *Bail à cheptel*, *Immeubles par destination, Saisie-exécution, Saisie-gagerie, Saisie immobilière.*

CHEVALIER-ÈS-LOIS. — Titre conféré, dans les 13e et 14e siècles, aux avocats qui avaient exercé un certain nombre d'années sans aucun reproche. L'avocat devenu chevalier était qualifié de *messire*.

CHEVAUX. — Les loueurs et marchands de chevaux sont rangés, les premiers, dans la cinquième classe des patentables, et, les seconds, dans la quatrième. — V. *Actes de commerce*, n° 55, *Courtier de chevaux, Saisie-exécution, Vices rédhibitoires.*

CHEVEUX (MARCHANDS DE). — Sont rangés dans la cinquième classe des patentables.

CHEVILLEURS. — Sont rangés dans la huitième classe des patentables.

CHEVIR. — Ce mot s'employait dans certaines coutumes, et notamment dans la coutume de Paris (art. 21), pour exprimer le fait d'une partie qui avait reçu ajournement de *traiter, s'arranger*, avant l'audience, avec son adversaire.

CHÈVRES. — V. *Saisie-exécution, Vaine pâture.*

CHIFFONNIER.—Les chiffonniers en gros, en détail, et ambulants, sont patentables.

CHIFFRES. — **1.** Caractères dont on se sert pour désigner les nombres.

2. Dans les actes notariés, les sommes et les dates doivent être énoncées en toutes lettres, à peine de 20 fr. d'amende par contravention (L. 25 vent. an 11 et 16 juin 1824).

3. Il n'en est point de même dans les exploits des huissiers. On peut y énoncer en chiffres des sommes et des dates, sans encourir d'amende ; toutefois, la prudence exige que, dans les passages importants de ces exploits, on observe ce qui est prescrit aux notaires : par exemple, il est utile d'énoncer, dans un commandement, la somme demandée en toutes lettres.— V. *Abrevia-tion, Exploit, Huissier.*

CHINEURS. — Sont rangés dans la septième classe des patentables.

CHIROGRAPHE.—Autrefois, on appelait ainsi un acte sous seing privé.

CHIROGRAPHAIRE. — Ce mot s'emploie par opposition au mot *hypothécaire. — V. Faillite, Hypothèque, Ordre.*

CHLORE, CHLORURE. — Les établissements destinés à la fabrication du chlore ou du chlorure sont rangés dans la classe des établissements insalubres.

CHOCOLAT. — Les marchands de chocolat en gros et en détail sont patentables. — V. *Vente de marchandises neuves.*

CHOIX — Ce mot s'entend de la préférence même accordée à une personne ou à une chose sur une ou plusieurs autres personnes ou choses, ou du droit, de la faculté de choisir. — V. *Communaute, Copie de pièces, Donation, Expertise, Obligation, Saisie-exécution, Vente.*

CHOSES. — **1.** Ce mot comprend tout ce qui peut être utile aux hommes, qu'ils le possèdent ou non (V. *Biens*).

2. On entend par *choses communes* celles dont l'usage est à tout le monde, mais dont la propriété n'appartient à personne, comme l'air, la mer (V. *Propriété*) ; — *choses publiques*, celles qui servent également à l'usage de tous et dont la propriété appartient à l'État ou aux communes : telles sont les routes, chemins vicinaux et publics (V. ce mot), marchés, fontaines, fossés, places ; — *choses corporelles*, celles qui ont un corps, comme les meubles meublants, les immeubles, l'argenterie, etc. ; — *choses incorporelles*, celles qui n'ont pas de corps, telles que les créances, les servitudes, etc. (V. *Transport-cession, Saisie-exécution, Servitudes*) ;—*choses hors du commerce*, celles qui ne sont pas susceptibles d'une propriété privée, comme les églises, les cimetières, etc. ; — *choses dans le commerce*, celles qu'on peut posséder privativement, telles qu'une maison, un pré, etc. (V. *Office*) ; — et par *choses fongibles* celles que la loi ou les parties ont considérées comme pouvant être remplacées par d'autres semblables.

CHOSE JUGÉE. — **1.** Ce qui a été décidé par un jugement qui ne peut plus être attaqué par les voies ordinaires.

2. La chose jugée tire sa force de la présomption de probité et d'intelligence dans la personne du juge (Toullier, t. 10, n° 102). Son maintien, essentiellement lié à l'ordre public, crée une exception qui doit être restreinte aux cas spéciaux pour lesquels elle est déterminée.

§ 1. — *De la chose jugée en matière civile.*
§ 2. — *De la chose jugée en matière criminelle.*
§ 3. — *Influence de la chose jugée à l'égard du civil et du criminel.*
§ 4. — *Influence de la chose jugée en matière disciplinaire.*

§ 1er. De la chose jugée en matière civile.

3. *Jugements susceptibles de produire l'autorité de la chose jugée.* —Pour qu'un jugement produise l'autorité de la chose jugée, il faut : 1° Qu'il contienne une condamnation ou rejette une demande (Pothier, *des Obligations*, n° 851). Ainsi, les jugements préparatoires ou interlocutoires, ne prononçant ni condamnation ni congé de demande, ne sont pas susceptibles d'acquérir l'autorité de la chose jugée. Ils ne peuvent jamais, en effet, lier le juge qui les a rendus (Cass., 6 juin 1811 ; 2 juin 1829 ; 23 nov. 1840).

4. 2° Que le jugement renferme une disposition certaine ou une condamnation possible : car on devrait considérer comme nuls de *plein droit*, n'étant pas susceptibles d'exécution, et dès lors, ne pouvant jamais avoir force de chose jugée, les jugements contenant des dispositions incertaines ou des condamnations impossibles, physiquement ou moralement, ou des décisions diamétralement opposées (Toullier, t. 10, n° 133).

5. 3° Que le jugement soit rendu en dernier ressort et contradictoirement ; que, s'il a été rendu par défaut, les délais d'opposition soient expirés ; que, s'il a été rendu en premier ressort, les délais d'appel soient passés ou que les parties aient acquiescé au jugement, ou renoncé à l'appel (Pothier, *des Obligations*, nos 861 et 862. — V. *Acquiescement, Appel*, *Opposition*); que, s'il y a eu appel, l'instance soit périmée (Pothier, n° 864 ; Duranton, t. 13, nos 450 et 451).

5 bis. Le jugement de défaut-congé est, comme tous autres jugements, susceptible d'acquérir contre le demandeur force de chose jugée (Orléans, 22 mai 1847 : V. *J. Huiss.*, t. 28, p. 358). — Il en est de même de l'ordonnance portant permis d'assigner à bref délai. —V. *Assignation à bref délai*, n° 15.

6. Aucune distinction n'est à faire entre les jugements injustes qui, sous l'empire du droit romain, étaient nuls de plein droit, et les jugements iniques qui devaient être attaqués. De ce principe que *voies de nullité n'ont lieu*, il suit que, si on ne se pourvoit pas contre ces jugements par les voies ordinaires et dans les délais prescrits, ils acquièrent l'autorité de la chose jugée (Merlin, *Rép.*, v° *Nullité*, § 7). — V. *Appel*, n° 26, *Opposition*.

7. Ainsi, le jugement rendu par un tribunal incompétent (Cass., 17 brum. an 11), et celui entaché de nullité par le motif que l'un des juges qui y a concouru était intéressé dans la contestation (Caen, 24 mai 1825), sont susceptibles de produire l'autorité de la chose jugée, s'ils ne sont pas réformés dans les délais.

8. L'autorité de la chose jugée ne s'attache pas d'une manière absolue aux dispositions *comminatoires* (V. ce mot) des jugements ou arrêts. Par exemple, lorsqu'un jugement ordonne que, faute par une partie de faire *telle* chose dans *tel* délai, la propriété de *tel* objet lui appartiendra, un autre jugement peut déclarer ce délai comminatoire et attribuer la propriété du même objet à l'autre partie, sans qu'il y ait violation de la chose jugée (Cass., 11 mars 1834).

9. Le dispositif seul des jugements constituant son essence, c'est ce dispositif et non les motifs qui établit l'autorité de la chose jugée (Cass., 5 juin 1821 ; 26 juill. 1832 ; 9 janv. 1838).

10. Les décisions administratives sont, comme celles des tribunaux ordinaires, susceptibles de produire l'autorité de la chose jugée. Ainsi, lorsqu'une décision administrative n'est pas attaquée dans les délais voulus, elle acquiert force de chose jugée, et la contestation ne peut plus être reproduite soit devant le Conseil d'État, soit devant toute autre autorité (Décr. 30 juin 1813).

11. *Eléments constitutifs de la chose jugée.* — L'art. 1351, C. civ., exige la réunion de quatre conditions, pour qu'il y ait lieu à l'autorité de la chose jugée. Il faut que *l'objet*, la *cause*, les *parties* et les *qualités* de la seconde demande soient les mêmes que ceux de la première.

12. *1° Identité de l'objet.* — 1° Il n'y a point de *chose jugée* à opposer à la seconde demande, si l'objet n'est pas le même que celui de la première. Le magistrat, en effet, n'a entendu juger, de même que les parties n'ont entendu soumettre à sa décision, que l'objet de la première demande (Toullier, t. 10, n° 144 ; Cass., 9 janv. 1839).

13. Il faut donc que ce soit, dans la première et la seconde demande, le même corps, la même quantité, s'il s'agit de choses corporelles, ou le même droit, s'il s'agit de choses incorporelles. Mais les changements survenus dans le corps qui faisait l'objet de la première demande n'empêchent pas qu'il ne soit considéré comme le même dans la seconde ; par exemple, un troupeau, dont le nombre a augmenté ou diminué, fût-il réduit à une seule bête, n'en est pas moins le même corps dans la seconde action relativement à la chose jugée par le premier jugement (Toullier, t. 10, n°s 144 et 145 ; Duranton, t. 3, n° 401).

14. Suivant la maxime que *le tout contient la partie* (L. 113, ff. de *Reg. juris*), l'objet de la seconde action est le même que celui de la première, si, après avoir demandé un tout par celle-ci, on demande, par la seconde, une chose qui faisait partie de ce tout (Toullier, t. 10, n° 146).

14 bis. Par exemple, celui qui a succombé dans une première demande d'une universalité de meubles, ne peut ensuite demander spécialement deux de ces meubles (Rennes, 15 mars 1821). De même, en cas de rejet d'une action en responsabilité avec demande de dommages-intérêts pour faute dans l'exécution d'un mandat, on ne peut former ensuite une demande principale en dommages-intérêts, fondée sur le même fait, les dommages-intérêts se trouvant implicitement compris dans le rejet (Cass., 21 nov. 1843).

15. Mais *le tout n'étant pas contenu dans [la partie*, on peut, en thèse générale, demander, par une seconde action, la totalité de l'objet dont on n'avait demandé qu'une partie par une première. Ainsi, le jugement qui rejette une servitude ne s'oppose pas à la revendication de l'immeuble (Toullier, t. 10, n° 153). Le jugement qui rejette une demande de passage à pied ne s'oppose pas à ce qu'on demande, par une seconde action, le passage avec bêtes de somme. Ainsi encore, on peut réclamer la propriété d'un domaine, quoiqu'on ait échoué dans la demande de l'une des fermes de ce domaine ; la propriété d'une pièce de terre, quoique la demande de l'usufruit ou de la possession de ce même objet ait été rejetée (Toullier, t. 10, n°s 153 et suiv.).

16. Les règles que nous venons de tracer sont, comme toutes les règles, susceptibles d'exceptions. Ainsi, d'une part, il a été jugé que la demande générale d'un droit absolu et sans bornes n'est pas un obstacle à la demande spéciale par laquelle on réclame un droit déterminé dont il n'a pas été question lors du jugement qui a statué sur la demande générale (Cass., 30 mars 1837).

17. D'autre part, il est admis que celui qui, en vertu d'un titre, a demandé une somme et a succombé, ne peut demander une somme plus forte en vertu du même titre ; que celui qui a succombé dans sa demande d'élever une maison de dix pieds ne peut demander ensuite de l'élever de vingt pieds ; que celui qui a été condamné, par un arrêt qui a rejeté les moyens de nullité qu'il faisait valoir, à payer le premier quart d'une obligation, ne peut opposer les mêmes moyens contre la demande des trois autres quarts (Cass., 20 déc. 1830).

17 bis. Mais jugé qu'un créancier qui n'a pas contesté une créance colloquée dans un ordre ou dans une contribution ne perd pas le droit de critiquer cette même créance qui est produite ultérieurement dans un autre ordre ou dans une autre distribution par contribution (Jugement du tribunal civil de la Seine du 22 fév. 1851). Toutefois, cette solution n'est pas applicable lorsque, l'ordre ayant été clos, une folle enchère ou une saisie immobilière, s'il s'agit de vente volontaire, est poursuivie contre l'adjudicataire ou l'acquéreur (V. *J. Huiss.*, t. 32, p. 281, note).

18. 2° *Identité de cause.* — On doit entendre par la *cause* de la demande la cause prochaine de l'action et non pas l'espèce ou le genre d'action qu'un plaideur choisit, pour demander en justice la chose qu'il réclame : car deux actions différentes peuvent avoir la même cause. Par exemple, la garantie des défauts cachés de la chose vendue donne lieu à deux actions, l'une en résolution de la vente, l'autre en diminution du prix stipulé. Si l'acheteur a succombé dans la première de ces actions, il ne peut intenter l'autre, car toutes deux ont la même cause, les vices cachés; la question à juger est la même dans la seconde action que dans la première : la chose vendue a-t-elle des vices cachés que le vendeur doive garantir? et cette question est déjà jugée par le premier jugement (Toullier, t. 10, n°s 161 et suiv.).

19. On doit faire ici une distinction importante, établie par le droit romain, entre les actions qui ont pour objet une somme ou une chose fongible, et celles qui tendent à obtenir un corps certain. Ainsi, lorsque, après avoir été repoussé dans une demande d'une somme qu'on prétendait être due sans titre, on fait une nouvelle demande de même somme en vertu d'un titre, non-seulement il n'y a pas même cause, mais non plus même objet. L'identité ne s'entend que par rapport aux choses spéciales, et non pas aux choses fongibles qui tiennent lieu les unes des autres et ne sont pas dès lors spécialement les mêmes ; elles ne peuvent s'identifier que par l'identité des causes pour lesquelles elles sont demandées (Poncet, *des Jugements*, t. 2, p. 13).

20. Au contraire, s'il s'agit d'un corps certain, c'est toujours la même chose qu'on demande ; et, dès lors, si elle a été demandée d'une manière générale et sans énonciation du titre, et qu'elle ait été repoussée d'une manière générale, la demande est à jamais jugée (Duranton, t. 4, n°s 155 et 156).

21. En général, la cause est différente, quand la seconde instance présente à juger une question autre que la première. Exemples : le jugement qui rejette une demande en nullité d'une vente faite à un avocat, par le motif que cette vente avait pour objet une chose litigieuse, ne fait point obstacle à la demande subséquente en nullité du même contrat, comme n'étant point réellement une vente, mais une antichrèse (Cass., 27 août 1817). L'individu qui a succombé sur la demande par lui formée en révocation d'une donation pour cause de survenance d'enfant peut demander la réduction de cette même donation, en se fondant sur ce qu'elle excède la quotité disponible. Ces deux demandes sont différentes dans leurs causes comme dans leurs effets (Cass., 5 juin 1821).

22. Mais la cause reste la même, quoique la nouvelle demande soit fondée sur des moyens nouveaux (Cass., 16 juill. 1817; 3 fév. 1818; 29 janv. 1821). On ne serait donc pas fondé à demander la nullité d'un acte à raison de l'incapacité de l'un des témoins instrumentaires, lorsque déjà, sous prétexte de l'incapacité d'un autre de ces témoins, on a vainement contesté la validité de l'acte. Ces deux demandes ont la même cause, à savoir : la *nullité* de l'obligation pour incapacité des témoins (Cass., 3 fév. 1818). On ne pourrait pas non plus, après avoir demandé la nullité d'un acte, en se fondant sur ce que le consentement a été surpris par erreur, demander de nouveau cette même nullité, sous prétexte que le consentement a été extorqué par violence (Toullier, t. 10, n° 165 ; Duranton, t. 13, n°s 480 et suiv.).

23. La personne qui a deux droits à exercer, distincts par leur cause et leur objet, n'est pas tenue de les présenter cumulativement ; elle peut, après avoir succombé sur l'un, présenter l'autre, sans qu'on puisse l'écarter par l'exception de la chose jugée (Cass., 5 avril 1831).

24. Cependant, il serait prudent d'insérer, dans le libellé de la première demande, une protestation qui lèverait toute espèce de doutes sur la renonciation à la seconde action. Mais il est utile de faire remarquer que la clause :

sauf tous droits, actions et conclusions, toujours sous-entendue d'ailleurs, quand elle n'est pas exprimée, suffit pour éviter l'application de cette maxime que *celui qui, ayant plusieurs actions, en a choisi une, ne peut plus revenir à l'autre* (Toullier, t. 10, n⁰ˢ 170 et suiv.).

25. 3° et 4° *Identité de personnes et de qualités.*—De ce principe qu'on ne doit condamner aucune personne sans l'avoir entendue, il résulte que la chose jugée n'est présumée la vérité qu'entre ceux qui ont été parties au jugement (Cass., 19 mars 1844). Et quoique des personnes eussent été parties, il n'y aurait pas chose jugée, si elles avaient agi dans des qualités différentes; par exemple, l'individu qui aurait demandé, en premier lieu, la nullité d'une vente en qualité d'héritier, pourrait demander, par une seconde action, la nullité du même acte comme cessionnaire (Cass., 27 août 1817).

26. Il a encore été décidé, conformément à ce principe, que le même individu déclaré possesseur précaire et de mauvaise foi dans une instance où il avait agi en son nom pouvait, dans une seconde instance, réclamer les mêmes objets, comme étant aux droits d'un autre individu (Cass., 12 janv. 1832); que l'autorité de la chose jugée contre l'héritier bénéficiaire ne pouvait être opposée au même individu agissant en qualité d'héritier pur et simple, alors que le point litigieux consistait à savoir à qui, de l'héritier ou des créanciers unis de la succession, appartenait l'administration des biens (Cass., 11 nov. 1818).

26 *bis.* Mais, lorsqu'un créancier agissant en son nom personnel a fait déclarer, par un premier arrêt, que son titre ne renfermait pas une obligation simulée, une autre Cour ne peut annuler cette créance pour simulation, sans violer l'autorité de la chose jugée, alors même que, dans cette seconde instance, le créancier aurait agi non-seulement en son nom personnel et en vertu de son titre primitif, mais comme rétrocessionnaire de sa propre créance qu'il avait vendue et rachetée quelque temps auparavant (Cass., 20 juin 1838 : V. *J. Huiss.*, t. 20, p. 34).

27. L'autorité de la chose jugée a lieu contre ceux qui, sans avoir été personnellement parties au jugement, y ont été représentés par leur tuteur, leur curateur ou autres administrateurs légitimes ; pour et contre les femmes représentées par leurs maris, lorsqu'il s'agit de l'administration des biens ou des actions mobilières ou possessoires qui leur appartiennent ; pour et contre les héritiers de celui qui a été partie ou dûment appelé au jugement.

28. Dans les matières réelles, le jugement rendu pour ou contre le propriétaire d'un immeuble a également l'autorité de la chose jugée pour ou contre ceux qui lui succèdent dans la propriété de l'immeuble (Toullier, t. 10, n° 199; Duranton, t. 13, n° 506). Mais il en serait autrement, si les droits de l'ayant cause existaient déjà avant la demande.

29. En matière d'hypothèque, l'autorité de la chose jugée ne peut être opposée ni profiter aux créanciers qui n'ont pas été parties ni appelés au jugement. Par exemple, si trois créanciers sont inscrits sur un immeuble, et si, par un jugement, le troisième fait écarter le premier, le jugement ne profitera pas au deuxième créancier, et la collocation du premier sera acquise au troisième.

30. Ce qui a été jugé avec l'auteur produit son effet contre les successeurs et ayants cause de l'auteur (Toullier, t. 10, n° 200 ; Duranton, t. 13, n° 513). Ainsi, la chose jugée avec le testateur est réputée l'avoir été avec le légataire universel (Duranton, t. 13, n° 501; Toullier, t. 10, n° 199). Mais ce qui a été jugé avec l'ayant cause ne peut nuire à l'auteur (Duranton, t. 13, n° 513 ; Toullier, t. 10, n° 200).

31. Le jugement obtenu contre un des débiteurs solidaires ne peut être invoqué contre les autres (Cass., 15 janv. 1839 ; 11 fév. 1824). Mais le jugement qui, sur la poursuite de l'un des débiteurs solidaires, aurait repoussé la demande du créancier, pourrait être opposé à ce dernier par les autres débiteurs (Toullier, t. 10, n⁰ˢ 202 et suiv.; Carré, *Lois de la Proc.*, édit. Chauveau, *quest.* 1718; Pothier, *Des Obligations*, n⁰ˢ 272 et 273).

31 *bis.* La chose jugée à l'égard du souscripteur d'un billet ne profite pas au donneur d'aval. Ainsi, ce dernier peut être condamné à payer le montant du billet, quoiqu'un précédent jugement ait déclaré le souscripteur libéré vis-à-vis du bénéficiaire (Cass., 27 mars 1850 : V. *J. Huiss.*, t. 31, p. 135).

32. L'arrêt qui défend à un huissier de procéder aux ventes de récoltes, au préjudice des notaires, n'a pas force de chose jugée à l'égard de son successeur (Paris, 6 août 1835).

33. De même, l'arrêt qui, sur l'instance engagée entre les notaires et les huissiers d'un arrondissement, relativement au droit de faire les ventes volontaires publiques, et au comptant, de récoltes pendantes par racines, enjoint aux huissiers de ne pas avoir à procéder à de pareilles ventes, n'a pas l'autorité de la chose jugée contre ceux qui, devenus depuis membres de la compagnie, n'ont pas été personnellement parties dans l'instance (Cass., 28 avril 1838).

34. Les jugements rendus sur l'état civil d'un enfant ne produisent l'autorité de la chose jugée qu'entre les parents qui ont été parties à ces jugements. Ainsi, lorsque, par un jugement rendu avec les parents paternels, un enfant a été déclaré illégitime, ce jugement n'a point force de chose jugée en faveur des parents maternels (Cass., 28 juin 1824).

35. *Effets de la chose jugée.*—Un point constant, et sur lequel la doctrine et la jurisprudence sont d'accord, c'est que, une fois le jugement rendu, il ne peut plus être changé ni rectifié par le tribunal qui l'a prononcé. Ainsi, les juges ne peuvent réformer leur décision, sous le prétexte qu'ils se sont trompés. Mais ils ont le droit d'interpréter les dispositions obscures ou ambiguës de leurs jugements.

36. L'autorité de la chose jugée fait présumer vrai tout ce qui est contenu dans le jugement. Mais cette présomption cède à la preuve contraire (Toullier, t. 10, n⁰ˢ 71 et 125; Avis cons. d'État, 31 janv. 1806; Nîmes, 18 déc. 1819; Cass., 22 juill. 1818; 7 mars 1826; 23 août 1841; Lyon, 9 juill. 1830; Paris, 8 août 1838.—*Contrà*, Pau, 30 mars 1833). — Ainsi, la décharge produite après l'arrêt de condamnation en détruit les effets; l'exception de paiement peut être opposée au jugement de condamnation.

37. Toutefois, la preuve tendant à détruire l'autorité de la chose jugée ne peut être admise que pendant un certain temps; autrement, on éterniserait les procès (Toullier, t. 10, n⁰ 72). Ce temps n'étant limité par aucune loi est nécessairement laissé à l'arbitraire des magistrats. Ceux-ci examinent si l'espace écoulé peut être considéré comme une renonciation à tout recours.

38. L'autorité de la chose jugée produit une exception tendant à faire rejeter la seconde demande. Mais cette exception, en matière civile, est d'intérêt purement privé; d'où il suit qu'elle ne peut être suppléée d'office par les juges (Toullier, t. 10, n⁰ˢ 73 et suiv.; Duranton, t. 13, n⁰ 446; Cass., 15 pluv. an 13; Orléans, 23 juill. 1841).

39. Mais l'exception de la chose jugée peut être proposée en tout état de cause (Besançon, 15 juin 1807), à moins qu'il ne résulte des circonstances qu'on y ait renoncé (Cass., 12 avr. 1817; Chauveau sur Carré, *Lois de la Procédure*, t. 2, quest. 739 *bis*, 3⁰).

40. Toutefois, elle ne pourrait l'être pour la première fois devant la Cour de cassation (Cass., 3 mai et 22 juin 1837; 25 mai et 17 nov. 1840; 16 mars 1843; Toullier, t. 10, n⁰ 75).

41. Cette exception existe et peut être prononcée en toute matière, spécialement en matière d'élargissement (Cass., 16 juill. 1817), de contrainte par corps (Rouen, 26 fév. 1839.—V. *Contrainte par corps*). Elle peut aussi être opposée au domaine (Cass., 28 juin 1808).

42. L'exception de la chose jugée dérivant de la loi civile, et non du droit des gens, il s'ensuit que les jugements rendus à l'étranger, soit entre Français ou entre Français et étrangers, soit entre étrangers, ne peuvent jamais avoir, en France, l'autorité de la chose jugée, sauf toutefois l'exécution des dispositions contenues dans les traités à cet égard (Merlin, *Quest: de droit*, v° *Jugement*, § 14 ; Zachariæ, *Cours de droit civil français*, t. 1er, p. 58 et 59).

§ 2. — *De la chose jugée en matière criminelle.*

43. En matière criminelle, la chose jugée est un principe sacré ; de tout temps il a été admis que celui qui avait été condamné ou absous par un jugement passé en force de chose jugée ne pouvait plus être jugé pour le même fait. Aujourd'hui, le principe est consacré par l'art. 360, C. inst. cr. ; et il s'applique non-seulement en matière de crimes, mais aussi aux délits et contraventions.

44. Les éléments constitutifs de la chose jugée sont les mêmes en matière criminelle qu'en matière civile. Ainsi, il faut qu'il y ait identité de cause, identité d'objet, identité de parties. Par exemple, dans un vol, la cause de l'action est le vol ; l'objet, la chose volée ; les parties, le ministère public et le voleur. Dans le doute, on doit admettre l'exception de la chose jugée en faveur de l'accusé : l'humanité et le danger de frapper un innocent réclament cette solution.

45. En matière criminelle, on ne peut renoncer à l'exception de la chose jugée. Ici, cette exception est d'ordre public ; les juges peuvent la suppléer d'office, si elle n'est pas proposée ; et le jugement, qui condamne un accusé précédemment acquitté, est sujet à cassation (Cass., 12 juill. 1806).

§ 3. — *Influence de la chose jugée à l'égard du civil et du criminel.*

46. La chose jugée au civil n'a d'influence sur l'action publique qu'autant qu'elle lui est préjudicielle, ce qui a lieu dans les questions d'état, et plus généralement toutes les fois que la loi a attribué à la juridiction civile la connaissance de la question de laquelle dépend la criminalité du fait qui donne lieu à l'exercice de l'action.

47. Mais si la décision sur l'action civile n'est pas préjudicielle à l'action publique, elle n'a aucune influence au criminel. Alors, les tribunaux criminels doivent juger avec la même liberté, la même étendue de pouvoir, que si rien n'eût encore été statué sur l'action civile (Merlin, *Répert.*, v° *Chose jugée*, § 15 ; Legraverend, *Légist. crim.*, t. 1er, p. 66 ; Mangin, *De l'Action publique*, n° 420 ; Cass., 7 flor. an 12 ; 28 avril 1809 ; 2 janv. 1817 ; 25 juill. 1823 ; 23 nov. 1827 ; Aix, 9 août 1837). Les preuves et même l'aveu du prévenu dans une procédure civile ne peuvent lui être opposés au criminel.

48. Lorsque l'action civile est préjudicielle à l'action publique, il peut arriver que le jugement au civil détruise l'action publique. Dans ce cas, la chose jugée au civil peut être opposée à l'exercice de cette dernière action. Il résulte de là que, lorsque l'action civile est préjudicielle à l'action publique, cette dernière action ne peut être exercée qu'après le jugement définitif au civil (C. civ., art. 327).

49. L'autorité de la chose jugée résultant des jugements criminels peut-elle être opposée aux actions civiles?—V. *Action civile*, n°s 60 et 61.

§ 4. — *De l'influence de la chose jugée en matière disciplinaire.*

50. L'action criminelle et l'action disciplinaire étant indépendantes l'une de l'autre (Cass., 27 nov. 1838), il s'ensuit que le jugement de la première n'a aucune influence sur la seconde, et *vice versâ*.

51. Ainsi, le notaire qui, sur l'accusation de faux dirigée contre lui, a été acquitté, peut être destitué disciplinairement (Cass., 26 déc. 1836 ; 12 avril 1837 ; Douai, 8 janv. 1840 ; Limoges, 21 juin 1838).

52. De même, l'arrêt d'une chambre de mise en accusation qui déclare n'y avoir lieu de suivre contre un huissier prévenu de n'avoir pas remis lui-même la copie d'un exploit, sur le fondement que l'huissier n'a pas agi frauduleusement, ne fait pas obstacle à ce que l'huissier soit pour le même fait poursuivi disciplinairement (Cass., 1er mai 1829 : V. *J. Huiss.*, t. 10, p. 238).

53. Réciproquement, les condamnations disciplinaires ne sont pas un obstacle à l'exercice de l'action criminelle, correctionnelle ou de police (Cass., 12 mai et 22 déc. 1827 ; Pau, 10 janv. 1835 ; Nancy, 30 mai 1834 ; Toulouse, 31 déc. 1844).

CHOSE PERDUE OU VOLÉE.—V. *Action en revendication*, nos 11 et 12, *Possession, Propriété, Saisie-exécution.*

CHROMATES (FABRIQUES DE).—Les fabriques de chromate de potasse ou de plomb sont comprises parmi les établissements insalubres.

CHRYSALIDES (DÉPOTS DE).—Sont rangés dans la classe des établissements insalubres.

CIDRE (MARCHANDS ET DÉBITANTS DE).—Sont patentables.

CIMENTIERS.—Sont rangés dans la sixième classe des patentables.

CIMETIÈRE.—1. Les cimetières sont essentiellement des propriétés publiques (Décis. minist. du 15 brum. an 11). Ils appartiennent aux communes (Avis du cons. d'Etat, 15 mars 1833), et non aux fabriques (Avis du cons. d'Etat, 22 oct. 1822 ; 12 janv., 23 mars et 26 oct. 1825 ; 15 mars et 27 sept. 1833).

2. Ils sont hors du commerce, et, par conséquent, imprescriptibles. — V. *Action possessoire*, n° 368.

3. Mais si la propriété des cimetières appartient aux communes, les fabriques ont la jouissance du produit spontané des cimetières (Décr. 30 déc. 1809, art. 36) : ce qui comprend les herbes qui poussent sur le sol et le produit des arbres qui ont cru spontanément dans les cimetières. Mais, quant au produit des arbres plantés, ou qui ont cru dans les haies de clôture, ou qui existaient avant l'établissement des cimetières, il appartient à la commune (Avis du cons. d'Etat, 22 janv. 1841).

4. Aucune habitation ne peut être élevée, aucun puits ne peut être creusé à moins de 100 mètres de distance des nouveaux cimetières, sans autorisation de l'administration (Décr. 7 mars 1808, art. 1er). Et par *nouveaux cimetières*, on doit entendre ceux créés en exécution du décret du 23 prair. an 12.

5. Les bâtiments existants ne peuvent être restaurés ni augmentés sans autorisation. Les puits peuvent, après visite contradictoire d'experts, être comblés en vertu d'un arrêté du préfet, sur la demande de la police locale (Décr. 7 mars 1808, art. 2).

6. Les propriétaires d'anciennes maisons qui touchent à des cimetières peuvent ouvrir des fenêtres du côté des cimetières ; mais ces fenêtres doivent être grillées avec du fer maillé et fermées avec des verres dormants (Merlin, *Répert.*, v° *Cimetière*, n° 9).

CIRAGE (MARCHANDS DE).—Sont rangés dans la septième classe des patentables.

CIRCONSCRIPTION.—Etendue des divisions territoriales, administratives ou judiciaires. — **V.** *Canton, Chef-lieu, Compétence, Département, Huissier, Justice de paix, Organisation judiciaire.*

CIRCONSTANCES ATTÉNUANTES. — Ne sont pas admissibles en faveur de l'huissier prévenu de n'avoir pas remis lui-même à personne ou domicile la copie d'un exploit qu'il a été chargé de signifier (Décr. 14 juin 1813, art. 45; C. pén., art. 463; Cass., 7 mars 1817; *J. Huiss.*, t. 33, p. 215). — **V.** *Exploit, Huissier.*

CIRCONSTANCES ET DÉPENDANCES.—On appelle ainsi tout ce qui est adjacent ou accessoire à une maison, à une terre.—**V.** *Appartenances et dépendances, Saisie immobilière.*

CIRCUIT D'ACTIONS. — Série d'actions que dirigent successivement l'une contre l'autre des parties tenues conjointement ou solidairement (**V.** Pothier, *Des Obligations*, nos 356 et 357).—**V.** *Exception.*

CIRCULAIRE.—Les circulaires, comme les avis, sont soumises au timbre ; mais celles qu'un huissier adresse pour donner connaissance de sa nomination, de sa prestation de serment et de sa demeure, en sont exemptes (*Délib. de la régie* du 7 avril 1824).

CIRCULAIRES MINISTÉRIELLES. — 1. Instructions en forme de lettres, adressées par les ministres aux fonctionnaires et employés de leur département.

2. Les circulaires ministérielles n'ont aucune valeur légale vis-à-vis des tiers ; elles ne sont à leur égard considérées que comme l'expression particulière de l'opinion du ministre (Cass., 11 juin 1816; 20 juin 1820; 28 juin 1828).

3. Il résulte de là que les tiers ne peuvent se pourvoir contre un avis exprimé dans des circulaires ministérielles ; ils ne peuvent attaquer que les décisions prises conformément à cet avis.

CIRIERS. — Les fabricants et blanchisseurs de cire sont patentables, et leurs établissements sont classés parmi les établissements insalubres.

CISELEURS.—Sont rangés dans la sixième classe des patentables.

CITATION.— 1. Cette expression est synonyme d'*ajournement* et d'*assignation* (**V.** ces mots). Elle est surtout consacrée dans les procédures de justice de paix, des tribunaux de simple police, des tribunaux de police correctionnelle et des chambres de discipline.

Indication alphabétique des matières.

Abus d'autorité, 3.
Adjoint au maire, 51 et s.
Administration publique, 54.
Agent de la force publique, 82, 106.
Amende, 42, 86, 124.
Assignation en anticipation de délai, 105.
Audience (lieu), 21.
Avertissement, 2, 4 et s., 57, 59, 60.
Cédule, 33, 46, 80.
Chasse, 99.
Citation en conciliation, 8, 35.
Commis de la régie, 83.
Commission d'huissier, 43 et s.
Communication, 17.
Comparution, 4 et s., 19, 20,
23 et s., 57, 67, 112.
Conseil de famille, 35.
Conservateur des forêts, 89.
Contravention, 62.
— (forestière), 72.
— (lieu), 71.
Convocation amiable, 2, 4 et s.
Coût (mention), 34.
Date, 12, 13, 63, 93.
Défaut, 23, 67.
Défendeur domicilié hors du canton, 4, 5, 7.
— hors de France, 32.
Défense de citer, 5 et s.
Délai, 24 et s., 76 et s., 102 et s.
— (ordinaire), 26 et s.
— (extraordinaire), 33.
Délais de la loi, 19.
Délit, 93.
Demandeur, 23, 24, 27.
Demeure, 12, 16, 65 et s.
Diffamation non publique, 74.
Discipline, 117.
Distances (augmentation à raison des), 28 et s., 77, 79.
Douane, 85.
Effets de la citation, 56, 113 et s.
Election de domicile, 15, 65, 92.
Enonciation d'un acte non enregistré, 124.
Enonciations, 20, 90 et s.
Enregistrement, 119 et s.
Etablissement public, 54.

§ 1. — *Citation devant la justice de paix.*
§ 2. — *Citation devant les tribunaux de simple police.*
§ 3. — *Citation en matière correctionnelle.*
§ 4. — *Citation en matière disciplinaire.*
§ 5. — *Timbre et enregistrement.*

§ 1er. — *Citation devant la justice de paix.*

2. La *citation* est l'acte introductif d'instance en justice de paix, comme l'*ajournement* devant les tribunaux ordinaires. Elle doit, en principe , être précédée d'une convocation amiable (V. *Avertissement*) ; et ce n'est que lorsque cette convocation reste sans effet, soit parce que le défendeur ne comparaît pas, soit parce qu'il refuse de signer le compromis, qu'il y a lieu de l'autoriser.

3. Les citations peuvent être données pour toutes demandes, quelle qu'en soit la valeur. La loi n'a établi à cet égard aucune distinction. Ainsi, les juges de paix ne peuvent défendre de faire aucune citation au-dessous de *telle* ou *telle* somme. Cette défense constituerait un règlement d'administration en dehors de leurs fonctions, qui devrait être considéré comme un abus d'autorité, un empiétement sur le pouvoir législatif (V. *J. Huiss.*, t. 12, p. 130).

4. *Avertissement de comparution, préliminaire à la citation.* — Mais, « dans toutes les causes, excepté celles où il y aurait péril en la demeure et celles dans lesquelles le défendeur serait domicilié hors du canton ou des cantons de la même ville, le juge de paix pourra interdire aux huissiers de leur résidence de donner aucune citation en justice, sans qu'au préalable il n'ait appelé, sans frais, les parties devant lui » (L. 25 mai 1838, art. 17).

5. On voit que, d'après l'art. 17 précité de la loi du 25 mai 1838, la faculté accordée aux juges de paix d'avertir les parties, préalablement à toute citation, de se présenter devant eux, comporte deux exceptions : la première, quand il y a péril en la demeure; la seconde, quand le défendeur est domicilié hors du canton ou des cantons de la même ville. Par conséquent, l'interdiction que cet article leur confère le droit de prononcer ne doit point avoir lieu d'une manière absolue, être étendue à quelque cause que ce soit, sans distinction. Leur droit se borne à apprécier chaque demande, et à interdire ou permettre, eu égard aux circonstances, d'assigner sans comparution préliminaire. Le juge de paix qui, par un règlement général, interdit aux huissiers de citer dans toutes les causes, sauf celles exceptées par l'art. 17, sans que, au préalable, il n'ait fait comparaître les parties devant lui, commet un excès de pouvoir (V. *Bull. spéc. des Huiss.*, t. 7, p. 101 ; Deffaux, *Comm. sur la loi du 25 mai 1838*, p. 137).

6. A qui appartient-il d'apprécier s'il y a *péril en la demeure ?* Le législateur ne s'est point expliqué à cet égard. Mais il semble résulter des termes et de l'esprit de l'art. 17 que le juge de paix qui doit connaître de l'affaire soit seul constitué juge du péril (Deffaux, *loc. cit.*). Toutefois, nous n'admettons cette solution que pour le cas où l'huissier a le temps de consulter ce magistrat. Car, si le temps lui manque, il faut bien reconnaître, dans le silence du législateur, que l'huissier peut apprécier lui-même les circonstances qui sont de nature à caractériser le péril ; et sa justification sera dans ces circonstances elles-mêmes. Mais l'huissier doit avoir soin de n'engager qu'avec discernement sa responsabilité. Il ne doit pas perdre de vue, en effet, que l'infraction à l'interdiction faite en vertu de l'art. 17 peut le rendre passible de peines disciplinaires, ainsi que cela résulte de l'art. 19 de la loi du 25 mai 1838 (*Bull. spéc. des Huiss.*, t. 2, p. 109, et t. 7, p. 102).

7. Lorsque le défendeur est domicilié hors du canton du juge de paix qui doit statuer sur l'affaire, l'huissier peut citer sans demander l'avis de ce magistrat, nonobstant l'interdiction par lui faite en vertu de l'art. 17, et encore bien qu'il n'y ait pas péril en la demeure.

8. A s'en tenir aux termes mêmes de l'art. 17 ci-dessus rapporté, l'interdiction que le juge de paix a le droit de prononcer paraîtrait ne pouvoir concerner que les huissiers de sa *résidence*. Mais nous ne croyons pas que cette mesure puisse être entendue dans un sens aussi restrictif. L'art. 17 doit être rapproché, pour son interprétation, des art. 16 et 19 de la même loi. Or, l'art. 16 dispose que tous les huissiers *du même canton* sont tenus de faire le service des audiences et d'assister le juge de paix toutes les fois qu'ils en sont requis, et l'art. 19 comprend également dans la prohibition qu'il permet de prononcer à titre de peine, en cas d'infraction à la défense faite en exécution de l'art. 17, les huissiers *du canton*. Il nous semble donc résulter de la combinaison de ces différents articles que le juge de paix peut faire défense indistinctement à tous les huissiers de son canton de citer devant lui, sans qu'au préalable il n'ait appelé les parties (*Bull. spéc. des Huiss.*, t. 7, p. 102 ; Curasson, *Traité de la compét. des juges de paix*, t. 2, p. 638 ; Benech, *Traité des justices de paix*, p. 425).—Sur le point de savoir si l'art. 17 est applicable aux citations en conciliation, V. *Conciliation.*

9. Mais l'art. 17 n'autorise point le juge de paix à faire défense aux huissiers de citer devant lui les parties, sans un permis spécial et écrit, alors qu'il les a appelées en conciliation. Il est bien vrai qu'à Paris, et dans quelques autres villes peut-être, l'usage s'est établi de ne citer les parties que sur un permis du magistrat. Mais, comme cet usage existait déjà antérieurement à la loi de 1838, si le législateur eût voulu l'ériger en règle, il n'eût pas manqué assurément de l'exprimer d'une manière formelle. Son silence à cet égard est la meilleure preuve que, une fois l'essai de conciliation tenté, le juge de paix a épuisé son droit, et qu'alors les huissiers peuvent, sans être obligés de s'adresser à lui, citer les parties. La défense dont il s'agit excéderait évidemment les pouvoirs du juge de paix, qui, si un huissier refusait d'obtempérer à cette défense, pourrait d'autant moins lui appliquer la peine de la suspension, édictée par l'art. 19, que cette peine n'est prononcée que pour le cas d'infraction à l'art. 17, spécial à la prohibition de citer sans essai préalable de conciliation, et que toute disposition pénale doit être rigoureusement restreinte au cas qu'elle prévoit (*Bull. spéc. des Huiss.*, t. 3, p. 230, et t. 7, p. 103).

10. Toutefois, pour obvier à toute espèce d'inconvénients et pour éviter toute erreur, les juges de paix et les huissiers feraient bien de tenir un journal où ils inscriraient les noms des personnes à citer et les permis donnés verbalement. Ce journal pourrait avoir cinq colonnes contenant : la première, le numéro d'ordre ; la seconde, la date de l'avertissement ; la troisième, le nom des parties ; la quatrième, la nature de l'affaire ; et la cinquième, la mention des permis d'assigner ou de la comparution des parties et de leur conciliation. — V., au surplus, *Avertissement.*

11. *Formalités de la citation.* — Les citations devant la justice de paix sont soumises aux mêmes formalités que les exploits d'ajournement (V. *Ajournement, Exploit*), sauf quelques modifications qui tiennent à la nature spéciale de l'institution des justices de paix.

12. Aux termes de l'art. 1er, C. proc. civ., la citation contient sept formalités intrinsèques : 1° la date des jours, mois et an, où elle est signifiée ; 2° les noms, profession et domicile du demandeur ; 3° les noms, demeure et immatricule de l'huissier ; 4° les noms et demeure du défendeur ; 5° l'exposé sommaire de l'objet et des moyens de la demande ; 6° l'indication du juge de paix qui doit en connaître ; 7° l'indication du jour et de l'heure de la comparution ; et deux formalités *extrinsèques :* 1° l'enregistrement dans les quatre jours de la date, et 2° la mention du coût de l'acte.

13. La loi n'exigeant que la mention des jour, mois et an, où la citation est signifiée, il s'ensuit que l'indication de l'heure de la signification est inutile (Levasseur, *Manuel des justices de paix*, édit. de 1846, revue par Toussaint, n° 101, 1°).

14. L'art. 1er, C. proc. civ., n'exige pas, comme l'art. 61, même Code, l'énonciation des prénoms du demandeur ; il n'exige pas non plus celle des prénoms du défendeur. Est-ce à dire que cette énonciation soit inutile ? Non ; elle est même indispensable dans certains cas, par exemple, lorsqu'il y a dans la même localité plusieurs personnes, plusieurs parents, du même nom, exerçant la même profession, ou de même condition. L'indication des prénoms, en distinguant ces personnes les unes des autres, évite alors toute équivoque (Levasseur, *loc. cit.*, 2°).

15. L'élection de domicile de la part du demandeur n'est pas prescrite par la loi. Il suit de là que la citation ne peut être arguée de nullité pour défaut d'élection de domicile. Mais, si cette élection existe, il nous paraît inexact de prétendre qu'elle ne doit produire aucun effet. Elle donne au défendeur la faculté de faire ses significations au domicile élu ou au domicile réel du demandeur.

16. Il est à remarquer aussi que, en ce qui concerne le défendeur, l'art. 1er, C. proc. civ., se sert du mot *demeure*, au lieu de celui de *domicile* qu'il emploie lorsqu'il parle du demandeur. En conséquence, si le domicile du défendeur est ignoré du demandeur, la citation est régulièrement faite au lieu de la demeure de la partie citée, quoiqu'elle n'y ait pas son principal établissement (Levasseur, *loc. cit.*, 4°).

17. Il suffit, comme on l'a vu (n° 12), que la citation contienne l'énonciation sommaire de l'objet et des moyens de la demande. Ainsi, il n'est pas nécessaire de signifier les pièces à l'appui de la demande. Mais si le défendeur le demande, elles doivent lui être communiquées à l'audience (Levasseur, *loc. cit.*, 6°. — *Contrà*, Chauveau sur Carré, *Lois de la Procédure*, t. 1er, quest. 4 bis).

18. Si la citation doit contenir l'indication du juge de paix qui doit statuer sur la demande, c'est qu'il importe que le défendeur le connaisse, non-seulement pour remplir l'obligation qui lui est imposée de se présenter devant lui, mais pour examiner si ce juge est bien le magistrat compétent, et s'il n'est pas sujet à récusation. Du reste, la loi n'exige pas que le juge de paix soit indiqué par son nom. La citation est valablement faite lorsqu'elle est donnée *à comparaître devant M. le juge de paix du canton de.....* (Carré et Chauveau, *quest.* 2 *bis*).

19. Comme les juges de paix n'ont pas d'audiences réglées, puisqu'ils peuvent juger tous les jours, le matin et l'après-midi (C. proc. civ., art. 8), on a exigé que la citation indiquât *le jour et l'heure de la comparution*, afin de ne pas exposer le défendeur à d'inutiles déplacements. Cette indication doit être faite, quand même la citation serait donnée pour comparaître à l'audience ordinaire, parce que le défendeur peut ignorer le jour et l'heure de cette audience. Il résulte de là que les expressions vagues, *à comparaître dans les délais de la loi*, que la jurisprudence déclare suffisantes pour les ajournements, seraient insuffisantes dans les citations.

20. Mais le défaut d'indication précise du jour de la comparution n'est pas une cause de nullité de la citation, si l'omission se rectifie par les énonciations qu'elle renferme (Cass., 21 avril 1852).

21. Bien que l'art, 1er, C. proc. civ., n'exige pas l'indication du lieu dans lequel se tiennent les audiences, il est utile cependant de ne pas l'omettre.

22. L'art. 1er, C. proc. civ., n'a pas prononcé la nullité des citations dans lesquelles quelques-unes des formalités qu'elle prescrit avaient été omises. Doit-on appliquer ici, par analogie, les art. 61, 64 et 66, C. proc. civ.? A cet égard, il faut distinguer si la formalité omise fait ou non perdre à la citation son caractère légal. S'il s'agit de l'omission d'une formalité qui n'est pas de nature à empêcher la citation de produire effet, par exemple, de l'omission de la profession du demandeur, de l'immatricule de l'huissier, etc., le juge de paix ne peut prononcer la nullité de la citation, parce que les nullités ne se suppléent pas (V. Bonnier, *Éléments de procédure*, t. 2, n° 331). Mais s'il s'agit, au contraire, de l'omission d'une formalité qui est indispensable pour que la citation remplisse son but, il y a lieu, selon nous, d'annuler la citation : tel est le cas où elle ne contient pas l'indication du demandeur, du défendeur, de l'huissier, du juge, et n'est pas signée de l'huissier. Ainsi, cette citation ne peut interrompre la prescription ni faire courir les intérêts (V. *contrà*, Bonnier, *loc. cit.*).

23. Toutefois, même dans ce dernier cas, si le défendeur comparaît, il ne peut demander la nullité de la citation ; le fait de sa comparution prouve qu'il a été suffisamment averti (Bonnier, *loc. cit.*) ; en cette matière, *nullité sans griefs n'opère*. S'il fait défaut, le juge de paix annule la citation (Boitard, *Leçons sur le Code de procédure*, t. 2, p. 368 et suiv.). — V. cependant Merlin, *Rép.*, v° *Nullité*; Biret, *Des Nullités*, t. 1er, p. 83 ; Carré et Chauveau, *quest.* 5 et 5 *bis ;* Levasseur, n° 109, lesquels pensent que le juge de paix doit se borner à ordonner la réassignation, les frais de la première citation étant laissés à la charge du demandeur.

24. La question ne peut, au surplus, se présenter lorsque ce sont les délais de la citation qui n'ont point été observés. Car, l'art. 5-3° porte que, dans ce cas, si le défendeur ne comparaît pas, le juge doit ordonner qu'il sera réassigné aux frais du demandeur, sauf le recours de ce dernier contre l'huissier (Carré et Chauveau, *quest.* 18). S'il se présente, il est incontestable que sa comparution couvre le vice de la citation. Seulement, il peut demander la remise de la cause (Levasseur, n° 107 ; Carré et Chauveau, *loc. cit.*).

25. Mais quel est le délai de la citation? Ce délai est ordinaire ou extraordinaire.

26. Le délai *ordinaire*, celui qui s'observe dans presque toutes les affaires, est d'un jour *franc* (C. proc. civ., art. 1033). C'est ce qui résulte de l'article 5-1°, C. proc. civ. En effet, aux termes de cet article, il doit y avoir un jour au moins entre celui de la citation et le jour indiqué pour la comparution, si la partie citée est domiciliée dans la distance de trois myriamètres. Ainsi, la citation à comparaître le 10 doit être notifiée au plus tard le 8 ; elle ne serait pas valablement notifiée le 9, quand même il y aurait un intervalle franc de vingt-quatre heures.

27. La brièveté de ce délai est établie uniquement en faveur du demandeur : il pourrait donc y renoncer et citer à un délai plus éloigné, sans permission du juge (Carré et Chauveau, *quest.* 17) ; mais il ne pourrait assigner à un jour plus rapproché. — V. *suprà*, n° 24.

28. Lorsque le défendeur est domicilié au delà de trois myriamètres, il doit être ajouté au délai un jour de plus par trois myriamètres (C. proc. civ., art. 5-2°).

29. Il en est ainsi, quand même l'exploit de citation serait remis à la personne citée, dans le lieu où le juge tient ses audiences (Carré et Chauveau, *quest.* 19 ; Levasseur n° 106 ; *J. Huiss.*, t. 1er, p. 163).

30. La distance sur laquelle se calculent les délais d'augmentation est celle qui se trouve entre le domicile ou la demeure du cité et le lieu de la comparution, c'est-à-dire le lieu de l'audience ordinaire ou le lieu du terrain contentieux, si c'est sur ce terrain que les parties sont citées (*J. Huiss.*, t. 1er, p. 164 ; Carré et Chauveau, *quest.* 20 ; Levasseur, *loc. cit.*).

31. Comment doit se régler l'augmentation de délai par rapport à la distance ? Les auteurs sont divisés sur cette question. Selon les uns, il n'y a lieu de prendre en considération, pour augmenter la distance, que les fractions de trois myriamètres qui excèdent les trois premiers. Ainsi, jusqu'à trois myriamètres, point d'augmentation ; de trois à six myriamètres, il faut au moins deux jours d'intervalle entre la citation et le jour de la comparution ; de six à neuf, il en faut trois, et ainsi de suite (Favard de Langlade, *Rép.*, v° *Citation*, § 1er, n° 6 ; Levasseur, n° 106). Selon les autres, au contraire, quand la distance excède trois myriamètres, il faut accorder d'abord, outre un jour franc, un jour pour les premiers myriamètres, et ensuite un jour pour les fractions de trois à six, un autre jour pour les fractions de six à neuf, etc. (Thomine-Desmazures, t. 1er, p. 57 ; Carré et Chauveau, *quest.* 21). Dans l'un et l'autre système, l'allocation d'un jour supplémentaire a lieu pour une fraction de trois myriamètres, comme pour la distance entière. La différence qui existe entre ces deux systèmes consiste uniquement, comme on vient de le voir, en ce que, dans le second, il est alloué un jour supplémentaire, même pour les trois premiers myriamètres, tandis que, dans le premier, l'augmentation n'est accordée que pour les myriamètres suivants. Ce premier système est celui qui nous paraît le plus juridique. Comment supposer, en effet, que le législateur, qui a déclaré qu'aucun délai supplémentaire n'est nécessaire jusqu'à trois myriamètres, ait entendu faire entrer dans la computation des délais ces mêmes trois myriamètres, en cas d'excédant ? S'il en était ainsi, le défendeur qui demeure à quatre myriamètres aurait trois jours pour comparaître, tandis que celui qui demeure à trois myriamètres n'aurait qu'un jour. Une telle anomalie n'a pu certainement exister dans l'esprit du législateur (V. *J. Huiss.*, t. 1er, p. 163).

32. Le délai de la citation est également, à plus forte raison, augmenté à raison des distances, lorsque le défendeur demeure hors de France. Dans ce cas, on applique l'art. 73, C. proc. civ.

33. Le délai *extraordinaire* est celui qui a lieu dans les cas urgents ; il est déterminé par la cédule que délivre le juge de paix pour permettre la citation. — V. *Cédule.*

34. Nous avons vu précédemment (n° 12) qu'au nombre des formalités extrinsèques de la citation se trouve la mention du coût de cet acte. L'huissier qui omet de faire cette mention est passible d'une amende de 5 fr. (Arg., art. 67, C. proc. civ. ; Décret du 14 juin 1813, art. 48 ; J. *Huiss.*, t. 10, p. 111 ; Levasseur, n° 101-10°). — Sur le point de savoir si un huissier peut exiger du débiteur qui se libère en ses mains, avant la signification de la citation, le coût de cette citation qu'il a préparée, V. *Huissier*.

35. Les formalités que nous venons de rappeler s'appliquent à la citation introductive d'instance en justice de paix. Pour les formalités spéciales à la citation en conciliation et à la citation pour assister à un conseil de famille, V. *Conciliation, Conseil de famille*.

36. *Signification de la citation.*— Nous avons maintenant à nous occuper du point de savoir par quel huissier la citation introductive d'instance en justice de paix doit être signifiée.

37. Tous les huissiers exerçant dans le canton où est domicilié le défendeur, qu'ils soient ou non audienciers, ont le droit de signifier cette citation (C. proc. civ., art. 4 ; L. 25 mai 1838, art. 16).

38. Les villes divisées en plusieurs justices de paix doivent être considérées comme ne formant qu'un seul canton (Circul. du ministre de la justice, du 6 juin 1838).

39. Il résulte de cette circulaire, aussi bien que de la disposition de la loi du 25 mai 1838, portant que « dans les villes où il y a plusieurs justices de paix, les huissiers exploitent concurremment dans le ressort de la juridiction assignée à leur résidence », que tout huissier, demeurant dans une ville où il y a plusieurs justices de paix, a le droit de citer, même devant les justices de paix autres que celle dans l'étendue de la juridiction de laquelle il réside, les personnes qui habitent dans cette ville.—V. cependant Chauveau sur Carré, *quest.* 9 *bis*.

40. Nous avons dit que la citation doit être signifiée par un huissier du canton du domicile du défendeur (V. n° 37). Elle ne peut l'être par un huissier du canton du juge de paix compétent, quand même les deux cantons seraient situés dans le même arrondissement. En effet, en supprimant le privilége des huissiers, la loi du 25 mai 1838 n'a eu qu'un but, celui de donner indistinctement à tous les huissiers d'un même canton le droit de citer devant le juge de paix de ce canton. Mais elle n'a nullement entendu déroger à l'art. 4, C. proc. civ., qui, pour un motif qu'on ne peut qu'approuver, épargner les frais de transport, veut que la citation soit délivrée par l'huissier du domicile du défendeur. Cette loi ne crée donc pas, en faveur des huissiers du canton du juge de paix compétent, un privilége au préjudice des huissiers des cantons voisins. Elle laisse, au contraire, subsister la division des huissiers par canton, en ce qui concerne leurs attributions, le droit de faire les actes de leur ministère (J. *Huiss.*, t. 30, p. 117 ; *Bull. spéc. des Huissiers*, t. 7, p. 243).

41. Un huissier ne peut même citer une personne domiciliée dans un canton qui n'est pas celui de sa résidence à comparaître devant le juge de paix de ce canton, en parlant à cette personne trouvée au lieu de sa résidence ou dans une commune du canton de sa résidence (*Bull. spéc. des Huissiers*, t. 7, p. 176).

42. Toutefois, il est à remarquer que l'art. 4, C. proc. civ., ne prononce pas la peine de nullité pour le cas d'infraction à la règle qu'il prescrit. Il suit de là que la citation qui serait signifiée au défendeur par un huissier autre que celui du canton n'en serait pas moins valable (V. cependant J. *Huiss.*, t. 70, p. 68 et suiv.). Mais, en cas de condamnation du défendeur aux dépens, il ne devrait point être tenu de supporter les frais de transport réclamés par l'huissier. Cet huissier pourrait même être condamné à l'amende et être passible de peines disciplinaires, pour avoir instrumenté hors de son canton. — V. *Huissier.*

43. Lorsque tous les huissiers du canton où est domicilié le défendeur sont empêchés, soit pour cause de parenté ou alliance, soit pour cause de suspension ou destitution, la signification peut avoir lieu par l'un des huissiers d'un autre canton commis par le juge de paix (C. proc. civ., art. 4).

44. La commission du juge de paix n'est nécessaire que pour communiquer à l'huissier le pouvoir d'instrumenter dans un canton autre que celui de sa résidence. Ainsi, un huissier n'a pas besoin de commission pour assigner un individu domicilié dans son canton à comparaître devant le juge de paix d'un autre canton (V. *J. Huiss.*, t. 13, p. 225).

45. Dans le cas où il y a lieu de commettre un huissier, c'est au juge de paix du domicile du défendeur qu'il appartient de délivrer la commission. Ce juge peut seul, en effet, permettre d'instrumenter dans le ressort de sa juridiction (Carré et Chauveau, *quest.* 12 ; Lepage, *Questions sur le Code de procédure*, p. 66, 7ᵉ alinéa ; Demiau-Crouzilhac, p. 16, 4ᵉ alin. ; Levasseur, nᵒ 102 ; Allain, t. 1ᵉʳ, nᵒ 418 ; *J. Huiss.*, t. 13, p. 225 ; Bruxelles, 9 juill. 1831).

46. La commission doit toujours être donnée par écrit, au moyen d'une *cédule* (V. ce mot) ; elle ne peut être donnée verbalement (Carré et Chauveau, *quest.* 13 ; Demiau-Crouzilhac et Allain, *loc. cit.*).

47. *A qui doit être faite la signification ?* La citation doit être signifiée au défendeur, s'il a capacité pour répondre à la demande, ou, s'il est incapable, à son représentant (C. proc. civ., art. 69).

48. La copie doit être laissée à la partie (C. proc. civ., art. 4) ; elle peut lui être remise en quelque lieu qu'on la trouve hors de son domicile (Levasseur, nᵒ 103 ; Carré et Chauveau, *quest.* 14 ; *J. Huiss.*, t. 1ᵉʳ, p. 159, et t. 10, p. 112). Mais c'est toujours par l'huissier du canton dans lequel le défendeur est trouvé que la copie doit lui être remise (V. *J. Huiss., loc. cit.*).

49. Lorsque la partie est absente de son domicile, la copie peut aussi être laissée à toute personne qui y est trouvée (C. proc. civ., art. 68).

50. Mais, dans tous les cas, l'huissier doit faire mention, dans l'original et dans la copie, de la personne à laquelle la copie est remise, afin qu'il soit constaté que le défendeur a été légalement averti.

51. S'il ne se trouve personne au domicile de la partie, la copie est laissée au maire ou à l'adjoint de la commune, qui vise l'original sans frais (C. proc. civ., art. 4) ; et, dans ce cas, l'huissier n'est pas tenu de présenter préalablement la copie à un voisin, comme en matière d'ajournement (Carré et Chauveau , *quest.* 15 ; Bonnier, t. 2, nᵒ 1334 ; Levasseur, nᵒ 103 ; Allain, nᵒ 426). Il en est ainsi, non-seulement pour la citation à partie, mais aussi pour les citations à témoins, à expert, et les significations de jugements rendus par un juge de paix.

52. Si le maire et l'adjoint étaient absents, l'huissier pourrait laisser la copie au plus ancien membre du conseil municipal (Décis. min., 6 juill. 1810 ; Carré et Chauveau, *quest.* 16 ; *J. Huiss.*, t. 1ᵉʳ, p. 161).

53. Enfin, si le maire, l'adjoint ou le membre du conseil municipal refusaient de recevoir la copie ou de viser l'original, l'huissier devrait la remettre au procureur de la République, en constatant le refus (Carré et Chauveau, *loc. cit. ;* Allain, nᵒ 424 ; Levasseur, nᵒ 103, *in fine*).

54. Lorsque la citation doit être signifiée à l'État, au trésor, à une administration, à un établissement public, on doit observer ce qui est dit à cet égard au mot *Exploit* (V. ce mot).

55. Le greffier de la justice de paix, qui s'est fait remettre la citation pour la rédaction du jugement, ne peut refuser de la rendre à l'huissier qui la lui a confiée (*J. Huiss.*, t. 16, p. 325). En cas de refus, il peut être contraint à remettre la citation par les voies ordinaires.

56. La citation produit les mêmes effets que l'*ajournement* (V. ce mot, § 8). Ces deux actes sont de même nature ; ils doivent, dès lors, avoir les mêmes conséquences, sauf quelques légères différences auxquelles donne naissance le caractère particulier de chacun de ces actes.

§ 2.—*Citation devant les tribunaux de simple police.*

57. Les tribunaux de simple police peuvent être saisis ou par la comparution volontaire des parties, ou par un simple avertissement qui leur est donné (C. inst. crim., art. 147), ou par la citation qui leur est signifiée.

58. Le droit de citation appartient à la partie qui se prétend lésée par la contravention comme au ministère public (C. inst. crim., art. 1, 2, 3 et 145).

59. Devant le tribunal de police présidé par le maire, la citation peut ne consister qu'en un simple avertissement du maire (C. inst. crim., art. 169), dont la remise est confiée à un appariteur ou agent de police, ou au garde champêtre. Selon M. Berriat-Saint-Prix (*Traité de la procédure des tribunaux criminels*, t. 1ᵉʳ, nᵒ 122), l'avertissement, dans ce cas, est même de rigueur. Ce n'est donc que lorsque le défendeur ne comparaît pas sur cet avertissement qu'on doit recourir à la voie de la citation.

60. Au contraire, devant le tribunal de police présidé par le juge de paix, l'avertissement, à la différence de ce qui a lieu en matière civile, est ici facultatif. Le ministère public seul en règle l'emploi. Ainsi, il peut, s'il le juge convenable, employer directement la voie de la citation (Berriat-Saint-Prix, *loc. cit.*).

61. Lorsque l'action est intentée par la partie qui se prétend lésée, elle doit toujours l'être par une citation.

62. La citation doit être libellée de manière à faire connaître au prévenu et aux personnes civilement responsables le poursuivant, la contravention qui leur est reprochée, la loi pénale qui la réprime, et à les mettre à même de comparaître.

63. Ainsi, d'abord, elle doit contenir l'indication des jour, mois et an, auxquels elle est notifiée. La date est une formalité substantielle de la citation : sans elle, en effet, il est impossible de reconnaître si le délai de comparution a été observé ; son omission serait une cause de nullité de la citation (Arg., art. 146, C. inst. crim.). Mais la mention de l'heure de la notification n'est pas nécessaire.

64. Lorsque la citation est donnée à la requête du ministère public, la désignation du magistrat poursuivant est suffisamment faite de cette manière : *A la requête de M. le commissaire de police, ou de M. le maire ou l'adjoint au maire de. . . . . ., remplissant les fonctions du ministère public près le tribunal de simple police du canton de. . . . . .* Il n'est pas utile que la citation contienne la mention du nom et du domicile du magistrat poursuivant.

65. Mais si c'est la partie lésée qui est poursuivante, il est indispensable d'indiquer ses noms, profession et demeure. Si la partie lésée ne demeure pas dans le canton du juge de paix compétent, elle n'est pas tenue d'y élire domicile.

66. La loi ne prescrit pas que la citation fasse mention des noms, demeure et profession de l'huissier qui instrumente. Il est utile cependant de les y insérer, afin que le prévenu et le juge de police puissent reconnaître si la citation a été délivrée par un huissier ayant le droit d'instrumenter.—V. *infrà*, nᵒ 84.

67. La loi n'exige pas non plus les noms, profession et domicile du prévenu ou de la partie civilement responsable. Il s'ensuit que la comparution du prévenu ou de la partie civilement responsable établit une présomption légale que la citation leur a été remise. Mais s'ils ne comparaissent pas, le juge de police ne peut donner défaut contre eux ; il doit ordonner leur réassignation.

68. On donne quelquefois, en tête de la citation délivrée au prévenu, copie du procès-verbal de contravention ; mais cette manière de procéder, qui entraîne des frais de copie de pièces, ne doit pas être suivie pour les contraventions ordinaires (Berriat-Saint-Prix, t. 1er, no 127). Ainsi, la nullité d'une citation en simple police ne saurait être prononcée pour défaut de notification du procès-verbal ou du rapport (*J. Huiss.*, t. 11, p. 228). D'ailleurs, il peut ne pas y avoir de procès-verbal ou de rapport.

69. Il suffit, en effet, pour qu'une citation donnée en matière de simple police soit régulière, qu'elle énonce sommairement le fait sur lequel le contrevenant est appelé à se défendre (*J. Huiss.*, *loc. cit.;* Cass., 23 avril 1831).

70. En conséquence, est valable la citation délivrée à un individu pour avoir, suivant procès-verbal dressé par le commissaire de police, contrevenu à un article d'une ordonnance de police de *telle date, dont il lui sera du tout donné lecture à l'audience* (Arrêt de cass. précité, du 23 avril 1831).

71. Quant au *jour* et au *lieu* de la contravention, il est utile sans doute de les indiquer ; mais cette indication n'est pas indispensable (Berriat-Saint-Prix, t. 1er, no 127).

72. Toutefois, *pour les contraventions forestières*, la citation doit, à peine de nullité, contenir copie du procès-verbal et de l'acte d'affirmation : peu importe qu'elle soit délivrée à la requête d'un particulier ou de l'administration (C. for., art. 172 et 189 ; Berriat-Saint-Prix, *loc. cit.*).

73. Si le tribunal est saisi par une ordonnance de la chambre du conseil, ou par un arrêt de la Cour d'appel ou de la Cour de cassation, il suffit de rappeler, dans la citation, la date et l'objet de cette ordonnance ou de cet arrêt ; il n'est pas nécessaire d'en donner copie (Berriat-Saint-Prix, t. 1er, no 129).

74. En matière d'injures simples ou de diffamation non publique (C. pén., art. 471, no 11 ; L. 17 mai 1819, art. 20), les faits peuvent ne pas être articulés et qualifiés dans la citation. L'art. 6 de la loi du 26 mai 1819 n'est pas applicable ici (Berriat-Saint-Prix, t. 1er, no 130).—V. aussi sur ce point *J. Huiss.*, t. 31, p. 251.

75. En ce qui concerne l'indication du tribunal, elle est indispensable : sans elle, en effet, le défendeur serait dans l'impossibilité de se présenter. Cette formalité est donc essentielle, et son omission entraînerait la nullité de la citation.

76. La citation doit être donnée à comparaître à jour et heure fixes (C. inst. crim., art. 149).

77. Il ne peut y avoir, entre la citation et la comparution, un délai moindre que vingt-quatre heures, outre un jour par trois myriamètres, à peine de nullité tant de la citation que du jugement qui serait rendu par défaut. Néanmoins, cette nullité ne pourra être proposée qu'à la première audience, avant toute exception et défense (C. inst. crim., art. 146).

78. Le délai de vingt-quatre heures, qui doit exister entre la citation et la comparution, n'est pas un jour *franc ;* ce délai ne se compte pas de jour à jour, mais d'heure à heure. Ainsi, la citation à comparaître le 2 du mois, à dix heures, est valablement donnée le 1er, à neuf heures (Berriat-Saint-Prix, t. 1er, no 131. — *Contrà*, Levasseur, *Manuel des justices de paix*, édition revue par Toussaint, no 422, p. 318).

79. L'art. 146, C. inst. crim., n'est pas conçu de la même manière que l'art. 5-2°, C. proc. civ., relatif à l'augmentation du délai de comparution à raison des distances (V. *suprà*, n°s 28 et suiv.). Aussi le mode de régler l'augmentation du délai doit être différent. Nous avons pensé que, dans le cas prévu par l'art. 5-2°, C. proc. civ., on devait tenir compte des fractions de distance (V. *suprà*, n° 31); dans le cas prévu par l'art. 146, C. inst. crim., la distance entière de trois myriamètres peut seule augmenter d'un jour le délai originaire. Par exemple, si la distance du domicile du cité au lieu de comparution n'excède pas trois myriamètres, le cité n'a droit à aucune augmentation de délai ; si la distance est de plus de trois et de moins de six myriamètres, il n'est dû qu'un jour d'augmentation, il n'en est dû que deux, si la distance est de plus de six myriamètres et de moins de neuf, et ainsi de suite (Berriat-Saint-Prix, *loc. cit.*).

80. Dans les cas urgents, les délais peuvent être abrégés et les parties citées à comparaître même dans le jour, et à heure indiquée, en vertu d'une cédule délivrée par le juge de paix (C. inst. crim., art. 146). Il doit être donné copie de cette cédule en tête de la citation.

81. Les citations doivent être notifiées par un huissier (C. inst. crim., art. 145), lorsqu'elles sont données à la requête des parties lésées.

82. Si les citations sont données à la requête du ministère public, elles peuvent être notifiées par un huissier (C. inst. crim., art. 145), ou par les agents de la force publique, gendarmes, gardes champêtres (même Code , art. 72). Toutefois, les agents de la force publique, et principalement les gendarmes, ne doivent être employés qu'en cas de nécessité urgente et absolue, par exemple, si tous les huissiers du canton sont absents ou malades (Berriat-Saint-Prix, t. 1er, n° 126).

83. Les citations données à la requête de l'administration forestière peuvent être notifiées soit par un huissier, soit par les gardes de l'administration dans leurs arrondissements respectifs (C. for., art. 173); celles données en matière de contributions indirectes peuvent l'être aussi soit par un huissier, soit par les commis de la régie (Décr., 1er germ. an 13, art. 28).—V. *Douanes*, pour les citations délivrées en cette matière.

84. Tous les huissiers du canton du tribunal de simple police ont le droit de donner la citation. L'art. 16 de la loi du 25 mai 1838 s'applique aussi bien aux matières de simple police qu'aux matières civiles (Dupin, *Réquisitoires :* J. *Huiss.*, t. 25, p. 49 ; Cass., 16 janv. 1844 : J. *Huiss.*, t. 21, p. 96).

85. Ainsi, est valable la citation faite par un autre huissier que celui qui est audiencier au tribunal de simple police, par exemple, par un huissier du tribunal de première instance. Déjà, avant la loi du 25 mai 1838, il avait été décidé qu'un huissier autre que l'huissier audiencier du tribunal de simple police pouvait valablement notifier une citation à comparaître devant ce tribunal (V. Cass., 5 juin 1818 : J. *Huiss.*, t. 2, p. 103).

86. Mais l'huissier à qui il appartient de notifier la citation est celui du canton dans lequel le contrevenant est domicilié. Une citation ne peut cependant être annulée par cela seul qu'elle a été notifiée par un huissier étranger au canton du domicile du contrevenant (Cass., 5 déc. 1822 : J. *Huiss.*, t. 4, p. 35). Seulement, l'huissier qui instrumente en dehors de son canton encourt une amende.—V *suprà*, n° 42.

87. Il doit être laissé « copie de la citation au prévenu ou à la personne civilement responsable » (C. inst. crim., art. 145).

88. C'est par une erreur de rédaction que les termes de la disposition qui précède sont conçus d'une manière alternative. Le prévenu et le civilement responsable doivent chacun recevoir une copie. Si, en effet, la copie était délivrée au prévenu seul, le civilement responsable ne pourrait être condamné comme tel. De même, si la citation n'était donnée qu'au civilement responsable, il ne pourrait y avoir lieu à l'application de la peine.

§ 3. — *Citation en matière correctionnelle.*

89. La citation en matière correctionnelle peut être donnée directement aux prévenus et aux personnes civilement responsables du délit, par la partie civile, et, à l'égard des délits forestiers, par le conservateur, inspecteur ou sous-inspecteur forestier, et par les gardes généraux, et, dans tous les cas, par le procureur de la République (C. inst. crim., art. 182).

90. Elle doit contenir les énonciations nécessaires pour produire un effet légal. Toutefois, les formalités prescrites pour les exploits en matière civile ne sont pas exigées pour les citations en matière correctionnelle (Cass., 5 mai 1809 ; 18 nov. 1813 ; 2 avril 1819 ; Massabiau, *Manuel du procureur du roi*, t. 2, n° 2033).

91. Les citations de la partie publique doivent toujours être données au nom et à la requête du chef du parquet institué auprès du tribunal devant lequel le prévenu doit comparaître. Ce magistrat est suffisamment désigné par cette phrase : *A la requête de M. le procureur de la République près le tribunal de*. . . . Si le poursuivant est un conservateur des forêts, on peut employer cette formule : *A la requête de M. le conservateur des forêts de*. . . . .

92. Si la citation est délivrée à la requête de la partie civile, elle doit contenir l'indication de ses noms, profession et domicile. L'art. 183, C. inst. crim., veut même que la partie civile fasse, dans l'acte de citation, élection de domicile dans la ville où siége le tribunal.

93. La citation doit contenir, en outre, d'autres indications non moins essentielles : ce sont celles des jour, mois et an, dans lesquels elles sont signifiées ; des noms et demeure du prévenu, de manière à ce qu'il n'existe aucun doute sur son identité (Cass., 19 avril 1841) ; du délit, objet des poursuites, et du tribunal qui doit statuer (Massabiau, t. 2, n° 2034).

94. Il ne suffit pas, pour ce qui concerne l'indication du délit, de le préciser par sa seule qualification légale ; aux termes de l'art. 183, C. inst. crim., la citation doit énoncer les faits.

95. L'énonciation des faits doit avoir lieu dans la citation, non-seulement lorsque c'est la partie civile qui poursuit elle-même, mais encore quand c'est le ministère public qui poursuit par voie de citation directe. Quiconque, en effet, engage un débat judiciaire, doit préciser son attaque, pour que l'adversaire puisse préparer ses moyens de défense (Morin, *Dict. de droit crim.*, v° *Citation*, p. 159, 2ᵉ col. *in fine*).

96. L'art. 183 précité s'est borné à exiger l'énonciation des faits, sans assujettir cette énonciation à aucune forme spéciale. Mais, pour satisfaire au but qu'il s'est proposé, l'énonciation doit être telle que le prévenu voie dans la citation même le fait matériel qui lui est imputé et le caractère qui est attribué à ce fait. La citation ne doit laisser aucun doute sur ces deux points.

97. Si la date du fait, objet des poursuites, est connue, il est utile de la rappeler dans la citation. Mais toutes les circonstances du fait n'ont pas besoin d'être détaillées (Cass., 20 fév. et 30 juin 1830). Ni l'omission de ces circonstances ni celle de la date ne vicient donc la citation.

98. Une citation satisfait aux prescriptions de l'article 183, lorsqu'elle énonce que, tel jour, le prévenu s'est rendu coupable d'outrages par paroles, gestes ou menaces envers un huissier, procédant à tel acte de son ministère (Toulouse, 1ᵉʳ mars 1849 : *J. Huiss.*, t. 31, p. 13), sans que les faits d'outrages soient détaillés.

99... Lorsqu'elle porte que le prévenu est inculpé d'avoir chassé tel jour dans telle commune, sans permis de port d'armes de chasse (Cass., 3 mai 1834).

100. Les huissiers ne doivent pas délivrer, en tête de la citation, une copie des plaintes, procès-verbaux ou rapports. Il n'y a d'exception que pour les procès-verbaux de contraventions en matière forestière (C. for., art. 172), ou en toute autre matière spéciale (L. 15 avril 1829, art. 19). Hors ces cas spéciaux, la signification, en tête de la citation, de la copie des procès-verbaux, serait un abus contraire aux règles de la procédure et de la comptabilité criminelles (Massabiau, t. 2, n° 2039).

101. C'est un point qui ne laisse pas que d'être controversé que celui de savoir si la citation doit contenir l'indication de la loi pénale invoquée. Par arrêt du 19 déc. 1834, la Cour de cassation a décidé que cette indication n'était nullement nécessaire, et elle a de nouveau consacré cette doctrine par arrêt de rejet du 11 août 1838. Mais, le 21 août 1835, dans une espèce où il s'agissait de diffamation, la Cour de cassation avait jugé qu'il fallait énoncer, avec le fait, l'article de la loi pénale dont l'application était provoquée. Si l'observation du principe consacré par ce dernier arrêt n'est pas indispensable, elle est au moins utile ; et cela suffit pour que l'huissier ait soin de ne point omettre l'énonciation de la loi pénale.

102. Le délai de comparution est déterminé par l'art. 184, C. inst. crim. Ainsi, aux termes de cet article, il doit y avoir au moins un délai de trois jours, outre un jour par trois myriamètres, entre la citation et le jugement, à peine de nullité de la condamnation qui serait prononcée par défaut contre la personne citée. Mais cette nullité devrait être proposée à la première audience, et avant toute exception et défense.

103. La citation à comparaître devant un tribunal correctionnel doit être donnée à jour fixe. Toutefois, on ne peut annuler, pour n'avoir pas été donnée à jour fixe, la citation à trois jours francs après sa date, et, en tant que de besoin, à toutes les audiences suivantes (Cass., 5 fév. 1808).

104. La citation sans date ou à un trop court délai n'est pas nulle. L'art. 184 précité n'annule, en effet, que le jugement qui a été rendu avant l'expiration du délai de trois jours francs. Mais le prévenu peut demander le renvoi à une autre audience, renvoi que le tribunal ne saurait refuser (Cass., 15 fév. 1821 ; 14 avril 1832 ; 2 oct. 1840 ; Caen, 4 janv. 1838 : *J. Huiss.*, t. 19, p. 251).

105. Lorsque la citation est donnée à un délai plus long que celui de trois jours, le prévenu peut assigner en anticipation de délai, s'il le juge convenable (Orléans, 26 déc. 1842).

106. Les citations qui sont délivrées à la requête du ministère public peuvent être signifiées par les huissiers et par tous les agents de la force publique, même par les gendarmes (L. 5 pluv. an 13, art. 1er). Cependant la gendarmerie ne doit être chargée de porter les citations qu'en cas d'absolue nécessité (Ordonn. 29 oct. 1820, art. 68). Le ministère public doit en charger de préférence les huissiers (Décr. 18 juin 1811, art. 71-1° et 83 ; Massabiau, t. 2, n° 2038).

107. Dans tous les cas où la citation est faite à la requête de la partie civile, elle ne peut être signifiée que par un huissier.

108. La citation doit être délivrée en autant de copies qu'il y a de prévenus ou de personnes civilement responsables.

109. La copie doit être laissée au prévenu ou à son domicile. En cas d'absence du prévenu, et s'il ne se trouve personne à son domicile, elle peut être remise à un voisin ou au maire de la commune (Cass., 15 oct. 1834).

110. C'est au domicile réel du prévenu que la citation doit, à peine de nullité, être laissée (Bordeaux, 18 août 1841 : *J. Huiss.*, t. 23, p. 96). Toutefois, elle est valablement signifiée au domicile indiqué par le prévenu dans le procès-verbal, encore bien que le domicile ne soit pas son domicile véritable (Cass., 21 sept. 1833). Mais il est utile alors, si le prévenu est inconnu au domicile par lui indiqué, que l'huissier laisse la copie au maire de la commune de ce domicile.

111. Du reste, la citation est nulle, lorsqu'il n'est pas constaté qu'elle a été remise à personne ou domicile; lorsque, laissée à un voisin, celui-ci n'a pas signé l'original, si d'ailleurs il n'est pas prouvé que le prévenu en ait eu connaissance; et lorsque, remise au maire, il n'est pas constaté qu'elle a été présentée au domicile du prévenu, et que, en son absence, aucun voisin n'a voulu en recevoir copie.

112. Toutefois, une citation en police correctionnelle ne saurait être déclarée nulle, par le motif que le *parlant à* a été laissé en blanc par l'huissier, si le prévenu a comparu au jour indiqué par cette citation. La comparution du prévenu suffit, en effet, pour couvrir tous les vices matériels de la citation (Cass., 18 nov. 1813; 30 déc. 1825 : *J. Huiss.*, t. 7, p. 321; Massabiau, t. 2, n° 2044).

113. Les citations données à la requête de la partie civile saisissent également le tribunal de l'action publique, et la peine peut être appliquée au délinquant, même quand le ministère public prendrait des conclusions contraires (Cass., 16 nov. 1821).

114. Mais la citation donnée à la requête du ministère public ne produit pas le même effet relativement à l'action civile; il faut l'intervention directe de la partie lésée pour que le tribunal puisse prononcer des condamnations à son profit.

115. La citation en matière correctionnelle produit en outre les mêmes effets que l'ajournement en matière civile (V. *Ajournement*, § 8).

116. Ainsi, spécialement, la citation, même donnée devant un juge incompétent, interrompt la prescription de l'action publique (Cass., 1ᵉʳ mars 1832; Toulouse, 17 nov. 1835).

§ 4. — *Citation en matière disciplinaire.*

117. La citation en matière disciplinaire est soumise à des formes particulières indiquées aux mots *Chambre de discipline des huissiers*, n°ˢ 116 et suiv., et *Discipline* (V. ces mots).

§ 5. — *Timbre et enregistrement.*

118. *Timbre.*—Les citations à la requête du ministère public sont faites sur papier visé pour timbre en débet, et celles à la requête des administrations et des particuliers sont rédigées sur timbre de dimension.—V. *Timbre.*

119. *Enregistrement.* — Les citations en matière civile, en justice de paix, sont soumises au droit fixe de 1 fr. 50 c. (L. 19 juill. 1845, art. 5).

120. S'il y a plusieurs demandeurs ou défendeurs ayant des intérêts distincts, il est dû plusieurs droits (LL. 22 frim. an 7; 28 avril 1816, art. 43, n° 13).

121. Les citations en simple police et en police correctionnelle, délivrées à la requête des parties civiles, sont tarifées au droit fixe de 1 fr. (Délib. rég., 25 oct. 1817). Celles qui ont lieu à la requête du ministère public sont enregistrées en débet (L. 22 frim. an 7, art. 70).

122. Cependant le défaut d'enregistrement n'emporte pas nullité de la citation (Cass., 23 vent. an 13 ; 1ᵉʳ fév. 1816 ; Massabiau, t. 2, n° 2043).

123. Si la citation en justice de paix contient sommation, elle est tarifée au droit de 2 fr. 20 c. seulement (Sol. de la rég., 13 mars 1832 : *J. Huiss.*, t. 13, p. 287).

124. On ne peut énoncer dans les citations aucun acte non enregistré.

L'huissier encourrait donc une amende, s'il était dit dans son exploit *que le défendeur s'est obligé de payer le. . . . . ., la somme réclamée.* Les mots *s'est obligé* se réfèrent à un acte et non à une simple convention verbale (Jugement du trib. de Saint-Dié, du 11 avril 1832 : *J. Huiss.*, t. 15, p. 165).

Formules.

1. *Citation en justice de paix.*

L'an . . . . . ., à la requête du sieur. . . . ., lequel fait élection de domicile . . ., j'ai. . . . ., soussigné, cité le sieur. . . . ., demeurant à. . . . ., en son domicile (*Si le domicile de la partie citée est éloigné de la demeure de l'huissier de plus d'un demi-myriamètre, il le mentionne ainsi :* en son domicile distant de ma demeure de. . . . . myriamètres, où je me suis exprès transporté), où étant et parlant à. . . . (*Si le défendeur est absent de son domicile et qu'il n'y soit trouvé aucun de ses parents ou serviteurs, l'huissier met :* où étant, et n'ayant trouvé ni ledit sieur. . . ., ni aucun de ses parents ou serviteurs, j'ai de suite remis la copie à M. le maire (adjoint ou membre du conseil municipal), parlant à. . . . ., et requérant visa, lequel a été apposé sur l'original. — *Si le défendeur est trouvé hors de son domicile ou de sa résidence, il faut mettre :* en parlant à la personne trouvée à. . . . .) , à comparaître le (*indiquer le jour, les quantième et nom du mois*) . . . ., dix heures du matin, devant M. le juge de paix du canton de. . . . ., dans le local ordinaire de ses audiences, sis à . . . ., pour voir dire (*exposer sommairement l'objet de la demande et les moyens, et faire connaître les conclusions du demandeur*), à ce qu'il n'en ignore, etc. Le coût est de. . . .

Coût ; tarif, art. 24 et 23. — Original : Paris, 1 fr. 50 c. ; R. P. 1 fr. 35 ; aill., 1 fr. 50 c. — Cop., le quart. — Transport (V. ce mot).

Enregistrement, V. *suprà*, n° 119 et suiv.

2. *Citation par huissier commis en vertu de cédule.*

V. *Cédule*, formule 5.

3. *Citation devant le tribunal de simple police.*

L'an. . . . ., à la requête de M. le maire de la commune de, ..., demeurant à. . . . ., remplissant les fonctions du ministère public près le tribunal de simple police de. . . . . (*ou si la partie lésée se porte partie civile*), du sieur. . . . ., cultivateur, demeurant à. . . . ., j'ai soussigné. . . . . (*s'il y a lieu de signifier le procès-verbal :* laissé copie au sieur. . . . d'un procès-verbal. . . . . et cité ledit sieur ; *et s'il n'y a lieu à aucune signification*), cité le sieur, aussi cultivateur, demeurant à. . . ., en son domicile, où étant et parlant à. . . . . (V. *formule 1*). . . . . à comparaître devant M. le juge de paix du canton de. . . . ., siégeant comme juge de simple police, en sa salle d'audience ordinaire, sise à. . . . ., le 25 de ce mois, 10 heures du matin, pour. . . . .,—Attendu qu'il résulte d'un procès-verbal dressé par le garde champêtre de la commune de. . . . ., le. . . . . dûment affirmé et enregistré, que le cité s'est permis le. . . . ., heure de. . . . ., de passer avec trois chevaux sur une pièce de terre ensemencée en blé, appartenant à. . . . ., sise à. . . . ., et joignant d'un côté. . . . .; — Attendu que ce fait est puni par l'art. 474, n° 14, C. pén. ; — s'entendre condamner en l'amende de 5 fr., prononcée par cet article et aux dépens, sous toutes réserves. . . . (*ou si la citation est à la requête de la partie civile :* S'entendre condamner en 50 fr. de dommages-intérêts et aux dépens, sous toutes réserves, sauf à M. . . . ., remplissant les fonctions du ministère public près le tribunal de simple police de. . . . ., et dont l'adjonction est requise, à prendre telles conclusions qu'il avisera dans l'intérêt de la vindicte publique).

Coût : tarif crim. 74-1°. Original, Paris, 1 fr; villes de 40,000 habitants et au-dessus, 75 c. ; ailleurs, 50 c. — Copie, Paris, 75 c. ; villes de 40,000 habitants et au-dessus, 60 c.; ailleurs, 50 c.

Enregistrement de l'exploit, 1 fr. 10 c. — V. *suprà*, n° 121.

4. *Citation devant le tribunal de police correctionnelle.*

L'an. . . . ., à la requête de M. le procureur de la République près le tribunal civil de première instance de. . . . ., demeurant à. . . . (*ou si la partie lésée se porte partie civile*), à la requête du sieur. . . . . pour lequel domicile est élu en la demeure de

Me N..., avoué près le tribunal civil de. . . . . ., demeurant à. . . . ., j'ai. . . ., soussigné (*s'il y a signification du procès-verbal*, V. *formule* 3), cité le. . . ., demeurant à. . . ., en son domicile, en parlant à. . . . . (ou en son domicile, où étant et n'ayant trouvé personne, j'ai offert la copie à plusieurs voisins du sieur. . . ., à la charge de viser mon original, lesquels ont tous refusé ; ce fait, je me suis transporté au domicile de M. le maire de la commune de. . . ., où étant et parlant à ce magistrat qui a visé mon original, je lui ai laissé copie du présent), à comparaître devant MM. les président et juges composant le tribunal civil et de première instance de. . . . . séant à. . . . ., jugeant en matière de police correctionnelle, le 25 de ce mois, onze heures du matin; pour, —Attendu qu'il résulte d'un procès-verbal dressé par le. . . . ., dûment affirmé et enregistré, que le cité a abattu et enlevé le. . . . ., un arbre appartenant à. . . ., et planté sur une pièce de terre sise à. . . . .; Attendu que ce fait est puni par l'art. 445, C. pén.; — S'entendre condamner aux peines prononcées par cet article et aux dépens. . . . . (ou, *si la citation est à la requête de la partie civile*), s'entendre condamner en deux cents francs de dommages-intérêts et aux dépens ; sauf au ministère public dont l'adjonction est requise à prendre telles conclusions qu'il avisera dans l'intérêt de la vindicte publique.

Coût : V. *Formule* 3.

Enregistrement de l'exploit, 1 fr. 10 c. — V. *suprà*, n° 121.

CITERNE. 1. Trou creusé dans le sol, destiné à recevoir et à conserver les eaux pluviales.

2. Celui qui veut établir une citerne sur sa propriété est tenu de laisser la distance prescrite par les règlements ou usages particuliers, ou de faire les ouvrages prescrits par les mêmes règlements pour éviter de nuire au voisin (C. civ., art. 674).

3. Suivant l'art. 191 de la coutume de Paris, il suffit, pour qu'une citerne puisse être appuyée contre un mur mitoyen, qu'elle en soit séparée par un contre-mur de demi-pied d'épaisseur. Il faut de plus, suivant Merlin (*Rép.*, v° *Citerne*), et M. Daviel (*Cours d'eau*, t. 2, n° 875), que la citerne soit revêtue de murs suffisamment solides pour contenir la pesanteur de l'eau et empêcher les infiltrations.—V. *Action possessoire*, n°s 270 et 278.

4. Il ne faut pas confondre avec les citernes les *fosses à eau*, destinées à recevoir les eaux de pluies, soit pour l'arrosement des jardins, soit pour l'abreuvage des bestiaux. Ces fosses ne peuvent être établies à moins de six pieds de distance des murs voisins ou mitoyens (Coutumes de Paris, d'Orléans et de Calais).

CITOYEN. — 1. On donne ce nom à ceux des Français exclusivement qui jouissent des droits politiques.— V. *Droits politiques.*

2. Tout Français mâle et majeur, c'est-à-dire âgé de vingt-un ans accomplis, sans être astreint à une année de résidence après sa majorité, est réputé *citoyen*, sauf l'application des lois qui exigent un âge plus avancé pour l'exercice de certaines fonctions.

3. Le Français n'est astreint aujourd'hui à aucune condition spéciale pour devenir citoyen. Mais l'étranger, devenu Français, qui veut obtenir le titre de citoyen, doit remplir certaines formalités particulières que nous indiquerons au mot *Naturalisation* (V. ce mot).

4. La qualité de citoyen supposant celle de Français, la perte de celle-ci entraîne nécessairement celle de la première; mais on peut rester Français, tout en cessant d'être citoyen.—V. *Français.*

5. Les cas dans lesquels on perd la qualité de citoyen sont au nombre de quatre : 1° la naturalisation en pays étranger ; 2° l'acceptation de fonctions ou de pensions offertes par un gouvernement étranger ; 3° l'affiliation à toute corporation étrangère qui supposerait des distinctions de naissance; et 4° la condamnation à des peines afflictives ou infamantes (Const. du 22 frim. an 8, art. 4).

6. Au lieu de la perte absolue de la qualité de citoyen ; on peut n'éprouver qu'une suspension dans l'exercice des droits attachés à cette qualité; La cause qui produit cette suspension venant à cesser, la qualité de citoyen reprend immédiatement tout son empire.

7. Au nombre des causes de suspension de la qualité de citoyen se trouve d'abord l'état de *faillite*. Mais cette cause de suspension disparaît lorsque le failli a obtenu un concordat, ou lorsque, n'ayant point été déclaré excusable, il est réhabilité (Loi électorale du 15 mars 1849, art. 3).

8. Autrefois, l'exercice des droits de citoyen était suspendu par l'état de domestique à gages (Const. de l'an 8, art. 5). La révolution du 24 février 1848 a fait cesser cette cause de suspension, qui, depuis, n'a point été rétablie.

9. Il existe cependant encore d'autres causes de suspension : ce sont l'état d'interdiction judiciaire (L. 15 mars 1849, art. 3), de mise en accusation et de contumace.

10. La qualité de citoyen est nécessaire pour l'exercice des fonctions publiques (C. pén., art. 34-1°), et spécialement pour l'exercice de la profession d'huissier. — V. *Huissier*.

11. Cette qualité est-elle exigée des témoins à une saisie-exécution ? — V. *Saisie-exécution*.

CIVILISER UNE PROCÉDURE. — 1. On disait autrefois qu'on *civilisait une procédure*, lorsqu'on convertissait en action ordinaire et civile un procès qui s'instruisait auparavant par la voie criminelle et extraordinaire.

2. Toutefois, c'était seulement dans les affaires de peu d'importance, comme en fait de chasse ou de pêche, de bornes arrachées, de fruits enlevés, etc., que les procédures pouvaient être civilisées.

CLAIN DE RÉTABLISSEMENT. — On appelait ainsi, dans la coutume de Valenciennes, une action qui, en matière de *bail à rente* (V. ce mot), avait pour objet le rétablissement du bailleur dans la propriété de son héritage, faute par le preneur de lui en payer la rente foncière. Cette action est remplacée aujourd'hui par l'*action résolutoire* (V. ce mot).

CLAMEUR. — Dans nos anciennes coutumes, ce mot s'employait en général pour signifier une *demande*, une *citation en justice*. Quelquefois aussi il signifiait *saisie-exécution, contrainte*. Dans la coutume de Normandie, on appelait spécialement *clameur de haro* une plainte verbale et publique de la part de celui à qui on faisait violence ou injustice, et qui implorait la protection du prince, ou, trouvant sa partie, voulait la mener devant le juge. Dans ce cas, la clameur de haro équivalait à une assignation verbale. De même encore, en Normandie (art. 3 de la Coutume), on appelait *clameur révocatoire* une action qui avait pour objet de faire cesser ou rescinder un contrat, une obligation ou quelque autre acte. C'est ce qu'on appelle aujourd'hui une action en nullité ou en rescision. — V. *Action en nullité, Rescision*.

CLANDESTINITÉ. — 1. C'est le vice de la possession de celui qui est entré dans le bien d'autrui furtivement, à l'insu du propriétaire.

2. La possession clandestine ne peut servir de base ni à une action possessoire (V. *Action possessoire*, nᵒˢ 138 et suiv.), ni à la prescription (V. ce mot).

CLAUSE. — 1. Disposition particulière insérée dans un traité, un contrat, ou tout autre acte public ou sous seing privé (C. civ., art. 1134).

2. On appelle *clause résolutoire* celle qui a pour objet la résolution d'une convention (V. *Action résolutoire*) ; *clause révocatoire*, celle qui annule ou révoque une disposition (V. *Action révocatoire*) ; *clause dérogatoire*, la stipulation qui déroge à un droit acquis en vertu de la loi ou d'un contrat ; *clause irritante*, celle qui annule tout ce qui se fait au préjudice d'une convention ; *clause pénale*, celle par laquelle une personne, pour assurer l'exécution d'une convention, s'engage à quelque chose en cas d'inexécution (V. *Obligation*).

3. *Enregistrement.*— Il est dû un droit particulier d'enregistrement pour toutes les clauses d'un acte indépendantes ou ne dérivant pas nécessairement les unes des autres (L. 22 frimaire an 7, art. 11).

CLEFS. — Les clefs d'une maison et de ses appartements sont immeubles par destination. La remise des clefs d'un immeuble vendu, ou d'un bâtiment qui renferme un objet mobilier vendu, opère délivrance (C. civ., art. 1605 et 1606).

CLERC. — **1.** Ce mot s'emploie pour désigner celui qui travaille habituellement dans l'étude d'un officier ministériel, notaire, avoué ou huissier.

2. Ce qui constitue la qualité de clerc, c'est le *travail habituel* dans l'étude, et non l'occupation momentanée (Bruxelles, 20 mars 1811 ; Grenoble, 7 avril 1827).

3. Ainsi, on ne peut attribuer la qualité de clerc qu'à celui qui fait de son travail chez un officier ministériel sa principale fonction (Agen, 18 août 1824; Paris, 13 mars 1832).

4. Spécialement, on ne peut l'attribuer à celui qui exerce des fonctions étrangères, par exemple, celles de secrétaire d'un établissement public, en même temps qu'il travaille dans l'étude d'un officier ministériel.

5. Au surplus, il appartient aux tribunaux d'apprécier les circonstances d'où l'on peut induire la qualité de clerc, quand la question est portée devant eux, ou au ministre de la justice, quand il s'agit de justifier du stage.

6. Aux termes d'une déclaration du roi, du 10 juillet 1665, il était défendu à tous huissiers et praticiens de se servir de *clercs* religionnaires (protestants), à peine de mille livres d'amende. Mais avec les lois qui ont proclamé la liberté des cultes, cette déclaration a disparu ; et, aujourd'hui, les huissiers peuvent choisir leurs clercs parmi toutes personnes, sans distinction de religion.

7. Il est indispensable que celui qui se destine à la profession d'huissier justifie d'un certain temps de cléricature (V. *Huissier*). Mais les clercs ne sont investis d'aucun caractère public. Ainsi, ils ne peuvent être chargés de la remise des exploits, ni suppléer leur patron dans les actes d'exécution que ce dernier est chargé de faire (V. J. *Huiss.*, t. 27, p. 302). — V. *Exploit, Huissier.*

8. Un clerc ne peut être considéré comme le domestique de son patron (Duvergier, *Louage*, n° 278) : d'où il suit que l'art. 5, § 3, de la loi du 25 mai 1838, ne lui est pas applicable.

9. Toutefois, la jurisprudence assimile un clerc qui reçoit des appointements à un homme de service à gages. En conséquence, le clerc à gages qui, placé chez un huissier, lui soustrait de l'argent, commet le crime prévu par l'art. 386-3°, C. pén., et doit être puni de peines afflictives et infamantes (Cass., 28 sept. 1827 : V. J. *Huiss.*, t. 9, p. 37; Cour d'assises de la Seine, 12 fév. 1849 : V. J. *Huiss.*, t. 31, p. 60).

10. Le premier devoir des clercs est la soumission complète envers leurs patrons pour tout ce qui concerne les fonctions que l'usage leur attribue. Les relations qui existent entre eux ne sont pas seulement celles du commettant et de ses préposés ; ce sont encore celles du maître et de ses *élèves*. Les clercs sont des élèves choisis qui doivent s'inspirer des exemples de leur patron. Il leur transmet les bonnes traditions ; il s'efforce de les former au bien par une surveillance et des soins paternels qui doivent lui mériter leur respect sans rien ôter à la confiance (Rolland de Villargues, *Rép. du notariat*, v° *Clerc*, n° 48).

11. A l'exemple de ce qui se pratique chez les notaires de Paris, les huissiers devraient : 1° ne prendre aucun clerc sans le consentement de l'huissier de l'étude duquel il est sorti, et, à défaut de ce consentement, sans celui du syndic ; 2° n'admettre que des clercs qui se soient comportés fidèlement dans l'étude d'où ils sortent ; 3° n'admettre qu'après trois mois du jour de la nomination du successeur ceux des clercs qui travaillaient dans l'étude du prédécesseur ; et enfin 4° ne point permettre à leurs clercs de se livrer à des affaires autres que celles de l'étude.

12. Les clercs d'huissiers ne sont pas obligés, comme les clercs de notaires, de se faire inscrire sur un registre particulier afin de constater le temps pendant lequel ils ont effectivement travaillé dans chaque étude. L'usage de ce registre s'est cependant établi dans certaines communautés d'huissiers. — Sur le mode d'action que doit employer le clerc à qui l'huissier dans l'étude duquel il a travaillé refuse un certificat de stage, V. *Chambre de discipline des huissiers*, n° 71.

13. Les huissiers sont responsables des faits de leurs clercs, mais seulement en tant que ces faits se rattachent directement et nécessairement à l'exercice de leur emploi (Paris, 24 juin 1837). Ainsi, un huissier a été déclaré responsable d'un effet de commerce remis à son clerc pour en faire le recouvrement et qui depuis ne s'est pas retrouvé (Paris, 18 mars 1828 : V. *J. Huiss.*, t. 9, p. 100).

14. Décidé aussi que les officiers ministériels sont responsables des dépôts de sommes d'argent faits à leurs clercs à l'occasion de leurs fonctions (Cass., 2 déc. 1824 ; 3 août 1835 ; Jugem. du trib. civ. de la Seine, du 29 nov. 1834).

15. Les clercs étant les préposés de leur patron, il s'ensuit que la copie d'un exploit destinée au patron est valablement remise à son clerc.

16. Les clercs d'huissiers peuvent-ils assister, comme témoins, leurs patrons, dans les procès-verbaux qu'ils dressent ? — V. *Procès-verbal de carence, Recors, Saisie-exécution.*

17. Ils n'ont pas, pour leurs appointements, le privilége établi par l'article 2101, C. civ. (Aix, 21 mars 1844 : V. *J. Huiss.*, t. 25, p. 297. — *Contrà*, Troplong, *Privilége*, t. 1er, p. 202).

CLIENT, CLIENTELLE. — **1.** Chez les Romains, le mot *client* désignait ceux des citoyens de l'ordre des plébéiens qui se mettaient sous la protection de quelques patriciens, obligés alors de faire valoir leurs droits toutes les fois qu'ils réclamaient leur secours.

2. Aujourd'hui, le nom de *client* se donne aux parties qui confient leurs intérêts aux avocats, notaires, avoués et huissiers.

3. On appelle *clientelle* l'ensemble des clients. La clientelle est ordinairement l'accessoire de l'office.—V. *Accessoire*, n° 8, et *Office.*

CLINQUANT. — Les fabricants de clinquant, pour leur compte ou à façon, sont rangés, les premiers, dans la sixième classe des patentables, et les seconds, dans la huitième classe.

CLOAQUE. — Trou naturel ou artificiel qui, à la différence des *citernes* (V. ce mot) destinées à recevoir les eaux limpides, reçoit les eaux ménagères, les eaux à fumier, ou toutes autres qui s'écoulent des toits, cours ou maisons, ou qui proviennent d'établissements industriels, lorsqu'elles ne peuvent point avoir d'écoulement sur la superficie du terrain. La distance qui doit exister entre les cloaques et les propriétés voisines est déterminée par l'art. 674, C. civ.

CLOTURE. — 1. Obstacle établi sur les limites d'une propriété pour la rendre inaccessible et l'affranchir de certaines charges auxquelles se trouvent soumis les terrains non clos. — V. *Fossé, Haie, Mur.*

2. *Faculté de se clore.* — Tout propriétaire peut clore son héritage (C. civ., art. 647). C'est là une conséquence du droit de propriété. Tout propriétaire peut, en effet, interdire aux autres l'usage et même l'accès des terres qui lui appartiennent (Toullier, t. 3, n° 159 ; Pardessus, *des Servitudes*, n° 134).

3. Toutefois, il y a deux exceptions à ce principe : 1° on ne peut clore une propriété dans laquelle des fonds appartenant à un tiers sont enclavés. Dans ce cas, le voisin peut réclamer un passage pour l'exploitation de son fonds, en payant une indemnité proportionnée au dommage occasionné (C. civ., art. 682) ; 2° on ne peut non plus se clore, même hors le cas d'enclave, lorsqu'un voisin a acquis par titre un droit de passage, pacage ou pâturage (Pardessus, n° 133 ; Toullier, t. 3, n° 160).

4. On peut enclore un terrain soumis au parcours et à la vaine pâture, lorsque le droit de parcours et vaine pâture n'est pas fondé sur un titre particulier (Cass., 14 fruct. an 9 ; 13 déc. 1808 ; Toullier, t. 3, n° 161).

5. Dans tous les cas, la clôture des terrains assujettis au parcours ou à la vaine pâture dans les pays où ils ont lieu ne peut préjudicier au passage nécessaire aux bestiaux pour aller aux terres qui restent ouvertes à la vaine pâture (Toullier, t. 3, n° 160).—V. *Parcours, Vaine pâture.*

6. Dans les campagnes, la faculté de se clore est illimitée ! Chacun peut enfermer par un *mur*, une *haie*, un *fossé* (V. ces mots), tout ou partie de ses propriétés, en observant ce qui est dit ci-dessus (n° 3), comme aussi chacun peut ne pas se clore. Nul n'a donc le droit de contraindre son voisin soit à se clore, soit à contribuer aux frais de clôture.

7. *Obligation de se clore.*— *Procédure.*— Il n'en est pas de même dans les villes et faubourgs. Là, chacun peut contraindre son voisin à contribuer aux constructions et réparations de la clôture faisant séparation de leurs maisons, cours et jardins (C. civ., art. 663).

8. Cet article, bien qu'il ne parle que de maisons, cours et jardins, est également applicable à tous terrains attenant aux maisons sises dans les villes et faubourgs, encore que ces terrains ne puissent être considérés ni comme cours, ni comme jardins (Solon, *des Servitudes*, n° 210) ; par exemple, à un terrain contigu à des maisons, cours ou jardins et servant à leur exploitation (Cass., 27 nov. 1827).

9. L'obligation de se clore est imprescriptible ; on peut se prévaloir en tout temps des dispositions de l'art. 663, C. civ., et la renonciation qui y serait faite serait nulle comme contraire à l'ordre public (Solon, n° 211).

10. La hauteur de la clôture est fixée pour les *usages constants et reconnus*, s'il en existe ; et, à défaut, elle doit être au moins de 32 décimètres, compris le chaperon, dans les villes de 50,000 âmes et au-dessus, et de 26 décimètres dans les autres (C. civ., art. 663). Les fondements du mur ne sont pas comptés dans la fixation de la hauteur (Solon, n° 214).

11. Les usages locaux dont parle l'art. 663 sont à peu près abandonnés, et, lorsque deux voisins ne s'accordent pas sur la hauteur du mur de clôture, c'est le Code qui doit les régler (Solon, n° 212). Si les voisins s'entendent, le mur peut être au-dessus ou au-dessous de l'élévation fixée par le Code (Toullier, t. 3, n° 164).

12. Si le sol des deux héritages est d'inégale hauteur, celui dont le sol est plus bas doit contribuer pour moitié depuis le bas de la fondation jusqu'à dix ou huit pieds, et celui dont le sol est plus haut doit contribuer pour moitié jusqu'à ladite hauteur et achever le surplus à ses dépens, y compris le chaperon (Toullier, t. 3, n° 162).

13. Quant au mode de clôture, c'est-à-dire à l'épaisseur du mur, à la profondeur des fondations, à la nature des matériaux, on suit les usages du pays (Toullier, t. 3, n° 167; Pardessus, n°s 149 et 151).

14. Le voisin peut-il se dispenser de contribuer aux frais de clôture en abandonnant la moitié de la place sur laquelle le mur doit être construit et en renonçant à la mitoyenneté ?—V. *Mitoyenneté.*

15. Lorsque, dans les lieux où la clôture est forcée, l'un des deux voisins refuse de construire ou de réparer un mur, il peut y être contraint par son voisin ; mais ce dernier doit se garder de faire procéder à aucun ouvrage avant qu'il en ait été ordonné par justice : car il ne pourrait réclamer les frais des constructions par lui faites de son propre mouvement (Toullier, t. 3, n° 164.—*Contrà,* Pardessus, n° 218).

16. La demande doit être formée d'abord pour voir dire que, par gens de l'art, les lieux seront vus et visités, afin de fixer la quantité de matériaux nécessaires à l'opération et la valeur de la maind'œuvre ; ensuite pour voir ordonner que le voisin sera tenu dans *tel* délai de faire apporter sur les lieux la portion à sa charge dans lesdits matériaux, et de fournir un ou plusieurs maçons pour qu'il soit procédé par eux, conjointement avec ceux du demandeur, à la construction ou à la réparation du mur ; enfin, et en cas de refus, pour voir autoriser le demandeur à faire procéder aux opérations et condamner le défendeur à rembourser la portion à sa charge dans les dépenses. — V. *Formule.*

17. Aussitôt le jugement obtenu, on le signifie avec sommation de l'exécuter. Faute par la partie condamnée d'y obéir dans le délai prescrit, le voisin fait faire le mur, et, au moyen des quittances des ouvriers, il se pourvoit de nouveau devant le tribunal, afin d'obtenir un exécutoire et de contraindre le voisin au paiement de ce que ce dernier lui doit.

18. *Usurpations et destructions de clôture.* — Les usurpations de clôtures avec l'intention de s'emparer de la clôture ou de son emplacement, tel est, par exemple, le fait de labourer et ensemencer un fossé, de couper ou tondre une haie et d'en emporter le bois, d'exhausser un mur appartenant à autrui ou de planter des espaliers contre ce mur, donnent lieu à l'*action possessoire.* V. ce mot, n°s 212 et suiv.

19. Si l'usurpation ne porte que sur des objets qui composent une clôture, comme si l'on a soustrait des planches ou enlevé des pierres d'un mur ou coupé un arbre dans une haie, il n'y a pas lieu à une action possessoire, mais à une action en dommages-intérêts qui peut être portée, au choix de la partie lésée, devant les tribunaux civils ou de répression.

20. La destruction d'une clôture, de quelques matériaux qu'elle soit faite, c'est-à-dire le fait d'avoir coupé des haies vives ou sèches, d'avoir comblé des fossés, démoli un mur, donnent lieu à deux actions : l'une civile, en complainte ou en réintégrande (V. *Action possessoire,* sect. 3, §§ 1er et 3), ou en dommages-intérêts, et l'autre publique ; cette dernière a pour but la condamnation du délinquant : 1° à une amende égale au quart des restitutions et dommages-intérêts, et qui, dans aucun cas, ne peut être au-dessous de 50 fr. ; 2° et à un emprisonnement d'un mois à un an (C. pén., art. 456).

21. Il ne faut pas confondre la destruction de clôture avec le fait d'avoir *déclos* un champ pour se faire un passage. Dans ce cas, l'auteur du fait n'est tenu qu'à payer le dommage au propriétaire et à une amende de trois journées de travail, à moins que le juge de paix du canton ne décide que le chemin public était impraticable, et alors le dommage et les frais de clôture sont à la

·charge dé la commune (L. 6 oct. 1791, art. 41). — V. *Chemins imprati-*
cables.

Formule.

Demande à fin de clôture.

L'an. . . . . ., à la requête de. . . . . (*énoncer la non-conciliation et constituer*
avoué), j'ai. . . . ., donné assignation à. . . . ., à comparaître le. . . . . pour, —
Attendu que le requérant et l'intimé sont propriétaires chacun d'un jardin sis à. . . . .,
et contenant celui du requérant. . . . . ., et joignant. . . . . .; et celui de l'intimé. . . . . .; — Attendu qu'il n'existe aucune clôture entre ces deux jardins, et que,
aux termes de l'art. 663, C. civ., le requérant est en droit d'exiger qu'il soit fait à frais
communs un mur de la hauteur déterminée par ledit article ; — Voir dire et ordonner
(*prendre les conclusions énoncées* n° 16, *et ajouter*) , et en outre pour voir statuer ce
que de raison à fin de dépens, sous toutes réserves.

V. n° 16. — Coût : tarif, 29 ; Paris, 2 fr. ; R. P. 1 fr. 80 c. ; ailleurs, 1 fr. 50 c.
Enregistrement de l'exploit, 2 fr. 20 c. (L. 28 avr. 1816).

CLOTURE D'ACTE. — **1.** Les actes sont réputés *clos* dès qu'ils sont
signés des parties et des officiers qui les rédigent.—V. *Protêt.*

2. Le procès-verbal, qui doit être fait en plusieurs vacations, n'est censé
clos qu'après la dernière vacation ; mais chaque vacation peut être close séparément.

CLOUS. — Les marchands et fabricants de clous sont patentables.

COALITION. — La coalition de fonctionnaires publics, soit contre l'exécution des lois, l'administration de la justice ou le gouvernement de l'Etat, soit
pour prendre des mesures contraires aux lois, constitue, suivant les circonstances, soit un délit, soit un crime.—V. C. pén., art. 123 et suiv.

COCHES D'EAU. — Les entrepreneurs de coches d'eau sont patentables.

COCHONS (MARCHANDS DE).—Sont rangés dans la quatrième classe
des patentables.

COCONS (FILEURS ET FILATURES DE). — Les fileurs de cocons
sont patentables, et les filatures de cocons ayant au moins six tours sont rangées dans la troisième classe des établissements insalubres.

CODE CIVIL. — Les diverses lois qui composent le Code civil ont été vo-
tées et promulguées séparément. Ces lois, au nombre de trente-six, ont été
réunies par la loi du 30 vent. an 12 (20 mars 1804) en un seul corps, sous le
nom de *Code civil des Français* et avec une seule série de numéros. Une
loi du 3 sept. 1807 substitua au titre de *Code civil des Français* celui de
Code Napoléon, que le gouvernement de la Restauration remplaça par la dénomination de *Code civil*. Ce dernier titre fut maintenu jusqu'au 27 mars
1852, époque à laquelle il fut décrété que le Code civil reprendrait la dénomination de *Code Napoléon*.

CODE DE COMMERCE. — Recueil des lois qui ont pour objet le commerce de terre et de mer. Ce Code, décrété et promulgué du 10 au 24 sept.
1807, n'a été déclaré exécutoire qu'à compter du 1er janv. 1808 (décr. 25
sept. 1807, art. 1er).

CODE DE PROCÉDURE CIVILE. — **1.** Recueil des lois dont l'objet est de régler les formes à suivre pour l'instruction et le jugement des
affaires en matière civile.

2. Les divers livres du Code de procédure civile ont été successivement dé-
crétés et promulgués dans les mois d'avril et mai 1806, et déclarés exécutoi-

res à partir du 1er janv. 1807. A compter de cette époque, toutes les anciennes lois et tous les anciens usages relatifs à la procédure civile ont été abrogés. — V. *Colonies*.

3. Toutefois, cette abrogation ne s'applique pas aux lois spéciales ; elles doivent être préférées à la loi générale, lorsque celle-ci n'y a pas formellement dérogé.

4. Depuis sa promulgation, le Code de procédure n'a subi que fort peu de modifications. Les plus importantes sont celles qui résultent des lois des 11 avril 1838 concernant le taux du dernier ressort et l'organisation des tribunaux de première instance, 25 mai 1838 sur les justices de paix, et 2 juin 1841 sur les ventes judiciaires d'immeubles.

5. Le texte du Code de procédure a été révisé de nouveau en 1842 et inséré au *Bulletin des Lois*. Cette édition est la seule officielle (Ord. 8 oct. 1842).

CODICILLE. — Le codicille était un appendice à un testament antérieur, dont le droit romain reconnaissait l'usage. Mais tout ce qui s'y rapporte n'a plus aujourd'hui d'intérêt. Le codicille a été abrogé par le Code civil. Tout acte par lequel une personne dispose de tout ou partie de ses biens pour le temps où elle n'existera plus est un testament (C. civ., art. 895). Toutefois, si l'expression du *codicille*, employée par quelques praticiens pour désigner le testament olographe par lequel on modifie un testament antérieur, est complétement inexacte aujourd'hui, elle n'annulerait pas ce testament olographe, s'il réunissait d'ailleurs toutes les conditions requises pour la validité du testament. — V. *Testament*.

COFFRETIERS-MALLETIERS. — Les coffretiers-malletiers, en cuir ou en bois, sont rangés les premiers dans la cinquième classe des patentables, et les seconds dans la sixième.

COGNAT. — A Rome, on appelait *cognats* les parents descendant d'une même souche féminine, tandis que ceux qui descendaient par mâles d'une même souche masculine se nommaient *agnats*. — V. *Agnat*.

COGNATION. — Lien qui unissait les cognats. La *cognation*, à la différence de l'*agnation*, ne conférait aucun droit de famille ; elle ne produisait d'autre effet que certaines prohibitions de mariage.

COIFFES (FAISEUSES ET MARCHANDES DE). — Les faiseuses et marchandes de coiffes de femmes sont rangées dans la septième classe des patentables.

COIFFEURS. — Sont rangés dans la sixième classe des patentables.

COLLATÉRAUX. — Parents qui, n'étant ni ascendants ni descendants les uns des autres, se rattachent à un ascendant qui leur est commun : tels sont les frères, les sœurs, les oncles, les tantes, les cousins. — V. *Exploit, Huissier, Succession*.

COLLATION DE PIÈCES. — Comparaison que l'on fait des copies de pièces avec leurs originaux, pour constater la conformité exacte et littérale des uns avec les autres. — V. *Compulsoire, Copie de pièces*.

COLLE. — Les fabricants de colle forte, de colle pour la clarification des liqueurs, de colle de pâte et de peau, sont patentables, et les fabriques de colle sont rangées parmi les établissements insalubres.

COLLEUR. — Les colleurs d'étoffes, de chaînes pour fabrication des tissus et de papiers peints, sont patentables.

COLLOCATION. — **1**. Ce mot s'entend, en matière de *distribution* et d'*ordre* (V. ces mots), soit de l'action de classer les créances dans l'ordre de paiement qui leur est attribué, soit de l'emploi d'une créance au nombre de celles qui doivent être payées.

2. On nomme *collocation utile* ou *réelle* celle pour le paiement de laquelle il y a fonds suffisants, et *collocation éventuelle* celle qui est présumée devoir être payée en totalité ou en partie.

COLLUSION. Accord existant entre deux ou plusieurs personnes qui passent entre elles un acte ou qui plaident l'une contre l'autre, dans le but de tromper un tiers. La *collusion* diffère de la *fraude*, en ce que l'une suppose le concert frauduleux de plusieurs personnes, tandis que l'autre peut être pratiquée par une seule personne aussi bien que par plusieurs. — V. *Dol, Fraude.*

COLOMBIER. — 1. Bâtiment construit ordinairement en forme de tour ronde ou carrée, qui a des boulins ou des trous dans toute sa hauteur, et destiné à tenir des pigeons.

2. Depuis le décret du 4 août 1789, qui a aboli le droit exclusif de fuies et colombier, chacun peut avoir des pigeons; mais il est tenu de les renfermer aux époques fixées par les communautés d'habitants; et, durant ce temps, ils sont regardés comme gibier, et chacun a le droit de les tuer sur son terrain (Décr. 4 août 1789).

3. Si donc à ces époques les pigeons ne sont pas renfermés, les propriétaires peuvent tirer dessus ou s'en emparer d'une autre manière, pourvu que ce soit sur leur terrain; mais, hors ce cas, on ne peut tirer sur les pigeons ni les prendre même dans son propre fonds (Merlin, *Rép.*, v° *Colombier*; Toullier, t. 11, n° 303). Ce serait commettre une soustraction frauduleuse (Cass., 20 sept. 1823).

4. Faute par l'administration de fixer le temps de la clôture des colombiers, le propriétaire qui trouve des pigeons sur son terrain, au temps des semailles ou de la moisson, peut les regarder comme gibier (Cass., 1er août 1829).

5. Le propriétaire qui laisse sortir ses pigeons en temps prohibé, peut être poursuivi par voie civile en dommages-intérêts, et non par voie de police, car il n'encourt aucune amende (Cass., 30 oct. 1813; 27 juill. 1820; 27 sept. et 5 oct. 1821; Toullier, t. 11, n° 303). C'est devant le juge de paix que doit être portée la demande, à quelque valeur qu'elle s'élève.

6. Les pigeons des colombiers sont immeubles par destination quand ils ont été placés par le propriétaire pour le service de l'exploitation du fonds (C. civ., art. 524).—V. *Immeubles par destination.*

7. Les pigeons qui passent d'un colombier dans un autre, sans y avoir été attirés par fraude ou artifice, appartiennent au propriétaire de ce colombier (C. civ., art. 564).

8. S'il y a eu fraude, le fait d'avoir attiré des pigeons peut être considéré comme un vol passible des peines portées en l'art. 401, C. pén. (Favard, *Rép.*, v° *Pigeons*); et, dès lors, l'action du propriétaire des pigeons pourrait être portée devant la juridiction correctionnelle.

9. Mais, en supposant que la valeur des pigeons n'excédât pas 200 fr., et qu'il répugnât à la partie lésée d'intenter son action devant les tribunaux de répression, elle pourrait former sa demande en restitution ou en dommages-intérêts devant le juge de paix; peu importerait, d'ailleurs, qu'il s'agit de pigeons de volière ou de colombier.

COLON. — V. *Action possessoire*, n°s 315 et 406; *Bail à cheptel*, n°s 58 et suiv.; *Bail à colonage partiaire; Bail à colonage perpétuel.*

COLONIES FRANÇAISES.— 1. Contrées qui font partie de la France, mais ne sont pas comprises dans la division départementale ; et sont situées hors de l'Europe.

2. Elles comprennent : en *Amérique*, la Martinique, la Guadeloupe, Marie-Galante, les Saintes, la Désirade et Saint-Martin, les îles de Saint-Pierre et Miquelon, et la Guyane française ; en *Afrique*, l'Algérie (V. ce mot), le Sénégal, les îles de Gorée, Bourbon et Sainte-Marie de Madagascar ; et dans l'*Inde*, Pondichéry, Chandernagor, Karikal, Yanaon et Mahé.

3. Nos colonies ont été longtemps régies par des lois et règlements particuliers. Mais ces lois et règlements tendent chaque jour à disparaître. Déjà, en effet, nos codes ont été promulgués dans la plupart des colonies précitées, et un décret du 22 janv. 1852 a déclaré applicables à toutes les colonies sans exception un très-grand nombre de lois spéciales en vigueur dans le royaume, et dont l'énumération est faite en ce décret (V. *J. Huiss.*, t. 33, p. 63).

4. Dans les colonies où il existe des huissiers, ils sont nommés par les gouverneurs sur la proposition des procureurs généraux. Mais nul ne peut être nommé, s'il n'est âgé de vingt-cinq ans, s'il n'a travaillé deux ans soit dans les greffes., soit chez des officiers ministériels, et s'il n'est porteur d'un certificat de capacité délivré par le juge et le procureur de la République. En outre, les huissiers sont soumis à un cautionnement de 4,000 fr. en immeubles, et ne peuvent, sous peine de destitution, instrumenter pour un esclave (Ord. 24 sept. 1828, art. 220).

5. Le nombre des huissiers varie dans chaque colonie. Ainsi, à la Martinique, il y en a seize, et dix-huit à la Guadeloupe. La répartition entre la Cour, les tribunaux de première instance et les justices de paix, est faite par le gouverneur, sur l'avis de la Cour (Ord. 24 sept. 1828, art. 215). A la Guyane, cinq huissiers, indépendamment de l'huissier attaché à la justice de paix de Sinamary, font le service de la colonie, deux pour la Cour, deux pour le tribunal de première instance, et le cinquième pour la justice de paix de Cayenne. Au Sénégal, il n'y a qu'un huissier, et à Gorée, les fonctions d'huissier sont remplies par le greffier du tribunal, dans l'étendue du ressort (Ord. 24 mai 1837, art. 19 et 20). Dans les îles Saint-Pierre et Miquelon, les fonctions d'huissier près la justice de paix ou le tribunal de première instance sont remplies par un gendarme (Ord. 26 juill. 1833). Dans les établissements français de l'Inde, les huissiers sont nommés par le gouverneur ; ils portent une baguette noire surmontée d'une boule d'ivoire (Ord. 7 fév. 1842, art. 150 et 189).

6. Les actes provenant de France ou des pays étrangers ne peuvent être employés dans les transactions passées à la Guadeloupe, ni produits devant les tribunaux de cette colonie, ni signifiés par les huissiers, à moins qu'ils ne soient légalisés par le gouverneur de la colonie. Particulièrement, l'appel d'un jugement de cette colonie est nul, s'il a été interjeté par un fondé de procuration dont le mandat sous seing privé n'avait été ni pu être légalisé (Cass., 10 mai 1825).

7. Le timbre n'existe que dans quelques colonies, et encore le taux n'en est pas le même qu'en France.

8. Tout acte fait dans une colonie où le timbre n'est pas établi doit être soumis au timbre avant qu'il puisse en être fait aucun usage en France, soit dans un acte public, soit dans une déclaration quelconque, soit devant une autorité judiciaire ou administrative. Cette règle s'applique aux effets négociables souscrits dans les colonies.

9. Les actes, de quelque nature qu'ils soient, passés soit dans les colonies où l'enregistrement est établi, soit dans celles où il ne l'est pas, doivent être soumis à l'enregistrement en France, avant qu'il puisse y être fait usage de ces actes, soit en justice, soit dans un acte public (L. 22 frim. an 7, art. 23 et 42).

10. Mais, lorsqu'il s'agit d'un acte enregistré dans la colonie, il n'est perçu en France que le supplément de droit résultant de la différence du tarif (Délibér. des 20 août 1823 et 8 oct. 1833 ; solut. du 19 janv. 1837).

COLPORTEUR.—V. *Vente de marchandises neuves.*

COLS (FABRICANTS ET MARCHANDS DE). — Les fabricants de cols, pour leur compte ou à façon, sont rangés, les premiers dans la sixième classe des patentables, et les seconds dans la huitième. — Les marchands de cols sont rangés dans la sixième classe.

COMBAT JUDICIAIRE. — Le combat ou duel judiciaire était une épreuve usitée au moyen âge dans certains cas pour mettre fin à un procès. On croyait voir dans le résultat du combat le *jugement de Dieu.* — V. *Appel (en mat. civ.)*, nos 8 et 9.

COMBUSTIBLES (MARCHANDS DE). — Les marchands de combustibles en boutique sont rangés dans la sixième classe des patentables. — V. *Bois, Charbon.*

COMÉDIEN. 1. On donne ce nom à celui qui joue la comédie, ou quelque pièce de théâtre que ce soit, sur un théâtre public. Le mot *comédien* est synonyme d'*acteur.* Ce dernier mot est même celui dont on se sert aujourd'hui le plus ordinairement.

2. Les comédiens peuvent s'associer entre eux pour l'exploitation d'une entreprise dramatique ou s'engager à faire partie d'une entreprise théâtrale déjà formée. Au premier cas, le contrat qui intervient est régi par les principes du contrat de *société* (V. ce mot), et, au second, par les règles du *louage d'ouvrage et d'industrie* (V. *Louage d'ouvrage et d'industrie,* pour les principes généraux). Nous ferons connaître ici seulement quelques règles spéciales du contrat de louage d'ouvrage et d'industrie, applicables aux comédiens.

3. Le lien qui s'établit entre l'administration et le comédien se forme par l'acte d'engagement. A défaut de convention, l'engagement ne peut être prouvé par témoins, sans un commencement de preuve par écrit (Vivien et Blanc, *Législation des Théâtres,* n° 222). Lorsqu'il y a eu un commencement d'exécution et que les parties ne sont pas d'accord sur les conditions, on ne doit pas s'en rapporter à l'affirmation du maître (V. cependant Vivien et Blanc, n° 225).

4. L'engagement ne peut être pris que par une personne capable de le souscrire ou rendue habile à contracter; ainsi un mineur et une femme mariée ont besoin d'autorisation. En outre l'engagement doit émaner de celui qu'on prétend y soumettre : le mari ou le père et le tuteur ne sauraient engager la femme ou le mineur sous leur puissance (Vivien et Blanc, nos 213, 214, 215, 218 et 219).

5. A défaut de stipulation sur la durée de l'engagement, on doit suivre l'usage; en province, par exemple, on présumerait que l'engagement a été fait pour une année.

6. L'engagement souscrit envers l'acteur n'est obligatoire que lorsque ce dernier a été agréé du public; à cet égard on accorde ordinairement trois débuts (Vivien et Blanc, nos 273 et 275).

7. Le contrat donne le droit au comédien d'exiger les appointements convenus et au directeur de demander l'exécution des engagements stipulés. L'acteur doit consacrer tout son talent à l'entreprise ; s'il refusait de jouer sans motif légitime, il serait passible de dommages-intérêts. Toutefois, il est nécessaire de le mettre préalablement en demeure par une sommation.

8. Il s'est élevé une difficulté assez sérieuse relativement au droit d'enregistrement à percevoir sur cette sommation. On s'est demandé si, dans le cas où un directeur de théâtre fait faire sommation à des acteurs de sa troupe de jouer telles et telles pièces, le receveur d'enregistrement est en droit, lorsque l'exploit de sommation lui est présenté pour être revêtu de la formalité de l'enregistrement, de percevoir autant de droits fixes qu'il y a d'acteurs compris dans cet exploit. La solution de cette question dépend des circonstances. Ainsi, si les acteurs auxquels s'adresse la sommation doivent jouer tous dans la même pièce, dont la représentation ne puisse avoir lieu sans le concours de l'un d'eux, on peut dire qu'ils ont le même intérêt , un intérêt indivisible , qu'ils sont *coïntéressés* dans le sens de l'art. 68, § 1er, n° 30, de la loi du 22 frim. an 7 ; et alors le receveur d'enregistrement ne doit percevoir pour tous les acteurs qu'un seul droit fixe. Si, parmi les acteurs, les uns doivent jouer ensemble dans une même pièce et les autres dans une autre pièce, il y a dans ce cas autant de catégories de coïntéressés qu'il y a de pièces, et c'est le nombre de pièces qui nous paraît devoir déterminer le nombre de droits fixes à percevoir par le receveur d'enregistrement. Au contraire, si les acteurs sont appelés à jouer dans des pièces différentes, leurs intérêts étant distincts, quoique analogues, il y a lieu de percevoir un droit fixe pour chacun d'eux, quelle que soit la qualification qui leur ait été donnée dans l'exploit (V.*J.Huiss.*, t.33, p.42).

9. La maladie d'un acteur, lorsqu'elle l'empêche de jouer pendant un certain temps, autorise la suspension de ses appointements (Vivien et Blanc, n° 237). Mais on ne doit pas considérer comme maladie la grossesse d'une actrice.

10. L'engagement finit par l'expiration du temps pour lequel il a été contracté. Si le terme est l'année théâtrale, on consulte les usages pour préciser cette époque. Lorsque l'engagement est stipulé pour plusieurs années, il est d'usage que le directeur prévienne quelque temps d'avance les acteurs qu'il ne veut pas conserver; mais ce n'est pas un droit rigoureux (Vivien et Blanc, n° 266). Le comédien n'est pas tenu non plus d'annoncer son intention de se retirer.

11. Si un acteur reste au théâtre après l'expiration de son engagement, il se forme tacitement un nouveau contrat régi par les mêmes conditions que le précédent.

12. Quant au point de savoir si les engagements des acteurs constituent de leur part des actes de commerce, il divise la doctrine et la jurisprudence (V. à cet égard le mot *Actes de commerce*, n°s 140 et suiv.). Il nous semble, quant à nous, difficile de considérer les engagements des acteurs vis-à-vis des directeurs de théâtres comme des actes de commerce. Et, dès lors, nous croyons que toute action relative à ces engagements doit être portée devant les tribunaux civils. Cependant, la juridiction commerciale est souvent saisie de pareilles actions, sans qu'elle se déclare incompétente.

13. Mais aucun doute ne peut s'élever en ce qui concerne les directeurs de théâtres. Leur entreprise est un acte de commerce; ils sont donc commerçants et l'action intentée contre eux par des comédiens est de la compétence du tribunal de commerce.—V. *Actes de Commerce, loc. cit.*

COMESTIBLES (MARCHANDS DE). — Sont rangés dans la troisième classe des patentables.

COMMAND. Ce mot est synonyme de *commettant.* Il désigne la personne qui a commandé ou qui est censée avoir commandé d'acquérir pour elle.—V. *Déclaration de command, Saisie immobilière, Surenchère.*

COMMANDEMENT. 1. Acte extrajudiciaire par lequel un huissier, avant de poursuivre l'exécution d'un jugement ou de tout autre titre exécutoire, enjoint à une personne de faire ou d'exécuter ce à quoi elle est obligée, lui déclarant que, sur son refus, elle y sera contrainte par toutes les voies de droit.

2. En général, toute exécution sur la personne ou sur les biens du débiteur doit être précédée d'un commandement (V. *Acte d'exécution, Exécution*).

3. Ainsi, aucune contrainte par corps, saisie-brandon, saisie-exécution, saisie de navires, saisie de rentes constituées sur particuliers, saisie immobilière, ne peut être mise à exécution, sans qu'il ait été fait au préalable un commandement au débiteur. Toutefois, le commandement n'est pas nécessaire en matière de saisie-arrêt, de saisie conservatoire, de saisie foraine, de saisie-gagerie et de saisie-revendication.

4. Il n'est traité, dans cet article, que des formalités générales que doit revêtir toute espèce de commandement, c'est-à-dire que de ce qu'il doit contenir et de ses formes intrinsèques. Les formalités spéciales au commandement qui doit précéder la *contrainte par corps*, la *saisie-brandon*, la *saisie-exécution*, la *saisie des navires*, la *saisie des rentes constituées sur particuliers*, et la *saisie immobilière*, seront indiquées sous ces différents mots.

5. Aucun commandement ne peut être fait qu'en vertu d'un jugement ou d'un acte en forme exécutoire (Cod. proc. civ., art. 545), d'une ordonnance du juge ou d'une disposition formelle de la loi (Cod. proc. civ., art. 819). Mais le commandement fait en vertu d'un acte ou d'un jugement revêtu d'une formule exécutoire autre que celle qui est en vigueur au moment de sa signification peut-il être déclaré nul?—V. *Formule exécutoire*.

6. Indépendamment des formalités spéciales à certaines voies d'exécution précédemment indiquées, tout commandement doit contenir les formalités ordinaires des *exploits* (V. ce mot); et l'omission des formalités qui sont substantielles ou prescrites par la loi à peine de nullité rend nul le commandement.

7. Le commandement doit mentionner d'une manière formelle et précise l'obligation que le débiteur doit accomplir. Si le titre en vertu duquel il a lieu n'a point été précédemment signifié, il doit en contenir copie. Sur le point de savoir à qui de l'avoué ou de l'huissier appartient l'émolument de la copie des pièces signifiées en tête d'un commandement, V. *J.Huiss.*, t. 33, p. 203, et le mot *Copie de pièces*.

8. Lorsqu'il s'agit de paiement de sommes, le commandement ne peut être fait qu'autant que ces sommes sont certaines et liquides (Cod. proc. civ., art. 551).

9. Mais, lorsque, depuis le commandement, des intérêts sont échus, il n'est pas nécessaire de signifier un nouveau commandement, si des réserves de répéter les intérêts à échoir ont été faites dans le premier. Ces réserves suffisent pour que l'acte d'exécution pratiqué à la suite de ce premier commandement leur soit applicable (Orléans, 29 août 1816).

10. La peine de la *plus-pétition* n'ayant pas lieu en France, il s'ensuit que le commandement fait pour une somme excédant l'intégralité de la dette n'est pas pour cela entaché de nullité (Bordeaux, 28 janv. 1828 (V. *J. Huiss.*, t. 9, p. 191); Cass., 8 fév. 1832).

11. Le commandement peut être fait à la suite de la signification de l'acte ou du jugement définitif qu'il s'agit d'exécuter (V. *Exécution*).

12. Mais le commandement peut-il être fait par l'huissier commis dans l'exploit même de signification d'un jugement par défaut? — V. *Jugement par défaut, Huissier commis*.

13. Lorsqu'il s'agit d'un commandement à faire à l'héritier du débiteur, il doit être précédé, huit jours au moins à l'avance, de la signification du titre constitutif de la créance (C. civ., art. 877).

14. Ainsi, le commandement qui serait fait à la suite de la signification du titre exécutoire aux héritiers du débiteur serait nul, s'il contenait injonction de payer immédiatement la créance résultant du titre notifié (Colmar, 11 mars 1835). Mais il est valablement fait par l'exploit même qui contient la signification du titre, s'il porte que c'est sous la réserve expresse qu'il ne vaudra comme acte d'exécution qu'après le délai fixé par l'art. 877 (Grenoble, 22 juin 1826 : *J. Huiss.*, t. 8, p.17; Cass. 14 fév. 1828 : *J. Huiss.*, t.9, p.65; observations insérées dans le *Journal des Huissiers*, t. 31, p. 159 et suiv.; Riom, 4 déc. 1850 : *J. Huiss.*, t. 32, p.359).

15. L'huissier qui fait commandement à un étranger, arrêté en vertu d'une ordonnance du président, de payer la somme fixée dans cette ordonnance, lorsque le titre primitif de la créance, visé par le président, est un billet à ordre non enregistré, n'est pas en contravention avec les art. 41 et 42 de la loi du 22 frim. an 7, puisque ce n'est pas *en conséquence* ou *en vertu* du billet, mais en vertu de l'ordonnance, que le commandement a été signifié (V. observations insérées dans le *Journal des Huissiers*, t. 31, p. 243). — V. *Enregistrement, Timbre.*

16. Le commandement doit être signifié à personne ou domicile. Si le débiteur n'a pas de domicile connu, la signification est faite au parquet.

17. L'huissier n'a pas aujourd'hui, comme sous l'ancienne jurisprudence, besoin d'être assisté de témoins pour la signification d'un commandement (C. proc. civ., art. 673).

18. Dans le commandement, on donne au débiteur l'alternative de payer entre les mains du créancier ou entre celles de l'huissier.

19. L'huissier doit donc être porteur du titre; et la remise de ce titre entre ses mains constitue un mandat tacite suffisant pour l'autoriser à recevoir et à donner quittance.

20. Mais ce mandat ne s'étend pas au delà du moment où l'huissier instrumente. Ainsi, il ne peut plus recevoir le montant de la créance, lorsque les poursuites ont été suspendues par une opposition (Colmar, 25 janv. 1820), ou lorsqu'il s'est dessaisi des pièces.

21. L'huissier doit recevoir purement et simplement. Il ne peut, par exemple, consentir ni une transaction ni une novation (Arrêt de Colmar précité, du 25 janv. 1820.

22. Pour la sûreté du débiteur, le paiement qu'il effectue et la remise du titre qui lui est faite doivent être constatés dans le commandement.—V. *Formule.*

23. S'il est fait un paiement partiel, l'huissier doit également le constater dans le commandement. Il est même tenu d'y insérer, quelle qu'elle soit, la réponse de la personne à laquelle il le signifie, dans le cas où elle juge à propos de lui en faire une (Merlin, *Rép.*, v° *Commandement*, § 3, n° 5).

24. Le principal effet du commandement est de mettre le débiteur en demeure, de l'informer de la poursuite que cet acte commence contre lui, et d'autoriser le créancier, en cas de silence du débiteur, pendant le délai fixé, à employer la voie d'exécution à laquelle tendait le commandement.

25. Le commandement produit encore d'autres effets. Ainsi, ses énonciations peuvent servir de *commencement de preuve par écrit* (V. ce mot). Spécialement, le commandement par lequel un créancier réclame un certain nombre d'annuités peut servir de commencement de preuve par écrit, à l'effet d'établir que le débiteur ne doit pas un nombre d'annuités plus considérable que celui fixé dans l'exploit; peu importe que le débiteur ait plus tard accepté une quittance qui établirait que la dette aurait une date plus ancienne (Caen, 13 mars 1844 : V. *J. Huiss.*, t. 25 (feuille 20), p.346).

26. Le commandement a aussi pour effet d'interrompre la prescription (C. civ., art. 2244; Cass. 1er avril 1834 : V. *J. Huiss.*, t. 15, p. 327). — V. *Prescription.*

27. Mais un commandement n'est pas une demande judiciaire qui puisse faire courir les intérêts des intérêts.—V. *Anatocisme*, n° 7.

28. Un seul commandement de payer, sous peine- d'y être contraint par les voies de droit, suffit pour pratiquer successivement plusieurs saisies de différentes espèces, pourvu qu'elles aient toutes le même objet et que la créance ne soit pas éteinte par le produit des premières (Cass., 27 mars 1821); ou lorsque d'autres objets ont été substitués aux anciens dans l'intervalle du commandement à la saisie (Orléans, 24 janv. 1817).

29. Un commandement, qu'il soit ou non suivi de la saisie, peut-il être considéré comme étant, dans le sens de l'art. 159, C. proc. civ., un acte d'exécution qui rende l'opposition à un jugement par défaut non recevable? —V. *Jugement par défaut, Opposition.*

30. Lorsque le commandement contient une double élection de domicile, l'une dans la commune où doit se faire l'exécution, l'autre dans la ville où siége le tribunal, l'acte d'appel du jugement en vertu duquel on a fait commandement ne peut être signifié à ce dernier domicile ; il doit l'être ou au domicile élu dans la commune où doit se faire l'exécution, ou au domicile réel du débiteur (Montpellier, 1er juill. 1838 : *J. Huiss.*, t. 9, p.74; Rennes, 12 mars 1835; *J. Huiss.*, t.17, p. 9).—V. au surplus *Appel (en matière civile)*, nos 296 et 297.

31. Les offres réelles faites au domicile élu dans un commandement sont-elles valables ?—V. *Offres réelles.*

32. Lorsqu'un débiteur croit pouvoir faire annuler le commandement qui lui est signifié, c'est par la voie de l'opposition qu'il doit l'attaquer.

33. L'opposition à un commandement peut être portée devant le tribunal qui a rendu le jugement que le commandement tend à faire exécuter, ou devant le tribunal dans le ressort duquel la saisie doit être pratiquée.

34. L'opposition, pour vices de formes et paiement par compensation, à un commandement fait en vertu d'un arrêt infirmatif, doit être portée devant la Cour qui a rendu cet arrêt (Colmar, 16 juill. 1847 : V. *J.Huiss.*, t. 29, p. 311).

35. L'opposition à un commandement tendant à la mise à exécution d'un exécutoire de frais et vacations délivré à un expert par le premier président d'une Cour d'appel, doit être portée devant le tribunal de première instance, et non devant la Cour (Colmar, 28 sept. 1848 : V. *J. Huiss.*, t. 30, p. 185).

Formule.

Commandement portant quittance.

L'an. . . . . ., à la requête de. . . . . ., pour lequel domicile est élu. . . . . ., et en vertu d'un jugement (*l'analyser*), j'ai, ..., fait commandement de par la loi et justice à. . . . . , de, dans 24 heures pour tout délai, payer au requérant, ou à moi huissier, pour lui porteur de pièces, aux offres de droit, la somme de. . . . , composée de . . . ., dont *tant* pour (*énoncer les causes*), déclarant audit sieur . . . .; que faute par lui de ce faire dans le délai susfixé et icelui passé, il y sera contraint par toutes voies de droit, et notamment par la saisie-exécution de ses meubles et effets, à ce que dessus ledit sieur. . . . . m'a fait réponse qu'il était prêt à payer la somme réclamée; et de suite en effet il m'a payé, en espèces au cours, la somme de. . . . , pour le montant des causes susénoncées ; en conséquence, je lui ai donné bonne et valable quittance sans réserve de ladite somme, et remis la grosse du jugement susdaté, etc., et je lui ai, etc.

V. n° 22.— Coût, arg., tarif, 29 : Paris, 2 fr.; R. P. 1 fr. 80 c.; ailleurs, 1 fr. 50 c. Enregistrement de l'exploit : droit de *quittance*. — V. ce mot.

COMMANDITE, COMMANDITAIRE. — On appelle *commandite* la mise de fonds qu'un individu s'est engagé à faire dans une société contractée entre lui ou plusieurs associés, simples bailleurs de fonds, et une ou plusieurs personnes responsables et solidaires. Cette société se nomme *société en com-*

mandite, et lès associés ou bailleurs de fonds , *commanditaires.* — V. *Société.*

COMMENCEMENT DE PREUVE PAR ÉCRIT. — 1. On appelle ainsi tout acte par écrit qui est émané de celui contre lequel la demande est formée, ou de celui qu'il représente, et qui rend vraisemblable le fait allégué (C. civ., art. 1347).

2. Il suit de là : 1° que l'écrit émané du demandeur ou d'un tiers (Pothier, *des Obligations*, n°s 807 et 808 ; Toullier, t. 9, n° 66), et 2° que l'écrit émané d'une personne qui aurait elle-même intérêt à s'opposer à la preuve, par exemple, d'un codébiteur ou d'un cohéritier (Pothier, n° 773 ; Toullier, t. 9, n°s 66 et 67), ne peuvent servir de commencement de preuve par écrit.

3. Le principe que l'acte doit être émané de ceux à qui on l'oppose souffre cependant deux exceptions : la première est relative aux livres que doivent tenir les marchands ; ils établissent en leur faveur un commencement de preuve par écrit contre les personnes non marchandes (Arg., C. civ., art. 1329 ; Toullier, t. 8, n° 368) ; la seconde concerne les copies et transcriptions d'actes, lesquelles peuvent également former un commencement de preuve par écrit, quoiqu'elles n'émanent pas du défendeur ni de ses auteurs (C. civ., art. 1335 et 1336 ; Toullier, t. 8, n°s 436 et 467, et t. 9, n° 71).—V. *Copie, Livres de commerce, Transcription.*

4. Les énonciations faites dans les actes et concernant des tiers étant, à l'égard de ceux-ci, choses absolument étrangères et qui ne sauraient leur nuire, ne peuvent servir de commencement de preuve par écrit contre eux. Toutefois, on admet une exception dans le cas où les énonciations contenues dans les titres anciens sont soutenues de la possession. L'ancienneté forme une présomption qui ajoute ce qui manquait aux énonciations (Pothier, n° 704; Toullier, t. 9, n° 164).

5. Tous les actes qui rendent vraisemblable le fait allégué sont admis par là la loi comme pouvant former un commencement de preuve par écrit (C. civ., art. 1347).

6. Ainsi les actes sous seing privé, revêtus des formalités prescrites par la loi, peuvent former un commencement de preuve par écrit, quoiqu'ils n'aient point été soumis à a vérification, que l'écriture en soit déniée ou méconnue (Toullier, t. 8, n°s 15 et suiv., et t. 9, n°s 64, 76 et 80). — V. *Acte sous seing privé*, n°s 12, 15 et 24.

7. Peuvent aussi servir de commencement de preuve par écrit : les actes sous seing privé contenant obligation de payer, quoique non revêtus de l'approbation prescrite par l'art. 1326, C. civ. (Paris, 14 mars 1827 ; Cass., 4 mai 1831) ; l'acte synallagmatique non fait double (Cass., 14 frim. an 14; Caen, 1er mai 1812; Bordeaux, 13 juin 1826 ; Toullier, t. 8, n° 322.—*Contrà*, Bourges, 29 mars 1831) ; l'acte notarié, nul à défaut de formalités, mais signé de la partie dont il émane (Arg., art. 68, L. 25 vent. an 11), ou même non signé, si l'absence de signature est fondée sur ce que la partie ne savait pas écrire (Toullier, t. 9, n° 90) ; les énonciations étrangères à la disposition d'un acte (C. civ., art. 1320) ; et la promesse de payer une somme de...., pour le prix de marchandises à livrer (Pothier, n° 802 ; Toullier, t. 9, n° 107).

8. Mais l'acte nul à raison de l'incapacité de l'une des parties (Pothier, n° 804 ; Toullier, t. 9, n° 105), et le titre prescrit (Toullier, t. 9, n° 97), ne peuvent former un commencement de preuve par écrit.

9. Peuvent encore servir de commencement de preuve par écrit : 1° les lettres missives, même celles non signées, bien qu'elles soient entre les mains de personnes autres que celles à qui elles ont été adressées ;

10. 2° Les écrits authentiques ou sous seing privé, qui prouvent que le signataire est débiteur, mais sans indication de sommes, comme dans le cas où le mot *franc* a été omis à la suite de l'énonciation du nombre dans un billet ou une obligation (Pothier, n° 805 ; Toullier, t. 9, n°s 114 et 115) ;

11. 3° Les dires et réponses consignés dans un procès-verbal de non-conciliation (Arg., art. 64, C. proc. civ. ; Toullier, t. 9, n° 119), et même quelquefois le refus de répondre (Toullier, *loc. cit.*) ;

12. 4° Les écrits produits devant les tribunaux et dans lesquels les parties ou leurs avoués font des aveux ou des dénégations, sauf l'action en désaveu contre l'avoué, s'il y a lieu (Toullier, t. 9, n° 126) ;

13. 5° Les interrogatoires sur faits et articles, dans la plupart des circonstances (Toullier , t. 9 , n° 116 ; Cass., 11 janv. 1827 ; 6 avril 1836 ; 19 juin 1839). Le commencement de preuve peut aussi résulter soit du refus de répondre (Rouen, 8 avril 1824 ; Bourges, 30 avril 1838), soit de l'ambiguïté des réponses (Cass., 19 juin 1839) ; — V. *Interrogatoire sur faits et articles.*

14. 6° Les actes non signés, mais écrits par la personne à qui on les oppose (C. civ., art. 1347 ; Pothier, n° 806 ; Toullier, t. 9, n° 128) ;

15. Ainsi un billet, une quittance, une lettre, un acte sous seing privé non signés, mais écrits par la personne à qui on les oppose, sont suffisants pour former un commencement de preuve par écrit et faire admettre la preuve testimoniale (Toullier, t. 9, n°s 129, 130, 131 et 132).

16. L'engagement du titulaire de donner sa démission et de passer acte de la vente de son office à première réquisition peut, quoique non signé de lui, s'il est écrit de sa main, servir de commencement de preuve et autoriser à chercher dans des présomptions le complément de cette preuve (Bordeaux, 7 mai 1834 : V. *J. Huiss.*, t. 16, p. 215).

17. 7° Les copies, qui ont moins de trente ans, d'actes notariés, faites, sans l'autorité du magistrat ou sans le consentement des parties et depuis la délivrance des grosses ou premières expéditions, par le dépositaire de la minute (C. civ., art. 1335) ;

18. 8° Les copies d'actes, tirées sur la minute par d'autres personnes que le dépositaire (C. civ., art. 1335) ; — V. *Copie.*

19. 9° La transcription d'un acte sur le registre du conservateur des hypothèques, sous certaines conditions (C. civ., art. 1336 ; Toullier, t. 9, n° 72) ;

20. 10° La relation de l'enregistrement d'un acte (Duranton, t. 13, n° 255. —*Contrà* , Toullier, *loc. cit.*).

21. Au surplus, la loi a laissé aux juges la plus grande latitude pour l'appréciation des écrits susceptibles de faire commencement de preuve par écrit (Pothier, n° 802), et leurs décisions, par rapport à cette matière, échappent à la censure de la Cour de cassation (Arg., art. 1320, 1335, 1336 et 1347, C. civ., Toullier, t. 8, n°s 218 et 287, et t. 9, n°s 121 et 133).

22. Spécialement, est à l'abri de la censure de la Cour de cassation l'arrêt qui a jugé que l'aveu fait par un officier ministériel, qu'il a reçu plusieurs des titres qu'on lui réclame, ne constitue pas un commencement de preuve par écrit de la remise de la totalité de ces titres (Cass., 6 nov. 1838 : V. *J. Huiss.*, t. 20, p. 318).

23. Le commencement de preuve par écrit a pour effet d'autoriser l'admission de la preuve testimoniale ou des présomptions, en tout état , même lorsque la preuve littérale est exigée (C. civ., art. 1332, 1347 et 1353). — V. *Preuve littérale.*

24. La preuve se complète par le serment supplétoire ou d'office, par des témoignages ou des présomptions (Toullier, t. 9, n° 124).

25. L'appréciation de la vraisemblance naît de toutes les circonstances qui se rapportent au fait et du jugement qu'on en porte, et la vraisemblance n'est, à l'égard du juge, que la perception et la combinaison des circonstances qui conduisent à conclure que le fait allégué a l'apparence de la vérité, ou au moins qu'il est vraisemblable (Toullier, t. 9, n° 56).

COMMERÇANT. — 1. Celui qui exerce des actes de commerce et en fait sa profession habituelle (C. comm., art. 1er).

2. Il importe de déterminer les personnes qui doivent être réputées commerçantes, car cette qualité les soumet à certaines obligations concernant : 1° les patentes ; 2° les conventions matrimoniales ; 3° les séparations de biens; 4° la tenue des livres ; 5° les faillites et banqueroutes ; 6° le caractère civil ou commercial des engagements; et 7° les règles de compétente.— V. *Actes de commerce*, *Compétence*, *Contrat de mariage*, *Faillite*, *Livres de commerce*, *Patente*, *Séparation de biens*.

3. Ni la loi ni la jurisprudence n'ont déterminé d'une manière positive les individus auxquels on doit donner la qualification de commerçants ; le doute peut exister surtout lorsqu'il s'agit de certains artisans (V. *infrà*, n° 5).

4. En thèse générale, la qualité de commerçant n'appartient qu'aux personnes qui font habituellement des *actes de commerce* (V. ce mot), qui font du commerce leur *profession habituelle*; peu importe, d'ailleurs, qu'elles soient patentées ou qu'elles ne le soient pas (Caen, 24 juin 1828), ou qu'elles aient ou non une profession incompatible avec le commerce (Orillard, *Compétence des tribunaux de commerce*, n° 137; Cass., 15 avril 1844).

5. Par *profession habituelle*, dit Pardessus, *Cours de droit commerc.*, t. 1er, n° 78, on doit entendre un exercice assez fréquent et assez suivi pour constituer en quelque sorte une existence sociale. On ne devrait donc pas réputer commerçant l'individu qui ne ferait que quelques actes isolés de commerce (Cass., 9 mai 1833 ; Orléans, 16 mars 1839 ; Bordeaux , 30 avril 1840).

6. Outre l'habitude , signe constitutif de la qualité de commerçant exigé par le Code de commerce, on considère encore comme produisant la commercialité l'ouverture d'un magasin, l'apposition d'enseignes et d'affiches, l'envoi de circulaires, le paiement d'une patente (Pardessus, n° 12 et 78; Nouguier, *des Tribunaux de commerce*, t. 1er, p. 231, n° 4 ; Orillard, n° 143).—Il en est de même de la qualité de commerçant habituellement prise dans des actes ou des procédures (Pardessus, n° 79).

7. Suffit-il d'avoir pris à tort, dans un acte, la qualité de commerçant pour être, à raison de ce même acte, justiciable des tribunaux de commerce et contraignable par corps ? Non, car il ne peut jamais être permis d'intervertir l'ordre des juridictions, ni de prononcer la contrainte par corps hors des cas prévus par la loi (Merlin, *Rép.*, v° *Conseil des marchands*; Orillard, n° 154; Despréaux, n° 524 *bis* ; Carré, *de l'Organisation judiciaire et de la Compétence des juridictions civiles*, édit. Foucher, t. 7, n° 484). On peut, au surplus, citer en ce sens, en ce qui concerne spécialement la *compétence*, les arrêts suivants : Turin, 20 mai 1807 ; Angers, 11 juin 1824 ; Cass., 15 mai 1815; Arg., Cass., 9 mai 1833. — Mais V. cependant : Nouguier, t. 1er, p. 308 ; Sebire et Carteret, *Encyclop. du droit*, v° *Commerçant*, n° 248 ; Paris, 11 germ. an 11; 28 juin 1813 ; Arg., Cass., 7 mars 1821. — Et en ce qui concerne la *contrainte par corps :* Nouguier, t. 1er, p. 308 et 314; Sebire et Carteret, *eod. verb.*, n°s 247 et 254; Liége, 28 août 1811; Cass., 26 janv. 1814. — V. *Contrà*, Paris, 28 juin 1813.

8. Les artisans sont-ils commerçants ? Aux termes d'une circulaire du ministre de la justice, du 7 avril 1811, les artisans ne peuvent être considérés comme commerçants que lorsqu'ils exercent la profession de fabricants et marchands. On peut par suite faire à cet égard trois distinctions :

9. 1° L'artisan ne fournit que la main-d'œuvre. Dans ce cas, il ne peut être rangé parmi les commerçants sous aucun rapport; il ne fait, en effet, que louer son industrie (Orillard, n° 149; Vincens, *Législation commerc.*, t. 1er, p. 144; Carré-Foucher, t. 7, n° 179; Cass., 12 déc. 1836);

10. 2° L'artisan fournit la matière et la main-d'œuvre, mais seulement à mesure des commandes qu'il reçoit. Dans ce cas, il ne peut également être réputé commerçant, car il ne fait point de son état une spéculation (Pardessus, n° 81. — *Contrà*, Orillard, n° 148; Vincens, t. 1er, p. 126; Coin-Delisle, *Contr. par corps*, p. 79);

11. 3° L'artisan fabrique, avec des matières achetées, des objets qu'il tient exposés en vente dans ses boutiques et magasins. Dans ce cas seulement, il est commerçant.

12. La jurisprudence a spécialement considéré comme commerçant :

Celui qui, étant propriétaire, se livre chaque année, dans une saison particulière, à l'achat et vente de certains objets (Nîmes, 28 avr. 1831);

13. ... Le notaire (Paris, 17 déc. 1842; Rouen, 9 août 1843; Cass., 15 avr. 1844), ou l'huissier (Bordeaux, 9 déc. 1828; Paris, 14 fév. 1844; Cass., 28 mai 1828), qui font habituellement des opérations de banque et de commerce ;

14. ... L'avocat qui tient un bureau d'affaires, surtout s'il abandonne la plaidoirie (Montpellier, 11 mai 1844);

15. ... L'agent d'affaires (Paris, 6 déc. 1814); mais on ne devrait pas considérer comme tel celui qui se borne à représenter les parties devant les tribunaux et à donner des consultations (Rouen, 18 janv. 1844) ;

16. ... Le maître tailleur de pierres qui achète habituellement des pierres pour les revendre après les avoir taillées (Cass., 15 déc. 1830) ; —V. *infrà*, n° 35.

17. ... Le maître charron (Metz, 8 mai 1824; Amiens, 4 avr. 1826. — *Contrà*, Turin, 3 déc. 1810) ;

18. ... Le boucher ayant une boutique où il détaille des viandes (Aix, 15 janv. 1825);

19. ... Les cafetiers (Rouen, 4 déc. 1818), cabaretiers (Cass., 23 avr. 1813) et les aubergistes ;

20. ... Le meunier qui achète habituellement des grains pour les revendre (Cass., 26 janv. 1818; Angers, 11 déc. 1823); — V. *infrà*, n° 37.

21. ... Les imprimeurs (Cass., 5 juill. 1833) ;

22. ... Les entrepreneurs de serrurerie (Paris, 22 nov. 1833) ;

23. ... Les facteurs à la halle aux charbons (Paris, 9 avr. 1825) ;

24. ... Les prêteurs sur gages (Paris, 2 niv. an 11.—*Contrà*, Bruxelles, 4 juin 1807 ; 28 mai 1808);

25. ... L'armateur qui fait sa profession d'armer les navires (Paris, 1er août 1810; Carré, n° 520) et le capitaine de navire (Bordeaux, 1er août 1831) ;

26. ... Celui qui est à la fois directeur et actionnaire d'une société d'assurances contre l'incendie et les risques de mer (Cass., 1er avr. 1830) ;

27. ... Le voiturier (Bruxelles, 18 fév. 1829) ;

28. ... Le serrurier en bâtiments qui achète du fer pour le revendre après l'avoir travaillé (Cass., 15 mars 1812) ;

29. ... Les maîtres de poste (Orléans, 21 fév. 1837 ; Bordeaux, 28 août 1835, — *Contrà*, Orléans, 23 avr. 1812; Limoges, 1er juin 1821), surtout s'ils relaient les diligences (Paris, 22 fév. 1841 ; Lyon, 7 mai 1841) ;

30. ... Les changeurs (Paris, 6 déc. 1821) ;

31. Au contraire, ont été considérés comme non commerçants : celui qui vend assez fréquemment des denrées ou des marchandises qu'il reçoit en paiement de ses fermiers, s'il ne reçoit ces marchandises que pour éviter d'être payé en papier-monnaie (Paris, 21 mars 1810) ;

32. ... Celui qui, étant notaire (Paris, 12 fruct. an 11) ou percepteur des contributions directes (Paris, 25 juill. 1811), ne fait pas habituellement des actes de commerce ;

33. ... Celui qui, ayant une profession étrangère au commerce, souscrit des billets à ordre, même pour des sommes considérables, ou prend une action dans une compagnie d'assurance (Rennes, 24 mars 1812). Il en est de même de celui qui a un crédit ouvert chez un banquier, qui a reçu des transports de créances sur l'Etat, et qui a créé des billets à ordre à l'occasion desquels sont intervenus des protêts et des jugements (Cass., 15 mai 1815) ;

34. ... Les ouvriers qui reçoivent des matières premières pour les travailler et les rendre façonnées (Rome, 5 sept. 1811) ;

35. ... Le maître tailleur de pierres qui se borne à tailler ou à faire tailler par ses ouvriers des pierres qui lui sont confiées (Cass., 15 déc. 1830) ; —V. *suprà*; n° 16.

36. ... Le cordonnier non entrepreneur (Colmar, 22 nov. 1811.—*Contrà*, Carré, t. 2, n° 544) ;

37. ... Le meunier qui se borne à convertir en farine le blé qui lui est confié (Pardessus, *Dr. comm.*, n° 14; Carré, t. 2, n° 546 ; Colmar, 23 mars 1814) ; — V. *suprà*, n° 20.

38. ... Les maîtres de pension (Cass., 23 nov. 1827) ; — V. aussi *Chef d'institution*.

39. ... Les débitants de tabac, lors même qu'ils vendent des pipes et des briquets (Bruxelles, 6 mars et 5 mai 1813 ; Colmar, 30 juill. 1814) ;

40. ... L'auteur qui publie lui-même son ouvrage et achète les objets nécessaires à l'impression (Limoges, 29 fév. 1844) ;

41. ... Le jardinier pépiniériste qui vend les arbres provenant de sa pépinière (Colmar, 17 juin 1809).

42. Le mineur et la femme mariée ne peuvent être réputés commerçants que lorsqu'ils sont autorisés à faire le commerce.

43. *Mineur.* — L'autorisation nécessaire au mineur est donnée par son père, par sa mère survivante ou par une délibération du conseil de famille, homologuée par le tribunal civil. L'autorisation doit être enregistrée au greffe du tribunal de commerce et affichée dans l'auditoire (C. comm., art. 2 ; C. civ., art. 141 ; C. proc., art. 863).

44. Le mineur dûment autorisé est réputé majeur pour les faits relatifs à son commerce (C. civ., art. 487). Il peut engager et hypothéquer ses immeubles, mais il ne peut les aliéner qu'en suivant les formalités prescrites par l'art. 457, C. civ. (C. comm., art. 6). — V. *Tutelle*, *Vente*.

45. Le mineur non autorisé est *incapable ;* il suit de là qu'il pourrait attaquer par *action en nullité* (V. ce mot et *Action rescisoire*) les obligations par lui contractées par des actes de commerce (C. civ., art. 1124 et 1304).

46. *Femme mariée.* —La femme mariée, majeure ou mineure, n'a besoin pour faire le commerce que du consentement de son mari (C. comm., art. 4). Il peut être tacite, et il l'est quand la femme exerce notoirement son commerce au vu et su de son mari, et sans opposition de sa part (Cass., 14 nov. 1809 et 1er mars 1826). Si le mari refusait son consentement, la femme ne pourrait se faire autoriser par la justice (Pardessus, t. 1er, n° 63).

47. Si le mari était mineur, l'autorisation devrait être demandée en justice par lui et sa femme (Duranton, t. 1er, n° 478). Il suffit, dans ce cas, de procéder comme il est dit au mot *Autorisation de femme mariée*, n°s 87 et suiv.

48. La femme autorisée par son mari ou la justice peut s'obliger pour ce qui concerne son négoce ; elle peut même engager, hypothéquer et aliéner ses immeubles non dotaux sans le consentement de son mari (C. comm., art. 7). Mais elle ne peut, dans aucun cas, ester en jugement sans l'autorisation de ce dernier (C. civ., art. 216). —V. *Autorisation de femme mariée*.

49. Le défaut de consentement entraîne la nullité des actes consentis par la femme.—V. *Action en nullité* et *Action rescisoire.*

COMMERCE. Le mot *commerce* s'emploie pour désigner tout ce qui est négoce ou trafic de marchandises, d'effets ou d'argent. — V. *Actes de commerce, Commerçant, Contrainte par corps, Faillite.*

COMMETTANT. On désigne par ce mot celui qui charge une autre personne d'une affaire ou d'une fonction. L'art. 1384, C. civ., déclare le commettant responsable des dommages causés par son préposé dans les fonctions auxquelles il l'a employé. — V. *Commissionnaire, Mandat, Responsabilité.*

COMMINATOIRE. 1. Se dit d'une disposition d'une loi, d'un contrat ou d'un jugement prononçant une peine qui n'est pas exécutée rigoureusement.

2. On ne peut aujourd'hui, comme autrefois, réputer comminatoires les nullités, amendes et déchéances prononcées par la loi d'une manière absolue : il en est autrement de celles laissées à la prudence du juge (Voy. art. 67, 71, 264, 268, 390, 471, 513, 1030 et 1039, C. proc. civ.). — V. *Chose jugée*, n° 8.

COMMIS. — V. *Actes de commerce,* n° 50, *Compétence, Exploit, Saisie-arrêt.*

COMMIS EXPÉDITIONNAIRE. Copiste auquel le greffier confie le soin d'écrire les expéditions qu'il délivre. Cet employé n'a aucun caractère légal et ne peut remplir aucune des fonctions attribuées aux greffiers.

COMMIS GREFFIER. 1. Employé du greffe choisi et nommé par le greffier pour l'aider dans l'exercice de ses fonctions.

2. Les commis greffiers doivent être assermentés ; sans cela, les actes auxquels ils auraient concouru, en remplacement du greffier, seraient radicalement nuls.

3. Ils ne sont ni membres des Cours et tribunaux, ni officiers ministériels; mais ils sont tenus à la résidence dans la ville où est établi le tribunal, et ils doivent être âgés de 25 ans.

4. Les commis greffiers n'étant point membres des Cours et tribunaux, ne sauraient être dispensés du service de la garde nationale. — V. *Garde nationale.*

5. Un commis greffier, même assermenté, peut-il procéder à une vente publique de meubles?—V. *Greffier, Vente publique de meubles.*

COMMISSAIRE DE POLICE. 1. Fonctionnaire de l'ordre administratif et judiciaire chargé de surveiller l'exécution des lois et règlements municipaux et de maintenir la police.

2. Il n'y a de commissaires de police que dans les communes au-dessus de 5,000 habitants.

3. Les fonctions des commissaires de police embrassent la police administrative et la police judiciaire.

4. Comme *fonctionnaires de l'ordre administratif*, ils sont chargés, sous la surveillance des préfets et l'autorité des maires dans les départements, et à Paris, d'après les ordres exclusifs du préfet de police, de veiller à l'exécution des lois et règlements, et de rendre compte de tout ce qui intéresse l'ordre et la tranquillité publique.

5. En qualité de *fonctionnaires de l'ordre judiciaire*, les commissaires de police, sous l'autorité des Cours d'appel et la surveillance immédiate des procureurs généraux et du procureur de la République, sont chargés *directe-*

ment et *spécialement* de rechercher les contraventions, de recevoir les dénonciations, plaintes et rapports, et de dresser les procès-verbaux, et, comme *auxiliaires* du procureur de la République, de recevoir les dénonciations de crimes ou de délits commis dans le lieu où ils exercent leurs fonctions; en cas de flagrant délit ou de réquisition des chefs de maison, de dresser les procès-verbaux, recevoir les déclarations de témoins, faire les visites et les autres actes de la compétence du procureur de la République (V. C. inst. crim. art. 8, 9, 11 et suiv.).

6. En *matière de contravention*, les commissaires de police remplissent aussi des fonctions judiciaires. Ils sont investis de l'action pour l'application des peines et représentent le ministère public près les tribunaux de police. C'est donc à leur requête que les prévenus sont cités et sur leurs conclusions que les tribunaux prononcent.—V. *Action publique*, n° 7 ; *Citation*, § 2.

7. Enfin, en *matière de saisie-exécution,* si les portes sont fermées ou si l'ouverture en est refusée, l'huissier ne peut entrer dans le domicile du saisi, sans la présence du commissaire de police, à défaut du juge de paix (C. pr. civ., art. 587).—V. *Saisie-exécution*.

COMMISSAIRE-PRISEUR.— 1. Officier ministériel investi , soit exclusivement, soit concurremment avec les notaires, huissiers, greffiers de justice de paix, et les courtiers de commerce, dans certains cas, du droit de faire la prisée des meubles et d'en opérer la vente aux enchères.

2. Les fonctions de *priseurs* furent longtemps exercées par des officiers spéciaux désignés sous le titre d'*huissiers-priseurs* et de *jurés-priseurs*. — V. *Huissier-priseur, Juré-priseur.*

3. Ce fut la loi du 27 vent. an 9 qui créa les *commissaires-priseurs.* Mais cette loi n'institua ces officiers publics que pour le département de la Seine seulement. Dans les autres départements, les prisées et ventes de meubles étaient faites par les notaires, greffiers et huissiers.

4. L'institution des commissaires-priseurs ne fut généralisée et étendue à toute la France que par la loi du 28 avril 1816, dont l'art. 89 conféra au roi la faculté de nommer des commisseurs-priseurs partout où il le jugerait convenable.

5. En vertu de cette loi, une ordonnance du 28 juin 1816 a établi des commissaires-priseurs dans les villes chefs-lieux d'arrondissement et dans celles qui renferment une population de cinq mille âmes et au-dessus.

6. L'art. 11 de cette ordonnance a, de plus, permis de cumuler, partout ailleurs qu'à Paris, les fonctions de commissaires-priseurs et celles d'huissier, de greffier de justice de paix et de greffier du tribunal de simple police.

7. Le ministère des commissaires-priseurs est forcé, comme celui des avoués et des huissiers.

8. Les attributions des commissaires-priseurs consistent dans les prisées des meubles et les ventes publiques aux enchères d'effets mobiliers (L. 27 vent. an 9, art. 1er). — V. *Prisée de meubles, Vente publique de meubles.*

9. Les commissaires-priseurs ont le droit *exclusif* de procéder aux prisées de meubles et aux ventes aux enchères publiques d'effets mobiliers, mais seulement dans le chef-lieu de leur établissement ; ils ont le droit de procéder à ces opérations dans le reste de l'arrondissement, excepté dans les villes où réside un autre commissaire-priseur, *concurremment* avec les notaires, les greffiers et les *huissiers* (LL. 27 vent. an 9, art. 1er et 8 ; 28 avril 1826, art. 89).

10. La concurrence des commissaires-priseurs, établis dans les villes qui ne sont pas chefs-lieux d'arrondissement, se borne à l'étendue de leur canton. Les justices de paix des faubourgs et celles désignées sous le nom d'*extrà* *muros* sont considérées comme faisant partie des villes dont elles dépendent (Ord. 28 juin 1816, art. 3).

11. Dans le langage universellement reçu, on entend par chef-lieu la commune où est le siège de l'administration de l'arrondissement. Il résulte de là que les commissaires-priseurs n'ont de privilége exclusif que dans le lieu de leur résidence ; ils n'ont que le droit de concurrence avec les notaires, huissiers et greffiers dans les communes limitrophes, même contiguës à celle du chef-lieu, si ces communes en sont distinctes et ont une administration municipale particulière (Angers, 28 janv. 1841 : V. *J. Huiss.*, t. 22, p. 214).

12. Il a été décidé aussi que le privilége des commissaires-priseurs ne s'étend pas aux communes limitrophes du chef-lieu, quand même elles seraient comprises dans l'une des justices de paix dont la ville est le centre (Jug. du trib. civ. de Grenoble, du 10 juin 1846.—V. *J. Huiss.*, t. 27, p. 267).

13. La loi du 5 juin 1851 attribue concurrence aux notaires, commissaires-priseurs, huissiers et greffiers de justice de paix , même dans le lieu de la résidence des commissaires-priseurs, pour les ventes publiques volontaires, soit à terme, soit au comptant, des fruits et récoltes pendants par racines et des coupes de bois taillis (art. 1er).—V. *Vente de fruits et récoltes.*

14. Sur le point de savoir si les commissaires-priseurs ont le droit de procéder à la vente aux enchères publiques des marchandises neuves, sans être tenus de remplir les formalités prescrites par les décrets des 22 nov. 1811 et 17 avr. 1812, V. *Ventes de marchandises neuves.*

15. Les commissaires-priseurs qui vendent des meubles à la criée peuvent les vendre à terme. Mais, dans ce cas, ils sont responsables des prix des ventes vis-à-vis de leurs clients. —V. *J. Huiss.*, t. 11, p. 284.

16. Cependant, il est permis de stipuler qu'un commissaire-priseur sera déchargé de toute responsabilité par rapport à une vente de meubles faite par son ministère, mais abandonnée à la discrétion du vendeur (Colmar, 17 janv. 1831 : V. *J. Huiss.*, t. 14, p. 75).

17. Les commissaires-priseurs, en tant que leurs fonctions se bornent à vendre des meubles et marchandises pour le compte d'autrui, ne sont pas commerçants. Mais le commissaire-priseur qui fait crédit et accepte, au lieu d'argent comptant, un billet qu'il négocie, s'applique le marché et fait acte de commerce. C'est dès lors devant le tribunal de commerce qu'il doit être attaqué en paiement de ce billet (jugement du trib. de comm. de la Seine, du 6 mars 1848 : V. *J. Huiss.*, t. 29, p. 114).

18. Les commissaires-priseurs ont été longtemps exempts de la patente ; et il avait même été décidé qu'on ne pouvait les soumettre à la patente de directeurs de ventes à l'encan (cons. d'Etat, 3 mars 1849 : V. *J. Huiss.*, t. 30, p. 172). Mais la loi des 18-22 mai 1850 les a déclarés patentables et assujettis à un droit proportionnel fixé au quinzième de la valeur locative.

19. Les commissaires-priseurs d'une même résidence ont une bourse commune (L. 18 juin 1843, art. 5). Les fonds de cette bourse sont affectés comme garantie principale au paiement des deniers produits par les ventes ; ils sont saisissables (même loi, art. 7).

20. La répartition des émoluments de la bourse commune doit être faite, tous les deux mois, par portions égales, entre les commissaires-priseurs (même loi, art. 8).

21. La loi a déterminé la portion des bénéfices que chaque commissaire-priseur doit verser à la bourse commune. Cette portion, fixée d'abord aux deux cinquièmes des droits alloués sur chaque vente (arrêté du 29 germ. an 9, art. 10), a été élevée à la moitié (L. 18 juin 1843, art. 5).

22. Toute convention entre les commissaires-priseurs, qui a pour objet de modifier directement ou indirectement le taux de la mise en bourse commune, est nulle de plein droit, et les officiers qui ont concouru à cette convention peuvent être suspendus de quinze jours à six mois, et, en cas de récidive, destitués (même loi, art. 6).

23. Néanmoins, les commissaires-priseurs attachés aux monts-de-piété et les commissaires-priseurs du domaine font leurs versements à la bourse commune, conformément aux traités passés entre eux et les autres commissaires. Ces traités doivent être soumis à l'homologation du tribunal de première instance, sur les conclusions du procureur de la République (même loi, art. 5).

24. L'obligation imposée aux notaires par l'art. 16, tit. 3, de la loi des 29 sept.-6 oct. 1791 et par l'art. 1er de la loi du 16 flor. an 4, de déposer au greffe du tribunal civil de l'arrondissement leurs répertoires, dans les deux premiers mois de l'année qui suit celle à laquelle les répertoires se rapportent, a été étendue aux commissaires-priseurs par la loi du 16 juin 1824.

25. En conséquence, il a été décidé que les commissaires-priseurs doivent, à peine de dix francs d'amende, faire, dans les deux premiers mois de chaque année, le dépôt de leur répertoire de l'année précédente (Cass., 7 fév. 1843 : V. J. Huiss., t. 25, p. 51).

26. Le commissaire-priseur, qui avait été autorisé à concourir à une vente de meubles, confiée à un de ses confrères, cesse d'avoir droit de participation à la vente et aux émoluments à dater du moment où son mandat est révoqué (Paris, 4 mars 1844 : J. Huiss., t. 25, p. 141).

27. Les honoraires des commissaires-priseurs ont été fixés de la manière suivante par l'art. 1er de la loi du 18 juin 1843 :

1° Pour droit de prisée, pour chaque vacation de trois heures, à Paris, Lyon, Bordeaux, Rouen, Toulouse et Marseille, 6 fr.
Partout ailleurs, 5 fr.
2° Pour assistance aux référés et pour chaque vacation, à Paris, Lyon, Bordeaux, Rouen, Toulouse et Marseille, 5 fr.
Partout ailleurs, 4 fr.
3° Pour tous droits de vente, non compris les déboursés pour y parvenir et en acquitter les droits, non plus que la rédaction des placards, six pour cent sur le produit des ventes, sans distinction de résidence.

Il pourra, en outre, être alloué une ou plusieurs vacations sur la réquisition, constatée par procès-verbal du commissaire-priseur, à l'effet de préparer les objets mis en vente.

Ces vacations extraordinaires ne seront passées en taxe qu'autant que le produit de la vente s'élèvera à 3,000 fr.

Chacune de ces vacations de trois heures donnera droit aux émoluments fixés par le numéro premier du présent article.

4° Pour expédition ou extrait de procès-verbaux de vente, s'ils sont requis, outre le timbre, et pour chaque rôle de vingt-cinq lignes à la page et de quinze syllabes à la ligne, 1 fr. 50 c.
5° Pour consignation à la caisse, s'il y a lieu, à Paris, Lyon, Bordeaux, Rouen, Toulouse et Marseille, 6 fr.
Partout ailleurs, 5 fr.
6° Pour assistance à l'essai ou au poinçonnage des matières d'or et d'argent, à Paris, Lyon, Bordeaux, Rouen, Toulouse et Marseille, 6 fr.
Partout ailleurs, 5 fr.
7° Pour paiement des contributions, conformément aux dispositions des lois des 5-18 août 1791 et 12 nov. 1808, à Paris, Lyon, Bordeaux, Rouen, Toulouse et Marseille, 4 fr.
Partout ailleurs, 4 fr.
28. Toutes perceptions directes ou indirectes, autres que celles autorisées par la présente loi, à quelque titre et sous quelque dénomination qu'elles aient lieu, sont formellement interdites. En cas de contravention, l'officier public

pourra être suspendu ou destitué, sans préjudice de l'action en répétition de la partie lésée et des peines prononcées par la loi contre la concussion (même loi, art. 3).

29. Ainsi, les honoraires des commissaires-priseurs ne peuvent plus, comme autrefois (V. l'arrêt de Colmar cité au n° 16), être fixés entre eux et les individus qui emploient leur ministère, à un taux supérieur au taux établi par la loi.

30. La loi du 18 juin 1843 est-elle applicable aux huissiers qui procèdent à des ventes publiques de meubles ? — V. *Ventes publiques de meubles.*

COMMISSION DE JUSTICE. — Mandat qu'un tribunal ou même un juge confère à un officier public à l'effet de faire quelque acte de procédure.

COMMISSION D'HUISSIER. — V. *Huissier commis.*

COMMISSION (NOMINATION). — Acte ou brevet de nomination des fonctions publiques ou à un emploi. — V. *Huissier.*

COMMISSION ROGATOIRE. — Commission donnée par un tribunal à des juges d'un autre tribunal pour quelque acte d'instruction, soit en matière civile, soit en matière criminelle.

COMMISSIONNAIRE. — 1. On appelle ainsi celui qui agit, en son propre nom ou sous un nom social, pour le compte d'un commettant (C. comm., art. 91).

2. PRINCIPES GÉNÉRAUX. — La commission est une sorte de mandat, salarié de plein droit, donné par un négociant à un individu commerçant ou non, résidant dans un autre lieu, pour faire des opérations commerciales, au nom propre de ce dernier, pour le compte du commettant (Arg. art. 91 et 92, C. comm.).

3. On ne doit pas confondre le commissionnaire, 1° avec le mandataire : ce dernier n'est point salarié et agit au nom de son mandant (V. *Mandat*); 2° avec l'agent de change et le courtier, qui exercent un office public et qui ont caractère pour constater les conventions (V. *Agent de change, Courtier*); 3° avec le *préposé* ou le *facteur*, qui ne sont que des gérants qui s'obligent comme débiteurs principaux et qui obligent accessoirement leur commettant.

4. Lorsque le commissionnaire agit au nom du commettant, il est réputé agir comme un simple mandataire (C. comm., art. 92). — V. *Mandat.*

5. Toute personne peut être commissionnaire ; et toute espèce d'affaires, l'objet d'une commission.

6. La commission peut se donner par acte authentique ou sous seing privé, par lettre, ou même verbalement ; elle a besoin d'être acceptée expressément ou tacitement. L'exécution équivaut à acceptation.

7. Vis-à-vis des tiers avec lesquels il contracte, le commissionnaire s'oblige *personnellement*, de la même manière que s'il agissait pour son propre compte ; le commettant est entièrement étranger aux obligations qu'il contracte, et il ne peut être atteint par les tiers que dans le cas où ils exercent les droits du commissionnaire (Savary, *Parfait négociant*, t. 2, p. 566 ; Pardessus, *Droit commercial*, t. 2, p. 563 ; Cass., 19 déc. 1821).

8. De même, le commettant ne peut actionner les tiers que comme subrogé aux droits du commissionnaire et à la charge de toutes les exceptions qu'ils pourraient avoir à opposer à ce dernier.

9. Entre le commettant et le commissionnaire les règles sont les mêmes qu'entre le mandant et le mandataire (Pardessus, *loc. cit.*). Le contrat de commission finit aussi de la même manière que le mandat (V. ce mot). Si la commission était donnée à une société, elle finirait par la dissolution de cette société (Cass., 11 vendém. an 7).

10. Différentes espèces de commissionnaires. — Il existe plusieurs espèces de commissionnaires qui reçoivent chacun un nom en rapport avec la mission qui leur est confiée.

11. *Commissionnaires-vendeurs.* — Les commissionnaires préposés à la vente doivent apporter à la réception et à la conservation des marchandises les mêmes soins que si elles leur appartenaient ; ils sont présumés les avoir reçues telles qu'elles leur ont été annoncées et sont responsables de la perte ou de la détérioration qui surviendraient par leur faute (Pardessus, t. 2, n° 563).

12. Pour la vente, le commissionnaire doit se conformer aux prix qui lui sont indiqués. S'il ne trouve pas à vendre au prix indiqué, il doit en instruire le commettant et attendre ses ordres (Pardessus, t. 2, n° 571). Si la vente a eu lieu au-dessous du prix fixé, le commissionnaire doit compte de la différence (Pardessus, *loc. cit.*).

13. En cas d'urgence, c'est-à-dire de dépérissement des marchandises, le commissionnaire peut les vendre à un prix inférieur à celui que désirait le commettant, et même inférieur au cours, après avoir obtenu l'autorisation de la justice, sur requête présentée à cet effet au tribunal de commerce.

14. Le commissionnaire transmet la pleine propriété des marchandises aux acheteurs, lesquels se libèrent valablement entre ses mains (Pardessus, t. 2, n° 567). Il doit employer les fonds suivant la destination qui leur est assignée par son commettant (Pardessus, n° 569).

15. Le commissionnaire ne peut vendre à crédit, à moins qu'il n'y soit autorisé ou qu'il ne suive un usage adopté ; s'il le fait, il doit payer le prix comptant, sans avoir égard aux termes accordés (Pardessus, t. 2, n° 567).

16. Le commissionnaire jouit d'un privilège sur les marchandises qui lui sont confiées : 1° pour les frais faits pour la conservation de la chose (C. civ., art. 2002) ; 2° pour les avances, intérêts et frais payés pour le commettant, pourvu que les marchandises soient à sa disposition, dans ses magasins ou dans un dépôt public, ou pourvu qu'avant leur arrivée il puisse constater, par un connaissement ou une lettre de voiture, l'expédition qui lui a été faite (C. comm., art. 93).

17. Lorsque les marchandises ont été vendues et livrées pour le compte du commettant, le commissionnaire se rembourse de ses avances, intérêts et frais sur le montant de la vente par préférence aux créanciers du commettant (C. comm., art. 94).

18. Lorsqu'il n'a pu vendre les marchandises à lui confiées, le commissionnaire a le droit de les retenir jusqu'à ce que le commettant lui ait payé ce qui lui est dû (Pardessus, t. 2, n° 571 ; Bruxelles, 13 juin 1810).

19. Tous prêts, avances ou paiements faits sur des marchandises déposées ou consignées par un individu résidant dans le lieu du domicile du commissionnaire, ne donnent privilège au commissionnaire ou dépositaire qu'autant qu'il s'est conformé aux dispositions du Code civil pour les prêts sur gage ou nantissements (C. comm., art. 95). — V. *Gage, Nantissement.*

20. *Commissionnaires acheteurs.* — Les commissionnaires chargés d'acheter doivent surtout ne pas dépasser les instructions qu'ils ont reçues sur la quantité et le prix des marchandises. Ce qui serait fait contrairement à ce principe resterait pour le compte du commissionnaire, suivant l'ancien proverbe, *Qui passe commission perd* (Savary, t. 1er, p. 567 ; Pardessus, t. 2, n° 572).

21. Ainsi, si le commissionnaire ne se conforme point à ce qui est prescrit pour les *espèces et qualités*, si les marchandises expédiées ne se trouvent point conformes à la commission, le commettant peut les refuser (Bordeaux, 3 fruct. an 8 ; Lyon, 9 avr. 1823). Si les marchandises sont achetées au-dessus du prix déterminé, le commissionnaire perd la différence, si mieux il n'aime conserver les marchandises (Pardessus, t. 2, n° 751).

22. Les marchandises livrées au commissionnaire sont aux risques du commettant; mais le commissionnaire est tenu d'apporter à leur conservation et à leur envoi tous les soins convenables ; toutefois, il cesse d'être responsable dès qu'elles sont sorties de ses magasins (Pardessus, t. 2, n° 573).

23. Le commissionnaire qui achète des marchandises et les paie de ses deniers est subrogé aux droits des vendeurs vis-à-vis de son commettant (Cass., 14 nov. 1810).

24. *Commissionnaires pour les opérations de change.* — Ce sont ceux qui tirent, acceptent, négocient et recouvrent des lettres de change pour leur commettant.

25. Le commissionnaire qui achète une lettre de change et la fait endosser à son profit est obligé de l'endosser lui-même pour la transmettre à son commettant. Cet endossement ne l'engage point envers ce dernier à la garantie de la solvabilité du tireur, du tiré et des endosseurs , mais il le soumet à cette garantie envers les endosseurs postérieurs (Savary, t. 1, p. 583; Pardessus, t. 2, n° 581).

26. Comme dans la commission pour marchandises, le commissionnaire, chargé de négocier une lettre de change pour le compte de son commettant, contracte une obligation personnelle envers le porteur et les endosseurs successifs ; mais il a le droit de se faire garantir par son commettant des poursuites et condamnations qu'il a éprouvées ou du paiement qu'il a fait pour les éviter (Pardessus, *loc. cit.*).

27. Celui auquel a été confié le recouvrement d'une lettre de change doit la faire accepter, présenter et protester, s'il y a lieu , et, en un mot, remplir utilement et intégralement le mandat qui lui a été donné, sous peine de dommages-intérêts. Mais il n'est point tenu de dénoncer le protêt au commettant ; il suffit qu'il lui en donne connaissance sans retard (Pardessus, *loc. cit.*).

28. *Commissionnaires de transport.* — Ce sont ceux qui, en leur nom, mais pour le compte d'autrui, font des marchés de transport avec des voituriers pour conduire les marchandises qui leur sont confiées. — V. *Commissionnaire de transport.*

29. COMPÉTENCE. — L'entreprise d'une commission est un *acte de commerce* (V. *Actes de commerce,* n°s 106 et suiv.). Il suit de là : 1° que tous les commissionnaires sont soumis à la patente; et 2° que les actions à intenter contre eux, à raison de leur commission, sont de la compétence des tribunaux de commerce.

30. Il n'en est pas de même des actions à former à la requête des commissionnaires. On doit distinguer si elles doivent être dirigées contre un commerçant et pour un objet de son commerce, ou contre un non-commerçant. Au premier cas, le tribunal de commerce est compétent; au second cas, on doit s'adresser aux tribunaux civils.—V. *Compétence commerciale.*

COMMISSIONNAIRE AU MONT-DE-PIÉTÉ.—1. Agent qui sert d'intermédiaire entre l'administration du mont-de-piété et les particuliers pour la facilité des emprunts.

2. Les commissionnaires au mont-de-piété ne font point partie de l'administration ; ils n'en reçoivent ni traitement ni remise pour les opérations auxquelles ils se livrent.

3. Mais ils sont nommés par l'administration et ne sont que les mandataires de ceux qui préfèrent recourir à eux, au lieu de s'adresser directement à l'établissement central.

4. L'exercice de leur mandat consiste à recevoir, moyennant une rémunération déterminée, les objets qu'on veut bien leur confier, à apprécier les avances possibles sur ces objets, à faire ces avances, à réaliser les dépôts à l'administration où l'engagement est seul complet avec elle, à en recevoir le titre et à le remettre au déposant.

5. Les appréciations qu'ils font des objets qui leur sont déposés, les avances qu'ils consentent sur ces objets sont à leurs risques et périls ; elles n'engagent pas l'administration, qui opère suivant les règlements, sans égard à ce que le commissionnaire fait avec le déposant.

6. Les opérations que font les commissionnaires au mont-de-piété n'ont pas le caractère de *services* : elles ont un but industriel, elles constituent une agence ou bureau d'affaires.

7. Aussi a-t-il été décidé que les commissionnaires au mont-de-piété sont, à raison de leurs opérations, justiciables du tribunal de commerce (Jugement du tribunal de commerce de la Seine, du 27 mai 1851 : V. *J. Huiss.*, t. 33, p. 23).

8. Ils sont rangés dans la quatrième classe des patentables.

COMMISSIONNAIRE DE TRANSPORT (V. *Commissionnaire*; n° 28).

1. Le contrat par lequel le commissionnaire se charge de faire arriver des marchandises ou autres objets à une destination indiquée n'est parfait que par la remise même des objets au commissionnaire ou à celui de ses préposés qui a qualité pour les recevoir (Cass., 4 déc. 1837; Pardessus, *Droit commercial*, n° 554; Duvergier, *du Louage*, n° 327; Troplong, *du Louage*, n°s 931 et 932).

2. La remise est réputée faite au commissionnaire du moment que livraison lui a été faite, à lui ou à l'un de ses préposés, soit sur le port, soit dans quelque local public dont la surveillance n'appartient ni à l'expéditeur, ni à des personnes dont il répond (Pardessus, n° 542).

3. Cette remise est prouvée par l'inscription des objets à transporter sur les registres du commissionnaire, ou par la lettre de voiture donnée au voiturier par le commissionnaire, ou, à défaut d'inscription sur les registres et de lettre de voiture, par témoins (Metz, 17 juin 1819), ou même par le serment déféré par le commettant au commissionnaire (Delamarre et Lepoitvin, *Contrat de commission*, t. 1er, n°s 340 et 341).

4. Les conditions sous lesquelles le transport doit être effectué sont ordinairement constatées par la lettre de voiture. Cette lettre de voiture forme un contrat entre l'expéditeur, le commissionnaire et le voiturier (C. comm., art. 101).

5. Les commissionnaires de transport par terre ou par eau sont tenus de remplir les obligations imposées à tous les commissionnaires en général (V. *Commissionnaire*). Ainsi, ils sont tenus de prendre patente; autrement, ils sont non recevables, en cas de contravention aux droits réunis, à exciper de leur qualité de commissionnaire (Cass., 18 juill. 1806).

6. Ils sont tenus aussi d'inscrire sur leur livre-journal la déclaration de la nature et de la quantité des marchandises, et, s'ils en sont requis, leur valeur (C. comm., art. 96).

7. Les commissionnaires de transport sont, en outre, assujettis à certaines obligations particulières résultant de leur double qualité de dépositaire et de mandataire de l'expéditeur ou du destinataire.

8. Comme dépositaires, ils doivent veiller au chargement des marchandises et à ce qu'elles partent en bon état de réparation, apporter dans la garde des objets qui leur sont confiés les mêmes soins qu'ils apporteraient dans la garde des choses qui leur appartiennent (C. civ., art. 1927), ne pas se servir des objets commis à leur garde, et rendre identiquement les choses qui leur ont été confiées (C. civ., art. 1931).

9. Comme mandataires, ils sont obligés de se conformer littéralement aux instructions qu'ils ont reçues de l'expéditeur (Cass., 13 fév. 1844), de faire parvenir les objets à leur destination dans le délai fixé par la convention ou par l'usage, et de faire vérifier et constater, conformément à l'art, 106, C. comm., l'état des objets transportés, en cas de refus ou de contestation de la part du destinataire.

10. Les commissionnaires peuvent, à moins que cette faculté ne leur ait été interdite par une convention expresse, employer des agents intermédiaires, tels que d'autres commissionnaires ou des voituriers.

11. La marchandise sortie du magasin du vendeur ou de l'expéditeur voyage, s'il n'y a convention contraire, aux risques et périls de celui à qui elle appartient, sauf, s'il y a lieu, son recours contre le commissionnaire chargé du transport (C. comm., art. 100).

12. Toutefois, cet article cesse d'être applicable lorsque le vendeur ou l'expéditeur se sont rendus coupables d'une faute ou d'une négligence, par exemple, si les marchandises ont été perdues ou avariées par suite d'un mauvais emballage. Dans ce cas, le vendeur et l'expéditeur sont responsables (Pardessus, n° 542).

13. Les commissionnaires sont garants : 1° de l'arrivée des marchandises et effets dans le délai déterminé par la lettre de voiture (C. comm., art. 97), à moins que le retard ne soit occasionné par un cas de force majeure (même article).

14. La lettre de voiture contient ordinairement la fixation d'une indemnité pour le cas de retard. Cette indemnité consiste presque toujours dans une diminution du prix de transport. La diminution dans le prix du transport n'est stipulée qu'en cas de retards ordinaires. Si le retard a été extraordinaire, le propriétaire a droit à une indemnité proportionnée au dommage qu'il a éprouvé (Pau, 25 févr. 1813; Cass., 6 déc. 1814; Rennes, 21 déc. 1814).

15. Cette indemnité est déterminée par les tribunaux suivant les circonstances (Cass., 3 août 1835). L'expéditeur ou le destinataire ne sont, en aucun cas, autorisés à laisser pour le compte des commissionnaires la chose qu'ils ont été chargés de transporter, faute par eux d'en avoir effectué le transport dans le délai ordinaire.

16. ....2° Des avaries ou pertes des marchandises et effets qui leur ont été confiés, s'il n'y a stipulation contraire dans la lettre de voiture, ou force majeure (C. comm., art. 98 et 103).

17. Mais les commissionnaires ne sont pas responsables des détériorations ou pertes qui proviennent du vice propre des choses (C. comm., art. 103). On ne peut leur imputer que leurs fautes (Pardessus, n° 542).

18. ...3° Des faits des commissionnaires intermédiaires auxquels ils adressent les marchandises (C. comm., art. 99), à moins de stipulation contraire (Pardessus n° 576).

19. Ainsi, lorsqu'un commissionnaire, qui a entrepris de conduire des marchandises dans un lieu désigné, les remet, pendant le voyage, à un autre commissionnaire qui les laisse avarier, il est seul responsable, sauf son recours contre le commissionnaire intermédiaire.

20. La responsabilité du commissionnaire à l'égard des faits d'un sous-commissionnaire s'étend à plus forte raison aux faits du voiturier qui est l'agent du commissionnaire.

21. La responsabilité encourue par le commissionnaire primitif et les commissionnaires intermédiaires donne lieu contre eux à une action solidaire.

22. Toute personne qui avait intérêt à ce que les marchandises arrivassent à leur destination dans le délai fixé et en bon état de conservation a qualité pour former l'action en indemnité ou en dommages-intérêts contre le commissionnaire ou les agents qui l'ont représenté (Pardessus, n° 545).

23. L'entreprise de commission étant un acte de commerce (V. *Commis-*

28.

sionnaire, n° 29), il s'ensuit que c'est devant les tribunaux de commerce que cette action doit être portée.

24. Voici, à cet égard, comment on procède : en cas de refus ou de contestation pour la réception de marchandises ou autres objets transportés, leur état est vérifié et constaté par des experts nommés par le président du tribunal de commerce, ou, à son défaut, par le juge de paix, et par une ordonnance inscrite au bas d'une requête présentée à cet effet (C. comm., art. 106). — V. *Formule* 1.

25. Cette ordonnance est signifiée aux experts et au défendeur avec intimation, pour les experts, de procéder à la visite des marchandises, et, pour le défendeur, d'être présent à cette visite. — V. *Formule* 2.

26. Le procès-verbal des experts est enregistré et signifié avec assignation pour voir ordonner le dépôt ou le séquestre et ensuite le transport des marchandises dans un dépôt public (C. comm., art. 106). — V. *Formule* 3.

27. Le commissionnaire a, à défaut de paiement des frais de voiture et des dépenses accessoires, par exemple, des dépenses de conservation, un droit de rétention et un privilége sur les marchandises transportées (C. comm., art. 106).

28. Comme conséquence du droit de privilége, il peut faire ordonner la vente des marchandises jusqu'à concurrence de ce qui lui est dû. — V. *Formule* 4. — Cette vente a lieu avec les formalités prescrites au titre *des Saisies-exécutions*. — V. *Saisie-exécution*.

29. L'action des commissionnaires pour le paiement des frais de voiture et des dépenses accessoires est de la compétence des tribunaux de commerce, s'il s'agit de transport de marchandises adressées à des commerçants pour être l'objet de leur commerce, et, dans le cas où il s'agit d'objets adressés à de simples particuliers, de la compétence des tribunaux civils.

30. Toutes actions contre le commissionnaire à raison de la perte ou de l'avarie des marchandises sont prescrites après six mois, pour les expéditions faites dans l'intérieur de la France, et après un an pour celles faites à l'étranger ; le tout à compter, pour les cas de perte, du jour où le transport des marchandises aurait dû être effectué, et, pour les cas d'avarie, du jour où la remise des marchandises aura été faite, sans préjudice des cas de fraude ou d'infidélité (C. comm., art. 108).

31. Mais cette prescription ne s'étend point au défaut d'envoi (Liége, 20 avril 1814 ; Cass., 21 janv. 1839 ; Pardessus, n° 546; ; et il y a défaut d'envoi, lorsque le commissionnaire qui a reçu des objets qu'il dit avoir été perdus après qu'il les a remis à d'autres commissionnaires ne justifie d'aucune manière qu'ils soient sortis de ses mains (Cass., 21 janv. 1839).

32. Elle s'applique, au contraire, au cas de fausse destination ou de défaut de remise des marchandises, sauf indemnité contre ceux qui sont coupables de la faute ou du retard (Colmar, 10 juill. 1832).

33. La réception des objets transportés et le paiement du prix de la voiture éteignent toute action contre le voiturier (C. comm., art. 105). Cette disposition est nécessairement applicable au commissionnaire toutes les fois que le voiturier n'est en réalité que l'agent de celui-ci.

34. Toutes les dispositions qui précèdent sont communes aux maîtres de bateaux et aux entrepreneurs de diligences et voitures publiques (C. comm., art. 107).

Formules.

1. *Requête à présenter au président du tribunal de commerce ou au juge de paix.*

A M. LE JUGE DE PAIX DU CANTON DE. . . . . . .

Le sieur Pierre B. . . . . ., marchand de vins, demeurant à . . . . . ., patenté. . . . . ., a l'honneur de vous exposer que le sieur A. . . . . . ., commissionnaire de roulage, demeurant à. . . . . . ., vient de lui envoyer quatre tonneaux (ou . . . *litres*) de vin de Bourgogne expédiés par les sieurs C. . . . . et D. . . . . . ., négociants à. . . . . ., et, comme l'exposant a reconnu que les tonneaux qui, suivant la lettre de voiture, doivent avoir la contenance susindiquée, sont brisés et en vidange, il requiert qu'il vous plaise ordonner votre transport dans la cour de la maison qu'habite l'exposant, pour y procéder, en présence dudit sieur A. . . . . . ., ou lui dûment appelé, à la vérification desdits quatre tonneaux, ainsi que de ce qui s'y trouvera contenu, et vous faire assister de tels experts qu'il vous plaira commettre d'office; et vous ferez justice.

ORDONNANCE.

Nous, juge de paix du canton de. . . . . . ., vu la requête qui précède et l'art. 106, C. comm., ordonnons que la vérification demandée sera faite cejourd'hui, à. . . heures du soir, aux lieux susindiqués où nous nous transporterons. Nommons d'office pour nous assister à l'effet de ladite vérification les sieurs. . . . . .

Mandons au sieur. . . . . ., notre huissier audiencier, de citer pour ladite heure, tant les experts que le sieur A. . . . . . ., déclarant à ce dernier qu'il sera procédé, tant en son absence que présence.

Donné à. . . . . ., le . . . . . .

2. *Signification des requête et ordonnance ci-dessus et intimation aux experts et au commissionnaire d'être présents à la visite.*

V. n° 25. — V. *Cédule.*

3. *Assignation pour faire ordonner le séquestre.*

L'an. . . . . ., à la requête de. . . . . ., j'ai, ..., signifié et avec ces présentes donné copie à. . . . . ., du procès-verbal (*analyser le procès-verbal des experts*), à ce qu'il n'en ignore. . . . . ., et, à mêmes requête, demeure et élection de domicile que dessus, j'ai, huissier susdit et soussigné, donné assignation à. . . . . ., à comparaître le. . . . . ., pour, — Attendu qu'il résulte dudit procès-verbal que la vin contenu aux futailles dont la visite a été faite n'est pas recevable : que le requérant entend ne pas le conserver, sauf à lui à former contre qui de droit la demande en livraison d'autre vin et de tous dommages-intérêts ; — Voir dire et ordonner que ledit sieur. . . . . ., commissionnaire, sera tenu de reprendre lesdites futailles et le vin y contenu dans les vingt-quatre heures de la signification du jugement à intervenir, pour les conserver en dépôt et les représenter à toute réquisition, sinon et faute de ce faire dans ledit délai, que le requérant sera autorisé à faire déposer le tout dans tel magasin qu'il plaira au tribunal indiquer pour y demeurer séquestré, aux risques et périls de qui il appartiendra, jusqu'à ce qu'il ait été statué sur la contestation, et s'entendre condamner aux dépens, sous toutes réserves.

V. n° 26. — Coût, tarif, 29 : Paris, 2 fr. ; R. P., 1 fr. 80 c. ; ailleurs, 1 fr. 50 c. Enregistrement de l'exploit, 2 fr. 20 c.

4. *Assignation pour faire ordonner la vente des marchandises en faveur du voiturier.*

L'an. . . . . ., à la requête de . . . . . ., voiturier, demeurant . . . . . ., j'ai, ..., donné assignation à. . . . . . ., commissionnaire de roulage, demeurant à. . . ., et au sieur . . . . . ., marchand de vin . . . . . ., à comparaître le. . . . . . pour s'entendre condamner conjointement, ou en tout cas l'un d'eux, par corps, à payer au requérant la somme de. . . . . ., à lui due, pour le transport de. . . . . ., expédiés par. . . . . ., pour le compte de. . . . . ., audit sieur. . . . . ., se voir en outre condamner en. . . . . ., par chaque jour de retard; voir ordonner la vente desdites marchandises à la requête de. . . . . ,, en remplissant les formalités prescrites en pareil cas, pour le requérant être payé par privilége sur le produit de ladite vente ; et j'ai. . . . . .

V. n° 28. — Coût, V. *Formule* 3. Enregistrement de l'exploit, 2 fr. 20 c.

COMMISSOIRE (PACTE). — V. *Nantissement, Pacte commissoire, Vente.*

COMMITTIMUS. — 1. On appelait ainsi, dans l'ancien droit, le privilége qui était accordé à certaines personnes de faire juger les causes qui les intéressaient par des juges particuliers.

2. Restreint d'abord aux officiers de la maison du roi, ce privilége fut successivement étendu aux archevêques et évêques, aux officiers du Parlement de Paris, aux cent filles de la Miséricorde, aux avocats et huissiers au Parlement de Paris, etc.

COMMITTITUR. — Expression usitée dans l'ancienne pratique pour désigner l'ordonnance du président d'une chambre, mise au bas d'une requête, pour commettre un juge et le charger de l'instruction d'une affaire, d'une enquête ou de toute autre opération.

COMMODAT. — V. *Prêt.*

COMMUNAUTÉ DE BIENS ENTRE ÉPOUX.— 1. Société établie entre époux par le seul fait du mariage, et dont les effets sont réglés soit par la loi, à défaut de stipulations, soit par les conventions des parties.

Indication alphabétique des matières.

SECTION I. — DISPOSITIONS GÉNÉRALES.

SECTION II. — DE LA COMMUNAUTÉ LÉGALE.

§ 1. — De l'actif de la communauté.

Section I. — Dispositions générales.

2. La communauté est *légale* ou *conventionnelle.*

3. La *communauté légale*, droit commun de la France, est celle qui s'établit à défaut de conventions civiles antérieures au mariage (C. civ., art. 1400). Elle est régie par les six sections, première partie, chapitre 2, livre III, titre 5, du Code civil.

4. La *communauté conventionnelle* est celle établie par un contrat dérogeant au régime précédent ou le modifiant. Elle reste soumise aux règles de la communauté légale pour tous les cas auxquels il n'y a pas été dérogé implicitement ou explicitement par le contrat (C. civ., art. 1528).

5. Légale ou conventionnelle, la communauté commence du jour du mariage contracté devant l'officier de l'état civil (C. civ., art. 1399).

Section II. — De la communauté légale.

§ 1er. — *De l'actif de la communauté.*

Art. 1. — *Mobilier.*

6. La communauté se compose activement :

1° De tout le mobilier que les époux possédaient au jour de la célébration du mariage ; de tout le mobilier qui leur échoit pendant le mariage à titre de succession ou même de donation, si le donateur n'a exprimé le contraire (C. civ., art. 1401, n° 1).

7. 2° De tous les fruits, revenus, intérêts et arrérages de quelque nature qu'ils soient, échus ou perçus pendant le mariage, et provenant des biens qui appartenaient aux époux lors du mariage, ou qui leur sont échus depuis (C. civ., art. 1401, n° 2).

8. Ces dispositions comprennent dans leur généralité :

1° Les meubles corporels, excepté ceux qui, accessoires d'immeubles, sont réputés immeubles (Toullier, t. 12, n° 94).

9. 2° Les meubles incorporels, c'est-à-dire les droits et actions qui ont pour objet la répétition d'un objet meuble (Toullier, t. 12, n°s 95 et 96).

10. 3° Le prix d'immeubles vendus avant le mariage, la soulte d'un partage antérieur à sa célébration (Toullier, t. 12, n° 104 ; Duranton, t. 14, n° 112).

11. 4° Le droit au bail d'un héritage fait avant le mariage. Il a pour objet la perception de fruits qui deviennent meubles (Toullier, t. 12, n° 105 ; Duranton, t. 14, n° 126).

12. En conséquence, la veuve qui accepte la communauté peut, malgré le propriétaire, faire diviser entre elle et les héritiers de son mari la jouissance des terres, si c'est possible ; de même le propriétaire peut contraindre la femme qui accepte à continuer le bail (Toullier, t. 12, n° 106 ; Duranton, t. 14, n° 126). Si elle renonce à la communauté, le bail reste au compte du mari (Toullier et Duranton, *loc. cit.*).

13. 5° Les rentes perpétuelles, en capital et arrérages (Toullier, t. 14, n° 108). Peu importe qu'elles aient été établies pour le prix d'un immeuble (Toullier, t. 14, n° 108 ; Battur, *de la Communauté*, n° 168), et qu'elles soient dues par l'État ou les particuliers. Sont exceptées de cette disposition, en capital et arrérages, les rentes qui forment un majorat (Statuts du 1er mars 1808).

14. 6° Les fruits et arrérages échus avant et perçus pendant le mariage, des rentes viagères et des usufruits (Toullier, t. 12, n° 110 ; Bellot des Minières, *Du Contrat de mariage*, t. 1er, p. 117 ; Paris, 20 fév. 1815 ; Cass., 3 fév. 1830).

15. 7° Les actions ou intérêts dans les compagnies de finance, de commerce ou d'industrie, lors même que des immeubles dépendraient de ces compagnies (Arg., C. civ., art. 529 ; Toullier, t. 12, n° 97 ; Duranton, t. 14, n° 122). La disposition de l'art. 529 ne s'applique point aux simples sociétés qui n'ont pas le caractère de compagnies, ni aux immeubles qui, sans utilité pour le but de l'association, ne peuvent être considérés comme dépendant de l'entreprise (Toullier, *loc. cit.*). Les actions de la Banque de France immobilisées sont exclues de la communauté, et il en est de même des actions de canaux immobilisées (Décr. 16 janv. 1808; 16 mars 1810 ; Duranton, t. 14, n° 120).

16. 8° Les rentes viagères acquises pendant le mariage, même lorsqu'elles n'ont été constituées que sur la tête de l'un des époux (Lebrun, *De la Communauté*, liv. 1, chap. 5; Paris, 19 déc. 1819).

17. 9° Les arrérages seulement de la pension de retraite accordée par l'Etat à un militaire (Cass., 3 fév. 1830 ; Duranton, t. 14, n° 136).

18. 10° L'action en reprise ou remploi de la femme, sur une première communauté, pour le prix de ses biens aliénés (Toullier, t. 12, n° 111 ; Battur, n° 182.

19. 11° Les offices ministériels (Duranton, t. 14, n° 130 ; Toullier, t. 12, n° 112 ; Douai, 15 nov. 1833). Ainsi la *charge d'un huissier* tombe dans sa communauté, à moins qu'elle n'en soit exclue par une disposition expresse de son contrat de mariage.

20. Si l'époux est encore titulaire de sa charge à la dissolution de la communauté, il la conserve en faisant raison à la masse de sa valeur au moment de la dissolution (Dumoulin, *Cout. de Paris*, art. 111 ; Duranton, t. 14, n° 130). — V., au surplus, le mot *Office*, où la question de savoir dans quels cas un office ministériel peut être considéré comme faisant partie de la communauté sera traitée avec les développements qu'elle comporte.

21. 12° Les droits qui résultent d'une propriété littéraire, mais seulement pour le prix des cessions de droits d'auteur et le produit des éditions tirées pendant le mariage (Arg., Décret du 5 fév. 1810 ; Toullier, t. 12, n° 116).

22. 13° Les meubles échus à l'un des époux par suite du partage régulier d'une succession comprenant des meubles et immeubles, encore bien qu'aucun immeuble ne soit échu à l'époux héritier (Toullier, t. 12, n° 119.— *Contrà*, Rennes, 31 juill. 1810) ; par la même raison, si le lot de l'époux n'était formé que d'immeubles, ils seraient exclus de la communauté ; mais, en cas de fraude, il serait dû récompense à celle-ci (Duranton, t. 14, n° 117).

23. 14° L'action en délivrance d'arbres sur pied vendus pour être abattus (Toullier, t. 12, n° 104).

24. 15° Les usufruits mobiliers que l'un des époux apporte en mariage (Duranton, t. 14, n° 125. — *Contrà*, Toullier, t. 12, n° 110).

25. La communauté n'a droit aux fruits civils qu'en proportion de sa durée, et aux fruits naturels ou industriels qu'au fur et à mesure qu'ils sont détachés du fonds (Toullier, t. 12, n°s 122 et 123) ; mais il lui est dû récompense par l'époux propriétaire de la valeur des labours faits et semences répandues sur les terres ensemencées et non récoltées au moment de la dissolution de la communauté; la récolte appartient exclusivement à l'époux propriétaire (Toullier, t. 12, n° 124 ; Duranton, t. 4, n° 152 ; Bellot, t. 1, p. 138; Rennes, 26 janv. 1828).

26. Les revenus des bois taillis et des futaies mises en coupes réglées et aménagées n'entrent dans la communauté que d'après les règles de l'usufruit (V. *Usufruit*) ; néanmoins, si une coupe qui devait être faite pendant le mariage ne l'a pas été, l'époux propriétaire du fonds n'en profite qu'à charge de récompense (C. civ., art. 1403), parce que cette coupe est assimilée aux fruits civils arriérés (Toullier, t. 12, n° 127).

27. Les produits des carrières et mines ouvertes avant le mariage ne tombent en communauté que pour ce qui en est considéré comme usufruit (C. civ., art. 1403), c'est-à-dire que la communauté a le droit d'en continuer l'exploitation, comme le ferait le propriétaire (Toullier, t. 12, n° 128 ; Battur, n° 200).

28. Si, au contraire, les carrières et mines ont été ouvertes pendant le mariage, les produits n'en tombent en communauté que sauf récompense ou indemnité à l'époux propriétaire (C. civ., art. 1403).

29. Cette récompense, qui consiste dans le produit net des mines touché par la communauté (Toullier, t. 12, n° 128 ; Bellot, p. 146), n'est due que sauf indemnité par l'époux propriétaire à son conjoint, pour raison des impenses faites pour l'amélioration du fonds ; de même, si le fonds avait souffert des dégradations, le propriétaire devrait en être indemnisé (Toullier, t. 12, n° 128).

30. Le trésor découvert dans le fonds de l'un des époux lui appartient exclusivement (Arg., C. civ., art. 552, 598 et 716 ; Toullier, t. 12, n° 129) ; toutefois, ce qui appartient au conjoint, s'il est l'inventeur, tombe en communauté (Arg., C. civ., art. 716 ; Delvincourt, t. 3, p. 258 ; Toullier, t. 12, n°s 129 et 131 ; Demante, *Thémis*, t. 8, p. 181).

31. Les matériaux provenant de la démolition effectuée, pendant le mariage, d'un bâtiment propre à l'un des époux, ne tombent point en communauté.

32. Les rentes créées incessibles (Toullier, t. 12, n° 110), les rentes et pensions alimentaires (Duranton, t. 8, n° 178), ne tombent pas dans la communauté quant au fonds de la propriété.

33. L'action à la fois mobilière et immobilière tombe dans la communauté pour ce qui en est meuble (Toullier, t. 12, n° 96 ; Duranton, t. 14, n° 113).

34. S'il est dû à l'un des époux un meuble ou un immeuble sous une alternative, la qualité de la créance dépend de l'option de l'époux et est exclue de la communauté, s'il choisit l'immeuble (Toullier, t. 12, n° 102 ; Duranton, t. 14, n° 116).

ART. 2. — *Immeubles.*

35. L'actif de la communauté comprend encore tous les immeubles qui sont acquis pendant le mariage (C. civ., art. 1401).

36. Tout immeuble est réputé acquêt de communauté, s'il n'est prouvé que l'un des époux en avait la propriété ou la possession légale antérieurement au mariage, ou qu'il lui est échu depuis à titre de succession ou de donation (C. civ., art. 1402).

37. C'est à l'époux qui réclame l'immeuble à faire la preuve qu'il lui appartient ; cette preuve peut avoir lieu par titres ou par témoins (Duranton, t. 14, n° 169 ; Toullier, t. 12, n° 172).

38. Si l'héritier du conjoint décédé prétend qu'un immeuble de la communauté a été vendu depuis la dissolution par le survivant, il doit prouver que cet immeuble était conquêt (Cass., 22 nov. 1815).

39. Les immeubles que les époux possèdent au moment du mariage, ou qui leur échoient depuis n'entrent point en communauté (C. civ., art. 1404) ; cette exception s'applique aux immeubles dont les époux ont la possession légale avant le mariage, c'est-à-dire la possession à titre de propriétaire, possession capable d'opérer la prescription (Duranton, t. 14, n° 169; Toullier, t. 12, n° 176).

40. Ainsi, au moment de la dissolution de la communauté, tous les immeubles que possédaient les époux sont réputés appartenir à cette communauté, à moins de preuve contraire; ou plutôt, après que chacun des époux a prélevé les immeubles qu'il justifie lui appartenir, le surplus se partage par moitié.

41. Dans le doute sur la propriété d'un immeuble, il est censé appartenir à la communauté (Cass., 14 fév. 1816).

42. Sont exclus de la communauté :

1° Les droits, actions, titres en vertu desquels l'un des époux peut devenir propriétaire d'un immeuble (Toullier, t. 12, n° 134).

43. 2° Les immeubles venus de l'un des conjoints par retrait successoral (Toullier, t. 12, n° 134 *bis*; Arg., art. 841 et 1408, C. civ.).

44. 3° Les donations d'immeubles faites pendant le mariage à l'un des époux seulement, à moins que la donation ne contienne expressément que l'objet donné appartiendra à la communauté (C. civ., art. 1405), et celles qui ne sont faites qu'à l'un des époux par contrat de mariage (Toullier, t. 12, n° 136).

45. 4° Le bien donné aux deux époux conjointement est un propre de chacun d'eux et ne tombe pas en communauté (Toulouse, 23 août 1827).

46. La donation faite par contrat de mariage aux futurs époux, dont l'un est le présomptif héritier du donateur, est présumée faite à ce dernier, et l'héritage doit lui demeurer propre (Toullier, t. 12, n° 138).

47. 5° Les immeubles abandonnés par père, mère ou autres ascendants à l'un des époux, soit pour le remplir de ce qu'il lui doit, soit à la charge de payer les dettes du donateur à des étrangers, sauf toutefois récompense ou indemnité (C. civ., art. 1406).

48. L'immeuble donné au conjoint en paiement d'une somme mobilière promise par l'acte de donation entre dans la communauté (Toullier, t. 12, n° 144).

49. Celui vendu au successible à rente viagère, ou avec réserve d'usufruit, n'entre point en communauté (Arg., art. 918, C. civ.; Toullier, n° 146).

50. 6° Les immeubles reçus pendant le mariage, à titre d'échange contre ceux appartenant à l'un des époux (C. civ., art. 1407), sauf récompense des frais de contrat et autres pris sur la communauté (Arg., art. 1437, C. civ.). L'immeuble que l'époux reçoit en échange lui est propre pour le tout, encore qu'il ait été payé une soulte, même considérable (Lebrun, liv. 3, chap. 2; Toullier, t. 12, n° 149).

51. Si l'immeuble propre au conjoint avait été échangé contre un meuble précieux, une rente perpétuelle ou viagère, ces derniers objets resteraient également propres à l'époux (Toullier, t. 12, n° 152; Bellot, t. 1er, p. 202 et 203).

52. Le prix de l'immeuble propre au conjoint, qui a été vendu pendant le mariage, n'entre point en communauté (Arg., art. 1433, C. civ.).

53. 7° Les immeubles acquis pendant le mariage en remploi du prix des propres aliénés de l'un des époux (Arg., art. 1433 et 1435, C. civ.). Ils restent propres, encore bien que la communauté ait contribué au paiement d'une partie du prix de la vente; dans ce cas seulement l'époux doit récompense (Cass., 23 nov. 1826).

54. L'immeuble acquis en remploi d'un propre de la femme légalement possédé avant son mariage et dont elle a été évincée depuis lui reste propre (Arg., art. 1502, C. civ.), et le mari ne peut se prévaloir de l'éviction de l'immeuble remplacé pour considérer comme conquêt celui acquis en remploi (Cass., 4 mai 1825; 23 nov. 1826).

55. 8° Les portions d'immeubles indivises, à quelque titre que ce soit, avec l'un des époux, acquises à titre de licitation ou autrement pendant le mariage, sauf indemnité à la communauté (C. civ., art. 1408; Toullier, t. 12, nᵒˢ 155 et 156).

56. Si c'est le mari qui devient, en son nom personnel, acquéreur ou adjudicataire de portion ou de la totalité d'un immeuble appartenant par indivis à sa femme, cette dernière, lors de la dissolution de la communauté, a le choix ou d'abandonner l'immeuble à la communauté, qui devient alors débitrice envers elle de la portion lui appartenant dans le prix, ou de le retirer en remboursant à la communauté le prix de l'acquisition (C. civ., art. 1405).

57. Ce droit, qui a lieu en faveur de la femme, que l'acquisition ait été faite sans son concours ou pour le compte du mari, ne peut être exercé par ce dernier (Toullier, t. 12, nᵒ 163). Il est tout personnel à la femme et ses créanciers ne pourraient y prétendre (Cass., 14 juill. 1834). Si la femme avait acquis l'immeuble de ses copropriétaires avec l'autorisation de son mari, elle ne pourrait plus l'abandonner (Toullier, nᵒ 164).

58. Cette faculté accordée à la femme d'accepter comme propre l'immeuble acquis par le mari n'empêche pas ce dernier de l'hypothéquer, sauf, en cas de retrait, la résolution des hypothèques consenties (Toullier, t. 12, nᵒ 170; Bellot, t. 1ᵉʳ, p. 217; Cass., 30 juill. 1816; 20 mai 1839).

59. La femme doit faire son option avant le partage, si elle accepte la communauté; et si elle y renonce, elle a trente ans pour faire son choix (Toullier, t. 12, nᵒ 168). Ce droit passe aux héritiers de la femme (Arg., art. 724, C. civ.; Toullier, nᵒ 169).

60. Comme le mari ou ses héritiers ne peuvent être contraints, par le défaut d'option de la femme, de rester dans l'incertitude sur la propriété de l'immeuble que la femme a le droit de prendre ou de refuser, nous pensons qu'ils ont le droit de la forcer de leur déclarer son intention. A cet effet, ils doivent la mettre en demeure par une sommation. Telle est aussi l'opinion de M. Duranton, t. 14, nᵒ 210.—V. *Formule* nᵒ 1.

61. La femme peut déclarer son option par acte extrajudiciaire signé d'elle (V. *Formule* nᵒ 2), ou par acte devant notaire signifié aux héritiers du mari.—V. *Signification.*

62. Faute par la femme d'obéir à la sommation, on l'assigne, après le préliminaire de la conciliation, pour voir dire que, faute par elle de faire son option dans *tel* délai, elle sera déchue de son droit, et que l'immeuble acquis appartiendra à la communauté.—V. *Formule* nᵒ 3.

63. Les immeubles acquis par l'un des époux depuis le contrat de mariage établissant communauté de biens, et avant la célébration du mariage, entrent dans la communauté, à moins que l'acquisition n'ait été faite en exécution d'une clause du contrat, auquel cas elle est réglée suivant la convention (C. civ., art. 1404).

64. Cette disposition ne régit pas des immeubles acquis depuis les préliminaires du mariage, telle que la publication des bans, s'il n'y a pas de contrat établissant communauté de biens (Toullier, t. 12, nᵒ 171; Duranton, t. 14, nᵒ 183).

65. L'art. 1404 serait applicable par analogie en cas de vente dans l'intervalle du contrat à la célébration, et il serait dû récompense à l'époux propriétaire du prix des immeubles vendus, touché par la communauté (Duranton, t. 14, nᵒ 184.—*Contrà*, Toullier, t. 12, nᵒ 171).

66. L'immeuble acquis avant le mariage, soit sous condition suspensive, soit d'une personne comme se faisant fort d'une autre, soit d'un incapable, et dont la propriété devient incommutable au moyen d'un acte accompli pendant le mariage, appartient à l'époux qui l'a acquis (Toullier, t. 12, nᵒ 179).

67. Les immeubles qui rentrent à l'un des époux par suite d'une action en rescision ou en résolution de contrat, ou encore par l'exercice de la faculté de rachat, ne tombent point en communauté (Toullier, t. 12, n°s 184, 187, 190 et 193; Battur, n° 204).

68. L'immeuble acquis au cours d'une première communauté et entièrement payé avec des deniers de la seconde n'est point conquêt de cette communauté, sauf la récompense qui lui est due (Metz, 28 nov. 1817).

69. L'usufruit des immeubles, les droits d'usage et d'habitation, l'emphytéose (Cass., 26 juin 1822), le droit de pacage, de glandée, de champart, ne tombent point en communauté.

70. Ce qui, durant le mariage, est payé à l'un des époux pour éviter de sa part l'action en rescision d'une vente consentie avant, n'entre pas non plus en communauté.

71. Tout ce qui, pendant le mariage, s'unit par accession aux propres de l'un des époux, lui est également propre, sauf récompense à la communauté si elle a fait des déboursés.—V. *Accession*.

§ 2. — *Du passif de la communauté.*

ART. 1. — *Dettes dont les époux sont grevés au moment du mariage.*

72. *Des dettes antérieures en général.* — La communauté se compose passivement de toutes les dettes mobilières dont les époux se trouvent grevés au moment de la célébration du mariage (C. civ., art. 1409).

73. On entend par *dettes mobilières* toutes les dettes, tant en principal qu'intérêts ou arrérages, exigibles ou non, qui ont des meubles pour objet; peu importe que le débiteur ait donné hypothèque ou non (Toullier, t. 12, n° 203); mais on ne doit pas comprendre dans cette catégorie les dettes dont les époux ne sont tenus que comme possesseurs ou détenteurs d'un héritage hypothéqué (Toullier, *loc. cit.*; Duranton, t. 14, n° 220).

74. Les obligations de faire ou de ne pas faire rentrent dans la classe des dettes mobilières, puisqu'en cas d'inexécution elles se résolvent en dommages-intérêts (Toullier, t. 12, n° 208).

75. La qualité d'une dette alternative se détermine par l'option, celle d'une dette facultative par la nature de la chose due, et non par celle de la chose que le débiteur a la faculté de payer (Duranton, t. 14, n° 226; Toullier, t. 12, n° 227).

76. Les sommes dues pour le prix d'un immeuble acquis par l'un des conjoints ou d'un retour de partage ne tombent pas à la charge de la communauté (Duranton, t. 14, n° 214; Toullier, t. 12, n° 209). Il en serait autrement si l'immeuble dont le prix est encore dû, ou à raison duquel il a été stipulé une soulte, avait été aliéné avant le mariage.

77. *Dettes antérieures du chef de la femme.* — Les dettes antérieures procédant du chef de la femme tombent également à la charge de la communauté; le mari ne peut s'en dégager : *qui épouse la femme épouse les dettes* (Toullier, t. 12, n° 200); mais le mari ne peut être poursuivi que huit jours après la signification du titre (Arg., art. 877, C. civ.; Pothier, *De la Communauté*, n° 242; Toullier, t. 12, n° 201).—V. *Formule* n° 4.

78. Toutefois, la communauté n'est tenue des dettes de la femme qu'autant qu'elles résultent d'actes ayant date certaine avant la célébration du mariage (C. civ., art. 1410).

79. Il ne serait donc pas permis au créancier d'établir par d'autres moyens, par des témoins ou des présomptions, par exemple, que les obligations de la femme ont été souscrites avant le mariage (Toullier, t. 12, n° 202; Bellot, t. 1er, n° 273; Trèves, 31 mars 1809; Cass., 9 août 1820).

80. Le mari qui paierait, pour la femme, une dette de cette nature, n'en pourrait demander la récompense ni à la femme, ni à ses héritiers. Il aurait, en effet, par le paiement, reconnu que la dette était à la charge de la communauté (Toullier, t. 12, n° 102; Bellot, t. 1er, n° 173).

81. Le créancier de la femme en vertu d'un acte n'ayant pas date certaine avant le mariage ne peut poursuivre le montant de sa créance contre elle que sur la nue propriété de ses immeubles personnels (Arg., art. 1410, C. civ.).

Art. 2. — *Dettes contractées pendant le mariage.*

82. La communauté est tenue : 1° des arrérages et intérêts seulement des rentes ou dettes passives qui sont *personnelles* à chacun des époux (C. civ.; art. 1409), c'est-à-dire qui ne tombent point en communauté.

83. 2° Des réparations usufructuaires des immeubles qui n'entrent point en communauté (C. civ., art. 1409).—V. *Usufruit.*

84. 3° Des aliments des époux, de l'éducation et de l'entretien des enfants et de toute autre charge du mariage (C. civ., art. 1409). Cet article s'applique non-seulement aux enfants communs, mais encore à ceux que chaque époux pourrait avoir d'un précédent mariage, si les biens personnels de ces enfants ne suffisaient pas à leur entretien (Boileux, *Comment. du Code civil,* sur l'art. 1409).

85. 4° Des frais de dernière maladie de l'époux qui décède le premier ; mais non des frais funéraires, qui restent à la charge des héritiers de cet époux (Toullier, t. 12, n° 301).

86. 5° Des frais d'inventaire, vente de mobilier, liquidation, licitation et partage des biens de la communauté après sa dissolution (C. civ., art. 1482; Toullier, t. 12, n° 300).

87. La communauté se trouve encore obligée par les actes et les obligations du mari et ceux de la femme; mais, à cet égard, plusieurs distinctions sont à faire :

1° Actes du mari. — Obligations qu'il contracte.

88. Tous les actes du mari obligent la communauté; elle est tenue d'acquitter toutes les dettes, en capitaux et arrérages, que celui-ci contracte pendant son existence (C. civ., art. 1409). Quelles que soient l'origine, la cause et la nature de ces dettes, les créanciers peuvent en poursuivre le paiement sur les biens de la communauté (Toullier, t. 12, n° 217).

89. Mais le mari devrait récompense à sa communauté des dettes qu'il aurait contractées dans son intérêt exclusif; de celles qu'il aurait créées en faveur de ses père ou mère ou de ses enfants d'un premier lit (Toullier, t. 12, n° 227; C. civ., arg., art. 1409) : ce qui ne doit pas s'entendre toutefois des aliments que le mari doit à ses père et mère et à ses enfants.—V. *Aliments,* § 1.

2° Actes de la femme. — Obligations qu'elle contracte.

90. Les actes de la femme et les obligations qu'elle contracte sont à la charge de la communauté : 1° lorsqu'elle agit avec le consentement de son mari (C. civ., art. 1409); 2° lorsqu'elle contracte en vertu de la procuration générale ou spéciale du mari (art. 1420); 3° lorsqu'elle s'oblige solidairement avec lui (art. 1431); 4° lorsqu'elle contracte comme marchande publique et pour le fait de son commerce (art. 1426).

91. Les créanciers peuvent poursuivre le paiement de ce qui leur est dû dans les premier, troisième et quatrième cas, tant sur les biens de la communauté que sur ceux du mari et de la femme, sauf récompense, s'il y a lieu (C. civ., art. 1419 et 1431; Toullier, t. 12, n°s 233 et 240; Duranton, t. 14, n°s 251 et 306), même sans avoir besoin de discuter le mari dans le troisième cas, car si la femme qui s'oblige solidairement avec son mari n'est réputée s'être obligée que comme caution, ce n'est qu'à l'égard de celui-ci et non à l'égard des tiers (C. civ., art. 1431; Toullier, t. 12, n° 234).

92. Dans. le second cas, les créanciers ne peuvent poursuivre leur paiement ni contre la femme, ni sur ses biens personnels (C. civ., art. 1420), mais seulement sur les biens de la communauté et ceux du mari (Arg., art. 1409 et 1420).

93. *Femme marchande publique.* — La femme n'acquiert la qualité de marchande publique que lorsqu'elle fait un commerce séparé de celui de son mari (C. civ., art. 220; Duranton, t. 14, n° 251; Toullier, t. 12, n° 245); elle peut s'obliger pour tout ce qui concerne son négoce, sans l'autorisation de son mari ni de la justice.—V. *Autorisation de femme mariée* et *Commerçant*, n°s 46 et suiv.).

94. Les billets souscrits par la femme marchande publique sont *censés* faits pour son commerce (C. comm., art. 638 et 5; C. civ., art. 220 et 1426). Toutefois cette présomption peut être détruite par la preuve contraire (Toullier, t. 12, n° 249; Duranton, t. 14, n° 253), et elle ne s'étend pas aux obligations souscrites devant notaire (Toullier, t. 12., n° 250; Duranton, *loc. cit.*), ni aux actes non commerciaux de leur nature). V. cependant Duranton, t. 14, n° 254).

95. Dans aucun cas le mari ne peut être contraint par corps à l'occasion des dettes de sa femme, marchande publique (Lyon, 26 juin 1822; Toullier, t. 12, n° 245; Duranton, t. 14, 251. — *Contrà*, Pothier, *Puiss. marit.*, n° 22).

96. Le mari peut toujours révoquer le consentement par lui donné à sa femme; mais cette révocation n'a pas d'effet sur le passé. Elle doit être rendue publique, comme il est prescrit aux art. 1445, C. civ., et 67, C. comm. (Toullier, t. 12, n° 259).

97. *Femme mandataire.* — La femme est réputée *mandataire* de son mari : 1° pour l'achat de comestibles, provisions ordinaires de la maison, vêtements de famille, ustensiles et meubles de ménage (Merlin, *Rép.*, v° *Aut. marit.;* Toullier, t. 12, n° 261; Duranton, t. 14, n° 250); 2° pour les dépenses qu'elle ordonne dans l'intérêt de la communauté pendant son existence (Cass., 3 fév. 1830).

98. Toutefois, la communauté ne serait pas tenue de semblables dettes, si le mari avait enjoint aux marchands de ne point vendre à sa femme. Le mari serait cru sur son serment, si la dénonciation était niée par les marchands (Toullier, t. 12, art. 261).

99. En cas de fraude ou excès dans l'achat des marchandises et de complicité de la part du marchand, le mari qui n'aurait pas autorisé sa femme n'en serait pas tenu (Toullier, t. 12, n° 277; Duranton, t. 14, n° 250); il pourrait même obliger les marchands à reprendre les marchandises si elles n'étaient pas encore employées (Toullier et Duranton, *loc. cit.*).

100. *Principes généraux.* — Si l'un des codébiteurs des époux acquittait une obligation souscrite par le mari et la femme solidairement, il pourrait répéter contre la femme la totalité de l'obligation (Cass., 29 nov. 1827); et même, comme la femme qui s'est obligée a droit à une indemnité contre son mari (C. civ., art. 1431), le créancier pourrait se faire colloquer sur le mari pour cette indemnité aux lieu et place de la femme (Cass., 25 mars 1834).

101. Les dettes contractées par le mari et la femme, ou par la femme du consentement de son mari, pour affaires personnelles de la femme, ne sont point à la charge de la communauté. Si elle les paie, il lui en est dû récompense.

102. Les actes faits par la femme sans le consentement du mari, et même avec l'autorisation de la justice (V. *Autorisation de femme mariée*), n'engagent pas les biens de la communauté (C. civ., art. 1426). Par *actes* on entend ici non-seulement tous les contrats, mais encore les quasi-contrats, les délits et les quasi-délits.

103. Le principe posé au numéro précédent souffre exception, et la femme peut s'obliger et engager les biens de la communauté, avec l'autorisation de la justice, 1° pour tirer son mari de prison ; 2° pour l'établissement de ses enfants, en cas d'absence du mari (C. civ., art. 1427) ; 3° pour réparations urgentes des biens de communauté ou pour payer des amendes et frais dus par la communauté, aussi en l'absence du mari (Duranton, t. 14, n° 305).

104. L'art. 1427, supposant l'existence du mari et accordant le recours au magistrat, prévoit le cas où le mari serait dans une position à ne pas pouvoir manifester sa volonté ; par exemple, s'il était gravement malade, s'il avait été pris par des pirates (Boileux, *Commentaire du Code civil*, sur l'art. 1427).

105. L'autorisation est obtenue sur un simple exposé au tribunal : il n'y a pas lieu dans ce cas de suivre les formalités prescrites par l'art. 219, C. civ. (Vazeilles, *du Mariage*, n°s 351 et 352. — V. *Autorisation de femme mariée*).

106. Si la femme était mineure, elle n'aurait pas besoin, pour obtenir l'autorisation, de joindre à sa requête une délibération du conseil de famille, ainsi que le veut l'art. 483, C. civ., pour l'autorisation d'un mineur émancipé (Toullier, t. 12, n° 235). — V. *Emancipation*.

107. Lorsque la femme est elle-même en prison, l'obligation qu'elle contracterait pour en sortir, avec l'autorisation de la justice, serait à la charge de la communauté (Toullier, t. 12, n° 237 ; Battur, n° 299).

108. L'obligation de la femme résultant des actes émanés d'elle sans le consentement de son mari ne peut être exécutée, tant que la communauté existe, que sur la nue propriété des biens personnels à la femme, à moins cependant que le mari ne soit responsable comme dans le cas de délits ruraux et autres qu'il aurait pu empêcher (V. *Délit rural*) ; alors les condamnations prononcées peuvent s'exécuter sur les biens de la communauté (Toullier, t. 12, n°s 231 et 232).

Art. 3. — *Dettes des successions échues et des donations et legs faits aux époux pendant le mariage.*

1° Successions échues.

109. La loi fait plusieurs distinctions que nous allons reproduire : — 1° *La succession est purement mobilière.* Les dettes sont pour le tout à la charge de la communauté (C. civ., art. 1411).

110. 2° *La succession est en partie mobilière et en partie immobilière.* Les dettes ne tombent dans la communauté qu'eu égard aux valeurs qu'elle perçoit en mobilier ; le surplus reste à la charge des immeubles (C. civ., art. 1414). Cette portion contributoire se règle d'après l'inventaire auquel le mari doit faire procéder, soit de son chef, soit comme autorisant les actions de sa femme, selon que la succession est échue à l'un ou à l'autre (C. civ., art. 1414).

111. A défaut d'inventaire, la femme est admise à faire preuve de la consistance et valeur du mobilier par titres, papiers et témoins, et même par commune renommée. Le mari n'est jamais recevable à faire cette preuve (C. civ., art. 1415). La femme peut invoquer le même genre de preuve pour fixer la quotité des dettes grevant la succession (Toullier, t. 12, n° 289 ; Battur, n° 338).

112. 3° *La succession est purement immobilière.* Toutes les dettes restent à la charge de l'époux qui l'a recueillie (C. civ., art. 1412).

113. Voilà pour les époux entre eux : ces principes serviront à régler les récompenses qu'ils peuvent devoir à la communauté, si elle acquitte des dettes dont elle n'est pas tenue. Maintenant, passons aux droits des créanciers des successions soit contre la communauté, soit contre les époux. Deux hypothèses se présentent : la succession est échue au mari ou à la femme, et, dans ce dernier cas, elle est acceptée avec l'autorisation du mari ou de la justice.

114. 1° *La succession est échue au mari.* Dans ce cas les créanciers peuvent poursuivre leur paiement tant sur les biens de la communauté que sur ceux personnels au mari (Toullier, t. 12, nos 278 et s.; Duranton, t. 14, n° 232; C. civ., art. 1412 et 1416).

115. 2° *La succession est échue à la femme.* Si la succession est mobilière ou en en partie mobilière et immobilière, et si elle est acceptée avec l'autorisation du mari, les créanciers peuvent également poursuivre leur paiement tant sur les biens de la communauté que sur ceux personnels à la femme (C. civ., art. 1416; Toullier, t. 12, n° 278).

116. Si la succession n'avait été acceptée qu'avec l'autorisation de la justice, la communauté ne serait tenue des dettes que jusqu'à concurrence de l'actif dont elle aurait profité, et le mari devrait être renvoyé de la demande des créanciers, s'il leur offrait de leur compter tout ce qu'il a reçu (Toullier, t. 12, n° 279).

117. Néanmoins, lorsqu'il n'y a eu aucun inventaire et que le mobilier qui est revenu à la femme a été confondu avec celui de la communauté, cette communauté doit payer toutes les dettes à sa charge, sans pouvoir s'en décharger en abandonnant ce dont elle a profité (C. civ., art. 1416; Toullier, t. 12, n° 279).

118. Si la succession immobilière a été acceptée avec l'autorisation du mari, les créanciers ne peuvent poursuivre leur paiement que sur la pleine propriété des biens personnels de la femme (C. civ., art. 1413), et non sur les biens de la communauté (Bellot, t. 1er, p. 279; Battur, t. 1er, n° 232.— *Contrà*, Toullier, t. 12, n° 282).

119. Si la succession n'a été acceptée qu'avec l'autorisation de la justice, le paiement des dettes à la charge des immeubles ne peut être poursuivi que sur les immeubles de la succession et sur la nue propriété des propres de la femme (C. civ., art. 1413).

2° Donations et legs.

120. Ce qui vient d'être dit relativement aux dettes des successions est applicable à celles des donations (C. civ., art. 1418) et legs faits aux époux (Duranton, t. 14, n° 244; Toullier, t. 12, n° 292).

Art. 4.— *Condamnations prononcées contre les époux pendant le mariage.*

121. Les condamnations prononcées contre l'un des époux, *pour crime emportant mort civile*, c'est-à-dire les amendes, les réparations civiles et les dépens, ne frappent que sa part de la communauté et ses biens personnels (C. civ., art. 1425; Duranton, t. 14, n° 297; Toullier, t. 12, n° 221).

122. Si la condamnation était par contumace, comme la communauté subsisterait jusqu'à l'expiration des cinq ans donnés au condamné pour se représenter, les condamnations pourraient s'exécuter pour la totalité sur la communauté, sauf indemnité à la femme, laquelle pourrait prévenir toute exécution sur sa part en demandant la séparation de biens (Duranton, t. 14, n° 297).

123. Lorsque le crime *n'emporte pas mort civile*, les *amendes* encourues par le mari peuvent se poursuivre sur les biens de la communauté, sauf la récompense due à la femme (C. civ., art. 1424). Cet article est applicable aux simples délits, car le mot *crime* n'est employé ici que comme expression générique (Duranton, t. 14, n° 298).

124. Quant aux réparations civiles et aux dépens, ils restent à la charge de la communauté (Arg., art. 1382, C. civ.; Toullier, t. 12, n° 214; Douai, 30 janv. 1840. — *Contrà*, Battur, n° 316; Duranton, t. 14, n° 298).

125. Les amendes encourues par la femme ne peuvent s'exécuter que sur la nue propriété de ses biens personnels tant que dure la communauté (C. civ., art. 1424), à moins qu'il ne s'agisse d'un délit dont le mari est responsable (Toullier, t. 12, n° 232). — V. *suprà*, n° 108, et *Responsabilité civile*. — Il en est de même, bien entendu, des réparations civiles et des dépens.

Art. 5. — *Dot des enfants communs.*

126. La dot constituée par le mari seul à l'enfant commun en effets de la communauté est à la charge de la communauté, même en cas d'acceptation de la femme (C. civ., art. 1439). Elle est rapportée par l'enfant pour moitié à chaque succession, et, en cas de renonciation de la femme, en totalité à la succession du mari (Duranton, t. 14, n° 292; Battur, n° 54; —*Contrà*, Toullier, t. 12, n° 322).

127. Si la dot constituée conjointement est stipulée en totalité rapportable à la succession du premier mourant, le survivant est censé n'avoir rien donné (Cass., 11 juill. 1814); mais en attendant l'événement du prédécès, les père et mère demeurent dans les termes du droit commun, soit quant aux actions afin de paiement, soit quant aux actions en garantie que l'enfant peut avoir à exercer contre eux à raison de cette dot (Toullier, t. 12, n° 336).

128. La dot constituée à l'enfant commun par le père et la mère conjointement, sans expression de la quotité pour laquelle chacun d'eux entendait y contribuer, est à la charge de chacun pour moitié, lors même qu'elle aurait été fournie en biens propres à l'un des époux: dans ce cas, celui-ci a une action en indemnité pour la moitié de la dot contre son conjoint, eu égard à la valeur de l'objet donné au temps de la donation (C. civ., art. 1438).

129. La femme, en cas de renonciation, doit récompense à la communauté de la moitié de la dot constituée conjointement en effets de la communauté (Toullier, t. 12, n° 332; Duranton, t. 14, n° 285).

130. La dot fournie conjointement avec le bien de l'un des époux est rapportable pour moitié à chaque succession (Cass., 16 nov. 1824; Toullier, t. 12, n° 332).

Art. 6. — *Garantie de la vente d'immeubles propres à la femme.*

131. Le mari, qui garantit d'une manière quelconque la vente que la femme a faite d'un immeuble, a recours contre elle, s'il est inquiété (C. civ., art. 1432); il ne peut toutefois exercer ce recours qu'à la dissolution de la communauté, soit sur la part de la femme, soit sur ses biens personnels (C. civ., art. 1432; Arg., art. 1478, C. civ.; Boileux, *Comment.*, sur l'art. 1432).

132. L'obligation de garantie que contracte le mari en vendant les propriétés de sa femme, qu'il ne pouvait vendre sans son consentement, est une dette de communauté, en sorte que l'acquéreur peut opposer l'exception de garantie contre la demande en revendication de la femme pour l'y faire déclarer non recevable pour moitié (Toullier, t. 12, n° 226; Amiens, 18 juin 1814. —V. cependant Pothier, *de la Vente*, n° 179, et *de la Communauté*, n° 253).

§ 3. — *Administration.*

Art. 1. — *Administration de la communauté.*

133. Le mari seul a l'administration des biens de la communauté; il peut les vendre, aliéner et hypothéquer sans le concours de sa femme (C. civ., art. 1421). Cette disposition étant d'ordre public, on ne peut y déroger (Toullier, t. 12, n° 307; Duranton, t. 14, n° 268).

134. Mais le mari ne peut disposer à titre gratuit des immeubles de la communauté, ni de l'universalité ou d'une quotité du mobilier, si ce n'est pour l'établissement des enfants communs (C. civ., art. 1422).

135. Le mari peut néanmoins disposer des effets de la communauté à titre gratuit et particulier au profit de toutes personnes, pourvu qu'il ne s'en réserve pas l'usufruit (C. civ., art. 1422), ou qu'il ne stipule pas de rente viagère sur sa tête.

136. Si, au mépris de l'art. 1422, le mari avait donné un immeuble conquêt, la donation serait valable en cas de renonciation de la femme (Bellot, t. 1, p. 421; Duranton, t. 14, n° 275; Toullier, t. 12, n° 314); si la communauté est acceptée, la femme ou ses héritiers peuvent demander la réunion des objets donnés à la masse pour être partagés par moitié (Duranton, *loc. cit.*).

137. La donation serait valable pour moitié, s'il n'existait pas dans la communauté d'autres immeubles que ceux donnés; et pour la totalité, si l'objet donné tombait au lot du mari. Dans ce cas, le donataire pourrait en demander la restitution contre le mari (Toullier, t. 12, n° 315; Duranton, t. 14, n° 275; Bellot, t. 1, p. 420). Si, au contraire, l'objet tombait dans le lot de la femme, elle pourrait demander la résolution de la donation.

138. A cet effet, elle notifierait le partage au donataire avec sommation de délaisser l'immeuble et intimation chez un notaire, pour passer acte de ce délaissement.—V. *Formule* n° 5. Et faute par celui-ci d'obéir, elle l'assignerait pour voir dire que la donation sera sans effet à son égard. — V. *Formule* n° 6.

139. La donation testamentaire faite par le mari ne peut excéder sa part dans la communauté; s'il a donné en cette forme un effet de la communauté, le donataire ne peut le réclamer en nature qu'autant que par le partage il est tombé au lot des héritiers du mari; dans le cas contraire, le légataire a droit à la récompense de la valeur totale de l'objet légué sur la part des héritiers du mari et leurs biens personnels (C. civ., art. 1423).

140. Si le mari est interdit, l'administration de la communauté ne passe à la femme que si elle est nommée tutrice, et, dans ce cas, le conseil de famille règle les conditions de l'administration (C. civ., art. 507).

141. Si elle n'est pas nommée tutrice, l'administration appartient au tuteur nommé; mais la femme a l'administration des biens de ses enfants ainsi que la surveillance de leur éducation et de leur établissement (C. civ., art. 390, 141 et 149).

142. Si, le mari étant interdit, il survient des affaires excédant les bornes de l'administration, la femme (ou le tuteur) doit demander l'autorisation de la justice (Arg., art. 222, C. civ.; Toullier, t. 12, n° 308). — V. *Interdiction.*

143. En ce qui concerne l'administration de la communauté dans le cas d'absence du mari, V. *Absence.*

144. Si le mari est frappé par contumace d'une condamnation à une peine afflictive ou infamante, les biens, loin d'être administrés par la femme, sont mis sous séquestre, et, pendant ce temps, il est accordé des secours à la femme et aux enfants (C. inst. crim., art. 475). S'il a été condamné contradictoirement et qu'il subisse sa peine, il est pendant sa durée en état d'interdiction légale, et on lui nomme un tuteur et un subrogé tuteur (C. pén., art. 29) pour administrer ses biens; seulement on prélève de quoi fournir des aliments à la femme et aux enfants (Toullier, t. 12, n° 308).

145. Dans les divers cas qui précèdent, les actions qui appartiennent à la communauté ou qui doivent être formées contre elle sont dirigées par celui qui administre ou contre lui.

Art. 2.— *Administration des biens de la femme.*

146. Le mari a l'administration de tous les biens personnels de la femme (C. civ., art. 1428); mais il peut être dérogé à ce droit par le contrat (Toullier, t. 12, n° 375).

147. Il exerce seul les actions mobilières de sa femme (C. civ., art. 1428), lors même qu'elles auraient pour objet des meubles exclus de la communauté (Toullier, t. 12, n° 383 ; Duranton, t. 14, n° 317) ; et les actions possessoires (C. civ., art. 1428) ; mais la femme peut intervenir dans l'instance malgré son mari, à raison de l'influence que les jugements peuvent avoir sur son droit de propriété.

148. Le mari peut également exercer les actions pétitoires appartenant à sa femme ; seulement, lorsqu'elle n'a pas été partie dans l'instance, les jugements ne peuvent lui être opposés : d'où la faculté pour la femme de s'y rendre opposante, et la nécessité pour le défendeur de mettre la femme en cause (Toullier, t. 12, n° 384 et suiv. ; Cass., 14 nov. 1831.— *Contrà*, Duranton, t. 14, n° 316).

149. Le mari, pendant le mariage, peut aliéner les meubles propres de la femme sans son consentement : 1° lorsqu'ils se consomment par l'usage (Arg., C. civ., art. 1428 et 587) ; 2° lorsqu'ils ne se consomment pas par l'usage, s'ils ont été livrés au mari sur estimation, sans déclaration que l'estimation n'en transportait pas la propriété au mari (C. civ., art. 1551 ; Duranton, t. 14, n° 318 ; Toullier, t. 12, n° 378) ; le tout sauf récompense à la femme.

150. Suivant Pothier, *de la Communauté*, n° 525, le mari a le droit de disposer de tous les meubles réalisés de la femme, lorsqu'ils tombent dans la communauté, sauf à tenir compte de leur valeur lors de la dissolution.

151. Il peut également disposer des effets mobiliers de la femme entrant dans la communauté, quoiqu'elle en ait stipulé la reprise en cas de renonciation (Duranton, t. 14, n° 319).

152. Le mari a le droit d'affermer seul les biens de sa femme, sans le consentement de celle-ci ; mais il ne peut faire des baux pour plus de neuf ans ; ceux qui excèdent ce temps sont, en cas de dissolution de communauté, réduits à la période de neuf ans qui court alors ; de manière que le fermier n'ait que le droit d'achever neuf ans de jouissance (C. civ., art. 1429).

153. Si, en affermant pour plus de neuf ans, le mari avait caché sa qualité de mari, le fermier expulsé aurait droit à des dommages-intérêts, qui, en cas d'acceptation, seraient pour moitié à la charge de la femme (Duranton, t. 14, n° 314 ; Toullier, t. 12, n° 406).

154. La femme ne peut être tenue d'entretenir même les baux de neuf ans faits en fraude de ses droits ; tels seraient ceux faits à vil prix moyennant des pots-de-vin ; ceux consentis pendant la maladie dont la femme est morte (Toullier, t. 12, n°s 408 et 409).

155. Lorsque le mari a reçu un pot-de-vin, il doit le restituer à la femme ou à ses héritiers en raison des années du bail restant à courir ; en cas d'acceptation de la communauté, la femme est tenue de cette restitution pour moitié (Duranton, t. 14, n° 312 ; Toullier, t. 12, n° 409).

156. Les baux des biens de la femme qui sont renouvelés plus de trois ans avant l'expiration du bail courant, lorsqu'il s'agit de biens ruraux, et plus de deux ans s'il s'agit de maisons, sont sans effet, à moins que l'exécution n'ait commencé avant la dissolution de la communauté (C. civ., art. 1430).

157. Les mots *sans effet*, employés dans cet article, s'entendent en ce sens, que la femme seule, et non le fermier, n'est pas tenue d'exécuter les baux (Duranton, t. 14, n° 311) ; toutefois, la femme ou ses héritiers doivent signifier aux fermiers leur volonté de ne pas exécuter les baux avant de faire des actes dont on pourrait inférer une ratification de leur part.—V. *Formule* n° 7.

158. Le mari est responsable de tout dépérissement des biens de sa femme, causé par défaut d'actes conservatoires (C. civ., art. 1428) ; ainsi, il est obligé d'entretenir les biens de la femme en bon état de réparations, de réprimer les usurpations, de faire rentrer les créances, de discuter les débiteurs, arrêter les prescriptions (C. civ., art. 2254 ; Toullier, t. 12, n° 403).

159. Le mari est encore responsable du prix des propres de sa femme, qui ont été aliénés, et des valeurs dont il a donné quittance, conjointement avec elle (Agen, 19 juill. 1832); mais lorsque le mari n'a paru à la quittance que pour autoriser sa femme et qu'il n'est pas prouvé qu'il a profité des sommes reçues, il n'est pas responsable (Agen, 11 mars 1824; 31 janv. 1832).

160. A l'égard des prescriptions, il n'y a point à distinguer si ou non elles ont commencé avant le mariage, pourvu que le mari ait eu le temps de les arrêter et ait acquis la connaissance du droit à prescrire; si les prescriptions n'étaient pas acquises à la dissolution de la communauté, le mari serait déchargé de toute responsabilité (Toullier, t. 12, n°s 413 à 421) ; dans tous les cas, l'insolvabilité des débiteurs mettrait à couvert la responsabilité du mari (Cass., 31 mars 1824 ; Toullier, t. 12, n° 420).

161. Le mari ne peut aliéner les biens de sa femme sans son consentement (C. civ., art. 1428) ; il ne peut non plus les faire saisir pendant la communauté, attendu que toute condamnation de dépens prononcée au profit d'un mari contre sa femme ne peut être exécutée que dans la liquidation des reprises et après la dissolution de la communauté (Paris, 17 août 1820).

162. La femme peut, pendant le mariage, attaquer les jugements qui lui portent préjudice, quoiqu'ils soient rendus contre son mari seul ; car la prescription court contre elle à l'égard des biens dont le mari a l'administration (C. civ., art. 2254) ; mais le jugement conserverait toute sa force à l'égard du mari et sur les biens de la communauté et les revenus des biens de la femme (Toullier, t. 12, n° 399).

163. La femme ne pourrait, pendant le mariage, agir pour faire déclarer nulle la vente de ses propres ; elle devrait attendre la dissolution de la communauté, par la raison que la prescription ne court pas contre elle toutes les fois que son action réfléchit contre son mari (C. civ., art. 2256 ; Toullier. t. 12, n° 400).

164. Les créanciers du mari ne peuvent saisir, pendant le mariage, que les fruits des immeubles appartenant à la femme et non le droit de jouissance : tous les auteurs sont d'accord sur ce point.

§ 4. — Des récompenses dues à la communauté et aux époux.

165. Le principe qui domine cette matière est celui-ci : ni les époux ni la communauté ne peuvent s'enrichir aux dépens l'un de l'autre (Arg., C. civ., art. 1437 ; Toullier, t. 12, n° 343).

166. En conséquence, la communauté doit récompense aux époux, toutes les fois qu'elle a tiré un profit quelconque du fonds de leurs immeubles (Toullier, t. 12, n° 353).

167. Spécialement, lorsque l'un des époux a aliéné un immeuble propre ou des services fonciers, et que la communauté a reçu le prix des aliénations sans remploi, elle en doit récompense (C. civ., art. 1433).— V. Remploi.

168. La récompense a lieu sur le pied du remboursement effectué à la communauté, lorsque l'immeuble vendu appartient au mari, et sur le prix de la vente, s'il appartient à la femme, même quoique la communauté n'ait rien reçu, vu l'insolvabilité du débiteur (Toullier, t. 13, n° 344 ; Duranton, t. 14, n° 352). On doit ajouter au prix les épingles, pots-de-vin et charges dont la communauté a profité (Duranton, loc. cit.).

169. Si le propre vendu est un usufruit ou une rente viagère, la communauté ne doit récompense que déduction faite de ce dont elle aurait profité si la vente n'eût pas eu lieu (Toullier, t. 12, n° 348).

170. Si, au cours de la communauté, il a été vendu un immeuble propre à l'un des époux moyennant une rente viagère, la communauté ne profite de cette rente que jusqu'à concurrence des revenus de l'héritage aliéné; elle doit récompense du surplus (Duranton, t. 14, nᵒˢ 333 et 343).

171. Si l'héritage a été vendu pour un seul prix et avec les fruits pendants, et si la communauté a duré au delà du temps de la récolte des fruits, il doit être fait déduction de leur valeur sur le prix de la vente. Par la même raison, lorsque le prix de l'immeuble n'a été stipulé payable qu'après plusieurs années, sans intérêt, l'époux vendeur ne peut, si la communauté a duré jusqu'au terme fixé pour le paiement, prétendre à la reprise du prix de son héritage que déduction faite de celui des années de jouissance dont la communauté a été privée (Duranton, t. 14, nᵒ 339).

172. Toutes les fois qu'il est pris sur la communauté une somme, soit pour acquitter les dettes ou charges personnelles à l'un des époux, tels que le prix ou partie du prix d'un immeuble à lui propre ou le rachat des services fonciers, soit pour le recouvrement, la conservation ou l'amélioration de ses biens personnels, et généralement toutes les fois que l'un des époux a amélioré ses biens aux dépens de la communauté, il en doit récompense (C. civ., art. 1437).

173. Chaque époux doit encore récompense à la communauté de la valeur des biens qu'il y a pris pour doter un enfant d'un autre lit ou pour doter personnellement un enfant commun (C. civ., art. 1469). — V. *supra*, nᵒˢ 126 et suiv.

174. Il est dû récompense à la communauté de tout ce qu'elle a payé en l'acquit de l'un des conjoints en principal et accessoires, soit pour acquisition d'un immeuble par retrait successoral, soit pour l'exercice d'un réméré ou d'une action rescisoire d'un immeuble aliéné avant le mariage (Toullier, t. 13, nᵒ 158; Duranton, t. 14, nᵒ 368); soit pour soultes ou retours de lots soit pour prix de licitation (Duranton, *loc. cit.*).

175. Les époux doivent récompense à la communauté : 1ᵒ de tout ce qu'il en a coûté à celle-ci pour impenses nécessaires faites aux biens des époux (Pothier, *de la Communauté*, nᵒ 635; Toullier, t. 13, nᵒ 167; Duranton, t. 14, nᵒ 375); 2ᵒ de la plus-value accrue à l'héritage par les impenses utiles, c'est-à-dire celles qu'on ne pouvait se dispenser de faire sans exposer l'héritage à périr ou se détériorer (mêmes autorités). Si la plus-value excédait la somme déboursée, elle serait réduite à cette dernière somme. La plus-value se détermine par l'estimation de l'immeuble avant et après les réparations.

176. Il n'est dû aucune récompense pour les impenses purement voluptuaires, c'est-à-dire celles qui n'ont lieu que pour l'agrément, sans ajouter au prix du fonds (Pothier, nᵒ 637; Toullier, t. 13, nᵒ 170; Duranton, t. 14, nᵒ 380).

177. Il n'est également dû aucune récompense à la communauté pour les dépenses d'entretien par elle faites à l'occasion des biens des époux, telles, par exemple, que celles de garnir les vignes d'échalas, peupler les garennes et les colombiers, marner les terres, empoissonner les étangs, entourer les héritages de fossés ou de haies (Pothier, nᵒ 271), faire aux bâtiments toute espèce de réparations, excepté celles qu'on appelle *grosses* réparations et qui sont à la charge de l'époux propriétaire (Toullier, t. 13, nᵒ 159).

178. Lorsque l'un des époux acquiert par donation ou autrement un immeuble à rente viagère, il ne doit récompense à la communauté que de l'excédant de la rente sur le revenu de l'immeuble acquis.

§ 5. — *Dissolution de la communauté.*

Aʀᴛ. 1. — *Dissolution de la communauté; Continuation de celle contractée sous l'empire de certaines coutumes.*

179. La communauté se dissout : 1ᵒ par la mort naturelle; 2ᵒ la mort civile; 3ᵒ la séparation de biens; 4ᵒ la séparation de corps (C. civ., art.

1441). Le divorce était aussi une cause de dissolution de la communauté ; mais il a été aboli.

180. La communauté se dissout encore par l'annulation du mariage et par l'absence.—V. *Absence.*

181. Le défaut d'inventaire ne donne plus lieu, comme autrefois (V. *infrà,* n° 185), à la continuation de la communauté. Et les parties intéressées peuvent prouver la consistance des effets communs tant par titres que par commune renommée (C. civ., art. 1442), et à plus forte raison par une enquête régulière (Toullier, t. 13, n° 134).

182. Mais, lorsqu'il y a des enfants mineurs, le défaut d'inventaire fait perdre au survivant la jouissance de leurs revenus et tient le subrogé tuteur solidairement responsable, avec le tuteur, des condamnations qui peuvent être prononcées au profit des mineurs (C. civ., art. 1442). Les frais de condamnation sont personnellement à la charge des tuteurs et subrogés tuteurs, qui ne peuvent les répéter (Toullier, t. 13, n° 12 ; Duranton, t. 14, n° 400).

183. La déchéance que prononce cet article a lieu de plein droit (Toullier, t. 13, n° 6). Elle frappe tous les revenus actuels des enfants (Toullier, t. 13, n° 8).

184. Pour la dissolution de la communauté par la séparation de corps et la séparation de biens, les formes qui doivent être observées et la procédure suivie, V. *Séparation de corps, Séparation de biens.*

185. Certaines coutumes, entre autres celles de Paris et d'Orléans, admettaient la continuation de la communauté, à défaut par le survivant de faire inventaire avec un légitime contradicteur. Cette continuation était établie par les unes au profit des enfants mineurs, par les autres au profit des mineurs ou des majeurs, et par quelques-unes au profit des collatéraux (Merlin, *Quest. de droit,* v° *Contin. de communauté;* Nouveau Denizart, v° *Contin. de communauté.*—V. *Continuation de communauté.*

186. Comme c'est la loi du jour du mariage qui régit l'association conjugale, il a été décidé par la Cour de cassation, le 5 janv. 1826, que la communauté contractée sous une coutume qui admettait la continuation, et dissoute sous l'empire de l'art. 1441, C. civ., se continuait avec l'époux survivant, aux termes de la coutume.

Art. 2. — *Rétablissement de la communauté dissoute par la séparation de corps et de biens.*

187. La communauté dissoute par la séparation de corps ou de biens peut être rétablie du consentement des deux parties par un acte devant notaire ; dans ce cas, la séparation de biens est considérée comme non avenue, et la communauté reprend son effet du jour du mariage et se trouve indispensablement régie par les mêmes dispositions qui la réglaient avant la séparation (C. civ., art. 1451).

188. Toutefois, il est bien entendu que ce n'est qu'à l'égard des époux que la séparation est considérée comme non avenue ; les droits des tiers subsistent dans toute leur force et ne peuvent être anéantis par le rétablissement de la communauté (Toullier, t. 13, n° 121).

189. Le rétablissement de la communauté produit cet effet que tout ce que les époux ont acquis, toutes les dettes qu'ils ont contractées ensemble ou séparément depuis la séparation entrent dans la communauté (Toullier, t. 13, n°s 117 et 118 ; Duranton, t. 14, n° 430).

Art. 3.—*Droit de la femme d'accepter ou de renoncer à la communauté.—Mesures à prendre pour conserver le droit de renoncer.*

190. La communauté dissoute, la femme, ses héritiers ou ayants cause, ont le droit de l'accepter ou d'y renoncer : toute convention contraire est nulle (C. civ., art. 1453).

191. La femme qui veut conserver la faculté de renoncer doit observer les prescriptions suivantes :

192. 1° Elle ne doit point s'immiscer dans les biens de la communauté. Les actes administratifs ou conservatoires n'emportent point immixtion (C. civ., art. 1454) ; ainsi le paiement de dettes criardes, l'interruption des prescriptions, la location des maisons, les congés aux locataires, les réparations urgentes, n'ôtent pas le droit de renoncer ;

193. 2° Elle ne doit pas prendre dans un acte la qualité de commune (C. civ., art. 1455) ;

194. 3° Elle ne doit ni divertir ni recéler aucun des effets de la communauté (C. civ., art. 1460) ;

195. 4° Elle doit faire procéder dans les trois jours du décès du mari, contradictoirement avec les héritiers de ce dernier, à un inventaire exact des biens de la communauté, affirmé par elle sincère et véritable (C. civ., art. 1456).

196. Faute de procéder à l'inventaire dans le délai prescrit, la femme est déchue de son droit, lors même qu'un inventaire des biens du mari aurait été dressé à la requête d'un tiers (Cass., 22 déc. 1829), et qu'il y aurait eu apposition de scellés (Bruxelles, 18 mai 1811).

197. La veuve peut demander au tribunal du domicile du décès de son mari une prorogation de délai qui est prononcée, s'il y a lieu, contradictoirement avec les héritiers du mari (C. civ., art. 1458).

198. A cet effet, elle les assigne pour voir déclarer que le délai à elle accordé sera prorogé jusqu'à l'époque qu'elle détermine (V. *Formule* n° 8). Cette demande, selon nous, n'est pas susceptible de conciliation, attendu que l'objet qui y donne lieu ne peut faire la matière d'une transaction (Arg., art. 48, C. proc. civ.).

199. La femme peut renoncer avant d'avoir fait inventaire, c'est-à-dire dans les trois mois du décès de son mari (Bellot, t. 2, p. 322 ; Toullier, t. 13, n° 130 ; Duranton, t. 14, n° 453 ; Besançon, 23 fév. 1828. — *Contrà*, Battur, n° 671).

200. L'art. 1456 n'imposant qu'à la femme survivante l'obligation de faire inventaire, pour conserver le droit de renoncer, la femme séparée de corps ou de biens en est dispensée, car elle n'est pas, comme la survivante, en possession des biens de son mari (Grenoble, 12 fév. 1830 ; Duranton, t. 14, n° 458).

Art. 4. — *Droits de la veuve, soit qu'elle accepte, soit qu'elle renonce.—Nourriture, logement, deuil.*

201. La veuve, soit qu'elle accepte, soit qu'elle renonce, a droit : 1° à sa nourriture et à celle de ses domestiques sur les provisions existantes, et à défaut par emprunt au compte de la masse commune, à la charge d'en user modérément ; 2° et à son habitation ; le tout sans indemnité et pendant les trois mois et quarante jours qui lui sont accordés pour faire inventaire et délibérer (C. civ., art. 1465).

202. Si la femme acceptait ou renonçait avant les trois mois et quarante jours, son droit de nourriture et d'habitation cesserait dès l'instant de son acceptation ou renonciation (Duranton, t. 14, n° 466).

203. Si, au contraire, la femme obtenait une prorogation de délai, elle jouirait, pendant cette prorogation, du privilége résultant de l'art. 1465.

204. Si la veuve ou le mari avait des enfants d'un précédent mariage, leur nourriture ne serait point à la charge de la masse commune (**Duranton**, n° 467).

205. Si la femme habitait une maison qui lui fût propre, elle n'aurait droit à aucune indemnité de loyer (Duranton, *loc. cit.*).

206. Le deuil de la femme, en cas de prédécès du mari, n'est point une charge de la communauté, mais des héritiers du mari ; sa valeur est réglée selon la fortune du mari, et il est dû même à la femme qui renonce (C. civ., art. 1481).

207. Le deuil est dû à la femme séparée de biens (Toullier, t. 13, n°266), et à toute femme, n'importe sous quel régime elle soit mariée. Il se paie en argent ou en nature, et dans l'usage, le deuil des domestiques est compris dans celui de la femme (Duranton, n° 469). Le mari, en cas de prédécès de la femme, n'a pas droit à un habit de deuil.

208. La somme accordée pour le deuil de la femme est de sa nature insaisissable (Toulouse, 20 juill. 1822).

Art. 5. — *Renonciation à la communauté.*

209. *Lieu où la renonciation doit être faite ; délai; prorogation ; décès de la veuve ; femme séparée de corps ou de biens.* — La renonciation doit avoir lieu au greffe du tribunal de première instance du domicile du mari, dans les quarante jours qui suivent la clôture de l'inventaire (C. civ., art. 1457 et 1459).

210. La prorogation de délai pour faire inventaire s'applique au délai pour délibérer.—V. *suprà*, n° 197.

211. La veuve qui a fait inventaire dans les délais peut toujours renoncer après l'expiration de ceux accordés pour délibérer, pourvu qu'elle n'ait point fait acte de commune (C. civ., art. 1459).

212. Lorsque la communauté est dissoute par le décès de la femme, ses héritiers peuvent renoncer dans les délais et les formes prescrits à la femme survivante (C. civ., art. 1466).

213. Les règles indiquées aux n°s 195, 201, 209 et suiv. sont également applicables aux femmes des individus morts civilement, à partir du jour où la mort civile a commencé (C. civ., art. 1162).

214. En cas de décès de la veuve sans avoir fait ou terminé l'inventaire, ses héritiers ont un nouveau délai de trois mois et quarante jours pour faire inventaire et délibérer (Duranton, t. 14, n° 455).

215. La femme séparée de corps, qui n'a point accepté la communauté dans les trois mois et quarante jours après la séparation définitivement prononcée, est censée y avoir renoncé, à moins qu'étant encore dans les délais, elle n'ait obtenu en justice, et contradictoirement avec le mari, une prorogation de délai (C. civ., art. 1463).

216. Toutefois, il suffit que la femme, même avant la séparation, ait manifesté l'intention formelle d'accepter pour qu'elle puisse être présumée n'y avoir pas renoncé, même après l'expiration du délai fixé par l'art. 1463 (Cass., 21 juin 1831).

217. Il en est de même à l'égard de la femme séparée de biens.

218. *Effets de la renonciation.* — En renonçant à la communauté, la femme perd toute espèce de droit sur les biens qui la composent, même sur le mobilier qui y est entré de son chef (C. civ., art. 1492), et sur les immeubles qu'elle aurait ameublis (Toullier, t. 13, n° 277). Elle retire seulement les *linges et hardes* à son usage (C. civ., art. 1492), c'est-à-dire toute sa garde-robe, à l'exception des pierreries et diamants (Toullier, t. 13, n° 283).

219. La femme a le droit de reprendre : 1° les immeubles qui lui appartiennent lorsqu'ils existent en nature, ou l'immeuble qui a été acquis en remploi ; 2° le prix de ses immeubles aliénés dont le remploi n'a pas été fait et accepté ; 3° toutes les indemnités qui peuvent lui être dues par la communauté (C. civ., art. 1493).

220. Les actions et reprises de la femme s'exercent tant sur les biens de la communauté que sur les biens personnels du mari (C. civ., art. 1495). Elle ne peut exiger le montant de ses droits en nature, mais seulement en valeur (Boileux, *Comment.*, sur l'art. 1495).

221. Les créances de la femme ne portent pas intérêt sans demande (C. civ., Arg., art. 1153 ; Boileux, *Comment.*, sur l'art. 1495).

222. La femme reste déchargée de toute espèce de contribution aux dettes de la communauté, sauf toutefois l'action des tiers contre elle, lorsqu'elle s'est obligée envers eux ou lorsqu'originairement la dette provenait de son chef (C. civ., art. 1494) ; mais elle a recours contre son mari ou ses héritiers dans ce dernier cas, et ils doivent l'indemniser (même article).

223. Les créanciers ne peuvent recourir contre la femme à raison des dettes pour nourriture, habillement, lors même qu'elle aurait fait les emplettes, et de tous les marchés qu'elle a faits pour le commerce de son mari ; cependant, lorsqu'il s'agit des dettes pour aliments et que le mari est insolvable, les créanciers peuvent actionner la femme. Elle serait aussi tenue des dettes contractées pour son commerce, si elle était marchande publique.

224. Le recours de la femme contre les héritiers de son mari s'exerce dans la liquidation de ses reprises, si elle a été obligée de payer les tiers avant cet acte, sinon par action en la forme ordinaire devant le tribunal contre la succession du mari.—V. *Formule* n° 9.

225. Les héritiers de la femme peuvent exercer les droits accordés à celle-ci, sauf en ce qui concerne le prélèvement des linges et hardes, ainsi que le logement et la nourriture auxquels ils n'ont pas droit (C. civ., art. 1495).

226. Lorsque les héritiers de la femme sont divisés, en sorte que l'un ait accepté la communauté, l'autre renoncé, ceux qui ont accepté ne peuvent reprendre que leur portion virile et héréditaire dans les biens échus au lot de la femme, et le surplus reste au mari, qui se trouve comptable envers les renonçants des droits que la femme aurait elle-même exercés en renonçant, mais seulement jusqu'à concurrence de la portion héréditaire de ces derniers (C. civ., art. 1475).

227. Par suite de la renonciation de la femme ou de ses héritiers, les conquêts de la communauté sont réputés avoir toujours fait partie des biens personnels du mari (Cass., 18 mai 1824).

228. *Poursuites contre la femme faute de renonciation.*—Le droit de renoncer à la communauté ne se prescrit contre la femme que par 30 ans; mais les créanciers ne sont pas tenus d'attendre ce temps pour poursuivre la femme. Si elle n'a pas renoncé dans les quarante jours qui suivent la clôture de l'inventaire, elle peut être poursuivie comme commune, et les frais faits jusqu'à sa renonciation restent à sa charge personnelle (C. civ., art. 1459).

229. Les jugements rendus contre elle ne lui imprimeraient la qualité de commune qu'à l'égard des créanciers qui les auraient obtenus.

230. Dans les poursuites dirigées contre la femme, on doit la considérer comme commune et demander sa condamnation en cette qualité, à moins qu'elle ne soit obligée à un autre titre. Elle peut arrêter ces poursuites en signifiant sa renonciation et en offrant par le même acte le montant des frais par elle dus.—V. *Formule* n° 10.

231. *Droit des créanciers de la femme d'attaquer sa renonciation.* — Les créanciers de la femme peuvent attaquer la renonciation faite par elle ou ses héritiers en fraude de leurs créances et accepter la communauté de leur chef (C. civ., art. 1464). Cet article ne s'entend que de la renonciation expresse de la femme. Ainsi les créanciers ne pourraient attaquer la renonciation que la femme séparée de corps ou de biens est censée avoir faite en n'acceptant pas dans le délai prescrit par la loi.

232. Les créanciers n'ont pas besoin de prouver que la femme a eu l'intention de frauder en renonçant; il suffit que la renonciation leur porte préjudice pour qu'ils puissent l'attaquer (Arg., art. 788, C. civ. ; Duranton, t. 14, n° 462; Bellot, t. 2, p. 341 ; Toullier, t. 13, n° 202).

233. La nullité ne peut être demandée que par les créanciers antérieurs à la renonciation; ceux postérieurs n'ont pas ce droit (Duranton, *loc. cit.* Le même droit est accordé aux créanciers des héritiers de la femme (Duranton, n° 463).

234. L'annulation n'a lieu qu'en faveur des créanciers et jusqu'à concurrence de leurs créances; en sorte que si, ces créances payées, il reste quelque chose, cet excédant appartient au mari (Boileux, *Comment.*, sur l'art. 1464).

235. L'action des créanciers dure dix ans à partir du jour de la renonciation, sauf le cas de dol (Battur, n° 670).

236. La demande est introduite devant le tribunal, à la requête des créanciers contre la femme et les héritiers du mari ; elle a pour objet de faire annuler la renonciation jusqu'à concurrence des créances, d'autoriser le créancier à accepter la communauté et à représenter la femme renonçante dans tous les actes qui sont la suite de l'acceptation tout ainsi et de même que si elle avait accepté.—V. *Formule* n° 11.

Art. 6. — *Déclaration de la veuve comme commune pour cause de recel ou divertissement.—Déchéance du droit de n'être tenue des dettes que jusqu'à concurrence de l'émolument.*

237. La veuve, qui a diverti ou recélé quelques effets de la communauté, est déclarée commune nonobstant sa renonciation ; il en est de même à l'égard de ses héritiers (C. civ., art. 1460). Aucune distinction n'est à faire entre les divertissements commis avant ou après l'inventaire (Toullier, t. 13, n° 218).

238. Cet article ne s'applique pas à la femme qui n'est séparée que de biens : elle peut renoncer à la communauté nonobstant son recel, sauf à tenir compte de la valeur des objets recelés (Toulouse, 23 août 1827).

239. Il y a *recel*, lorsque la femme omet de mauvaise foi de comprendre des effets de la communauté dans l'inventaire; l'omission, sans mauvaise foi, serait donc insuffisante pour constater le recel (Cass., 16 fév. 1832) ; et *divertissement*, lorsque la femme détourne ou dissipe des effets dans le but d'en priver les héritiers du mari.

240. La femme qui divertit ou recèle, et qui, par conséquent, ne fait pas bon et fidèle inventaire, est déchue du bénéfice de n'être tenue des dettes que jusqu'à concurrence de son émolument (C. civ., arg., art. 1483).

241. La peine établie par l'art. 1460 a été prononcée en faveur des créanciers du mari ; ils peuvent donc demander la déchéance ou y renoncer et se borner à la demande en restitution des objets (Duranton, t. 14, n° 441; Toullier, t. 13, n° 216).—V. *Formule* n° 12.

Art. 7. — *De l'acceptation.—Des comptes, partage et licitation.—Compétence, procédure.*

1° De l'acceptation.

242. L'acceptation est expresse ou tacite : elle est expresse, quand, postérieurement à la dissolution de la communauté, la femme prend le titre ou la qualité de commune dans un acte authentique ou privé (C. civ., art. 1455); elle est tacite, quand la femme fait un acte qui suppose nécessairement son intention d'accepter et qu'elle n'aurait pu faire qu'en sa qualité de commune.

243. La femme ne peut accepter la communauté sous bénéfice d'inventaire (Pothier, *De la Communauté*, n° 547).

244. La faculté d'accepter la communauté ne se prescrit que par trente ans contre la femme qui a fait inventaire dans le délai légal (Duranton, t. 14, n° 448).

245. Si l'acceptation de la femme a eu lieu en fraude des droits de ses créanciers, ceux-ci peuvent la faire révoquer (Duranton, n° 447).

246. La demande est formée pour voir dire que l'acceptation sera annulée et que les créanciers seront autorisés à renoncer à la communauté. — V. *Formule* n° 13.

2° Des compte, partage et licitation.

247. La communauté une fois acceptée par la veuve ou ses héritiers, il s'agit de procéder aux compte, partage et licitation des biens qui en dépendent. Ces trois opérations se poursuivent ordinairement par la même demande.

248. Compte. — Il y a lieu de procéder à un compte, lorsque, depuis la dissolution de la communauté jusqu'au moment où on partage, les biens qui la composent ont été administrés soit par le survivant, soit par toute autre personne. Le reliquat de ce compte se porte à l'actif ou au passif de la communauté.

249. Le compte peut être demandé par les héritiers du défunt, lors même qu'ils n'auraient aucune part dans les biens de la communauté ; ils ont intérêt à ce que le compte soit rendu pour déterminer leur contribution aux dettes de la succession, s'il existe d'autres biens ; il peut également être demandé par les créanciers et légataires universels ou à titre universel de la succession.

250. La demande est formée contre la personne qui a administré les biens de la communauté.

251. Si les parties sont toutes majeures et d'accord, le compte peut être rendu à l'amiable ; sinon, il faut procéder en justice (Arg., art. 1476 et 819, C. civ.

252. Partage. — Le partage peut avoir lieu à l'amiable, si toutes les parties sont d'accord, majeures, jouissant de leurs droits civils, présentes ou dûment représentées (C. civ., art. 819 ; C. proc. civ., art. 985).

253. Au contraire, le partage doit être fait en justice si, parmi les intéressés, il y a des mineurs, ou des incapables, ou des opposants.

254. *Quand on peut demander le partage.* — Le partage peut être demandé nonobstant toutes prohibitions ou conventions contraires, nul n'étant tenu de rester dans l'indivision ; toutefois, on pourrait suspendre le partage pendant un délai qui n'excéderait pas cinq ans (C. civ., Arg., art. 815).

255. La demande en partage peut-elle être formée avant l'expiration des délais pour faire inventaire et délibérer ? Nous le pensons ; seulement, la partie assignée pourra opposer l'exception résultant de l'art. 174, C. p. civ.

256. *Qui peut demander le partage.* — Le partage peut être demandé par tout copropriétaire ; mais s'il existe des mineurs parmi les héritiers du prédécédé, leur tuteur ne peut demander le partage qu'après y avoir été spécialement autorisé par le conseil de famille (C. civ., art. 817 et 465), lors même qu'il ne s'agirait que d'un partage de meubles. La délibération n'est pas soumise à l'homologation.

257. En cas d'absence, l'action appartient aux envoyés en possession (C. civ., art. 817).

258. Si une femme mariée est copropriétaire et si les biens qui doivent lui échoir par le partage tombent dans la communauté, le mari peut demander le partage sans sa femme ; mais s'ils n'y tombent pas, il ne le peut sans son concours. Cependant, s'il a le droit de jouir des biens, il peut demander un partage provisionnel (C. civ., art. 818).

259. *Contre qui le partage est demandé.* — Le partage doit être demandé contre tout copropriétaire; s'il existe des mineurs, il doit être demandé contre leurs tuteurs qui, dans ce cas, n'ont pas besoin d'être autorisés (C. civ., art. 465). Si une femme mariée est copropriétaire, la demande est dirigée contre elle et son mari.

960. LICITATION. — La licitation peut avoir lieu à l'amiable ou en justice. Elle est demandée par un ou plusieurs copropriétaires contre les autres, et portée au même tribunal que le partage. — V., au surplus, ce que nous avons dit *suprà*, n°s 252 et suiv.

3° Compétence.—Procédure.

961. COMPÉTENCE. — La demande en compte, partage et licitation, est soumise au préliminaire de conciliation (V. ce mot). La citation doit être donnée devant le juge de paix du lieu où la communauté est dissoute (C. proc. civ., art. 50, 2° et 3°, et 59).

962. Elle est ensuite portée devant le tribunal du lieu où la communauté est dissoute, ainsi que les contestations qui s'élèvent dans le cours des opérations (Arg., art. 59, C. proc. civ. ; C. civ., art. 1476 et 822). —, V. *Formule* n° 14.

263. S'il y a plusieurs demandeurs, la poursuite appartient à celui qui a fait viser le premier l'original de son exploit par le greffier du tribunal. Le visa doit être daté du jour et de l'heure où il est donné (C. pr. civ., art. 967).

264. PROCÉDURE. — COMPTE.—Le jugement qui ordonne la reddition du compte nomme un juge-commissaire chargé de faire le rapport des difficultés relatives au compte ; le poursuivant fait sommer le comptable de comparaître au jour indiqué devant le juge-commissaire (V. *Formule* n° 15, 1re espèce), lequel renvoie les parties devant un notaire convenu ou nommé d'office par le tribunal, si les parties ne s'entendent pas (C. proc. civ., art. 976). Ordinairement, le notaire est nommé par le jugement qui ordonne le compte. Cette marche est beaucoup plus prompte et moins dispendieuse.

265. Le rendant compte est sommé de se rendre tel jour et à telle heure devant le notaire commis, pour y rendre son compte. Cette sommation a lieu, savoir : si le rendant compte a un avoué, par acte d'avoué à avoué, et s'il n'en a pas, par exploit à personne ou domicile. — V. *Formule* n° 15, 2° espèce.

266. Si le rendant ne comparaît pas sur cette sommation, le notaire donne défaut contre lui et le renvoie devant le juge-commissaire. Pour le contraindre à rendre compte, on suit la marche indiquée au mot *Compte*.

267. S'il se présente, il rend son compte, que le notaire rédige seul et sans l'assistance d'un second notaire ni de témoins (C. proc. civ., art. 977). Le rendant donne communication de toutes les pièces justificatives, qui sont préalablement cotées et paraphées. — V. *Compte*.

268. Le juge-commissaire ne peut, comme dans un compte ordinaire, délivrer à l'oyant un exécutoire pour le reliquat du compte, parce que ce reliquat doit entrer dans la masse de la communauté ; cependant, si la somme due par le rendant compose le seul actif de la communauté, chaque oyant peut demander exécutoire pour sa portion, en produisant un extrait du compte contenant le reliquat net et le droit de chaque oyant.

269. Le compte n'est pas signifié, seulement il en est donné communication aux parties qui doivent convenir d'un jour pour le débattre ; si elles n'en conviennent pas, l'indication est faite par le notaire. Dans tous les cas, la communication est consignée par un procès-verbal séparé qui est remis au greffe du tribunal quand l'opération est finie (Tarif, art. 168).

270. Au jour indiqué, si les parties ou l'une d'elles ne se présentent pas, le notaire donne défaut et renvoie les parties devant le juge-commissaire. La partie qui veut poursuivre prend des conclusions devant ce magistrat ; si l'autre partie comparaît, elle prend aussi les siennes. Dans tous les cas, le juge dresse procès-verbal des dires et conclusions des parties et les renvoie devant le tribunal à un jour qu'il indique. Il n'est pas besoin de sommation pour faire paraître les parties, soit devant le juge-commissaire, soit devant le tribunal.

271. Le juge-commissaire fait son rapport au jour indiqué et le tribunal prononce.

272. Si les parties se présentent devant le notaire, mais ne peuvent demeurer d'accord, ce fonctionnaire les renvoie devant le juge-commissaire, après avoir dressé procès-verbal des difficultés. On procède ensuite comme il est dit n° 270, ci-dessus.

273. Partage ou Licitation.— Lorsqu'il dépend des immeubles de la communauté, le tribunal doit en ordonner le partage ou la licitation (C. proc. civ., art. 970), c'est-à-dire qu'il doit décider si les immeubles seront vendus préalablement aux opérations de la liquidation, ou bien s'ils devront être compris dans la masse active de la communauté pour leur valeur vénale.

274. Dans l'un et l'autre cas, le tribunal peut déclarer qu'il sera procédé auxdites opérations, soit immédiatement et sans expertise préalable (C. proc. civ., art. 970), soit après une expertise (C. proc. civ., art. 971).

275. Si le tribunal ordonne une expertise, il peut commettre un ou trois experts, lesquels, après avoir prêté serment comme il est prescrit en l'art. 956, C. proc. civ., procèdent suivant les formalités prescrites au titre *des Rapports d'experts* (C. proc. civ., art. 971).— V. *Expertise*.

276. Le rapport des experts doit présenter sommairement les bases de l'estimation, sans entrer dans le détail descriptif des biens à partager ou à liciter (C. proc. civ., art. 971).

277. Lorsque le rapport est déposé au greffe, le poursuivant en demande l'entérinement par un simple acte de conclusion d'avoué à avoué (C. proc. civ., art. 971).

278. En ordonnant la licitation, le tribunal prescrit que cette opération aura lieu soit devant un membre du tribunal, soit devant un notaire (C. pr. civ., art. 970).

Il y est procédé soit sur la mise à prix fixée par le tribunal, s'il n'y a pas eu d'expertise (C. proc. civ., art. 970), soit sur celle fixée par le rapport des experts, s'il y a eu expertise.

279. Après la signification du jugement, le cahier des charges est rédigé (V. *Vente judic. d'immeubles*, et C. proc. civ., art. 972), puis déposé au greffe ou chez le notaire, suivant que le tribunal a ordonné la licitation devant un membre du tribunal ou devant un notaire (C. proc. civ., art. 973).

280. Dans la huitaine de ce dépôt, sommation est faite aux colicitants, par un simple acte, en l'étude de leurs avoués, d'en prendre communication (C. proc. civ., art. 973). Si les colicitants n'ont pas d'avoué, la sommation a lieu par exploit à personne ou à domicile. — V. *Sommation*.

281. S'il s'élève des difficultés sur le cahier des charges, elles sont vidées à l'audience, sans aucune requête et sur un simple acte d'avoué à avoué (C. proc. civ., art. 973). Le jugement qui intervient ne peut être attaqué que par la voie de l'appel dans les formes et délais prescrits par les art. 731 et 732 (V. *Saisie immobilière*). — Tout autre jugement sur les difficultés relatives aux formalités postérieures à la sommation de prendre communication du cahier des charges ne peut être attaqué par opposition ni par appel (C. proc. civ., art. 973).

282. Si, au jour indiqué pour l'adjudication, les enchères ne couvrent pas la mise à prix, il est procédé comme il est dit en l'art. 963 (C. proc. civ., art. 973).—V. *Vente judiciaire d'immeubles*.

283. Dans les huit jours de l'adjudication, toute personne peut surenchérir d'un sixième du prix principal, en se conformant aux conditions et aux formalités prescrites par les art. 708, 709 et 710 (C. proc, civ., art. 973).— V. *Saisie immobilière.*

284. Cette surenchère produit les mêmes effets que dans les ventes de biens de mineurs (C. proc. civ., art. 973). — V. *Vente judiciaire d'immeubles.*

285. En ordonnant le partage, le tribunal doit commettre, s'il y a lieu, un juge et en même temps un notaire (C. proc. civ., art. 969).

286. Si le notaire n'a pas été nommé par le jugement qui ordonne le partage, le poursuivant présente une requête au juge-commissaire à l'effet d'obtenir une ordonnance portant permis de citer les autres parties à comparaître devant lui (Tarif, art. 76).

287. En vertu de l'ordonnance, le poursuivant fait sommer ses copartageants (V. *Formule* n° 15, 1re espèce). S'ils se présentent devant le commissaire et ne peuvent s'entendre, celui-ci renvoie les parties à *tel* jour et à *telle* heure devant le tribunal qui, sur le rapport du juge-commissaire, nomme le notaire (C. civ., art. 828; C. proc. civ., art. 977).

288. Le notaire nommé, le poursuivant fait sommation à ses copartageants, soit par acte d'avoué à avoué, s'ils ont chacun constitué un avoué, soit par exploit, s'ils n'en ont pas (V. *Formule* n° 15, 3e espèce), de se trouver à jour et heure fixés chez le notaire commis, à l'effet de procéder au partage (C. proc. civ., art. 976).

289. Le notaire commis procède seul et sans l'assistance d'un second notaire ou de témoins. Si les parties se font assister près de lui d'un conseil, les honoraires de ce conseil n'entrent point dans les frais de partage et ne sont pas à sa charge (C. proc. civ., art. 977).

290. Que les parties comparaissent toutes ou que l'une ou plusieurs d'entre elles fassent défaut, le notaire procède aux opérations du partage sur l'inventaire, les pièces inventoriées, le rapport des experts, les documents qui lui sont donnés et les dires des parties.

291. Si, au cours des opérations, il s'élève des contestations, le notaire rédige, en un procès-verbal séparé, les difficultés et dires des parties, renvoie celles-ci devant le juge-commissaire et dépose son procès-verbal au greffe où il est retenu (C. civ., art. 837; C. pr., art. 977).

292. Si le juge-commissaire renvoie les parties à l'audience, l'indication du jour où elles doivent comparaître tient lieu d'ajournement. Il ne doit être fait, au surplus, aucune sommation pour comparaître soit devant le juge, soit à l'audience (C. pr., art. 977).

293. Le notaire commis procède à la formation de la masse, à la déduction des dettes et prélèvements, et à la formation et au tirage des lots de la manière suivante :

294. 1° *Formation de la masse.*—La masse de la communauté se compose : 1° de tous les biens meubles et immeubles de la communauté ; et 2° de tout ce dont les conjoints sont débiteurs envers la communauté à titre de récompense ou d'indemnité (C. civ., art. 1468).

295. Celui des époux qui a diverti ou recélé des effets de la communauté, perd sa part dans ces effets (C. civ., art. 1477). Dans ce cas, les effets recélés sont distraits de la masse et remis en totalité à l'autre conjoint.

296. 2° *Déduction des dettes.* — Sur cette masse, on déduit toutes les dettes à la charge de la communauté. Si ces dettes sont des sommes à payer une fois, on les paie sur les biens, ou on charge chacun des conjoints de payer sa part, ou un des lots de les acquitter, en y ajoutant des biens pour une somme égale aux dettes.

297. Si ces dettes sont des rentes, il faut distinguer : si elles ne sont pas hypothéquées, chacun est tenu pour sa part ; si elles le sont, chacun peut exiger ou que les rentes soient remboursées avant la formation des lots, soit avec du mobilier, soit avec des immeubles que l'on vend (C. civ., art. 872); ou que l'immeuble grevé soit estimé au même taux que les autres immeubles; que sur cette estimation, il soit fait déduction du prix total de la rente, et que celui dans lequel tombe cet immeuble soit seul chargé du service de cette rente.

298. 3° *Prélèvements.*—Sur la masse chacun des époux prélève les récompenses et indemnités qui lui sont dues par la communauté (C. civ., art. 1470).

299. Les prélèvements de la femme s'exercent avant ceux du mari (C. civ., art. 1471), savoir : pour les objets qui existent en nature, sur ces objets, et pour ceux qui n'existent plus en nature, d'abord sur l'argent comptant, en second lieu sur le mobilier, ensuite sur les immeubles de la communauté dont elle a le choix, et enfin, en cas d'insuffisance, sur les biens personnels du mari (C. civ., art. 1472).

300. Les prélèvements du mari s'exercent, après ceux de la femme, sur les biens de la communauté seulement (C. civ., art. 1472), et dans le même ordre.

301. 4° *Composition des lots.* — Les dettes déduites et les prélèvements exercés, on compose, des biens restants, devant le notaire choisi, autant de lots qu'il y a de partageants (C. civ., art. 828 et 831 ; C. proc. civ., art. 978).

302. Dans la composition, il faut éviter autant que possible de morceler les héritages ; mais il convient de faire entrer dans chaque lot la même quantité de meubles, de créances et d'immeubles (C. civ., art. 832) ; cependant, comme il est souvent impossible de composer des lots absolument égaux, on compense l'inégalité par un retour en rente ou en argent (C. civ., art. 833).

303. Les lots peuvent être faits par l'un des copartageants, s'ils sont tous majeurs, s'ils s'accordent sur le choix, et enfin si celui qu'ils ont choisi accepte la commission (C. proc. civ., art. 978).—Dans le cas contraire, c'est-à-dire lorsque les parties majeures ne s'accordent pas sur le choix, ou lorsque celui désigné n'accepte pas, ou lorsqu'il y a des incapables, le notaire, sans qu'il soit besoin d'aucune autre procédure, renvoie les parties devant le juge-commissaire, et celui-ci désigne un expert (même article).—V. *Formule* 15, 4e espèce.

304. Le cohéritier choisi par les parties, ou l'expert nommé par le juge, établit la composition des lots par un rapport reçu et rédigé par le notaire à la suite des opérations précédentes (C. proc. civ., art. 979).

305. Lorsque les lots ont été fixés et que les contestations sur leur formation, s'il y en a eu, ont été jugées, le poursuivant fait sommer ses copartageants à l'effet de se trouver à jour indiqué, en l'étude du notaire, pour assister à la clôture de son procès-verbal, en entendre la lecture et le signer avec lui, s'ils le peuvent et le veulent (C. proc. civ., art. 980). —Voy. *Formule* n° 15, 5e espèce.

306. Le partage fait, on le fait homologuer par le tribunal. Pour faire prononcer l'homologation, le notaire remet l'expédition de l'acte de partage à la partie la plus diligente (C. proc. civ., art. 981) qui demande cette homologation par une réquisition sur le procès-verbal du commissaire, lequel renvoie les parties à l'audience (C. civ., Arg., art. 823), et déclare qu'il fera son rapport aux jour et heure qu'il indique.

307. Lorsque toutes les parties n'ont pas comparu à la clôture du partage, elles doivent être appelées au jugement d'homologation (C. pr. civ., art. 981). — V. *Formule* n° 16.

308. Au jour fixé, le commissaire fait son rapport, le procureur de la République donne ses conclusions si la qualité des parties requiert son ministère ; le tribunal homologue et ordonne le tirage des lots soit devant le juge-commissaire, soit devant le notaire (C. proc. civ., art. 981 et 982).

809. *Tirage des lots.* — Si le tirage est ordonné devant le juge-commissaire, la partie la plus diligente lui présente une requête pour faire indiquer le jour du tirage et permettre de faire sommation aux autres copartageants. On signifie l'ordonnance du juge-commissaire avec sommation de se présenter au tirage et déclaration qu'il aura lieu tant en l'absence que présence. — V. *Formule* 15, 6e espèce.

310. Si le tirage est ordonné devant notaire, la partie la plus diligente fait signifier le jugement à ses copartageants avec sommation. — V. *Formule* 15, 7e espèce.

311. Le tirage doit avoir lieu au sort (C. civ., art. 834).

312. Le greffier ou le notaire sont tenus de délivrer tels extraits, en tout ou en partie, du procès-verbal de partage que les parties intéressées requièrent (C. proc. civ., art. 983).

313. Le partage de la communauté est soumis aux règles établies au titre des successions en ce qui concerne les effets qu'il produit, la garantie des lots et les soultes (C. civ., art. 1476). Il en est de même de la licitation (même art.).

Art. 8. — *De la contribution aux dettes, — ou droits des créanciers après la dissolution de la communauté.*

314. Les conventions qui interviennent entre le survivant des époux et les héritiers du prédécédé relativement au paiement des dettes, soit dans le partage de la communauté, soit dans tout autre acte, ne sont point opposables aux créanciers (Toullier, t. 13, n° 264). Ceux-ci peuvent poursuivre leur paiement de la manière déterminée par la loi.

315. L'art. 1482, C. civ., qui dispose que « les dettes de la communauté sont pour moitié à la charge de chacun des époux ou de leurs héritiers », ne règle que les droits des époux entre eux et n'est pas applicable aux créanciers qui ne sont pas tenus d'actionner les époux ou leurs représentants chacun pour moitié de la dette, quelle que soit son origine.

1° Dettes chirographaires.

316. POURSUITES CONTRE LE MARI. — Le mari est tenu pour la totalité des dettes de la communauté par lui contractées, sauf son recours contre la femme ou ses héritiers pour la moitié desdites dettes (C. civ., art. 1484).

317. Ainsi, les créanciers peuvent, après la dissolution de la communauté, même après le partage, demander au mari soit la totalité de ces dettes, soit seulement la moitié et l'autre moitié à la femme ou ses héritiers (Toullier, t. 13, n° 235 ; Pothier, *de la Communauté*, n° 729. — *Contra*, Battur, n° 798).

318. Il n'est tenu que pour moitié des dettes personnelles à la femme et qui étaient tombées à la charge de la communauté (C. civ., art. 1485) ; mais si les biens de la communauté que la femme a reçus en partage ne suffisent pas pour acquitter la moitié des dettes provenant de son chef, les créanciers peuvent revenir contre le mari pour le surplus (Pothier, n° 739 ; Battur, n° 800 ; Duranton, t. 15, n° 38 ; Toullier, t. 13, n° 241).

319. POURSUITES CONTRE LA FEMME. — Lorsque la femme a fait bon et fidèle inventaire, elle n'est tenue des dettes de la communauté, soit à l'égard du mari, soit à l'égard des créanciers, que jusqu'à concurrence de son émolument, en rendant compte tant du contenu de l'inventaire que de ce qui lui est échu par le partage (C. civ., art. 1483). Elle ne se trouve donc obligée qu'en qualité de détentrice des biens de la communauté par elle reçus en partage (Toullier, t. 13, n° 242).

320. Le bénéfice résultant de cet article est inhérent à la qualité de la femme ; elle n'a besoin de faire aucune déclaration pour en profiter (Duranton, t. 14, n° 488); et comme son acceptation lui transfère la propriété de la moitié des biens de la communauté, elle peut en disposer comme bon lui semble, sans que les créanciers puissent critiquer les aliénations par elle faites, pourvu qu'elle rende compte de son émolument (Toullier, t. 13, n° 245).

321. La femme ne pourrait, comme l'héritier bénéficiaire, se décharger du paiement des dettes en abandonnant les biens par elle reçus en partage (Toullier, t. 13, n° 247; Duranton, t. 14, n° 489.—*Contrà*, Battur, n° 803, qui accorde le droit d'abandonner les immeubles, et Pothier, n° 730, qui permet même l'abandon des meubles, s'ils ne sont pas usés).

322. La femme justifie aux créanciers de la valeur de son émolument, quant *aux meubles*, par la représentation d'un inventaire ; ce titre est le seul qu'elle puisse opposer aux créanciers ; sans lui, ceux-ci peuvent la poursuivre jusqu'à concurrence de moitié de toutes les dettes (Cass., 21 déc. 1830). Elle ne pourrait donc s'appuyer, à l'égard des créanciers, sur un partage, même authentique, fait avec son mari ou ses héritiers ; mais cet acte pourrait servir de base au recours que la femme a le droit d'exercer contre les héritiers de son mari, pour avoir le paiement de la différence de son émolument à la moitié des dettes. (Pothier, n° 745; Toullier, t. 13, n° 250; Bellot, t. 2, n° 538.)

323. Et quant *aux immeubles*, la justification résulte de l'estimation qui leur est donnée dans le partage ou d'une estimation conventionnelle (Toullier, t. 13, n° 248).

324. Le compte à rendre par la femme aux créanciers qui le requièrent doit comprendre en recette : 1° tous les effets qu'elle retire de la communauté tant en partage qu'à titre de préciput (Pothier, n° 747; Toullier, t. 13, ° 251 ; Battur, n° 806), 2° moitié de la dot par elle constituée aux enfants communs, conjointement avec son mari, en effets de communauté (Pothier et Toullier, *loc. cit.*), et 3° les fruits qu'elle a perçus, déduction faite des sommes et des intérêts payés (Pothier, *loc. cit.*); et en dépense ce qu'elle a payé à des tiers, ce dont elle a fait confusion si elle était créancière (Toullier, t. 13, n°s 254 et 256), et les frais du compte (Toullier, t. 13, n° 257).

325. Le créancier de la communauté qui veut poursuivre la femme qui a fait inventaire doit l'assigner pour voir dire qu'elle sera condamnée à lui payer la moitié du montant de sa créance, si mieux elle n'aime justifier que les dettes par elle payées jusqu'à ce jour s'élèvent à une somme égale à son émolument.—V. *Formule n° 16.*

326. La femme peut être poursuivie pour la totalité des dettes qui procèdent de son chef et qui sont entrées en communauté, sauf recours pour moitié contre son mari ou ses héritiers (C. civ., art. 1486).

327. Mais, hors le cas où les dettes procèdent de son chef, la femme, même obligée à une dette de la communauté, ne peut être poursuivie que pour la moitié de cette dette, à moins que l'obligation ne soit solidaire (C. civ., art. 1487).

328. L'article qui précède reçoit son application, lors même que la femme n'a pas fait d'inventaire ou en a fait un infidèle (Cass., 21 déc. 1830).

329. La femme qui a payé une dette de communauté au delà de sa moitié n'a point de répétition contre le créancier pour l'excédant, à moins que la quittance n'exprime que ce qu'elle a payé était pour moitié (C. civ., art. 1488).

2° Dettes hypothécaires.

330. Lorsque l'un des époux, par l'effet de l'hypothèque exercée sur l'immeuble à lui échu en partage (V. *Action hypothécaire*), se trouve poursuivi pour la totalité d'une dette de communauté, il a de droit son recours pour la moitié de cette dette contre l'autre époux ou ses héritiers (C. civ., art. 1489).

331. Il suit de cet article que les créanciers hypothécaires de la communauté peuvent poursuivre le paiement de la totalité de leurs créances sur les biens qui leur sont hypothéqués, sans distinction de ceux échus au mari ou à la femme, et sans avoir à examiner l'origine de la dette.

332. L'hypothèque consentie sur les biens de la communauté par le mari pour dettes antérieures au mariage frappe ceux compris dans le lot échu à la femme, qui ne peut, dans ce cas, opposer au créancier que son hypothèque légale, s'il y a lieu ; par exemple, si elle est plus ancienne que celle du créancier (Toullier, t. 13, nº 263; Duranton, t. 14, nº 498.—V. *Contrà*, Pothier, nº 753, avec lequel d'autres auteurs pensent que l'hypothèque ne grève que la moitié du mari dans les conquêts). L'hypothèque judiciaire, antérieure au mariage, a le même effet.

333. Dans aucun cas, le mari, comme détenteur des conquêts, ne peut être poursuivi par les créanciers particuliers de sa femme ayant hypothèque antérieurement au mariage. Cette hypothèque ne frappe que sur la portion qui échoit à celle-ci par le partage (Pothier, nº 754; Duranton, t. 14, nº 499).

334. La femme, poursuivie hypothécairement pour une dette dont elle n'est point tenue personnellement, doit payer ou délaisser, sauf son recours contre son mari ou ses héritiers. Elle ne pourrait délaisser si la dette lui était personnelle (Duranton, t. 14, nº 500). Si elle payait, elle serait subrogée au créancier pour être colloquée au rang de celui-ci qu'elle représenterait ; elle ne pourrait empêcher la vente, si les hypothèques n'avaient pas été purgées (Duranton, t. 14, nº 501).

335. Le créancier hypothécaire poursuivant n'est point obligé de tenir compte à la femme de ce qu'elle peut avoir payé à d'autres créanciers de la communauté postérieurs à lui, lors même qu'elle aurait payé au delà de ce qu'elle a eu des biens de la communauté, sauf recours contre son mari ou ses héritiers (Duranton, t. 14, nº 503); il ne pourrait également être tenu de lui faire compte de ce qui pourrait lui être dû à raison de ses reprises en indemnités (Duranton, *loc. cit.*).

336. Celui des époux qui paie une dette de la communauté au delà de la portion dont il était tenu peut recourir contre l'autre (C. civ., art. 1490). — V. *infrà*, nº 338.

337. Ce qui est dit ci-dessus à l'égard du mari ou de la femme a lieu à l'égard des héritiers de l'un ou de l'autre ; et ces héritiers exercent les mêmes droits et sont soumis aux mêmes actions que le conjoint qu'ils représentent (C. civ., art. 1491).

Art. 9. — *Des créances que les époux ont à exercer l'un contre l'autre après le partage de la communauté.*

338. Lorsque le partage est consommé et que l'un des époux reste créancier de l'autre, comme lorsque le prix de son bien a été employé à payer une dette personnelle de l'autre époux ou pour toute autre cause, il exerce sa créance sur la part échue à celui-ci dans la communauté ou sur ses biens personnels (C. civ., art. 1478).

339. Ces créances ne portent intérêt que du jour de la demande en justice (C. civ., art. 1479).

340. Résulte-t-il de la combinaison des deux articles précédents que l'époux créancier a un privilége sur les biens de l'autre époux ? Nous ne le pensons pas, et nous croyons, au contraire, qu'ils ont pour but de faire rentrer la créance dans le droit commun : l'art. 1479 déroge en effet à l'art. 1473.

341. L'action de l'époux créancier est personnelle ; elle doit donc être portée devant le tribunal du domicile du débiteur. Elle est intentée en la forme ordinaire.—V. *Ajournement, Conciliation.*

Art. 10.—*De l'action en retranchement accordée aux enfants d'un précédent mariage de l'un des époux.*

342. Les dispositions précédentes sont observées même lorsque l'un des époux ou tous deux ont des enfants d'un précédent mariage (C. civ., art. 1496).

343. Cependant, si la confusion du mobilier et des dettes opérait, au profit de l'un des époux, un avantage supérieur à celui autorisé par l'art. 1098, C. civ., les enfants du premier lit de l'autre époux auraient l'action en retranchement (C. civ., art. 1496). Cet avantage serait considéré comme une donation déguisée (Ricard, *Des Donations*, part. 3, n° 1201; Renusson, *De la Communauté*, 2e partie, chap. 3, n°s 15 et suiv.).

344. La difficulté que présente cette disposition consiste dans la manière de prouver l'avantage. Lorsque les apports ont été constatés par un contrat, ils offrent un moyen de preuve concluant; à défaut de contrat, l'inégalité des apports peut être prouvée par titres, témoins et commune renommée, car il s'agit de prouver la fraude (Toullier, t. 13, n° 289).

345. L'inégalité des apports ne s'entend que des capitaux et non des revenus, ni des successions mobilières qui échoient aux époux pendant le mariage (Toullier, t. 13, n° 290).

346. Un exemple est indispensable pour faire connaître clairement la manière d'opérer pour savoir s'il y a avantage. Supposons donc que l'époux remarié, qui a trois enfants, a apporté 16,000 fr., son conjoint 4,000 fr., et que la masse de la communauté s'élève à 52,000 fr.

347. Masse de la communauté au décès du conjoint remarié. . 52,000 fr.

Sur quoi il faut déduire :
1° Pour les dettes de la communauté. . . . . . . 2,000 fr.
2° Pour l'apport du défunt. . . . 16,000 fr. } 20,000 } 22,000 fr.
3° Pour celui du survivant. . . . 4,000 }

Reste. . . . . 30,000 fr.
                                              1/2
Dont moitié pour les représentants du défunt. 15,000

348. A quoi on doit ajouter :
Pour le prélèvement sur la communauté. . . . . . 16,000 fr. } 17,000
Pour les biens propres. . . . . 1,000 }

Total. 32,000 fr.

349. Comme l'époux remarié avait trois enfants, il pouvait disposer, en faveur de son conjoint, d'un quart en toute propriété, 1/4
ci. 8,000

350. Cette première opération détermine la quotité disponible. Maintenant, il s'agit de savoir quel est l'avantage résultant, en faveur de l'autre époux, de l'inégalité des apports : pour cela on fait l'opération suivante :
Dot du conjoint remarié. . . . . 16,000 fr.
Dot de l'autre conjoint. 4,000

351. Excédant. . . . . 12,000 fr.

352. Dont moitié profite à l'époux non remarié, attendu que cette somme est entrée en communauté.

353. Comme cette moitié n'excède point la quotité disponible (V. n° 349), qui est de 8,000 fr., il n'y a donc point lieu à l'action en retranchement ; si, au contraire, cette moitié était de 12,000 fr., on pourrait intenter l'action en retranchement pour 4,000 fr.

354. L'action en retranchement ne peut s'intenter qu'après la dissolution de la communauté et dans le cas d'acceptation par la femme, lorsqu'elle doit être dirigée contre elle; en effet, si elle renonçait, elle ne profiterait nullement de l'avantage indirect, puisqu'elle perdrait toute espèce de droits sur les biens de la communauté.

355. Si l'action devait être dirigée contre le mari, la renonciation de la femme n'exercerait aucune influence sur la demande.

356. L'action peut être intentée avant ou après le partage de la communauté. — V. *Formule* n° 17. Selon nous, l'action en retranchement, étant étrangère au partage de la communauté et ne concernant que les enfants du conjoint remarié, doit être portée devant le tribunal du domicile du conjoint survivant.

SECT. III. — DE LA COMMUNAUTÉ CONVENTIONNELLE.

357. Les époux, en se conformant aux dispositions des art. 1387, 1388, 1389 et 1390, C. civ., peuvent, par un contrat antérieur au mariage, stipuler avec la plus entière liberté les conventions de leur union.

358. Ils peuvent adopter le régime de la communauté légale, le modifier, se soumettre aux dispositions des § 9 et suivants, stipuler que la dot de la femme sera inaliénable, et cumuler ainsi le régime de la communauté et le régime dotal; en un mot, admettre toutes conventions non contraires aux lois, à l'ordre public ni aux bonnes mœurs.

359. Abstraction faite des modifications apportées à la communauté légale, la communauté conventionnelle reste soumise aux règles tracées *suprà*, sect. II (C. civ., art. 1528).

360. Nous allons examiner les différents régimes indiqués par le Code comme pouvant être adoptés par les époux.

§ 1er. — *Communauté réduite aux acquêts.*

361. Lorsque les époux ont stipulé qu'il y aurait entre eux communauté d'acquêts, ils sont censés avoir exclu de leur communauté les dettes de chacun d'eux, actuelles et futures, et leur mobilier respectif, présent et futur (C. civ., art. 1498). La communauté réduite aux acquêts peut également résulter de la clause d'exclusion générale du mobilier et de celle de séparation de dettes (Toullier, t. 13, n° 299).

362. Dans le cas de cette communauté, après que chacun des époux a prélevé ses apports dûment justifiés, le partage se borne aux acquêts faits par les époux ensemble ou séparément, durant le mariage, et provenant tant de l'industrie commune que des économies faites sur les fruits et revenus des biens des deux époux (C. civ., art. 1498).

363. Les termes de l'art. 1498 excluent implicitement de la communauté les biens meubles ou immeubles advenus aux conjoints, particulièrement, par succession, donation, legs, prescription, dot, alluvion, accroissement (Duranton, t. 15, n° 10; Bellot, t. 3, p. 25).

364. On doit interpréter d'une manière extensive les mots *industrie commune* du même article et considérer comme acquêts : les pensions rémunératoires accordées par l'État; une gratification extraordinaire pour services rendus à l'État; la rente accordée à un blessé de juillet (Colmar, 29 déc. 1832); les fruits pendants par branches sur les propres des époux au moment du mariage (Duranton, *loc. cit.*), sans indemnité (Duranton, t. 15, n° 13).

365. Si le mobilier existant lors du mariage ou échu depuis n'a pas été constaté par inventaire ou état en bonne forme, il est réputé acquêt (C. civ., art. 1499). Cet inventaire pourrait être fait sous seing privé, pourvu qu'il eût été enregistré et déposé chez un notaire avant le mariage (Battur, n° 364;).

366. Si le mobilier existant au moment du mariage n'a pas été constaté par un inventaire authentique antérieur, et si celui échu pendant le mariage n'a pas été inventorié avant d'entrer dans l'habitation commune, ou au moins avant la naissance des droits des tiers, les créanciers de l'un et de l'autre des époux peuvent poursuivre le paiement de ce qui leur est dû sur le mobilier non inventorié, sans avoir égard à aucune des distinctions qui seraient réclamées (C. civ., art. 1510; Duranton, t. 15, n° 20; Toullier, t. 13, n° 309), sauf le recours de la femme ou de ses héritiers contre le mari, relativement au mobilier échu à la femme pendant le mariage et non inventorié (Duranton, loc. cit.).

367. Lorsque le mobilier de la femme a été inventorié, les créanciers du mari et de la communauté ne peuvent le faire vendre qu'autant que cette dernière en est devenue propriétaire par la confusion de la propriété avec la jouissance, comme pour les choses qui se consomment par l'usage, telles que les denrées et l'argent, les marchandises destinées à être vendues, les meubles livrés au mari sur estimation, sans déclaration que cette estimation n'en rend pas le mari propriétaire (Duranton, loc. cit.; Bellot, t. 3, p. 40).

368. Il en serait autrement des linges, pierreries, meubles meublants, livrés au mari sans estimation ou sur estimation, avec déclaration qu'elle ne transporte pas la propriété au mari, et de rentes sur particuliers ou sur l'Etat. Les créanciers du mari ne pourraient les saisir, et s'ils les saisissaient, la femme pourrait en faire la revendication conformément à l'art. 608, C. proc. civ. (Duranton, loc. cit.). — V. Saisie-revendication.

369. Entre les époux, le mobilier possédé au moment du mariage et qui n'est pas inventorié est réputé acquêt (Duranton, t. 15, n° 16; Bellot, t. 3, p. 27.—V. Contra, Toullier, t. 13, n° 305; Battur, n° 365, qui pensent que la femme est admise à faire preuve de gré à gré de la consistance de son mobilier). Quant au mobilier échu pendant le mariage, les auteurs sont d'accord d'appliquer l'art. 1504. — V. infrà, § 2.

370. Le mari ne peut aliéner les meubles de sa femme formellement exclus de la communauté, surtout lorsqu'il existe un inventaire; en cas d'aliénation, la femme aurait une action en dommages-intérêts contre son mari (Bruxelles, 8 juill. 1819).

371. La communauté est tenue des dettes contractées pour elle par le mari, mais non de celles relatives aux biens personnels des époux (Duranton, t. 15, n° 14; Bellot, t. 3, p. 26).

372. Les créanciers d'une société d'acquêts, quelle que soit la date de leur inscription, doivent être préférés, sur les biens de la société, aux créanciers personnels de l'un des sociétaires, sans qu'ils aient besoin de demander la séparation des patrimoines (Bordeaux, 23 janv. 1826; 28 mai 1832); mais pour cela, les créanciers de la société doivent exercer leurs droits avant le partage (Bordeaux, 6 juill. 1832).

373. La communauté réduite aux acquêts finit par la dissolution du mariage ou la séparation de biens; la femme peut y renoncer; dans ce cas, elle reprend ses propres et se trouve déchargée des dettes contractées pour la société.

374. La liquidation d'une société d'acquêts, en cas d'acceptation de la femme, se fait en prélevant sur sa masse : la dot de la femme reçue par le mari; les apports faits par celui-ci; les dettes contractées pendant le mariage; le prix des biens personnels aux époux, vendus, et dont la société a reçu le prix; les dégradations éprouvées par cas fortuit. Le surplus se partage.

§ 2. — *Clause d'exclusion de tout ou partie du mobilier.*

375. Les époux peuvent exclure de la communauté tout ou partie du mobilier présent et futur. Lorsqu'ils en mettent réciproquement dans la communauté jusqu'à concurrence d'une somme ou d'une valeur déterminée, ils sont par cela seul censés se réserver le surplus (C. civ., art. 1500). Par mobilier futur, il faut entendre tout le mobilier qui advient aux époux autrement qu'à titre onéreux (Duranton, t. 15, n° 27; Paris, 20 fév. 1815).

376. La clause d'exclusion de mobilier, connue sous le nom de *clause de réalisation*, a pour but de restreindre l'étendue de la communauté qui, sans elle, comprendrait le mobilier exclu ou réalisé (Pothier, *de la Communauté*, n° 287 ; Bellot, t. 3, p. 47).

377. Cette clause est de droit étroit et ne s'étend qu'aux objets qu'elle comprend expressément. Ainsi, par exemple, si les époux déclarent réaliser leur mobilier, cette clause ne comprend que le mobilier présent et les effets qui, quoique usés pendant le mariage, proviennent d'un titre antérieur (Toullier, t. 13, n° 319 ; Duranton, t. 15, n° 12).

378. L'apport d'une somme ou d'une valeur déterminée, nommé convention d'apport, rend l'époux débiteur envers la communauté de la somme qu'il a promis d'y mettre et l'oblige d'en justifier (C. civ., art. 1501).

379. Sur cette somme on impute le mobilier existant au moment du mariage (Toullier, t. 13, n° 301), les dettes actives payées au cours de la communauté (Toullier, t. 13, n° 310) ; en un mot, tout ce qui fait partie de la dot mobilière des conjoints et est entré dans la communauté, par exemple, si les parents de la future ont promis de la nourrir pendant un certain temps, s'ils lui ont donné les fruits d'un héritage (Pothier, n° 294). Mais on ne devrait pas imputer le mobilier échu pendant le mariage, s'il n'était formellement exclu de la communauté (V. cependant Toullier, t. 13, n° 311).

380. L'apport est suffisamment justifié quant au mari par la déclaration portée au contrat de mariage que son apport est de telle valeur. Il est suffisamment justifié à l'égard de la femme par la quittance que le mari lui donne, ou à ceux qui l'ont dotée (C. civ., art. 1502).

381. A défaut de la représentation de cette quittance ou de la reconnaissance du mari qu'il a reçu la dot, la femme ou ses héritiers sont débiteurs de la somme promise et ne peuvent exercer le prélèvement de l'excédant de la mise en communauté. Cela a lieu lors même que le mariage a duré dix ans depuis l'échéance des termes pris pour le paiement de la dot, sans poursuites du mari. La prescription établie par l'art. 1509, exorbitante du droit commun, n'est pas applicable au régime de la communauté conventionnelle (Duranton, t. 15, n° 47).

382. Le mobilier qui échoit aux époux pendant le mariage doit être constaté par un inventaire. A défaut d'inventaire ou d'un titre propre à en constater la valeur, déduction faite des dettes, le mari ne peut en exercer la reprise. Quant au mobilier échu à la femme, elle ou ses héritiers sont admis à faire preuve, soit par titres, par témoins ou par commune renommée, de la valeur de ce mobilier (C. civ., art. 1504 ; Amiens, 17 déc. 1824 ; Toullier, t. 13, n°s 303 et suiv.).

383. L'exclusion totale du mobilier entraîne l'exclusion totale des dettes. Si le mobilier n'était exclu que pour un tiers ou un quart, la communauté ne supporterait les dettes que dans la même proportion (Toullier, t. 13, n° 324 ; Duranton, t. 15, n° 50).

384. Lors de la dissolution de la communauté, chaque époux a le droit de reprendre et de prélever la valeur de ce dont le mobilier qu'il a apporté lors du mariage ou qui lui est échu depuis excédait sa mise en communauté (C. civ., art 1503).

385. De cette disposition il résulte que les meubles réalisés se confondent avec ceux de la communauté, qui a l'entière disposition du mobilier exclu (Pothier, n° 325 ; Bellot, t. 3, p. 103 ; Battur, n° 153 ; —*Contrà*, Toullier, t. 13, n° 277 ; Duranton, t. 14, n° 318, qui rejettent la confusion quant aux choses qui ne se consomment pas par l'usage).

386. Ainsi, en admettant l'opinion des premiers auteurs, les créanciers du mari ou de la communauté pourraient saisir tout le mobilier, même celui de la femme exclu de la communauté ; et en admettant celle des seconds, ils ne pourraient saisir ceux réalisés et qui ne se consomment pas par l'usage.

387. Si, au moment de la dissolution, les meubles réalisés de la femme sont au pouvoir du mari et qu'ils ne soient frappés d'aucune saisie, la femme a le droit de les reprendre en les imputant sur ses droits (Battur, n° 387).

§ 3. — *De la clause d'ameublissement.*

388. On appelle clause d'ameublissement celle par laquelle les époux font entrer en communauté tout ou partie de leurs immeubles présents ou futurs (C. civ., art. 1505).

389. L'ameublissement est général ou particulier : il est général, lorsqu'on apporte à la communauté une universalité de meubles (Pothier, n° 304 ; Duranton, t. 15, n° 52 ; Toullier, t. 13, n° 332) ; lorsque les parties conviennent que les successions qui leur adviendront seront communes. Il est particulier, lorsqu'on met en communauté quelques immeubles particuliers. L'ameublissement particulier peut être déterminé ou indéterminé. Il est déterminé quand l'époux a déclaré mettre en communauté tel immeuble en totalité ou jusqu'à concurrence d'une certaine somme (C. civ., art. 1506).

390. C'est par erreur toutefois que le Code a mis au nombre des ameublissements déterminés, celui de tel immeuble ameubli jusqu'à concurrence d'une certaine somme, puisqu'il reste une indétermination absolue sur la quotité de l'immeuble que représente cette somme ; aussi le Code ne lui attribue-t-il l'effet que de l'ameublissement indéterminé (Toullier, t. 13, n° 329 ; Duranton, t. 15, n° 61. —V. *infrà*, n° 395). Cependant, cet ameublissement est déterminable par la prisée de l'immeuble et la fixation de la portion qui entrera dans la communauté faite contradictoirement avec la femme qui ne peut d'ailleurs s'y opposer (Toullier, *loc. cit.*).

391. Mais on devrait considérer comme déterminé l'ameublissement d'une partie aliquote et indivise d'un immeuble déterminé (Toullier, t. 13, n° 330 ; Duranton, t. 15, n° 62). L'ameublissement est encore déterminable, sinon déterminé, lorsqu'il est d'une certaine quantité de mesure à prendre dans un champ (Duranton, t. 15, n° 65).

392. L'ameublissement est indéterminé, quand l'époux a déclaré apporter en communauté ses immeubles, sans dire lesquels, jusqu'à concurrence d'une certaine somme (C. civ., art. 1506). Il n'y aurait pas ameublissement dans la promesse d'une somme à prendre sur les meubles et les immeubles (Duranton, t. 15, n° 66 ; Toullier, t. 13, n° 334).

393. L'effet de l'ameublissement déterminé est de rendre les immeubles qui en sont frappés biens de la communauté, comme les meubles mêmes (C. civ., art. 1507), et de les mettre aux risques de la communauté qui en supporte la perte, s'ils périssent ou se détériorent (Duranton, t. 15, n° 68 ; Toullier, t. 13, n° 337).

394. Lorsque l'immeuble est ameubli en totalité, le mari peut en disposer comme des autres effets de la communauté et l'aliéner en totalité (C. civ., art. 1507).

395. Si, au contraire, l'immeuble n'est ameubli que pour une certaine somme, le mari ne peut l'aliéner qu'avec le consentement de la femme ; mais il peut l'hypothéquer sans son consentement jusqu'à concurrence de la portion ameublie (art. 1507) ; d'où l'on peut, ce nous semble, tirer la conséquence qu'il pourrait être saisi jusqu'à concurrence de cette portion, sauf, avant la vente, à faire déterminer l'étendue de la quantité ameublie, contradictoirement avec la femme (Duranton, t. 15, n° 83).

396. Si la femme s'était réservé le droit de reprendre l'immeuble ameubli, franc et quitte, il ne pourrait être hypothéqué ni aliéné (de Laurière, *Coutume de Paris*, tit. 10 ; Battur, n° 399).

397. L'ameublissement indéterminé ne rend pas la communauté propriétaire des immeubles qui en sont frappés ; son effet se réduit à obliger l'époux qui l'a consenti à comprendre dans la masse, lors de la dissolution de la communauté, quelques-uns de ses immeubles jusqu'à concurrence de la somme par lui promise. Le mari ne peut aliéner, en tout ou partie, sans le consentement de sa femme, les immeubles frappés de l'ameublissement indéterminé ; mais il peut les hypothéquer jusqu'à concurrence de l'ameublissement (C. civ., art. 1508).

398. Pendant le mariage, les époux peuvent déterminer de concert l'ameublissement indéterminé (Toullier, t. 13, n° 337 ; Bellot, t. 3, p. 145).

399. Cette détermination peut avoir lieu : premièrement, s'il s'agit de l'ameublissement consenti par la femme : 1° par la vente faite par elle, et son mari d'un ou plusieurs de ses immeubles propres dont le prix vient en compensation de la somme jusqu'à concurrence de laquelle l'ameublissement a été fait ; 2° par une convention entre les époux, par laquelle la femme donnerait au mari tel ou tel de ses immeubles en paiement ; secondement, si l'ameublissement est fait par le mari, par la vente d'une partie de ses immeubles jusqu'à concurrence de la somme convenue (Duranton, t. 15, n° 83).

400. En cas de refus de la part de la femme, le mari peut la contraindre à faire cesser l'indétermination de l'ameublissement en désignant les immeubles qui doivent entrer en communauté (Toullier, t. 13, n° 338).

401. Selon nous, le mari devrait mettre sa femme en demeure en lui faisant sommation de désigner les immeubles qu'elle entend faire entrer en communauté. — V. *Formule* n° 18. Faute par la femme d'obéir, le mari l'assignerait, après le préliminaire de la conciliation, pour voir dire que l'ameublissement sera restreint à *tels* immeubles qu'il désignerait. — V. *Formule* n° 19.

402. L'époux qui a ameubli un héritage conserve, lors du partage, la faculté de le retirer en le précomptant sur sa part pour le prix qu'il vaut alors, et ses héritiers ont le même droit (C. civ., 1509).

403. Cette reprise n'a lieu que dans l'état où se trouve l'immeuble, sans préjudice des droits réels qui y auraient été imposés, et si l'immeuble avait été aliéné, elle ne pourrait s'exercer (Duranton, t. 15, n° 76). En cas de renonciation, la femme ou ses héritiers ne peuvent profiter du bénéfice de l'art. 1509 (Toullier, t. 13, n° 345 ; Duranton, t. 15, n° 78).

404. L'ameublissement, en ce qu'il fait considérer des immeubles comme des meubles, n'a d'effet qu'entre les parties et dans l'intérêt du mari seulement. A l'égard de toutes autres personnes, les immeubles ameublis conservent leur nature propre (Duranton, t. 15, n° 86).

§ 4. — *Clause de séparation des dettes.*

405. La clause de séparation de dettes est celle par laquelle les époux excluent de leur communauté les dettes que chacun d'eux a contractées avant le mariage (Pothier, n° 351 ; Bellot, t. 3, p. 157).

406. La séparation de dettes est expresse ou tacite : *expresse*, lorsque les parties conviennent de payer leurs dettes antérieures au mariage (Pothier, *loc. cit.* ; Duranton, t. 15, n° 89) ; *tacite*, lorsque les époux apportent dans la communauté une certaine somme ou un corps certain (C. civ., art. 1511).

407. On ne doit pas conclure de la clause de séparation de dettes qu'il y a par cela seul exclusion du mobilier et des créances de chaque conjoint ; l'un et l'autre tombent en communauté (Bellot, t. 3, p. 159).

408. Lorsque les époux ont stipulé qu'ils paieraient séparément leurs dettes personnelles, ils sont obligés, à la dissolution de la communauté, de se faire respectivement raison des dettes qui sont justifiées avoir été acquittées par la communauté à la décharge de celui qui en était débiteur (C. civ., art. 1510).

409. Cette obligation est la même, soit qu'il y ait eu inventaire ou non ; mais si le mobilier apporté par les époux n'a pas été constaté par un inventaire ou un état authentique antérieur au mariage, les créanciers de l'un et de l'autre des époux peuvent, sans avoir égard à aucune des distinctions qui seraient réclamées, poursuivre leur paiement sur le mobilier non inventorié, comme sur tous les autres biens de la communauté (C. civ., art. 1510).

410. Les créanciers ont le même droit sur le mobilier échu aux époux pendant la communauté, s'il n'a été pareillement constaté par un inventaire ou état authentique (C. civ., art. 1510).

411. Remarquons que la clause de séparation de dettes ne produit point d'effet à l'égard des créanciers du mari, lequel, propriétaire des biens de la communauté, les engage par son fait ; dès lors, qu'il y ait eu inventaire ou non, ces créanciers peuvent poursuivre leur paiement, non-seulement sur les biens de leur débiteur, mais encore sur ceux de la communauté. Il n'en est pas de même vis-à-vis des créanciers de la femme : lorsque le mobilier de celle-ci a été constaté par un inventaire ou un état authentique, les créanciers n'ont le droit de se faire payer que sur ce mobilier et non sur celui de la communauté. A défaut d'inventaire ou d'état, ils ont le droit de poursuivre leur paiement sur les biens de la communauté ; c'est là le seul cas d'appliquer l'art. 1510.—V. *suprà*, n° 409.

412. Entre les époux, la clause de séparation de dettes produit cet effet, qu'elle les oblige à se faire compte des dettes personnelles acquittées par la communauté (V. *suprà*, n° 408), telles sont, par exemple, celles antérieures au mariage.

413. Pour décider si la dette est antérieure au mariage, on considère la *cause* et non l'exigibilité de la dette. Ainsi, les dettes conditionnelles ou à terme, quoique l'événement de la condition ou le terme ne soit arrivé que depuis le mariage (Toullier, t. 13, n° 351), les réparations civiles et les amendes pour délits antérieurement commis, et le reliquat de compte d'une gestion antérieure (Toullier, *loc. cit.*), sont exclus par la clause de séparation de dettes.

414. Quant aux condamnations de dépens pour un procès commencé avant le mariage et continué depuis, on doit faire cette distinction vis-à-vis des tiers : si le procès appartient à la femme et qu'elle ait été autorisée par justice au refus du mari, les dépens sont exclus en totalité par la séparation de dettes ; si, au contraire, le mari a autorisé sa femme, les dépens faits depuis le mariage tombent en communauté. Si le procès appartient au mari, tous les frais antérieurs et postérieurs au mariage sont exclus de la communauté.

415. La clause de séparation de dettes n'a d'effet qu'à l'égard des capitaux, et la communauté reste chargée des intérêts et arrérages qui ont couru pendant le mariage (C. civ., art. 1512). Ainsi, on pourrait saisir les biens de la communauté pour les intérêts d'une dette personnelle à l'un des époux, échus pendant le mariage.

416. Si les dettes dont les époux étaient grevés au moment du mariage et celles dont ils ont été chargés depuis ont été acquittées pendant le mariage, le paiement est présumé fait des deniers de la communauté (Duranton, t. 14, n° 104).

417. A la dissolution de la communauté, les créanciers de la femme ne peuvent plus poursuivre le mari, faute par lui de rapporter un inventaire des biens mobiliers de la femme; ils n'ont que la voie de saisie-arrêt sur ce qui pourrait être dû à la femme par le mari (Pothier, n° 364 ; Duranton, t. 15, n° 111).

§ 5. — Clause de franc et quitte.

418. La clause de *franc et quitte* est celle par laquelle l'un des époux est déclaré par le contrat franc et quitte de toutes les dettes antérieures au mariage (Toullier, t. 13, n° 357). Elle emporte séparation de dettes à l'égard des époux seulement et non vis-à-vis des créanciers (Toullier, t. 13, n° 363; Duranton, t. 15, n° 114).

419. Si la communauté est poursuivie pour les dettes de l'époux déclaré franc et quitte, le conjoint a droit à une indemnité qui se prend soit sur la part de la communauté revenant à l'époux débiteur, soit sur les biens personnels dudit époux, et, *en cas d'insuffisance*, par voie de garantie, contre la personne qui a fait la déclaration de franc et quitte (C. civ., art. 1513 ; Duranton, t. 15, n° 134). Ainsi, l'époux déclaré franc et quitte est considéré comme un débiteur principal, et avant d'actionner celui qui l'a déclaré tel, on doit discuter l'époux et rapporter la preuve que ses biens sont insuffisants, ce qui se justifie au moyen de la vente des biens ou d'un procès-verbal de carence.

420. Les parents, qui ont déclaré le futur franc et quitte, sont obligés d'indemniser la femme non-seulement du préjudice résultant de ce que le paiement des dettes, dont ils avaient garanti la non-existence, aurait diminué les sûretés que la loi donne à la femme sur les biens du mari et de la communauté pour l'exercice de ses droits matrimoniaux, mais encore du préjudice résultant de ce que le paiement des dettes aurait diminué la part de la femme dans l'actif de la communauté (Renusson, *De la Communauté*, n° 36 ; Bellot, t. 3, p. 195 et 199 ; Toullier, t. 13, n° 366.— *Contrà*, Pothier, n° 366).

421. Si c'est la future qui a été déclarée franche et quitte, ceux qui ont fait la déclaration sont obligés envers le mari ; mais ils ont le droit, après la dissolution de la communauté, de répéter les sommes qui ont été payées (C. civ., art. 1513.—V. *suprà*, n° 419).

422. La garantie résultant de la clause de franc et quitte peut être exercée par le mari, durant la communauté (C. civ., art. 1513), et par la femme, après la dissolution de la communauté seulement (Toullier, t. 13, p. 362), et en cas d'acceptation de sa part (Boileux, *Commentaire*, sur l'art. art. 1513).

423. Dans l'un comme dans l'autre cas, l'action est intentée en la forme ordinaire.—V. *Conciliation* et *Formule* n° 20. Elle doit être portée devant le tribunal du domicile des garants.

§ 6. — Faculté accordée à la femme de reprendre son apport franc et quitte.

424. La femme peut stipuler que, en cas de renonciation à la communauté, elle reprendra tout ou partie de ce qu'elle y aura apporté lors du mariage ou depuis. Cette stipulation est absolument restreinte aux choses et aux personnes formellement désignées ; ainsi, la faculté de reprendre un objet ne s'étend pas à un autre de même nature ; celle accordée à la femme ne s'étend point aux enfants (C. civ., art. 1514). Cette clause, quoique de droit étroit, est cependant, par sa nature, transmissible aux héritiers de la femme, si celle-ci, après avoir été saisie du bénéfice en résultant, décédait sans l'avoir exercé (Toullier, t. 13, n° 274; Battur, n° 421).

425. La femme qui veut user de la faculté que cette clause lui accorde doit justifier de ses apports par un inventaire ou état authentique en bonne forme (Toullier, t. 13, n° 377), et même par témoins et par commune renommée (Toullier, t. 13, n° 378).

426. Dans tous les cas, les apports ne peuvent être repris que déduction faite des dettes personnelles à la femme, et que la communauté aurait acquittées (C. civ., art. 1514). La femme, en effet, n'a réellement apporté en communauté que ce qui reste, déduction faite de ses dettes; si elle reprend, par exemple, le mobilier qui lui est échu par succession, elle doit indemnité des dettes dont cette succession était grevée (Boileux, *Commentaire,* sur l'art. 1514); si la reprise n'était que d'une quotité de l'apport, il ne devrait être déduit qu'une quotité semblable de dettes (Pothier, n° 411; Duranton, t. 15, n° 166; Bellot, t. 3, p. 249).

427. L'intérêt des reprises de la femme ne court que du jour de la demande en justice (Duranton, t. 15, n° 173; Nancy, 29 mai 1828).

428. Dès que le droit de reprendre son apport est ouvert au profit de la femme, ses créanciers peuvent l'exercer et même faire annuler un désistement donné en fraude de leurs droits (Pothier, n° 393 et 394; Duranton, t. 15, n° 164).

§ 7. — *Du préciput.* — *Droit des créanciers de le faire vendre.*

429. On appelle préciput la clause par laquelle le survivant des époux est autorisé à prélever avant tout partage, sur les biens de la communauté, une certaine somme ou une certaine quantité d'effets mobiliers (C. civ., art. 1515).

430. Le préciput se renferme dans les objets qui y ont été compris et ne reçoit pas d'extension (Duranton, t. 15, n° 183; Toullier, t. 13, n° 406). S'il consiste en effets mobiliers en nature, il peut être limité ou illimité : il est limité, quand il est accordé jusqu'à concurrence de la somme de tant; alors on en détermine l'étendue par un prisage; il est illimité, quand il est dit : le survivant aura par préciput le linge, l'argenterie (Toullier, *loc. cit.*).

431. Le préciput n'est pas dû à la femme qui renonce, à moins qu'il ne lui ait été réservé par le contrat, même en cas de renonciation : hors ce cas, il ne s'exerce que sur la masse partageable (C. civ., art. 1515).

432. Il n'est pas considéré comme un avantage soumis à réduction, mais seulement comme une convention de mariage (C. civ., art. 1516). En conséquence, les enfants du mariage et les ascendants de l'autre époux ne peuvent, même en cas de renonciation de la part de la femme, le faire réduire à la quotité disponible.

433. La mort naturelle ou civile donne ouverture au préciput (C. civ., art. 1518). La séparation de corps n'y donne pas ouverture; mais l'époux qui l'a obtenue conserve ses droits en cas de survie. Si c'est la femme, la somme ou la chose qui constitue le préciput reste provisoirement au mari, à la charge de donner caution (C. civ., art. 1518). Celui contre lequel la séparation est prononcée perd ses droits au préciput (Duranton, t. 15, n° 194).

434. La séparation de biens suspend également la délivrance du préciput, et celui contre lequel elle a été prononcée conserve ses droits au cas de survie (Toullier, t. 13, n° 396; Duranton, t. 15, n° 195).

435. Cependant, lorsqu'il a été stipulé que tous les cas de dissolution de communauté donneraient ouverture au préciput, la séparation de corps ou de biens ne suspend pas la délivrance des objets qui le composent (Cass., 26 janv. 1808).

436. Les intérêts du préciput ne courent que du jour de la demande (Toullier, t. 13, n° 405).

437. Les créanciers de la communauté ont toujours le droit de saisir et de faire vendre le préciput, de même que les autres effets de la communauté, sauf le recours de l'époux conformément à l'art. 1515 (C. civ., art. 1519; Boileux, *Comment.*, sur l'art. 1519. — V. *suprà*, n° 431).

§ 8. — *Stipulation de parts inégales dans la communauté.*

438. Les époux peuvent déroger au partage égal établi par la loi, soit en ne donnant à l'époux survivant ou *à ses héritiers* (c'est-à-dire aux *héritiers du prédécédé* : V. Duranton, t. 15, n° 198), dans la communauté, qu'une part moindre que la moitié, soit en ne lui donnant qu'une somme pour tout droit de communauté, soit en stipulant que la communauté entière, en certains cas, appartiendra à l'époux survivant ou à l'un d'eux seulement (C. civ., art. 1520).

439. L'époux dont la part dans la communauté est réduite à une certaine quotité, comme le tiers ou le quart, supporte les dettes de la communauté proportionnellement à la part qu'il prend dans l'actif. La convention serait nulle pour le tout, et non pour la partie relative à la contribution aux dettes, si elle dérogeait à cette dernière disposition (C. civ., art. 1521; Bellot, t. 3, p. 298).

440. L'époux qui a fait un apport plus considérable que son conjoint, et dont la part dans la communauté est inférieure à la moitié, ne peut, avant partage, prélever l'excédant de son apport (Duranton, t. 15, n° 203).

441. S'il est stipulé que l'un des époux ou ses héritiers ne pourront prétendre qu'une certaine somme pour tout droit de communauté, l'autre époux doit payer la somme convenue, que la communauté soit bonne ou mauvaise, suffisante ou non, pour acquitter la somme (C. civ., art. 1522).

442. Si la clause n'établit le forfait qu'à l'égard des héritiers de l'époux, celui-ci, dans le cas où il survit, a droit au partage légal par moitié (C. civ., art. 1523).

443. Lorsque la femme est réduite à une certaine somme pour son droit de communauté, elle peut exercer ce droit sur tous les biens qui appartiennent au mari, et elle a même une hypothèque légale (Bellot, t. 3, p. 294). En outre, le mari est seul tenu de toutes les dettes, sans que les créanciers aient aucune action contre la femme ou ses héritiers (C. civ., art. 1524).

444. Toutefois, à l'égard des créanciers, la femme est tenue des dettes qui lui sont personnelles ou auxquelles elle s'est obligée, sauf son recours contre son mari pour le total (Duranton, t. 15, n° 209; Toullier, t. 13, n° 420).

445. Outre la somme stipulée par le forfait de communauté, la femme a le droit de reprendre tout ce qui lui est dû pour ses reprises, déduction faite de ce qu'elle peut devoir pour récompenses (Toullier, t. 13, n° 419).

446. Lorsque c'est la femme qui, moyennant une somme, a le droit de retenir toute la communauté contre les héritiers du mari, elle a le choix, ou de payer cette somme en restant obligée à toutes les dettes, ou de renoncer à la communauté et d'en abandonner aux héritiers du mari les biens et les charges (C. civ., art. 1524; Toullier, t. 13, n° 421).

447. Dans le cas de cette stipulation, les créanciers de la communauté ont le droit de poursuivre le mari, toujours personnellement obligé envers eux, sauf le recours de celui-ci contre la femme ou ses héritiers.

448. La femme doit faire son choix, selon nous, dans les délais pour faire inventaire et délibérer (V. *suprà*, n° 209) ; faute de le faire, les héritiers du mari ont le droit de l'y contraindre. A cet effet, ils doivent d'abord la mettre en demeure par une sommation (V. *Formule* n° 21), et ensuite l'assigner pour voir dire qu'à défaut de faire son option dans tel délai, elle sera considérée, à l'égard des héritiers du mari, comme ayant renoncé à la communauté (V. *Formule* n° 22).

449. Les époux peuvent stipuler que la communauté appartiendra en totalité au survivant ou à l'un d'eux seulement, sauf, aux héritiers de l'autre à reprendre les apports et capitaux tombés dans la communauté du chef de leur auteur (C. civ., art. 1525).

450. Cette stipulation n'est point réputée un avantage sujet aux règles relatives aux donations, soit quant au fond, soit quant à la forme, mais simplement une convention de mariage et entre associés (C. civ., art. 1525). Néanmoins, en cas de secondes noces, ce serait un avantage réductible à la portion déterminée par l'art. 1098 (Bellot, t. 3, p. 309). — V. *suprà*, n° 343.

451. Le survivant qui, en vertu de cette clause, prend toute la communauté, est obligé de payer toutes les dettes. La femme peut renoncer quand la communauté n'est pas avantageuse (Boileux, *Comment.*, sur l'art. 1525).

452. Si c'est la femme qui conserve la communauté, les créanciers ont toujours le droit d'actionner le mari à raison des dettes qu'il a contractées durant la communauté (Boileux, *loc. cit.*).

453. Lorsque la communauté se dissout autrement que par la mort naturelle ou civile de l'un des conjoints, on doit provisoirement appliquer l'art. 1518 (Boileux, *loc. cit.*). — V. *suprà*, n° 433.

§ 9. — *Communauté à titre universel.*

454. Les époux peuvent établir par leur contrat de mariage une communauté universelle de leurs biens tant meubles qu'immeubles, présents et à venir, ou de tous leurs biens présents seulement, ou de tous leurs biens à venir seulement (C. civ., art. 1526).

455. Lorsque la communauté comprend tous les immeubles, le mari a le droit de les aliéner sans le consentement de sa femme et sans remploi (Toullier, t. 13, n° 426 ; Duranton, t. 15, n° 235).

456. Toutes les dettes des époux, dans le même cas, sont à la charge de la communauté, sans récompense (Toullier, *loc. cit.* ; Duranton, n° 223).

457. À la dissolution de la communauté, l'actif se partage simplement par moitié, sans récompense ni prélèvement de part et d'autre.

458. Si la femme n'a pas stipulé la reprise de ses apports en renonçant, et qu'elle renonce, elle perd la propriété de tous ses biens entrés en communauté.

459. Lors du partage, chacun des époux a le droit de retenir les immeubles entrés de son chef dans la communauté, en les précomptant sur sa part pour leur valeur actuelle (Arg., art. 1509, C. civ. ; Duranton, t. 15, n°s 236 et 237).

§ 10. — *Règles communes aux neuf paragraphes précédents.*

460. Outre les stipulations dont on vient de parler, les époux peuvent faire toutes autres conventions, sauf ce qui est dit aux art. 1388, 1389 et 1390, C. civ. (C. civ., art. 1527).

461. Néanmoins, lorsqu'il existe des enfants d'un précédent mariage, toute convention qui tendrait, dans ses effets, à donner à l'un des époux au delà de la portion réglée par l'art. 1098, serait sans effet pour l'excédant de cette portion (C. civ., art. 1527). Dans ce cas, l'action en retranchement est ouverte. — V. *suprà*, n° 343.

462. Il n'y a point à examiner si l'époux qui avait des enfants a voulu avantager son conjoint ; la loi ne s'attache qu'au fait, et c'est là, en réalité, ce qui lèse les enfants (Duranton, t. 15, n° 239).

463. De même, aucune distinction n'est à faire entre le mobilier que l'époux possédait au moment du mariage et celui qui lui est échu depuis (Duranton, t. 15, n° 244).

464. Mais les simples bénéfices résultant des travaux communs et des économies faites sur les revenus respectifs, quoique inégaux des époux, ne sont pas considérés comme un avantage fait au préjudice des enfants du premier lit (C. civ., art. 1527).

465. Toutefois, la convention que la totalité des bénéfices appartiendra au survivant constitue un avantage contre lequel l'action en retranchement est accordée aux enfants du premier lit (Cass., 24 mai 1808).

466. Si tous les enfants et descendants du précédent mariage décédaient avant leur auteur, les dispositions des art. 1496 et 1527 cesseraient d'être applicables.

467. Il en serait de même, si les enfants renonçaient à la succession de leurs père ou mère, ou s'ils en étaient déclarés indignes, car l'action en réduction n'appartient qu'aux réservataires (C. C., art. 921 ; Duranton, t. 15, n° 246).

468. Si la communauté était dissoute par la séparation de corps ou de biens, elle se partagerait suivant les conventions matrimoniales, sauf aux enfants du premier lit, s'il y avait lieu, à exercer l'action en réduction (Duranton, t. 15, n° 248).

Sect. IV. — Des conventions exclusives de communauté.

469. Les époux, sans se soumettre au *régime dotal* (V. ce mot), peuvent déclarer qu'ils se marient sans communauté ou qu'ils seront séparés de biens (C. civ., art. 1529).

470. Ce régime est soumis aux règles de la communauté légale pour tous les cas auxquels il n'a pas été dérogé implicitement ou explicitement (Battur, n° 500 ; Bellot, t. 3, p. 336). — V. *suprà*, sect. II.

§ 1er. — *De la clause que les époux se marient sans communauté.*

471. Cette clause ne donne point à la femme le droit d'administrer ses biens ni d'en percevoir les fruits ; ces fruits sont censés apportés au mari pour soutenir les charges du mariage (C. civ., art. 1530). Par la même raison, le produit du travail et de l'industrie de la femme appartient au mari, même lorsqu'elle est marchande publique (Duranton, t. 15, n° 259. — *Contrà*, Toullier, t. 14, n° 23).

472. Mais rien n'empêche qu'il soit convenu que la femme touchera annuellement, sur ses seules quittances, certaines portions de ses revenus pour son entretien et ses besoins personnels (C. civ., art. 1534).

473. Le mari conserve l'administration des biens meubles et immeubles de la femme, et, par suite, le droit de percevoir tout le mobilier qu'elle apporte en dot, ou qui lui échoit pendant le mariage, sauf la restitution qu'il en doit faire après la dissolution du mariage ou la séparation de biens prononcée en justice (C. civ., art. 1531).

474. Ainsi, il a le droit d'intenter, en sa seule qualité de mari, toutes actions mobilières et possessoires de sa femme et d'y défendre (Duranton, t. 15, n° 278), de passer les baux des biens de sa femme, comme dans le cas de communauté (Arg., art. 1429 et 1430, C. civ.) et de recevoir le remboursement des capitaux et rentes (Duranton, t. 15, n° 274).

475. Il a également le droit de poursuivre les débiteurs de sa femme et les détenteurs des choses mobilières appartenant à celle-ci (Duranton, t. 15, n° 276). D'ailleurs, la clause d'exclusion de communauté a plutôt pour effet d'augmenter que de diminuer les droits du mari.

476. Mais il ne pourrait, sans le concours de sa femme, intenter aucune action immobilière ni provoquer d'autre partage qu'un partage provisionnel (Duranton, t. 15, n° 278).

477. Le mari est tenu de toutes les charges de l'usufruit (C. civ., art. 1533) ; cependant, il est dispensé de donner caution (Bellot, t. 3, p. 347 ; Battur, n° 503). Il est aussi tenu des réparations d'entretien, de l'intérêt des dettes et des arrérages de rentes dues par la femme (Duranton, t. 15, n° 270), de la nourriture et de l'entretien des enfants que la femme aurait d'un précédent mariage et qui n'auraient pas le moyen de subvenir à leurs dépenses, et des pensions alimentaires dues par la femme (Duranton, t. 15, n° 271).

478. Si les revenus de la femme qui a un enfant d'un premier lit sont considérables et que le mari s'en soit enrichi, il y a lieu à l'action en retranchement en prenant en considération les bénéfices faits durant le mariage et en les imputant par parties sur la portion dont l'époux peut disposer (Duranton, t. 15, n° 272).

479. Si, dans le mobilier apporté en dot par la femme ou à elle échu pendant le mariage, il y a des choses dont on ne peut faire usage sans les consommer, il doit en être joint un état estimatif au contrat de mariage, ou il doit en être fait inventaire lors de l'échéance, et le mari en doit rendre le prix (C. civ., art. 1532).

480. S'il n'a point été fait inventaire du mobilier échu à la femme pendant le mariage, elle peut en faire constater la consistance et la valeur, tant par titres que par témoins et par commune renommée (Duranton, t. 15, n° 288). Elle a le même droit à l'égard du mobilier non inventorié lors du mariage (Toullier, t. 14, n° 24. — *Contrà*, Duranton, t. 15, n° 289). Toutefois, ce n'est qu'à l'égard du mari que la preuve testimoniale ou par commune renommée est admise ; elle ne pourrait l'être à l'égard des créanciers de celui-ci (Duranton, t. 15, n° 290).

481. Sous le régime exclusif de communauté, il ne s'opère aucune confusion des biens des époux (V. cependant *infrà*, n°s 482 et 483), ni par conséquent de leurs dettes. Il suit de là que la femme restant propriétaire de son mobilier qui ne se consomme pas par l'usage ou dont la propriété n'a pas été transférée au mari, les créanciers du mari ne peuvent saisir ce mobilier ; s'ils le faisaient, la femme pourrait en exercer la revendication (Duranton, t. 15, n° 285).

482. Les créanciers de la femme en vertu de titres ayant date certaine avant le mariage peuvent poursuivre le mari pour le total de ces dettes, si le mobilier apporté par la femme n'a pas été inventorié et s'est confondu avec les biens du mari. S'il avait été fait un état authentique du mobilier, le mari se libérerait de la poursuite des créanciers en le leur abandonnant (Duranton, t. 15, n° 291). Si la dette n'avait pas date certaine antérieurement au mariage, les créanciers n'en pourraient poursuivre le paiement que sur la nue propriété des biens de la femme (Duranton, t. 15, n° 292).

483. Le paiement des dettes des successions échues à la femme peut être poursuivi : sur les biens de la femme et sur ceux du mari, si les biens de la succession ont été confondus, sans inventaire, avec ceux de ce dernier (Duranton, t. 15, n° 293) ; sur la pleine propriété des biens de la femme, si elle a accepté la succession avec l'autorisation de son mari ; et sur les biens de la succession et la nue propriété des autres biens de la femme, si elle n'a accepté qu'avec l'autorisation de la justice, au refus du mari.

484. L'obligation de la femme, contractée solidairement avec son mari, est réputée, même en cas d'exclusion de communauté, avoir eu pour cause les affaires du mari, à moins qu'il ne résulte de l'acte ou qu'il ne soit prouvé qu'elle a eu pour cause les affaires de la femme (Cass., 25 mars 1834). Quant aux dettes contractées par la femme sans l'autorisation de son mari, ce dernier n'est tenu de les acquitter qu'autant qu'il est prouvé que l'obligation a été contractée dans son intérêt et qu'il en a réellement profité (Duranton, t. 15, n° 294).

485. Les immeubles constitués en dot à la femme peuvent être aliénés avec le consentement du mari, et, à son refus, avec l'autorisation de la justice (C. civ., art. 1535).

486. Les acquisitions d'immeubles faites par la femme durant le mariage lui appartiennent : 1° lorsqu'elle a des revenus dont les économies peuvent suffire au paiement des acquisitions (Bellot, t. 1er, p. 257) ; 2° lorsque les acquisitions ont lieu en vertu d'une clause du contrat de mariage ou d'une donation (Duranton, t. 15, nos 261 et 262).

487. Quoique la femme reste propriétaire de ses meubles, elle ne pourrait cependant faire rescinder la vente qu'en aurait faite le mari, si l'acquéreur était de bonne foi ; seulement, si les meubles n'avaient pas été livrés, elle pourrait s'opposer à la délivrance (Bellot, t. 3, p. 342 ; Duranton, t. 15, n° 285.—Contrà, Toullier, t. 14, n° 104.—V. Formule n° 23) ; et si, nonobstant cette opposition, le tiers les enlevait, elle pourrait réclamer de lui des dommages-intérêts (V. Formule n° 24).

488. A la dissolution de la communauté, le mari restitue à la femme le mobilier appartenant à celle-ci, dans l'état où il se trouve, pourvu que les détériorations ne proviennent que du simple usage ; la femme n'a le droit de répéter que la valeur des biens qui ont péri par la faute du mari (Duranton, t. 15, n° 287). La preuve que les meubles ont péri par cas fortuit et sans la faute du mari est à la charge de ce dernier (Duranton, loc. cit.).

489. Il en serait autrement, si la propriété des meubles avait été transférée au mari ; alors, il devrait tenir compte de leur valeur, sans avoir égard aux détériorations.

§ 2. — De la clause de séparation de biens.

490. Lorsque les époux ont stipulé qu'ils seraient séparés de biens, la femme conserve l'entière administration de ses biens et la jouissance libre de ses revenus (C. civ., art. 1536).

491. En conséquence, elle a le droit de passer des baux dont la durée n'excède pas neuf ans, de recevoir ses revenus, d'en donner décharge, de faire tous les actes qui ne sont que de pure administration, de recevoir des capitaux et d'aliéner son mobilier (Duranton, t. 15, n° 313).

492. Mais elle ne peut, sans autorisation, aliéner ses immeubles (C. civ., art. 1538), faire des emprunts, ester en justice (Duranton, loc. cit.), ni donner son mobilier (Duranton, t. 15, n° 314).

493. Le mari n'est pas garant du défaut d'emploi ou de remploi du prix des immeubles de la femme aliénés sans son autorisation ; mais il en serait garant s'il avait concouru au contrat ou s'il était prouvé que les deniers ont été touchés par lui et ont tourné à son profit (Duranton, t. 15, n° 316).

494. Chacun des époux contribue aux charges du mariage suivant les conventions contenues en leur contrat ; s'il n'en existe point à cet égard, la femme contribue à ces charges jusqu'à concurrence du tiers de ses revenus (C. civ., art. 1537). Si le mari n'avait pas de fortune, la femme supporterait entièrement ces frais (C. civ., Arg., art. 1448). C'est au mari que la femme doit remettre la somme pour laquelle elle contribue aux charges du mariage.

495. Lorsque la femme séparée a laissé la jouissance de ses biens à son mari, celui-ci n'est tenu, soit sur la demande que sa femme pourrait lui faire, soit à la dissolution du mariage, qu'à la représentation des fruits existants, et il n'est point comptable de ceux qui ont été consommés jusqu'alors (C. civ., art. 1539). Il en serait de même, si le mari avait administré les biens de sa femme en vertu de la procuration pure et simple de celle-ci.

496. Mais si le mari avait joui des biens malgré l'opposition constatée de la femme, il devrait compte de tous les fruits existants et consommés (Duranton, t. 15, n° 317).

497. Chacun des époux, conservant la propriété de ses biens, les reprend, lors de la dissolution du mariage, dans l'état où ils se trouvent. Cependant un inventaire du mobilier apporté par la femme et de celui qui lui échoit est nécessaire pour empêcher les créanciers du mari de vendre le mobilier de la femme.

498. A défaut d'inventaire, la femme peut, même vis-à-vis des tiers, prouver par témoins et enquête de commune renommée la consistance et valeur de son mobilier (Bellot, t. 3, p. 389; Battur, n° 517).

499. Tout le mobilier trouvé au domicile conjugal est présumé appartenir au mari.

Section V. — Procédure.

500. Nous avons déjà indiqué dans le cours de cet article différentes procédures auxquelles les difficultés qui naissent en matière de communauté peuvent donner lieu. Ici nous compléterons ce que nous avons dit, en indiquant les précautions à prendre toutes les fois qu'on agit pour ou contre une personne mariée, — ou encore contre une personne qui a été mariée, mais dans ce cas, à raison d'une dette contractée pendant le mariage.

501. Dans tous les cas, on doit examiner sous quel régime le mariage a été contracté. Le dépositaire du contrat de mariage ne peut en donner communication qu'aux parties, et la loi n'a mis à la disposition des tiers aucun moyen de s'assurer, avant d'agir, à quel régime les époux ont soumis leur union. C'était là une lacune que le législateur devait faire disparaître : de là la loi des 10-18 juillet 1850, *sur la publicité des contrats de mariage*, et dont nous ferons connaître les dispositions au mot *Contrat de mariage* (V. ce mot).

502. On doit ensuite distinguer si l'action est intentée pendant le mariage ou après la dissolution de la communauté.

503. 1° L'ACTION EST INTENTÉE PENDANT LE MARIAGE. — *Mari.* — Que le mari soit demandeur ou défendeur, il a le droit d'agir en son nom personnel, sans le concours et l'assentiment de sa femme, pour tout ce qui concerne les biens de la communauté et l'administration des biens de la femme (V. *suprà*, n° 133, 145 et 147), à moins qu'il ne soit marié avec séparation de biens, auquel cas la femme conserve l'administration de ses propriétés (V. *suprà*, n° 490). — V. aussi *Régime dotal.*

504. Si le mari est condamné, même à raison de ses biens personnels, la condamnation s'exécute non-seulement sur ses biens, mais encore sur ceux de la communauté (V. *suprà*, n° 88), excepté toutefois lorsque cette condamnation emporte mort civile (V. *suprà*, n° 121).

505. S'il y a exclusion de dettes ou séparation de biens, V. *suprà*, n°s 405 et suiv., 418 et suiv., et 490 et suiv.

506. *Femme.* — Dans aucun cas, la femme, lors même qu'elle serait marchande publique, ne peut ester en justice sans l'autorisation de son mari ou de la justice. — V. *Autorisation de femme mariée.* Toutes les actions que la loi lui défère et que le régime qu'elle a adopté laisse à sa disposition ne peuvent donc être exercées qu'avec l'autorisation voulue par la loi.

507. Si la femme est condamnée, on doit distinguer, lorsqu'il s'agit de poursuivre l'exécution de la condamnation, si elle a été autorisée à agir par son mari ou par la justice (V. *suprà*, n°s 102 et suiv.); si la dette est antérieure au mariage, et s'il a été fait état du mobilier apporté ou échu (V. *suprà*, n°s 77, 411 et suiv.); s'il y a exclusion de tout ou partie du mobilier (V. *suprà*, n°s 375 et suiv.); s'il y a exclusion de dettes (V. *suprà*, n°s 405 et suiv.); s'il y a exclusion de communauté ou séparation de biens (V. *suprà*, n°s 471, 490 e suiv.).

508. 2° L'ACTION EST INTENTÉE APRÈS LA DISSOLUTION DE LA COM-

31.

MUNAUTÉ.—*Mari.*—Il peut toujours être poursuivi, pour la totalité de toutes les dettes de la communauté, tant sur sa part dans les biens de la communauté que sur ses biens personnels.—V. néanmoins *suprà*, n°s 318 et 330. ;

509. *Femme.*—On doit distinguer par qui la dette a été contractée.— V. *suprà*, n°s 90, 109 et suiv.

510. Si les délais pour faire inventaire et délibérer sont expirés.—V. *suprà*, n°s 190, 209 et suiv.

511. Si la femme a diverti ou recélé des effets de la communauté. — V. *suprà*, n°s 237 et suiv.

512. Si elle a renoncé à la communauté (V. *suprà*, n°s 218 et suiv.), ou si elle l'a acceptée et si elle a fait bon et fidèle inventaire dans les délais.— V. *suprà*, n°s 196, 242 et suiv.

513. Si la dette est chirographaire ou hypothécaire.—V. *suprà*, n°s 319, 330 et suiv.

514. S'il y a eu stipulation de parts inégales dans la communauté (V. *suprà*, n°s 438 et suiv.), ou stipulation que toute la communauté appartiendrait au survivant.—V. *suprà*, n°s 449 et suiv.

Section VI. — Enregistrement.

515. Les stipulations contenues au contrat de mariage et qui ont pour objet d'établir, de restreindre ou modifier la communauté et les exclusions de communauté, n'opèrent aucun droit particulier en sus de celui du contrat (Décision min. fin., 5 complém. an 10).

516. La clause qui assigne au survivant une part plus forte que la moitié de la communauté, ou la totalité de ses biens, ne donne lieu à aucun droit sur le contrat, ni au décès du premier mourant (Cass., 6 mars 1822; 30 juill. 1823; Déc. minist. fin., 9 mars 1823; Inst. de la régie, 8 janv. 1824).

517. Il en est de même du droit accordé à la femme de reprendre son apport franc et quitte; de la clause qui fixe une somme d'argent à titre de forfait de communauté (Déc. min. fin., 6 mai 1828); de la stipulation d'un préciput sur les biens de la communauté (Délib. rég., 11 sept. 1829).

518. Au décès du mari et en cas de renonciation de la part de la femme, celle-ci doit acquitter le droit de mutation sur les avantages qu'elle recueille à titre de donation (Délib. rég., 26 juin 1827; Décis. min. fin., 6 mai 1828).

519. Les héritiers de l'époux prédécédé qui reçoivent une somme à titre de forfait doivent acquitter le droit de mutation sur cette somme.

520. Les héritiers d'un époux commun en biens ne doivent aucun droit de mutation sur la moitié des immeubles qui appartiennent à la communauté, si, par un partage fait avant la déclaration de succession, la totalité de ces immeubles a été attribuée au survivant (Cass., 16 juill. 1823).

Formules.

1. *Sommation à la femme d'opter entre l'abandon ou la conservation de l'immeuble qui était indivis avec elle et qui a été acquis par la communauté.*

L'an. . . ., à la requête de. . . ., agissant comme héritier de. . . ., j'ai. . . ., fait sommation à la dame. . . ., comme ayant été commune en biens avec ledit sieur. . . ., de , — attendu qu'au cours de la communauté qui a existé entre ladite dame. . . . . et son défunt mari, il a été acquis par ce dernier, suivant acte devant Me. . . . ., les trois quarts d'un pré sis à. . . . ., alors indivis avec la dame. . . . ., propriétaire du dernier quart en qualité d'héritière de. . . . ., et ce, moyennant. . . . .; attendu qu'aux termes de l'art. 4408, C. civ., ladite dame a le droit ou d'abandonner à la communauté la portion dont elle était propriétaire dans ledit immeuble, sauf indemnité, ou de conserver la totalité du même objet en remboursant le prix de l'acquisition; attendu qu'il importe au requérant que ce choix soit fixé, et que, d'ailleurs, il ne peut rester dans l'incertitude où l'a mis la veuve. . . . ., faute de se prononcer ; — dans le délai de huit jours, déclarer au requérant quel est le parti qu'elle prendra relativement à l'acquisition susdatée ; — lui faisant observer que, faute de ce faire, ledit réquérant se pourvoira sous toutes réserves.

V. *suprà*, n° 60.— Coût, tarif, 29. Origin., Paris, 2 fr.; R. P. 1 fr.80 c.; aill., 1 fr. 50 c. Cop., le 1/4.

Enregistrement de l'exploit, 2 fr. 20 c. (L. 28 avr. 1816).

2. *Déclaration d'option par la veuve.*

L'an. . . ., à la requête de la dame. . . ., j'ai. . . ., signifié et déclaré à. . . . ., que la requérante, obéissant à la sommation (*l'analyser*), conservera la totalité du pré acquis par son défunt mari, suivant l'acte susdaté, et s'oblige dès lors à tenir compte à sa communauté, lors du partage qui en sera fait, du prix de ladite acquisition et des frais du contrat, et a la dame. . . . ., signé en cet endroit.

Et j'ai, sous toutes réserves, laissé et délivré copie du présent à. . . . . Coût...

V. *suprà*, n° 61.— Coût, V. *Form.* 1.

Enregistrement de l'exploit, 2 fr. 20 c. (L. 28 avr. 1816).

3. *Demande en déchéance du droit d'option de la femme.*

L'an. . . . ., à la requête de (*donner copie de la non-conciliation et constituer avoué*), j'ai. . . . ., donné assignation à. . . . ., à comparaître le. . . . .; pour,—attendu (*motifs de la sommation, form.* 1; *analyser cette sommation*); — voir dire et ordonner que faute par la dame. . . . de déclarer son choix par acte extrajudiciaire signé d'elle ou par acte devant notaire, dûment signifié, dans les 24 heures de la signification du jugement à intervenir, elle sera déchue de son droit d'option ; en conséquence, que ledit immeuble appartiendra irrévocablement à la communauté pour. . . . et à ladite dame pour. . . . ., et, en outre, s'entendre condamner aux dépens, sous toutes réserves, et j'ai. . . . .

V. *suprà*, n° 62. — Coût, V. *Form.* 1.

Enregistrement de l'exploit, 2 fr. 20 c. (L. 28 avr. 1816.)

4. *Signification de titre au mari.*

L'an. . . . ., à la requête de. . . . ., j'ai. . . . ., signifié et, avec ces présentes, donné copie à. . . . ., en qualité de mari et commun en biens avec dame.˙. . . ., de la grosse (ou expédition) d'un acte (*l'analyser*) ; à ce qu'il n'en ignore ; lui déclarant que la présente signification lui est faite afin de rendre exécutoire contre lui le titre susdaté, et que, faute par lui d'y avoir égard dans le délai de huitaine, le requérant se pourvoira, sous toutes réserves.

V. *suprà*, n° 77.— Coût, V. *Form.* 1.

Enregistrement de l'exploit, 2 fr. 20 c. (L. 28 avr. 1816).

5. *Notification de partage de communauté et intimation au donataire du mari afin de délaisser l'immeuble à lui donné.*

L'an. . . . ., à la requête de la dame. . . ., veuve de. . . . ., j'ai. . . . ., signifié et avec ces présentes donné copie au sieur. . . ., donataire du sieur. . . ., suivant acte passé devant. . . ., d'une pièce de terre contenant. . . . —d'un acte reçu par Mᵉ. . . ., portant entre la requérante et. . . . . le partage des biens de la communauté qui avait existé entre. . . . . ., et par suite duquel il a été attribué à la requérante l'immeuble donné au sieur. . . . ., suivant l'acte susdaté; à ce que ledit sieur. . . . . n'en ignore;

Et à mêmes requête, demeure et élection de domicile que dessus, j'ai, huissier susdit et soussigné, donné intimation audit sieur. . . . ., en parlant comme dessus; de,—attendu qu'aux termes de l'art. 1422, C. civ., le mari n'a pas le droit de disposer à titre gratuit des immeubles de la communauté; attendu, dès lors, que la donation susdatée est sans effet au respect de la requérante et qu'elle ne peut lui être opposée; — Se présenter le. . . . ., heure de. . . . ., à. . . . ., en l'étude et par-devant Mᵉ. . . ., notaire, à l'effet d'y délaisser par acte en forme et aux frais de la requérante l'immeuble à lui donné par. . . . . aux termes de l'acte susdaté; aux offres que fait la requérante de tenir compte audit sieur. . . . . des labours faits et des semences épandues sur la pièce de terre sus-désignée; déclarant à ce dernier, que, faute par lui d'obéir à la présente intimation, la requérante se pourvoira sous toutes réserves.

V. *suprà*, n° 434, 436, 437, 438.— Coût, V. *Form*. 4.

Enregistrement de l'exploit, 2 fr. 20 c. (L. 28 avr. 1816).

6. *Demande en délaissement.*

L'an . . . . ., à la requête de (*constituer avoué et énoncer la non-conciliation*), j'ai. . . . ., donné assignation à. . . . ., à comparaître le. . . . .; pour,— attendu que , par acte du. . . ., feu le sieur. . . . . a donné à (*analyser la donation*); attendu que suivant partage (*analyser cet acte, et ajouter les motifs de l'intimation qui précède*) ; — voir dire et ordonner que, dans les 24 heures du jugement à intervenir , le sieur. . . . . sera tenu de délaisser à la requérante la propriété et possession de l'objet compris à la donation dudit jour. . . . ., sous l'obligation par celui-ci de tenir compte à l'ajourné des labours faits, fumiers et semences épandus sur ledit objet; sinon, que ledit sieur . . . . . y sera contraint par toutes voies de droit; et pour, en outre, s'entendre condamner aux dépens, sous toutes réserves.

V. *suprà*, n° 434, 436, 437, 438.— Coût, V. *Form.* 4.

Enregistrement de l'exploit, 2 fr. 20 c. (L. 28 avr. 1816).

7. *Signification au fermier.*

L'an. . . . ., à la requête de. . . . ., j'ai. . . . ., signifié et déclaré à. . . . ., que la dame. . . . ., requérante, n'entend pas exécuter à partir du. . . . . le bail fait au sieur. . . . ., par. . . . ., suivant acte devant M^e. . . . ., lequel a eu lieu en contravention de l'art. 1430, C. civ.; déclarant audit sieur. . . . ., que, faute par lui d'avoir égard à la présente signification, et, en conséquence, faute de délaisser la jouissance des immeubles affermés à l'expiration du bail courant, la requérante se pourvoira , sous toutes réserves.

V. *suprà*, n° 157. — Coût, V. *Form.* 4.

Enregistrement de l'exploit, 2 fr. 20 c. (L. 28 avr. 1816).

8. *Demande par la veuve en prorogation de délai.*

L'an. . . . ., à la requête de. . . . ., veuve de (*constituer avoué*), j'ai donné assignation à. . . . ., comme habiles à se dire seuls héritiers de. . . . ., à comparaître le. . .; pour,— attendu (*déduire les motifs qui ont empêché que l'inventaire fût achevé dans les trois mois*); — voir dire que le délai accordé à la requérante par l'art. 1456, C. civ., pour faire inventaire, sera prorogé jusqu'au. . . . ., et, en outre, pour voir statuer ce que de raison à l'égard des dépens.

V. *suprà*, n° 198.— Coût, V. *Form.* 4.

Enregistrement de l'exploit, 2 fr. 20 c. (L. 28 avr. 1816).

9. *Recours en garantie de la part de la femme qui a renoncé.*

L'an. . . . ., à la requête de (*constituer avoué et donner copie de la non-conciliation*), j'ai. . . . ., donné assignation à. . . . ., en qualité d'héritiers de. . . . ., à comparaître le. . . . .; pour, — attendu que par acte dressé au greffe (*énoncer la renonciation*); attendu que, par suite de poursuites dirigées contre elle, et ainsi qu'il résulte d'une quittance reçue par. . . . ., elle a été contrainte au paiement de la somme de. . . . ., pour le montant d'une obligation souscrite par la requérante solidairement avec son mari, par acte devant. . . . .; — attendu que suivant l'art. 1494, C. civ., la veuve qui renonce est déchargée des dettes de la communauté; que si elle en acquitte, elle a son recours contre les héritiers du mari ; — S'entendre condamner chacun pour . . . . ., à rembourser à la requérante la somme de. . . . ., par elle payée aux termes de la quittance susdatée, plus. . . . . pour le coût de ladite quittance, et en outre aux dépens, sous toutes réserves.

V. *suprà*, n° 224.— Coût, V. *Form.* 4.

Enregistrement de l'exploit, 2 fr. 20 c. (L. 28 avr. 1816).

10. *Signification de renonciation et offres.*

L'an. . . . ., à la requête de. . . . ., j'ai. . . . ., signifié et, avec ces présentes, donné copie à. . . . ., créancier de la communauté qui a existé entre la requérante et son défunt mari, de l'expédition d'un acte reçu (*analyser la renonciation*), à ce qu'il n'en ignore et ait à y avoir égard ;

Et à mêmes requête, demeure et élection de domicile que dessus, j'ai, huissier susdit et soussigné, offert réellement et à deniers découverts audit sieur. . . . ., en parlant comme dessus, la somme de. . . . ., en pièces de. . . . ., et sauf à parfaire en cas d'insuffisance, après taxe, pour les frais faits à la requête dudit sieur. . . . ., antérieurement à la renonciation susdatée ; à ce que dessus, il m'a été fait réponse (*consigner la réponse*).—V. *Offres réelles.*

V. *suprà*, n° 230. — Coût, V. *Form.* 1.

Enregistrement en cas d'acceptation : droit de *quittance* (V. ce mot); en cas de refus, 2 fr. 20 c.

11. *Demande en nullité de la renonciation de la femme.*

L'an. . . . ., à la requête de (*constituer avoué et énoncer la non-conciliation, s'il y a lieu*), créancier de. . . . ., suivant acte. . . . ., j'ai donné assignation à. . . . ., à comparaître le. . . . .; —pour,—attendu que, suivant acte dressé au greffe (*énoncer la renonciation*); attendu que cette renonciation porte préjudice au requérant; que cela résulte de l'examen de l'inventaire fait après le décès de. . . . ., suivant acte du ministère de. . . . .; qu'en effet, selon cet acte, en acceptant la communauté, il se rait revenu à la dame. . . . la somme de. . . . .; que cette somme compose toute la fortune de ladite dame et que sa renonciation, enlevant ce gage à ses créanciers, ils ne pourront être payés ; — voir dire et ordonner que la renonciation sus-énoncée sera considérée comme nulle et non avenue à l'égard du requérant et seulement jusqu'à con · currence du montant de sa créance sus-énoncée; que ce dernier sera admis à prendre part aux lieu et place de ladite dame. . . . ., à toutes les opérations de ladite communauté; à toucher et recevoir sur les droits de cette dame la somme. . . . ., pour se payer de ce qui lui est dû ; et, en outre, s'entendre condamner aux dépens, sous toutes réserves.

V. *suprà*, n° 236. — Coût, V. *Form.* 1.

Enregistrement de l'exploit, 2 fr. 20 c.

12. *Demande en déclaration de la veuve comme commune pour cause de recel ou divertissement, et en déchéance du droit de n'être tenue des dettes que jusqu'à concurrence de l'émolument.*

L'an. . . . ., à la requête de. . . . . (*constituer avoué*), agissant en qualité de créancier de. . . . ., suivant acte. . . . ., j'ai. . . . ., donné assignation à. . . . , à comparaître le. . . . .; — pour,— attendu que la dame. . . . a omis sciemment et dans l'intention d'en profiter et d'en priver les héritiers dudit sieur. . . . ., dans l'inventaire dressé après le décès du sieur. . . . ., par le ministère de. . . . ., les objets dont suit le détail (*les désigner*); attendu que ce fait constitue le recel tel qu'il est prévu par l'art. 1460, C. civ.; — voir dire et ordonner, que nonobstant sa renonciation à la communauté d'entre elle et son mari faite au greffe du tribunal civil de. . . . ., la dame. . . . . sera déclarée commune et déchue du droit de n'être tenue des dettes de ladite communauté que jusqu'à concurrence de son émolument ; en conséquence, s'entendre condamner à payer au requérant la somme de. . . . ., faisant la moitié de celle due au requérant aux termes de l'acte susdaté, aux intérêts de cette somme et aux dépens, sous toutes réserves.

V. *suprà*, n° 241. — Coût, V. *Form.* 1.

Enregistrement de l'exploit, 2 fr. 20 c.

13. *Demande en révocation de l'acceptation de la femme.*

L'an. . . . ., à la requête de (*constituer avoué*), j'ai. . . . ., donné assignation à. . . . ., à comparaître le. . . . .; — pour,—attendu que la dame. . . . a accepté purement et simplement la communauté qui avait existé entre elle et son défunt mari ; que par suite de cette acceptation, elle est tenue pour moitié des dettes de la communauté, les quelles absorbent tout l'actif de cette communauté et de la succession du sieur. . . . .; qu'elle ne peut également, par suite de l'acceptation, exercer la reprise de ses apports au préjudice des créanciers de la communauté; attendu que ladite dame n'avait d'autre fortune que ces mêmes reprises; qu'en ne les exerçant pas le requérant ne sera jamais payé;— voir dire et ordonner que l'acceptation de ladite dame. . . . sera, à l'égard du requérant, considérée comme non avenue; que ce dernier sera autorisé à renoncer, au nom de la dame. . . . ., à ladite communauté, et à exercer les reprises de cette dame jusqu'à concurrence et pour se payer de cette même créance, et, en outre, s'entendre condamner aux dépens sous toutes réserves.

V. *suprà*, n° 246.— Coût, V. *Form.* 1.
Enregistrement de l'exploit, 2 fr. 20 c.

14. *Demande à fin de compte, partage et licitation.*

L'an. . . . ., à la requête de (*constituer avoué et énoncer la non-conciliation, s'il y a lieu*), héritier pour. . . . . de. . . . ., j'ai. . . . ., donné assignation à. . . ., à comparaître le. . .,—pour,—attendu que le sieur. . . . est décédé à. . . :, le. . . . qu'il a laissé pour commune en biens et sa donatrice la dame. . . . ., sa veuve, et pour seuls héritiers les sieurs. . . . .; qu'après son décès, il a été procédé à l'inventaire de la communauté qui avait existé entre lui et la dame. . . . ., sa veuve, par acte du ministère de. . . . ; qu'il dépend de ladite communauté et de la succession dudit sieur. . . . ., des meubles et des immeubles encore indivis entre les parties; que le tout a été administré jusqu'à ce jour par. . . . .; attendu enfin que nul n'est tenu de rester dans l'indivision ;

Voir dire et ordonner qu'aux requête, poursuite et diligence du requérant, en présence des autres susnommés ou eux dûment appelés, il sera procédé devant Mᵉ. . . ., notaire à. . . ., qui sera commis à cet effet, aux comptes, liquidations et partages mobiliers et immobiliers de la communauté qui a existé entre. . . . ., et de la succession dudit sieur. . ..;—Que celui de messieurs les juges qu'il plaira au tribunal sera commis à l'effet de faire le rapport des difficultés qui pourront intervenir pendant le cours desdites opérations; — Que, préalablement à ces mêmes opérations, les immeubles de ladite communauté seront vus, visités et estimés par. . . . ., experts, qui décideront si ou non lesdits immeubles sont partageables; — Qu'en cas de partage, la valeur des immeubles figurera dans la masse de la communauté, et qu'après le prélèvement des droits des époux il en sera fait deux lots par. . . . ., l'un desdits experts, lesquels lots seront tirés au sort; qu'en cas d'impartageabilité, lesdits biens seront vendus sur la mise à prix fixée par le rapport des experts, et en accomplissant les formalités voulues par la loi, pour leur prix figurer en la masse active de la communauté ; que, dans ce dernier cas, également après le fournissement à chacun de ses prélèvements, deux lots seront composés du restant des biens par ledit sieur. . . . ., lesquels seront aussi tirés au sort ;

Voir dire et ordonner que jusqu'à la fin des opérations, les biens dépendants desdites communauté et succession seront gérés et administrés par le requérant ;

Autoriser ce dernier, en donnant bonne et valable décharge, à retirer des mains de tous dépositaires tous les titres, pièces et documents dépendants desdites communauté et succession pour en faire la représentation à qui de droit;

Et pour, en outre, répondre et procéder comme de raison à fin de dépens, dont le requérant sera remboursé par privilège et préférence sur la masse desdites communauté et succession ;

Et sous toutes réserves de prendre de plus amples conclusions, j'ai laissé et délivré, etc.

V. *suprà*, n° 262.— Coût, V. *Form.* 1.
Enregistrement de l'exploit, 2 fr. 20 c. (L. 28 avril 1816).

15. *Sommation.*

L'an,. . . ., à la requête de. . . . ., héritier de. . . . . pour. . . . ., j'ai. . . ., fait sommation à. . . . ., héritiers de. . . . ., pour. . . . .

Première espèce. — *Sommation de se présenter devant le juge-commissaire pour la nomination d'un notaire* (V. *suprà*, n° 287) : — en vertu de l'ordonnance rendue au pied de la requête à lui présentée par M. . . . ., juge au tribunal de. . . . ., nommé commissaire pour les opérations dont il s'agit, le. . . ., enregistrée. . . ., et dont il est avec ces présentes donné copie; — de comparaître le. . ., heure de. . . ., devant mondit sieur. . . . en la chambre du conseil du tribunal de. . . .,— pour convenir, s'il se peut, du notaire qui procédera aux comptes, liquidation, partage et licitation de la communauté qui a existé entre. . . . . et de la succession dudit sieur. . . . ., ordonnés par jugement du. . . . ., signifié le. . . . .; leur déclarant que, faute de ce faire, le requérant se pourvoira, sous toutes réserves.

Deuxième espèce.—*Sommation de rendre compte* (V. *suprà*, n° 265) : — de se présenter le. . . . ., heure. . . . . ., devant Mᵉ. . . . . ., notaire à. . . . ., commis à l'effet du compte dont on va parler, par jugement. . . . . (ou ordonnance du juge-commissaire. . . . .), pour y présenter le compte qu'il doit au requérant des gestion et administration qu'il a eues depuis le. . . . . jusqu'à. . . . . des biens dépendants de la communauté d'entre. . . . . et de la succession de. . . . .; lui déclarant que, faute de ce faire, il sera donné défaut contre lui et que le requérant se pourvoira, sous toutes réserves.

TROISIÈME ESPÈCE. — *Sommation de se présenter chez le notaire pour procéder à la liquidation* (V. *suprà*, n° 288) : —de se présenter devant. . . . ., pour y procéder aux opérations de la liquidation mobilière et immobilière de la communauté qui a existé entre. . . . , et de la succession de. . . . .; lui déclarant que, faute de ce faire, il y sera procédé, tant en son absence que présence.

QUATRIÈME ESPÈCE.—*Sommation pour la nomination d'un expert* (V. *suprà*, n° 303) — en vertu de l'ordonnance de M. . . . ., juge-commissaire (*l'analyser*), dont il est avec ces présentes donné copie; — de comparaître le. . . . . en la chambre du conseil du tribunal de. . . .,—pour être présent à la nomination de l'expert qui doit composer les lots du partage ordonné par jugement du. . . . . des biens dépendants. . . . et proposer ses moyens de récusation, s'il y en a ;—lui déclarant que, faute de ce faire, il sera procédé en son absence.

CINQUIÈME ESPÈCE. — *Sommation d'assister à la clôture du partage* (V. *suprà*, 305) : — de comparaître le. . . . ., heure de. . . . ., en l'étude et par-devant M^e. . . . ., notaire à. . . . ., commis à l'effet du partage dont il va être parlé; — pour, si bon leur semble, assister à la clôture du procès-verbal dressé par ledit notaire en date du. . . . . et contenant. . . . ., entendre la lecture de ce procès-verbal et le signer; leur déclarant que, faute de comparaître, il sera passé outre à tout ce que dessus.

SIXIÈME ESPÈCE. — *Sommation de se présenter au tirage des lots devant le juge-commissaire* (V. *suprà*, n° 309) : — en vertu de l'ordonnance de M. . . . ., juge-commissaire, et dont il est avec ces présentes donné copie, — de comparaître devant mondit sieur le juge-commissaire, le. . . . ., heure de. . . . ., en la chambre du conseil du tribunal. . . . .,— pour être présent au tirage des lots du partage des biens. . . . , lui déclarant qu'il sera procédé à cette opération tant en son absence que présence.

SEPTIÈME ESPÈCE. — *Sommation de se présenter au tirage des lots devant le notaire* (V.*suprà*, n° 310):—en vertu d'un jugement rendu par le tribunal. . . ., et dont il est avec ces présentes donné copie; de se présenter à. . . ., le. . . ., heure de. . . devant. . . . . pour (*le surplus, comme à la formule,* 6e *espèce*).

Coût, V. *Form.* 1.
Enregistrement de l'exploit, 2 fr. 20 c.

16. *Assignation en homologation aux parties qui n'ont pas comparu à la clôture du partage.*

L'an. . . . ., à la requête de (*constituer avoué*), en vertu d'une ordonnance de M. le président du tribunal de première instance de. . . ., en date du. . . . étant en suite d'un réquisitoire de M. le procureur de la République, d'une précédente ordonnance en date du. . . . . et d'une requête, desquels actes il est avec ces présentes donné copie, j'ai , ..., donné assignation à. . . . ., à comparaître dans le délai de la loi, outre les délais de distance. . . . ., heures du matin, devant MM. les président et juges,. . . ., pour entendre le rapport de M. . . . ., juge-commissaire, sur les opérations du partage de. . . . .; et attendu que toutes les formalités prescrites par la loi ont été observées , voir homologuer pour être exécuté selon sa forme et teneur, tant avec ceux qui l'ont signé qu'avec les non-comparants et les refusants. . . ., le partage. . . . dressé par. . . .; et j'ai...

V. *suprà*, n° 299.— Coût, V. *Form.* 1.
Enregistrement de l'exploit, 2 fr. 20 c.

17. *Assignation à la femme qui a fait inventaire.*

L'an. . . . ., à la requête de (*donner copie de la non-conciliation et constituer avoué*), j'ai. . . ., donné assignation à la dame. . ., comme ayant été commune en biens avec son défunt mari, ayant fait inventaire et accepté la communauté, à comparaître le . . . . ., pour s'entendre condamner à payer au requérant la somme de. . . . ., faisant la moitié de celle de. . . . . à lui due par la communauté qui a existé entre. . ., suivant acte devant M^e. . . . ., si mieux n'aime ladite dame justifier au requérant que les dettes par elle payées jusqu'à ce jour s'élèvent à une somme égale à son émolument, et, en tout cas, s'entendre condamner aux dépens, sous toutes réserves.

V. *suprà*, n° 325.— Coût, V. *Form.* 1.
Enregistrement de l'exploit, 2 fr. 20 c

18. *Demande en retranchement.*

L'an. . . . ., à la requête de (*donner copie de la non-conciliation et constituer avoué*), j'ai. . . . ., donné assignation à. . . . ., veuve de. . . . . ., à comparaître le. . . .—pour,—attendu que le défunt sieur. . . . a épousé le. . . . la dame. . . ., aujourd'hui sa veuve, sans avoir auparavant fait constater par un acte, les conventions civiles de leur union ; qu'à cette époque, la fortune mobilière du défunt s'élevait à 16,000 francs, ainsi que le constate l'inventaire fait après le décès de, ..., première épouse dudit sieur. . . . , par M^e. . . . .; que la dame, ... ne possédait alors que quelques effets d'une valeur d'environ 1,000 fr.; qu'il résulte de la confusion des dots un avantage pour la dame. . . . . de 7,500 fr.; attendu que ledit sieur, ... n'a laissé à son décès qu'une fortune de 20,000 fr. et trois enfants; que, dès lors, il ne pouvait disposer que de 5,000 fr.; qu'ainsi, l'avantage résultant de l'inégalité des apports doit être réduit à cette somme, et que la dame. . . . . doit rapporter 2,500 fr. aux requérants; — s'entendre condamner à rendre et payer aux requérants ladite somme de 2,000 fr., aux intérêts et aux dépens, sous toutes réserves.

V. *suprà*, n° 356.—Coût, V. *Form.* 1.
Enregistrement de l'exploit, 2 fr. 20 c.

19. *Sommation par le mari à la femme de désigner les immeubles ameublis.*

L'an. . . . ., à la requête de. . . ., j'ai. . . . ., fait sommation à. . . ., épouse du requérant. . . . . de,— attendu que suivant le contrat de mariage du requérant avec ladite dame. . . . ., passé devant M^e. . . . ., le. . . . ., celle-ci a déclaré ameublir le quart de ses immeubles sans aucune désignation; attendu que le principal effet de l'ameublissement est de transporter à la communauté la propriété des immeubles ameublis; que, cependant, le mari ne peut aliéner les immeubles compris dans l'ameublissement indéterminé, avant que cet ameublissement soit déterminé; qu'il importe au requérant que cette opération ait lieu le plus tôt possible; — désigner les immeubles que la dame. . . . . entend comprendre dans l'ameublissement contenu au contrat susdaté, et ce, jusqu'à concurrence du quart des immeubles de la dame. . . . .; lui déclarant que, faute de ce faire, le requérant se pourvoira sous toutes réserves.

V. *suprà*, n° 401.— Coût, V. *Form.* 1.
Enregistrement de l'exploit, 2 fr. 20.

20. *Demande en détermination de l'ameublissement.*

L'an. . . . . ., à la requête de (*donner copie de la non-conciliation et constituer avoué*), j'ai. . . . ., donné assignation à. . . . ., à comparaître le. . . . .,, pour (*motifs de la formule* 19, *énoncer la sommation*) ; voir dire et ordonner que ledit ameublissement sera restreint à (*désigner les immeubles*), lesquels seront considérés comme conquêts de communauté; et, en outre, pour répondre et procéder tel que de raison, à fin de dépens.

V. *suprà*, n° 399. Coût, V. *Form.* 1.
Enregistrement de l'exploit, 2 fr. 20 c.

21. *Demande en garantie en vertu de la clause de franc et quitte.*

L'an. . . . . ., à la requête de (*donner copie de la non-conciliation et constituer avoué*), j'ai. . . ., donné assignation à. . . ., à comparaître le. . . . .,— pour, — attendu que par le contrat de mariage du requérant et de. . . . . les ajournés ont déclaré cette dernière franche et quitte de toutes dettes antérieures au mariage; attendu que, nonobstant cette déclaration, le sieur. . . . . a été obligé de payer à. . . . . ., suivant quittance du. . . . ., la somme de. . . . . due par ladite dame. . . . ., en vertu d'un acte du. . . . . .; attendu que la déclaration sus-énoncée oblige les ajournés à indemniser le requérant des suites de l'inexécution de cette déclaration ;—s'entendre

condamner à payer et rembourser audit requérant la somme de. . . . . par lui payée
à. . . . . en l'acquit de la dame. . . . ., sauf aux ajournés à exercer contre celle-ci
le recours que la loi leur accorde; et, en outre, s'entendre condamner aux dépens, sous
toutes réserves.

V. *suprà*, n° 423.— Coût, V. *Form.* 1.
Enregistrement de l'exploit, 2 fr. 20 c.

22. *Sommation à la femme de faire son option.*

L'an. . . . ., à la requête de. . . . ., héritiers de. . . . ., j'ai. . . . ., fait sommation è. . . .,veuve dudit sieur. . . . . de,—attendu que par le contrat de mariage
de cette dernière avec le défunt sieur. . . ., reçu par. . . . . le. . . . ., il a été
accordé au survivant des époux le droit de retenir toute la communauté en payant aux
héritiers de l'autre une somme de. . . . . .; attendu que la dame. . . . . a le droit
d'accepter cette condition ou de renoncer à la communauté; attendu que ce choix doit
être fait dans les trois mois et quarante jours qui suivent le décès du premier mourant
et que ce délai est expiré ; — dans le délai de huit jours, déclarer aux requérants si elle
entend profiter du bénéfice de la disposition sus-rapportée, ou si mieux elle aime renoncer à la communauté; lui déclarant que faute de ce faire, le requérant se pourvoira,
sous toutes réserves.

V. *suprà*, art. 448.—Coût, V. *Form.* 1.
Enregistrement de l'exploit, 2 fr. 20 c.

23. *Assignation pour voir déclarer la femme renonçante faute d'option.*

L'an. . . . . ., à la requête de (*donner copie de la non-conciliation et constituer
avoué*), j'ai. . . . ., donné assignation à comparaître le. . . . .,—pour (*motifs de la
sommation n° 21, énoncer cette sommation*) ;—voir dire et ordonner que ladite dame
sera tenue de faire son option dans les. . . . jours de la signification du jugement à
intervenir, sinon et faute de ce faire, qu'elle sera considérée à l'égard des requérants
comme ayant renoncé à la communauté, et, en outre, pour répondre et procéder tel que
de droit à fin de dépens.

V. *suprà*, n° 448.—Coût, V. *Form.* 1.
Enregistrement de l'exploit, 2 fr. 20 c.

24. *Opposition de la part de la femme à la délivrance.*

L'an. . . . . ., à la requête de. . . . ., j'ai. . . . , en vertu de l'acte contenant
les conventions civiles du mariage d'entre le requérant et. . . . . passé devant Mᵉ. . .
et, dont il est avec ces présentes donné copie; et attendu que, par cet acte, les sieur et
dame. . . . . se sont mariés sans communauté ; que les biens meubles de la femme y
ont été décrits et détaillés ; que, dès lors, ces objets restent sa propriété et ne peuvent
être aliénés par le mari ; signifié et déclaré à. . . . . que la requérante s'oppose formellement à ce que ledit sieur. . . . . prenne livraison de (*désigner les objets*) à lui
vendus par le sieur. . . . .; lui déclarant que, faute d'avoir égard à la présente opposition, la requérante se pourvoira, sous toutes réserves.

V. *suprà*, art. 487.— Coût, V. *Form.* 1.
Enregistrement de l'exploit, 2 fr. 20 c.

25. *Demande en dommages-intérêts.*

L'an. . . . ., à la requête de (*donner copie de la non-conciliation et constituer
avoué*), j'ai. . . . ., donné assignation à. . . . ., à comparaître le. . . .,—pour (*motifs de l'opposition n° 24, énoncer cet acte*);— Voir dire et ordonner que, dans les 24
heures de la signification du jugement à intervenir, le sieur. . . . . sera tenu de rendre et restituer à la requérante les objets dont suit le détail, et desquels il a pris livraison au mépris de l'opposition susdite, savoir : (*désigner les objets*), sinon et faute de
ce faire, qu'il sera condamné à payer à ladite dame. . . . ., à titre de dommages-intérêts, la somme de . . . . et en tout cas aux dépens, sous toutes réserves.

V. *suprà*, n° 487, –Coût, V. *Form.* 1.
Enregistrement de l'exploit, 2 fr. 20 c.

COMMUNAUTÉ DES HUISSIERS.—1. On appelle ainsi la généralité des huissiers d'un même arrondissement, considérés collectivement sous le rapport de leurs intérêts communs. La généralité de tous les huissiers de France, sans distinction de localité, considérés sous le même rapport, se nomme *Corporation des huissiers* (V. ce mot).

2. Il ne paraît pas que, antérieurement au XVIIᵉ siècle, les huissiers et sergents attachés à un même tribunal, ou exploitant dans l'étendue d'une même juridiction, autres que les sergents à cheval et ceux à verge du Châtelet de Paris, aient été réunis en confrérie ou communauté. Alors il n'y avait entre eux d'autres rapports que ceux résultant des petits services qu'ils se rendaient respectivement, en s'accompagnant lorsqu'ils avaient des actes d'exécution à consommer. Leurs fonctions s'accomplissaient uniquement dans l'intérêt particulier de chacun d'eux et sans aucune considération d'intérêt général.

3. Les sergents à cheval et ceux à verge du Châtelet de Paris étaient les seuls qui, ainsi que nous l'avons fait remarquer dans le numéro qui précède, eussent été anciennement réunis en confrérie. Pour les premiers, l'origine de leur confrérie remonte au XIVᵉ siècle, et, pour les seconds, au XVᵉ.

4. La *confrérie des sergents à cheval* fut reconnue et constituée par lettres de septembre 1353, confirmées par autres lettres du 24 déc. 1372 et par ordonnance du 4 juin 1407.

5. Suivant les lettres de septembre 1353, la confrérie des sergents à cheval avait été ordonnée et établie en l'honneur de Dieu, de la *benoiste* vierge Marie, de Mgr saint Martin, de Mgr saint Louis, roi de France, et de tous les saints du Paradis.

6. Chaque semaine, trois messes à diacre et sous-diacre devaient être célébrées en l'église Sainte-Croix, à Paris, rue de la Bretonnerie, l'une, le lundi, pour les trépassés, la seconde, le jeudi, en l'honneur du Saint-Esprit, et la troisième, le samedi, en l'honneur de Notre-Dame.

7. Pour subvenir aux frais desdites messes, chaque confrère devait payer huit sous par an, et, à sa mort, sa succession était tenue de payer la somme de vingt sous, ou de livrer le meilleur vêtement du défunt.

8. Lors de son institution, chaque sergent payait aussi à ses confrères un dîner appelé *past*. Ce dîner coûtait dix livres au plus, et, le plus communément, cent sous environ. Il y avait cependant des sergents qui avaient si peu d'argent qu'ils étaient obligés, pour subvenir aux frais du dîner, de vendre leurs biens et quelquefois leurs chevaux. A cet inconvénient, il venait s'en joindre un autre : le dîner était souvent suivi de rixes. On obvia à ces inconvénients en obligeant chaque sergent à payer seulement à la confrérie, lors de son institution, vingt sous parisis.

9. Les sergents qui refusaient de payer les droits auxquels ils étaient assujettis pour l'accomplissement des devoirs et obligations imposés à la confrérie pouvaient y être contraints par la vente de leurs biens et la suspension de leurs offices (Lettres du 24 déc. 1372).

10. La *communauté des sergents à verge* fut organisée par lettres du mois de juin 1415. Et le roi leur accorda le droit de s'assembler perpétuellement, chaque année, au mois d'août, le lendemain de la Saint-Louis, en présence d'un huissier du Parlement et d'un commissaire du Châtelet de Paris. Il ordonna en outre que, pour subvenir aux frais de cette assemblée, chaque sergent paierait deux deniers parisis chaque semaine.

11. Par un édit de février 1705, il fut ordonné que les communautés des sergents à verge et des sergents à cheval au Châtelet de Paris seraient réunies, et que tous ces officiers prendraient le titre d'*huissiers*. Mais bientôt un autre édit (novembre 1705) anéantit cette réunion et déclara que, comme antérieurement, les deux communautés resteraient désormais séparées.

12. Toutefois, les communautés des sergents à verge et des sergents à cheval se réunissaient chaque année, le lendemain de la Trinité (Sent. Châtelet de Paris, du 31 mars 1708), au Châtelet de Paris et devant le prévôt. Cette assemblée prenait le nom de *montre des huissiers*. — V. *Chambre de discipline des huissiers, Montre des huissiers.*

13. A l'exemple des sergents à verge et à cheval du Châtelet de Paris, les huissiers audienciers des parlements, Cours supérieures, bailliages, sénéchaussées et autres juridictions, se réunirent également en communauté. Mais, quant aux sergents non audienciers, il ne paraît pas qu'à aucune époque ils aient formé un corps ou une confrérie.

14. Le décret du 14 juin 1813 a réuni en communauté tous les huissiers sans exception, résidant et exploitant dans l'étendue du ressort du tribunal civil d'arrondissement de leur résidence (art. 49). Le département de la Seine n'ayant qu'un seul tribunal civil, tous les huissiers exerçant dans ce département, y compris ceux de la Cour de cassation, ne forment qu'une seule communauté (art. 50).

15. Chaque communauté doit avoir une chambre de discipline, laquelle est présidée par un syndic.—V. *Chambre de discipline des huissiers.*

16. Les conséquences de l'autorisation d'établir une communauté sont, pour les huissiers, de former des personnes morales qui peuvent, par l'intermédiaire des syndics, procéder en justice pour la défense de leurs droits et de leurs intérêts, et intervenir dans les procès élevés entre des tiers et un membre de la communauté (V. *Chambre de discipline*), et d'avoir une bourse commune pour les dépenses de la communauté, et d'imposer, à cet effet, une cotisation sur chaque membre. — V. *Bourse commune, Corporation des huissiers, Huissier.*

COMMUNAUTÉ RELIGIEUSE. — 1. Association d'individus de l'un et l'autre sexe, s'engageant par des vœux religieux à vivre sous l'empire de certains statuts particuliers.

2. Les communautés d'hommes, supprimées par les lois des 13 fév. 1790 et 18 août 1792, n'ont point été rétablies avec les conséquences qui y étaient autrefois attachées. Avant la révolution de 1789, ces communautés avaient une existence légale, une capacité civile; elles pouvaient, comme communautés, posséder, aliéner et acquérir. Il en est différemment aujourd'hui : si des communautés d'hommes existent encore, sont encore tolérées, c'est uniquement au point de vue religieux ; elles ne sont plus considérées comme des *établissements publics*. Ainsi, elles ne peuvent recevoir directement par leurs supérieurs les dons et legs qui leur sont faits, et généralement acquérir et posséder, sous l'application des règles générales en ce qui concerne les établissements publics.

3. Cependant, il est fait exception à cette règle en faveur des *communautés des frères des écoles chrétiennes.* Ces communautés, qu'on a considérées comme constituant des *établissements de charité publique* plutôt que des communautés religieuses, ont été admises, en fait, à jouir de la capacité civile. Mais cette capacité est exercée différemment, suivant qu'il s'agit d'associations dont l'existence est reconnue par le décret organique de l'Université, du 17 mars 1808, ou d'associations établies par des ordonnances de la Restauration. Les premières acceptent directement, par l'intermédiaire de leur supérieur général, les dons et legs qui leur sont faits; elles sont représentées par lui dans tous les actes civils. Quant aux secondes, leur capacité civile est déterminée par les ordonnances mêmes qui les ont instituées. Or, aux termes de ces ordonnances (Ord., 11 juin 1823, art. 3), les legs et dons qui leur sont faits sont acceptés par l'Université. Les acquisitions, aliénations et autres actes faits dans l'intérêt de ces dernières associations, doivent également être faits au nom de l'Université (Avis cons. d'Etat, 18 déc. 1829).

4. Supprimées, comme les communautés d'hommes, par les lois de 1790 et 1792, les communautés de femmes furent bientôt rétablies. Mais aucune association de femmes ne peut être fondée qu'en vertu d'une loi, et aucun établissement en dépendant ne peut être formé qu'en conséquence d'un arrêté du chef du pouvoir exécutif (L. 24 mai 1825, art. 1er et suiv.).

5. Les communautés de femmes dûment autorisées forment un *être moral* ayant capacité civile. Elles peuvent, dès lors, sous l'accomplissement des formalités imposées aux établissements publics, acquérir à titre gratuit ou onéreux, aliéner, échanger, transiger ; mais, à l'égard des actes de gestion et d'administration, il faut distinguer entre les communautés hospitalières et celles qui ne forment que des établissements particuliers.—V. *infrà*, nos 15 et suiv.

6. En ce qui concerne les acquisitions à titre gratuit, les communautés religieuses ne peuvent recevoir aucune donation faite avec réserve d'usufruit en faveur du donateur (Ord. 4 janv. 1831), de dons ou legs qu'à *titre particulier*, et non de legs universels ou à titre universel (L. 24 mai 1824, art. 4).

7. Lorsque les dons et legs n'excèdent pas trois cents francs, leur acceptation est autorisée par les préfets (Ord. 2 avril 1817, art. 1er). Dans le cas où ils excèdent cette somme, l'autorisation ne peut résulter que d'un arrêté du Gouvernement (Ord. 25 mars 1830, art. 1er).

8. S'il s'agit d'un legs, nulle acceptation ne peut être présentée à l'autorisation, sans que les héritiers connus du testateur aient été appelés, par acte extrajudiciaire, pour prendre connaissance du testament, donner leur consentement à son exécution, ou produire leurs moyens d'opposition (Ord. 14 janv. 1831, art. 3).

9. Pour atteindre le but prévu par cette disposition, il nous semble que la supérieure de la maison, quand le legs est fait à une maison spéciale, ou la supérieure générale, quand le legs est fait à toute la congrégation (Décr. 18 fév. 1809, art. 12), doit donner intimation aux héritiers connus du testateur de se présenter, à jour et heure fixés, chez le notaire dépositaire du testament.— V. *Formule* 1.

10. Si les héritiers se présentent, le notaire dresse acte de leur comparution et de leur consentement, ou consigne leur opposition et les moyens qu'ils font valoir à l'appui. S'ils ne se présentent pas, il constate leur absence ; dans tous les cas, il délivre une expédition de l'acte, laquelle est jointe à la demande en autorisation.

11. Lorsqu'il n'y a pas d'héritiers connus, un extrait du testament doit être affiché de huitaine à huitaine, et à trois reprises consécutives, à la mairie du chef-lieu du domicile du testateur, et inséré dans le journal judiciaire du département, avec invitation aux héritiers d'adresser au préfet, dans le plus bref délai, les réclamations qu'ils auraient à présenter (Ord. 14 janv. 1831, art. 3).

12. L'extrait destiné à être affiché doit être signé par le notaire dépositaire, et l'affiche de cet extrait est constatée par un procès-verbal du ministère d'un huissier.—V. *Formule* 2.

13. Quant aux acquisitions et actes à titre onéreux, aliénations, échanges, transactions, ils ne peuvent avoir lieu que suivant les formes prescrites pour les établissements publics en général, et avec l'autorisation du Gouvernement (V. L. 24 mai 1825, art. 4). — V. *Etablissements publics*.

14. Et aucun notaire ne peut passer un acte de vente, d'acquisition ou d'échange, de cession ou de transport, de constitution de rentes, de transaction, au nom d'une communauté religieuse, s'il n'est justifié de l'arrêté du Gouvernement portant autorisation de l'acte, lequel arrêté devra y être inséré (Ord. 14 janv. 1831, art. 2).

15. Les biens des communautés religieuses sont possédés et régis conformément au Code civil. S'il s'agit de biens appartenant à des congrégations hospitalières, ils ne peuvent être administrés que conformément à ce Code et aux lois et règlements sur les établissements publics (Décr. 18 fév. 1809, art. 14). Mais les autres communautés religieuses, c'est-à-dire celles qui ne pourvoient point à des services publics et ne sont que des établissements particuliers, ne sont pas placées sous la tutelle administrative ; leurs biens ne sont point régis comme ceux des communes, des hospices et des fabriques. Les actes de simple administration et de gestion appartiennent aux supérieures générales ou aux supérieures locales, dans les limites de leurs statuts, et le Gouvernement n'a pas à en connaître (Avis cons. d'Etat, 13 janv. 1835 ; Vuillefroy, *Principes d'administration*, p. 201).

16. Les communautés hospitalières ne peuvent plaider sans une autorisation obtenue dans la forme prescrite pour les hospices et les établissements de bienfaisance (V. *Autorisation de plaider*, n°s 29 et suiv.). Mais il ne nous paraît pas que cette autorisation soit nécessaire aux simples communautés religieuses. Celles-ci peuvent, sans être soumises à aucune formalité ; citer en justice, répondre aux actions intentées contre elles, passer les baux, toucher les revenus, et faire des emplois de fonds, sauf les restrictions indiquées *suprà*, n° 14.

17. Les actions appartenant à ces dernières communautés ou celles que des particuliers ont le droit d'exercer contre elles sont intentées, suivant les cas, à la requête soit de la supérieure générale, soit de la supérieure locale, ou contre l'une ou l'autre.

18. La supérieure qui excède ses pouvoirs et sort des limites des statuts n'oblige pas l'établissement ; mais elle est passible personnellement de toute action ou de tout recours de la part des créanciers.

19. Les difficultés qui concernent les biens des communautés religieuses doivent être portées devant les tribunaux ordinaires, à moins qu'il ne s'agisse d'appliquer, entre deux communautés réclamant un revenu, un décret qui a déterminé la destination de ce revenu (Avis cons. d'Etat, 26 mars 1814).

Formules.

1. *Intimation aux héritiers du testateur.*

L'an. . . . . . ., à la requête de. . . . . ., stipulant au nom et comme supérieure de l'établissement de. . . . ., autorisé par ordonnance royale (ou arrêté du Gouvernement) du. . . . ; et dépendant de la communauté religieuse connue sous le nom de . . . . ., autorisée par la loi du. . . . ., j'ai. . . . . ., donné intimation à. . . . . ., appelés à recueillir la succession de. . . . ., à être et se trouver à. . . . ., en l'étude de M^e. . . . ., notaire, le. . . . . heure de. . . . ., pour prendre connaissance du testament dudit sieur. . . ., reçu par M^e. . . . ., notaire à. . . . ., le. . . . ., enregistré le. . . ., contenant legs au profit dudit établissement, de la somme de. . . . ; consentir la délivrance de ce legs ou fournir leurs moyens d'opposition ; leur déclarant que, faute de comparaître, il sera passé outre, sous toutes réserves.

V. n° 9.—Coût, tarif, arg., 29 : Paris, 2 fr.; R. P. 4 fr. 80 c. ; aill., 4 fr. 50 c. Enregistrement de l'exploit, 2 fr. 20 c.

2. *Procès-verbal constatant l'affiche de l'extrait du testament.*

L'an. . . . ., à la requête de (V. *Formule* 1), je. . , ..., certifie que cejourd'hui, en ma présence, il a été, en conformité de l'art. 3 de l'ordonnance du 14 janvier 1831, affiché à la porte extérieure de la mairie de la commune de. . . . . un extrait dûment signé et scellé, du testament de. . . ., reçu par. . . ., le. . . . ., enregistré le. . ., et contenant legs au profit de. . . . . ., de la somme de. . . . . ., et à ce qu'il n'en

soit ignoré, j'ai. . . . ., dressé le présent procès-verbal, dont le coût est de. . . . . .
V. n° 12.—Coût, arg., Tarif, 39. Paris, 3 fr.; R. P. 2 fr. 70 c.; ailleurs, 2 fr. 25.
Enregistrement du procès-verbal, 2 fr. 20 c.

COMMUNE. — 1. On appelle ainsi, dans le langage administratif, toute agrégation d'habitants, ville, bourg ou simple village, qui a reçu de la loi l'institution municipale. La *municipalité* est le corps chargé de représenter la commune et d'agir pour elle ; ce corps se nomme aussi *Conseil municipal.*
2. Toute portion habitée du territoire d'une commune, qui, bien que réunie sous la même administration municipale avec d'autres portions de territoire, a une circonscription qui lui est propre et qui la distingue du surplus de la commune, s'appelle *section de commune.*
3. Une section de commune forme en quelque sorte une commune particulière ayant, sous le rapport des droits exclusivement propres aux habitants qui occupent son territoire, une individualité distincte et séparée, indépendante de la commune principale à laquelle elle se trouve réunie (*Encyclop. du droit*, par Sebire et Carteret, v° *Commune (section de)*, n° 1er). — V. *Autorisation de plaider*, n°s 20 et suiv.

Indication alphabétique des matières.

§ 1er.— *Biens des communes. — Compétence.*
§ 2. — *Actions actives et passives. — Exercice.*
§ 3. — *Responsabilité des communes. — Procédure.*
§ 4. — *Dettes des communes.*

§ 1er. — Biens des communes. — Compétence.

4. *Biens des communes.* — L'art. 542, C. civ., définit ainsi les biens communaux : ceux à la propriété ou au produit desquels les habitants d'une ou de plusieurs communes ont un droit acquis.
5. Le mot *biens* embrasse ici non-seulement les propriétés rurales, les propriétés bâties, les bois et forêts, mais aussi les meubles et, généralement, tout ce qui est susceptible d'une possession à titre de propriété.
6. Les biens communaux peuvent se diviser en trois classes : les biens publics communaux, les biens patrimoniaux, et les biens communaux proprement dits.

7. Les *biens publics communaux* sont ceux dont l'usage appartient à tout le monde ou à tous les habitants de la commune : tels sont les rues, chemins, places, quais, ponts, lavoirs, fontaines, abattoirs, marchés, églises, temples, cimetières, presbytères, maison d'école, mairie, etc.

8. Ces biens, tant qu'ils conservent leur destination, sont hors du commerce, et, dès lors, inaliénables et imprescriptibles (C. civ., art. 2226).

9. Les *biens patrimoniaux* sont ceux qui se louent, s'afferment et s'exploitent au profit de la commune : tels sont les maisons, les halles, les terres labourables, les prés, les moulins, les mines, les bois, etc.

10. A la différence des biens publics communaux, les biens patrimoniaux sont dans le commerce ; ils sont donnés à loyer ou à ferme (V. *Bail administratif*, nᵒˢ 10 et suiv.) ; ils peuvent être aliénés avec l'accomplissement de formalités particulières ; ils sont prescriptibles (C. civ., art. 2227).

11. Enfin, les *biens communaux proprement dits* sont ceux dont les habitants ont en commun la jouissance en nature : tels sont les pâturages, les bois dont le produit des coupes est partagé, etc.

12. Ces biens sont, comme les précédents, aliénables et prescriptibles.

13. Quant au mode de jouissance des biens communaux proprement dits, il est réglé par le conseil municipal, sauf au préfet, s'il y a lieu, à annuler la délibération sur la réclamation de la partie intéressée ou d'office (L. 18 juill. 1837, art. 17 et 18).

14. *Compétence.* — En thèse générale, toutes les fois que, entre particuliers et une commune, ou entre deux communes voisines, ou entre une commune et une section de commune, ou enfin entre deux sections de commune, il s'élève des difficultés sur un droit de propriété, d'usage, de parcours, de bornage, de servitude, etc., prétendu par la commune sur les terrains d'autrui, ou par un particulier sur les biens communaux, les tribunaux ordinaires sont seuls compétents pour connaître de ces difficultés (Ord. cons. d'Etat, 14 janv., 16 et 23 juin 1824 ; 19 juill. 1833).

15. La compétence des tribunaux ordinaires embrasse aussi toutes les contestations en matière de partage ou de jouissance de biens communaux, celles qui sont relatives aux acquisitions, cessions, baux, usurpations de ces mêmes biens, et enfin celles qui concernent les transactions dans lesquelles les communes sont intéressées, et les dons et legs faits aux communes.

16. Ainsi, les tribunaux ordinaires connaissent seuls des demandes en partage de biens communaux indivis entre deux communes, des questions qui s'élèvent entre ces deux communes relativement à la fixation de la proportion de leurs droits respectifs, lorsque ces droits reposent sur un titre ou sur la possession (Décr. 28 nov. 1809 ; Ord. 23 avril et 13 juin 1836), de celles qui s'élèvent entre une commune et un particulier au sujet de l'étendue et de l'exercice du droit de partage (Ord. 7 nov. 1814), de la prétention d'une section de commune à posséder en propre et à l'exclusion du reste de la commune (Décr. 20 sept. 1809), et de celle d'un particulier à être compris comme habitant dans la distribution des biens communaux (Décr. 1ᵉʳ avril 1811).

17. Si, après le partage, un particulier prétend avoir des droits de propriété, antérieurs au partage, sur le bien partagé (Ord. 7 août 1816) ; s'il s'élève des contestations entre les copartageants (Ord. 7 nov. 1814 ; 7 août 1816) ; si, après l'annulation d'un partage, des particuliers, des communes ou sections de commune prétendent droit à la jouissance exclusive des biens litigieux, en vertu de titres anciens (Ord. 23 juill. 1823), dans tous ces cas, c'est encore devant les tribunaux ordinaires que la réclamation doit être portée.

18. Il en est de même de la question de savoir si un bien est communal ou s'il est seulement indivis entre plusieurs habitants (Ord. 18 juin 1823), et de celle de savoir si, lorsqu'un maire a ordonné de creuser des fossés pour séparer des biens communaux de ceux d'un particulier, des usurpations ont été commises sur le terrain de ce dernier (Décr. 16 mai 1810).

19. Les tribunaux ordinaires sont également compétents pour prononcer : 1° sur les droits d'usage, d'affouage, de vaine pâture et autres, antérieurement réglés par actes, transactions ou jugements, soit entre plusieurs communes ou sections de communes, soit entre des communes et le domaine, ou des établissements publics ou particuliers (Ord. 8 juin 1832 ; 25 sept. 1834).

20. 2° Sur les contestations relatives aux ventes faites par des particuliers aux communes (Ord. 1er nov. 1820).

21. 3° Sur toutes les questions possessoires qui ne peuvent être résolues que par application des règles du droit civil (Ord. 17 mai 1835).—V. *Action possessoire.*

22. 4° Sur toutes les contestations relatives à l'interprétation et à l'exécution des baux des biens communaux (Ord. 20 nov. 1815 ; 30 oct. 1834).— V. *Bail administratif*, n° 14.

23. 5° Sur les réclamations de droits d'usage formées par les communes sur des forêts domaniales vendues à des tiers en exécution de la loi du 23 sept. 1814 ou des lois antérieures (Ord. 19 août et 19 oct. 1835), et généralement sur toutes les contestations en dehors de l'interprétation des règlements administratifs et de leur application.

§ 2. — *Actions actives et passives.* — *Exercice.*

24. Les actions, soit actives, soit passives, des communes, ne peuvent être exercées que par leurs maires ou contre eux, et, à défaut de ceux-ci, par leurs adjoints (LL. 28 pluv. an 8 ; 18 juill. 1837, art. 9 ; Ord. cons. d'État, 19 juill. et 6 sept. 1826).

25. Tant que le maire et l'adjoint ne sont pas dans l'impossibilité de remplir le mandat que la loi leur confie, nul autre ne peut exercer, en leur lieu et place, les actions communales. Ainsi, un conseiller municipal, alors même que, dans le cas d'inaction du maire et de l'adjoint, il aurait été choisi ou délégué par le conseil de préfecture, sur la présentation du conseil municipal, n'aurait pas qualité pour intenter un procès concernant la commune (Cass., 17 juin 1834).

26. Ce n'est qu'en cas d'absence ou d'empêchement du maire et de l'adjoint que les actions communales peuvent être exercées par un conseiller municipal, et ce conseiller municipal est le premier dans l'ordre du tableau (L. 21 mars 1831, art. 5).

27. Lorsque le maire et les adjoints se trouvent avoir un intérêt opposé à celui de la commune, le conseil de préfecture peut alors leur substituer un agent qui représente utilement la commune (Cass., 13 juin 1838).

28. Et, dans ce cas encore, l'agent délégué ne peut être autre que le conseiller municipal le premier dans l'ordre du tableau. Si ce dernier se trouve lui-même empêché, on doit choisir, pour représenter la commune, celui qui vient immédiatement après lui (Cass., 2 juin 1840).

29. Au reste, les maires, adjoints et conseillers municipaux, ne représentent dans l'instance que la généralité des habitants qui ont des intérêts communs ; ils ne représentent point ceux qui ont des intérêts opposés. En conséquence, ceux-ci peuvent former tierce opposition aux jugements qui leur préjudicient (Amiens, 12 janv. 1821).

30. On a beaucoup agité, surtout avant la loi du 18 juill. 1837, la question de savoir si les habitants d'une commune peuvent exercer *ut singuli*, c'est-à-dire en leur nom personnel et dans leur intérêt exclusif, les droits et actions qui leur appartiennent seulement *ut universi*. La doctrine et la jurisprudence ont fait à cet égard la distinction suivante : ou le fond du droit est contesté, c'est-à-dire l'on conteste à la commune la propriété de l'objet dont l'un de ces habitants réclame personnellement la jouissance ; ou, tout en reconnaissant la propriété de la commune, l'on dénie seulement le droit à la jouissance à l'habitant qui réclame, en se fondant, par exemple, sur ce qu'il ne fait pas partie de la commune. Dans le premier cas, la commune seule a qualité pour agir ; dans le second, les habitants peuvent agir individuellement (Henrion de Pansey, *des Biens communaux*, 1re partie, chap. 32, p. 244 ; Pardessus, *des Servitudes*, n° 336 ; Proudhon, *Traité du domaine de propriété*, n°s 935 et 936 ; Garnier, *des Chemins*, n° 328 ; Cass., 16 juill. 1822 ; 25 juill. 1826 ; 31 mars 1835). Mais la loi du 18 juill. 1837 a mis un terme à toute controverse sur ce point, en accordant à tout contribuable inscrit au rôle de la commune le droit d'exercer, à ses frais et risques, avec l'autorisation du conseil de préfecture, les actions qu'il croirait appartenir à la commune, et que la commune, préalablement appelée à en délibérer, aurait refusé ou négligé d'exercer (art. 49, § 3).

31. La commune doit être mise en cause, et la décision qui intervient a effet à son égard (même art.), c'est-à-dire que si elle est favorable, la commune en profite, et que, dans le cas contraire, elle perd son procès.

32. Lorsqu'il y a contestation entre deux sections de commune ou entre une commune et une section de commune (V. *suprà*, n°s 2 et 3, sur ce qu'il faut entendre par *sections de commune*), l'action est exercée par un ou contre un des membres d'une commission syndicale instituée à cet effet, de la manière indiquée V. *Autorisation de plaider*, n°s 20 et suiv.

33. Mais soit qu'une commune ou section de commune, ou même un simple contribuable, veuillent intenter une action, soit que ce soit un tiers qui veuille diriger une action contre une commune ou section de commune, dans l'un et l'autre cas une autorisation est nécessaire pour que la commune ou la section de commune, ou le contribuable, puissent procéder en justice.—V. *Autorisation de plaider.* — V. cependant, *infrà* n° 44.

34. Les jugements rendus contre le maire ou l'adjoint, de même que ceux rendus contre un contribuable, ont force de chose jugée contre tous les habitants et contre chacun d'eux. Ainsi, l'arrêt qui décide qu'un droit, concédé par une commune, n'a pas été supprimé, peut être opposé à chacundes habitants en particulier (Cass., 31 mai 1830).

§ 3. — *Responsabilité des communes. — Procédure.*

35. La loi du 10 vend. an 4, sur la responsabilité des communes en cas de pillage ou de dévastation commis sur leur territoire, est toujours en vigueur (Orléans, 30 juin 1849 ; 9 août 1850). Toutefois, l'application possible de cette loi a été repoussée en ce qui concerne la ville de Paris.

36. D'après l'art. 1er du titre 4 de cette loi, les communes sont responsables des délits commis à force ouverte ou par violence sur leur territoire, par des attroupements ou rassemblements armés ou non armés, soit envers les personnes, soit contre les propriétés nationales ou privées, ainsi que des dommages-intérêts auxquels ils donneront lieu.

37. Mais elles sont à l'abri de toute action : 1° lorsque le délit a été commis par une ou plusieurs personnes isolées (Cass., 27 avril 1813 ; Toullier, t. 11, n° 239 ; Davenne, *Encyclop. du droit*, par MM. Sebire et Carteret, v° *Commune*, n° 419) ; 2° lorsqu'il a été commis par des rassemblements formés d'individus étrangers à la commune, si celle-ci a pris toutes les mesures propres à l'empêcher (L. 10 vend. an 4, tit. 4, art. 5).

38. Si les attroupements ou rassemblements ont été formés d'habitants de plusieurs communes, toutes sont responsables des délits qu'ils ont commis et doivent contribuer à la réparation (même loi, art. 3). Et la contribution à établir entre ces communes doit être faite suivant le degré de culpabilité de chacune d'elles, et, dans le cas où le degré de culpabilité ne peut être légalement constaté, on prend pour base les quatre contributions directes (Orléans, 14 août 1851).

39. La réparation consiste dans la restitution, en même nature, des objets pillés ou enlevés, ou dans le paiement du double de la valeur de ces choses, au cours du jour où les dégâts ont été commis (L. 10 vendém. an 4, tit. 5, art. 1er). Cette disposition s'applique également en cas de destruction et d'incendie des choses (Cass., 4 déc. 1827).

40. Outre la réparation, il est dû des dommages-intérêts qui ne peuvent jamais être moindres que la valeur entière des objets pillés ou enlevés (même loi, tit. 5, art. 6).

41. Ainsi, dans le cas où les objets pillés ne peuvent être restitués en nature, la commune est condamnée à payer trois fois leur valeur, savoir : deux fois à titre de réparation, et une fois à titre de dommages-intérêts (Cass., 4 déc. 1827 ; 24 juill. 1837 ; 17 juill. 1838 ; Davenne, loc. cit., n° 439).

42. Enfin, indépendamment de ces réparations civiles, les communes peuvent être frappées d'une amende envers l'Etat. « Dans le cas où les habitants de la commune, porte l'art. 2 du tit. 4 de la loi du 10 vendém. an 4, auraient pris part aux délits commis sur son territoire par des attroupements ou rassemblements, cette commune sera tenue de payer à la République une amende égale au montant de la réparation principale ».

43. Le droit de poursuivre la réparation civile et les dommages-intérêts contre une commune, pour dégâts commis par ses habitants, peut être exercé soit d'office par le ministère public, soit directement par la partie lésée (L. 10 vendém. an 4, tit. 5, art. 2, 3 et 6). L'une et l'autre de ces actions donnent lieu à des procédures différentes.

44. Et d'abord, il importe de faire remarquer que le ministère public et la partie lésée ne sont pas tenus d'obtenir l'autorisation de plaider contre la commune. Il y a, pour ce cas, exception aux lois sur la nécessité de l'autorisation des communes (Amiens, 17 juin 1817 ; Cass., 19 nov. 1821 ; 28 janv. 1826).

45. Quand l'action est exercée *directement* par la partie lésée, il faut suivre en général les règles ordinaires de la procédure. Ainsi, la commune doit être régulièrement assignée (V. *Formule*). C'est contradictoirement avec elle que doit être rendu le jugement qui accueille ou rejette la demande en responsabilité.

46. La loi du 10 vendém. an 4 étant une loi obligatoire réciproquement pour les étrangers et pour les nationaux, il s'ensuit que le droit de former l'action en réparation contre une commune appartient aussi bien aux étrangers qu'aux nationaux (Cass., 17 nov. 1834).

47. Lorsque les dommages ont été causés aux propriétés nationales, aux bureaux de douanes, aux préposés dans leurs personnes ou leurs propriétés, le préfet a le droit d'exercer l'action en réparation (Arrêté du 4e jour complément. an 11).

48. Quand la poursuite a lieu *d'office*, à la diligence du ministère public, il n'est pas nécessaire que la commune soit assignée ; la procédure est plus expéditive, plus dégagée de formalités. Immédiatement après la réception des procès-verbaux constatant les crimes ou délits qui donnent lieu à la responsabilité des communes, le procureur de la République les soumet au tribunal civil qui, sans appeler ni la partie lésée, ni la commune, et sur le simple vu de ces procès-verbaux et des autres pièces, condamne, s'il y a lieu, la commune, à la réparation civile, aux dommages-intérêts et à l'amende (L. 10 vendém. an 4, tit. 5, art. 2 à 6).

49. Dans ce cas, le ministère public poursuit et requiert pour la partie lésée. Mais celle-ci est recevable à intervenir sur le débat et y former telles réclamations qu'elle juge convenables (Cass., 24 juill. 1837).

50. Elle peut intervenir même sur l'appel du jugement interjeté par la commune (Cass., 4 juill. 1834).

51. Encore bien que la partie lésée n'ait pas figuré dans l'instance, le ministère public stipulant pour elle, elle a le droit non-seulement de signifier elle-même le jugement rendu en sa faveur sur les conclusions du ministère public (Nîmes, 25 janv. 1810), pour faire courir les délais d'appel et de recours en cassation, mais même, après l'expiration de ces délais, de poursuivre contre la commune l'exécution du jugement (Cass., 4 juill. 1834).

52. L'appel du jugement rendu sur le réquisitoire du ministère public peut être interjeté non-seulement par la commune condamnée sur la poursuite du maire ou de l'adjoint, mais encore, et directement, par les plus forts contribuables désignés, conformément à l'art. 8 du tit. 5 de la loi de vendémiaire, pour avancer le montant des condamnations (Cass., 14 pluv. an 10).

53. Ces plus forts contribuables ont également qualité pour exercer de leur chef l'action récursoire contre les auteurs et complices du délit (Colmar, 15 germ. an 13).

§ 4. — *Dettes des communes.*

54. Si la commune, comme être moral, comme personne civile, a des droits qu'elle exerce, elle peut aussi avoir à remplir des obligations, des engagements. Mais, en règle générale, les communes ne peuvent contracter aucune dette sans y être légalement autorisées. Lorsque les maires ou adjoints, agissant en cette qualité, dans les limites de leurs attributions et en vertu d'une autorisation régulière, ont, pour le compte de leurs communes et dans l'intérêt de ces dernières, contracté des obligations, c'est contre les communes, et non contre les maires ou adjoints, que l'exécution de ces obligations doit être poursuivie (Ord. 21 mai 1817 ; 4 août 1819).

55. Il résulte de là qu'il ne faut pas confondre l'obligation contractée par plusieurs habitants d'une même commune, en leur propre et privé nom, avec une dette communale. Cette obligation ne peut être exécutée que contre les habitants qui l'ont souscrite, encore bien qu'elle ne l'ait été que pour couvrir une somme due par la commune, qui l'aurait reconnue postérieurement. La reconnaissance de la dette par la commune ne saurait suffire, en effet, pour substituer la commune aux débiteurs primitifs. Il faudrait d'abord l'intervention du tiers intéressé, et ensuite l'autorisation pour la commune de se substituer aux lieu et place des débiteurs primitifs (Décr. cons. d'Etat, 23 mai 1810).

56. Si la dette, dont le paiement est poursuivi contre la commune, est contestée, le créancier doit, après avoir obtenu l'autorisation nécessaire à cet effet (V. *Autorisation de plaider*), s'adresser aux tribunaux pour obtenir la reconnaissance du titre ou pour faire juger à quelle quotité s'élève la dette (Avis cons. d'Etat, 26 fév. 1817).

57. Lorsqu'elle est reconnue, les créanciers doivent se retirer devant le préfet, et, à son refus, devant le ministre de l'intérieur, qui, d'après les délibérations des conseils municipaux, détermine le mode, les valeurs et les époques du paiement (Décr. 12 sept. 1811 ; Ord. 1er et 15 mars 1815 ; 19 sept. 1821).

58. Dans aucun cas, et quelle que soit la cause du défaut de paiement par la commune d'une dette, même reconnue en justice, le créancier ne peut pratiquer des saisies-arrêts sur les fonds libres ou non affectés à aucun budget communal (Avis cons. d'Etat, 29 oct. 1826 : V. *J. Huiss.*, t. 8, p. 31), par exemple, sur les fonds déposés par la commune à la caisse d'amortissement (Avis cons. d'Etat, 18 juill. et 12 août 1807), ni sur ceux qui se trouvent chez le receveur de la commune, ou entre les mains de ses débiteurs (Avis cons. d'Etat, 11 mai 1813). V. aussi dans le même sens, sur ces différents points, Roger, *De la Saisie-arrêt*, n° 257.

59. C'est une conséquence du principe que toutes les dépenses des communes doivent être réglées par leur budget et autorisées par l'administration. Les fonds compris dans le budget communal ont tous une destination dont l'ordre ne peut être interverti. On pourrait craindre, s'il en devait être autrement, qu'un créancier n'eût par là le moyen d'entraver la marche du service public. Ces raisons nous déterminent même à penser qu'une saisie-arrêt pratiquée entre les mains de débiteurs d'une commune ne pourrait valoir comme *mesure conservatoire*.

60. Ainsi, la commune sur laquelle serait pratiquée une saisie-arrêt obtiendrait sans peine qu'elle fût levée ; mais elle ne devrait point, à cet effet, s'adresser à l'autorité administrative : elle devrait demander la mainlevée au tribunal civil, parce que les tribunaux civils seuls peuvent juger la validité d'une saisie-arrêt (Avis cons. d'Etat, 29 avril 1809 ; Cass., 29 oct. 1816 ; Roger, n° 258).

61. Il suit de là que, lorsqu'un créancier a obtenu un jugement qui condamne une commune à payer le montant d'une obligation par elle contractée, il doit se borner à signifier ce jugement. S'il faisait des actes d'exécution, ces actes seraient considérés comme frustratoires et resteraient à sa charge. Ils pourraient même exposer le créancier et l'huissier à des dommages-intérêts. Après la signification du jugement, le créancier doit s'adresser au préfet, seul compétent pour indiquer les mesures propres à effectuer le paiement de la créance.

62. Lorsqu'un même jugement prononce des condamnations contre plusieurs communes, c'est à l'administration qu'il appartient de fixer la portion à la charge de chacune d'elles (Ord. 17 janv. 1833).

Formule.

Demande en réparation et en dommages-intérêts.

L'an. . . . ,. à la requête du sieur. . . . (*constituer avoué*), j'ai. . . . . donné assignation à la commune de. . . . ., représentée par le sieur. . . . ., maire de ladite commune, demeurant à. . . . ., en son domicile, où étant et parlant à sa personne, lequel a visé le présent, à comparaître dans les délais de la loi, pour, — Attendu qu'il résulte d'un procès-verbal dressé le. . . . ., par le sieur. . . ., adjoint au maire de la commune de. . . . ., qu'un attroupement, composé environ de. . . . habitants de la commune de. . . . ., s'est transporté le. . . . . dans une forêt appartenant au requérant et a coupé. . . . . arbres qui ont été emportés ; attendu que ce fait est puni par la loi du 10 vendém. an 4 ; — S'entendre condamner à payer au requérant la somme de. . . . ., formant le double de la valeur des arbres abattus et emportés, leur restitution étant impossible, et en. . . . . . de dommages-intérêts et aux dépens, sous toutes réserves, sauf au ministère public dont l'adjonction est requise à faire prononcer l'amende prévue par ladite loi.

V. n° 45.—Coût, tarif, arg. 29. Paris, 2 fr. ; R. P. 1 fr. 80 c.; ailleurs, 1 fr. 50 c. Enregistrement de l'exploit, 2 fr. 20 c.

COMMUNE RENOMMÉE (PREUVE PAR). — 1. On appelle ainsi la preuve qui se fait au moyen d'une espèce d'enquête où les témoins déposent, sur l'existence ou la valeur des biens que quelqu'un possédait, à une certaine époque, d'après ce qu'ils ont vu eux-mêmes ou entendu dire.

2. Cette enquête diffère de l'enquête ordinaire, en ce que, dans cette dernière, le témoin ne peut dire que ce qu'il a vu ou entendu, tandis que, dans l'autre, il doit énoncer son opinion sur la valeur estimative des choses dont on cherche la consistance, comme s'il avait été nommé expert pour en faire l'appréciation, et les éléments de son opinion peuvent résulter non-seulement de ce qu'il a vu par lui-même, mais encore de l'opinion publique, telle qu'il a pu l'apprécier dans le temps (C. civ., art. 1415, 1442 et 1504; Proudhon, *Des Droits d'usufruit,* t. 1er, n° 169; Toullier, t. 14, n° 4; Duranton, t. 14, n° 239). — V. *Communauté de biens entre époux.*

3. La preuve par commune renommée étant au fond une véritable enquête, il s'ensuit qu'elle est assujettie aux règles des enquêtes ordinaires. — V. *Enquête.*

COMMUNICATION.—**1.** Représentation d'actes, de pièces, de registres ou d'autres documents.

2. Les notaires ne peuvent, sans l'ordonnance du président du tribunal de première instance, donner connaissance de leurs actes à d'autres qu'aux personnes intéressées en nom direct, héritiers ou ayants droit, à peine de dommages-intérêts et d'amende, et, en cas de récidive, de suspension pendant trois mois (LL. 25 vent. an 11, art. 23; 16 juin 1824, art. 10).

3. Les dépositaires des registres de l'état civil, ceux des rôles des contributions, et tous autres chargés des archives et dépôts des titres publics, sont tenus de les communiquer, sans déplacer, aux préposés de l'enregistrement, à toute réquisition, et de leur laisser prendre, sans frais, les renseignements, extraits et copies qui leur sont nécessaires pour les intérêts de l'Etat, à peine de 10 fr. d'amende (LL. 22 frim. an 7, art. 54; 16 juin 1824, art. 10).

4. Il en est de même des notaires, huissiers, greffiers et secrétaires d'administrations centrales et municipales, pour les actes dont ils sont dépositaires, à l'exception, en ce qui concerne les notaires, des testaments et autres actes de libéralité à cause de mort, du vivant des testateurs (mêmes articles).

5. Les huissiers sont tenus aussi de communiquer aux préposés de l'enregistrement leurs registres de protêts et leurs répertoires.

6. Les préposés de l'enregistrement qui requièrent des huissiers la communication dont ils ont le droit d'exiger la représentation doivent, en cas de refus, se faire accompagner par le maire ou l'adjoint de la commune du lieu, et dresser procès-verbal du refus en sa présence (Arg., art. 52, L. 22 frim. an 7).

7. Les communications ne peuvent être exigées les jours de repos, et les séances des préposés, dans chaque autre jour, ne peuvent durer plus de quatre heures (L. 22 frim. an 7, art. 54).

8. Les huissiers peuvent se refuser au déplacement de leurs registres et répertoires pour les vérifications des employés de la régie (Arg., art. 54, L. 22 frim. an 7). — V. au surplus *Huissier, Registre de protêts, Répertoire.*

9. La communication purement officieuse des copies d'actes et de pièces laissées au parquet du procureur de la République suffit-elle pour que les employés de la régie puissent constater la contravention à l'art. 1er du décret du 29 août 1813?—V. *Copie de pièces.*

10. Sur le point de savoir si les registres des délibérations des chambres de discipline des huissiers peuvent être communiqués, et à quelles personnes ils peuvent l'être, V. *Chambre de discipline des huissiers,* n°s 163 et suiv.

11. Quant aux receveurs de l'enregistrement, ils ne sont pas tenus de donner communication de leurs registres aux parties contractantes ou à leurs ayants cause, mais ils leur en délivrent des extraits (L. 22 frim. an 7, art. 58).

12. Les personnes autres que les parties ou leurs ayants cause, qui demandent des extraits des registres, doivent obtenir une ordonnance du juge de paix autorisant la délivrance des extraits. Il est payé 1 fr. pour recherche par chaque année indiquée, et 50 c. par chaque extrait, outre le papier timbré ; les receveurs.de la régie ne peuvent rien exiger au delà (même article). —V. en outre *Enregistrement, Office, Timbre.*

COMMUNICATION DE PIÈCES. — On désigne par ces mots la remise qu'une partie fait à son adversaire des titres, pièces et documents dont elle entend faire usage au procès, afin qu'ils puissent être examinés et critiqués, s'il y a lieu. La communication de pièces est une exception à opposer à la demande.—V. *Exception.*

COMMUNIERS, COMMUNISTES. — Dans un sens général, ces mots désignent deux ou plusieurs personnes possédant en commun une ou plusieurs propriétés ; et, plus particulièrement, ils désignent les copossesseurs d'une propriété spécialement affectée à un usage commun, soit pour un service personnel, soit pour le service des propriétés voisines, par exemple, d'une cour commune destinée à l'usage et au service des propriétés riveraines (*Encyclopédie du droit*, par Sebire et Carteret, vᶦˢ *Communiers, Communistes*).

COMMUNION DE BIENS.—Etat de ceux qui possèdent en commun une ou plusieurs propriétés, ou une propriété affectée à un usage commun.

COMMUTATIF (CONTRAT).—Contrat par lequel on reçoit l'équivalent de ce qu'on donne.—V. *Contrat, Echange, Vente.*

COMPAGNIE.—Ce mot a plusieurs acceptions. Il désigne : 1° une réunion de personnes revêtues du même caractère et remplissant les mêmes fonctions ; c'est dans ce sens qu'on dit *la compagnie des notaires, la compagnie des huissiers ;* et 2° une réunion de personnes qui, dans un but de spéculation, mettent quelque chose en commun et conviennent de partager les bénéfices ; dans cette acception, il signifie *société.*

COMPAGNIE DE FINANCE, DE COMMERCE OU D'INDUSTRIE.— 1. On appelle ainsi les grandes associations de banque, de commerce ou d'industrie, soumises ou non à l'autorisation du Gouvernement, et qui se distinguent des simples *sociétés de commerce* par l'étendue de leurs opérations, l'importance des capitaux qu'elles emploient, et le fractionnement de leurs intérêts entre un grand nombre de personnes.

2. Dans les actions à intenter contre les compagnies, on s'adresse au directeur, on lui signifie les exploits au siége de la compagnie ; de même, les actions formées par elles sont dirigées à la requête du directeur et au nom de la compagnie. — V. *Assurance maritime, Assurance mutuelle, Assurance sur la vie, Assurance terrestre, Chemin de fer, Exploit.*

COMPARAISON D'ÉCRITURES. — Confrontation de deux écritures l'une avec l'autre, pour juger si elles sont de la même main.—V. *Faux, Vérification d'écritures.*

COMPARUTION DES PARTIES.—1. Voie d'instruction que les juges peuvent employer, quels que soient la nature et l'objet de la contestation, même dans le cas où la preuve testimoniale n'est pas admissible, lorsque les parties sont contraires en faits et que ces faits leur sont personnels, et qu'elles ont la libre disposition de leurs droits. Les tiers ne peuvent être que mis en cause ou entendus dans une enquête.

2. La comparution des parties ne doit pas être confondue avec l'interrogatoire sur faits et articles. Ces deux modes d'instruction n'ont rien de commun; ils diffèrent essentiellement sur plusieurs points. — V. *Interrogatoire sur faits et articles.*

3. Tous les tribunaux (civils ou de commerce) peuvent ordonner la comparution des parties, ou de l'une d'elles seulement, soit sur la demande de celles-ci, soit d'office (C. proc. civ., art. 119 et 428). Le même droit appartient aux juges de paix (Sebire et Carteret, *Encyclopédie du droit*, v° *Comparution de parties*, n° 5).

4. Mais, si les tribunaux peuvent ordonner la comparution des parties, ils ne sont jamais tenus de le faire; ils ont, à cet égard, un pouvoir discrétionnaire (V. Sebire et Carteret, *loc. cit.*, n° 6). Et la décision par laquelle ils rejettent cette mesure n'est pas, à la différence de celle qui refuse d'ordonner un interrogatoire sur faits et articles, susceptible de recours en cassation (Cass., 3 janv. 1832; C. proc. civ., art. 324).

5. Le jugement qui ordonne la comparution doit indiquer le jour où les parties seront entendues dans leurs explications (C. proc. civ., art. 119), lequel jour peut être prorogé en cas d'empêchement légitime.

6. Ce jugement n'énonçant ni les faits qu'il s'agit d'éclairer ni les questions qui seront faites ne préjuge rien. Il est rendu purement et simplement pour l'instruction de la cause. Par conséquent, il n'est pas interlocutoire, mais préparatoire (C. proc. civ., art. 452; Demiau-Crouzilhac, p. 102; Carré et Chauveau, *Lois de la procédure*, quest. 501; Thomine-Desmazures, t. 1er, p. 235; Boncenne, t. 2, p. 470; Sebire et Carteret, v° *Comparution de parties*, n° 8; Agen, 5 juill. 1831. — *Contrà*, Rouen, 17 janv. 1821; Rauter, *Cours de procédure civile*, p. 245, n° 225). Dès lors, l'appel n'en peut être interjeté qu'après le jugement définitif et conjointement avec l'appel de ce jugement (C. proc. civ., art. 451). —V. *Appel (en matière civile)*, n°s 59 et suiv., et **211.**

7. Le jugement qui ordonne la comparution doit-il être levé et signifié? Plusieurs cas peuvent se présenter : si les parties se trouvent à l'audience et doivent être entendues à l'instant, tous les auteurs s'accordent à reconnaître la signification comme inutile ; si le jugement est par défaut, la signification doit, encore de l'avis de tous, avoir lieu ; mais il y a plus de difficulté, lorsqu'il est contradictoire et que la comparution ne peut s'effectuer immédiatement.

8. Sur ce dernier point, trois systèmes se sont élevés parmi les auteurs. Les uns considèrent la signification comme superflue, chaque partie étant suffisamment avertie par le jugement prononcé en sa présence, ou par l'avis que lui en donne son avoué (Pigeau, *Commentaire*, t. 1er, p. 283; Thomine-Desmazures, t. 1er, p. 235). Les autres, au contraire, regardent avec raison la signification comme indispensable, lorsqu'on a la crainte que l'adversaire ne veuille pas comparaître. Toutefois, ces derniers sont eux-mêmes divisés sur le point de savoir si la signification, lorsque le jugement émane d'un tribunal civil, doit être faite à avoué ou bien à personne ou domicile.

9. Selon les uns, la signification ne doit être faite qu'à la partie, par la raison que l'art. 70 du Tarif civil veut que les avoués soient tenus de se présenter au jour indiqué par les jugements préparatoires ou de remise, sans qu'il soit besoin d'aucune sommation (V. notamment Carré, *Lois de la procédure*, quest. 502). Mais, selon les autres, il faut faire une double signification à avoué et à partie, parce que le défaut de comparution peut entraîner certaines déchéances à l'égard de la partie qui le commet, que l'art. 147, C. proc. civ., qui trace la marche à suivre pour l'exécution d'un jugement, est général, et enfin que la disposition précitée de l'art. 70 du Tarif ne s'applique qu'aux mesures d'instruction qui regardent uniquement l'avoué (Chauveau sur Carré, quest. 502; Boncenne, *Théorie de la procédure*, t. 2, p. 471; Sebire et Carteret, v° *Comparution de parties*, n° 9). Ce dernier système est incontestablement le plus régulier et le plus sûr.

10. Cependant, en général, dans la pratique, aucune signification n'a lieu, surtout lorsque rien ne fait craindre que la partie adverse refuse de compa-

raître. L'avoué le plus diligent se contente d'avertir sa partie, à la requête
de laquelle sommation est alors donnée à l'adversaire pour le jour d'audience
indiqué.—V. *Formule*.

11. La comparution a lieu le plus souvent en audience publique, devant
le tribunal saisi de la cause. Mais quelquefois les parties peuvent être entendues en la chambre du conseil (Arg., art. 428, C. proc. civ.). La comparution
peut aussi avoir lieu, en cas d'empêchement, devant un juge commis ou devant un juge de paix, qui dressent procès-verbal des déclarations.

12. Si les parties comparaissent, leurs déclarations forment un aveu judiciaire ; elles font pleine foi contre elles, et ne peuvent être ni divisées ni ré-
voquées (Toullier, t. 10, n° 285 ; Boncenne, t. 2, p. 477).—V. *Aveu*.

13. Lorsqu'une partie ne comparaît pas, ou que, comparaissant, elle refuse
de répondre, les faits allégués contre elle peuvent être tenus pour avérés
(Toullier, t. 10, n° 299 ; Thomine-Desmazures, t. 1er, p. 236 ; Boncenne,
loc. cit. ; Boitard, t. 1er, p. 466 ; Sebire et Carteret, v° *Comparution de
parties*, n° 13 ; Cass.; 19 fév. 1812).

14. Si le jugement qui intervient est fondé sur les éclaircissements fournis
par les réponses des parties, les juges, surtout dans les causes sujettes à appel, doivent relater dans les motifs celles des déclarations qui ont eu de l'influence sur leur décision : autrement, les juges d'appel pourraient ordonner
de nouveau, avant faire droit, la comparution des parties (Amiens, 14 juillet
1838).

Formule.

*Sommation de comparaître (avec ou sans signification du jugement qui
ordonne la comparution).*

L'an. . . . ., à la requête du sieur. . . . . (*constituer avoué, si l'instance est engagée devant un tribunal civil*). . . ., j'ai. . . . (*si la sommation contient en même
temps signification du jugement*) signifié et avec celle des présentes donné copie au
sieur. . . ., d'un jugement rendu le. . . . et (*rapporter le dispositif de ce jugement*), à ce qu'il n'en ignore, — et, en vertu dudit jugement, j'ai. . . . ., à mêmes requête, demeure et élection de domicile que dessus (*s'il n'est point fait signification du
jugement, on met seulement :* en vertu d'un jugement rendu le. . . . ., par le tribunal
de. . . . ., et portant que. . . . .), fait sommation au sieur. . . . ., à comparaître en
personne, le. . . ., heure de. . . . devant MM. . . . ., au palais de justice, sis à. . .,
pour répondre aux questions qui lui seront adressées, — lui déclarant que, faute de comparaître, les faits allégués seront tenus pour constants, et qu'il sera passé outre au jugement définitif, sous toutes réserves.

Coût, tarif, 29. Paris, 2 fr. ; R. P. 1 fr. 80 c.; ailleurs, 1 fr. 50 c.—Cop. . .
Enregistrement de l'exploit, 2 fr. 20 c.

COMPASCUITÉ.—On appelle ainsi le droit de pacage qui, dans certains
pays, et notamment en Provence, appartient en commun, sur le terrain d'autrui, à plusieurs communautés d'habitants.—V. *Parcours, Vaine pâture*.

COMPELLATION. — Terme de procédure usité dans les Pays-Bas, et
employé pour désigner ce qu'on appelle en France *interrogatoire sur faits
et articles*.

COMPENSATION. — **1**. Libération *légale*, par imputation réciproque
de paiement, de deux personnes qui sont en même temps créancières et débitrices l'une de l'autre. La compensation est donc une cause d'extinction des
obligations (C. civ., art. 1234 et 1289).

§ 1. — *Compensation légale.*
§ 2. — *Compensation par voie d'exception ou facultative.*
§ 3. — *Enregistrement.*

§ 1. — Compensation légale.

2. CONDITIONS DE LA COMPENSATION LÉGALE. — La compensation légale est celle qui s'opère de plein droit, par la seule force de la loi, même à l'insu des débiteurs (C. civ., art. 1290). Mais, pour que la compensation s'opère de plein droit, cinq conditions sont nécessaires :

3. 1° *Identité d'objet des deux dettes.* — La compensation étant un mode de paiement, le créancier ne peut être contraint de recevoir une autre chose que celle qui lui est due, la valeur de la chose offerte fût-elle même plus grande. Aussi la compensation ne peut-elle avoir lieu qu'entre deux dettes qui ont également pour objet une somme d'argent ou certaine quantité de choses fongibles de la même espèce (C. civ., art. 1291).

4. Toutefois, il n'est pas exigé que les deux dettes procèdent de *causes identiques* (C. civ., art. 1293 ; Toullier, t. 7, n° 363 ; Duranton, t. 12, n° 385 ; Rolland de Villargues, *Rép. du notar.*, 2e édit., v° *Compensation*, n°s 33 et 34 ; Miller, *Encyclop. du droit*, v° *Compensation*, n° 40) : par exemple, peuvent se compenser le prix d'une vente avec le montant d'une condamnation judiciaire (Rolland de Villargues, n° 33), les intérêts du prix d'un immeuble avec les fruits perçus par l'acquéreur pendant la jouissance de cet immeuble (Liége, 8 déc. 1831).

5. Il n'est pas non plus nécessaire que les deux dettes résultent de deux titres de même nature : ainsi, une créance fondée sur un titre exécutoire peut être compensée avec une créance justifiée par un titre non exécutoire (Cass., 28 mess. an 13 ; Merlin, *Répert.*, v° *Compensation*, § 2, n° 1er ; Rolland de Villargues, n° 34 ; Miller, *loc. cit.*).

6. De ce que l'objet des deux dettes doit être identique, il suit que si l'une de ces deux dettes est alternative, la compensation ne peut être opposée à celui auquel le choix appartient, tant que le choix n'est pas fait ; mais elle peut être opposée par lui (Miller, n° 41). De même, le créancier de sommes d'argent ne peut les offrir en compensation contre la réclamation d'immeubles d'une valeur indéterminée (Cass., 7 août 1829).

7. Lorsqu'il s'agit de choses fongibles, on a vu que, aux termes de l'art. 1291, C. civ., la compensation ne peut s'en opérer qu'autant qu'elles sont *de la même espèce.* Exemples : si les deux dettes ont chacune pour objet un même nombre de pièces de vin *in genere*, ou d'un même crû et de la même année, la compensation a lieu de plein droit. Mais l'individu qui doit un nombre déterminé de pièces de vin de tel crû et de telle année ne peut les offrir en compensation à celui qui lui doit un même nombre de pièces de vin *in genere*. Ce dernier, au contraire, pourra opposer la compensation.

8. Toutefois, l'art. 1291 contient lui-même une exception au principe général de l'identité des deux dettes. Il porte, en effet, que « les prestations en grains ou denrées, non contestées, et dont le prix est réglé par les mercuriales, peuvent se compenser avec des sommes d'argent ». Et, par *prestations*, il faut entendre ici non pas seulement les obligations qui s'acquittent annuellement ou à des termes périodiques plus courts, mais toutes les dettes de denrées dont le prix est fixé par les mercuriales (Duranton, t. 12, n° 390, *in fine* ; Miller, n° 34).

9. Les denrées de *différentes espèces* ne sont pas compensables entre elles. Il ne suffit même pas, pour qu'il y ait lieu à compensation, que les denrées soient de la même espèce ; il faut, de plus, qu'elles soient de *même qualité.* La compensation n'est donc point admise entre deux dettes de denrées de même espèce, mais de qualité différente. Il en est ainsi dans les deux cas, encore bien que le prix des denrées soit réglé par les mercuriales (Rolland de Villargues, n° 46).

10. Quoique deux dettes aient pour objet des choses fongibles en même quantité et de même nature, il ne peut cependant y avoir lieu à compensation, si l'une d'elles est d'un corps certain et déterminé, car alors il n'y a pas identité d'objet entre les deux dettes. Ainsi, la dette d'une certaine quantité de pièces de vin de Bordeaux n'est point compensable avec celle d'une même quantité de pièces de vin de Bordeaux provenant de tel crû et de telle récolte, et celle d'une pièce de terre avec une autre pièce de terre sise au même lieu et de même étendue (Duranton, t. 12, nᵒˢ 392 et 393; Miller, nᵒ 37). Mais la compensation est admissible dans le cas où l'objet respectif des dettes consiste dans une part indivise du même objet (Toullier, t. 7, nᵒ 368; Duranton, t. 12, nᵒ 395).

11. Il n'y a point de distinction à faire entre les obligations de donner et celles de faire. On peut donc opposer la compensation dans des obligations de faire, lorsque les faits qui font l'objet de l'une et de l'autre sont absolument de la même espèce (Duranton, t. 12, nᵒ 396).

12. 2ᵒ *Liquidité des deux dettes.* — La liquidité d'une dette consiste dans la réunion de ces deux circonstances : la certitude de son existence et la détermination de son espèce, de sa qualité et de sa quantité. Or, pour que deux dettes puissent être compensées, il faut qu'elles réunissent l'une et l'autre ces deux circonstances (C. civ., art. 1291). Ainsi, une dette ne saurait être opposée en compensation, quand elle est contestée ou litigieuse (Cass., 18 mai 1813).

13. Mais une mauvaise chicane ne peut priver le débiteur du bénéfice de la compensation. C'est aux juges de discerner si la contestation est sérieuse, si la dette offerte en compensation est liquide ou non, si la compensation doit être admise ou rejetée (Cass., 12 janv., 16 fév. et 29 mars 1841; Pothier, *Des Obligations*, nᵒ 628; Toullier, t. 7, nᵒ 371; Duranton, t. 12, nᵒ 397).

14. Et les tribunaux peuvent admettre la compensation, quoique l'une des dettes, certaine dans son existence, ne soit pas liquide actuellement, si elle peut le devenir au moyen d'une vérification de compte, d'une estimation, d'une opération ultérieure quelconque pouvant s'accomplir d'une manière prompte et facile (Toullier, t. 7, nᵒˢ 270 et 369; Rolland de Villargues, nᵒ 55; Duranton, t. 12, nᵒ 399). Mais une dette dont la liquidité ne peut s'établir qu'à la suite d'une contestation qui ne peut être jugée promptement, qui doit entraîner une longue discussion, n'est pas susceptible d'entrer en compensation (Limoges, 1ᵉʳ avril 1822; Toullier, t. 7, nᵒ 371).

15. 3ᵒ *Exigibilité des deux dettes.* — La troisième condition prescrite pour que la compensation ait lieu, c'est que les deux dettes soient également exigibles (C. civ., art. 1291). La compensation étant un paiement, le débiteur de la dette dont le terme de paiement n'est pas échu ne saurait être tenu d'en admettre la compensation contre sa créance exigible (Pothier, *Des Obligations*, nᵒ 627; Toullier, t. 7, nᵒ 372). Mais le débiteur d'une dette non exigible peut l'opposer en compensation à la dette exigible qu'a contractée envers lui son créancier, si le terme n'a point été stipulé en faveur de ce dernier (Miller, nᵒ 60).

16. Le terme de grâce, c'est-à-dire le délai accordé par le juge, n'est point un obstacle à la compensation (C. civ., art. 1291). On ne peut assimiler au terme de grâce le délai qui est accordé par un concordat au débiteur. Si donc, depuis le concordat, la créance de ce débiteur contre l'un de ses créanciers est devenue exigible, il n'est point obligé de souffrir la compensation (Duranton, t. 12, nᵒ 402).—V., au surplus, *Faillite.*

17. Par suite du principe que les deux dettes doivent être exigibles, ne peuvent être compensés de plein droit : 1ᵒ la dette d'une femme mariée avec les créances qui résultent de ses droits et reprises, tant que le mariage n'est pas dissous ou que la séparation de biens n'a pas été prononcée (Nîmes, 11

déc. 1809) ; 2° les intérêts non exigibles avec un capital exigible (Cass., **18**
janv. 1832) ; 3° le capital d'une rente avec le capital d'une autre rente,
hors le cas où ils seraient devenus l'un et l'autre exigibles pour défaut de
service des arrérages pendant deux ans (Miller, n° 67) ; 4° une dette saisie
avec une dette libre (Miller, n° 68) ; le principal d'une rente constituée avec
une obligation pure et simple (Pothier, *Des Obligations,* n° 634 ; Duranton,
t. 12, n°s 409 et 410). Mais les arrérages échus de deux rentes peuvent être
l'objet de la compensation (Miller, n° 67), à moins que l'une de ces deux
rentes n'ait été donnée ou léguée à titre d'aliments (Toullier, t. 7, n° 406 ;
Duranton, t. 12, n° 409).

18. Lorsque l'une des dettes a été contractée sous une condition suspensive, la compensation ne peut s'opérer tant que la condition n'est pas accomplie : car, jusque-là, la créance n'est point exigible (Toullier, t. 7, n° 374 ;
Duranton, t. 12, n° 403 ; Miller, n° 65). Au contraire, la condition résolutoire ne suspendant pas l'exécution de l'obligation n'est pas un obstacle à la
compensation légale (Toullier, *loc. cit. ;* Duranton, n° 404 ; Miller, n° 66).

19. Lorsque les deux dettes ne sont pas payables au même lieu, on n'en
peut opposer la compensation qu'en faisant raison des frais de la remise (C.
civ., art. 1296). Dans ce cas, la compensation produit son effet du jour même
où les dettes sont devenues exigibles, et non pas seulement du jour où il
est fait offres des frais de remise (Miller, n° 59. — *Contrà,* Toullier, t. 7,
n° 400).

20. 4° *Personnalité des deux dettes.* — De ce que deux personnes doivent se trouver débitrices l'une envers l'autre, pour qu'il y ait compensation
(C. civ., art. 1289), il suit que les deux dettes doivent être personnelles à
chaque partie, c'est-à-dire que la créance et la dette compensables doivent
appartenir à la personne qui oppose et à celle à laquelle on oppose la compensation. La compensation ne peut avoir lieu quand celui qui la propose
n'est pas à la fois créancier et débiteur direct de la partie à laquelle il l'oppose (Paris, 20 juill. 1825).

21. Les créances du tuteur contre son pupille et celles du pupille contre
son tuteur sont compensables (Toulouse , 21 juin 1832 ; Duranton , t. 3 ,
n° 566 ; Mangin, *Des Minorités ,* n° 659 ; Miller, n° 9). Mais on ne peut
compenser la dette du tuteur, curateur ou mandataire, avec ce qui est dû à
son pupille ou à celui dont il exerce les droits et actions en qualité d'administrateur, ni la dette personnelle du tuteur, curateur ou mandataire, avec ce
que doit le pupille ou la personne dont il administre les biens (Pothier, *Des
Obligations,* n° 630 ; Toullier, t. 7, n° 375 ; Duranton , t. 12 , n°s 414 et
417 ; Miller, n° 10).

22. Le mari peut opposer à son créancier personnel la compensation de
ce qu'il doit à ce dernier avec ce que celui-ci doit à sa femme, dans tous les
cas où c'est à lui que la loi a remis l'action concernant les créances de sa
femme (C. civ., art. 1401, 1428, 1498, 1528 et 1531 ; Grenoble, 13 déc.
1823 ; Rouen, 4 mars 1837 ; Pothier et Toullier, *loc. cit. ;* Duranton, t. 12,
n°s 415 et 416 ; Miller, n°s 11 à 13). Lorsque, au contraire, c'est la femme
qui est débitrice envers quelqu'un dont le mari est créancier, le débiteur du
mari ne peut pas lui opposer la compensation, à moins qu'il ne soit tenu de
répondre à l'action contre la femme (Duranton, n° 416).

23. L'héritier pur et simple peut opposer la compensation de ce qui est
dû à la succession, comme on peut la lui opposer pour ce qu'elle doit (Toullier, t. 7, n° 380). Mais la compensation légale n'a pas lieu entre les créances
ou les dettes de l'héritier bénéficiaire et ce dont ses débiteurs ou ses créanciers personnels se trouvent créanciers ou débiteurs envers la succession.
L'héritier bénéficiaire, en effet, ne confond point ses biens avec ceux de l'hérédité (C. c., art. 802), et les dettes et créances de la succession ne peuvent

être regardées comme lui étant personnelles (Toullier, *loc. cit.*; Miller, nᵒˢ 14 à 18).

24. Par exception au principe que la compensation ne s'opère qu'entre ceux qui sont réciproquement créanciers l'un de l'autre, l'art. 1294, C. civ., permet à la caution d'opposer la compensation de ce que le créancier doit au débiteur principal, même dans le cas où elle s'est obligée solidairement avec ce dernier (Miller, nᵒ 21) ; mais le débiteur principal ne peut opposer la compensation de ce que le créancier doit à la caution.

25. Aux termes du même art. 1294, le débiteur solidaire ne peut pareillement opposer la compensation de ce que le créancier doit à son codébiteur. Toutefois, cette disposition ne doit pas être entendue dans un sens absolu ; elle signifie que le débiteur solidaire ne peut opposer la compensation pour la totalité de ce que le créancier doit à son codébiteur ; mais il peut l'opposer jusqu'à concurrence de la part contributive de ce dernier dans la dette solidaire (Toullier, t. 6, nᵒ 733, et t. 7, nᵒ 377 ; Duranton, t. 12, nᵒˢ 429 et 430 ; Miller, nᵒ 20). Le débiteur solidaire peut, à plus forte raison, opposer au créancier la compensation pour ce que celui-ci lui doit, non-seulement jusqu'à concurrence de sa part dans l'obligation solidaire, mais même pour la totalité (Cass., 24 déc. 1834 ; Toullier, t. 6, nᵒ 732 ; Duranton, t. 12, nᵒ 431).

26. Si c'est parmi les créanciers que la solidarité est établie, la compensation de ce que doit l'un peut être opposée à l'autre, par le motif que le débiteur a le choix de payer à l'un ou à l'autre des créanciers solidaires (C. civ., art. 1198). Il en serait autrement si, avant l'accomplissement des conditions requises pour la compensation légale, un créancier solidaire avait déjà formé une demande contre le débiteur (Rolland de Villargues, nᵒˢ 82 et 83 ; Miller, nᵒ 22).

27. Le créancier peut bien être contraint de recevoir le paiement réel que lui fait un tiers (V. *Paiement*) ; mais il ne peut être forcé à admettre la compensation de sa créance avec ce qu'il doit à ce tiers : c'est là une conséquence du principe que la compensation n'a lieu qu'entre deux personnes qui se trouvent à la fois créancières et débitrices l'une envers l'autre (Miller, nᵒ 23). Cependant la compensation s'opérerait entre un tiers et le créancier dans le cas où le premier aurait été désigné pour recevoir, pour son compte, le paiement (Rolland de Villargues, nᵒ 74 ; Miller, nᵒ 25).

28. En principe, le débiteur peut opposer la compensation au cessionnaire de son créancier comme à ce dernier, à moins qu'il n'ait accepté purement et simplement la cession (C. civ., art. 1295). A l'égard de la cession qui n'a point été acceptée par le débiteur, mais qui lui a été signifiée, elle n'empêche que la compensation des créances postérieures à cette notification (même article).

29. Les débiteurs d'effets de commerce étant censés avoir accepté d'avance les transports opérés par la voie de l'endossement ne peuvent opposer la compensation au porteur que lorsque leur créance provient du chef de ce dernier (Duranton, t. 12, nᵒ 440). En conséquence, l'endosseur d'un billet à ordre ne peut opposer aux tiers porteurs la compensation de ce que lui doit l'endosseur (Paris, 12 mai 1806).

30. Les sociétés formant des êtres moraux dont l'existence est entièrement distincte de celle des membres qui la composent, il s'ensuit que les dettes d'un associé envers un tiers ne se compensent point avec ce que ce tiers doit à la société, et *vice versâ* (Toullier, t. 7, nᵒ 378 ; Miller, nᵒ 19), à moins que cet associé en soit responsable, et que, à raison de cette responsabilité, ses obligations et ses droits se confondent avec ceux de la société.

31. 5ᵒ *Dettes compensables.*—En général, toutes les dettes dont l'objet est identique et qui sont exigibles sont compensables ; la différence de cause entre les deux dettes n'empêche point la compensation (C. civ., art. 1293). Cependant le Code civil indique lui-même plusieurs cas dans lesquels la compensation n'est pas admise. Ainsi, ne sont susceptibles d'aucune compensation :

32. 1° La demande en restitution d'une chose dont le propriétaire a été injustement dépouillé (C. civ., art. 1293-1°).

33. 2° La demande en restitution d'un dépôt (art. 1293-2°). Par dépôt, on doit entendre ici principalement le dépôt irrégulier, c'est-à-dire celui par lequel on donne une somme d'argent pour rendre, non précisément les mêmes espèces, mais la même somme (Pothier, *Des Obligations*, n° 625 ; Toullier, t. 7, n° 385). Toutefois, si le dépositaire avait fait des impenses pour la conservation de la chose, il pourrait la retenir jusqu'à ce qu'il soit remboursé (Toullier, *loc. cit.*).

34. 3° La demande en restitution d'un prêt à usage (art. 1293-2°). Cette disposition s'applique au cas où la chose prêtée se consomme naturellement par l'usage, mais où néanmoins les parties, la considérant comme corps certain, n'ont pas entendu que l'usage auquel elles la destinent puisse en opérer la compensation (Duranton, t. 12, n° 448). Tel serait le cas d'un prêt fait à un huissier pour faire des offres réelles dont le refus est certain d'avance (Toullier, t. 7, n° 383).

35. 4° La dette qui a pour cause des aliments déclarés insaisissables (art. 1293-3°). Peu importe que ce soit la loi ou la volonté du disposant qui les ait déclarés insaisissables (Duranton, t. 2, n° 451). Mais le donataire ou légataire peut, même avant l'échéance des arrérages, en compenser amiablement le montant avec les avances qu'il a reçues pour satisfaire à ses besoins (Cass., 1ᵉʳ avril 1844).

36. A ces exceptions expressément déterminées par l'art. 1293, C. civ., il faut en ajouter d'autres. Par exemple, on ne peut opposer en compensation les dettes qui ne produisent point d'action, telles que les dettes de jeu ou celles résultant d'un pari, ni les dettes dont on ne peut poursuivre le paiement sans avoir à redouter une exception péremptoire (Duranton, t. 12, n°ˢ 405 et 406).

37. Les obligations sujettes à rescision pour cause d'erreur, de dol, de violence ou d'incapacité, quoiqu'elles ne soient pas nulles de plein droit, ne sauraient donner lieu à la compensation (Merlin, *Rép.*, v° *Compensation*, § 3). Il en est de même des dettes prescrites, à moins que, dès avant la prescription, les deux dettes n'aient réuni toutes les conditions requises pour que la compensation légale puisse s'opérer (Merlin, *loc. cit.* ; Duranton, t. 12, n° 408).

38. Les impositions, soit générales, soit municipales, ne pouvant être détournées de leur destination et de leur affectation spéciale, il s'ensuit qu'elles ne sont point susceptibles d'être compensées avec des dettes quelconques qui ne doivent, sous aucun prétexte, arrêter ou retarder le recouvrement des impôts. On ne peut donc, sous prétexte de compensation, se refuser au paiement des droits d'octroi, de place ou autres, dus aux communes. Mais on peut opposer à la régie, dans une succession qu'elle recueille par déshérence, la créance qu'on a contre la succession dont on est débiteur (Miller, n°ˢ 86 et suiv.).

39. EFFETS DE LA COMPENSATION LÉGALE.—PROCÉDURE.—Du jour où les deux dettes ont coexisté avec les caractères ci-dessus définis, elles se sont trouvées éteintes de la même manière que si elles avaient été réellement acquittées : la compensation équivaut à un véritable paiement. Il suit de là que les intérêts cessent de courir, encore que l'une des deux dettes seulement fût susceptible d'en produire, mais dans la limite seulement de la compensation de cette dette, et non pour l'excédant (Toullier, t. 7, n° 387; Miller, n° 72).

40. La compensation arrête le cours de la prescription. Ainsi, quand on est poursuivi en paiement d'une dette, on peut opposer en compensation une créance liquide et exigible, encore bien qu'au moment des poursuites cette créance soit prescrite, si, antérieurement et au jour de la coexistence des deux dettes, elle ne l'était pas (Cass., 24 août 1831; Rennes, 1er avril 1841; Toullier, t. 7, n° 389; Miller, n° 73).

41. La compensation s'opérant de plein droit et ayant pour effet d'éteindre les deux dettes dès le moment où elles se trouvent exister à la fois, il en résulte que si l'un des débiteurs a payé sa dette sans opposer la compensation, il ne peut pas exercer une action en paiement de sa créance, mais seulement répéter ce qu'il a indûment payé (Pau, 10 mai 1826; Pothier, *Des Obligations*, n° 639; Merlin, *Rép.*, v° *Compensation*, § 1er, n° 5; Toullier, t. 7, n° 390).

42. Les privilèges et hypothèques, qui étaient l'accessoire de la dette, sont également éteints du jour où la compensation s'est opérée. Le débiteur qui a indûment payé une dette éteinte par la compensation ne peut plus s'en prévaloir pour l'exercice de sa créance (C. civ., art. 1299), à moins qu'il n'ait eu une juste cause d'ignorer la créance qui devait compenser sa dette (même article). En cas de contestation, ce serait au créancier à prouver son ignorance et la juste cause de cette ignorance (Toullier, t. 7, n° 391).

43. La créance compensée ne peut plus être cédée, excepté pour ce qui reste après la compensation. Mais le débiteur dont la loi a éteint la dette par la compensation, qui accepte la cession que son créancier a, depuis cette compensation, faite de ses droits à un tiers, contracte envers le cessionnaire une obligation qu'il doit acquitter (Miller, n° 77). Toutefois, la caution et ceux qui ont hypothéqué leurs biens pour le débiteur sont libérés par la compensation qu'il eût pu opposer et qu'il n'a pas opposée avant l'acceptation de la cession (Duranton, t. 12, n° 457; Miller, n° 78).

44. La compensation n'a pas lieu au préjudice des droits acquis à un tiers. Ainsi, celui qui, étant débiteur, est devenu créancier depuis la saisie-arrêt faite par un tiers entre ses mains, ne peut, au préjudice du saisissant, opposer la compensation (C. civ., art. 1298).

45. Lorsque le jugement, autorisant un tiers saisi à déposer les sommes qu'il doit, l'autorise aussi à retenir celles qui lui sont dues, mais à la charge de rapport ultérieur et de répartition au marc le franc entre les créanciers, s'il y a lieu, et, en outre, de donner caution, il n'y a pas pour cela compensation légale de la créance de ce tiers saisi avec sa dette. Cette créance ne cesse pas de subsister, si, au lieu d'user de la faculté de retenir qu'a le tiers saisi, il dépose intégralement les sommes dont il est nanti (Cass., 28 fév. 1842 : *J. Huiss.*, t. 23, p. 256).

46. Lorsqu'il y a plusieurs dettes compensables dues par la même personne, on suit, pour la compensation, les règles établies pour l'imputation par l'art. 1256 (C. civ., art. 1297).

47. En ce qui concerne la demande en compensation, la loi n'a point tracé de règle spéciale pour son introduction. Le défendeur qui veut opposer la compensation à une action dirigée contre lui a deux voies à suivre. Il peut introduire par voie d'ajournement une demande reconventionnelle et requérir ensuite la jonction des deux instances. Il peut aussi conclure à la compensation par une simple requête présentée au tribunal saisi de l'action (Paris, 12 mai 1813).

48. La compensation étant une exception réelle et péremptoire peut être proposée en tout état de cause; elle peut l'être en appel pour la première fois (Cass., 4 août 1806; Toullier, t. 7, n° 409; Duranton, t. 12, n° 459; Rolland de Villargues, n°s 91 et 92), et même après jugement de condamnation passé en force de chose jugée (Toullier, t. 7, n°s 388 et 410).

49. Le condamné qui, pour arrêter l'exécution contre sa personne ou ses biens, faite en vertu d'un jugement passé en force de chose jugée, veut opposer la compensation, doit, en cas d'urgence, assigner en référé son adversaire (C. proc. civ., art. 806); s'il n'y a pas urgence, il doit porter directement l'affaire à l'audience et faire statuer sur la compensation : au moyen de quoi il sera fait défense d'exécuter le jugement.

50. La demande en compensation doit toujours être portée devant les tribunaux ordinaires, même dans le cas où elle est incidente à une contestation pendante devant la justice administrative (Avis, cons. d'Etat, 3 déc. 1817).

51. Quoique la compensation s'opère de plein droit, le débiteur peut néanmoins y renoncer lorsqu'elle lui est acquise, mais non d'avance (Toullier, t. 7, n° 393; Rolland de Villargues, n° 104). La renonciation peut être expresse ou tacite (Bordeaux, 7 mars 1831; Duranton, t. 12, n° 433). En aucun cas, elle ne peut nuire aux tiers (Rolland de Villargues, n°s 109 *bis* et 110; Toullier, t. 7, n° 394; Duranton, t. 12, n° 434).

§ 2. — *Compensation par voie d'exception ou facultative.*

52. La compensation *par voie d'exception*, appelée aussi compensation *facultative*, est celle qui a lieu lorsque, les deux dettes ou l'une d'elles ne réunissant pas les conditions requises pour la compensation légale, les parties déclarent ne pas vouloir profiter des obstacles à la compensation (Toullier, t. 7, n°s 346 et 396; Rolland de Villargues, n° 111).

53. A la différence de la compensation légale qui a lieu de plein droit et du moment où les deux qualités de créancier et de débiteur se sont trouvées concourir dans les mêmes personnes, la compensation facultative n'a lieu que du jour où le demandeur en compensation, qui pouvait la refuser, l'a opposée, ou du jour où le défendeur en compensation, qui avait le droit de la refuser, l'a acceptée (Toullier, t. 7, n° 396).

54. La compensation facultative s'applique au déposant qui est devenu débiteur du dépositaire. Celui-ci ne peut faire entrer en compensation la chose déposée avec la somme égale et liquide que lui doit le déposant. Mais ce dernier peut opposer la compensation, s'il le juge à propos, soit qu'il soit demandeur ou défendeur (Toullier, t. 7, n°s 346 et 397; Rolland de Villargues, n° 113).

55. Elle s'applique aussi au prêteur à usage, à l'héritier bénéficiaire poursuivi à raison d'une créance réclamée contre la succession, à deux personnes qui se trouvent débitrices l'une envers l'autre de deux dettes d'ailleurs compensables, mais qui sont payables dans des lieux différents, au débiteur d'une dette alternative, ou d'une dette non échue, au débiteur d'aliments déclarés insaisissables (Toulier, n°s 397, 399 et suiv.; Rolland de Villargues, n°s 114 et suiv.), et généralement toutes les fois que l'une des parties, pour se libérer d'une dette liquide et exigible, oppose en compensation à son adversaire une créance qui ne se trouve légalement compensable que parce que le créancier en faveur duquel est établi l'obstacle à la compensation de plein droit déclare vouloir y renoncer.

56. Si celui qui pouvait opposer par voie d'exception la compensation a mieux aimé sa dette, il n'a pas perdu par là les priviléges et hypothèques attachés à sa créance (Duranton, t. 12, n° 410 *in fine;* Rolland de Villargues, n° 126).

§ 3. — *Enregistrement.*

57. L'acte qui contient une compensation, soit qu'elle ait lieu dans les termes où le Code civil l'admet de plein droit, soit qu'elle ait lieu par exception, ou qu'elle résulte de la convention des parties, est sujet au droit de libération de 50 cent. par 100 fr. (Délib., 8 septembre 1821). Il ne doit être perçu qu'un seul droit, bien qu'il y ait deux dettes éteintes (Délib., 11 oct. 1834).

58. Si la compensation a lieu entre une dette plus faible et une dette plus forte, le droit ne doit être perçu que sur la dette la plus faible (Délib., 27 mars 1827).

FIN DU TOME DEUXIÈME.

Paris. — Imprimerie de COSSE et J. DUMAINE, rue Christine, 2.

NOMENCLATURE
des Mots contenus dans le 2ᵉ volume de l'Encyclopédie.

Bulletin de dépôt.
Bulletin des lois.
Bureau d'affaires ; de bienfaisance ; de conciliation ; distribution d'imprimés (entrepreneur de); de placement; d'enregistrement.
Bureaux des hypothèques.
Bustes (mouleurs et fab. de).
Buvette.
Cabal, caban ou cabau.
Cabane.
Cabaret.
Cabas (faiseurs de).
Cabinet de figures en cire.
Cabinet de lecture.
Cabinet particul. de tabl.
Cabinet d'aisances public.
Cabotage.
Cabriolets (loueurs de).
Cachemires (marchands de).
Cachet.
Cadastre.
Cadrans (fabricants de).
Cadres (marchands de).
Caduc.
Café, Cafetier.
Cafetières (fabricants de).
Cages (fabricants de).
Cahier des charges.
Caisse d'amortissement; d'épargne ; de retraite ; des dépôts et consign ; d'escompte ; hypothécaire ; Lafarge ; publique.
Caisses de tambours(fact.de).
Caissier.
Calcul (erreur de).
Calcul décimal.
Calendreurs d'étoffes.
Calendrier.
Calenger.
Cambreurs de tiges de botte.
Camées (fabricants de).
Canal.
Cancelter.
Candidat.
Canevas (dessinateurs de).
Canelles et robinets en cuivre (fabricants de).
Cannes (march. et fabr. de).
Cannetilles (fabricants de).
Canon.
Canons (artillerie).
Canot.
Canton.
Cantonnement.
Caoutchouc (fabricants et marchands d'objets en).
Capacité.
Caparaçonniers.
Capitaine de lazaret.
Capitaine de navire.
Capital.
Capitalisation.
Capitation.
Capitau.
Capitulaires.
Capsules (fabricants de).
Capture.
Caractère.
Caractères d'imprimerie.
Caractères illisibles.
Caramel (fabriques de).
Cardes (fabr. de), Cardeurs.
Carence.
Carion.
Carnal, Carnalage, etc.
Carraire.
Carreaux à carreler (march. chands de).

Carreleurs.
Carrés de montres (fab. du).
Carrière.
Cartel.
Cartelage.
Cartes à jouer.
Cartonnage.
Cartonnier.
Cartons.
Cas fortuit.
Casquettes (fabricants de).
Cassation.
Castine (marchands de).
Cattel, Catteuls.
Catonienne (règle).
Cause; en état; grasse; illicite.
Cautelle.
Caution.
Caution judicatum solvi.
Caution juratoire.
Cautionnement ; de fonct., publ.;offic.min. et comp., et des huiss.
Cavage, Chevage, Quevage.
Cave.
Cayenne.
Cécité.
Cédant.
Cédule.
Ceinturonniers.
Célérité.
Cendres.
Cens.
Censure.
Centième denier.
Centime.
Cercle.
Cercles (m. de) et Cereliers.
Cérémonies publiques.
Certificat ; de capacité et de moralité ; de civisme ; de conservateur des hypoth ; d'indigence ; d'individualité; de non-opposition; de propriété; de quinzaine ; de quitus; de vie.
Certificateur de caution.
Céruse (fabriques de).
Cessation de fonctions.
Cessation de paiemens.
Cessible.
Cession : de biens, de créan. ou de droits incorporels ; de droits litigieux; de dr. successifs.
Chaloues (marchands de).
Chaises dans les églises.
Chaises (fabricants, marchands et loueurs de).
Chalinge ou Calinge.
Châles (marchands de).
Chaloupes.
Chambranle.
Chambre ardente ; civile ; correctionnelle;criminelle; d'accusation ou de mises en accusation ; de commerce ; de discipline des huiss. ; des requêtes ; des vacat. ; du conseil.
Chambres réunies.
Chamoiseur..
Champart.
Champoyer.
Champs ensemencés.
Chanceliers de Consulat.
Chandeliers.
Chandelle allumée ; chandelle éteinte.
Chandelles.

Change de place en place.
Changement de domicile ; d'état; de résidence.
Changeur de monnaies.
Chantiers.
Chanvre.
Chapeaux, chapeliers.
Chapel de roses.
Chapelets (fab. et march. de).
Chapelle.
Chapitre.
Charbon.
Charcutier.
Charge.
Charges.
Charnières (fabricants de).
Charpentier.
Charrette.
Charrettes (loueurs de).
Charron.
Charrue.
Charte-partie.
Chasse.
Chasse (m. d'ustensiles de).
Chassis de lunettes (fabr.de).
Chasubliers.
Châtaignes.
Châtelet.
Chaudières.
Chaudières à vapeur.
Chaudières en cuivre (fabricants de).
Chaudronniers.
Chauffage.
Chaussées et routes (entrepreneurs de).
Chaussons (m. et fabr. de).
Chaux.
Chef.
Chef d'institution.
Chef-lieu.
Cheminée.
Chemins commun.; d'expl.; de fer ; de halage; impraticables; privés ou de desserte ; ruraux ; vicinaux.
Chenille en soie. (fab. de).
Cheptel.
Chevaliers-ès-lois.
Chevaux.
Cheveux (marchands de).
Chevilleurs.
Chevir.
Chèvres.
Chiffonnier.
Chiffres.
Chineurs.
Chirographe.
Chirographaire.
Chlore, chlorure.
Chocolat.
Choix.
Choses.
Chose jugée.
Chose perdue ou volée
Chromates (fabriques de).
Chrysalides (dépôt de).
Cidre (march. et débitants).
Cimentiers.
Cimetière.
Cirage (marchands de).
Circonscription.
Circonstances atténuantes.
Circonstances et dépendances
Circuit d'actions.
Circulaire
Circulaires ministérielles
Ciriers.
Ciseleurs
Citation
Citerne

Citoyen.
Civiliser une procédure.
Clain de rétablissement.
Clameur.
Clandestinité.
Clause.
Clerc.
Clés.
Client, clientèle.
Clinquant.
Cloaque,
Clôture.
Clôture d'acte,
Clous.
Coalition.
Coches d'eau.
Cochons (marchands de).
Cocons (fileurs et filateurs).
Code civil.
Code de commerce.
Code de procédure civile.
Codicile.
Coffretiers-malletiers.
Cognat.
Cognation.
Coiffes (fais. et march. de).
Coiffeurs.
Collatéraux.
Collation de pièces.
Colle.
Collear.
Collocation.
Collusion.
Colombier.
Colon.
Colonies françaises.
Colporteur.
Cols (fabric. et marc. de).
Combat judiciaire.
Combustibles (march. de).
Comédien.
Comestibles (marchands de).
Command.
Commandement.
Command., commanditaire.
Comm. de preuve par écrit.
Commerçant.
Commerce.
Commettant.
Comminatoire.
Commis.
Commis expéditionnaire.
Commis greffiers
Commissaire de police.
Commissaire-priseur.
Commission d'huissier, (nomination), rogatoire.
Commissionnaire ; au mont de piété ; de transport.
Commissoire (pacte).
Committimus.
Committitur.
Commodat.
Communauté de biens entre époux ; des huiss. ; relig.
Commune.
Commune renommée (preuve par).
Communication.
Communication de pièces.
Communiers, communistes.
Communion de biens.
Commutatif (contrat).
Compagnie.
Compagnie de finance ; de commerce ou d'industrie.
Comparaison d'écritures.
Comparution des parties.
Compascuité.
Compellation.
Compensation.

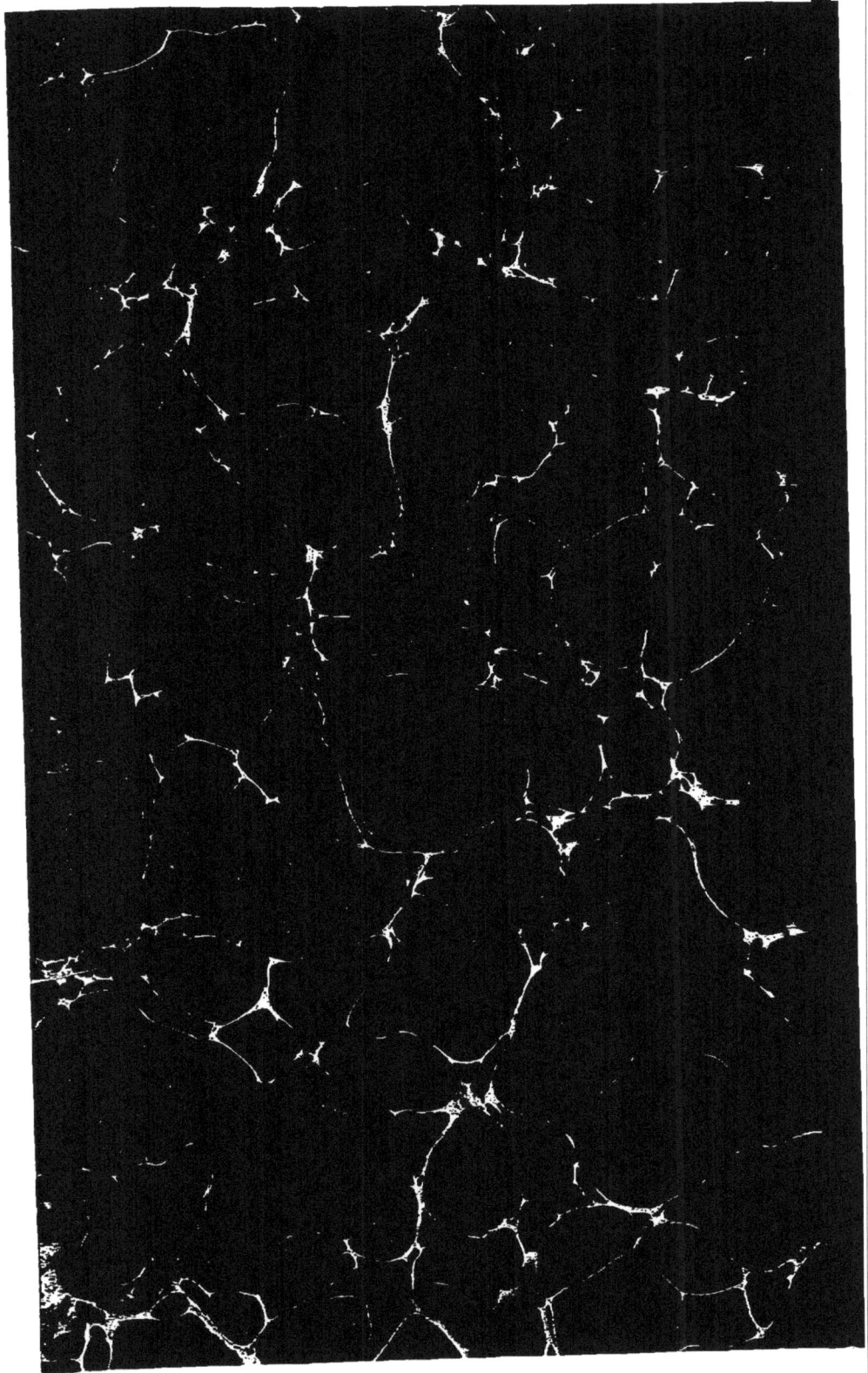

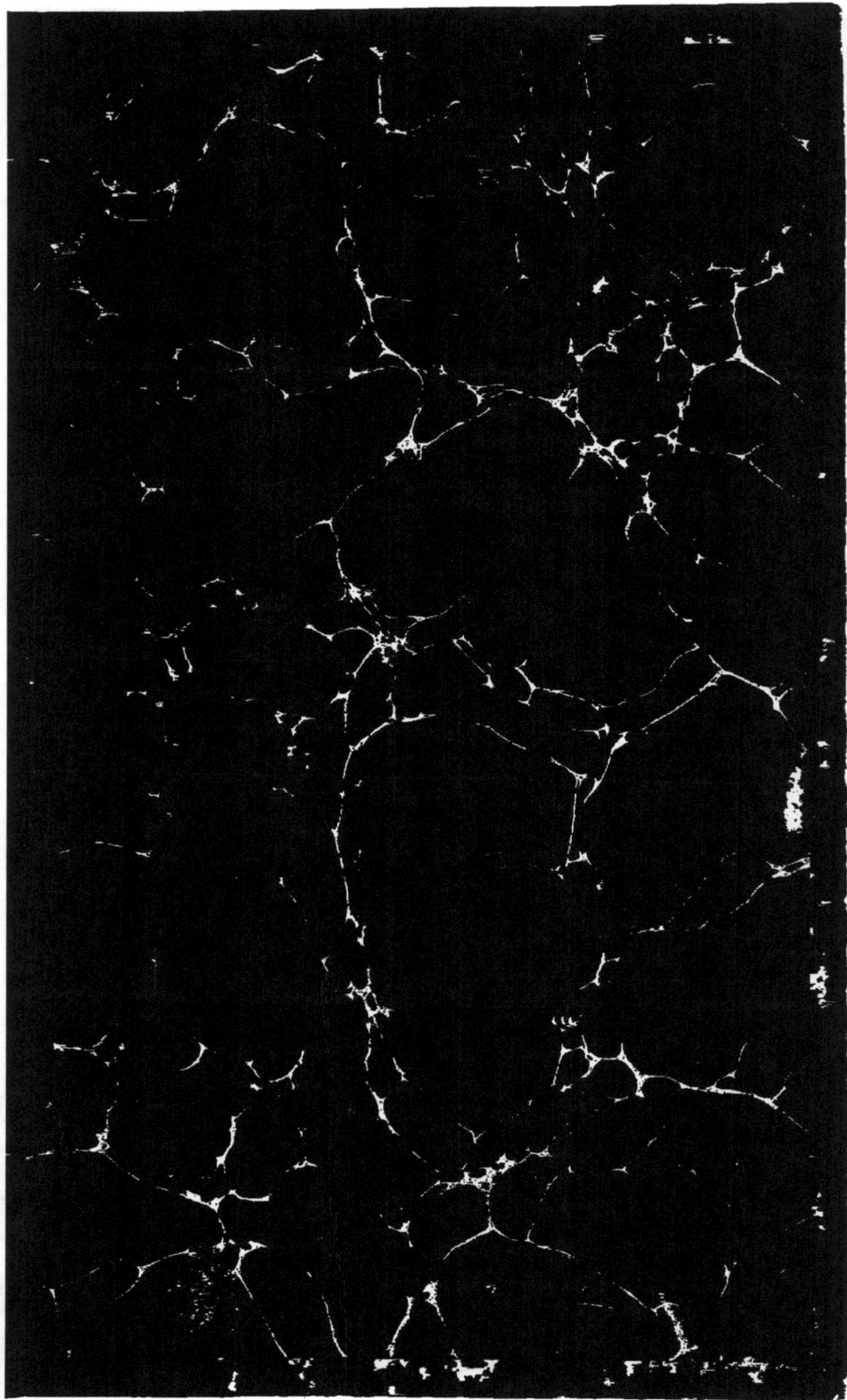